DETEKTIV CONAN

BOURBON ON THE ROCKS

GOSHO AOYAMA

DETEKTIV CONAN

BOURBON ON THE ROCKS

INHALT

AKTE 5: SCHARLACHROTE REIHE – PROLOG / ERMITTLUNG

AKTE 6: SCHARLACHROTE REIHE – KOMPLIKATION / RÜCKKEHR / WAHRHEIT

AKTE 7: STRESS IN DER GIRL BAND

AKTE 8: DIE BÜHNE DES VERRATS

BOURBONS FALLAKTEN

WER

STECKT HINTER

TORU AMURO

UND WAS

HAT ER VOR?

FALL 1
AKTE 1 HOCHZEITSFEIER
Privatdetektiv

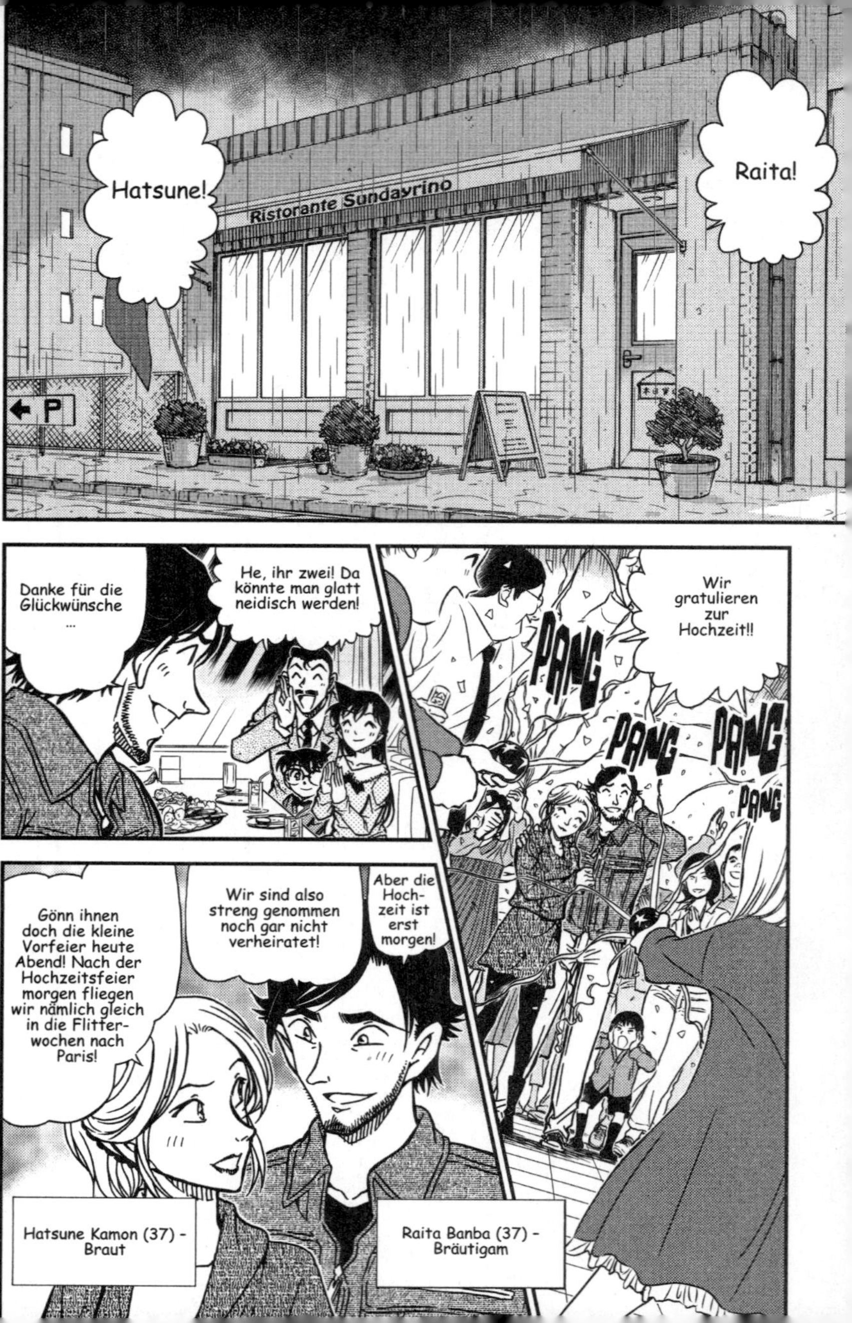

Raita!

Hatsune!

Ristorante Sundayrino

Wir gratulieren zur Hochzeit!!

PANG PANG PANG PANG

He, ihr zwei! Da könnte man glatt neidisch werden!

Danke für die Glückwünsche ...

Aber die Hoch-zeit ist erst morgen!

Wir sind also streng genommen noch gar nicht verheiratet!

Gönn ihnen doch die kleine Vorfeier heute Abend! Nach der Hochzeitsfeier morgen fliegen wir nämlich gleich in die Flitter-wochen nach Paris!

Raita Banba (37) - Bräutigam

Hatsune Kamon (37) - Braut

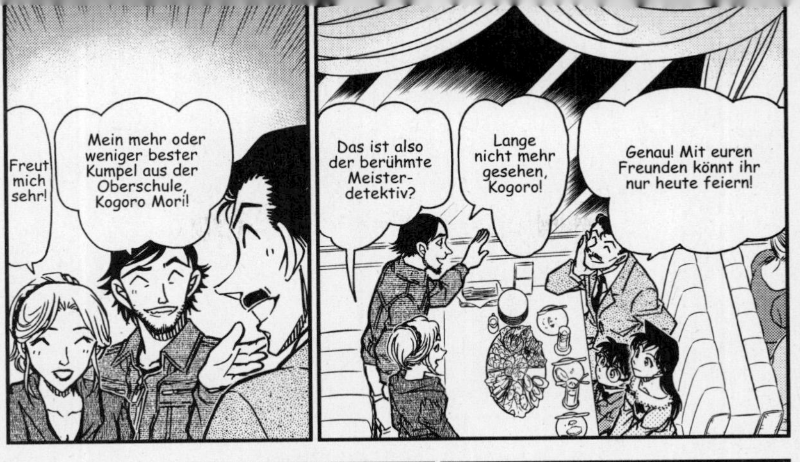
Genau! Mit euren Freunden könnt ihr nur heute feiern!
Lange nicht mehr gesehen, Kogoro!
Das ist also der berühmte Meister-detektiv?
Mein mehr oder weniger bester Kumpel aus der Oberschule, Kogoro Mori!
Freut mich sehr!

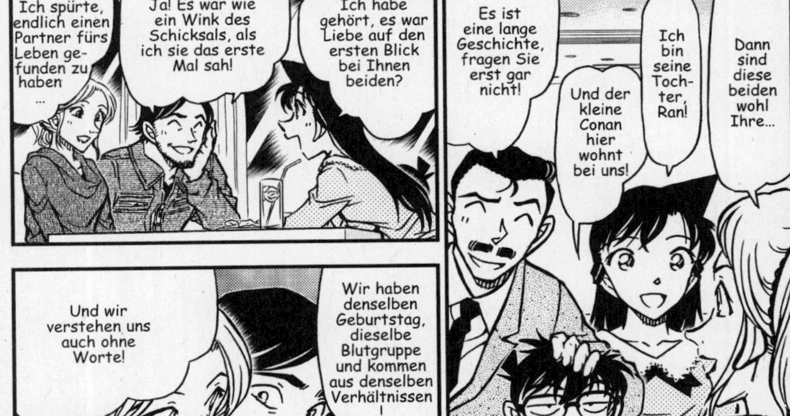
Dann sind diese beiden wohl Ihre...
Ich bin seine Toch-ter, Ran!
Und der kleine Conan hier wohnt bei uns!
Es ist eine lange Geschichte, fragen Sie erst gar nicht!
Ich habe gehört, es war Liebe auf den ersten Blick bei Ihnen beiden?
Ja! Es war wie ein Wink des Schicksals, als ich sie das erste Mal sah!
Ich spürte, endlich einen Partner fürs Leben ge-funden zu haben ...
Wir haben denselben Geburtstag, dieselbe Blutgruppe und kommen aus denselben Verhältnissen!
Und wir verstehen uns auch ohne Worte!

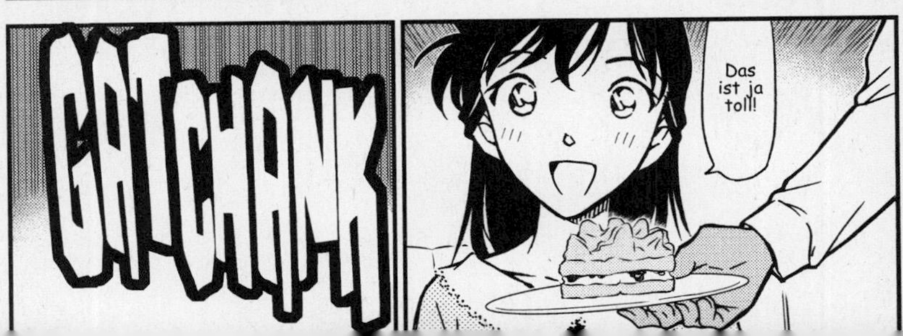
Das ist ja toll!
GATCHANK

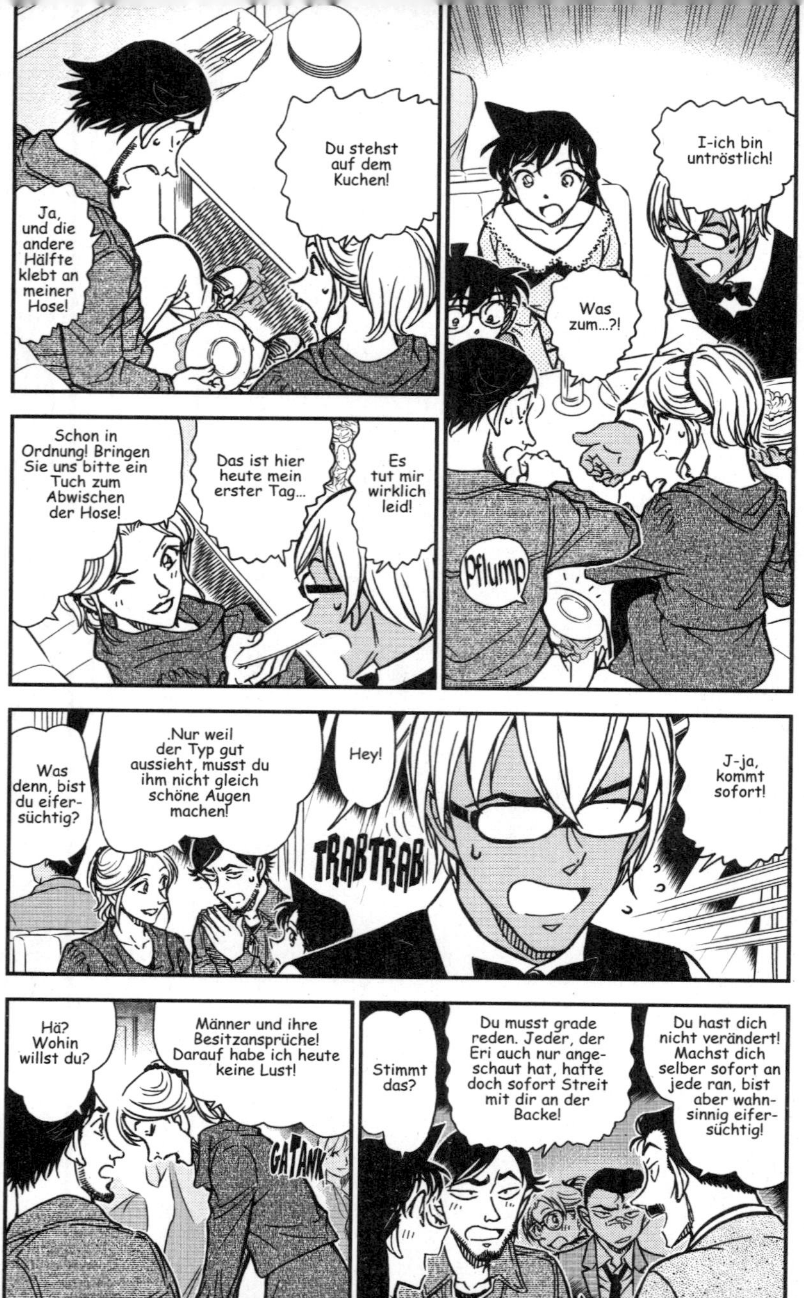

I-ich bin untröstlich!
Was zum...?!
Pflump
Du stehst auf dem Kuchen!
Ja, und die andere Hälfte klebt an meiner Hose!
Es tut mir wirklich leid!
Das ist hier heute mein erster Tag...
Schon in Ordnung! Bringen Sie uns bitte ein Tuch zum Abwischen der Hose!

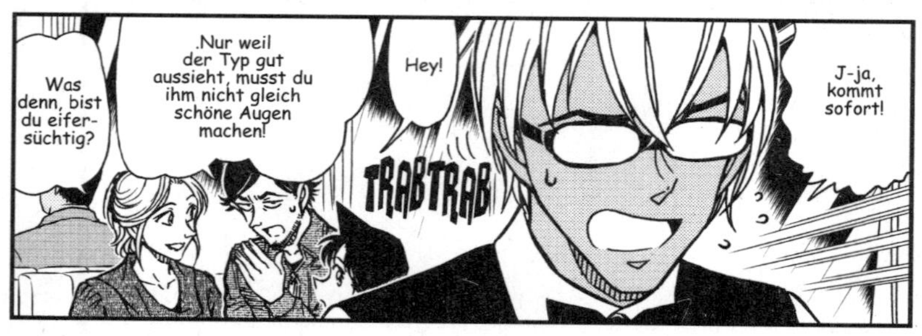

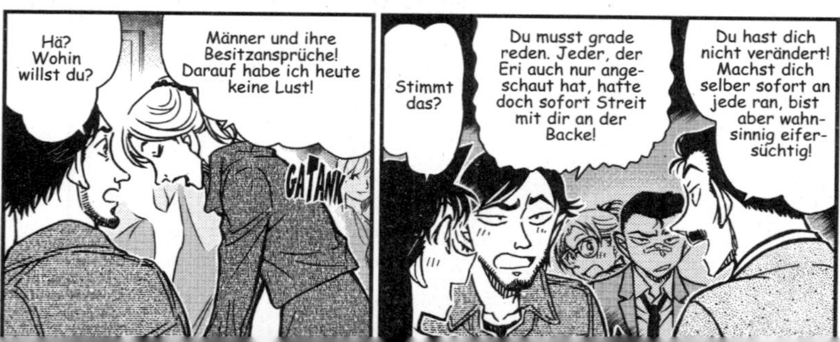

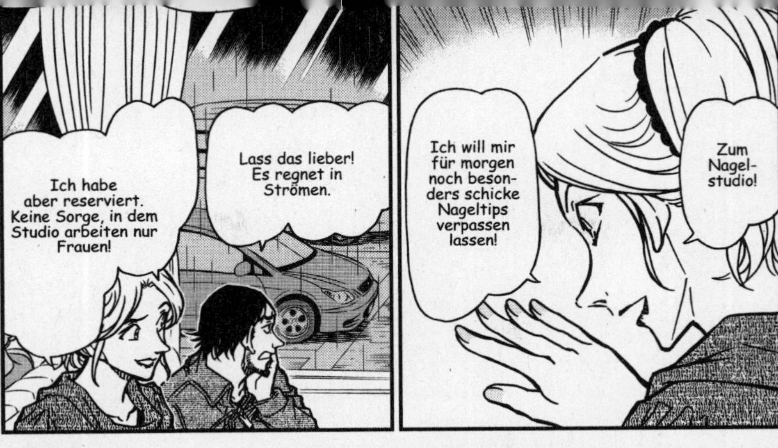
Zum Nagel-studio!
Ich will mir für morgen noch besonders schicke Nageltips verpassen lassen!
Lass das lieber! Es regnet in Strömen.
Ich habe aber reserviert. Keine Sorge, in dem Studio arbeiten nur Frauen!

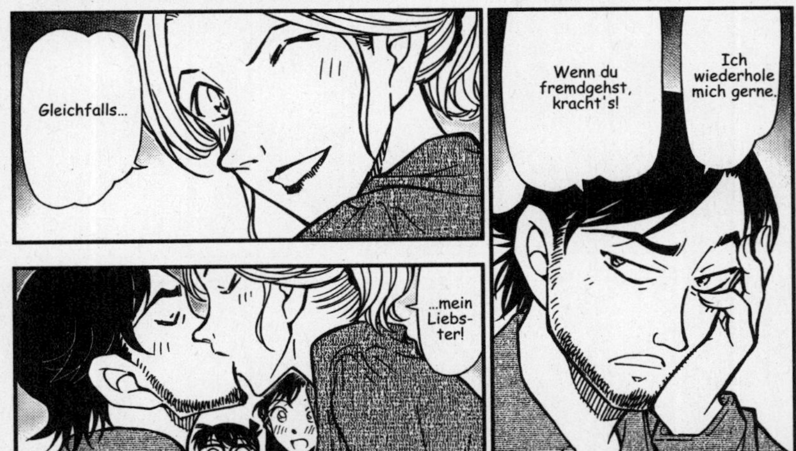
Ich wiederhole mich gerne.
Wenn du fremdgehst, kracht's!
Gleichfalls...
...mein Liebster!

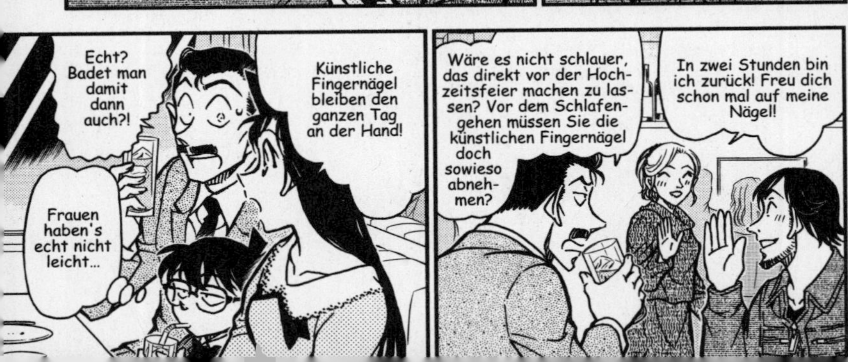
In zwei Stunden bin ich zurück! Freu dich schon mal auf meine Nägel!
Wäre es nicht schlauer, das direkt vor der Hochzeitsfeier machen zu lassen? Vor dem Schlafengehen müssen Sie die künstlichen Fingernägel doch sowieso abnehmen?
Künstliche Fingernägel bleiben den ganzen Tag an der Hand!
Echt? Badet man damit dann auch?!
Frauen haben's echt nicht leicht...

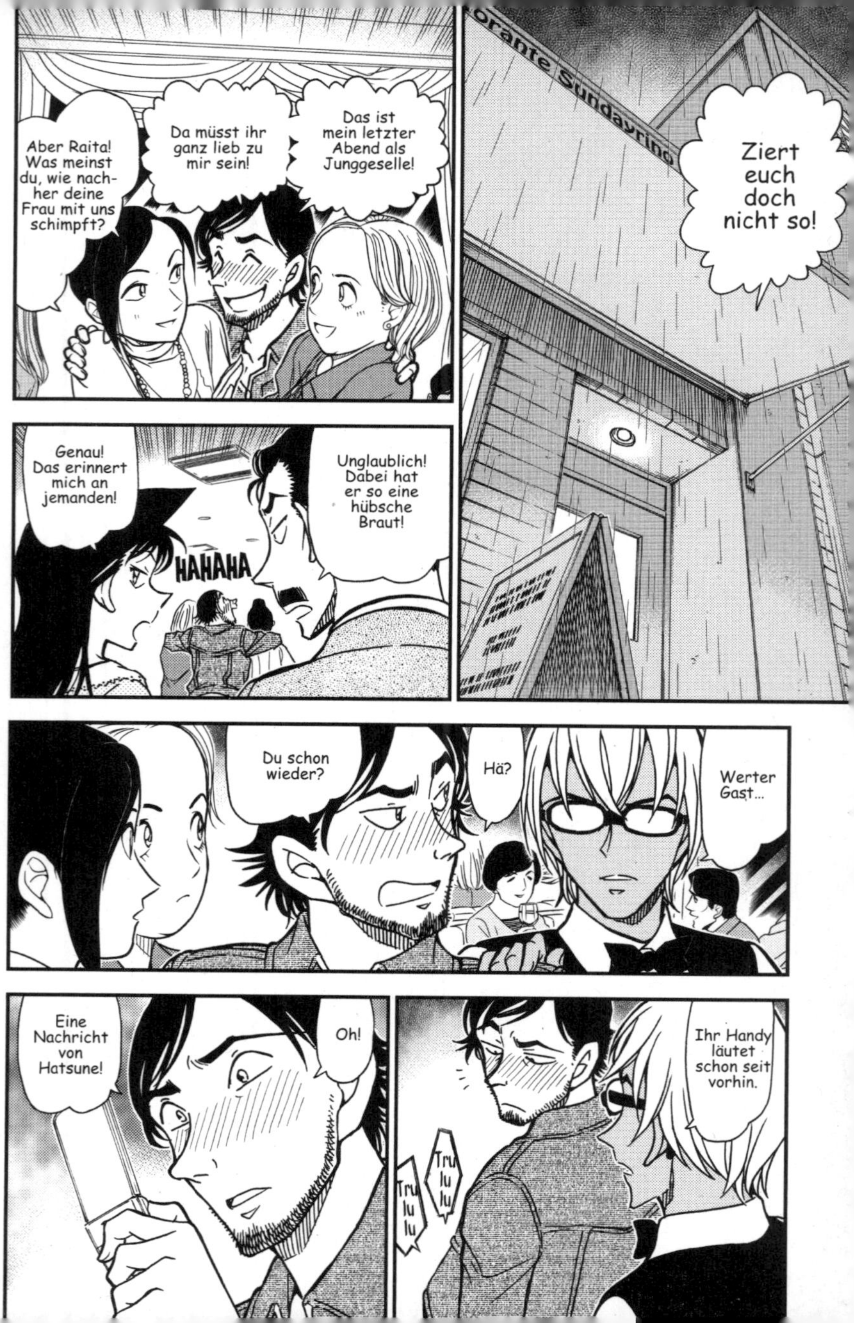

Ziert euch doch nicht so!
Das ist mein letzter Abend als Junggeselle!
Da müsst ihr ganz lieb zu mir sein!
Aber Raita! Was meinst du, wie nachher deine Frau mit uns schimpft?
Unglaublich! Dabei hat er so eine hübsche Braut!
HAHAHA
Genau! Das erinnert mich an jemanden!

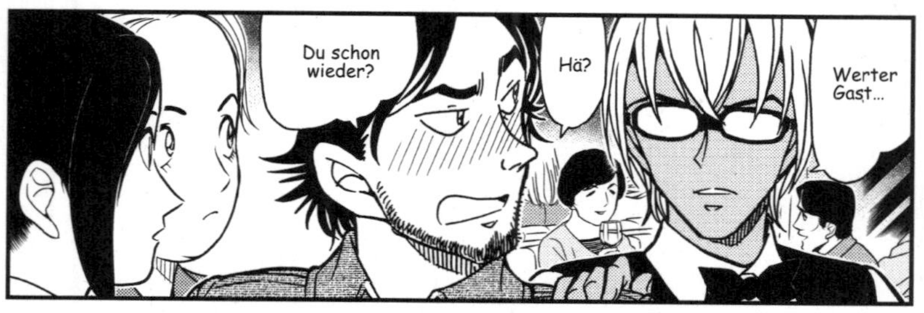

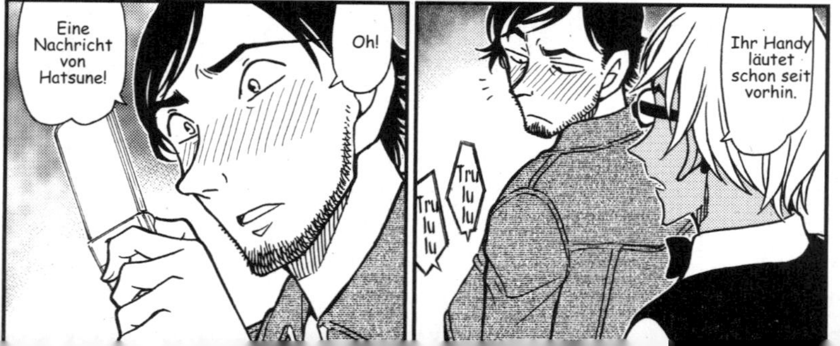

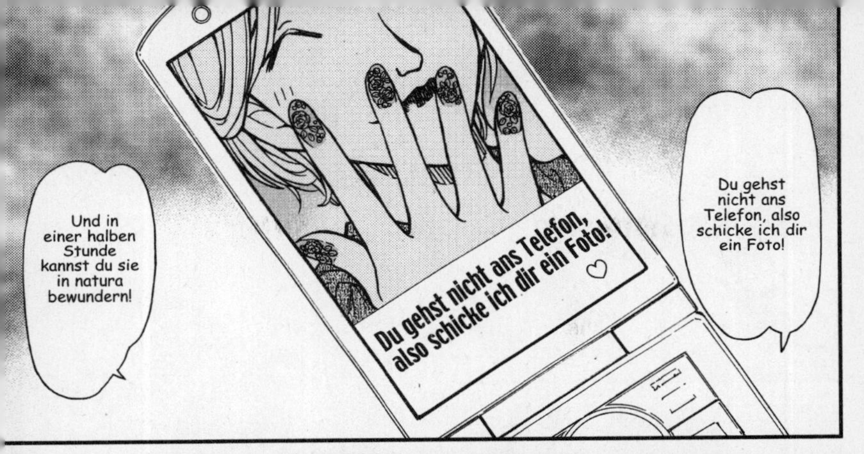

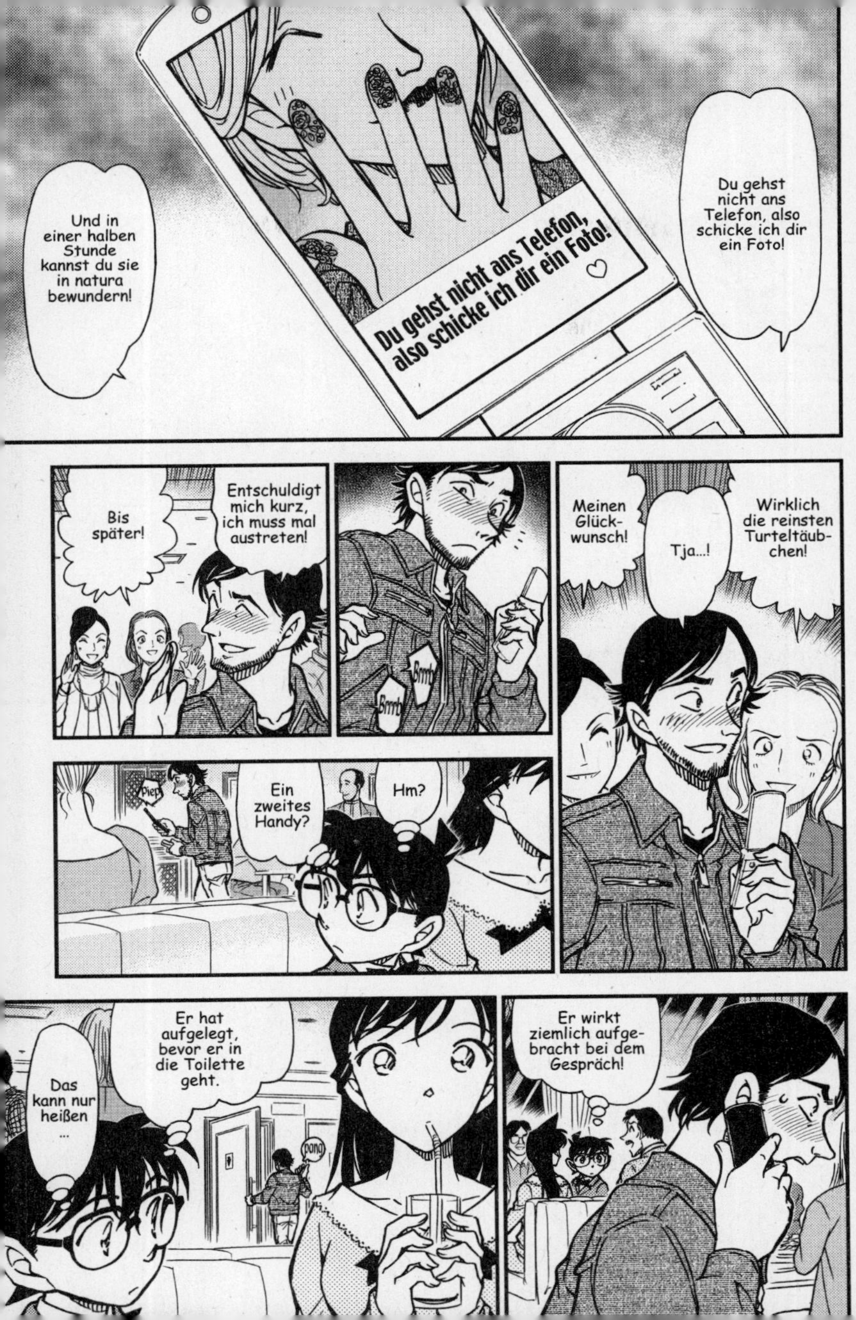

Meinen Glückwunsch!
Tja...!
Wirklich die reinsten Turteltäubchen!
Brrrb
Brrrb
Bis später!
Entschuldigt mich kurz, ich muss mal austreten!
Piep
Ein zweites Handy?
Hm?

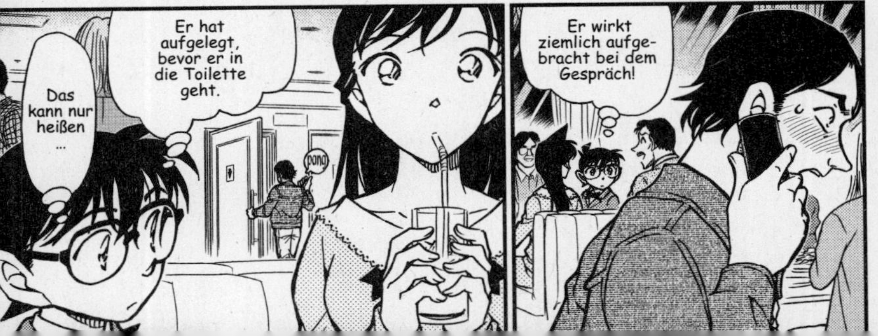

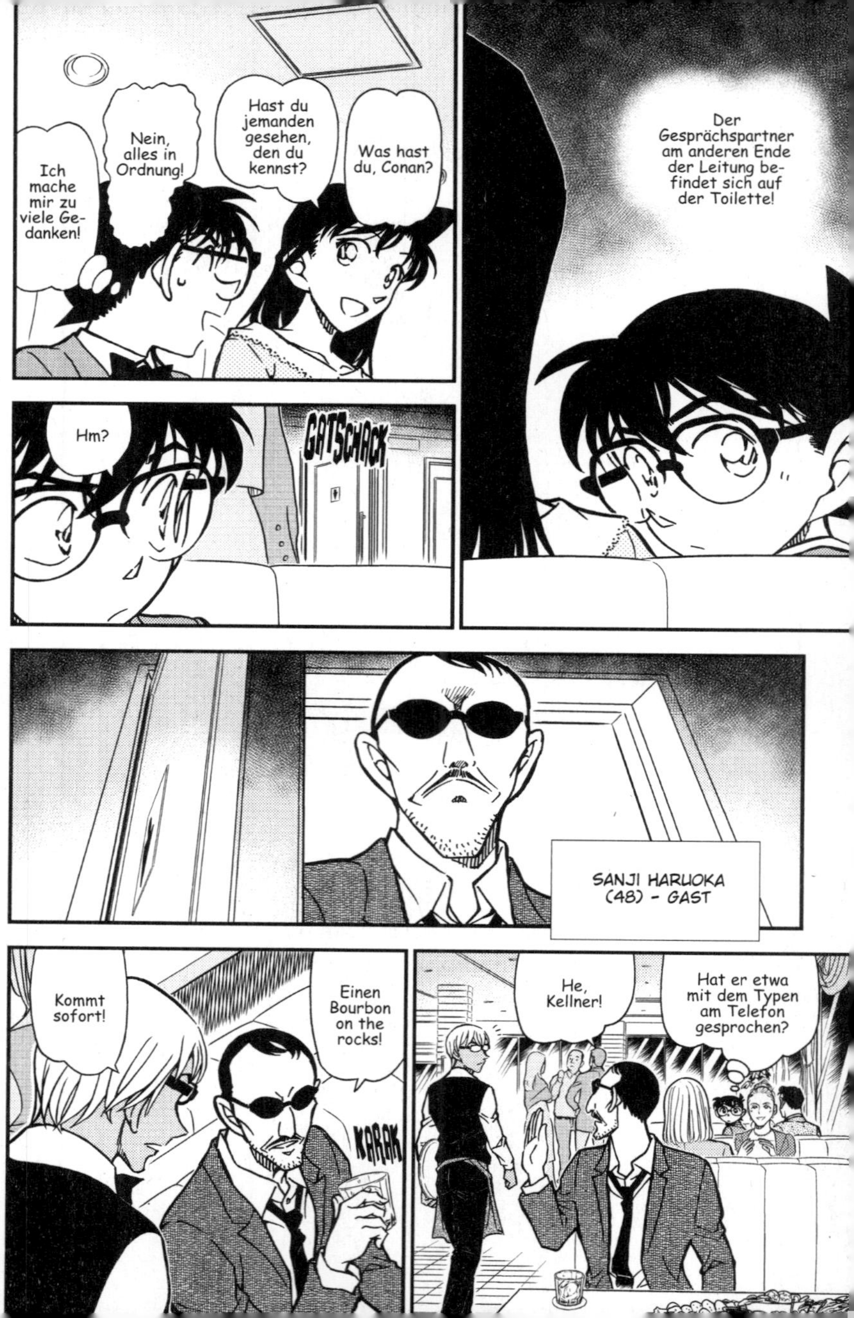

Der Gesprächspartner am anderen Ende der Leitung befindet sich auf der Toilette!

Was hast du, Conan?

Hast du jemanden gesehen, den du kennst?

Nein, alles in Ordnung!

Ich mache mir zu viele Gedanken!

Hm?

GATSCHACK

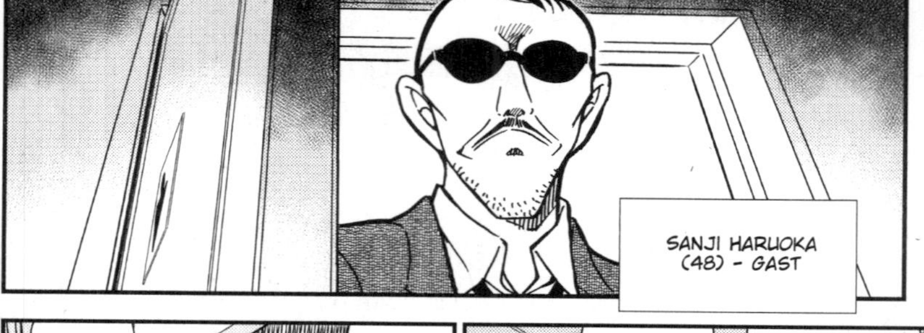

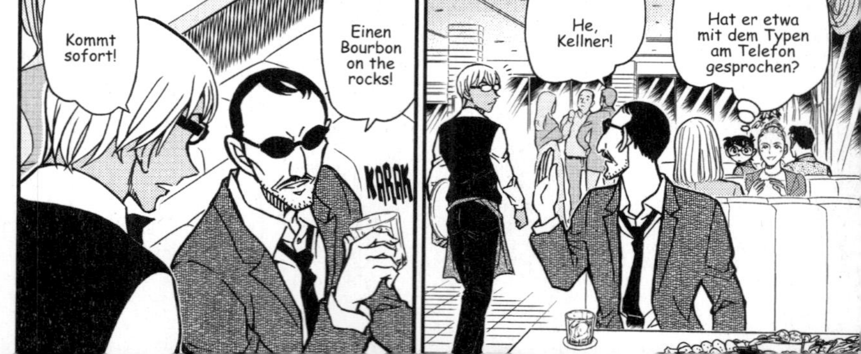

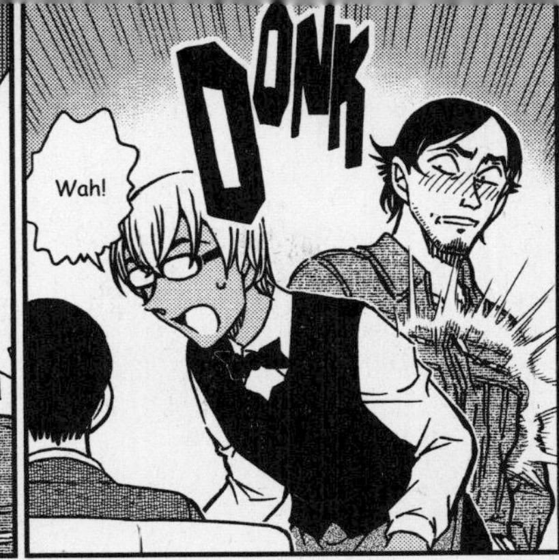
DONK
Wah!

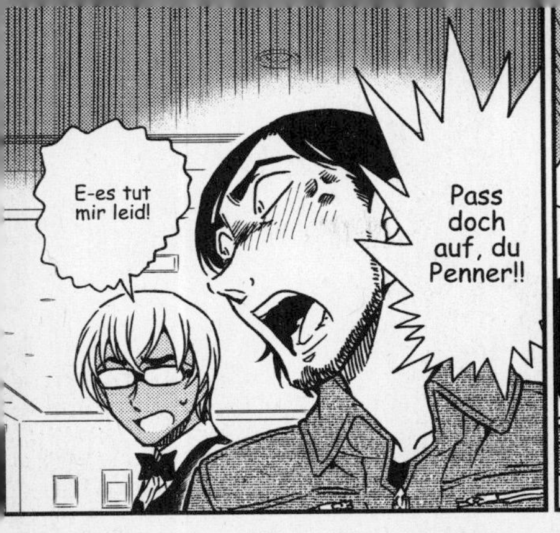
Pass doch auf, du Penner!!
E-es tut mir leid!

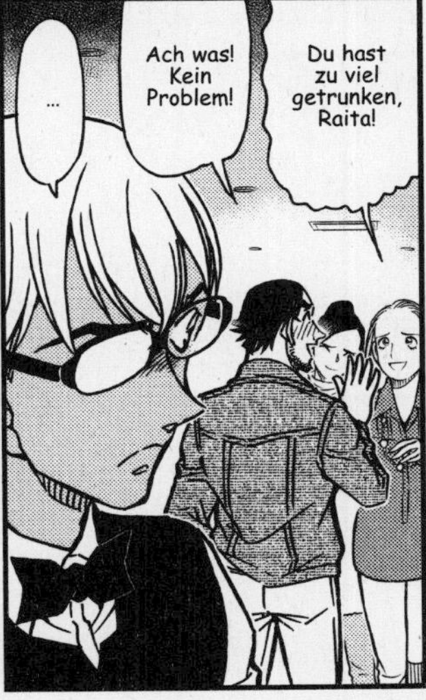
Du hast zu viel getrunken, Raita!
Ach was! Kein Problem!
...

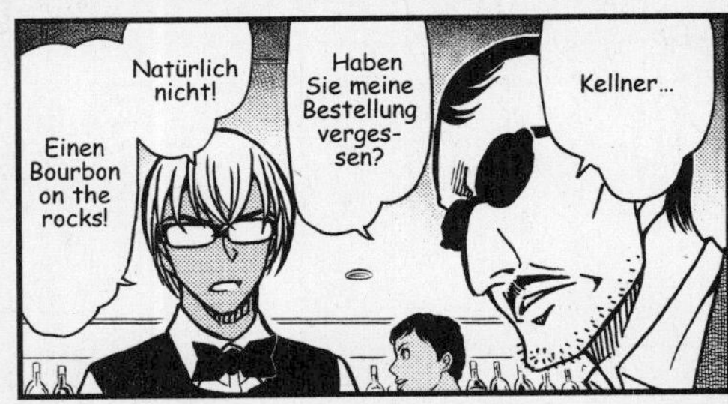
Kellner...
Haben Sie meine Bestellung verges-sen?
Natürlich nicht!
Einen Bourbon on the rocks!

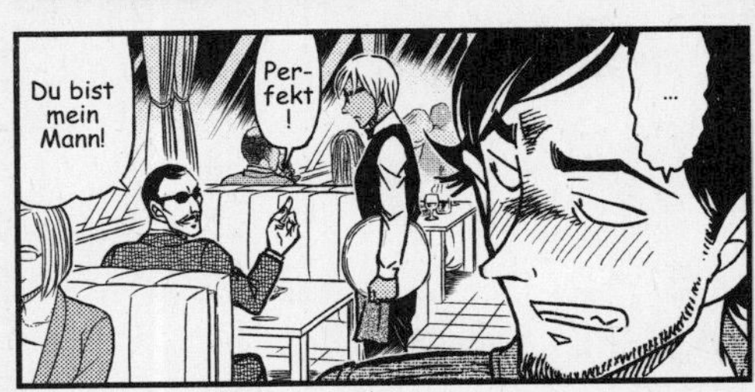
...
Per-fekt!
Du bist mein Mann!

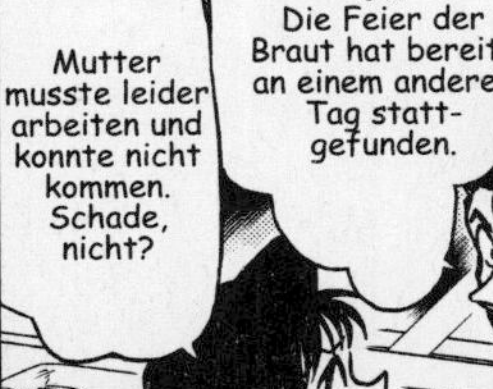
Onkel Kogoro! Diese Vorfeier ist doch gleich-zeitig auch so was wie euer Klassentreffen, oder?
Ja. Die Feier der Braut hat bereits an einem anderen Tag statt-gefunden.
Mutter musste leider arbeiten und konnte nicht kommen. Schade, nicht?

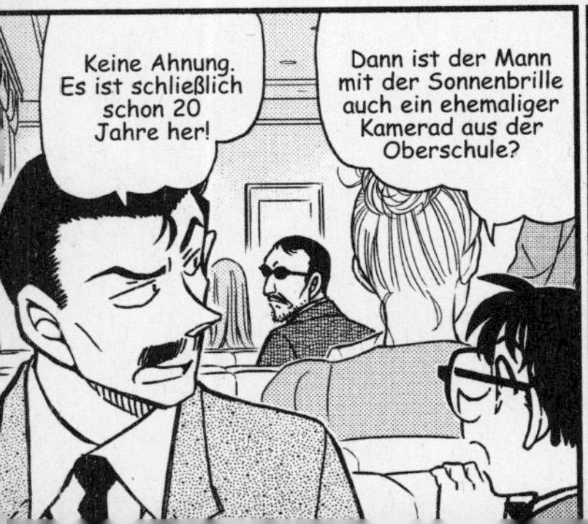
Dann ist der Mann mit der Sonnenbrille auch ein ehemaliger Kamerad aus der Oberschule?
Keine Ahnung. Es ist schließlich schon 20 Jahre her!

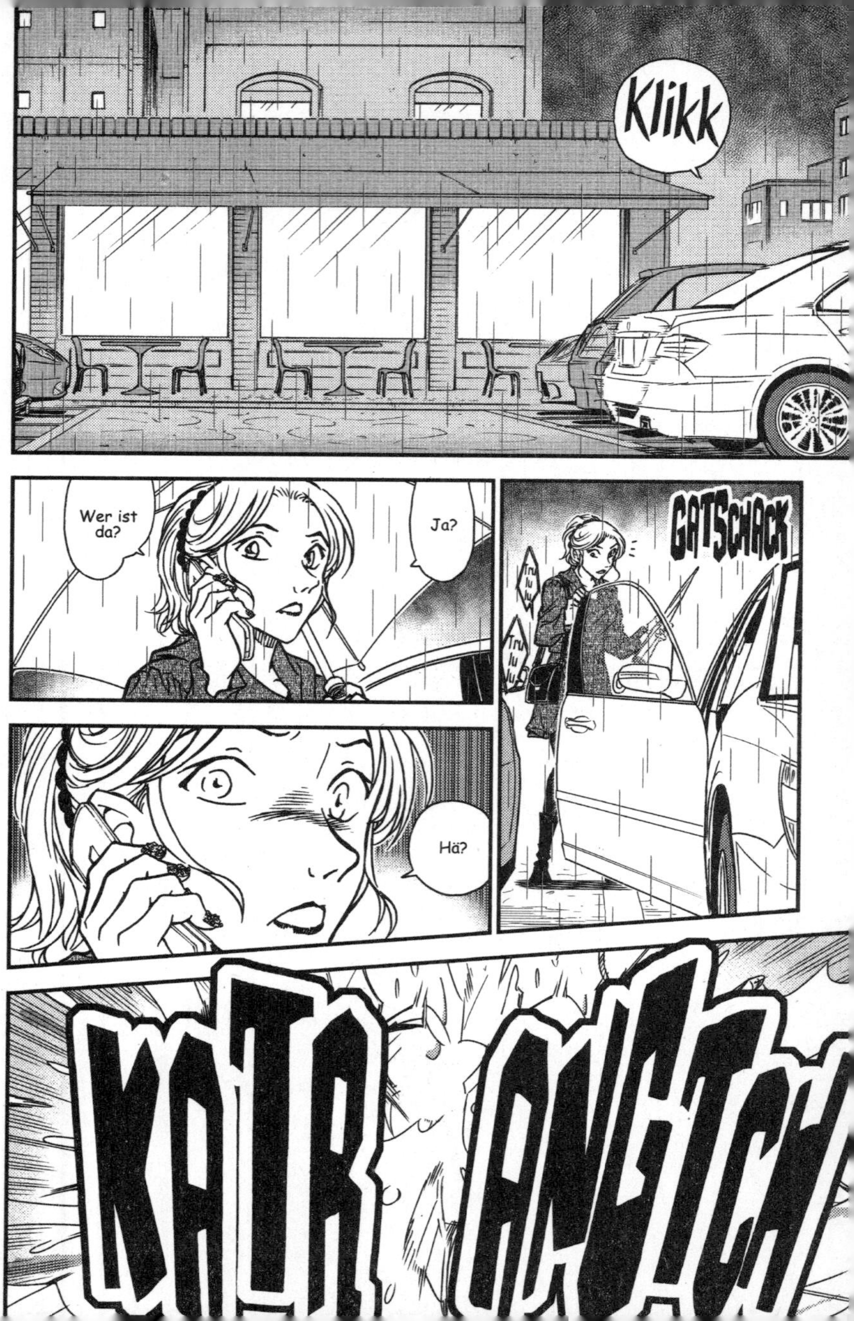

Klikk

GATSCHACK

Tru lu lu

Tru lu lu

Ja?

Wer ist da?

Hä?

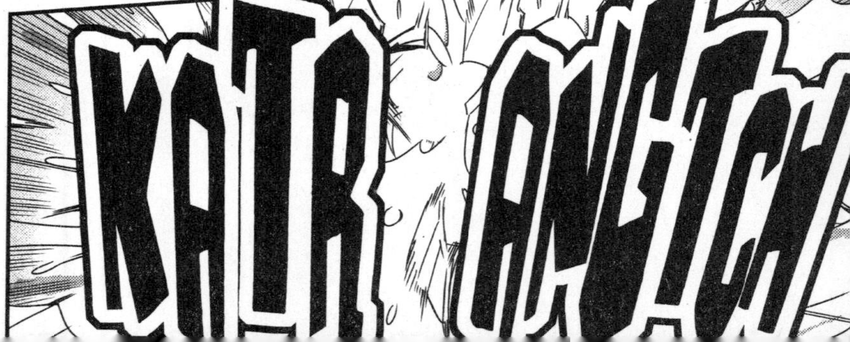

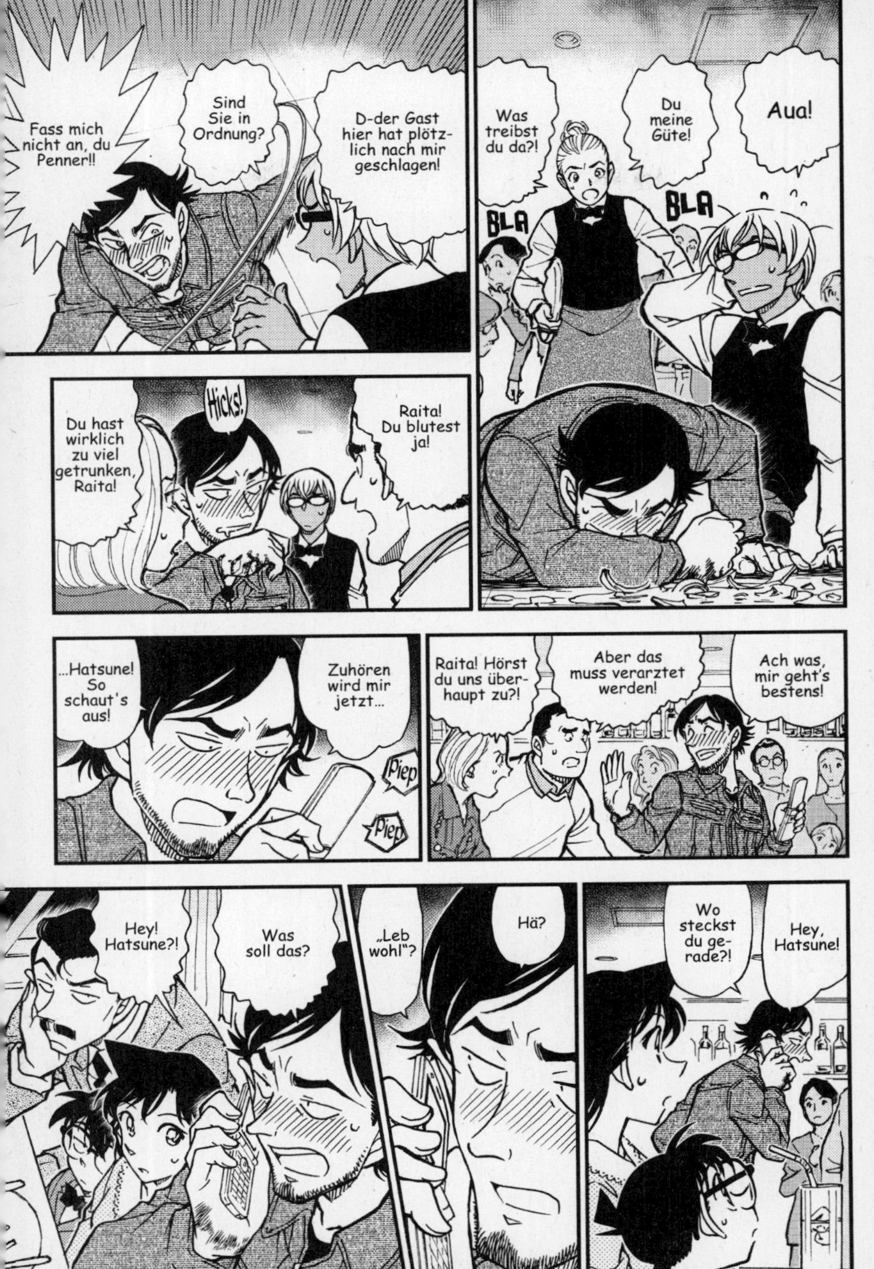
Aua!
Du meine Güte!
Was treibst du da?!
BLA
BLA
D-der Gast hier hat plötzlich nach mir geschlagen!
Sind Sie in Ordnung?
Fass mich nicht an, du Penner!!
Raita! Du blutest ja!
Hicks!
Du hast wirklich zu viel getrunken, Raita!
Ach was, mir geht's bestens!
Aber das muss verarztet werden!
Raita! Hörst du uns überhaupt zu?!
Zuhören wird mir jetzt...
Piep
Piep
...Hatsune! So schaut's aus!
Hey, Hatsune!
Wo steckst du gerade?!
Hä?
„Leb wohl"?
Was soll das?
Hey! Hatsune?!

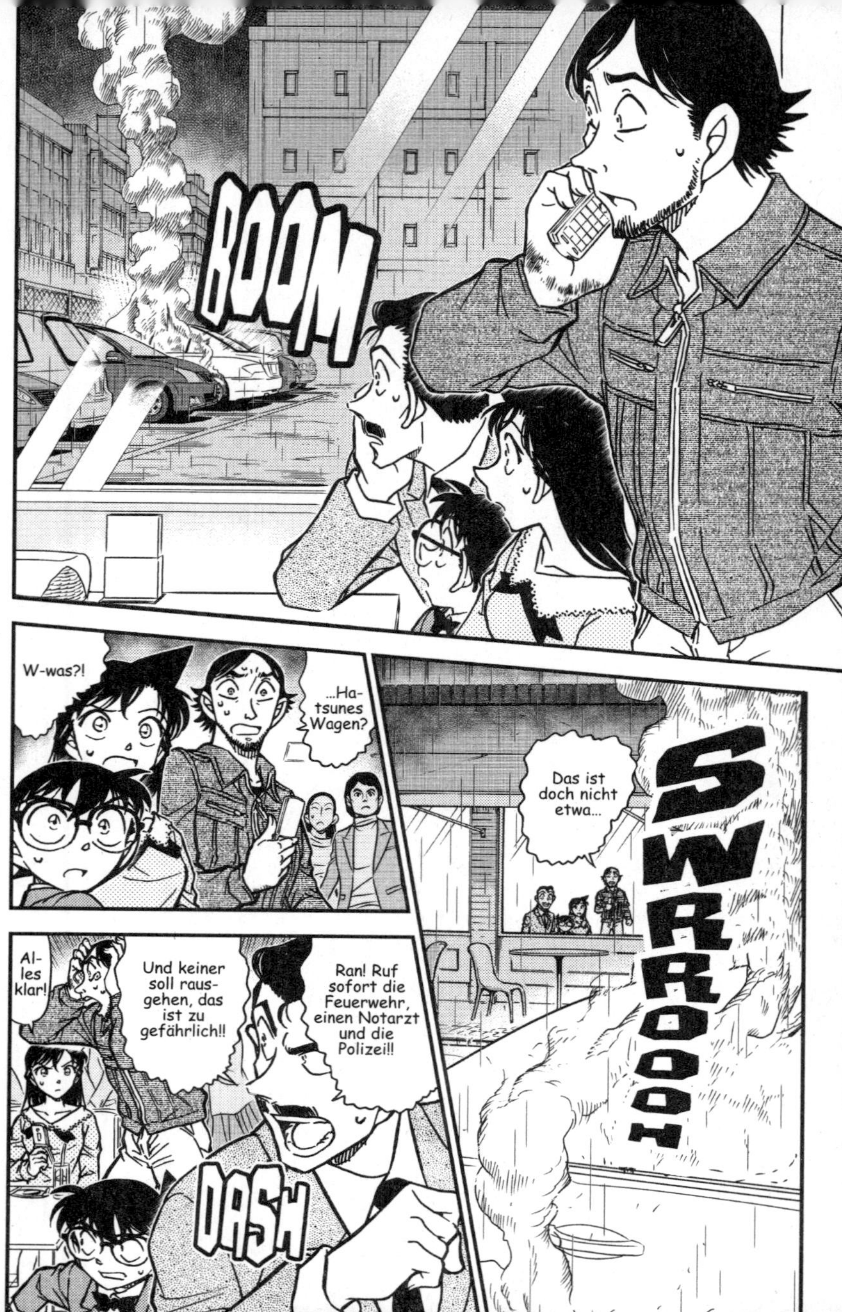
BOOM
...Hatsunes Wagen?
W-was?!
SWROOOOOOM
Das ist doch nicht etwa...
Ran! Ruf sofort die Feuerwehr, einen Notarzt und die Polizei!!
Und keiner soll rausgehen, das ist zu gefährlich!!
Alles klar!
DASH

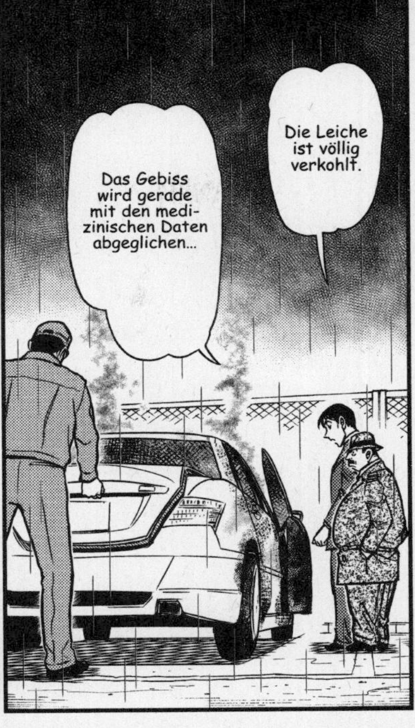
Die Leiche ist völlig verkohlt.
Das Gebiss wird gerade mit den medizinischen Daten abgeglichen...

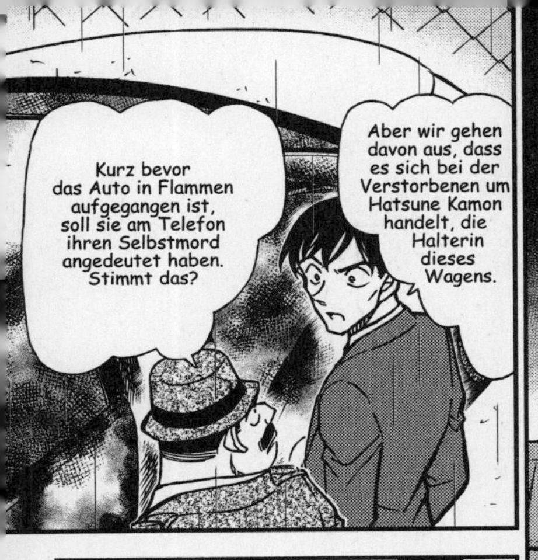
Aber wir gehen davon aus, dass es sich bei der Verstorbenen um Hatsune Kamon handelt, die Halterin dieses Wagens.
Kurz bevor das Auto in Flammen aufgegangen ist, soll sie am Telefon ihren Selbstmord angedeutet haben. Stimmt das?

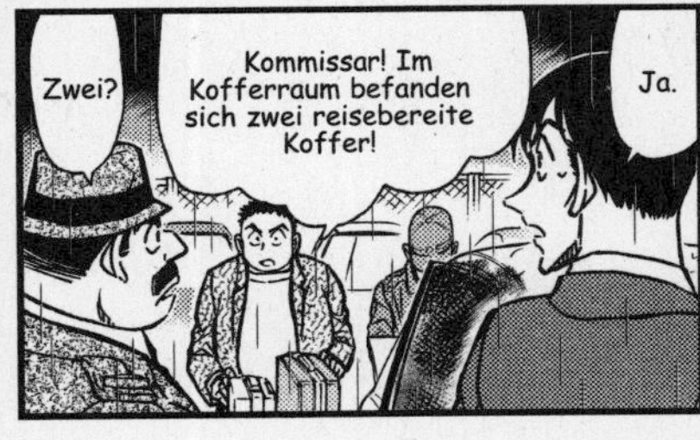
Ja.
Kommissar! Im Kofferraum befanden sich zwei reisebereite Koffer!
Zwei?

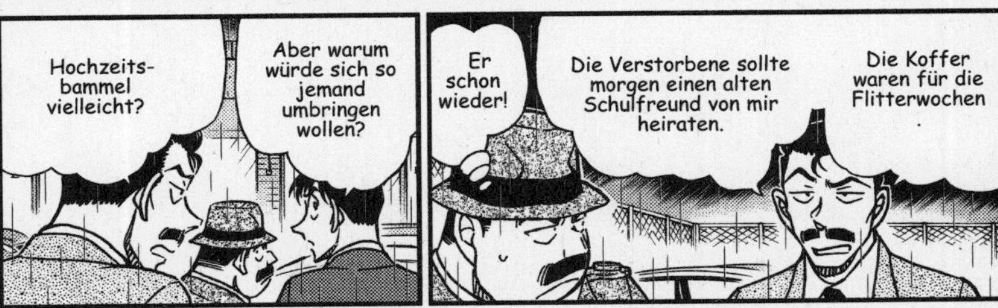
Die Koffer waren für die Flitterwochen.
Die Verstorbene sollte morgen einen alten Schulfreund von mir heiraten.
Er schon wieder!
Aber warum würde sich so jemand umbringen wollen?
Hochzeits-bammel vielleicht?

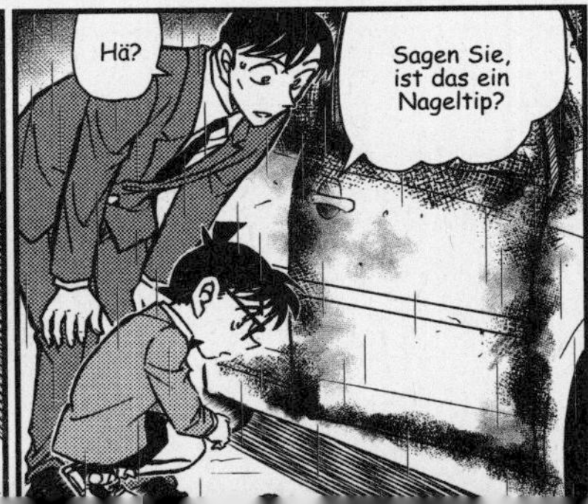
Sagen Sie, ist das ein Nageltip?
Hä?

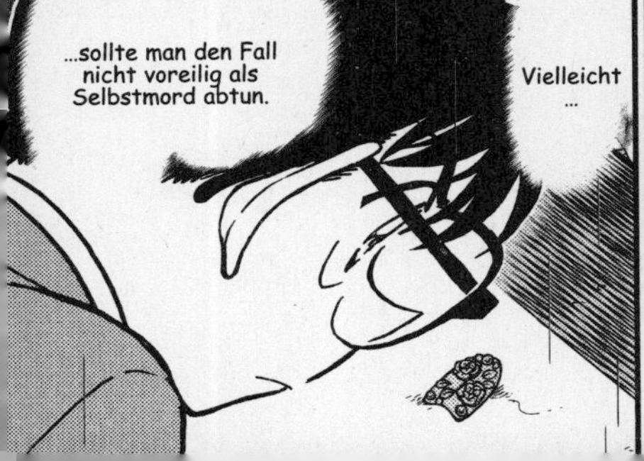
Vielleicht ...
...sollte man den Fall nicht voreilig als Selbstmord abtun.

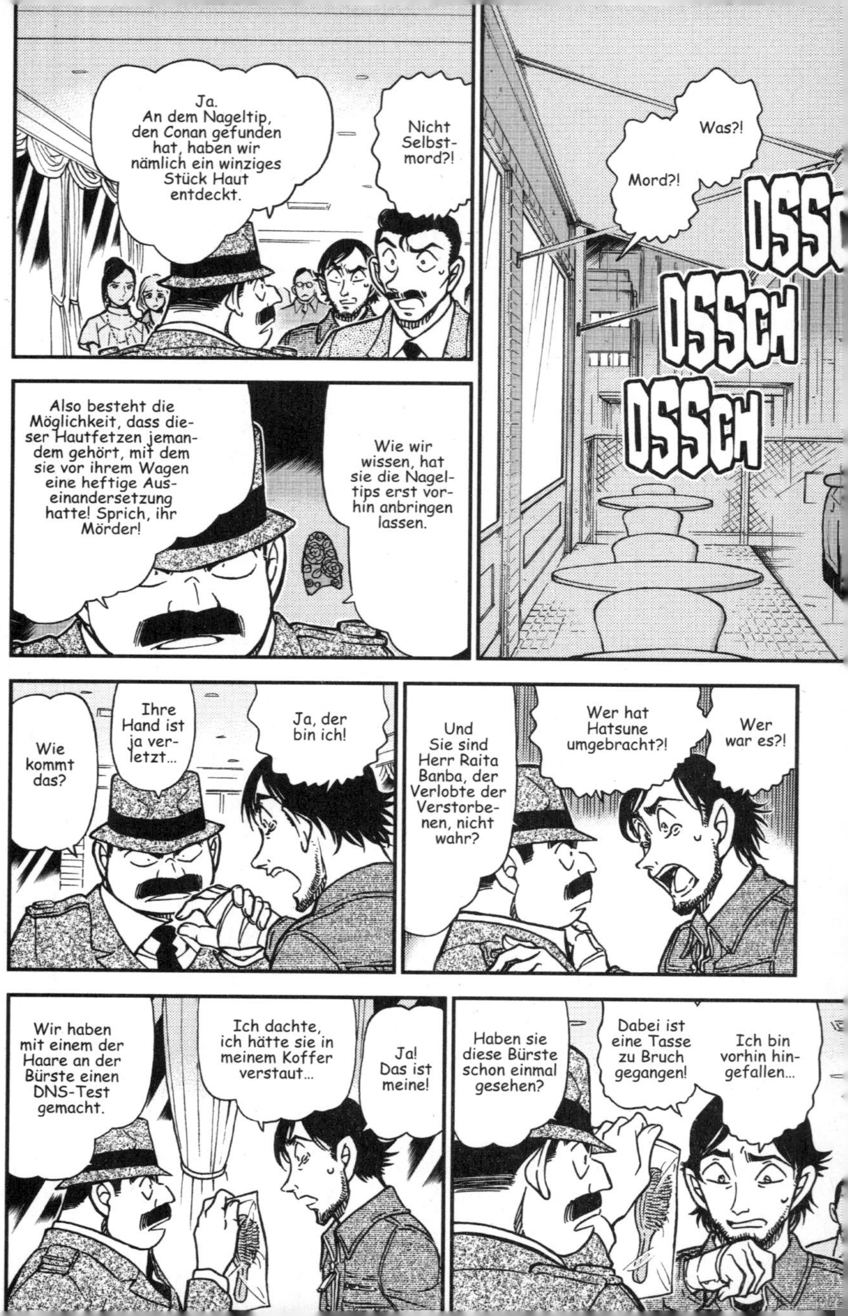

Nicht Selbstmord?!
Ja. An dem Nageltip, den Conan gefunden hat, haben wir nämlich ein winziges Stück Haut entdeckt.
Wie wir wissen, hat sie die Nageltips erst vorhin anbringen lassen.
Also besteht die Möglichkeit, dass dieser Hautfetzen jemandem gehört, mit dem sie vor ihrem Wagen eine heftige Auseinandersetzung hatte! Sprich, ihr Mörder!
Was?!
Mord?!
DSSCH
DSSCH
DSSCH

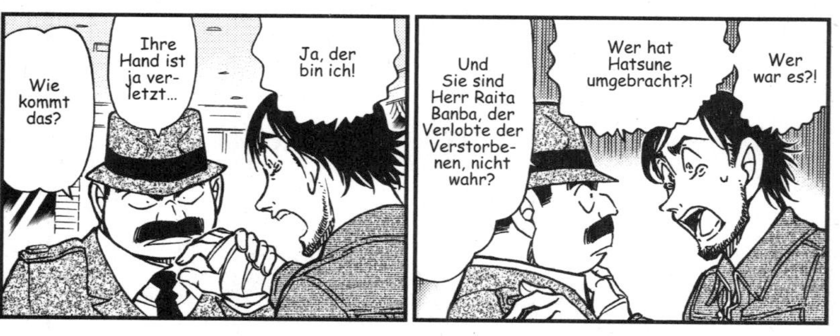

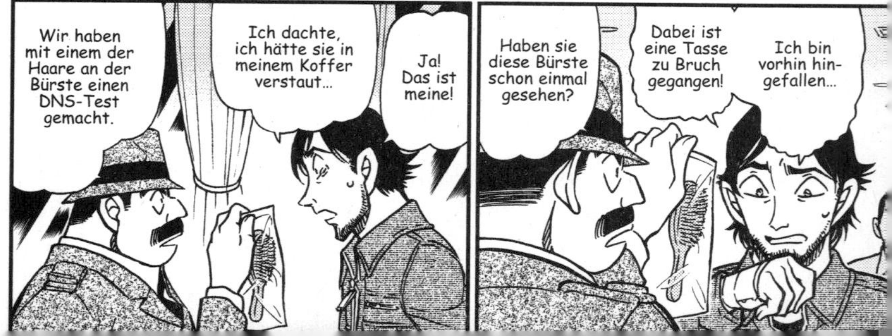

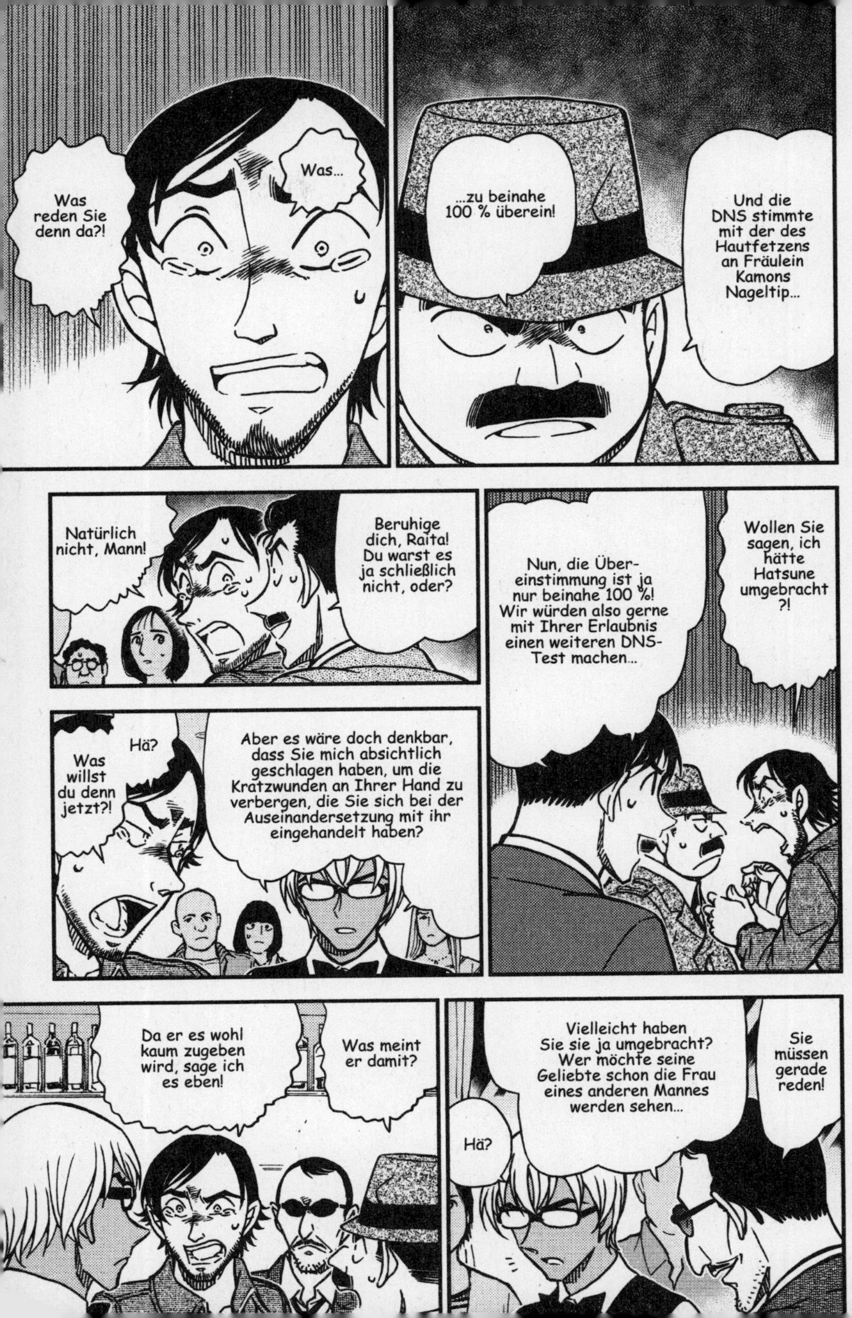

Und die DNS stimmte mit der des Hautfetzens an Fräulein Kamons Nageltip...
...zu beinahe 100 % überein!
Was...
Was reden Sie denn da?!
Wollen Sie sagen, ich hätte Hatsune umgebracht?!
Nun, die Übereinstimmung ist ja nur beinahe 100 %! Wir würden also gerne mit Ihrer Erlaubnis einen weiteren DNS-Test machen...
Beruhige dich, Raita! Du warst es ja schließlich nicht, oder?
Natürlich nicht, Mann!
Aber es wäre doch denkbar, dass Sie mich absichtlich geschlagen haben, um die Kratzwunden an Ihrer Hand zu verbergen, die Sie sich bei der Auseinandersetzung mit ihr eingehandelt haben?
Hä?
Was willst du denn jetzt?!

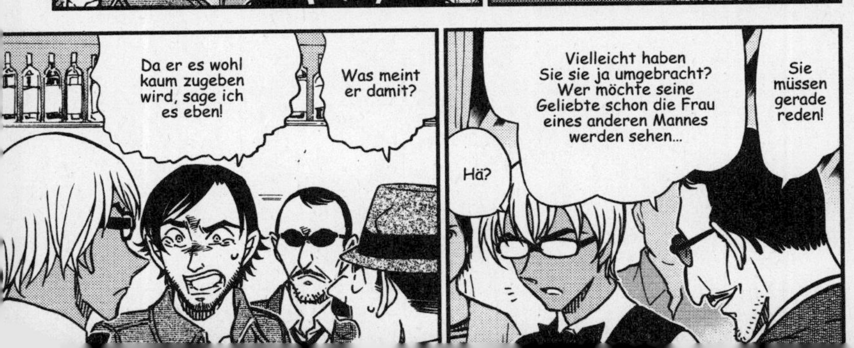

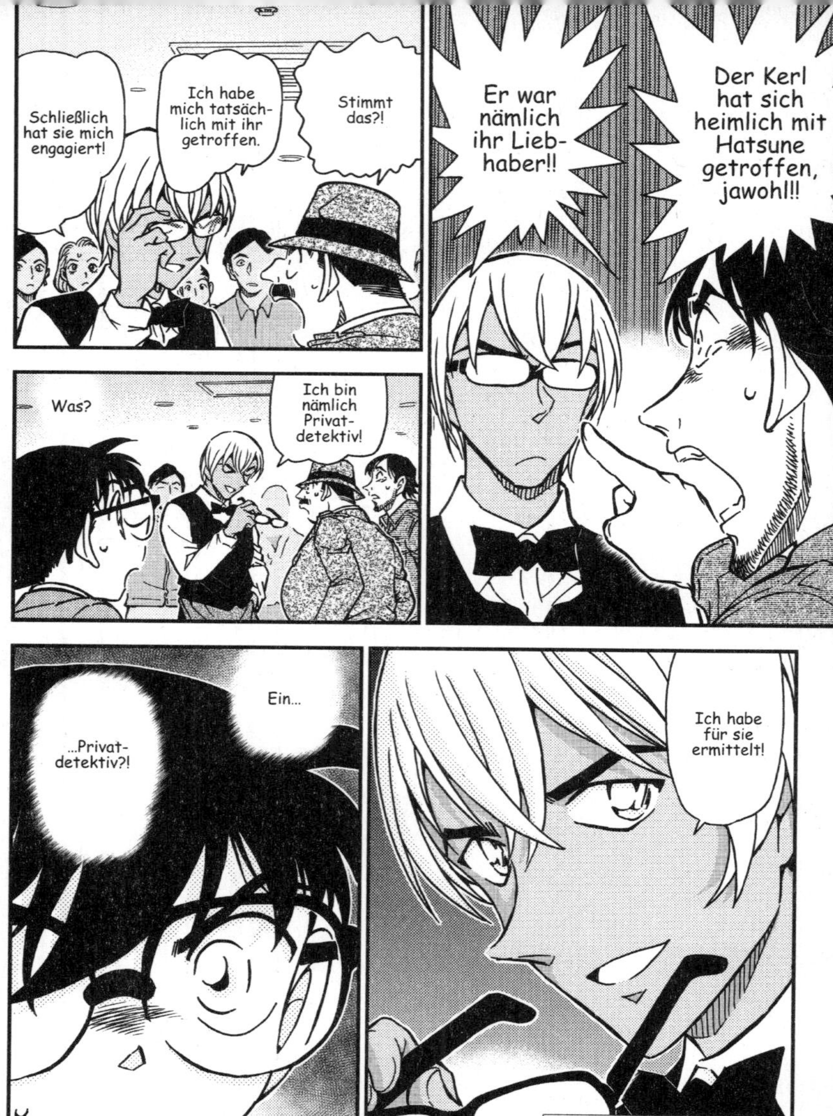
Der Kerl hat sich heimlich mit Hatsune getroffen, jawohl!!
Er war nämlich ihr Lieb-haber!!
Stimmt das?!
Ich habe mich tatsäch-lich mit ihr getroffen.
Schließlich hat sie mich engagiert!
Ich bin nämlich Privat-detektiv!
Was?
Ich habe für sie ermittelt!
TORU AMURO (29) - PRIVAT-DETEKTIV
Ein...
...Privat-detektiv?!

FALL 2
AKTE 1 HOCHZEITSFEIER
Erbinformation

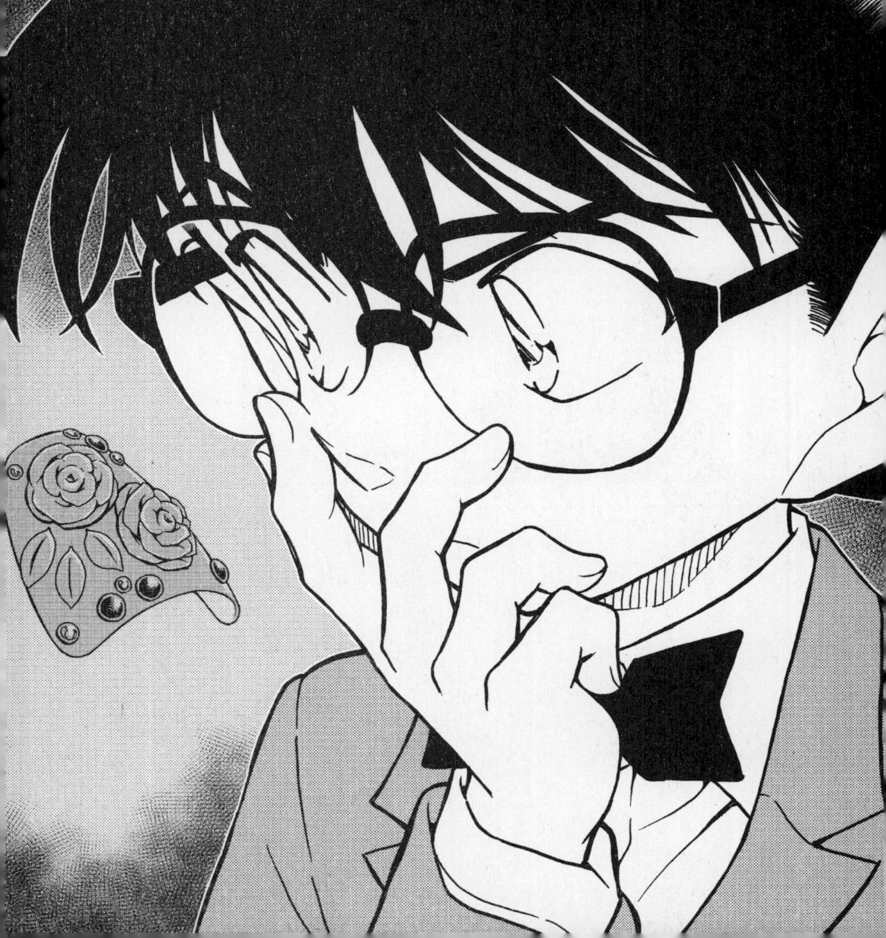

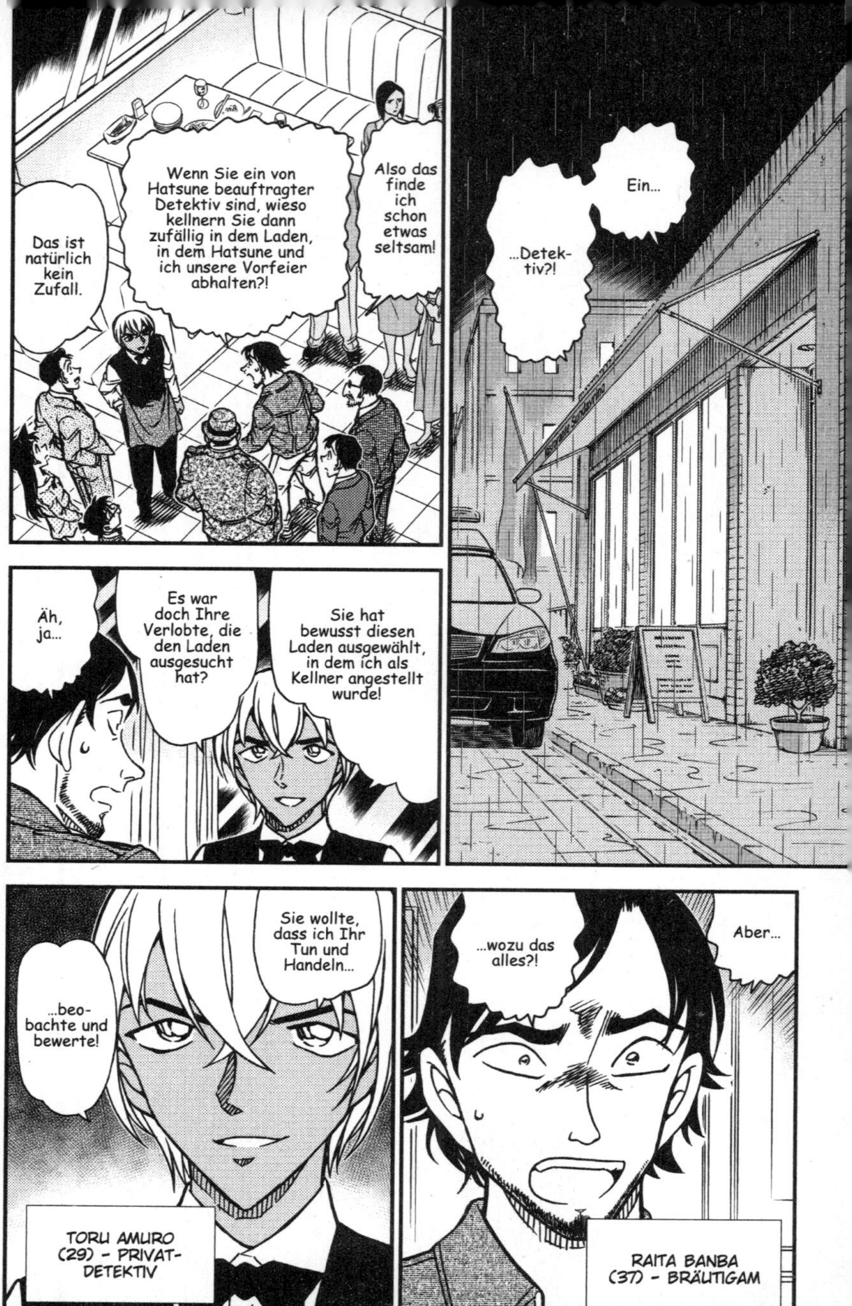

Ein...
...Detektiv?!
Also das finde ich schon etwas seltsam!
Wenn Sie ein von Hatsune beauftragter Detektiv sind, wieso kellnern Sie dann zufällig in dem Laden, in dem Hatsune und ich unsere Vorfeier abhalten?!
Das ist natürlich kein Zufall.
Es war doch Ihre Verlobte, die den Laden ausgesucht hat?
Äh, ja...
Sie hat bewusst diesen Laden ausgewählt, in dem ich als Kellner angestellt wurde!

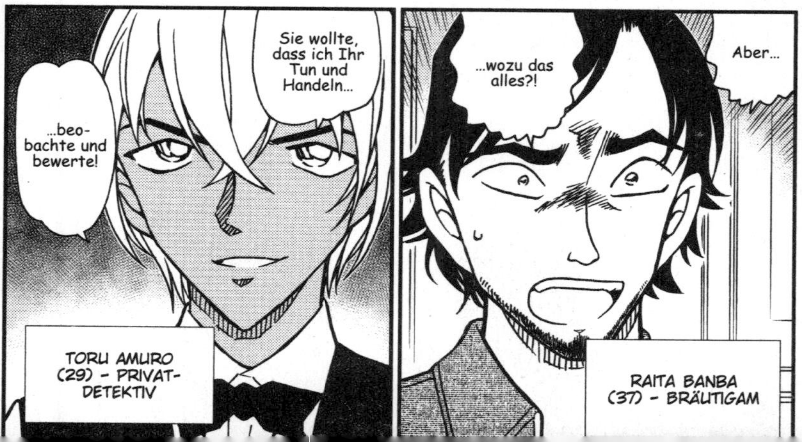

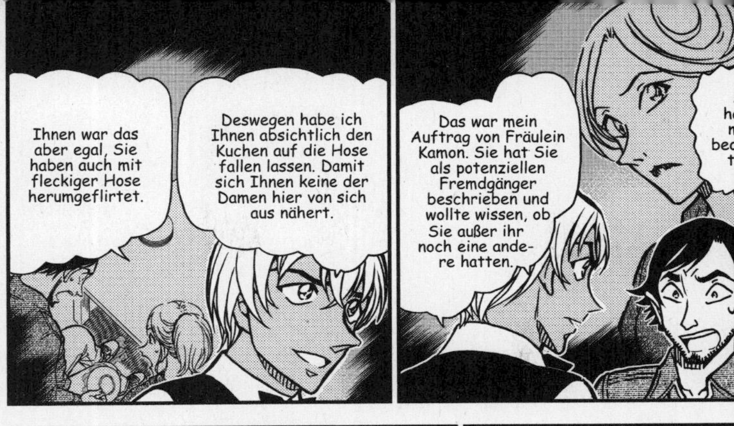
Sie haben mich beobachtet?!
Das war mein Auftrag von Fräulein Kamon. Sie hat Sie als potenziellen Fremdgänger beschrieben und wollte wissen, ob Sie außer ihr noch eine andere hatten.
Deswegen habe ich Ihnen absichtlich den Kuchen auf die Hose fallen lassen. Damit sich Ihnen keine der Damen hier von sich aus nähert.
Ihnen war das aber egal, Sie haben auch mit fleckiger Hose herumgeflirtet.

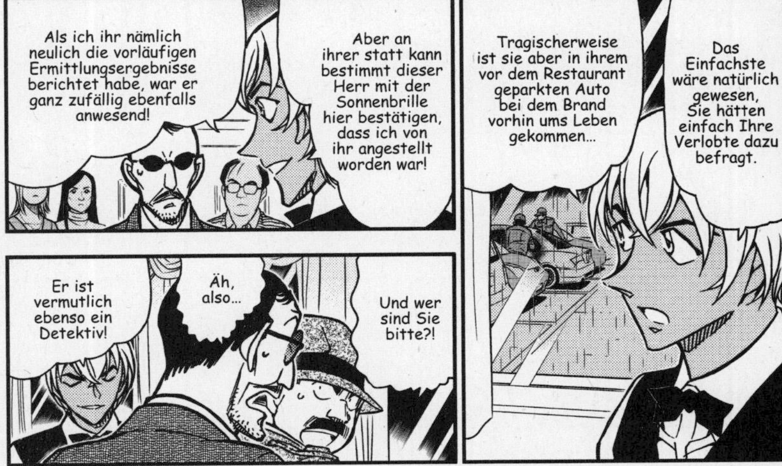
Das Einfachste wäre natürlich gewesen, Sie hätten einfach Ihre Verlobte dazu befragt.
Tragischerweise ist sie aber in ihrem vor dem Restaurant geparkten Auto bei dem Brand vorhin ums Leben gekommen...
Aber an ihrer statt kann bestimmt dieser Herr mit der Sonnenbrille hier bestätigen, dass ich von ihr angestellt worden war!
Als ich ihr nämlich neulich die vorläufigen Ermittlungsergebnisse berichtet habe, war er ganz zufällig ebenfalls anwesend!
Und wer sind Sie bitte?!
Äh, also...
Er ist vermutlich ebenso ein Detektiv!

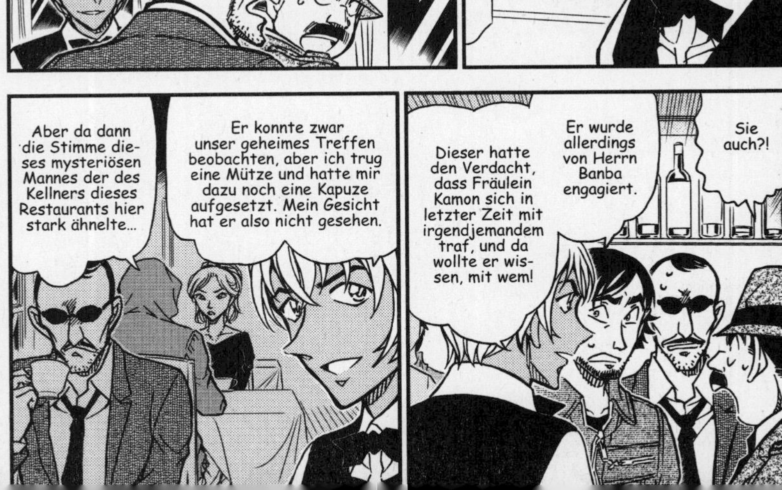
Sie auch?!
Er wurde allerdings von Herrn Banba engagiert.
Dieser hatte den Verdacht, dass Fräulein Kamon sich in letzter Zeit mit irgendjemandem traf, und da wollte er wissen, mit wem!
Er konnte zwar unser geheimes Treffen beobachten, aber ich trug eine Mütze und hatte mir dazu noch eine Kapuze aufgesetzt. Mein Gesicht hat er also nicht gesehen.
Aber da dann die Stimme dieses mysteriösen Mannes der des Kellners dieses Restaurants hier stark ähnelte...

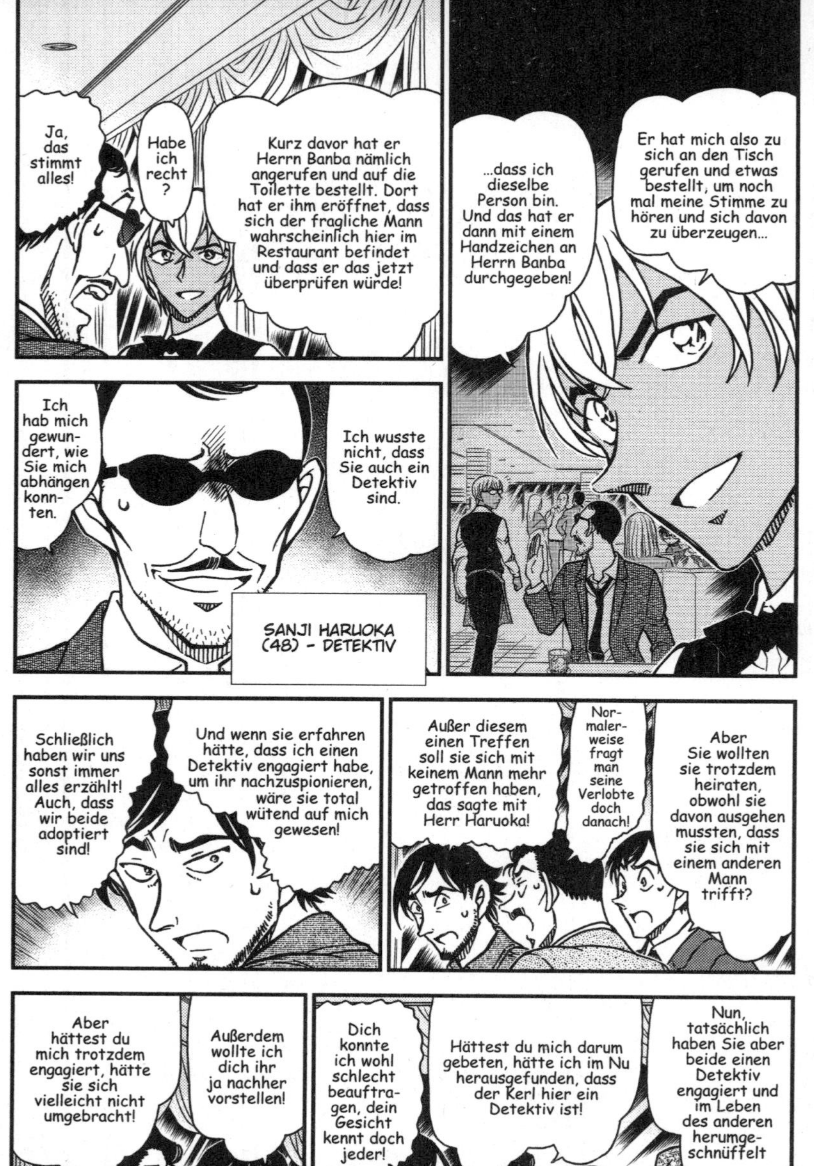
Er hat mich also zu sich an den Tisch gerufen und etwas bestellt, um noch mal meine Stimme zu hören und sich davon zu überzeugen...
...dass ich dieselbe Person bin. Und das hat er dann mit einem Handzeichen an Herrn Banba durchgegeben!
Kurz davor hat er Herrn Banba nämlich angerufen und auf die Toilette bestellt. Dort hat er ihm eröffnet, dass sich der fragliche Mann wahrscheinlich hier im Restaurant befindet und dass er das jetzt überprüfen würde!
Habe ich recht?
Ja, das stimmt alles!
Ich wusste nicht, dass Sie auch ein Detektiv sind.
Ich hab mich gewundert, wie Sie mich abhängen konnten.
SANJI HARUOKA (48) - DETEKTIV
Aber Sie wollten sie trotzdem heiraten, obwohl sie davon ausgehen mussten, dass sie sich mit einem anderen Mann trifft?
Normalerweise fragt man seine Verlobte doch danach!
Außer diesem einen Treffen soll sie sich mit keinem Mann mehr getroffen haben, das sagte mit Herr Haruoka!
Und wenn sie erfahren hätte, dass ich einen Detektiv engagiert habe, um ihr nachzuspionieren, wäre sie total wütend auf mich gewesen!
Schließlich haben wir uns sonst immer alles erzählt! Auch, dass wir beide adoptiert sind!
Nun, tatsächlich haben Sie aber beide einen Detektiv engagiert und im Leben des anderen herumgeschnüffelt ...
Hättest du mich darum gebeten, hätte ich im Nu herausgefunden, dass der Kerl hier ein Detektiv ist!
Dich konnte ich wohl schlecht beauftragen, dein Gesicht kennt doch jeder!
Außerdem wollte ich dich ihr ja nachher vorstellen!
Aber hättest du mich trotzdem engagiert, hätte sie sich vielleicht nicht umgebracht!

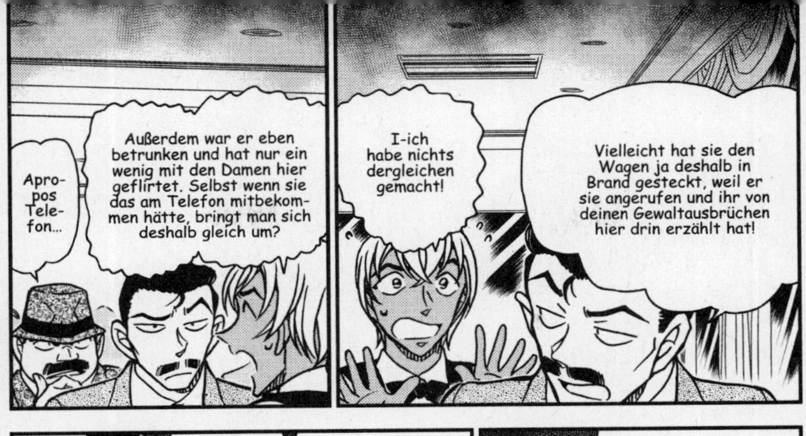
Vielleicht hat sie den Wagen ja deshalb in Brand gesteckt, weil er sie angerufen und ihr von deinen Gewaltausbrüchen hier drin erzählt hat!
I-ich habe nichts dergleichen gemacht!
Außerdem war er eben betrunken und hat nur ein wenig mit den Damen hier geflirtet. Selbst wenn sie das am Telefon mitbekommen hätte, bringt man sich deshalb gleich um?
Apropos Telefon...

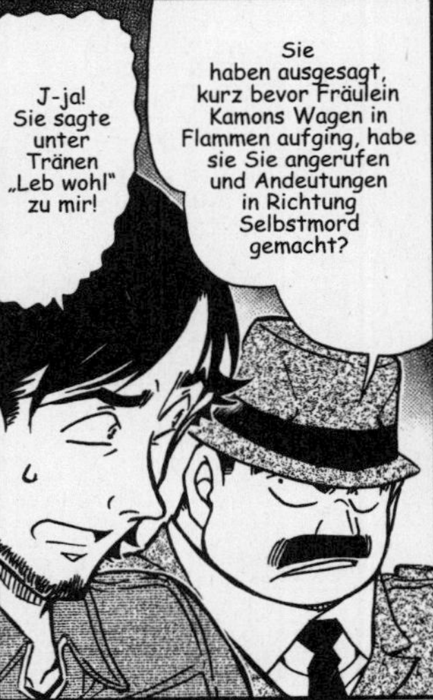
Sie haben ausgesagt, kurz bevor Fräulein Kamons Wagen in Flammen aufging, habe sie Sie angerufen und Andeutungen in Richtung Selbstmord gemacht?
J-ja! Sie sagte unter Tränen „Leb wohl" zu mir!

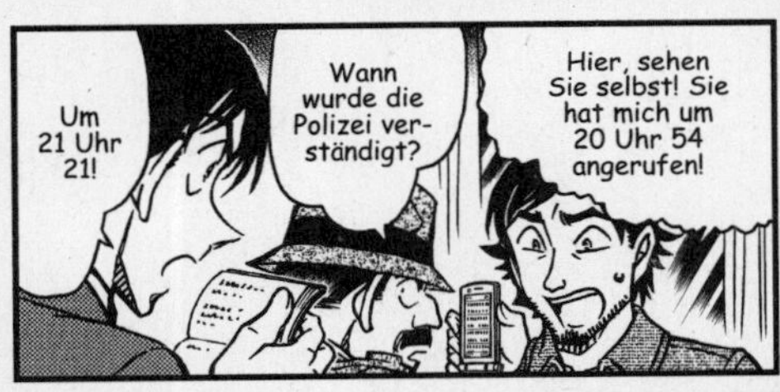
Hier, sehen Sie selbst! Sie hat mich um 20 Uhr 54 angerufen!
Wann wurde die Polizei verständigt?
Um 21 Uhr 21!

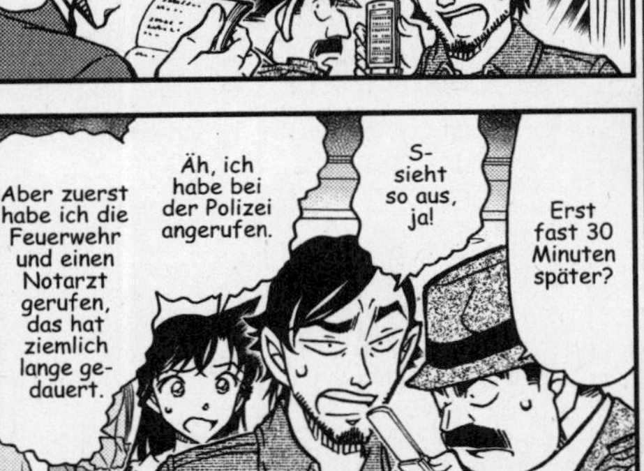
Erst fast 30 Minuten später?
S-sieht so aus, ja!
Äh, ich habe bei der Polizei angerufen.
Aber zuerst habe ich die Feuerwehr und einen Notarzt gerufen, das hat ziemlich lange gedauert.

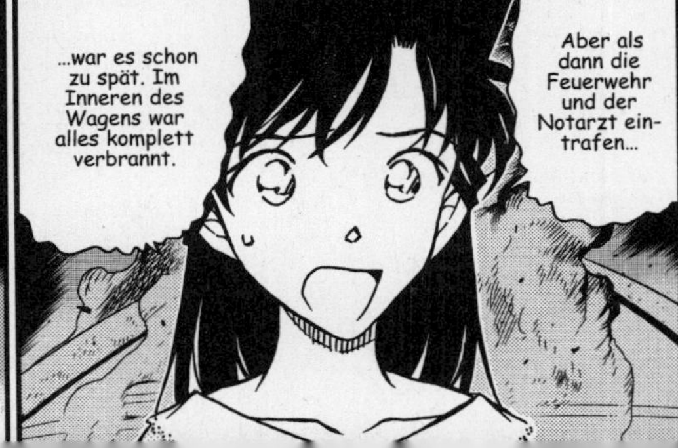
Aber als dann die Feuerwehr und der Notarzt eintrafen...
...war es schon zu spät. Im Inneren des Wagens war alles komplett verbrannt.

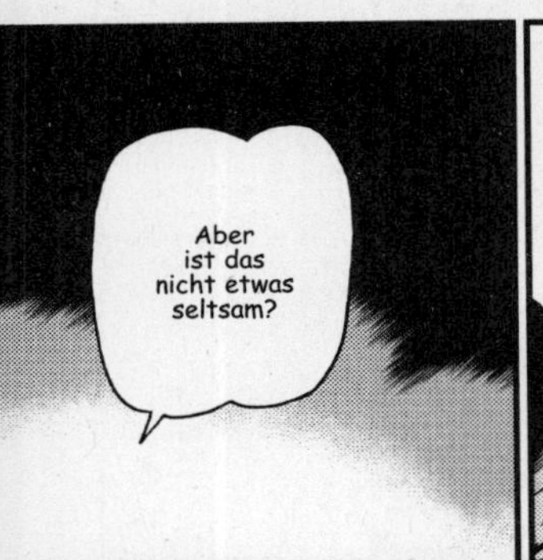
Aber ist das nicht etwas seltsam?

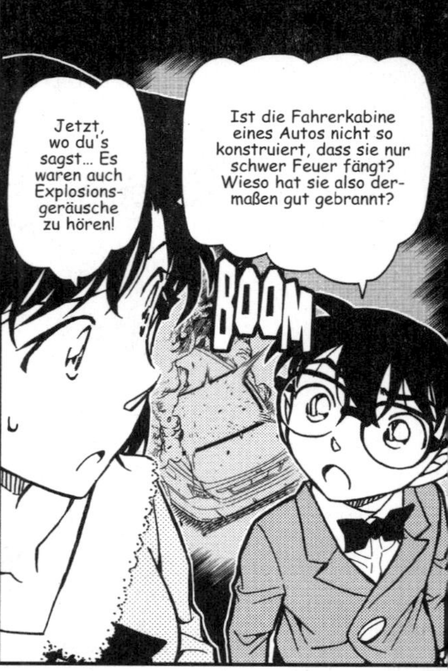
Ist die Fahrerkabine eines Autos nicht so konstruiert, dass sie nur schwer Feuer fängt? Wieso hat sie also dermaßen gut gebrannt?
Jetzt, wo du's sagst... Es waren auch Explosionsgeräusche zu hören!
BOOM

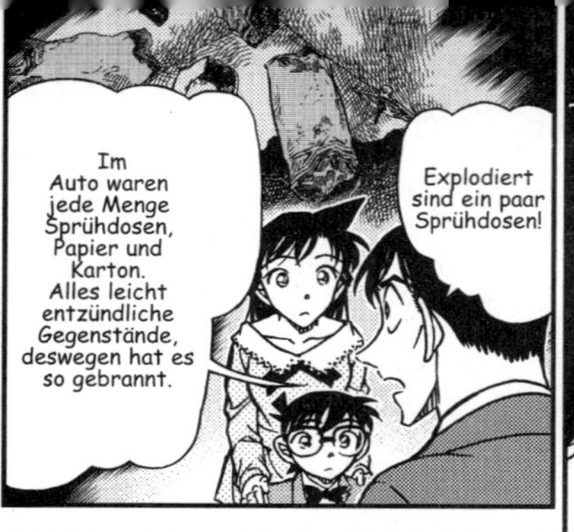
Explodiert sind ein paar Sprühdosen!
Im Auto waren jede Menge Sprühdosen, Papier und Karton. Alles leicht entzündliche Gegenstände, deswegen hat es so gebrannt.

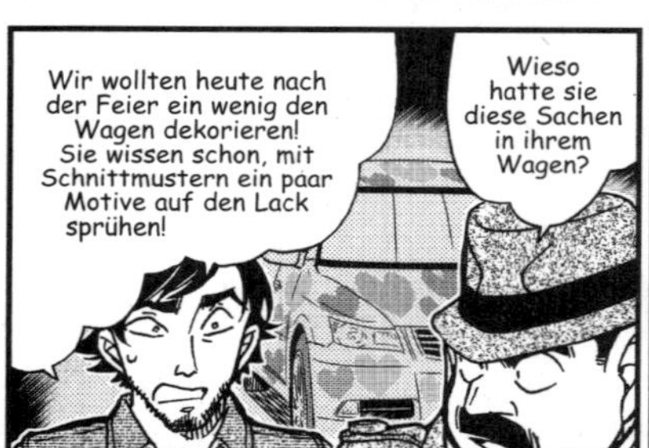
Wieso hatte sie diese Sachen in ihrem Wagen?
Wir wollten heute nach der Feier ein wenig den Wagen dekorieren! Sie wissen schon, mit Schnittmustern ein paar Motive auf den Lack sprühen!

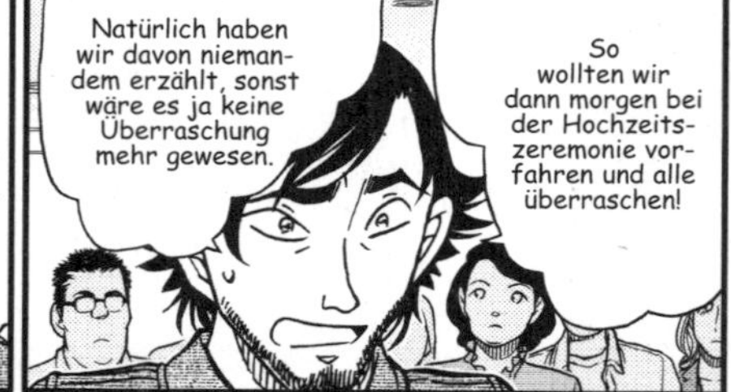
So wollten wir dann morgen bei der Hochzeitszeremonie vorfahren und alle überraschen!
Natürlich haben wir davon niemandem erzählt, sonst wäre es ja keine Überraschung mehr gewesen.

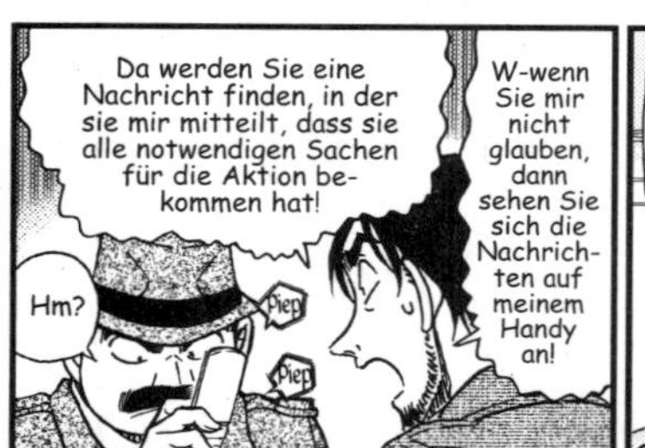
W-wenn Sie mir nicht glauben, dann sehen Sie sich die Nachrichten auf meinem Handy an!
Da werden Sie eine Nachricht finden, in der sie mir mitteilt, dass sie alle notwendigen Sachen für die Aktion bekommen hat!
Piep
Piep
Hm?

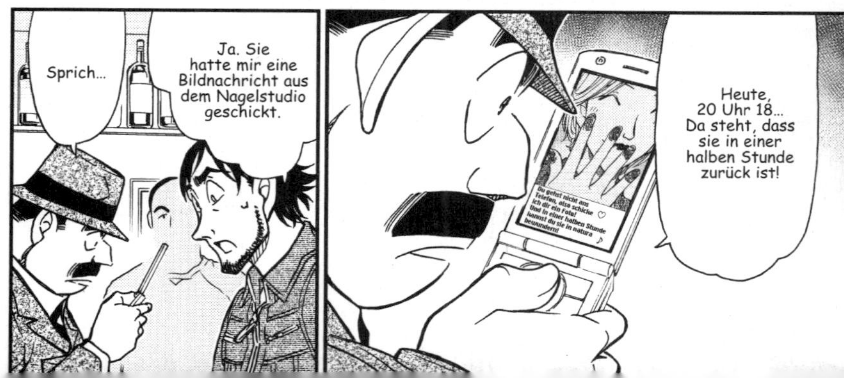
Sprich...
Ja. Sie hatte mir eine Bildnachricht aus dem Nagelstudio geschickt.
Du gehst nicht ans Telefon, also schicke ich dir ein Foto! ♡ Und in einer halben Stunde kannst du sie in natura bewundern! ♪
Heute, 20 Uhr 18... Da steht, dass sie in einer halben Stunde zurück ist!

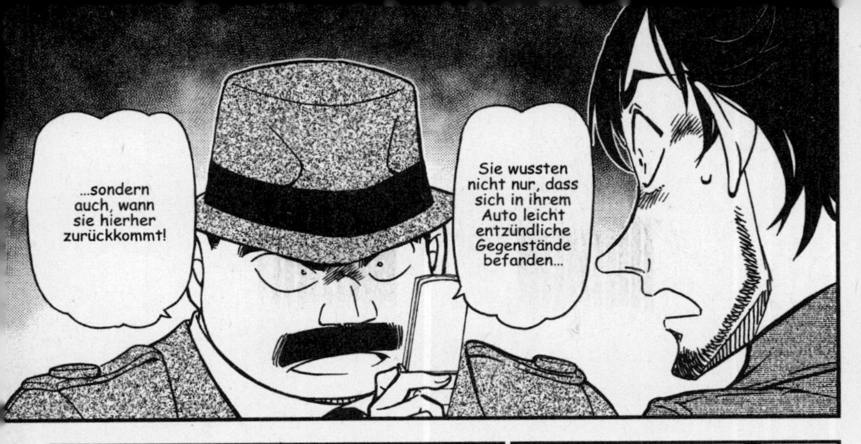

Sie wussten nicht nur, dass sich in ihrem Auto leicht entzündliche Gegenstände befanden...
...sondern auch, wann sie hierher zurückkommt!

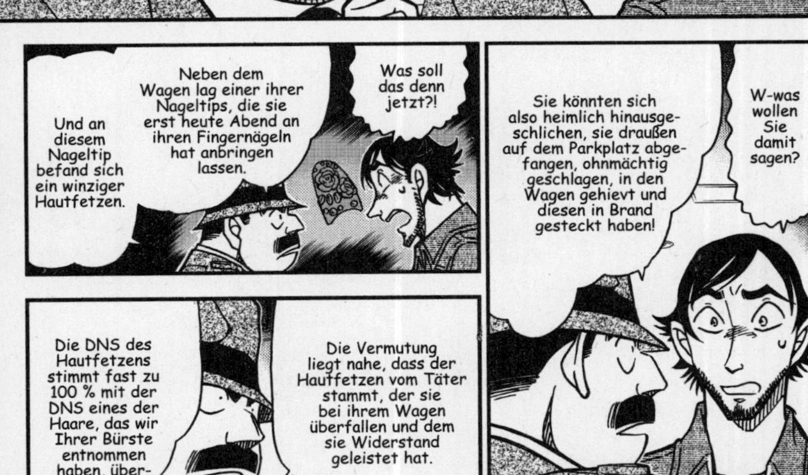

W-was wollen Sie damit sagen?
Sie könnten sich also heimlich hinausgeschlichen, sie draußen auf dem Parkplatz abgefangen, ohnmächtig geschlagen, in den Wagen gehievt und diesen in Brand gesteckt haben!
Was soll das denn jetzt?!
Neben dem Wagen lag einer ihrer Nageltips, die sie erst heute Abend an ihren Fingernägeln hat anbringen lassen.
Und an diesem Nageltip befand sich ein winziger Hautfetzen.
Die Vermutung liegt nahe, dass der Hautfetzen vom Täter stammt, der sie bei ihrem Wagen überfallen und dem sie Widerstand geleistet hat.
Die DNS des Hautfetzens stimmt fast zu 100 % mit der DNS eines der Haare, das wir Ihrer Bürste entnommen haben, überein.

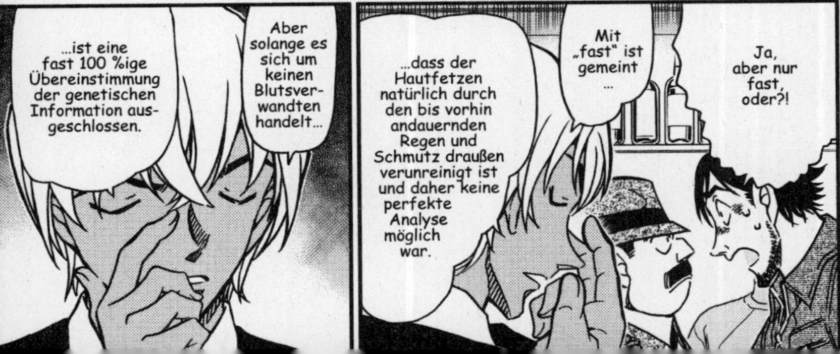

Ja, aber nur fast, oder?!
Mit „fast" ist gemeint ...
...dass der Hautfetzen natürlich durch den bis vorhin andauernden Regen und Schmutz draußen verunreinigt ist und daher keine perfekte Analyse möglich war.
Aber solange es sich um keinen Blutsverwandten handelt...
...ist eine fast 100 %ige Übereinstimmung der genetischen Information ausgeschlossen.

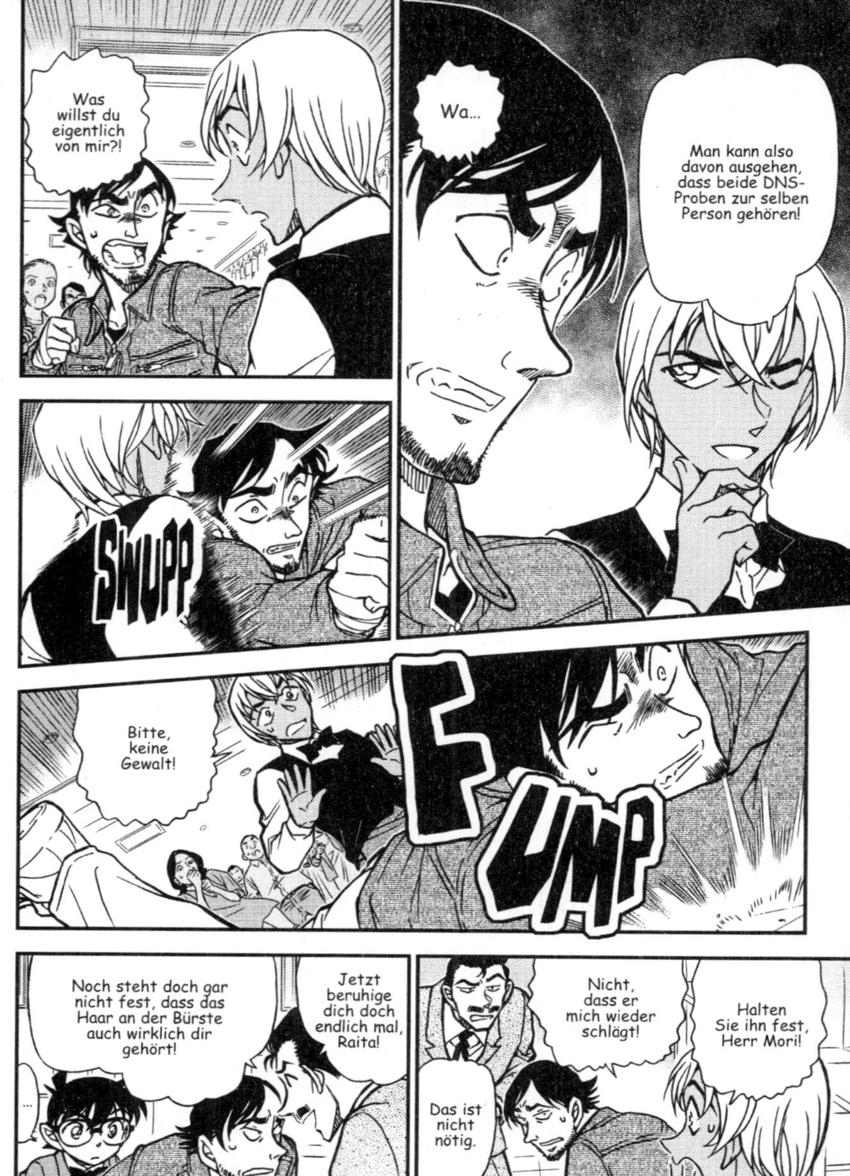
Man kann also davon ausgehen, dass beide DNS-Proben zur selben Person gehören!
Wa...
Was willst du eigentlich von mir?!
SWUPP
FUMP
Bitte, keine Gewalt!
Halten Sie ihn fest, Herr Mori!
Nicht, dass er mich wieder schlägt!
Das ist nicht nötig.
Jetzt beruhige dich doch endlich mal, Raita!
Noch steht doch gar nicht fest, dass das Haar an der Bürste auch wirklich dir gehört!
...

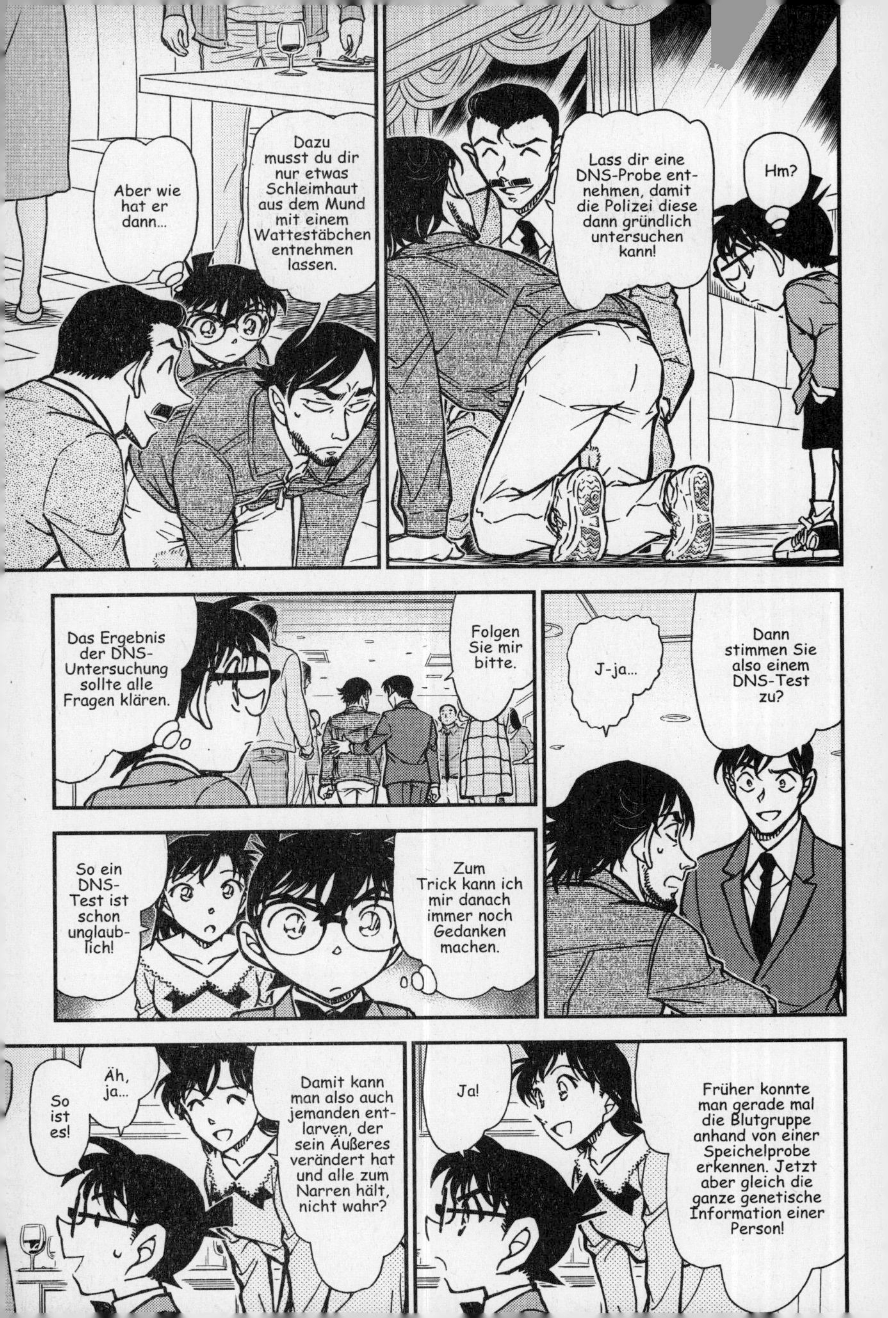

Hm?
Lass dir eine DNS-Probe entnehmen, damit die Polizei diese dann gründlich untersuchen kann!
Dazu musst du dir nur etwas Schleimhaut aus dem Mund mit einem Wattestäbchen entnehmen lassen.
Aber wie hat er dann...

Dann stimmen Sie also einem DNS-Test zu?
J-ja...
Folgen Sie mir bitte.
Das Ergebnis der DNS-Untersuchung sollte alle Fragen klären.
Zum Trick kann ich mir danach immer noch Gedanken machen.
So ein DNS-Test ist schon unglaublich!

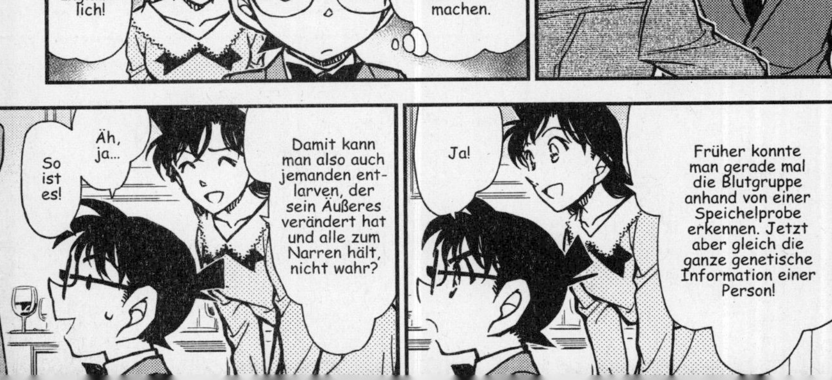

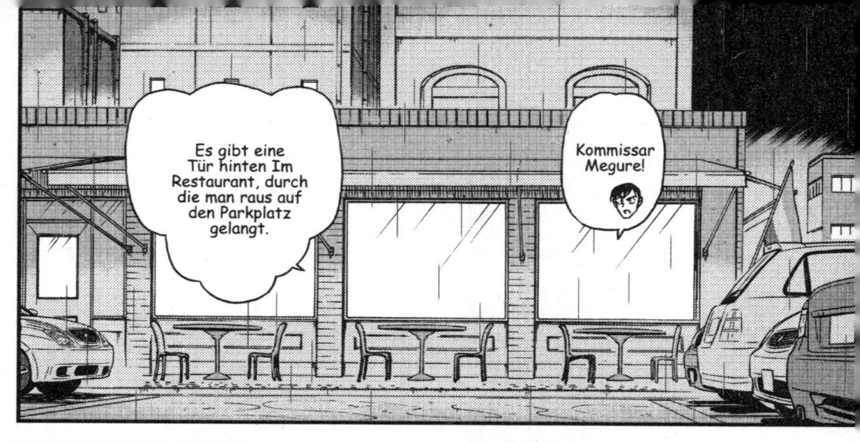

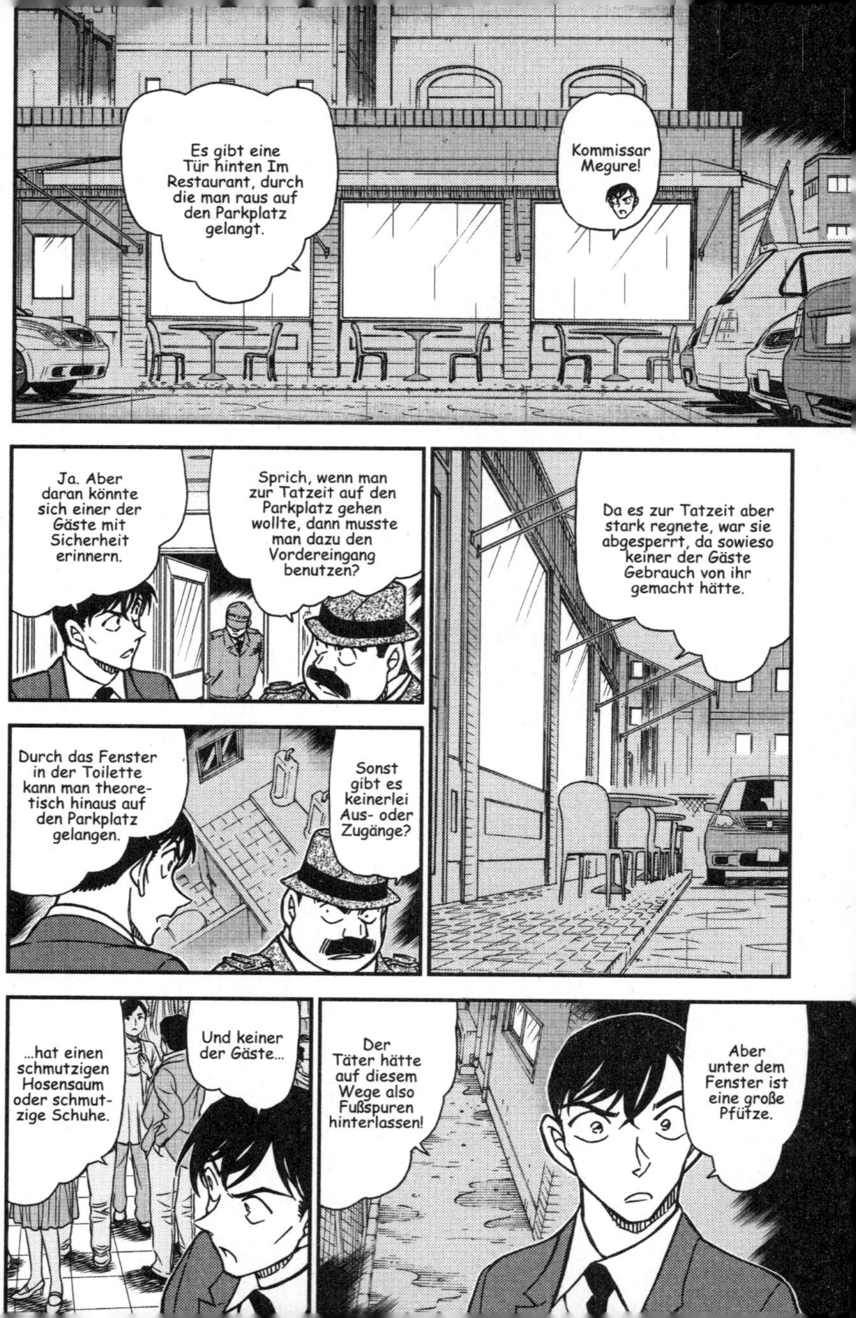

Da es zur Tatzeit aber stark regnete, war sie abgesperrt, da sowieso keiner der Gäste Gebrauch von ihr gemacht hätte.

Sprich, wenn man zur Tatzeit auf den Parkplatz gehen wollte, dann musste man dazu den Vordereingang benutzen?

Ja. Aber daran könnte sich einer der Gäste mit Sicherheit erinnern.

Sonst gibt es keinerlei Aus- oder Zugänge?

Durch das Fenster in der Toilette kann man theoretisch hinaus auf den Parkplatz gelangen.

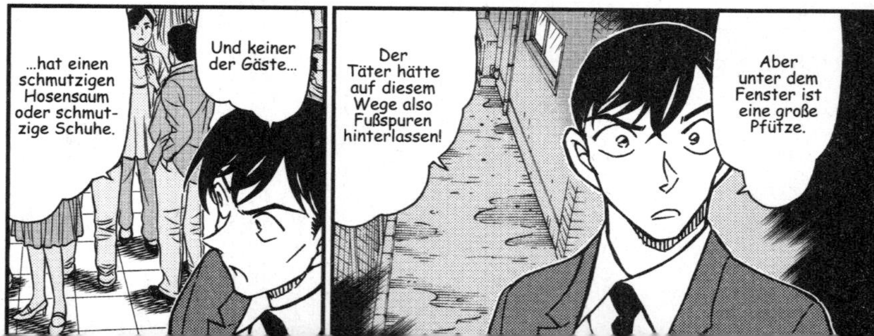

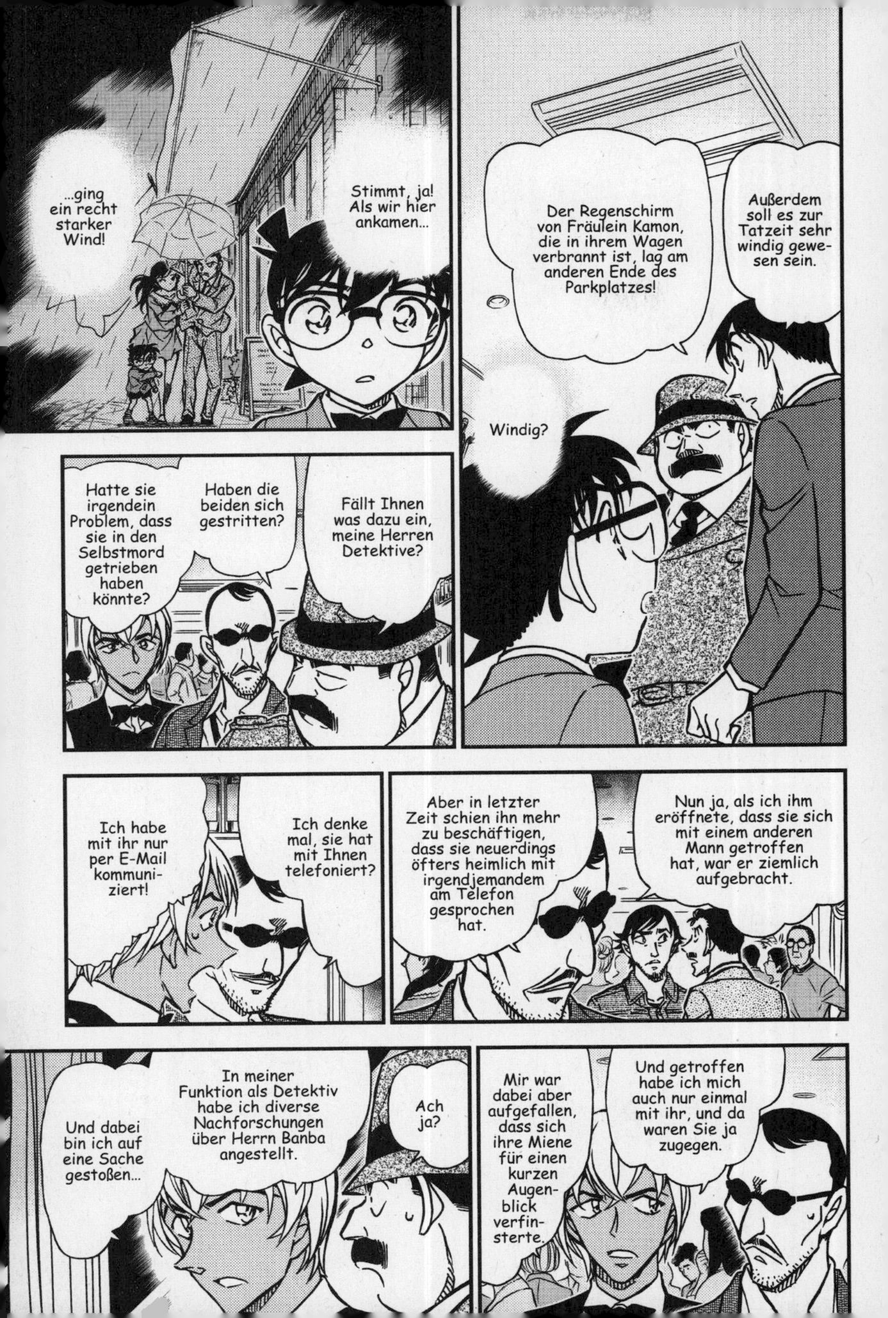

Außerdem soll es zur Tatzeit sehr windig gewesen sein.

Der Regenschirm von Fräulein Kamon, die in ihrem Wagen verbrannt ist, lag am anderen Ende des Parkplatzes!

Windig?

Stimmt, ja! Als wir hier ankamen...

...ging ein recht starker Wind!

Fällt Ihnen was dazu ein, meine Herren Detektive?

Haben die beiden sich gestritten?

Hatte sie irgendein Problem, dass sie in den Selbstmord getrieben haben könnte?

Nun ja, als ich ihm eröffnete, dass sie sich mit einem anderen Mann getroffen hat, war er ziemlich aufgebracht.

Aber in letzter Zeit schien ihn mehr zu beschäftigen, dass sie neuerdings öfters heimlich mit irgendjemandem am Telefon gesprochen hat.

Ich denke mal, sie hat mit Ihnen telefoniert?

Ich habe mit ihr nur per E-Mail kommuniziert!

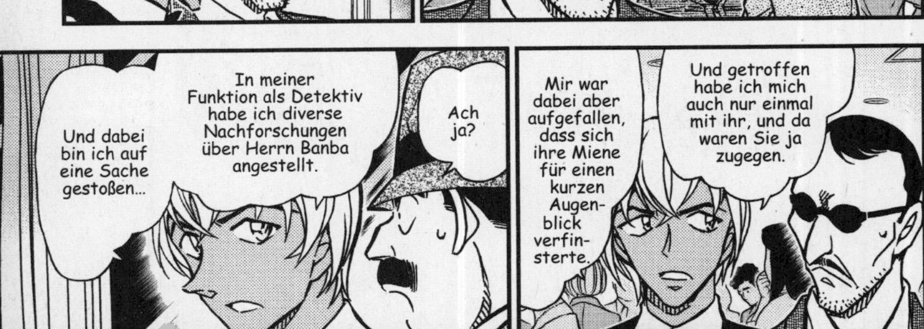

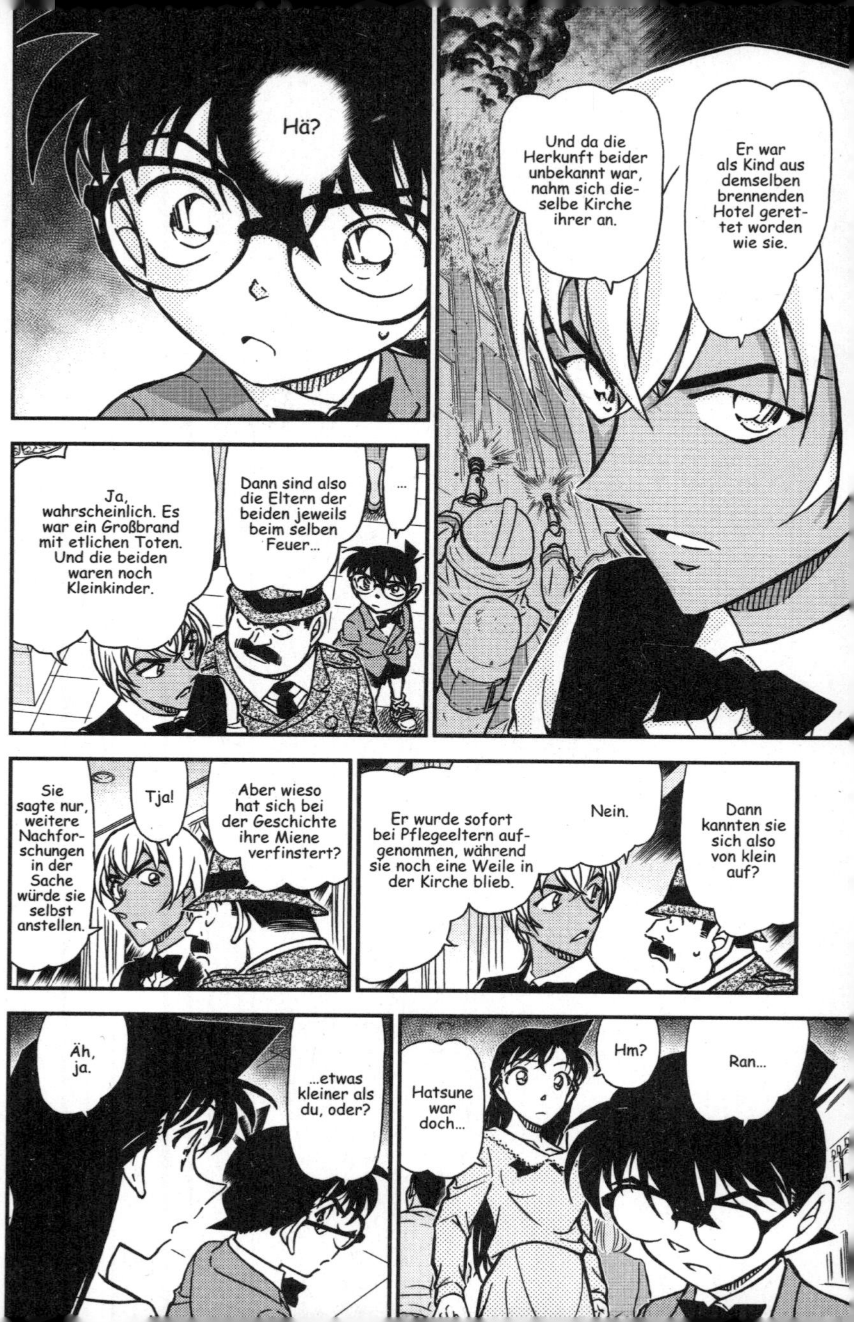

Er war als Kind aus demselben brennenden Hotel gerettet worden wie sie.
Und da die Herkunft beider unbekannt war, nahm sich dieselbe Kirche ihrer an.
Hä?
...
Dann sind also die Eltern der beiden jeweils beim selben Feuer...
Ja, wahrscheinlich. Es war ein Großbrand mit etlichen Toten. Und die beiden waren noch Kleinkinder.

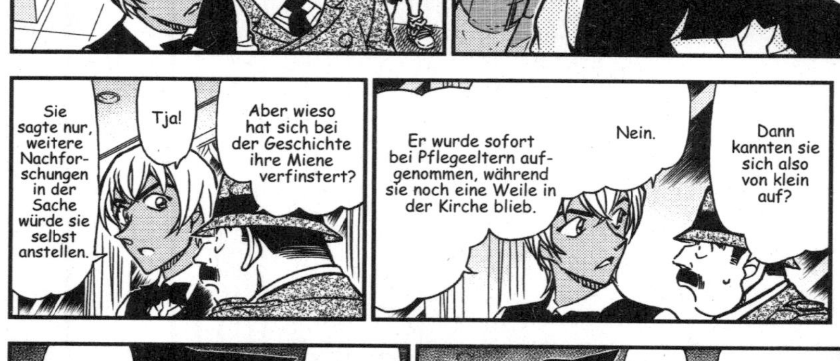

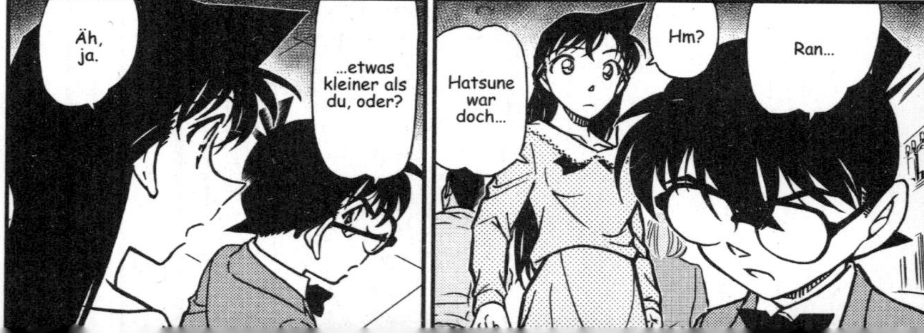

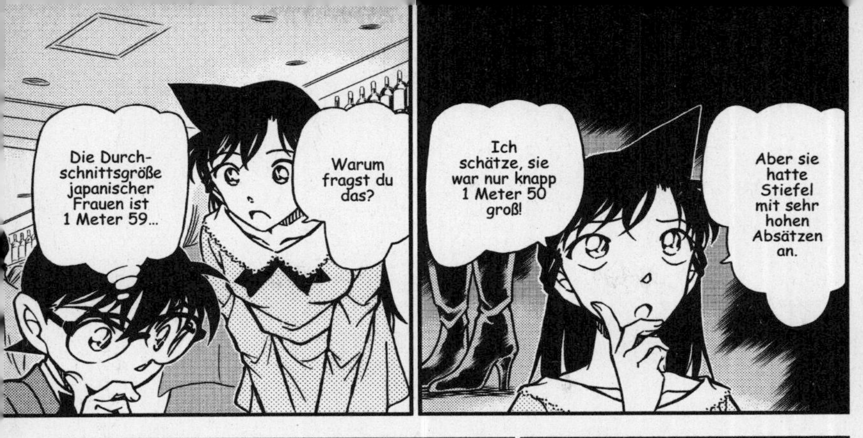
Aber sie hatte Stiefel mit sehr hohen Absätzen an.
Ich schätze, sie war nur knapp 1 Meter 50 groß!
Warum fragst du das?
Die Durchschnittsgröße japanischer Frauen ist 1 Meter 59...

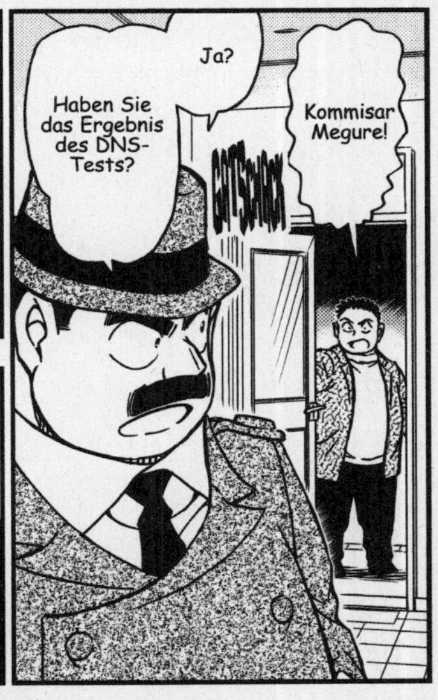
Kommisar Megure!
GATSCHACK
Ja?
Haben Sie das Ergebnis des DNS-Tests?

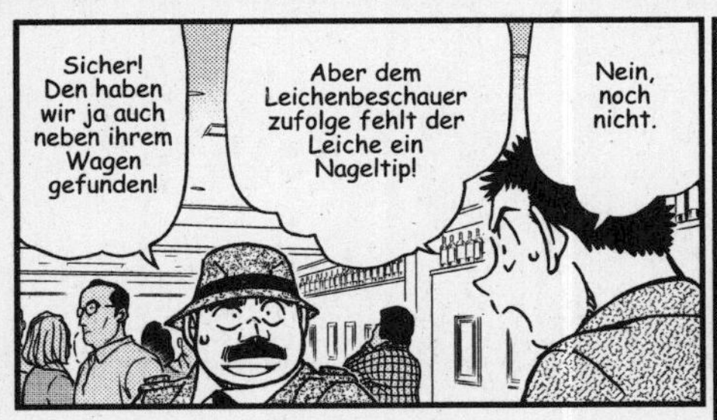
Nein, noch nicht.
Aber dem Leichenbeschauer zufolge fehlt der Leiche ein Nageltip!
Sicher! Den haben wir ja auch neben ihrem Wagen gefunden!

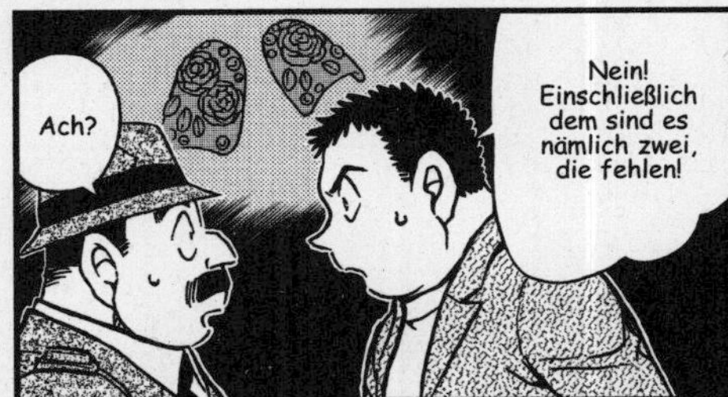
Nein! Einschließlich dem sind es nämlich zwei, die fehlen!
Ach?

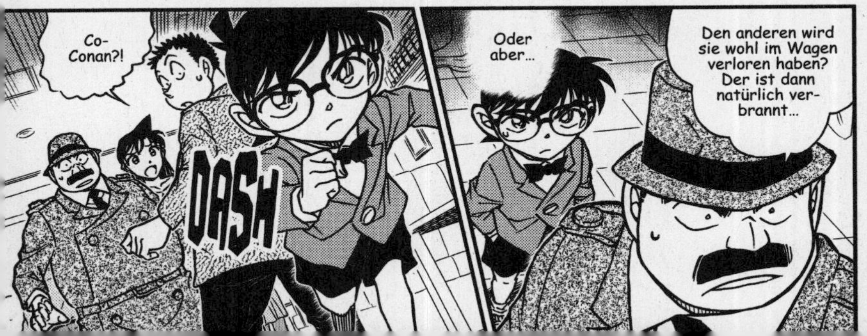
Den anderen wird sie wohl im Wagen verloren haben? Der ist dann natürlich verbrannt...
Oder aber...
Co-Conan?!
DASH

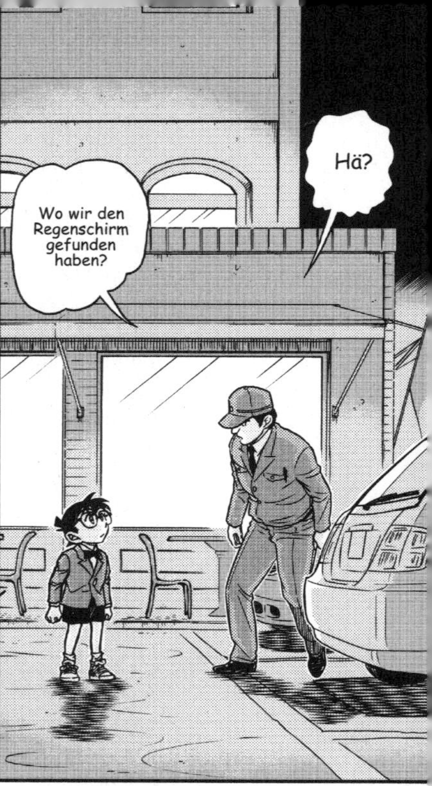
Hä?
Wo wir den Regenschirm gefunden haben?

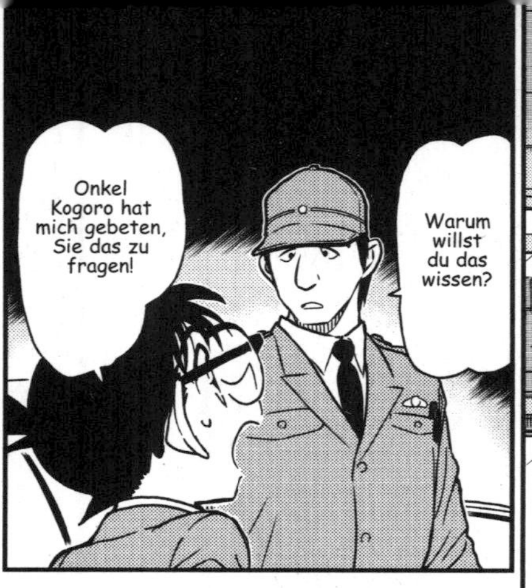
Warum willst du das wissen?
Onkel Kogoro hat mich gebeten, Sie das zu fragen!

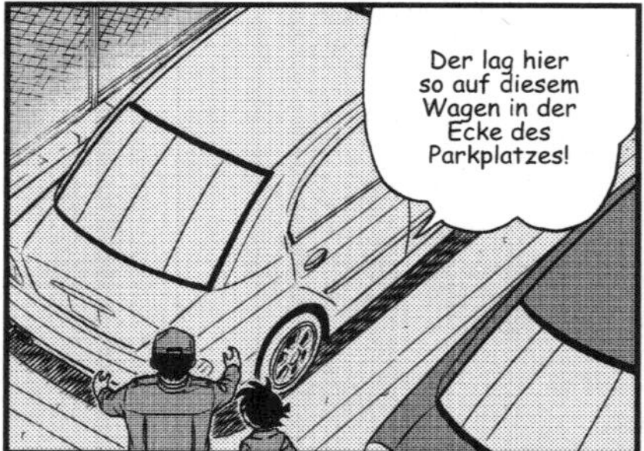
Der lag hier so auf diesem Wagen in der Ecke des Parkplatzes!

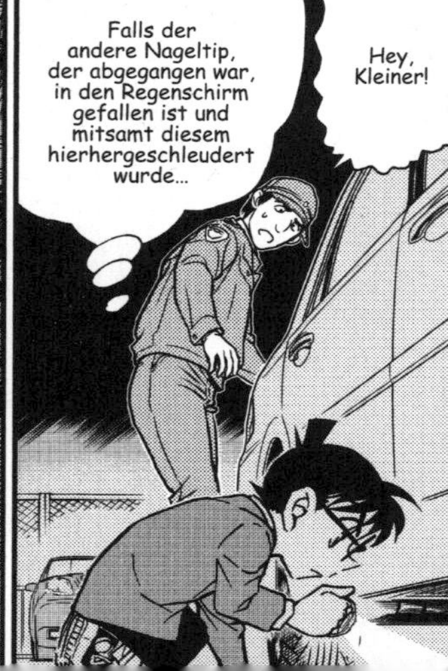
Hey, Kleiner!
Falls der andere Nageltip, der abgegangen war, in den Regenschirm gefallen ist und mitsamt diesem hierhergeschleudert wurde...

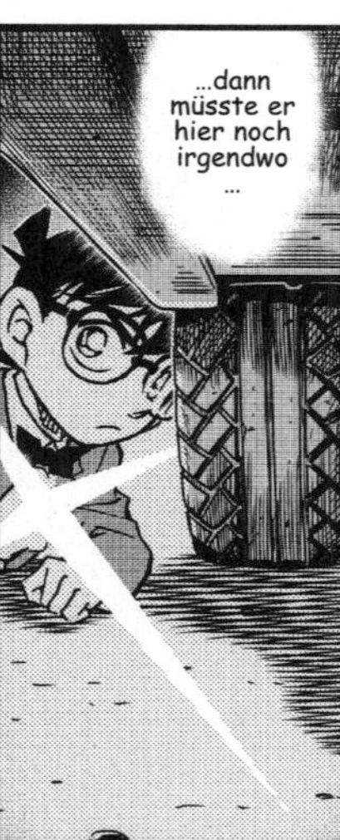
...dann müsste er hier noch irgendwo ...

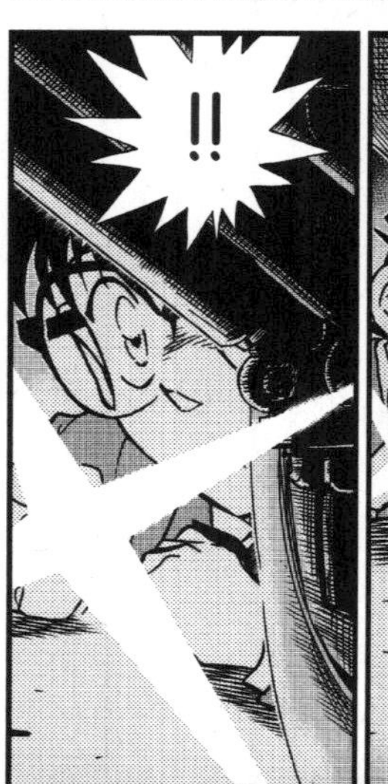
!!

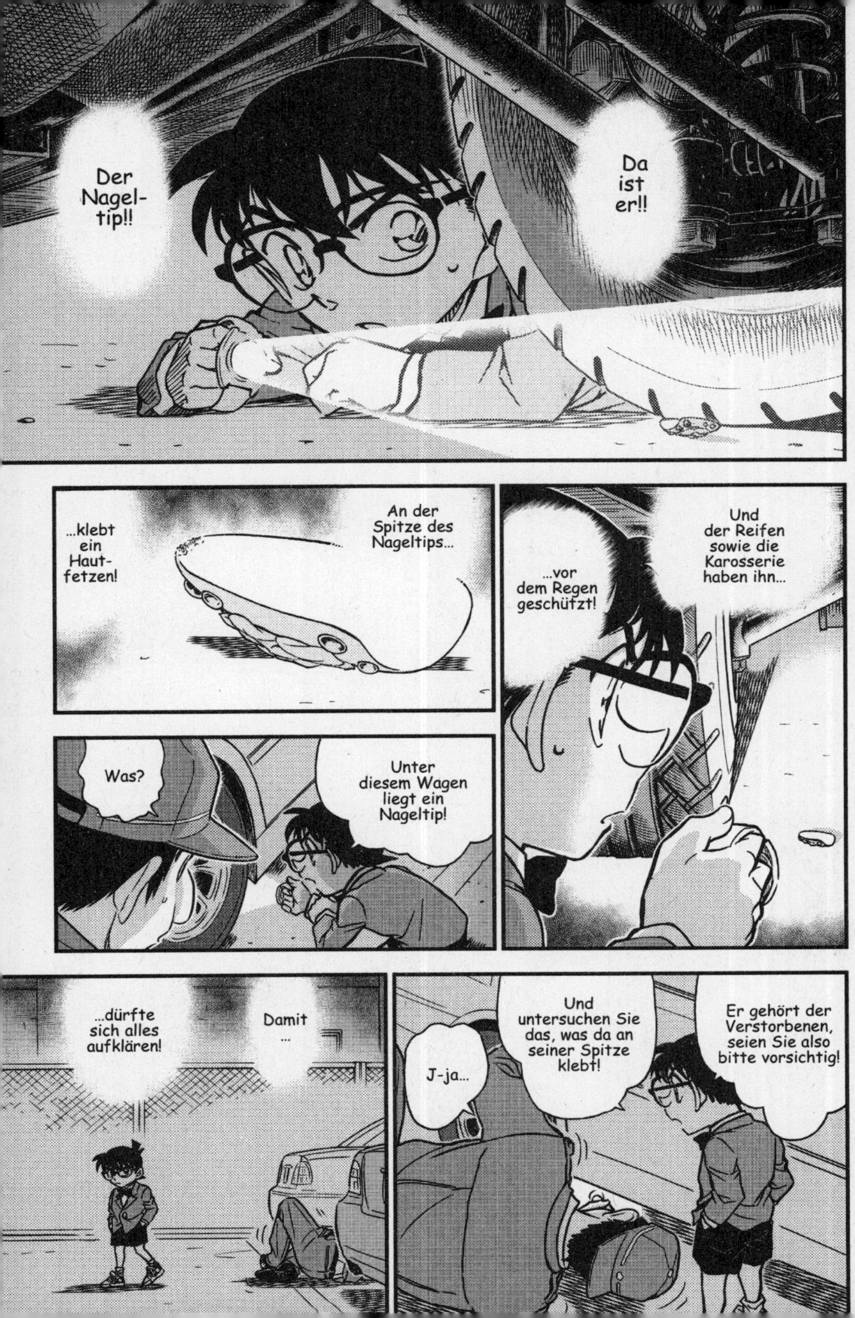

Da ist er!!

Der Nagel-tip!!

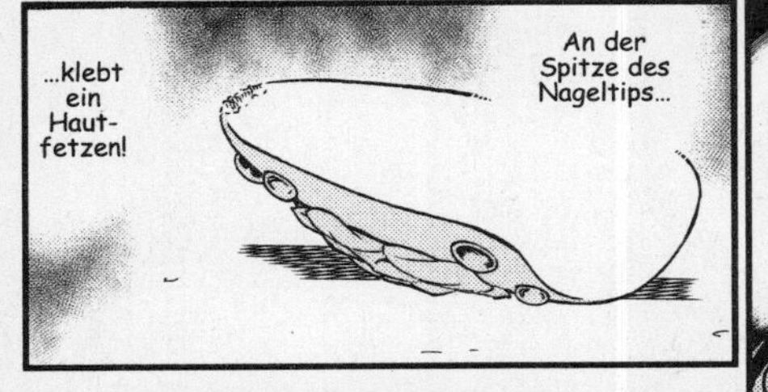

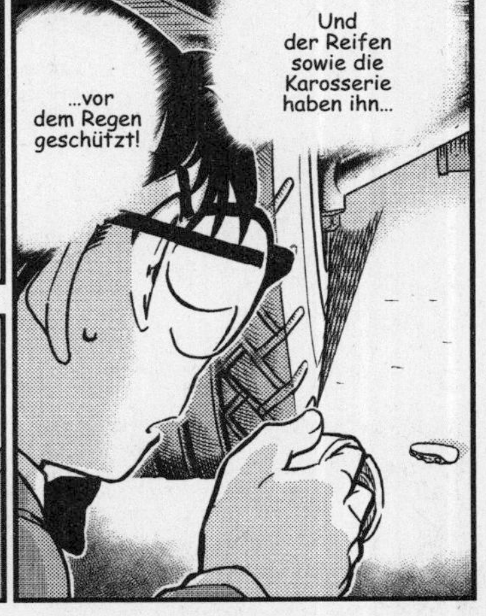

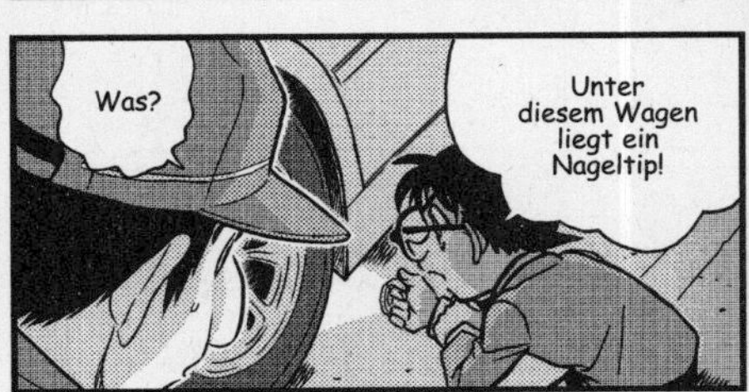

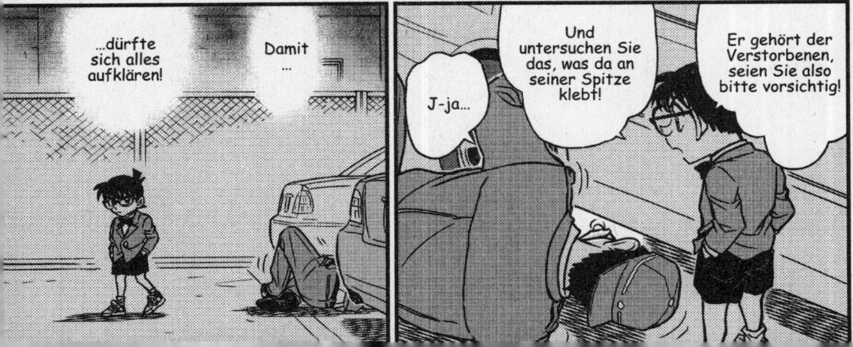

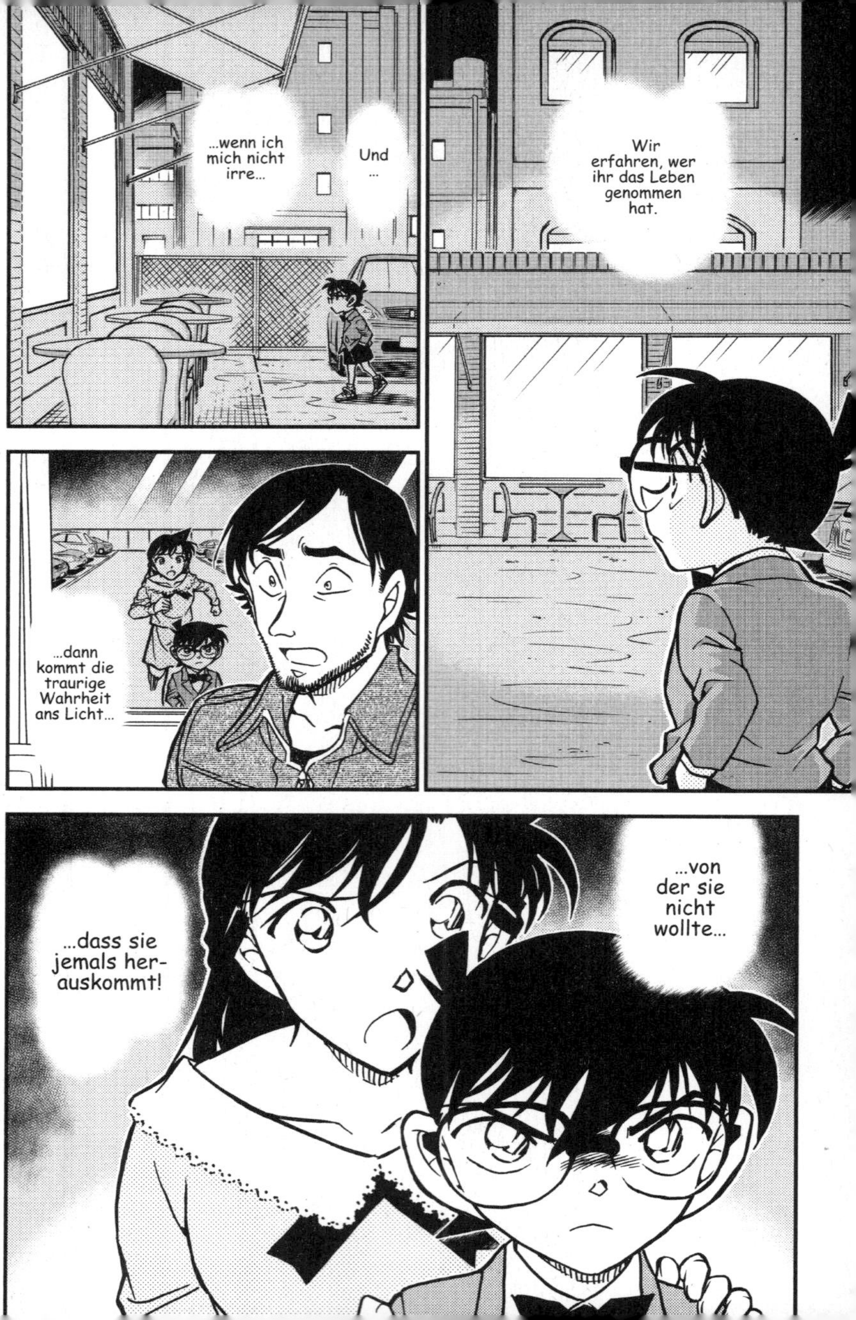

Wir erfahren, wer ihr das Leben genommen hat.

Und ...

...wenn ich mich nicht irre...

...dann kommt die traurige Wahrheit ans Licht...

...von der sie nicht wollte...

...dass sie jemals herauskommt!

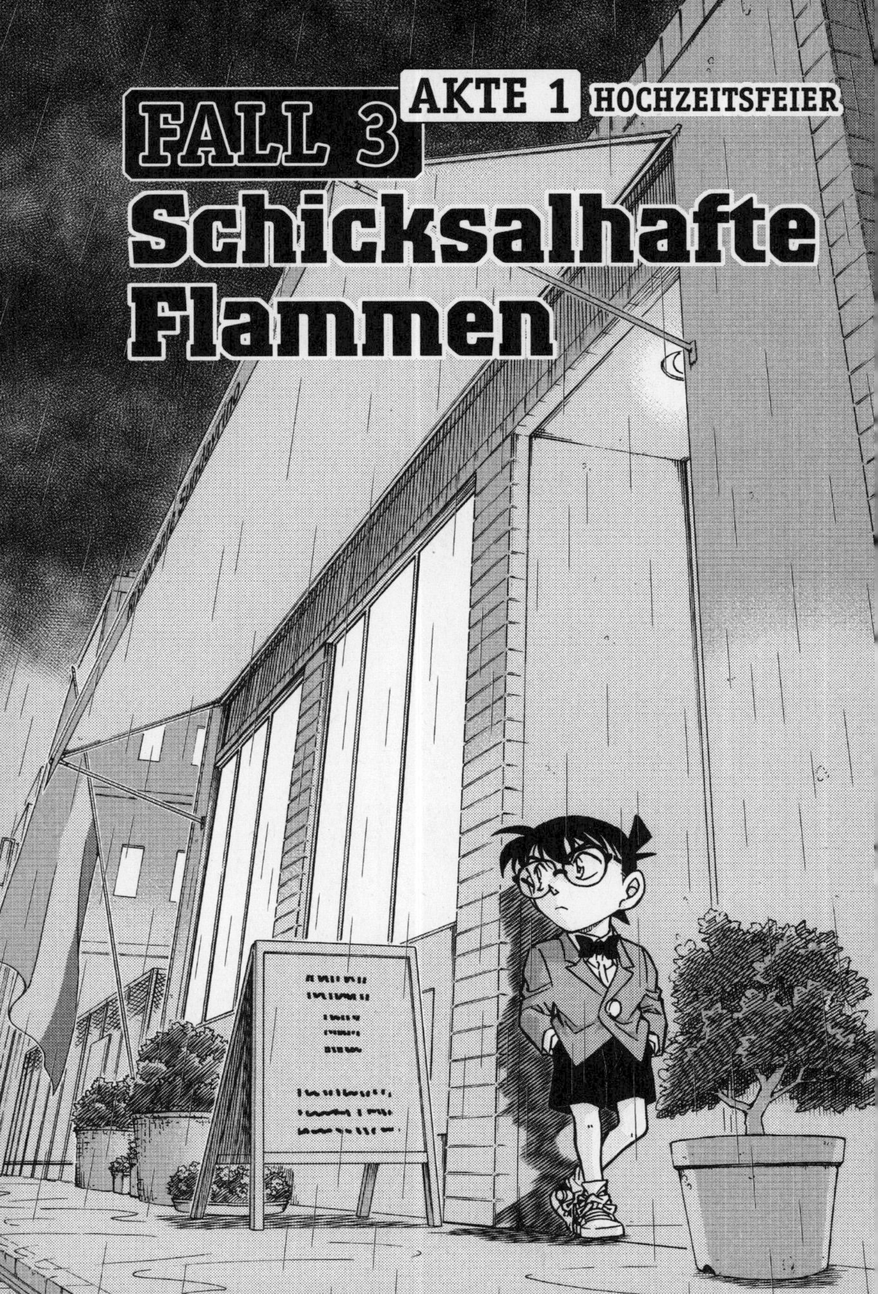
AKTE 1 HOCHZEITSFEIER
FALL 3
Schicksalhafte Flammen

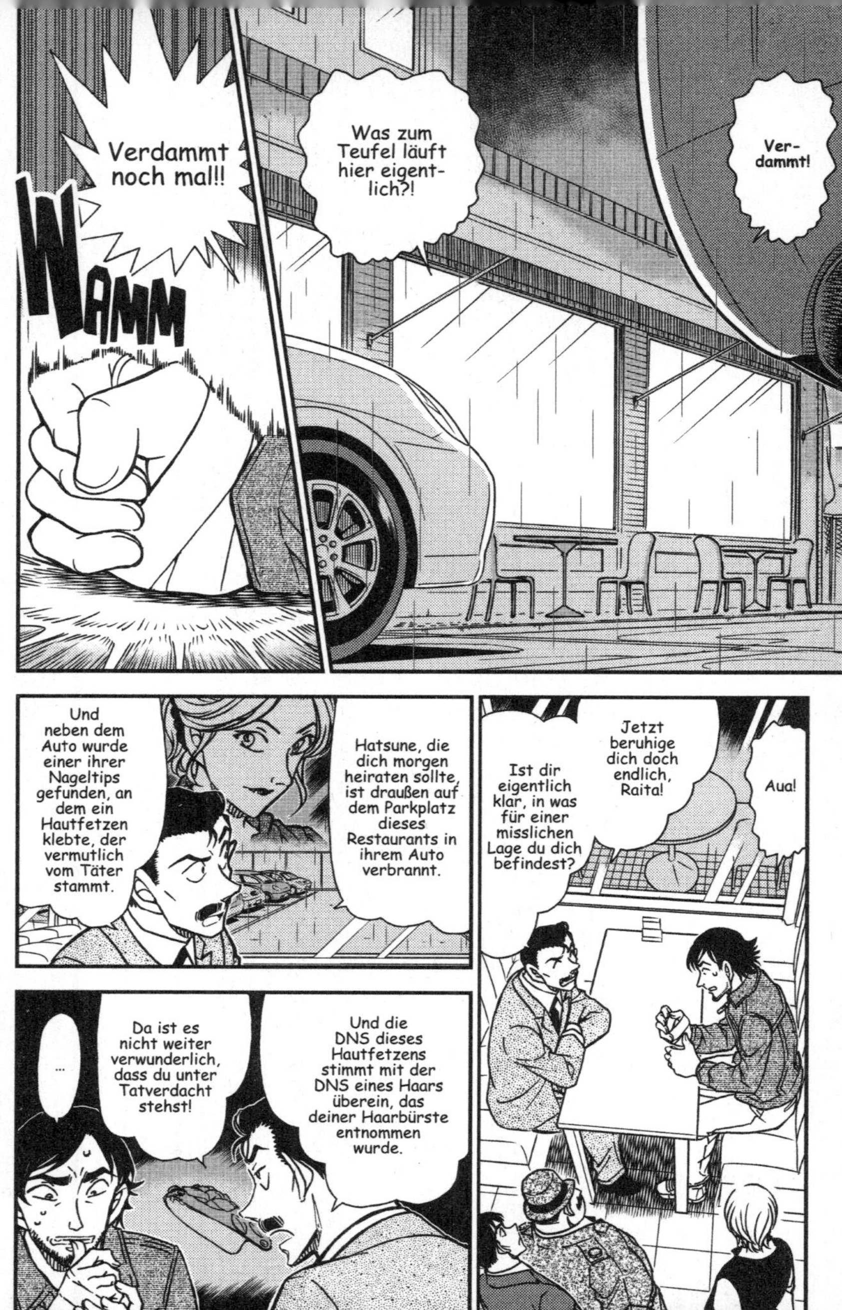
Ver-
dammt!
Was zum Teufel läuft hier eigentlich?!
Verdammt noch mal!!
WAMM
Aua!
Jetzt beruhige dich doch endlich, Raita!
Ist dir eigentlich klar, in was für einer misslichen Lage du dich befindest?
Hatsune, die dich morgen heiraten sollte, ist draußen auf dem Parkplatz dieses Restaurants in ihrem Auto verbrannt.
Und neben dem Auto wurde einer ihrer Nageltips gefunden, an dem ein Hautfetzen klebte, der vermutlich vom Täter stammt.
Und die DNS dieses Hautfetzens stimmt mit der DNS eines Haars überein, das deiner Haarbürste entnommen wurde.
Da ist es nicht weiter verwunderlich, dass du unter Tatverdacht stehst!
...

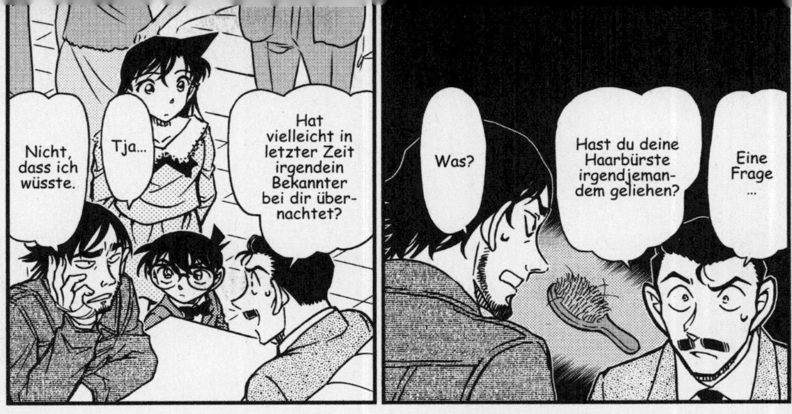

Eine Frage ...
Hast du deine Haarbürste irgendjemandem geliehen?
Was?
Hat vielleicht in letzter Zeit irgendein Bekannter bei dir übernachtet?
Tja...
Nicht, dass ich wüsste.

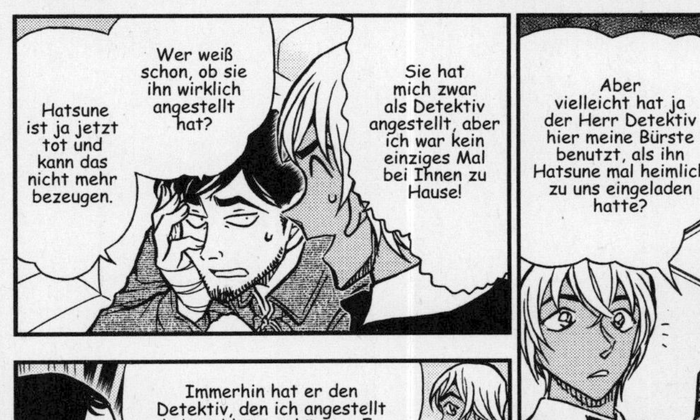

Hatsune und ich haben nämlich seit einem halben Jahr zusammengewohnt.
Aber vielleicht hat ja der Herr Detektiv hier meine Bürste benutzt, als ihn Hatsune mal heimlich zu uns eingeladen hatte?
Sie hat mich zwar als Detektiv angestellt, aber ich war kein einziges Mal bei Ihnen zu Hause!
Wer weiß schon, ob sie ihn wirklich angestellt hat?
Hatsune ist ja jetzt tot und kann das nicht mehr bezeugen.

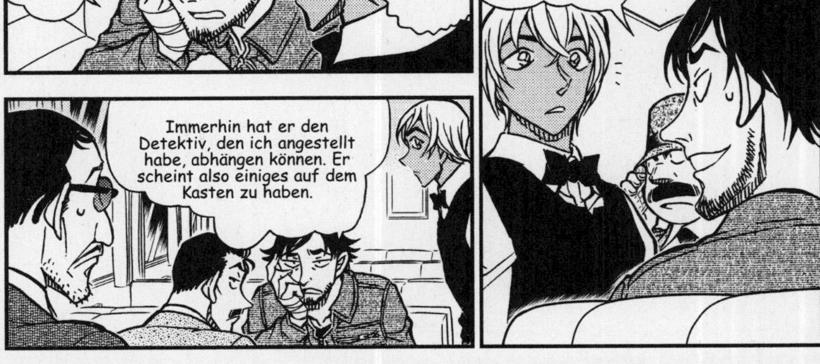

Immerhin hat er den Detektiv, den ich angestellt habe, abhängen können. Er scheint also einiges auf dem Kasten zu haben.

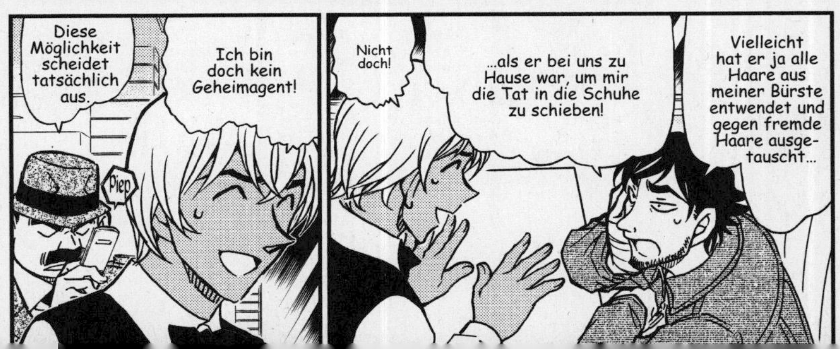

Vielleicht hat er ja alle Haare aus meiner Bürste entwendet und gegen fremde Haare ausgetauscht...
...als er bei uns zu Hause war, um mir die Tat in die Schuhe zu schieben!
Nicht doch!
Ich bin doch kein Geheimagent!
Piep
Diese Möglichkeit scheidet tatsächlich aus.

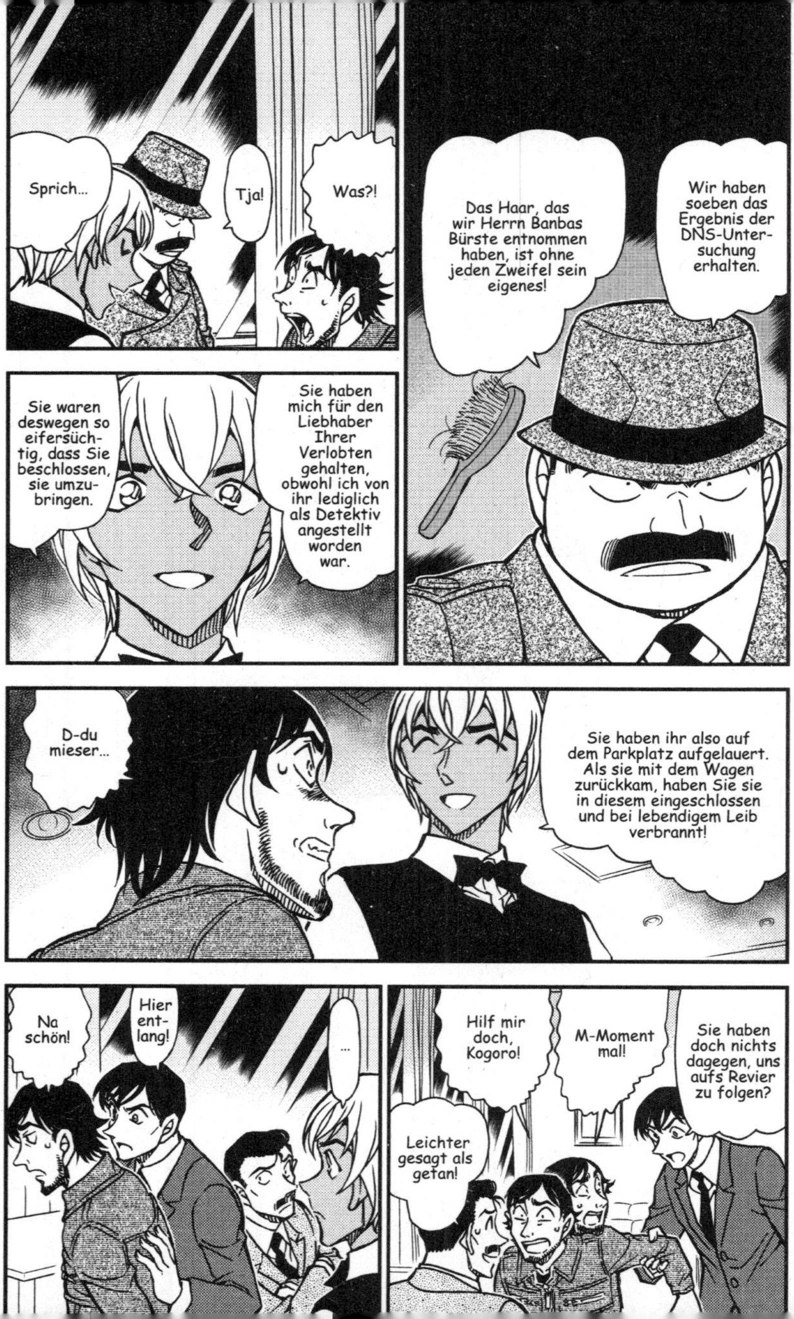

Wir haben soeben das Ergebnis der DNS-Untersuchung erhalten.
Das Haar, das wir Herrn Banbas Bürste entnommen haben, ist ohne jeden Zweifel sein eigenes!
Was?!
Tja!
Sprich...
Sie haben mich für den Liebhaber Ihrer Verlobten gehalten, obwohl ich von ihr lediglich als Detektiv angestellt worden war.
Sie waren deswegen so eifersüchtig, dass Sie beschlossen, sie umzubringen.

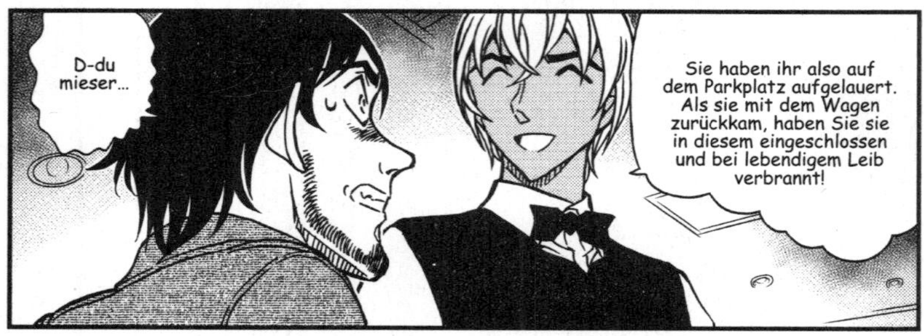

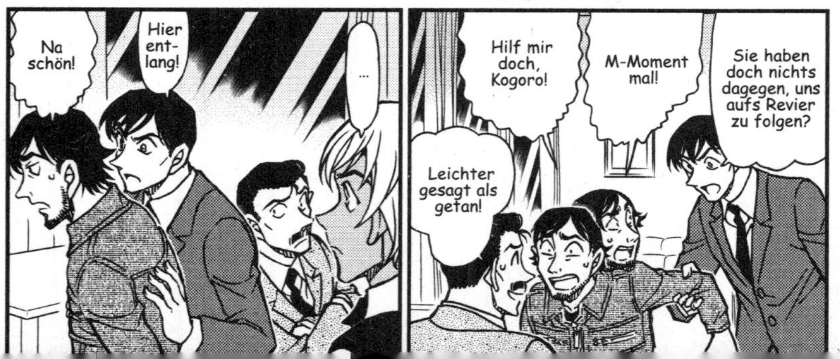

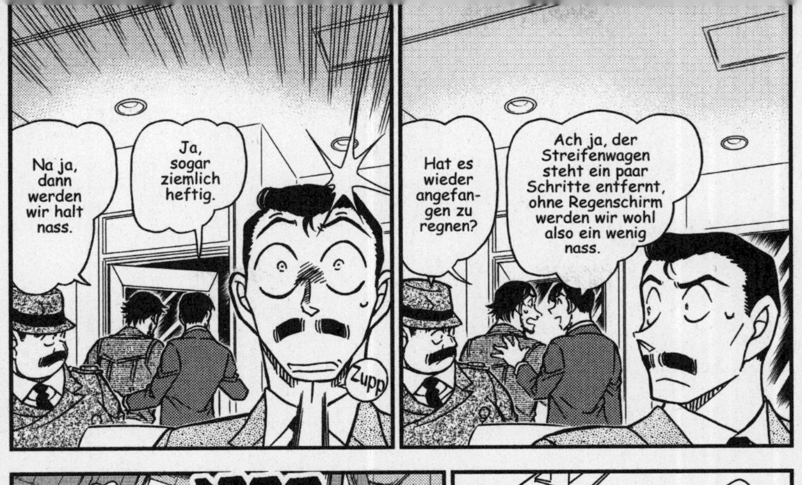
Ach ja, der Streifenwagen steht ein paar Schritte entfernt, ohne Regenschirm werden wir wohl also ein wenig nass.
Hat es wieder angefangen zu regnen?
Zupp
Ja, sogar ziemlich heftig.
Na ja, dann werden wir halt nass.

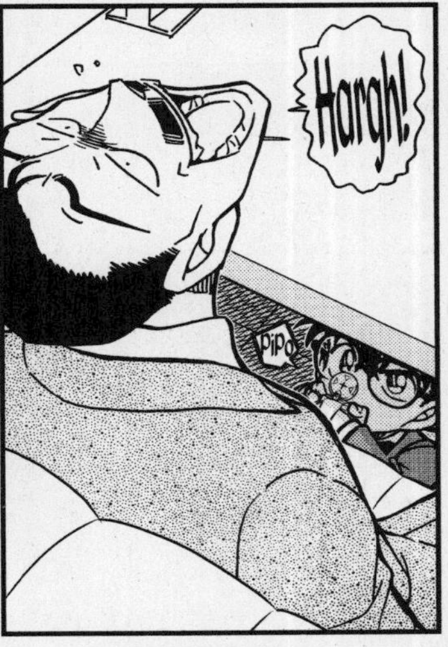
Hargh!
pipo

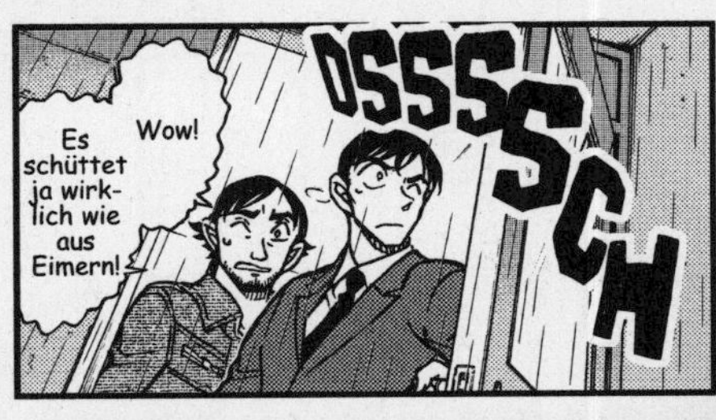
DSSSSCH
Wow!
Es schüttet ja wirklich wie aus Eimern!

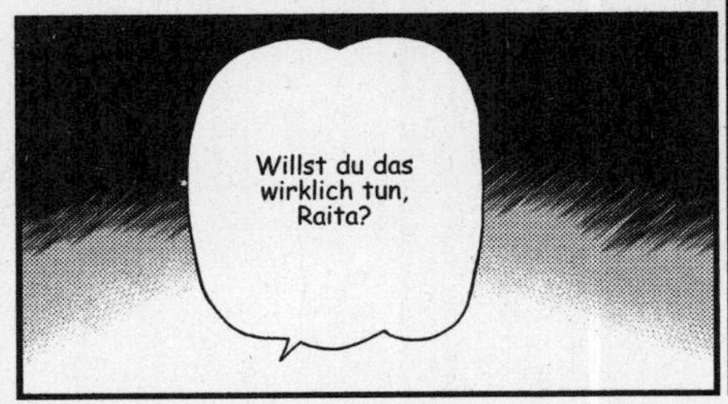
Willst du das wirklich tun, Raita?

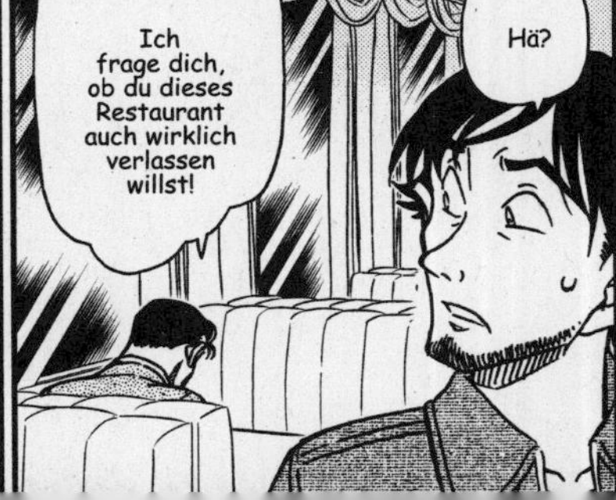
Hä?
Ich frage dich, ob du dieses Restaurant auch wirklich verlassen willst!

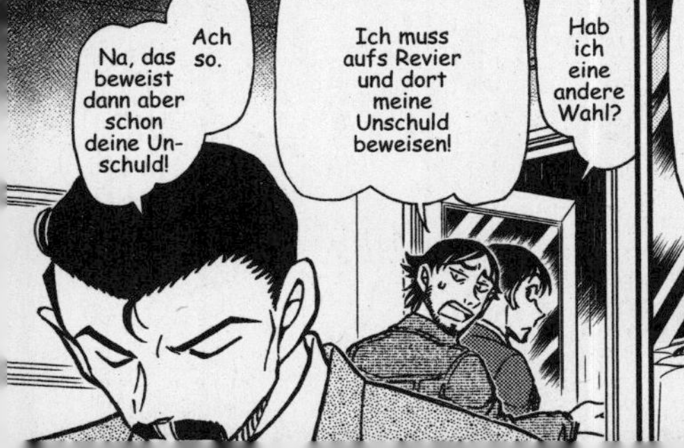
Hab ich eine andere Wahl?
Ich muss aufs Revier und dort meine Unschuld beweisen!
Ach so.
Na, das beweist dann aber schon deine Unschuld!

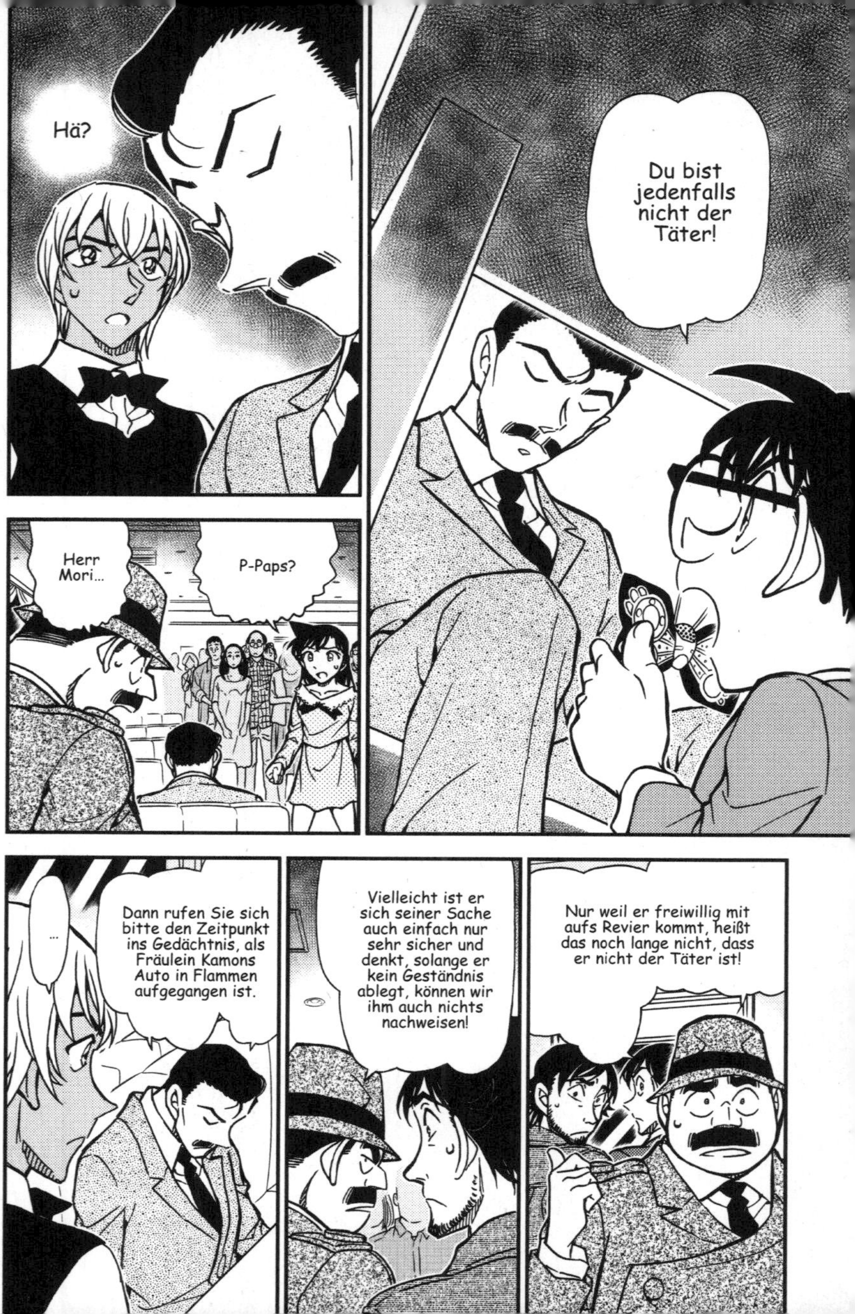

Du bist jedenfalls nicht der Täter!

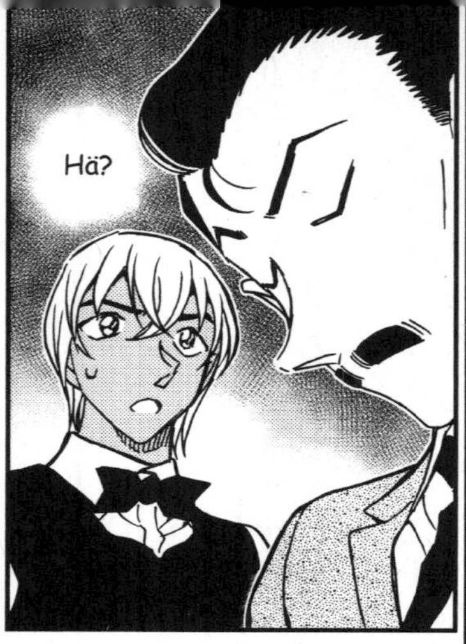
Hä?

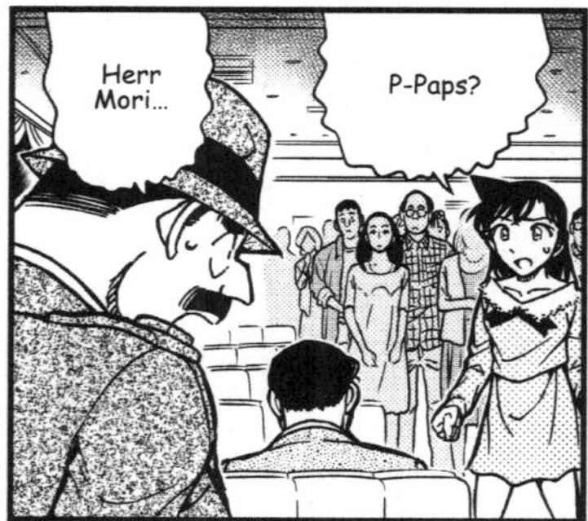
P-Paps?
Herr Mori...

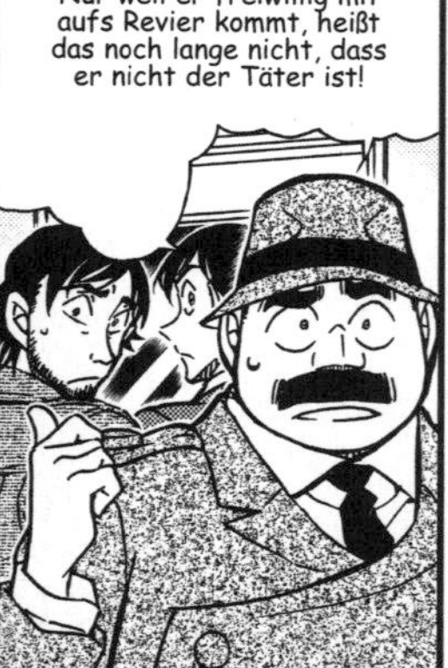
Nur weil er freiwillig mit aufs Revier kommt, heißt das noch lange nicht, dass er nicht der Täter ist!

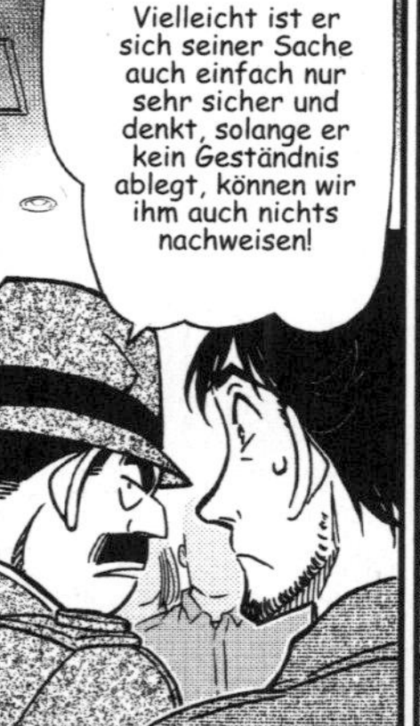
Vielleicht ist er sich seiner Sache auch einfach nur sehr sicher und denkt, solange er kein Geständnis ablegt, können wir ihm auch nichts nachweisen!

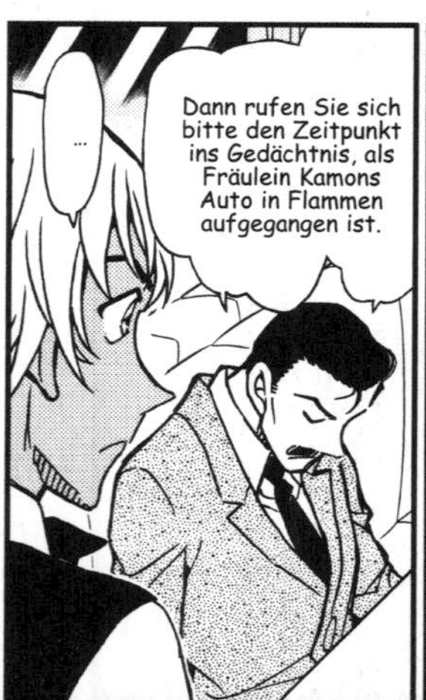
Dann rufen Sie sich bitte den Zeitpunkt ins Gedächtnis, als Fräulein Kamons Auto in Flammen aufgegangen ist.
...

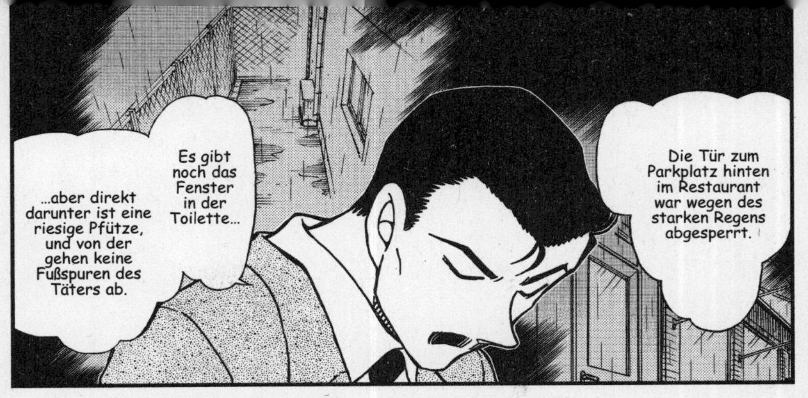
Die Tür zum Parkplatz hinten im Restaurant war wegen des starken Regens abgesperrt.
Es gibt noch das Fenster in der Toilette...
...aber direkt darunter ist eine riesige Pfütze, und von der gehen keine Fußspuren des Täters ab.

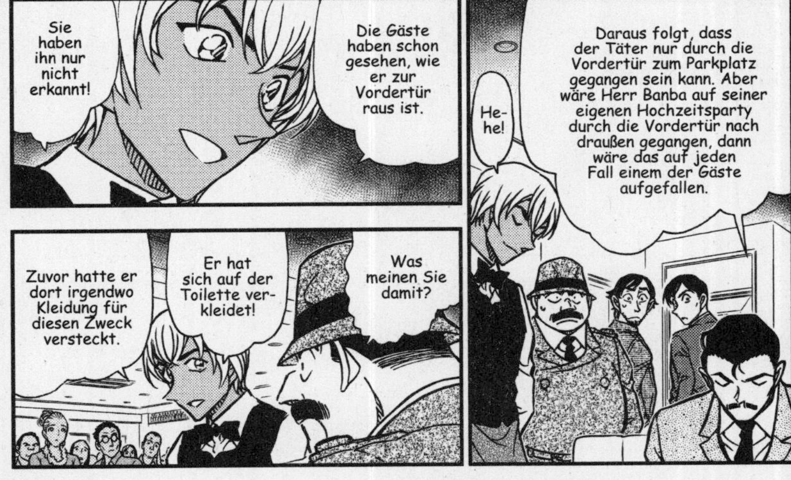
Daraus folgt, dass der Täter nur durch die Vordertür zum Parkplatz gegangen sein kann. Aber wäre Herr Banba auf seiner eigenen Hochzeitsparty durch die Vordertür nach draußen gegangen, dann wäre das auf jeden Fall einem der Gäste aufgefallen.
He-he!
Die Gäste haben schon gesehen, wie er zur Vordertür raus ist.
Sie haben ihn nur nicht erkannt!
Was meinen Sie damit?
Er hat sich auf der Toilette verkleidet!
Zuvor hatte er dort irgendwo Kleidung für diesen Zweck versteckt.

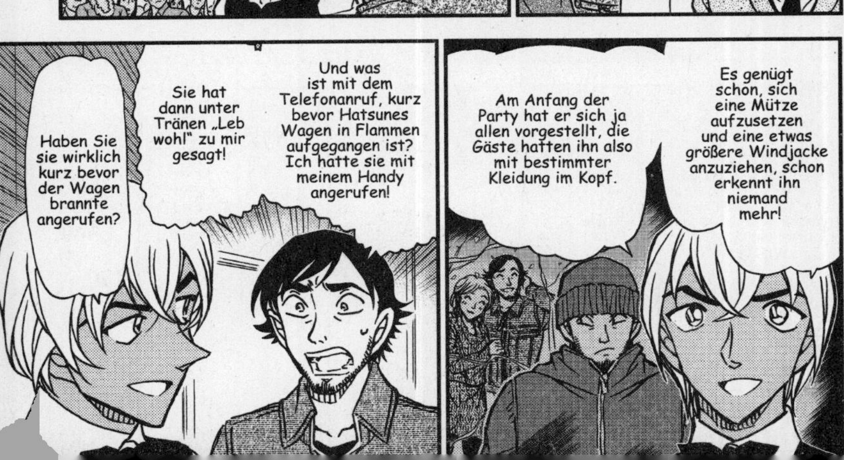
Es genügt schon, sich eine Mütze aufzusetzen und eine etwas größere Windjacke anzuziehen, schon erkennt ihn niemand mehr!
Am Anfang der Party hat er sich ja allen vorgestellt, die Gäste hatten ihn also mit bestimmter Kleidung im Kopf.
Und was ist mit dem Telefonanruf, kurz bevor Hatsunes Wagen in Flammen aufgegangen ist? Ich hatte sie mit meinem Handy angerufen!
Sie hat dann unter Tränen „Leb wohl" zu mir gesagt!
Haben Sie sie wirklich kurz bevor der Wagen brannte angerufen?

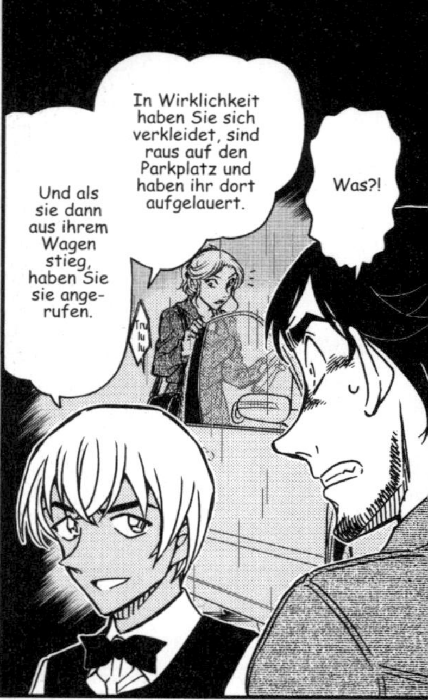
Was?!
In Wirklichkeit haben Sie sich verkleidet, sind raus auf den Parkplatz und haben ihr dort aufgelauert.
Und als sie dann aus ihrem Wagen stieg, haben Sie sie angerufen.
Tru lu lu

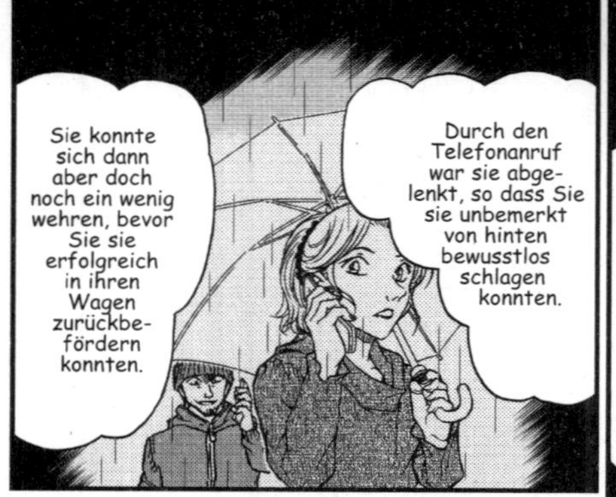
Durch den Telefonanruf war sie abgelenkt, so dass Sie sie unbemerkt von hinten bewusstlos schlagen konnten.
Sie konnte sich dann aber doch noch ein wenig wehren, bevor Sie sie erfolgreich in ihren Wagen zurückbefördern konnten.

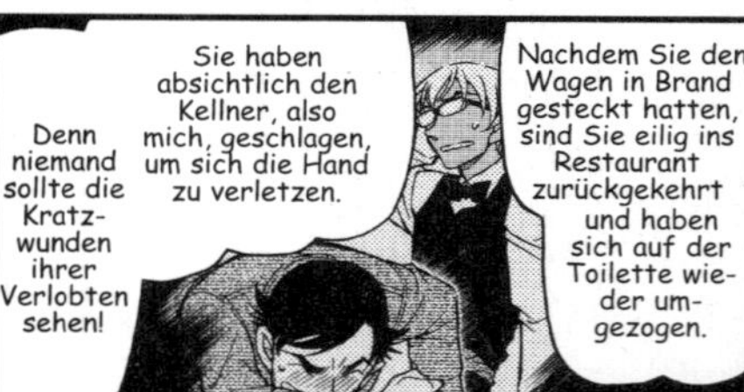
Nachdem Sie den Wagen in Brand gesteckt hatten, sind Sie eilig ins Restaurant zurückgekehrt und haben sich auf der Toilette wieder umgezogen.
Sie haben absichtlich den Kellner, also mich, geschlagen, um sich die Hand zu verletzen.
Denn niemand sollte die Kratzwunden ihrer Verlobten sehen!

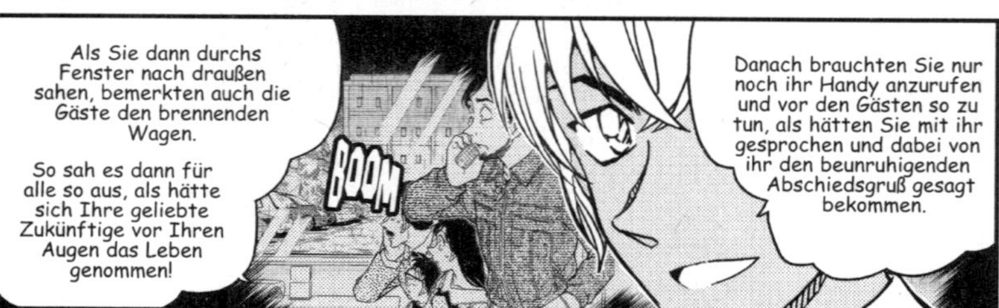
Danach brauchten Sie nur noch ihr Handy anzurufen und vor den Gästen so zu tun, als hätten Sie mit ihr gesprochen und dabei von ihr den beunruhigenden Abschiedsgruß gesagt bekommen.
BOOM
Als Sie dann durchs Fenster nach draußen sahen, bemerkten auch die Gäste den brennenden Wagen.
So sah es dann für alle so aus, als hätte sich Ihre geliebte Zukünftige vor Ihren Augen das Leben genommen!

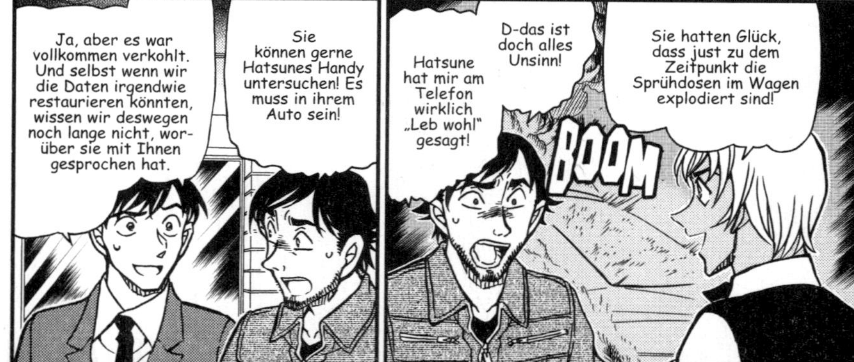
Sie hatten Glück, dass just zu dem Zeitpunkt die Sprühdosen im Wagen explodiert sind!
BOOM
D-das ist doch alles Unsinn!
Hatsune hat mir am Telefon wirklich „Leb wohl" gesagt!
Sie können gerne Hatsunes Handy untersuchen! Es muss in ihrem Auto sein!
Ja, aber es war vollkommen verkohlt. Und selbst wenn wir die Daten irgendwie restaurieren könnten, wissen wir deswegen noch lange nicht, worüber sie mit Ihnen gesprochen hat.

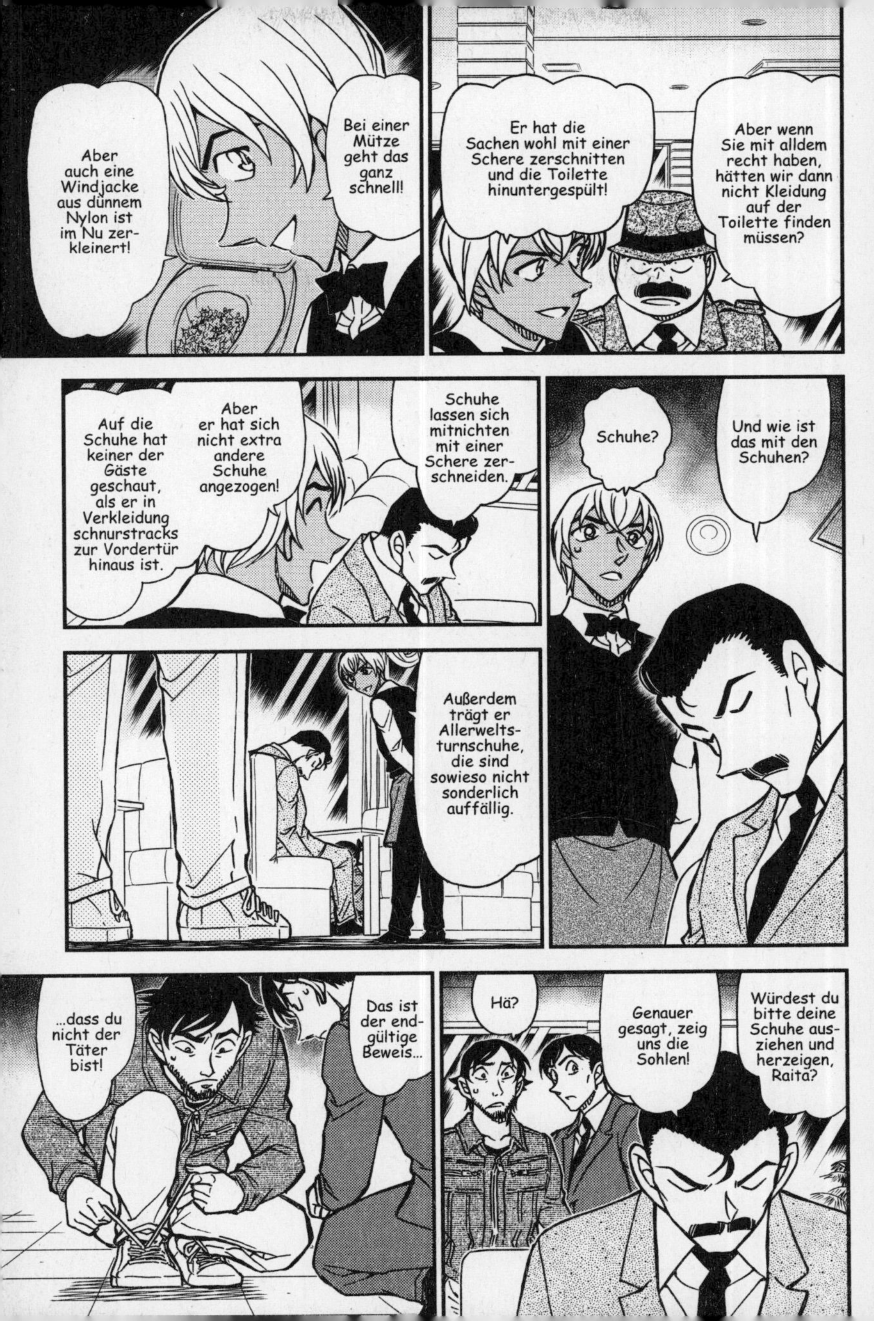

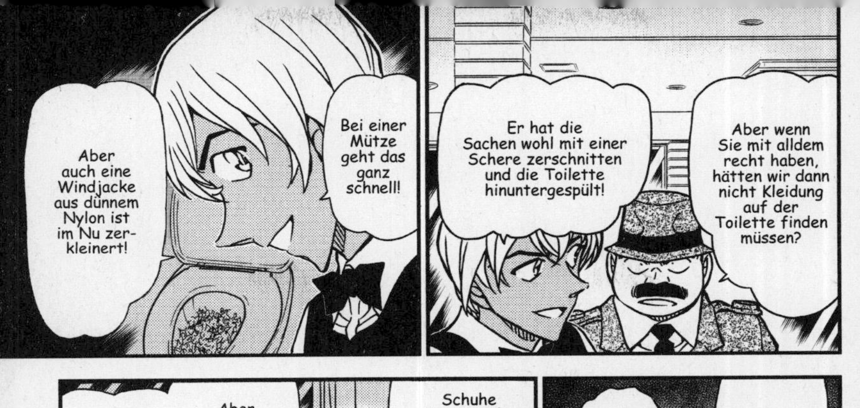

Und wie ist das mit den Schuhen?

Schuhe?

Schuhe lassen sich mitnichten mit einer Schere zerschneiden.

Aber er hat sich nicht extra andere Schuhe angezogen!

Auf die Schuhe hat keiner der Gäste geschaut, als er in Verkleidung schnurstracks zur Vordertür hinaus ist.

Außerdem trägt er Allerweltsturnschuhe, die sind sowieso nicht sonderlich auffällig.

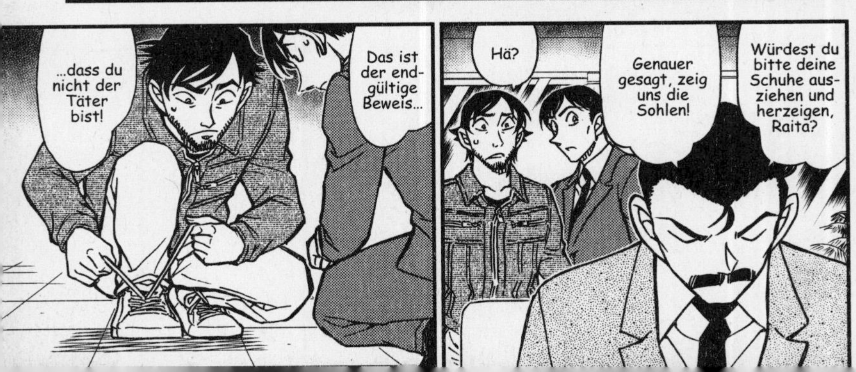

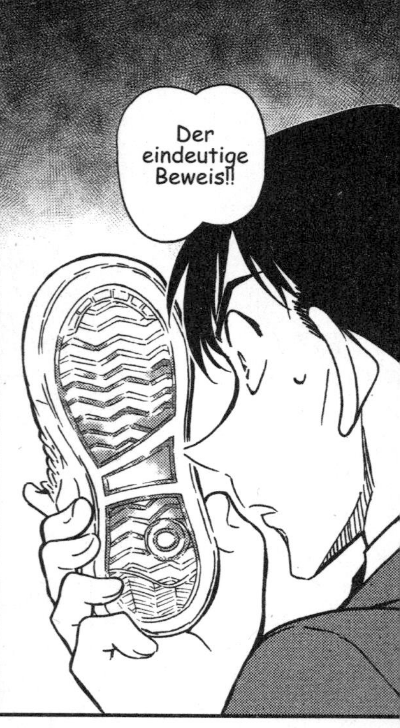
Der eindeutige Beweis!!

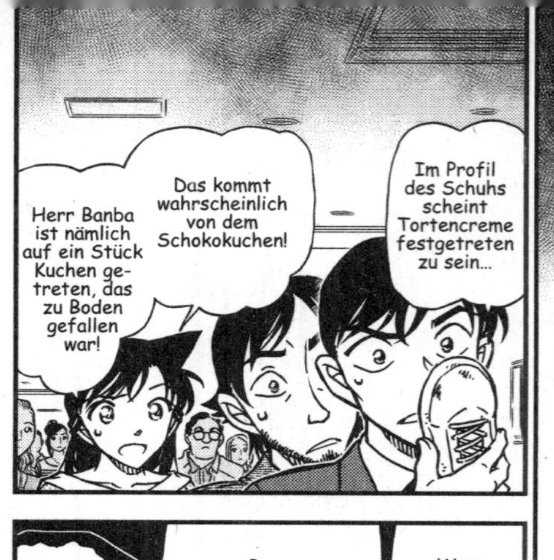
Im Profil des Schuhs scheint Tortencreme festgetreten zu sein...
Das kommt wahrscheinlich von dem Schokokuchen!
Herr Banba ist nämlich auf ein Stück Kuchen getreten, das zu Boden gefallen war!

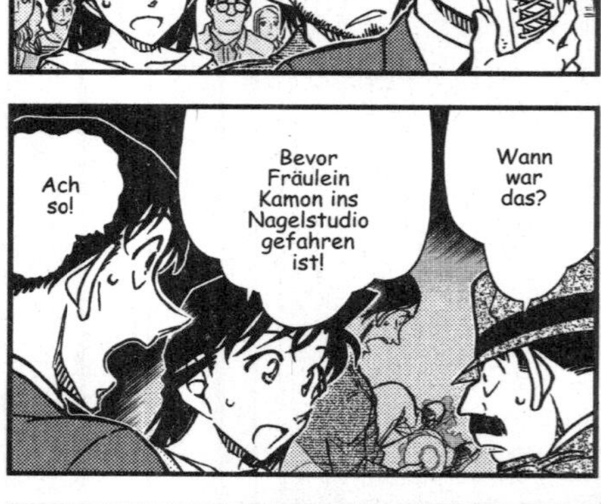
Wann war das?
Bevor Fräulein Kamon ins Nagelstudio gefahren ist!
Ach so!

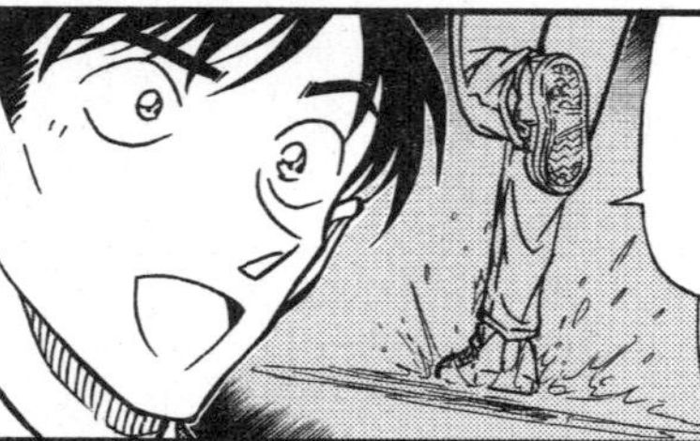
Zur Tatzeit hat es ziemlich stark geregnet. Wäre er da mit diesen Schuhen rausgegangen, wäre wohl ein Großteil der Kuchencreme abgegangen!

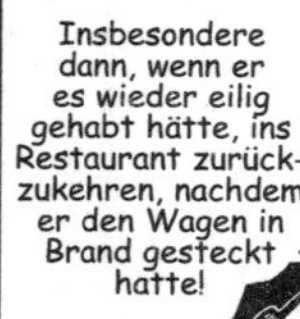
Insbesondere dann, wenn er es wieder eilig gehabt hätte, ins Restaurant zurückzukehren, nachdem er den Wagen in Brand gesteckt hatte!

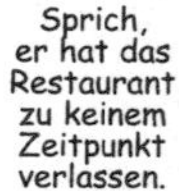
Sprich, er hat das Restaurant zu keinem Zeitpunkt verlassen.
So ist es.
Als ich die Kuchencreme an seinem Schuh sah, dachte ich zunächst, damit wolle er uns in die Irre führen.

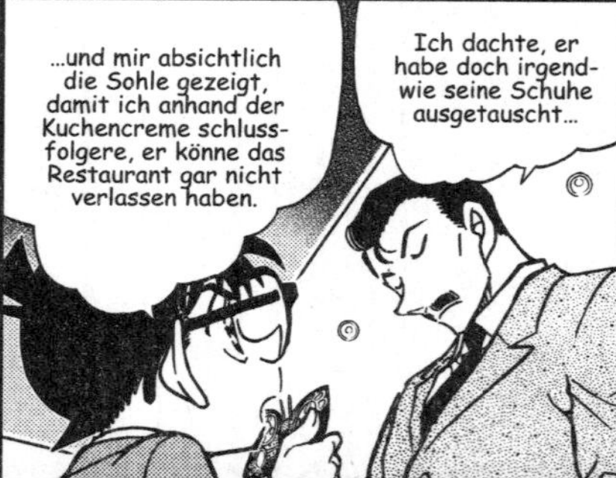
Ich dachte, er habe doch irgendwie seine Schuhe ausgetauscht...
...und mir absichtlich die Sohle gezeigt, damit ich anhand der Kuchencreme schlussfolgere, er könne das Restaurant gar nicht verlassen haben.

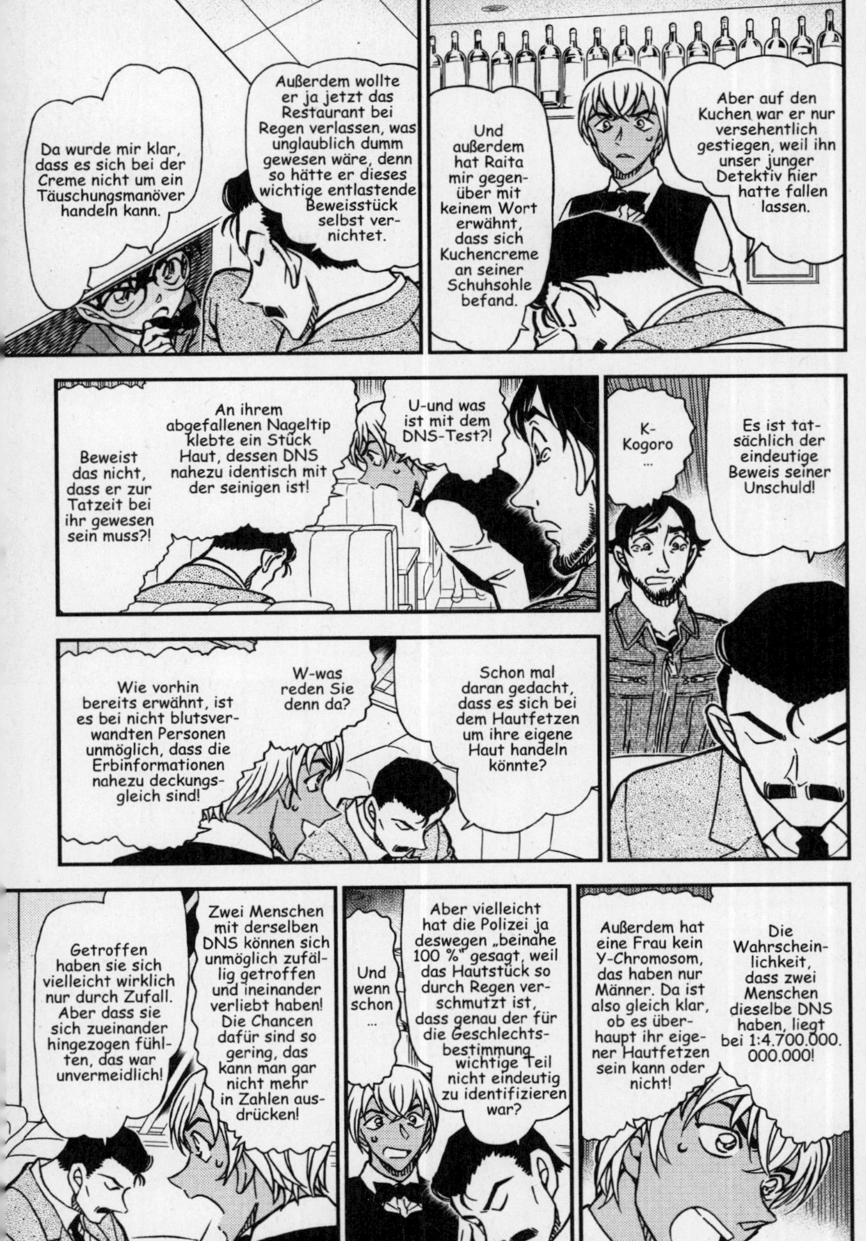
Aber auf den Kuchen war er nur versehentlich gestiegen, weil ihn unser junger Detektiv hier hatte fallen lassen.
Und außerdem hat Raita mir gegenüber mit keinem Wort erwähnt, dass sich Kuchencreme an seiner Schuhsohle befand.
Außerdem wollte er ja jetzt das Restaurant bei Regen verlassen, was unglaublich dumm gewesen wäre, denn so hätte er dieses wichtige entlastende Beweisstück selbst vernichtet.
Da wurde mir klar, dass es sich bei der Creme nicht um ein Täuschungsmanöver handeln kann.
Es ist tatsächlich der eindeutige Beweis seiner Unschuld!
K-Kogoro …
U-und was ist mit dem DNS-Test?!
An ihrem abgefallenen Nageltip klebte ein Stück Haut, dessen DNS nahezu identisch mit der seinigen ist!
Beweist das nicht, dass er zur Tatzeit bei ihr gewesen sein muss?!
Schon mal daran gedacht, dass es sich bei dem Hautfetzen um ihre eigene Haut handeln könnte?
W-was reden Sie denn da?
Wie vorhin bereits erwähnt, ist es bei nicht blutsverwandten Personen unmöglich, dass die Erbinformationen nahezu deckungsgleich sind!
Die Wahrscheinlichkeit, dass zwei Menschen dieselbe DNS haben, liegt bei 1:4.700.000.000.000!
Außerdem hat eine Frau kein Y-Chromosom, das haben nur Männer. Da ist also gleich klar, ob es überhaupt ihr eigener Hautfetzen sein kann oder nicht!
Aber vielleicht hat die Polizei ja deswegen „beinahe 100 %" gesagt, weil das Hautstück so durch Regen verschmutzt ist, dass genau der für die Geschlechtsbestimmung wichtige Teil nicht eindeutig zu identifizieren war?
Und wenn schon …
Zwei Menschen mit derselben DNS können sich unmöglich zufällig getroffen und ineinander verliebt haben! Die Chancen dafür sind so gering, das kann man gar nicht mehr in Zahlen ausdrücken!
Getroffen haben sie sich vielleicht wirklich nur durch Zufall. Aber dass sie sich zueinander hingezogen fühlten, das war unvermeidlich!

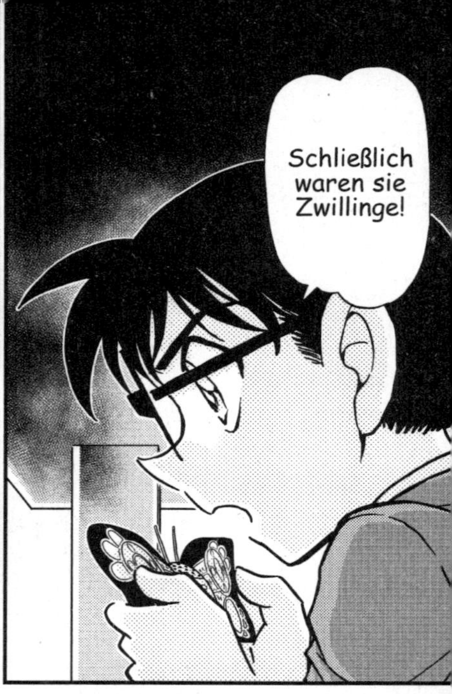
Schließlich waren sie Zwillinge!

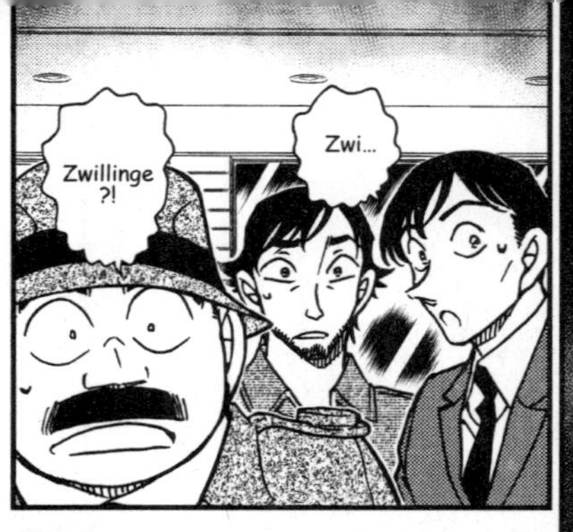
Zwi...
Zwillinge ?!

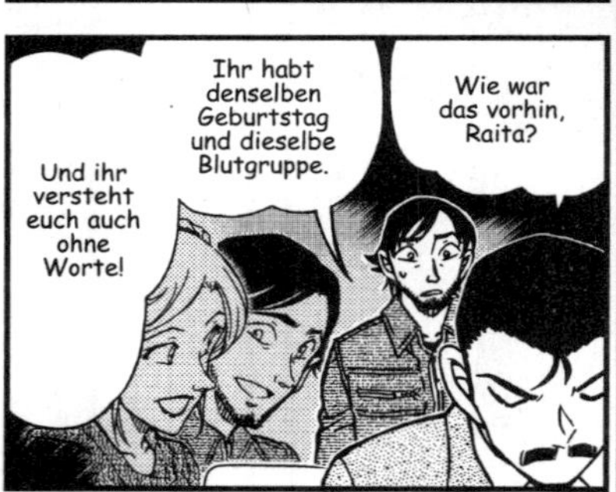
Wie war das vorhin, Raita?
Ihr habt denselben Geburtstag und dieselbe Blutgruppe.
Und ihr versteht euch auch ohne Worte!

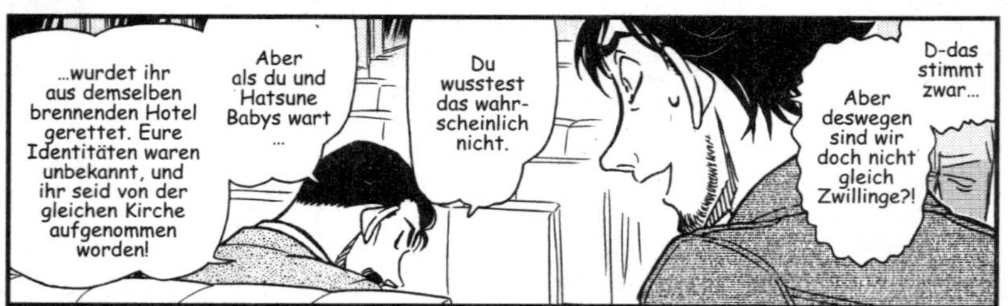
D-das stimmt zwar...
Aber deswegen sind wir doch nicht gleich Zwillinge?!
Du wusstest das wahrscheinlich nicht.
Aber als du und Hatsune Babys wart ...
...wurdet ihr aus demselben brennenden Hotel gerettet. Eure Identitäten waren unbekannt, und ihr seid von der gleichen Kirche aufgenommen worden!

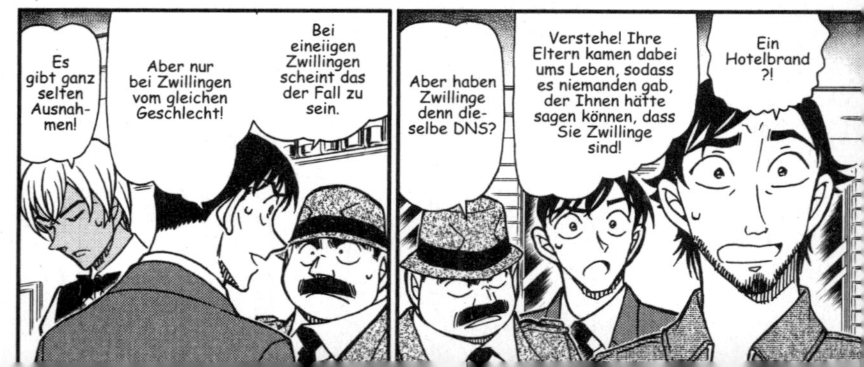
Ein Hotelbrand ?!
Verstehe! Ihre Eltern kamen dabei ums Leben, sodass es niemanden gab, der Ihnen hätte sagen können, dass Sie Zwillinge sind!
Aber haben Zwillinge denn dieselbe DNS?
Bei eineiigen Zwillingen scheint das der Fall zu sein.
Aber nur bei Zwillingen vom gleichen Geschlecht!
Es gibt ganz selten Ausnahmen!

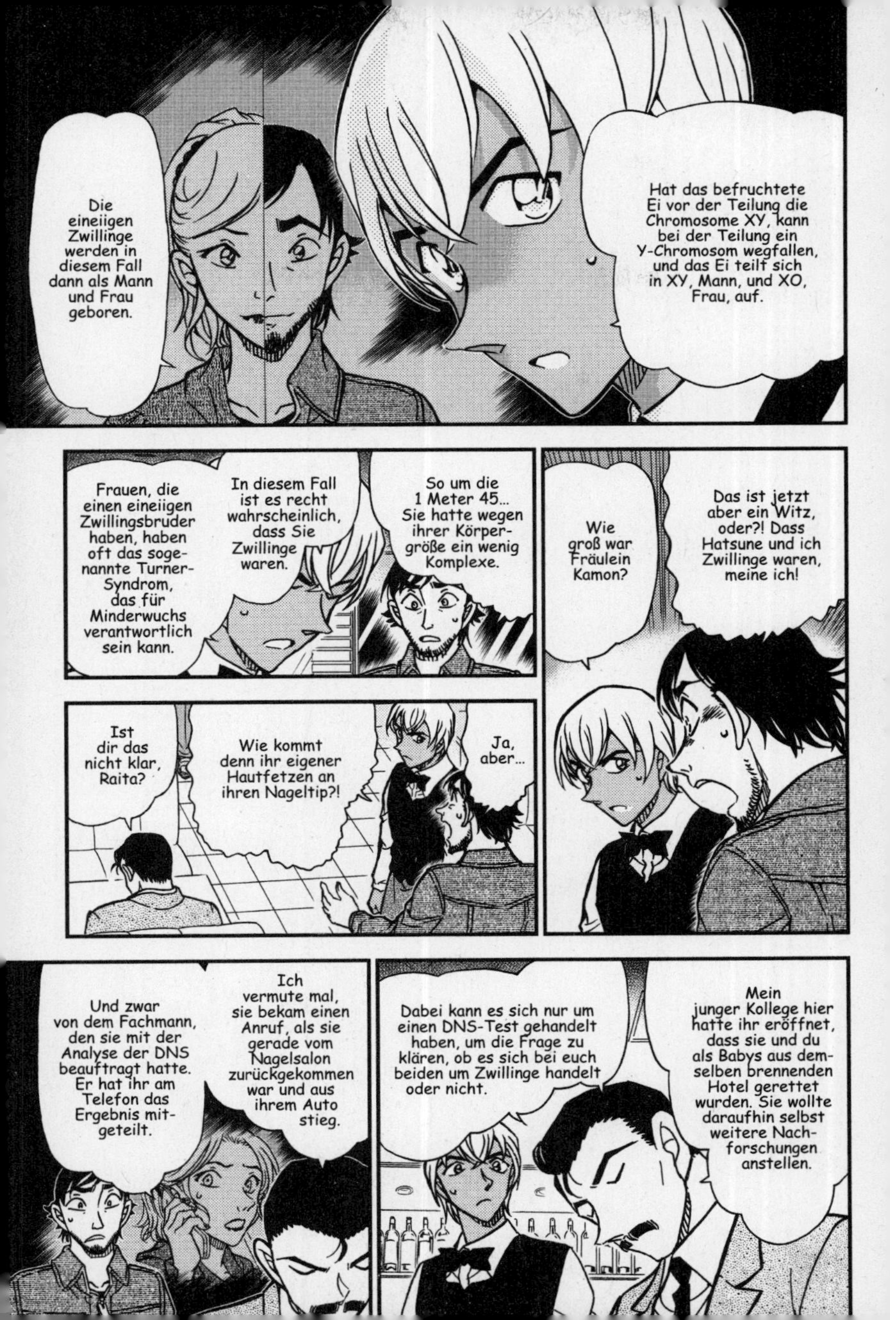

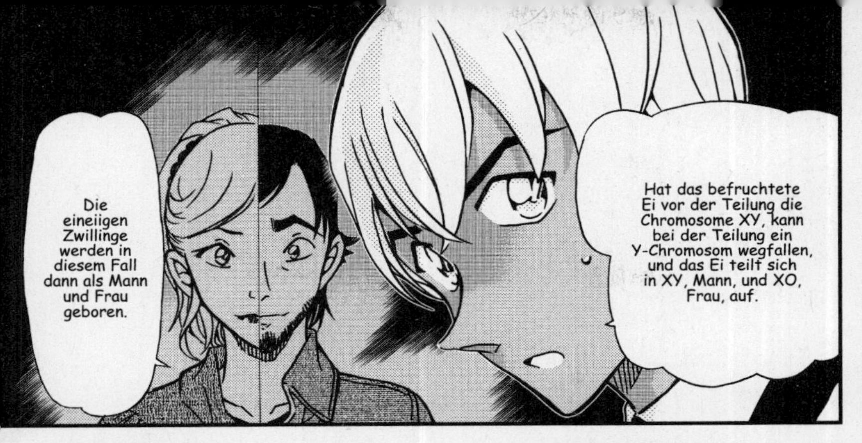
Hat das befruchtete Ei vor der Teilung die Chromosome XY, kann bei der Teilung ein Y-Chromosom wegfallen, und das Ei teilt sich in XY, Mann, und XO, Frau, auf.
Die eineiigen Zwillinge werden in diesem Fall dann als Mann und Frau geboren.

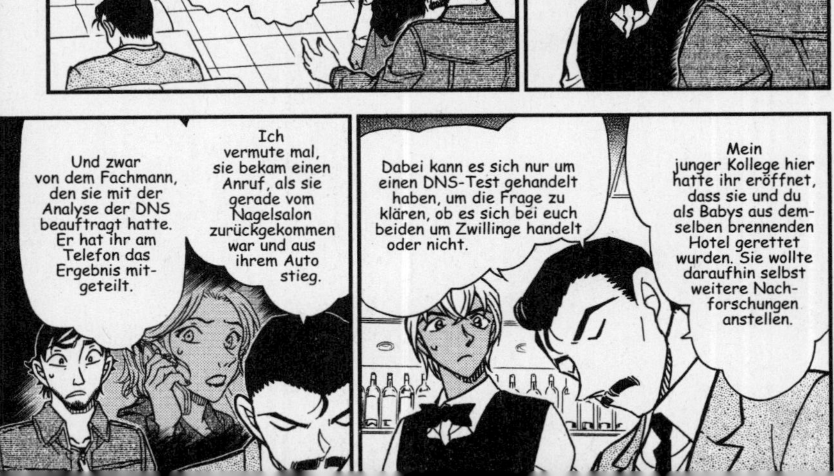
Das ist jetzt aber ein Witz, oder?! Dass Hatsune und ich Zwillinge waren, meine ich!
Wie groß war Fräulein Kamon?
So um die 1 Meter 45... Sie hatte wegen ihrer Körpergröße ein wenig Komplexe.
In diesem Fall ist es recht wahrscheinlich, dass Sie Zwillinge waren.
Frauen, die einen eineiigen Zwillingsbruder haben, haben oft das sogenannte Turner-Syndrom, das für Minderwuchs verantwortlich sein kann.
Ja, aber...
Wie kommt denn ihr eigener Hautfetzen an ihren Nageltip?!
Ist dir das nicht klar, Raita?
Mein junger Kollege hier hatte ihr eröffnet, dass sie und du als Babys aus demselben brennenden Hotel gerettet wurden. Sie wollte daraufhin selbst weitere Nachforschungen anstellen.
Dabei kann es sich nur um einen DNS-Test gehandelt haben, um die Frage zu klären, ob es sich bei euch beiden um Zwillinge handelt oder nicht.
Ich vermute mal, sie bekam einen Anruf, als sie gerade vom Nagelsalon zurückgekommen war und aus ihrem Auto stieg.
Und zwar von dem Fachmann, den sie mit der Analyse der DNS beauftragt hatte. Er hat ihr am Telefon das Ergebnis mitgeteilt.

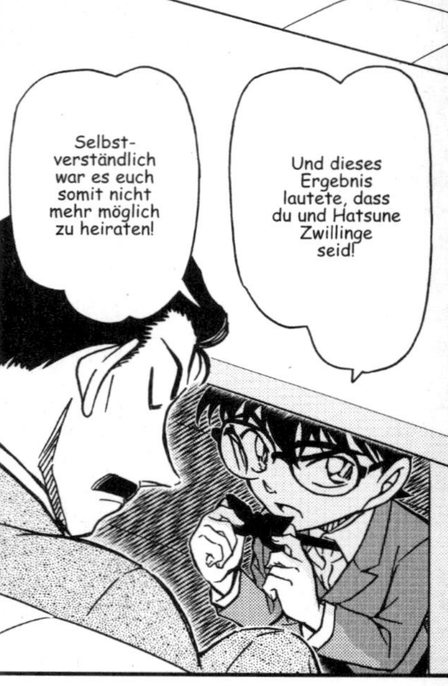
Und dieses Ergebnis lautete, dass du und Hatsune Zwillinge seid!
Selbstverständlich war es euch somit nicht mehr möglich zu heiraten!

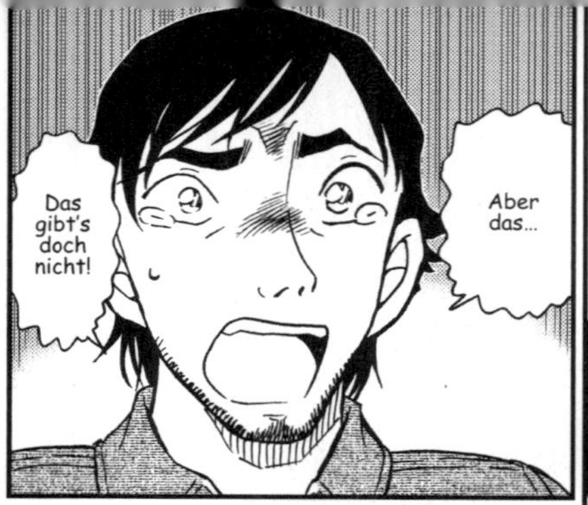
Aber das...
Das gibt's doch nicht!

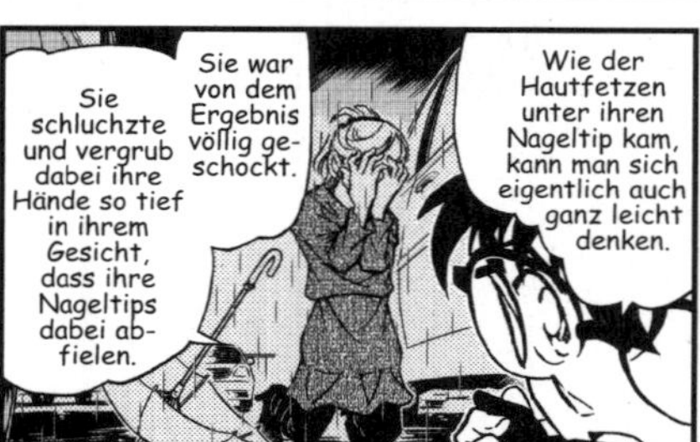
Wie der Hautfetzen unter ihren Nageltip kam, kann man sich eigentlich auch ganz leicht denken.
Sie war von dem Ergebnis völlig geschockt.
Sie schluchzte und vergrub dabei ihre Hände so tief in ihrem Gesicht, dass ihre Nageltips dabei abfielen.

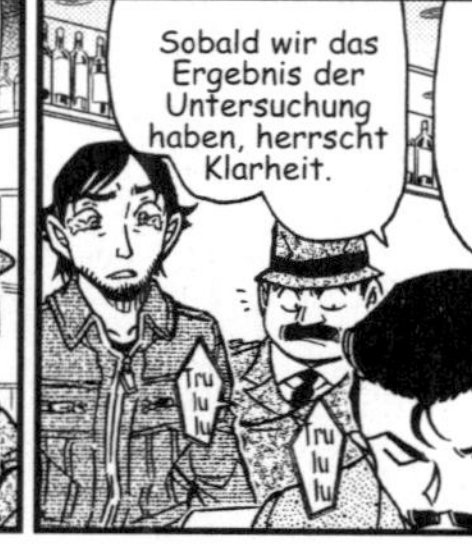
Insgesamt waren nämlich zwei Nageltips abgegangen, und einer war in ihren Regenschirm gefallen, der neben ihr lag. Der Wind hatte ihn dann später davongetragen. Dieser zweite Nageltip befindet sich gerade bei der Spurensicherung.
Sobald wir das Ergebnis der Untersuchung haben, herrscht Klarheit.
Tru lu lu
Tru lu lu

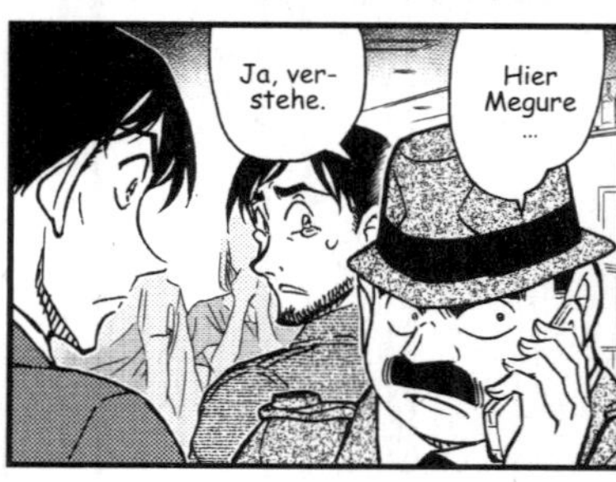
Hier Megure ...
Ja, verstehe.

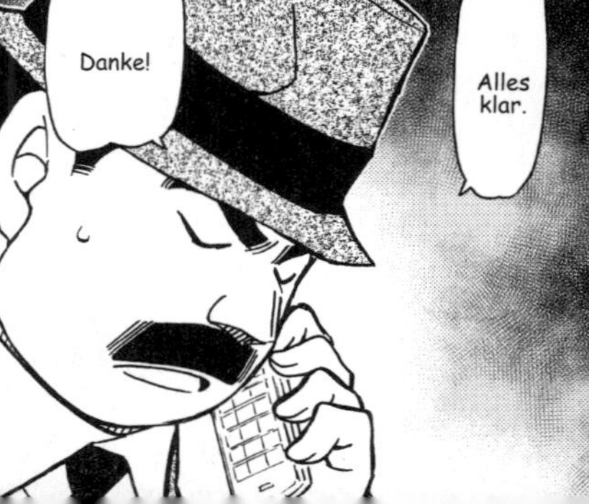
Alles klar.
Danke!

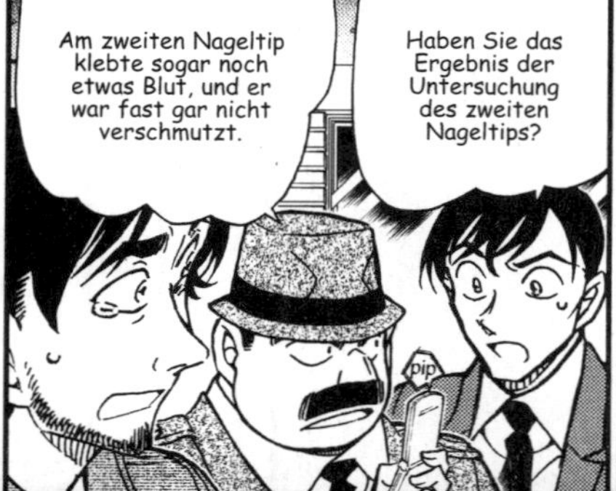
Haben Sie das Ergebnis der Untersuchung des zweiten Nageltips?
Am zweiten Nageltip klebte sogar noch etwas Blut, und er war fast gar nicht verschmutzt.
pip

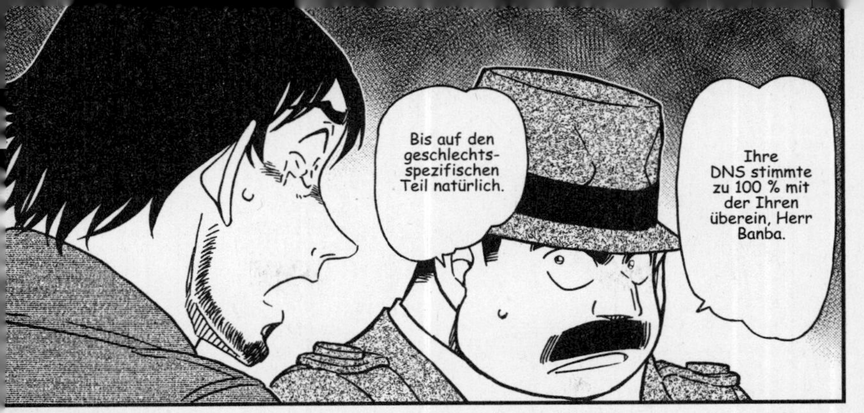
Ihre DNS stimmte zu 100 % mit der Ihren überein, Herr Banba.
Bis auf den geschlechtsspezifischen Teil natürlich.

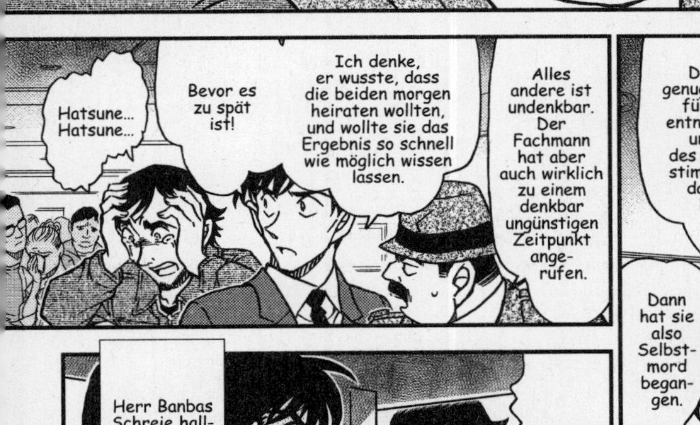
Da ihrer Leiche noch genug genetisches Material für eine Untersuchung entnommen werden konnte und die DNS mit der des Hautfetzens übereinstimmte, steht auch fest, dass es sich um einen Fetzen ihrer Haut handelt.
Dann hat sie also Selbstmord begangen.
Alles andere ist undenkbar. Der Fachmann hat aber auch wirklich zu einem denkbar ungünstigen Zeitpunkt angerufen.
Ich denke, er wusste, dass die beiden morgen heiraten wollten, und wollte sie das Ergebnis so schnell wie möglich wissen lassen.
Bevor es zu spät ist!
Hatsune... Hatsune...

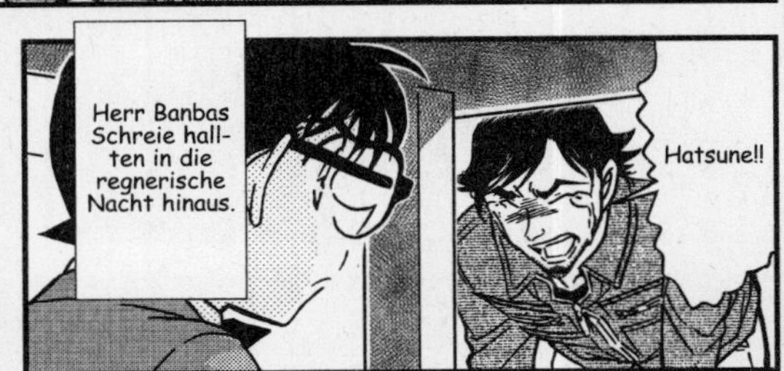
Hatsune!!
Herr Banbas Schreie hallten in die regnerische Nacht hinaus.

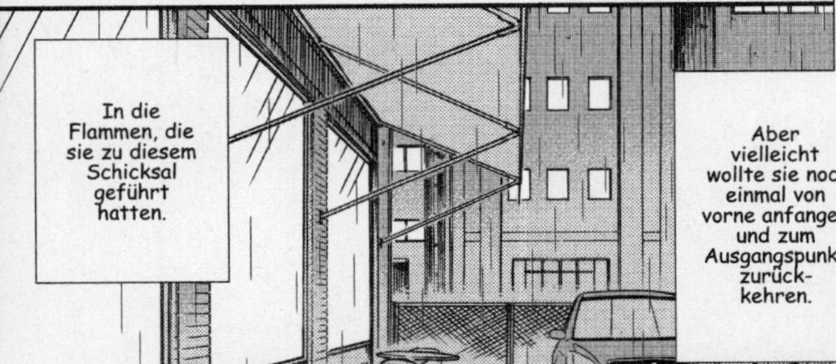
Es ist nicht hundertprozentig klar, warum sie für ihren Selbstmord ausgerechnet einen Wagenbrand ausgewählt hat...
Aber vielleicht wollte sie noch einmal von vorne anfangen und zum Ausgangspunkt zurückkehren.
In die Flammen, die sie zu diesem Schicksal geführt hatten.

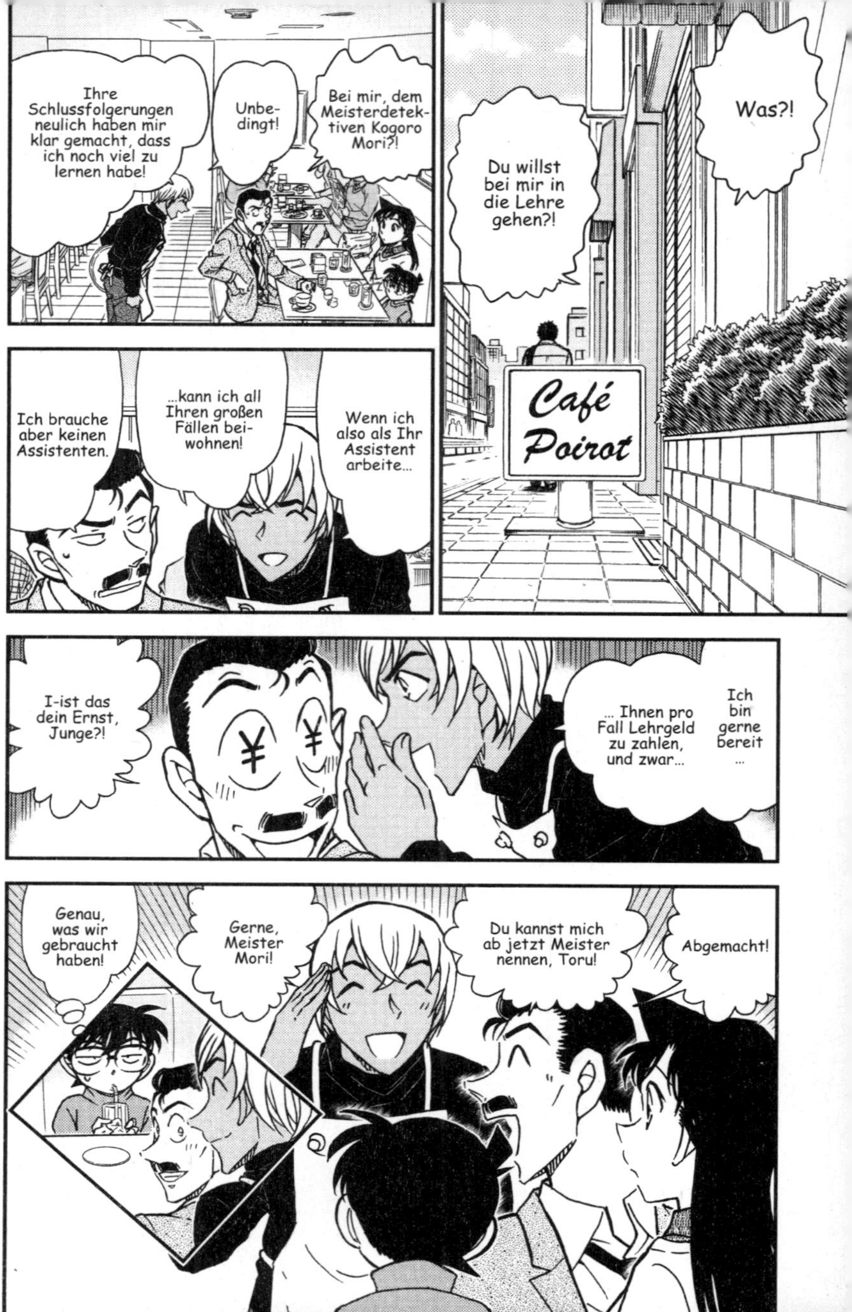

Was?!

Du willst bei mir in die Lehre gehen?!

Café Poirot

Bei mir, dem Meisterdetektiven Kogoro Mori?!

Unbedingt!

Ihre Schlussfolgerungen neulich haben mir klar gemacht, dass ich noch viel zu lernen habe!

Wenn ich also als Ihr Assistent arbeite...

...kann ich all Ihren großen Fällen beiwohnen!

Ich brauche aber keinen Assistenten.

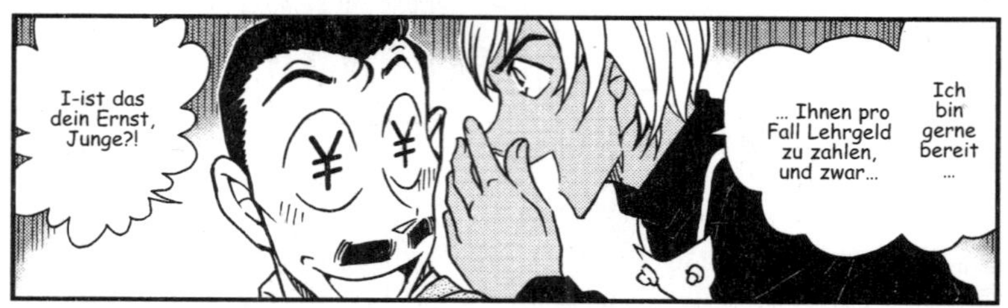

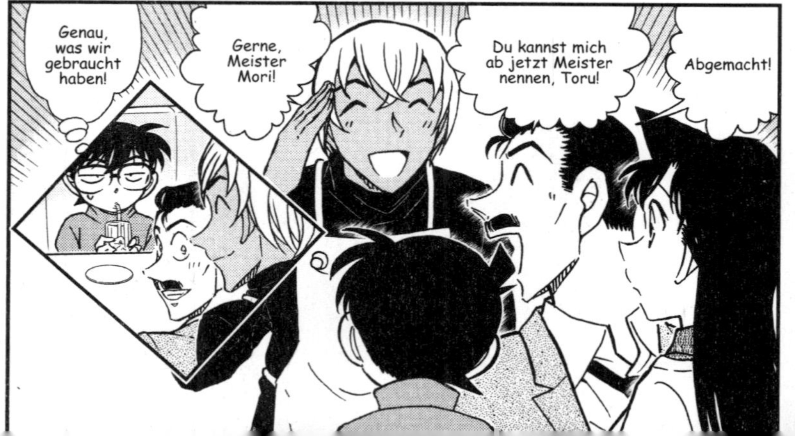

Bourbons Fallakte 1

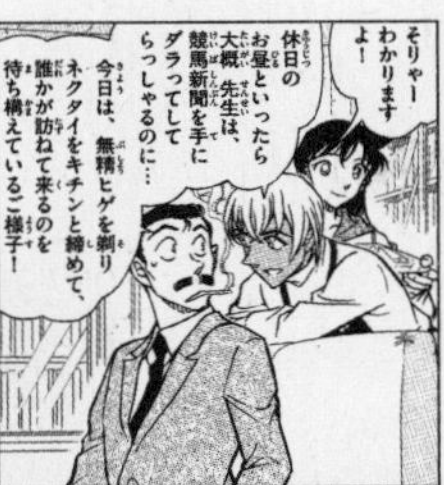

Er geht in der Detektei Mori ein und aus. Beschattet er Kogoro & Co. etwa?

Manchmal bringt er auch kleine Aufmerksamkeiten mit. Seine Sandwiches waren jedenfalls köstlich!

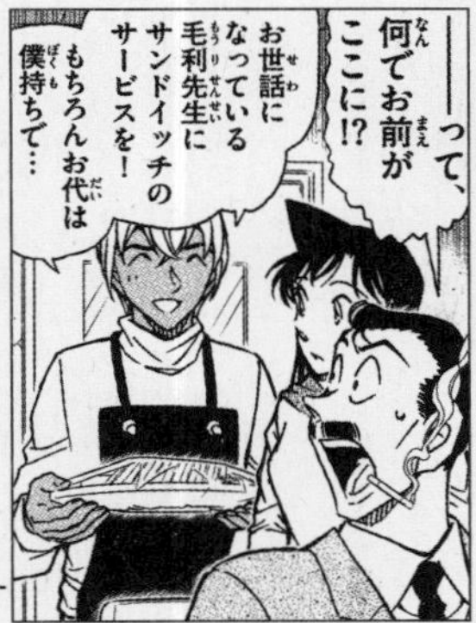

Im Alltag arbeitet er als Detektiv und Bedienung!

Toru Amuro zeigt sich schwer beeindruckt von Kogoro, der gerade einen kniffligen Fall gelöst hat, und bittet ihn an Ort und Stelle, sein Lehrling werden zu dürfen. Um ihm noch näher sein zu können, fängt er sogar im Café Poirot als Bedienung an! Doch hinter alledem steckt eine ganz andere Absicht…

Band 76, Fälle 1 bis 5

Schlüsselperson

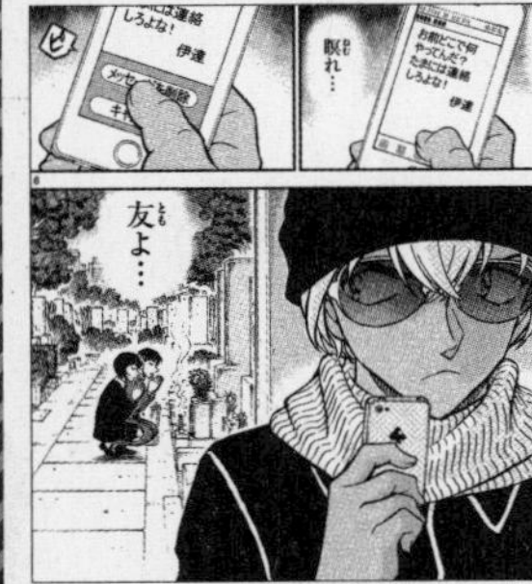

Nach seinem Besuch an Dates Grab sieht er sich eine alte E-Mail von ihm an. Was geht dabei in seinem Inneren vor…?

In welcher Beziehung stand er zu Wataru Date?!

Wataru Date war Inspektor Wataru Takagis älterer Kollege und die beiden waren ein starkes Team, bis Date eines Tages bei einem Verkehrsunfall ums Leben kam. Doch auch mit Toru Amuro war Date gut befreundet. Toru besucht nicht nur Dates Grab, sondern auf seinem Handy befindet sich auch eine E-Mail, in der sich Date besorgt um ihn zeigt.

Band 76, Fall 9 bis Band 77, Fall 2

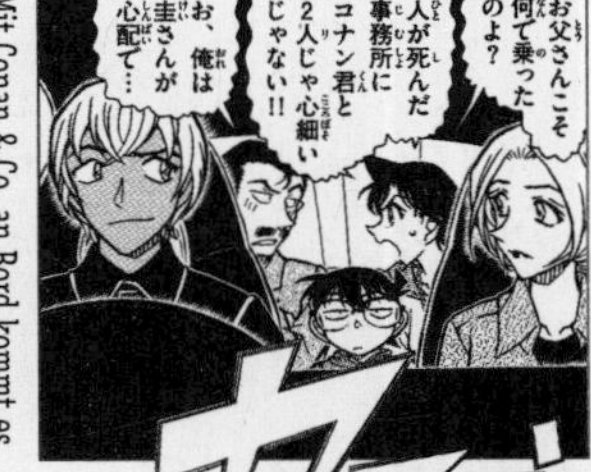

Mit Conan & Co. an Bord kommt es auch mal zu einer Spritztour.

Er liebt seinen weißen RX-7

Toru fährt einen weißen RX-7. Er ist ein exzellenter Fahrer und schreckt auch nicht davor zurück, vollen Einsatz zu zeigen und andere Wagen zu rammen, wenn es die Sache erfordert.

Band 76, Fälle 1 bis 5

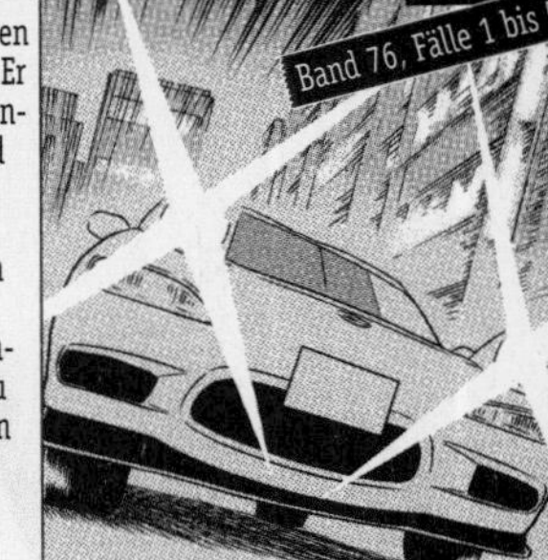

Dieser Sportwagen hat viele Fans. Inspektorin Sato zählt übrigens auch dazu und fährt selbst einen.

Toru beobachtet Masumi Sera. Wie sich herausstellt, ist sie Shuichi Akais Schwester.

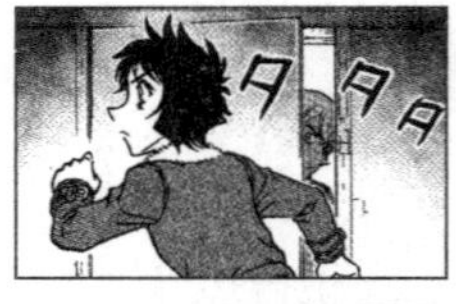

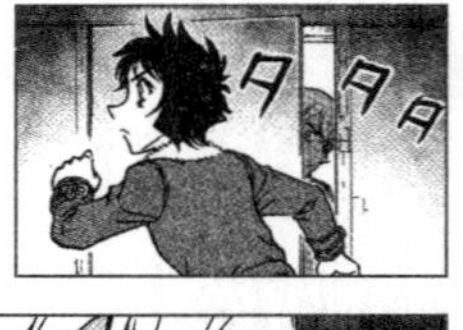

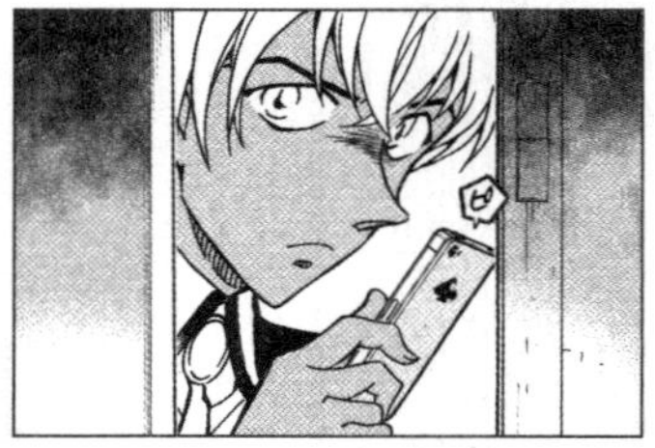

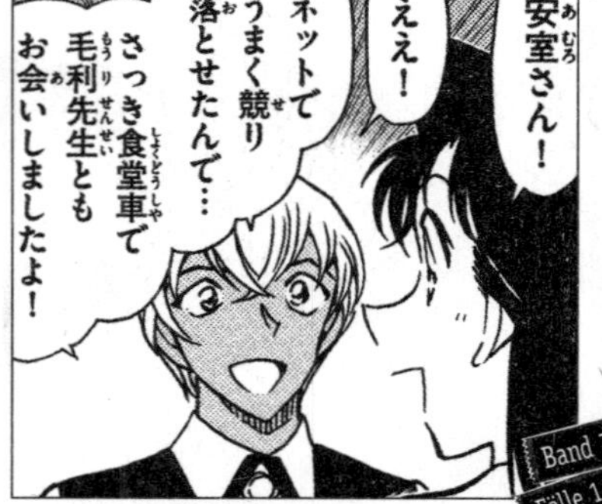

Band 78
Fälle 1 bis 7

Seine Identität wird im **Bell Tree Express** gelüftet.

Den Mordfall, der sich an Bord ereignet, löst er gemeinsam mit Conan!

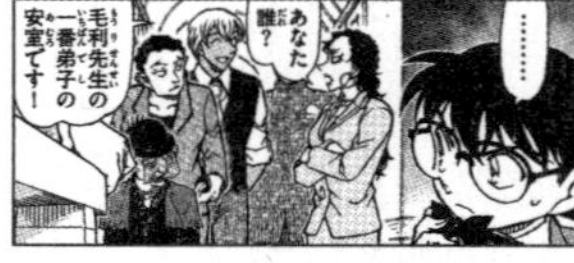

Toru Amuro verfolgt Conan & Co. und steigt auch an Bord des Bell Tree Express, mit dem Ziel, etwas über den Verbleib von Shuichi Akai herauszufinden. Der Mann mit der Brandnarbe stellt sich schließlich als Vermouth oder Toru Amuro in Verkleidung heraus.

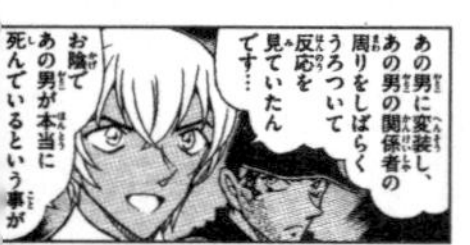

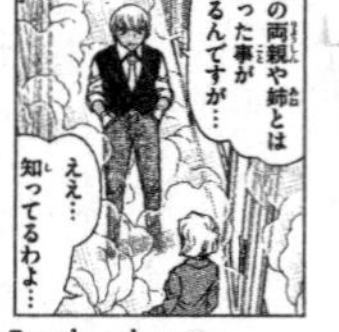

Bourbon kannte Shiho Miyanos Eltern und Schwester!

Er offenbart sich Shiho Miyano als Mitglied der Schwarzen Organisation. Dieser Umstand führt dazu, dass jetzt auch Conan über Torus wahre Identität Bescheid weiß.

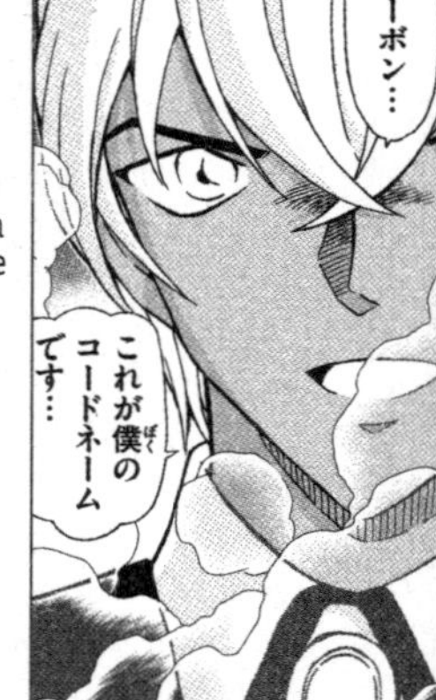

Toru entdeckt Shiho Miyano an Bord und will sie gefangen nehmen, doch der Mann mit der Brandnarbe vereitelt diesen Plan. Das führt dazu, dass Toru sich wieder verstärkt auf Akai konzentriert!

Schlüsselperson

誰だお前!?

Er erscheint, um Shiho Miyano zu retten. Doch wer ist er eigentlich?

Wer ist jetzt der Mann mit der Brandnarbe?

Der Mann mit der Brandnarbe hätte entweder Bourbon oder Vermouth sein müssen, taucht jedoch plötzlich vor Toru Amuro auf. Wer steckt jetzt in seinen Schuhen?!

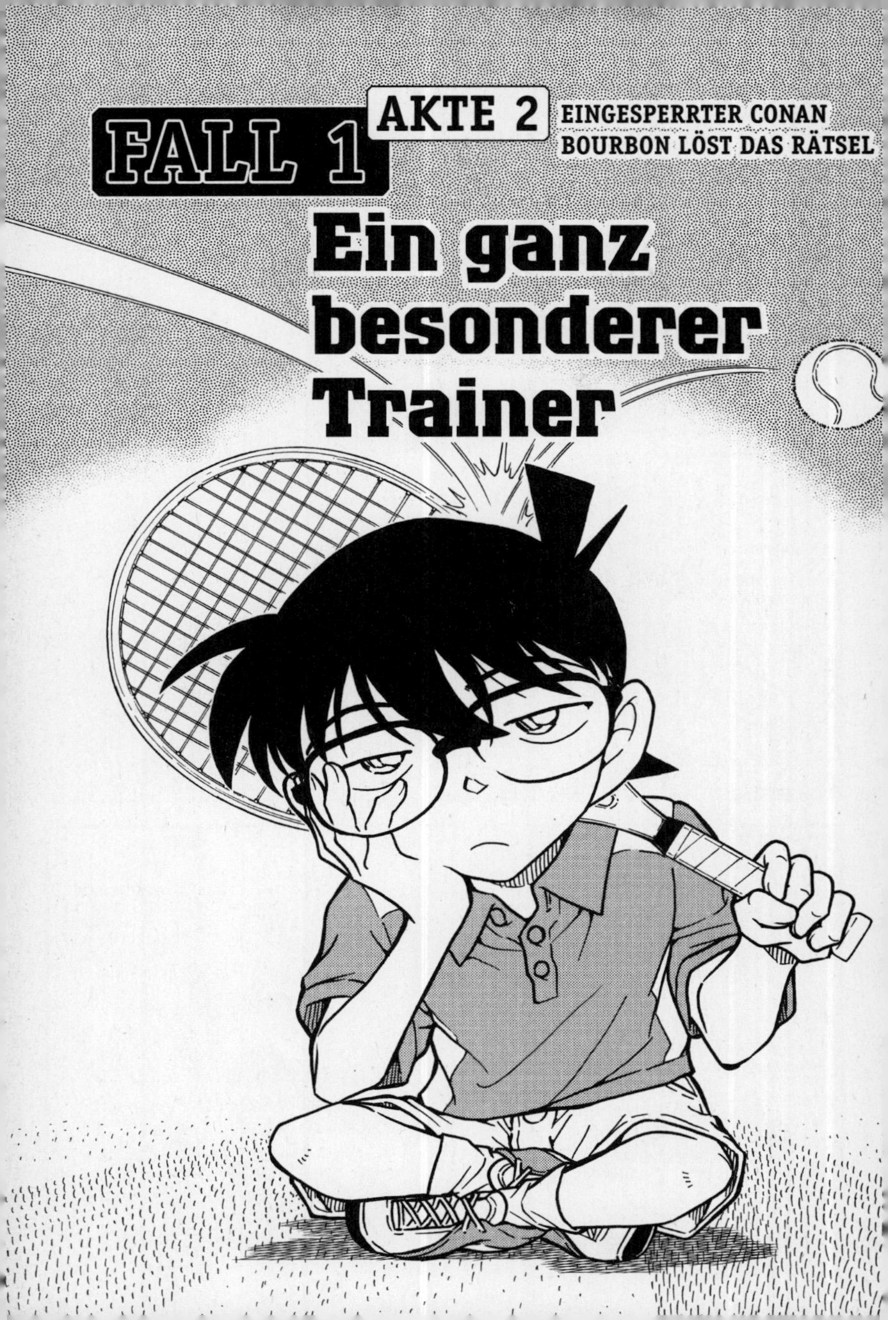

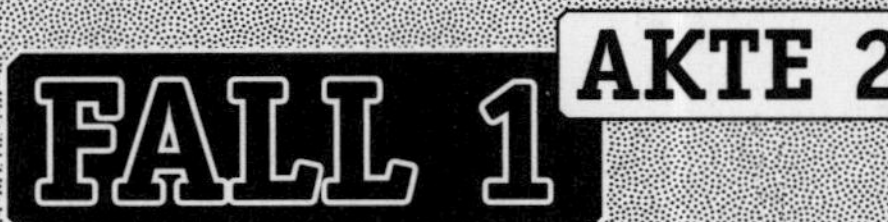

FALL 1 AKTE 2

EINGESPERRTER CONAN
BOURBON LÖST DAS RÄTSEL

Ein ganz besonderer Trainer

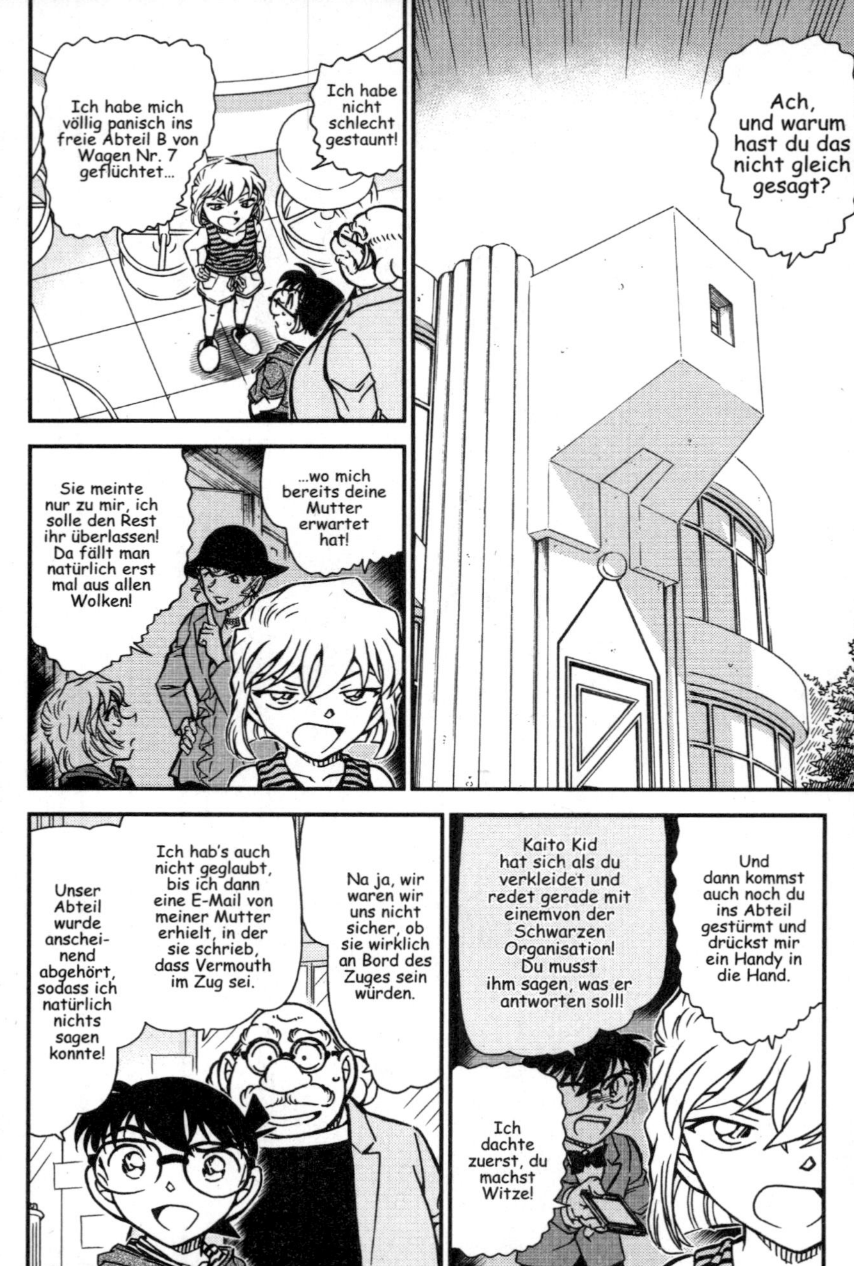
Ach, und warum hast du das nicht gleich gesagt?
Ich habe nicht schlecht gestaunt!
Ich habe mich völlig panisch ins freie Abteil B von Wagen Nr. 7 geflüchtet...
...wo mich bereits deine Mutter erwartet hat!
Sie meinte nur zu mir, ich solle den Rest ihr überlassen! Da fällt man natürlich erst mal aus allen Wolken!
Und dann kommst auch noch du ins Abteil gestürmt und drückst mir ein Handy in die Hand.
Kaito Kid hat sich als du verkleidet und redet gerade mit einemvon der Schwarzen Organisation! Du musst ihm sagen, was er antworten soll!
Ich dachte zuerst, du machst Witze!
Na ja, wir waren wir uns nicht sicher, ob sie wirklich an Bord des Zuges sein würden.
Ich hab's auch nicht geglaubt, bis ich dann eine E-Mail von meiner Mutter erhielt, in der sie schrieb, dass Vermouth im Zug sei.
Unser Abteil wurde anschei-nend abgehört, sodass ich natürlich nichts sagen konnte!

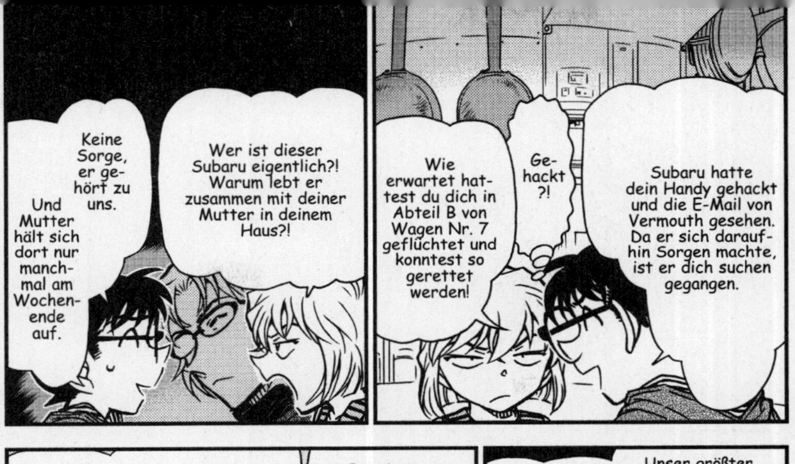

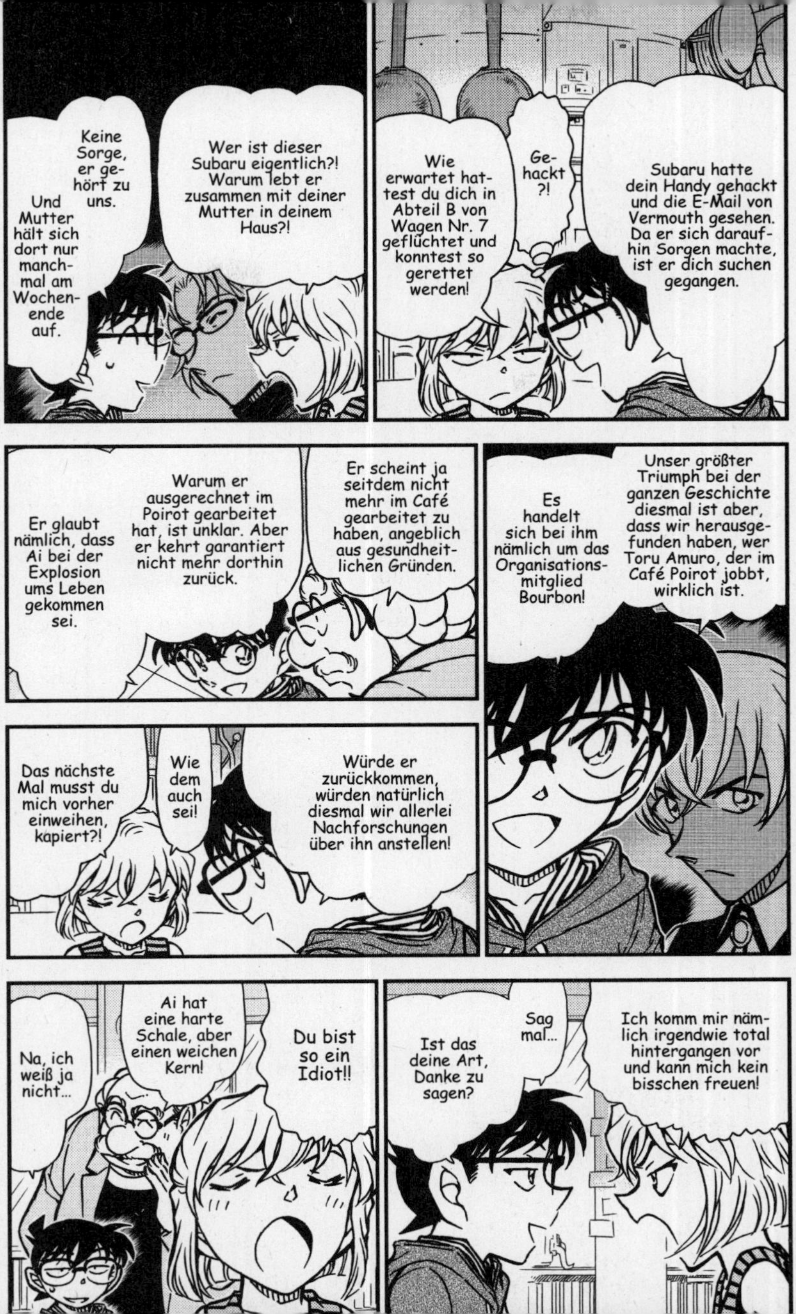

Unser größter Triumph bei der ganzen Geschichte diesmal ist aber, dass wir herausgefunden haben, wer Toru Amuro, der im Café Poirot jobbt, wirklich ist.
Es handelt sich bei ihm nämlich um das Organisationsmitglied Bourbon!
Er scheint ja seitdem nicht mehr im Café gearbeitet zu haben, angeblich aus gesundheitlichen Gründen.
Warum er ausgerechnet im Poirot gearbeitet hat, ist unklar. Aber er kehrt garantiert nicht mehr dorthin zurück.
Er glaubt nämlich, dass Ai bei der Explosion ums Leben gekommen sei.
Würde er zurückkommen, würden natürlich diesmal wir allerlei Nachforschungen über ihn anstellen!
Wie dem auch sei!
Das nächste Mal musst du mich vorher einweihen, kapiert?!

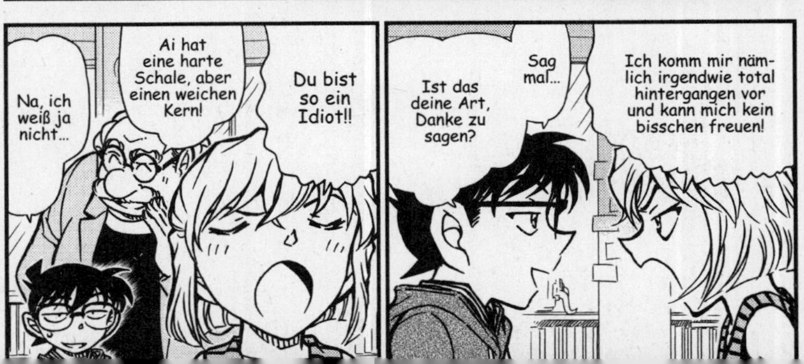

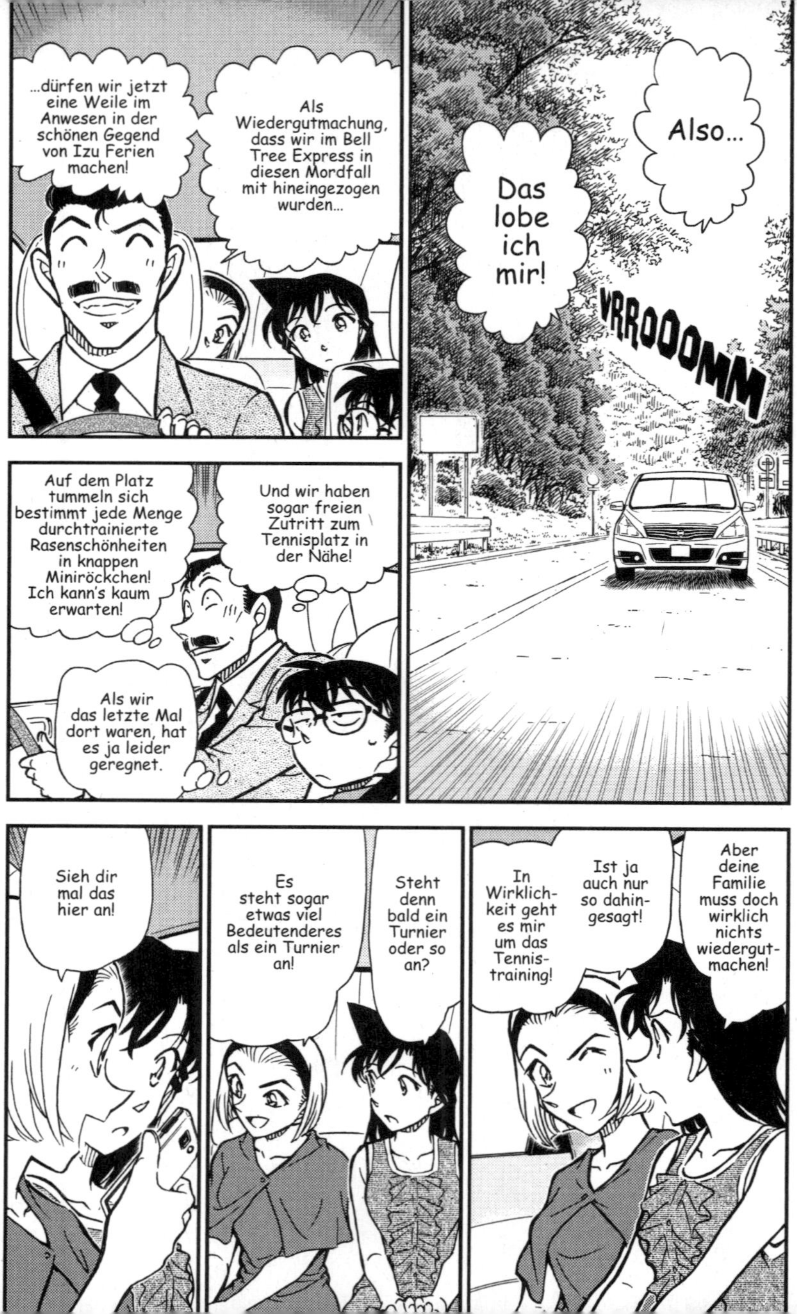

Also...
Das lobe ich mir!
VRROOOMM
Als Wiedergutmachung, dass wir im Bell Tree Express in diesen Mordfall mit hineingezogen wurden...
...dürfen wir jetzt eine Weile im Anwesen in der schönen Gegend von Izu Ferien machen!
Und wir haben sogar freien Zutritt zum Tennisplatz in der Nähe!
Auf dem Platz tummeln sich bestimmt jede Menge durchtrainierte Rasenschönheiten in knappen Miniröckchen! Ich kann's kaum erwarten!
Als wir das letzte Mal dort waren, hat es ja leider geregnet.

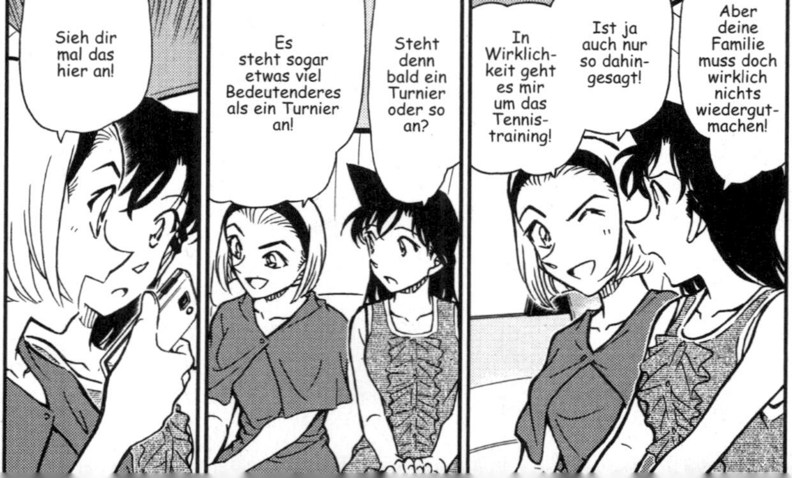

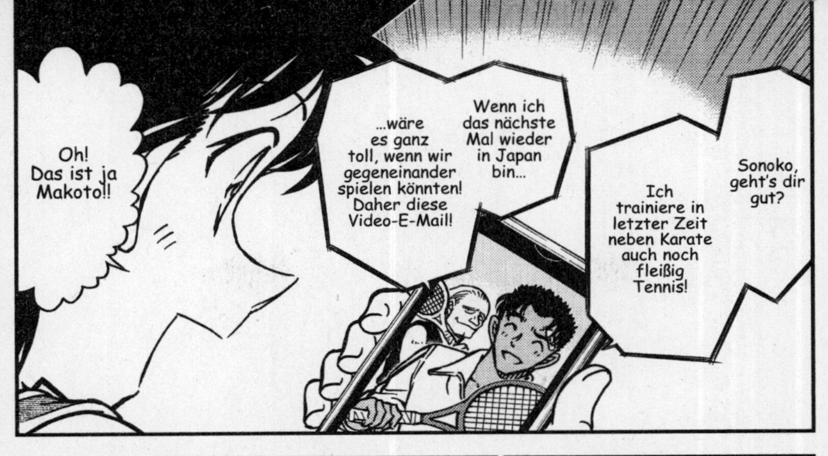
Sonoko, geht's dir gut?
Ich trainiere in letzter Zeit neben Karate auch noch fleißig Tennis!
Wenn ich das nächste Mal wieder in Japan bin...
...wäre es ganz toll, wenn wir gegeneinander spielen könnten! Daher diese Video-E-Mail!
Oh! Das ist ja Makoto!!

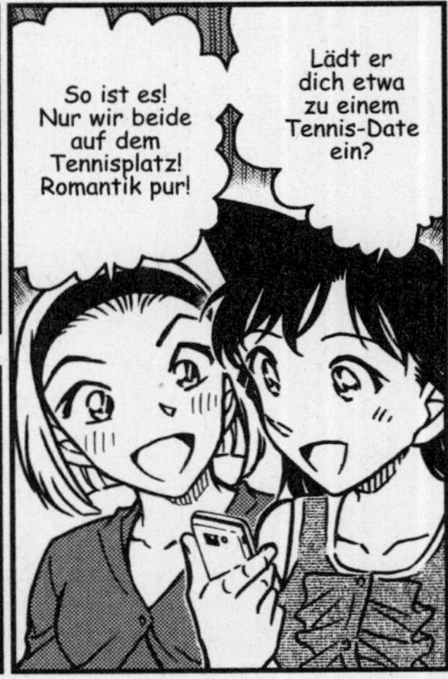
Lädt er dich etwa zu einem Tennis-Date ein?
So ist es! Nur wir beide auf dem Tennisplatz! Romantik pur!

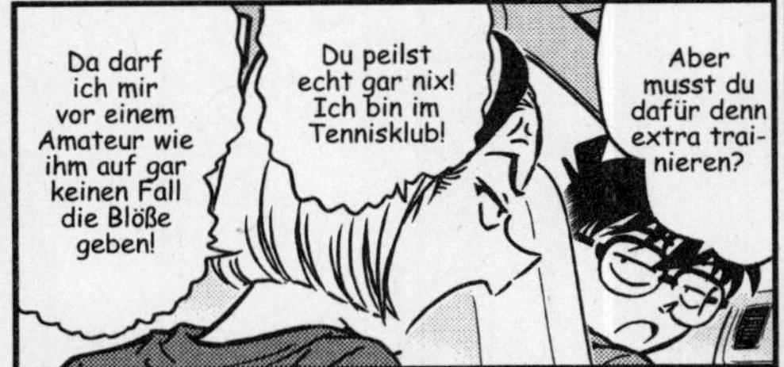
Aber musst du dafür denn extra trainieren?
Du peilst echt gar nix! Ich bin im Tennisklub!
Da darf ich mir vor einem Amateur wie ihm auf gar keinen Fall die Blöße geben!

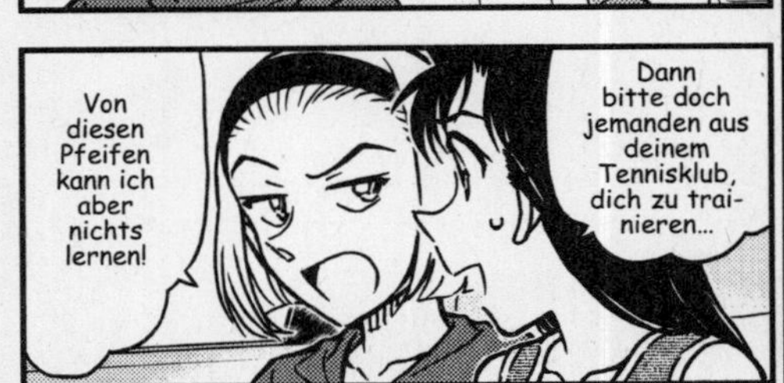
Dann bitte doch jemanden aus deinem Tennisklub, dich zu trainieren...
Von diesen Pfeifen kann ich aber nichts lernen!

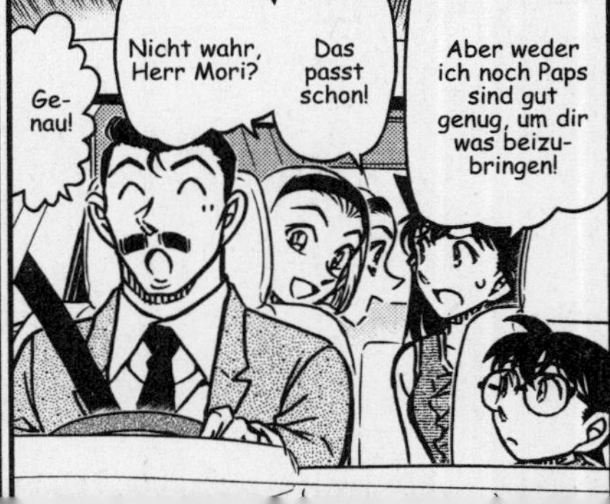
Aber weder ich noch Paps sind gut genug, um dir was beizubringen!
Das passt schon!
Nicht wahr, Herr Mori?
Genau!

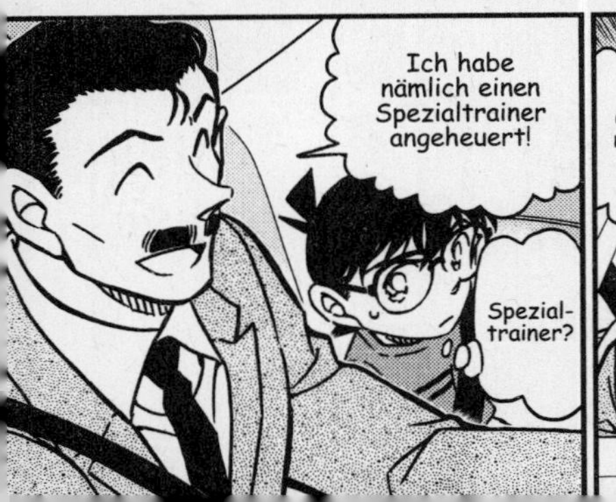
Ich habe nämlich einen Spezialtrainer angeheuert!
Spezialtrainer?

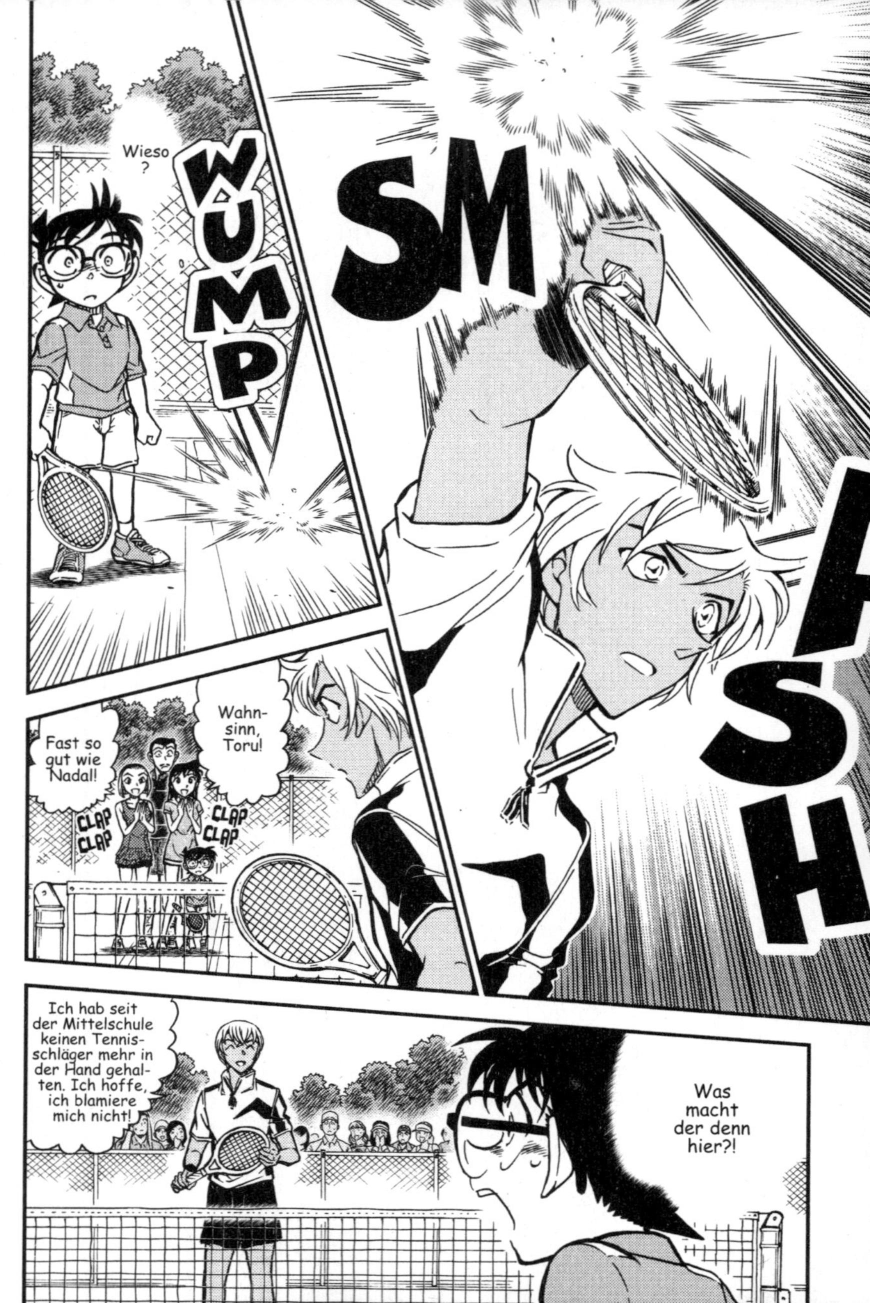

SM
SH
Wieso?
WUMP
Wahnsinn, Toru!
Fast so gut wie Nadal!
CLAP CLAP
CLAP CLAP
Was macht der denn hier?!
Ich hab seit der Mittelschule keinen Tennisschläger mehr in der Hand gehalten. Ich hoffe, ich blamiere mich nicht!

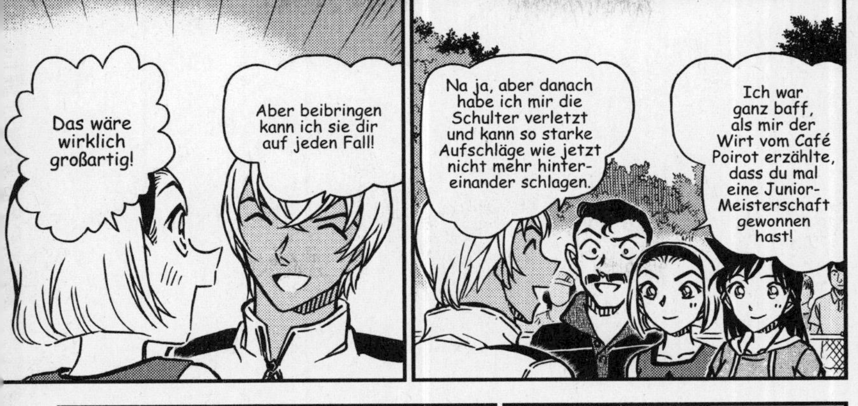

Ich war ganz baff, als mir der Wirt vom Café Poirot erzählte, dass du mal eine Junior-Meisterschaft gewonnen hast!
Na ja, aber danach habe ich mir die Schulter verletzt und kann so starke Aufschläge wie jetzt nicht mehr hintereinander schlagen.
Aber beibringen kann ich sie dir auf jeden Fall!
Das wäre wirklich großartig!

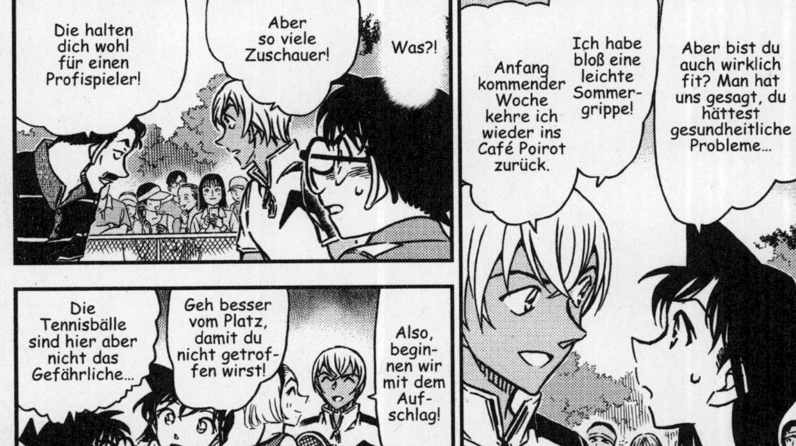

Aber bist du auch wirklich fit? Man hat uns gesagt, du hättest gesundheitliche Probleme...
Ich habe bloß eine leichte Sommergrippe!
Anfang kommender Woche kehre ich wieder ins Café Poirot zurück.
Was?!
Aber so viele Zuschauer!
Die halten dich wohl für einen Profispieler!
Also, beginnen wir mit dem Aufschlag!
Geh besser vom Platz, damit du nicht getroffen wirst!
Die Tennisbälle sind hier aber nicht das Gefährliche...

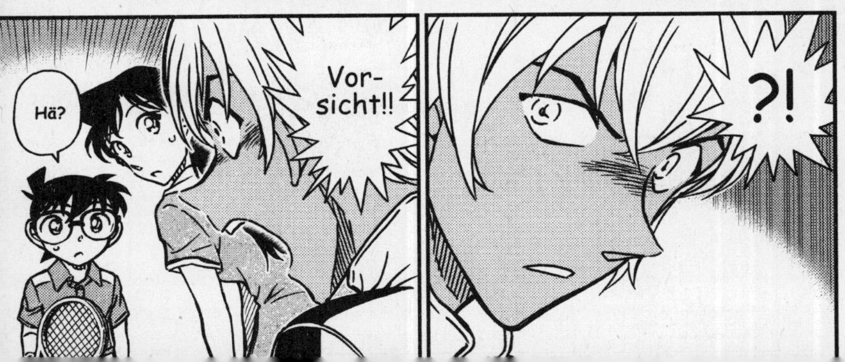

?!
Vorsicht!!
Hä?

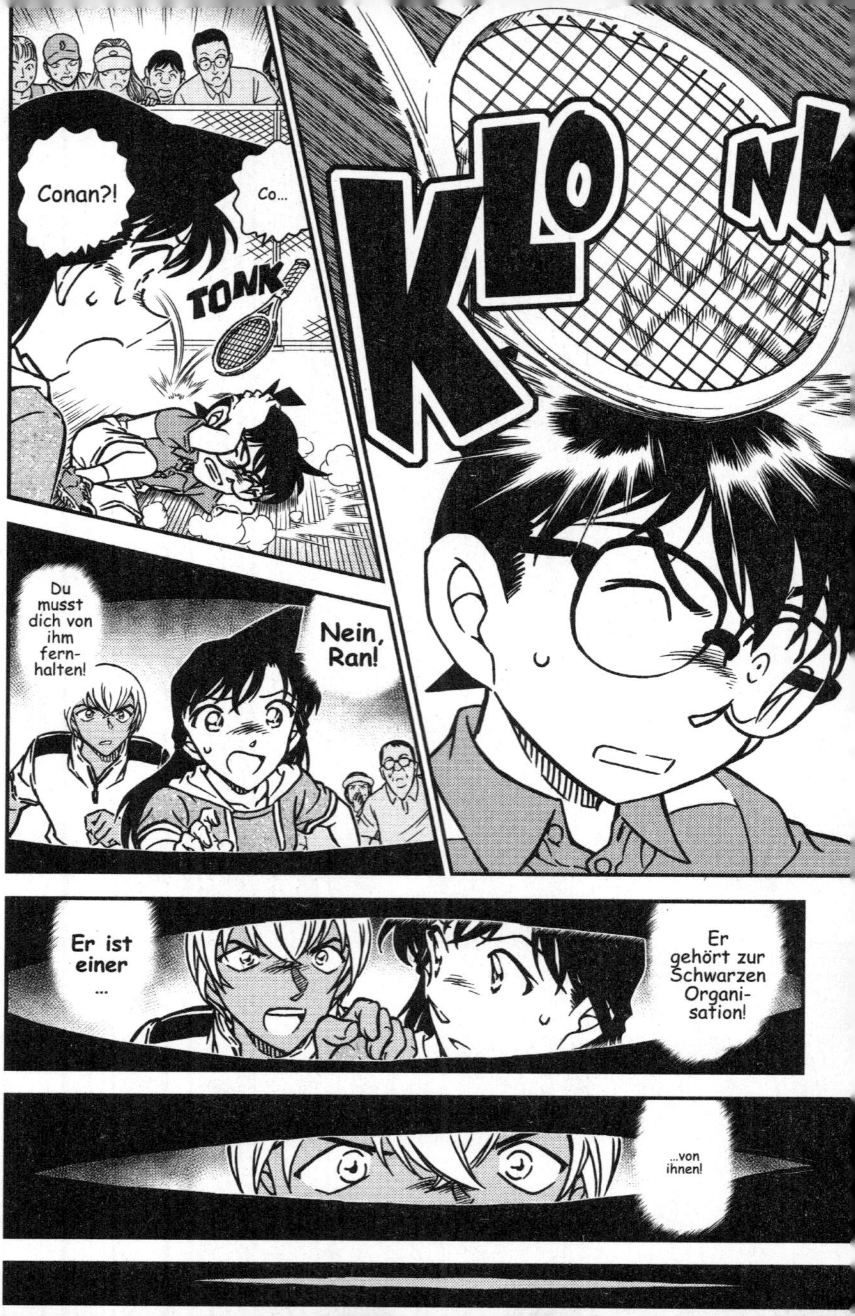

KLONK

Co...

Conan?!

TONK

Nein, Ran!

Du musst dich von ihm fernhalten!

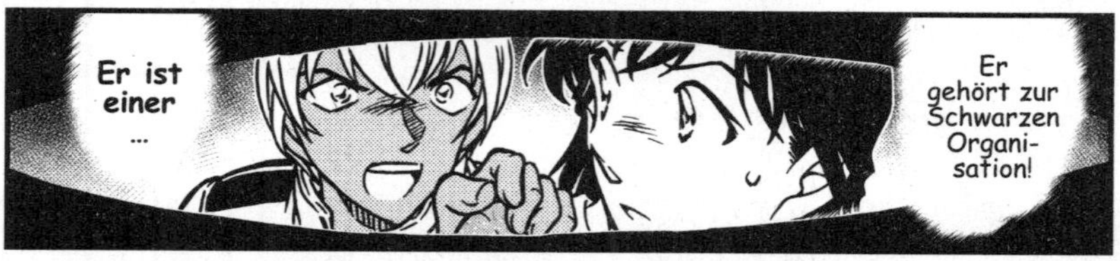

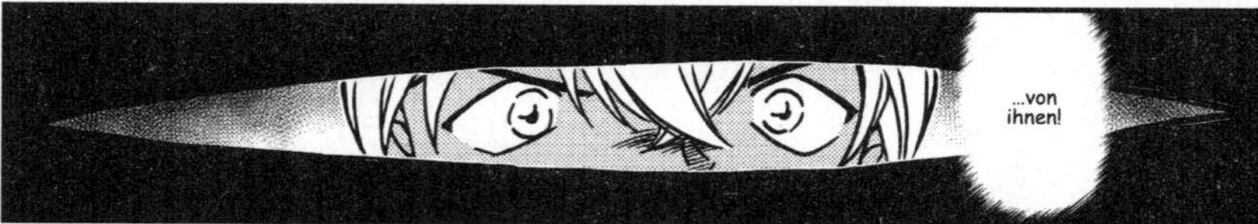

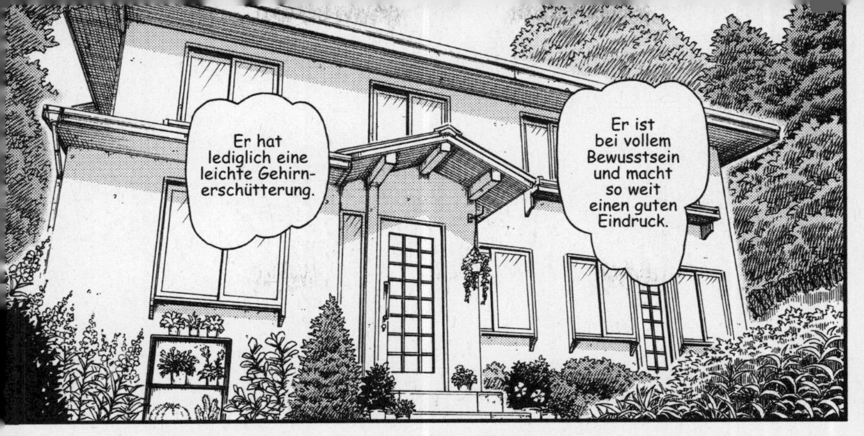

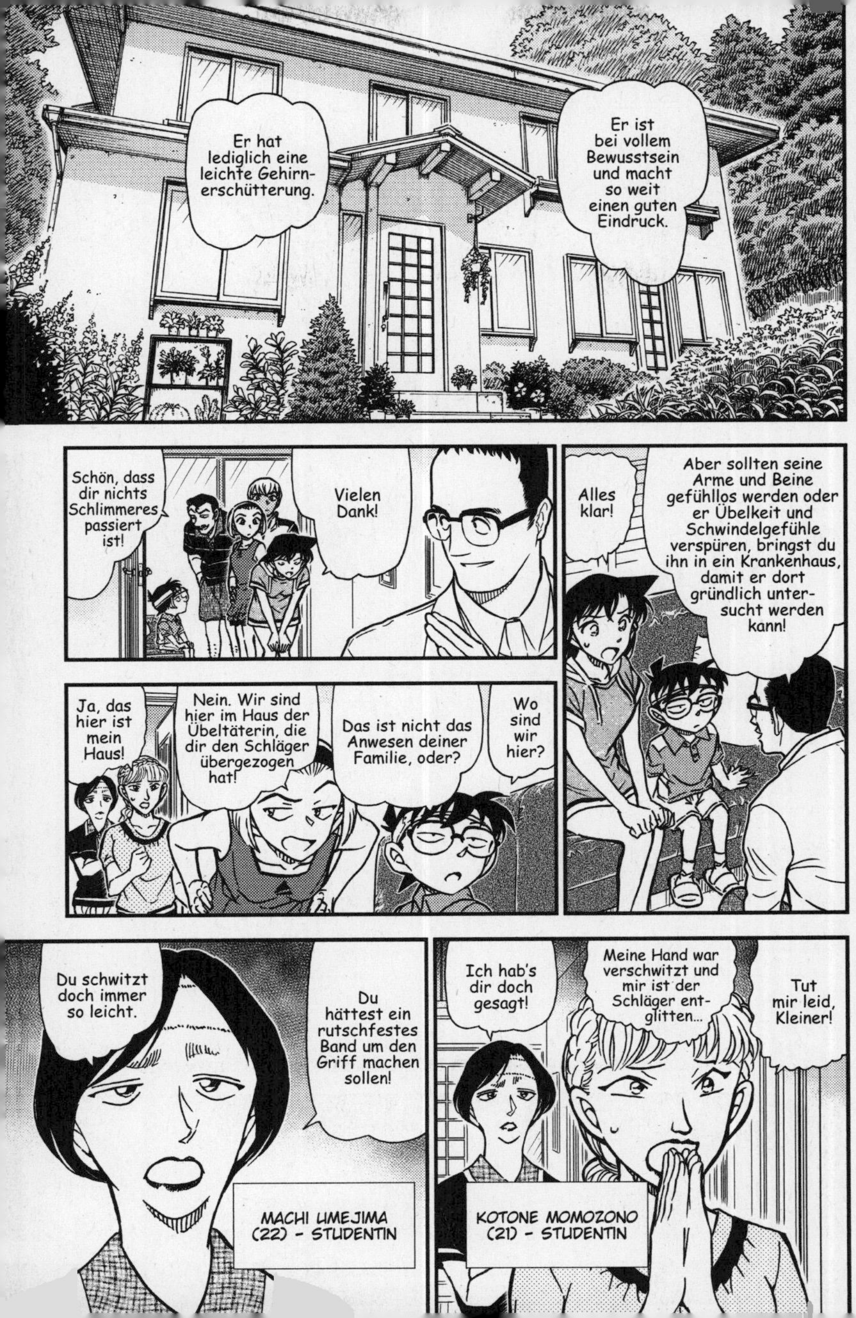

Aber sollten seine Arme und Beine gefühllos werden oder er Übelkeit und Schwindelgefühle verspüren, bringst du ihn in ein Krankenhaus, damit er dort gründlich untersucht werden kann!

Alles klar!

Vielen Dank!

Schön, dass dir nichts Schlimmeres passiert ist!

Wo sind wir hier?

Das ist nicht das Anwesen deiner Familie, oder?

Nein. Wir sind hier im Haus der Übeltäterin, die dir den Schläger übergezogen hat!

Ja, das hier ist mein Haus!

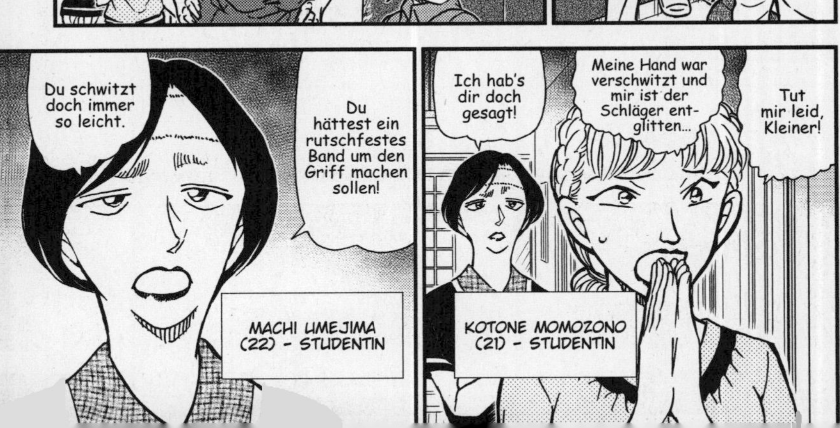

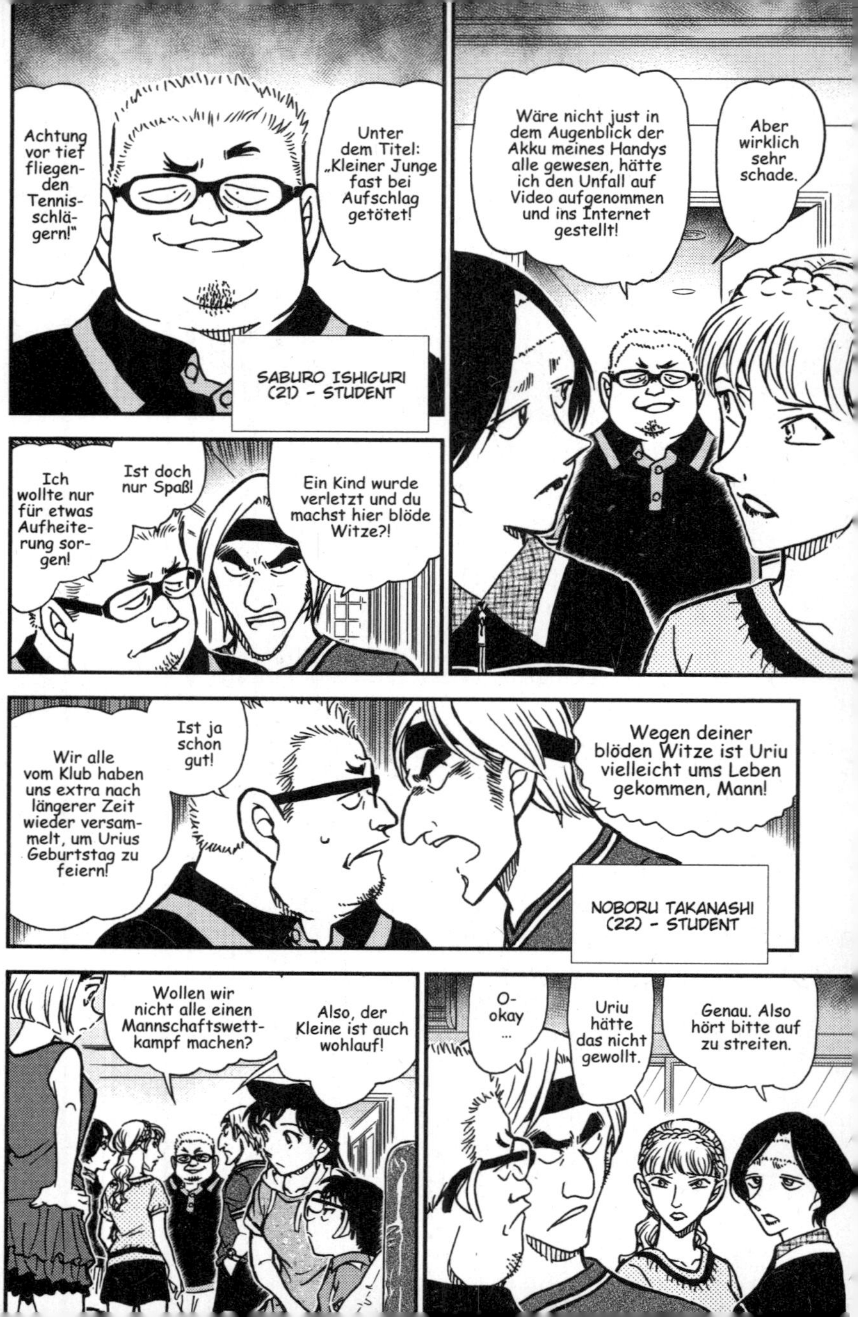

Aber wirklich sehr schade.

Wäre nicht just in dem Augenblick der Akku meines Handys alle gewesen, hätte ich den Unfall auf Video aufgenommen und ins Internet gestellt!

Unter dem Titel: „Kleiner Junge fast bei Aufschlag getötet!

Achtung vor tief fliegenden Tennisschlägern!“

SABURO ISHIGURI (21) - STUDENT

Ein Kind wurde verletzt und du machst hier blöde Witze?!

Ist doch nur Spaß!

Ich wollte nur für etwas Aufheiterung sorgen!

Wegen deiner blöden Witze ist Uriu vielleicht ums Leben gekommen, Mann!

NOBORU TAKANASHI (22) - STUDENT

Ist ja schon gut!

Wir alle vom Klub haben uns extra nach längerer Zeit wieder versammelt, um Urius Geburtstag zu feiern!

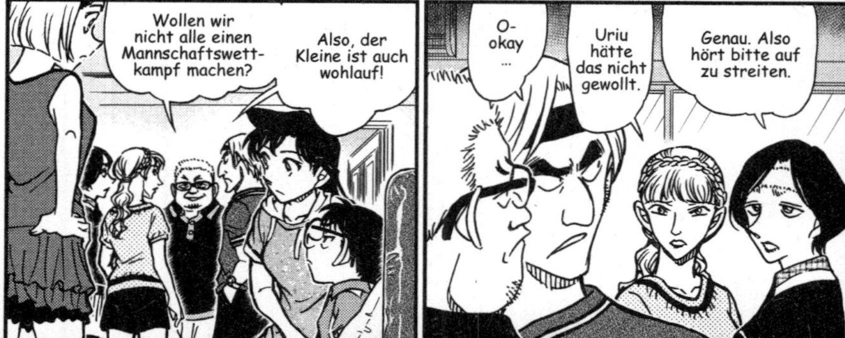

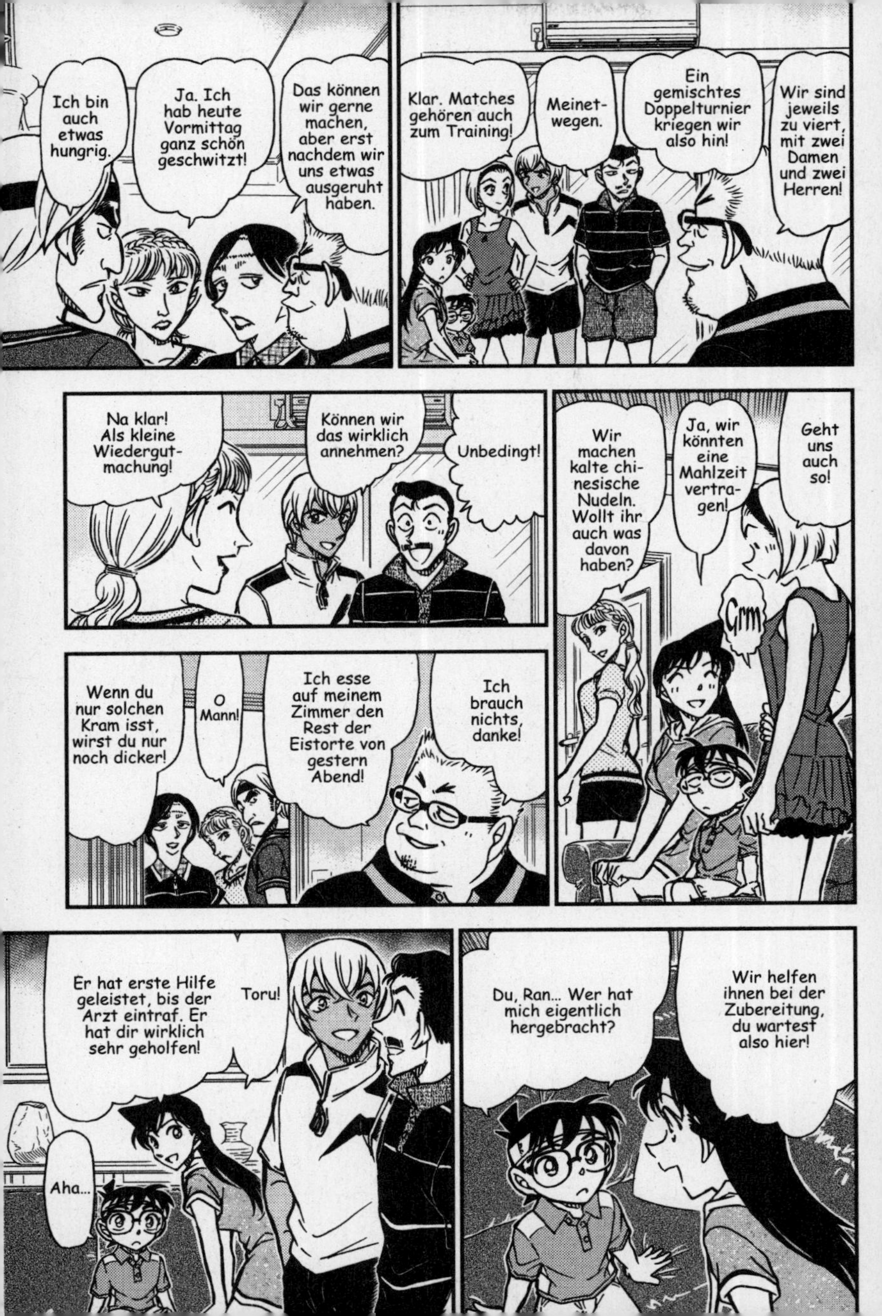

Wir sind jeweils zu viert, mit zwei Damen und zwei Herren!
Ein gemischtes Doppelturnier kriegen wir also hin!
Meinetwegen.
Klar. Matches gehören auch zum Training!
Das können wir gerne machen, aber erst nachdem wir uns etwas ausgeruht haben.
Ja. Ich hab heute Vormittag ganz schön geschwitzt!
Ich bin auch etwas hungrig.
Geht uns auch so!
Ja, wir könnten eine Mahlzeit vertragen!
Wir machen kalte chinesische Nudeln. Wollt ihr auch was davon haben?
Grm
Unbedingt!
Können wir das wirklich annehmen?
Na klar! Als kleine Wiedergutmachung!
Ich brauch nichts, danke!
Ich esse auf meinem Zimmer den Rest der Eistorte von gestern Abend!
O Mann!
Wenn du nur solchen Kram isst, wirst du nur noch dicker!

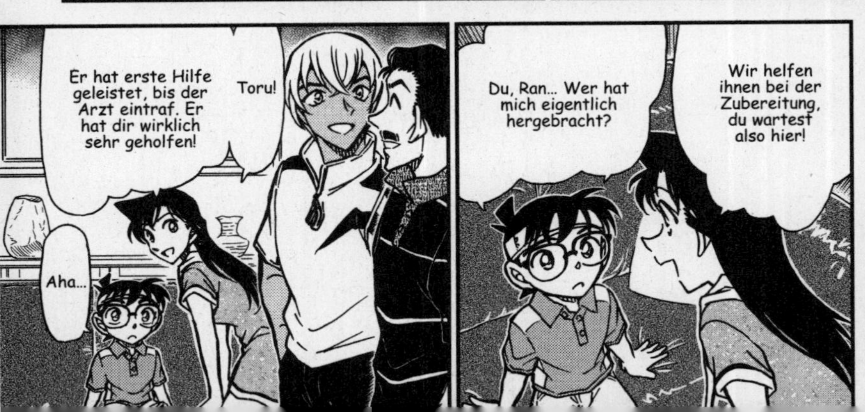

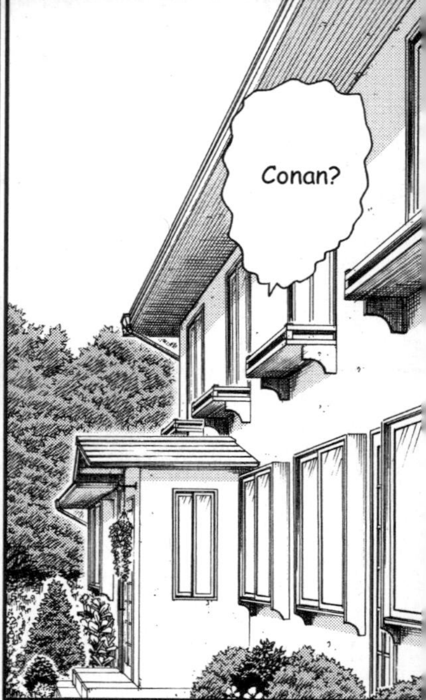
Conan?

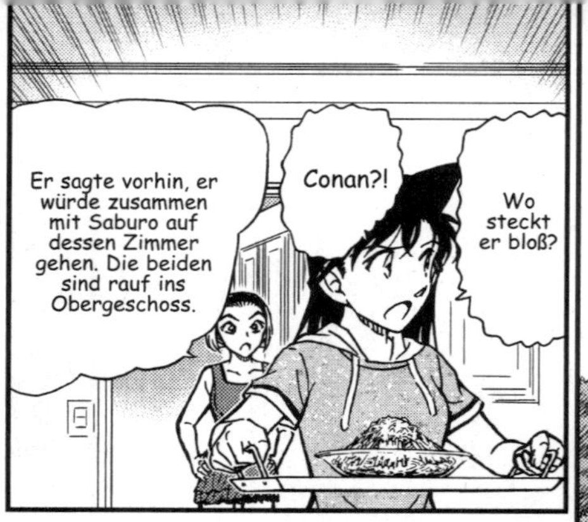
Wo steckt er bloß?
Conan?!
Er sagte vorhin, er würde zusammen mit Saburo auf dessen Zimmer gehen. Die beiden sind rauf ins Obergeschoss.

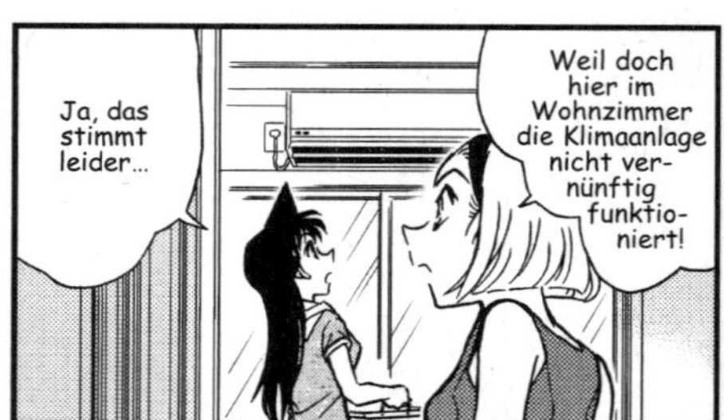
Weil doch hier im Wohnzimmer die Klimaanlage nicht vernünftig funktioniert!
Ja, das stimmt leider…

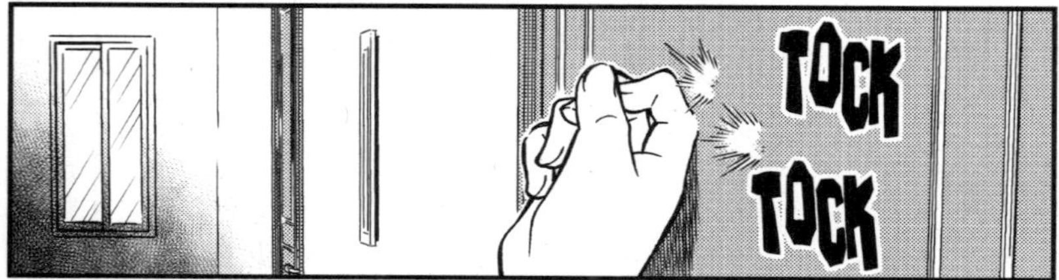
TOCK
TOCK

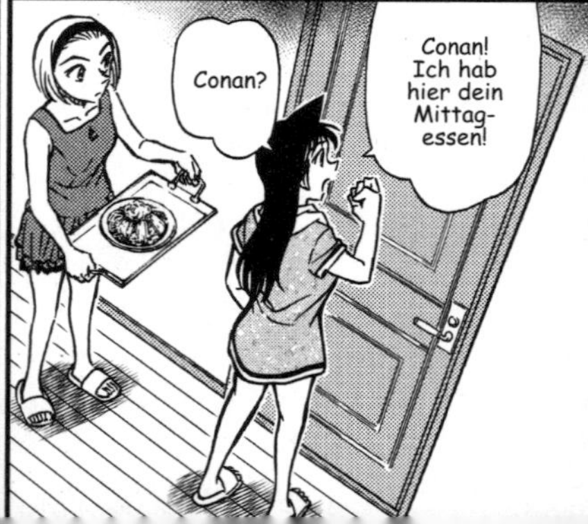
Conan! Ich hab hier dein Mittagessen!
Conan?

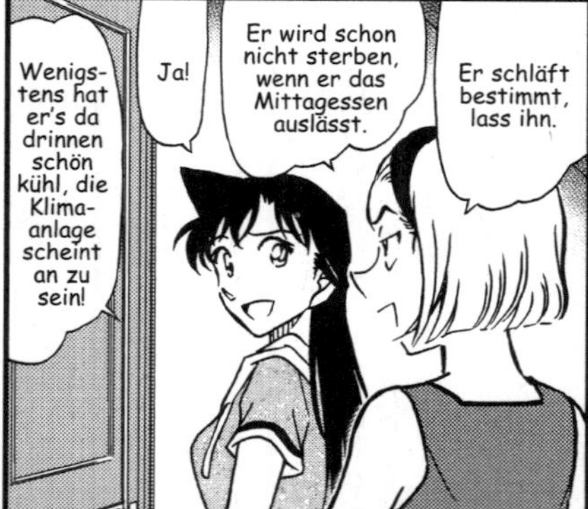
Er schläft bestimmt, lass ihn.
Er wird schon nicht sterben, wenn er das Mittagessen auslässt.
Ja!
Wenigstens hat er's da drinnen schön kühl, die Klimaanlage scheint an zu sein!

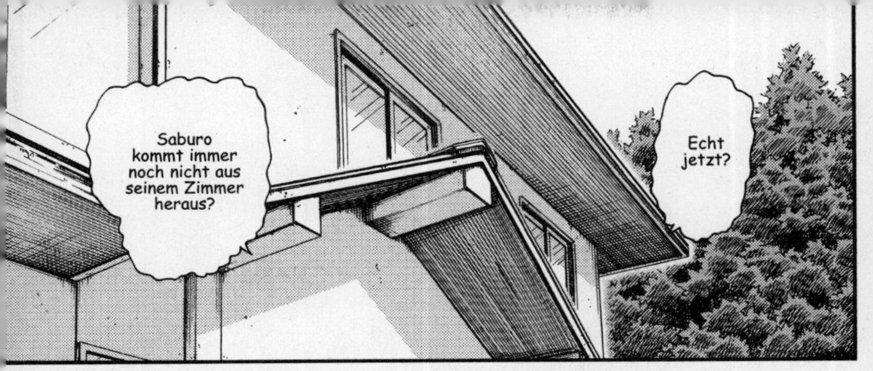
Saburo kommt immer noch nicht aus seinem Zimmer heraus?
Echt jetzt?

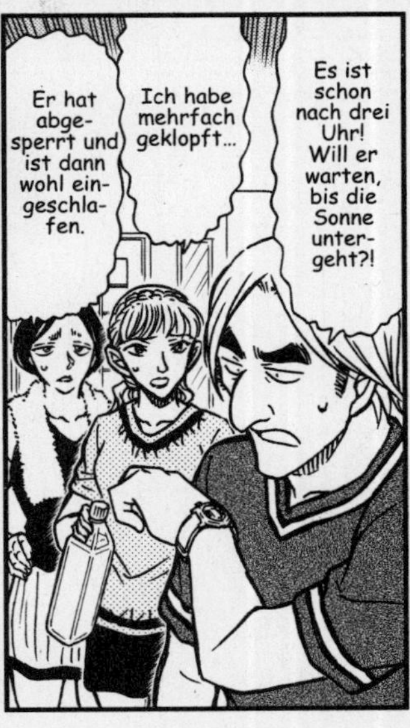
Es ist schon nach drei Uhr! Will er warten, bis die Sonne unter-geht?!
Ich habe mehrfach geklopft...
Er hat abge-sperrt und ist dann wohl ein-geschla-fen.

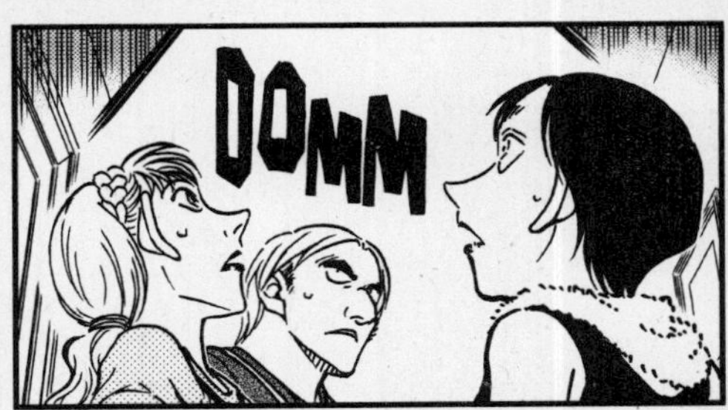
DOMM

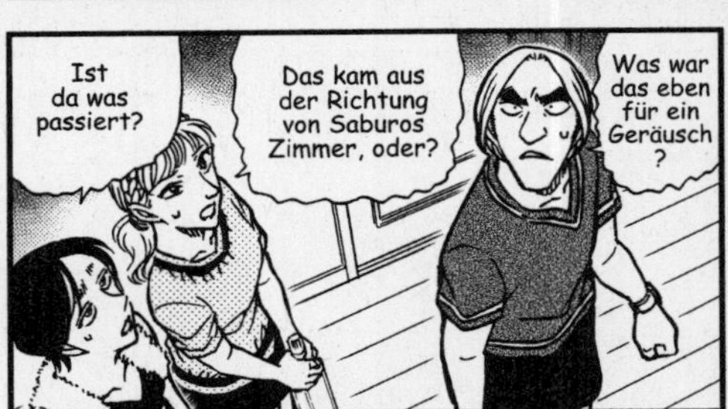
Was war das eben für ein Geräusch ?
Das kam aus der Richtung von Saburos Zimmer, oder?
Ist da was passiert?

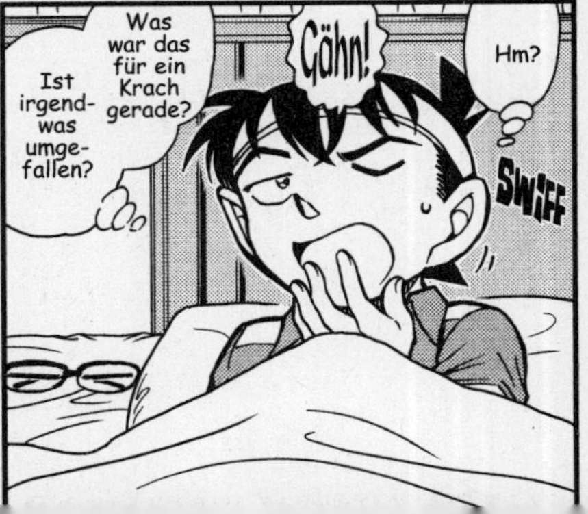
Hm?
SWIFF
Gähn!
Was war das für ein Krach gerade?
Ist irgend-was umge-fallen?

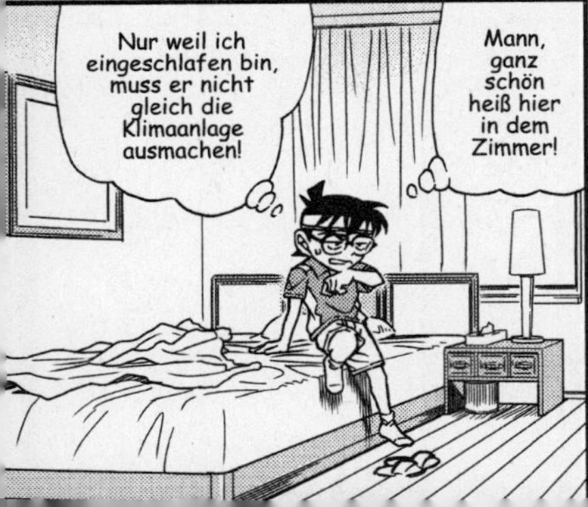
Mann, ganz schön heiß hier in dem Zimmer!
Nur weil ich eingeschlafen bin, muss er nicht gleich die Klimaanlage ausmachen!

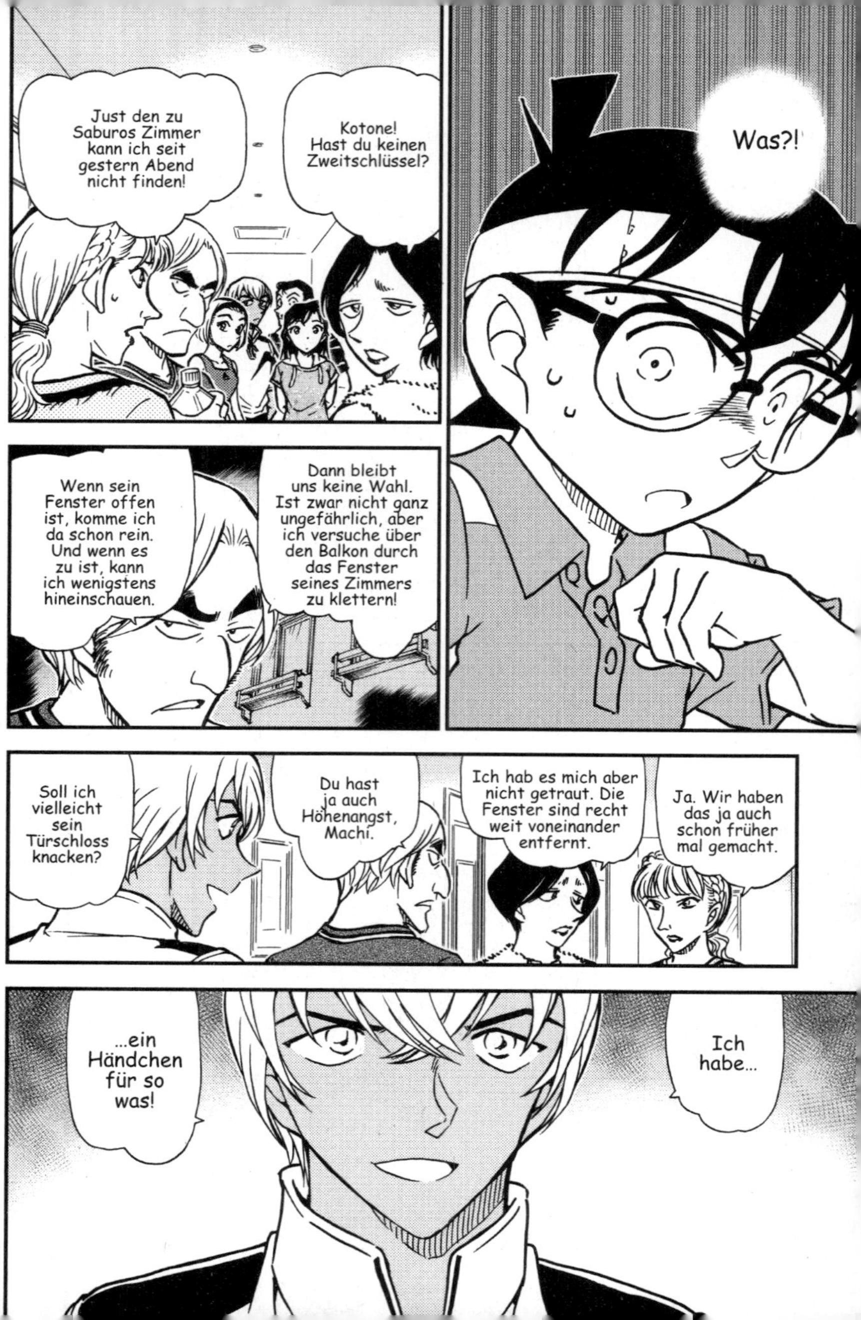

Kotone! Hast du keinen Zweitschlüssel?

Just den zu Saburos Zimmer kann ich seit gestern Abend nicht finden!

Was?!

Dann bleibt uns keine Wahl. Ist zwar nicht ganz ungefährlich, aber ich versuche über den Balkon durch das Fenster seines Zimmers zu klettern!

Wenn sein Fenster offen ist, komme ich da schon rein. Und wenn es zu ist, kann ich wenigstens hineinschauen.

Ja. Wir haben das ja auch schon früher mal gemacht.

Ich hab es mich aber nicht getraut. Die Fenster sind recht weit voneinander entfernt.

Du hast ja auch Höhenangst, Machi.

Soll ich vielleicht sein Türschloss knacken?

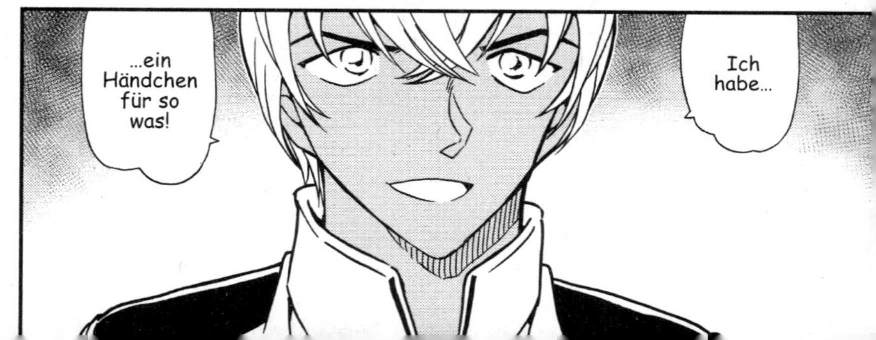

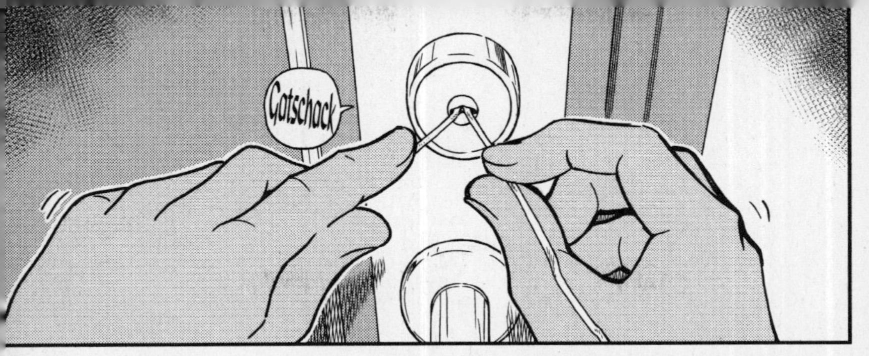
Gatschack
Es ist offen!
Wahnsinn, Toru!
Fast so gut wie Kaito Kid!
Ich habe einen Bekannten, der bei einer Sicherheitsfirma arbeitet.
Er hat mir verraten, wie man Türschlösser aufbekommt!
Eine Fähigkeit, die ein Detektiv durchaus gebrauchen kann!
DOMM
Hm?
Irgendwas versperrt die Tür...

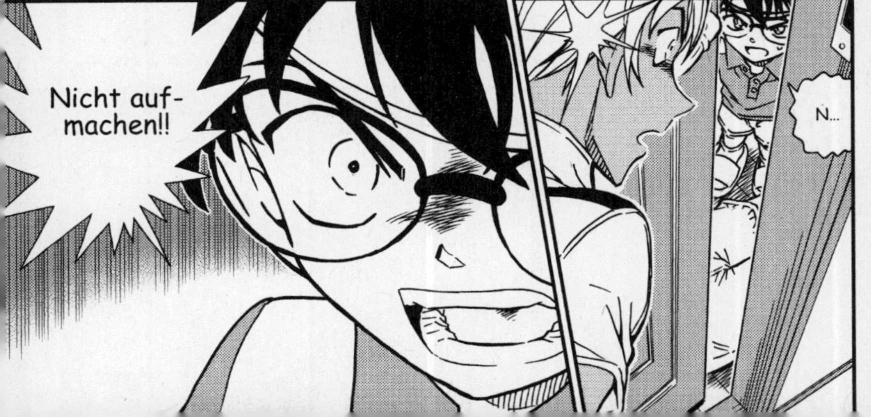
N...
Nicht aufmachen!!

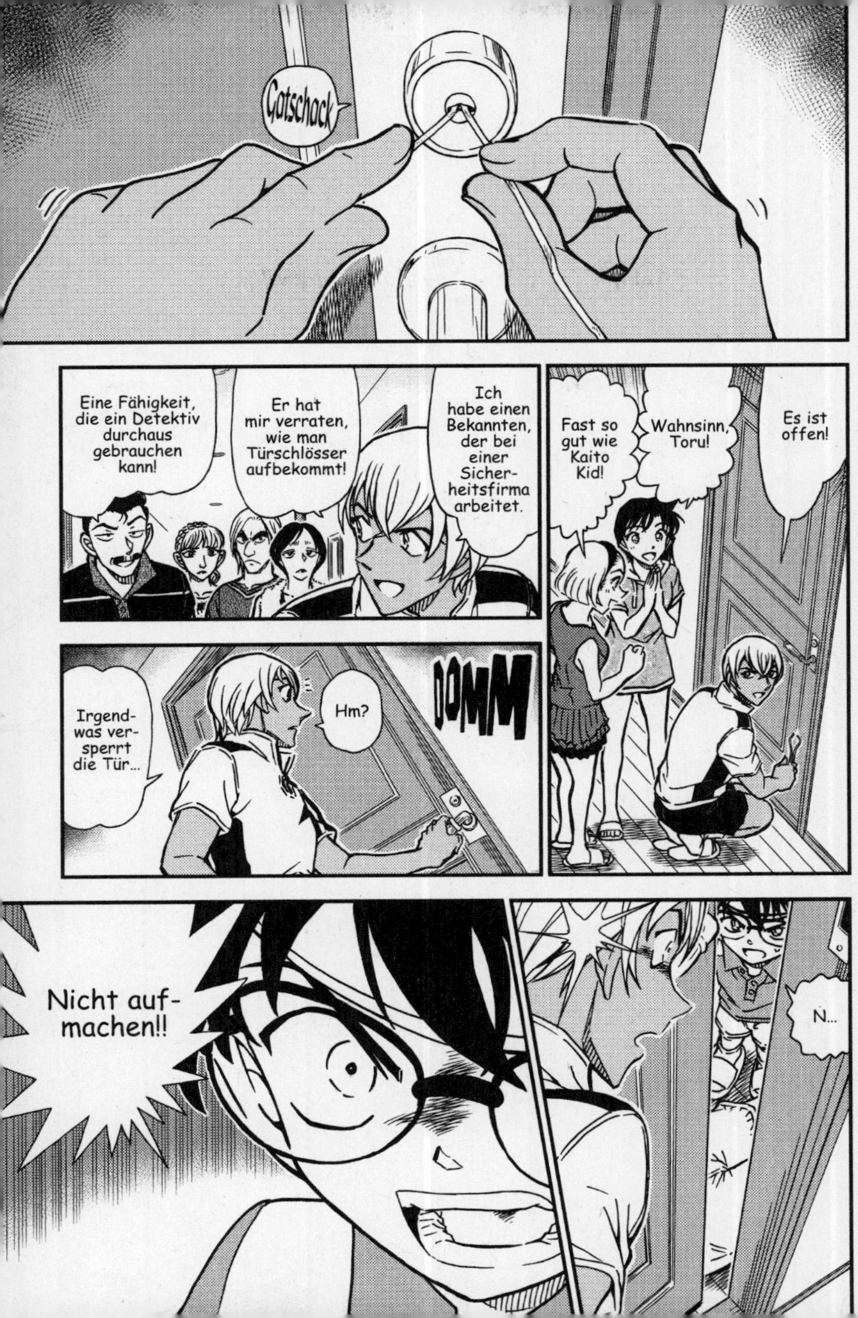

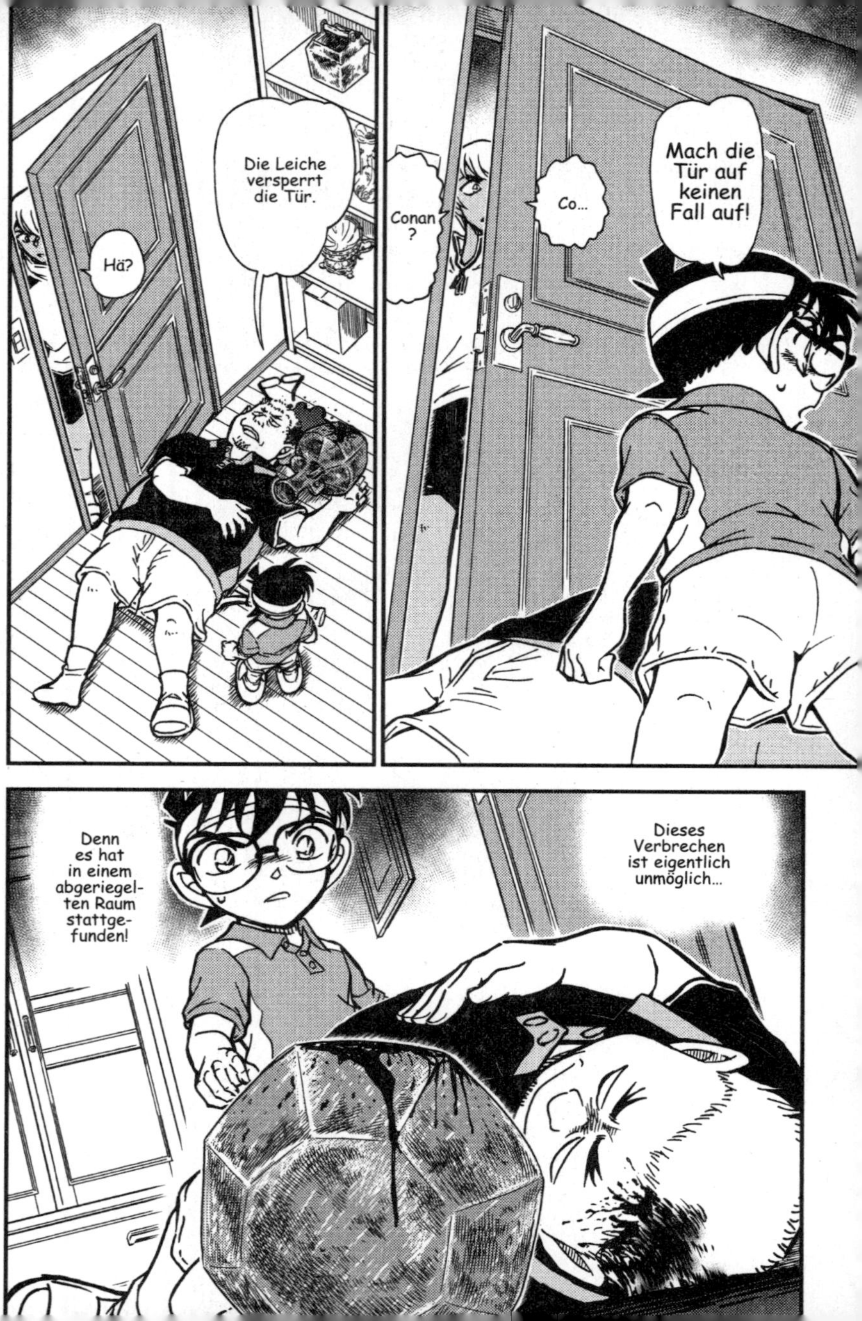

Mach die Tür auf keinen Fall auf!
Co...
Conan?
Die Leiche versperrt die Tür.
Hä?
Dieses Verbrechen ist eigentlich unmöglich...
Denn es hat in einem abgeriegelten Raum stattgefunden!

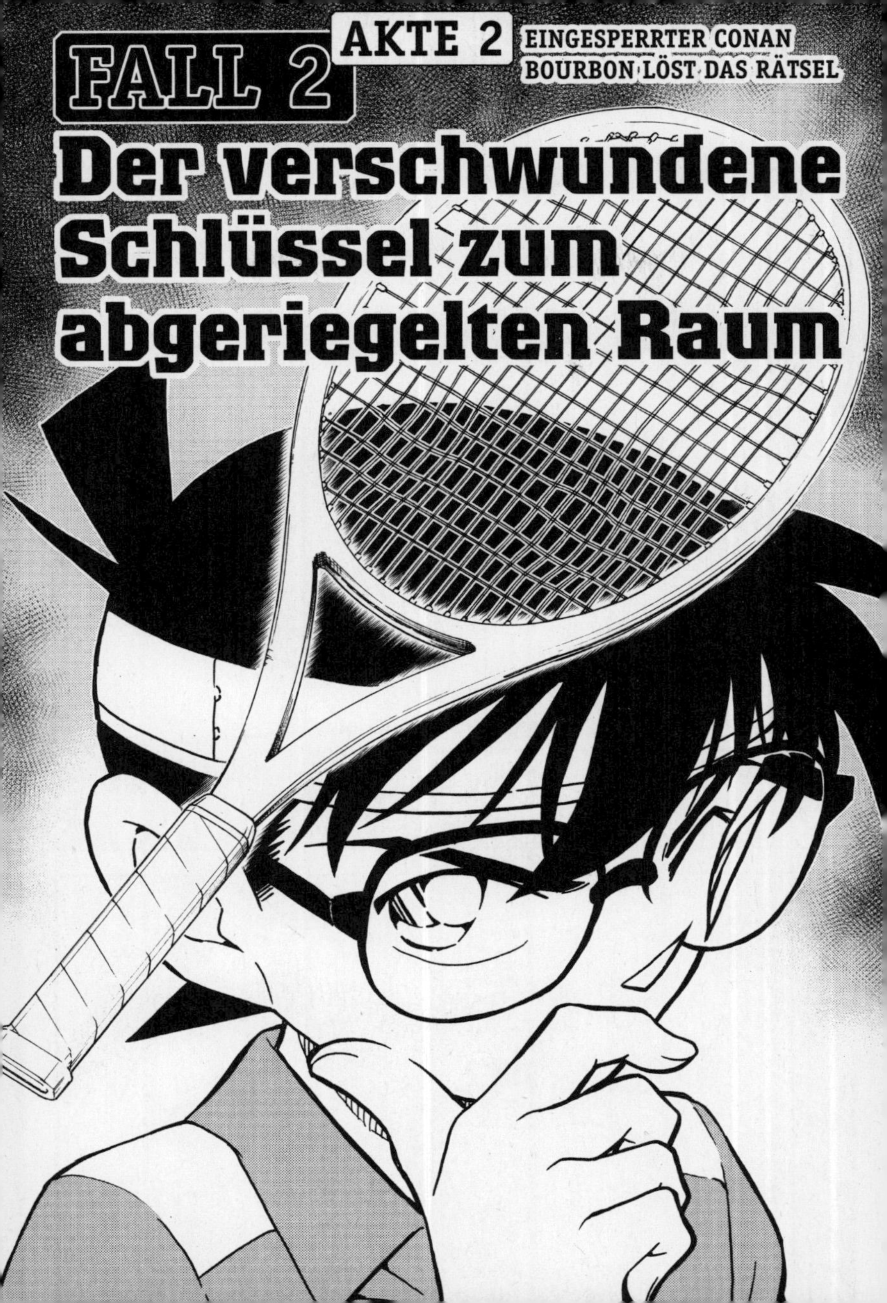
FALL 2
AKTE 2
EINGESPERRTER CONAN
BOURBON LÖST DAS RÄTSEL
Der verschwundene Schlüssel zum abgeriegelten Raum

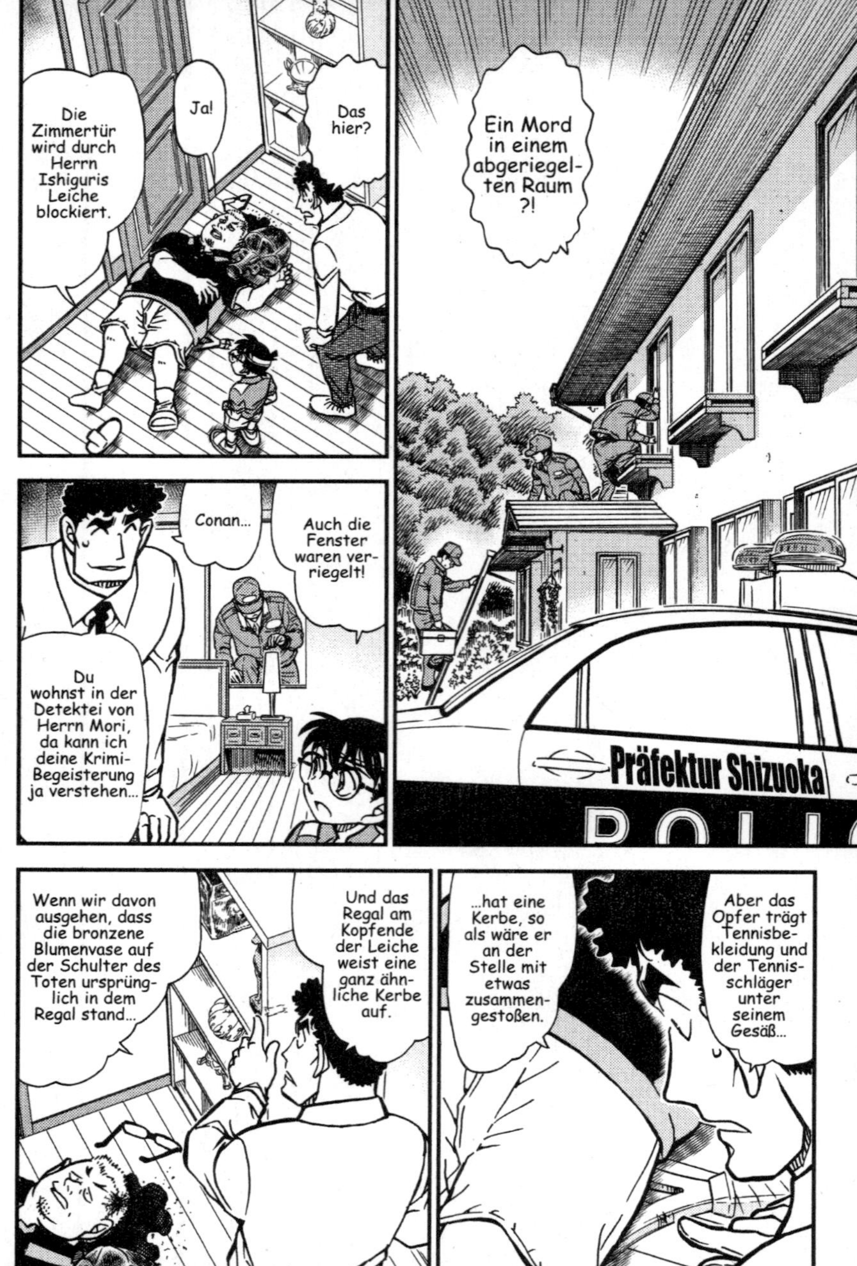
Ein Mord in einem abgeriegelten Raum ?!
Präfektur Shizuoka
Das hier?
Ja!
Die Zimmertür wird durch Herrn Ishiguris Leiche blockiert.
Auch die Fenster waren verriegelt!
Conan...
Du wohnst in der Detektei von Herrn Mori, da kann ich deine Krimi-Begeisterung ja verstehen...
Aber das Opfer trägt Tennisbekleidung und der Tennisschläger unter seinem Gesäß...
...hat eine Kerbe, so als wäre er an der Stelle mit etwas zusammengestoßen.
Und das Regal am Kopfende der Leiche weist eine ganz ähnliche Kerbe auf.
Wenn wir davon ausgehen, dass die bronzene Blumenvase auf der Schulter des Toten ursprünglich in dem Regal stand...

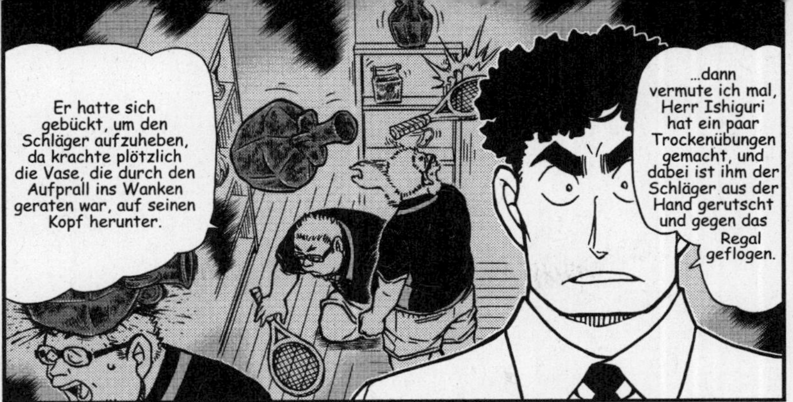
...dann vermute ich mal, Herr Ishiguri hat ein paar Trockenübungen gemacht, und dabei ist ihm der Schläger aus der Hand gerutscht und gegen das Regal geflogen.
Er hatte sich gebückt, um den Schläger aufzuheben, da krachte plötzlich die Vase, die durch den Aufprall ins Wanken geraten war, auf seinen Kopf herunter.

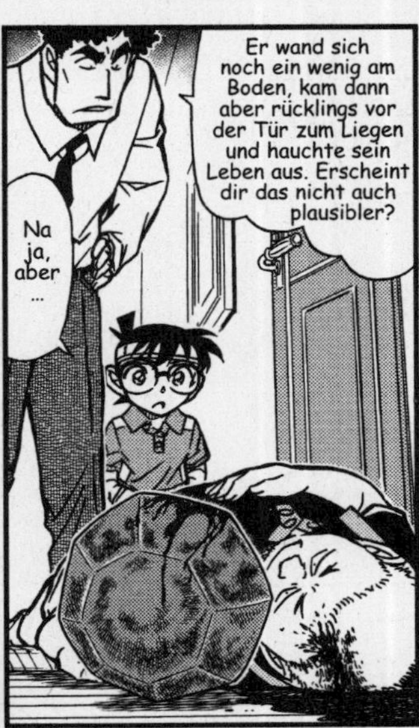
Er wand sich noch ein wenig am Boden, kam dann aber rücklings vor der Tür zum Liegen und hauchte sein Leben aus. Erscheint dir das nicht auch plausibler?
Na ja, aber ...

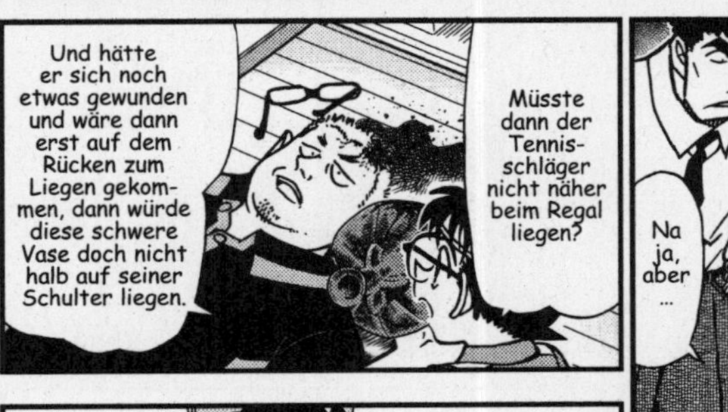
Müsste dann der Tennisschläger nicht näher beim Regal liegen?
Und hätte er sich noch etwas gewunden und wäre dann erst auf dem Rücken zum Liegen gekommen, dann würde diese schwere Vase doch nicht halb auf seiner Schulter liegen.

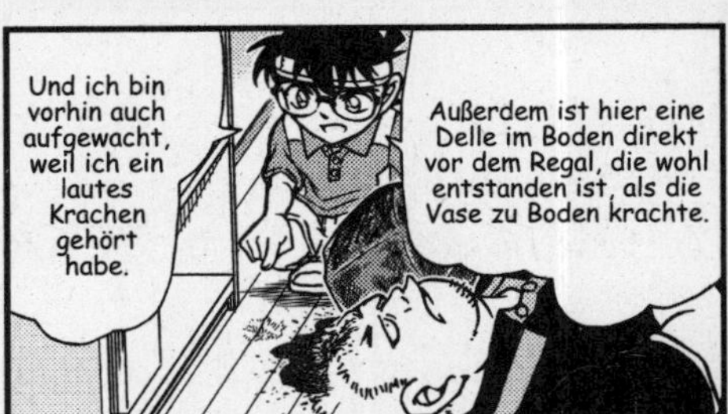
Außerdem ist hier eine Delle im Boden direkt vor dem Regal, die wohl entstanden ist, als die Vase zu Boden krachte.
Und ich bin vorhin auch aufgewacht, weil ich ein lautes Krachen gehört habe.

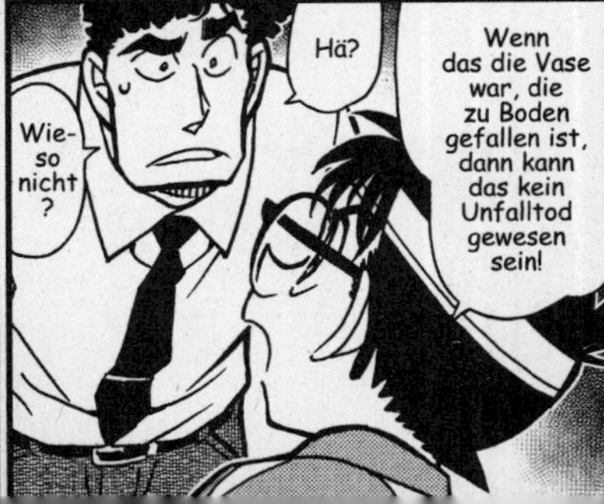
Wenn das die Vase war, die zu Boden gefallen ist, dann kann das kein Unfalltod gewesen sein!
Hä?
Wie-so nicht?

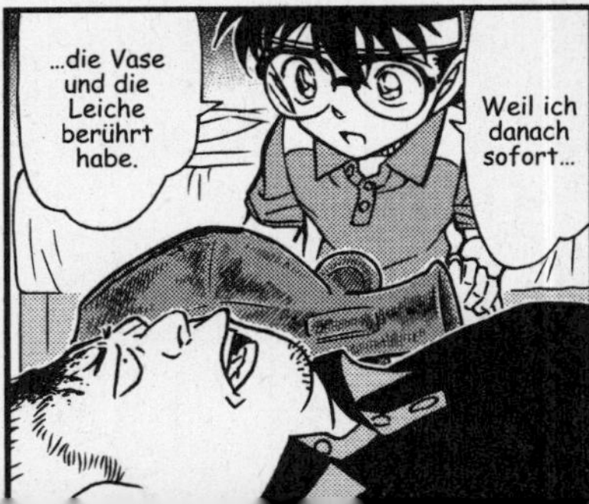
Weil ich danach sofort...
...die Vase und die Leiche berührt habe.

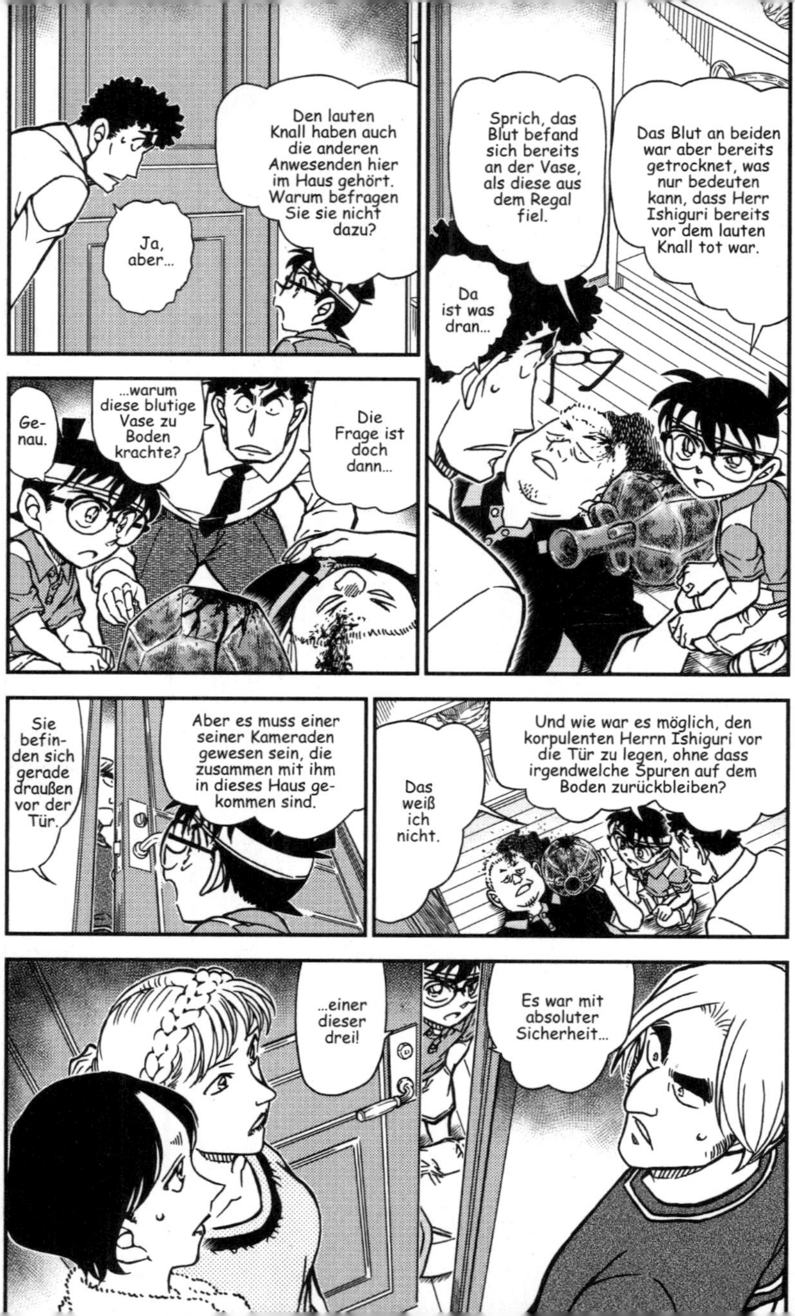

Das Blut an beiden war aber bereits getrocknet, was nur bedeuten kann, dass Herr Ishiguri bereits vor dem lauten Knall tot war.

Sprich, das Blut befand sich bereits an der Vase, als diese aus dem Regal fiel.

Da ist was dran...

Den lauten Knall haben auch die anderen Anwesenden hier im Haus gehört. Warum befragen Sie sie nicht dazu?

Ja, aber...

Die Frage ist doch dann...

...warum diese blutige Vase zu Boden krachte?

Ge- nau.

Und wie war es möglich, den korpulenten Herrn Ishiguri vor die Tür zu legen, ohne dass irgendwelche Spuren auf dem Boden zurückbleiben?

Das weiß ich nicht.

Aber es muss einer seiner Kameraden gewesen sein, die zusammen mit ihm in dieses Haus ge- kommen sind.

Sie befin- den sich gerade draußen vor der Tür.

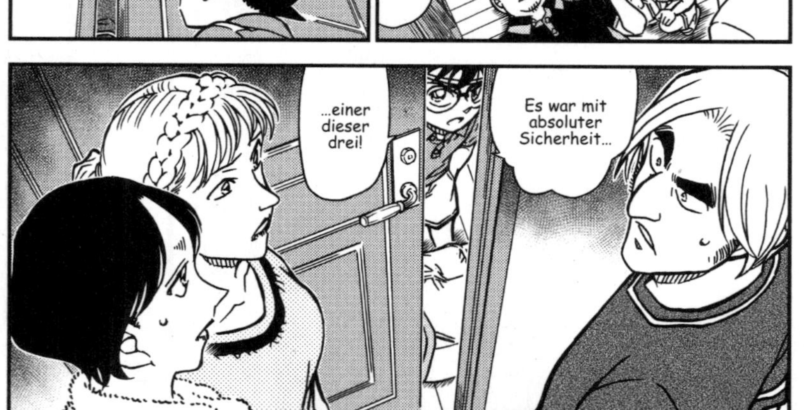

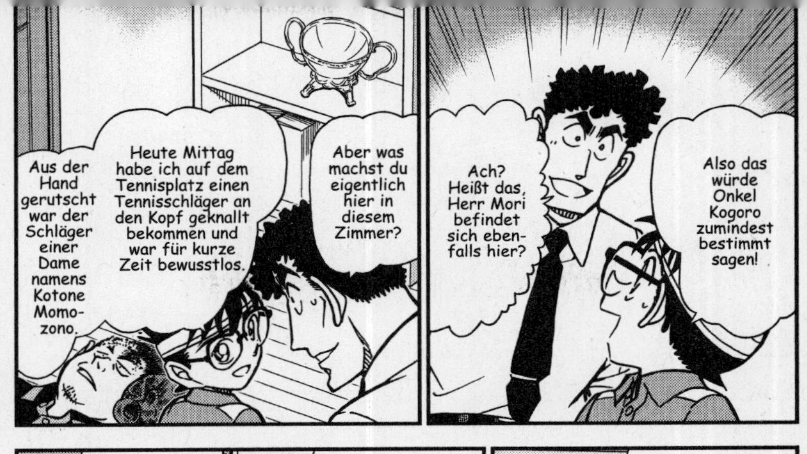
Also das würde Onkel Kogoro zumindest bestimmt sagen!
Ach? Heißt das, Herr Mori befindet sich ebenfalls hier?
Aber was machst du eigentlich hier in diesem Zimmer?
Heute Mittag habe ich auf dem Tennisplatz einen Tennisschläger an den Kopf geknallt bekommen und war für kurze Zeit bewusstlos.
Aus der Hand gerutscht war der Schläger einer Dame namens Kotone Momo-zono.
Dieses Haus gehört ihr und es liegt gleich neben dem Tennisplatz! Also wurde ich hierhergebracht und ein Arzt hat mich untersucht.
Danach habe ich eine Weile im Bett hier in diesem Zimmer geschlafen!
Zuerst hatte ich mich im Wohnzimmer hingelegt, aber die Klimaanlage dort geht nicht richtig, also bin ich hier rauf ins Obergeschoss.
Aber die Klimaanlage hier ist auch aus.
Ja, sie war aus, als ich aufwachte!
Das dort auf dem Tisch...
Was ist das?
Eine Eistorte!

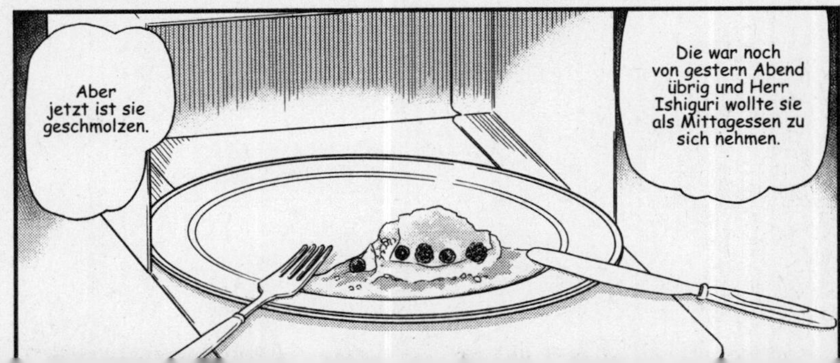
Die war noch von gestern Abend übrig und Herr Ishiguri wollte sie als Mittagessen zu sich nehmen.
Aber jetzt ist sie geschmolzen.

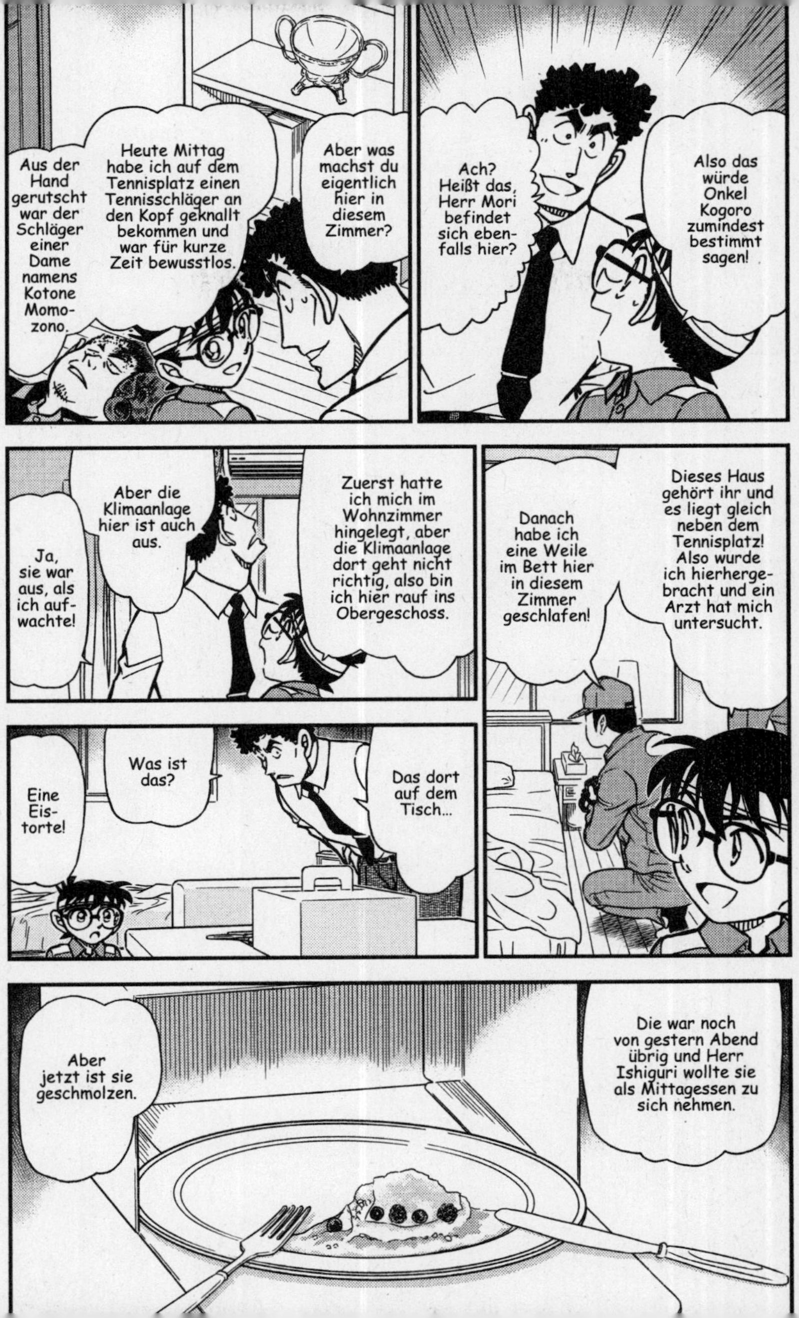

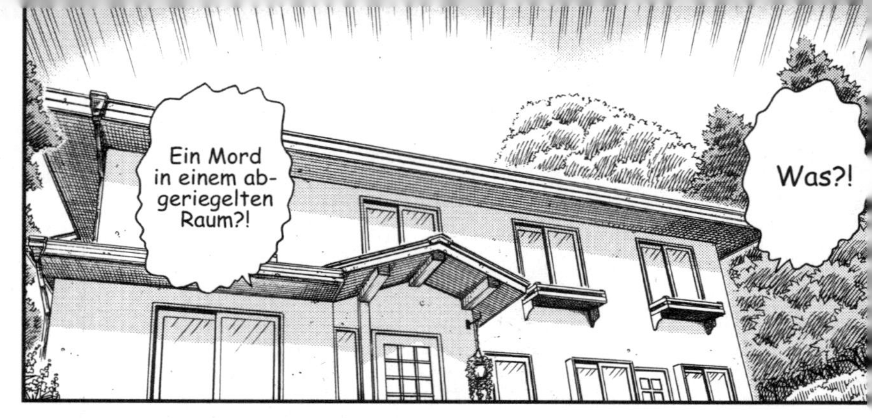
Was?!
Ein Mord in einem abgeriegelten Raum?!

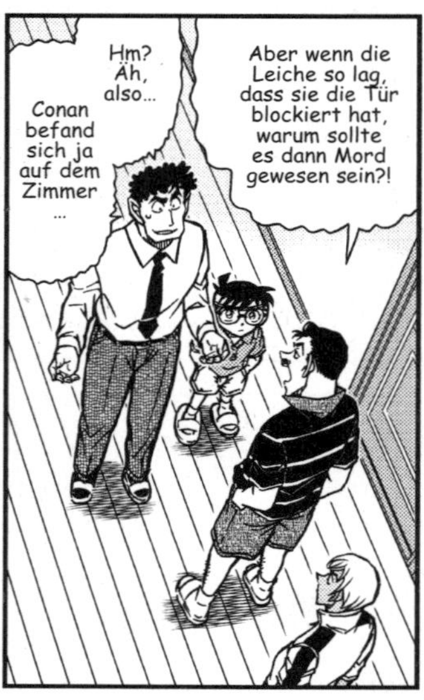
Aber wenn die Leiche so lag, dass sie die Tür blockiert hat, warum sollte es dann Mord gewesen sein?!
Hm? Äh, also...
Conan befand sich ja auf dem Zimmer ...

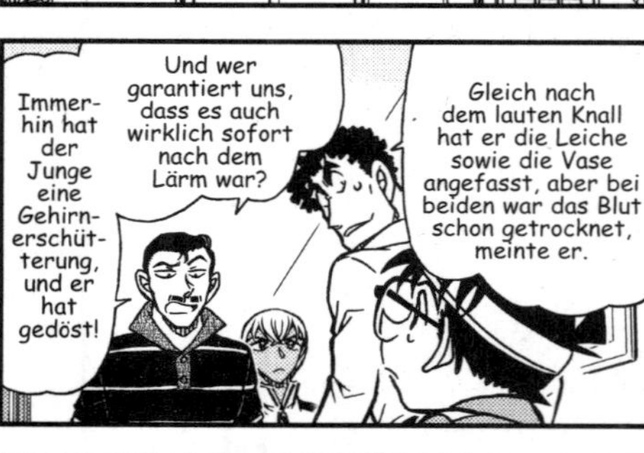
Gleich nach dem lauten Knall hat er die Leiche sowie die Vase angefasst, aber bei beiden war das Blut schon getrocknet, meinte er.
Und wer garantiert uns, dass es auch wirklich sofort nach dem Lärm war?
Immerhin hat der Junge eine Gehirnerschütterung, und er hat gedöst!

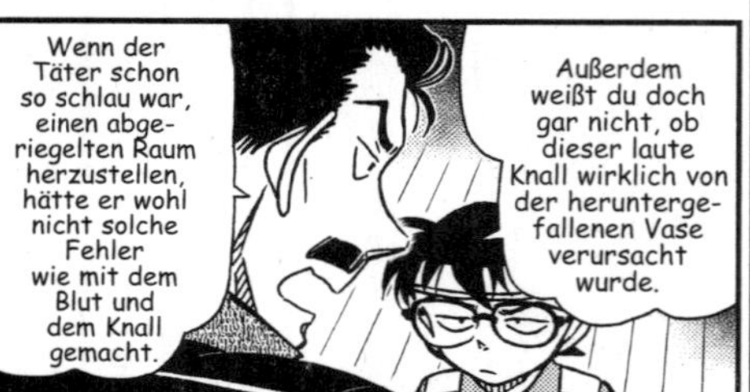
Außerdem weißt du doch gar nicht, ob dieser laute Knall wirklich von der heruntergefallenen Vase verursacht wurde.
Wenn der Täter schon so schlau war, einen abgeriegelten Raum herzustellen, hätte er wohl nicht solche Fehler wie mit dem Blut und dem Knall gemacht.

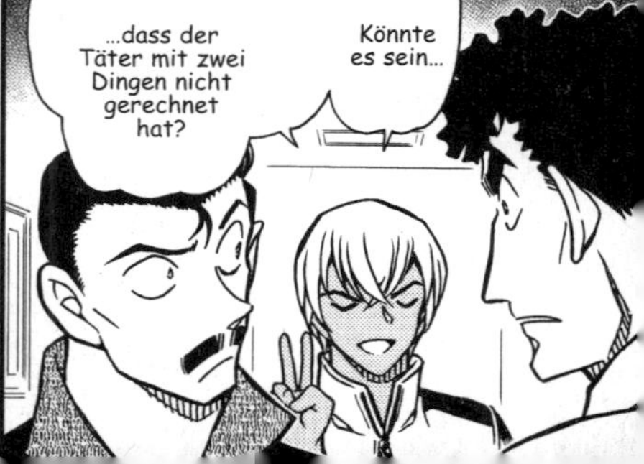
Könnte es sein...
...dass der Täter mit zwei Dingen nicht gerechnet hat?

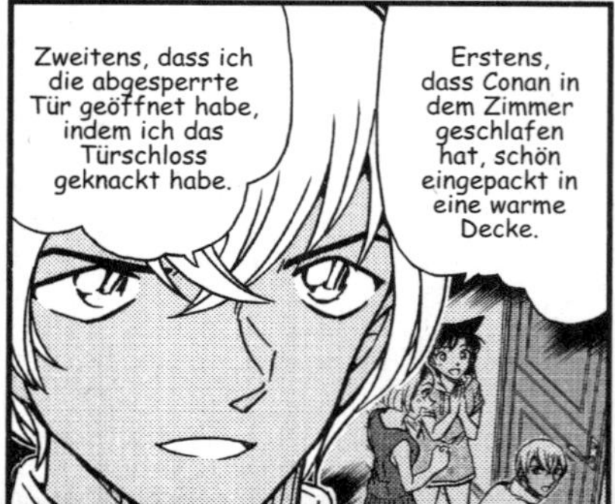
Erstens, dass Conan in dem Zimmer geschlafen hat, schön eingepackt in eine warme Decke.
Zweitens, dass ich die abgesperrte Tür geöffnet habe, indem ich das Türschloss geknackt habe.

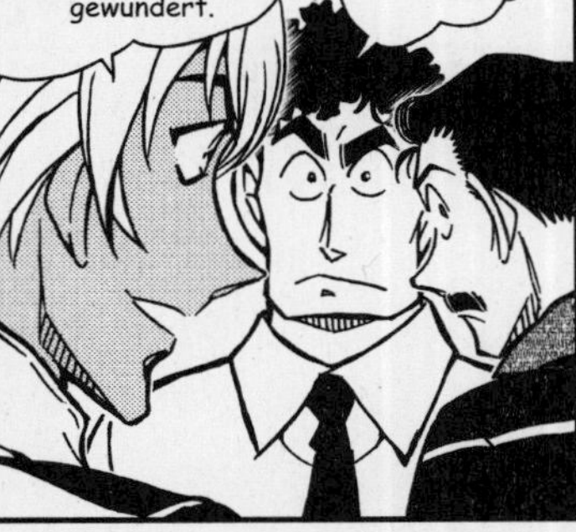

Hätte es diese beiden Faktoren nicht gegeben, wären wir wohl noch später, nachdem Herr Ishiguri sich schon eine ganze Weile nicht mehr hatte blicken lassen, über den Balkon zu seinem Fenster geklettert und hätten ihn erst dann entdeckt.
Dann hätten wir die Polizei gerufen und die hätte über den Balkon das Fenster eingeschlagen und sich Zutritt zum Tatort verschafft. Wenn zu dem Zeitpunkt dann das Blut getrocknet gewesen wäre, hätte das bei der Hitze niemanden gewundert.

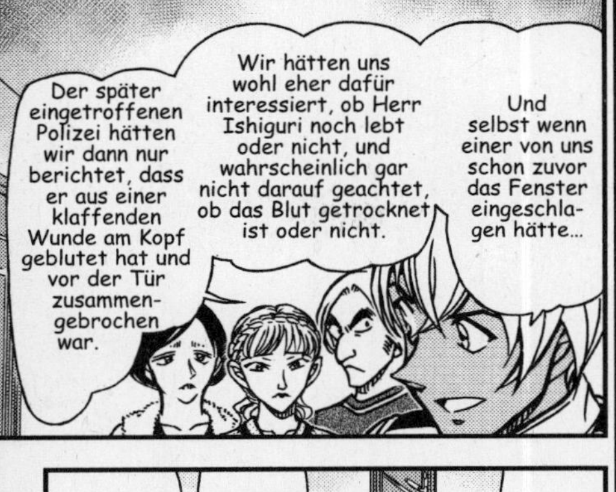

Und selbst wenn einer von uns schon zuvor das Fenster eingeschlagen hätte...
Wir hätten uns wohl eher dafür interessiert, ob Herr Ishiguri noch lebt oder nicht, und wahrscheinlich gar nicht darauf geachtet, ob das Blut getrocknet ist oder nicht.
Der später eingetroffenen Polizei hätten wir dann nur berichtet, dass er aus einer klaffenden Wunde am Kopf geblutet hat und vor der Tür zusammengebrochen war.

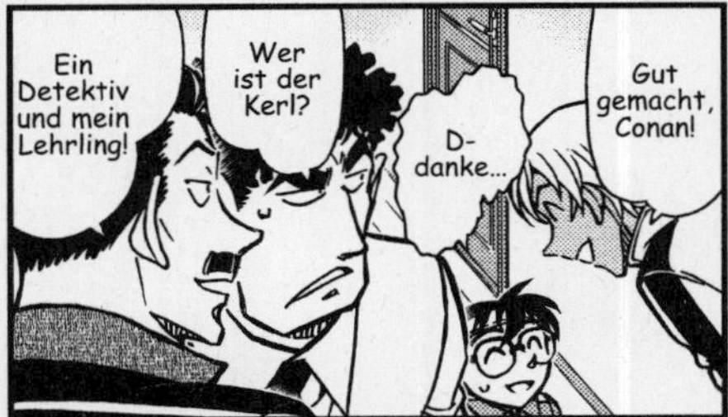

Gut gemacht, Conan!
D-danke...
Wer ist der Kerl?
Ein Detektiv und mein Lehrling!

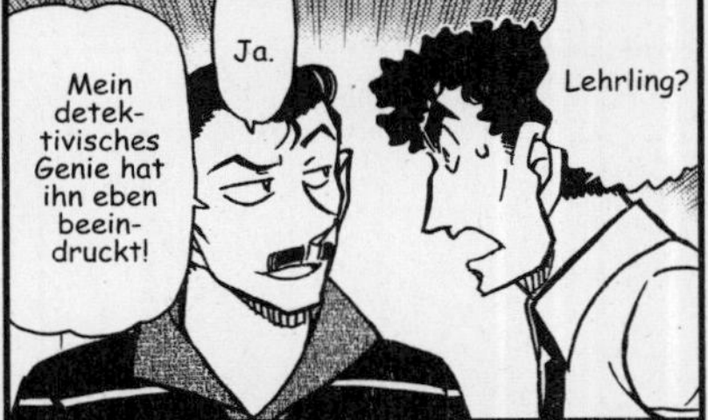

Lehrling?
Ja.
Mein detektivisches Genie hat ihn eben beeindruckt!

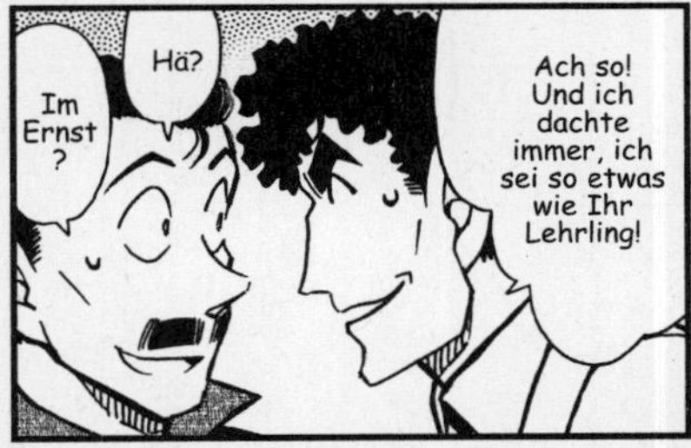

Ach so! Und ich dachte immer, ich sei so etwas wie Ihr Lehrling!
Hä?
Im Ernst?

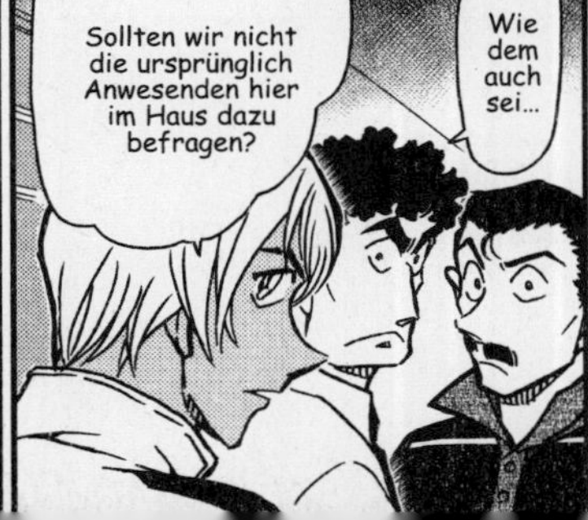

Wie dem auch sei...
Sollten wir nicht die ursprünglich Anwesenden hier im Haus dazu befragen?

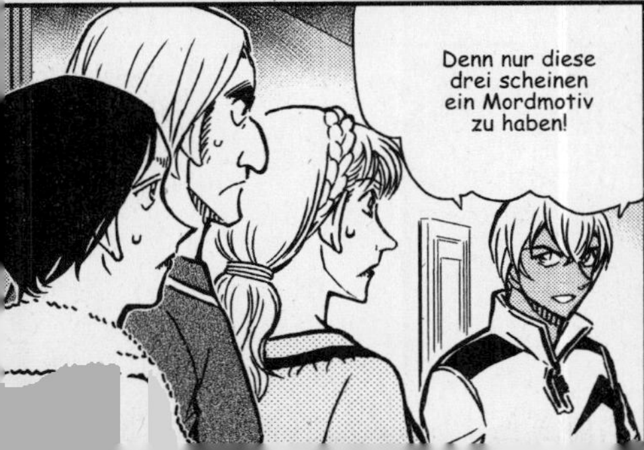

Denn nur diese drei scheinen ein Mordmotiv zu haben!

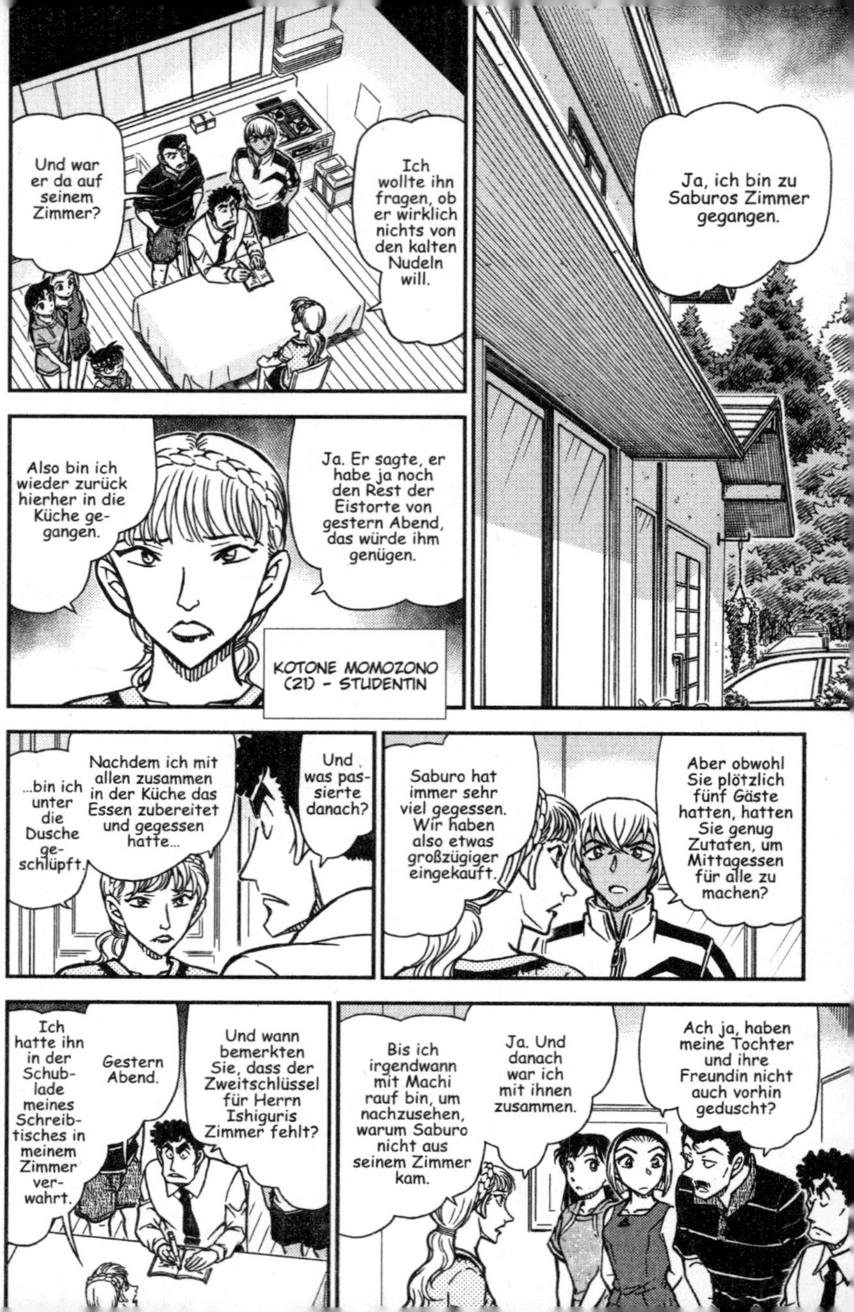

Ja, ich bin zu Saburos Zimmer gegangen.

Ich wollte ihn fragen, ob er wirklich nichts von den kalten Nudeln will.

Und war er da auf seinem Zimmer?

Ja. Er sagte, er habe ja noch den Rest der Eistorte von gestern Abend, das würde ihm genügen.

Also bin ich wieder zurück hierher in die Küche gegangen.

KOTONE MOMOZONO (21) – STUDENTIN

Aber obwohl Sie plötzlich fünf Gäste hatten, hatten Sie genug Zutaten, um Mittagessen für alle zu machen?

Saburo hat immer sehr viel gegessen. Wir haben also etwas großzügiger eingekauft.

Und was passierte danach?

Nachdem ich mit allen zusammen in der Küche das Essen zubereitet und gegessen hatte...

...bin ich unter die Dusche geschlüpft.

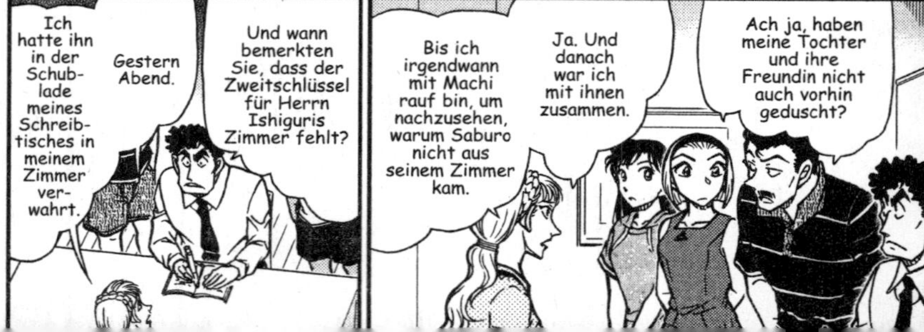

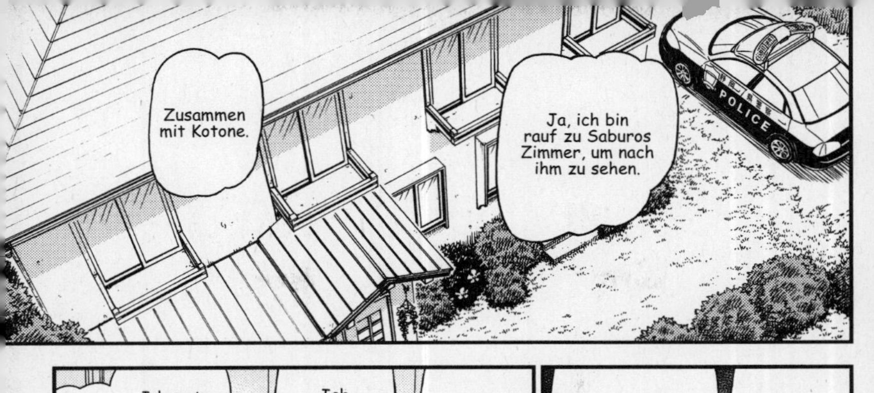

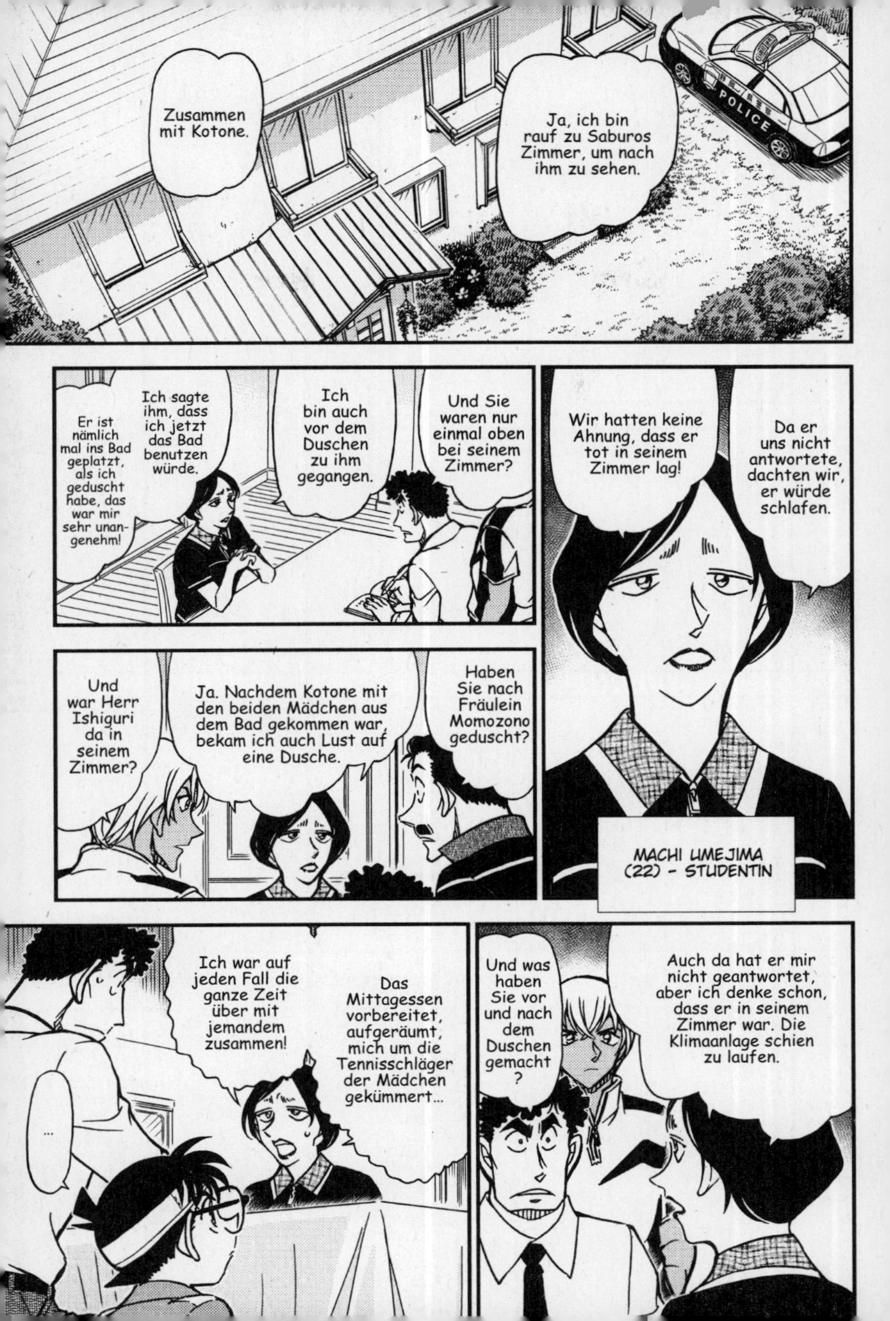

Da er uns nicht antwortete, dachten wir, er würde schlafen.

Wir hatten keine Ahnung, dass er tot in seinem Zimmer lag!

MACHI UMEJIMA (22) - STUDENTIN

Und Sie waren nur einmal oben bei seinem Zimmer?

Ich bin auch vor dem Duschen zu ihm gegangen.

Ich sagte ihm, dass ich jetzt das Bad benutzen würde.

Er ist nämlich mal ins Bad geplatzt, als ich geduscht habe, das war mir sehr unangenehm!

Haben Sie nach Fräulein Momozono geduscht?

Ja. Nachdem Kotone mit den beiden Mädchen aus dem Bad gekommen war, bekam ich auch Lust auf eine Dusche.

Und war Herr Ishiguri da in seinem Zimmer?

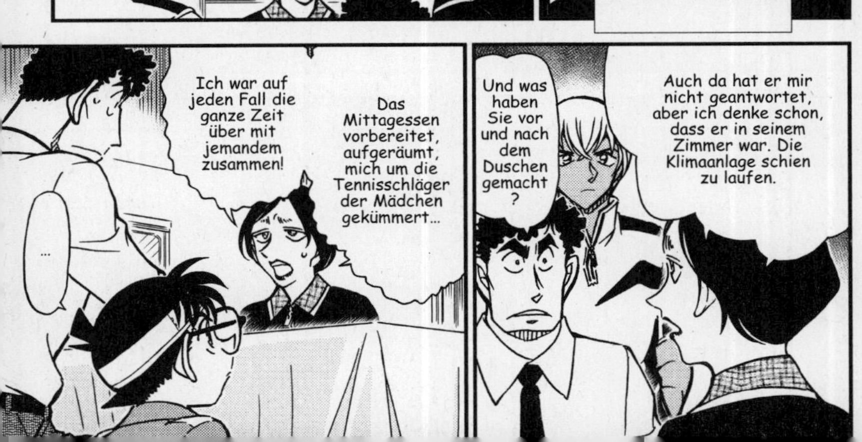

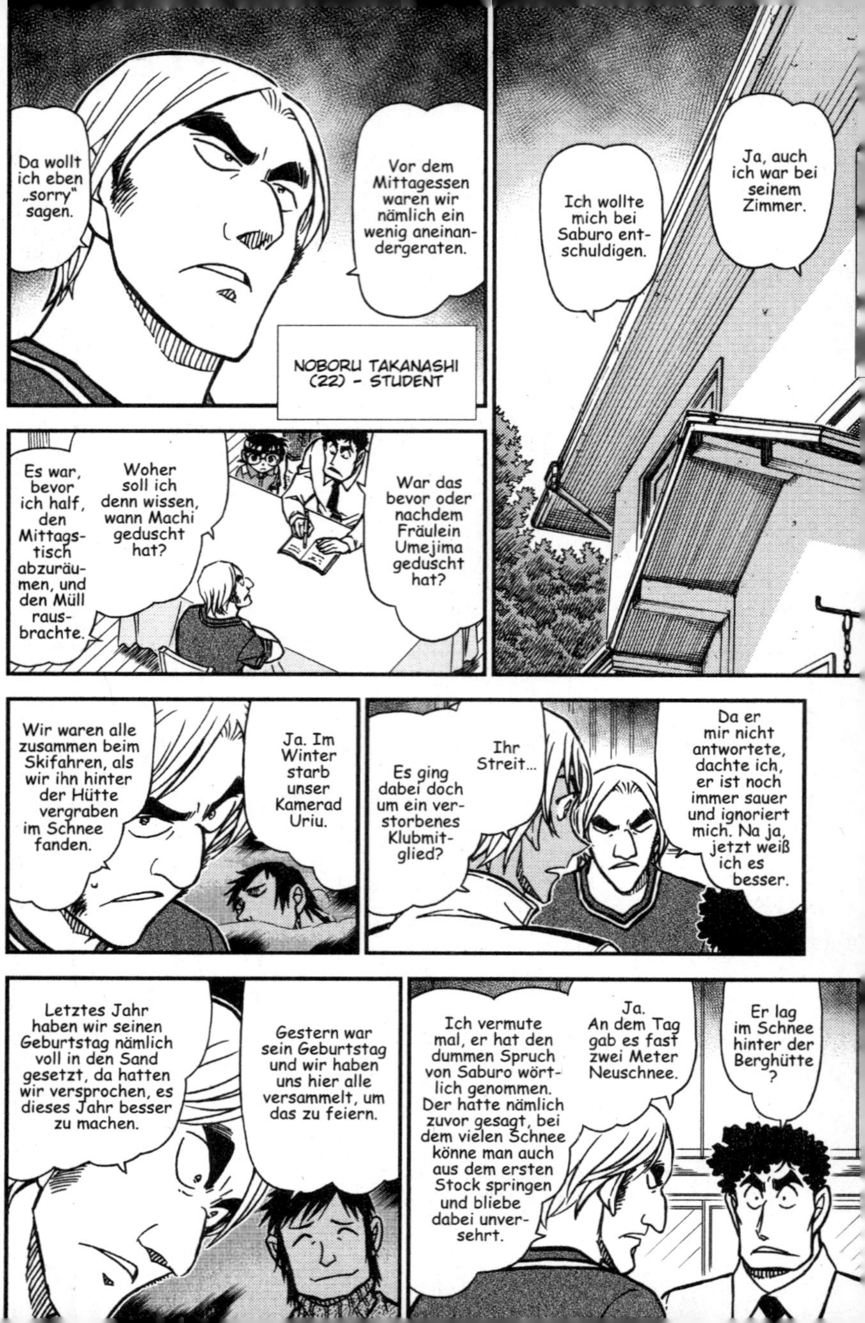

Ja, auch ich war bei seinem Zimmer.

Ich wollte mich bei Saburo entschuldigen.

Vor dem Mittagessen waren wir nämlich ein wenig aneinandergeraten.

Da wollt ich eben „sorry“ sagen.

NOBORU TAKANASHI (22) - STUDENT

War das bevor oder nachdem Fräulein Umejima geduscht hat?

Woher soll ich denn wissen, wann Machi geduscht hat?

Es war, bevor ich half, den Mittagstisch abzuräumen, und den Müll rausbrachte.

Da er mir nicht antwortete, dachte ich, er ist noch immer sauer und ignoriert mich. Na ja, jetzt weiß ich es besser.

Ihr Streit...

Es ging dabei doch um ein verstorbenes Klubmitglied?

Ja. Im Winter starb unser Kamerad Uriu.

Wir waren alle zusammen beim Skifahren, als wir ihn hinter der Hütte vergraben im Schnee fanden.

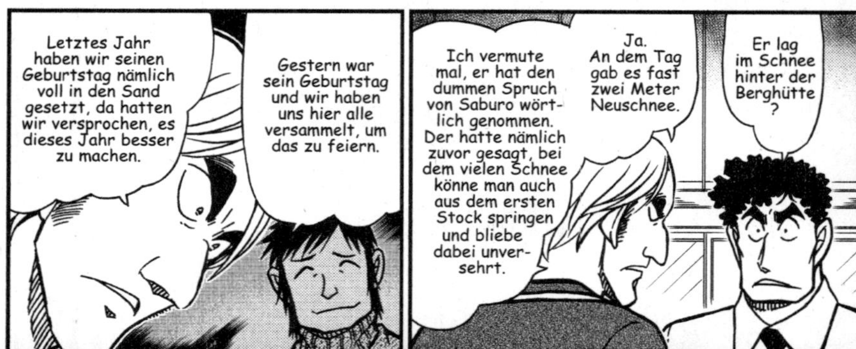

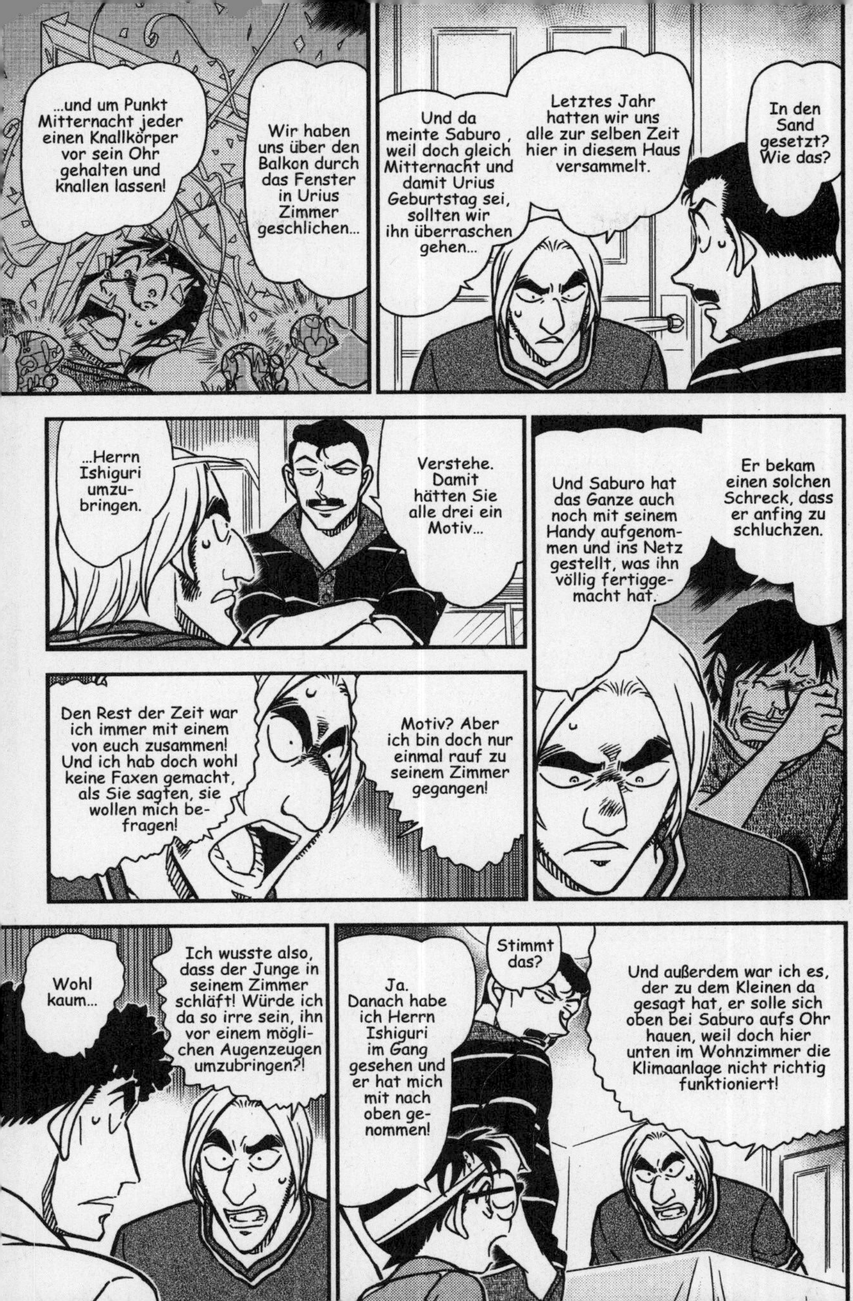

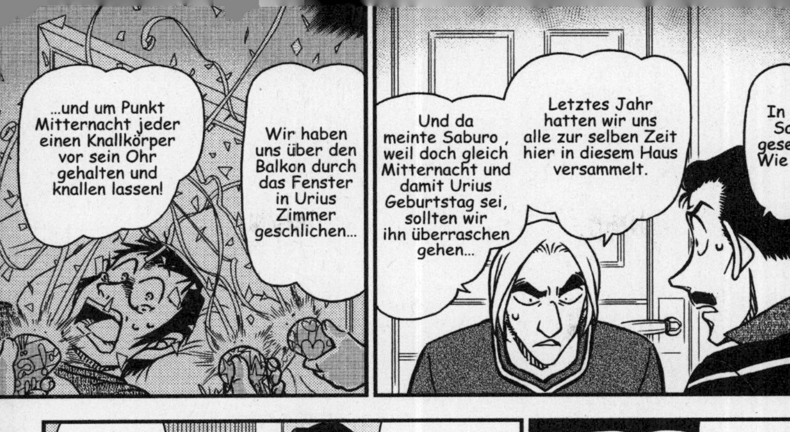

In den Sand gesetzt? Wie das?
Letztes Jahr hatten wir uns alle zur selben Zeit hier in diesem Haus versammelt.
Und da meinte Saburo, weil doch gleich Mitternacht und damit Urius Geburtstag sei, sollten wir ihn überraschen gehen...
Wir haben uns über den Balkon durch das Fenster in Urius Zimmer geschlichen...
...und um Punkt Mitternacht jeder einen Knallkörper vor sein Ohr gehalten und knallen lassen!

Er bekam einen solchen Schreck, dass er anfing zu schluchzen.
Und Saburo hat das Ganze auch noch mit seinem Handy aufgenommen und ins Netz gestellt, was ihn völlig fertiggemacht hat.
Verstehe. Damit hätten Sie alle drei ein Motiv...
...Herrn Ishiguri umzubringen.
Motiv? Aber ich bin doch nur einmal rauf zu seinem Zimmer gegangen!
Den Rest der Zeit war ich immer mit einem von euch zusammen! Und ich hab doch wohl keine Faxen gemacht, als Sie sagten, sie wollen mich befragen!

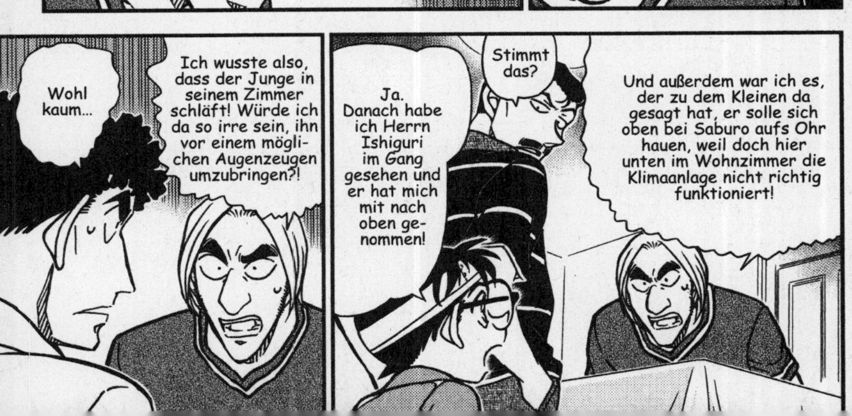

Und außerdem war ich es, der zu dem Kleinen da gesagt hat, er solle sich oben bei Saburo aufs Ohr hauen, weil doch hier unten im Wohnzimmer die Klimaanlage nicht richtig funktioniert!
Stimmt das?
Ja. Danach habe ich Herrn Ishiguri im Gang gesehen und er hat mich mit nach oben genommen!
Ich wusste also, dass der Junge in seinem Zimmer schläft! Würde ich da so irre sein, ihn vor einem möglichen Augenzeugen umzubringen?!
Wohl kaum...

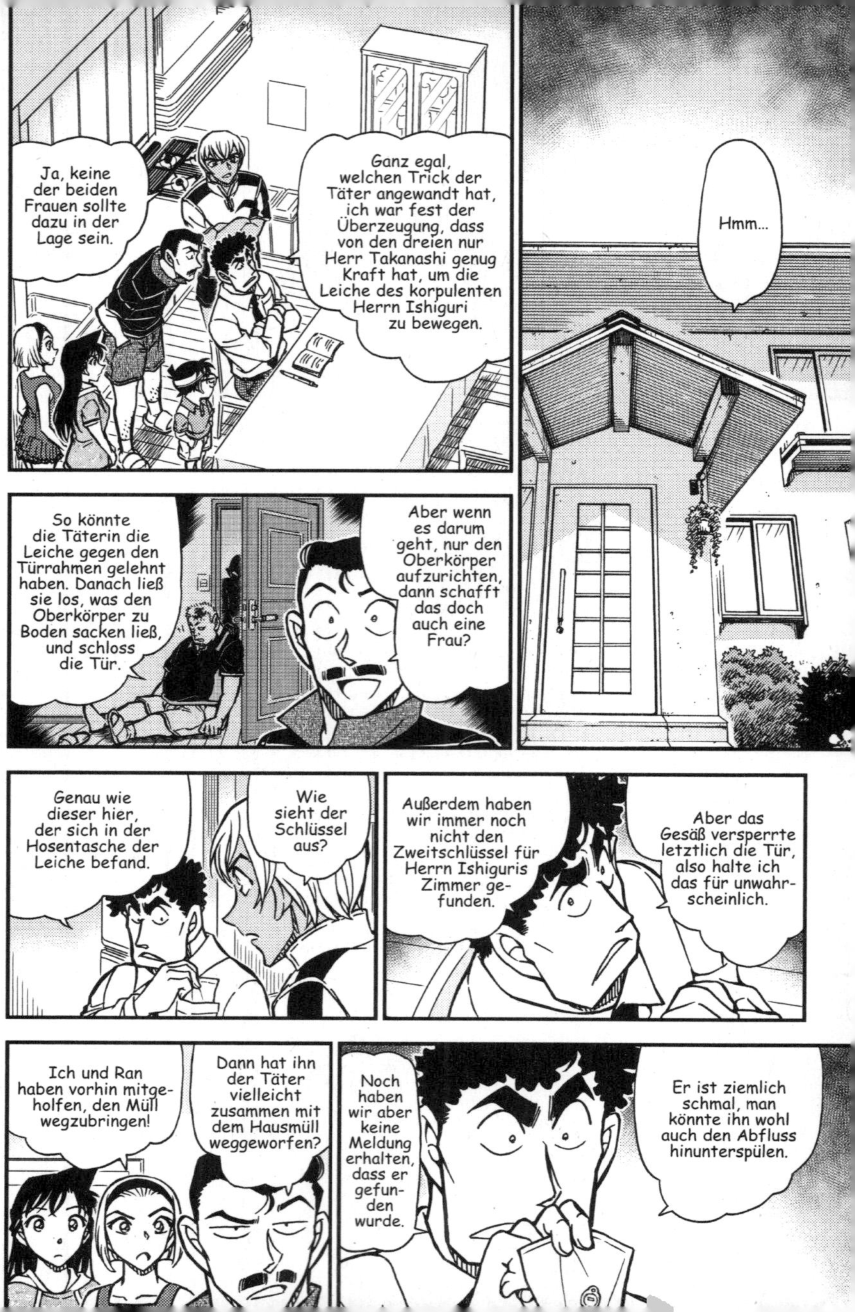

Hmm...

Ganz egal, welchen Trick der Täter angewandt hat, ich war fest der Überzeugung, dass von den dreien nur Herr Takanashi genug Kraft hat, um die Leiche des korpulenten Herrn Ishiguri zu bewegen.

Ja, keine der beiden Frauen sollte dazu in der Lage sein.

Aber wenn es darum geht, nur den Oberkörper aufzurichten, dann schafft das doch auch eine Frau?

So könnte die Täterin die Leiche gegen den Türrahmen gelehnt haben. Danach ließ sie los, was den Oberkörper zu Boden sacken ließ, und schloss die Tür.

Aber das Gesäß versperrte letztlich die Tür, also halte ich das für unwahrscheinlich.

Außerdem haben wir immer noch nicht den Zweitschlüssel für Herrn Ishiguris Zimmer gefunden.

Wie sieht der Schlüssel aus?

Genau wie dieser hier, der sich in der Hosentasche der Leiche befand.

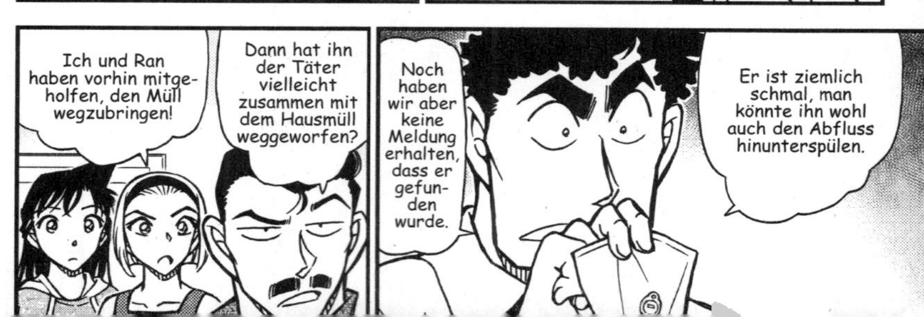

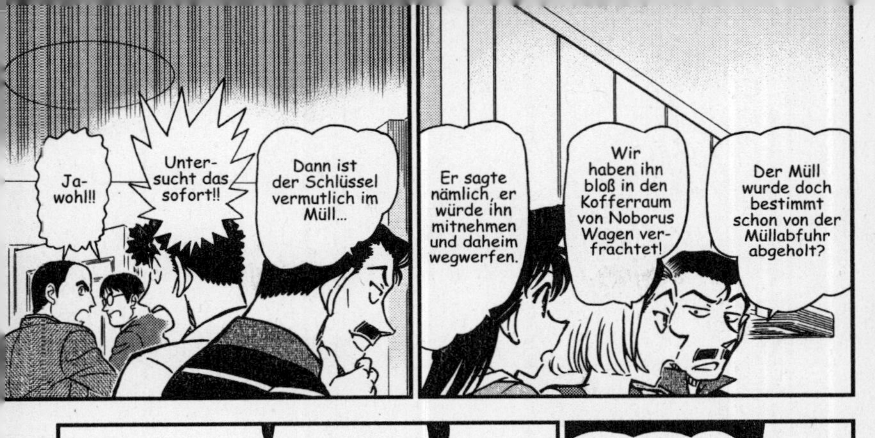
Der Müll wurde doch bestimmt schon von der Müllabfuhr abgeholt?
Wir haben ihn bloß in den Kofferraum von Noborus Wagen verfrachtet!
Er sagte nämlich, er würde ihn mitnehmen und daheim wegwerfen.
Dann ist der Schlüssel vermutlich im Müll...
Untersucht das sofort!!
Jawohl!!

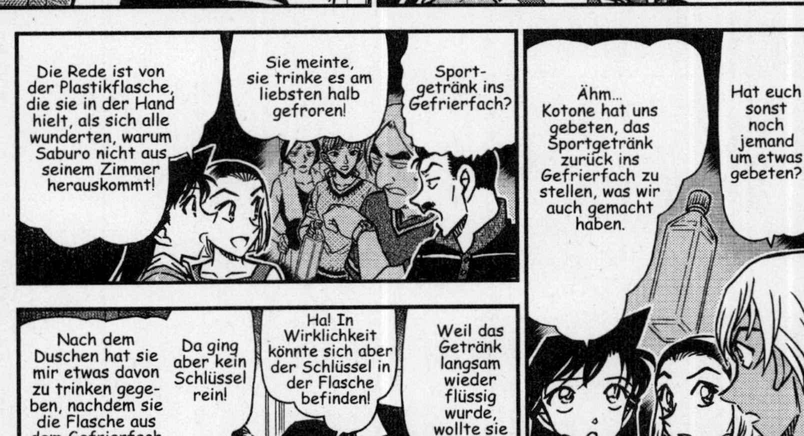
Hat euch sonst noch jemand um etwas gebeten?
Ähm... Kotone hat uns gebeten, das Sportgetränk zurück ins Gefrierfach zu stellen, was wir auch gemacht haben.
Sportgetränk ins Gefrierfach?
Sie meinte, sie trinke es am liebsten halb gefroren!
Die Rede ist von der Plastikflasche, die sie in der Hand hielt, als sich alle wunderten, warum Saburo nicht aus seinem Zimmer herauskommt!
Weil das Getränk langsam wieder flüssig wurde, wollte sie es wohl noch einmal einfrieren.
Ha! In Wirklichkeit könnte sich aber der Schlüssel in der Flasche befinden!
Da ging aber kein Schlüssel rein!
Nach dem Duschen hat sie mir etwas davon zu trinken gegeben, nachdem sie die Flasche aus dem Gefrierfach geholt hatte, aber das Getränk war so gefroren, dass kaum etwas aus der Flasche kam!

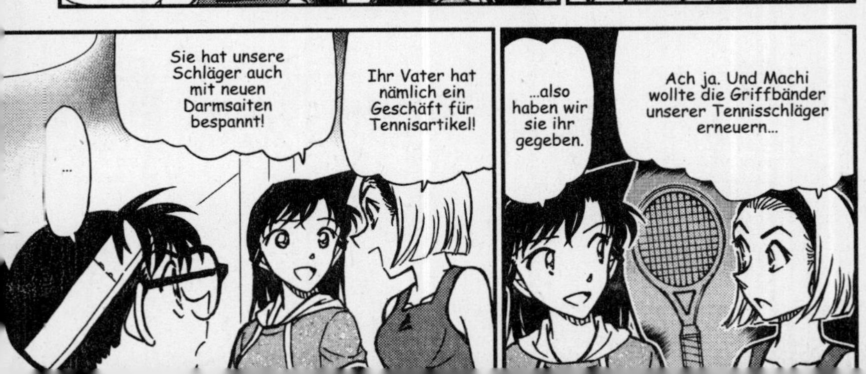
Ach ja. Und Machi wollte die Griffbänder unserer Tennisschläger erneuern...
...also haben wir sie ihr gegeben.
Ihr Vater hat nämlich ein Geschäft für Tennisartikel!
Sie hat unsere Schläger auch mit neuen Darmsaiten bespannt!
...

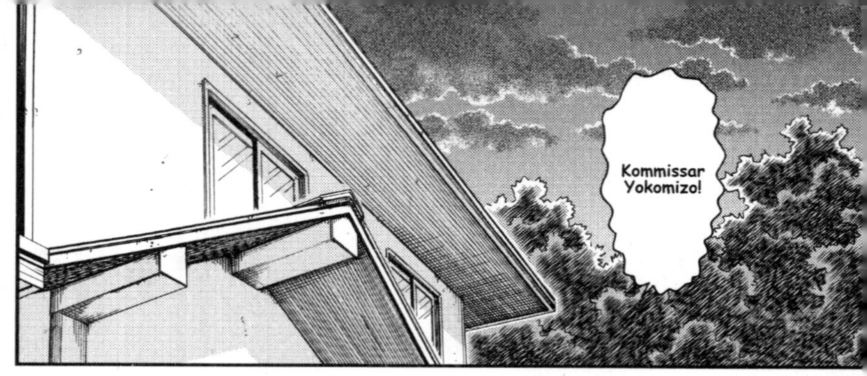
Kommissar Yokomizo!

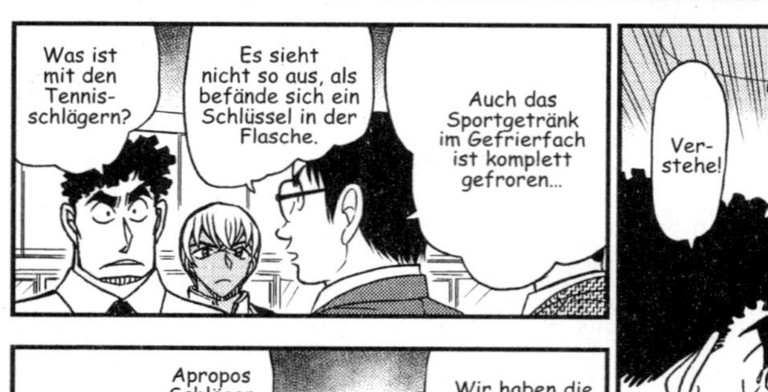
Was ist mit den Tennis-schlägern?
Es sieht nicht so aus, als befände sich ein Schlüssel in der Flasche.
Auch das Sportgetränk im Gefrierfach ist komplett gefroren...

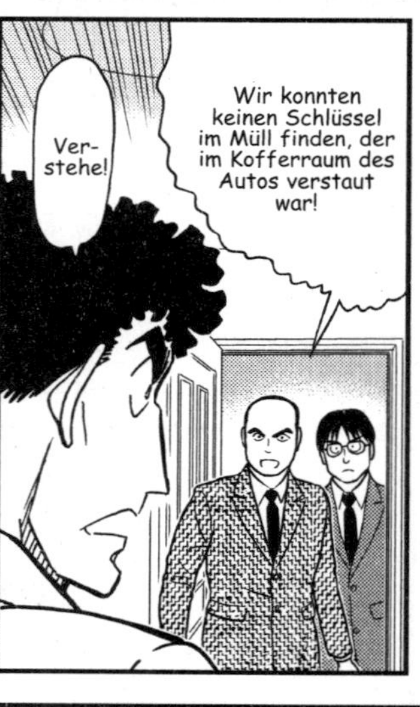
Wir konnten keinen Schlüssel im Müll finden, der im Kofferraum des Autos verstaut war!
Ver-stehe!

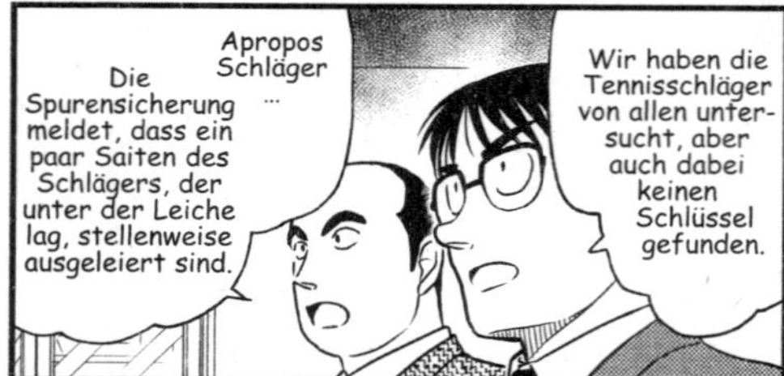
Wir haben die Tennisschläger von allen unter-sucht, aber auch dabei keinen Schlüssel gefunden.
Apropos Schläger ...
Die Spurensicherung meldet, dass ein paar Saiten des Schlägers, der unter der Leiche lag, stellenweise ausgeleiert sind.

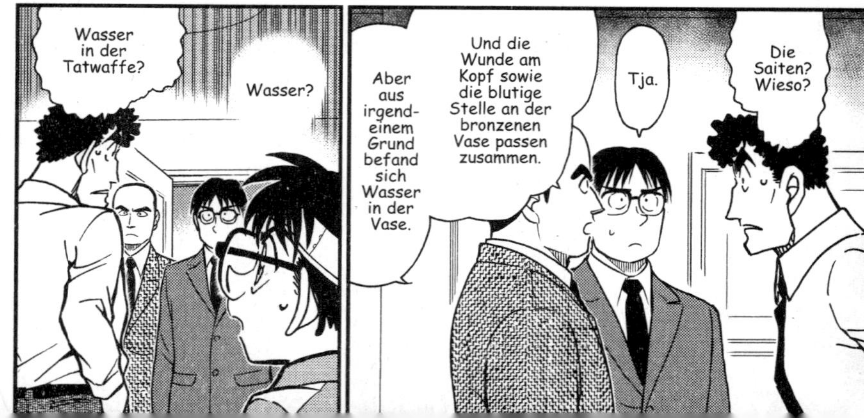
Die Saiten? Wieso?
Tja.
Und die Wunde am Kopf sowie die blutige Stelle an der bronzenen Vase passen zusammen.
Aber aus irgend-einem Grund befand sich Wasser in der Vase.
Wasser?
Wasser in der Tatwaffe?

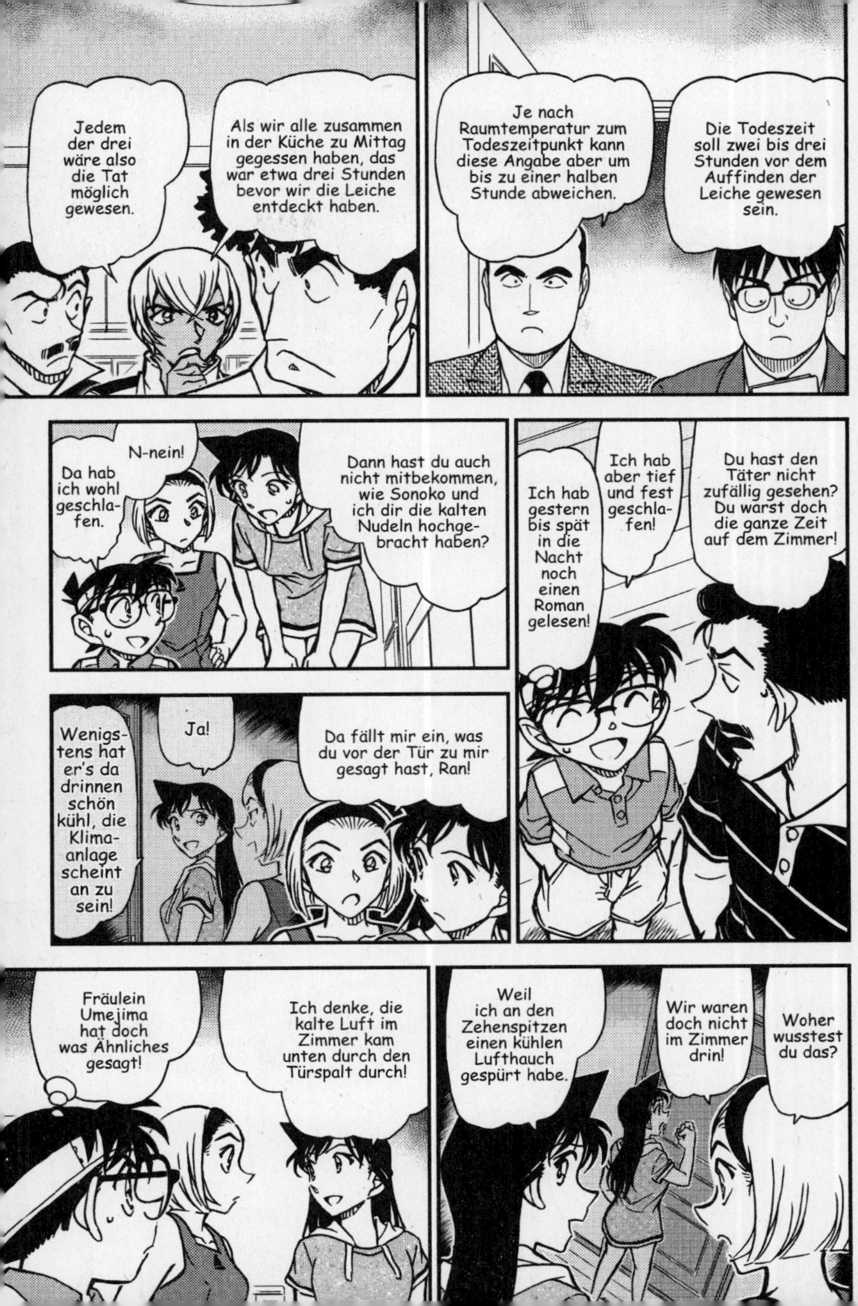

Die Todeszeit soll zwei bis drei Stunden vor dem Auffinden der Leiche gewesen sein.

Je nach Raumtemperatur zum Todeszeitpunkt kann diese Angabe aber um bis zu einer halben Stunde abweichen.

Als wir alle zusammen in der Küche zu Mittag gegessen haben, das war etwa drei Stunden bevor wir die Leiche entdeckt haben.

Jedem der drei wäre also die Tat möglich gewesen.

Du hast den Täter nicht zufällig gesehen? Du warst doch die ganze Zeit auf dem Zimmer!

Ich hab aber tief und fest geschla-fen!

Ich hab gestern bis spät in die Nacht noch einen Roman gelesen!

Dann hast du auch nicht mitbekommen, wie Sonoko und ich dir die kalten Nudeln hochge-bracht haben?

N-nein!

Da hab ich wohl geschla-fen.

Da fällt mir ein, was du vor der Tür zu mir gesagt hast, Ran!

Ja!

Wenigs-tens hat er's da drinnen schön kühl, die Klima-anlage scheint an zu sein!

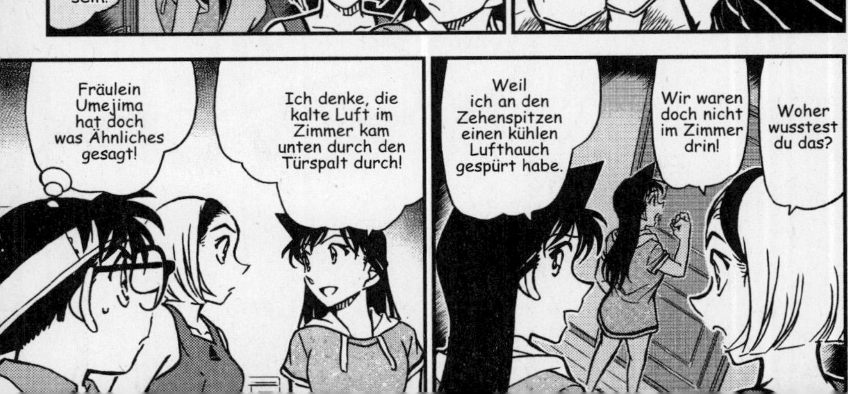

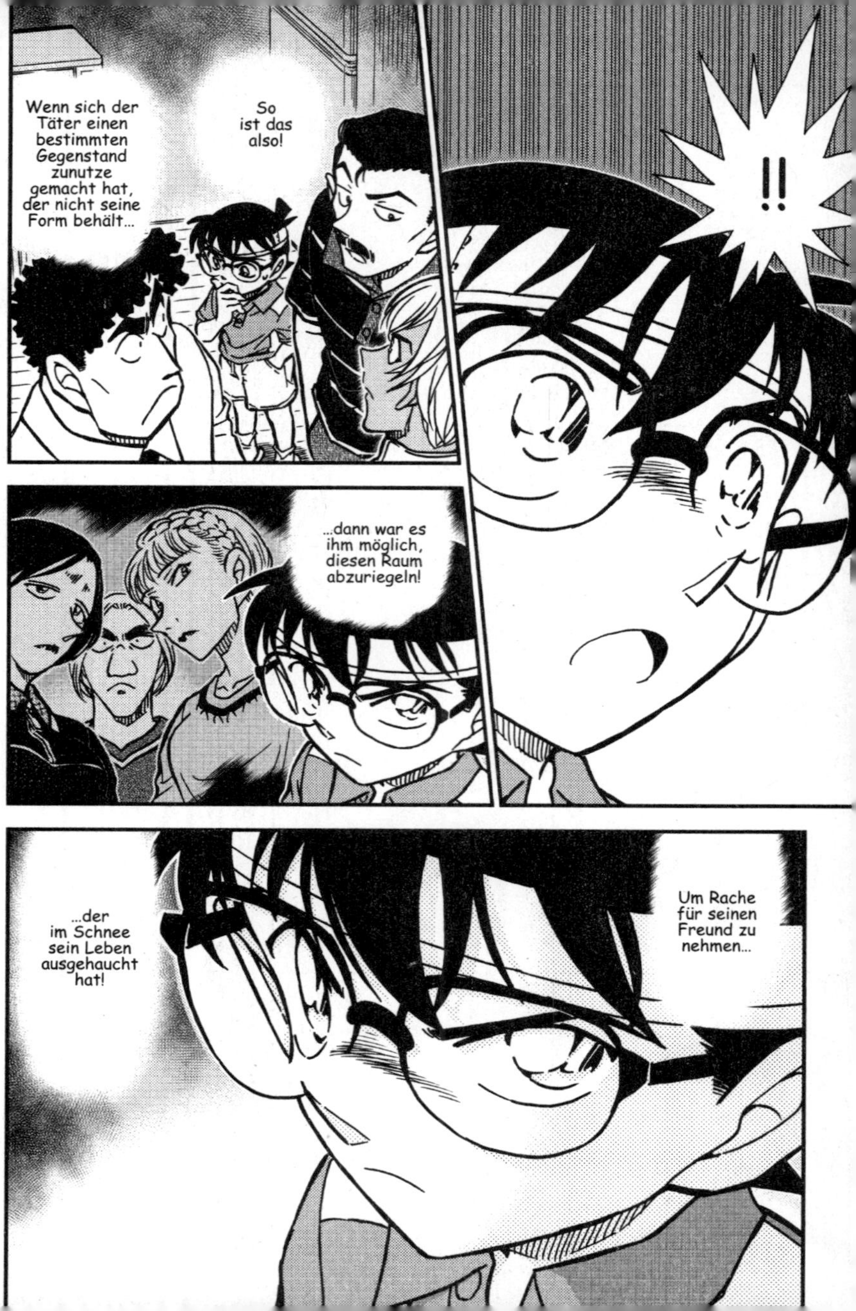

!!

So ist das also!

Wenn sich der Täter einen bestimmten Gegenstand zunutze gemacht hat, der nicht seine Form behält...

...dann war es ihm möglich, diesen Raum abzuriegeln!

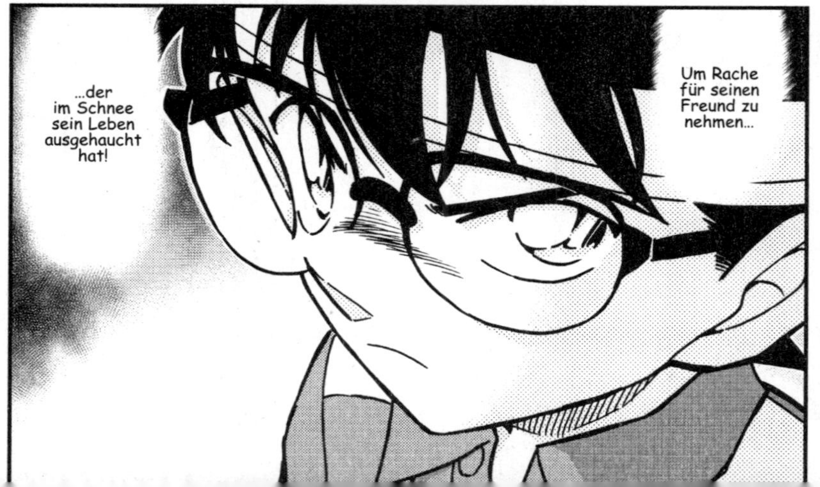

FALL 3

AKTE 2

EINGESPERRTER CONAN
BOURBON LÖST DAS RÄTSEL

Der Schlüssel zum Rätsel

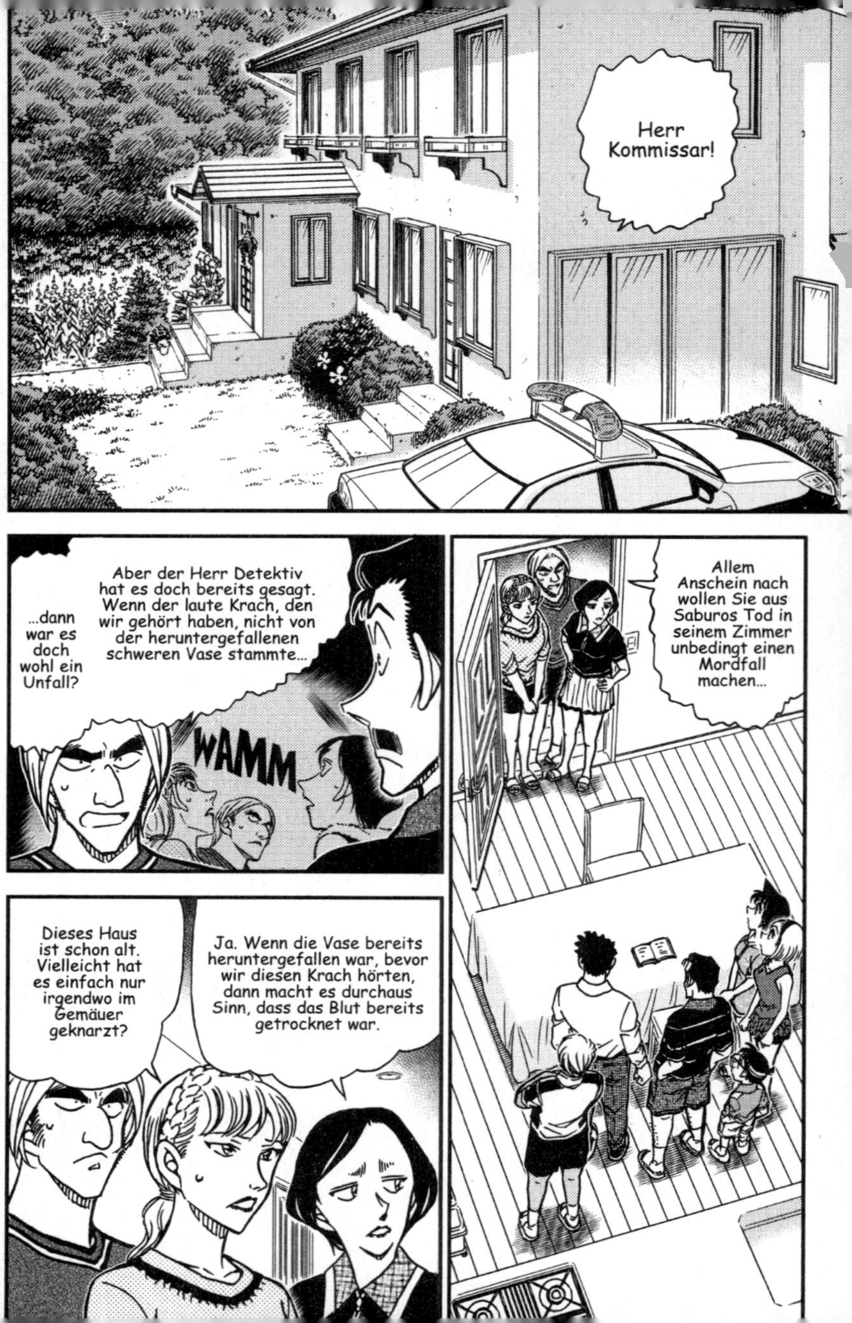

Herr Kommissar!

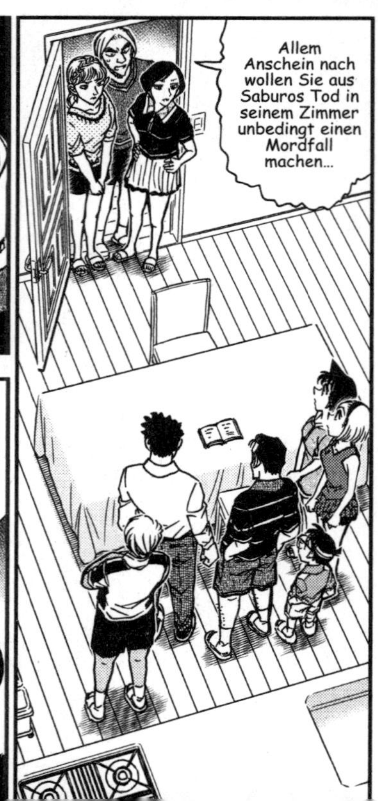

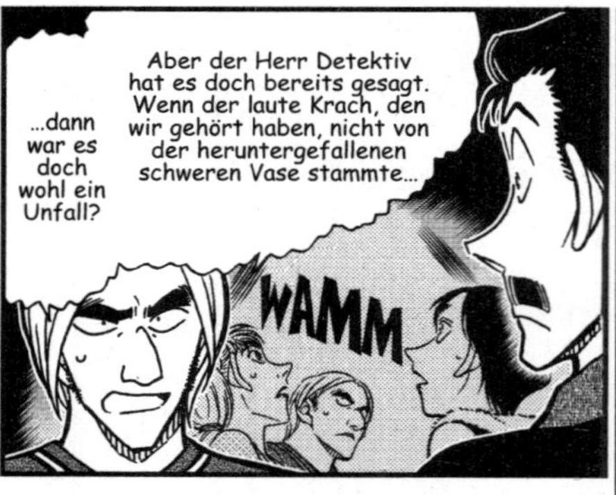

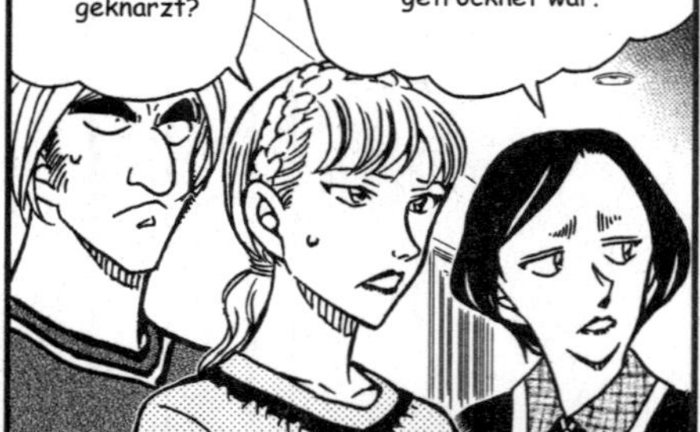

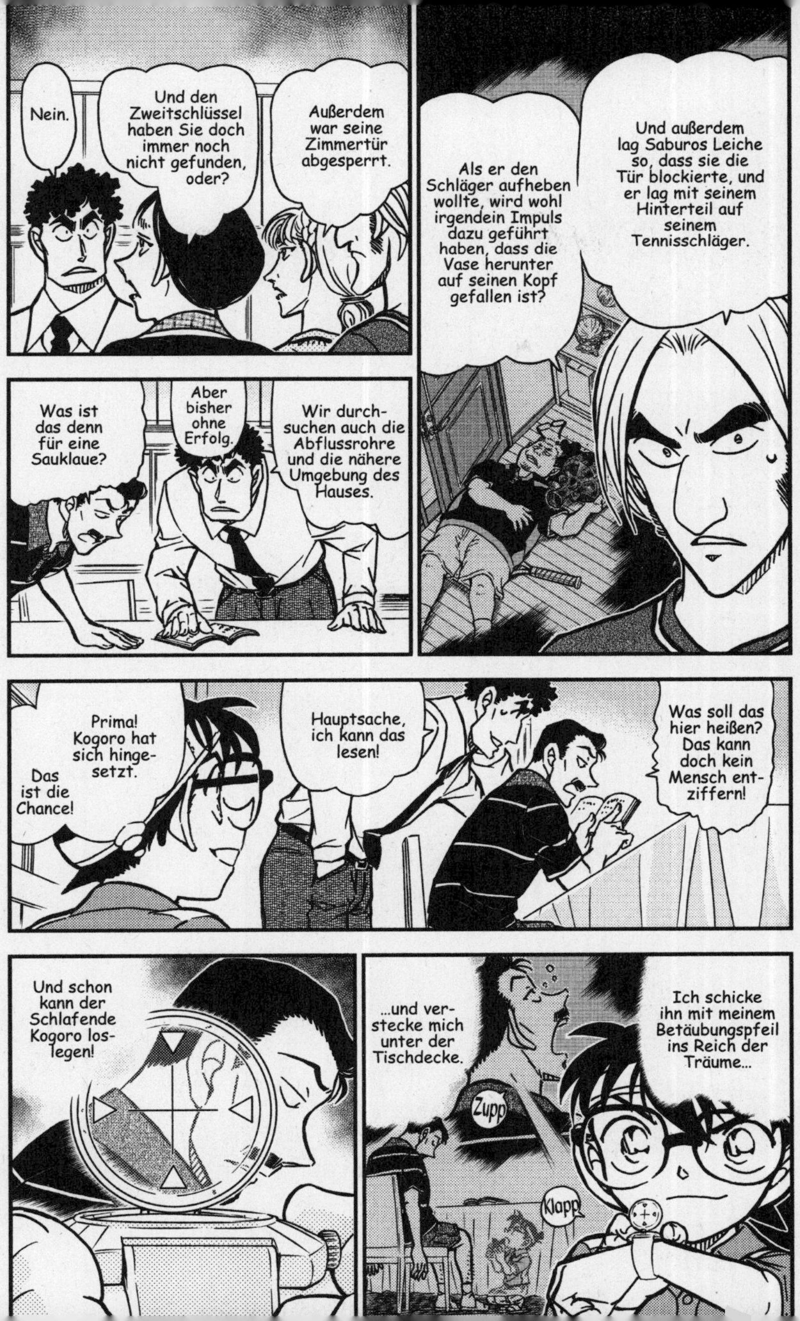

Und außerdem lag Saburos Leiche so, dass sie die Tür blockierte, und er lag mit seinem Hinterteil auf seinem Tennisschläger.
Als er den Schläger aufheben wollte, wird wohl irgendein Impuls dazu geführt haben, dass die Vase herunter auf seinen Kopf gefallen ist?

Außerdem war seine Zimmertür abgesperrt.
Und den Zweitschlüssel haben Sie doch immer noch nicht gefunden, oder?
Nein.

Wir durch-suchen auch die Abflussrohre und die nähere Umgebung des Hauses.
Aber bisher ohne Erfolg.
Was ist das denn für eine Sauklaue?

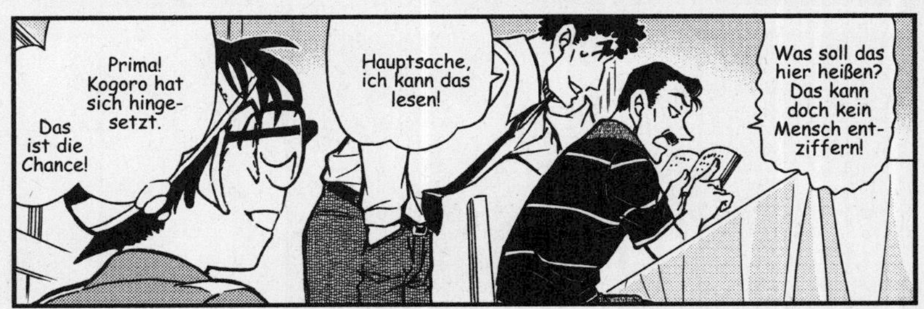

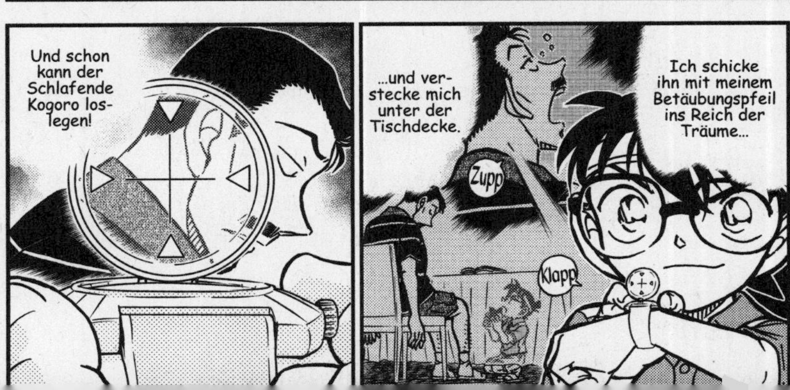

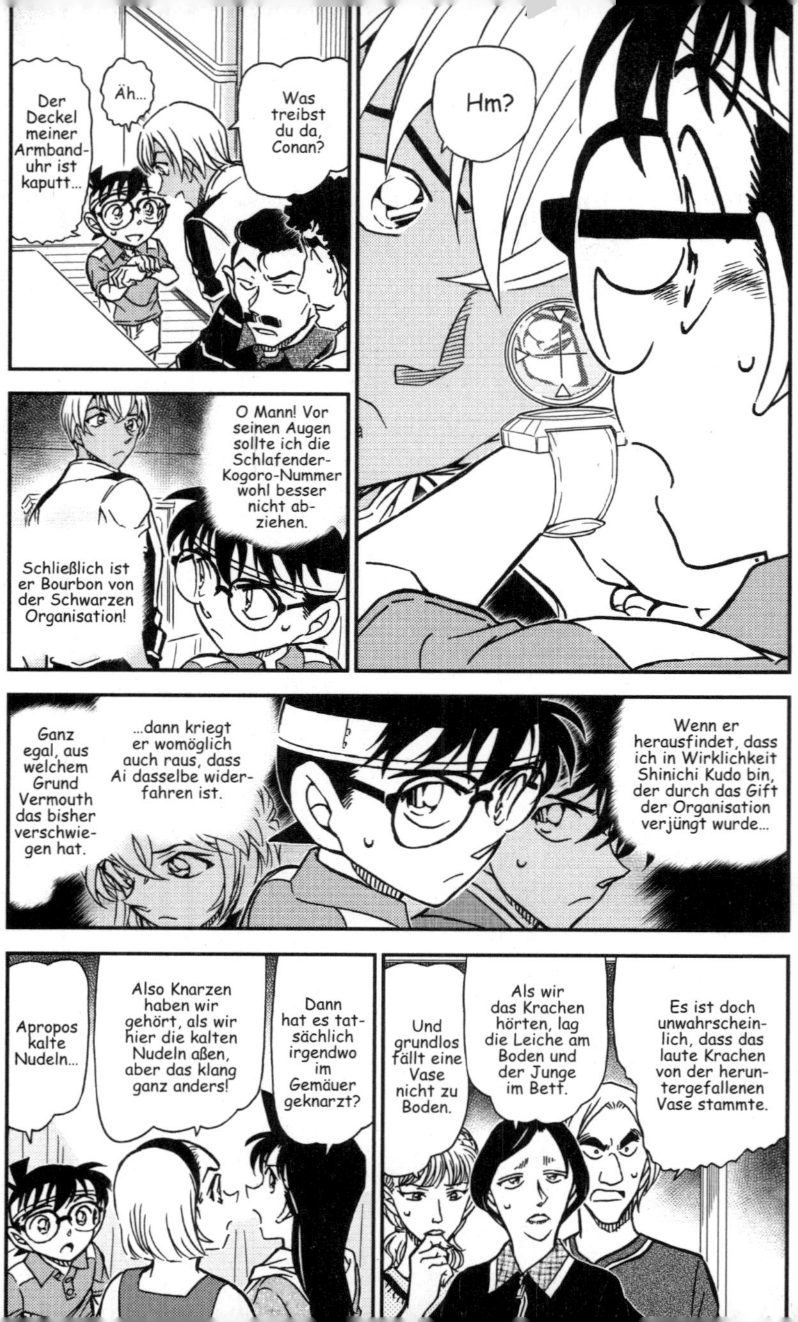

Was treibst du da, Conan?

Äh...

Der Deckel meiner Armbanduhr ist kaputt...

Hm?

O Mann! Vor seinen Augen sollte ich die Schlafender-Kogoro-Nummer wohl besser nicht abziehen.

Schließlich ist er Bourbon von der Schwarzen Organisation!

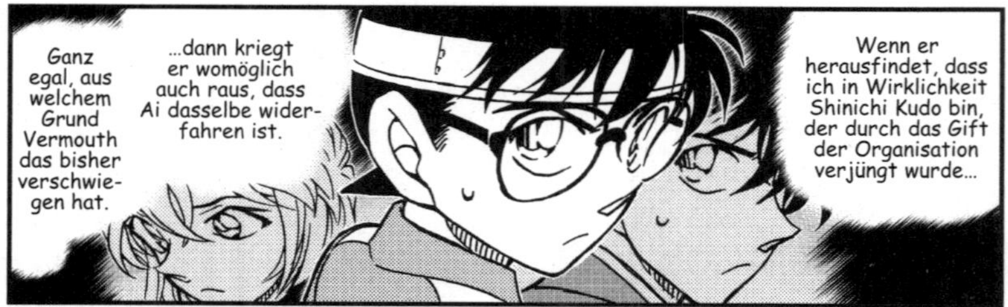

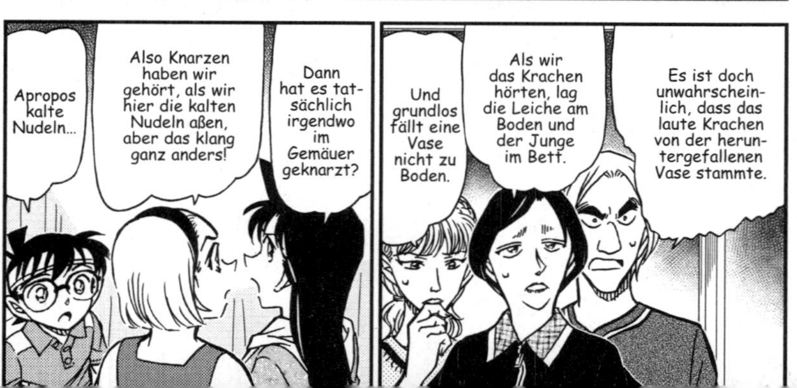

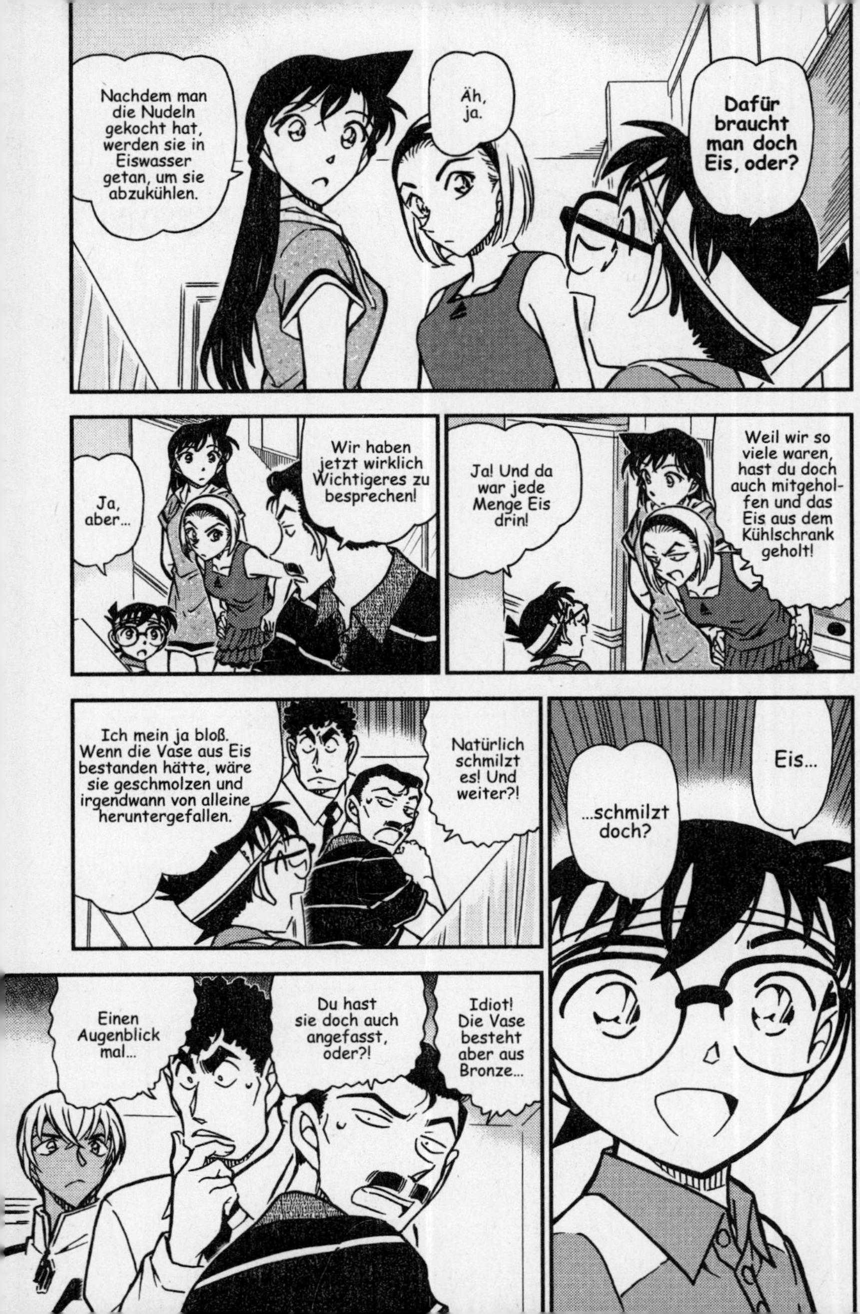

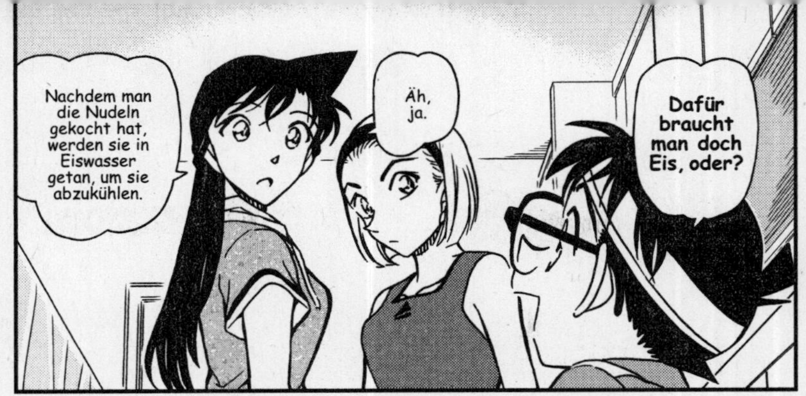

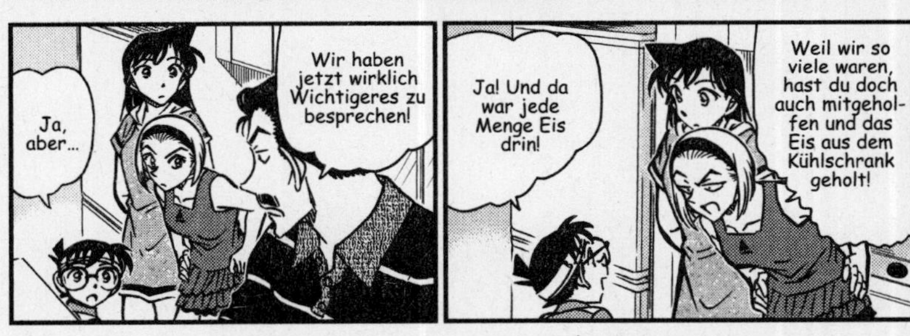

Eis...
...schmilzt doch?
Natürlich schmilzt es! Und weiter?!
Ich mein ja bloß. Wenn die Vase aus Eis bestanden hätte, wäre sie geschmolzen und irgendwann von alleine heruntergefallen.
Idiot! Die Vase besteht aber aus Bronze...
Du hast sie doch auch angefasst, oder?!
Einen Augenblick mal...

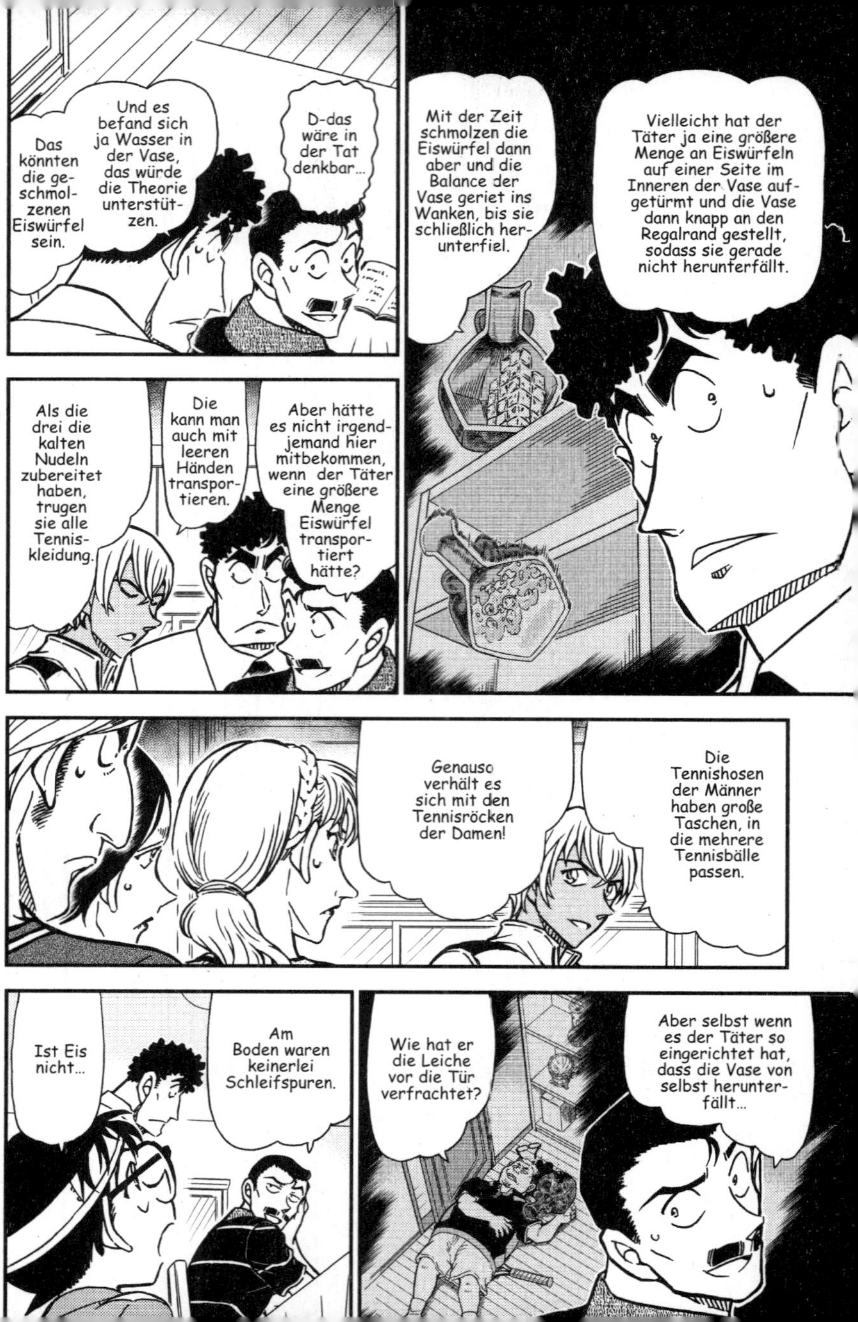

Vielleicht hat der Täter ja eine größere Menge an Eiswürfeln auf einer Seite im Inneren der Vase aufgetürmt und die Vase dann knapp an den Regalrand gestellt, sodass sie gerade nicht herunterfällt.

Mit der Zeit schmolzen die Eiswürfel dann aber und die Balance der Vase geriet ins Wanken, bis sie schließlich herunterfiel.

D-das wäre in der Tat denkbar...

Und es befand sich ja Wasser in der Vase, das würde die Theorie unterstützen.

Das könnten die geschmolzenen Eiswürfel sein.

Aber hätte es nicht irgendjemand hier mitbekommen, wenn der Täter eine größere Menge Eiswürfel transportiert hätte?

Die kann man auch mit leeren Händen transportieren.

Als die drei die kalten Nudeln zubereitet haben, trugen sie alle Tenniskleidung.

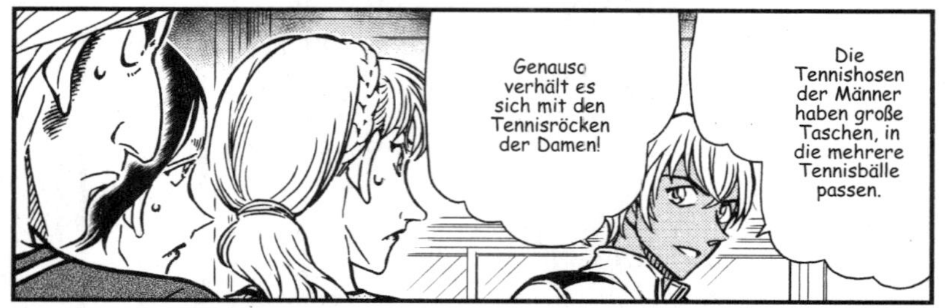

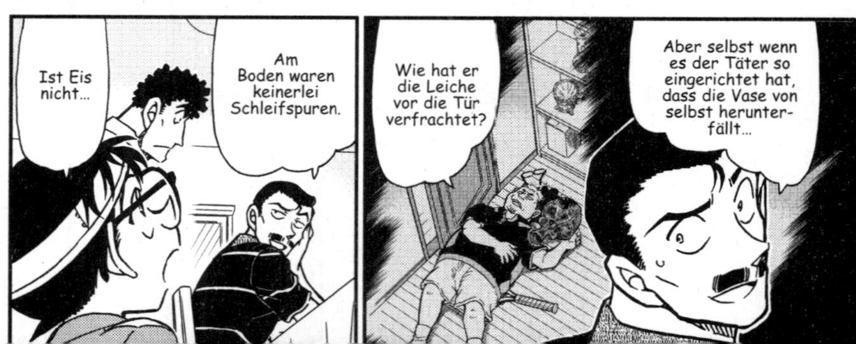

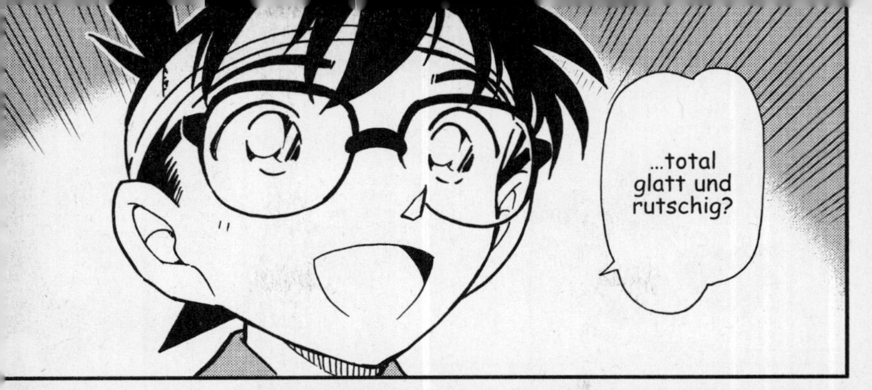
...total
glatt und
rutschig?

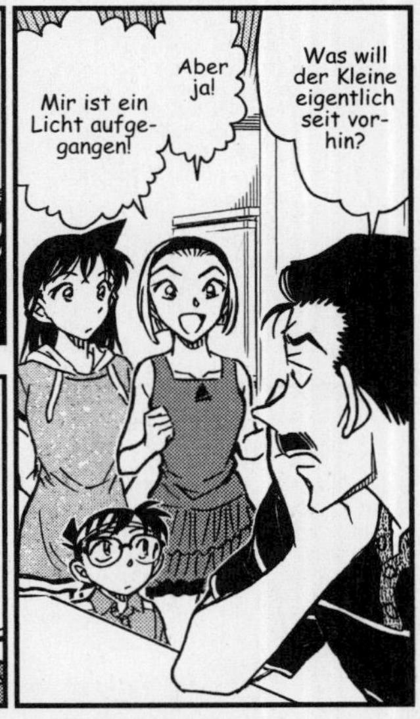
Was will
der Kleine
eigentlich
seit vor-
hin?
Aber
ja!
Mir ist ein
Licht aufge-
gangen!

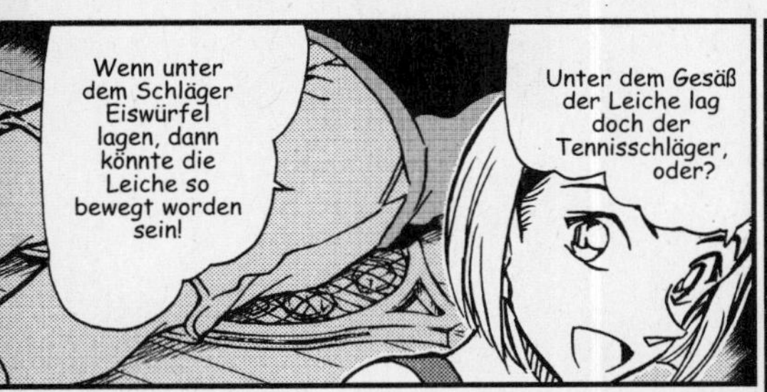
Unter dem Gesäß
der Leiche lag
doch der
Tennisschläger,
oder?
Wenn unter
dem Schläger
Eiswürfel
lagen, dann
könnte die
Leiche so
bewegt worden
sein!

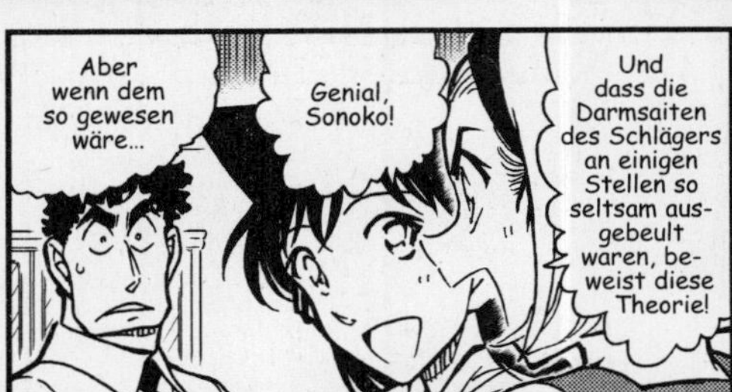
Und
dass die
Darmsaiten
des Schlägers
an einigen
Stellen so
seltsam aus-
gebeult
waren, be-
weist diese
Theorie!
Genial,
Sonoko!
Aber
wenn dem
so gewesen
wäre...

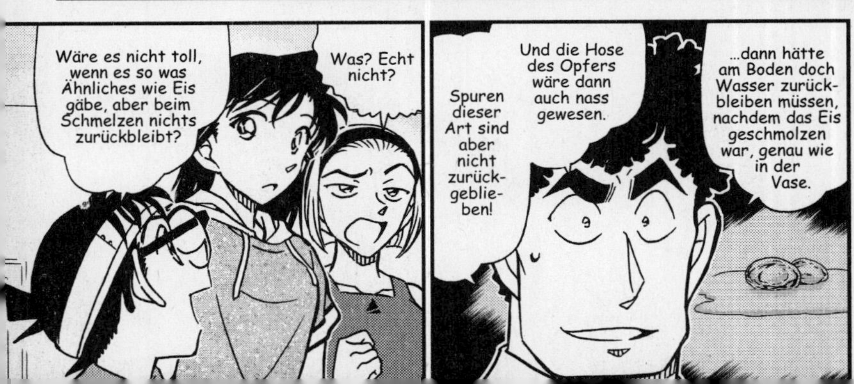
...dann hätte
am Boden doch
Wasser zurück-
bleiben müssen,
nachdem das Eis
geschmolzen
war, genau wie
in der
Vase.
Und die Hose
des Opfers
wäre dann
auch nass
gewesen.
Spuren
dieser
Art sind
aber
nicht
zurück-
geblie-
ben!
Was? Echt
nicht?
Wäre es nicht toll,
wenn es so was
Ähnliches wie Eis
gäbe, aber beim
Schmelzen nichts
zurückbleibt?

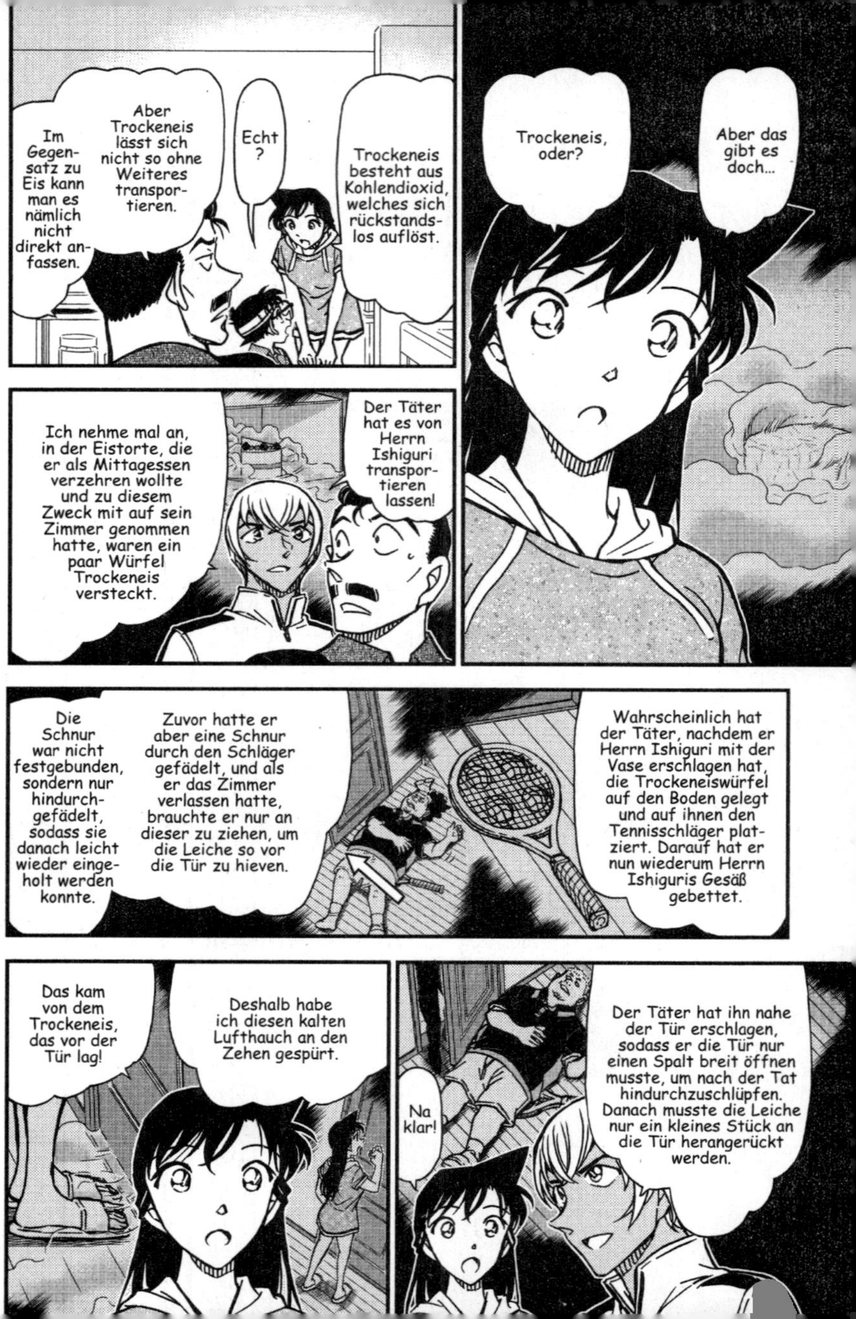

Aber das gibt es doch...

Trockeneis, oder?

Trockeneis besteht aus Kohlendioxid, welches sich rückstandslos auflöst.

Echt?

Aber Trockeneis lässt sich nicht so ohne Weiteres transportieren.

Im Gegensatz zu Eis kann man es nämlich nicht direkt anfassen.

Der Täter hat es von Herrn Ishiguri transportieren lassen!

Ich nehme mal an, in der Eistorte, die er als Mittagessen verzehren wollte und zu diesem Zweck mit auf sein Zimmer genommen hatte, waren ein paar Würfel Trockeneis versteckt.

Wahrscheinlich hat der Täter, nachdem er Herrn Ishiguri mit der Vase erschlagen hat, die Trockeneiswürfel auf den Boden gelegt und auf ihnen den Tennisschläger platziert. Darauf hat er nun wiederum Herrn Ishiguris Gesäß gebettet.

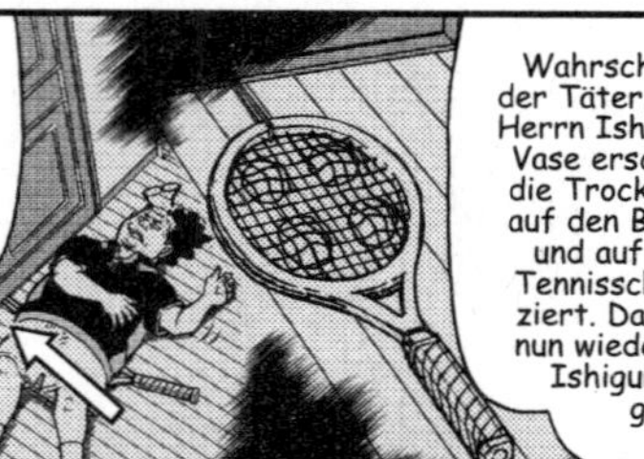

Zuvor hatte er aber eine Schnur durch den Schläger gefädelt, und als er das Zimmer verlassen hatte, brauchte er nur an dieser zu ziehen, um die Leiche so vor die Tür zu hieven.

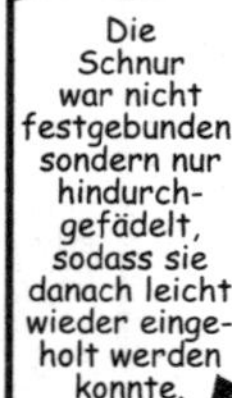

Die Schnur war nicht festgebunden, sondern nur hindurchgefädelt, sodass sie danach leicht wieder eingeholt werden konnte.

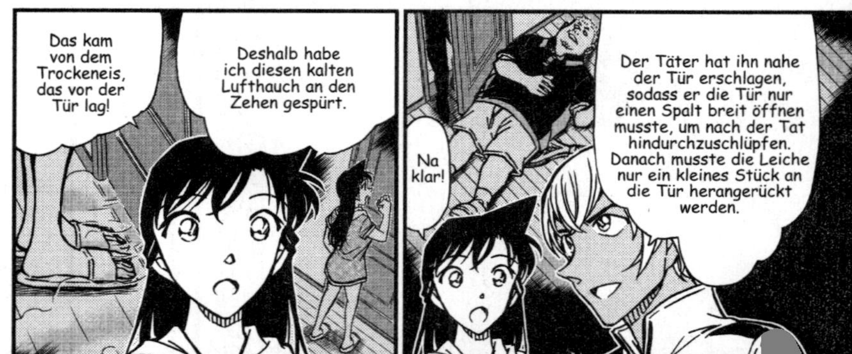

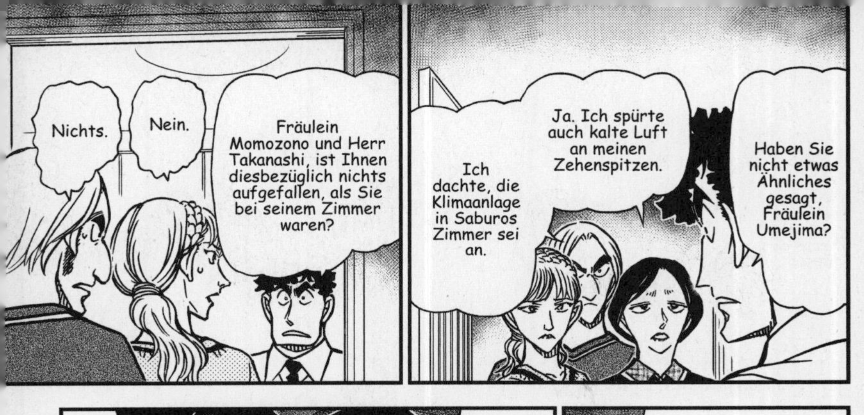

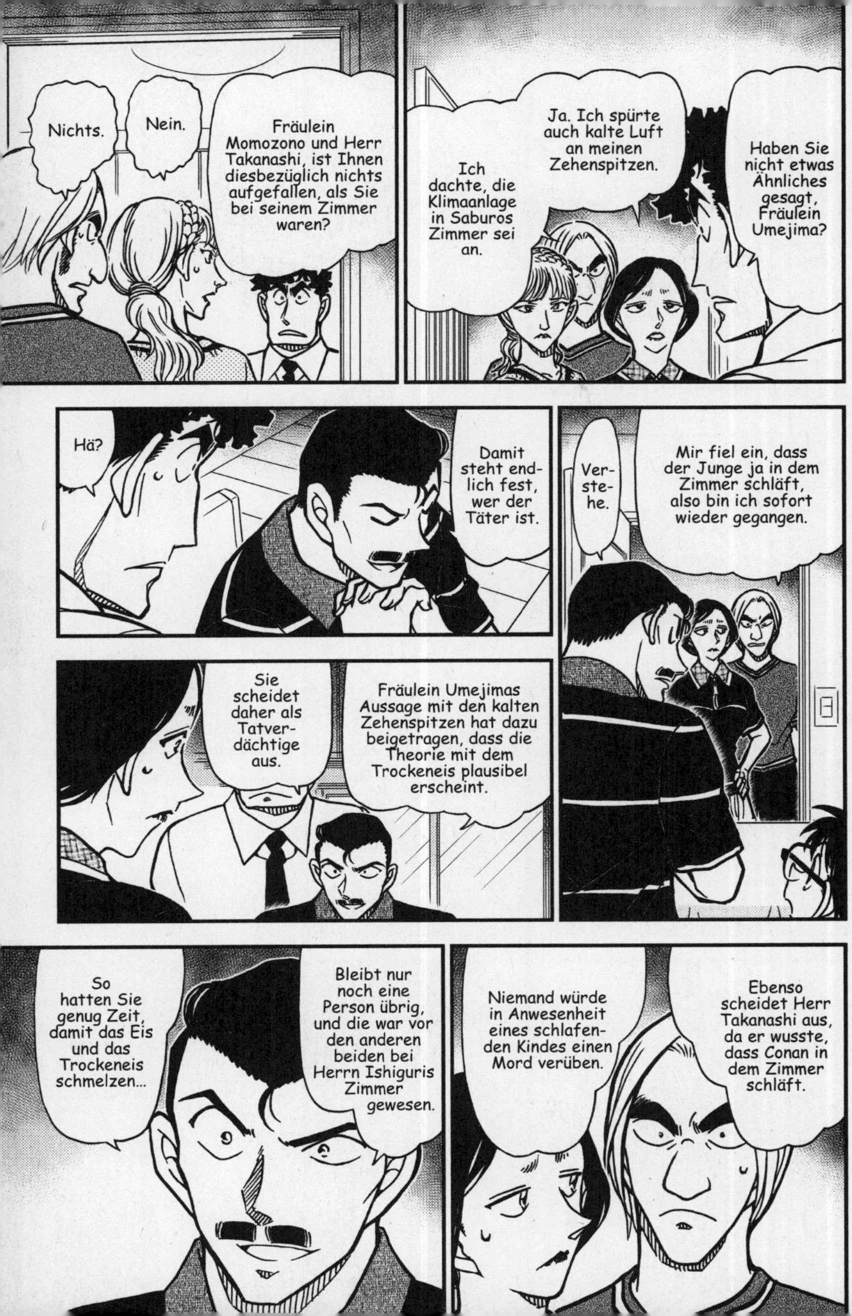

Mir fiel ein, dass der Junge ja in dem Zimmer schläft, also bin ich sofort wieder gegangen.

Verstehe.

Damit steht endlich fest, wer der Täter ist.

Hä?

Fräulein Umejimas Aussage mit den kalten Zehenspitzen hat dazu beigetragen, dass die Theorie mit dem Trockeneis plausibel erscheint.

Sie scheidet daher als Tatverdächtige aus.

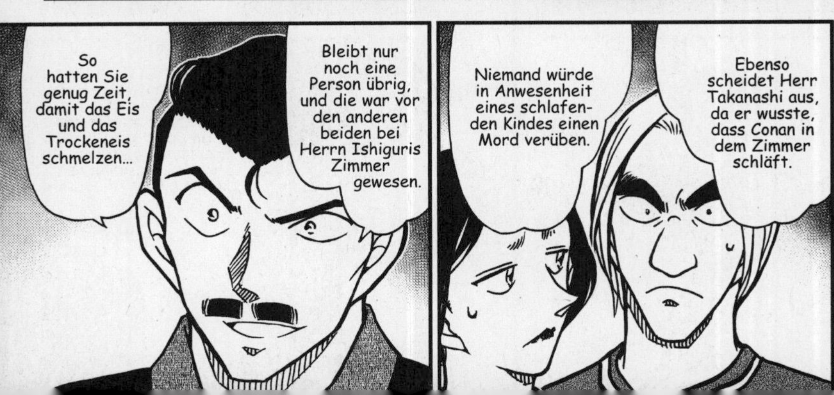

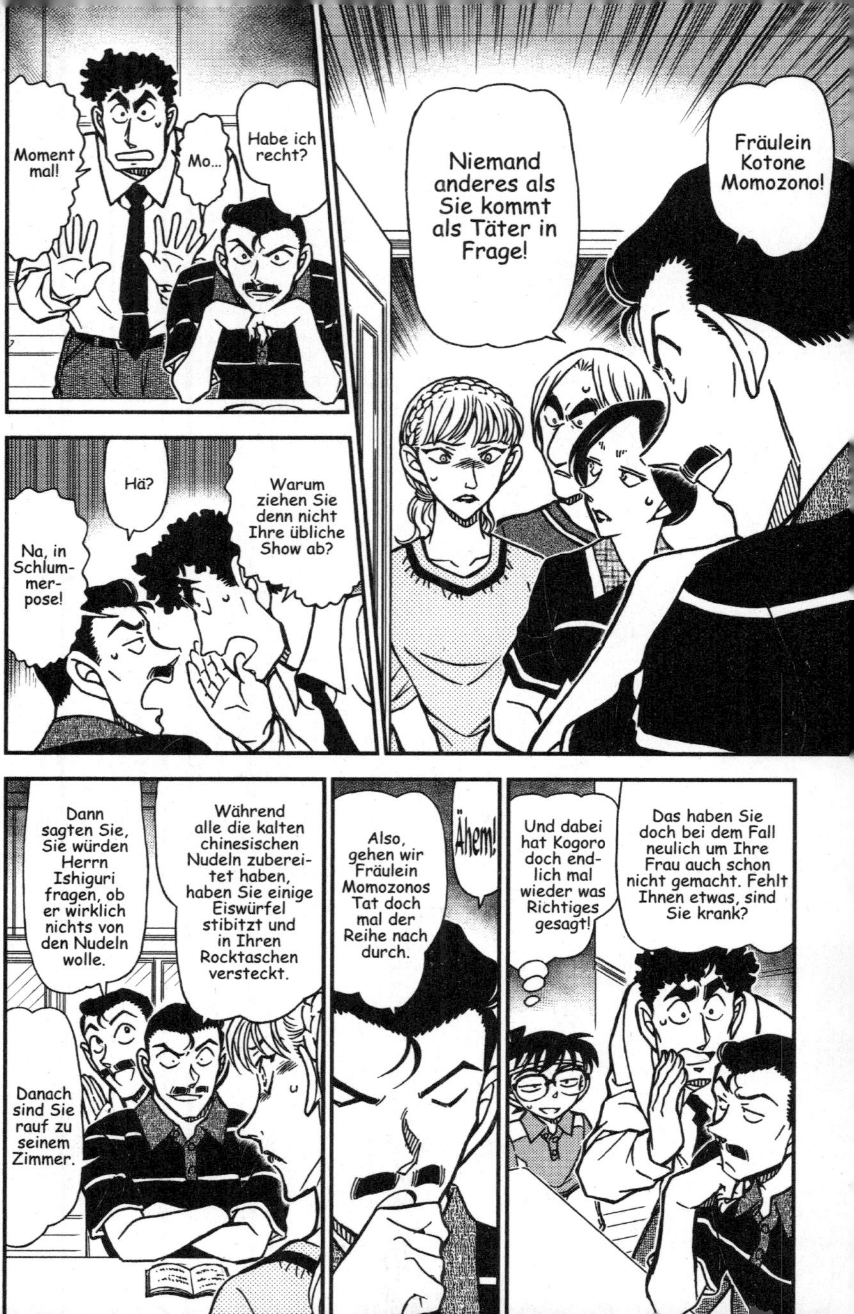

Fräulein Kotone Momozono!
Niemand anderes als Sie kommt als Täter in Frage!
Habe ich recht?
Mo...
Moment mal!
Warum ziehen Sie denn nicht Ihre übliche Show ab?
Hä?
Na, in Schlummerpose!
Das haben Sie doch bei dem Fall neulich um Ihre Frau auch schon nicht gemacht. Fehlt Ihnen etwas, sind Sie krank?
Und dabei hat Kogoro doch endlich mal wieder was Richtiges gesagt!
Ähem!
Also, gehen wir Fräulein Momozonos Tat doch mal der Reihe nach durch.
Während alle die kalten chinesischen Nudeln zubereitet haben, haben Sie einige Eiswürfel stibitzt und in Ihren Rocktaschen versteckt.
Dann sagten Sie, Sie würden Herrn Ishiguri fragen, ob er wirklich nichts von den Nudeln wolle.
Danach sind Sie rauf zu seinem Zimmer.

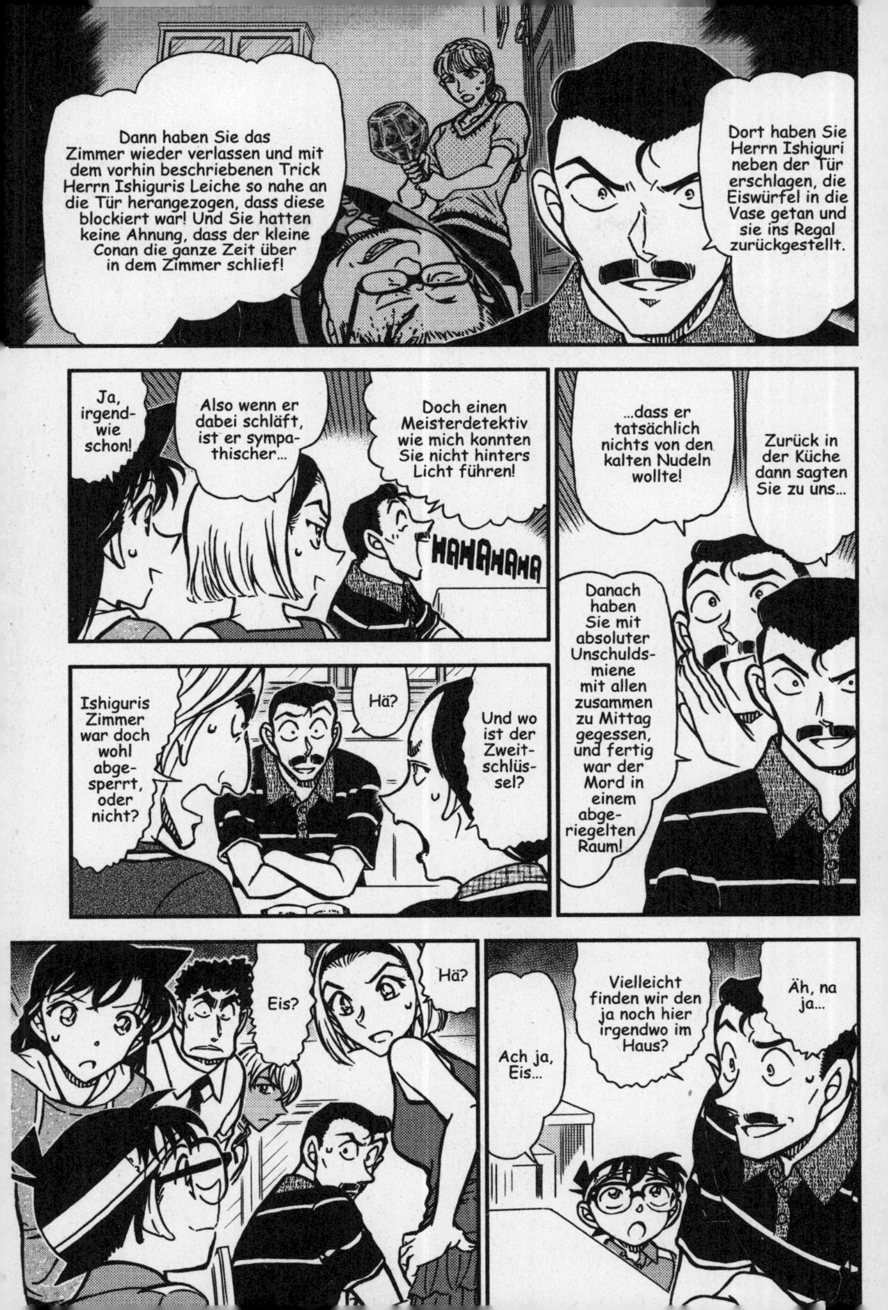

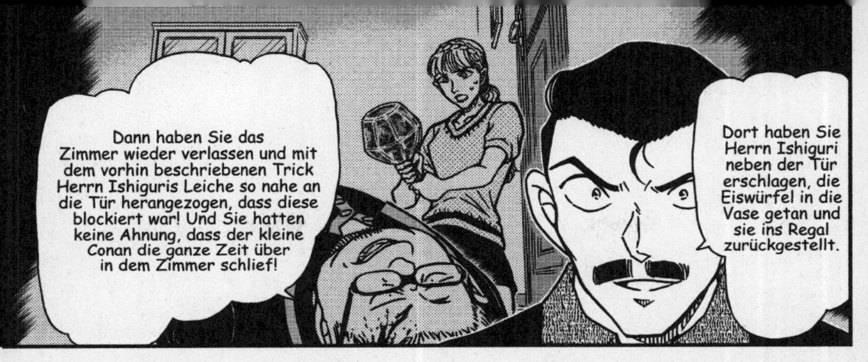

Zurück in der Küche dann sagten Sie zu uns...

...dass er tatsächlich nichts von den kalten Nudeln wollte!

Danach haben Sie mit absoluter Unschuldsmiene mit allen zusammen zu Mittag gegessen, und fertig war der Mord in einem abgeriegelten Raum!

Doch einen Meisterdetektiv wie mich konnten Sie nicht hinters Licht führen!

HAHAHAHA

Also wenn er dabei schläft, ist er sympathischer...

Ja, irgendwie schon!

Und wo ist der Zweitschlüssel?

Hä?

Ishiguris Zimmer war doch wohl abgesperrt, oder nicht?

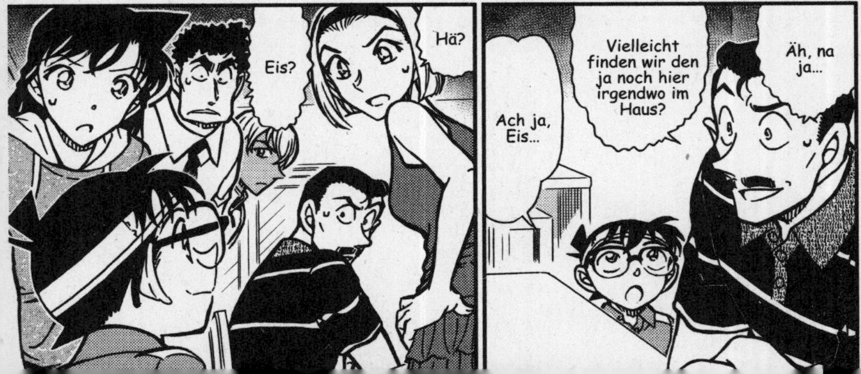

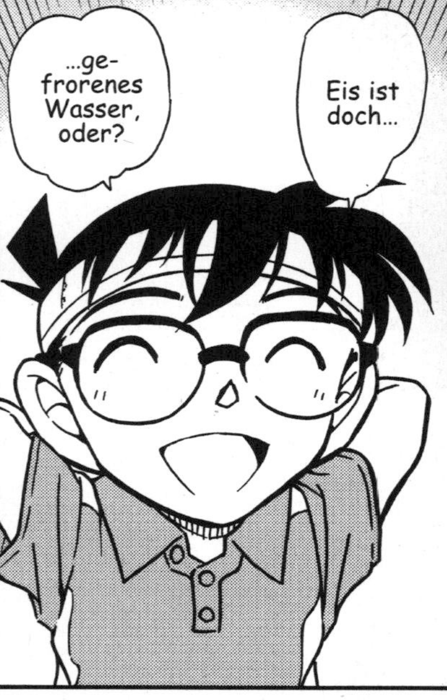
Eis ist doch...
...gefrorenes Wasser, oder?

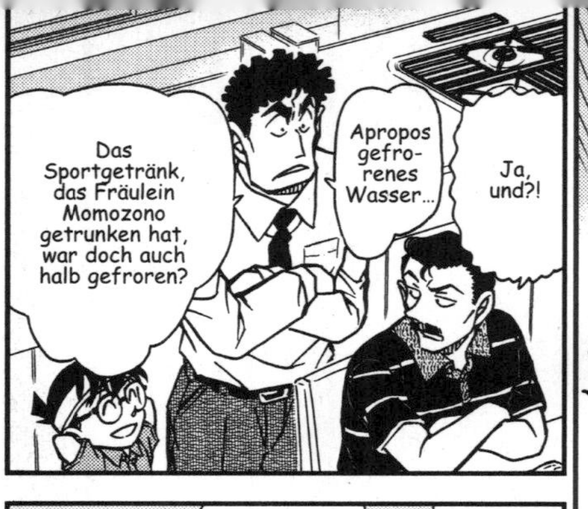
Ja, und?!
Apropos gefrorenes Wasser...
Das Sportgetränk, das Fräulein Momozono getrunken hat, war doch auch halb gefroren?

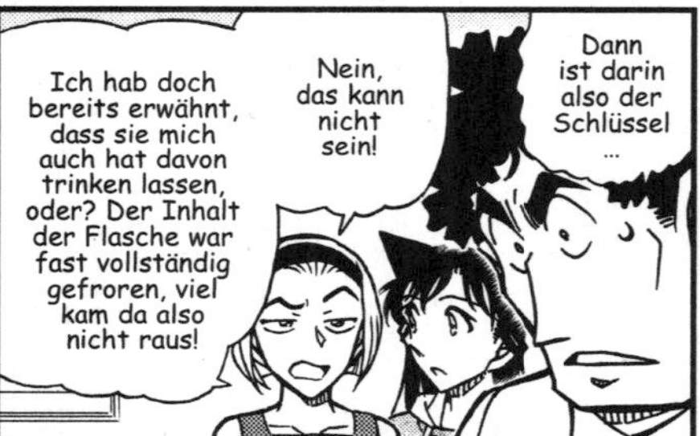
Dann ist darin also der Schlüssel ...
Nein, das kann nicht sein!
Ich hab doch bereits erwähnt, dass sie mich auch hat davon trinken lassen, oder? Der Inhalt der Flasche war fast vollständig gefroren, viel kam da also nicht raus!

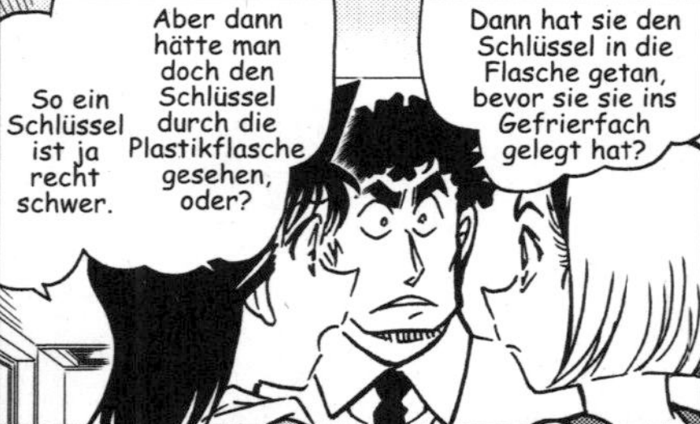
Dann hat sie den Schlüssel in die Flasche getan, bevor sie sie ins Gefrierfach gelegt hat?
Aber dann hätte man doch den Schlüssel durch die Plastikflasche gesehen, oder?
So ein Schlüssel ist ja recht schwer.

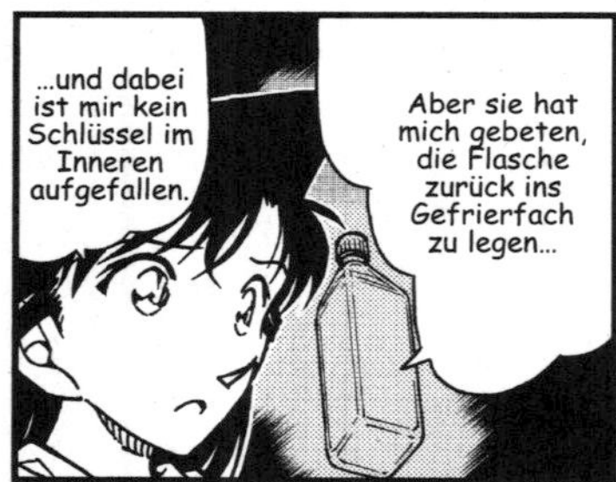
Aber sie hat mich gebeten, die Flasche zurück ins Gefrierfach zu legen...
...und dabei ist mir kein Schlüssel im Inneren aufgefallen.

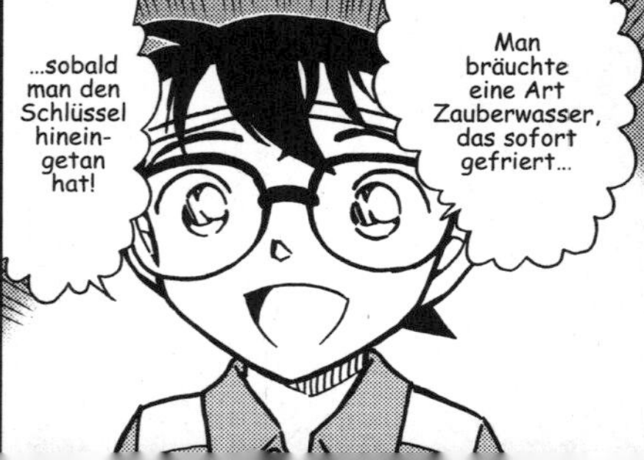
Man bräuchte eine Art Zauberwasser, das sofort gefriert...
...sobald man den Schlüssel hineingetan hat!

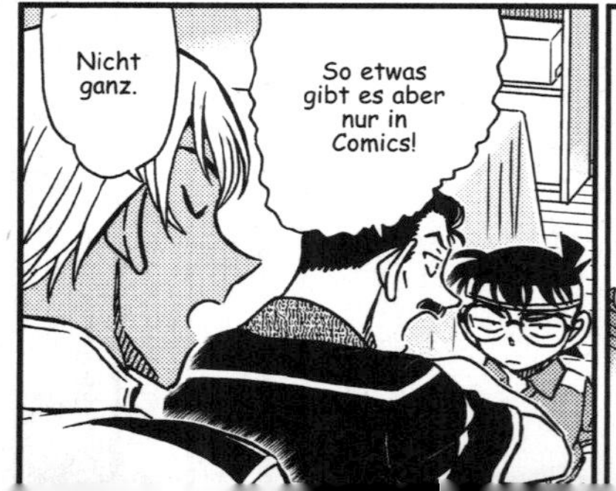
So etwas gibt es aber nur in Comics!
Nicht ganz.

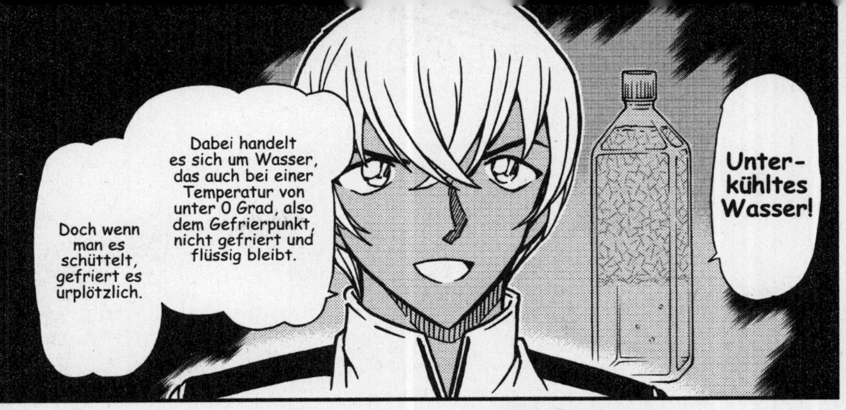
Unterkühltes Wasser!
Dabei handelt es sich um Wasser, das auch bei einer Temperatur von unter 0 Grad, also dem Gefrierpunkt, nicht gefriert und flüssig bleibt.
Doch wenn man es schüttelt, gefriert es urplötzlich.

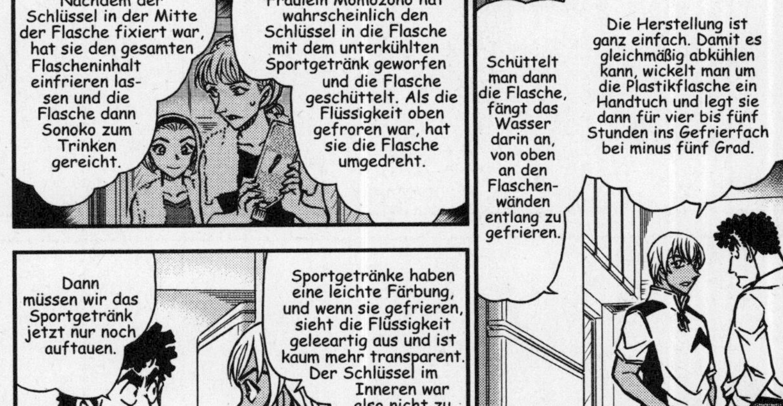
Die Herstellung ist ganz einfach. Damit es gleichmäßig abkühlen kann, wickelt man um die Plastikflasche ein Handtuch und legt sie dann für vier bis fünf Stunden ins Gefrierfach bei minus fünf Grad.
Schüttelt man dann die Flasche, fängt das Wasser darin an, von oben an den Flaschenwänden entlang zu gefrieren.
Fräulein Momozono hat wahrscheinlich den Schlüssel in die Flasche mit dem unterkühlten Sportgetränk geworfen und die Flasche geschüttelt. Als die Flüssigkeit oben gefroren war, hat sie die Flasche umgedreht.
Nachdem der Schlüssel in der Mitte der Flasche fixiert war, hat sie den gesamten Flascheninhalt einfrieren lassen und die Flasche dann Sonoko zum Trinken gereicht.
Sportgetränke haben eine leichte Färbung, und wenn sie gefrieren, sieht die Flüssigkeit geleeartig aus und ist kaum mehr transparent. Der Schlüssel im Inneren war also nicht zu sehen.
Dann müssen wir das Sportgetränk jetzt nur noch auftauen.

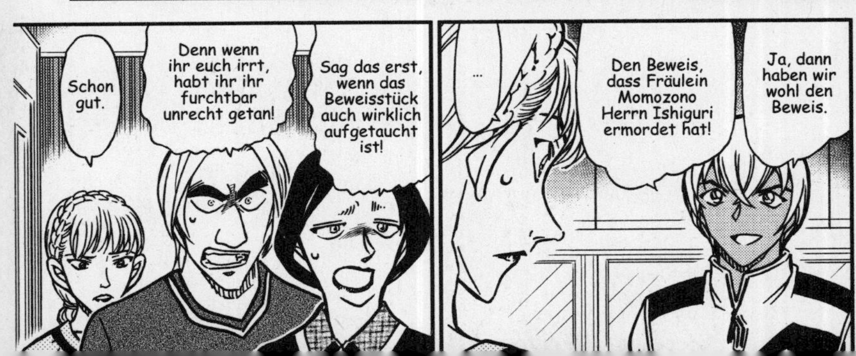
Ja, dann haben wir wohl den Beweis.
Den Beweis, dass Fräulein Momozono Herrn Ishiguri ermordet hat!
...
Sag das erst, wenn das Beweisstück auch wirklich aufgetaucht ist!
Denn wenn ihr euch irrt, habt ihr ihr furchtbar unrecht getan!
Schon gut.

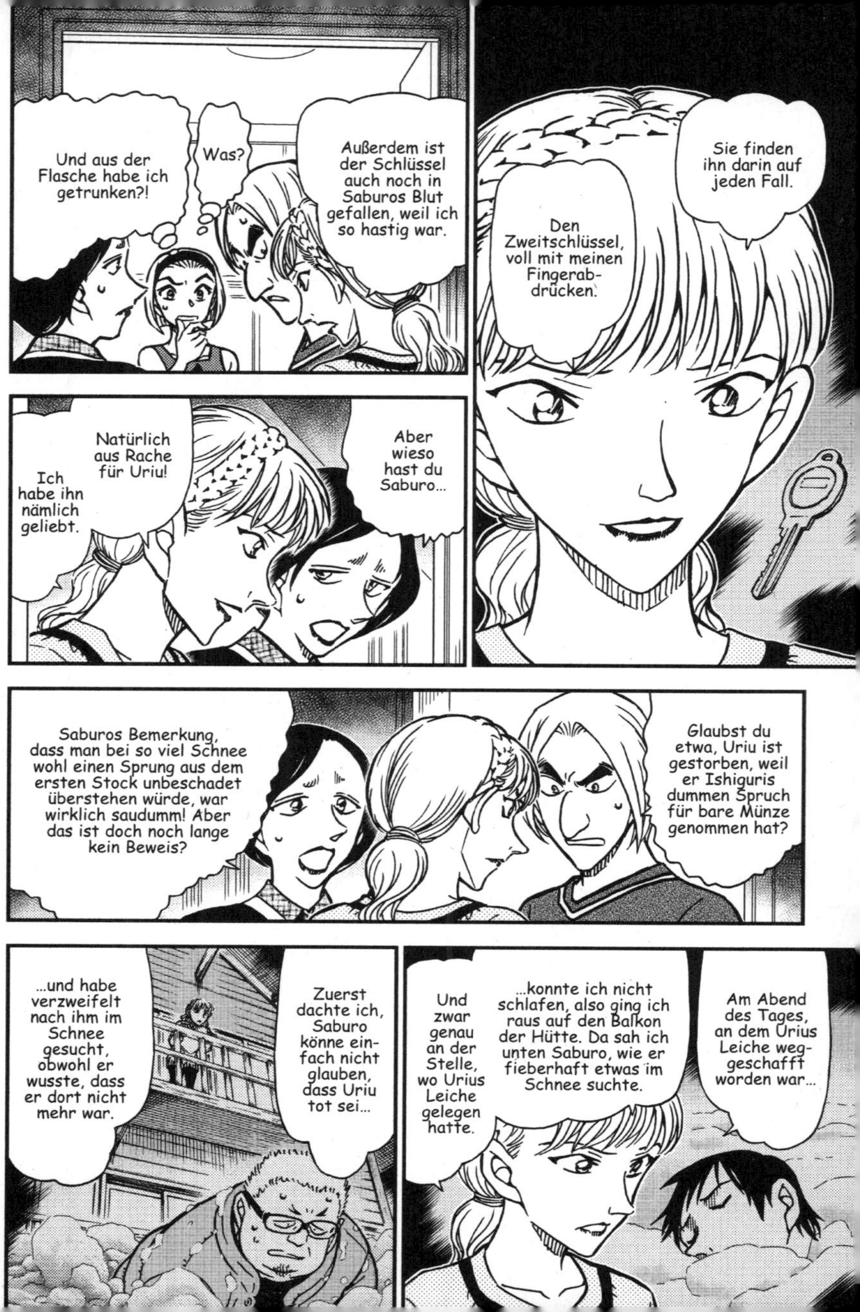

Sie finden ihn darin auf jeden Fall.
Den Zweitschlüssel, voll mit meinen Fingerabdrücken.
Außerdem ist der Schlüssel auch noch in Saburos Blut gefallen, weil ich so hastig war.
Was?
Und aus der Flasche habe ich getrunken?!
Aber wieso hast du Saburo...
Natürlich aus Rache für Uriu!
Ich habe ihn nämlich geliebt.
Glaubst du etwa, Uriu ist gestorben, weil er Ishiguris dummen Spruch für bare Münze genommen hat?
Saburos Bemerkung, dass man bei so viel Schnee wohl einen Sprung aus dem ersten Stock unbeschadet überstehen würde, war wirklich saudumm! Aber das ist doch noch lange kein Beweis?

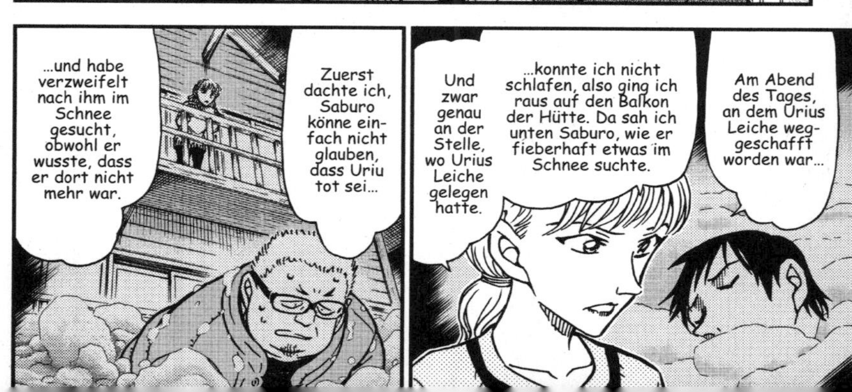

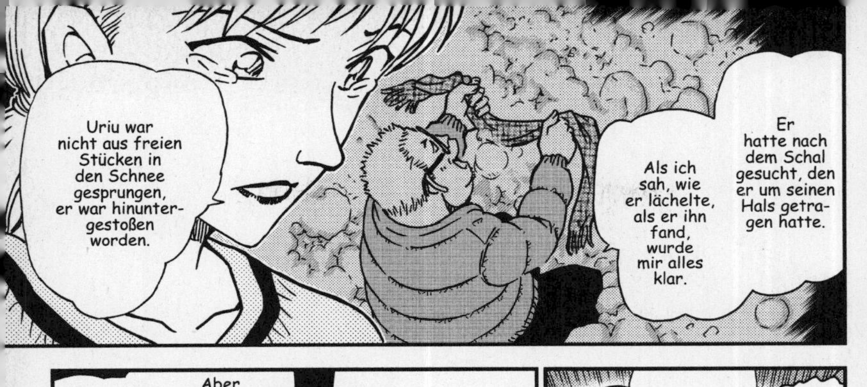

Er hatte nach dem Schal gesucht, den er um seinen Hals getragen hatte.
Als ich sah, wie er lächelte, als er ihn fand, wurde mir alles klar.
Uriu war nicht aus freien Stücken in den Schnee gesprungen, er war hinuntergestoßen worden.

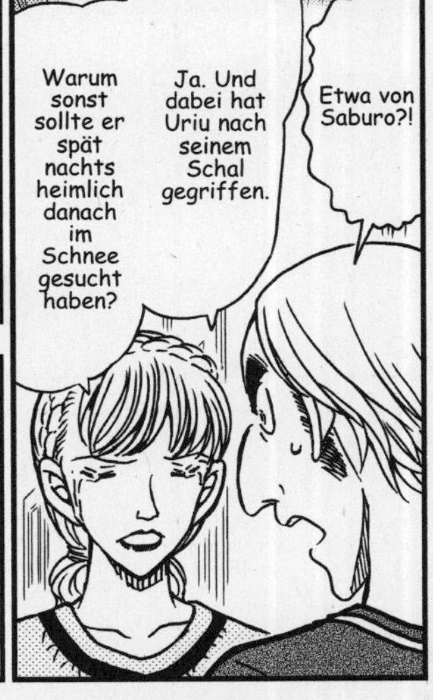

Etwa von Saburo?!
Ja. Und dabei hat Uriu nach seinem Schal gegriffen.
Warum sonst sollte er spät nachts heimlich danach im Schnee gesucht haben?

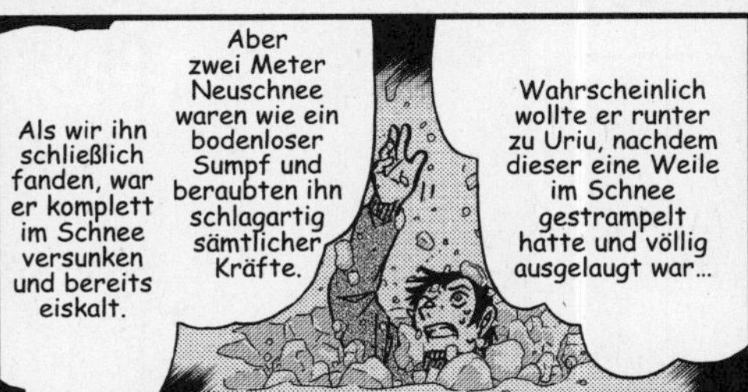

Wahrscheinlich wollte er runter zu Uriu, nachdem dieser eine Weile im Schnee gestrampelt hatte und völlig ausgelaugt war...
Aber zwei Meter Neuschnee waren wie ein bodenloser Sumpf und beraubten ihn schlagartig sämtlicher Kräfte.
Als wir ihn schließlich fanden, war er komplett im Schnee versunken und bereits eiskalt.

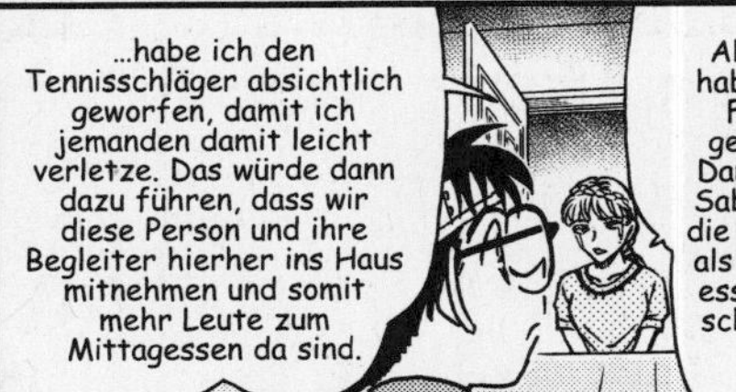

Aber ich habe einen Fehler gemacht. Damit sich Saburo für die Eistorte als Mittagessen entscheidet...
...habe ich den Tennisschläger absichtlich geworfen, damit ich jemanden damit leicht verletze. Das würde dann dazu führen, dass wir diese Person und ihre Begleiter hierher ins Haus mitnehmen und somit mehr Leute zum Mittagessen da sind.

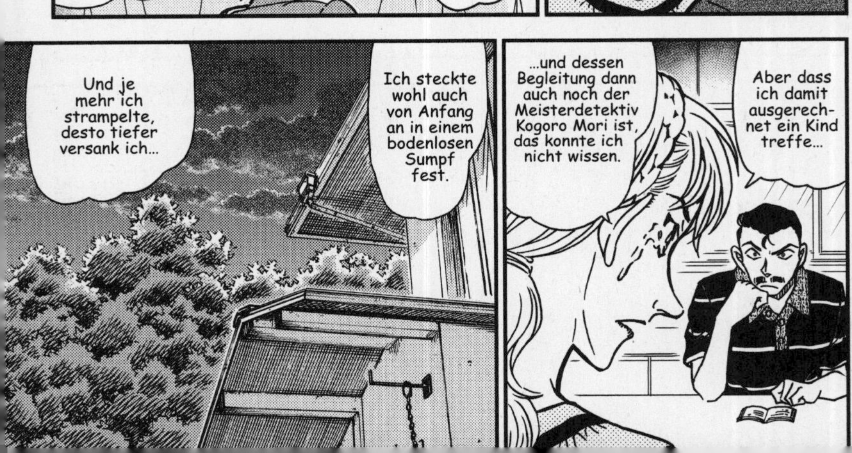

Aber dass ich damit ausgerechnet ein Kind treffe...
...und dessen Begleitung dann auch noch der Meisterdetektiv Kogoro Mori ist, das konnte ich nicht wissen.
Ich steckte wohl auch von Anfang an in einem bodenlosen Sumpf fest.
Und je mehr ich strampelte, desto tiefer versank ich...

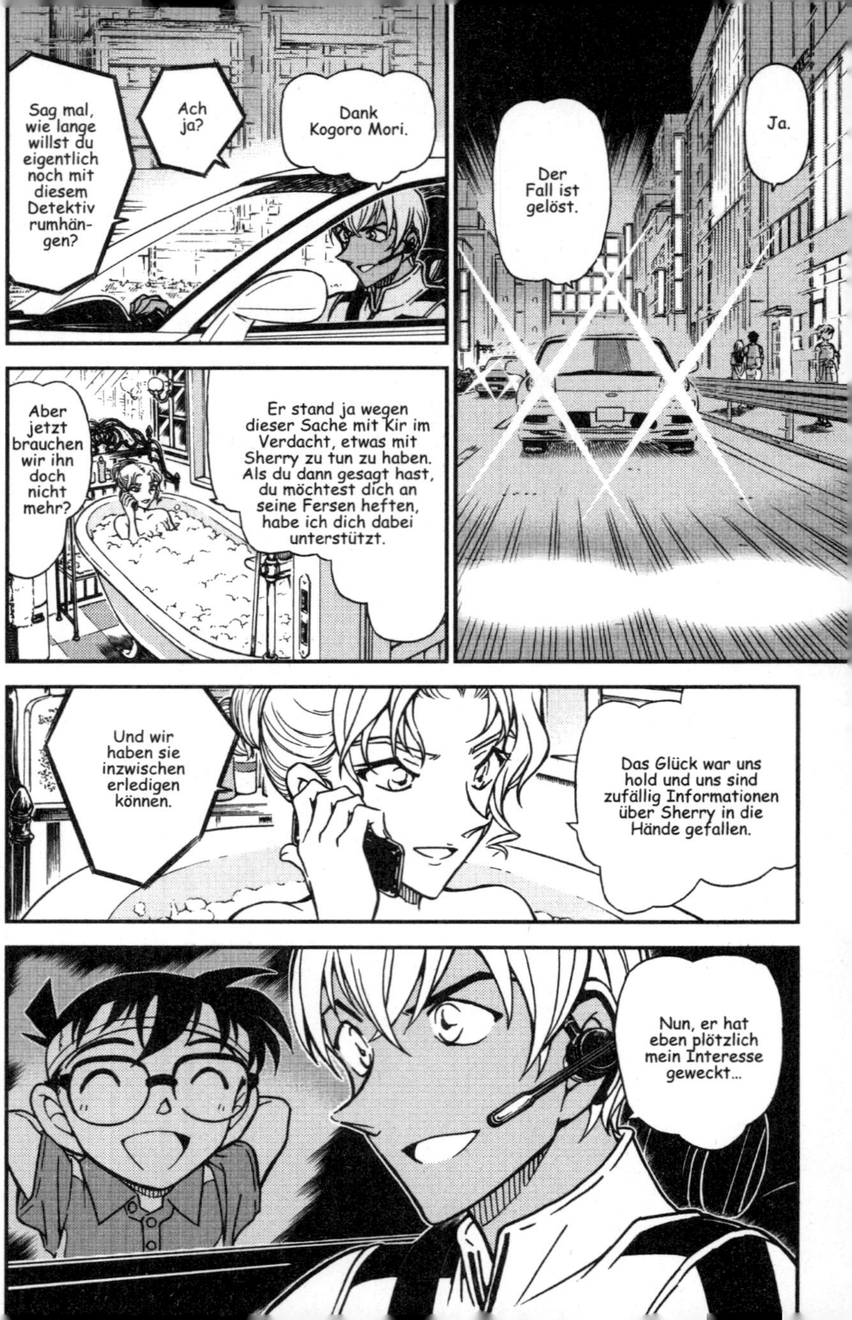

Ja.

Der Fall ist gelöst.

Dank Kogoro Mori.

Ach ja?

Sag mal, wie lange willst du eigentlich noch mit diesem Detektiv rumhängen?

Er stand ja wegen dieser Sache mit Kir im Verdacht, etwas mit Sherry zu tun zu haben. Als du dann gesagt hast, du möchtest dich an seine Fersen heften, habe ich dich dabei unterstützt.

Aber jetzt brauchen wir ihn doch nicht mehr?

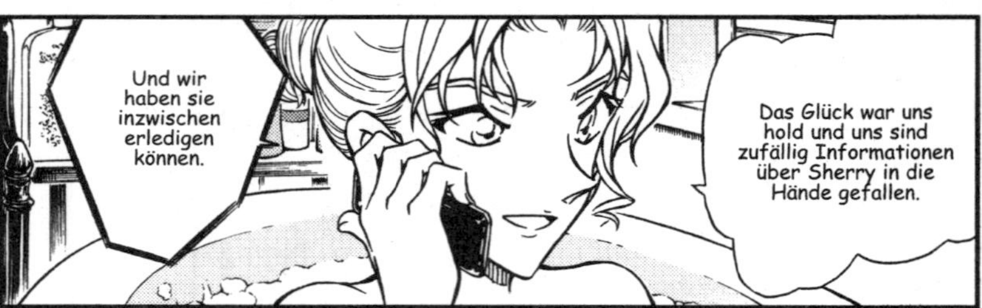

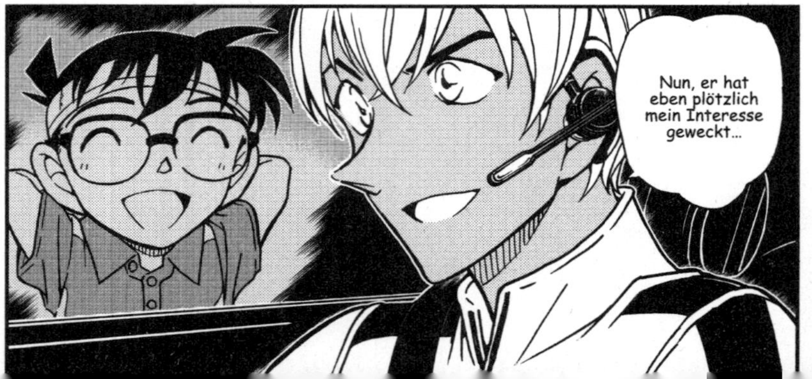

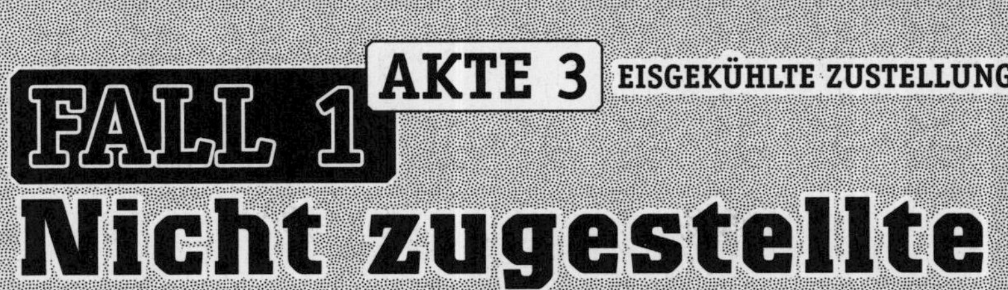

FALL 1 AKTE 3 EISGEKÜHLTE ZUSTELLUNG

Nicht zugestellte Ware

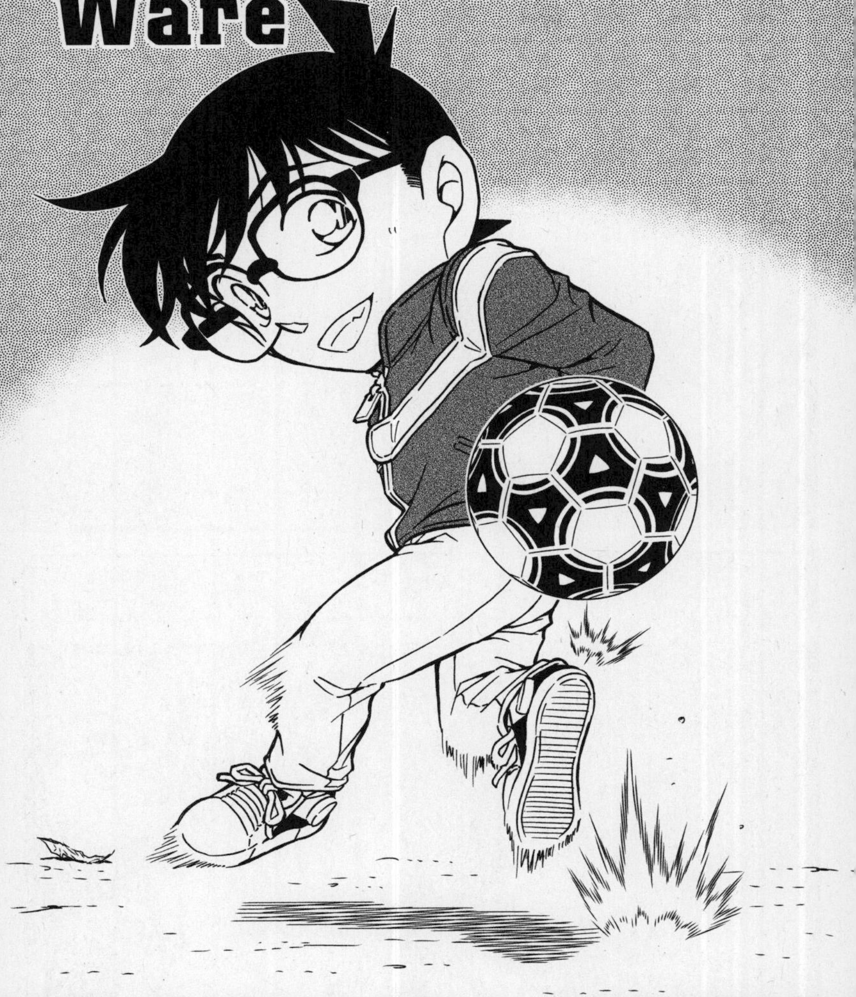

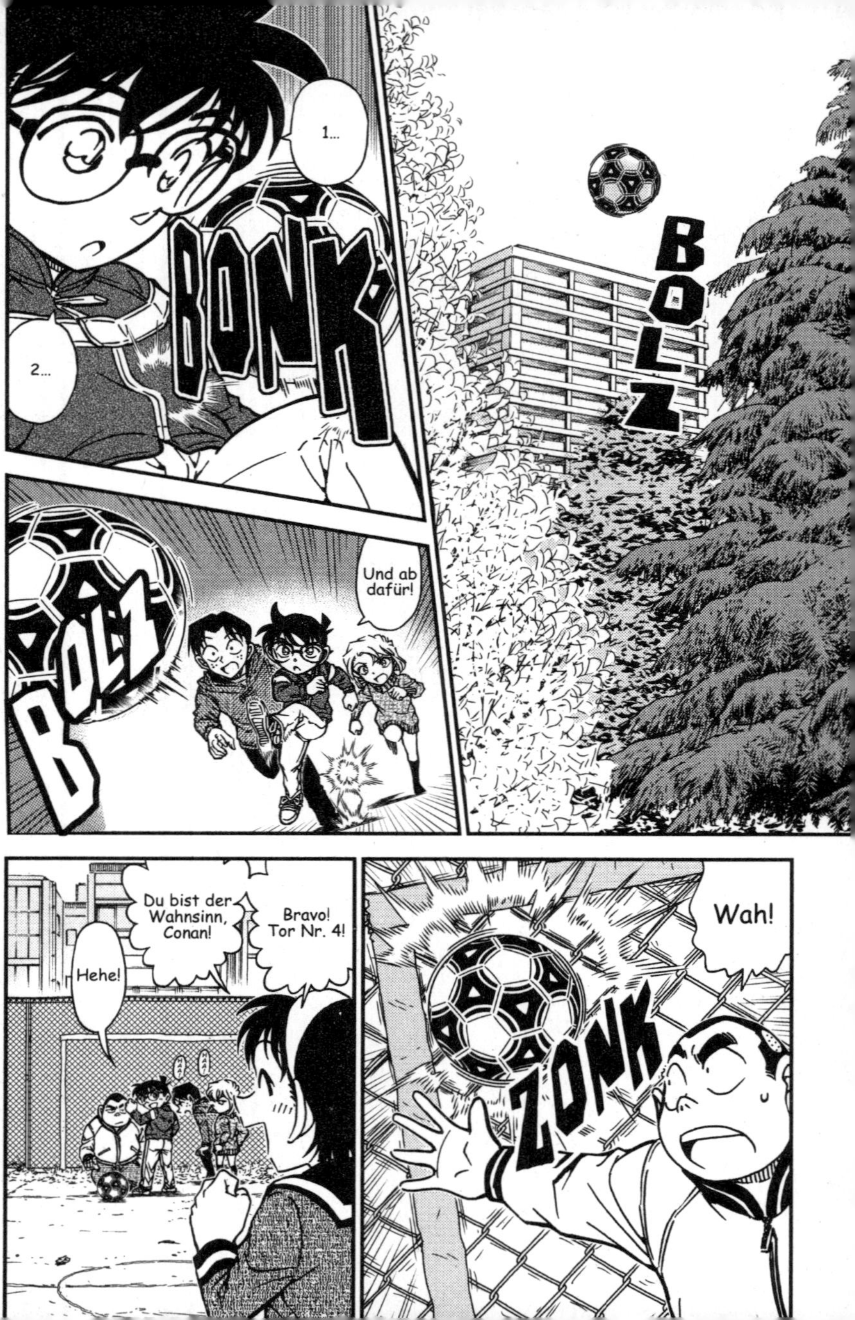

1...
2...
BONK
BOLZ
Und ab dafür!
BOLZ

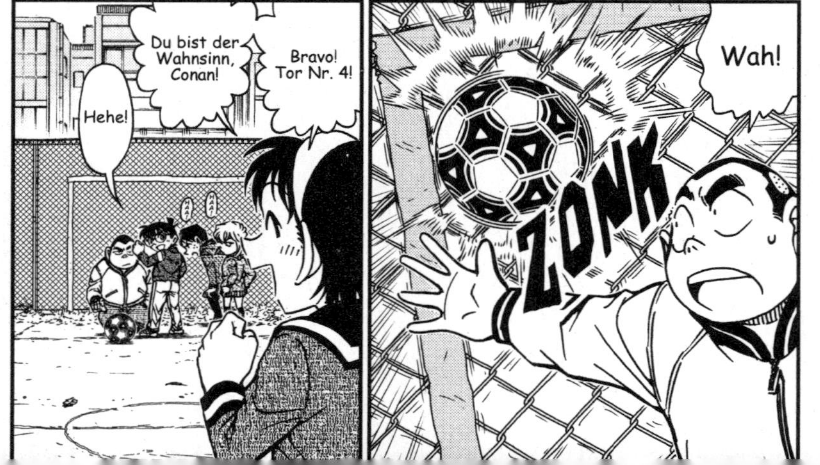

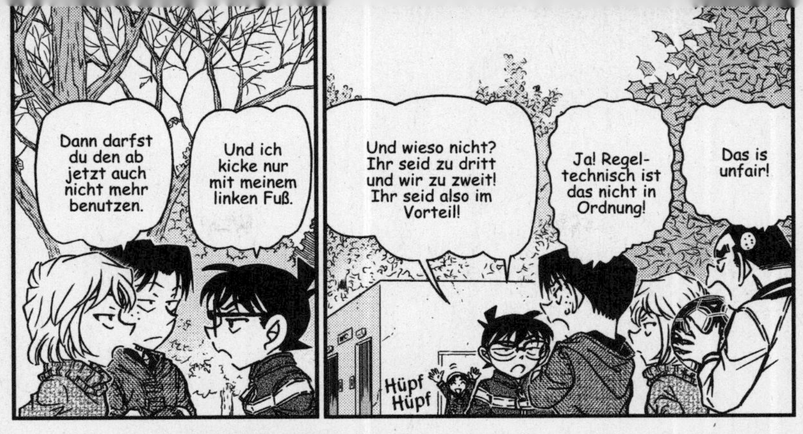
Das is unfair!
Ja! Regeltechnisch ist das nicht in Ordnung!
Und wieso nicht? Ihr seid zu dritt und wir zu zweit! Ihr seid also im Vorteil!
Hüpf Hüpf
Und ich kicke nur mit meinem linken Fuß.
Dann darfst du den ab jetzt auch nicht mehr benutzen.

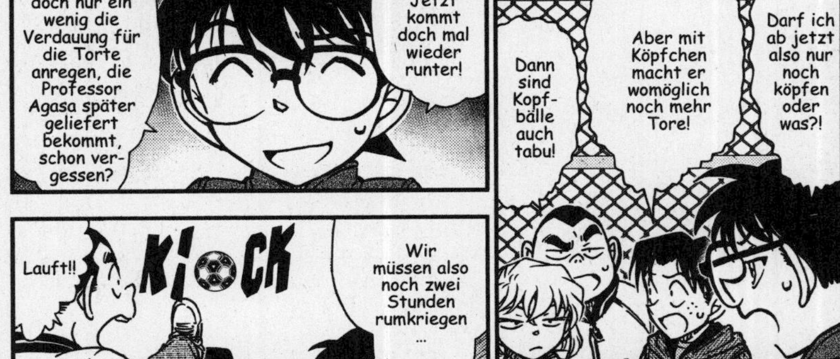
Darf ich ab jetzt also nur noch köpfen oder was?!
Aber mit Köpfchen macht er womöglich noch mehr Tore!
Dann sind Kopfbälle auch tabu!
Jetzt kommt doch mal wieder runter!
Wir wollen doch nur ein wenig die Verdauung für die Torte anregen, die Professor Agasa später geliefert bekommt, schon vergessen?
Wir müssen also noch zwei Stunden rumkriegen ...
KICK
Lauft!!

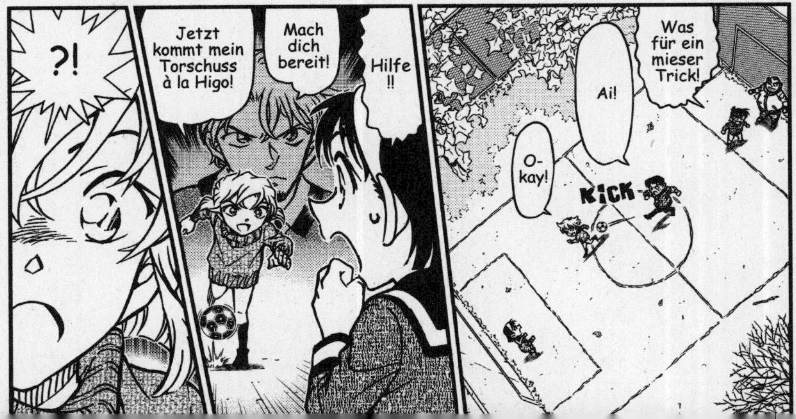
Was für ein mieser Trick!
Ai!
O-kay!
KICK
Hilfe !!
Mach dich bereit!
Jetzt kommt mein Torschuss à la Higo!
?!

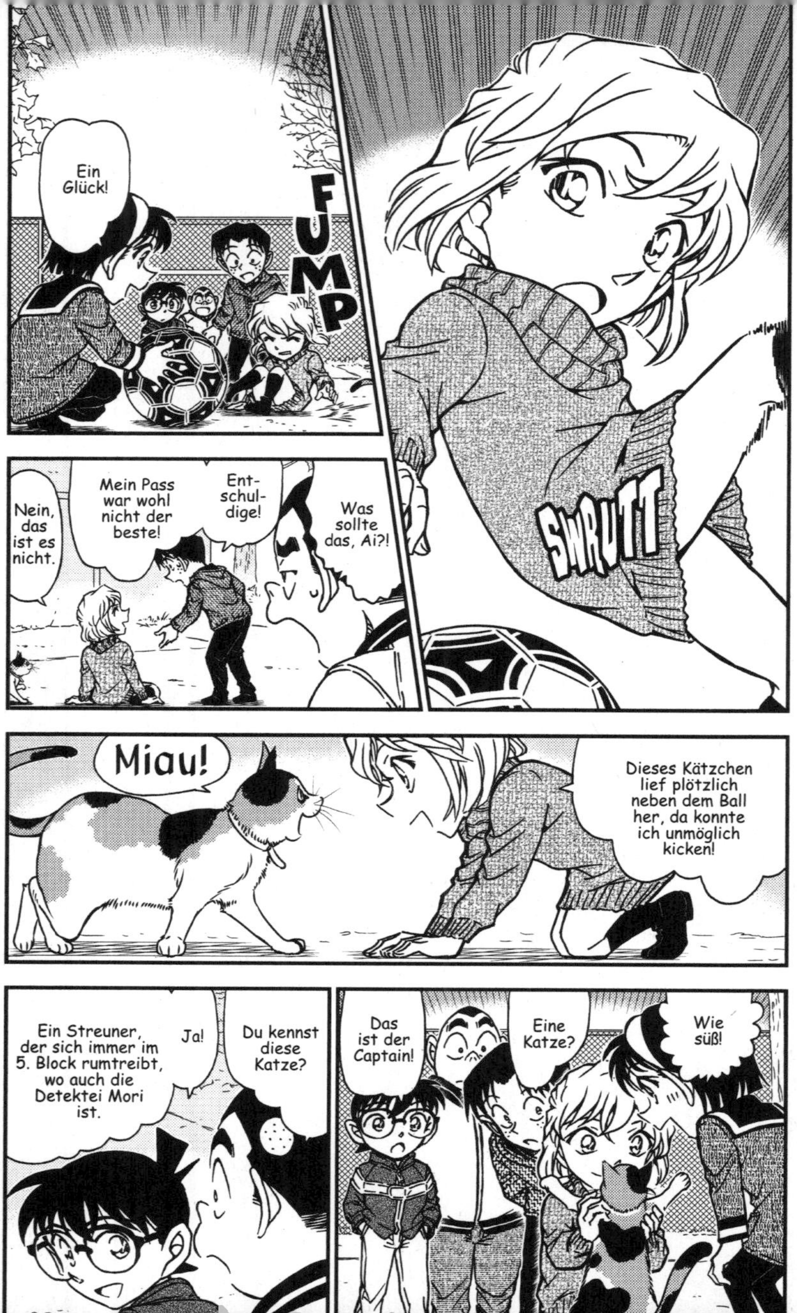

SWRUTT

FUMP

Ein Glück!

Was sollte das, Ai?!

Ent-schuldige!

Mein Pass war wohl nicht der beste!

Nein, das ist es nicht.

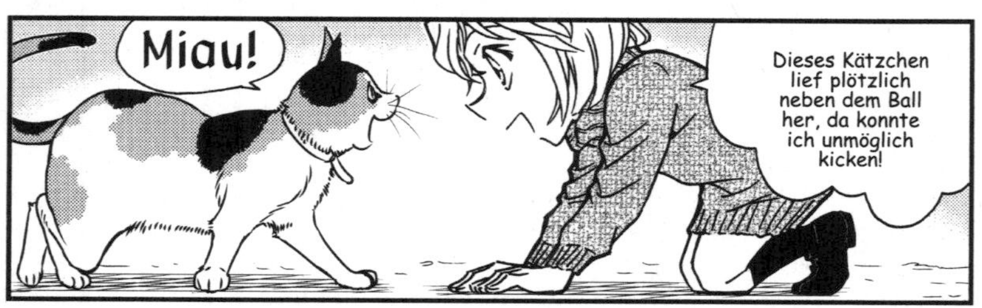

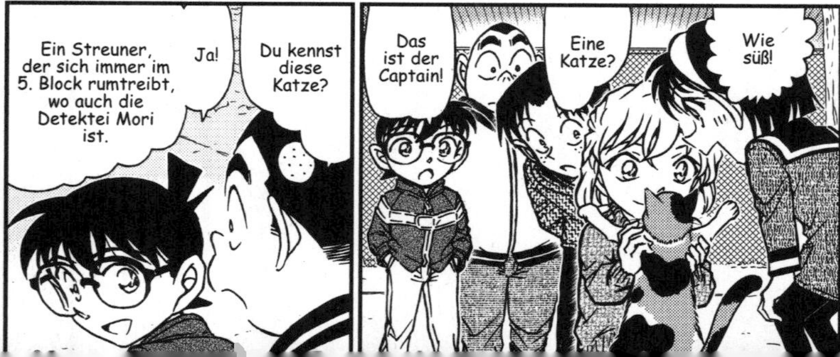

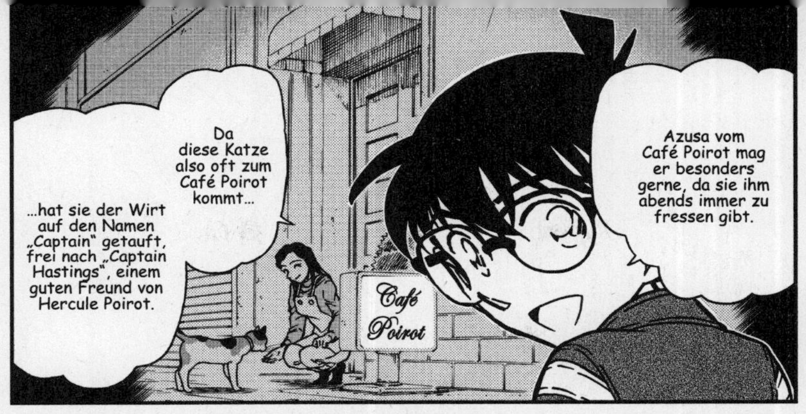
Azusa vom Café Poirot mag er besonders gerne, da sie ihm abends immer zu fressen gibt.
Da diese Katze also oft zum Café Poirot kommt...
...hat sie der Wirt auf den Namen „Captain" getauft, frei nach „Captain Hastings", einem guten Freund von Hercule Poirot.
Café Poirot

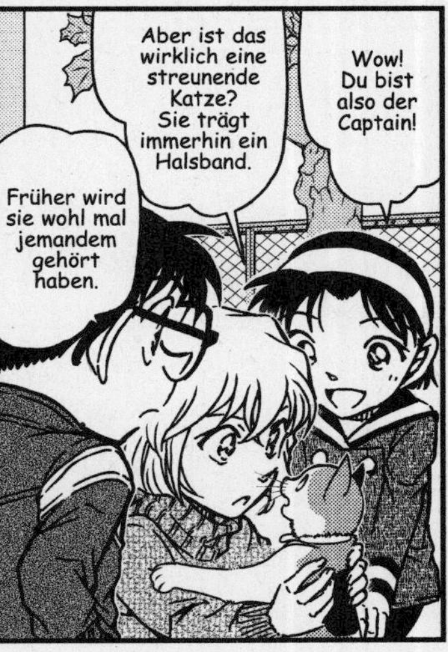
Wow! Du bist also der Captain!
Aber ist das wirklich eine streunende Katze? Sie trägt immerhin ein Halsband.
Früher wird sie wohl mal jemandem gehört haben.

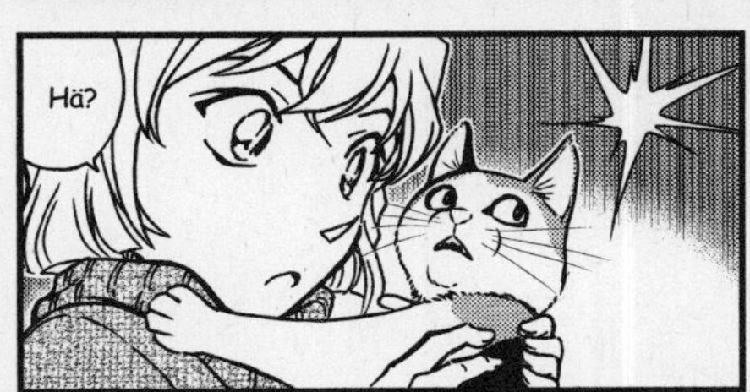
Hä?

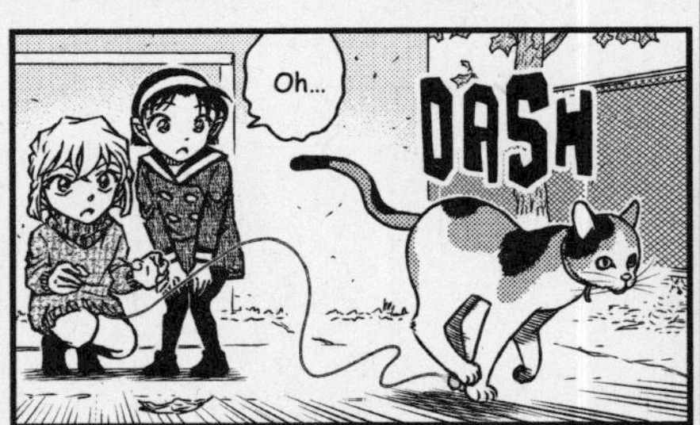
DASH
Oh...

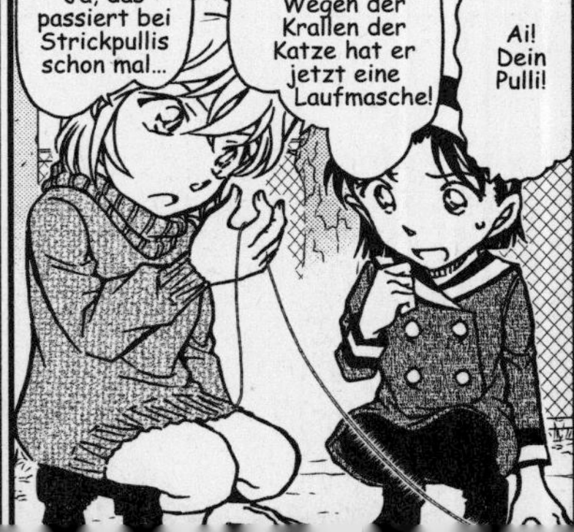
Ai! Dein Pulli!
Wegen der Krallen der Katze hat er jetzt eine Laufmasche!
Ja, das passiert bei Strickpullis schon mal...

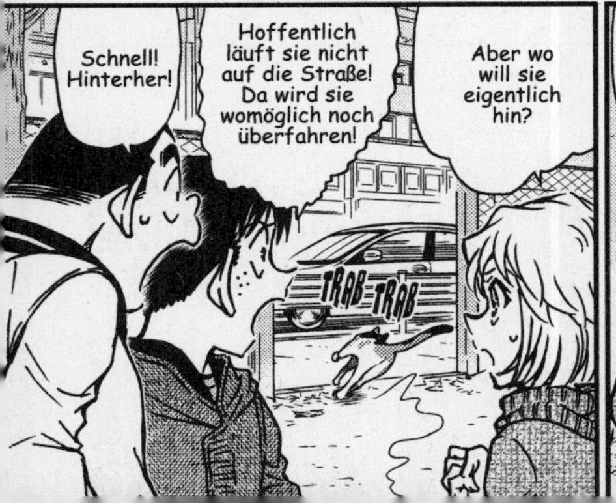
Aber wo will sie eigentlich hin?
Hoffentlich läuft sie nicht auf die Straße! Da wird sie womöglich noch überfahren!
Schnell! Hinterher!
TRAB TRAB

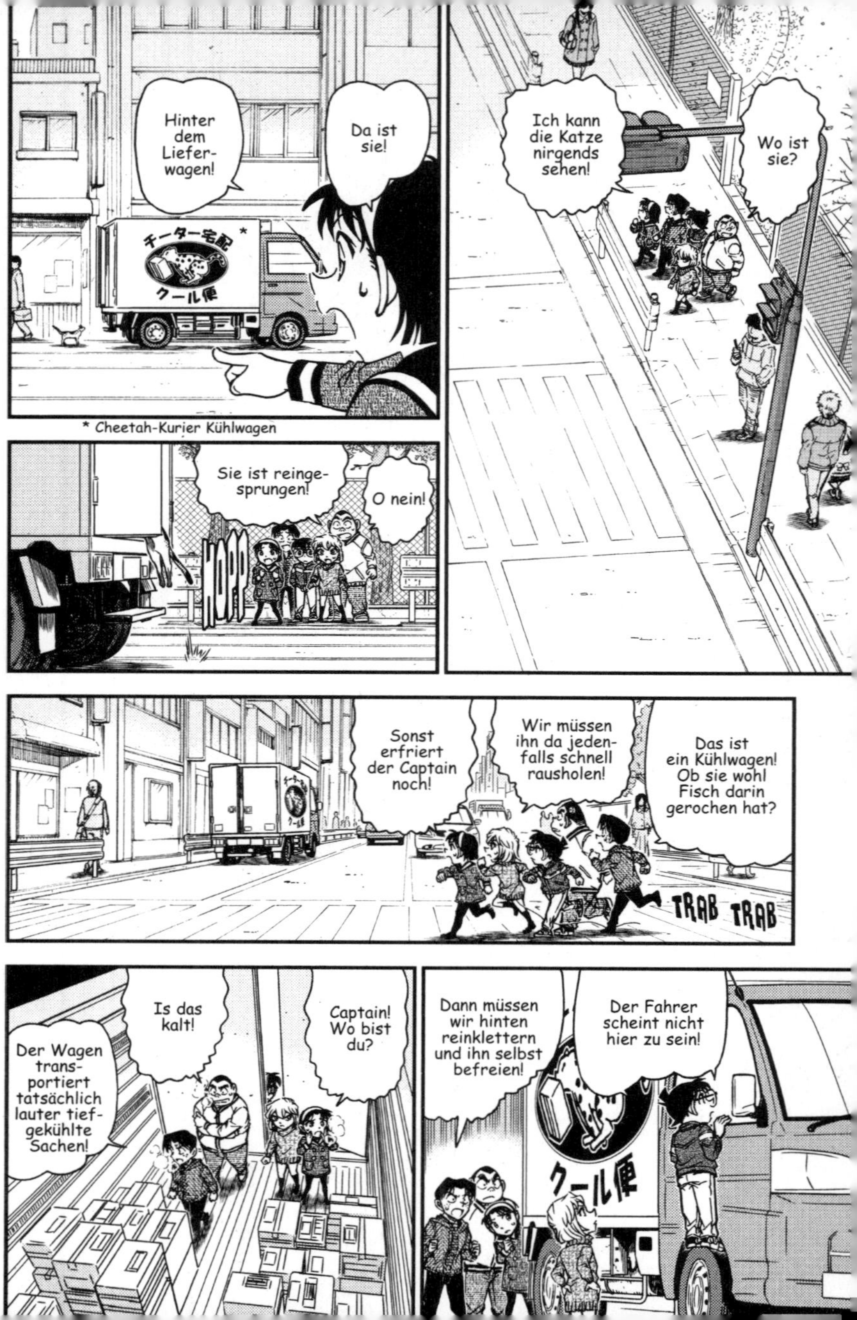

Wo ist sie?
Ich kann die Katze nirgends sehen!
Da ist sie!
Hinter dem Lieferwagen!
チーター宅配 クール便 *

* Cheetah-Kurier Kühlwagen

O nein!
Sie ist reingesprungen!
HOPP
Das ist ein Kühlwagen! Ob sie wohl Fisch darin gerochen hat?
Wir müssen ihn da jedenfalls schnell rausholen!
Sonst erfriert der Captain noch!
TRAB TRAB

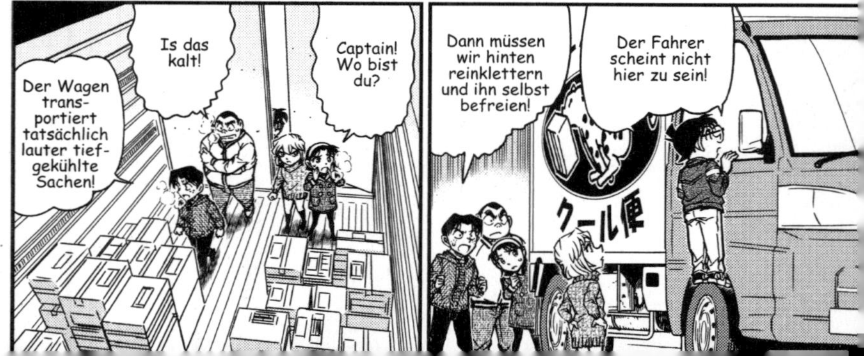

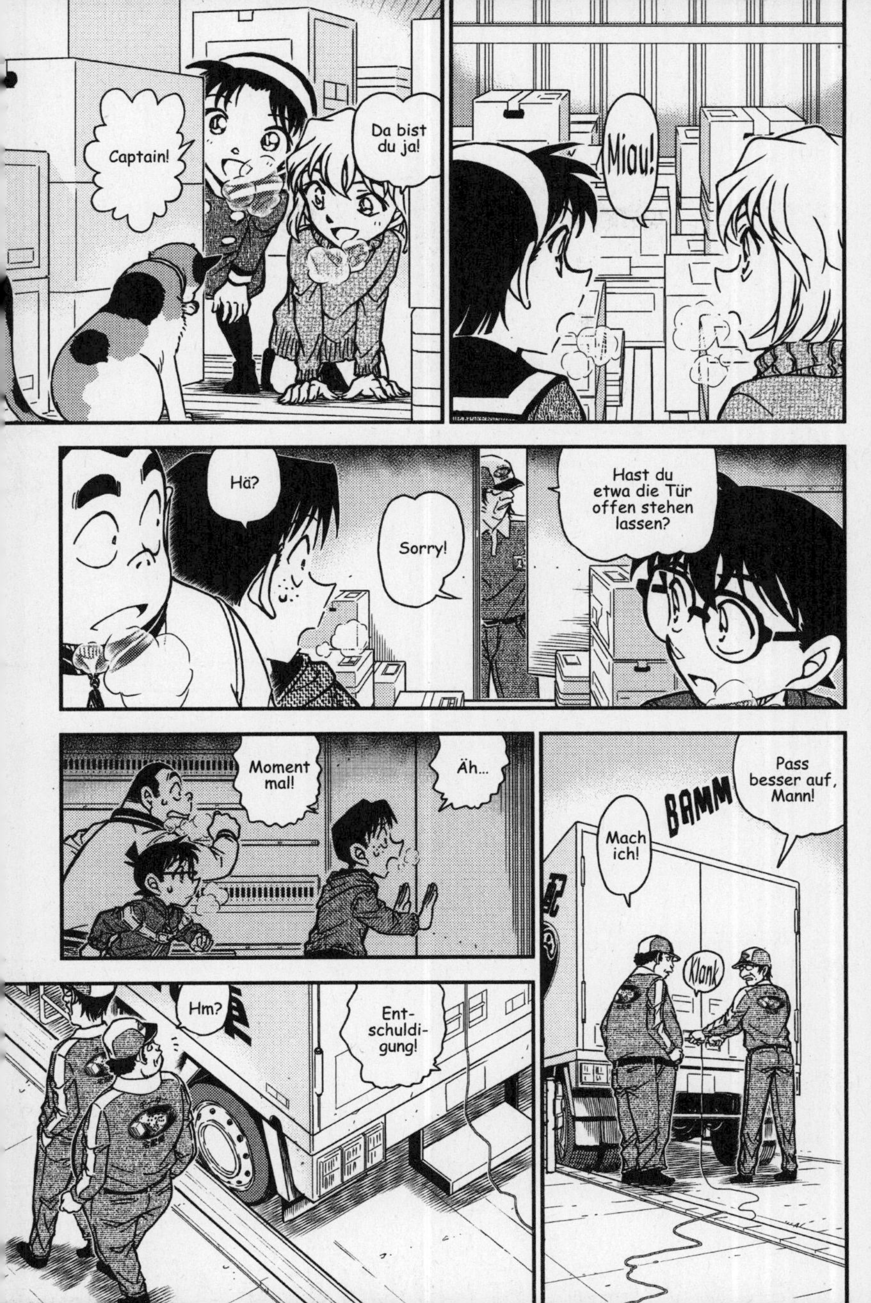

Miau!
Da bist du ja!
Captain!
Hast du etwa die Tür offen stehen lassen?
Sorry!
Hä?
Pass besser auf, Mann!
BAMM
Mach ich!
Klank
Äh...
Moment mal!
Ent-schuldi-gung!
Hm?

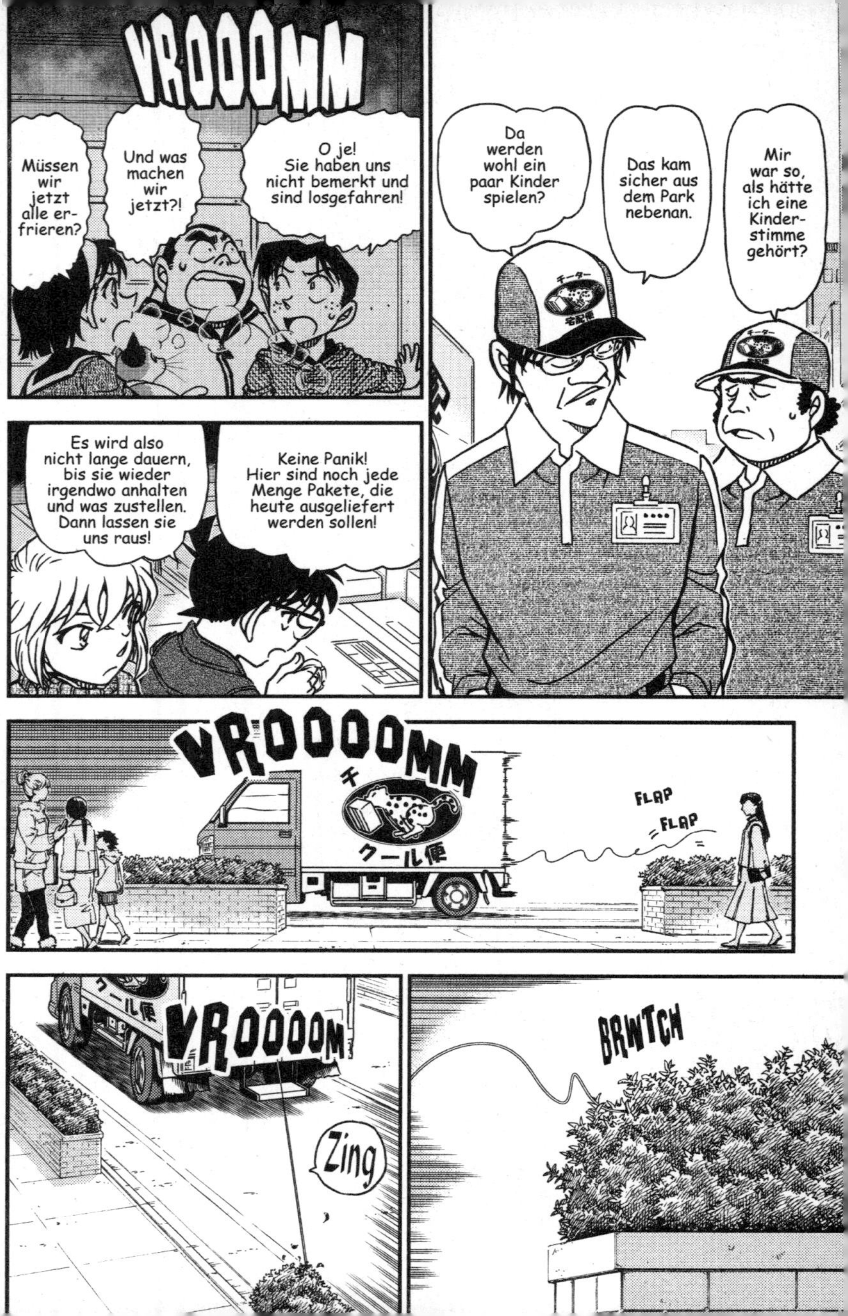

Mir war so, als hätte ich eine Kinderstimme gehört?
Das kam sicher aus dem Park nebenan.
Da werden wohl ein paar Kinder spielen?

VROOOMM
O je! Sie haben uns nicht bemerkt und sind losgefahren!
Und was machen wir jetzt?!
Müssen wir jetzt alle erfrieren?

Keine Panik! Hier sind noch jede Menge Pakete, die heute ausgeliefert werden sollen!
Es wird also nicht lange dauern, bis sie wieder irgendwo anhalten und was zustellen. Dann lassen sie uns raus!

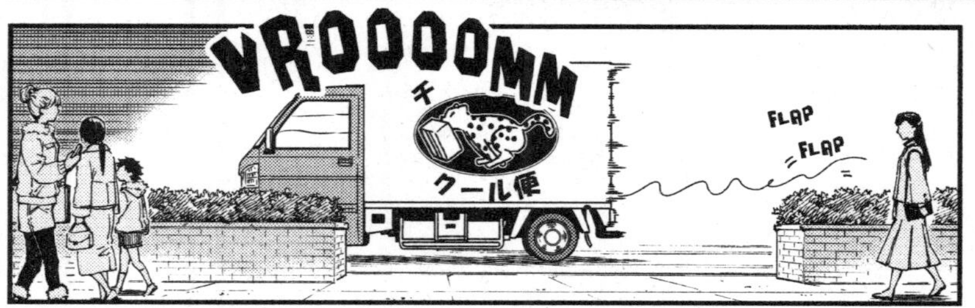

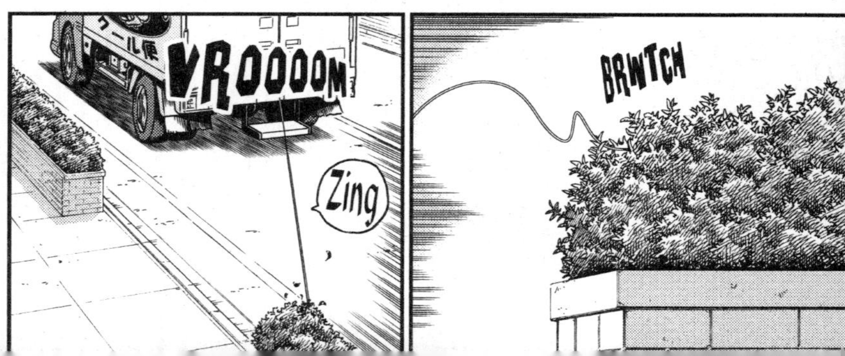

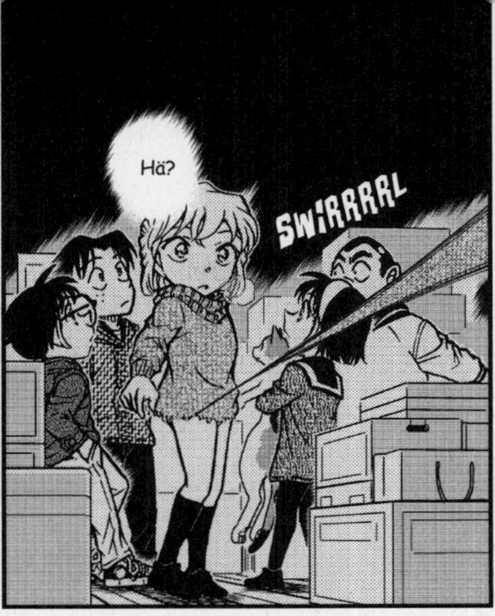
Hä?
SWIRRRRL

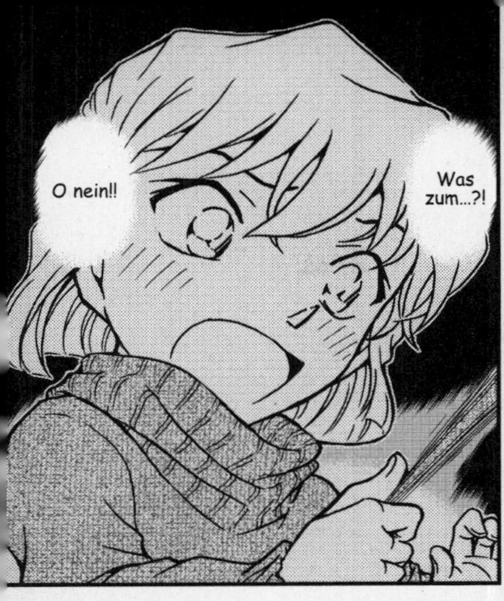
Was zum...?!
O nein!!

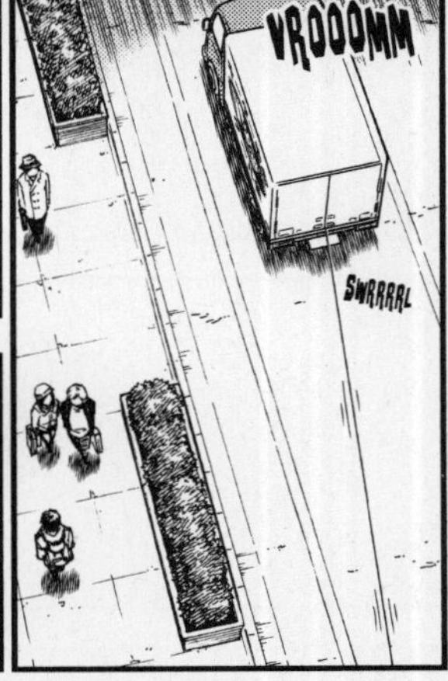
VROOOMM
SWRRRRL

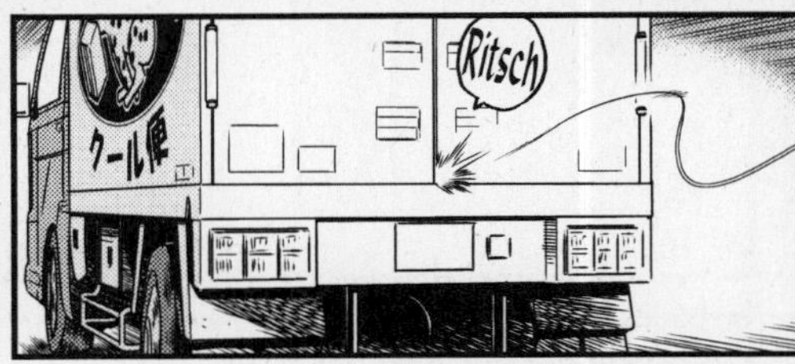
Ritsch
クール便

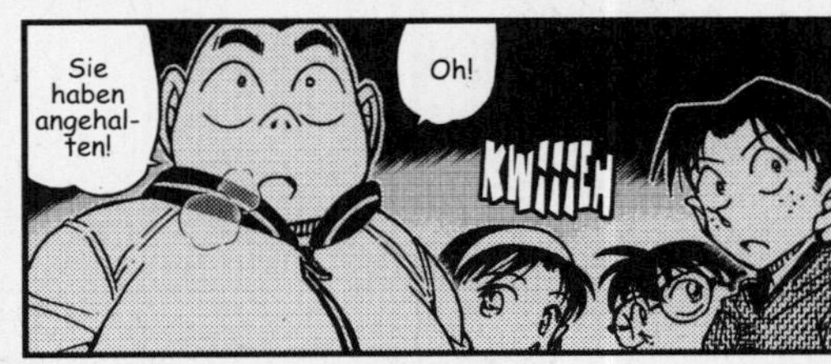
KWIIIEH
Oh!
Sie haben angehalten!

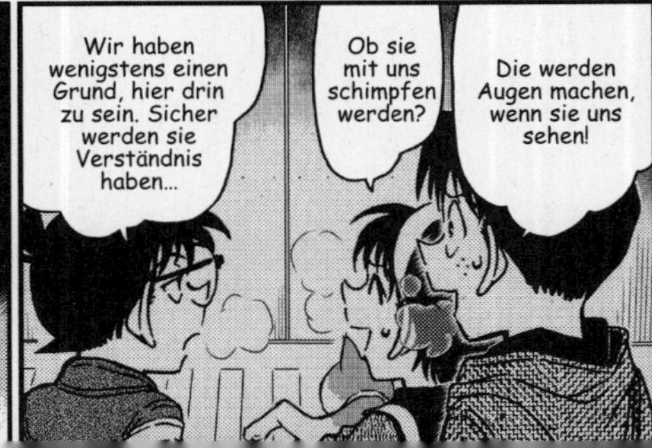
Die werden Augen machen, wenn sie uns sehen!
Ob sie mit uns schimpfen werden?
Wir haben wenigstens einen Grund, hier drin zu sein. Sicher werden sie Verständnis haben...

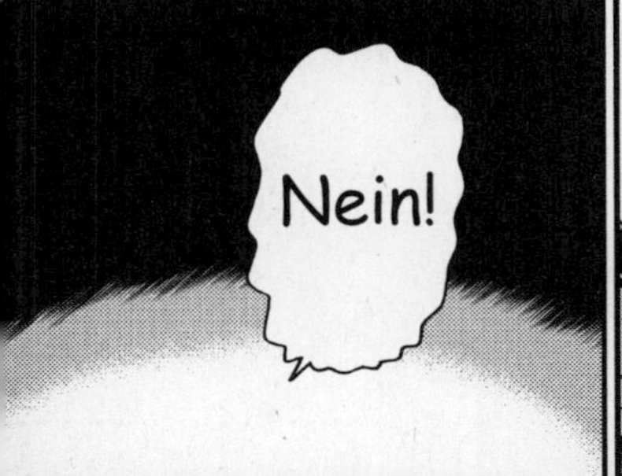
Nein!

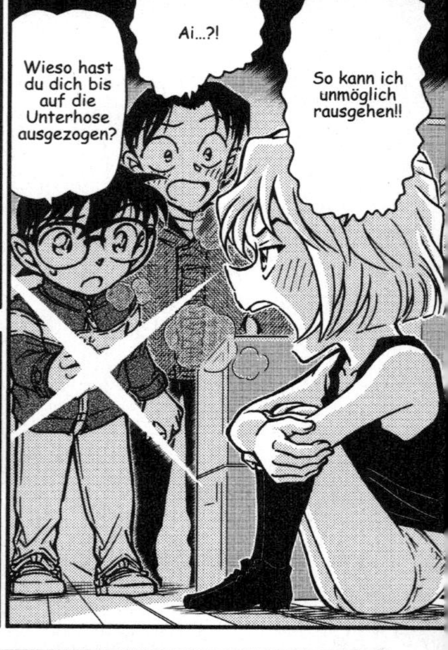
Ai...?!
So kann ich unmöglich rausgehen!!
Wieso hast du dich bis auf die Unterhose ausgezogen?

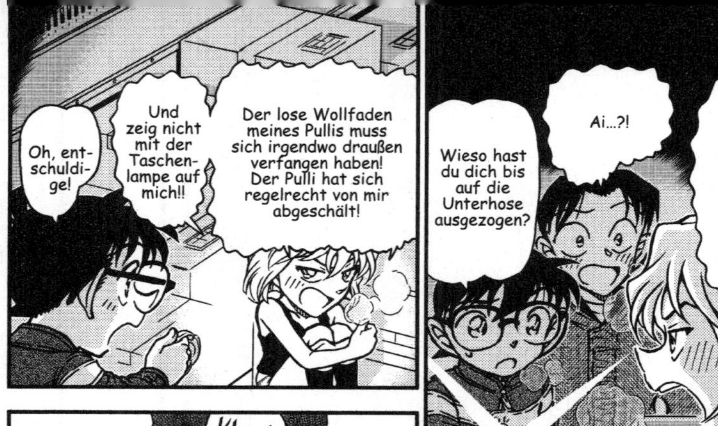
Der lose Wollfaden meines Pullis muss sich irgendwo draußen verfangen haben! Der Pulli hat sich regelrecht von mir abgeschält!
Und zeig nicht mit der Taschen-lampe auf mich!!
Oh, ent-schuldi-ge!

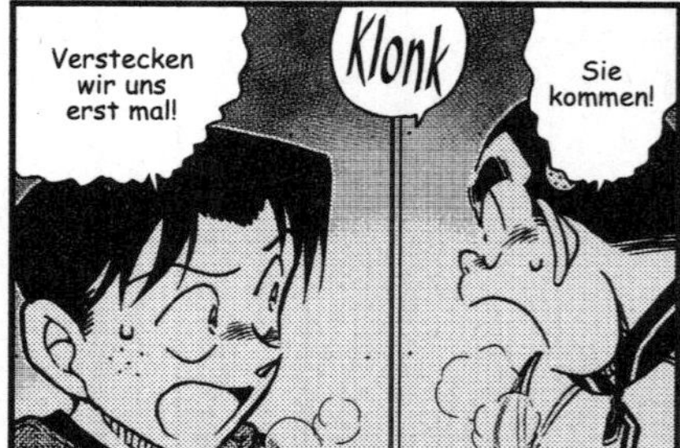
Sie kommen!
Klonk
Verstecken wir uns erst mal!

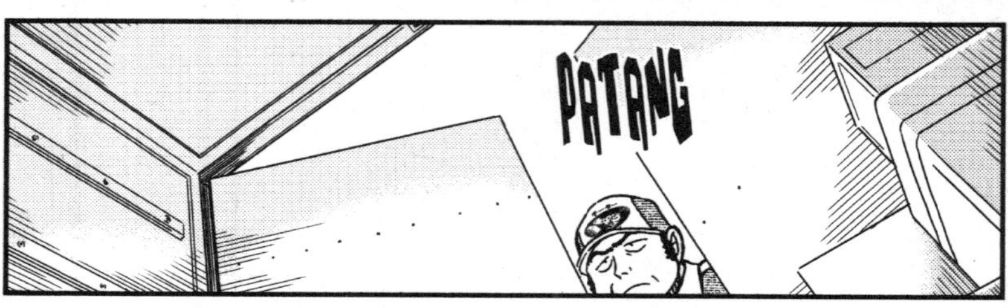
PATANG

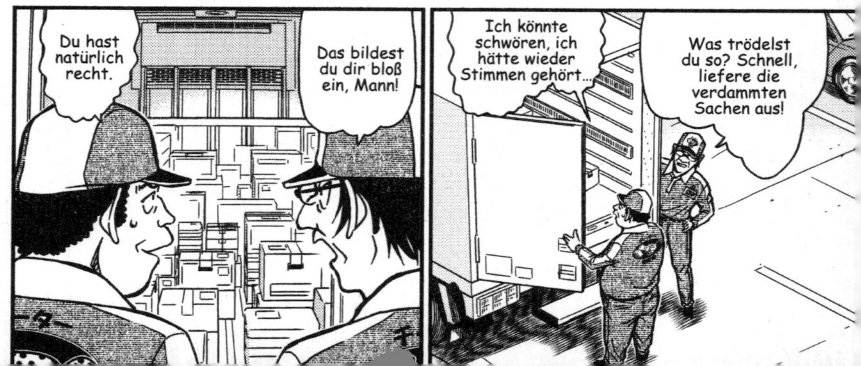
Was trödelst du so? Schnell, liefere die verdammten Sachen aus!
Ich könnte schwören, ich hätte wieder Stimmen gehört...
Das bildest du dir bloß ein, Mann!
Du hast natürlich recht.

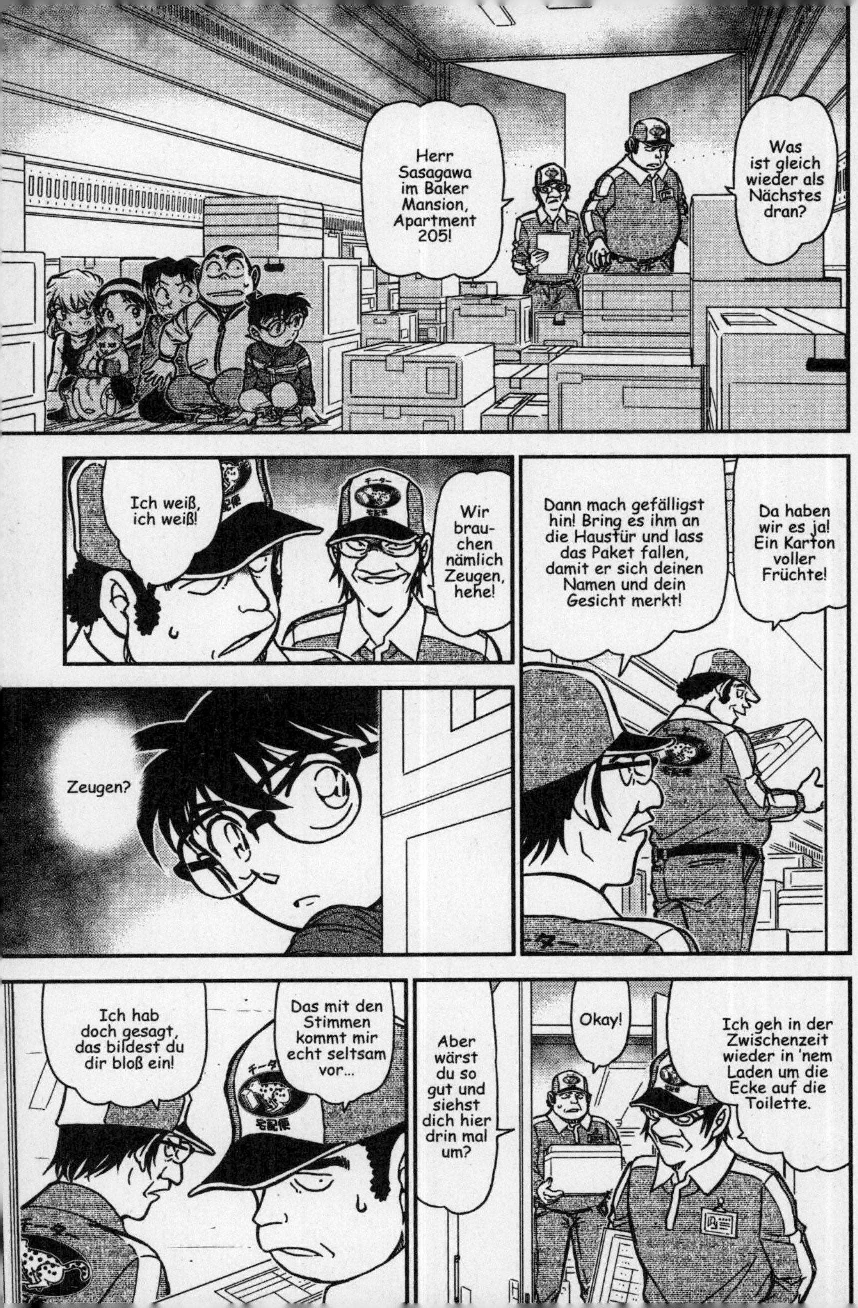

Was ist gleich wieder als Nächstes dran?
Herr Sasagawa im Baker Mansion, Apartment 205!

Da haben wir es ja! Ein Karton voller Früchte!
Dann mach gefälligst hin! Bring es ihm an die Haustür und lass das Paket fallen, damit er sich deinen Namen und dein Gesicht merkt!
Wir brauchen nämlich Zeugen, hehe!
Ich weiß, ich weiß!
Zeugen?

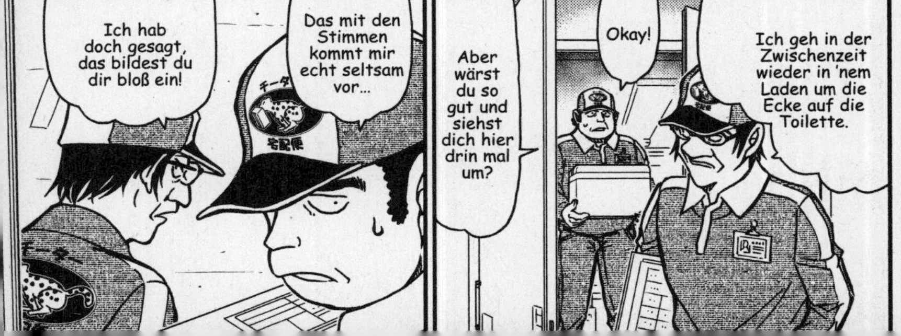

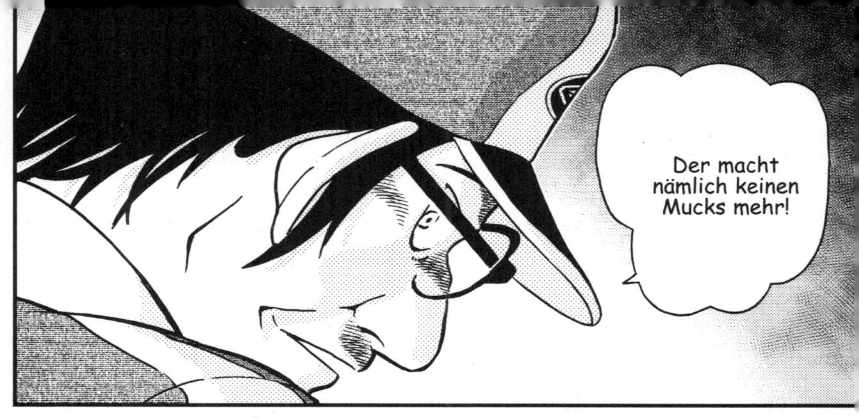
Der macht nämlich keinen Mucks mehr!

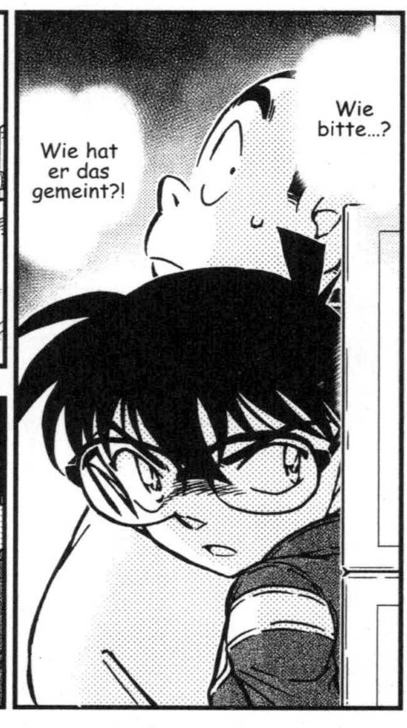
Wie bitte...?
Wie hat er das gemeint?!

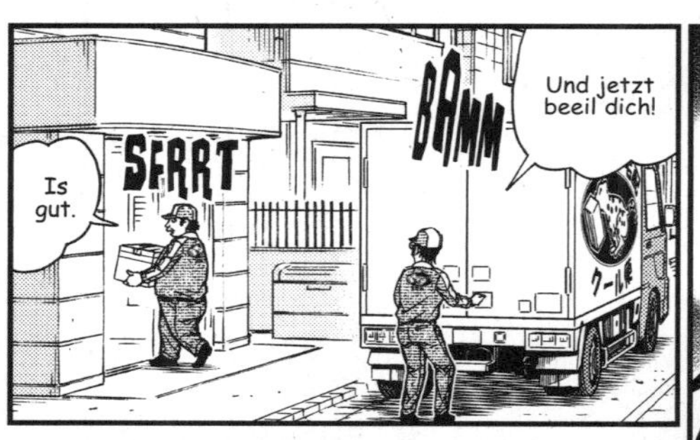
Und jetzt beeil dich!
BAMM
SFRRT
Is gut.

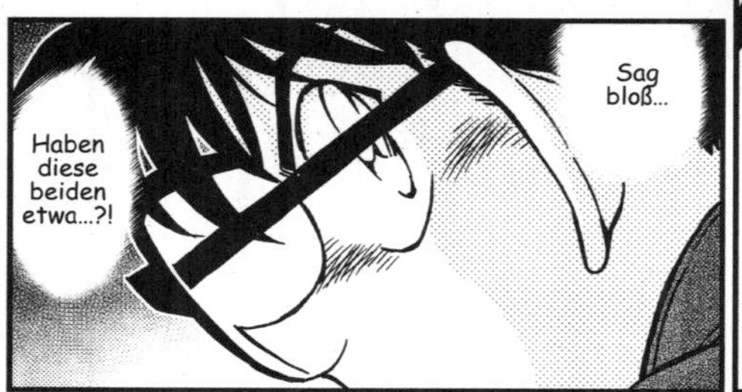
Sag bloß...
Haben diese beiden etwa...?!

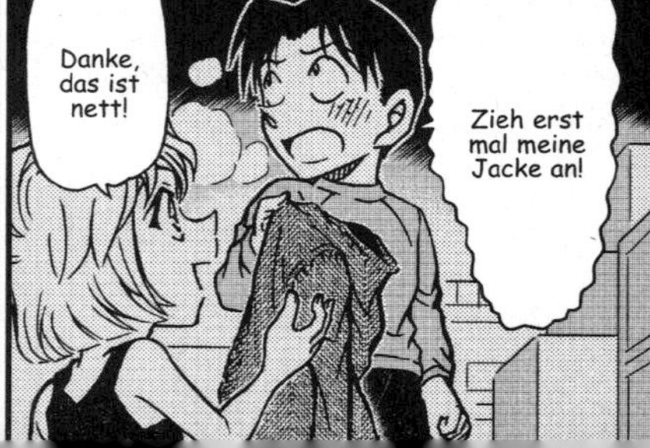
Zieh erst mal meine Jacke an!
Danke, das ist nett!

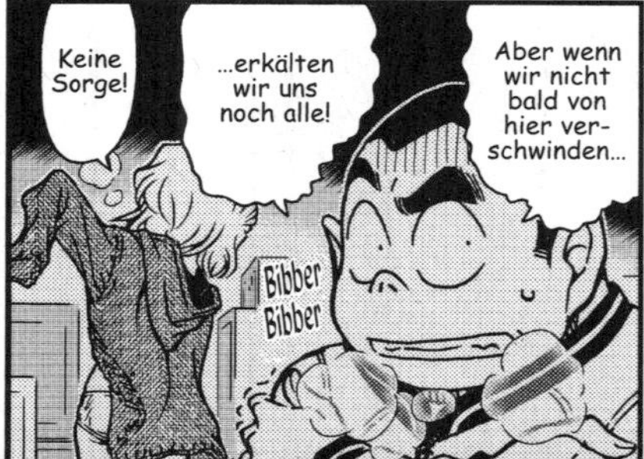
Aber wenn wir nicht bald von hier verschwinden...
...erkälten wir uns noch alle!
Keine Sorge!
Bibber Bibber

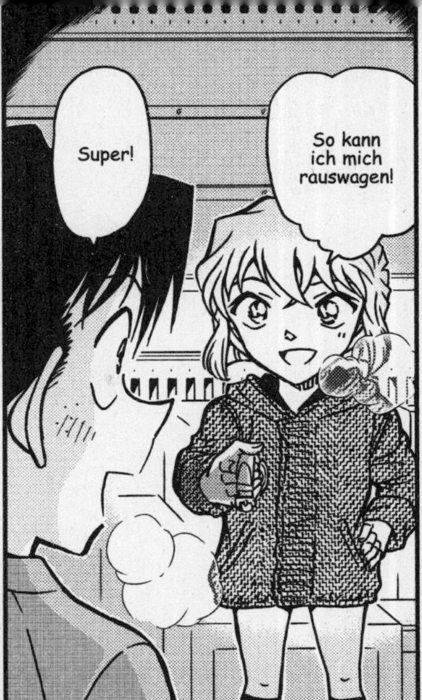
So kann ich mich rauswagen!
Super!

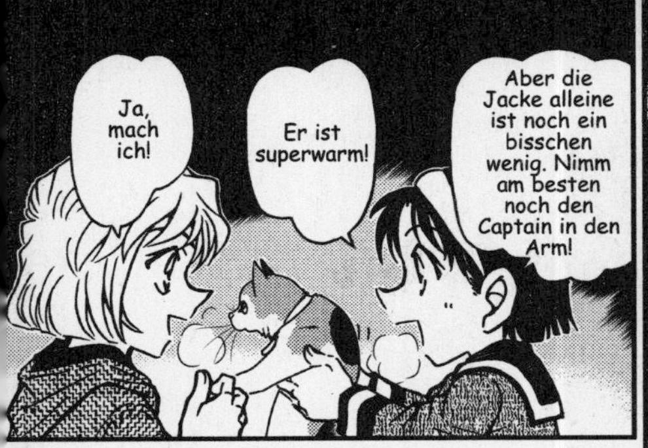
Aber die Jacke alleine ist noch ein bisschen wenig. Nimm am besten noch den Captain in den Arm!
Er ist superwarm!
Ja, mach ich!

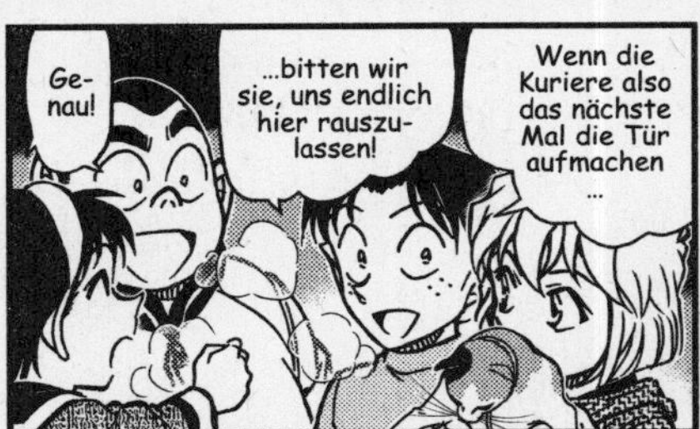
Wenn die Kuriere also das nächste Mal die Tür aufmachen ...
...bitten wir sie, uns endlich hier rauszu-lassen!
Ge-nau!

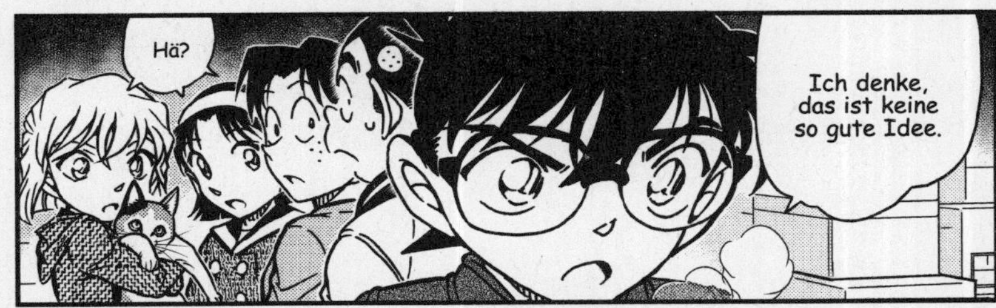
Ich denke, das ist keine so gute Idee.
Hä?

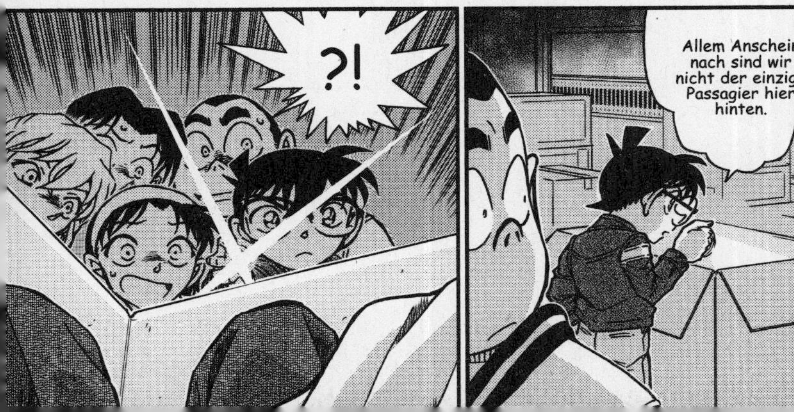
Allem Anschein nach sind wir nicht der einzige Passagier hier hinten.
?!

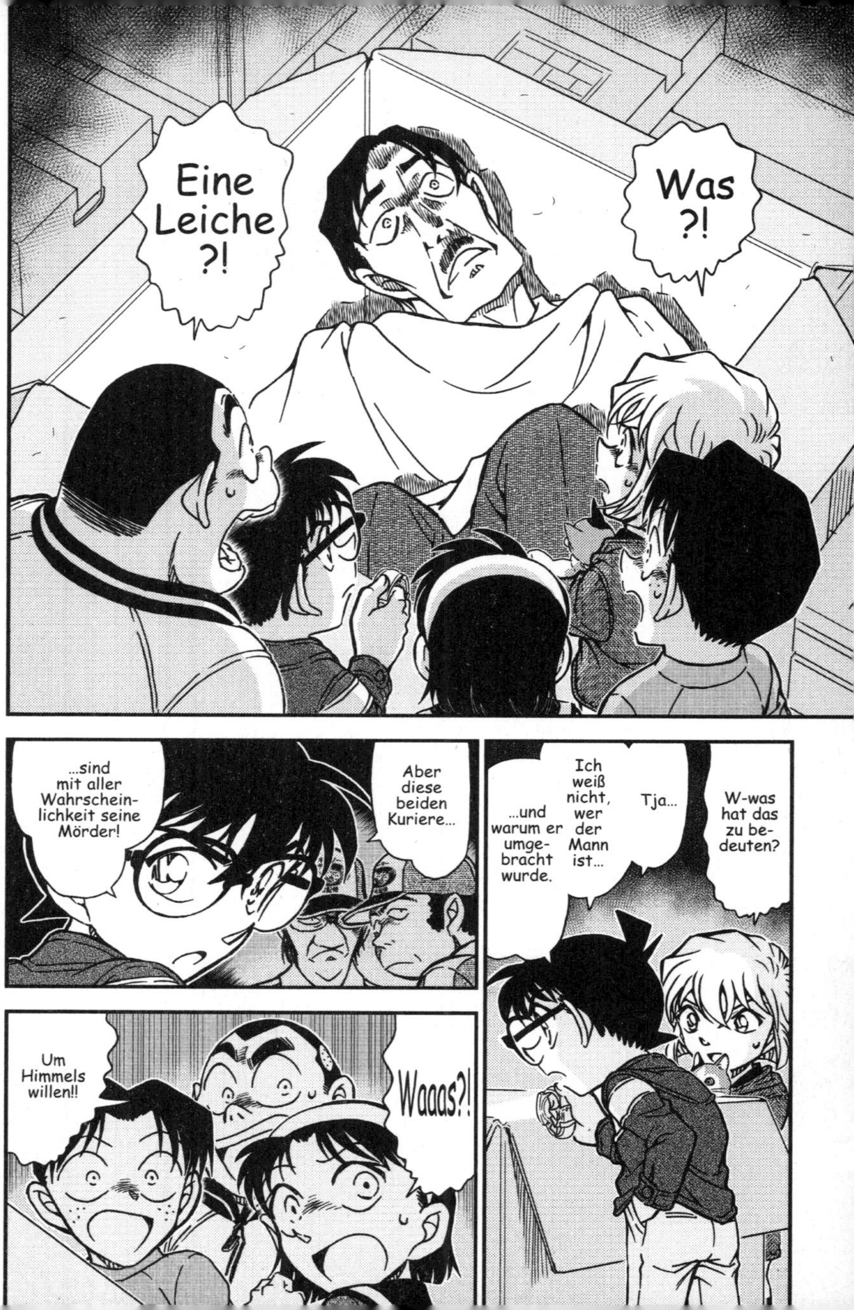

Was ?!

Eine Leiche ?!

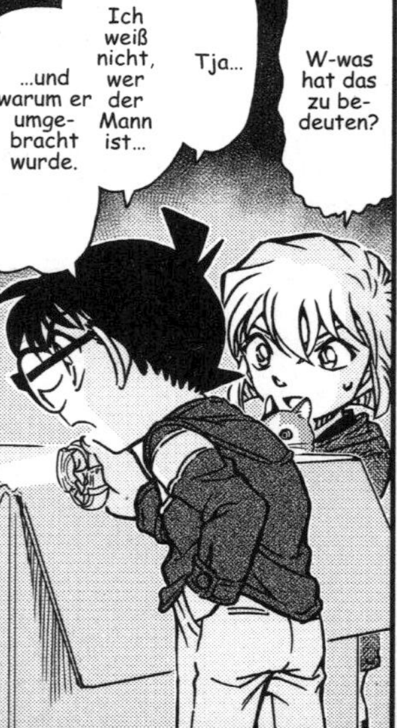

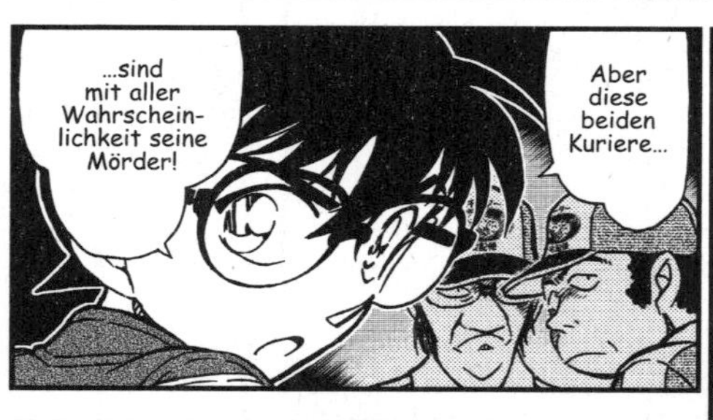

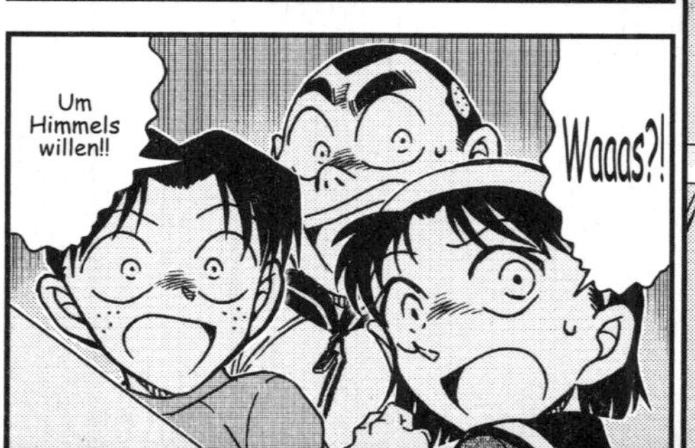

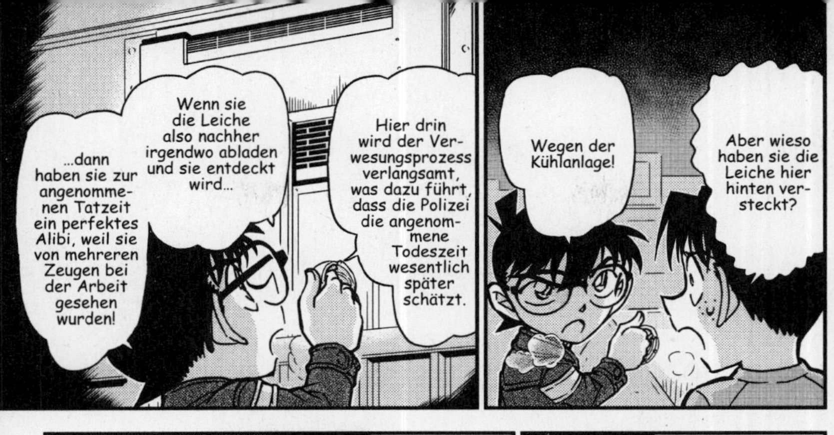

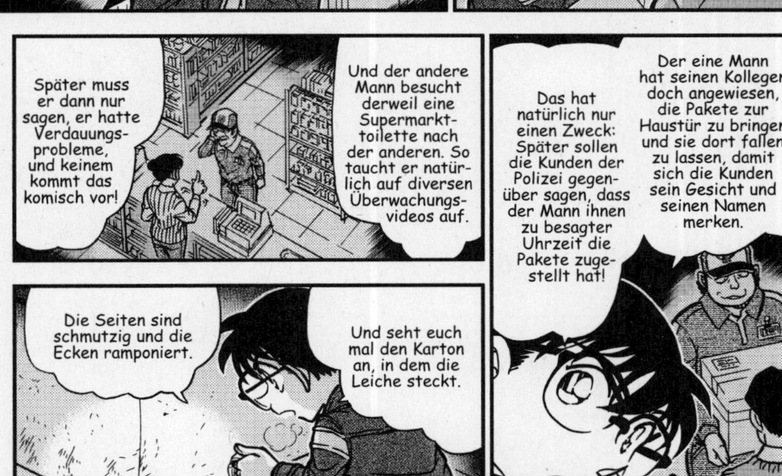

* Violette Flecken, die nach dem Tod auf der Haut auftreten.

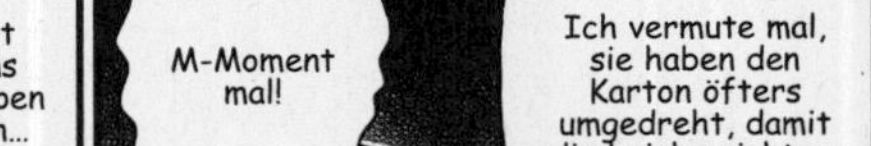

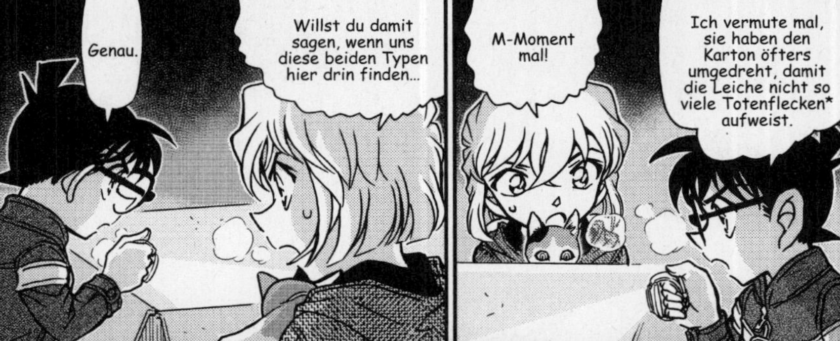

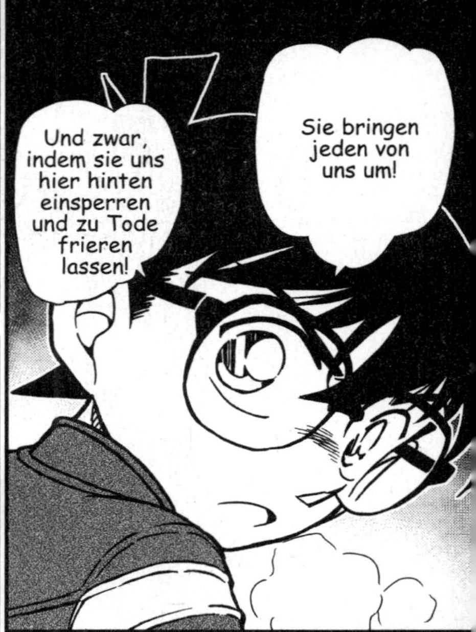
Sie bringen jeden von uns um!
Und zwar, indem sie uns hier hinten einsperren und zu Tode frieren lassen!

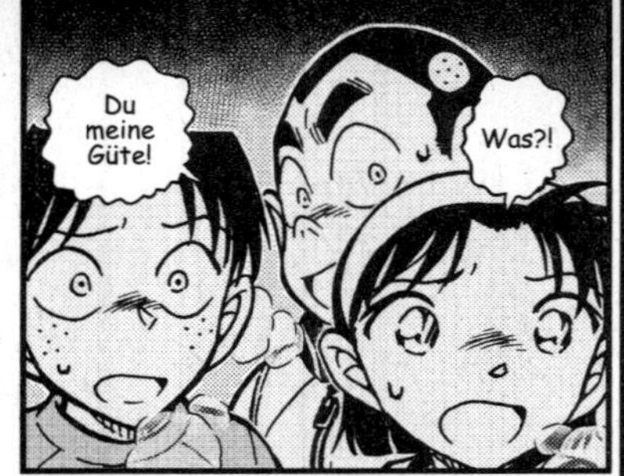
Was?!
Du meine Güte!

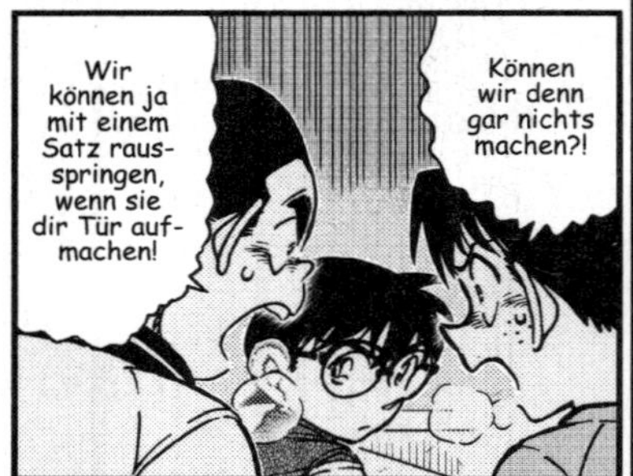
Können wir denn gar nichts machen?!
Wir können ja mit einem Satz rausspringen, wenn sie dir Tür aufmachen!

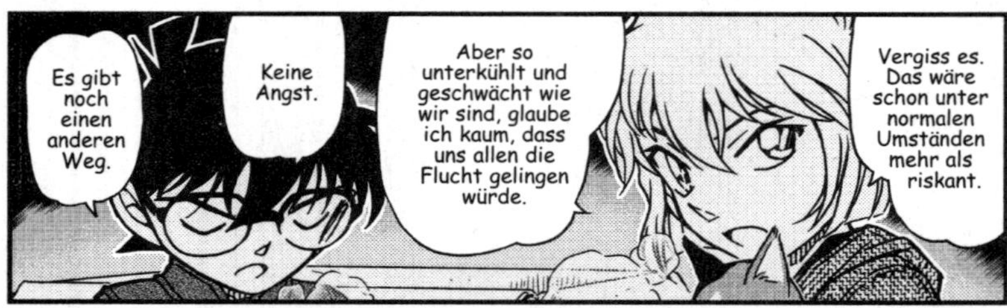
Vergiss es. Das wäre schon unter normalen Umständen mehr als riskant.
Aber so unterkühlt und geschwächt wie wir sind, glaube ich kaum, dass uns allen die Flucht gelingen würde.
Keine Angst.
Es gibt noch einen anderen Weg.

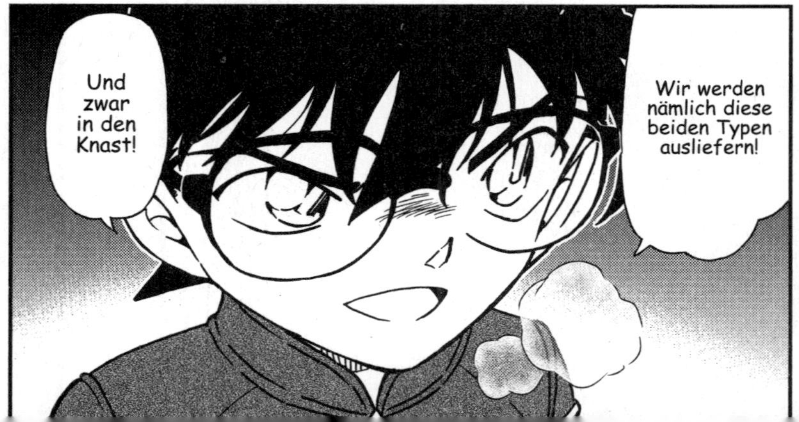
Wir werden nämlich diese beiden Typen ausliefern!
Und zwar in den Knast!

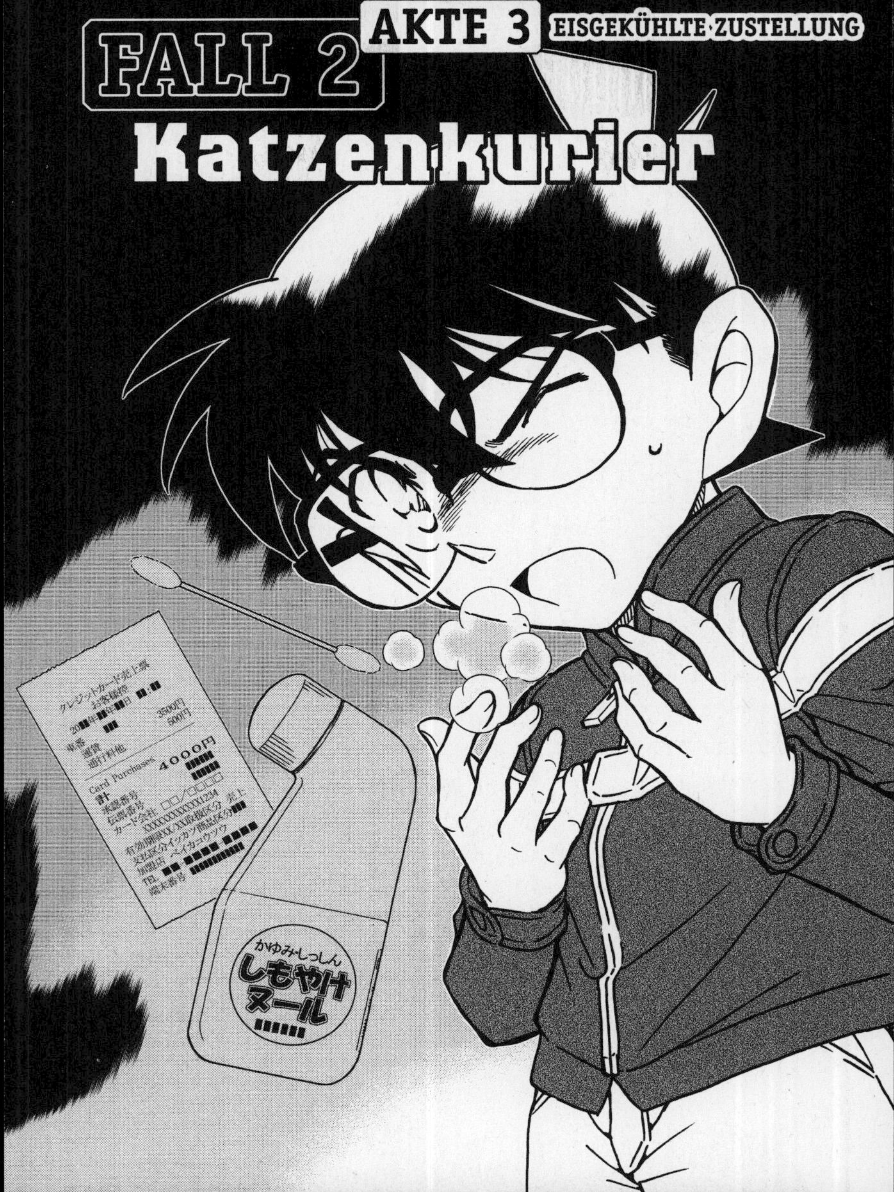
FALL 2
AKTE 3
EISGEKÜHLTE ZUSTELLUNG
Katzenkurier
かゆみ・しっしん
しもやけヌール

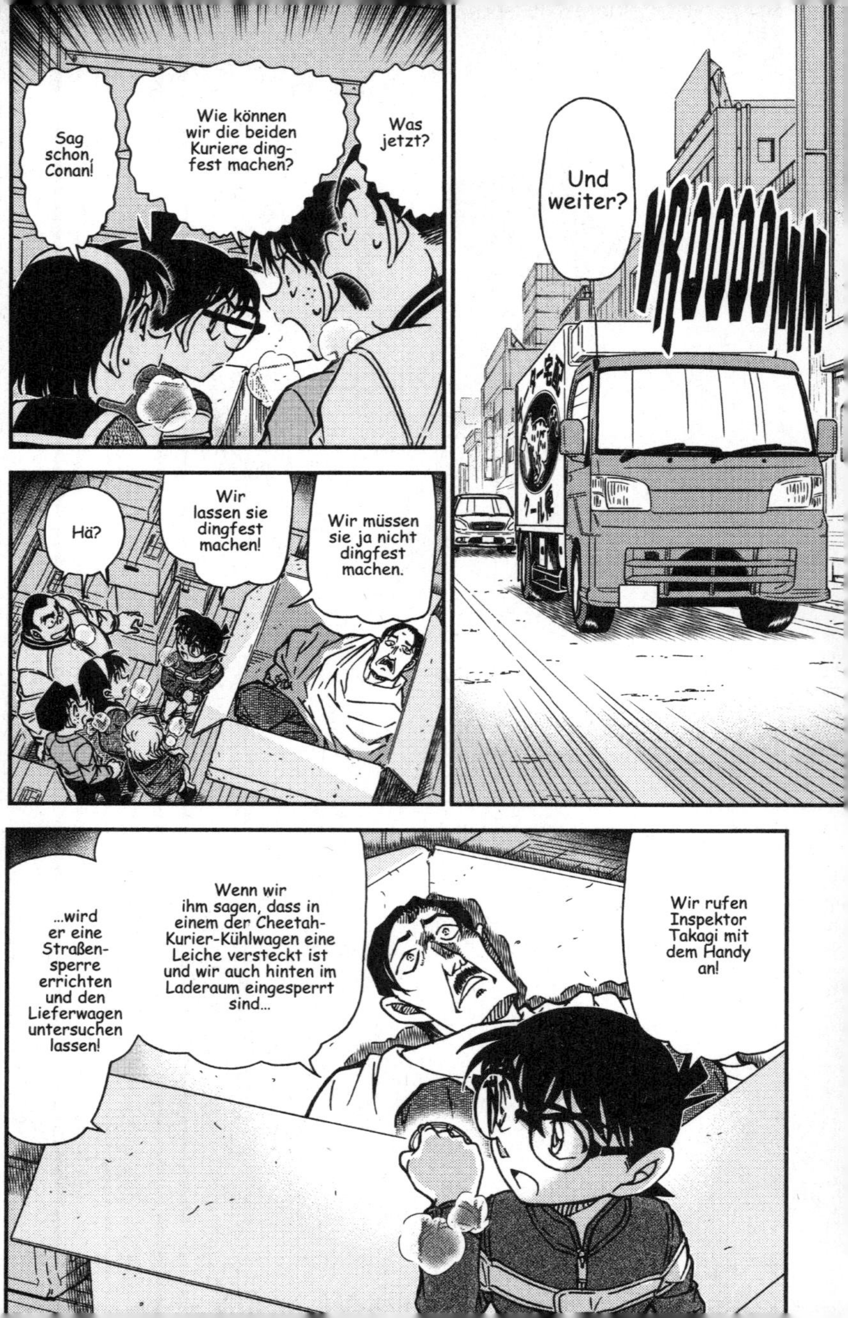

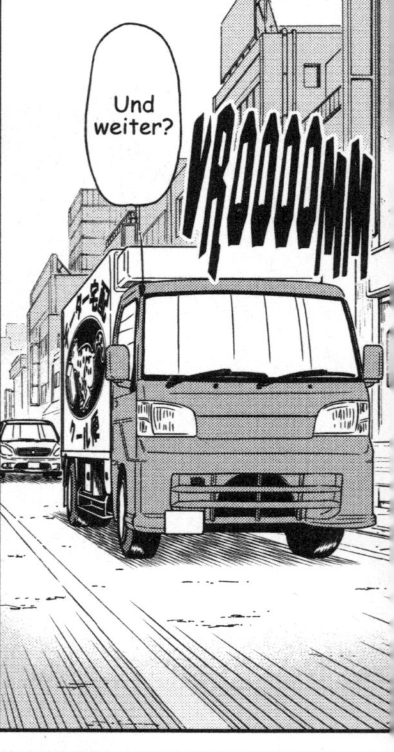
Und weiter?
VROOOOMM

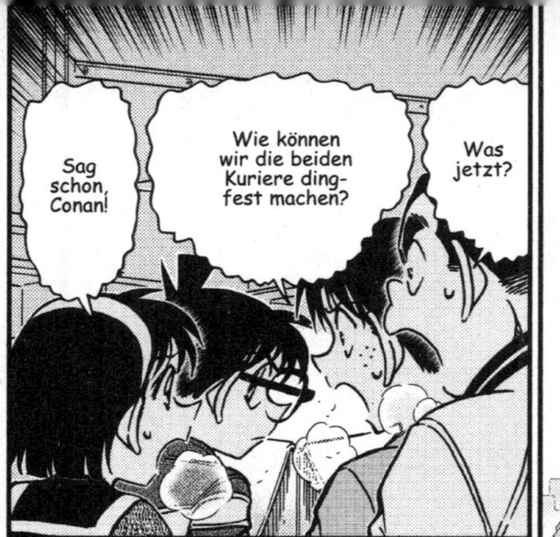
Was jetzt?
Wie können wir die beiden Kuriere dingfest machen?
Sag schon, Conan!

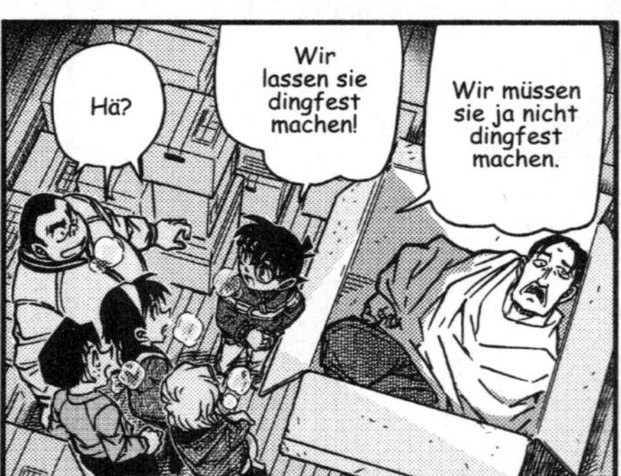
Wir müssen sie ja nicht dingfest machen.
Wir lassen sie dingfest machen!
Hä?

Wir rufen Inspektor Takagi mit dem Handy an!
Wenn wir ihm sagen, dass in einem der Cheetah-Kurier-Kühlwagen eine Leiche versteckt ist und wir auch hinten im Laderaum eingesperrt sind...
...wird er eine Straßensperre errichten und den Lieferwagen untersuchen lassen!

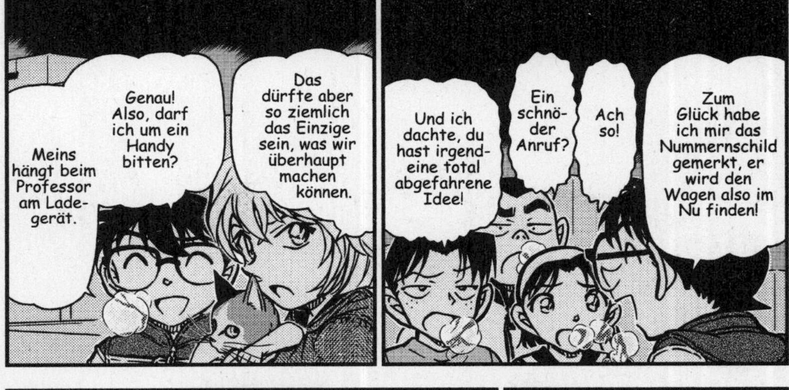
Zum Glück habe ich mir das Nummernschild gemerkt, er wird den Wagen also im Nu finden!
Ach so!
Ein schnöder Anruf?
Und ich dachte, du hast irgendeine total abgefahrene Idee!
Das dürfte aber so ziemlich das Einzige sein, was wir überhaupt machen können.
Genau! Also, darf ich um ein Handy bitten?
Meins hängt beim Professor am Ladegerät.

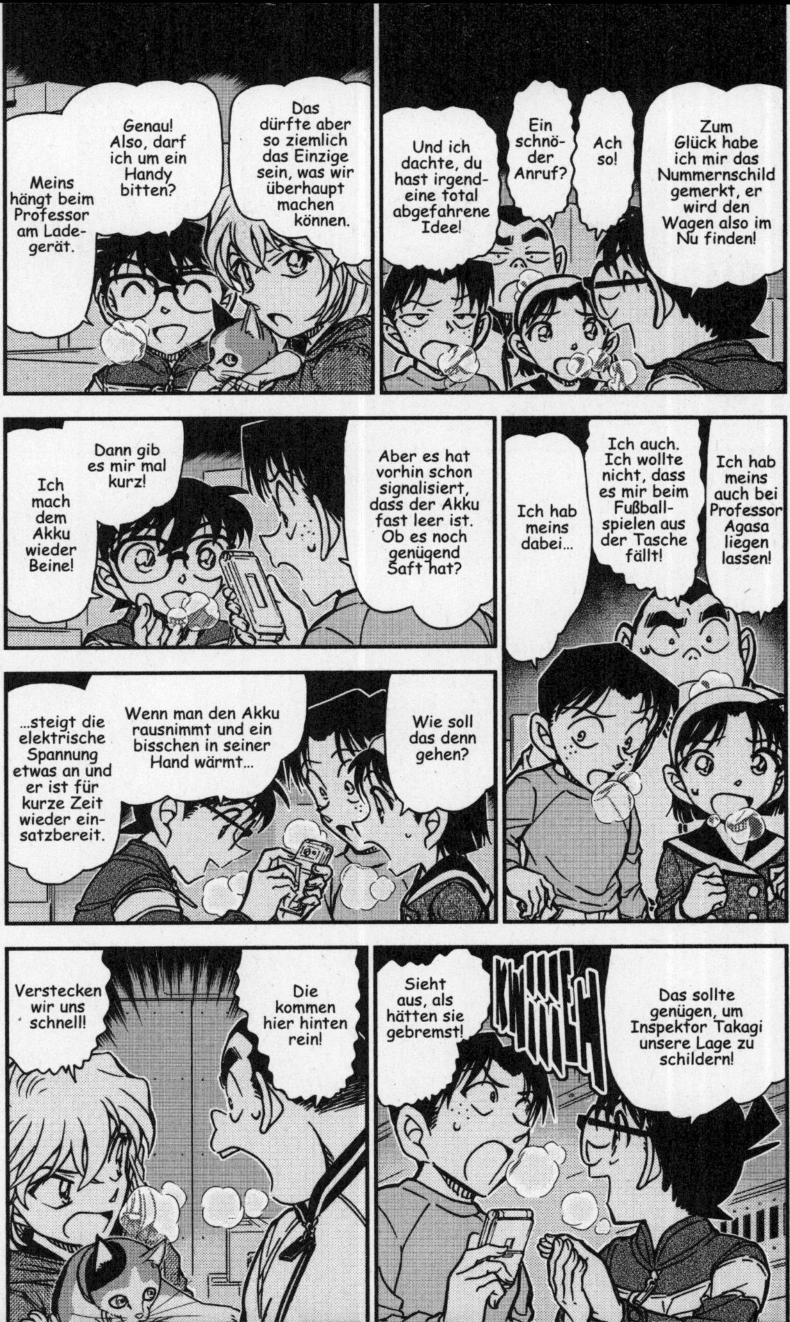

Ich hab meins auch bei Professor Agasa liegen lassen!
Ich auch. Ich wollte nicht, dass es mir beim Fußballspielen aus der Tasche fällt!
Ich hab meins dabei...
Aber es hat vorhin schon signalisiert, dass der Akku fast leer ist. Ob es noch genügend Saft hat?
Dann gib es mir mal kurz!
Ich mach dem Akku wieder Beine!
Wie soll das denn gehen?
Wenn man den Akku rausnimmt und ein bisschen in seiner Hand wärmt...
...steigt die elektrische Spannung etwas an und er ist für kurze Zeit wieder einsatzbereit.

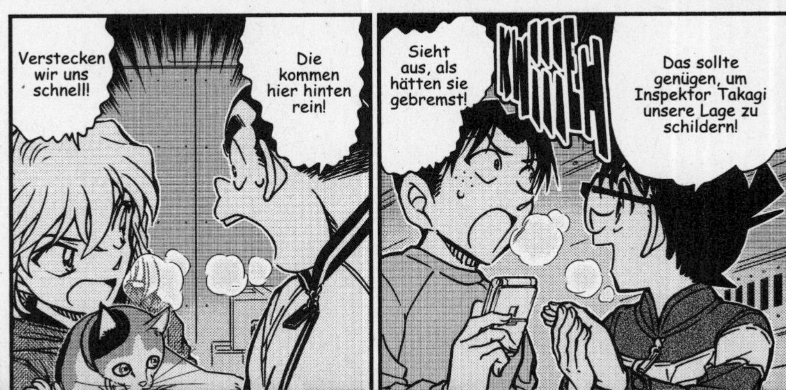
Das sollte genügen, um Inspektor Takagi unsere Lage zu schildern!
Sieht aus, als hätten sie gebremst!
Die kommen hier hinten rein!
Verstecken wir uns schnell!

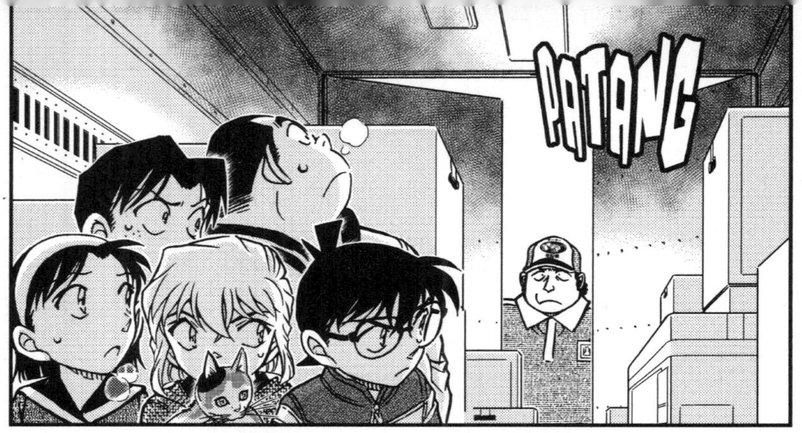

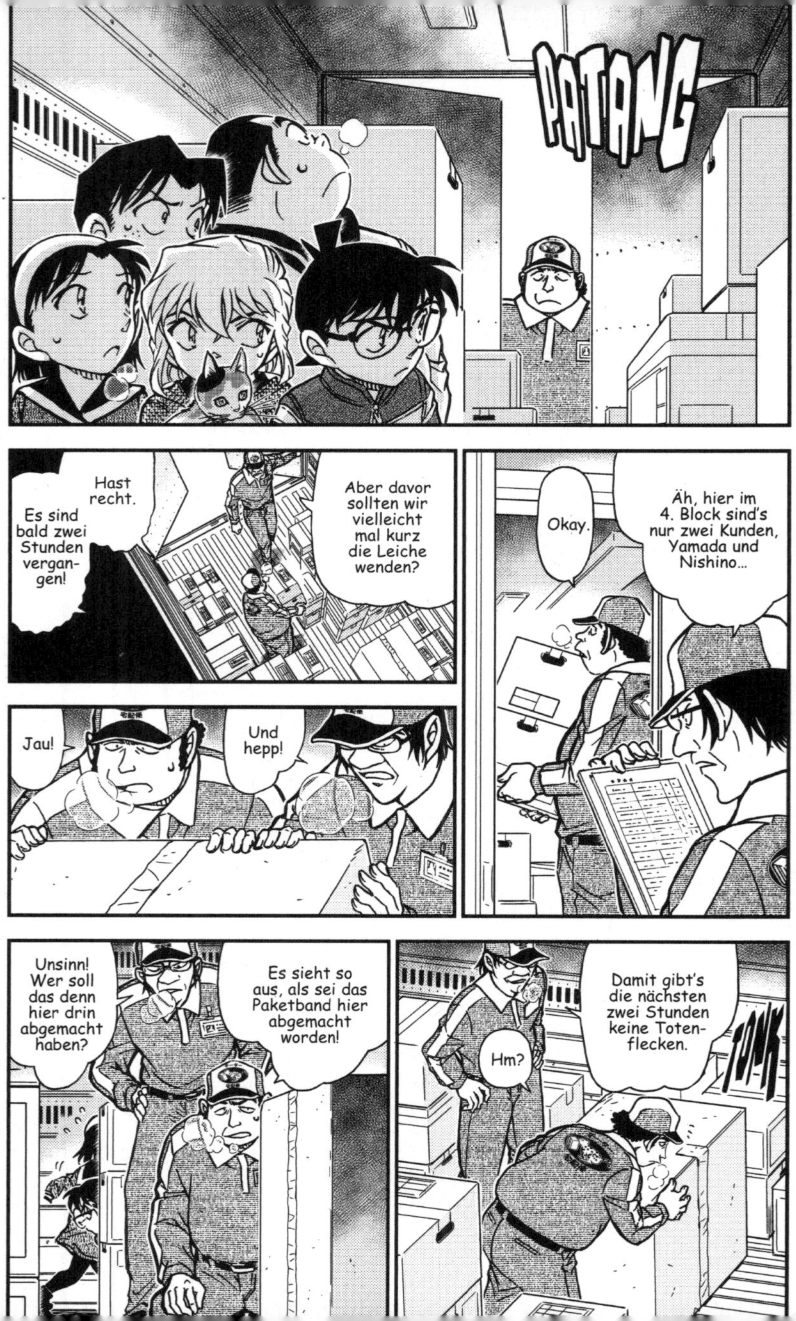

Äh, hier im 4. Block sind's nur zwei Kunden, Yamada und Nishino...

Okay.

Aber davor sollten wir vielleicht mal kurz die Leiche wenden?

Hast recht.

Es sind bald zwei Stunden vergangen!

Und hepp!

Jau!

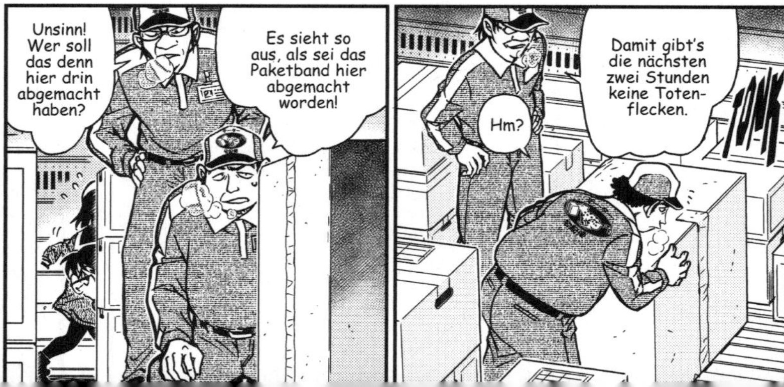

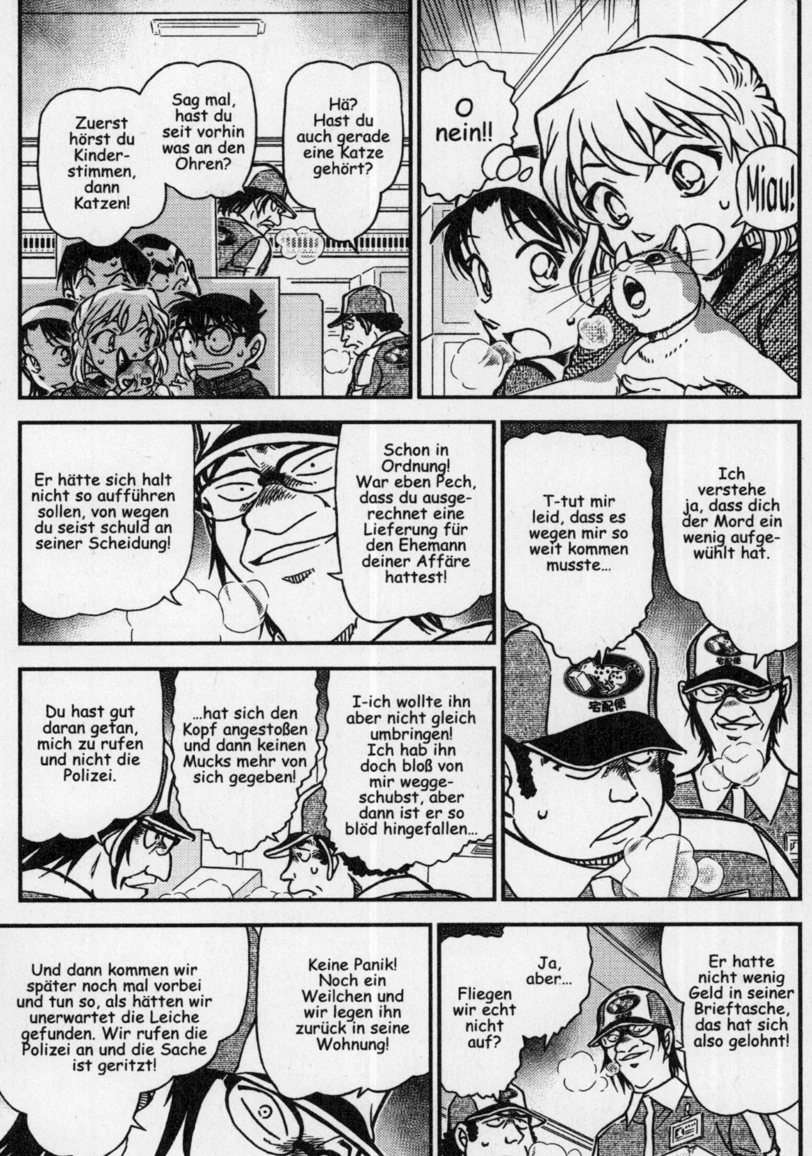
Miau!
O nein!!
Hä? Hast du auch gerade eine Katze gehört?
Sag mal, hast du seit vorhin was an den Ohren?
Zuerst hörst du Kinder-stimmen, dann Katzen!
Ich verstehe ja, dass dich der Mord ein wenig aufge-wühlt hat.
T-tut mir leid, dass es wegen mir so weit kommen musste...
Schon in Ordnung! War eben Pech, dass du ausge-rechnet eine Lieferung für den Ehemann deiner Affäre hattest!
Er hätte sich halt nicht so aufführen sollen, von wegen du seist schuld an seiner Scheidung!
I-ich wollte ihn aber nicht gleich umbringen! Ich hab ihn doch bloß von mir wegge-schubst, aber dann ist er so blöd hingefallen...
...hat sich den Kopf angestoßen und dann keinen Mucks mehr von sich gegeben!
Du hast gut daran getan, mich zu rufen und nicht die Polizei.
Er hatte nicht wenig Geld in seiner Brieftasche, das hat sich also gelohnt!
Ja, aber...
Fliegen wir echt nicht auf?
Keine Panik! Noch ein Weilchen und wir legen ihn zurück in seine Wohnung!
Und dann kommen wir später noch mal vorbei und tun so, als hätten wir unerwartet die Leiche gefunden. Wir rufen die Polizei an und die Sache ist geritzt!

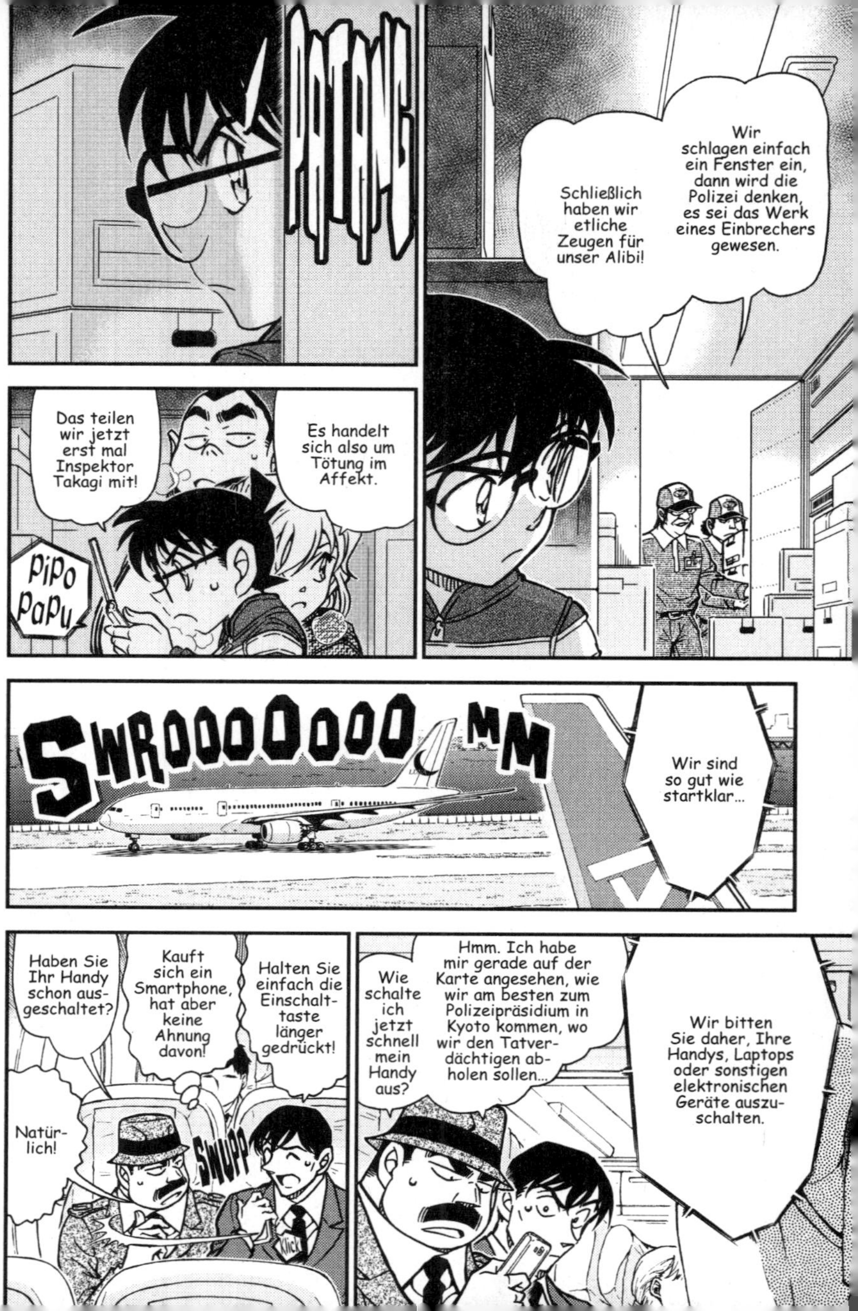

Wir schlagen einfach ein Fenster ein, dann wird die Polizei denken, es sei das Werk eines Einbrechers gewesen.
Schließlich haben wir etliche Zeugen für unser Alibi!
PATANG
Es handelt sich also um Tötung im Affekt.
Das teilen wir jetzt erst mal Inspektor Takagi mit!
pipo papu

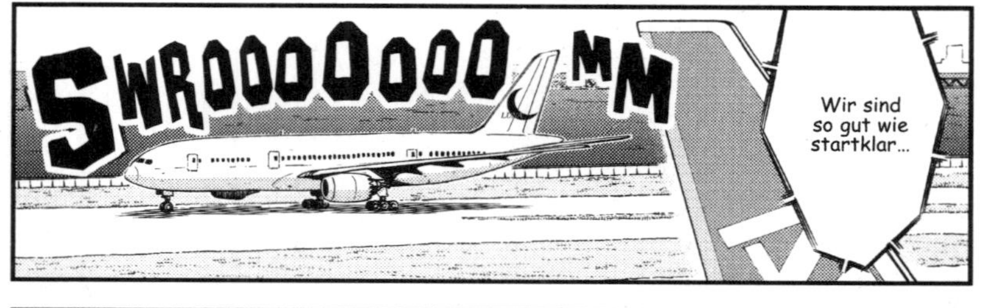

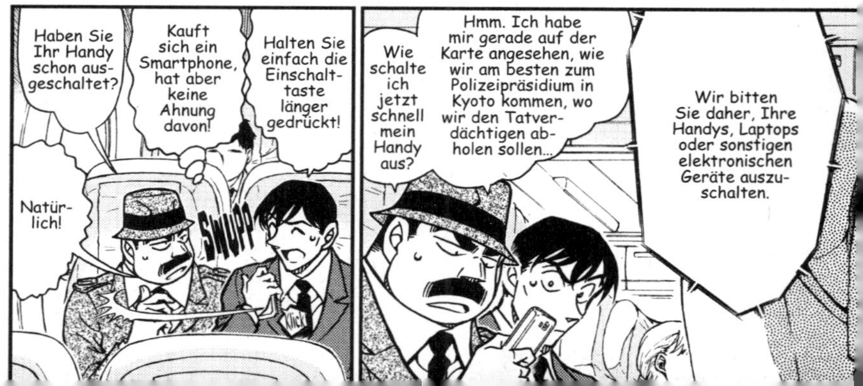

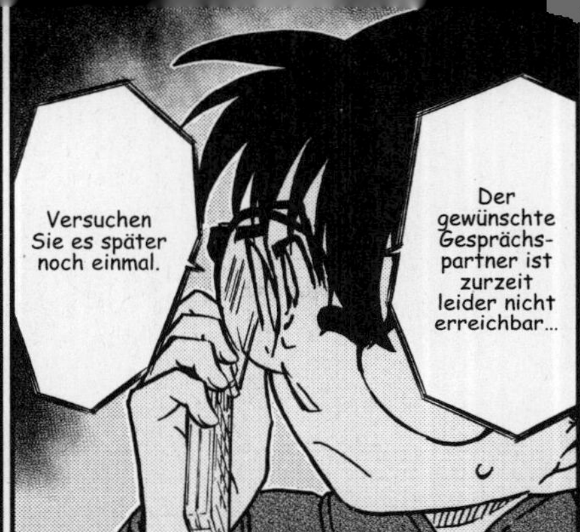
Der gewünschte Gesprächs-partner ist zurzeit leider nicht erreichbar...
Versuchen Sie es später noch einmal.

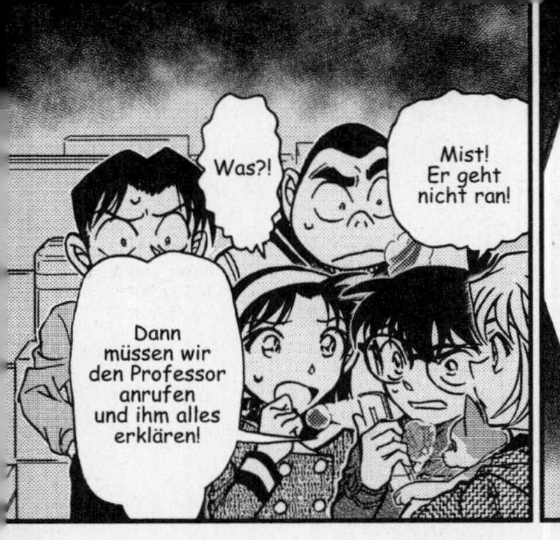
Mist! Er geht nicht ran!
Was?!
Dann müssen wir den Professor anrufen und ihm alles erklären!

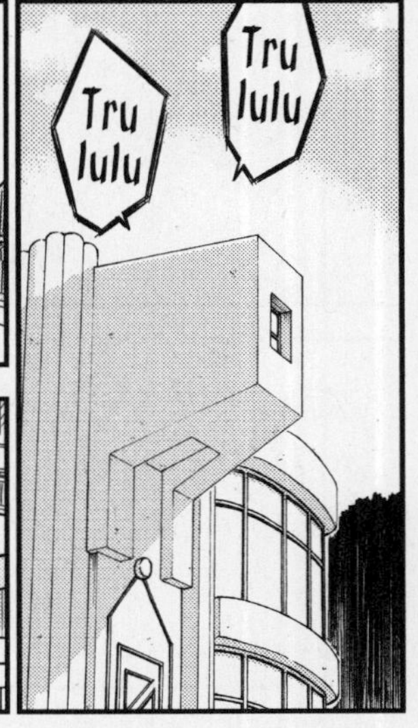
Tru lulu
Tru lulu

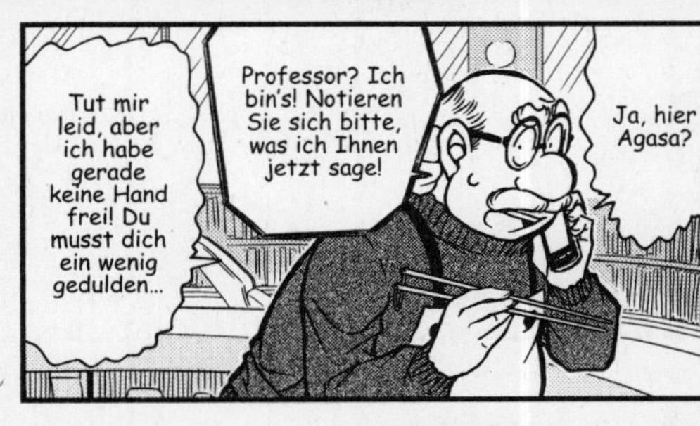
Ja, hier Agasa?
Professor? Ich bin's! Notieren Sie sich bitte, was ich Ihnen jetzt sage!
Tut mir leid, aber ich habe gerade keine Hand frei! Du musst dich ein wenig gedulden...

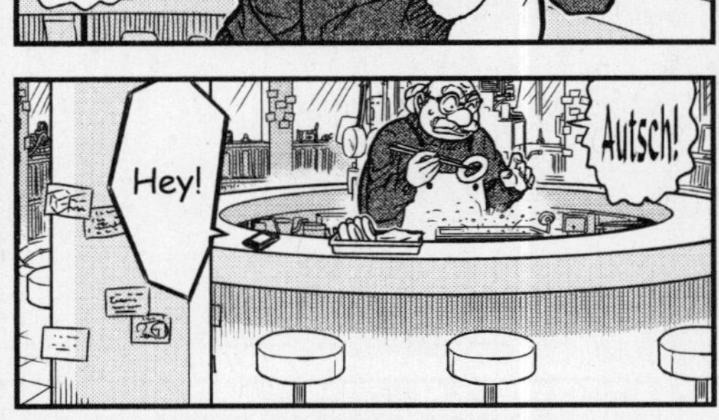
Autsch!
Hey!

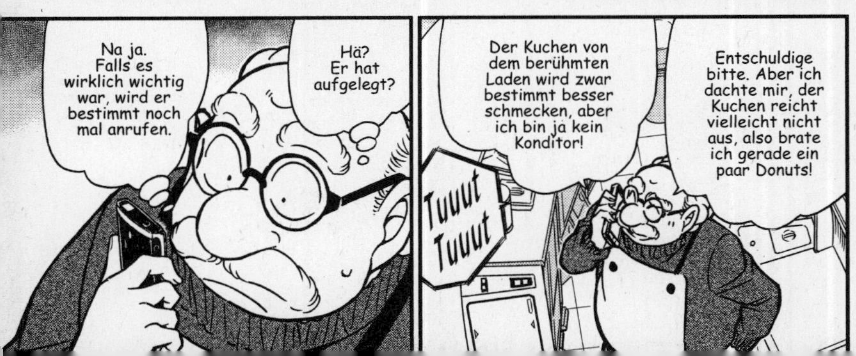
Entschuldige bitte. Aber ich dachte mir, der Kuchen reicht vielleicht nicht aus, also brate ich gerade ein paar Donuts!
Der Kuchen von dem berühmten Laden wird zwar bestimmt besser schmecken, aber ich bin ja kein Konditor!
Tuuut Tuuut
Hä? Er hat aufgelegt?
Na ja. Falls es wirklich wichtig war, wird er bestimmt noch mal anrufen.

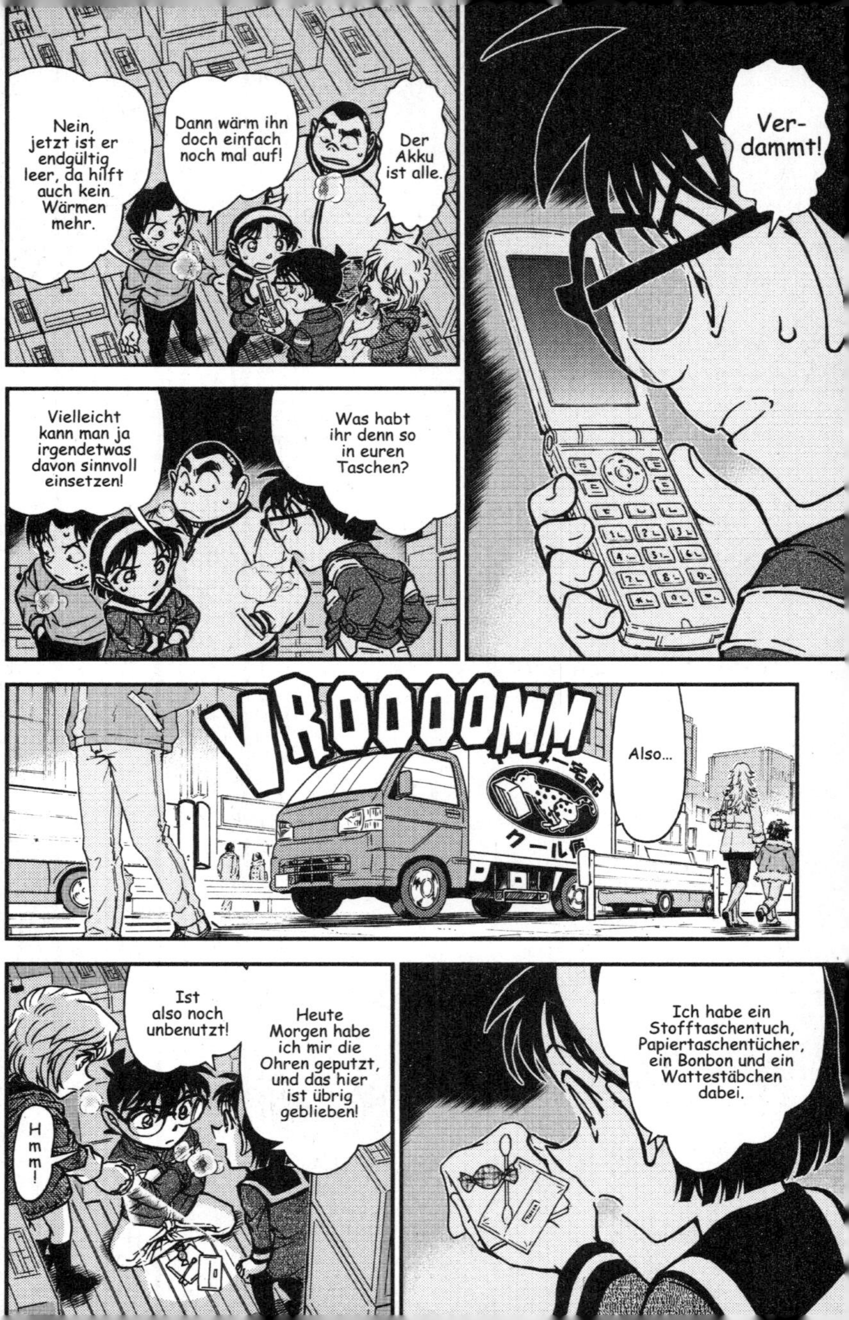

Verdammt!

Der Akku ist alle.

Dann wärm ihn doch einfach noch mal auf!

Nein, jetzt ist er endgültig leer, da hilft auch kein Wärmen mehr.

Was habt ihr denn so in euren Taschen?

Vielleicht kann man ja irgendetwas davon sinnvoll einsetzen!

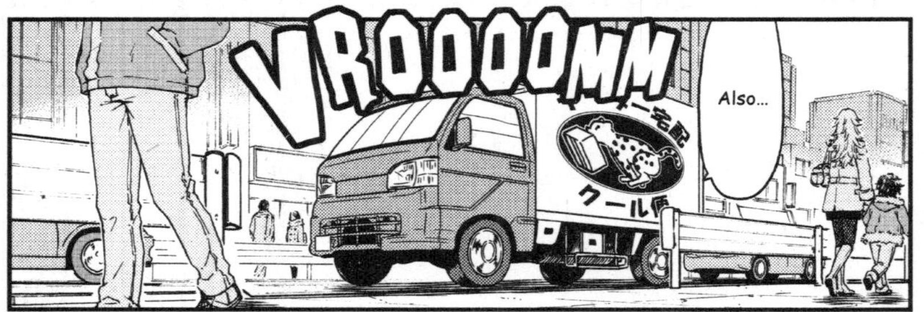

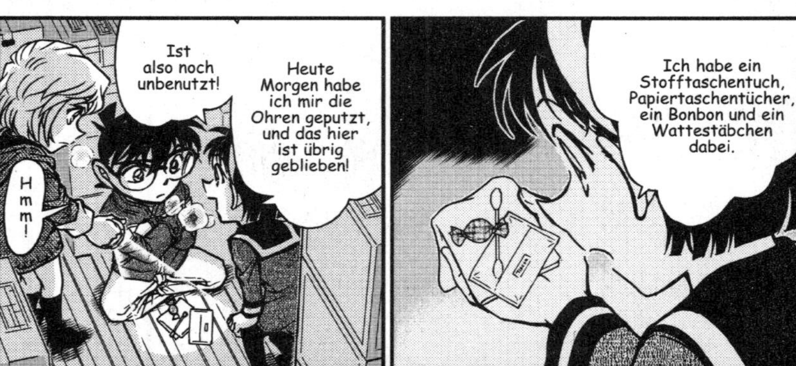

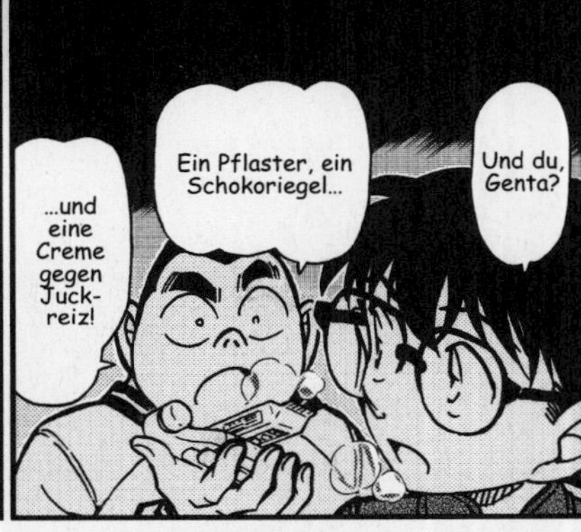
Und du, Genta?
Ein Pflaster, ein Schokoriegel...
...und eine Creme gegen Juckreiz!

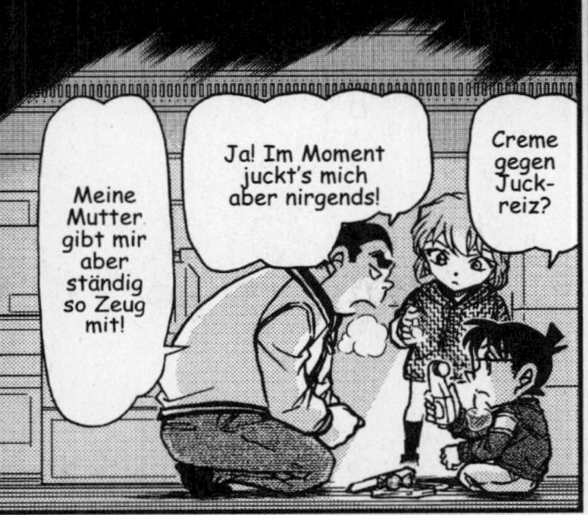
Creme gegen Juckreiz?
Ja! Im Moment juckt's mich aber nirgends!
Meine Mutter gibt mir aber ständig so Zeug mit!

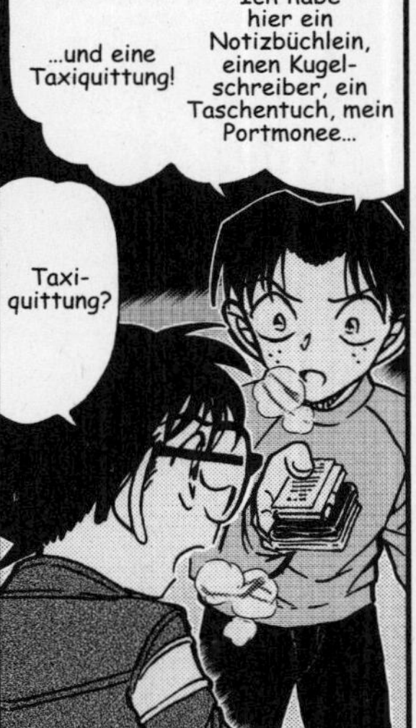
Ich habe hier ein Notizbüchlein, einen Kugelschreiber, ein Taschentuch, mein Portmonee...
...und eine Taxiquittung!
Taxiquittung?

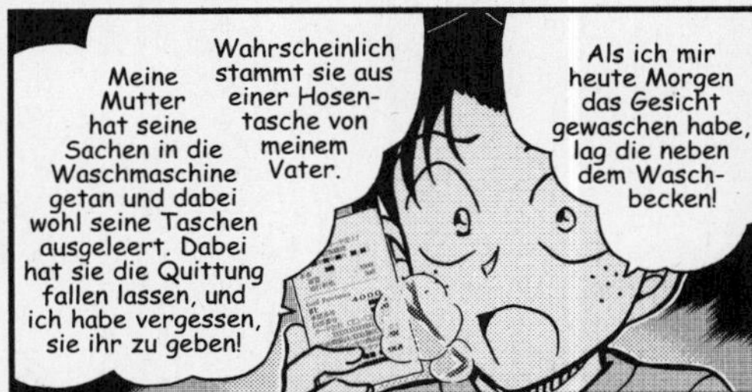
Als ich mir heute Morgen das Gesicht gewaschen habe, lag die neben dem Waschbecken!
Wahrscheinlich stammt sie aus einer Hosentasche von meinem Vater.
Meine Mutter hat seine Sachen in die Waschmaschine getan und dabei wohl seine Taschen ausgeleert. Dabei hat sie die Quittung fallen lassen, und ich habe vergessen, sie ihr zu geben!

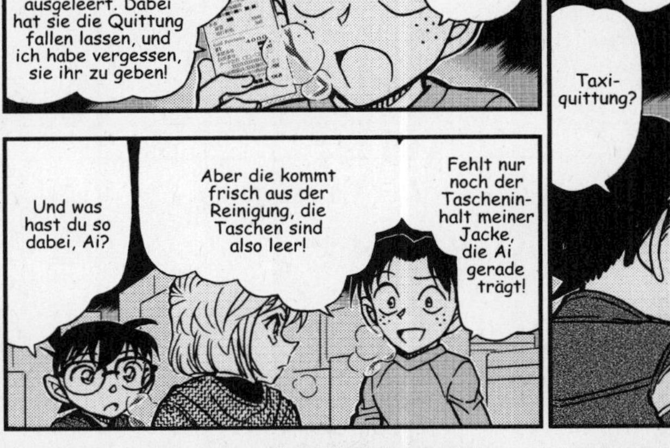
Fehlt nur noch der Tascheninhalt meiner Jacke, die Ai gerade trägt!
Aber die kommt frisch aus der Reinigung, die Taschen sind also leer!
Und was hast du so dabei, Ai?

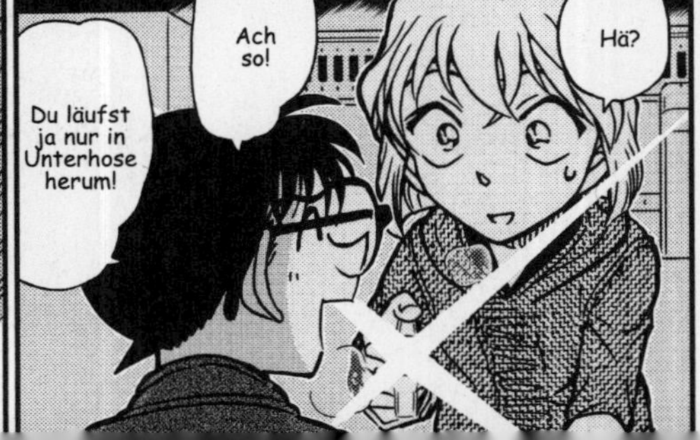
Hä?
Ach so!
Du läufst ja nur in Unterhose herum!

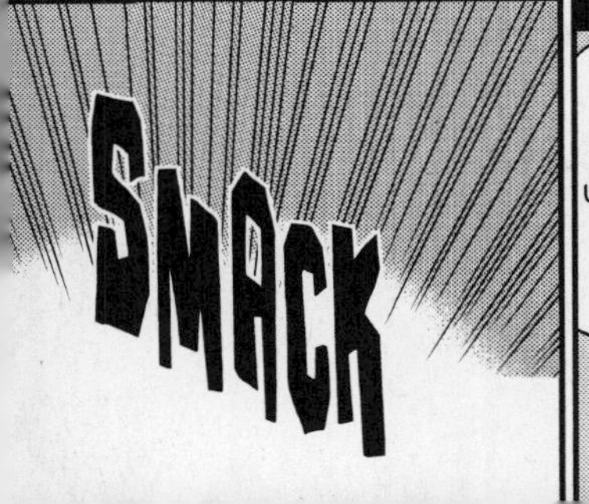
SMACK

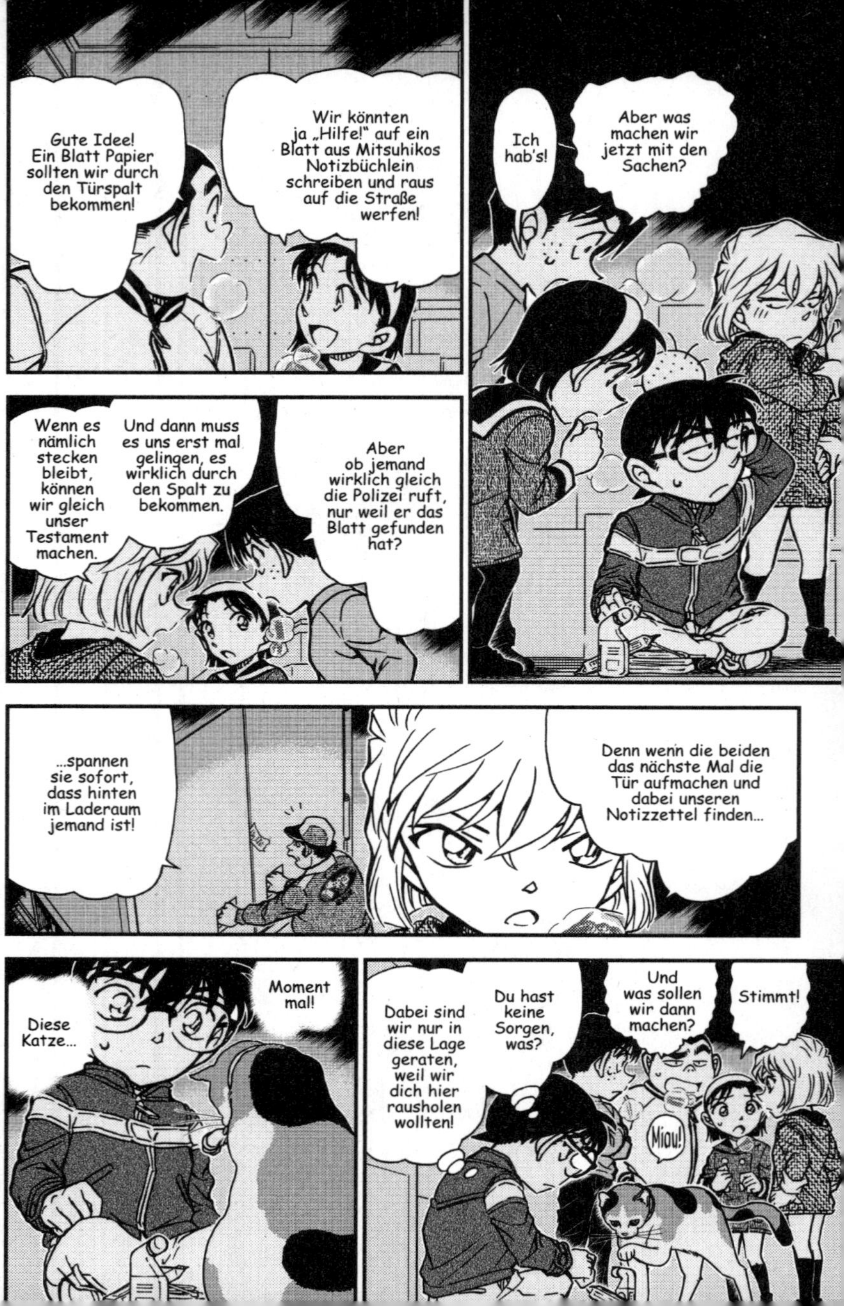

Aber was machen wir jetzt mit den Sachen?
Ich hab's!
Wir könnten ja „Hilfe!" auf ein Blatt aus Mitsuhikos Notizbüchlein schreiben und raus auf die Straße werfen!
Gute Idee! Ein Blatt Papier sollten wir durch den Türspalt bekommen!
Aber ob jemand wirklich gleich die Polizei ruft, nur weil er das Blatt gefunden hat?
Und dann muss es uns erst mal gelingen, es wirklich durch den Spalt zu bekommen.
Wenn es nämlich stecken bleibt, können wir gleich unser Testament machen.

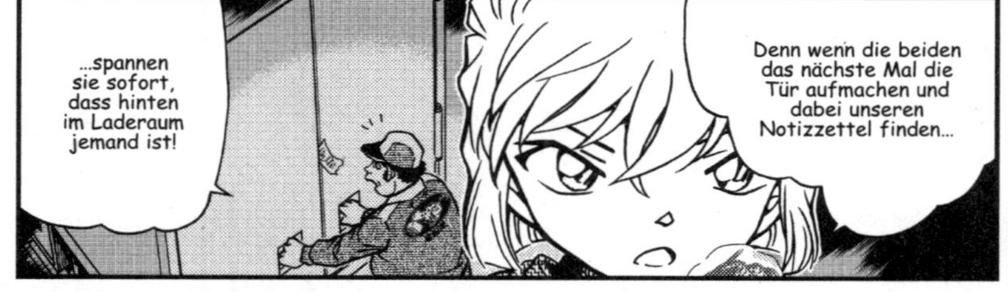

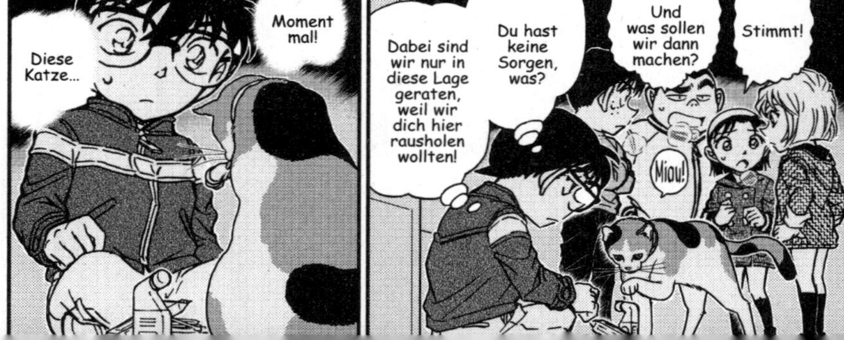

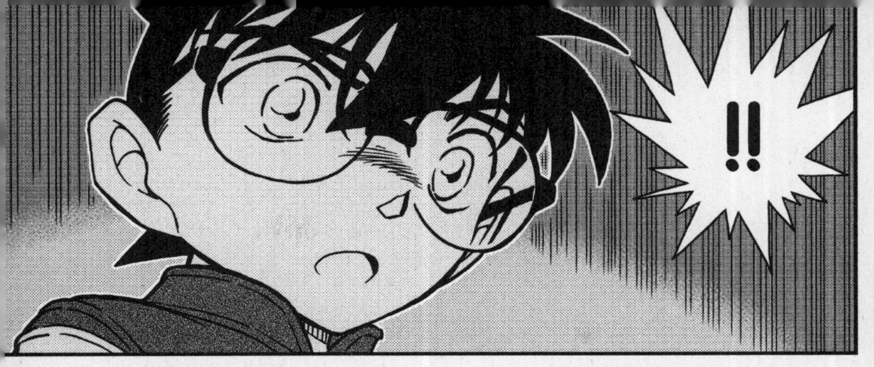
!!

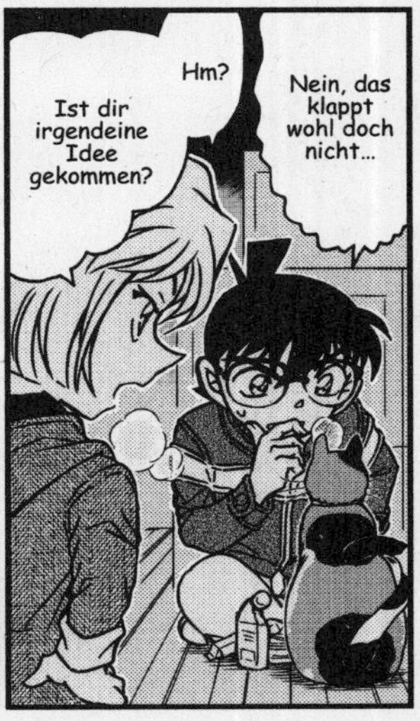
Nein, das klappt wohl doch nicht...
Hm?
Ist dir irgendeine Idee gekommen?

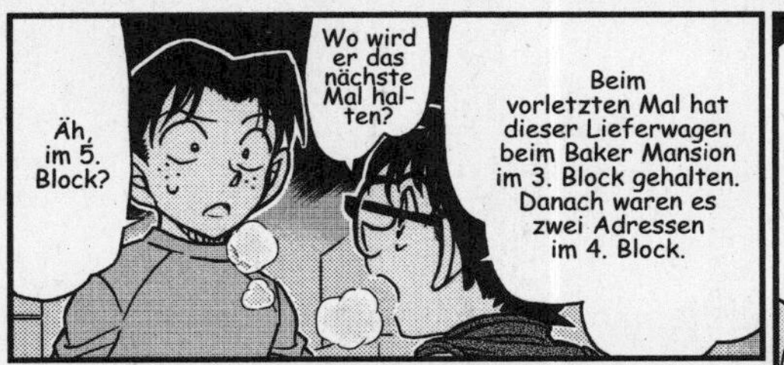
Beim vorletzten Mal hat dieser Lieferwagen beim Baker Mansion im 3. Block gehalten. Danach waren es zwei Adressen im 4. Block.
Wo wird er das nächste Mal hal- ten?
Äh, im 5. Block?

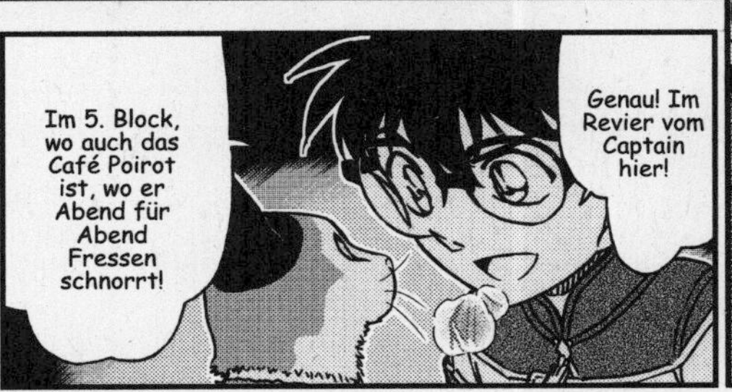
Genau! Im Revier vom Captain hier!
Im 5. Block, wo auch das Café Poirot ist, wo er Abend für Abend Fressen schnorrt!

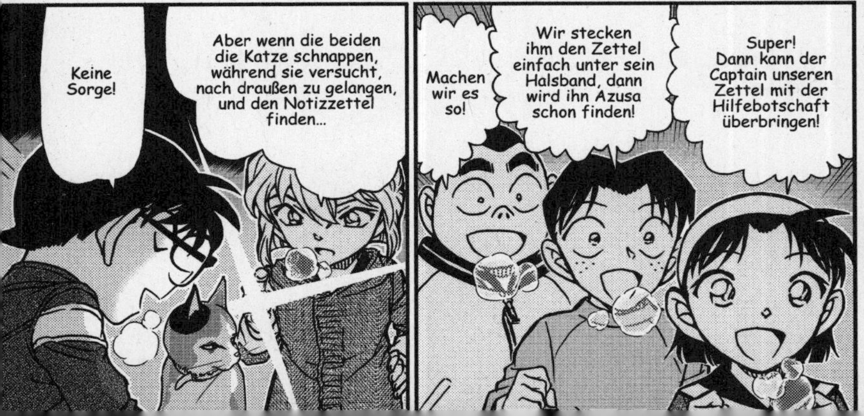
Super! Dann kann der Captain unseren Zettel mit der Hilfebotschaft überbringen!
Wir stecken ihm den Zettel einfach unter sein Halsband, dann wird ihn Azusa schon finden!
Machen wir es so!
Aber wenn die beiden die Katze schnappen, während sie versucht, nach draußen zu gelangen, und den Notizzettel finden...
Keine Sorge!

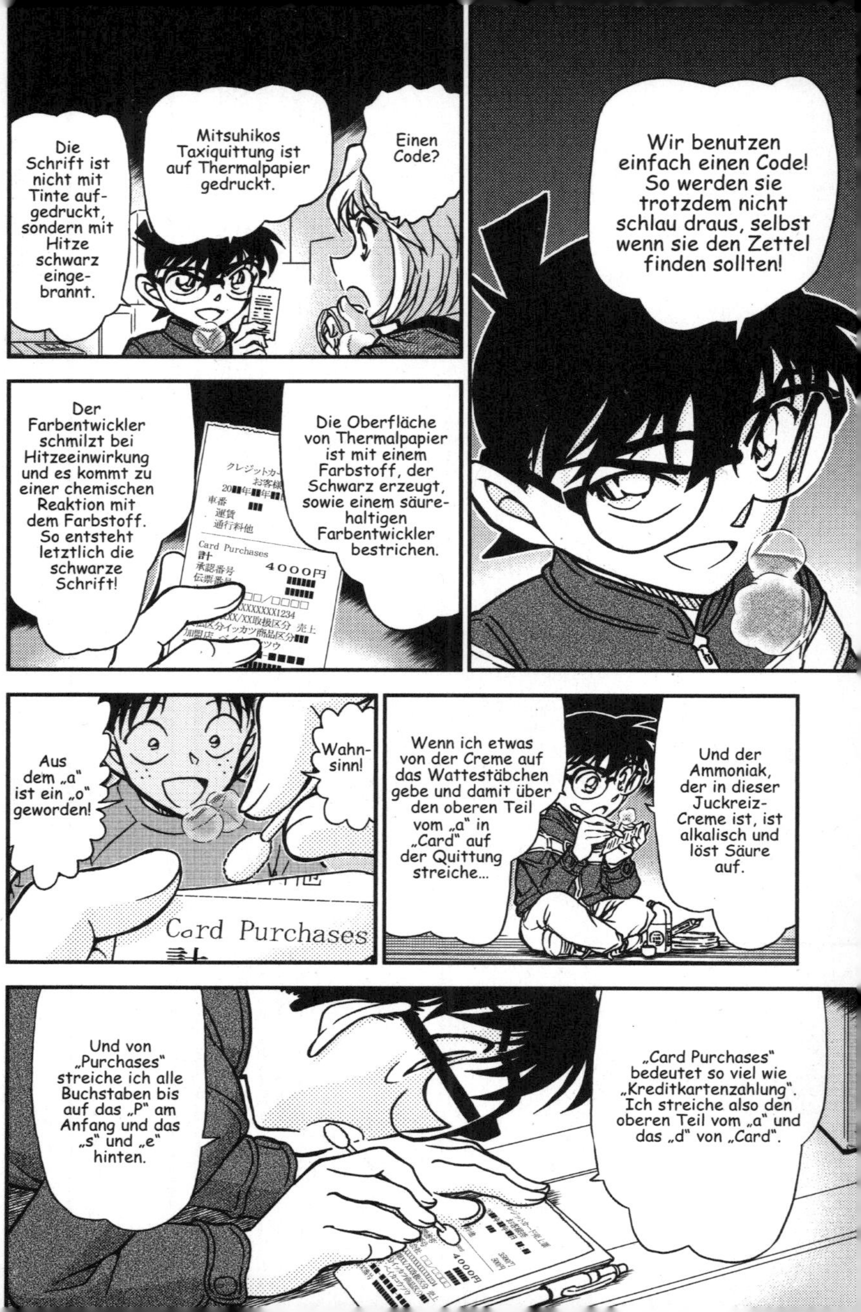

Wir benutzen einfach einen Code! So werden sie trotzdem nicht schlau draus, selbst wenn sie den Zettel finden sollten!

Einen Code?

Mitsuhikos Taxiquittung ist auf Thermalpapier gedruckt.

Die Schrift ist nicht mit Tinte aufgedruckt, sondern mit Hitze schwarz eingebrannt.

Die Oberfläche von Thermalpapier ist mit einem Farbstoff, der Schwarz erzeugt, sowie einem säurehaltigen Farbentwickler bestrichen.

Der Farbentwickler schmilzt bei Hitzeeinwirkung und es kommt zu einer chemischen Reaktion mit dem Farbstoff. So entsteht letztlich die schwarze Schrift!

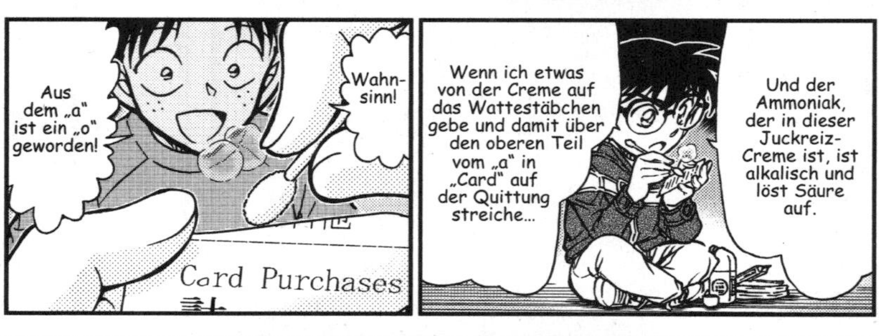

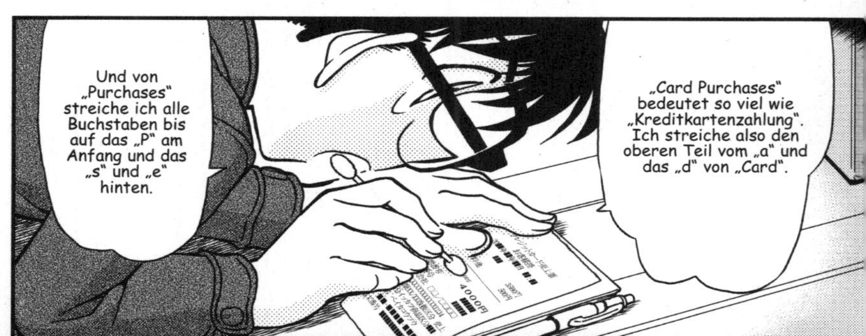

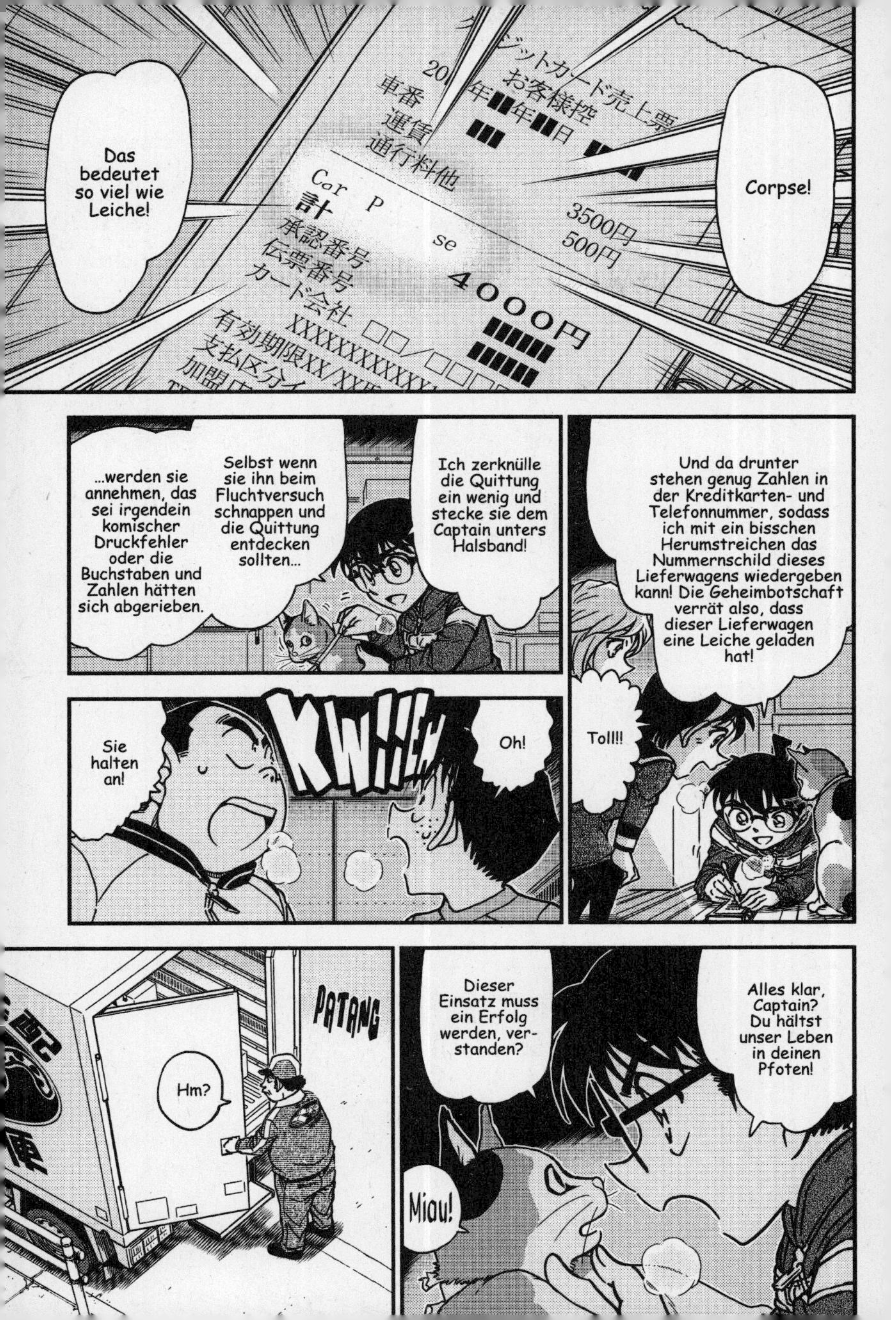

Corpse!

Das bedeutet so viel wie Leiche!

Und da drunter stehen genug Zahlen in der Kreditkarten- und Telefonnummer, sodass ich mit ein bisschen Herumstreichen das Nummernschild dieses Lieferwagens wiedergeben kann! Die Geheimbotschaft verrät also, dass dieser Lieferwagen eine Leiche geladen hat!

Ich zerknülle die Quittung ein wenig und stecke sie dem Captain unters Halsband!

Selbst wenn sie ihn beim Fluchtversuch schnappen und die Quittung entdecken sollten...

...werden sie annehmen, das sei irgendein komischer Druckfehler oder die Buchstaben und Zahlen hätten sich abgerieben.

Toll!!!

Oh!

Sie halten an!

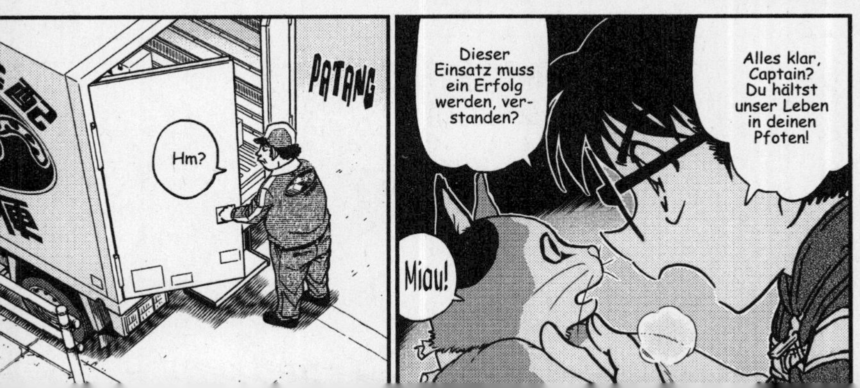

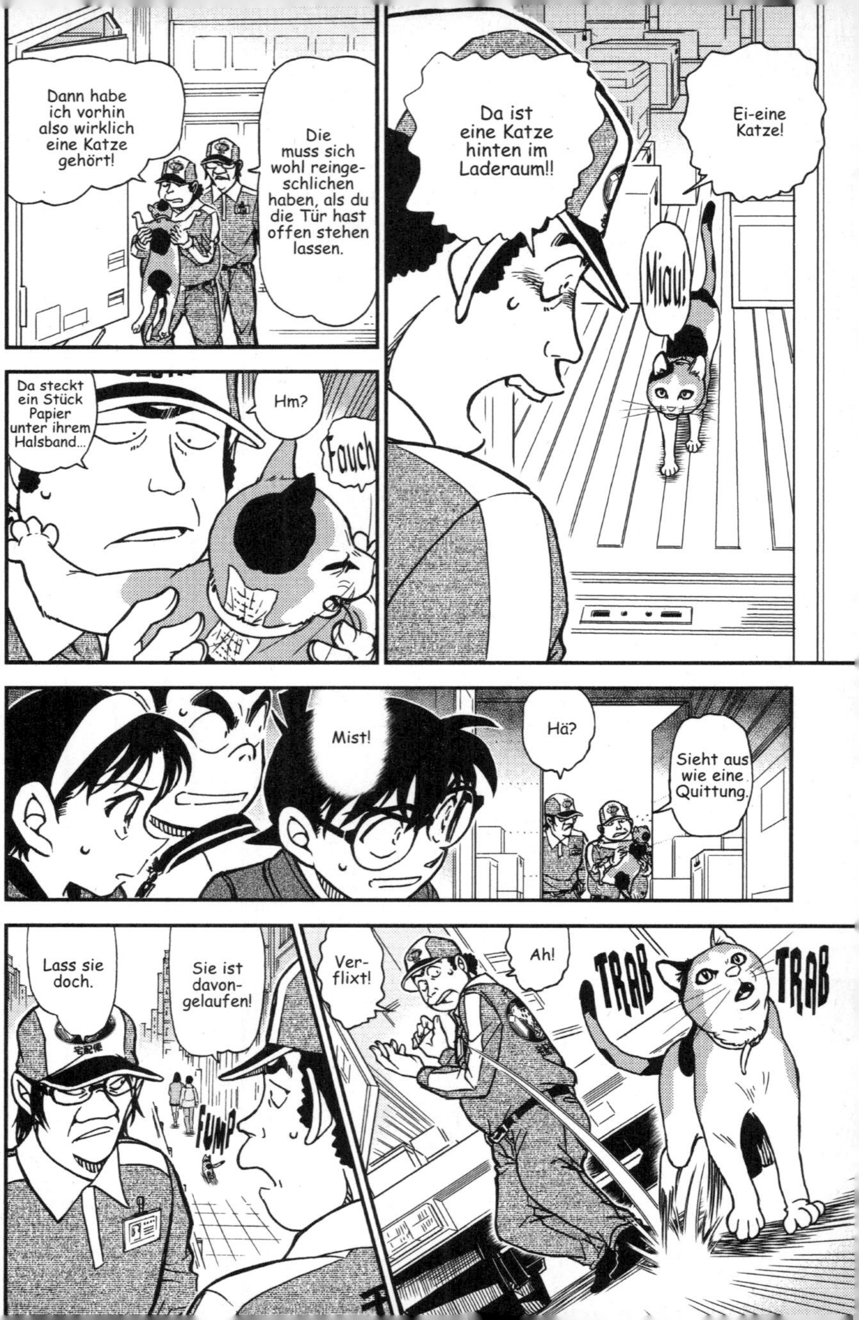

Ei-eine Katze!
Da ist eine Katze hinten im Laderaum!!
Miau!
Die muss sich wohl reingeschlichen haben, als du die Tür hast offen stehen lassen.
Dann habe ich vorhin also wirklich eine Katze gehört!
Fauch
Hm?
Da steckt ein Stück Papier unter ihrem Halsband...

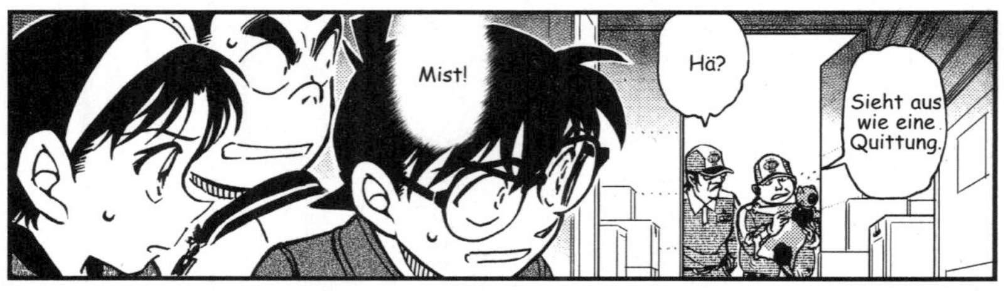

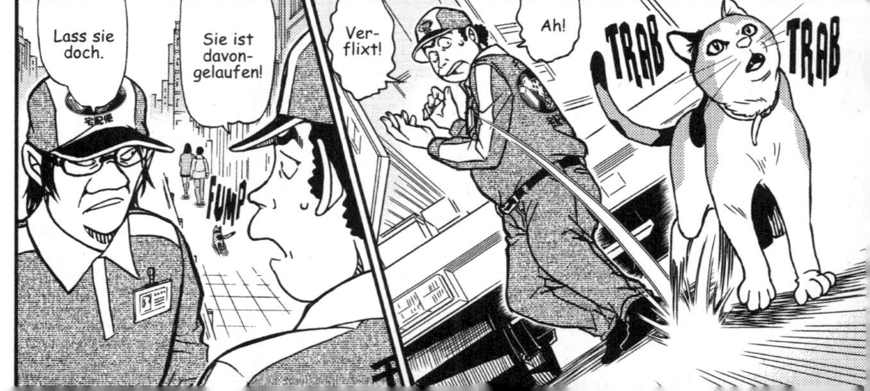

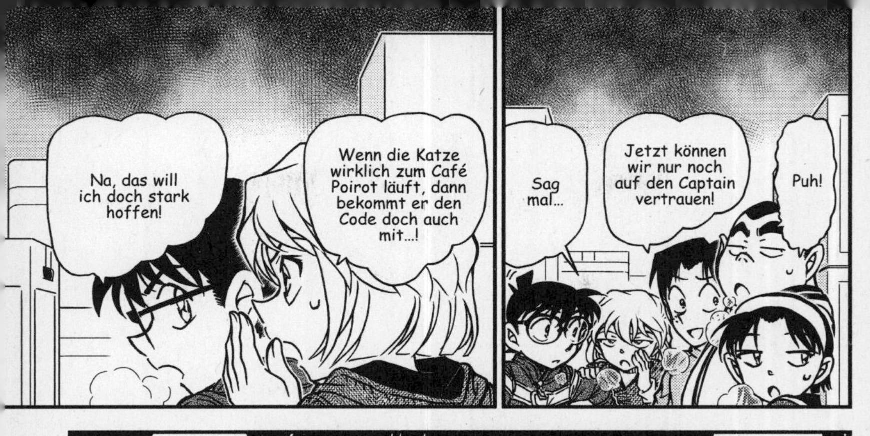
Puh!
Jetzt können wir nur noch auf den Captain vertrauen!
Sag mal...
Wenn die Katze wirklich zum Café Poirot läuft, dann bekommt er den Code doch auch mit...!
Na, das will ich doch stark hoffen!

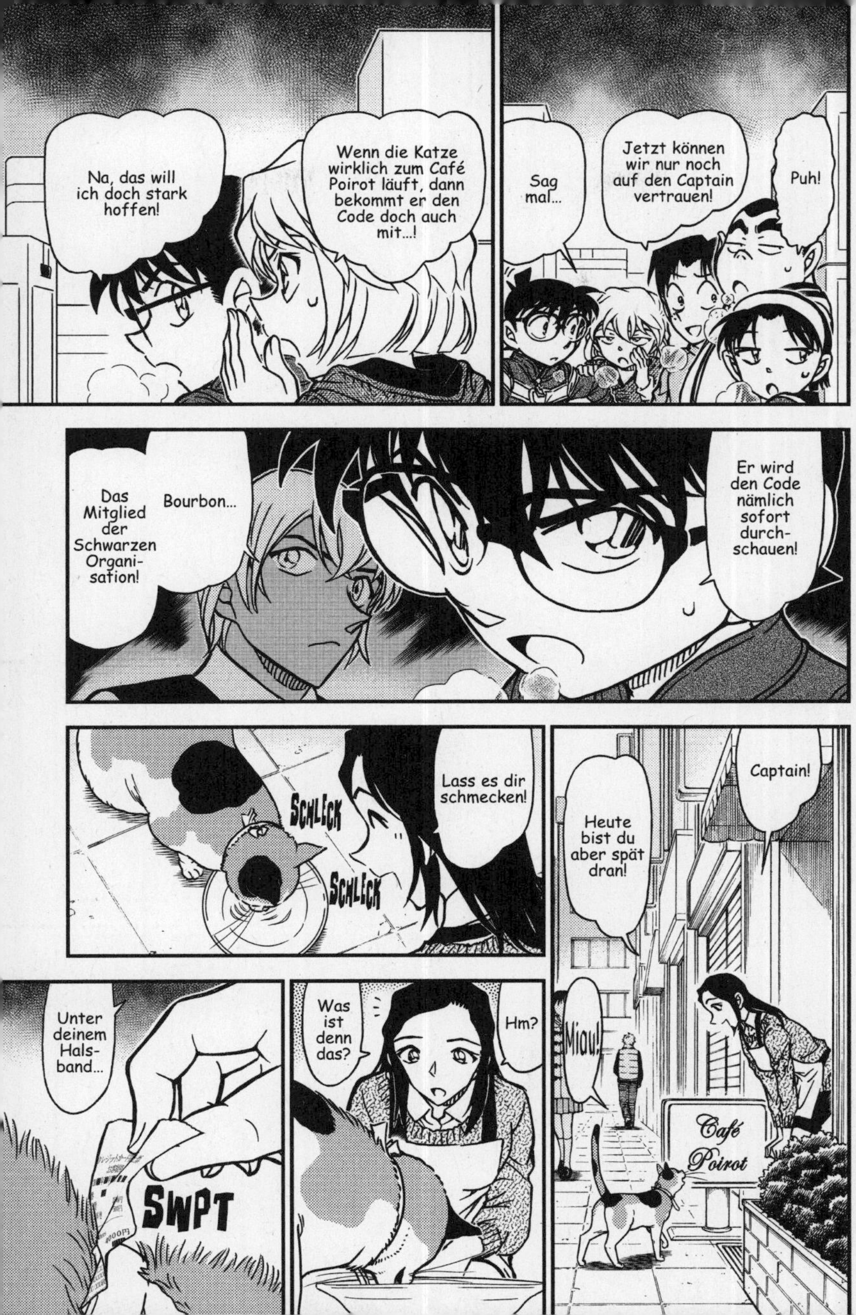

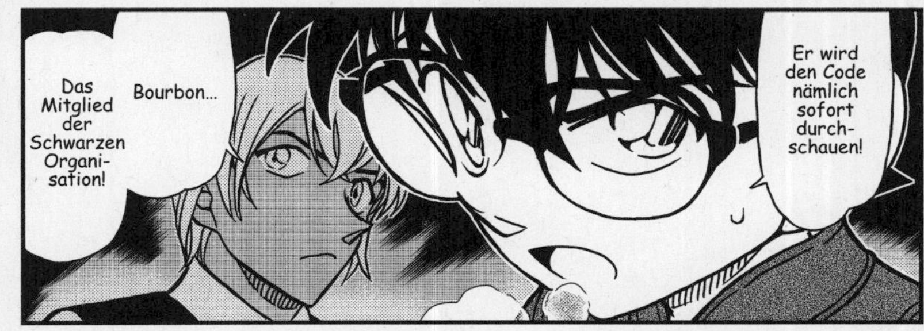
Er wird den Code nämlich sofort durchschauen!
Bourbon...
Das Mitglied der Schwarzen Organisation!

Captain!
Heute bist du aber spät dran!
Lass es dir schmecken!
SCHLECK
SCHLECK
Miau!
Café Poirot
Hm?
Was ist denn das?
Unter deinem Halsband...
SWPT

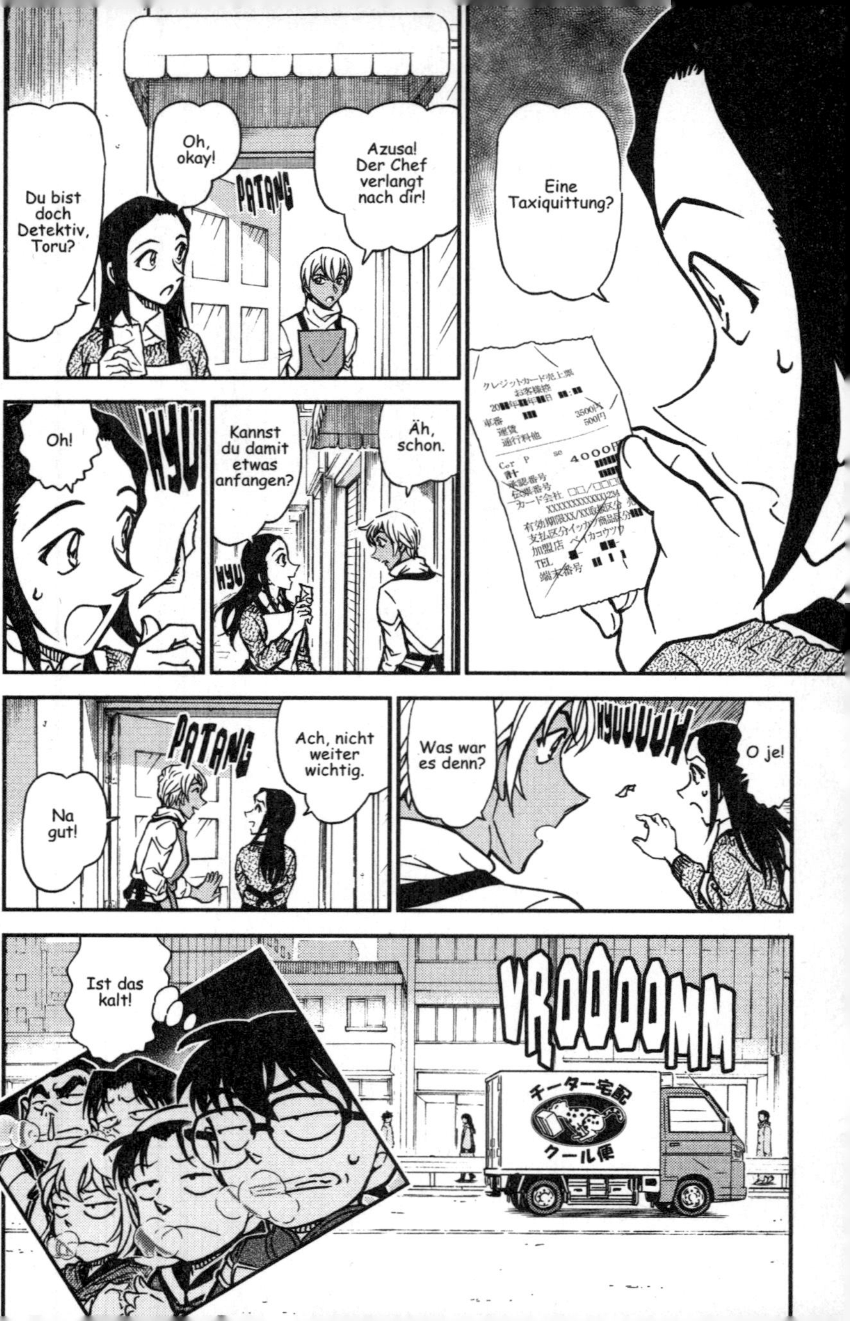

Eine Taxiquittung?

Azusa! Der Chef verlangt nach dir!

Oh, okay!

PATANG

Du bist doch Detektiv, Toru?

Äh, schon.

Kannst du damit etwas anfangen?

HYU

Oh!

HYU

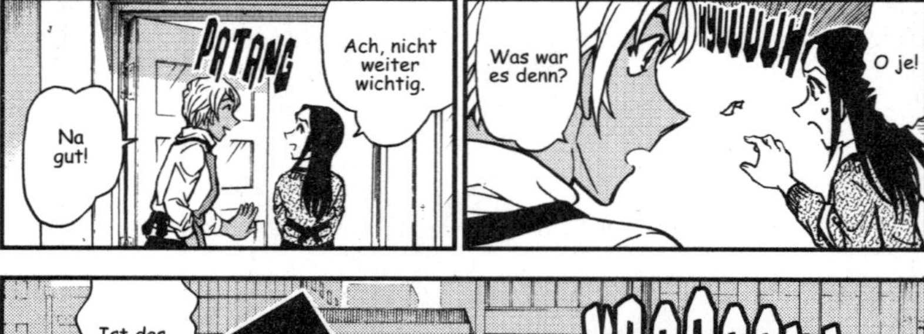

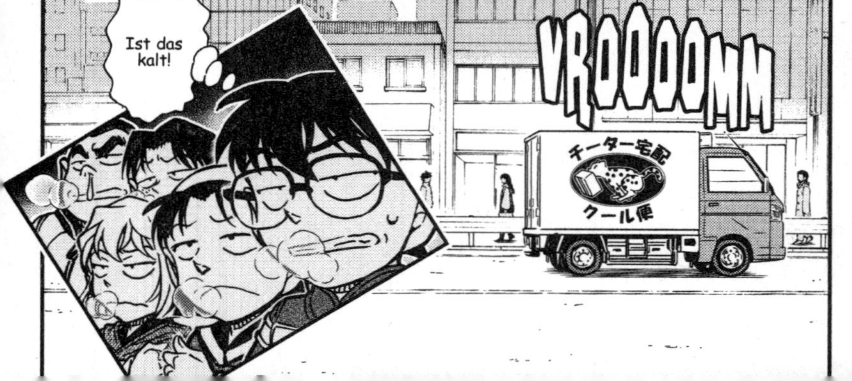

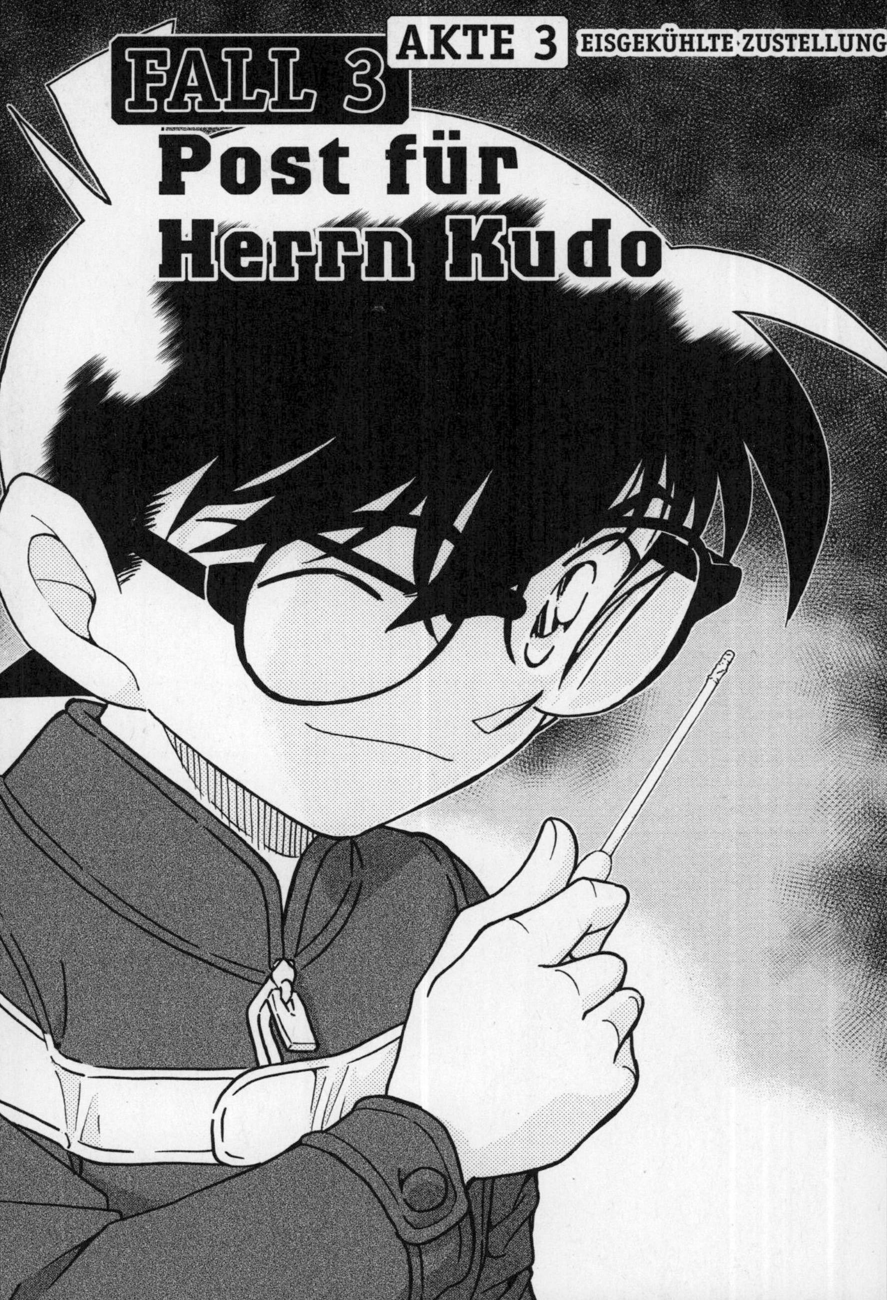
AKTE 3
EISGEKÜHLTE ZUSTELLUNG
FALL 3
Post für
Herrn Kudo

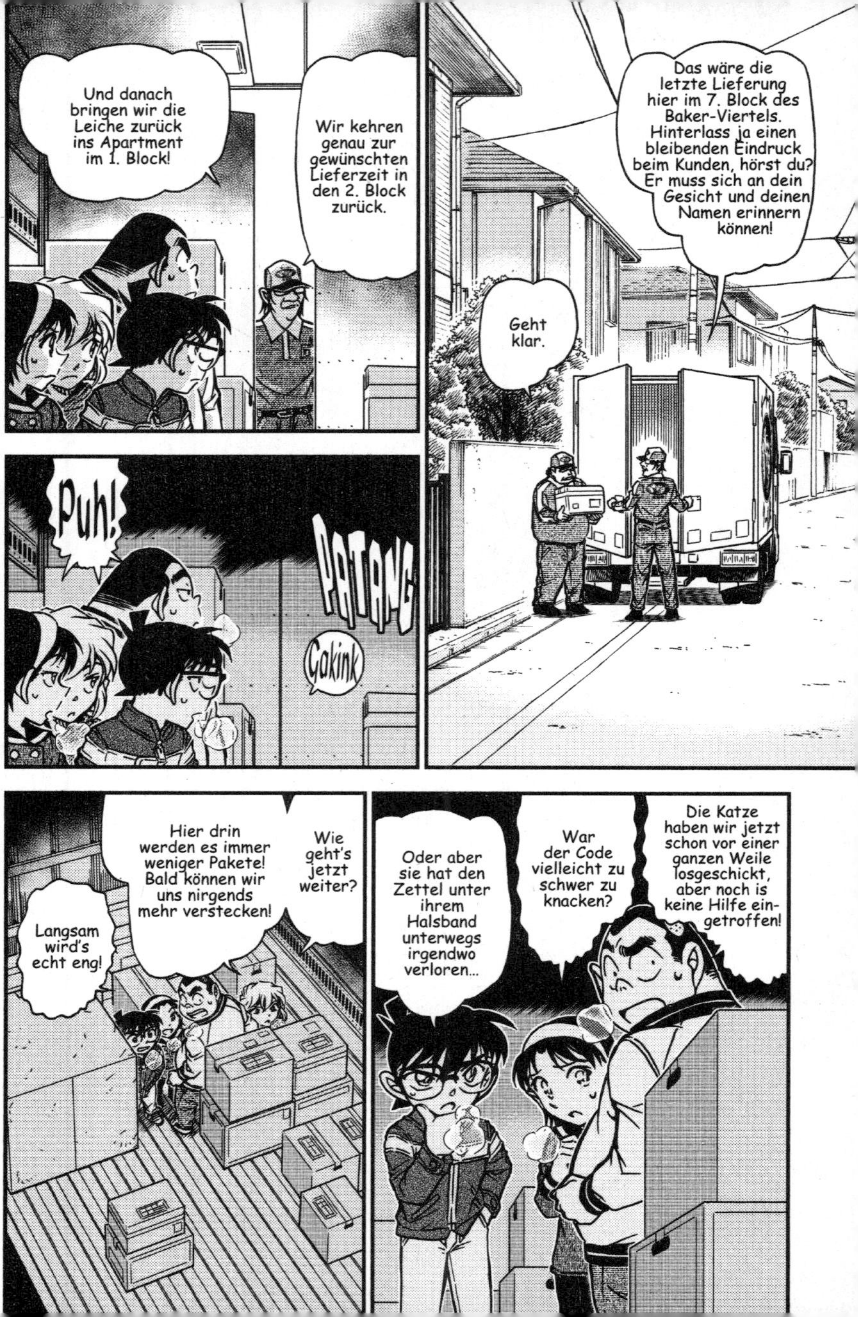

Das wäre die letzte Lieferung hier im 7. Block des Baker-Viertels. Hinterlass ja einen bleibenden Eindruck beim Kunden, hörst du? Er muss sich an dein Gesicht und deinen Namen erinnern können!

Geht klar.

Wir kehren genau zur gewünschten Lieferzeit in den 2. Block zurück.

Und danach bringen wir die Leiche zurück ins Apartment im 1. Block!

PATANG

Gakink

Puh!

Die Katze haben wir jetzt schon vor einer ganzen Weile losgeschickt, aber noch is keine Hilfe eingetroffen!

War der Code vielleicht zu schwer zu knacken?

Oder aber sie hat den Zettel unter ihrem Halsband unterwegs irgendwo verloren...

Wie geht's jetzt weiter?

Hier drin werden es immer weniger Pakete! Bald können wir uns nirgends mehr verstecken!

Langsam wird's echt eng!

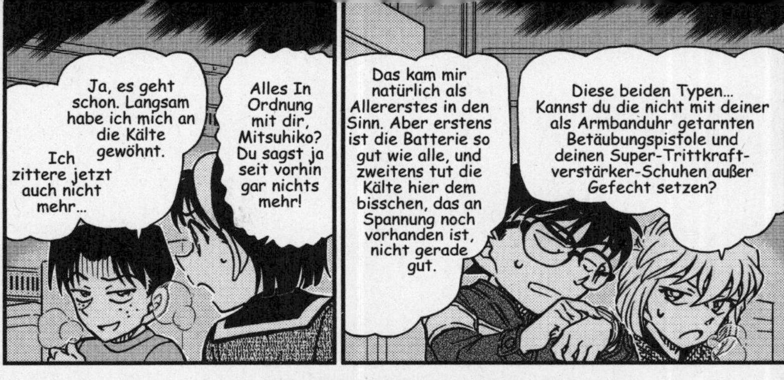

Diese beiden Typen... Kannst du die nicht mit deiner als Armbanduhr getarnten Betäubungspistole und deinen Super-Trittkraft-verstärker-Schuhen außer Gefecht setzen?
Das kam mir natürlich als Allererstes in den Sinn. Aber erstens ist die Batterie so gut wie alle, und zweitens tut die Kälte hier dem bisschen, das an Spannung noch vorhanden ist, nicht gerade gut.
Alles In Ordnung mit dir, Mitsuhiko? Du sagst ja seit vorhin gar nichts mehr!
Ja, es geht schon. Langsam habe ich mich an die Kälte gewöhnt.
Ich zittere jetzt auch nicht mehr...

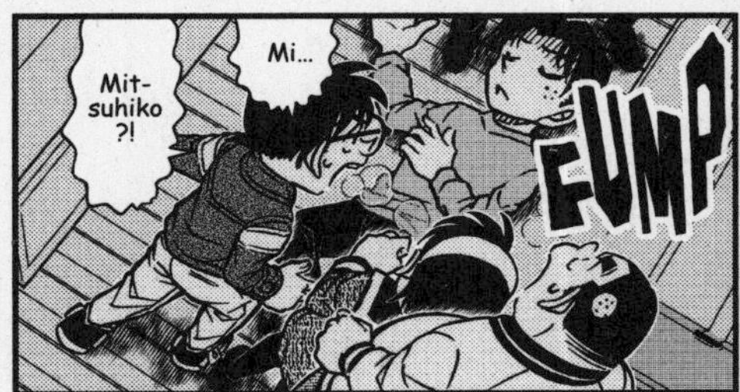

FUMP
Mi...
Mit-suhiko ?!

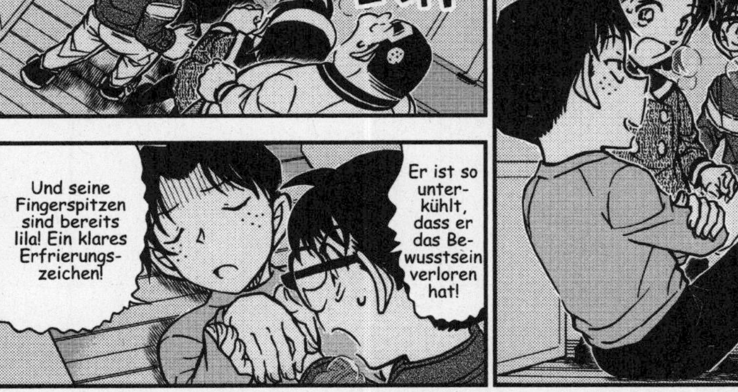

FRAFF
Das ist aber alles andere als gut!
Er ist so unter-kühlt, dass er das Be-wusstsein verloren hat!
Und seine Fingerspitzen sind bereits lila! Ein klares Erfrierungs-zeichen!

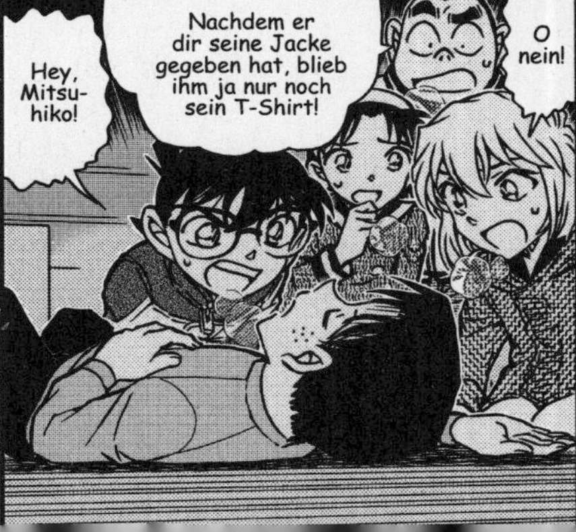

O nein!
Nachdem er dir seine Jacke gegeben hat, blieb ihm ja nur noch sein T-Shirt!
Hey, Mitsu-hiko!

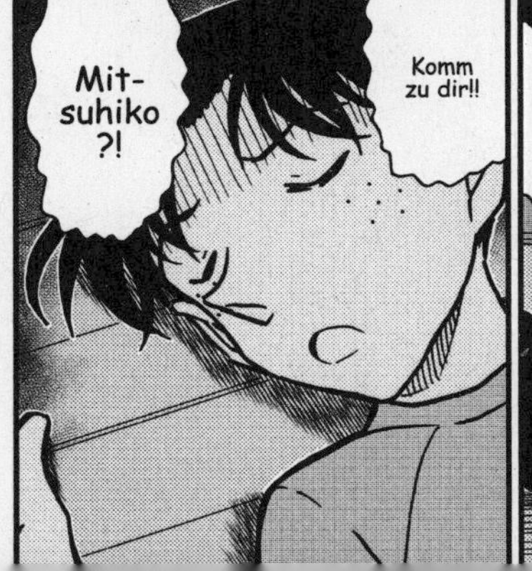

Komm zu dir!!
Mit-suhiko ?!

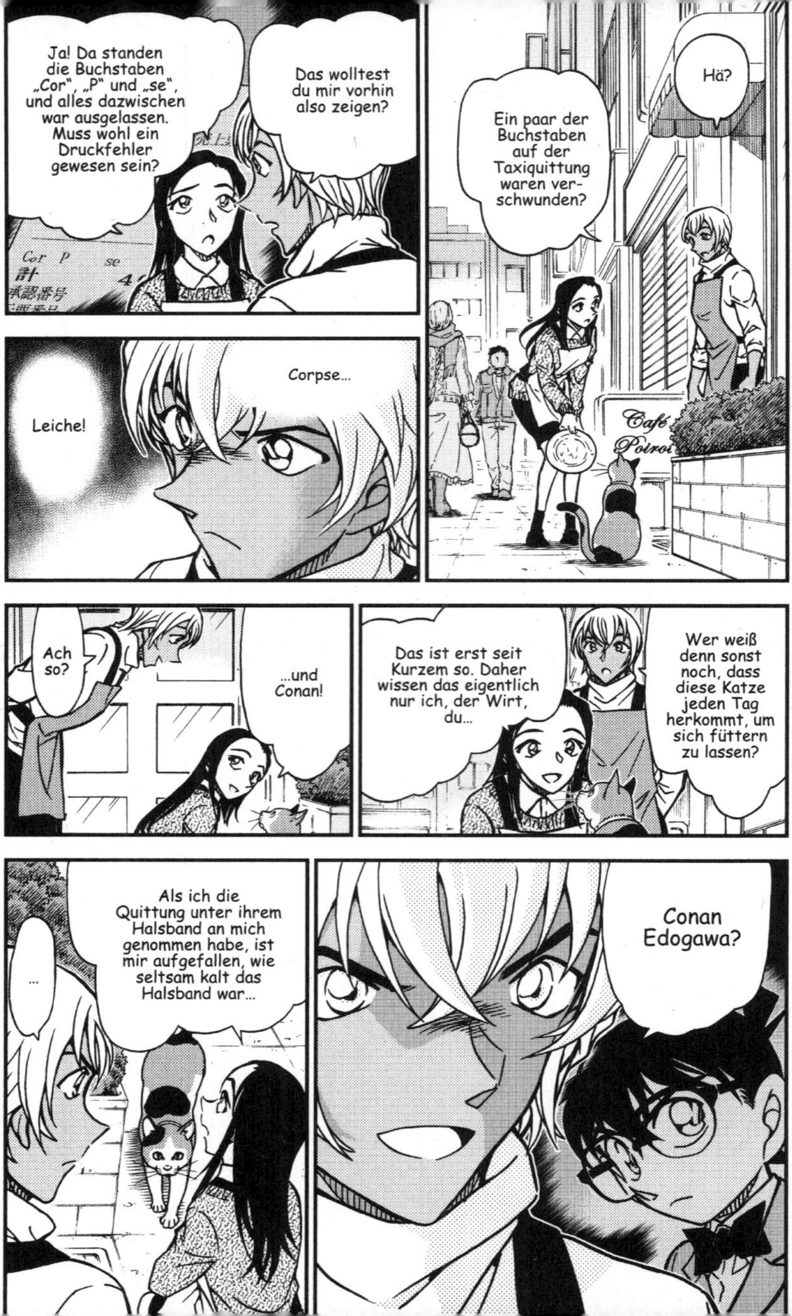

Hä?
Ein paar der Buchstaben auf der Taxiquittung waren verschwunden?
Das wolltest du mir vorhin also zeigen?
Ja! Da standen die Buchstaben „Cor“, „P“ und „se“, und alles dazwischen war ausgelassen. Muss wohl ein Druckfehler gewesen sein?
Cor P se
計
承認番号
Corpse...
Leiche!

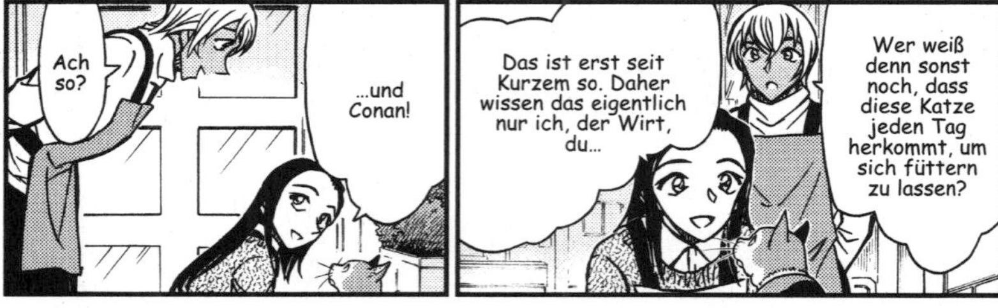

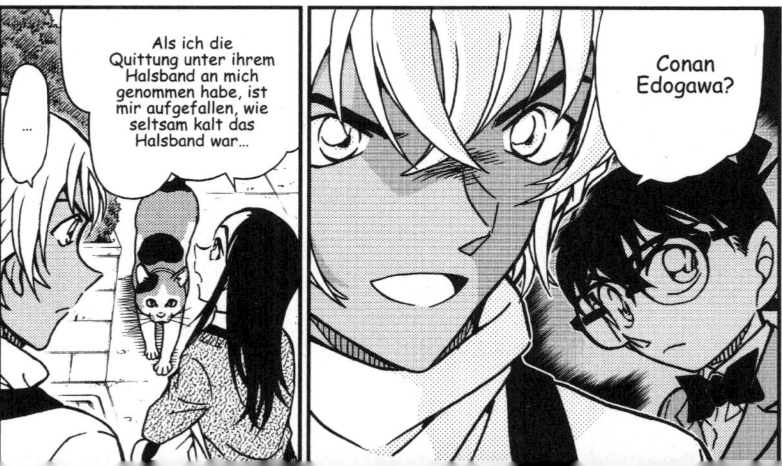

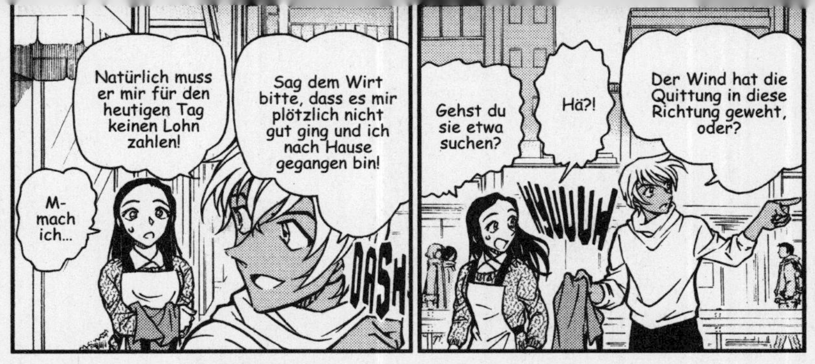

Der Wind hat die Quittung in diese Richtung geweht, oder?
Hä?!
Gehst du sie etwa suchen?
Sag dem Wirt bitte, dass es mir plötzlich nicht gut ging und ich nach Hause gegangen bin!
DASH
Natürlich muss er mir für den heutigen Tag keinen Lohn zahlen!
M-mach ich...

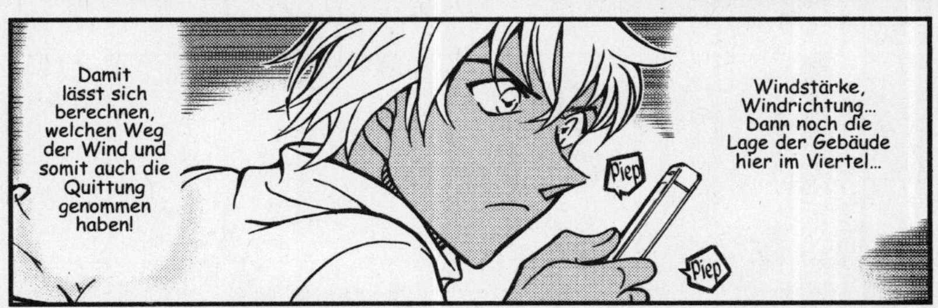

Windstärke, Windrichtung... Dann noch die Lage der Gebäude hier im Viertel...
Piep
Piep
Damit lässt sich berechnen, welchen Weg der Wind und somit auch die Quittung genommen haben!

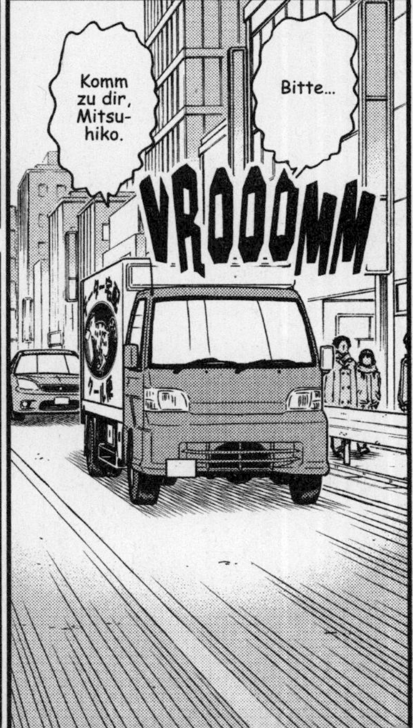

Bitte...
Komm zu dir, Mitsu-hiko.
VROOOMM

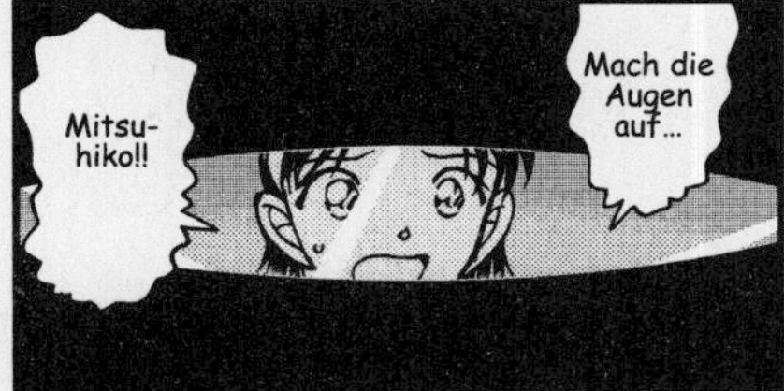

Mach die Augen auf...
Mitsu-hiko!!

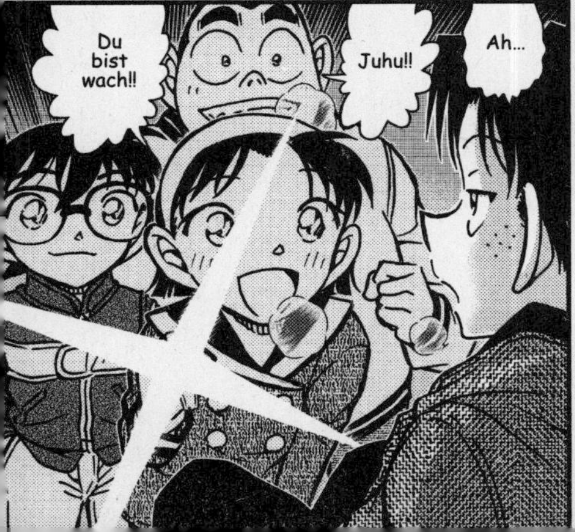

Ah...
Juhu!!
Du bist wach!!

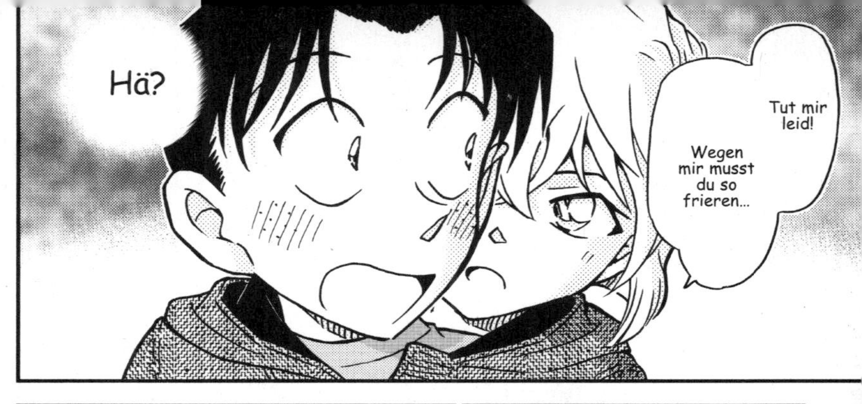
Tut mir leid!
Wegen mir musst du so frieren...
Hä?

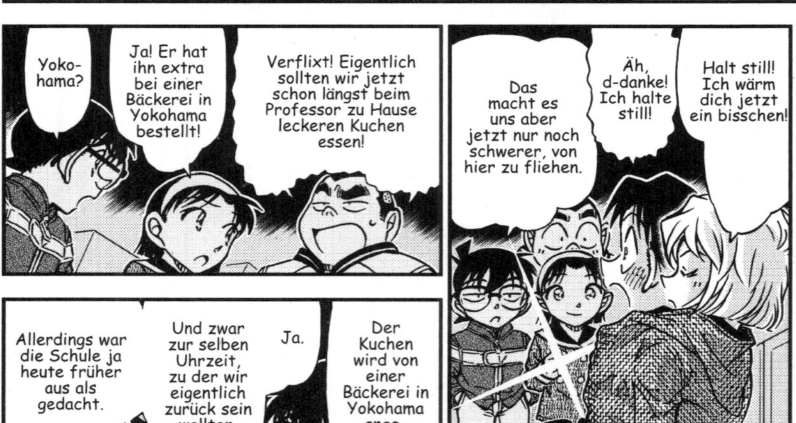
Halt still! Ich wärm dich jetzt ein bisschen!
Äh, d-danke! Ich halte still!
Das macht es uns aber jetzt nur noch schwerer, von hier zu fliehen.
Verflixt! Eigentlich sollten wir jetzt schon längst beim Professor zu Hause leckeren Kuchen essen!
Ja! Er hat ihn extra bei einer Bäckerei in Yokohama bestellt!
Yoko-hama?
Der Kuchen wird von einer Bäckerei in Yokohama ange-liefert?
Ja.
Und zwar zur selben Uhrzeit, zu der wir eigentlich zurück sein wollten.
Allerdings war die Schule ja heute früher aus als gedacht.

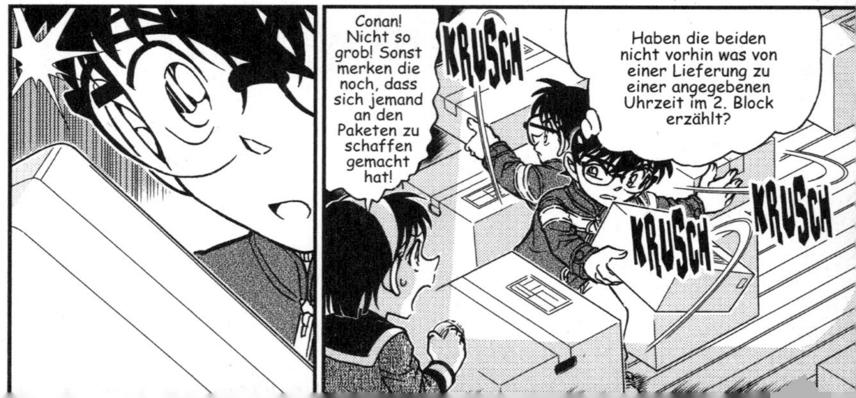
Haben die beiden nicht vorhin was von einer Lieferung zu einer angegebenen Uhrzeit im 2. Block erzählt?
KRUSCH
KRUSCH
KRUSCH
Conan! Nicht so grob! Sonst merken die noch, dass sich jemand an den Paketen zu schaffen gemacht hat!

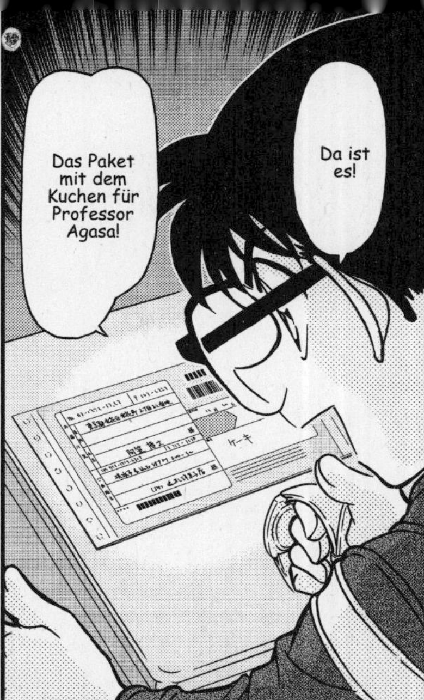
Da ist es!
Das Paket mit dem Kuchen für Professor Agasa!

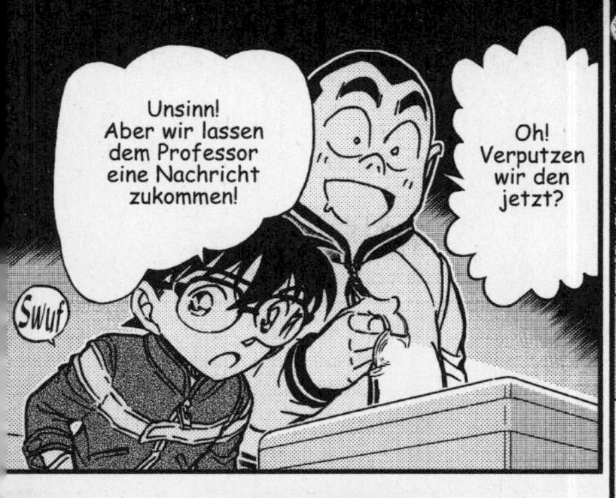
Oh! Verputzen wir den jetzt?
Unsinn! Aber wir lassen dem Professor eine Nachricht zukommen!
Swuf

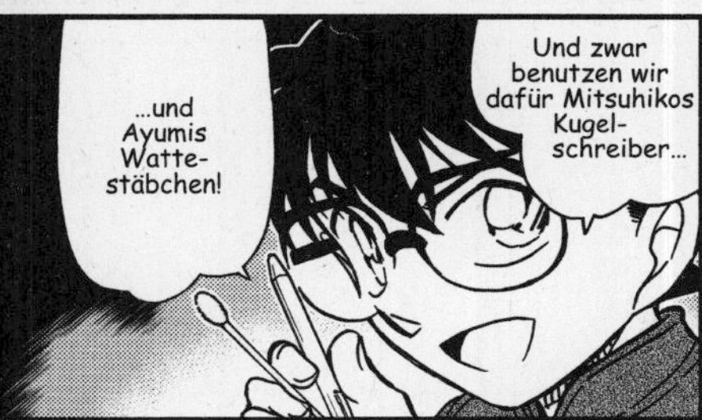
Und zwar benutzen wir dafür Mitsuhikos Kugel-schreiber...
...und Ayumis Watte-stäbchen!

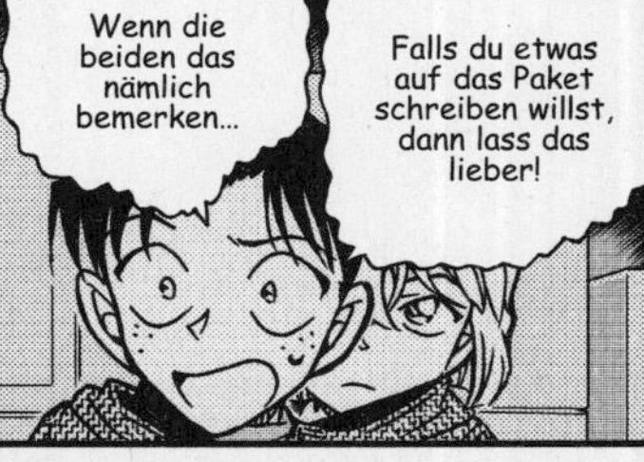
Falls du etwas auf das Paket schreiben willst, dann lass das lieber!
Wenn die beiden das nämlich bemerken...

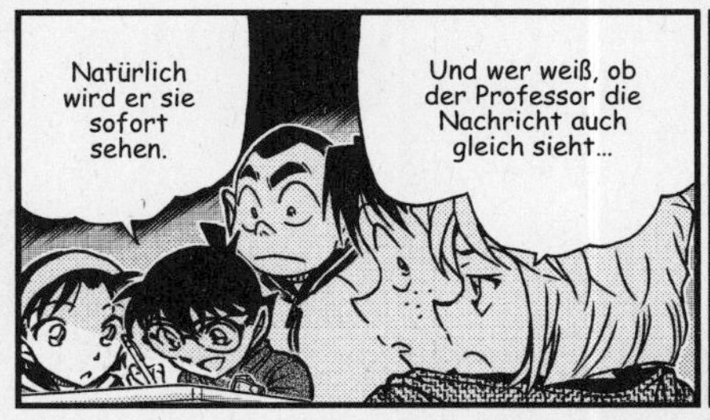
Und wer weiß, ob der Professor die Nachricht auch gleich sieht...
Natürlich wird er sie sofort sehen.

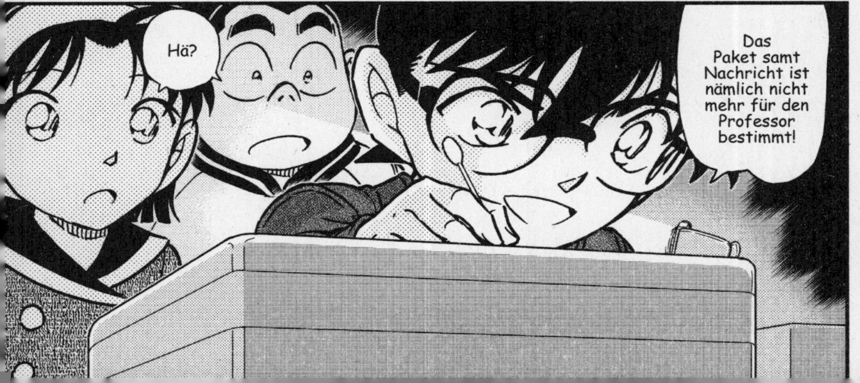
Das Paket samt Nachricht ist nämlich nicht mehr für den Professor bestimmt!
Hä?

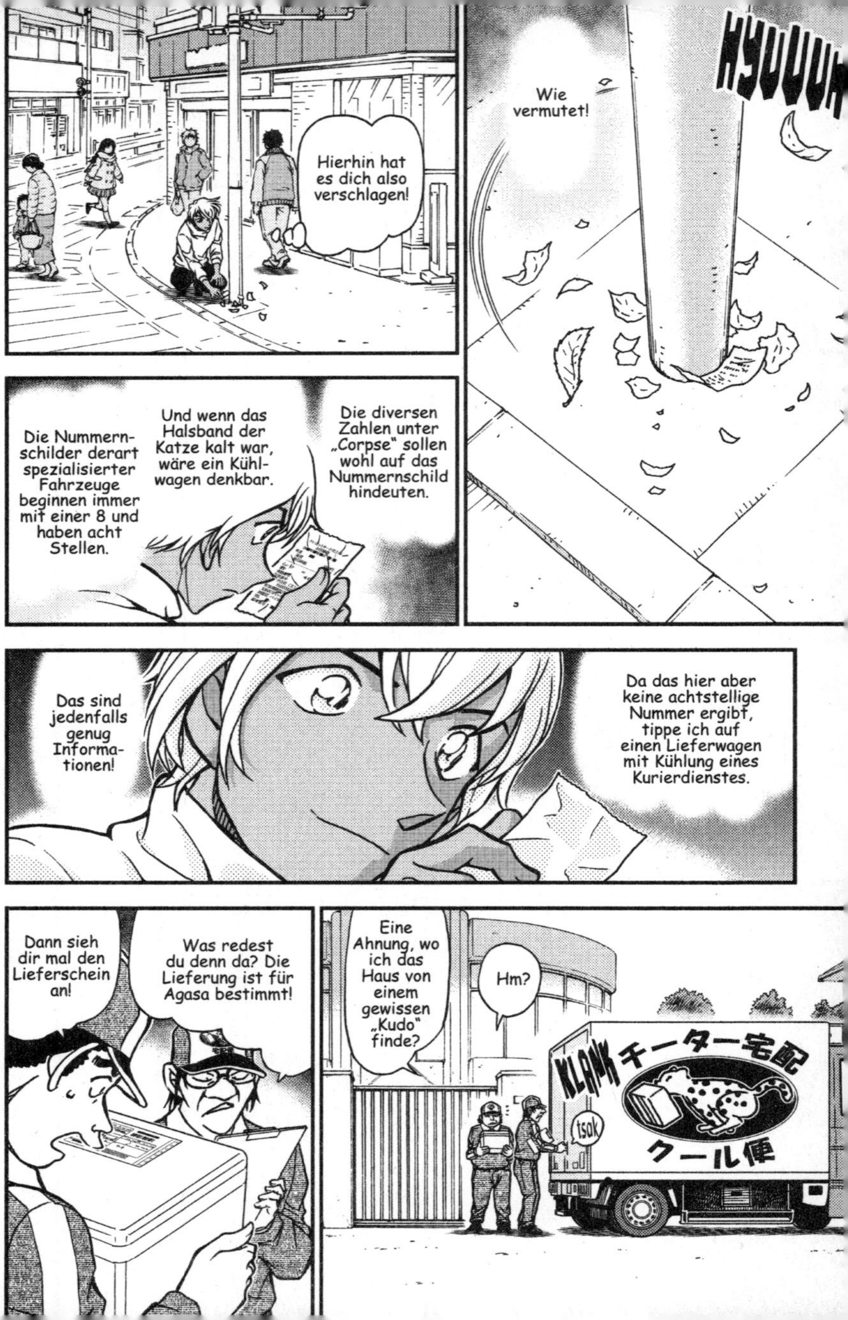

HYUUUH

Wie vermutet!

Hierhin hat es dich also verschlagen!

Die diversen Zahlen unter „Corpse“ sollen wohl auf das Nummernschild hindeuten.

Und wenn das Halsband der Katze kalt war, wäre ein Kühlwagen denkbar.

Die Nummernschilder derart spezialisierter Fahrzeuge beginnen immer mit einer 8 und haben acht Stellen.

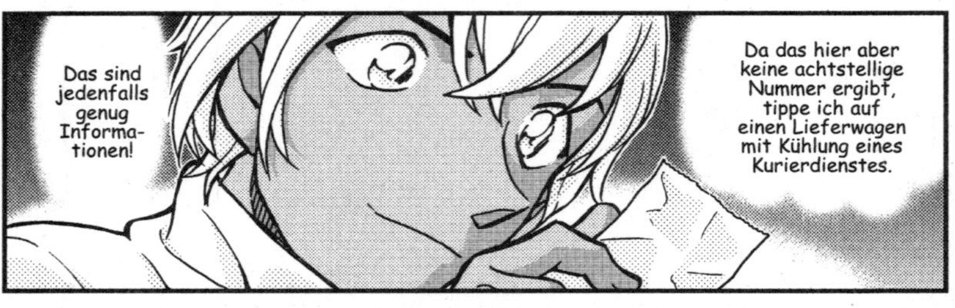

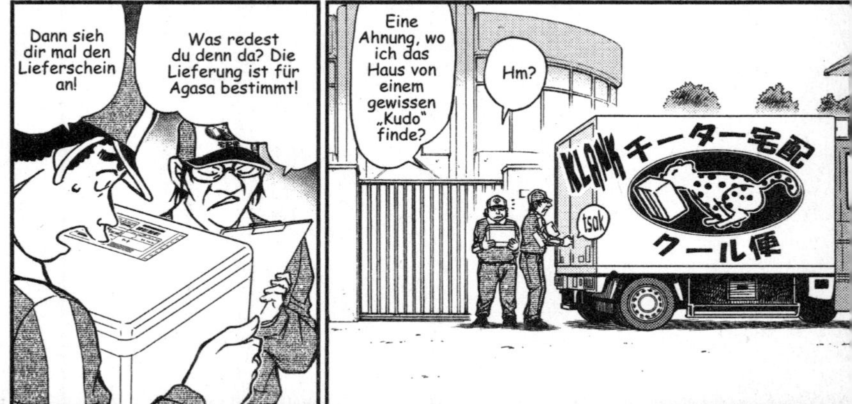

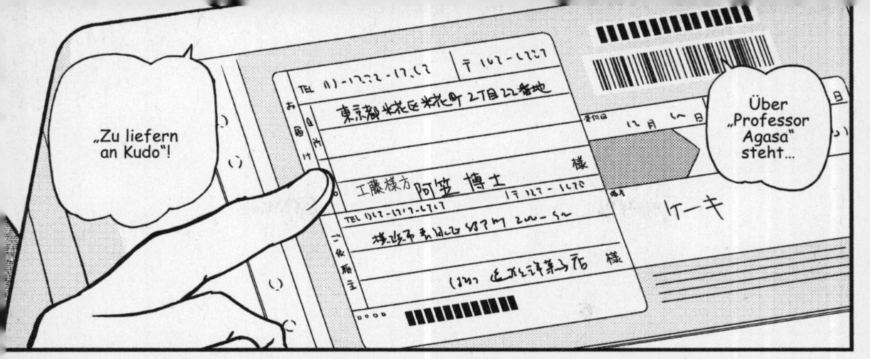
Über „Professor Agasa" steht...
„Zu liefern an Kudo"!
ケーキ

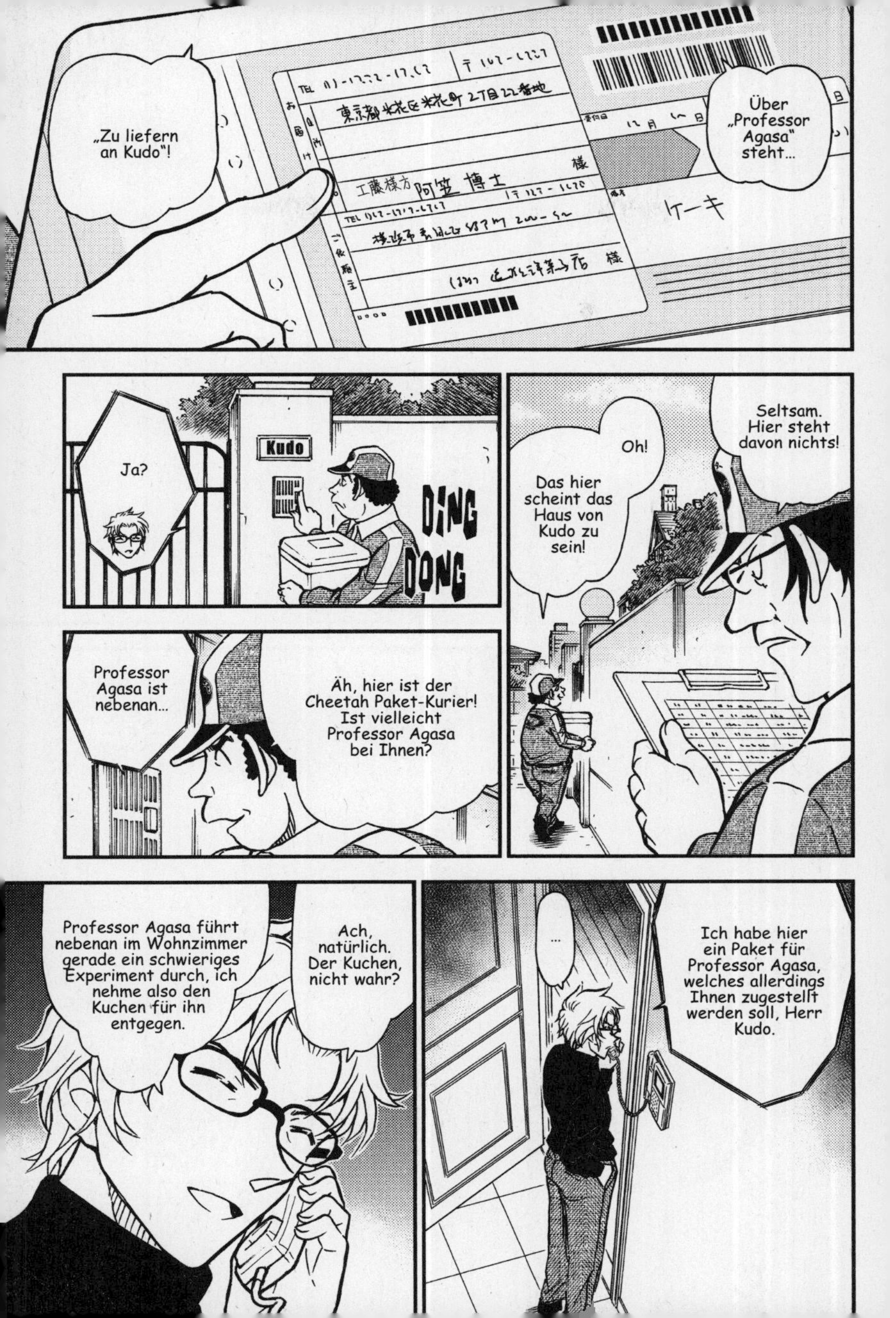

Seltsam. Hier steht davon nichts!
Oh!
Das hier scheint das Haus von Kudo zu sein!
Kudo
DING DONG
Ja?
Äh, hier ist der Cheetah Paket-Kurier! Ist vielleicht Professor Agasa bei Ihnen?
Professor Agasa ist nebenan...
Ich habe hier ein Paket für Professor Agasa, welches allerdings Ihnen zugestellt werden soll, Herr Kudo.
...
Ach, natürlich. Der Kuchen, nicht wahr?
Professor Agasa führt nebenan im Wohnzimmer gerade ein schwieriges Experiment durch, ich nehme also den Kuchen für ihn entgegen.

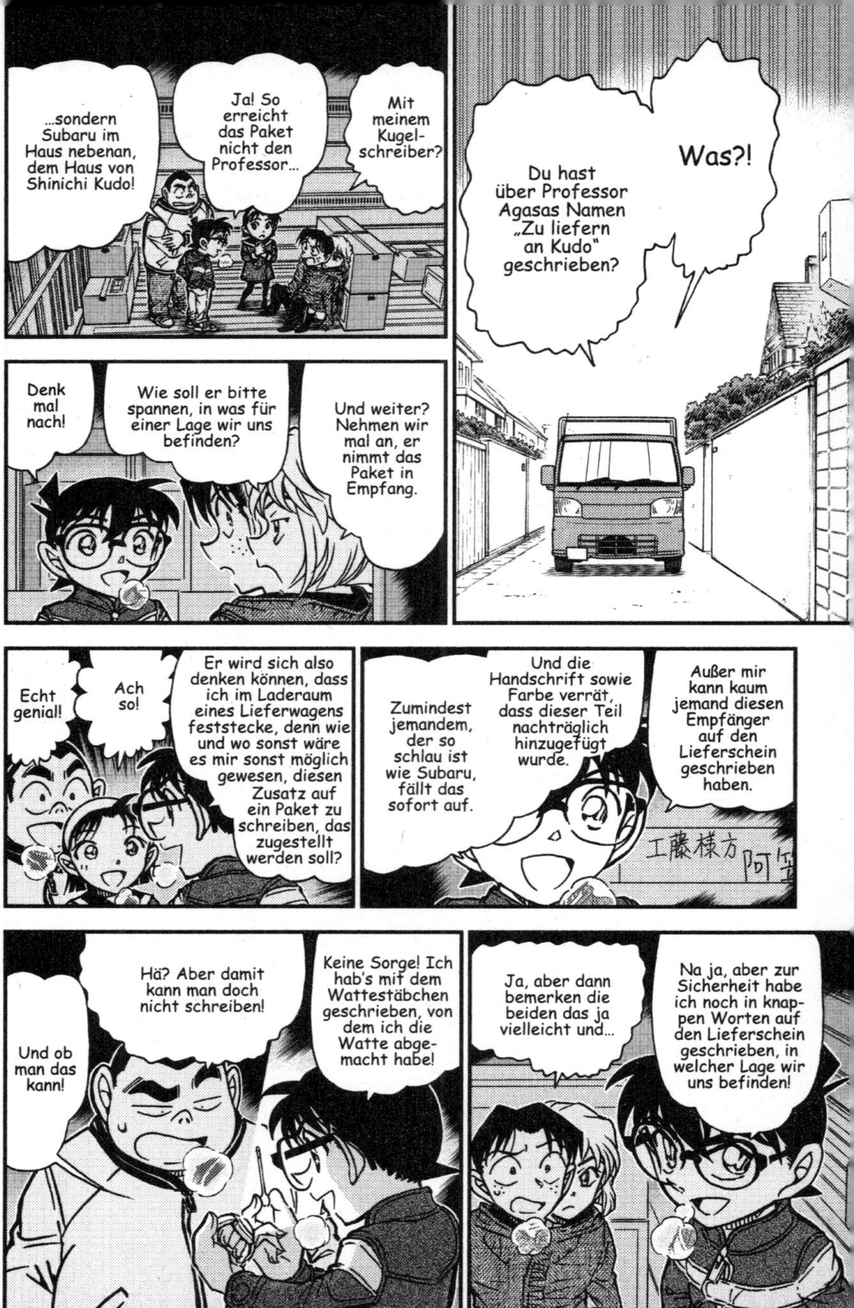

Was?!
Du hast über Professor Agasas Namen „Zu liefern an Kudo“ geschrieben?
Mit meinem Kugelschreiber?
Ja! So erreicht das Paket nicht den Professor...
...sondern Subaru im Haus nebenan, dem Haus von Shinichi Kudo!

Und weiter? Nehmen wir mal an, er nimmt das Paket in Empfang.
Wie soll er bitte spannen, in was für einer Lage wir uns befinden?
Denk mal nach!

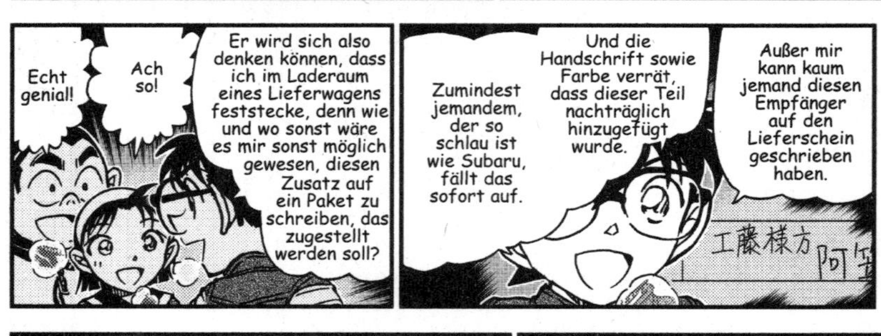

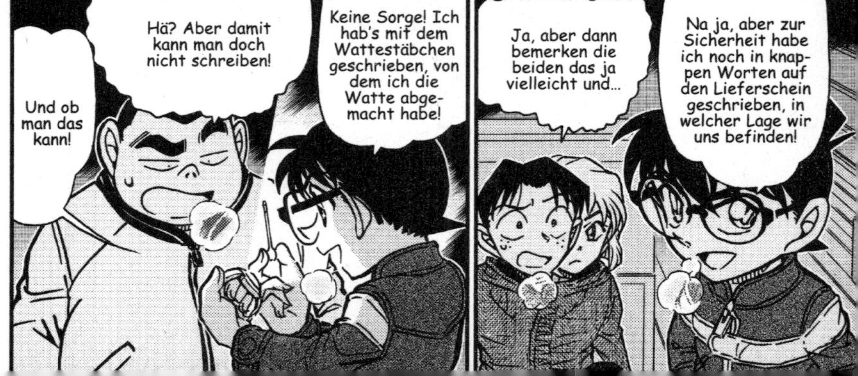

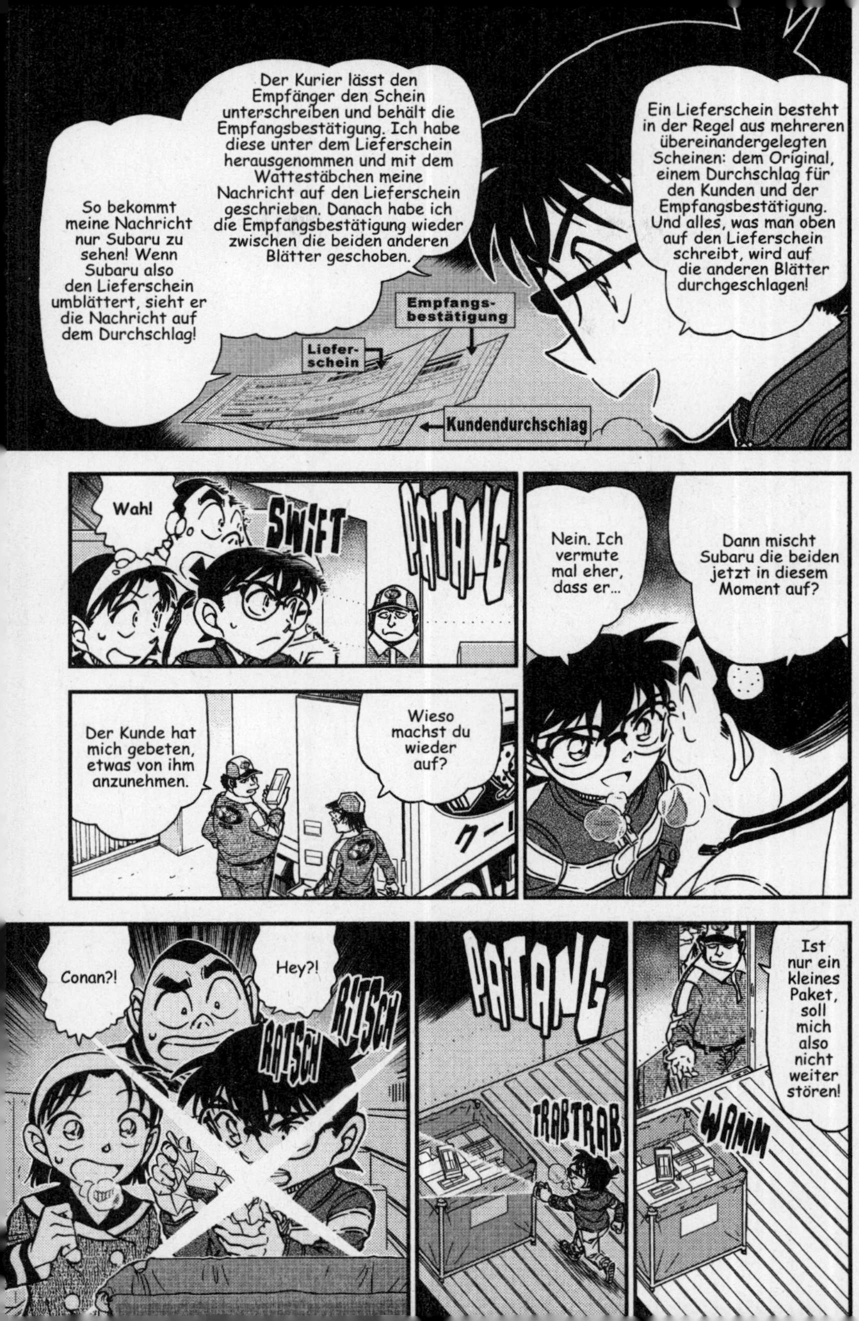

Ein Lieferschein besteht in der Regel aus mehreren übereinandergelegten Scheinen: dem Original, einem Durchschlag für den Kunden und der Empfangsbestätigung. Und alles, was man oben auf den Lieferschein schreibt, wird auf die anderen Blätter durchgeschlagen!

Der Kurier lässt den Empfänger den Schein unterschreiben und behält die Empfangsbestätigung. Ich habe diese unter dem Lieferschein herausgenommen und mit dem Wattestäbchen meine Nachricht auf den Lieferschein geschrieben. Danach habe ich die Empfangsbestätigung wieder zwischen die beiden anderen Blätter geschoben.

Empfangs-bestätigung

Liefer-schein

Kundendurchschlag

So bekommt meine Nachricht nur Subaru zu sehen! Wenn Subaru also den Lieferschein umblättert, sieht er die Nachricht auf dem Durchschlag!

Dann mischt Subaru die beiden jetzt in diesem Moment auf?

Nein. Ich vermute mal eher, dass er...

PATANG

SWIFT

Wah!

Wieso machst du wieder auf?

Der Kunde hat mich gebeten, etwas von ihm anzunehmen.

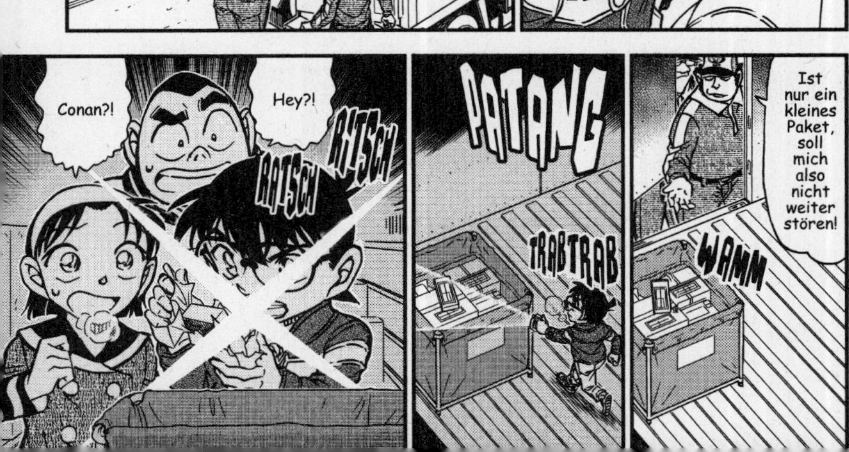

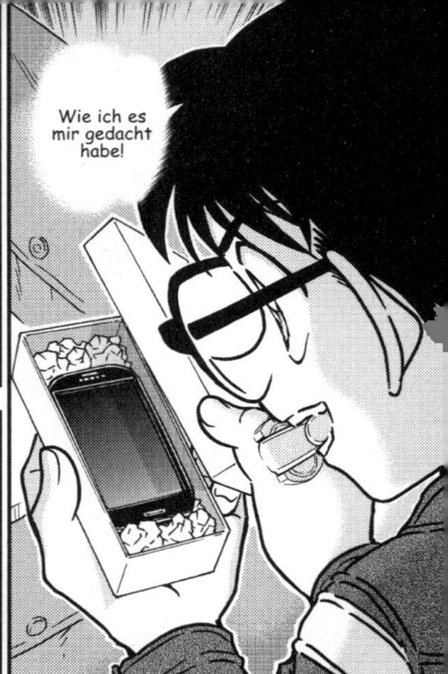
Wie ich es mir gedacht habe!

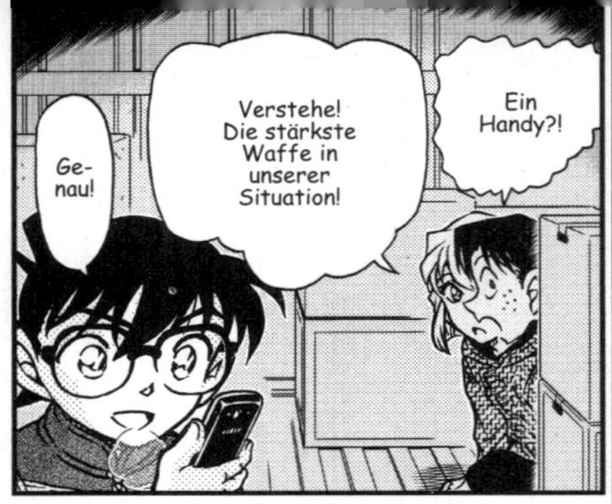
Ein Handy?!
Verstehe! Die stärkste Waffe in unserer Situation!
Ge-nau!

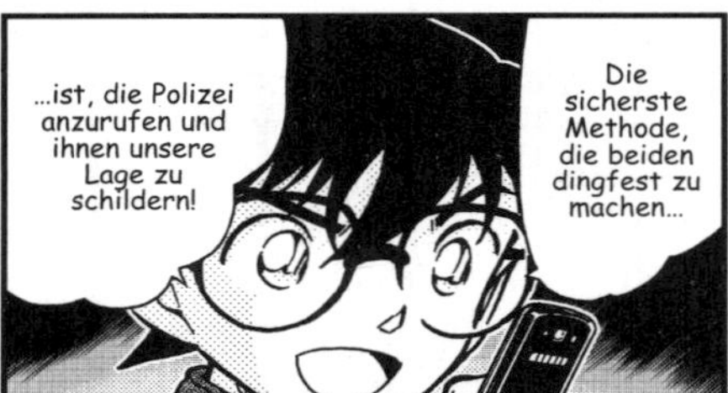
Die sicherste Methode, die beiden dingfest zu machen...
...ist, die Polizei anzurufen und ihnen unsere Lage zu schildern!

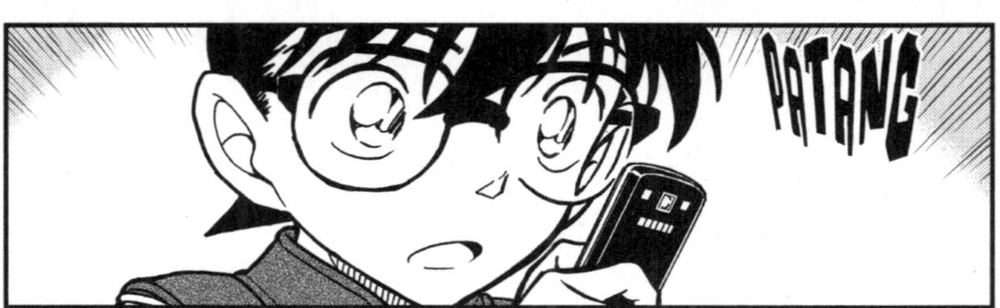
PATANG

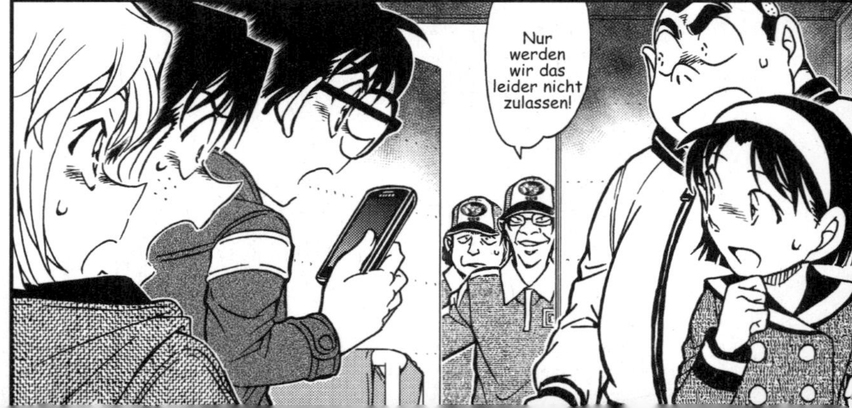
Nur werden wir das leider nicht zulassen!

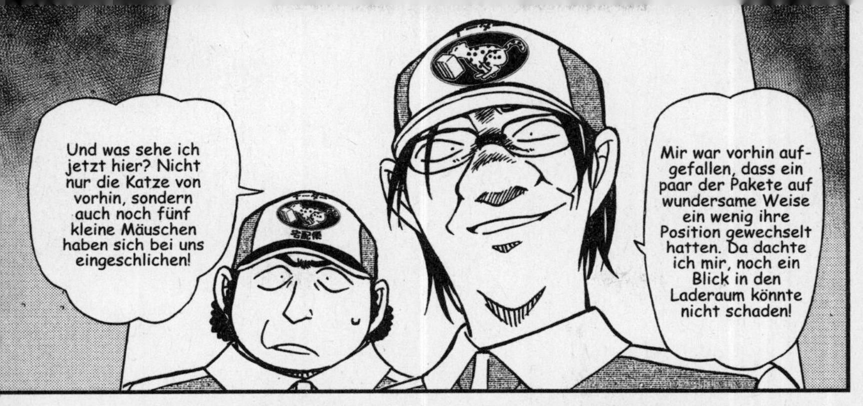
Mir war vorhin auf-gefallen, dass ein paar der Pakete auf wundersame Weise ein wenig ihre Position gewechselt hatten. Da dachte ich mir, noch ein Blick in den Laderaum könnte nicht schaden!
Und was sehe ich jetzt hier? Nicht nur die Katze von vorhin, sondern auch noch fünf kleine Mäuschen haben sich bei uns eingeschlichen!

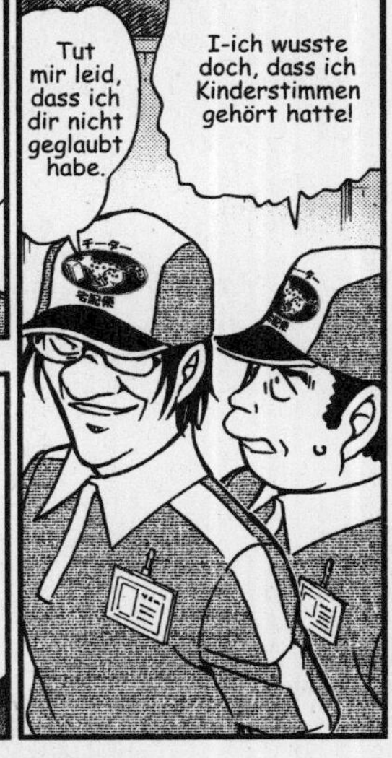
I-ich wusste doch, dass ich Kinderstimmen gehört hatte!
Tut mir leid, dass ich dir nicht geglaubt habe.

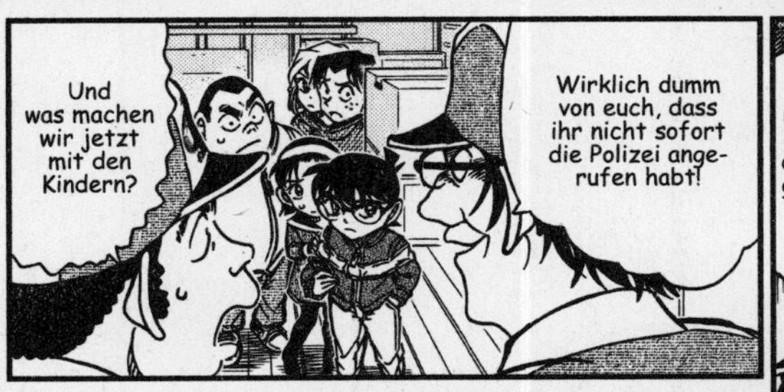
Wirklich dumm von euch, dass ihr nicht sofort die Polizei ange-rufen habt!
Und was machen wir jetzt mit den Kindern?

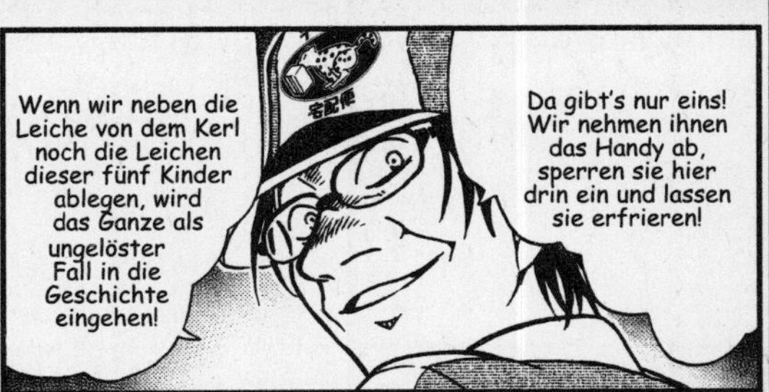
Da gibt's nur eins! Wir nehmen ihnen das Handy ab, sperren sie hier drin ein und lassen sie erfrieren!
Wenn wir neben die Leiche von dem Kerl noch die Leichen dieser fünf Kinder ablegen, wird das Ganze als ungelöster Fall in die Geschichte eingehen!

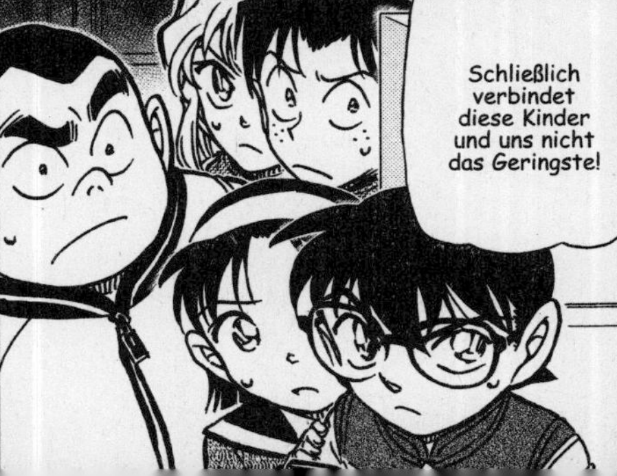
Schließlich verbindet diese Kinder und uns nicht das Geringste!

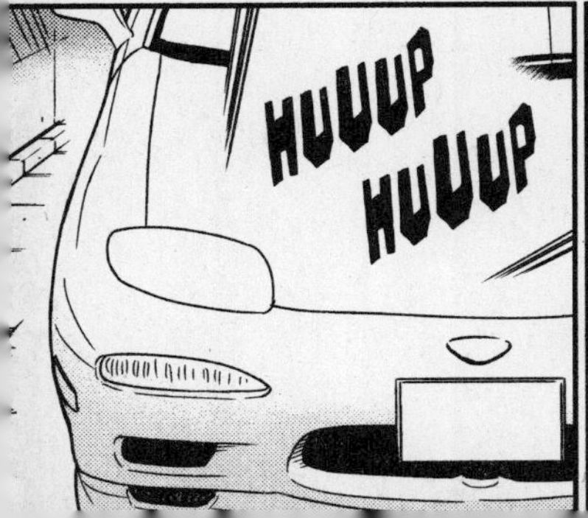
HUUUP
HUUUP

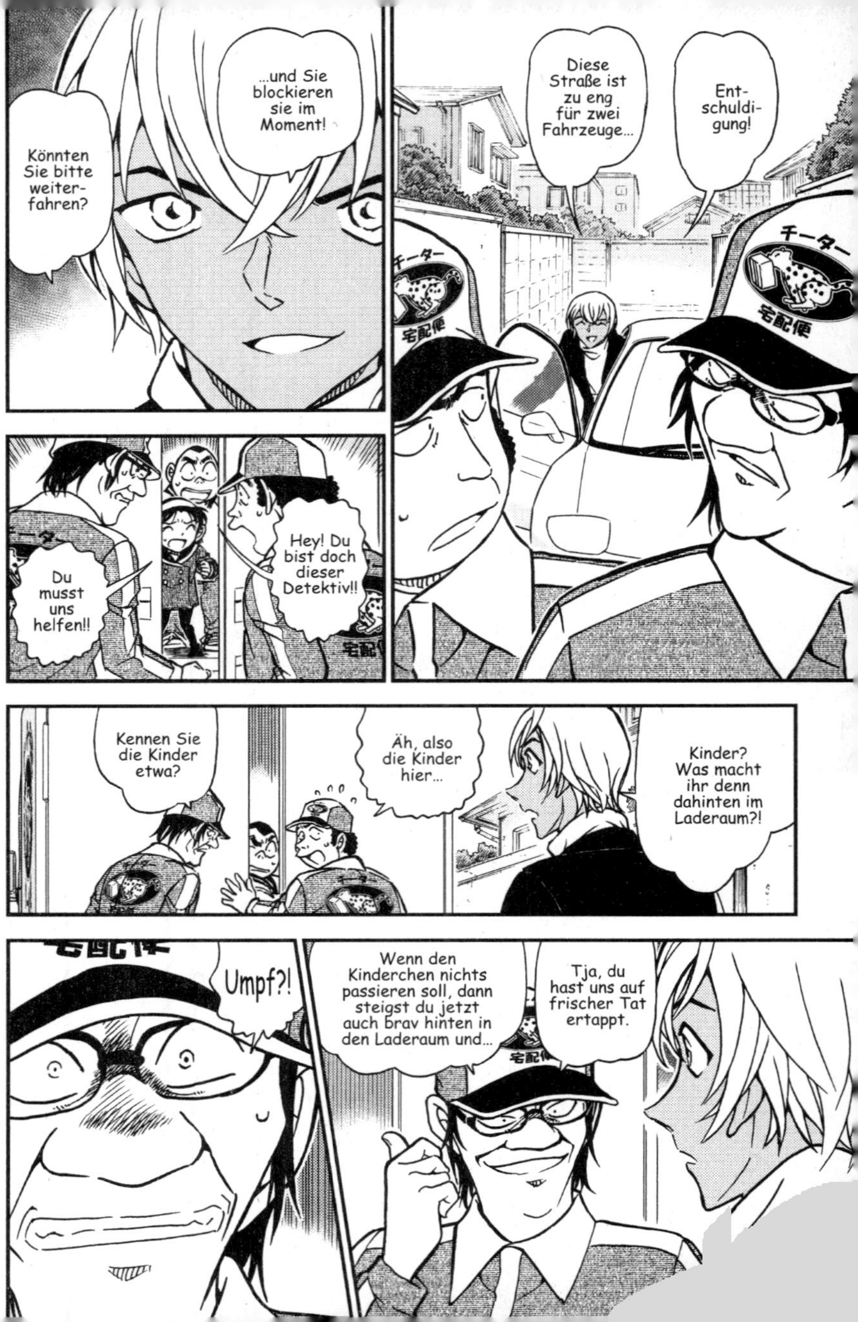

Ent-schuldi-gung!
Diese Straße ist zu eng für zwei Fahrzeuge...
...und Sie blockieren sie im Moment!
Könnten Sie bitte weiter-fahren?
Hey! Du bist doch dieser Detektiv!!
Du musst uns helfen!!
Kinder? Was macht ihr denn dahinten im Laderaum?!
Äh, also die Kinder hier...
Kennen Sie die Kinder etwa?

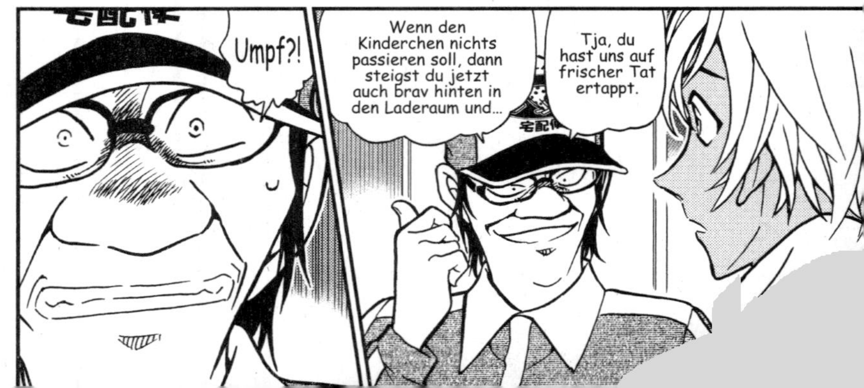

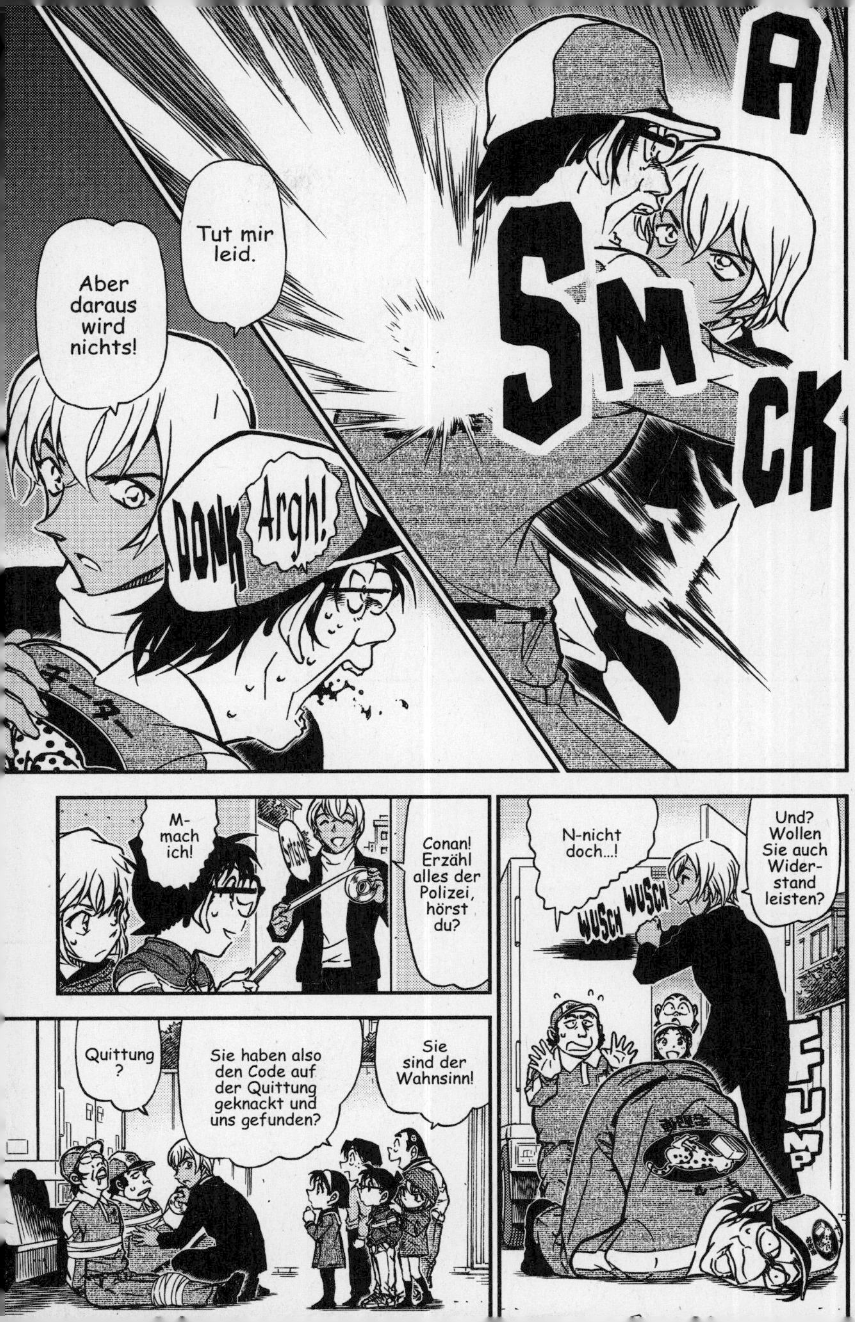

SMACK

Tut mir leid.

Aber daraus wird nichts!

DONK

Argh!

Und? Wollen Sie auch Widerstand leisten?

N-nicht doch...!

WUSCH WUSCH

FLUMP

Conan! Erzähl alles der Polizei, hörst du?

M-mach ich!

Sie sind der Wahnsinn!

Sie haben also den Code auf der Quittung geknackt und uns gefunden?

Quittung?

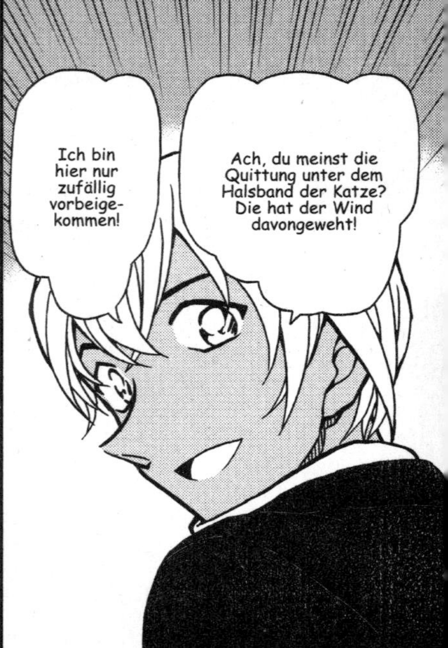
Ach, du meinst die Quittung unter dem Halsband der Katze? Die hat der Wind davongeweht!
Ich bin hier nur zufällig vorbeigekommen!

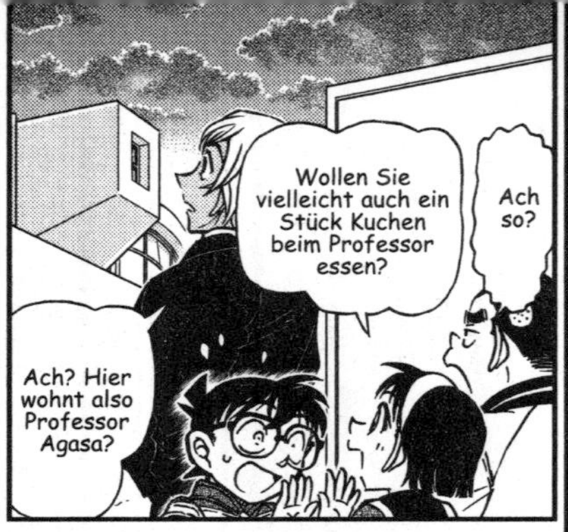
Ach so?
Wollen Sie vielleicht auch ein Stück Kuchen beim Professor essen?
Ach? Hier wohnt also Professor Agasa?

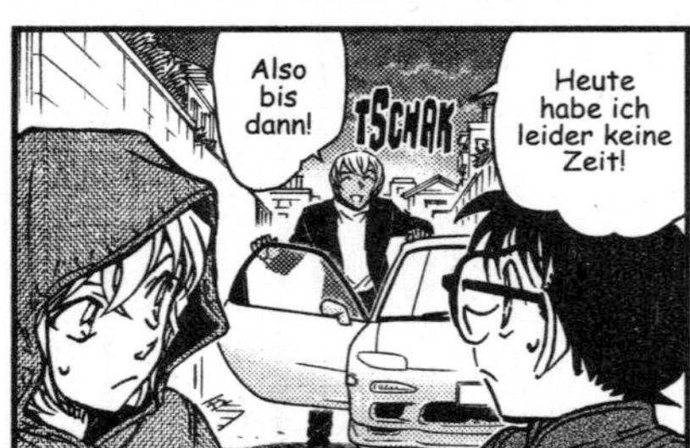
Heute habe ich leider keine Zeit!
Also bis dann!
TSCHAK

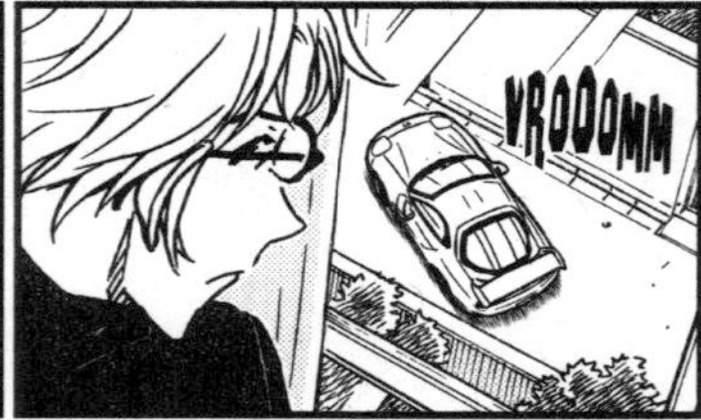
VROOOMM

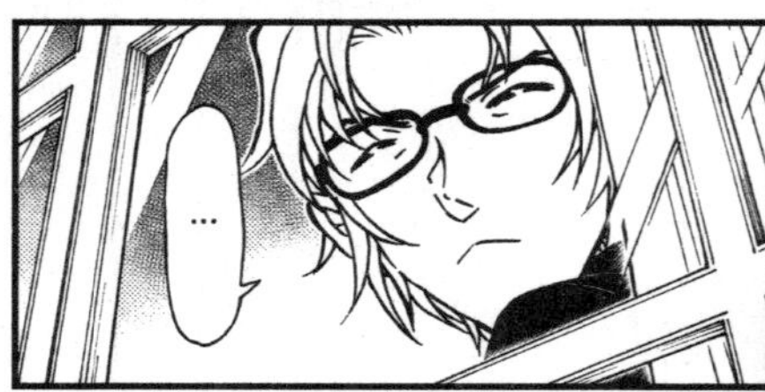
...

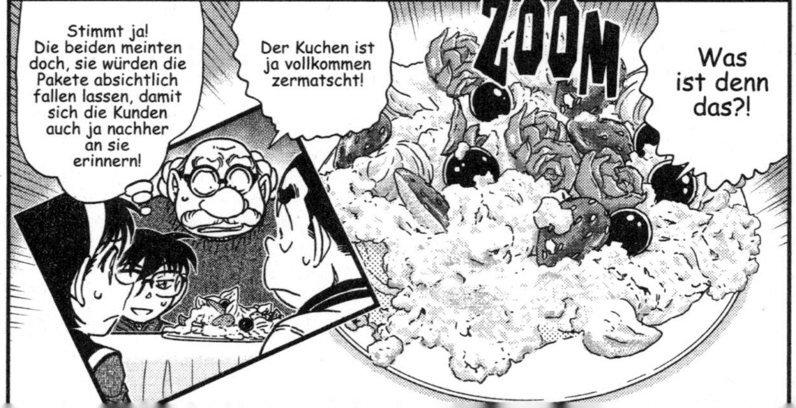
Was ist denn das?!
ZOOM
Der Kuchen ist ja vollkommen zermatscht!
Stimmt ja! Die beiden meinten doch, sie würden die Pakete absichtlich fallen lassen, damit sich die Kunden auch ja nachher an sie erinnern!

Bourbons Fallakte 2

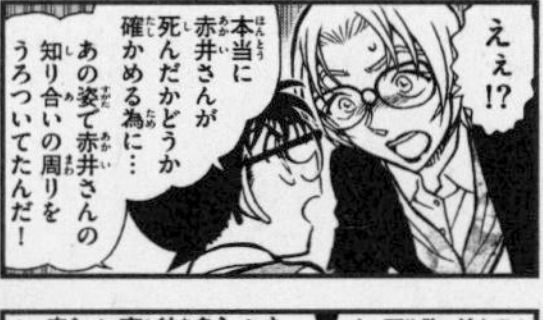

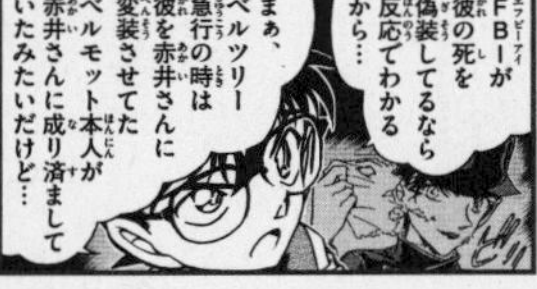

Jodie ist traurig zu erfahren, dass der Mann mit der Brandnarbe Bourbon ist.

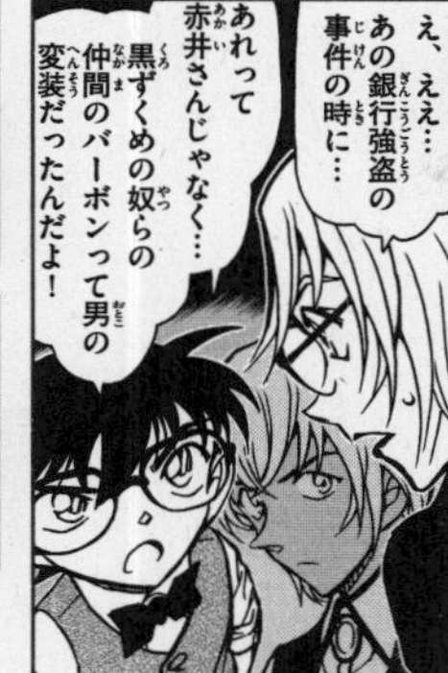

Das heranrückende FBI gegen Bourbon – eine epische Schlacht.

Conan eröffnet Jodie und ihren Kollegen vom FBI, dass hinter dem Mann mit der Brandnarbe Bourbon steckte, und bittet sie im gleichen Atemzug, herauszufinden, welche Absichten Bourbon bzw. Toru Amuro, der im Café Poirot als Bedienung arbeitet, verfolgt.

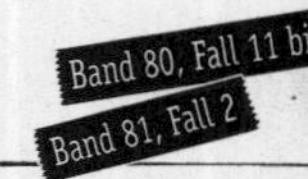

Schlüsselperson

Ist Shuichi Akai wirklich tot?

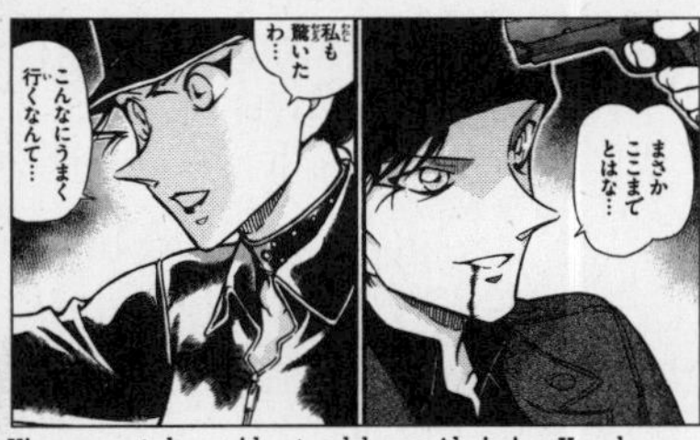

Kir verpasst dem widerstandslosen Akai eine Kugel.

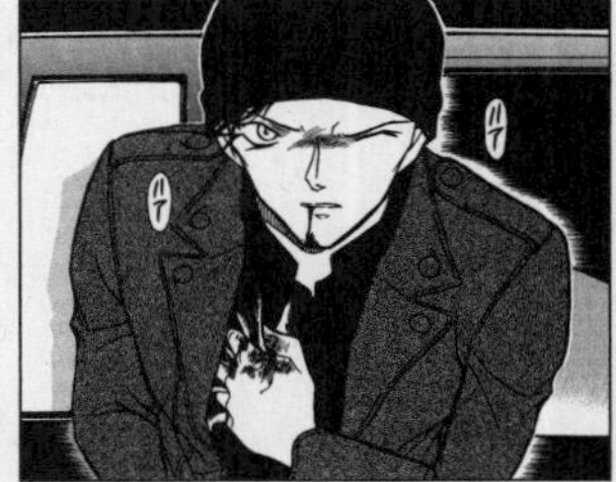

Gin hat Kir aufgetragen, Akai am Raiha-Bergpass umzubringen.

Akai bekommt einen Kopfschuss verpasst. Wenig später explodiert sein Wagen und die Leiche darin scheint tatsächlich Akai zu sein…

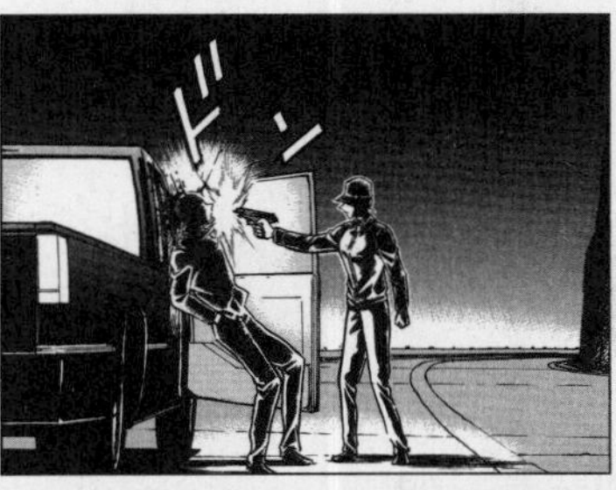

Der FBI-Agent Shuichi Akai hatte sich in der Vergangenheit in die Schwarze Organisation eingeschlichen. Nach dem Kopfschuss durch Kir am Raiha-Bergpass hätte er eigentlich tot sein müssen, doch Toru Amuro hat seine Zweifel daran und stellt Nachforschungen an. Und die Ereignisse im Bell Tree Express verstärken seinen Verdacht nur…

Band 58, Fall 8 bis
Band 59, Fall 1

ɛr arbeitet mit Vermouth zusammen.

ʌal schlüpft er in die Rolle des Manns mit ɫer Brandnarbe, mal hilft er bei Ermittlun-ɟen gegen das FBI aus: Keine Frage, Bour-ɒon arbeitet mit Vermouth zusammen! Oder ɪutzt sie einfach nur seinen einzigartigen ɹpürsinn für ihre Zwecke aus…?

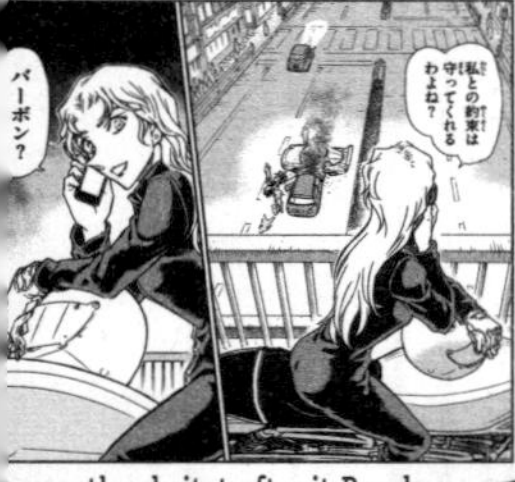

ermouth arbeitet oft mit Bourbon ısammen.

Band 76, Fälle 1 bis 5

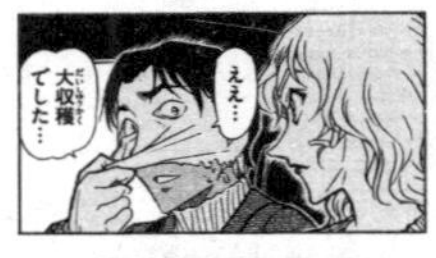

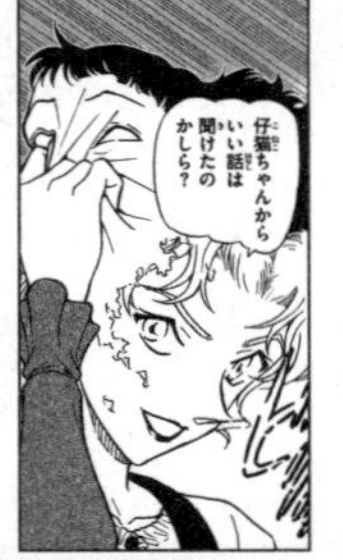

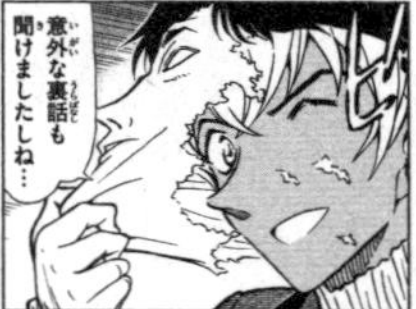

In perfekter Verkleidung wird das FBI ausspioniert.

Toru Amuro und Vermouth haben sich verkleidet und beschatten Conan und Jodie, um Informationen zu Shuichi Akai zu erhalten. Doch Jodie dachte die ganze Zeit, dass Akai wirklich tot sei. Toru hat zwischenzeitlich neue Informationen gewonnen.

Band 80, Fall 11 bis Band 81, Fall 2

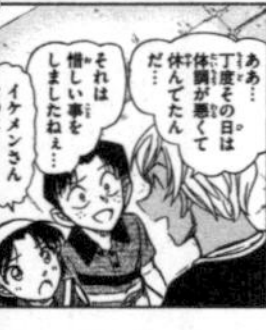

An seiner Beziehung zu Conan ändert sich nichts?!

Obwohl Conan inzwischen weiß, dass Toru Bourbon ist, behandelt er ihn gleich. Wieso?!

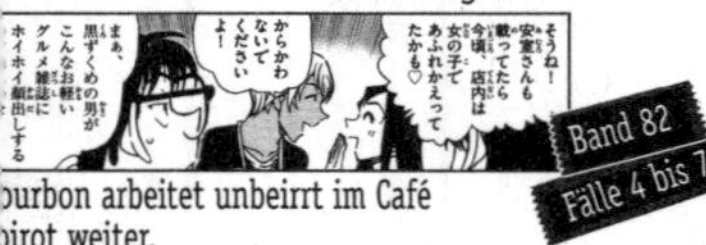

ɔurbon arbeitet unbeirrt im Café ɔirot weiter.

Band 82 Fälle 4 bis 7

Schlüsselperson

Wie steht er zu Ai…?

Conan ist bemüht, Toru von Ai fernzuhalten…

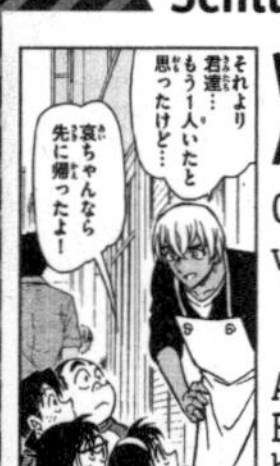

Als Toru Amuro pflegt Bourbon weiterhin eine unbeschwerte Beziehung zu den Detective Boys.

Band 82, Fälle 4 bis 7

Schlüsselperson

Was hat es mit Subaru Okiya auf sich?

Der Doktorand Subaru Okiya, der seit einiger Zeit im Haus der Kudos wohnt und ein Faible für hochgeschlossene Kleidung hat, gibt mit seinem Verhalten etliche Rätsel auf. Sein Scharfsinn ist jedoch bemerkenswert, und auch Conan scheint ihm zu vertrauen. Von Ai Haibara kann man das allerdings nicht behaupten… Und auch Toru Amuro stellt Nachforschungen zu seiner Identität an. Wer ist er eigentlich?!

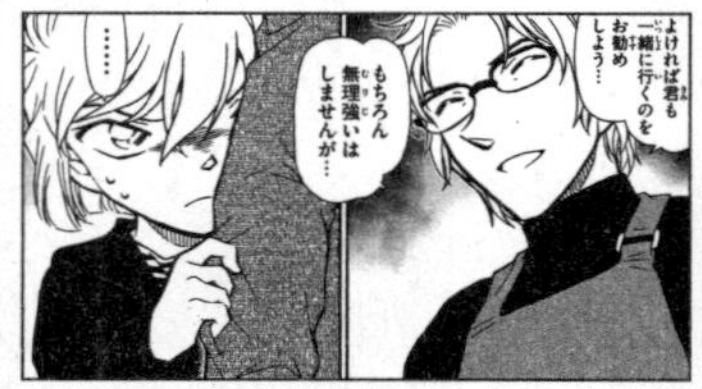

Ai fürchtet sich zwar vor ihm, ist aber auch sehr an seiner wahren Identität interessiert.

Band 76, Fall 1 bis 5

FALL 1 Eine mörderische Teegesellschaft

AKTE 4 EINE MÖRDERISCHE TEEGESELLSCHAFT

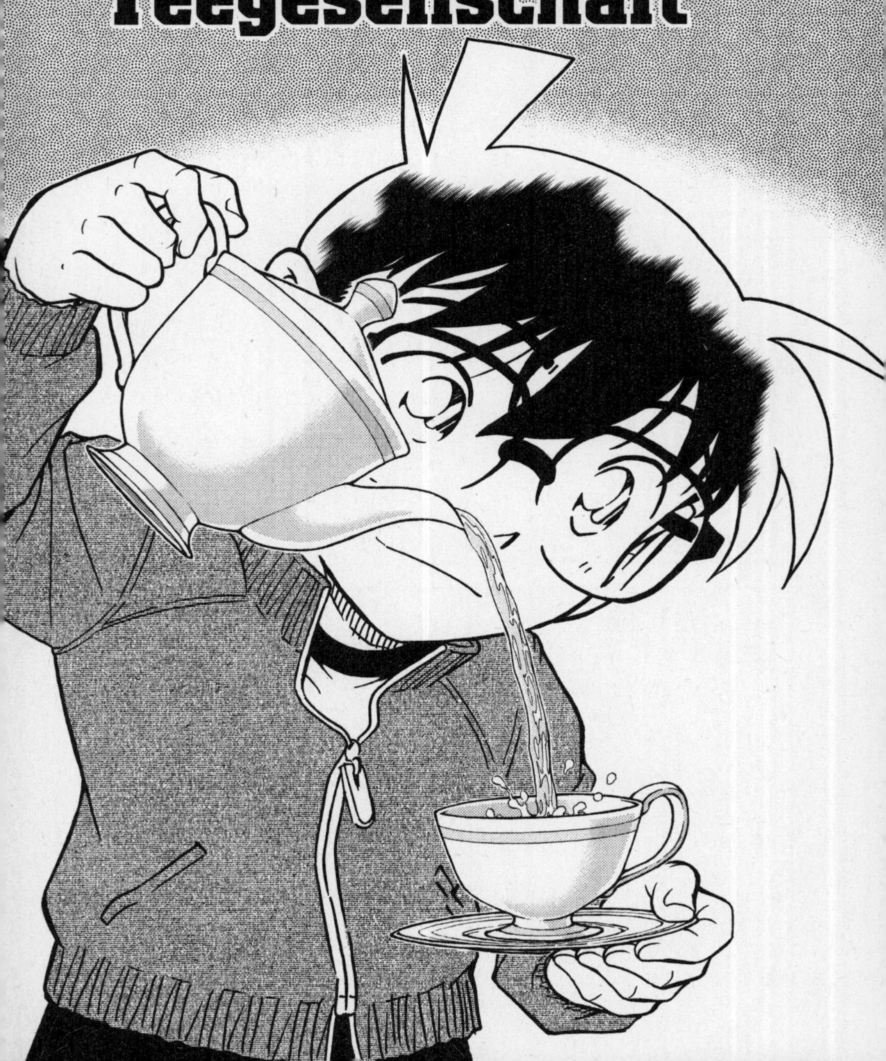

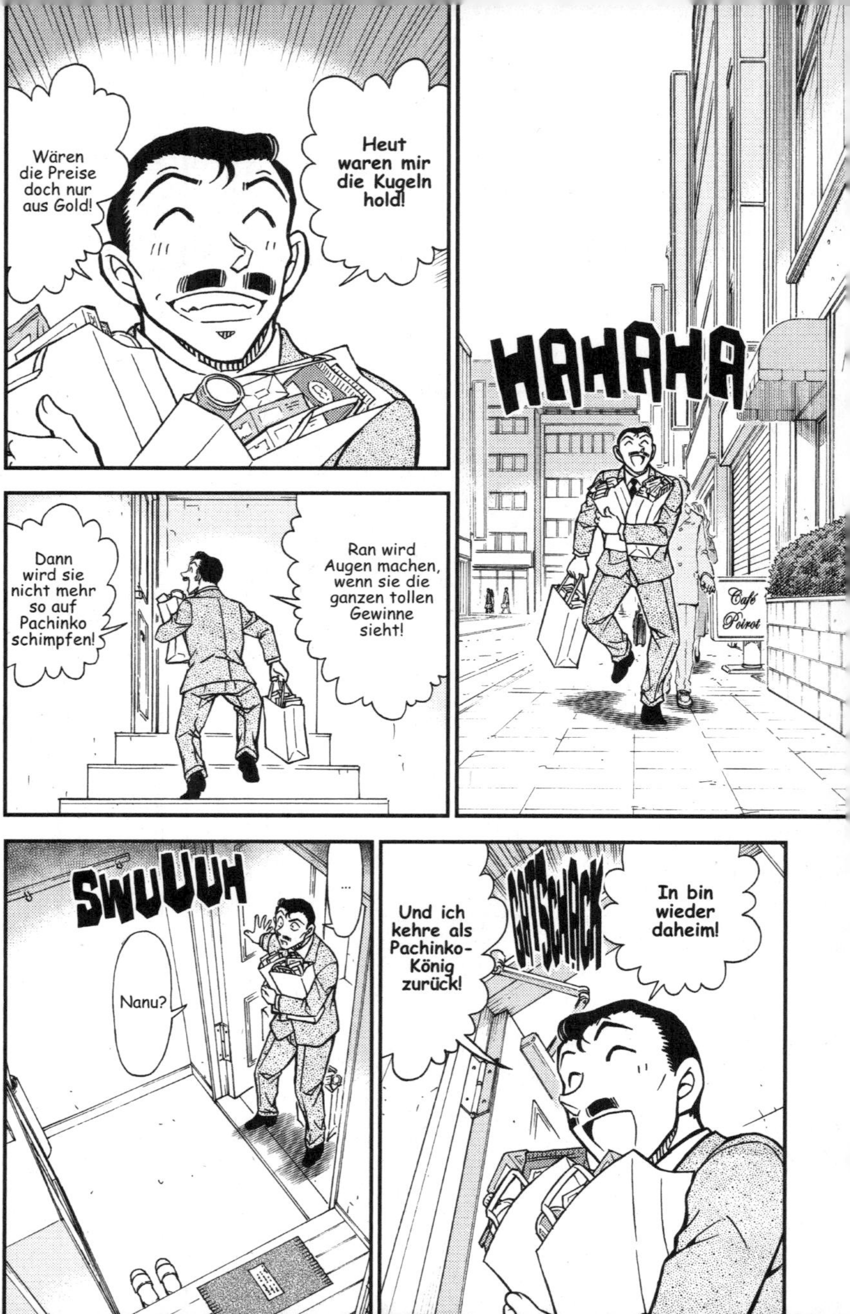

HAHAHA

Heut waren mir die Kugeln hold!

Wären die Preise doch nur aus Gold!

Ran wird Augen machen, wenn sie die ganzen tollen Gewinne sieht!

Dann wird sie nicht mehr so auf Pachinko schimpfen!

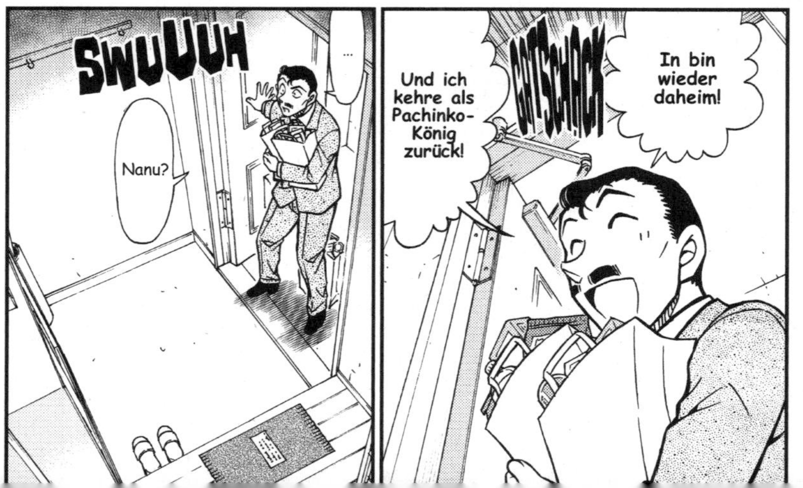

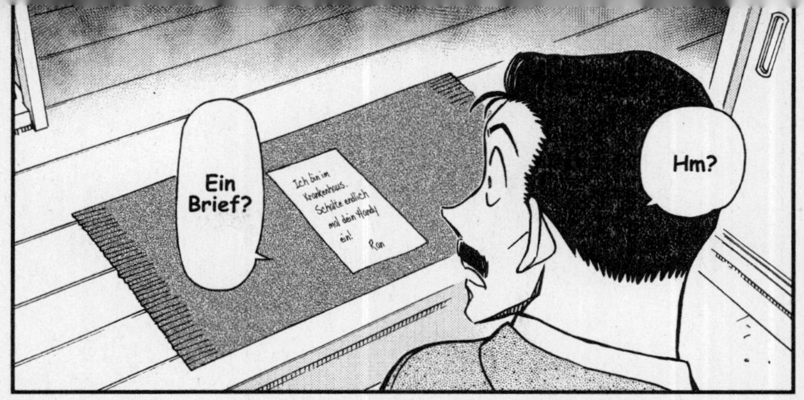

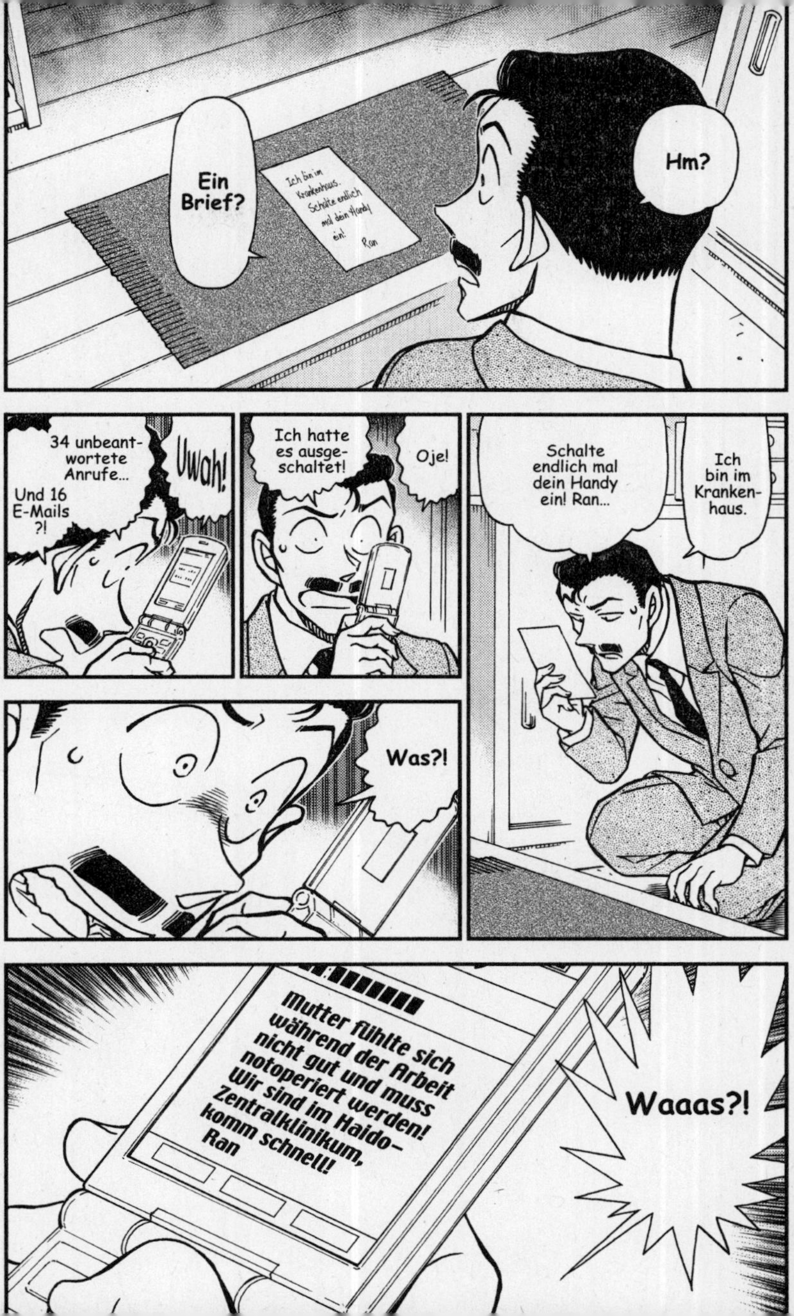

Ich bin im Krankenhaus.
Schalte endlich mal dein Handy ein! Ran...
Oje!
Ich hatte es ausgeschaltet!
Uwah!
34 unbeantwortete Anrufe...
Und 16 E-Mails ?!
Was?!

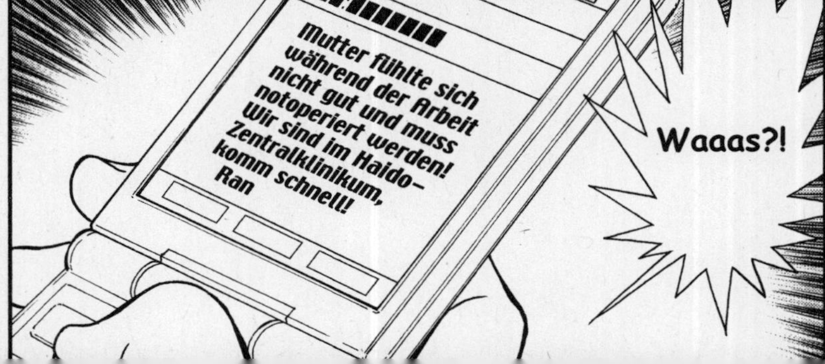

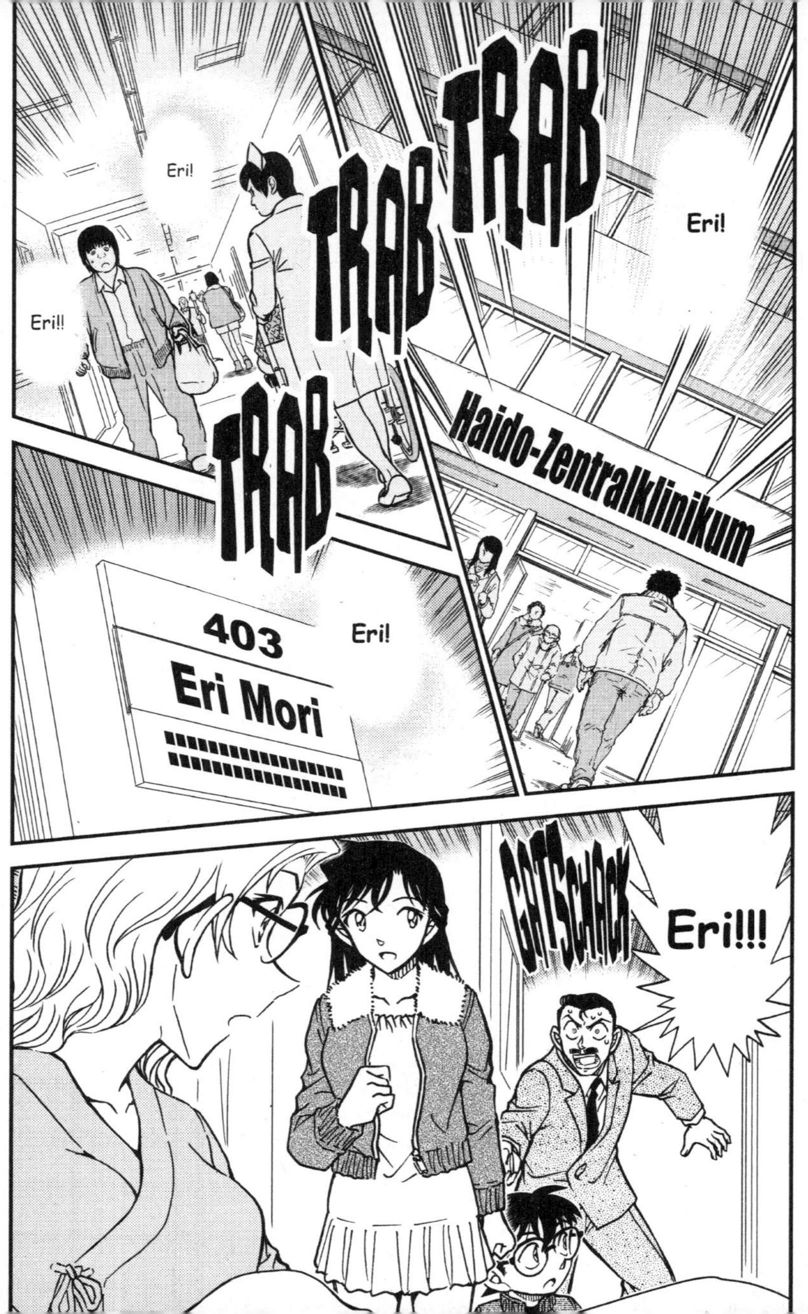
TRAB
TRAB
TRAB
TRAB
Eri!
Eri!
Eri!!
Haido-Zentralklinikum
Eri!
403
Eri Mori
GATSCHACK
Eri!!!

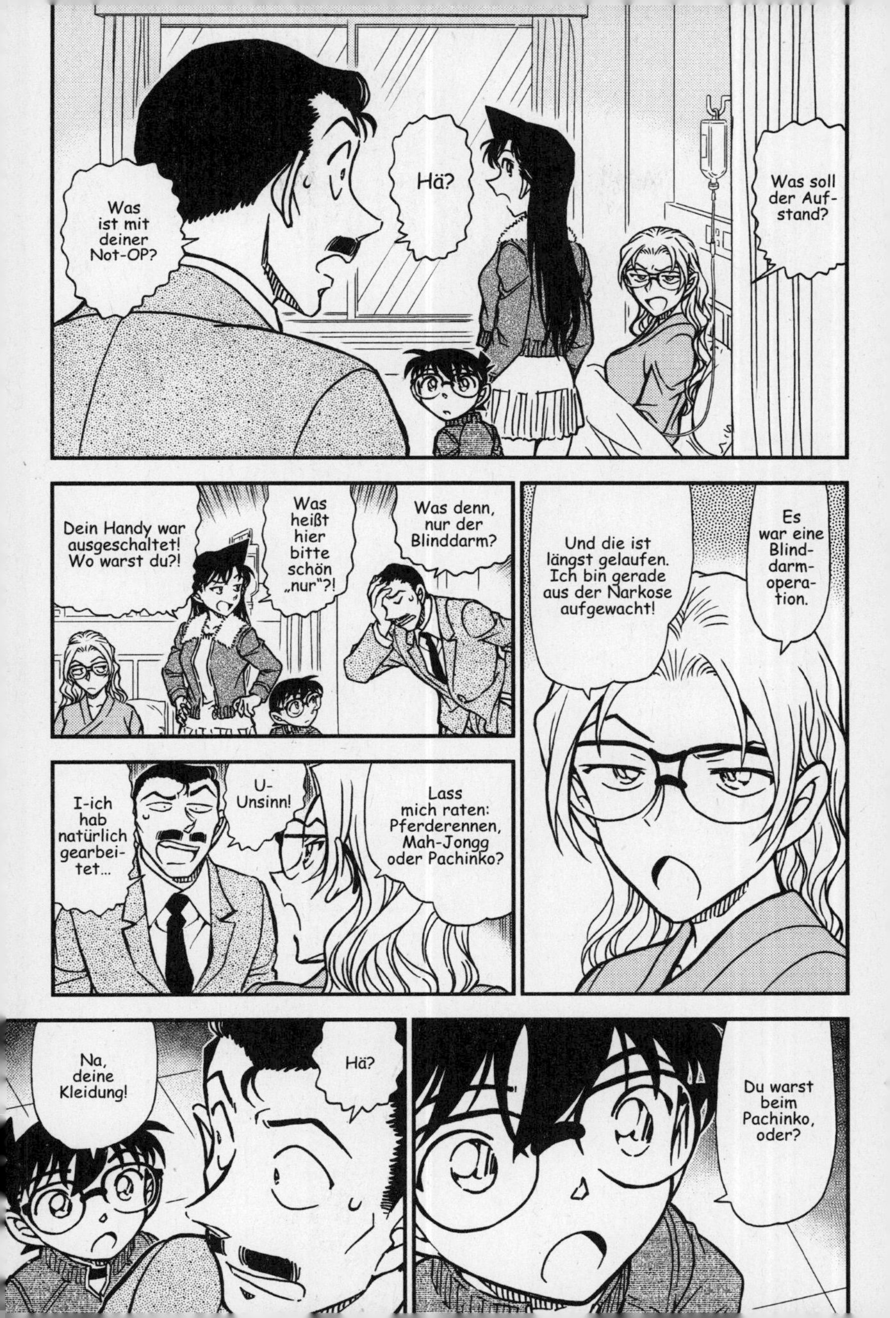

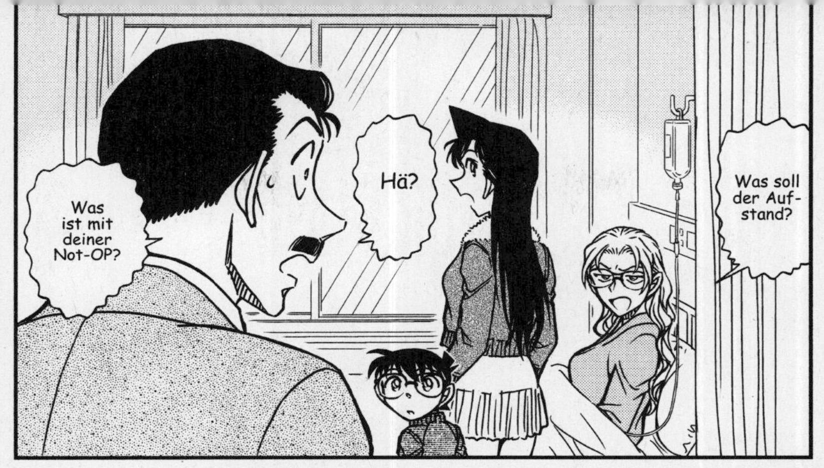
Was soll der Aufstand?
Hä?
Was ist mit deiner Not-OP?

Es war eine Blinddarmoperation.
Und die ist längst gelaufen. Ich bin gerade aus der Narkose aufgewacht!
Was denn, nur der Blinddarm?
Was heißt hier bitte schön „nur"?!
Dein Handy war ausgeschaltet! Wo warst du?!
Lass mich raten: Pferderennen, Mah-Jongg oder Pachinko?
U-Unsinn!
I-ich hab natürlich gearbeitet...

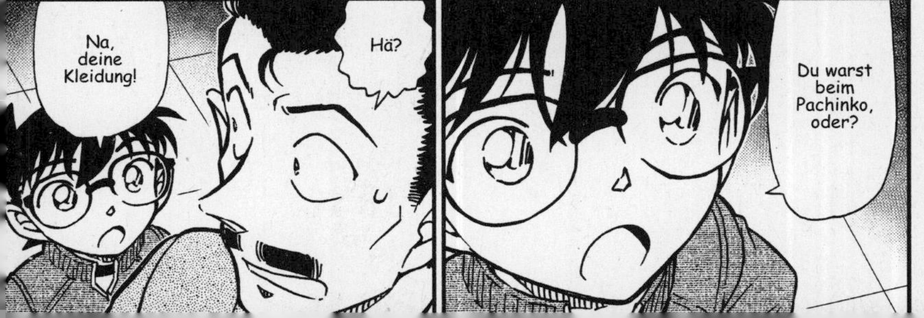
Du warst beim Pachinko, oder?
Hä?
Na, deine Kleidung!

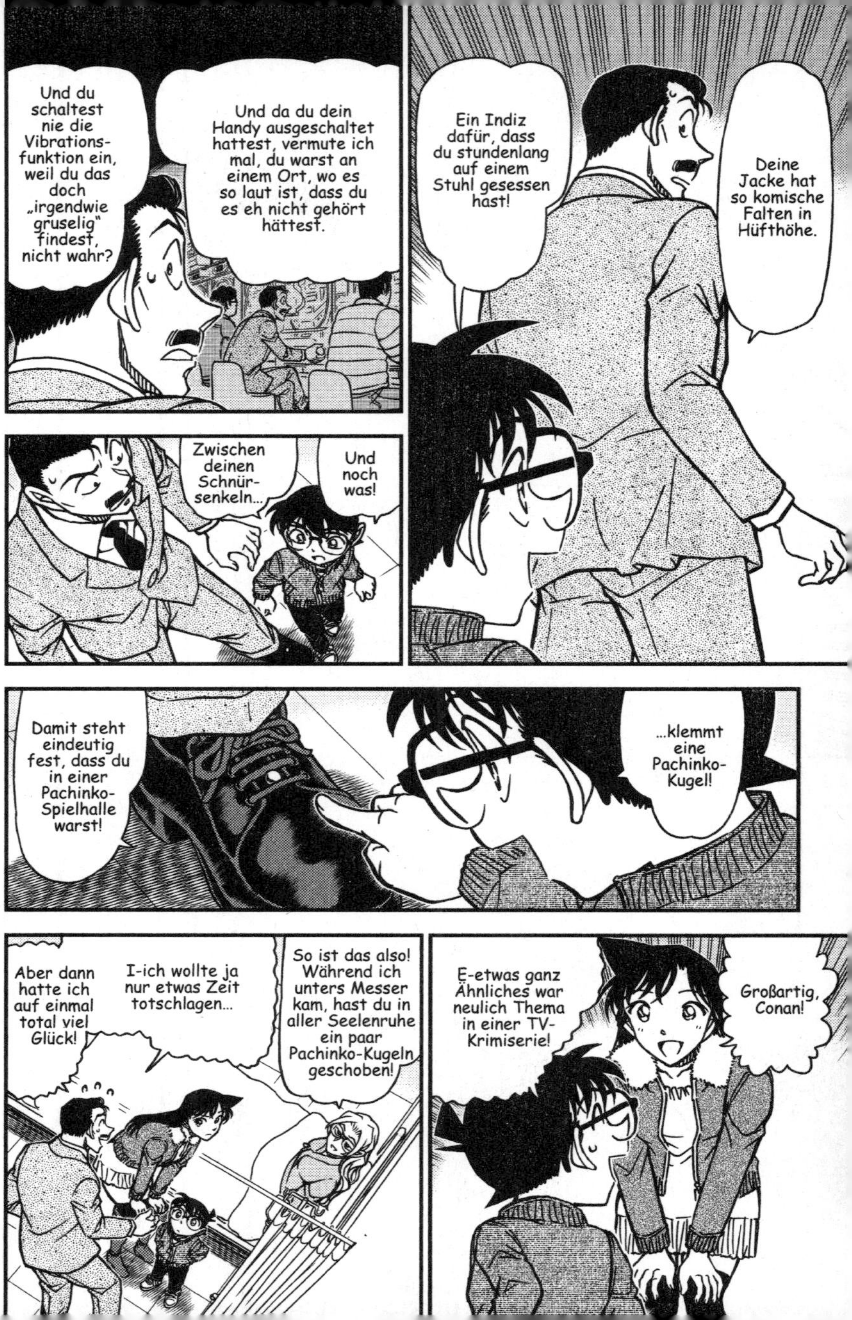

Deine Jacke hat so komische Falten in Hüfthöhe.

Ein Indiz dafür, dass du stundenlang auf einem Stuhl gesessen hast!

Und da du dein Handy ausgeschaltet hattest, vermute ich mal, du warst an einem Ort, wo es so laut ist, dass du es eh nicht gehört hättest.

Und du schaltest nie die Vibrationsfunktion ein, weil du das doch „irgendwie gruselig“ findest, nicht wahr?

Und noch was!

Zwischen deinen Schnürsenkeln...

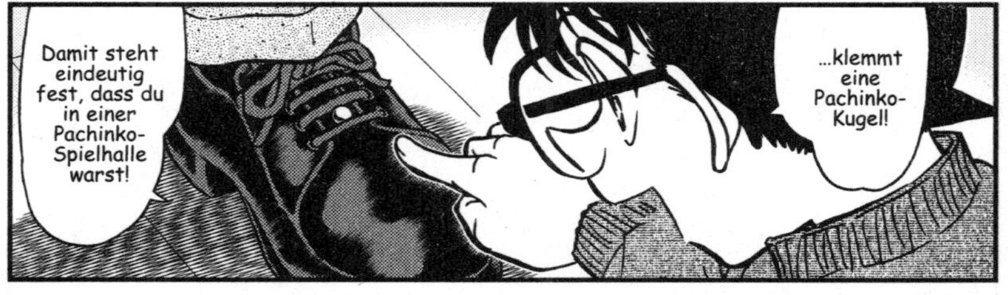

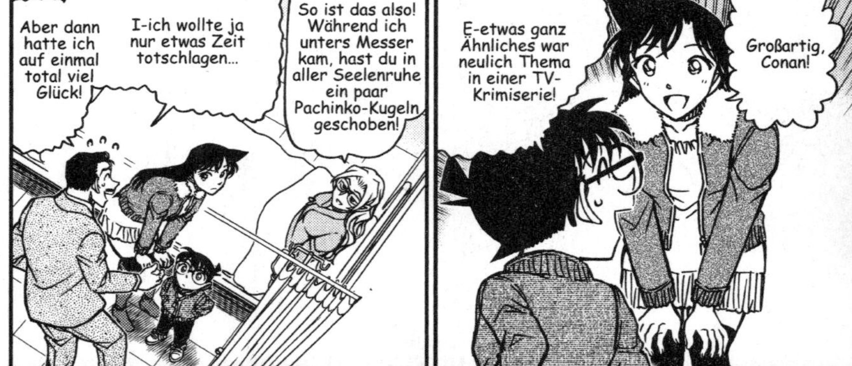

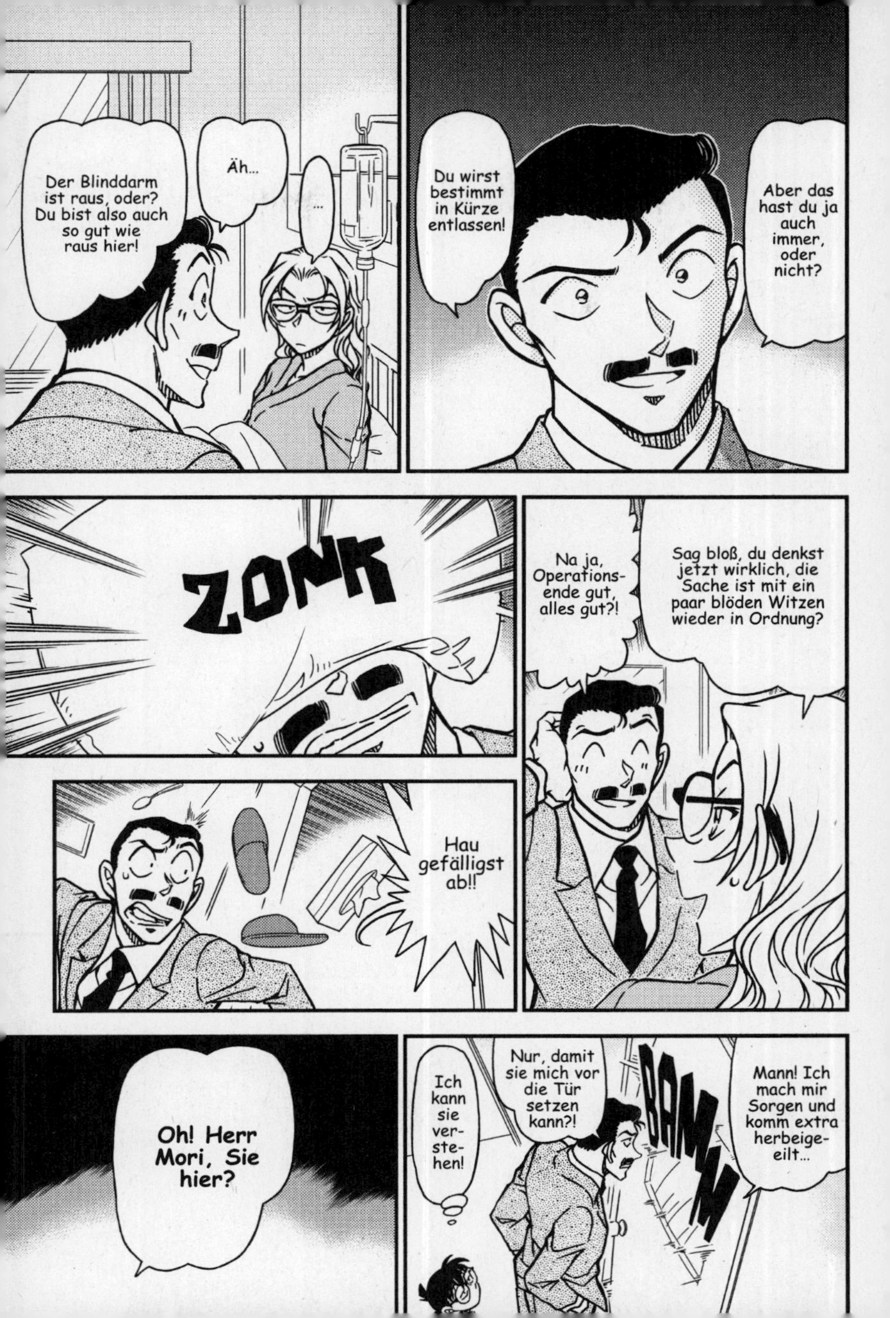

Aber das hast du ja auch immer, oder nicht?

Du wirst bestimmt in Kürze entlassen!

...

Äh...

Der Blinddarm ist raus, oder? Du bist also auch so gut wie raus hier!

Sag bloß, du denkst jetzt wirklich, die Sache ist mit ein paar blöden Witzen wieder in Ordnung?

Na ja, Operations-ende gut, alles gut?!

ZONK

Hau gefälligst ab!!

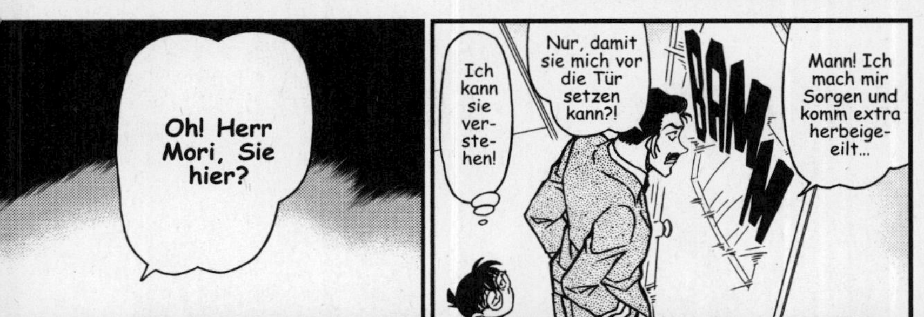

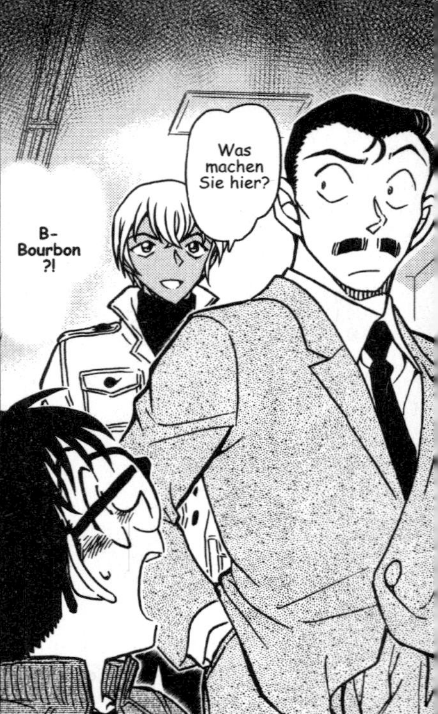
Was machen Sie hier?
B-Bourbon ?!

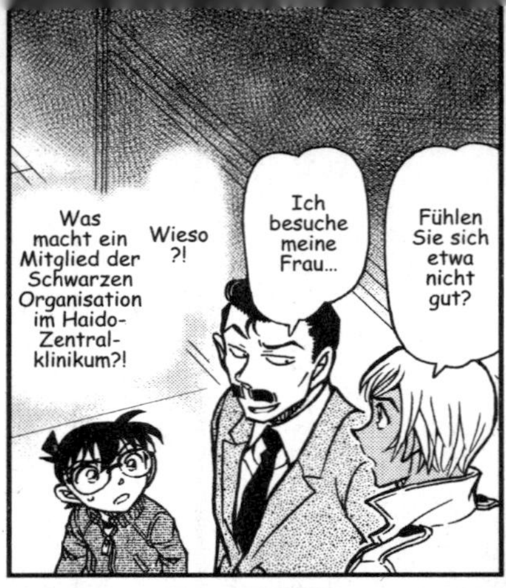
Fühlen Sie sich etwa nicht gut?
Ich besuche meine Frau...
Wieso ?!
Was macht ein Mitglied der Schwarzen Organisation im Haido-Zentral-klinikum?!

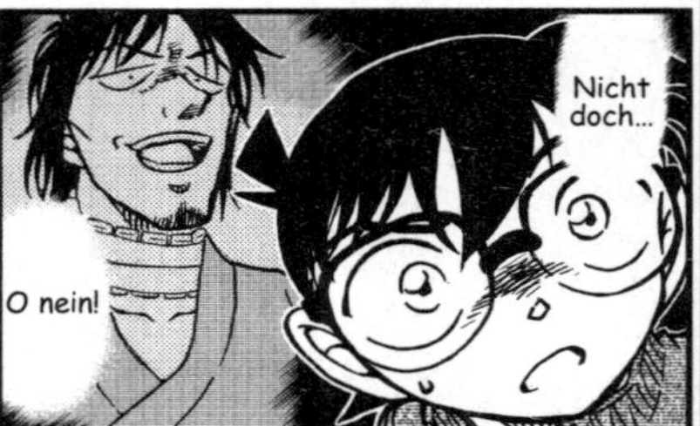
Nicht doch...
O nein!

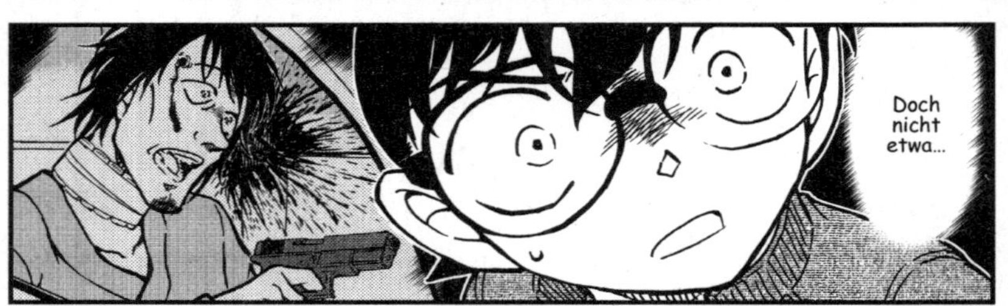
Doch nicht etwa...

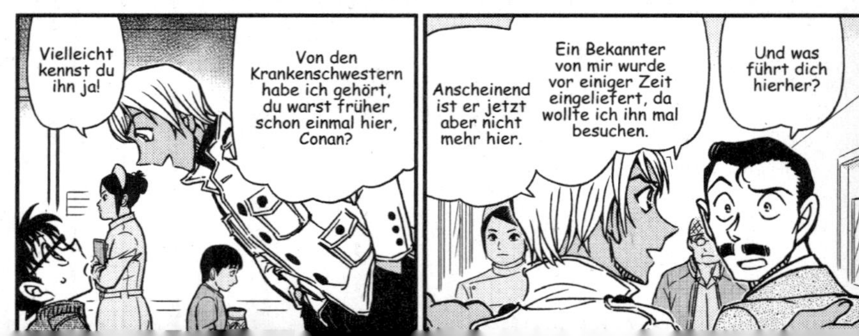
Und was führt dich hierher?
Ein Bekannter von mir wurde vor einiger Zeit eingeliefert, da wollte ich ihn mal besuchen.
Anscheinend ist er jetzt aber nicht mehr hier.
Von den Krankenschwestern habe ich gehört, du warst früher schon einmal hier, Conan?
Vielleicht kennst du ihn ja!

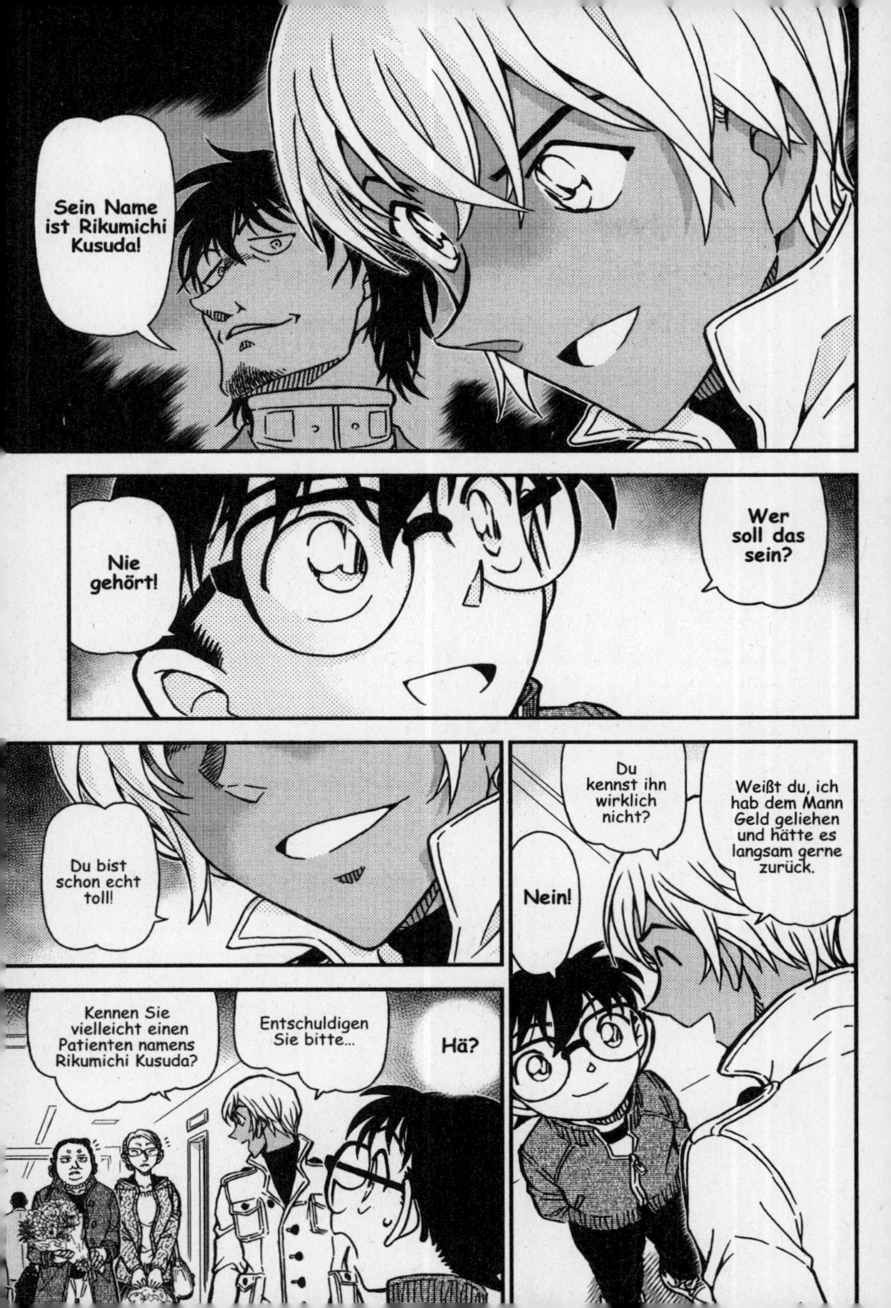

Sein Name ist Rikumichi Kusuda!

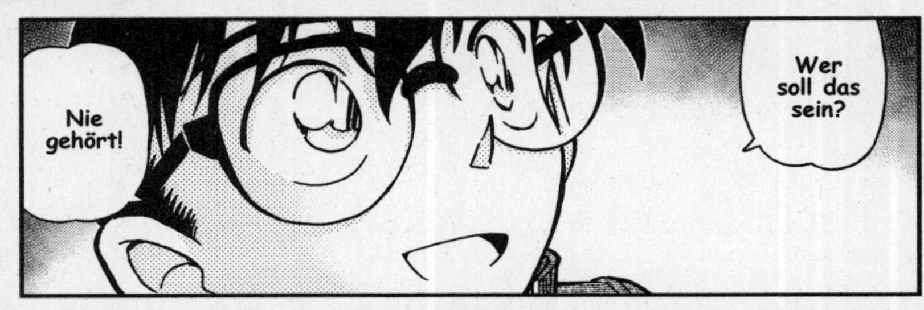

Weißt du, ich hab dem Mann Geld geliehen und hätte es langsam gerne zurück.

Du kennst ihn wirklich nicht?

Nein!

Du bist schon echt toll!

Hä?

Entschuldigen Sie bitte...

Kennen Sie vielleicht einen Patienten namens Rikumichi Kusuda?

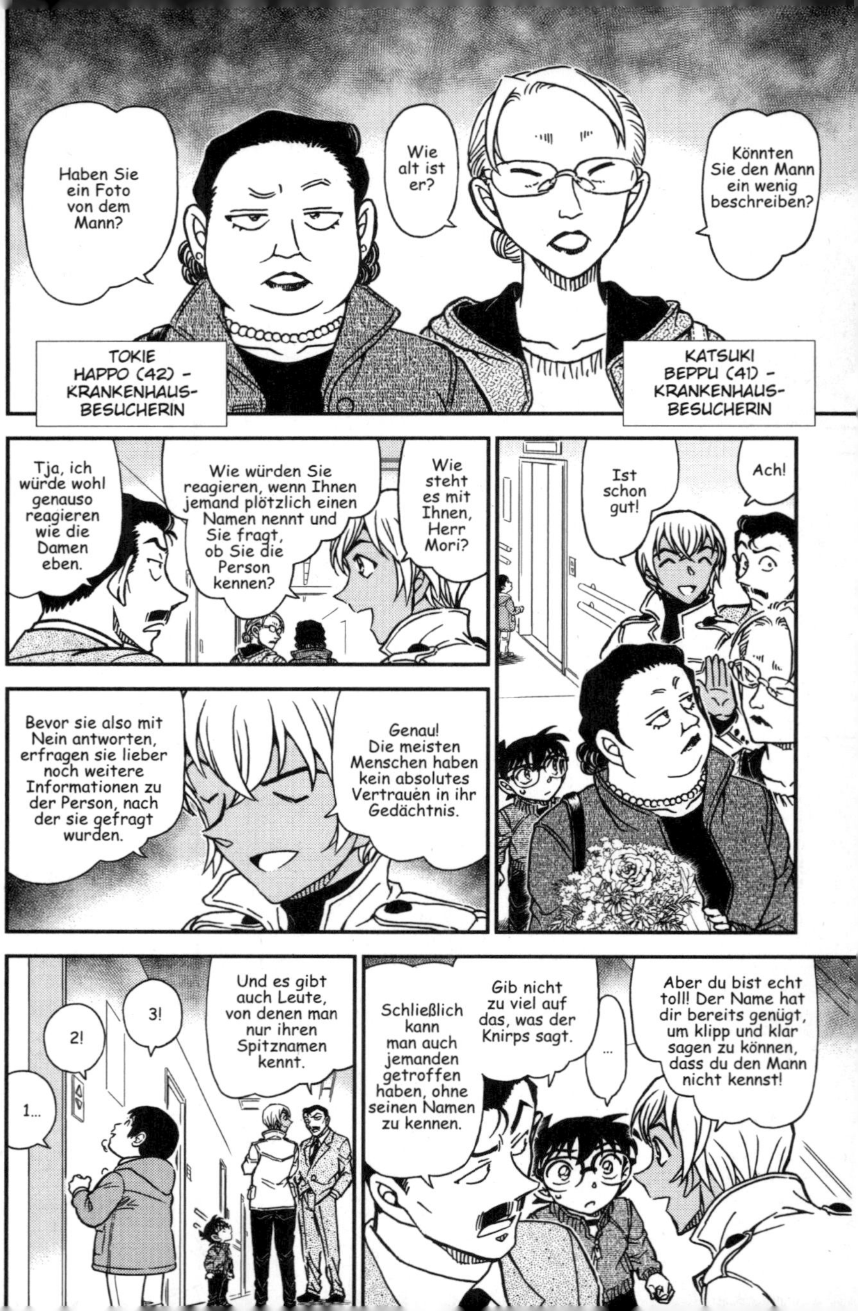

Könnten Sie den Mann ein wenig beschreiben?

Wie alt ist er?

Haben Sie ein Foto von dem Mann?

KATSUKI BEPPU (41) – KRANKENHAUS-BESUCHERIN

TOKIE HAPPO (42) – KRANKENHAUS-BESUCHERIN

Ach!

Ist schon gut!

Wie steht es mit Ihnen, Herr Mori?

Wie würden Sie reagieren, wenn Ihnen jemand plötzlich einen Namen nennt und Sie fragt, ob Sie die Person kennen?

Tja, ich würde wohl genauso reagieren wie die Damen eben.

Genau! Die meisten Menschen haben kein absolutes Vertrauen in ihr Gedächtnis.

Bevor sie also mit Nein antworten, erfragen sie lieber noch weitere Informationen zu der Person, nach der sie gefragt wurden.

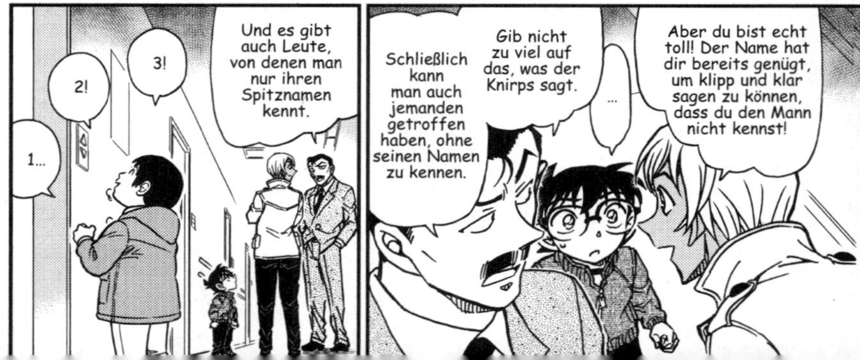

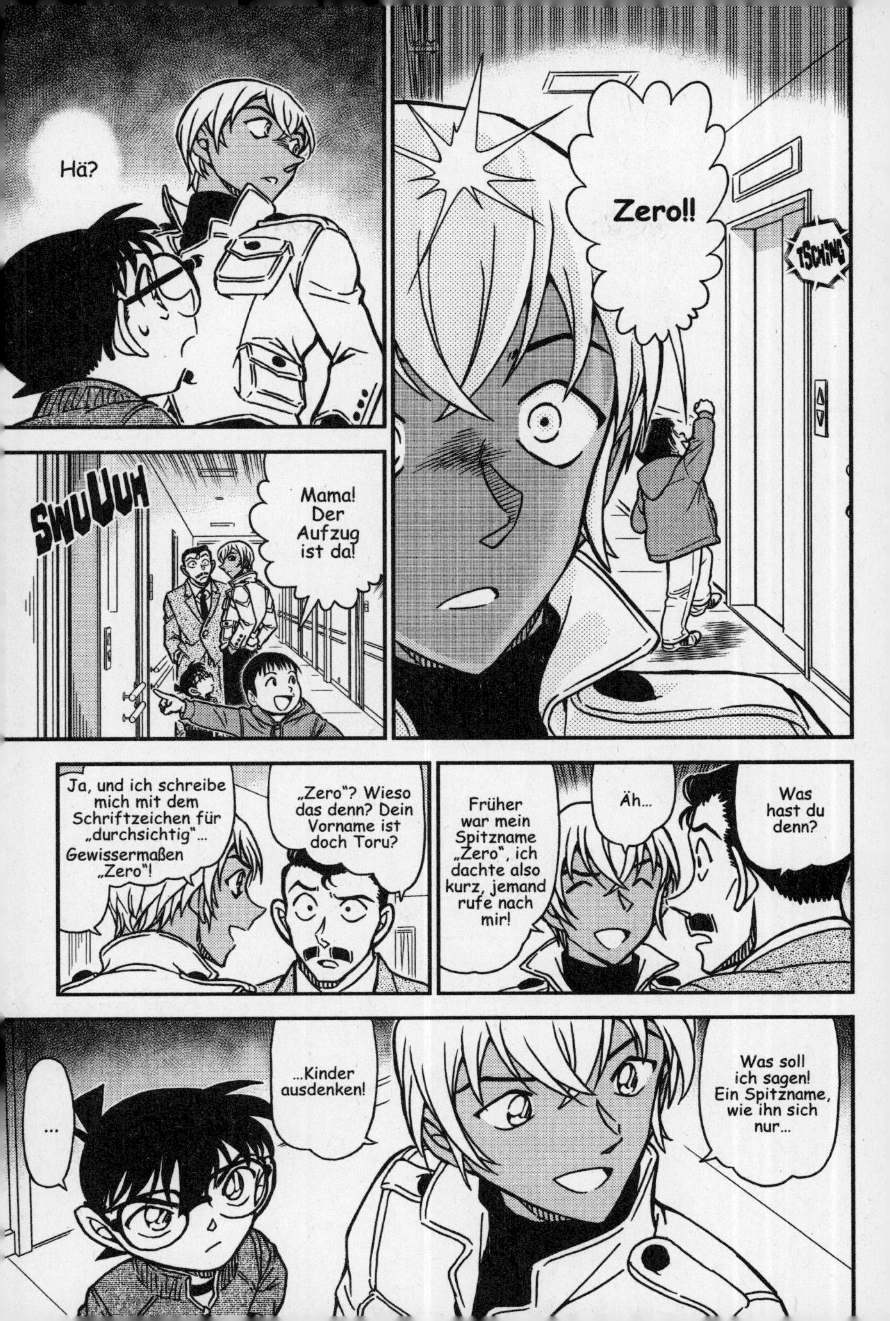

Zero!!
TSCHING
Hä?
SWUUUH
Mama! Der Aufzug ist da!

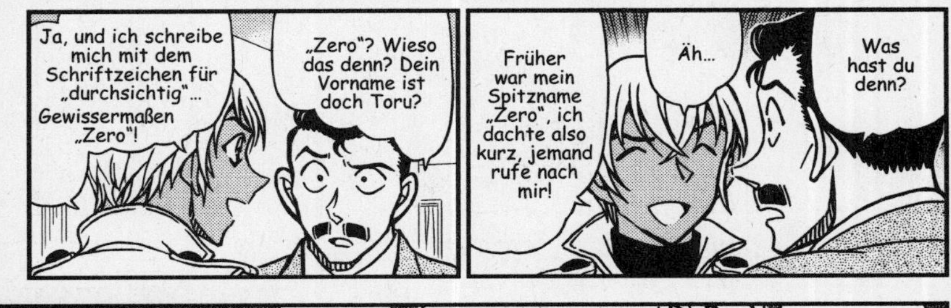

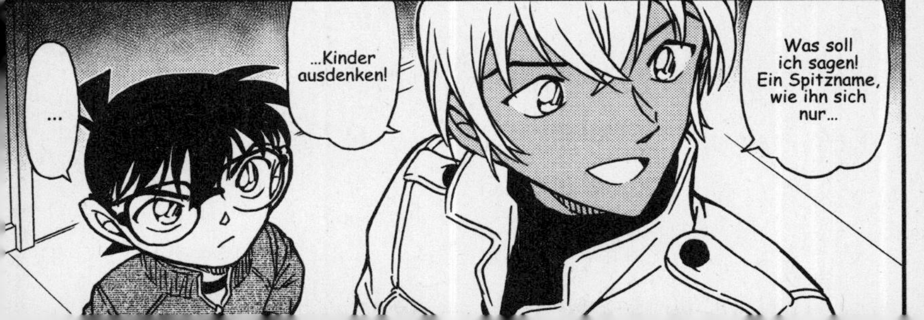

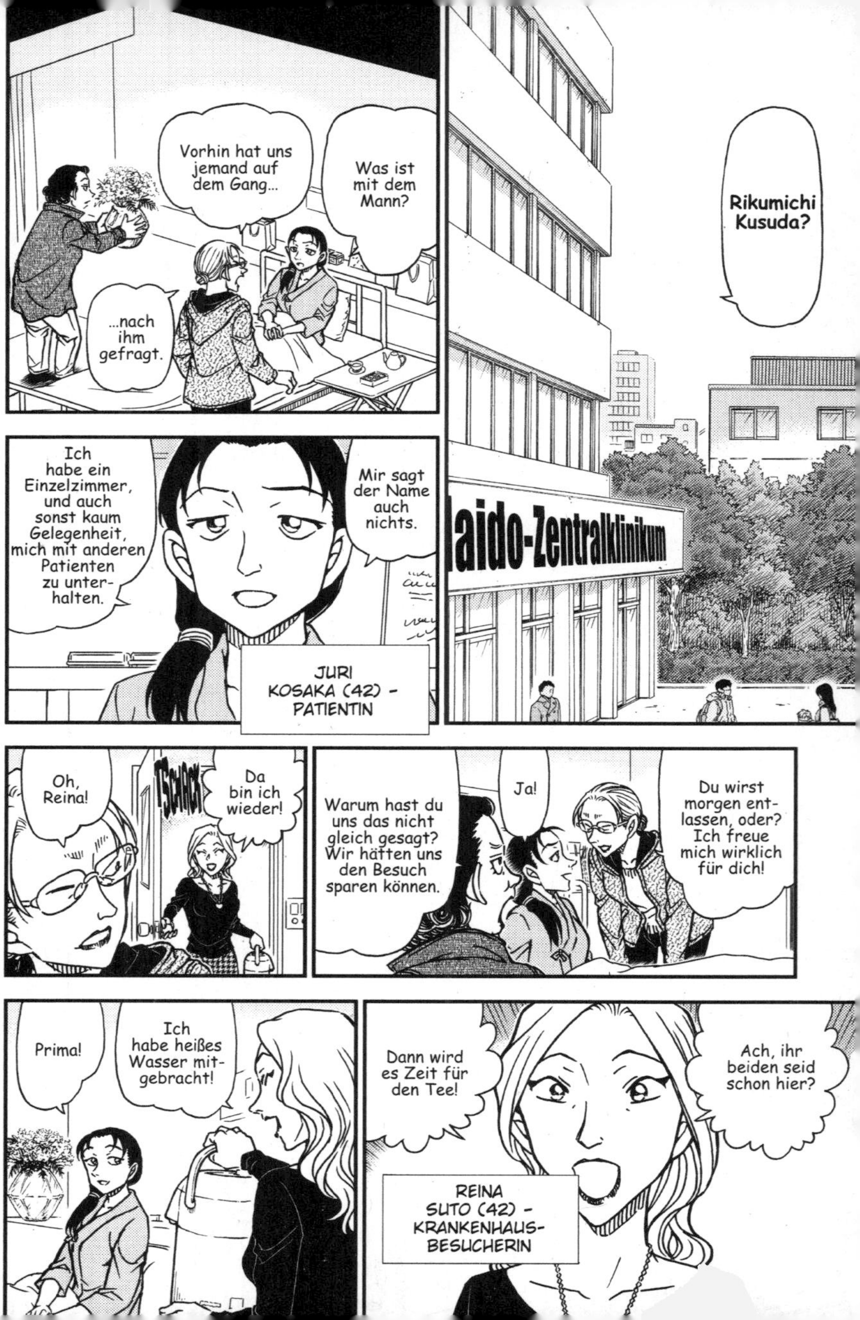

Rikumichi Kusuda?

aido-Zentralklinikum

Was ist mit dem Mann?

Vorhin hat uns jemand auf dem Gang...

...nach ihm gefragt.

Mir sagt der Name auch nichts.

Ich habe ein Einzelzimmer, und auch sonst kaum Gelegenheit, mich mit anderen Patienten zu unterhalten.

JURI KOSAKA (42) - PATIENTIN

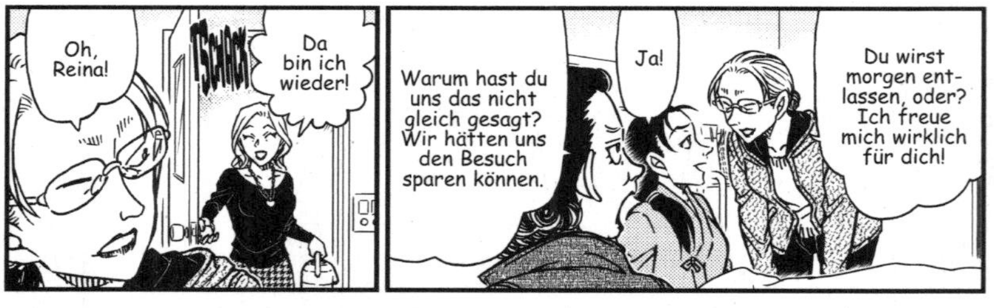

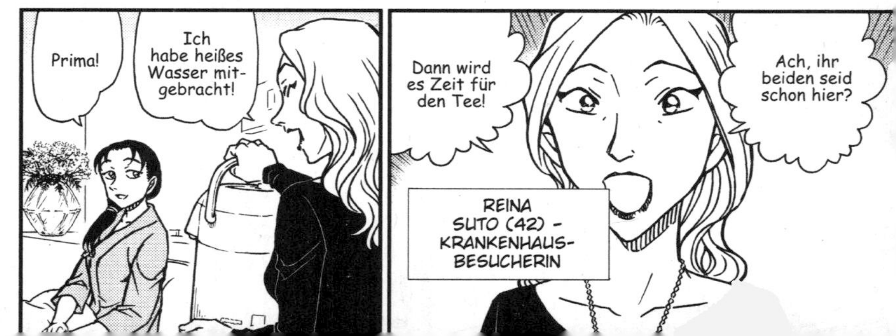

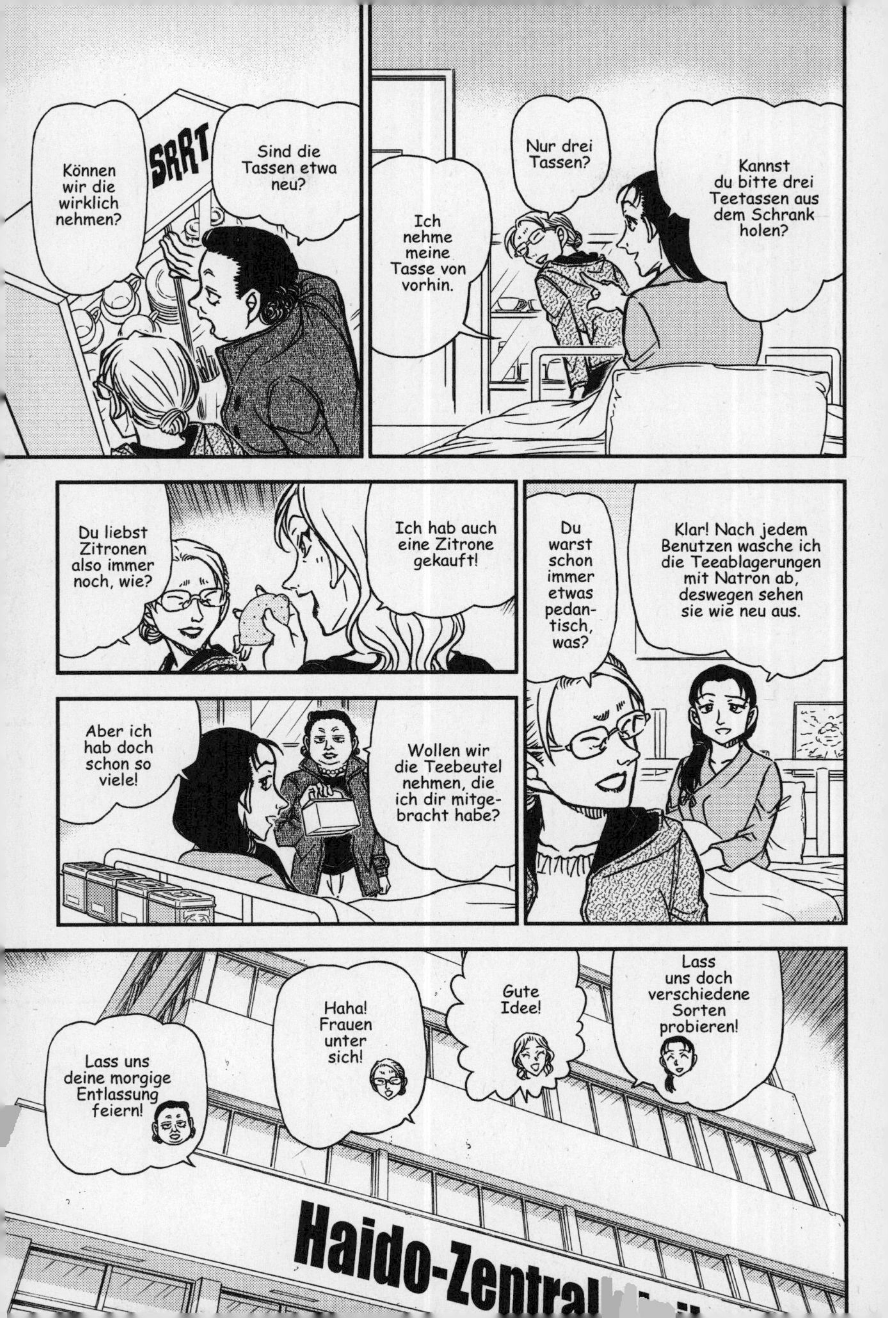

Kannst du bitte drei Teetassen aus dem Schrank holen?
Nur drei Tassen?
Ich nehme meine Tasse von vorhin.
Sind die Tassen etwa neu?
SRRT
Können wir die wirklich nehmen?

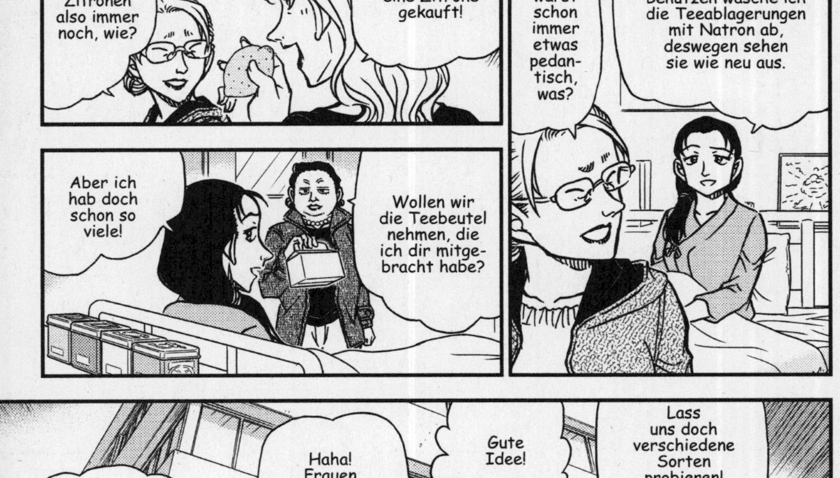

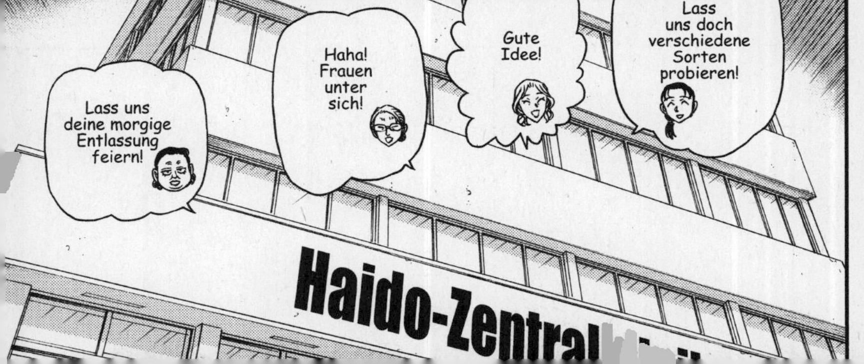

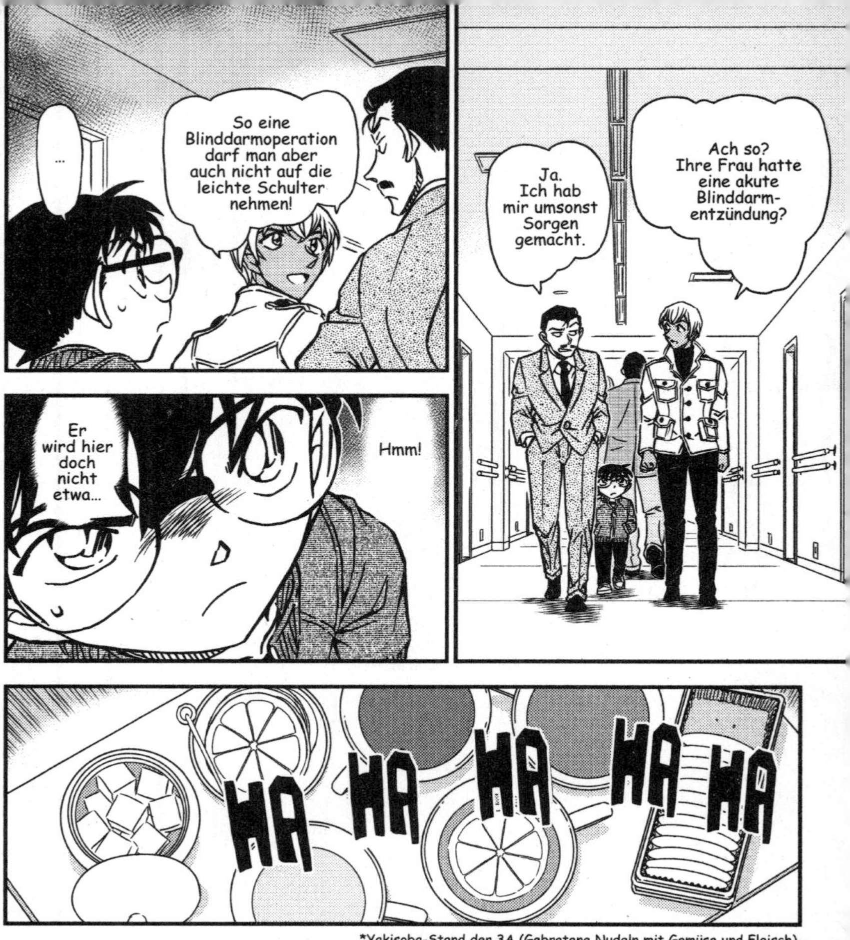

Ach so? Ihre Frau hatte eine akute Blinddarm-entzündung?

Ja. Ich hab mir umsonst Sorgen gemacht.

So eine Blinddarmoperation darf man aber auch nicht auf die leichte Schulter nehmen!

...

Hmm!

Er wird hier doch nicht etwa...

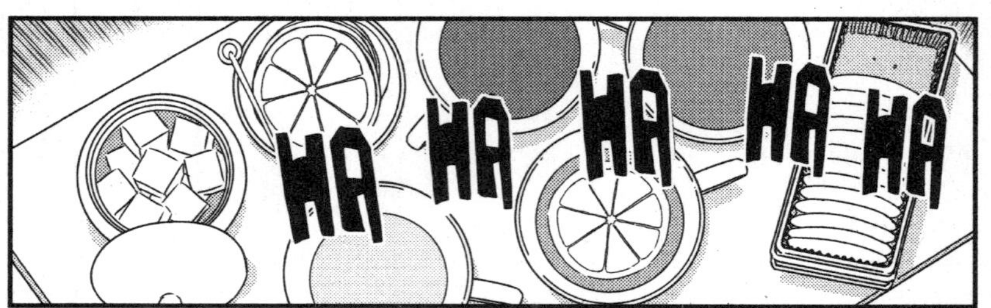

*Yakisoba-Stand der 3A (Gebratene Nudeln mit Gemüse und Fleisch).

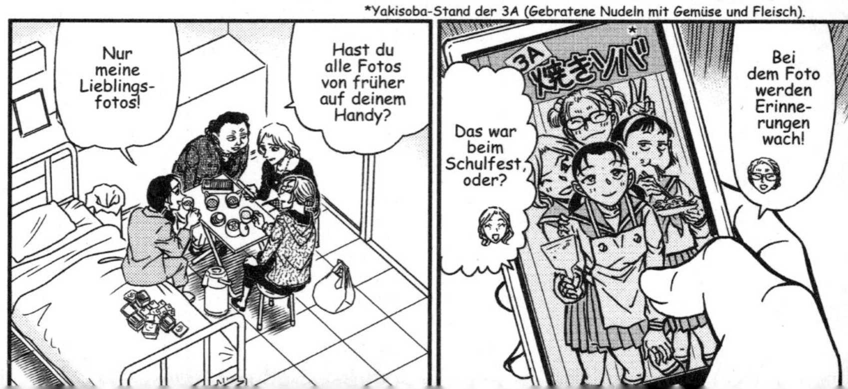

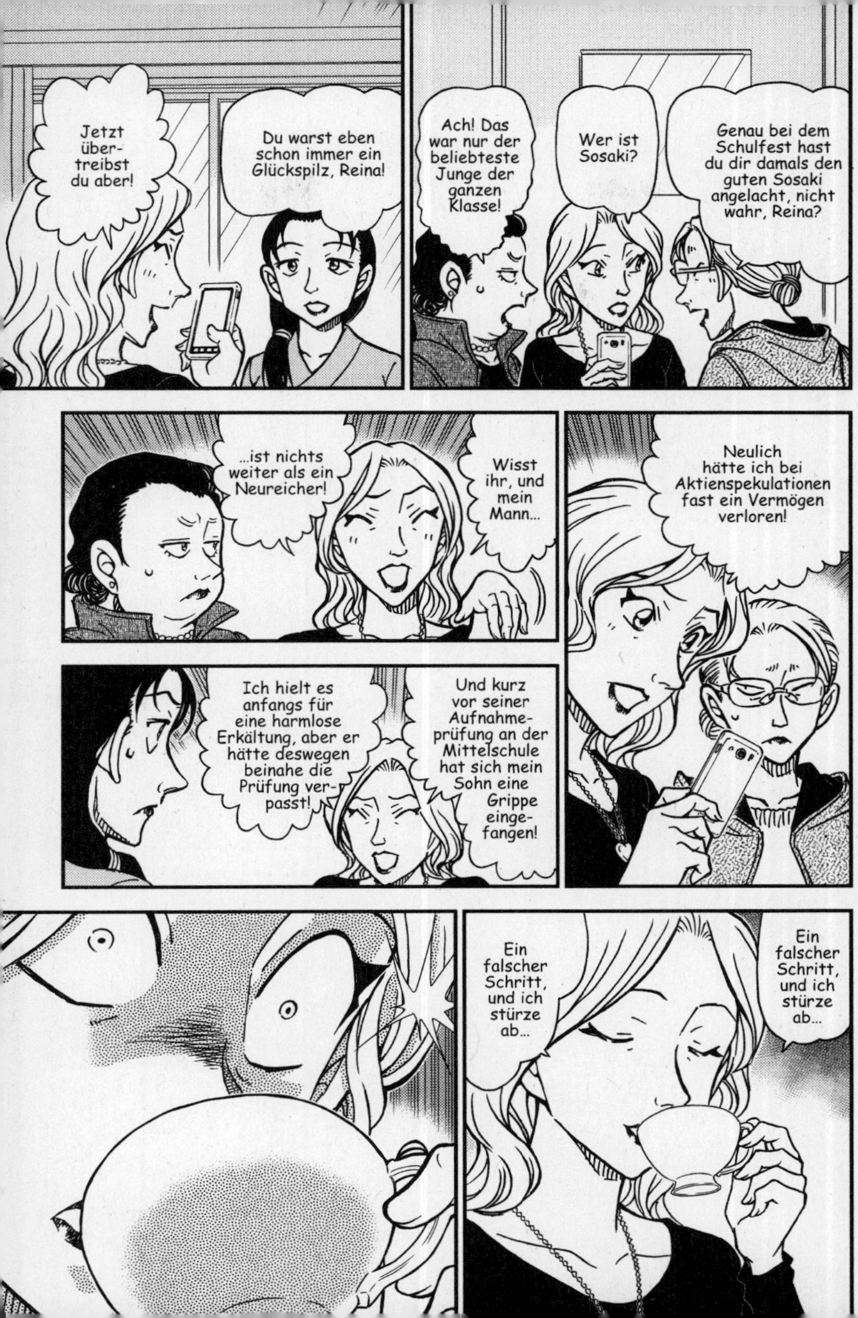

Genau bei dem Schulfest hast du dir damals den guten Sosaki angelacht, nicht wahr, Reina?
Wer ist Sosaki?
Ach! Das war nur der beliebteste Junge der ganzen Klasse!
Du warst eben schon immer ein Glückspilz, Reina!
Jetzt übertreibst du aber!

Neulich hätte ich bei Aktienspekulationen fast ein Vermögen verloren!
Wisst ihr, und mein Mann...
...ist nichts weiter als ein Neureicher!
Und kurz vor seiner Aufnahmeprüfung an der Mittelschule hat sich mein Sohn eine Grippe eingefangen!
Ich hielt es anfangs für eine harmlose Erkältung, aber er hätte deswegen beinahe die Prüfung verpasst!

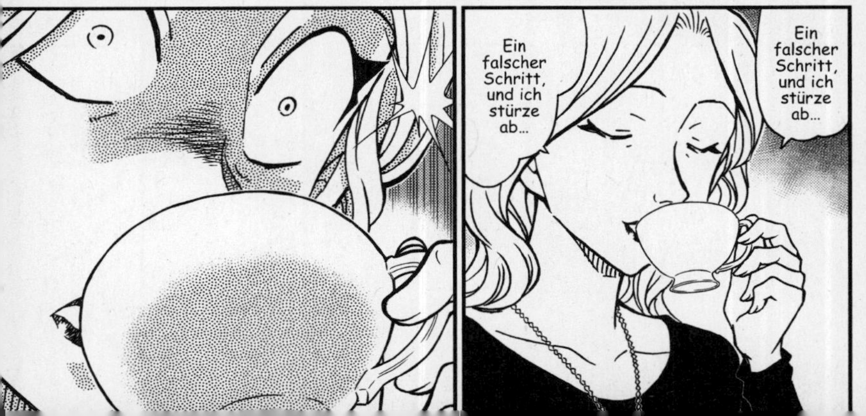

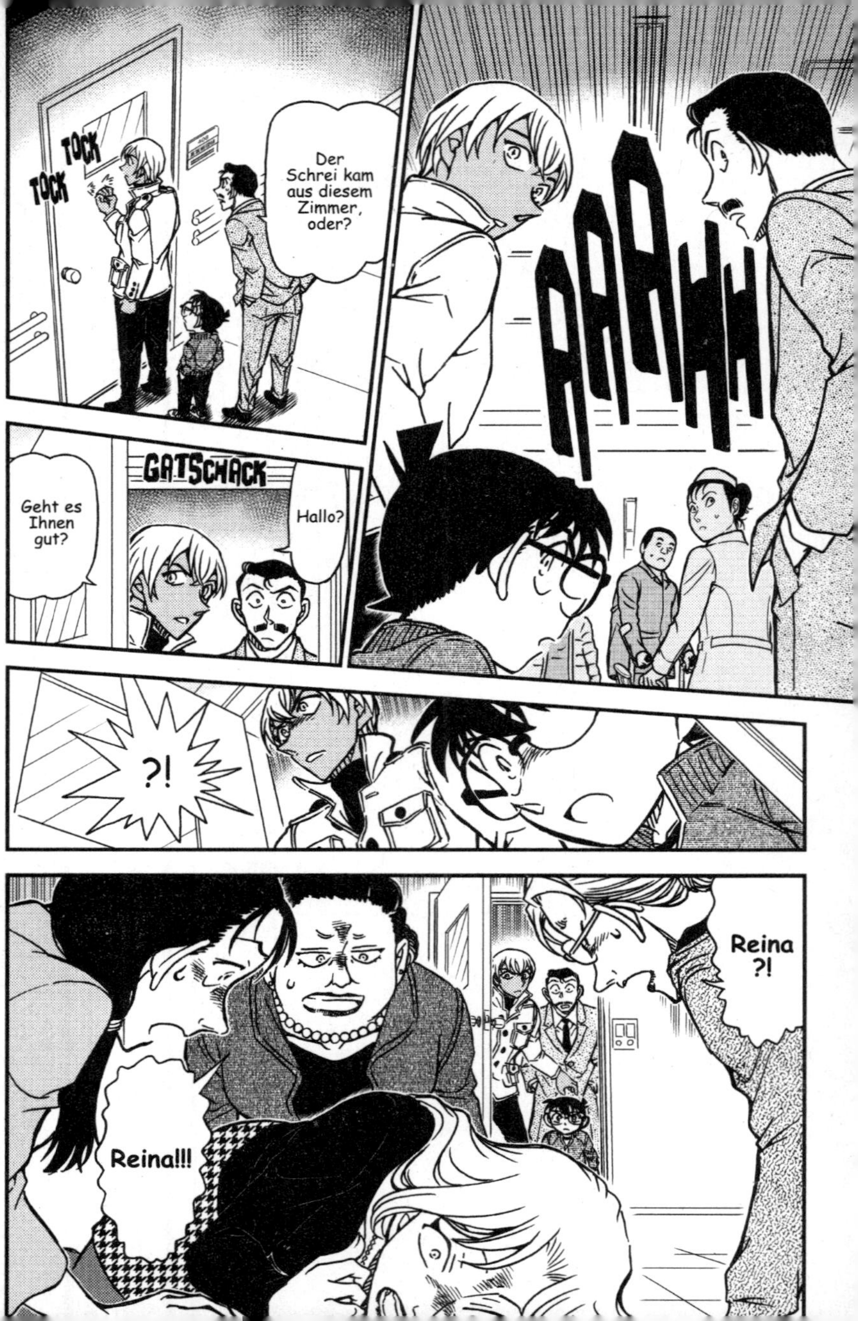

AAAAHH
TOCK
TOCK
Der Schrei kam aus diesem Zimmer, oder?
GATSCHACK
Hallo?
Geht es Ihnen gut?
?!

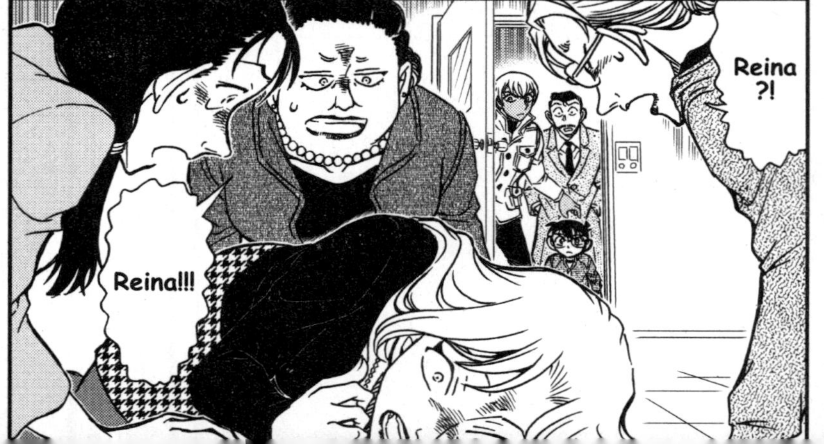

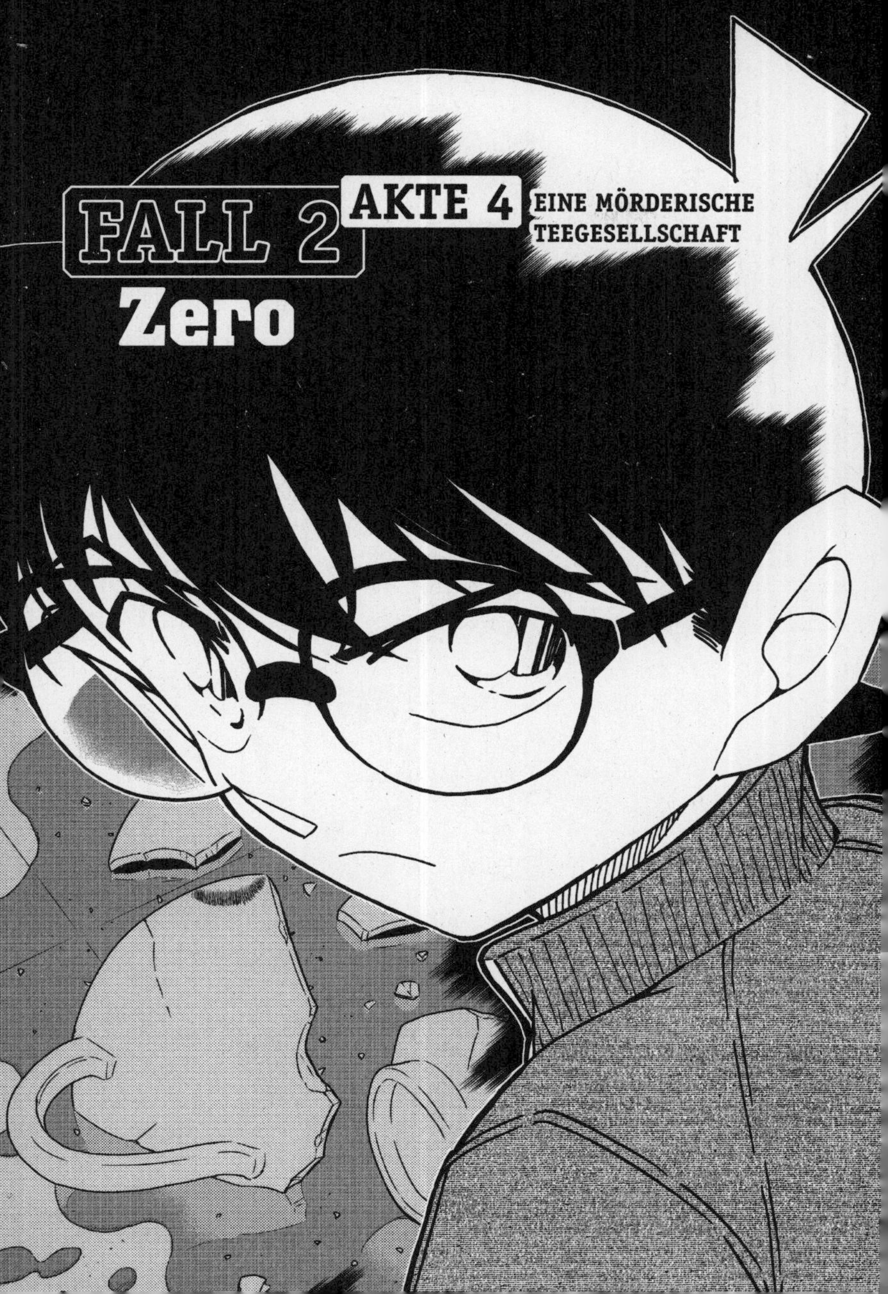
FALL 2
AKTE 4
EINE MÖRDERISCHE TEEGESELLSCHAFT
Zero

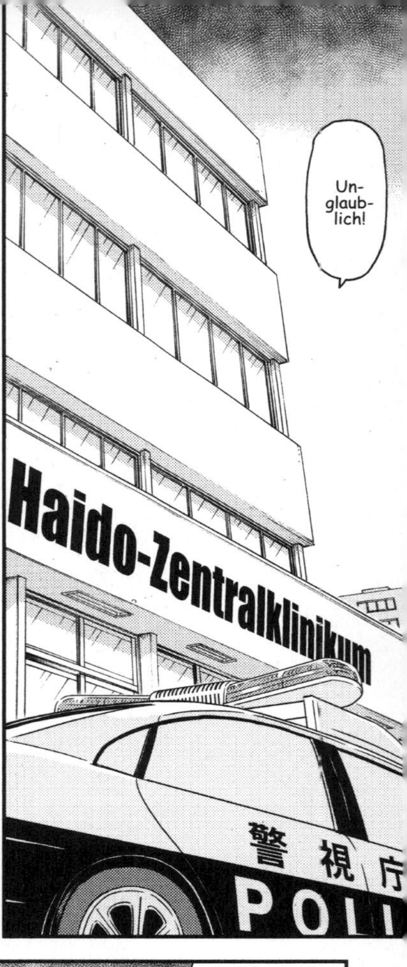
Un-
glaub-
lich!
Haido-Zentralklinikum
警視庁
POLI

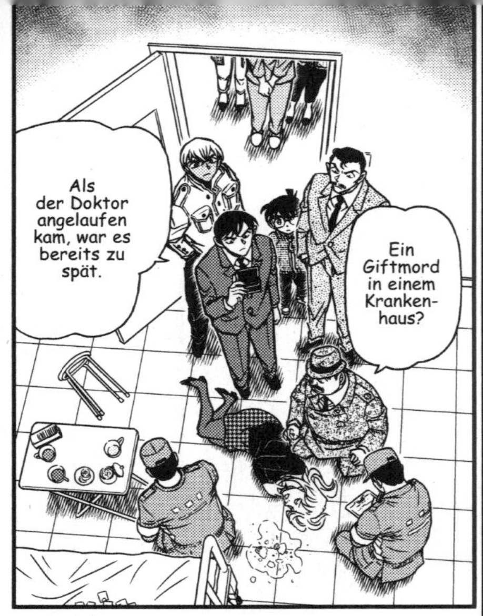
Ein Giftmord in einem Kranken-haus?
Als der Doktor angelaufen kam, war es bereits zu spät.

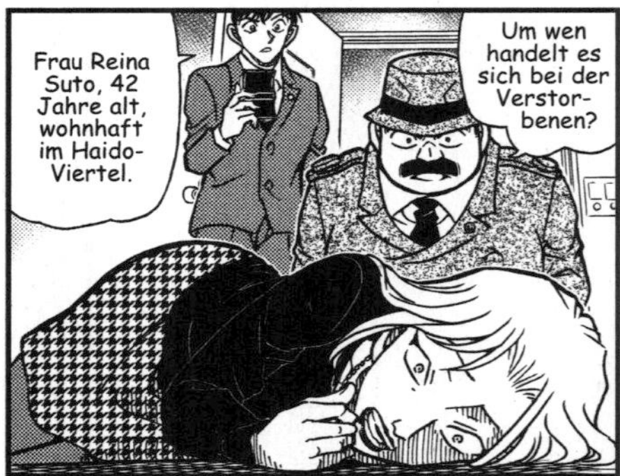
Um wen handelt es sich bei der Verstor-benen?
Frau Reina Suto, 42 Jahre alt, wohnhaft im Haido-Viertel.

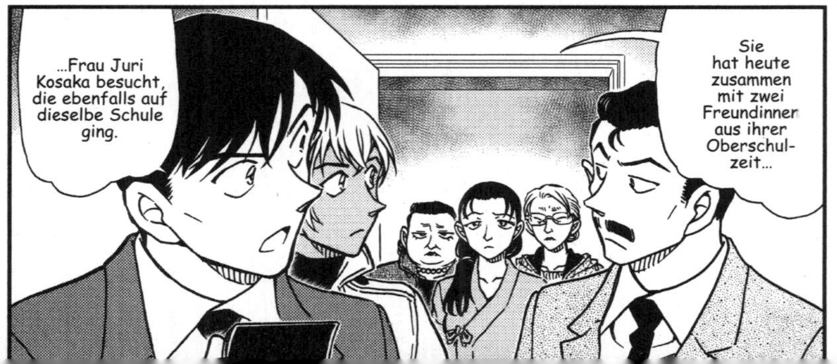
Sie hat heute zusammen mit zwei Freundinnen aus ihrer Oberschul-zeit...
...Frau Juri Kosaka besucht, die ebenfalls auf dieselbe Schule ging.

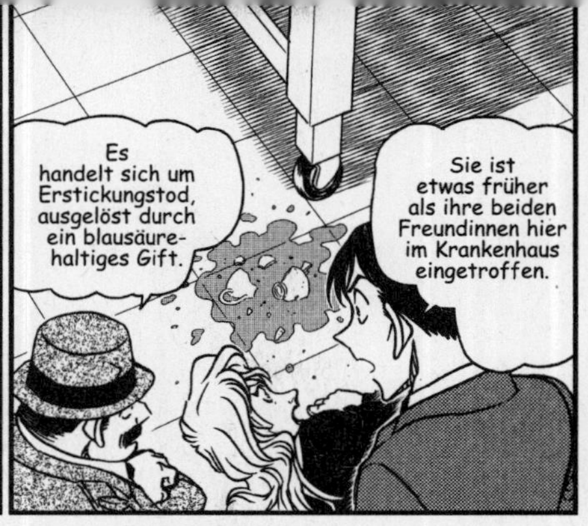
Sie ist etwas früher als ihre beiden Freundinnen hier im Krankenhaus eingetroffen.
Es handelt sich um Erstickungstod, ausgelöst durch ein blausäurehaltiges Gift.

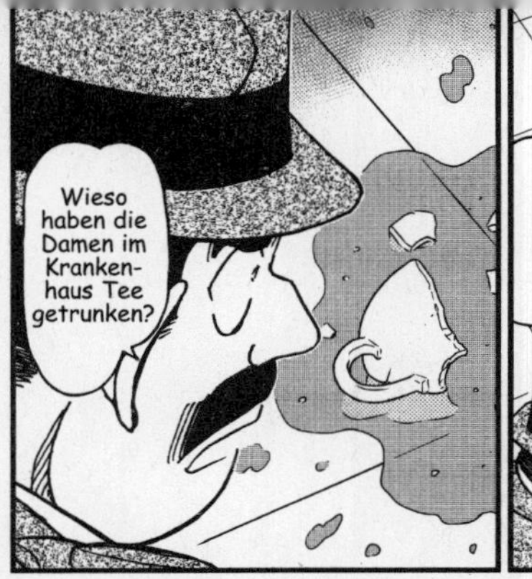
Wieso haben die Damen im Krankenhaus Tee getrunken?

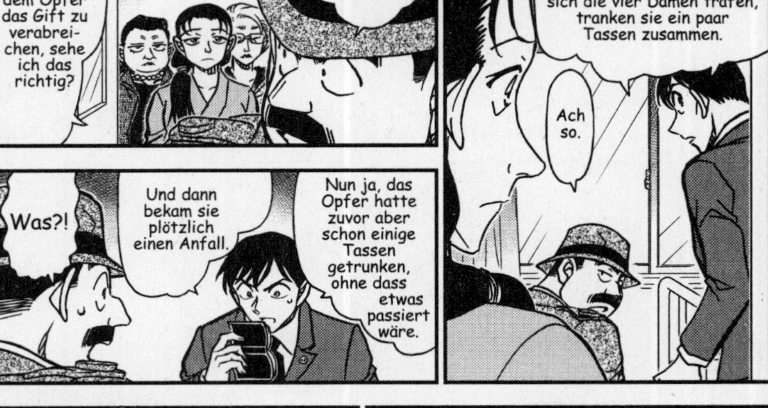
Frau Kosaka, gegenwärtig Patientin hier im Haus, liebt Tee. Immer, wenn sich die vier Damen trafen, tranken sie ein paar Tassen zusammen.
Ach so.
Nun ja, das Opfer hatte zuvor aber schon einige Tassen getrunken, ohne dass etwas passiert wäre.
Und dann bekam sie plötzlich einen Anfall.
Was?!

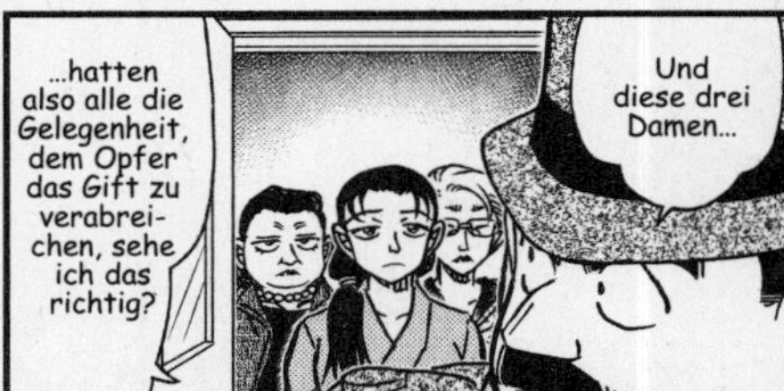
Und diese drei Damen...
...hatten also alle die Gelegenheit, dem Opfer das Gift zu verabreichen, sehe ich das richtig?

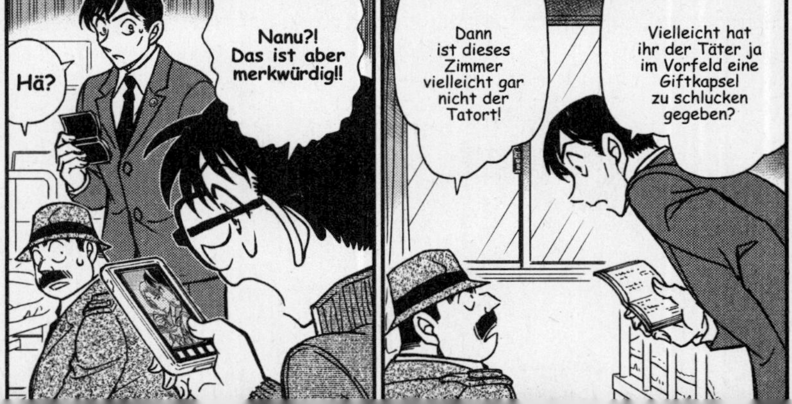
Vielleicht hat ihr der Täter ja im Vorfeld eine Giftkapsel zu schlucken gegeben?
Dann ist dieses Zimmer vielleicht gar nicht der Tatort!
Nanu?! Das ist aber merkwürdig!!
Hä?

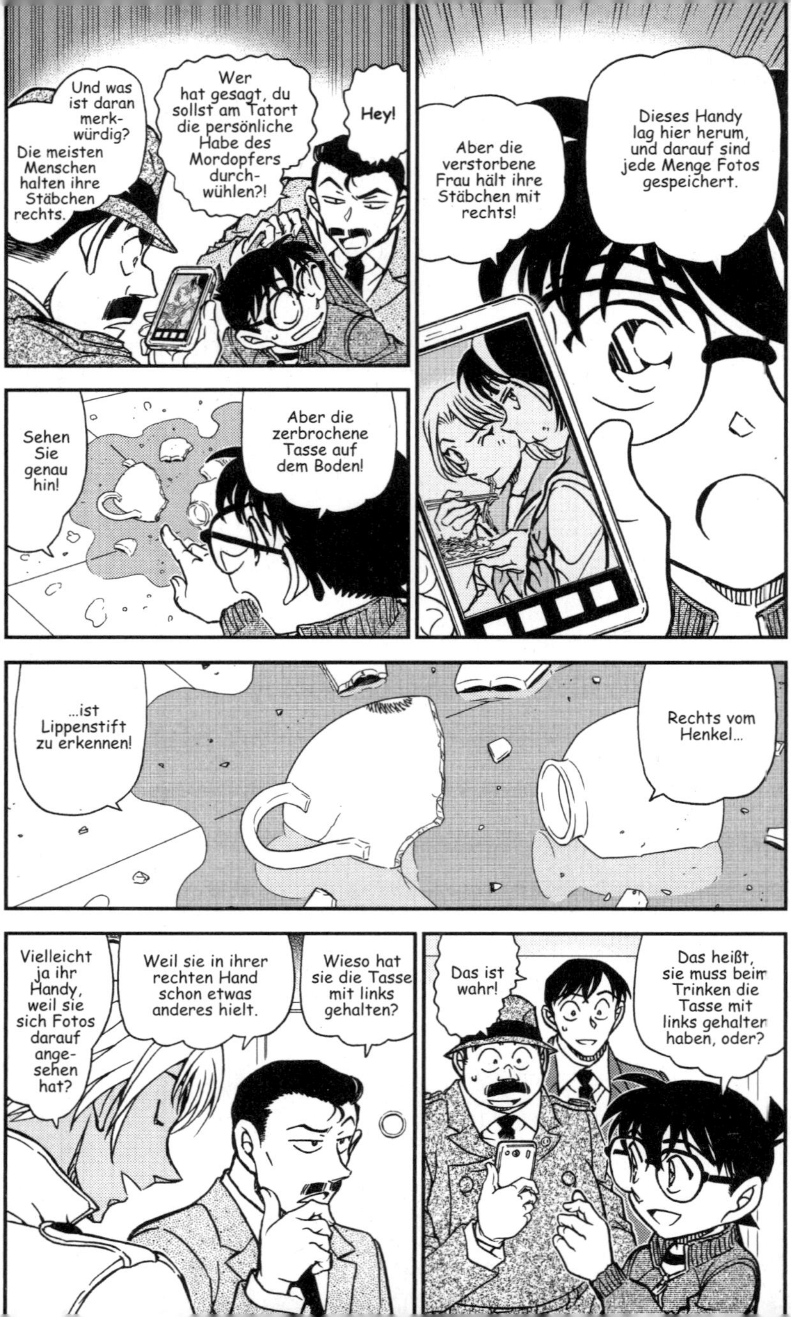

Dieses Handy lag hier herum, und darauf sind jede Menge Fotos gespeichert.
Aber die verstorbene Frau hält ihre Stäbchen mit rechts!
Hey!
Wer hat gesagt, du sollst am Tatort die persönliche Habe des Mordopfers durchwühlen?!
Und was ist daran merkwürdig?
Die meisten Menschen halten ihre Stäbchen rechts.
Aber die zerbrochene Tasse auf dem Boden!
Sehen Sie genau hin!

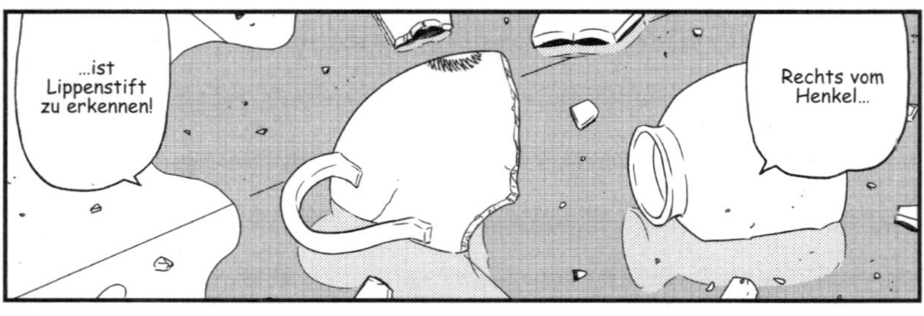

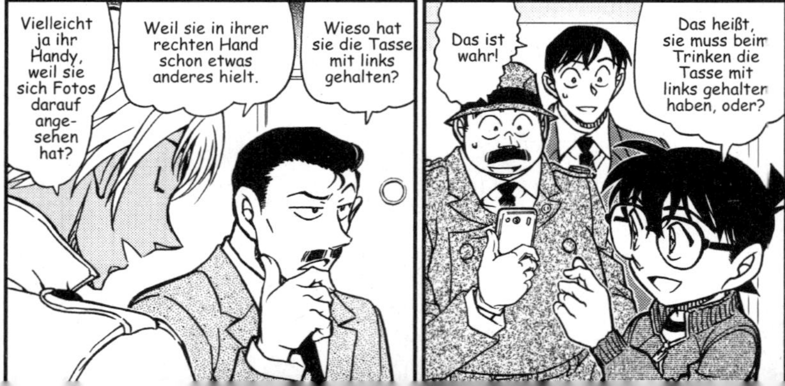

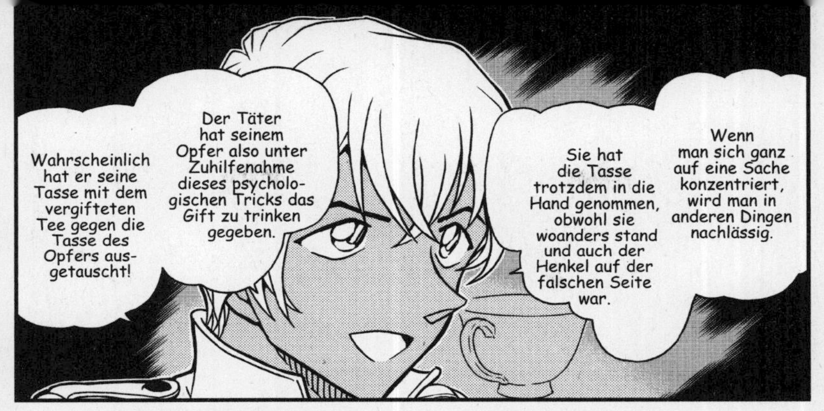
Wenn man sich ganz auf eine Sache konzentriert, wird man in anderen Dingen nachlässig.
Sie hat die Tasse trotzdem in die Hand genommen, obwohl sie woanders stand und auch der Henkel auf der falschen Seite war.
Der Täter hat seinem Opfer also unter Zuhilfenahme dieses psychologischen Tricks das Gift zu trinken gegeben.
Wahrscheinlich hat er seine Tasse mit dem vergifteten Tee gegen die Tasse des Opfers ausgetauscht!

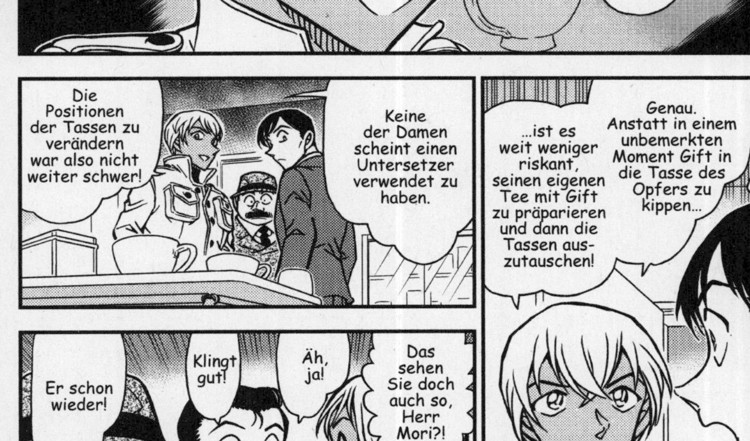
Ausgetauscht?
Genau. Anstatt in einem unbemerkten Moment Gift in die Tasse des Opfers zu kippen...
...ist es weit weniger riskant, seinen eigenen Tee mit Gift zu präparieren und dann die Tassen auszutauschen!
Keine der Damen scheint einen Untersetzer verwendet zu haben.
Die Positionen der Tassen zu verändern war also nicht weiter schwer!
Das sehen Sie doch auch so, Herr Mori?!
Äh, ja!
Klingt gut!
Er schon wieder!

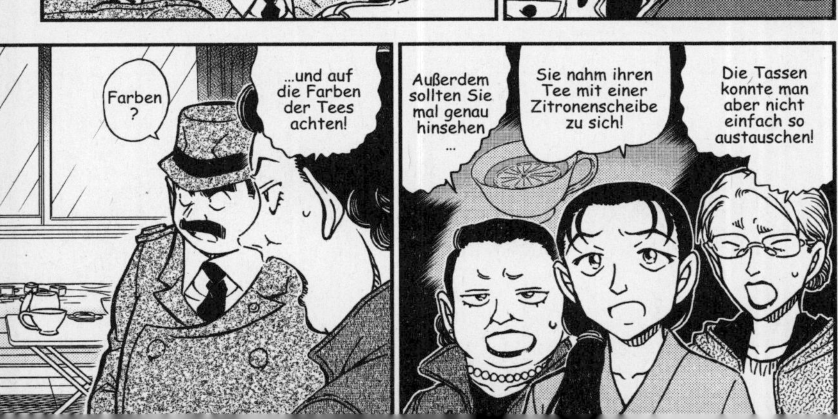
Die Tassen konnte man aber nicht einfach so austauschen!
Sie nahm ihren Tee mit einer Zitronenscheibe zu sich!
Außerdem sollten Sie mal genau hinsehen ...
...und auf die Farben der Tees achten!
Farben?

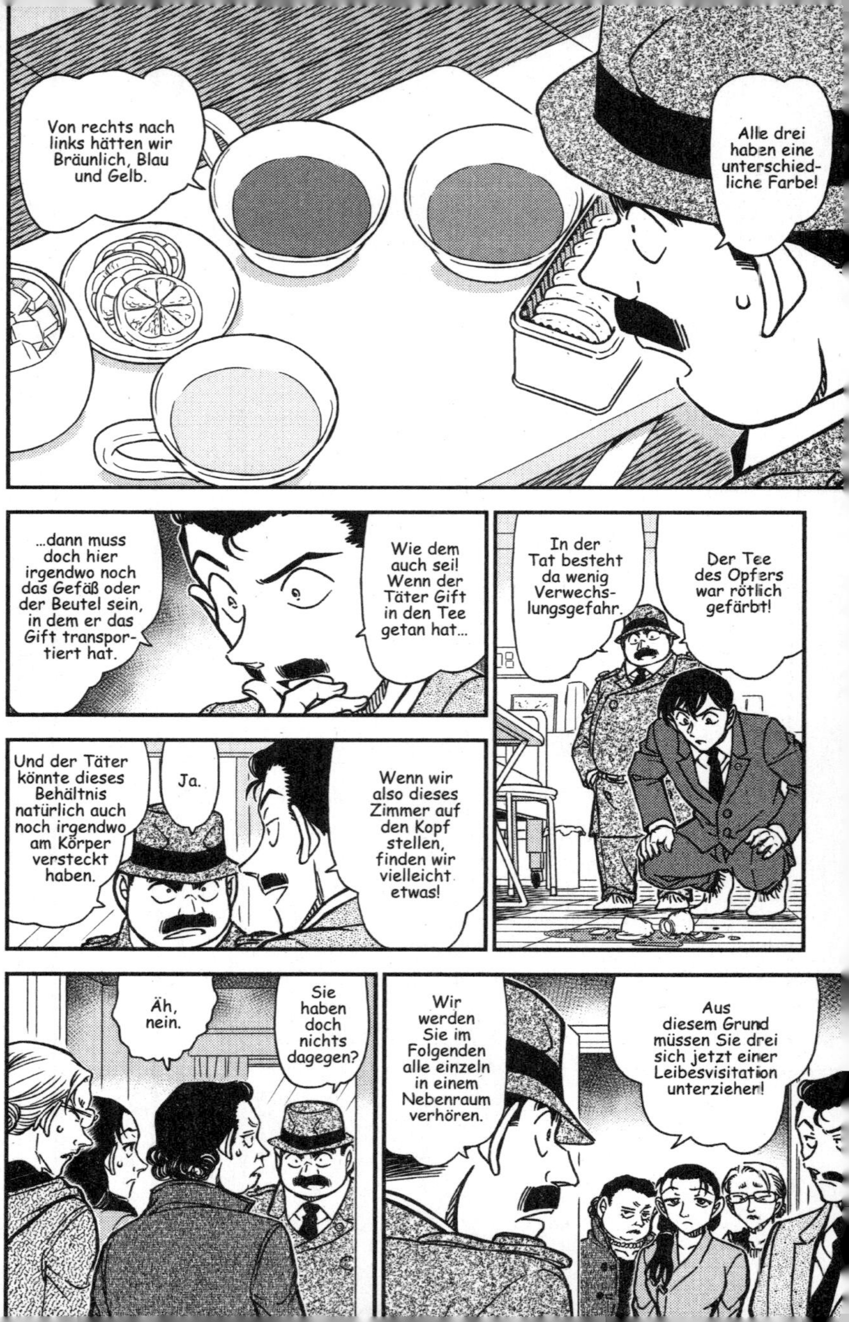

Alle drei haben eine unterschiedliche Farbe!

Von rechts nach links hätten wir Bräunlich, Blau und Gelb.

Der Tee des Opfers war rötlich gefärbt!

In der Tat besteht da wenig Verwechslungsgefahr.

Wie dem auch sei! Wenn der Täter Gift in den Tee getan hat...

...dann muss doch hier irgendwo noch das Gefäß oder der Beutel sein, in dem er das Gift transportiert hat.

Wenn wir also dieses Zimmer auf den Kopf stellen, finden wir vielleicht etwas!

Ja.

Und der Täter könnte dieses Behältnis natürlich auch noch irgendwo am Körper versteckt haben.

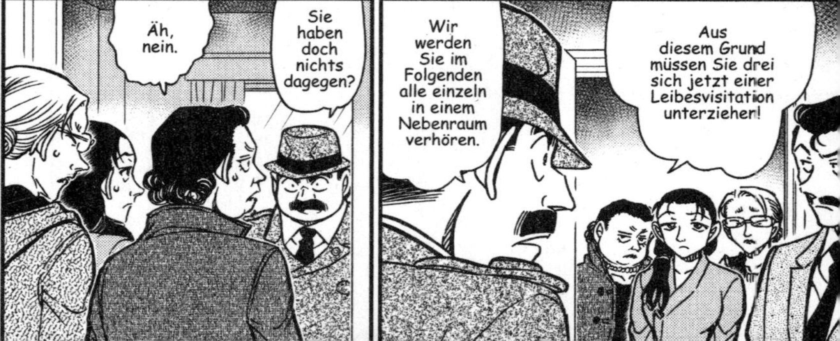

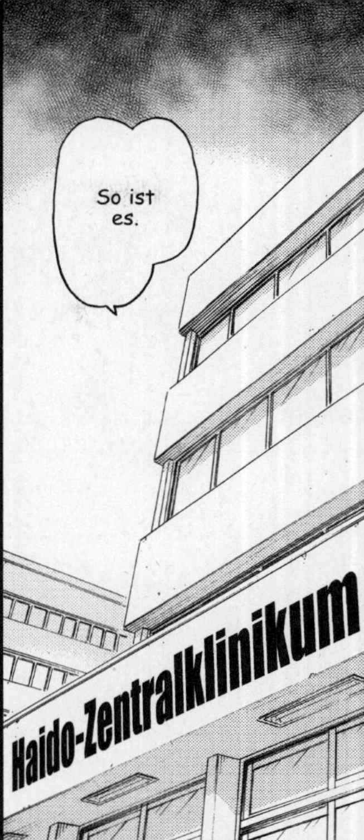
So ist es.
Haido-Zentralklinikum

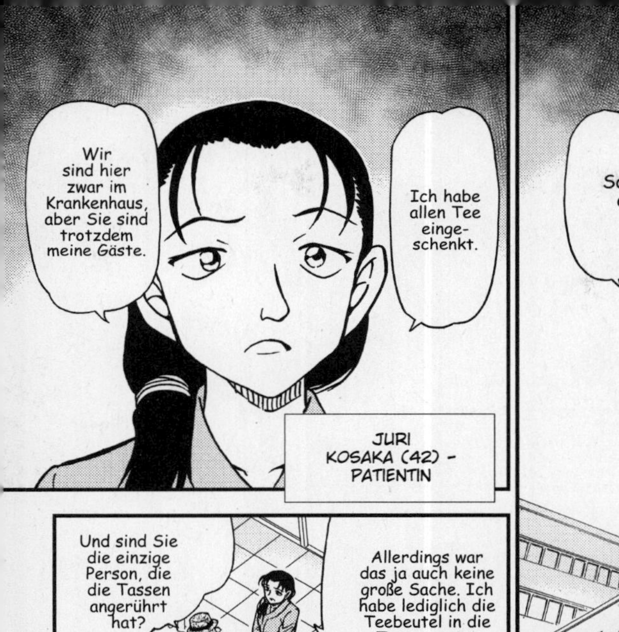
Ich habe allen Tee einge-schenkt.
Wir sind hier zwar im Krankenhaus, aber Sie sind trotzdem meine Gäste.
JURI KOSAKA (42) - PATIENTIN
Allerdings war das ja auch keine große Sache. Ich habe lediglich die Teebeutel in die Tassen getan und mit heißem Wasser auf-gegossen.
Und sind Sie die einzige Person, die die Tassen angerührt hat?

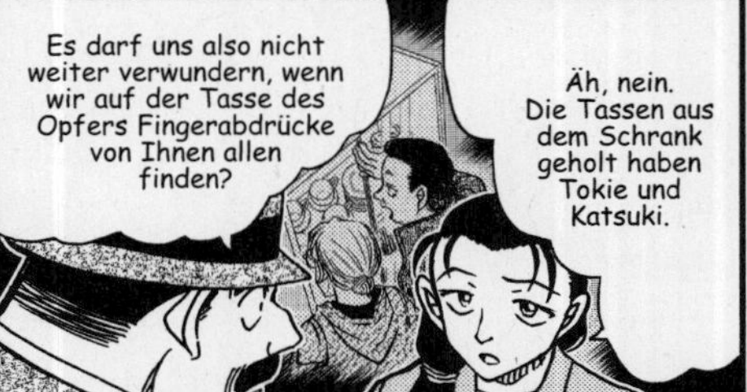
Äh, nein. Die Tassen aus dem Schrank geholt haben Tokie und Katsuki.
Es darf uns also nicht weiter verwundern, wenn wir auf der Tasse des Opfers Fingerabdrücke von Ihnen allen finden?

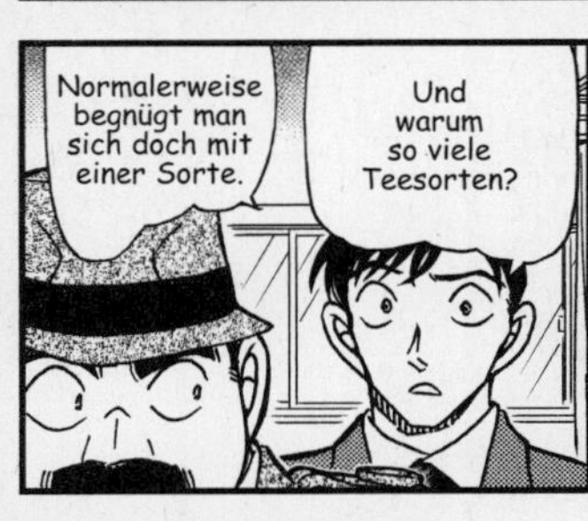
Und warum so viele Teesorten?
Normalerweise begnügt man sich doch mit einer Sorte.

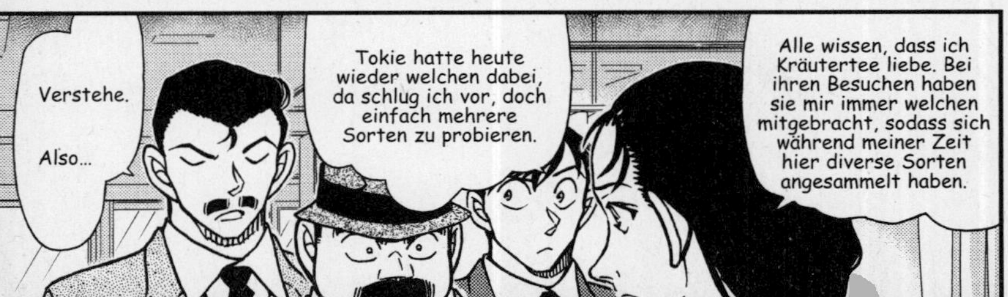
Alle wissen, dass ich Kräutertee liebe. Bei ihren Besuchen haben sie mir immer welchen mitgebracht, sodass sich während meiner Zeit hier diverse Sorten angesammelt haben.
Tokie hatte heute wieder welchen dabei, da schlug ich vor, doch einfach mehrere Sorten zu probieren.
Verstehe.
Also...

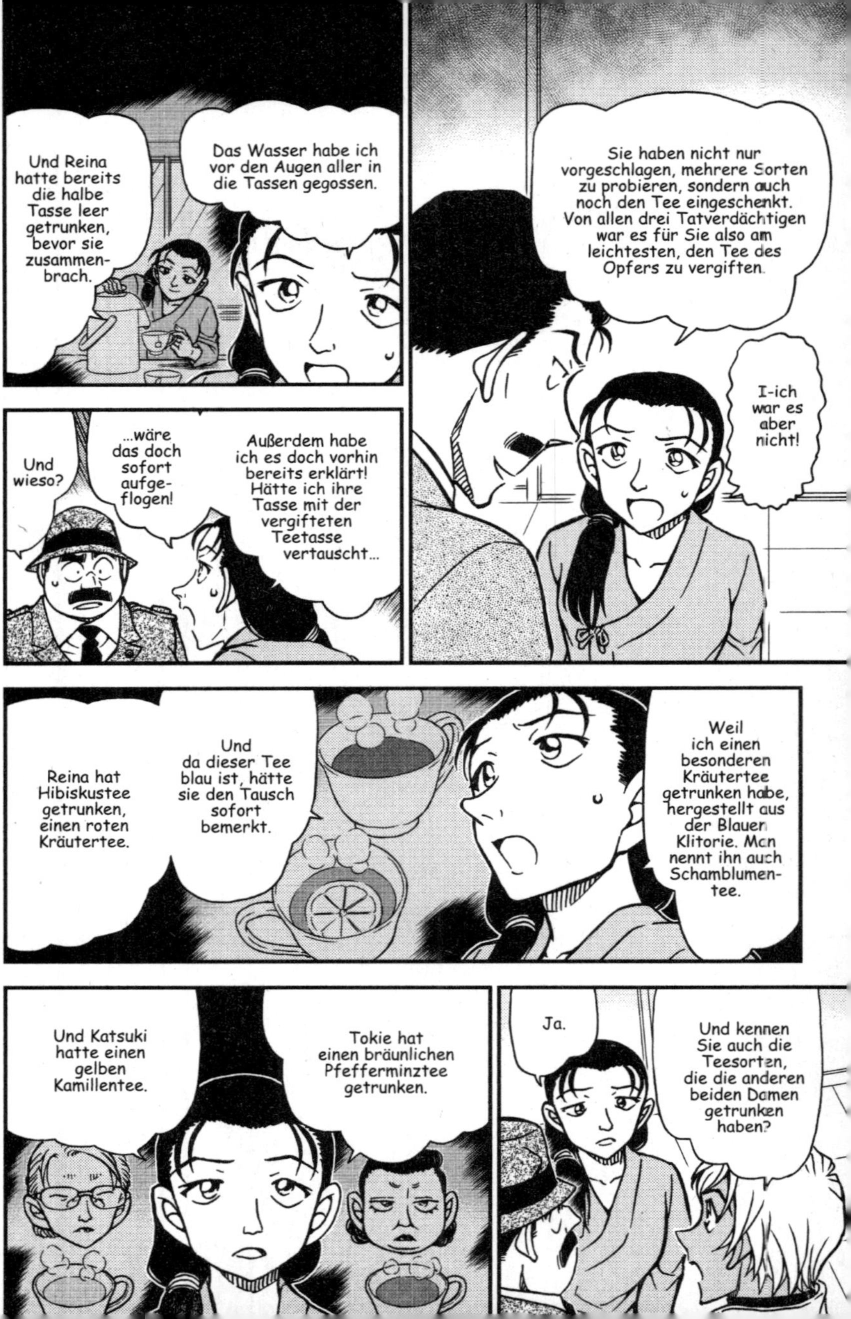

Sie haben nicht nur vorgeschlagen, mehrere Sorten zu probieren, sondern auch noch den Tee eingeschenkt. Von allen drei Tatverdächtigen war es für Sie also am leichtesten, den Tee des Opfers zu vergiften.

I-ich war es aber nicht!

Das Wasser habe ich vor den Augen aller in die Tassen gegossen.

Und Reina hatte bereits die halbe Tasse leer getrunken, bevor sie zusammenbrach.

Außerdem habe ich es doch vorhin bereits erklärt! Hätte ich ihre Tasse mit der vergifteten Teetasse vertauscht...

...wäre das doch sofort aufgeflogen!

Und wieso?

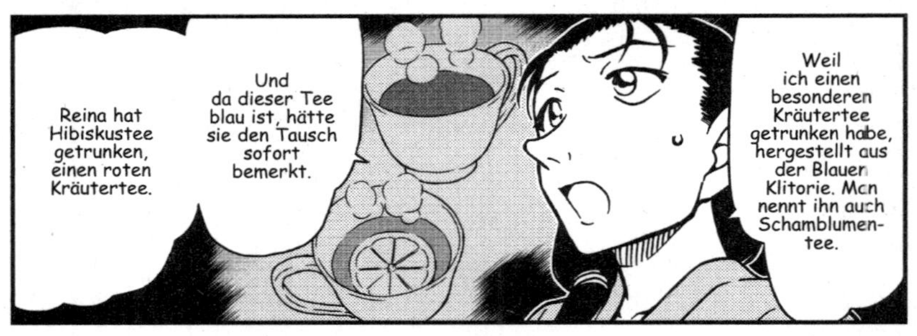

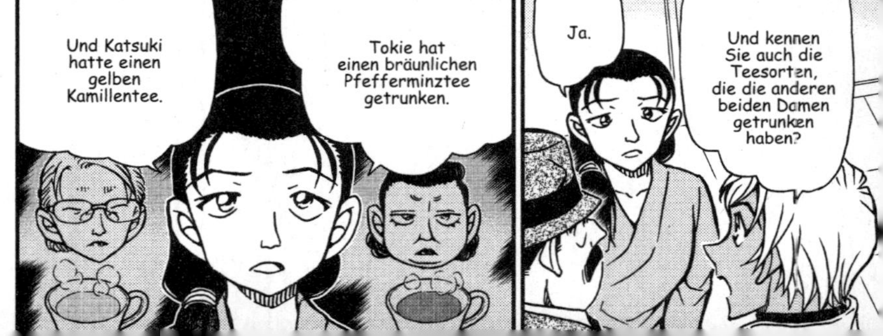

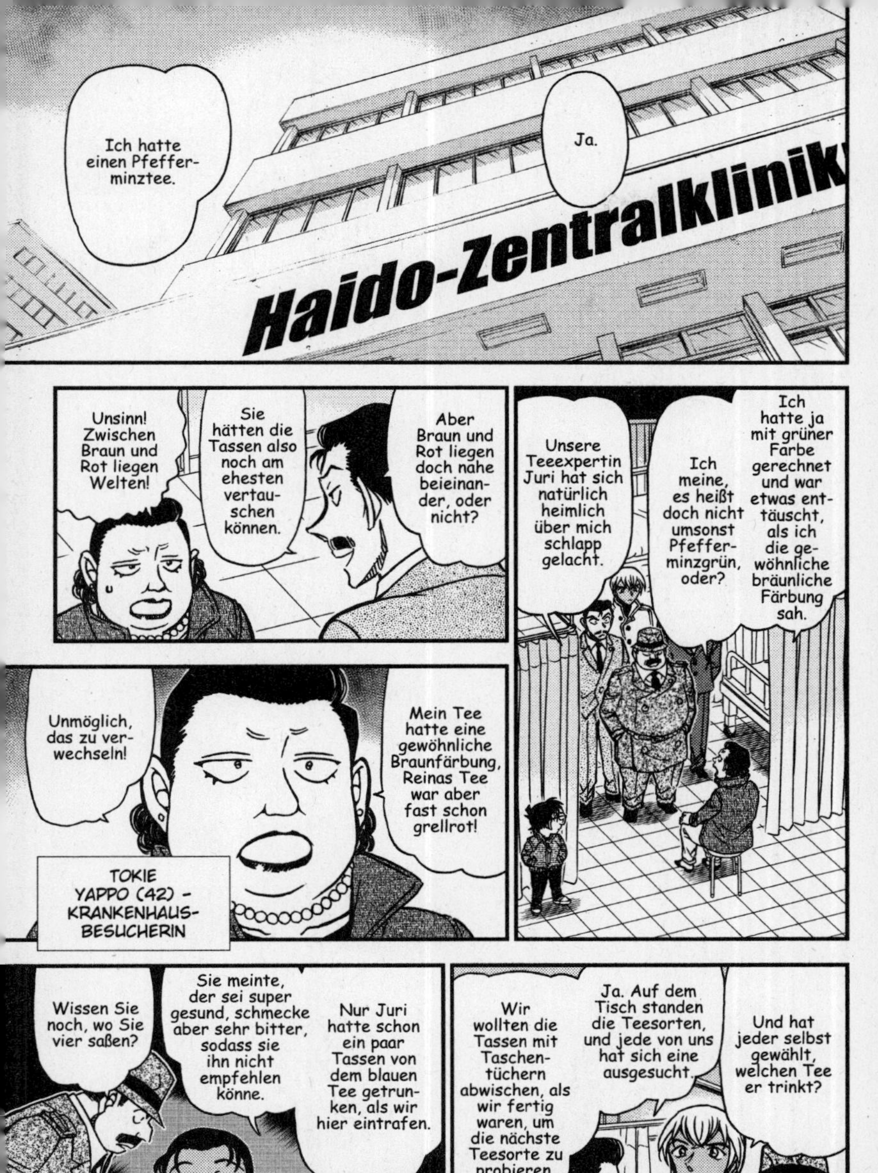
Ja.
Ich hatte einen Pfeffer-minztee.
Haido-Zentralklinik
Aber Braun und Rot liegen doch nahe beieinan-der, oder nicht?
Sie hätten die Tassen also noch am ehesten vertau-schen können.
Unsinn! Zwischen Braun und Rot liegen Welten!
Ich hatte ja mit grüner Farbe gerechnet und war etwas ent-täuscht, als ich die ge-wöhnliche bräunliche Färbung sah.
Ich meine, es heißt doch nicht umsonst Pfeffer-minzgrün, oder?
Unsere Teeexpertin Juri hat sich natürlich heimlich über mich schlapp gelacht.
Mein Tee hatte eine gewöhnliche Braunfärbung, Reinas Tee war aber fast schon grellrot!
Unmöglich, das zu ver-wechseln!
TOKIE YAPPO (42) - KRANKENHAUS-BESUCHERIN
Und hat jeder selbst gewählt, welchen Tee er trinkt?
Ja. Auf dem Tisch standen die Teesorten, und jede von uns hat sich eine ausgesucht.
Wir wollten die Tassen mit Taschen-tüchern abwischen, als wir fertig waren, um die nächste Teesorte zu probieren.
Nur Juri hatte schon ein paar Tassen von dem blauen Tee getrun-ken, als wir hier eintrafen.
Sie meinte, der sei super gesund, schmecke aber sehr bitter, sodass sie ihn nicht empfehlen könne.
Wissen Sie noch, wo Sie vier saßen?

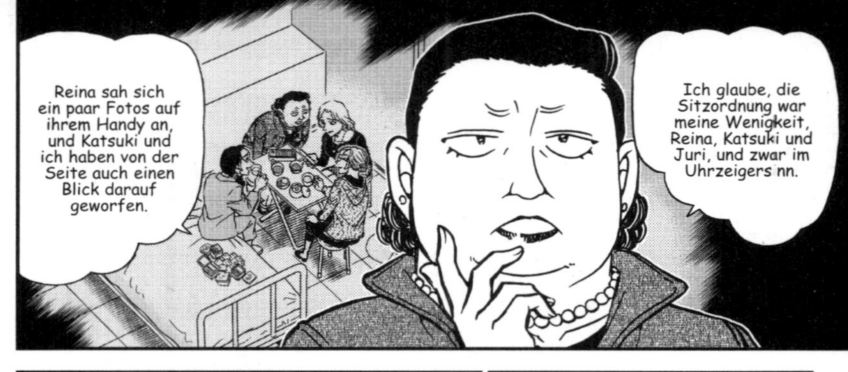
Ich glaube, die Sitzordnung war meine Wenigkeit, Reina, Katsuki und Juri, und zwar im Uhrzeigers nn.
Reina sah sich ein paar Fotos auf ihrem Handy an, und Katsuki und ich haben von der Seite auch einen Blick darauf geworfen.

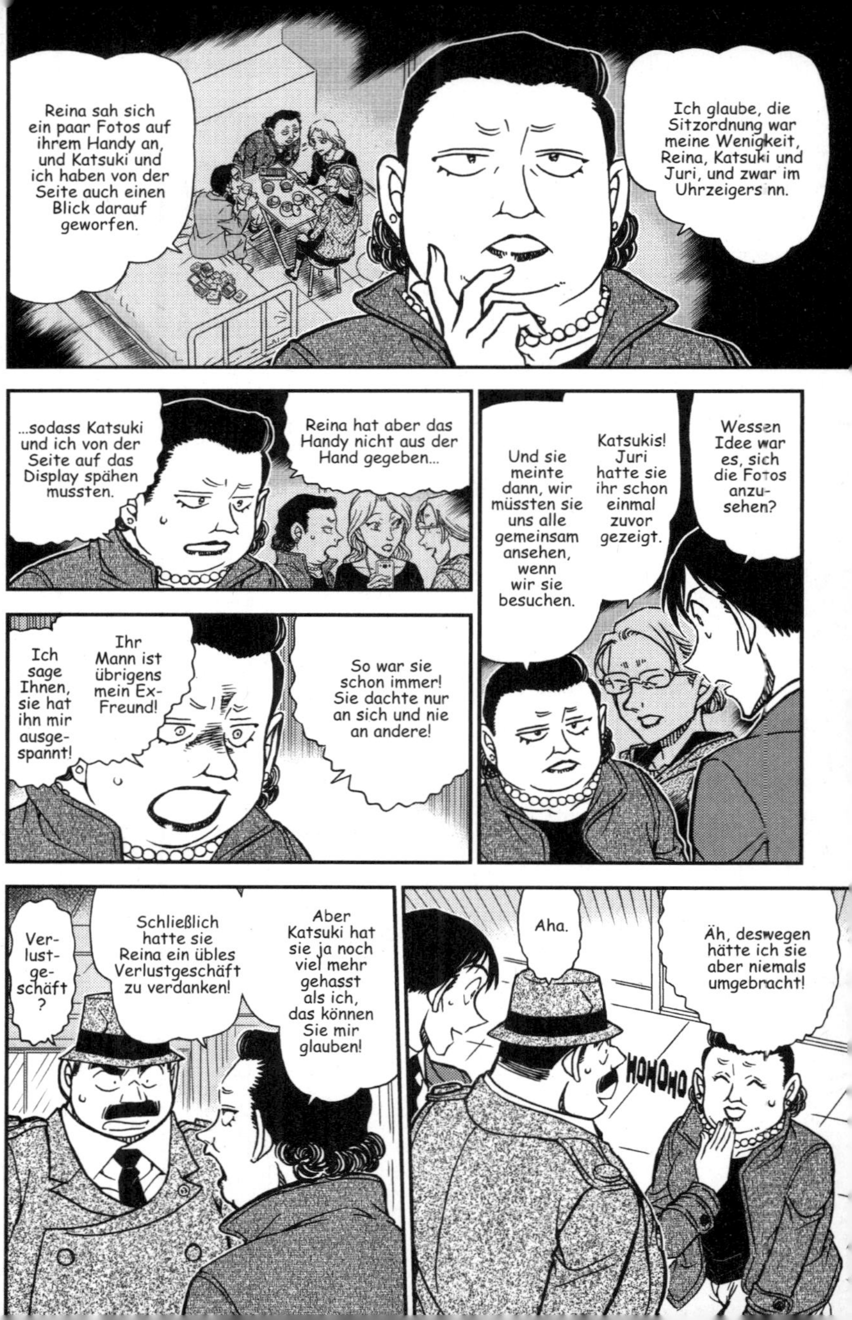

Wessen Idee war es, sich die Fotos anzusehen?
Katsukis! Juri hatte sie ihr schon einmal zuvor gezeigt.
Und sie meinte dann, wir müssten sie uns alle gemeinsam ansehen, wenn wir sie besuchen.
Reina hat aber das Handy nicht aus der Hand gegeben...
...sodass Katsuki und ich von der Seite auf das Display spähen mussten.
So war sie schon immer! Sie dachte nur an sich und nie an andere!
Ihr Mann ist übrigens mein Ex-Freund!
Ich sage Ihnen, sie hat ihn mir ausgespannt!

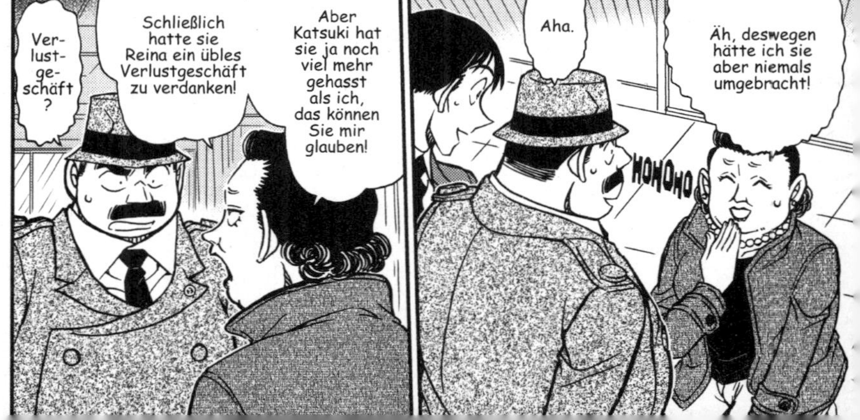
Äh, deswegen hätte ich sie aber niemals umgebracht!
HOHOHO
Aha.
Aber Katsuki hat sie ja noch viel mehr gehasst als ich, das können Sie mir glauben!
Schließlich hatte sie Reina ein übles Verlustgeschäft zu verdanken!
Verlustgeschäft?

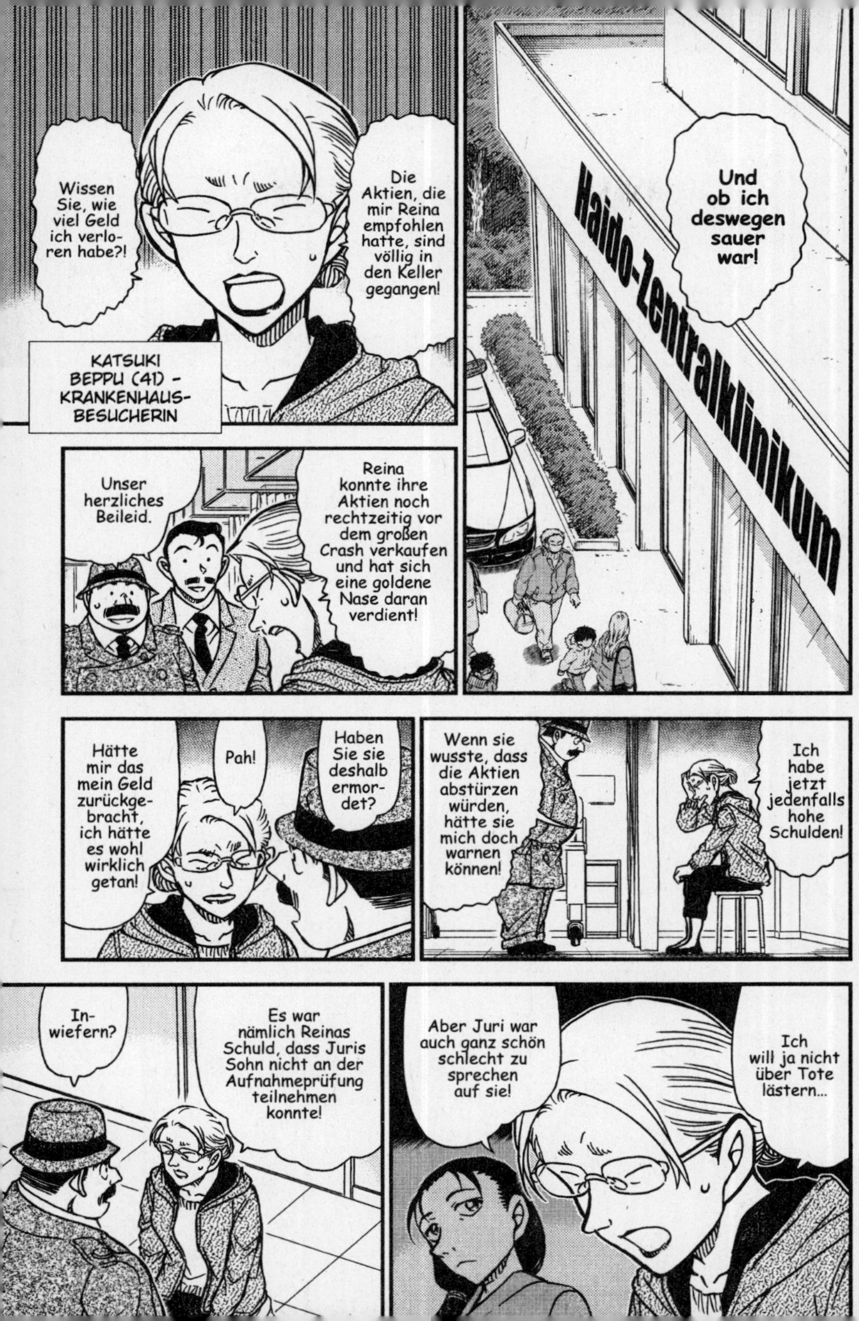

Haido-Zentralklinikum

Und ob ich deswegen sauer war!

Die Aktien, die mir Reina empfohlen hatte, sind völlig in den Keller gegangen!

Wissen Sie, wie viel Geld ich verloren habe?!

KATSUKI BEPPU (41) - KRANKENHAUS-BESUCHERIN

Reina konnte ihre Aktien noch rechtzeitig vor dem großen Crash verkaufen und hat sich eine goldene Nase daran verdient!

Unser herzliches Beileid.

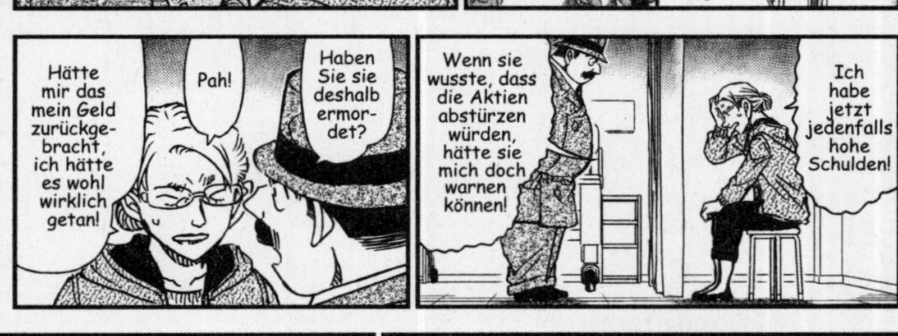

Ich will ja nicht über Tote lästern...

Aber Juri war auch ganz schön schlecht zu sprechen auf sie!

Inwiefern?

Es war nämlich Reinas Schuld, dass Juris Sohn nicht an der Aufnahmeprüfung teilnehmen konnte!

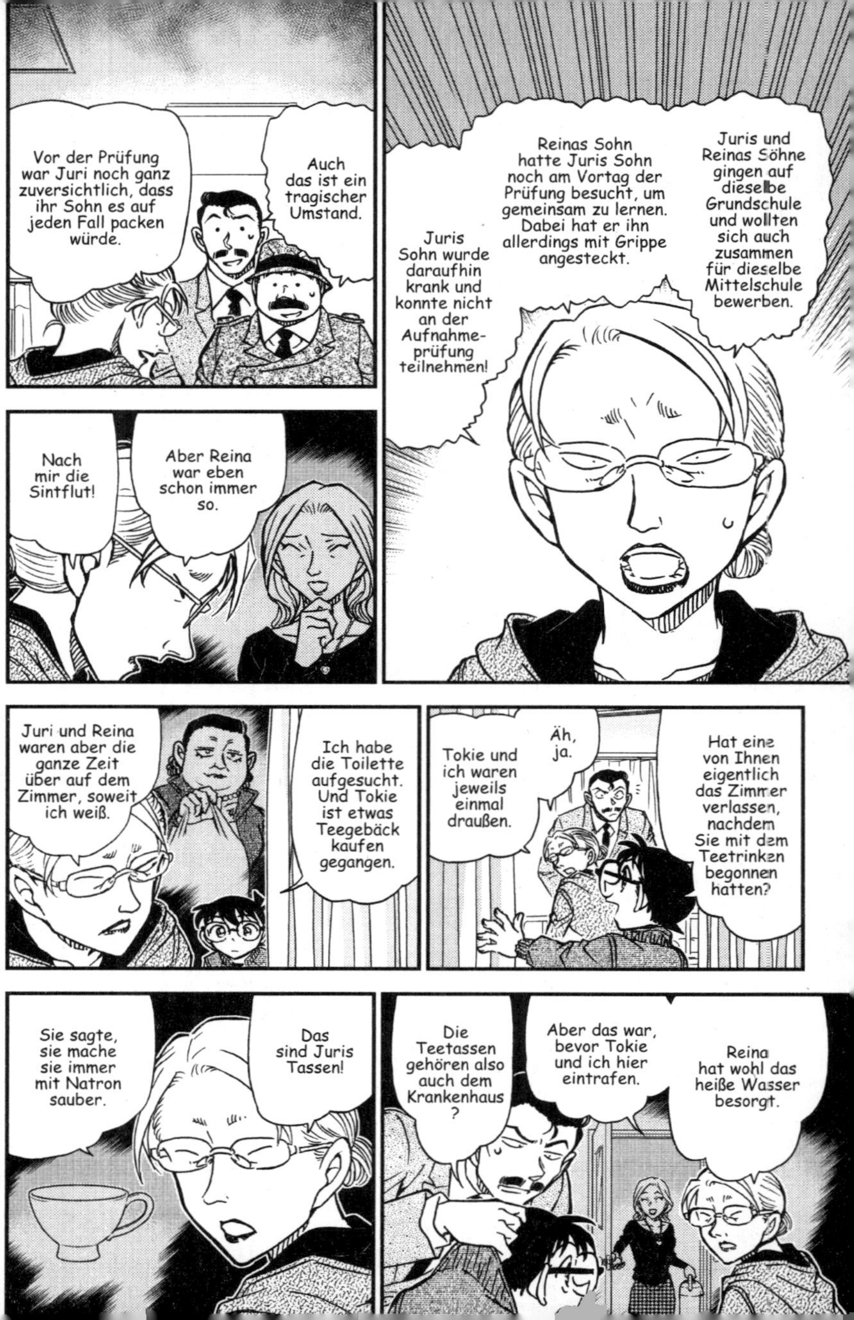

Juris und Reinas Söhne gingen auf dieselbe Grundschule und wollten sich auch zusammen für dieselbe Mittelschule bewerben.

Reinas Sohn hatte Juris Sohn noch am Vortag der Prüfung besucht, um gemeinsam zu lernen. Dabei hat er ihn allerdings mit Grippe angesteckt.

Juris Sohn wurde daraufhin krank und konnte nicht an der Aufnahmeprüfung teilnehmen!

Auch das ist ein tragischer Umstand.

Vor der Prüfung war Juri noch ganz zuversichtlich, dass ihr Sohn es auf jeden Fall packen würde.

Aber Reina war eben schon immer so.

Nach mir die Sintflut!

Hat eine von Ihnen eigentlich das Zimmer verlassen, nachdem Sie mit dem Teetrinken begonnen hatten?

Äh, ja.

Tokie und ich waren jeweils einmal draußen.

Ich habe die Toilette aufgesucht. Und Tokie ist etwas Teegebäck kaufen gegangen.

Juri und Reina waren aber die ganze Zeit über auf dem Zimmer, soweit ich weiß.

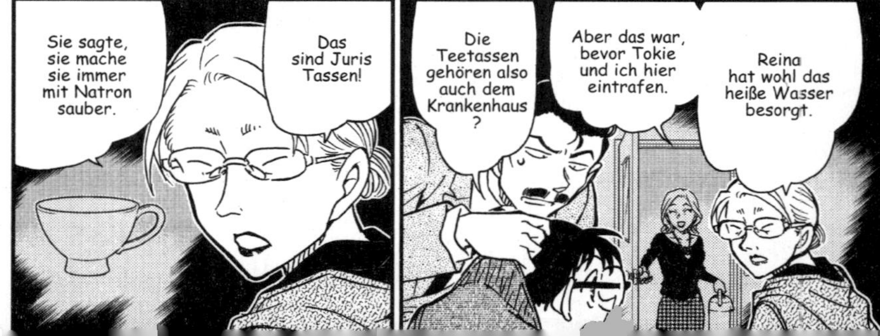

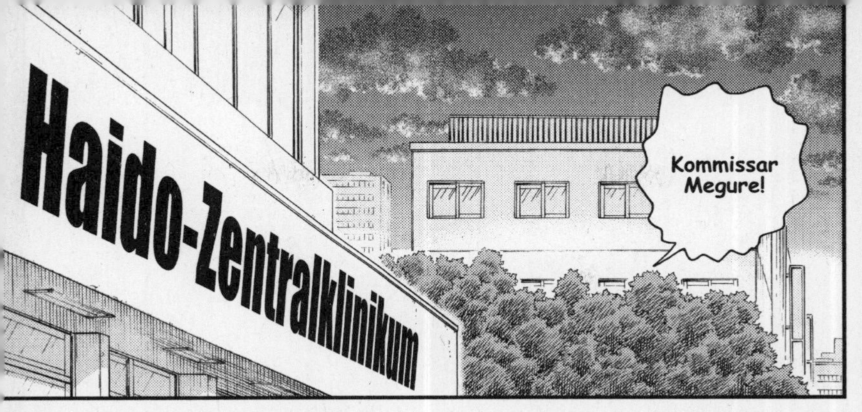
Haido-Zentralklinikum
Kommissar Megure!

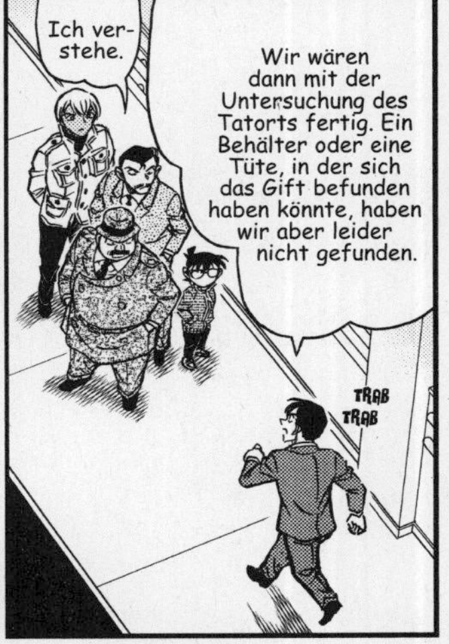
Wir wären dann mit der Untersuchung des Tatorts fertig. Ein Behälter oder eine Tüte, in der sich das Gift befunden haben könnte, haben wir aber leider nicht gefunden.
Ich verstehe.
TRAB TRAB

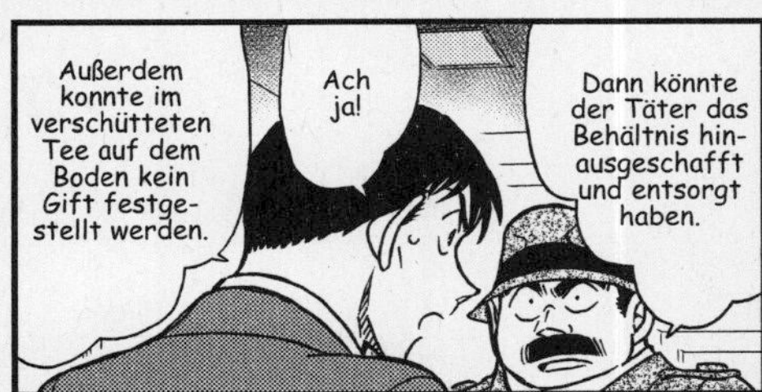
Dann könnte der Täter das Behältnis hinausgeschafft und entsorgt haben.
Ach ja!
Außerdem konnte im verschütteten Tee auf dem Boden kein Gift festgestellt werden.

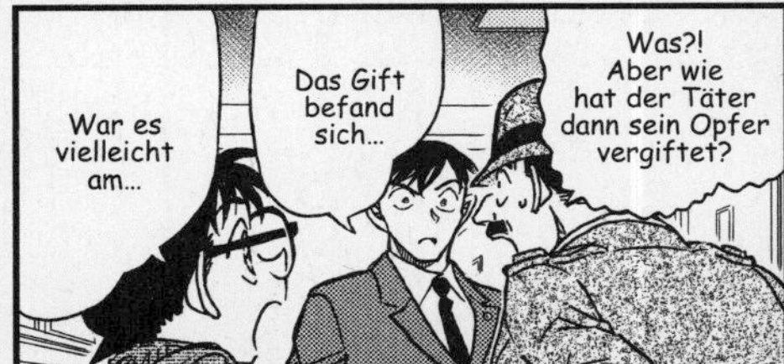
Was?! Aber wie hat der Täter dann sein Opfer vergiftet?
Das Gift befand sich...
War es vielleicht am...

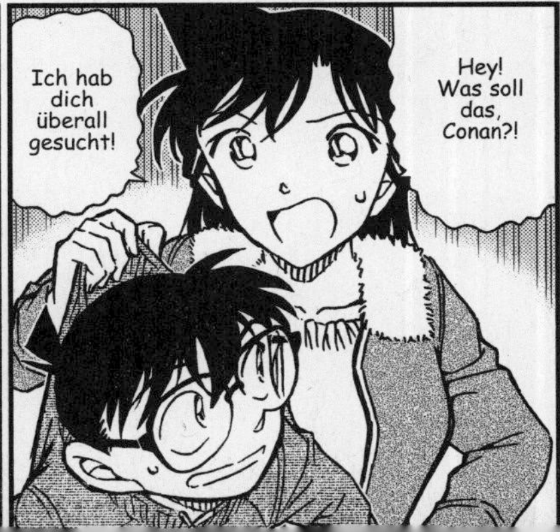
Hey! Was soll das, Conan?!
Ich hab dich überall gesucht!

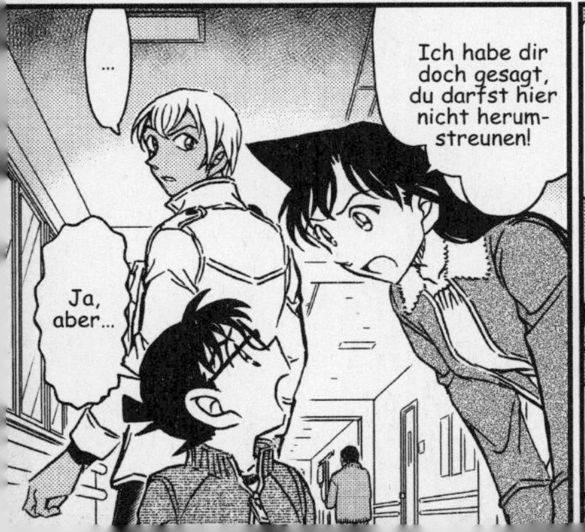
Ich habe dir doch gesagt, du darfst hier nicht herumstreunen!
...
Ja, aber...

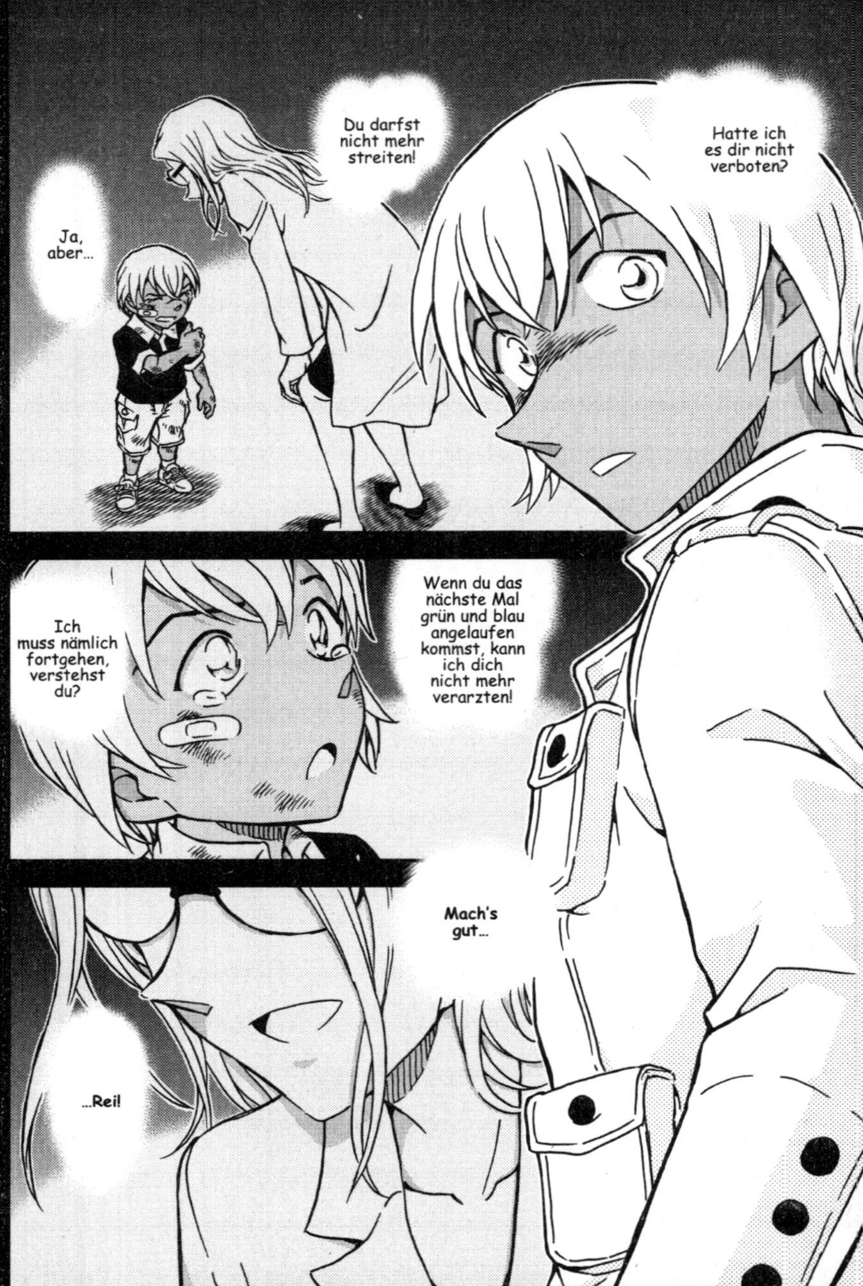

Hatte ich es dir nicht verboten?
Du darfst nicht mehr streiten!
Ja, aber...
Wenn du das nächste Mal grün und blau angelaufen kommst, kann ich dich nicht mehr verarzten!
Ich muss nämlich fortgehen, verstehst du?
Mach's gut...
...Rei!

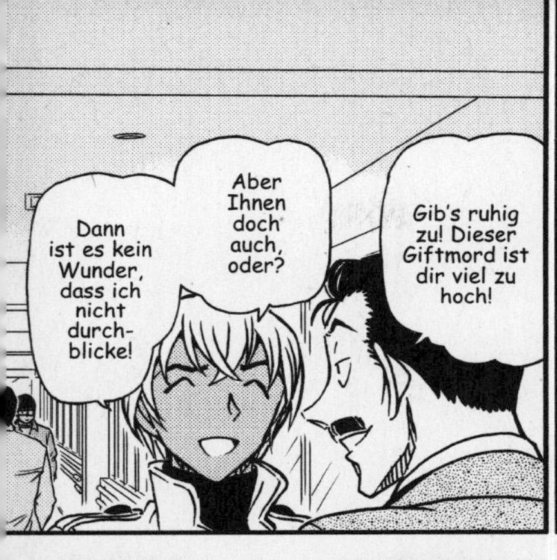
Gib's ruhig zu! Dieser Giftmord ist dir viel zu hoch!
Aber Ihnen doch auch, oder?
Dann ist es kein Wunder, dass ich nicht durchblicke!

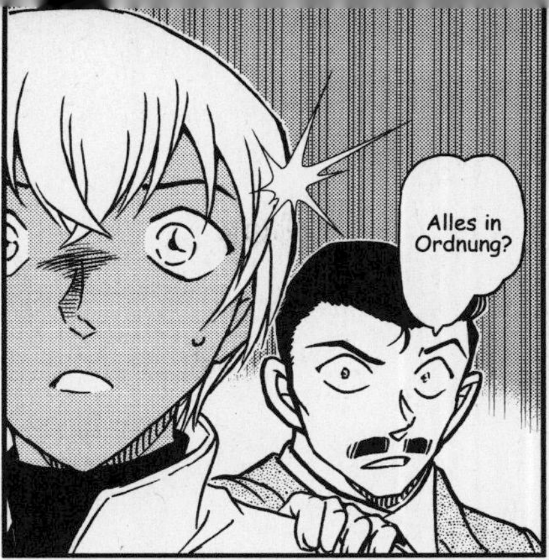
Alles in Ordnung?

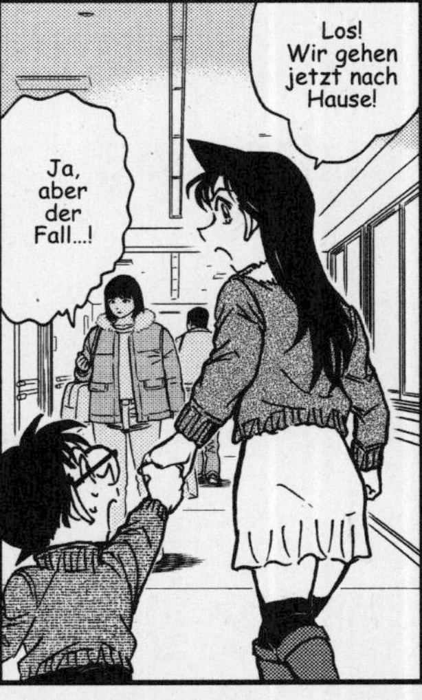
Los! Wir gehen jetzt nach Hause!
Ja, aber der Fall...!

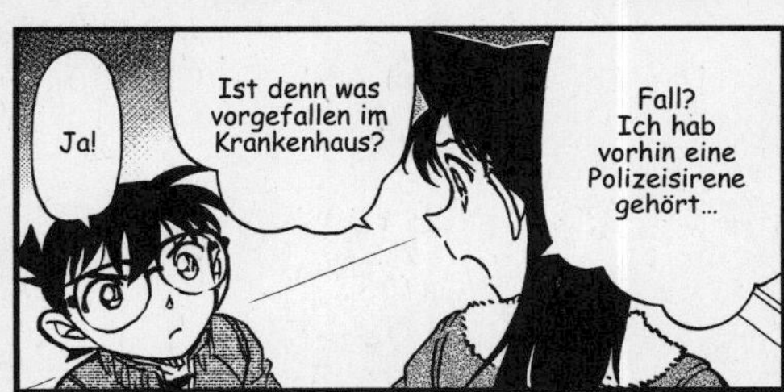
Fall? Ich hab vorhin eine Polizeisirene gehört...
Ist denn was vorgefallen im Krankenhaus?
Ja!

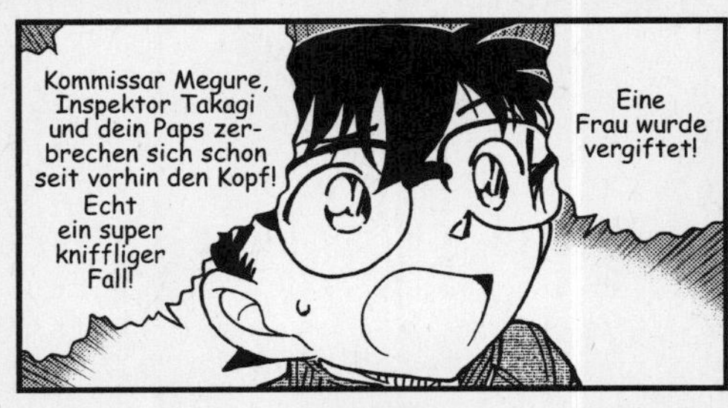
Eine Frau wurde vergiftet!
Kommissar Megure, Inspektor Takagi und dein Paps zerbrechen sich schon seit vorhin den Kopf!
Echt ein super kniffliger Fall!

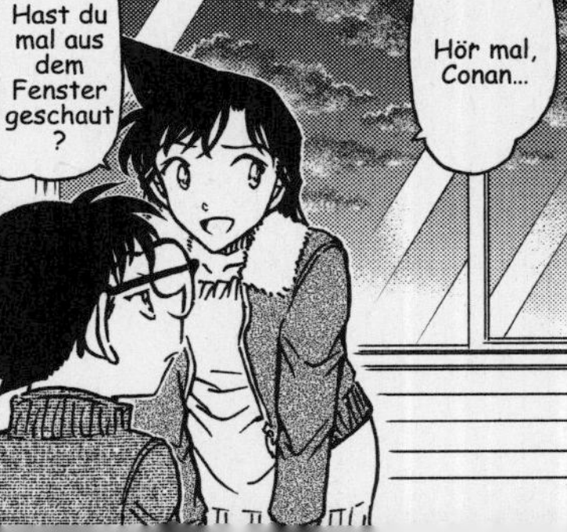
Hör mal, Conan...
Hast du mal aus dem Fenster geschaut ?

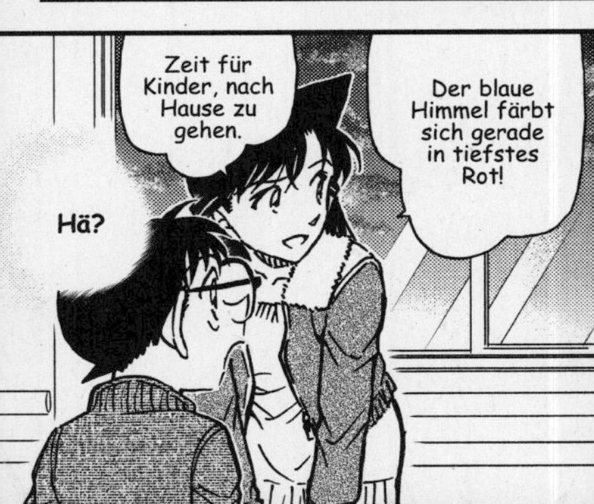
Der blaue Himmel färbt sich gerade in tiefstes Rot!
Zeit für Kinder, nach Hause zu gehen.
Hä?

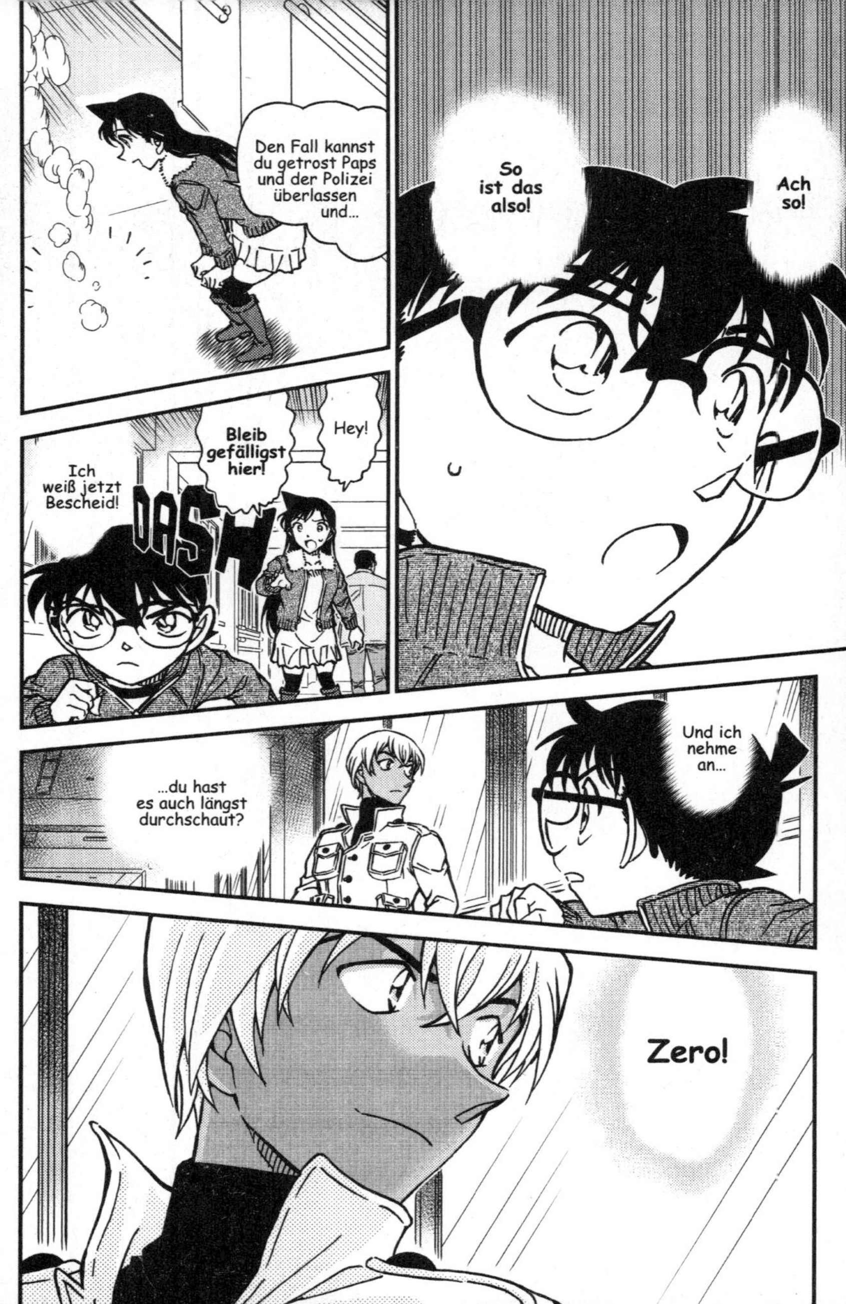
Ach so!
So ist das also!
Den Fall kannst du getrost Paps und der Polizei überlassen und...
Hey!
Bleib gefälligst hier!
DASH
Ich weiß jetzt Bescheid!
Und ich nehme an...
...du hast es auch längst durchschaut?
Zero!

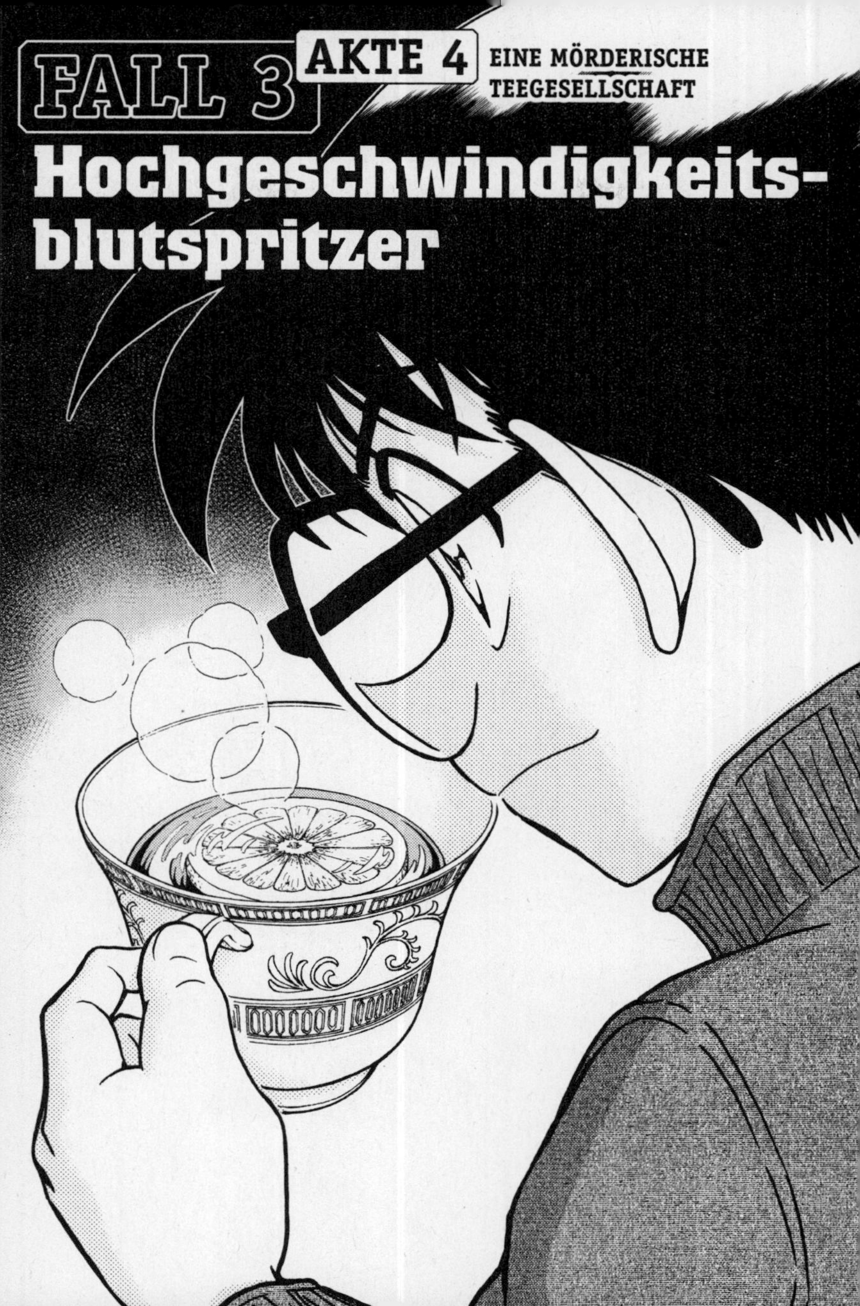
FALL 3
AKTE 4
EINE MÖRDERISCHE TEEGESELLSCHAFT
Hochgeschwindigkeits-blutspritzer

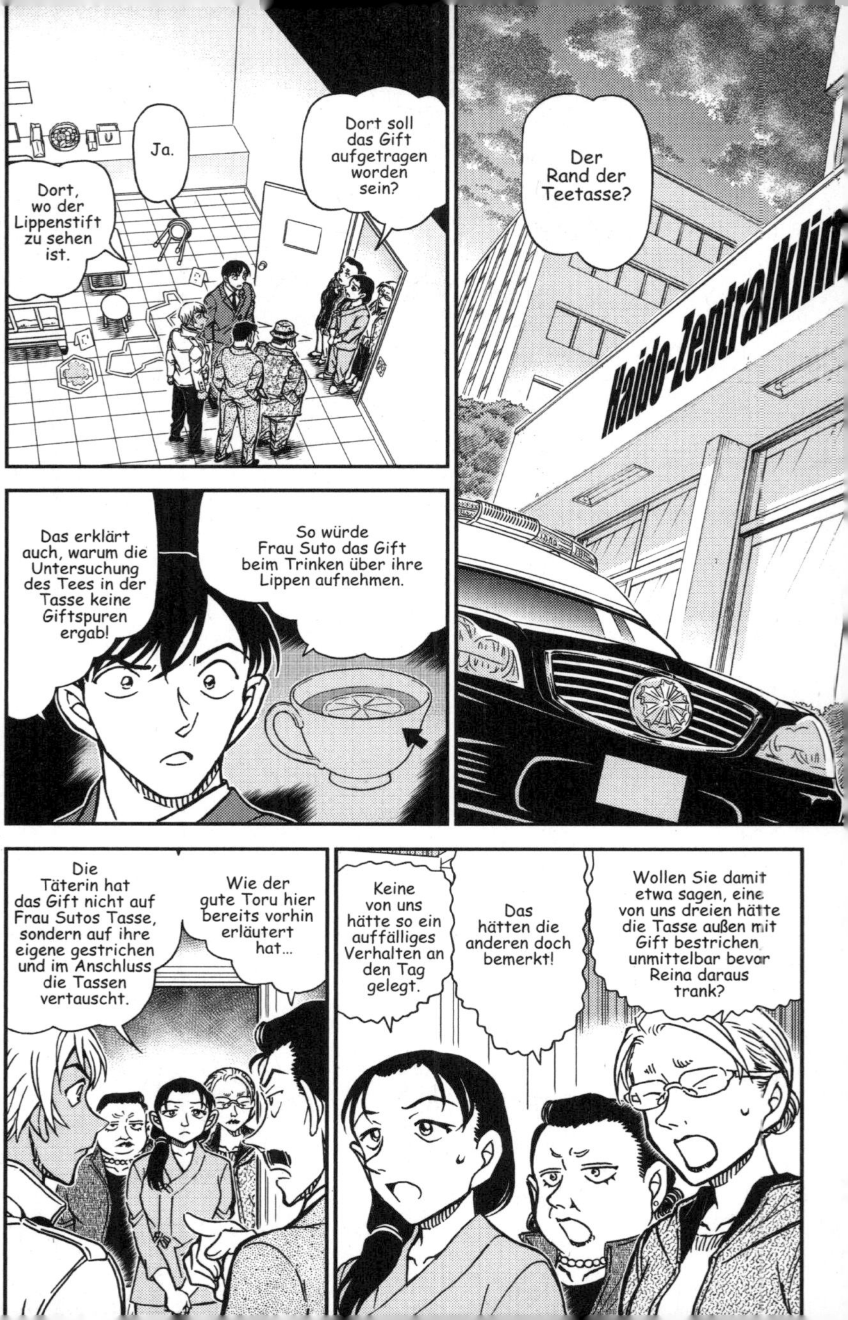

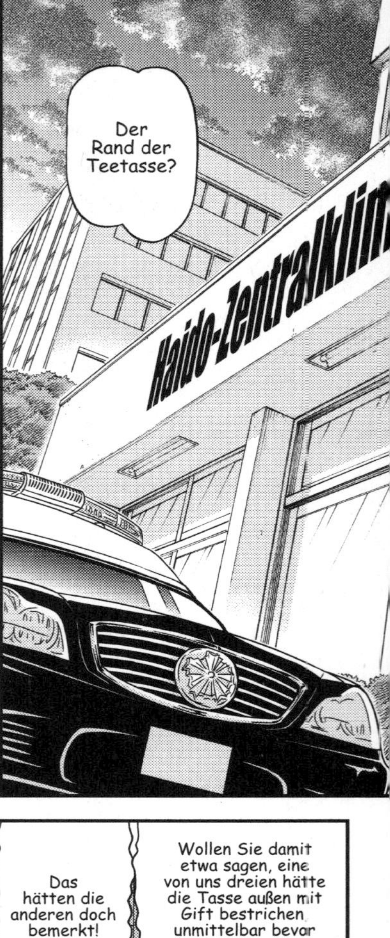

Dort soll das Gift aufgetragen worden sein?

Ja.

Dort, wo der Lippenstift zu sehen ist.

So würde Frau Suto das Gift beim Trinken über ihre Lippen aufnehmen.

Das erklärt auch, warum die Untersuchung des Tees in der Tasse keine Giftspuren ergab!

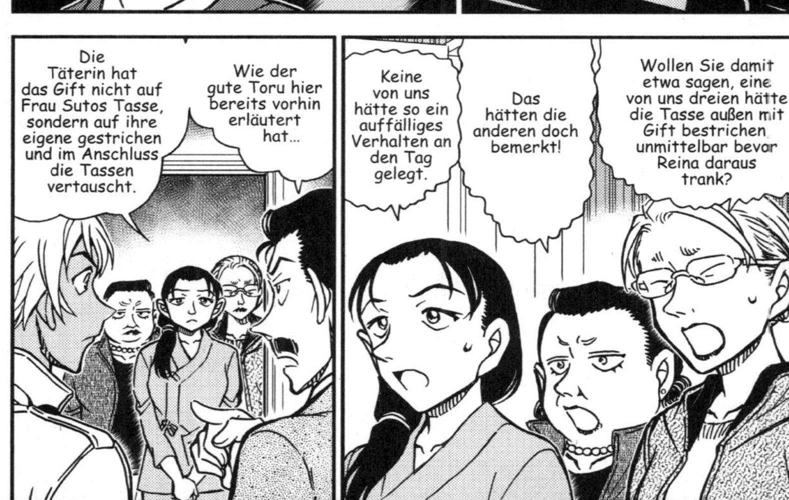

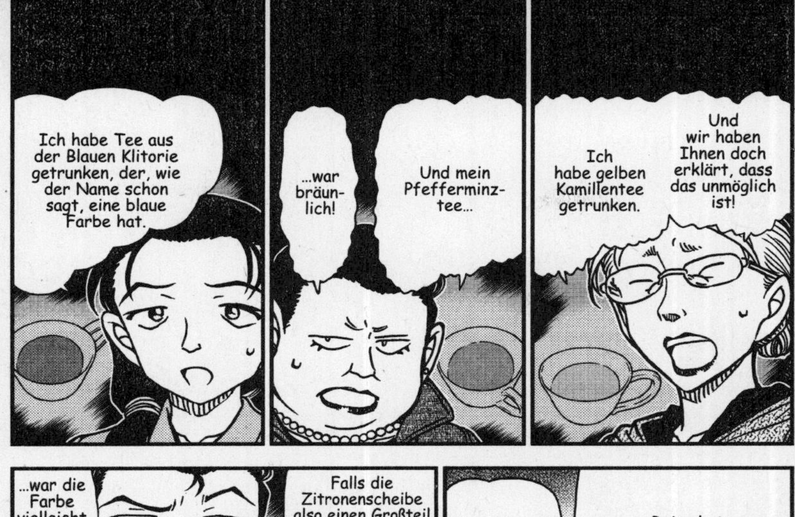

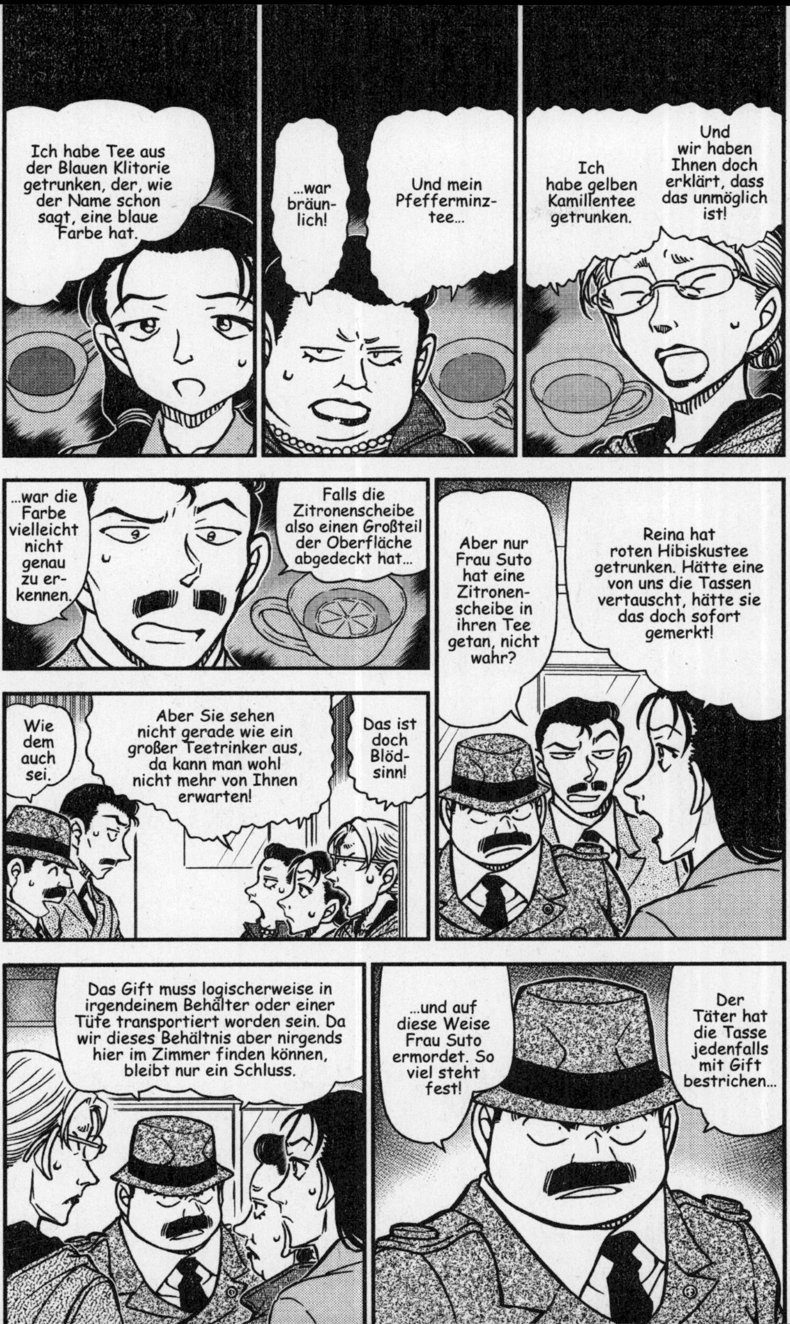

Reina hat roten Hibiskustee getrunken. Hätte eine von uns die Tassen vertauscht, hätte sie das doch sofort gemerkt!

Aber nur Frau Suto hat eine Zitronenscheibe in ihren Tee getan, nicht wahr?

Falls die Zitronenscheibe also einen Großteil der Oberfläche abgedeckt hat...

...war die Farbe vielleicht nicht genau zu erkennen.

Das ist doch Blödsinn!

Aber Sie sehen nicht gerade wie ein großer Teetrinker aus, da kann man wohl nicht mehr von Ihnen erwarten!

Wie dem auch sei.

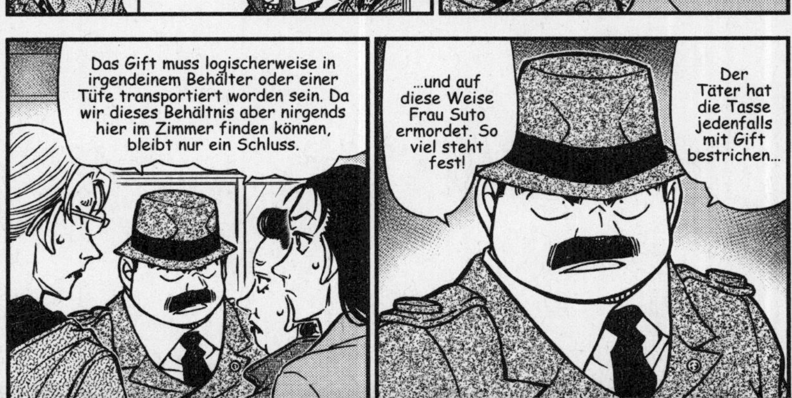

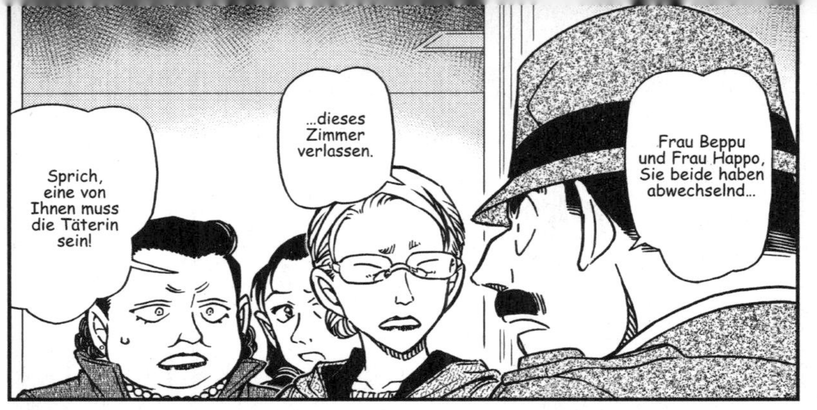
Frau Beppu und Frau Happo, Sie beide haben abwechselnd...
...dieses Zimmer verlassen.
Sprich, eine von Ihnen muss die Täterin sein!

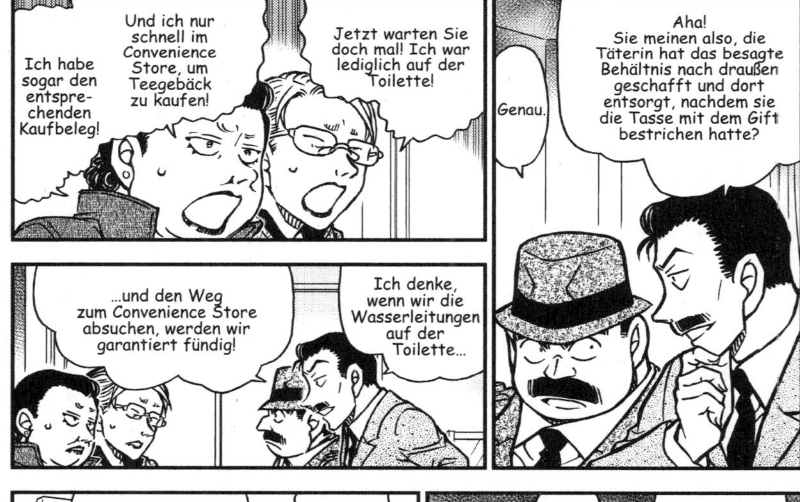
Aha! Sie meinen also, die Täterin hat das besagte Behältnis nach draußen geschafft und dort entsorgt, nachdem sie die Tasse mit dem Gift bestrichen hatte?
Genau.
Jetzt warten Sie doch mal! Ich war lediglich auf der Toilette!
Und ich nur schnell im Convenience Store, um Teegebäck zu kaufen!
Ich habe sogar den entsprechenden Kaufbeleg!
Ich denke, wenn wir die Wasserleitungen auf der Toilette...
...und den Weg zum Convenience Store absuchen, werden wir garantiert fündig!

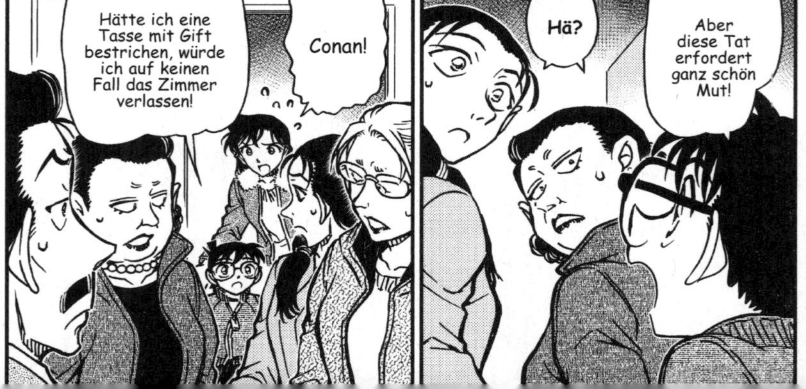
Aber diese Tat erfordert ganz schön Mut!
Hä?
Conan!
Hätte ich eine Tasse mit Gift bestrichen, würde ich auf keinen Fall das Zimmer verlassen!

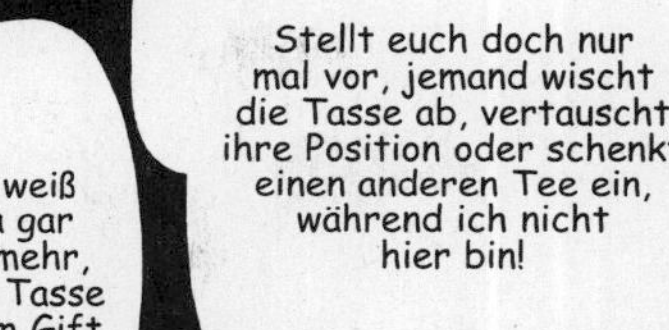
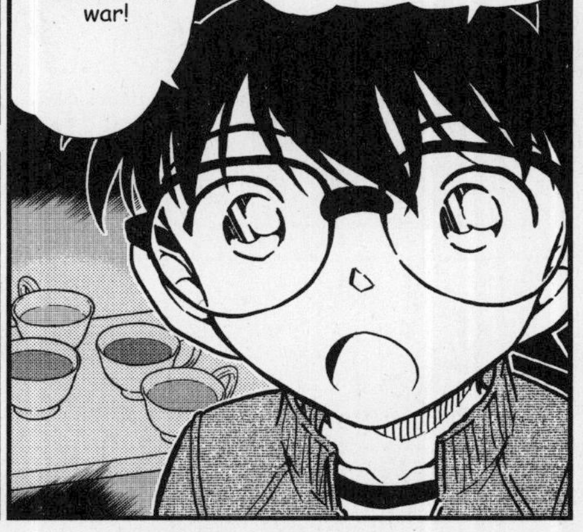

Stellt euch doch nur mal vor, jemand wischt die Tasse ab, vertauscht ihre Position oder schenkt einen anderen Tee ein, während ich nicht hier bin!
Dann weiß ich ja gar nicht mehr, welche Tasse mit dem Gift bestrichen war!

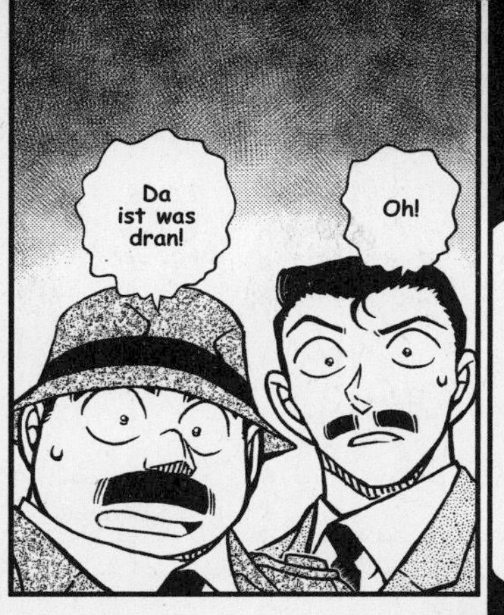

Oh!
Da ist was dran!

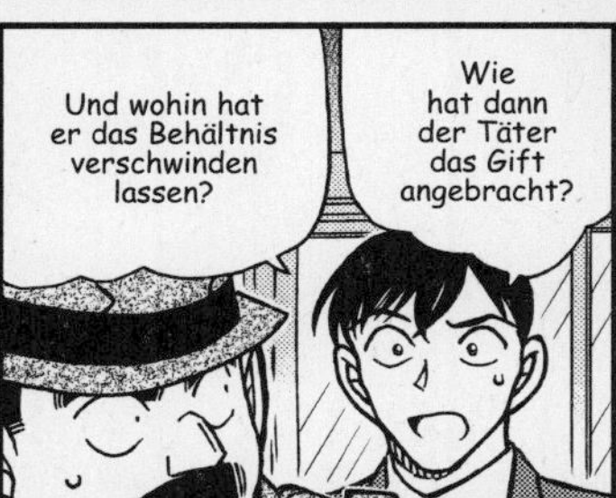

Wie hat dann der Täter das Gift angebracht?
Und wohin hat er das Behältnis verschwinden lassen?

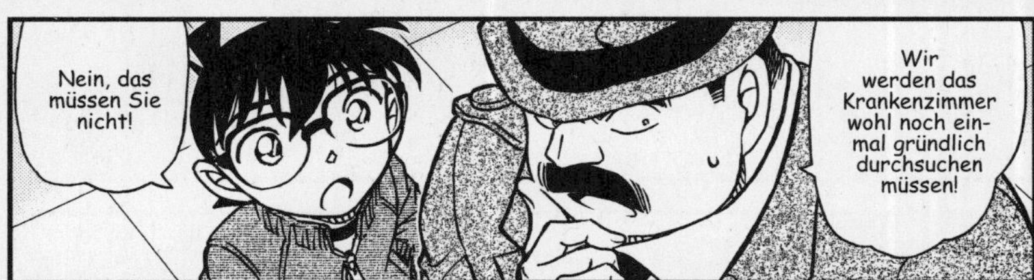

Wir werden das Krankenzimmer wohl noch ein-mal gründlich durchsuchen müssen!
Nein, das müssen Sie nicht!

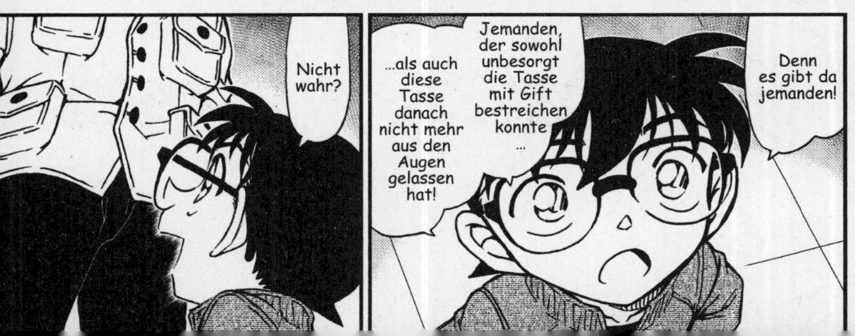

Denn es gibt da jemanden!
Jemanden, der sowohl unbesorgt die Tasse mit Gift bestreichen konnte ...
...als auch diese Tasse danach nicht mehr aus den Augen gelassen hat!
Nicht wahr?

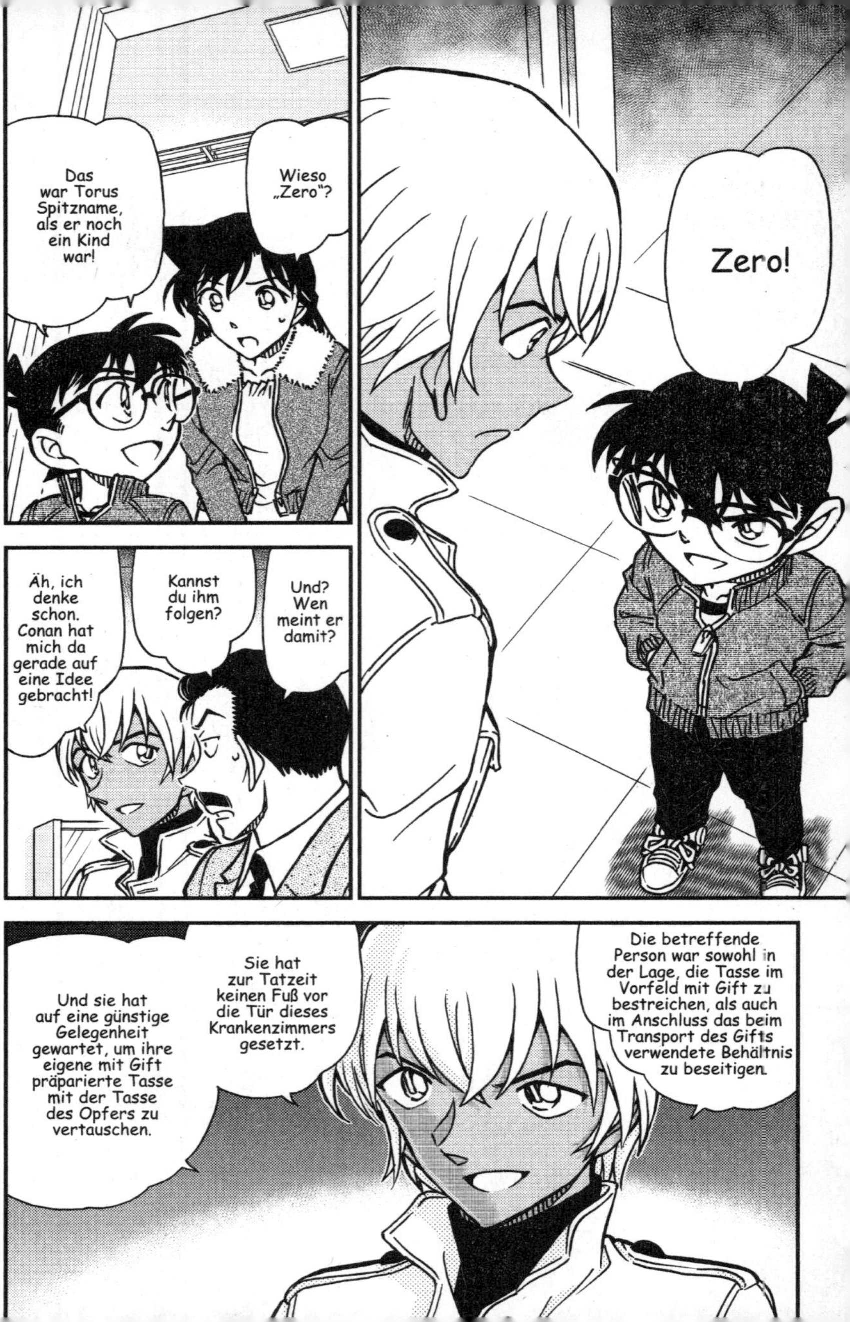

Zero!
Wieso „Zero"?
Das war Torus Spitzname, als er noch ein Kind war!
Und? Wen meint er damit?
Kannst du ihm folgen?
Äh, ich denke schon. Conan hat mich da gerade auf eine Idee gebracht!

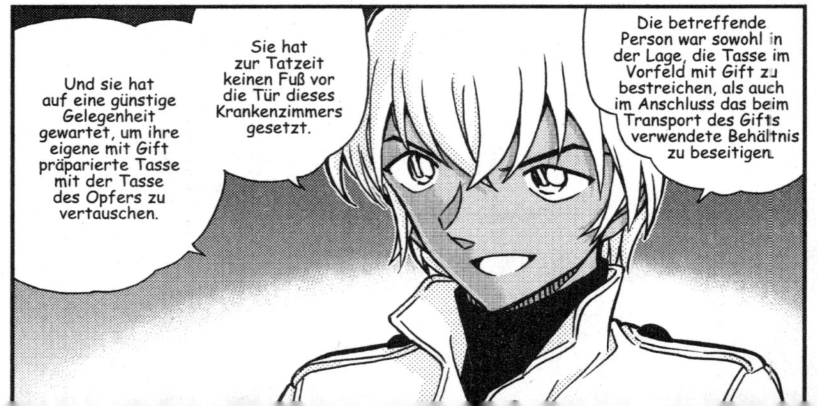
Die betreffende Person war sowohl in der Lage, die Tasse im Vorfeld mit Gift zu bestreichen, als auch im Anschluss das beim Transport des Gifts verwendete Behältnis zu beseitigen.
Sie hat zur Tatzeit keinen Fuß vor die Tür dieses Krankenzimmers gesetzt.
Und sie hat auf eine günstige Gelegenheit gewartet, um ihre eigene mit Gift präparierte Tasse mit der Tasse des Opfers zu vertauschen.

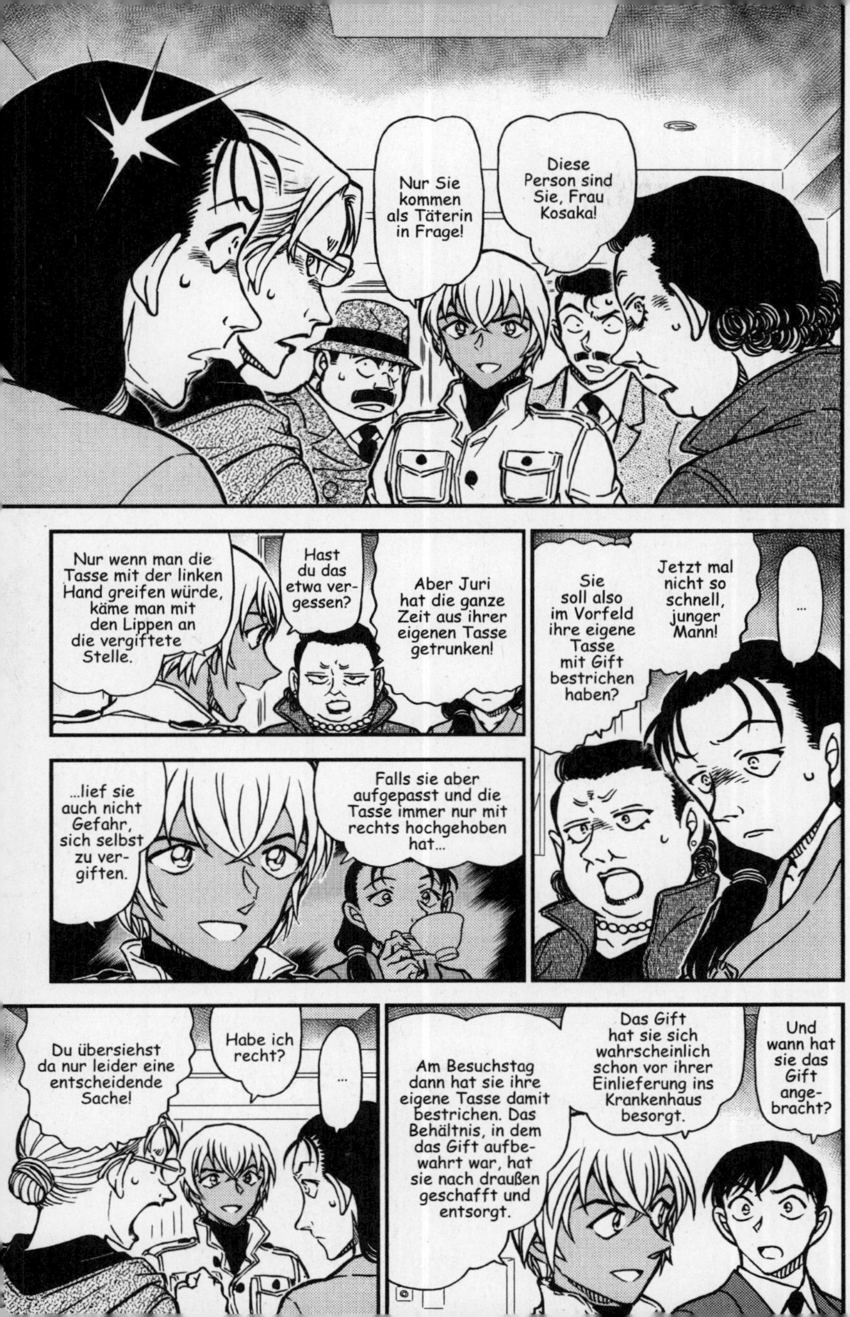

Diese Person sind Sie, Frau Kosaka!
Nur Sie kommen als Täterin in Frage!

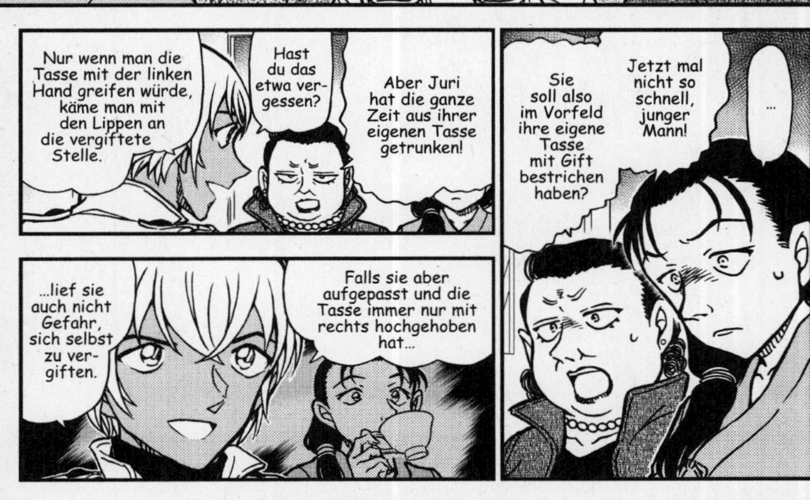

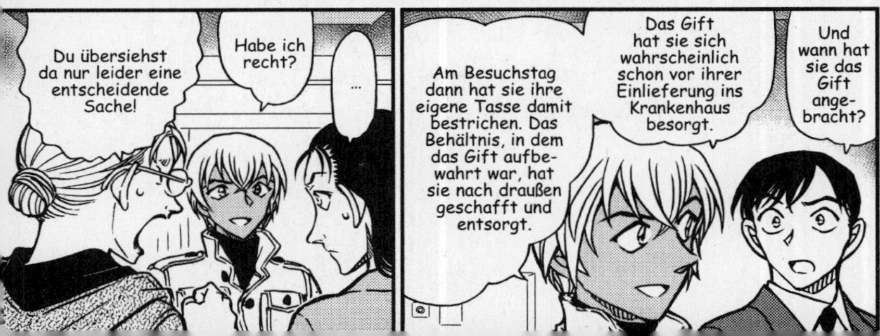

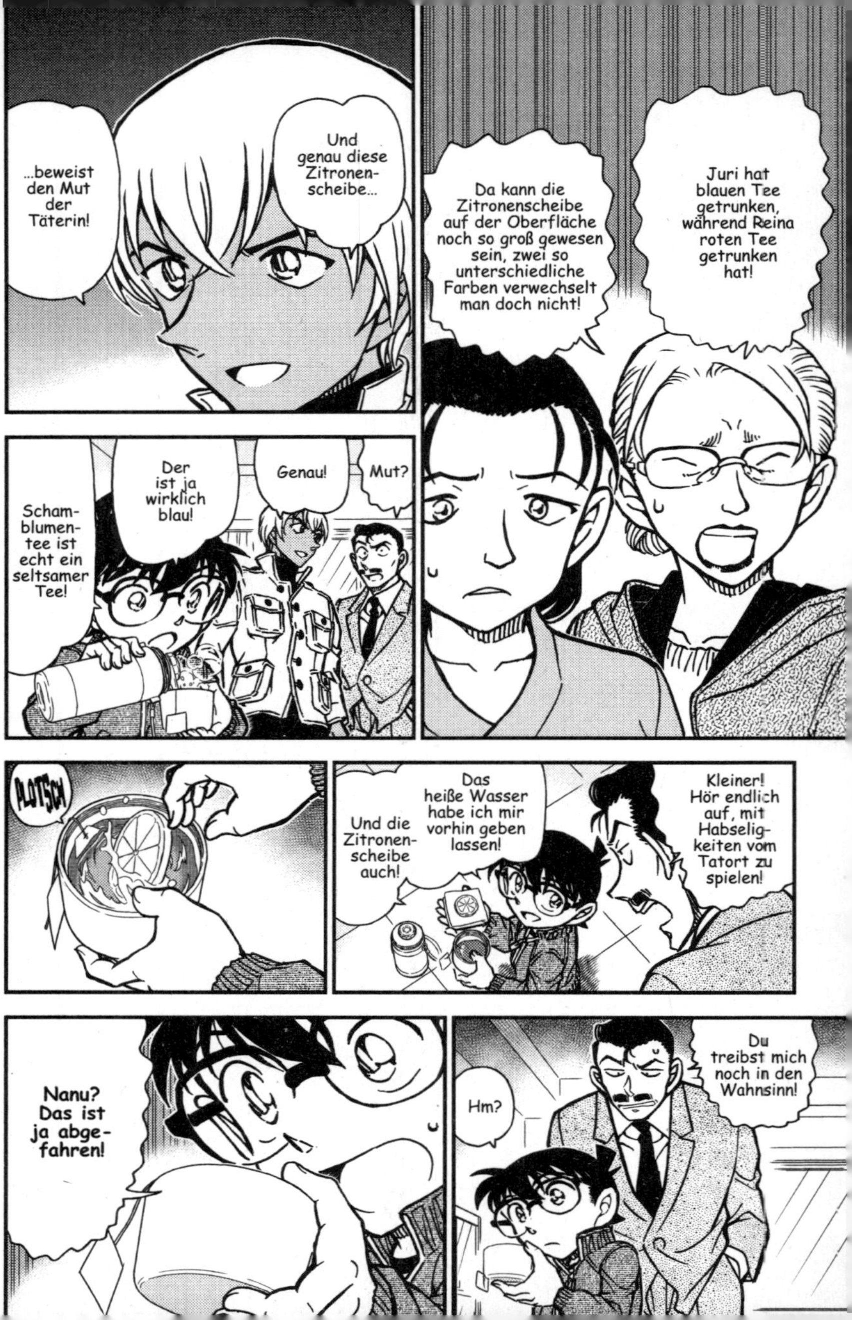

Juri hat blauen Tee getrunken, während Reina roten Tee getrunken hat!
Da kann die Zitronenscheibe auf der Oberfläche noch so groß gewesen sein, zwei so unterschiedliche Farben verwechselt man doch nicht!
Und genau diese Zitronenscheibe...
...beweist den Mut der Täterin!
Mut?
Genau!
Der ist ja wirklich blau!
Schamblumentee ist echt ein seltsamer Tee!
Kleiner! Hör endlich auf, mit Habseligkeiten vom Tatort zu spielen!
Das heiße Wasser habe ich mir vorhin geben lassen!
Und die Zitronenscheibe auch!
PLOTSCH

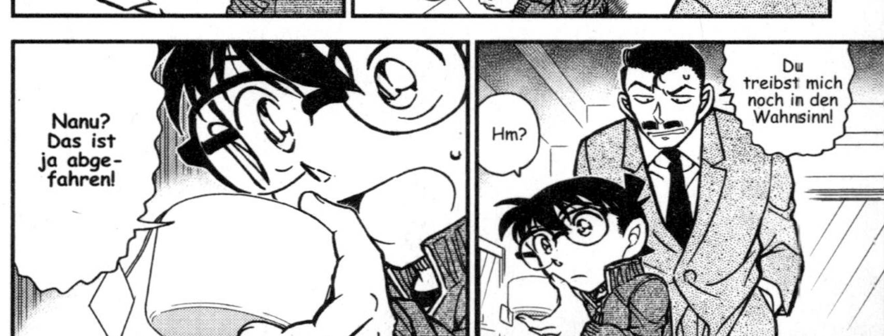

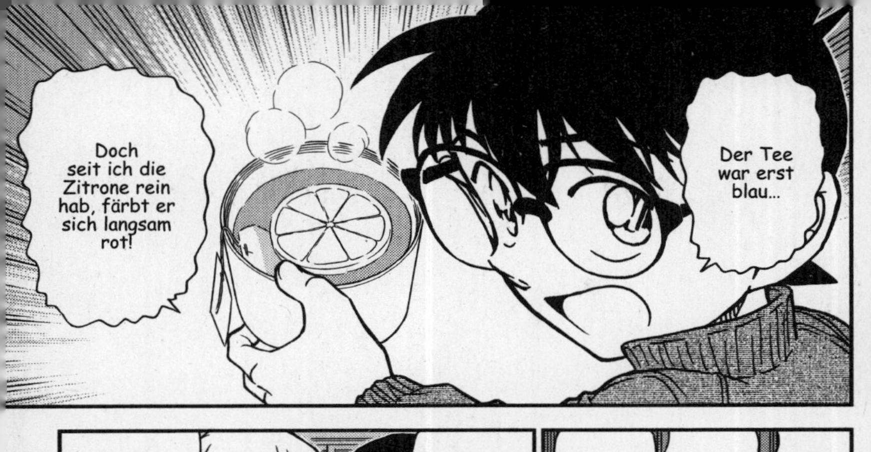
Der Tee war erst blau...
Doch seit ich die Zitrone rein hab, färbt er sich langsam rot!

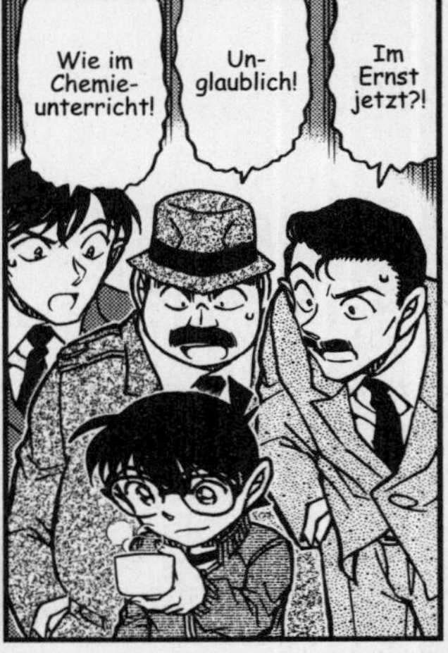
Im Ernst jetzt?!
Un-glaublich!
Wie im Chemie-unterricht!

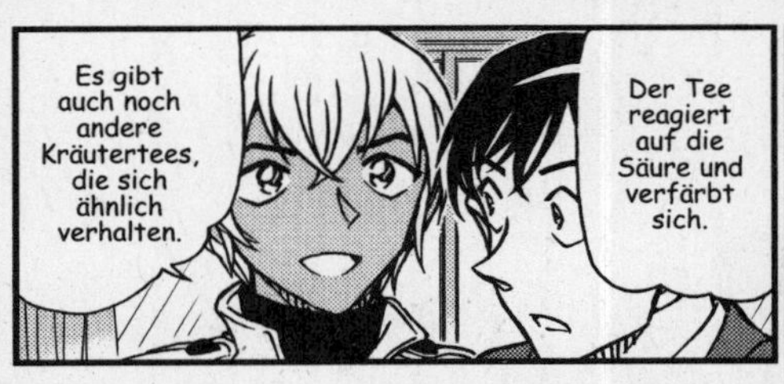
Der Tee reagiert auf die Säure und verfärbt sich.
Es gibt auch noch andere Kräutertees, die sich ähnlich verhalten.

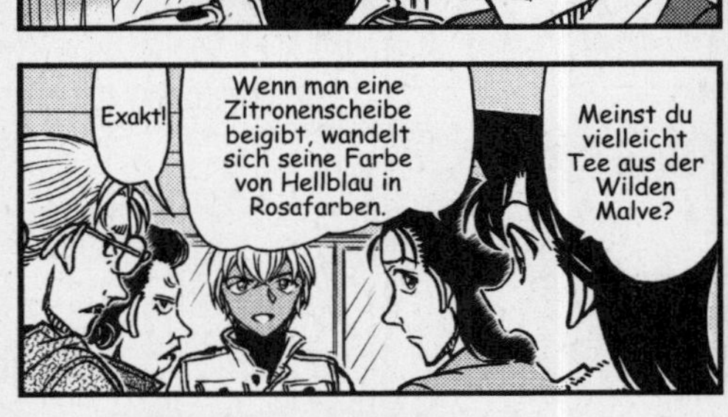
Meinst du vielleicht Tee aus der Wilden Malve?
Wenn man eine Zitronenscheibe beigibt, wandelt sich seine Farbe von Hellblau in Rosafarben.
Exakt!

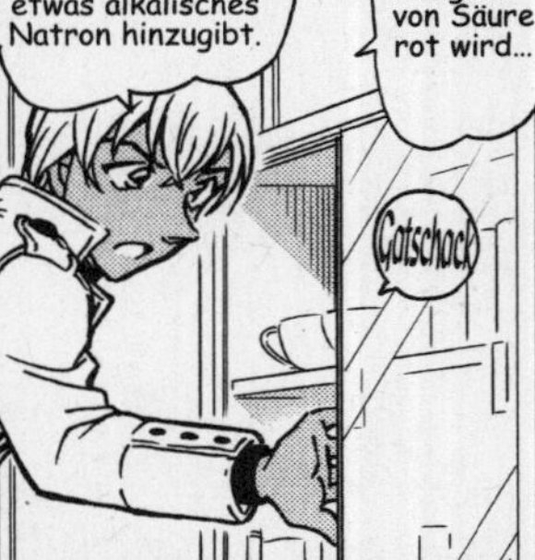
Und wenn der Tee bei Zugabe von Säure rot wird...
...dann verfärbt er sich selbstverständlich erneut, wenn man etwas alkalisches Natron hinzugibt.
Gatschack

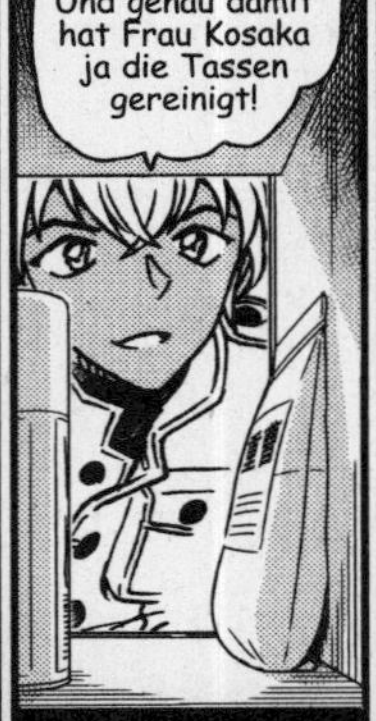
Und genau damit hat Frau Kosaka ja die Tassen gereinigt!

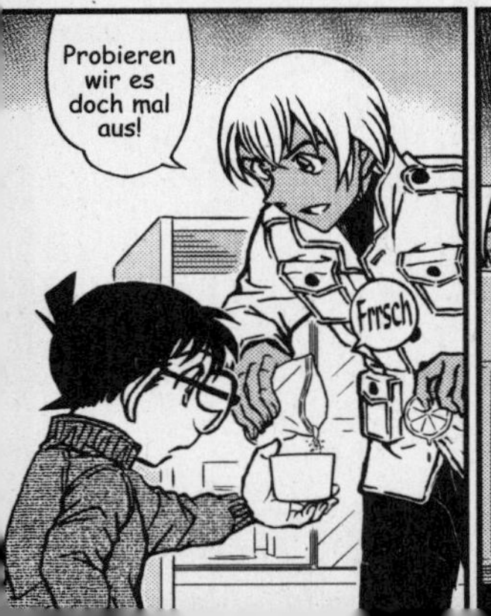
Probieren wir es doch mal aus!
Frrsch

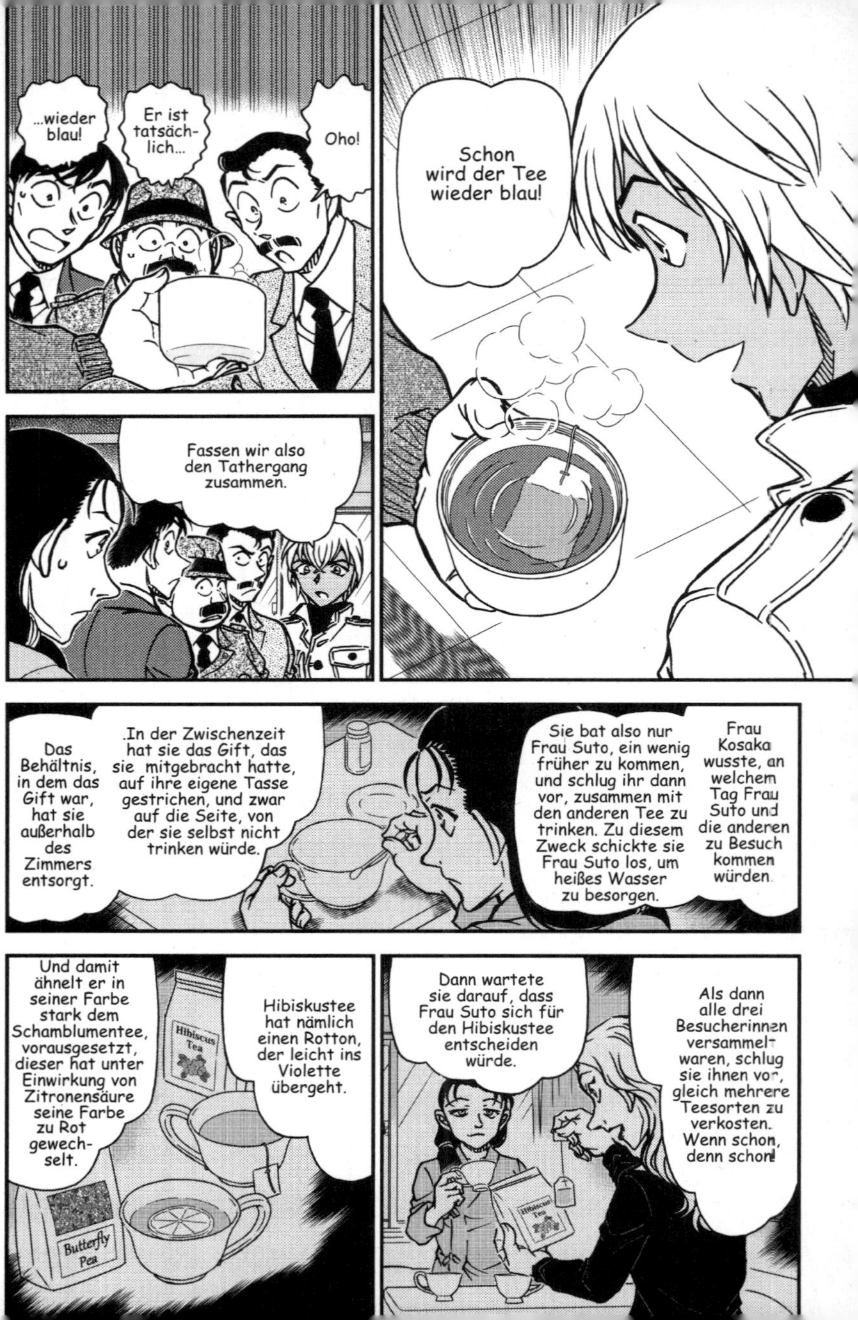

Schon wird der Tee wieder blau!

Oho!

Er ist tatsächlich...

...wieder blau!

Fassen wir also den Tathergang zusammen.

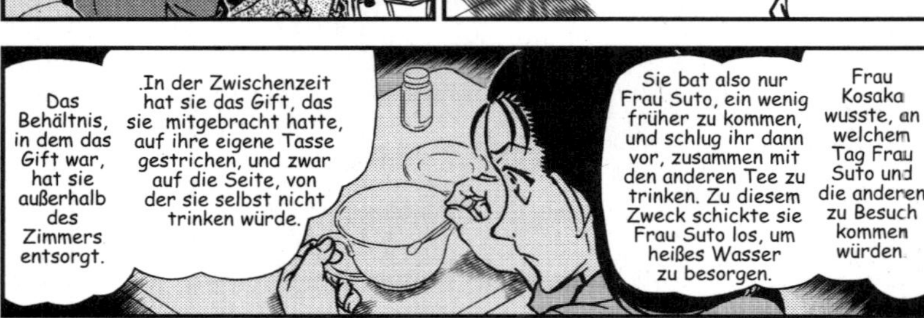

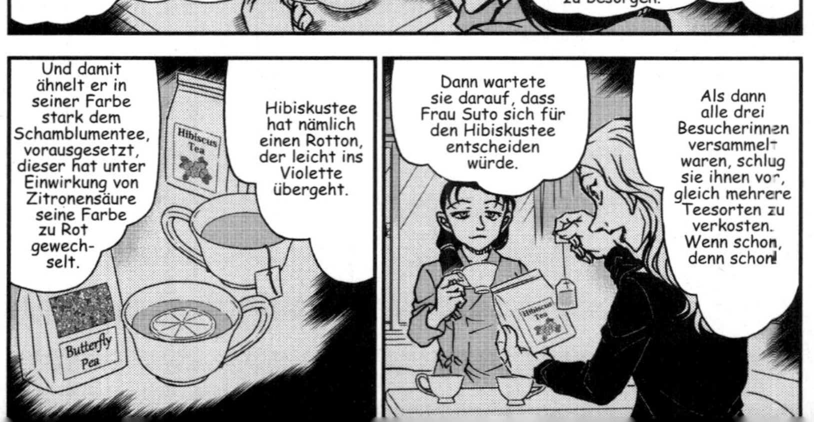

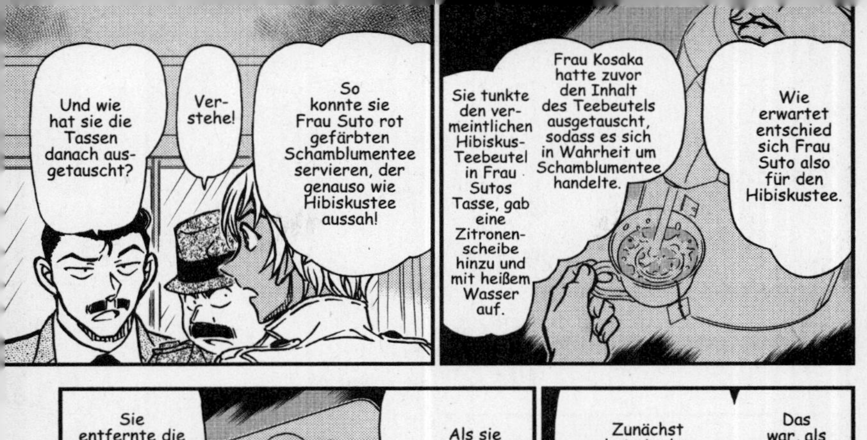
Wie erwartet entschied sich Frau Suto also für den Hibiskustee.
Frau Kosaka hatte zuvor den Inhalt des Teebeutels ausgetauscht, sodass es sich in Wahrheit um Schamblumentee handelte.
Sie tunkte den vermeintlichen Hibiskus-Teebeutel in Frau Sutos Tasse, gab eine Zitronenscheibe hinzu und mit heißem Wasser auf.
So konnte sie Frau Suto rot gefärbten Schamblumentee servieren, der genauso wie Hibiskustee aussah!
Verstehe!
Und wie hat sie die Tassen danach ausgetauscht?

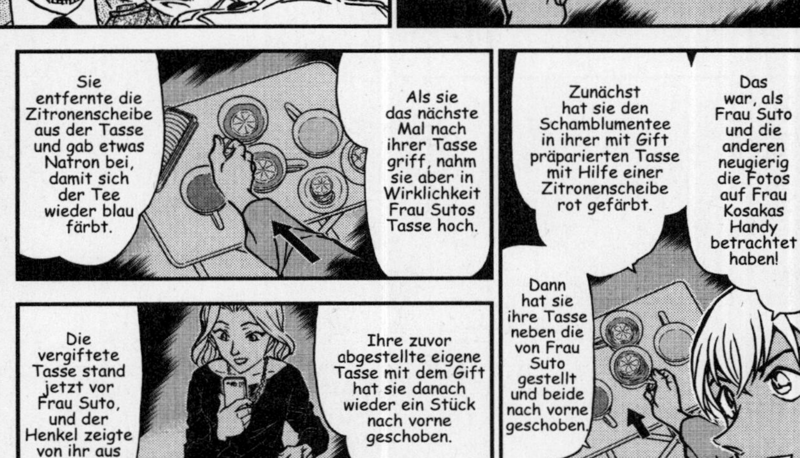
Das war, als Frau Suto und die anderen neugierig die Fotos auf Frau Kosakas Handy betrachtet haben!
Zunächst hat sie den Schamblumentee in ihrer mit Gift präparierten Tasse mit Hilfe einer Zitronenscheibe rot gefärbt.
Dann hat sie ihre Tasse neben die von Frau Suto gestellt und beide nach vorne geschoben.
Als sie das nächste Mal nach ihrer Tasse griff, nahm sie aber in Wirklichkeit Frau Sutos Tasse hoch.
Sie entfernte die Zitronenscheibe aus der Tasse und gab etwas Natron bei, damit sich der Tee wieder blau färbt.
Ihre zuvor abgestellte eigene Tasse mit dem Gift hat sie danach wieder ein Stück nach vorne geschoben.
Die vergiftete Tasse stand jetzt vor Frau Suto, und der Henkel zeigte von ihr aus gesehen nach links.

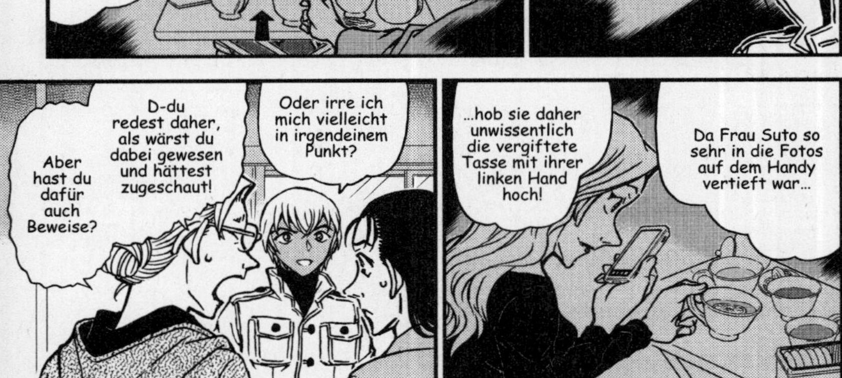
Da Frau Suto so sehr in die Fotos auf dem Handy vertieft war...
...hob sie daher unwissentlich die vergiftete Tasse mit ihrer linken Hand hoch!
Oder irre ich mich vielleicht in irgendeinem Punkt?
D-du redest daher, als wärst du dabei gewesen und hättest zugeschaut!
Aber hast du dafür auch Beweise?

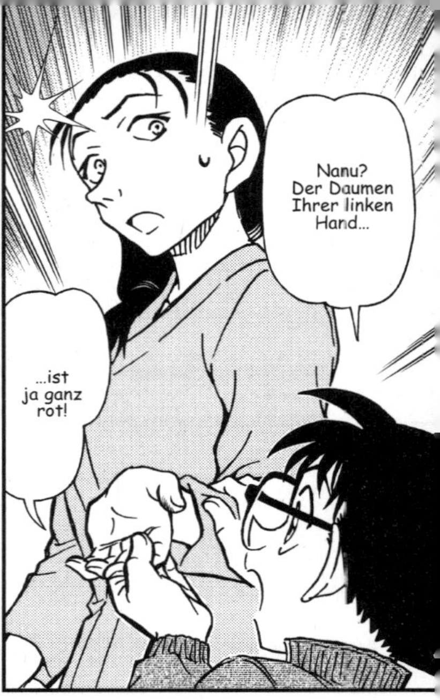
Nanu? Der Daumen Ihrer linken Hand...
...ist ja ganz rot!

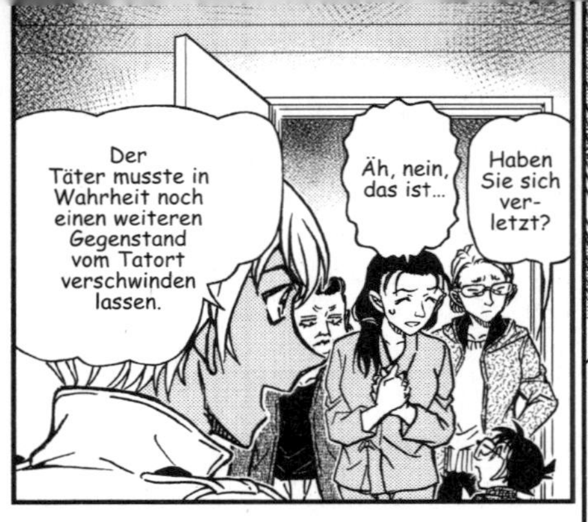
Haben Sie sich ver-letzt?
Äh, nein, das ist...
Der Täter musste in Wahrheit noch einen weiteren Gegenstand vom Tatort verschwinden lassen.
Und zwar den Lippenstift an der Tasse, aus der Frau Suto zuerst getrunken hatte.
Denn hätte sich Lippenstift an Frau Kosakas Tasse gefunden, wäre das aufge-fallen. Patienten im Krankenhaus schminken sich für gewöhnlich nicht.

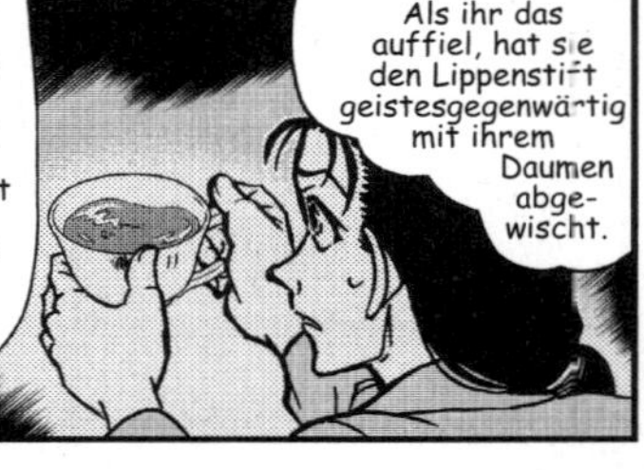
Als ihr das auffiel, hat sie den Lippenstift geistesgegenwärtig mit ihrem Daumen abge-wischt.
Doch Lippenstift ist sehr hartnäckig und bleibt auf der Haut zurück, sofern man ihn nicht mit Seife abwäscht.

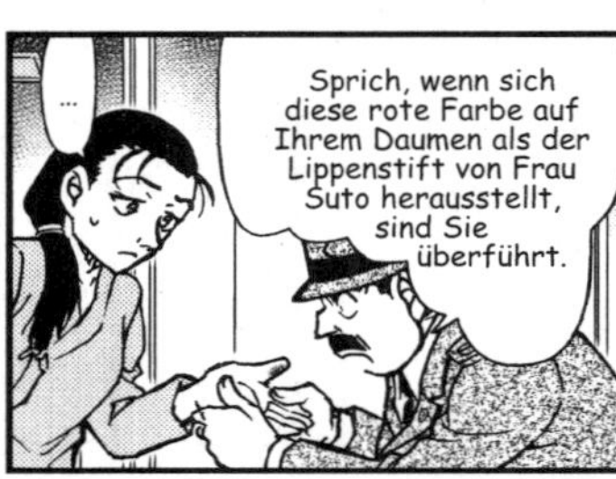
Sprich, wenn sich diese rote Farbe auf Ihrem Daumen als der Lippenstift von Frau Suto herausstellt, sind Sie überführt.
...

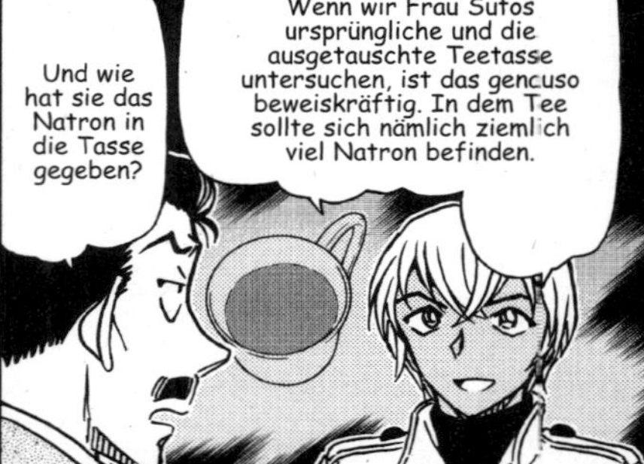
Wenn wir Frau Sutos ursprüngliche und die ausgetauschte Teetasse untersuchen, ist das gencuso beweiskräftig. In dem Tee sollte sich nämlich ziemlich viel Natron befinden.
Und wie hat sie das Natron in die Tasse gegeben?

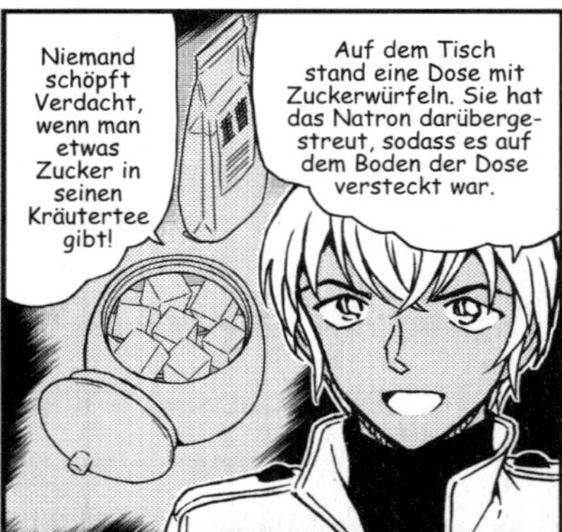
Auf dem Tisch stand eine Dose mit Zuckerwürfeln. Sie hat das Natron darüberge-streut, sodass es auf dem Boden der Dose versteckt war.
Niemand schöpft Verdacht, wenn man etwas Zucker in seinen Kräutertee gibt!

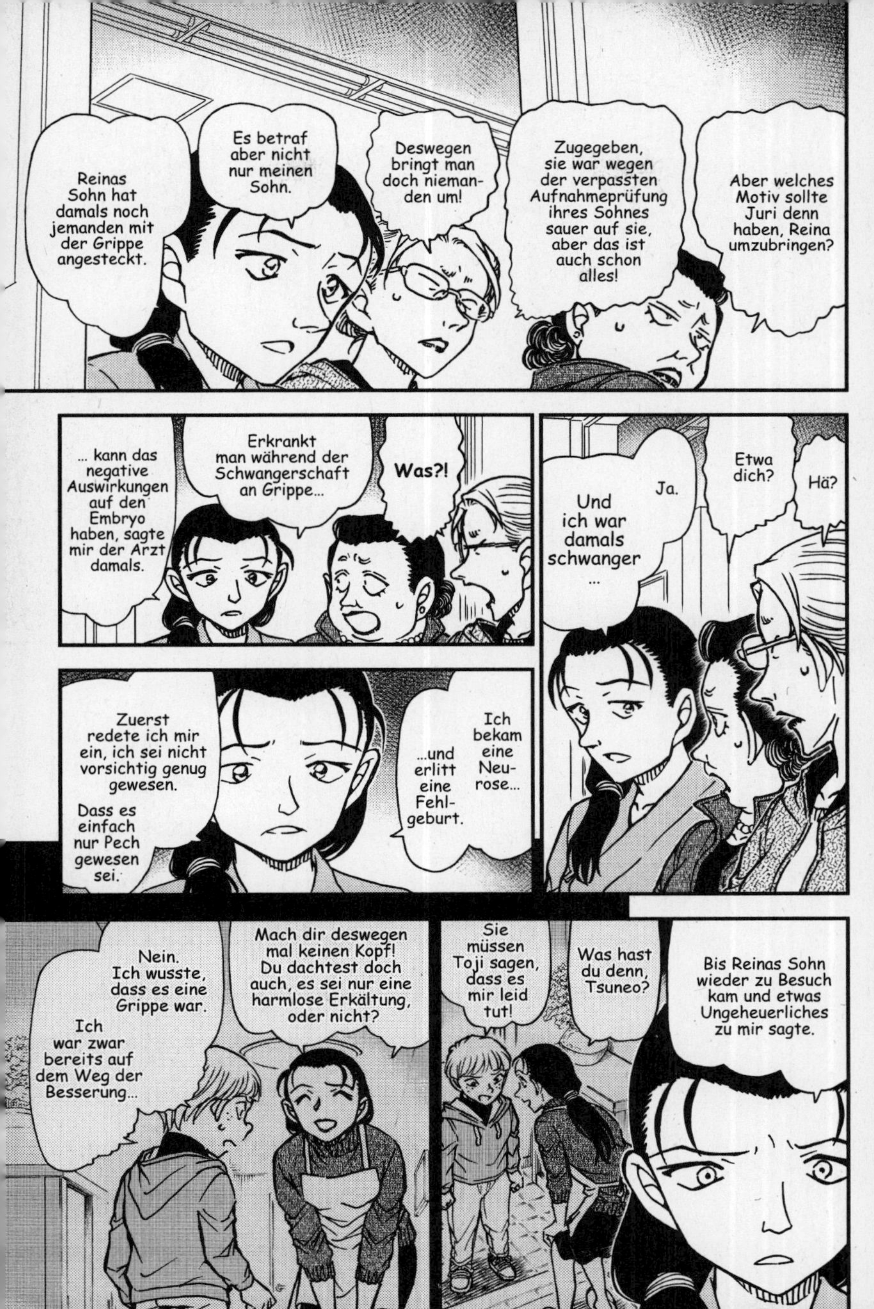
Aber welches Motiv sollte Juri denn haben, Reina umzubringen?
Zugegeben, sie war wegen der verpassten Aufnahmeprüfung ihres Sohnes sauer auf sie, aber das ist auch schon alles!
Deswegen bringt man doch nieman-den um!
Es betraf aber nicht nur meinen Sohn.
Reinas Sohn hat damals noch jemanden mit der Grippe angesteckt.
Hä?
Etwa dich?
Ja.
Und ich war damals schwanger ...
Was?!
Erkrankt man während der Schwangerschaft an Grippe...
... kann das negative Auswirkungen auf den Embryo haben, sagte mir der Arzt damals.
Ich bekam eine Neu-rose...
...und erlitt eine Fehl-geburt.
Zuerst redete ich mir ein, ich sei nicht vorsichtig genug gewesen.
Dass es einfach nur Pech gewesen sei.
Bis Reinas Sohn wieder zu Besuch kam und etwas Ungeheuerliches zu mir sagte.
Was hast du denn, Tsuneo?
Sie müssen Toji sagen, dass es mir leid tut!
Mach dir deswegen mal keinen Kopf! Du dachtest doch auch, es sei nur eine harmlose Erkältung, oder nicht?
Nein. Ich wusste, dass es eine Grippe war.
Ich war zwar bereits auf dem Weg der Besserung...

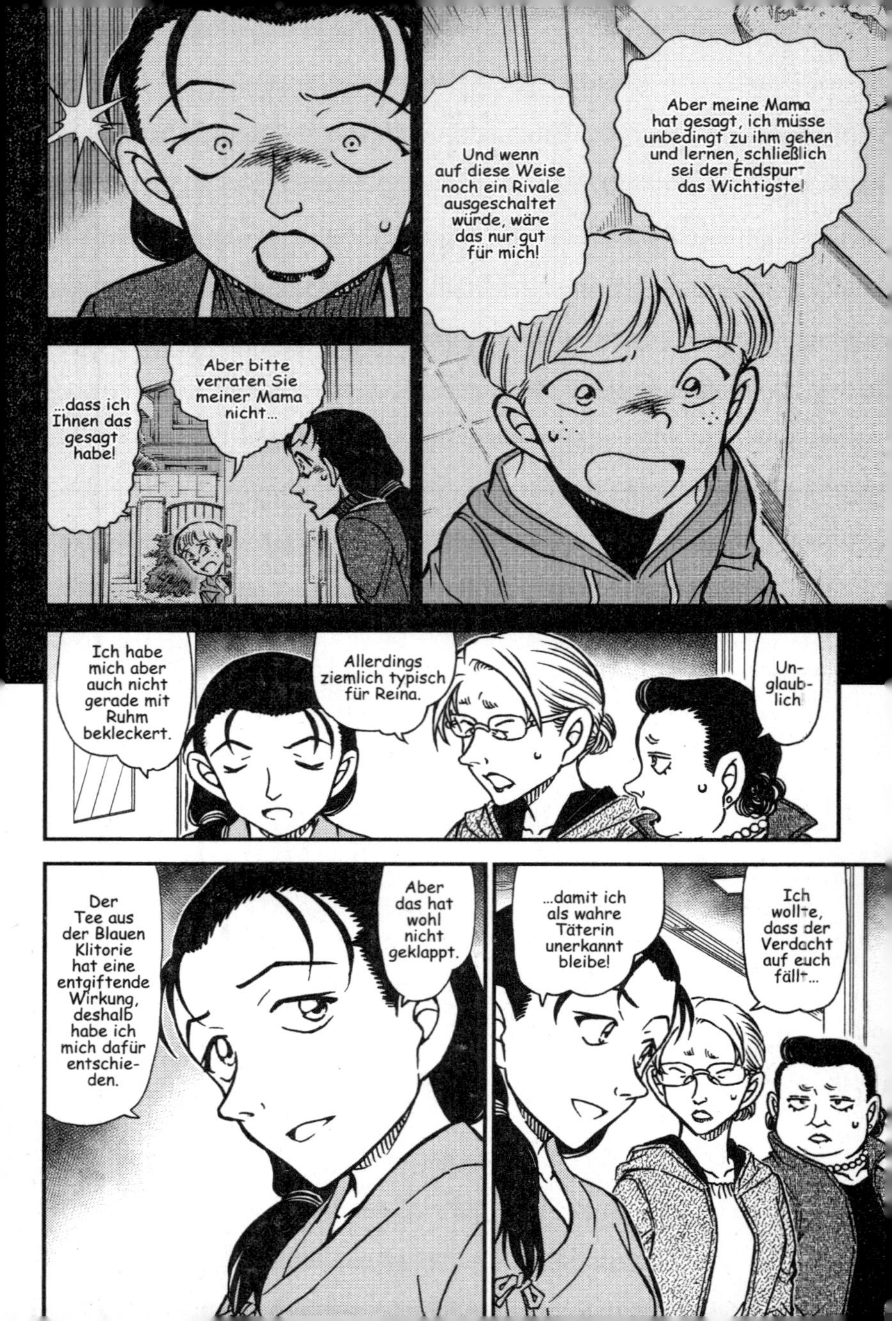

Aber meine Mama hat gesagt, ich müsse unbedingt zu ihm gehen und lernen, schließlich sei der Endspurt das Wichtigste!
Und wenn auf diese Weise noch ein Rivale ausgeschaltet würde, wäre das nur gut für mich!
Aber bitte verraten Sie meiner Mama nicht...
...dass ich Ihnen das gesagt habe!
Unglaublich!
Allerdings ziemlich typisch für Reina.
Ich habe mich aber auch nicht gerade mit Ruhm bekleckert.

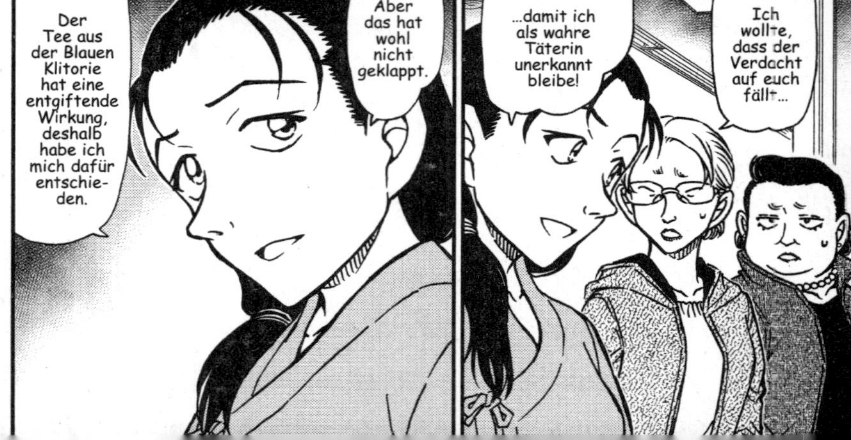

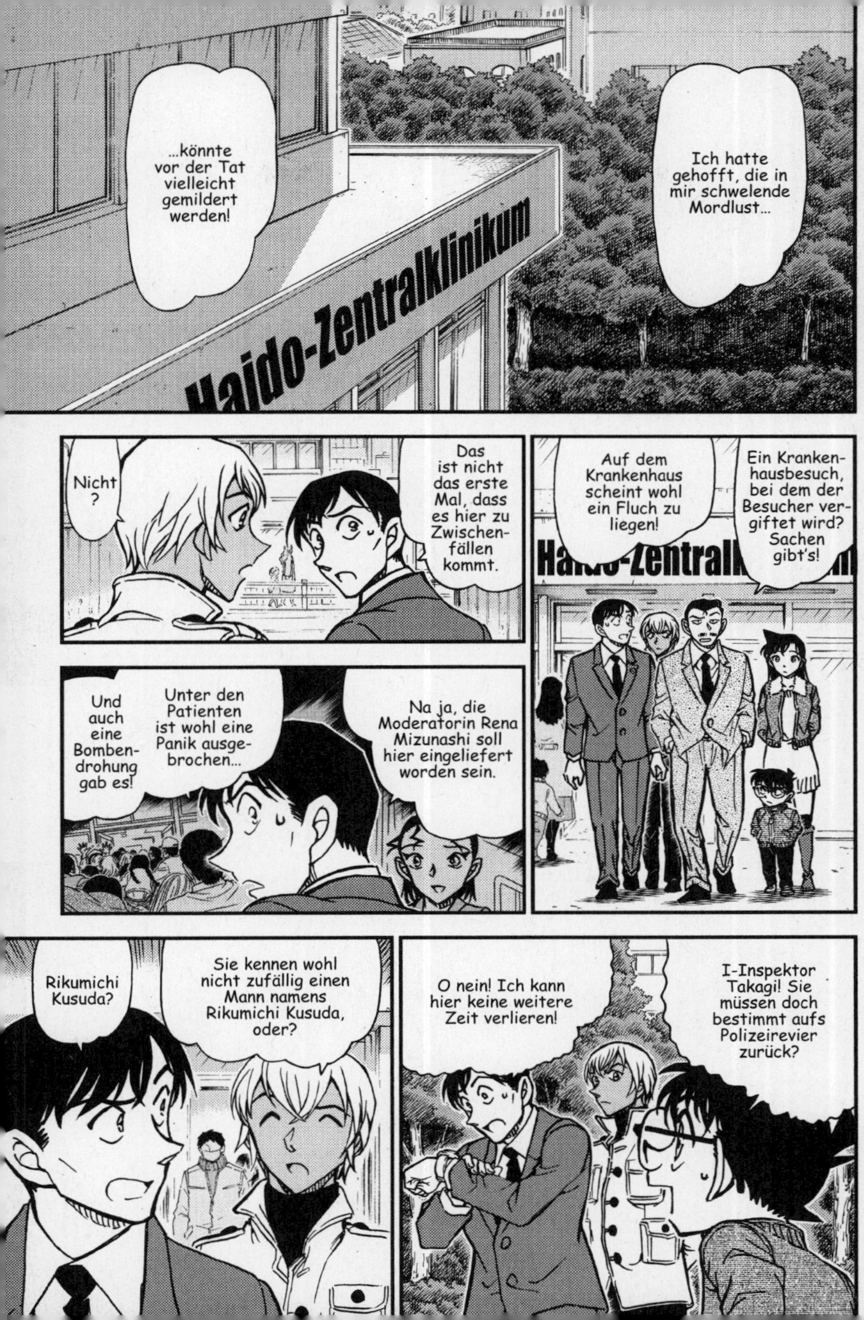

Ich hatte gehofft, die in mir schwelende Mordlust...
...könnte vor der Tat vielleicht gemildert werden!
Haido-Zentralklinikum

Ein Krankenhausbesuch, bei dem der Besucher vergiftet wird? Sachen gibt's!
Auf dem Krankenhaus scheint wohl ein Fluch zu liegen!
Haido-Zentralk[...]
Das ist nicht das erste Mal, dass es hier zu Zwischenfällen kommt.
Nicht?

Na ja, die Moderatorin Rena Mizunashi soll hier eingeliefert worden sein.
Unter den Patienten ist wohl eine Panik ausgebrochen...
Und auch eine Bombendrohung gab es!

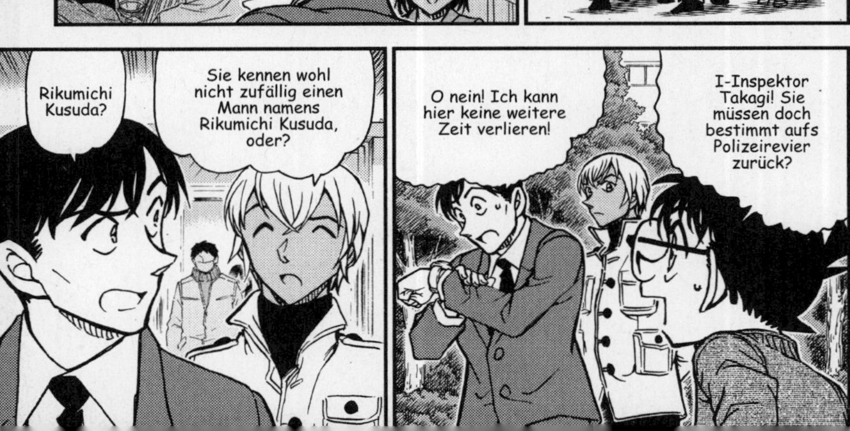

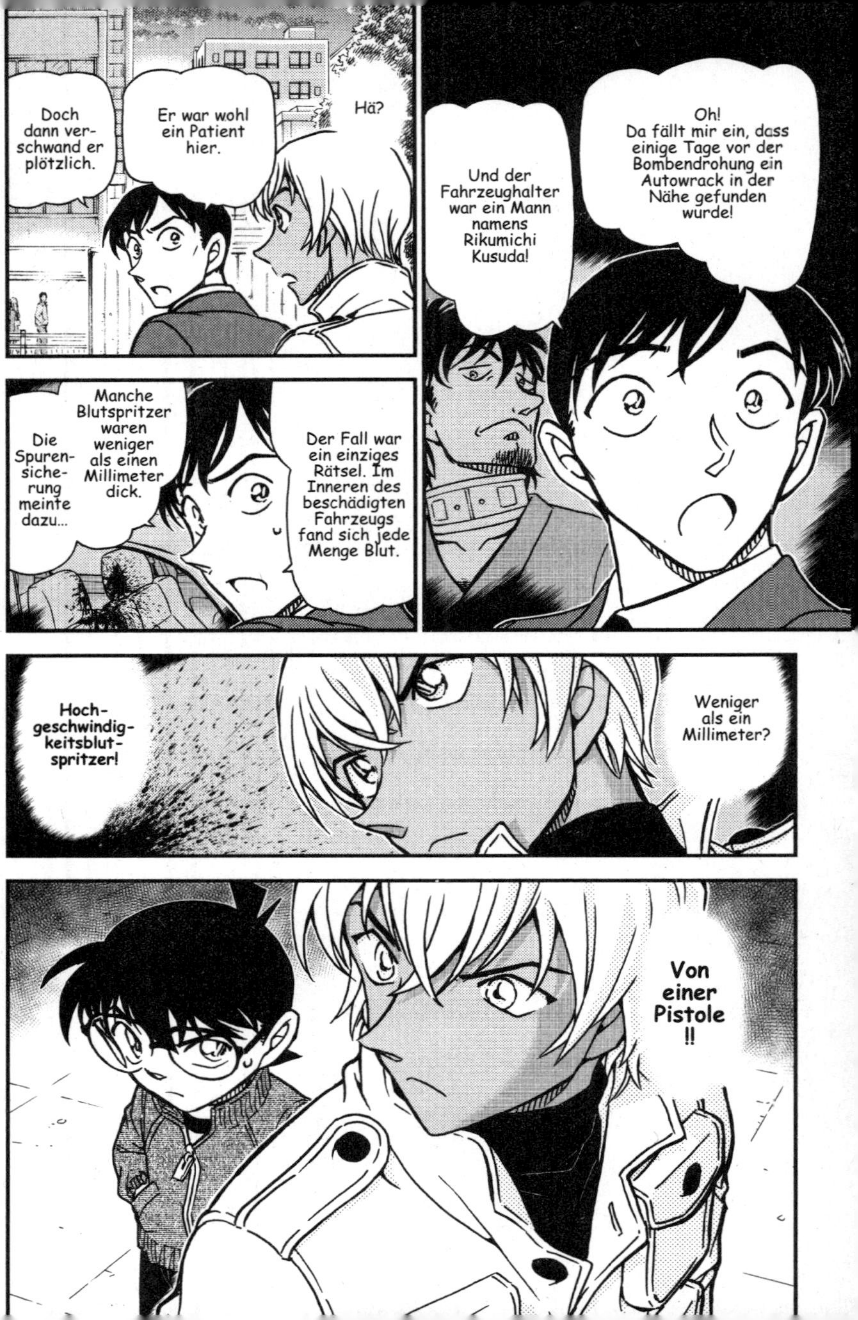

Oh!
Da fällt mir ein, dass einige Tage vor der Bombendrohung ein Autowrack in der Nähe gefunden wurde!
Und der Fahrzeughalter war ein Mann namens Rikumichi Kusuda!
Hä?
Er war wohl ein Patient hier.
Doch dann verschwand er plötzlich.
Der Fall war ein einziges Rätsel. Im Inneren des beschädigten Fahrzeugs fand sich jede Menge Blut.
Die Spurensicherung meinte dazu…
Manche Blutspritzer waren weniger als einen Millimeter dick.

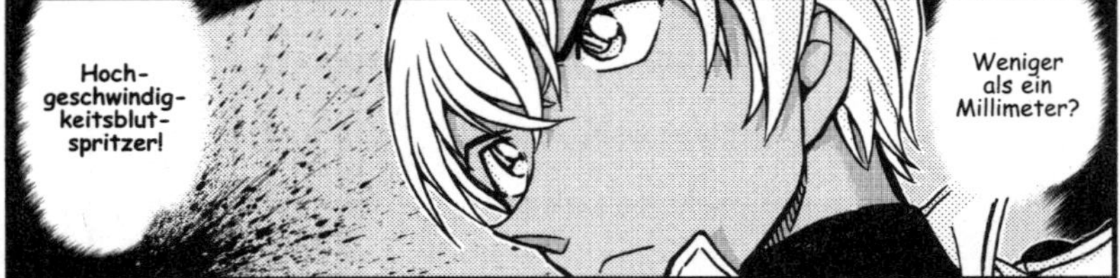

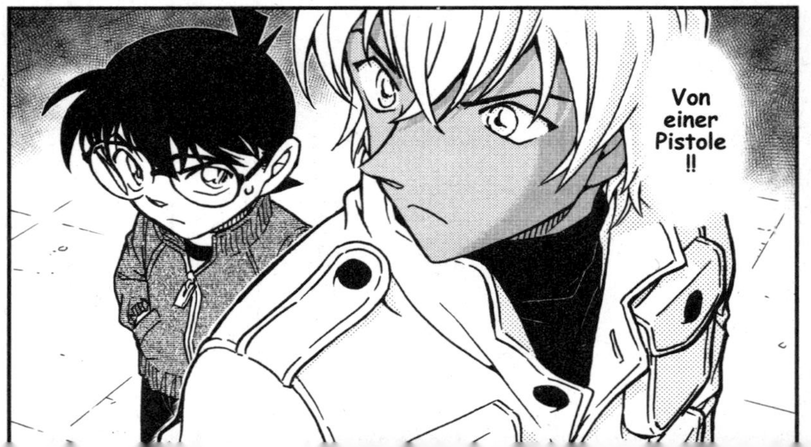

FALL 1 AKTE 5

SCHARLACHROTE REIHE – PROLOG / ERMITTLUNG

Das letzte Puzzlestück

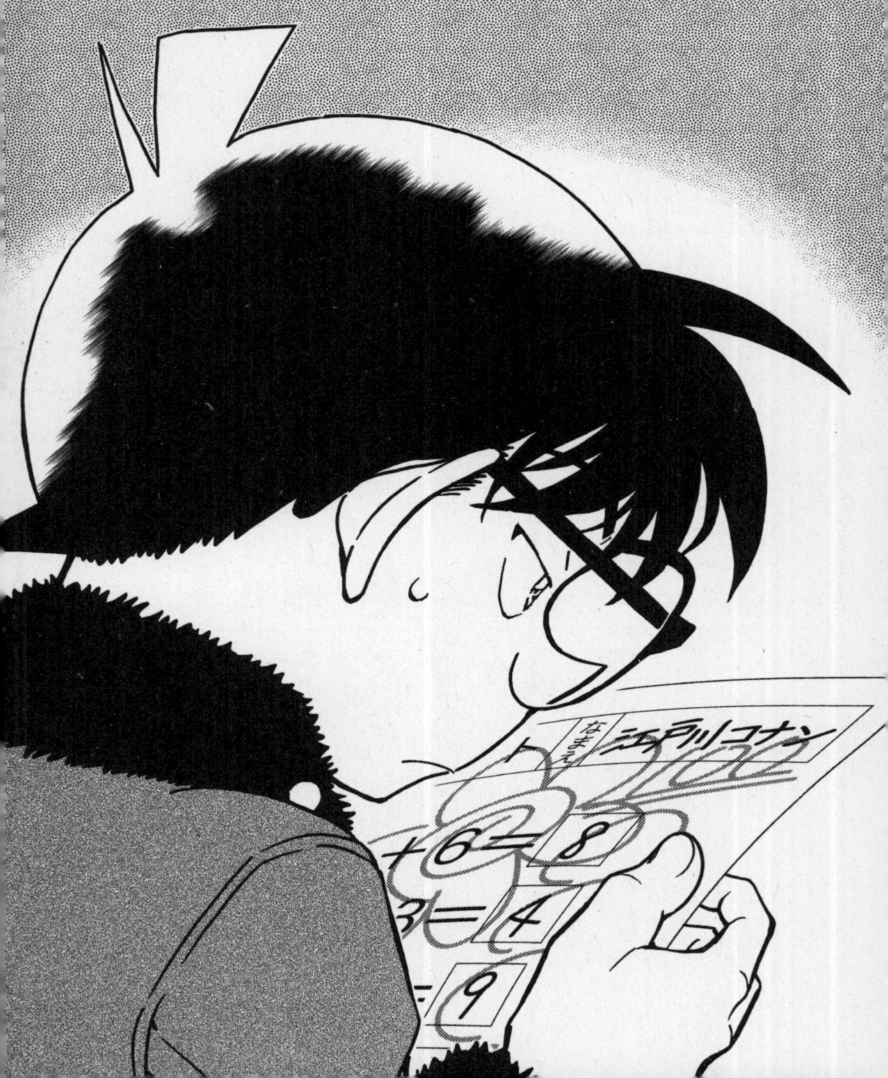

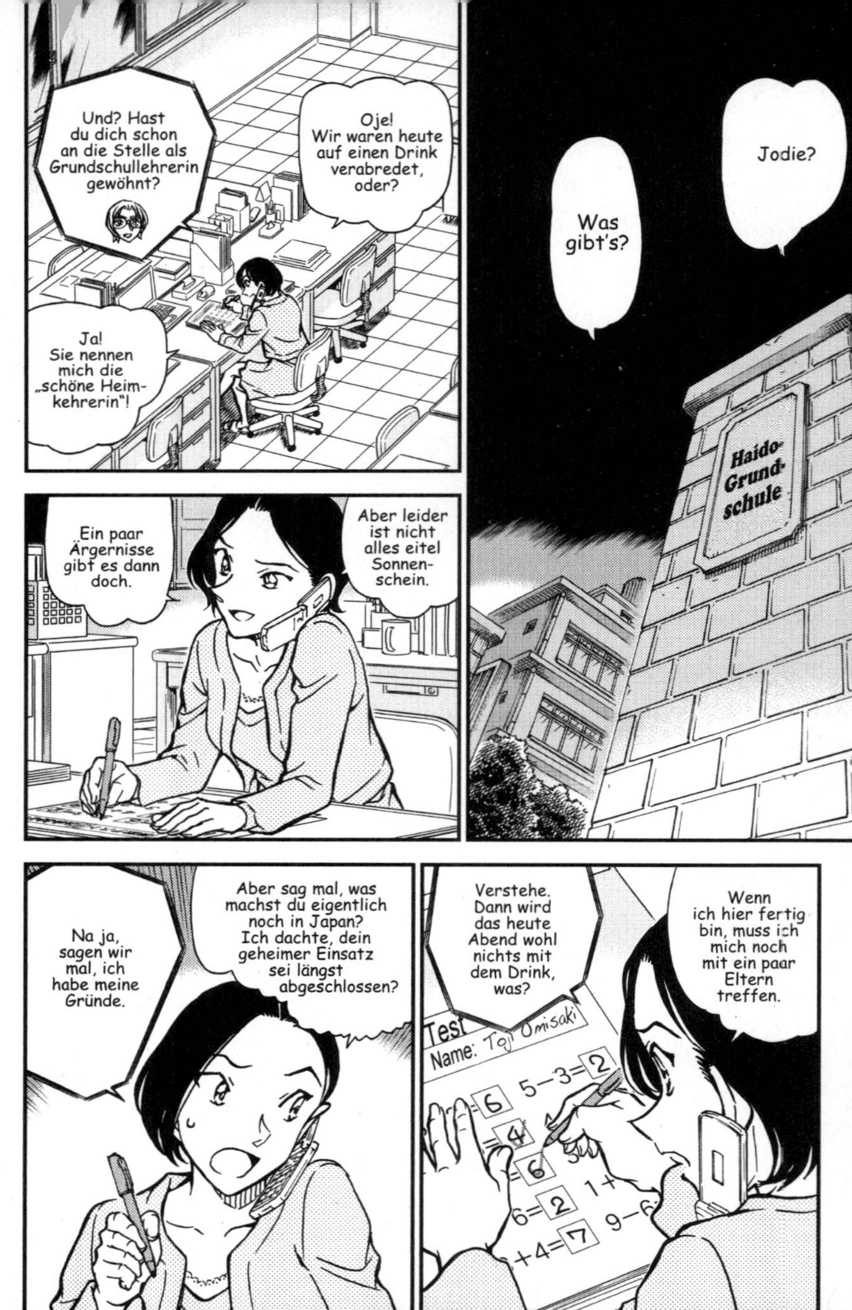
Jodie?
Was gibt's?
Haido-Grundschule
Oje! Wir waren heute auf einen Drink verabredet, oder?
Und? Hast du dich schon an die Stelle als Grundschullehrerin gewöhnt?
Ja! Sie nennen mich die „schöne Heimkehrerin"!
Aber leider ist nicht alles eitel Sonnenschein.
Ein paar Ärgernisse gibt es dann doch.
Wenn ich hier fertig bin, muss ich mich noch mit ein paar Eltern treffen.
Verstehe. Dann wird das heute Abend wohl nichts mit dem Drink, was?
Test
Name: Toji Omisaki
Aber sag mal, was machst du eigentlich noch in Japan? Ich dachte, dein geheimer Einsatz sei längst abgeschlossen?
Na ja, sagen wir mal, ich habe meine Gründe.

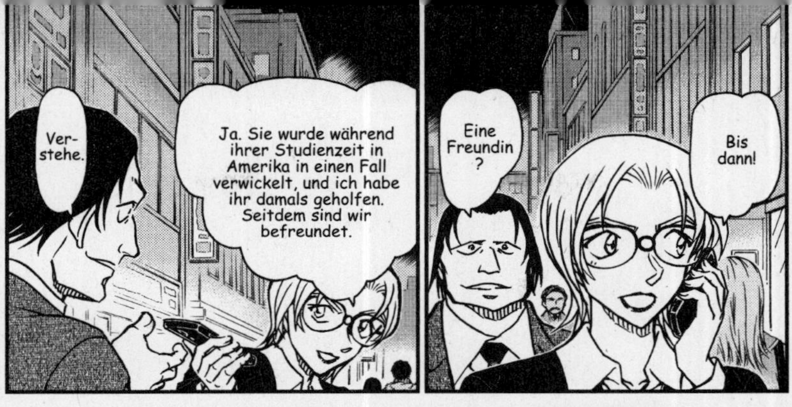
Bis dann!
Eine Freundin?
Ja. Sie wurde während ihrer Studienzeit in Amerika in einen Fall verwickelt, und ich habe ihr damals geholfen. Seitdem sind wir befreundet.
Ver-stehe.

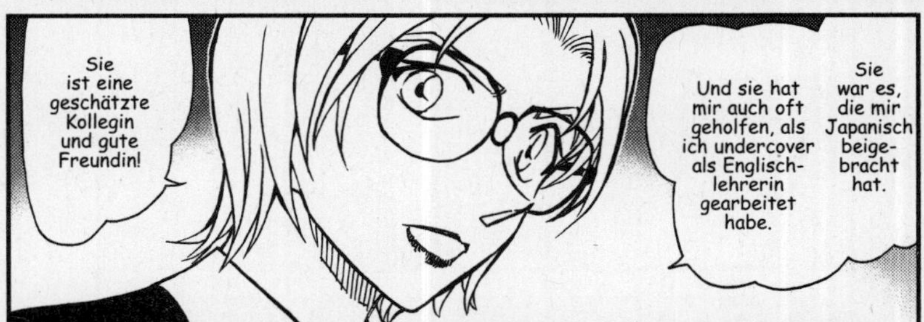
Sie war es, die mir Japanisch beige-bracht hat.
Und sie hat mir auch oft geholfen, als ich undercover als Englisch-lehrerin gearbeitet habe.
Sie ist eine geschätzte Kollegin und gute Freundin!

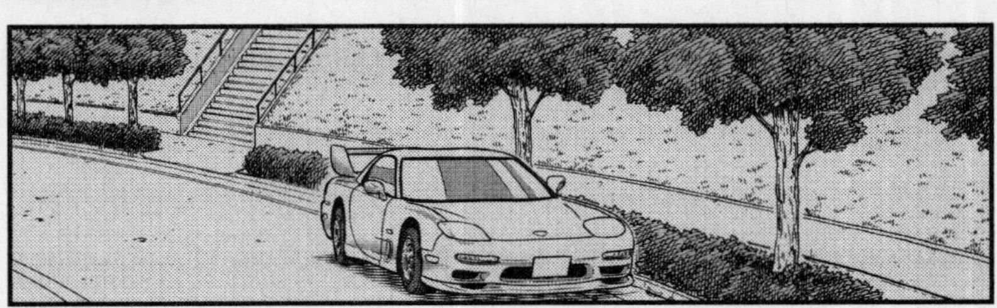

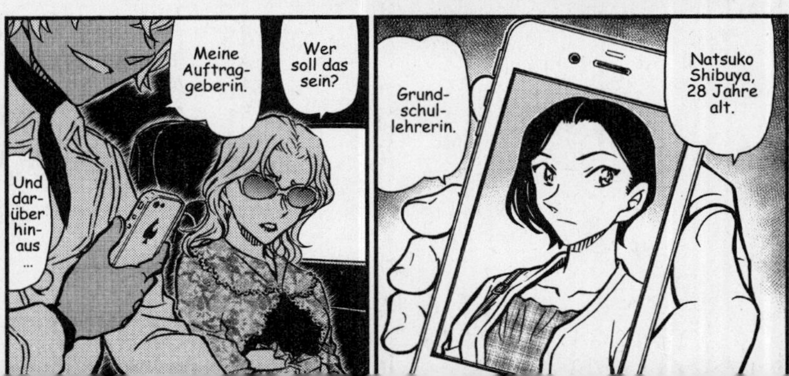
Natsuko Shibuya, 28 Jahre alt.
Grund-schul-lehrerin.
Wer soll das sein?
Meine Auftrag-geberin.
Und dar-über hin-aus ...

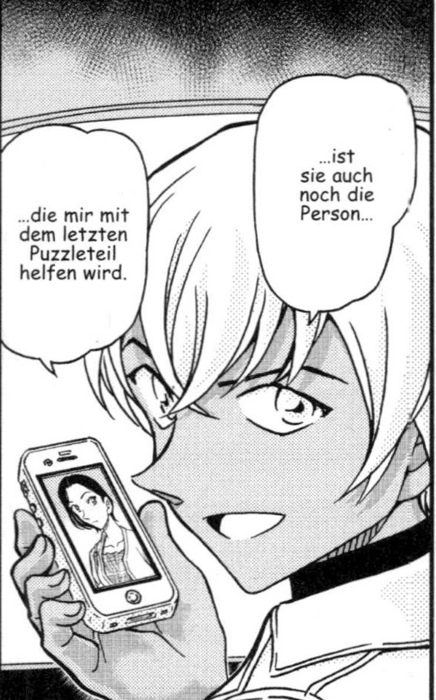
...ist sie auch noch die Person...
...die mir mit dem letzten Puzzleteil helfen wird.

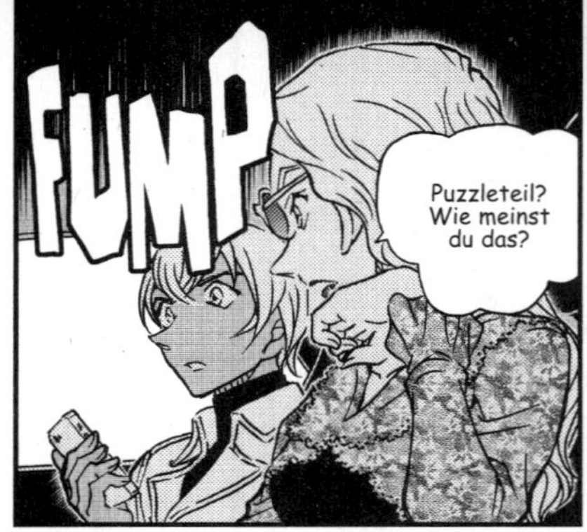
FUMP
Puzzleteil? Wie meinst du das?

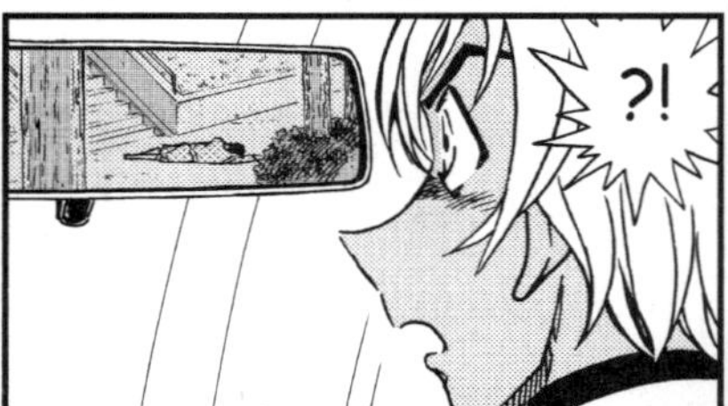
?!

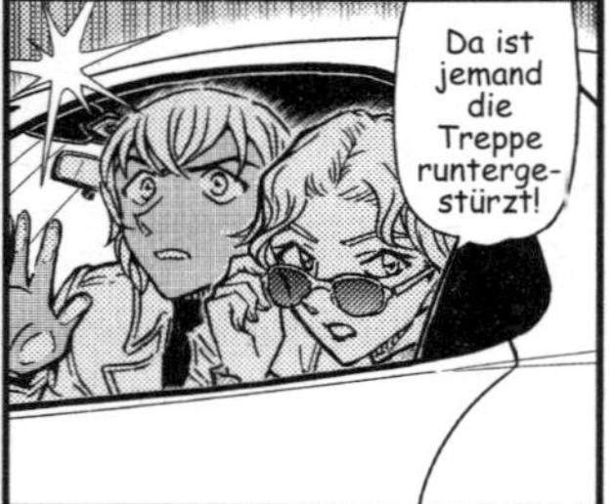
Da ist jemand die Treppe runtergestürzt!

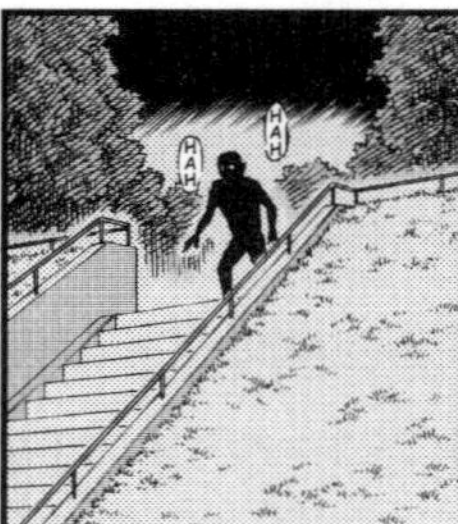
HAH
HAH

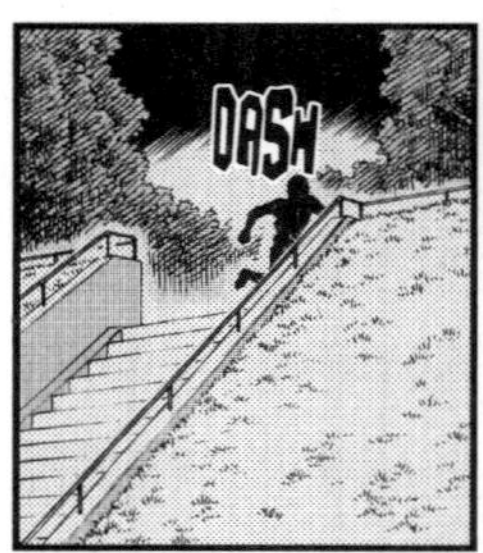
DASH

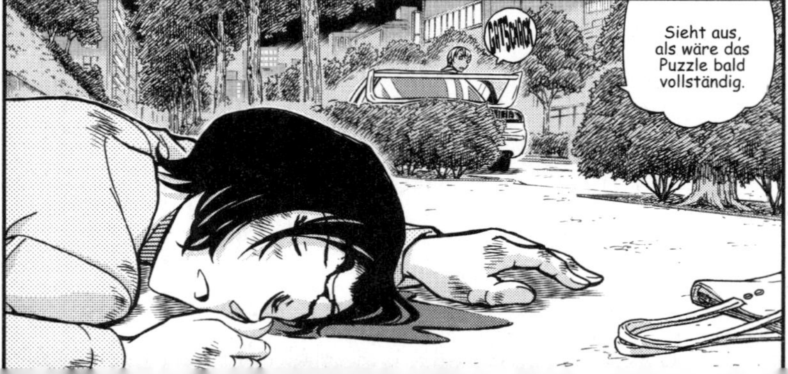
Sieht aus, als wäre das Puzzle bald vollständig.
GATSCHACK

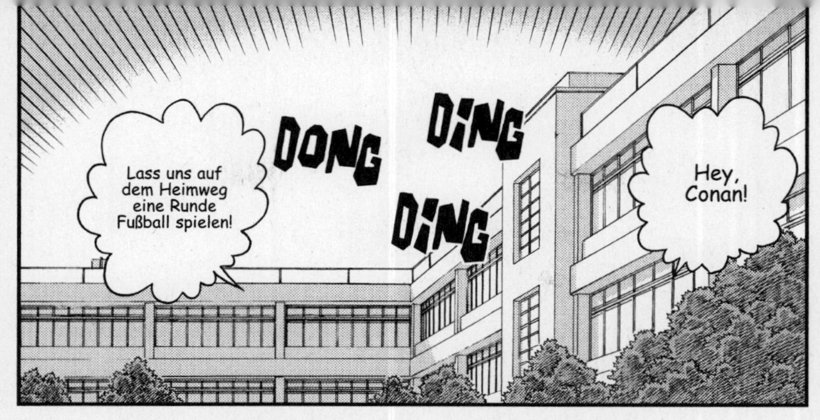

Hey, Conan!
DING
DONG
DING
Lass uns auf dem Heimweg eine Runde Fußball spielen!

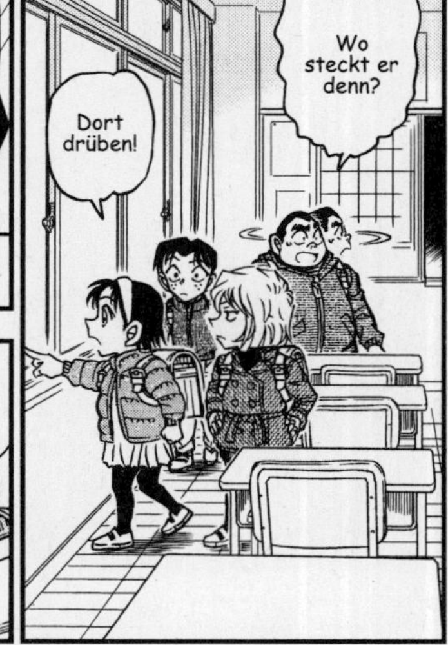

Wo steckt er denn?
Dort drüben!

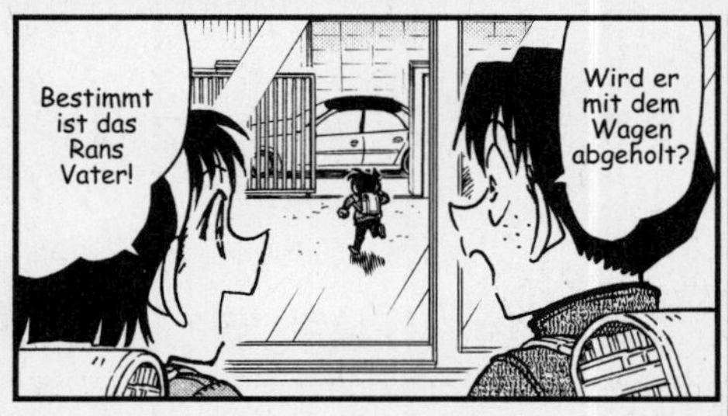

Wird er mit dem Wagen abgeholt?
Bestimmt ist das Rans Vater!

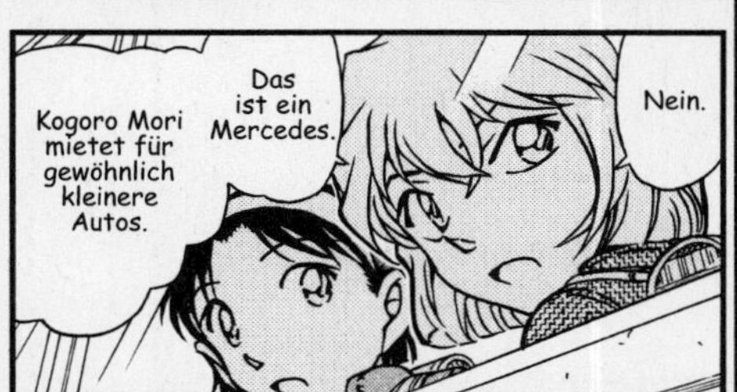

Nein.
Das ist ein Mercedes.
Kogoro Mori mietet für gewöhnlich kleinere Autos.

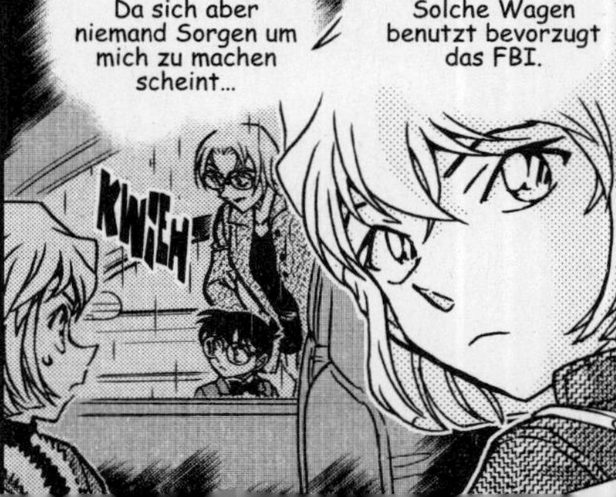

Solche Wagen benutzt bevorzugt das FBI.
Da sich aber niemand Sorgen um mich zu machen scheint...

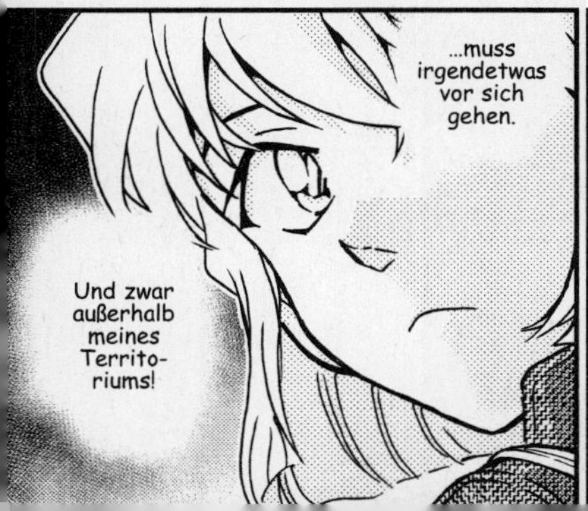

...muss irgendetwas vor sich gehen.
Und zwar außerhalb meines Territoriums!

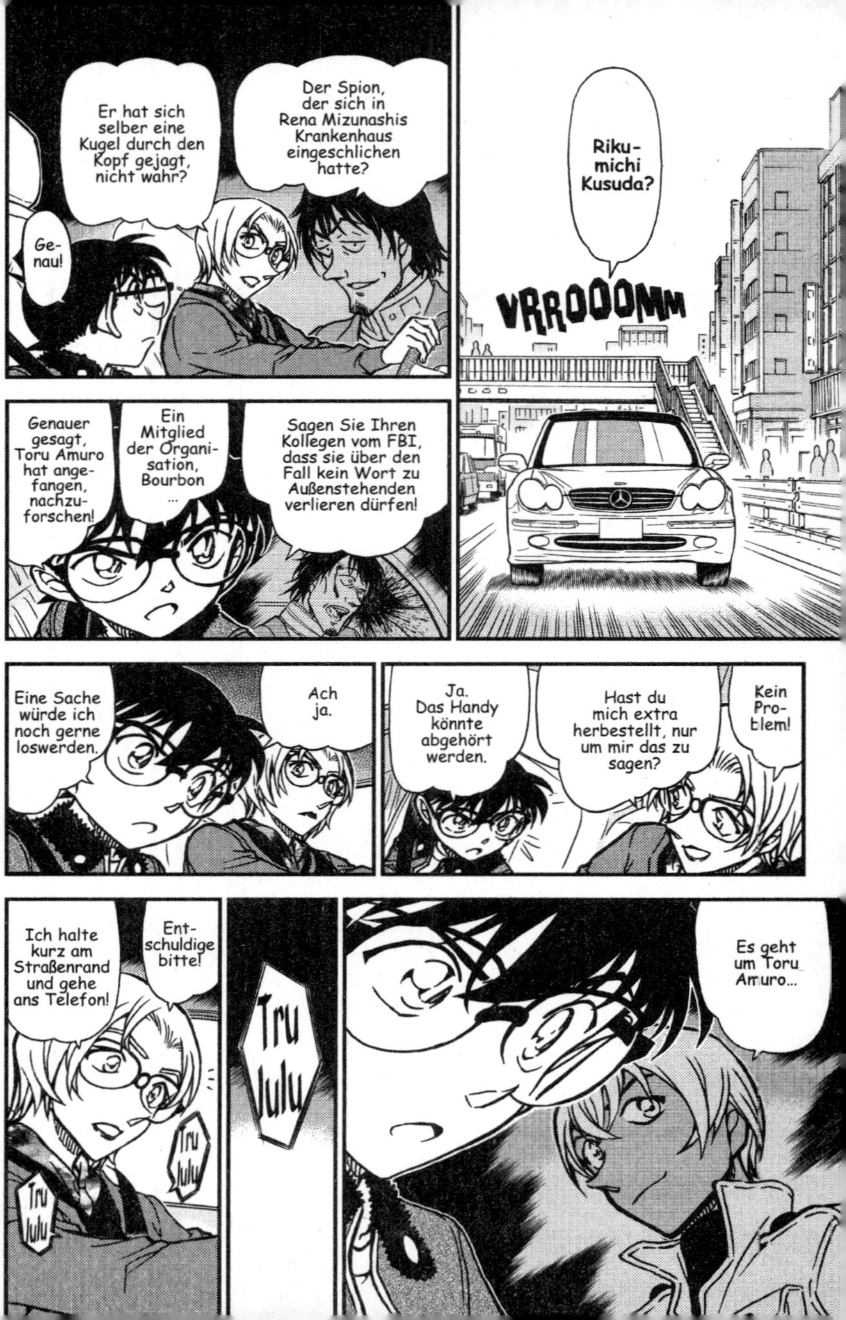

Riku-michi Kusuda?
VRROOOMM
Der Spion, der sich in Rena Mizunashis Krankenhaus eingeschlichen hatte?
Er hat sich selber eine Kugel durch den Kopf gejagt, nicht wahr?
Genau!

Sagen Sie Ihren Kollegen vom FBI, dass sie über den Fall kein Wort zu Außenstehenden verlieren dürfen!
Ein Mitglied der Organisation, Bourbon …
Genauer gesagt, Toru Amuro hat angefangen, nachzuforschen!

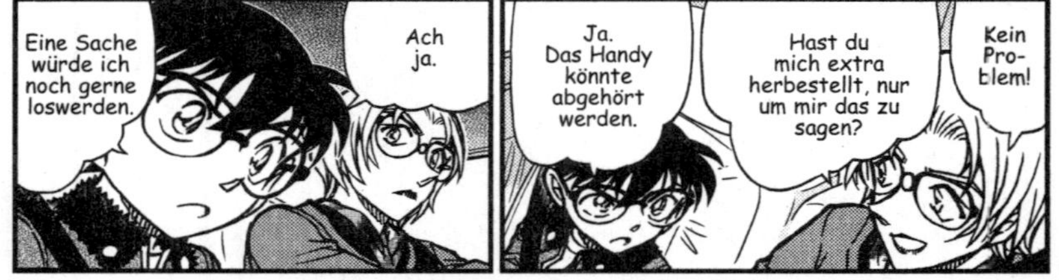

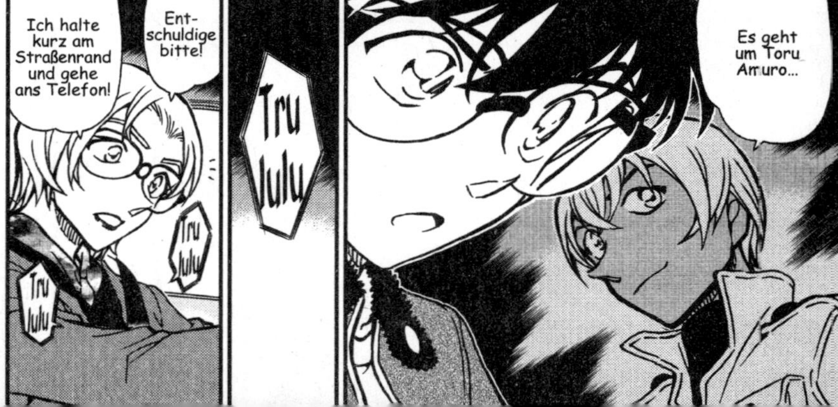

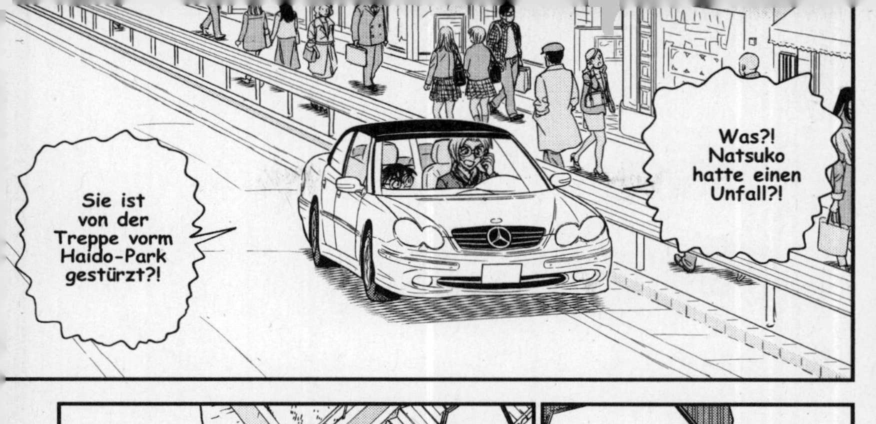
Was?! Natsuko hatte einen Unfall?!
Sie ist von der Treppe vorm Haido-Park gestürzt?!

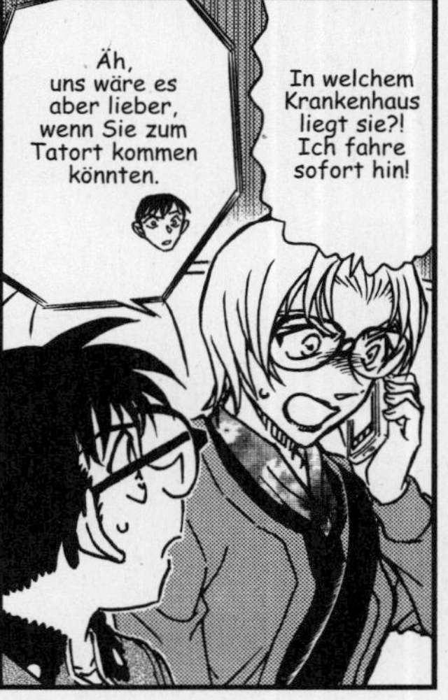
In welchem Krankenhaus liegt sie?! Ich fahre sofort hin!
Äh, uns wäre es aber lieber, wenn Sie zum Tatort kommen könnten.

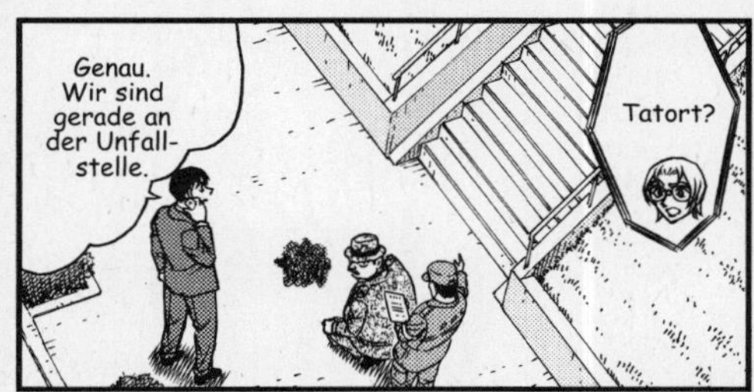
Tatort?
Genau. Wir sind gerade an der Unfall-stelle.

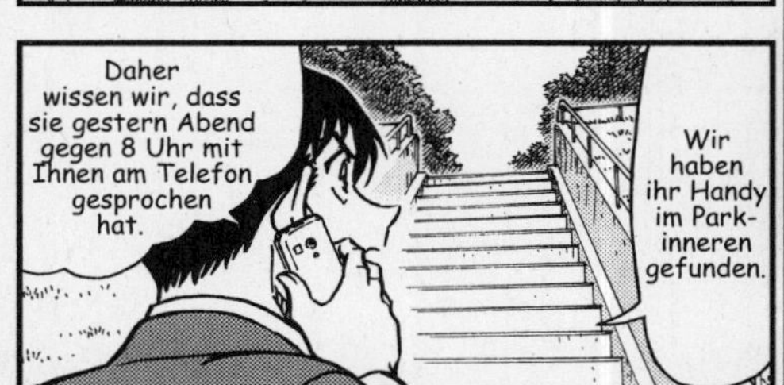
Wir haben ihr Handy im Park-inneren gefunden.
Daher wissen wir, dass sie gestern Abend gegen 8 Uhr mit Ihnen am Telefon gesprochen hat.

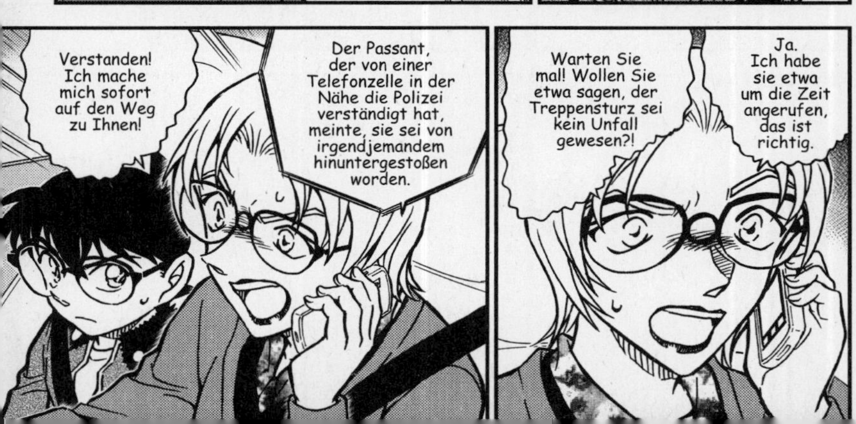
Ja. Ich habe sie etwa um die Zeit angerufen, das ist richtig.
Warten Sie mal! Wollen Sie etwa sagen, der Treppensturz sei kein Unfall gewesen?!
Der Passant, der von einer Telefonzelle in der Nähe die Polizei verständigt hat, meinte, sie sei von irgendjemandem hinuntergestoßen worden.
Verstanden! Ich mache mich sofort auf den Weg zu Ihnen!

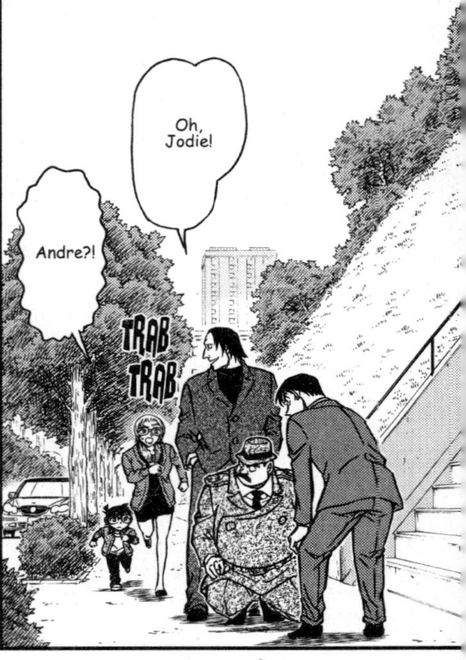

Oh, Jodie!
Andre?!
TRAB TRAB

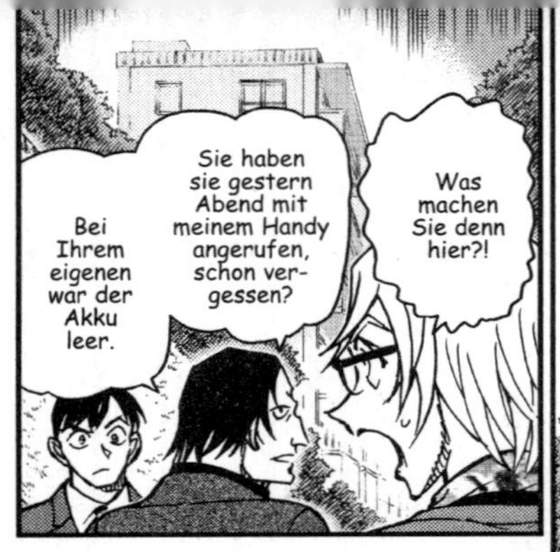

Was machen Sie denn hier?!
Sie haben sie gestern Abend mit meinem Handy angerufen, schon vergessen?
Bei Ihrem eigenen war der Akku leer.

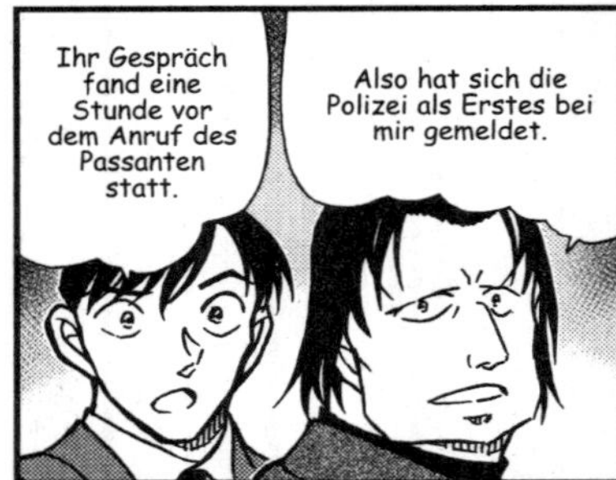

Also hat sich die Polizei als Erstes bei mir gemeldet.
Ihr Gespräch fand eine Stunde vor dem Anruf des Passanten statt.

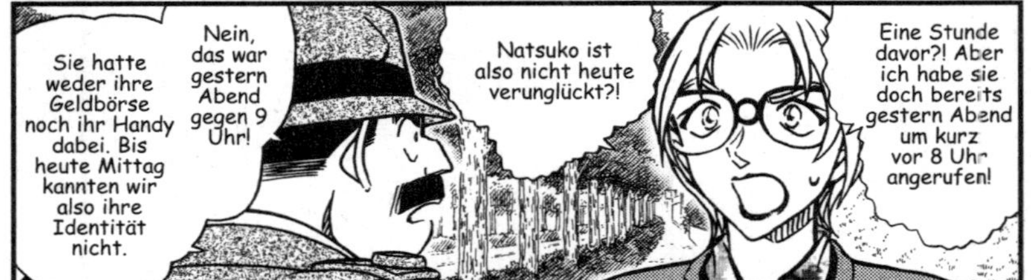

Eine Stunde davor?! Aber ich habe sie doch bereits gestern Abend um kurz vor 8 Uhr angerufen!
Natsuko ist also nicht heute verunglückt?!
Nein, das war gestern Abend gegen 9 Uhr!
Sie hatte weder ihre Geldbörse noch ihr Handy dabei. Bis heute Mittag kannten wir also ihre Identität nicht.

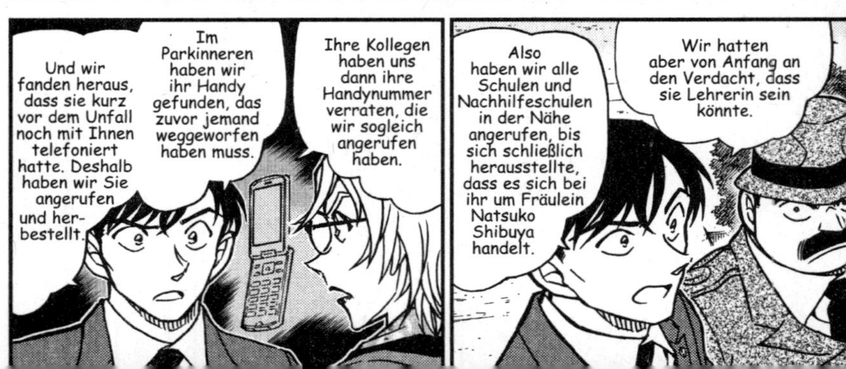

Wir hatten aber von Anfang an den Verdacht, dass sie Lehrerin sein könnte.
Also haben wir alle Schulen und Nachhilfeschulen in der Nähe angerufen, bis sich schließlich herausstellte, dass es sich bei ihr um Fräulein Natsuko Shibuya handelt.
Ihre Kollegen haben uns dann ihre Handynummer verraten, die wir sogleich angerufen haben.
Im Parkinneren haben wir ihr Handy gefunden, das zuvor jemand weggeworfen haben muss.
Und wir fanden heraus, dass sie kurz vor dem Unfall noch mit Ihnen telefoniert hatte. Deshalb haben wir Sie angerufen und herbestellt.

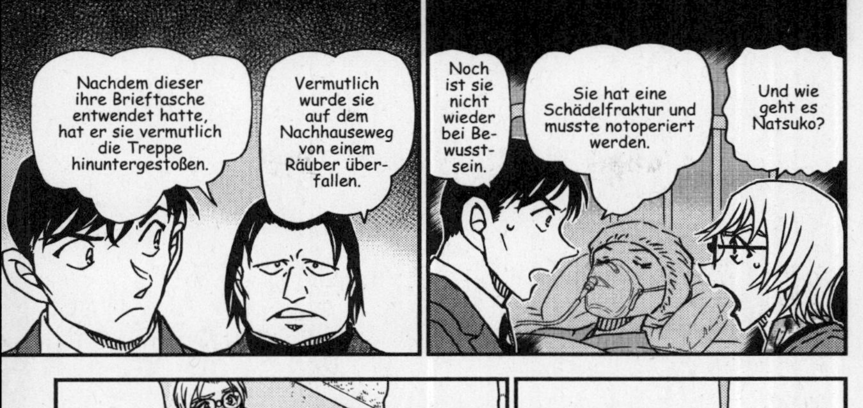

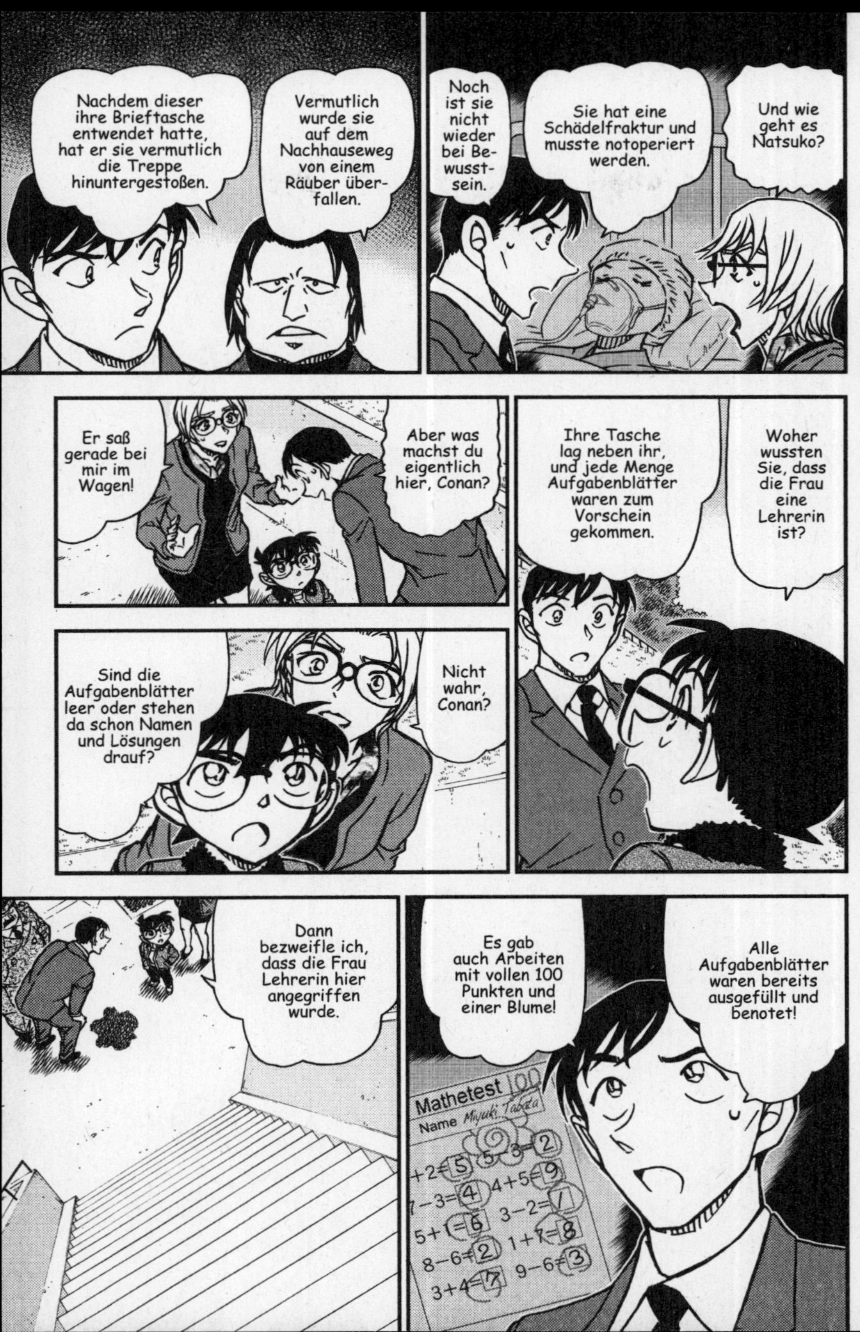

Woher wussten Sie, dass die Frau eine Lehrerin ist?

Ihre Tasche lag neben ihr, und jede Menge Aufgabenblätter waren zum Vorschein gekommen.

Aber was machst du eigentlich hier, Conan?

Er saß gerade bei mir im Wagen!

Nicht wahr, Conan?

Sind die Aufgabenblätter leer oder stehen da schon Namen und Lösungen drauf?

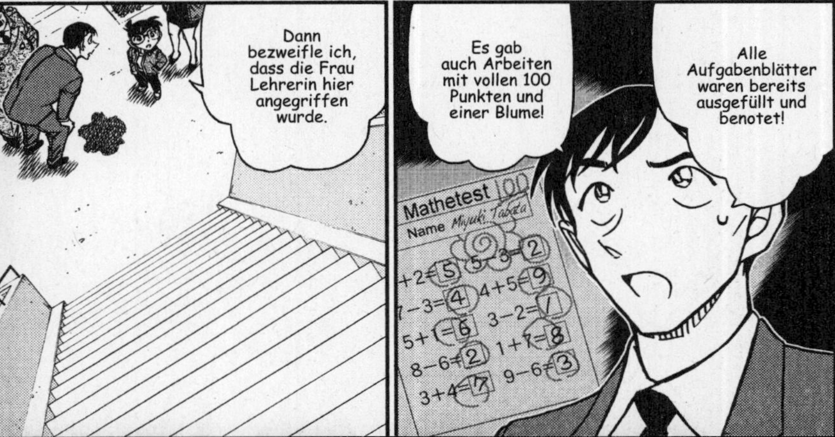

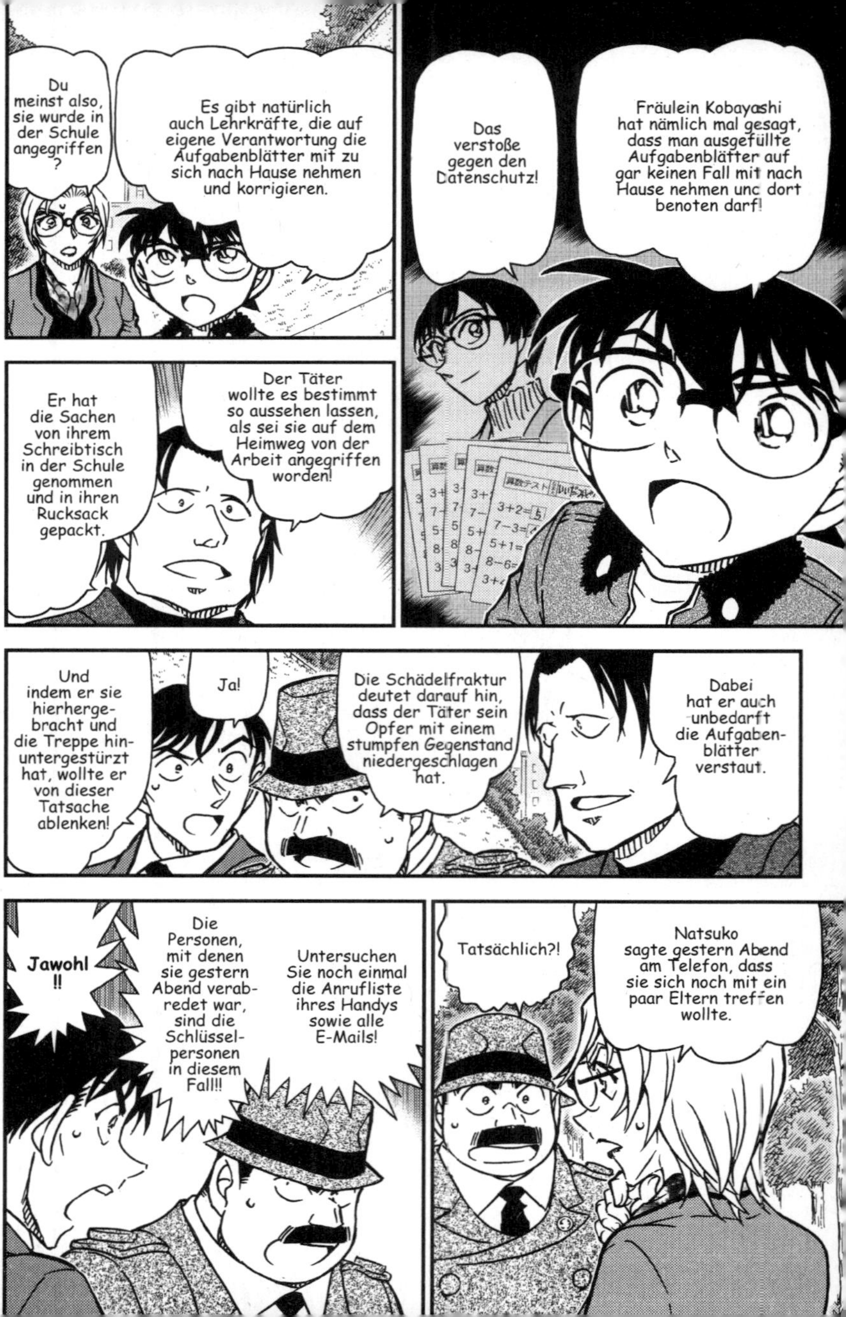

Fräulein Kobayashi hat nämlich mal gesagt, dass man ausgefüllte Aufgabenblätter auf gar keinen Fall mit nach Hause nehmen und dort benoten darf!

Das verstoße gegen den Datenschutz!

Es gibt natürlich auch Lehrkräfte, die auf eigene Verantwortung die Aufgabenblätter mit zu sich nach Hause nehmen und korrigieren.

Du meinst also, sie wurde in der Schule angegriffen?

Der Täter wollte es bestimmt so aussehen lassen, als sei sie auf dem Heimweg von der Arbeit angegriffen worden!

Er hat die Sachen von ihrem Schreibtisch in der Schule genommen und in ihren Rucksack gepackt.

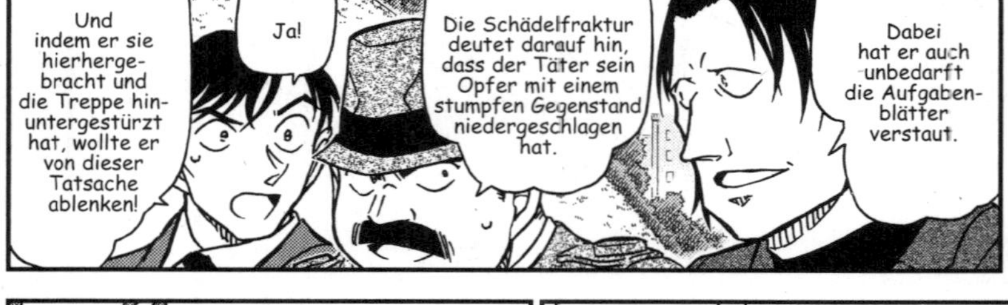

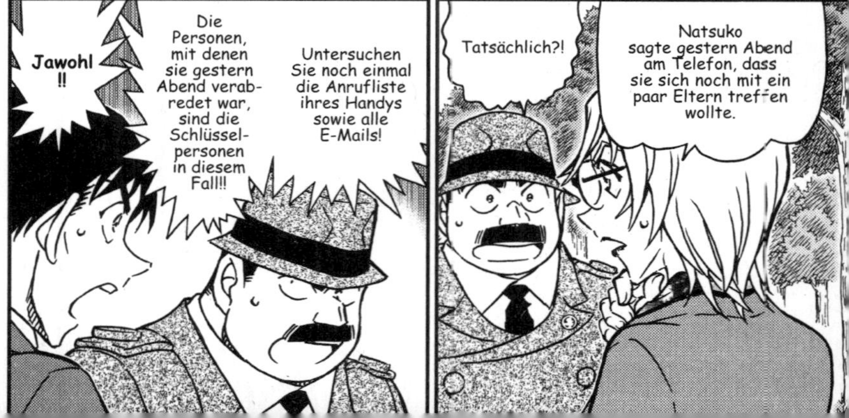

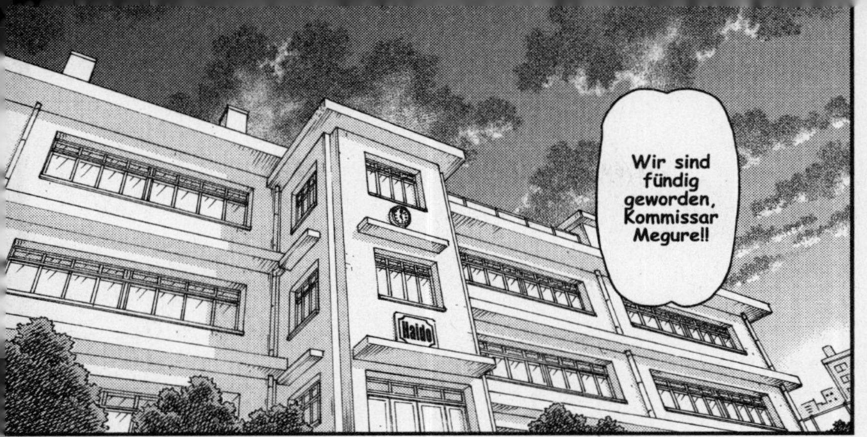
Haido
Wir sind fündig geworden, Kommissar Megure!!

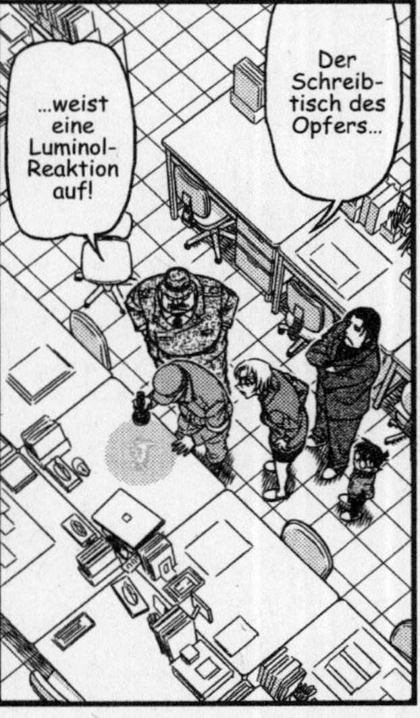
Der Schreibtisch des Opfers...
...weist eine Luminol-Reaktion auf!

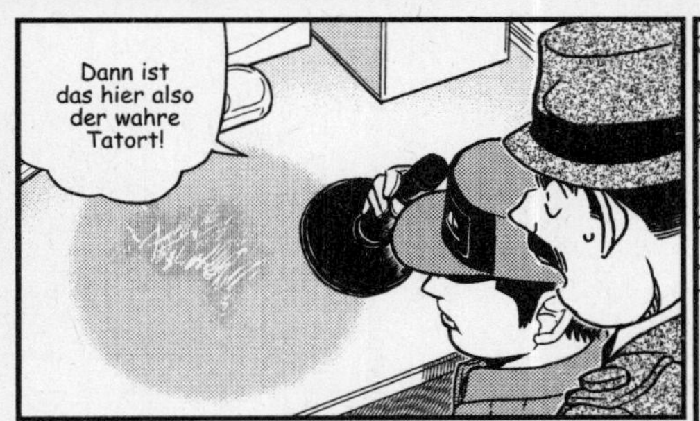
Dann ist das hier also der wahre Tatort!

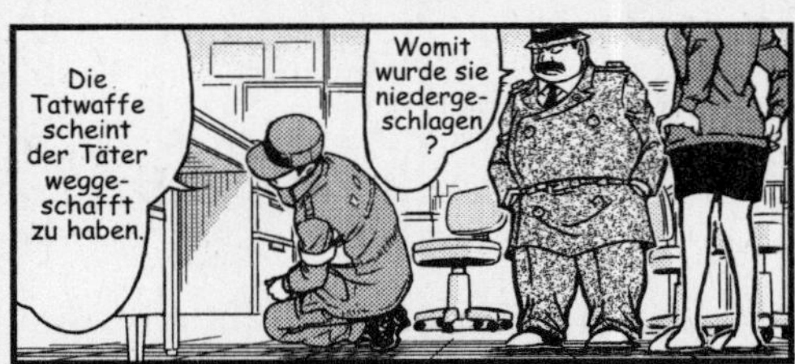
Womit wurde sie niedergeschlagen?
Die Tatwaffe scheint der Täter weggeschafft zu haben.

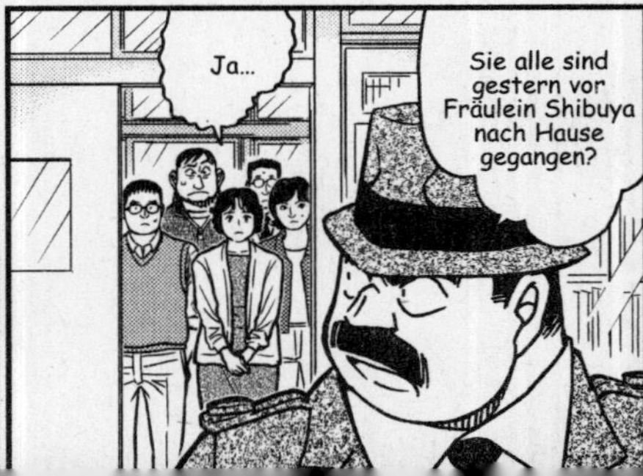
Sie alle sind gestern vor Fräulein Shibuya nach Hause gegangen?
Ja...

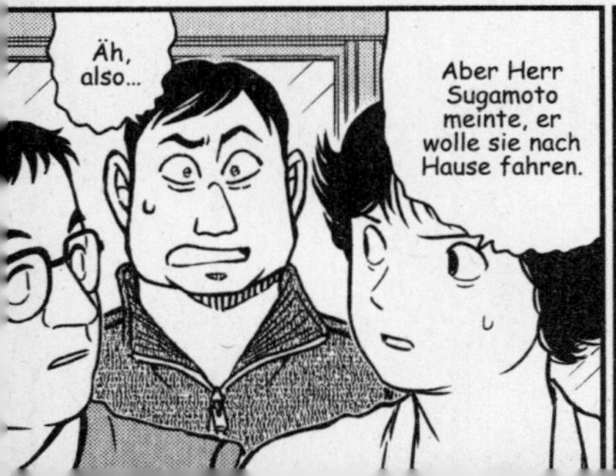
Aber Herr Sugamoto meinte, er wolle sie nach Hause fahren.
Äh, also...

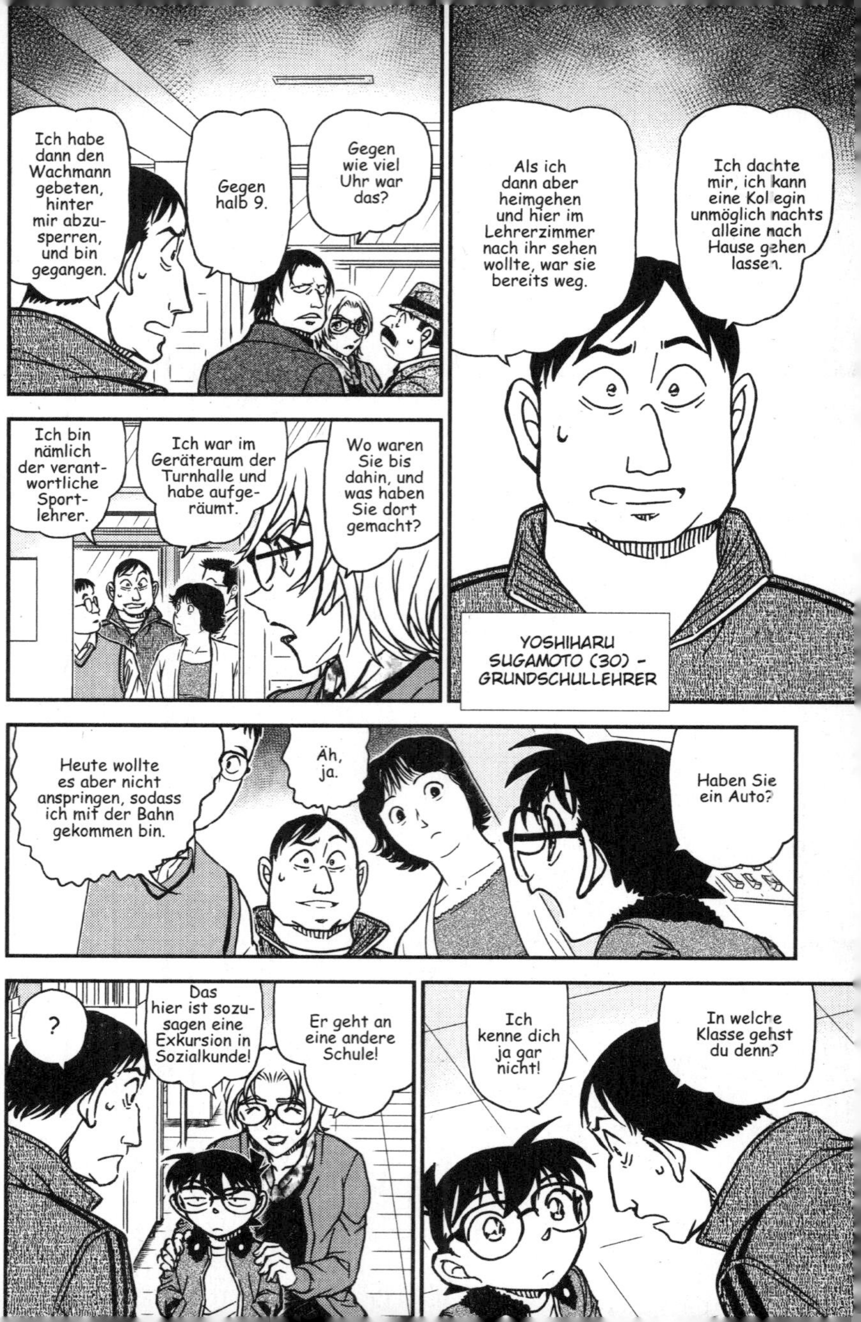

Ich dachte mir, ich kann eine Kollegin unmöglich nachts alleine nach Hause gehen lassen.
Als ich dann aber heimgehen und hier im Lehrerzimmer nach ihr sehen wollte, war sie bereits weg.
YOSHIHARU SUGAMOTO (30) - GRUNDSCHULLEHRER
Gegen wie viel Uhr war das?
Gegen halb 9.
Ich habe dann den Wachmann gebeten, hinter mir abzusperren, und bin gegangen.
Wo waren Sie bis dahin, und was haben Sie dort gemacht?
Ich war im Geräteraum der Turnhalle und habe aufgeräumt.
Ich bin nämlich der verantwortliche Sportlehrer.
Haben Sie ein Auto?
Äh, ja.
Heute wollte es aber nicht anspringen, sodass ich mit der Bahn gekommen bin.

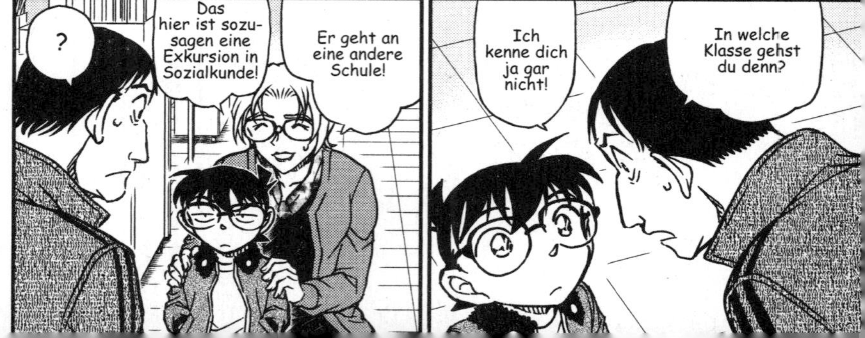

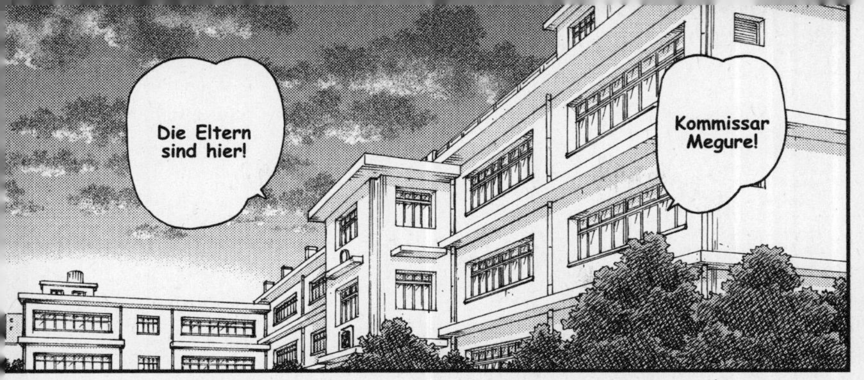
Kommissar Megure!
Die Eltern sind hier!

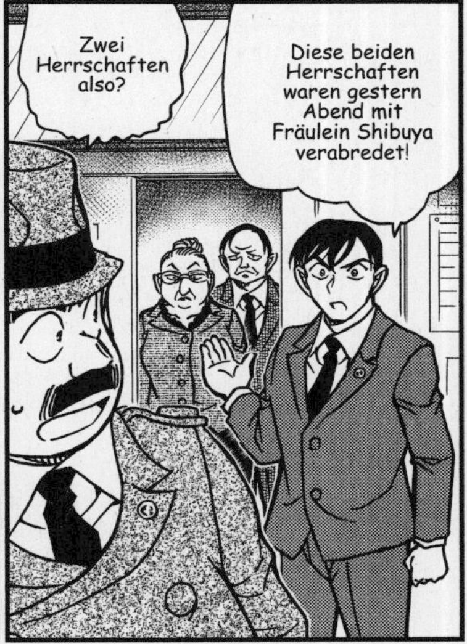
Diese beiden Herrschaften waren gestern Abend mit Fräulein Shibuya verabredet!
Zwei Herrschaften also?

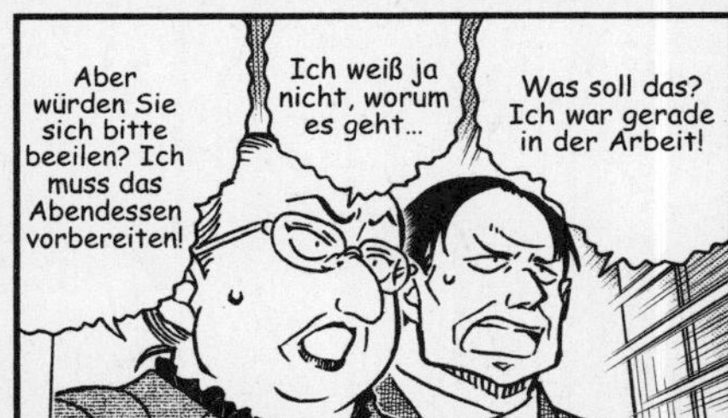
Was soll das? Ich war gerade in der Arbeit!
Ich weiß ja nicht, worum es geht...
Aber würden Sie sich bitte beeilen? Ich muss das Abendessen vorbereiten!

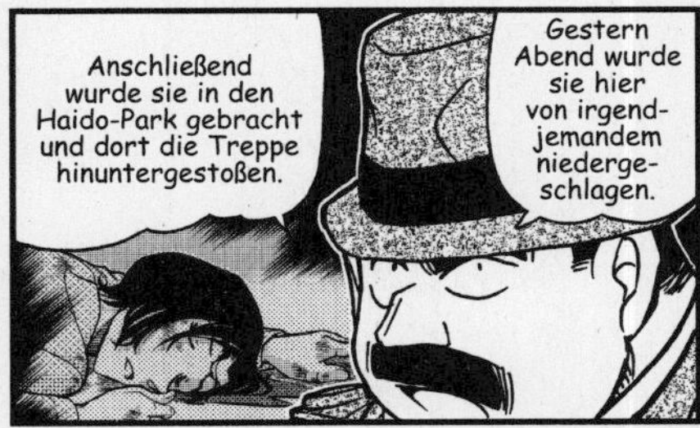
Gestern Abend wurde sie hier von irgendjemandem niedergeschlagen.
Anschließend wurde sie in den Haido-Park gebracht und dort die Treppe hinuntergestoßen.

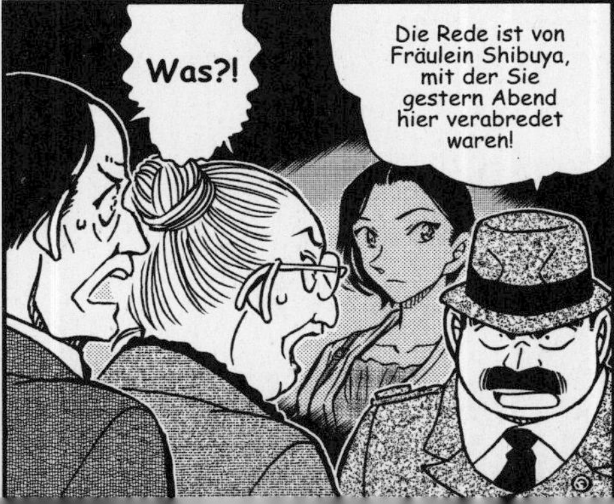
Die Rede ist von Fräulein Shibuya, mit der Sie gestern Abend hier verabredet waren!
Was?!

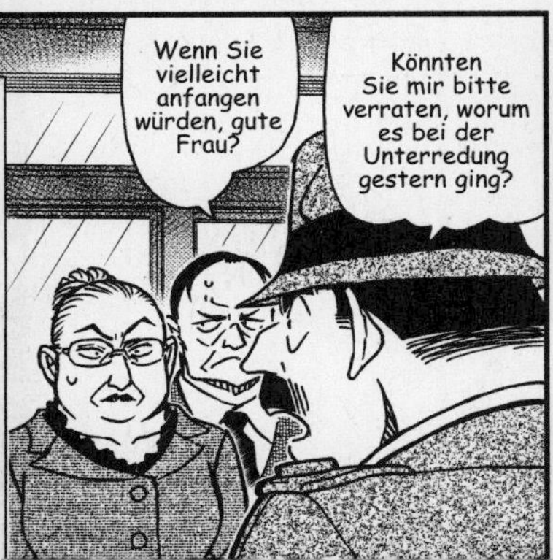
Könnten Sie mir bitte verraten, worum es bei der Unterredung gestern ging?
Wenn Sie vielleicht anfangen würden, gute Frau?

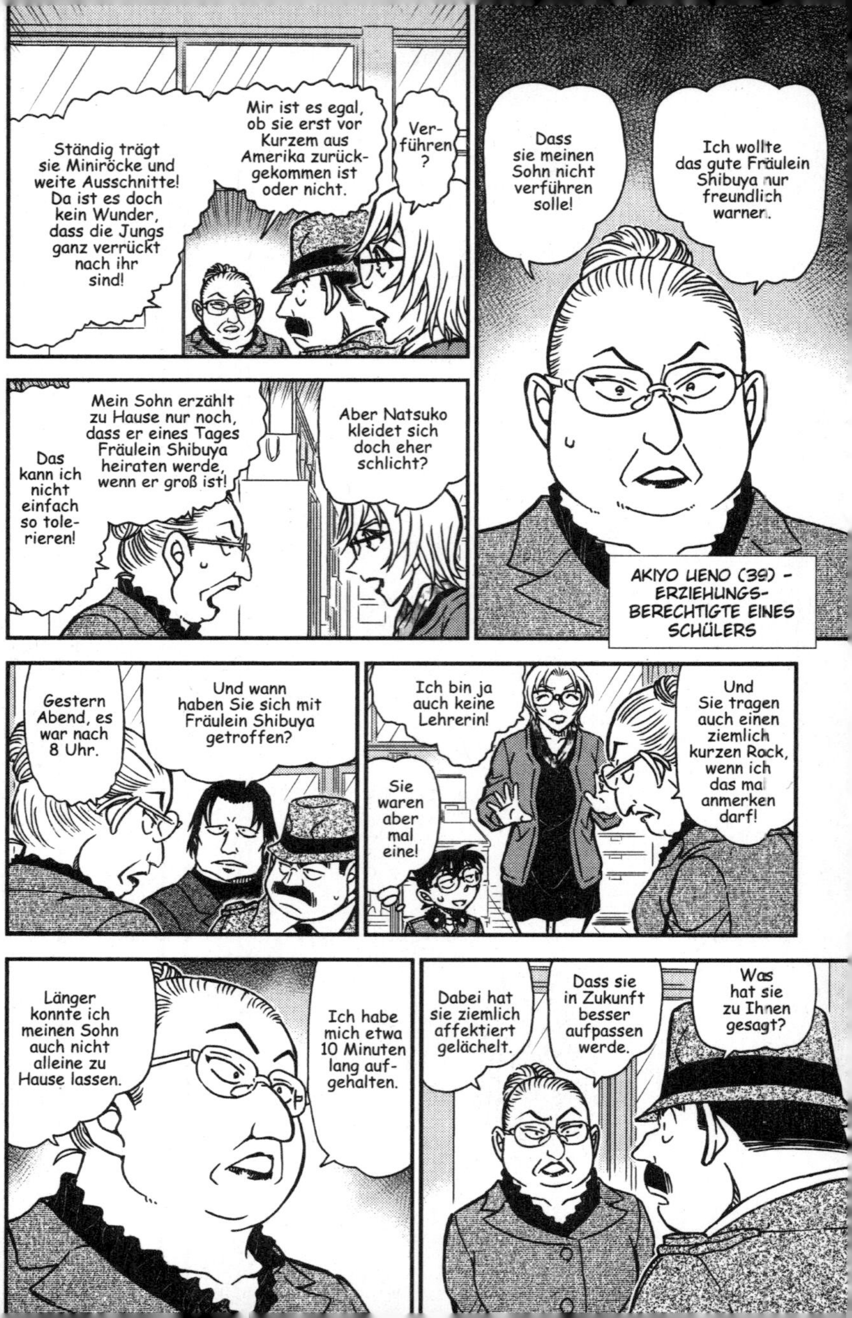

Ich wollte das gute Fräulein Shibuya nur freundlich warnen.
Dass sie meinen Sohn nicht verführen solle!
AKIYO UENO (39) - ERZIEHUNGS-BERECHTIGTE EINES SCHÜLERS
Ver-führen?
Mir ist es egal, ob sie erst vor Kurzem aus Amerika zurück-gekommen ist oder nicht.
Ständig trägt sie Miniröcke und weite Ausschnitte! Da ist es doch kein Wunder, dass die Jungs ganz verrückt nach ihr sind!
Aber Natsuko kleidet sich doch eher schlicht?
Mein Sohn erzählt zu Hause nur noch, dass er eines Tages Fräulein Shibuya heiraten werde, wenn er groß ist!
Das kann ich nicht einfach so tole-rieren!

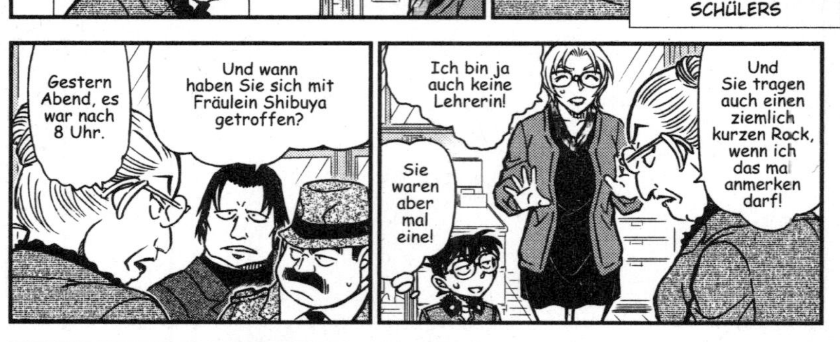

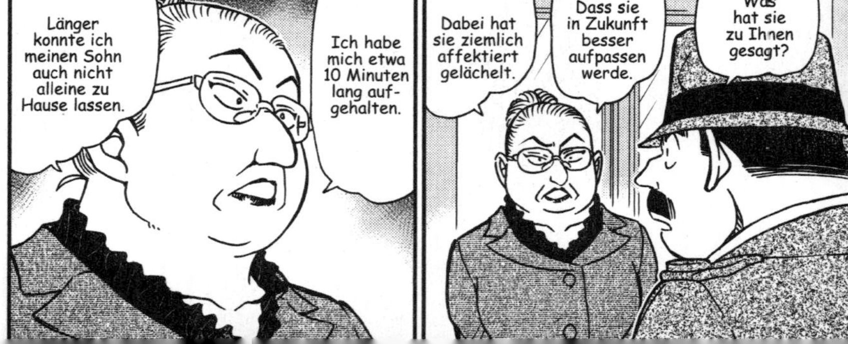

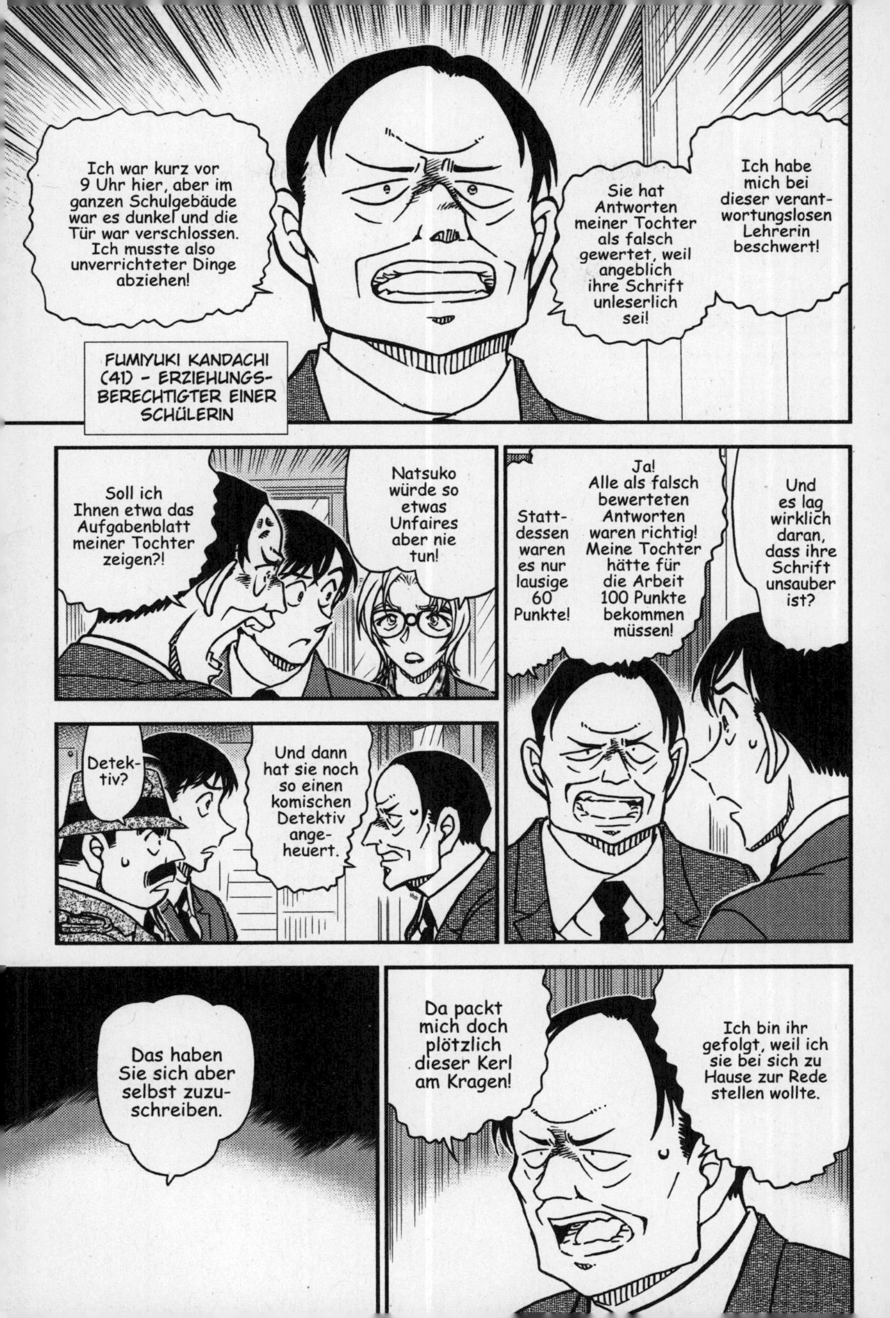

Ich habe mich bei dieser verantwortungslosen Lehrerin beschwert!
Sie hat Antworten meiner Tochter als falsch gewertet, weil angeblich ihre Schrift unleserlich sei!
Ich war kurz vor 9 Uhr hier, aber im ganzen Schulgebäude war es dunkel und die Tür war verschlossen. Ich musste also unverrichteter Dinge abziehen!
FUMIYUKI KANDACHI (41) - ERZIEHUNGSBERECHTIGTER EINER SCHÜLERIN

Und es lag wirklich daran, dass ihre Schrift unsauber ist?
Ja! Alle als falsch bewerteten Antworten waren richtig! Meine Tochter hätte für die Arbeit 100 Punkte bekommen müssen!
Stattdessen waren es nur lausige 60 Punkte!
Natsuko würde so etwas Unfaires aber nie tun!
Soll ich Ihnen etwa das Aufgabenblatt meiner Tochter zeigen?!
Und dann hat sie noch so einen komischen Detektiv angeheuert.
Detektiv?

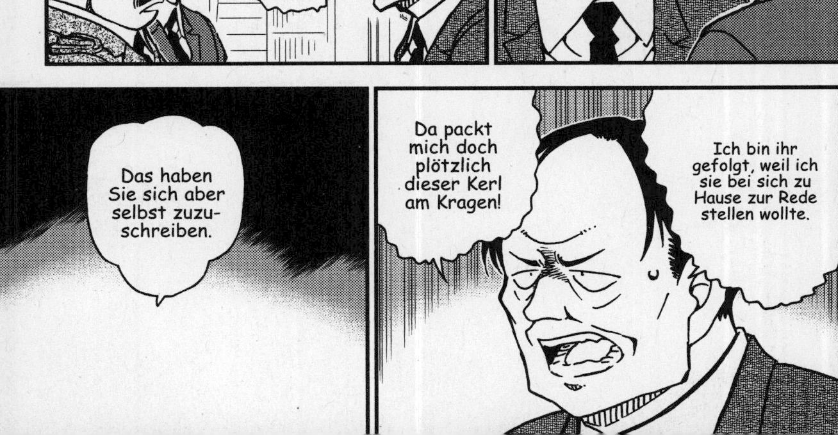

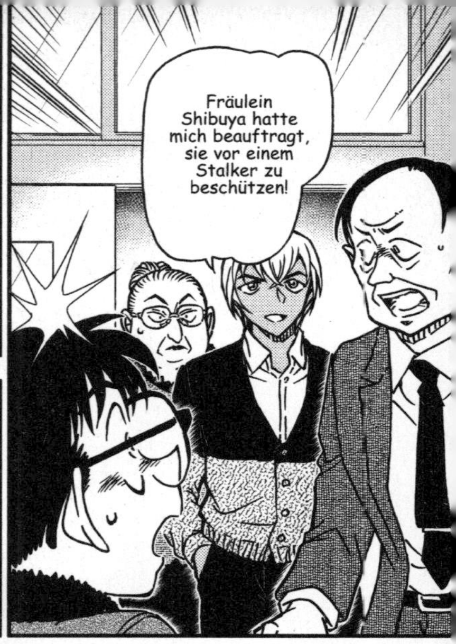
Fräulein Shibuya hatte mich beauftragt, sie vor einem Stalker zu beschützen!

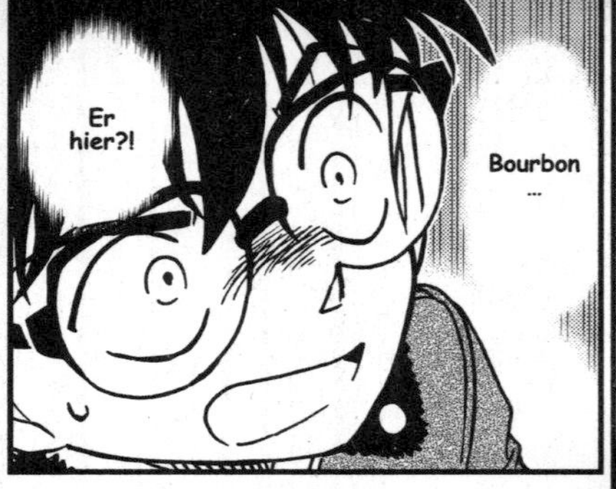
Bourbon ...
Er hier?!

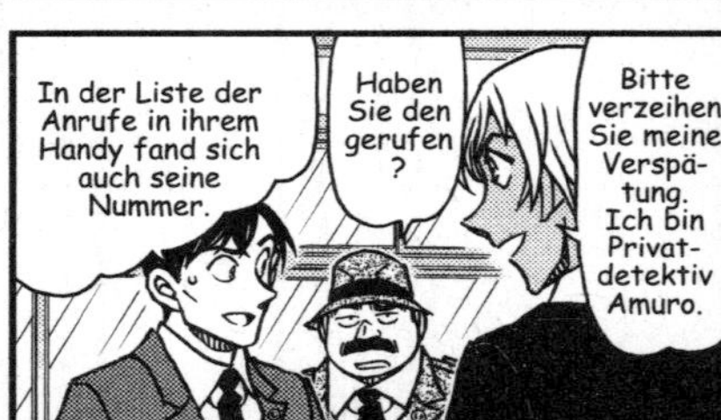
Bitte verzeihen Sie meine Verspätung. Ich bin Privatdetektiv Amuro.
Haben Sie den gerufen ?
In der Liste der Anrufe in ihrem Handy fand sich auch seine Nummer.

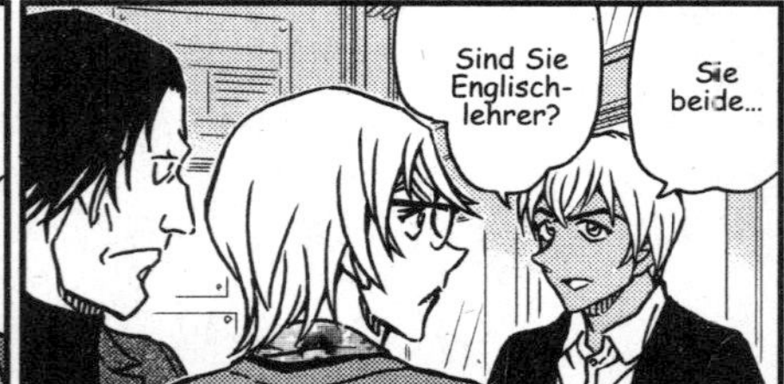
Sie beide...
Sind Sie Englischlehrer?

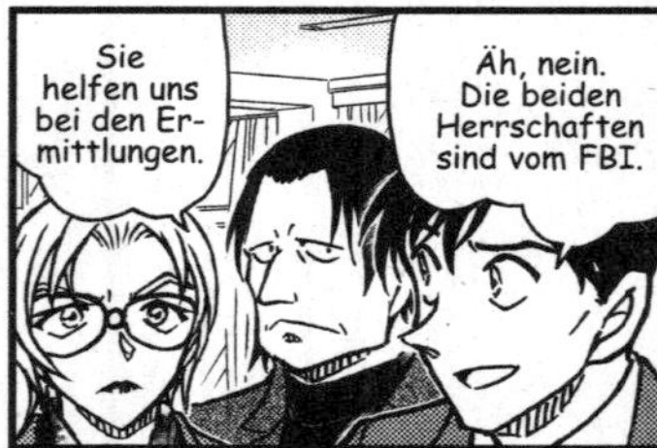
Äh, nein. Die beiden Herrschaften sind vom FBI.
Sie helfen uns bei den Ermittlungen.

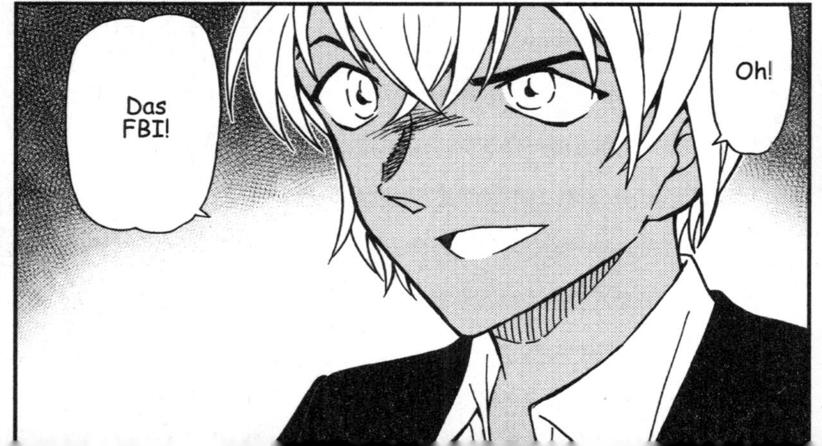
Oh!
Das FBI!

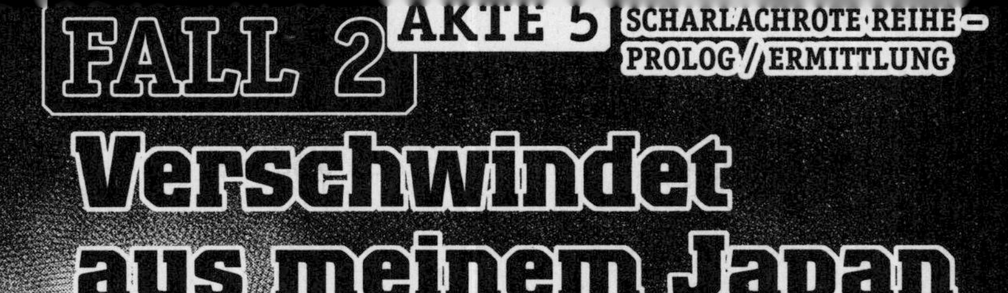
FALL 2
AKTE 5
SCHARLACHROTE REIHE – PROLOG / ERMITTLUNG
Verschwindet aus meinem Japan

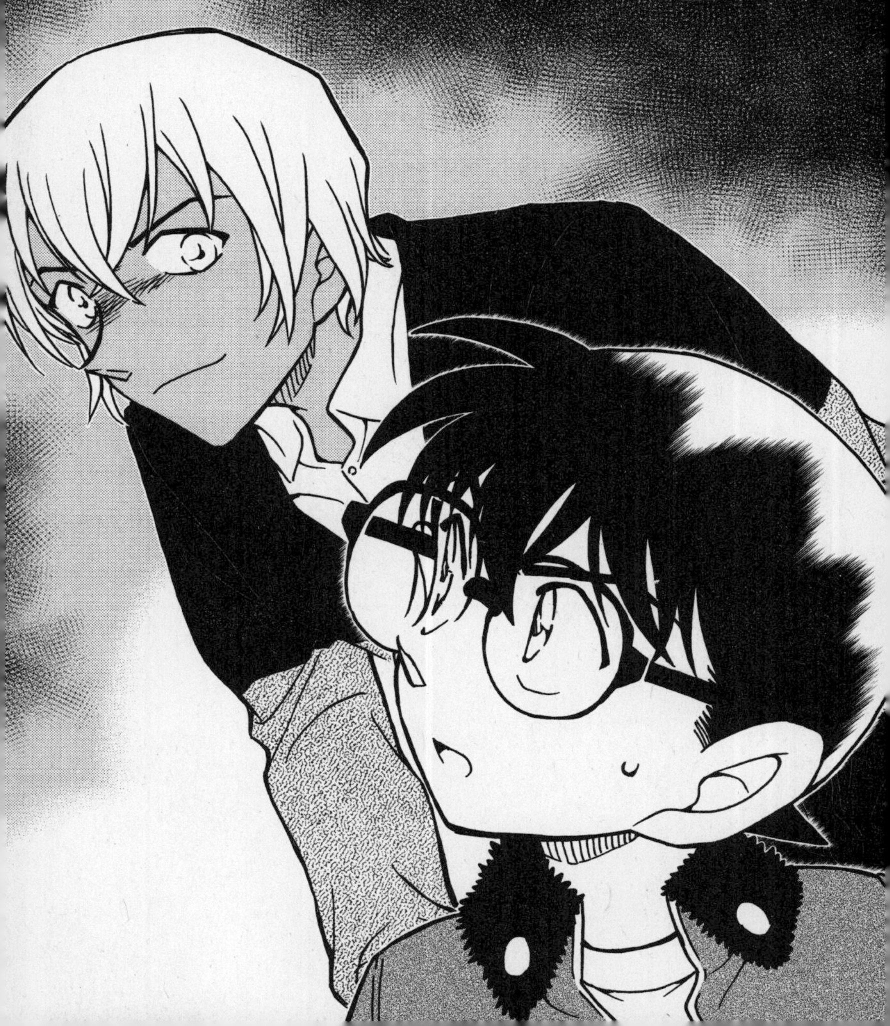

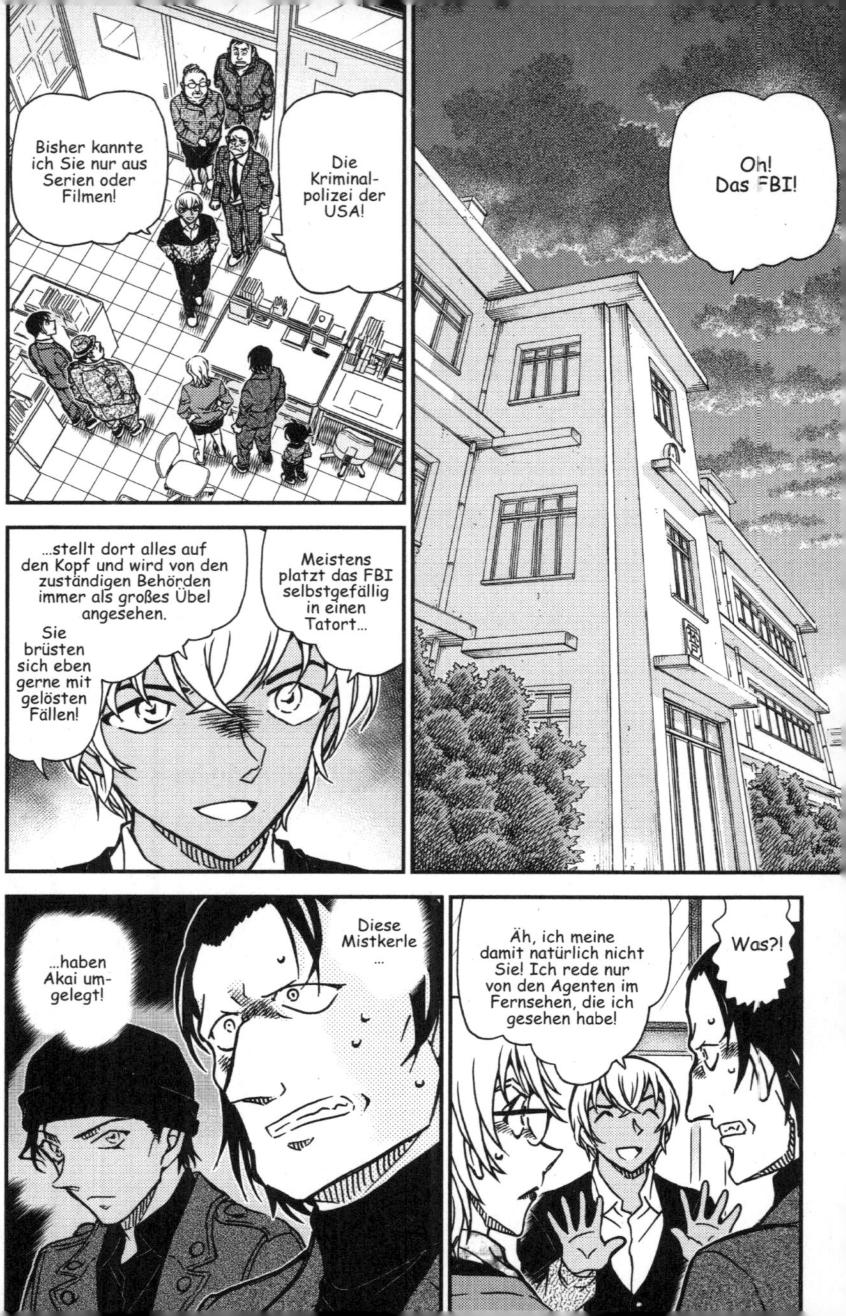

Oh!
Das FBI!

Die Kriminalpolizei der USA!

Bisher kannte ich Sie nur aus Serien oder Filmen!

Meistens platzt das FBI selbstgefällig in einen Tatort...

...stellt dort alles auf den Kopf und wird von den zuständigen Behörden immer als großes Übel angesehen.

Sie brüsten sich eben gerne mit gelösten Fällen!

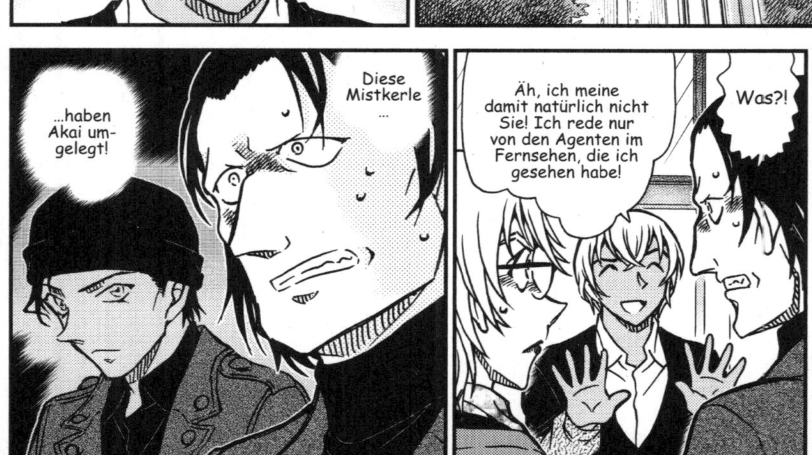

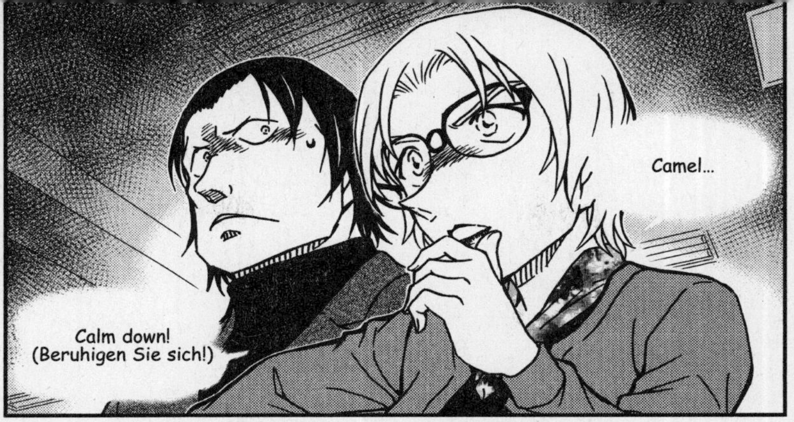
Camel...
Calm down!
(Beruhigen Sie sich!)

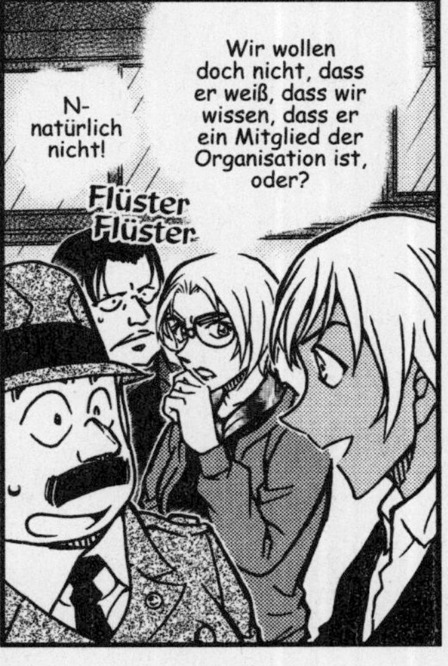
Wir wollen doch nicht, dass er weiß, dass wir wissen, dass er ein Mitglied der Organisation ist, oder?
N- natürlich nicht!
Flüster Flüster

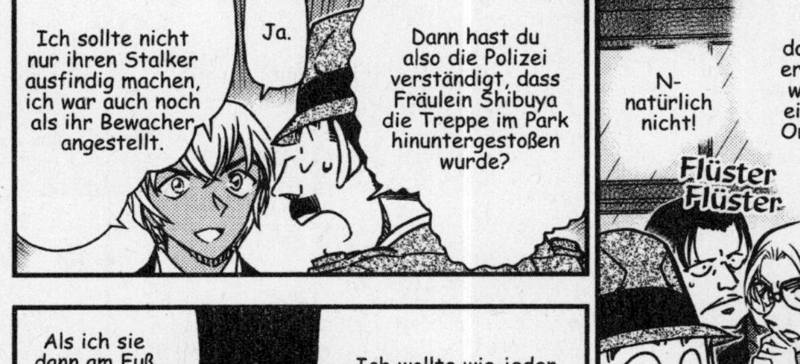
Dann hast du also die Polizei verständigt, dass Fräulein Shibuya die Treppe im Park hinuntergestoßen wurde?
Ja.
Ich sollte nicht nur ihren Stalker ausfindig machen, ich war auch noch als ihr Bewacher angestellt.

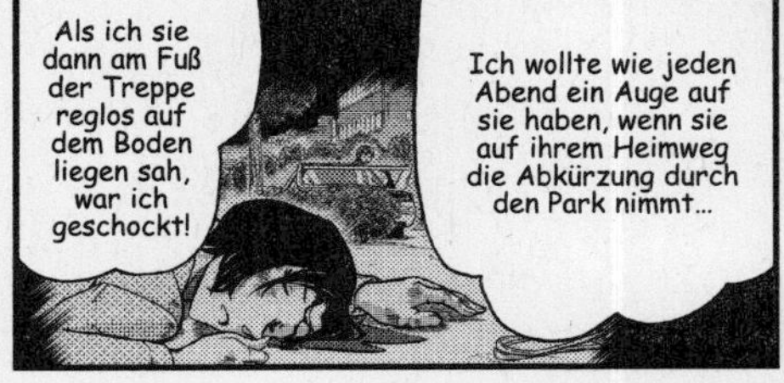
Ich wollte wie jeden Abend ein Auge auf sie haben, wenn sie auf ihrem Heimweg die Abkürzung durch den Park nimmt...
Als ich sie dann am Fuß der Treppe reglos auf dem Boden liegen sah, war ich geschockt!

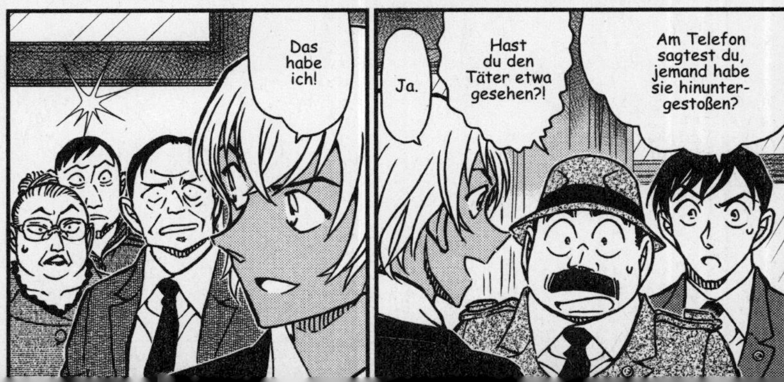
Am Telefon sagtest du, jemand habe sie hinunter-gestoßen?
Hast du den Täter etwa gesehen?!
Ja.
Das habe ich!

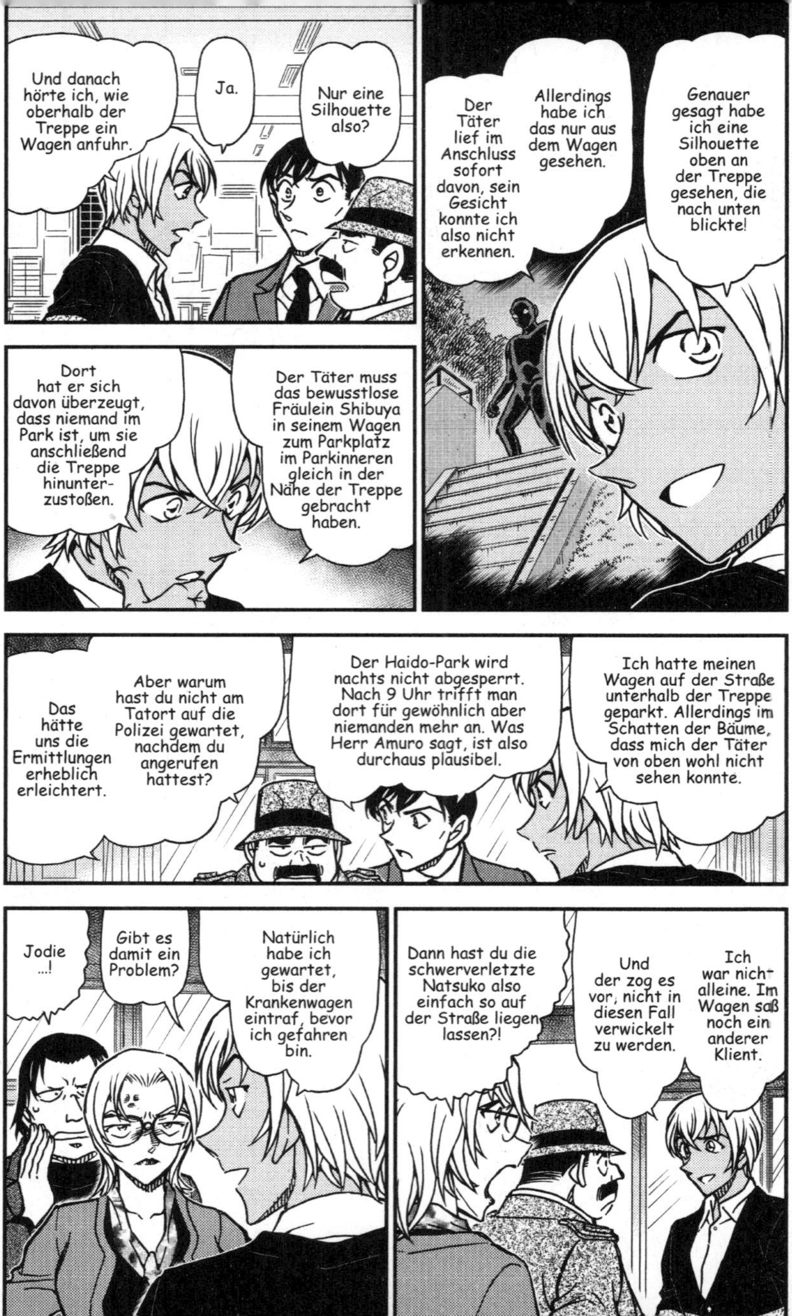

Genauer gesagt habe ich eine Silhouette oben an der Treppe gesehen, die nach unten blickte!
Allerdings habe ich das nur aus dem Wagen gesehen.
Der Täter lief im Anschluss sofort davon, sein Gesicht konnte ich also nicht erkennen.
Nur eine Silhouette also?
Ja.
Und danach hörte ich, wie oberhalb der Treppe ein Wagen anfuhr.
Der Täter muss das bewusstlose Fräulein Shibuya in seinem Wagen zum Parkplatz im Parkinneren gleich in der Nähe der Treppe gebracht haben.
Dort hat er sich davon überzeugt, dass niemand im Park ist, um sie anschließend die Treppe hinunterzustoßen.
Ich hatte meinen Wagen auf der Straße unterhalb der Treppe geparkt. Allerdings im Schatten der Bäume, dass mich der Täter von oben wohl nicht sehen konnte.
Der Haido-Park wird nachts nicht abgesperrt. Nach 9 Uhr trifft man dort für gewöhnlich aber niemanden mehr an. Was Herr Amuro sagt, ist also durchaus plausibel.
Aber warum hast du nicht am Tatort auf die Polizei gewartet, nachdem du angerufen hattest?
Das hätte uns die Ermittlungen erheblich erleichtert.

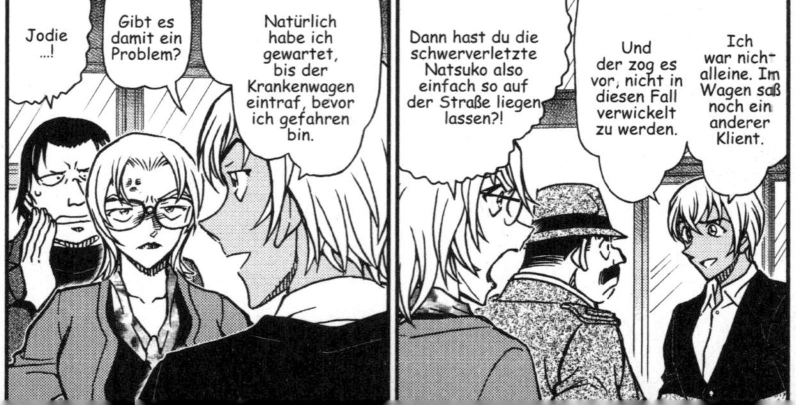

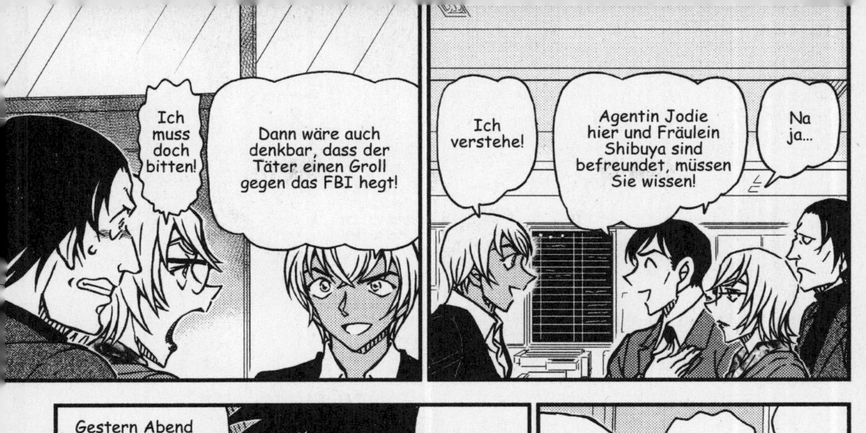
Na ja...
Agentin Jodie hier und Fräulein Shibuya sind befreundet, müssen Sie wissen!
Ich verstehe!
Dann wäre auch denkbar, dass der Täter einen Groll gegen das FBI hegt!
Ich muss doch bitten!

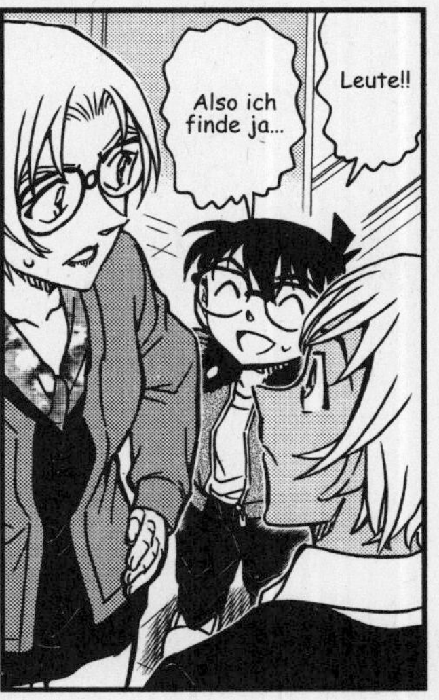
Leute!!
Also ich finde ja...

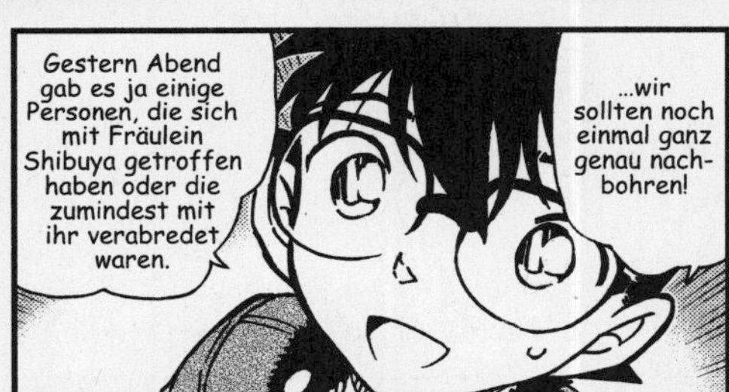
...wir sollten noch einmal ganz genau nachbohren!
Gestern Abend gab es ja einige Personen, die sich mit Fräulein Shibuya getroffen haben oder die zumindest mit ihr verabredet waren.

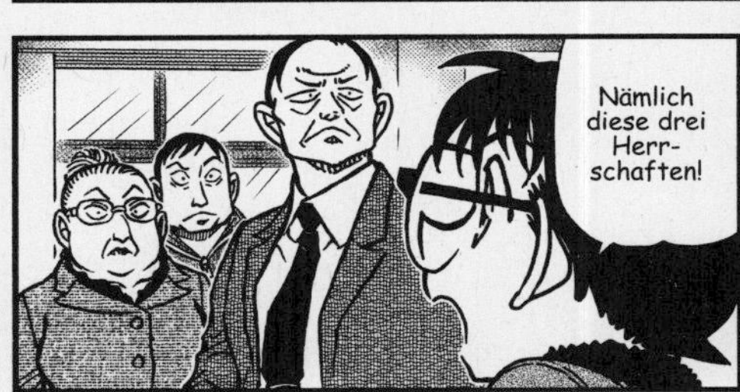
Nämlich diese drei Herrschaften!

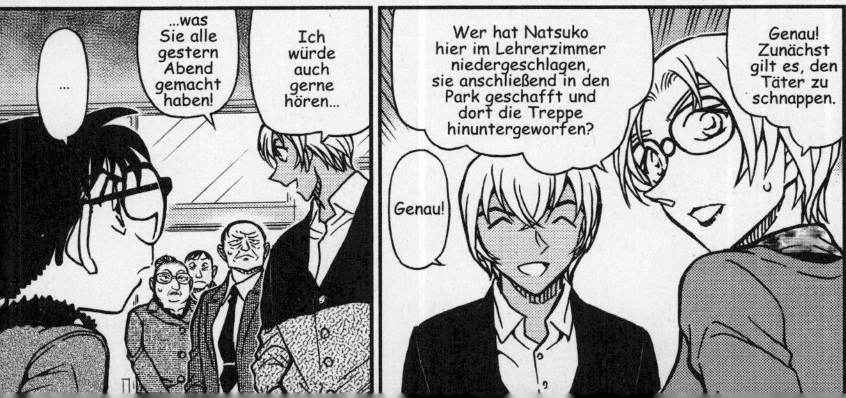
Genau! Zunächst gilt es, den Täter zu schnappen.
Wer hat Natsuko hier im Lehrerzimmer niedergeschlagen, sie anschließend in den Park geschafft und dort die Treppe hinuntergeworfen?
Genau!
Ich würde auch gerne hören...
...was Sie alle gestern Abend gemacht haben!
...

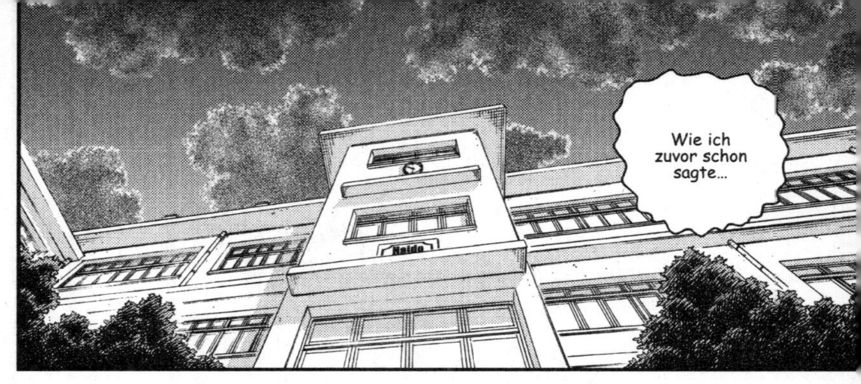
Wie ich zuvor schon sagte...
Naido

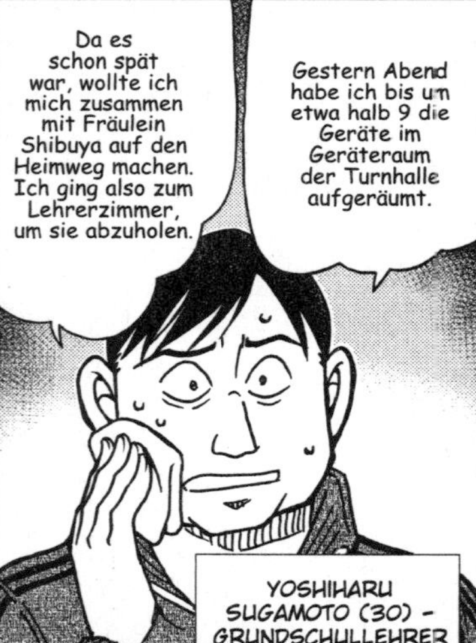
Gestern Abend habe ich bis um etwa halb 9 die Geräte im Geräteraum der Turnhalle aufgeräumt.
Da es schon spät war, wollte ich mich zusammen mit Fräulein Shibuya auf den Heimweg machen. Ich ging also zum Lehrerzimmer, um sie abzuholen.
YOSHIHARU SUGAMOTO (30) - GRUNDSCHULLEHRER

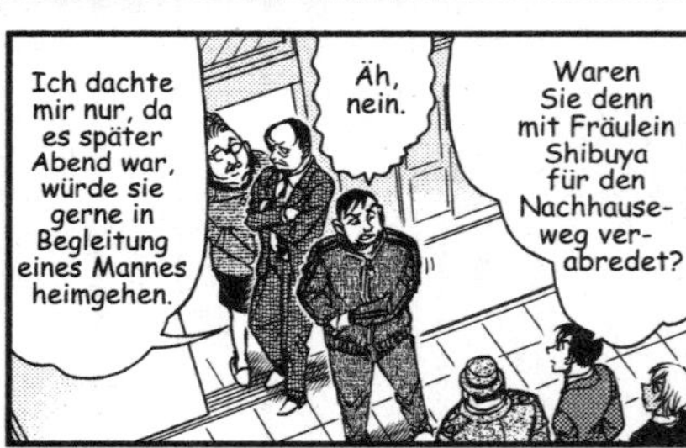
Waren Sie denn mit Fräulein Shibuya für den Nachhauseweg verabredet?
Äh, nein.
Ich dachte mir nur, da es später Abend war, würde sie gerne in Begleitung eines Mannes heimgehen.

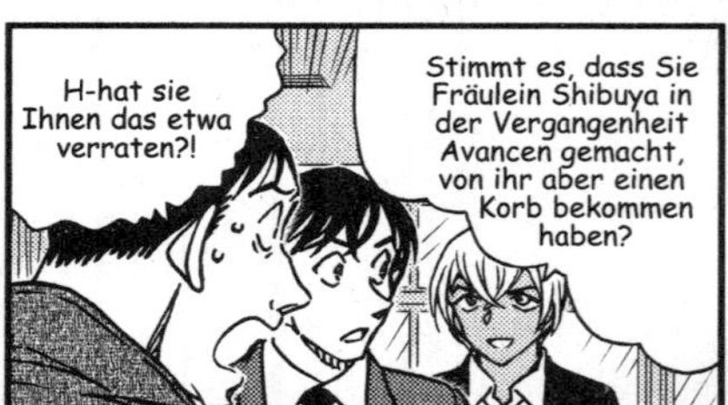
Stimmt es, dass Sie Fräulein Shibuya in der Vergangenheit Avancen gemacht, von ihr aber einen Korb bekommen haben?
H-hat sie Ihnen das etwa verraten?!

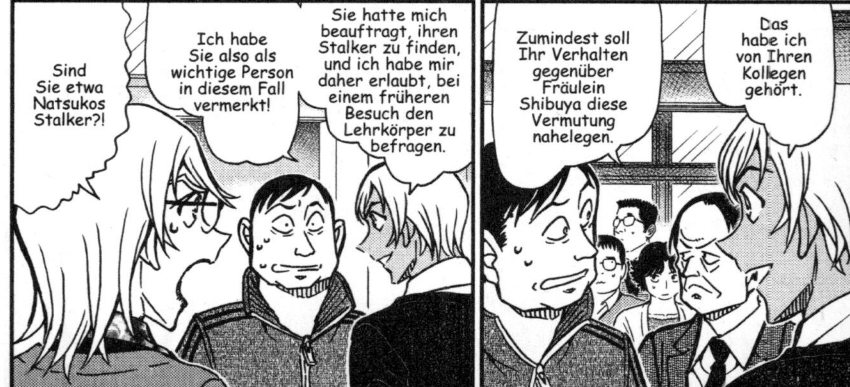
Das habe ich von Ihren Kollegen gehört.
Zumindest soll Ihr Verhalten gegenüber Fräulein Shibuya diese Vermutung nahelegen.
Sie hatte mich beauftragt, ihren Stalker zu finden, und ich habe mir daher erlaubt, bei einem früheren Besuch den Lehrkörper zu befragen.
Ich habe Sie also als wichtige Person in diesem Fall vermerkt!
Sind Sie etwa Natsukos Stalker?!

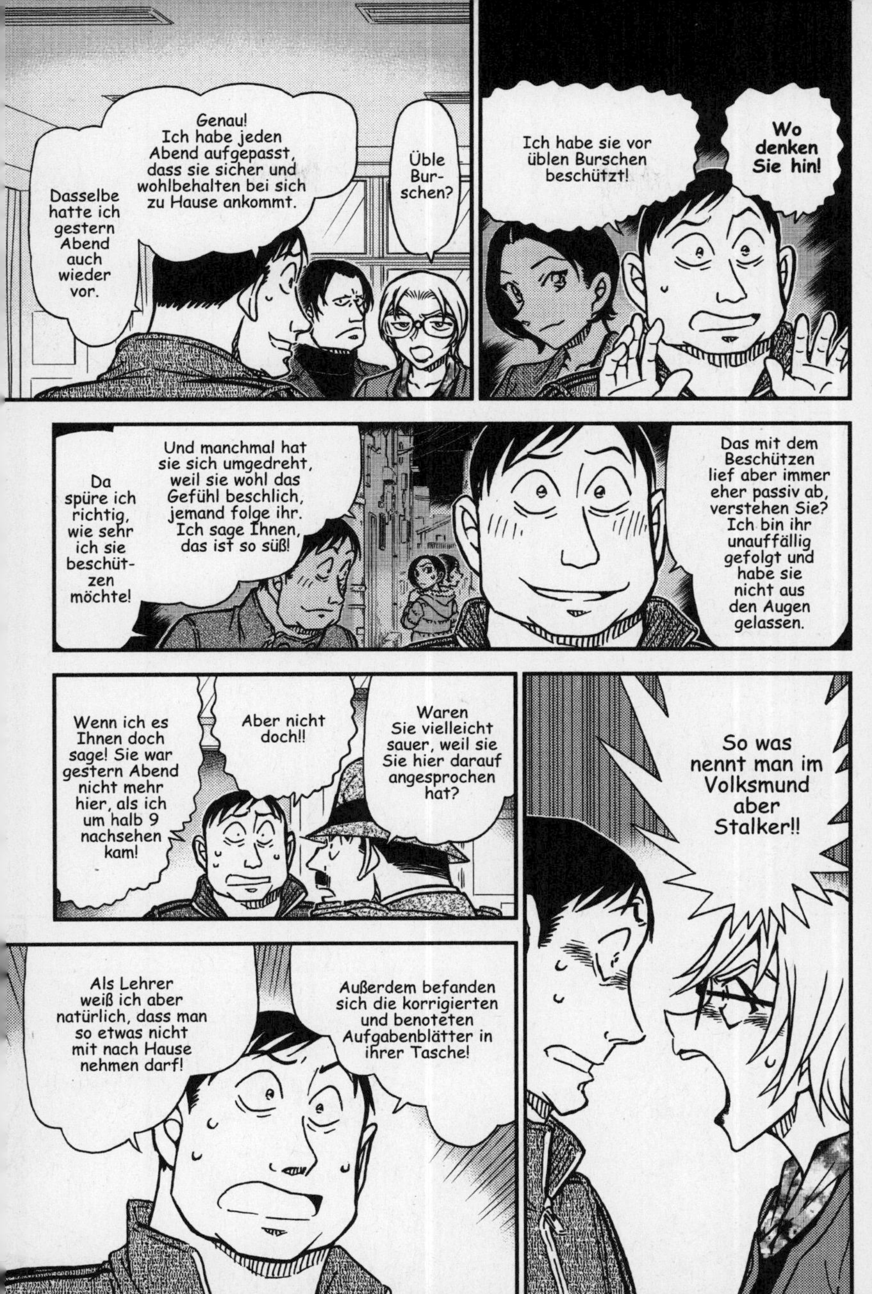
Wo denken Sie hin!
Ich habe sie vor üblen Burschen beschützt!
Üble Bur-schen?
Genau! Ich habe jeden Abend aufgepasst, dass sie sicher und wohlbehalten bei sich zu Hause ankommt.
Dasselbe hatte ich gestern Abend auch wieder vor.
Das mit dem Beschützen lief aber immer eher passiv ab, verstehen Sie? Ich bin ihr unauffällig gefolgt und habe sie nicht aus den Augen gelassen.
Und manchmal hat sie sich umgedreht, weil sie wohl das Gefühl beschlich, jemand folge ihr. Ich sage Ihnen, das ist so süß!
Da spüre ich richtig, wie sehr ich sie beschüt-zen möchte!
So was nennt man im Volksmund aber Stalker!!
Waren Sie vielleicht sauer, weil sie Sie hier darauf angesprochen hat?
Aber nicht doch!!
Wenn ich es Ihnen doch sage! Sie war gestern Abend nicht mehr hier, als ich um halb 9 nachsehen kam!
Außerdem befanden sich die korrigierten und benoteten Aufgabenblätter in ihrer Tasche!
Als Lehrer weiß ich aber natürlich, dass man so etwas nicht mit nach Hause nehmen darf!

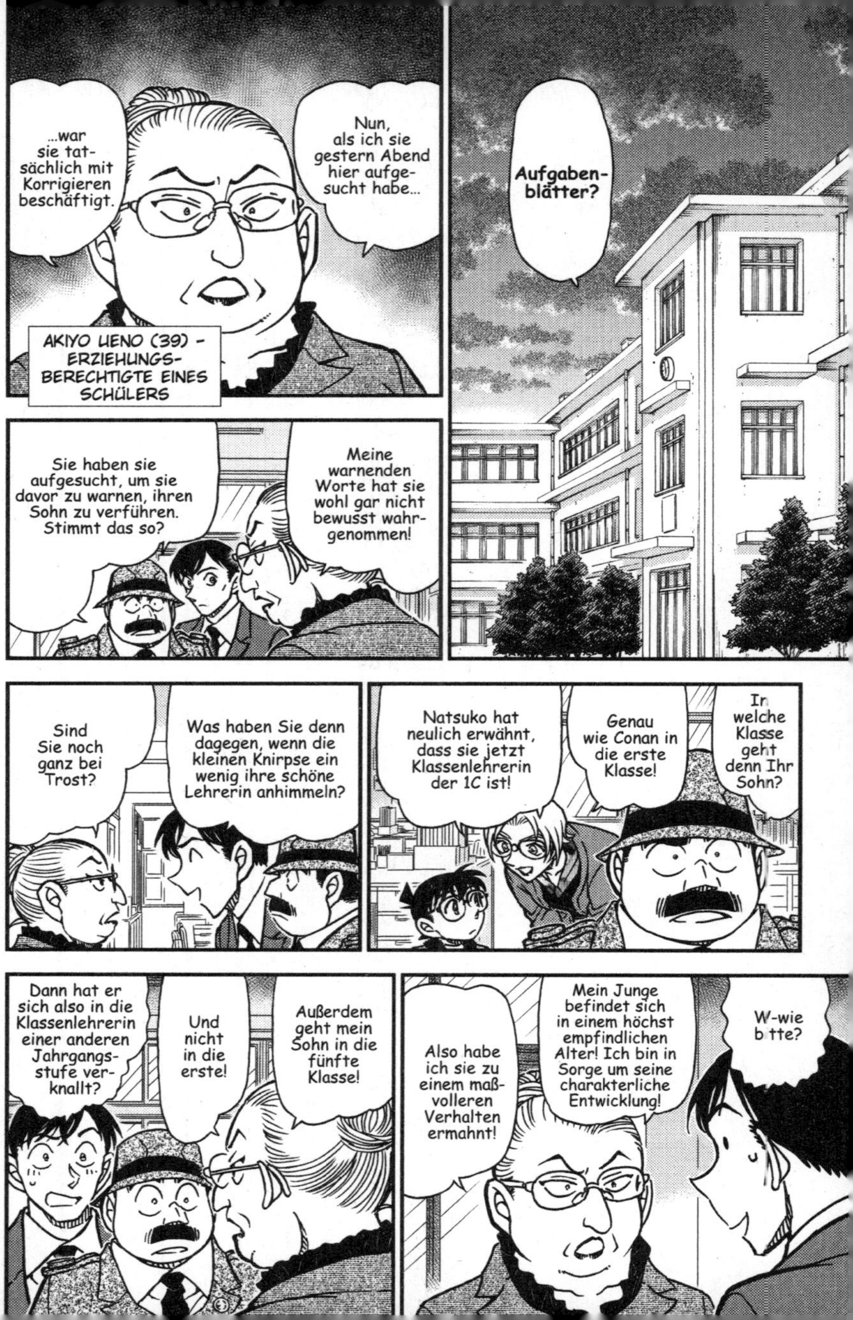

Aufgabenblätter?
Nun, als ich sie gestern Abend hier aufgesucht habe...
...war sie tatsächlich mit Korrigieren beschäftigt.

AKIYO UENO (39) - ERZIEHUNGSBERECHTIGTE EINES SCHÜLERS

Meine warnenden Worte hat sie wohl gar nicht bewusst wahrgenommen!
Sie haben sie aufgesucht, um sie davor zu warnen, ihren Sohn zu verführen. Stimmt das so?

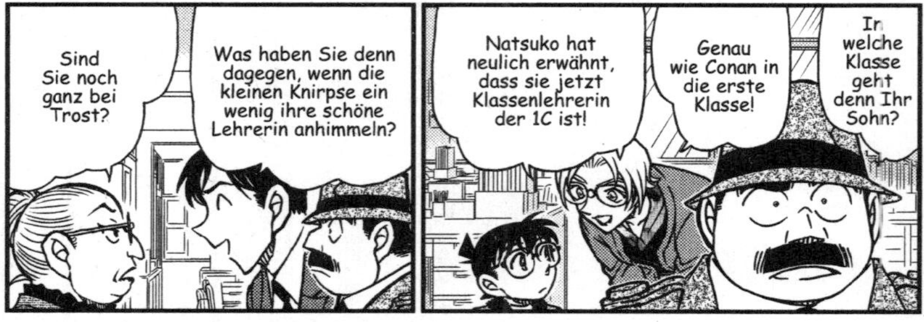

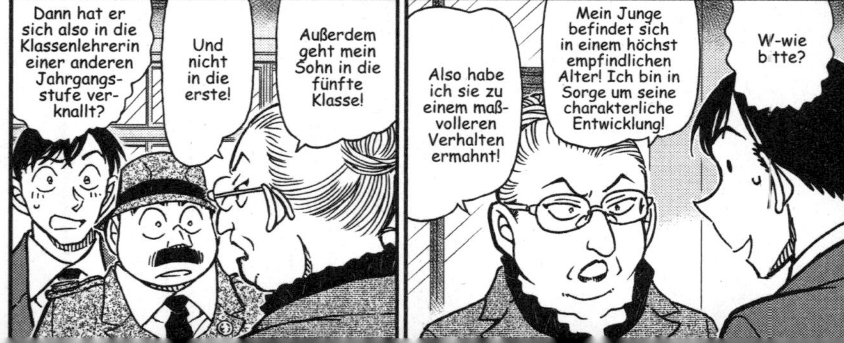

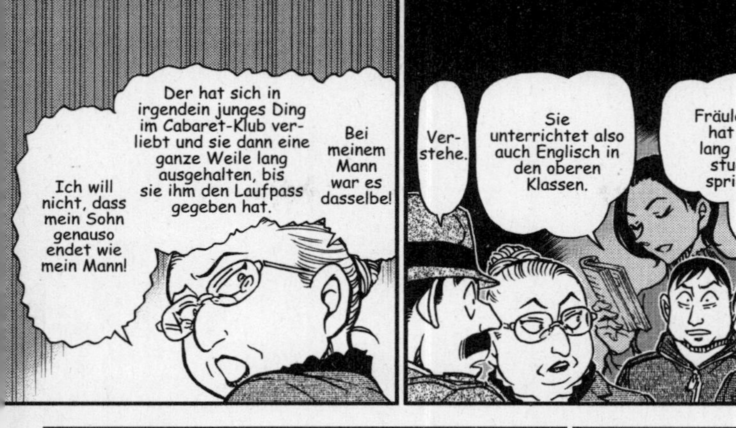

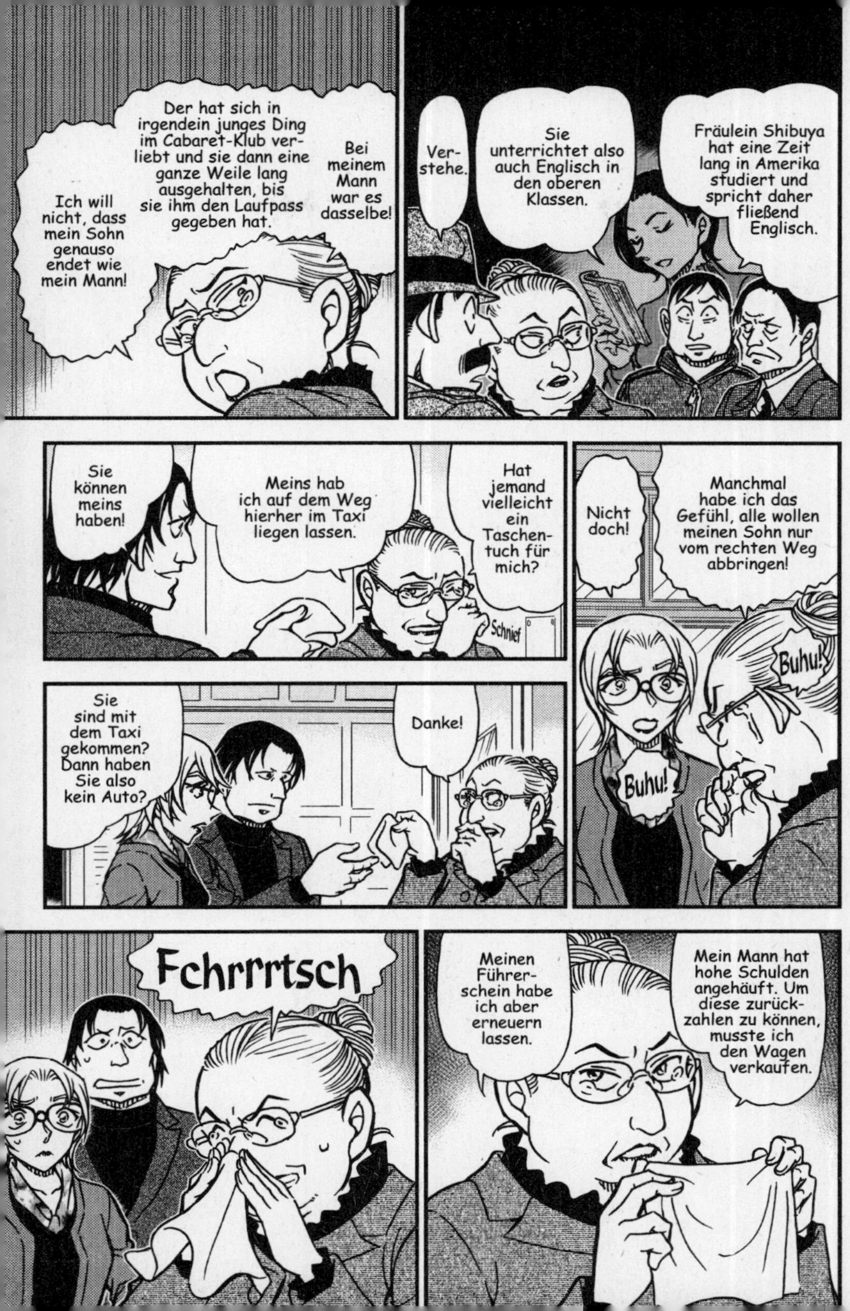

Manchmal habe ich das Gefühl, alle wollen meinen Sohn nur vom rechten Weg abbringen!

Nicht doch!

Buhu!

Buhu!

Hat jemand vielleicht ein Taschentuch für mich?

Schnief

Meins hab ich auf dem Weg hierher im Taxi liegen lassen.

Sie können meins haben!

Danke!

Sie sind mit dem Taxi gekommen? Dann haben Sie also kein Auto?

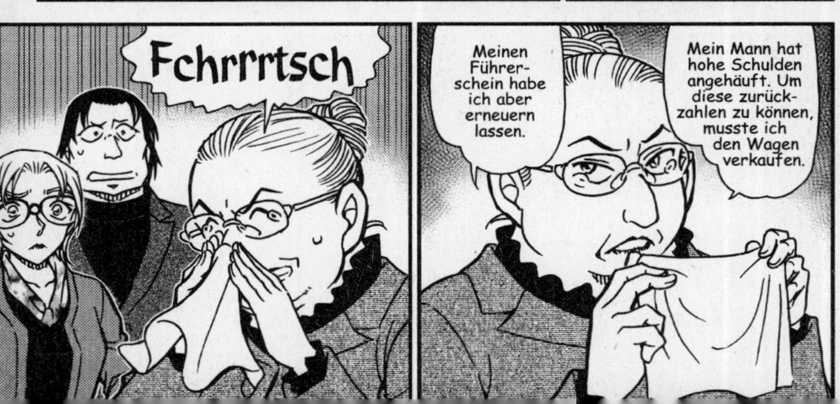

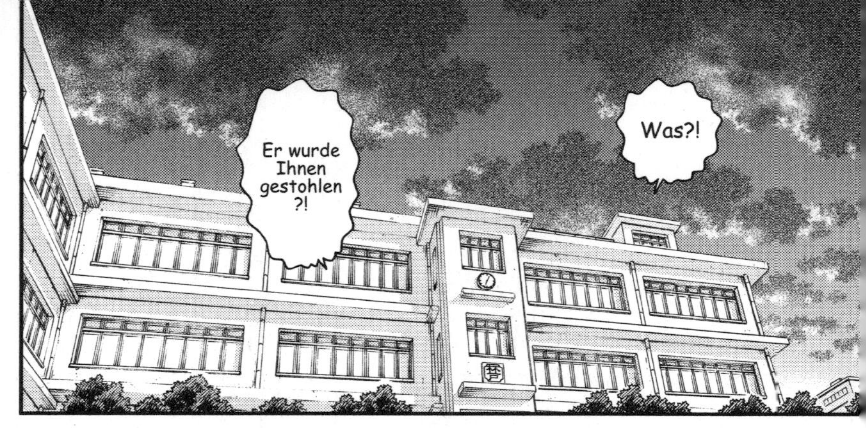
Was?!
Er wurde Ihnen gestohlen ?!

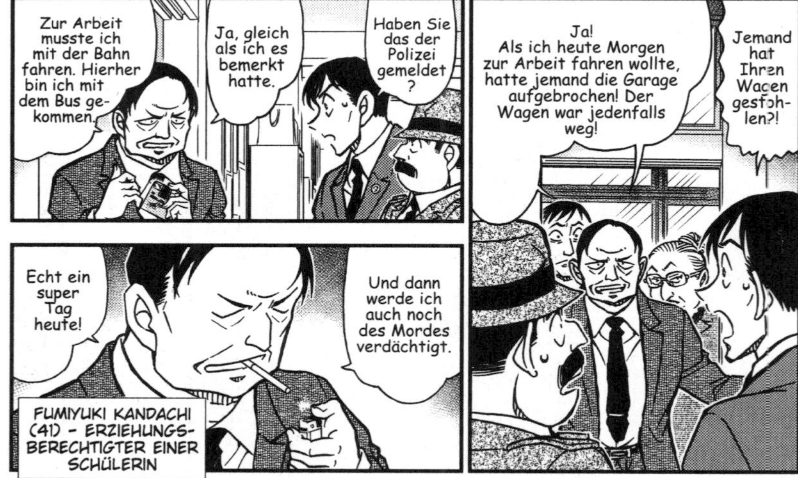
Jemand hat Ihren Wagen gestohlen?!
Ja! Als ich heute Morgen zur Arbeit fahren wollte, hatte jemand die Garage aufgebrochen! Der Wagen war jedenfalls weg!
Haben Sie das der Polizei gemeldet ?
Ja, gleich als ich es bemerkt hatte.
Zur Arbeit musste ich mit der Bahn fahren. Hierher bin ich mit dem Bus ge-kommen.
Und dann werde ich auch noch des Mordes verdächtigt.
Echt ein super Tag heute!
FUMIYUKI KANDACHI (41) - ERZIEHUNGS-BERECHTIGTER EINER SCHÜLERIN

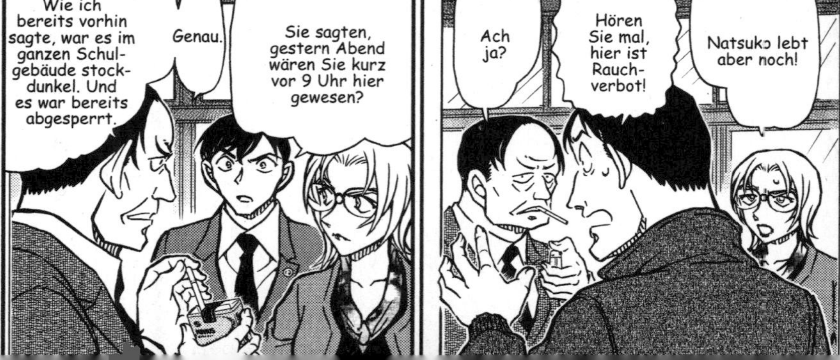
Natsuko lebt aber noch!
Hören Sie mal, hier ist Rauch-verbot!
Ach ja?
Sie sagten, gestern Abend wären Sie kurz vor 9 Uhr hier gewesen?
Genau.
Wie ich bereits vorhin sagte, war es im ganzen Schul-gebäude stock-dunkel. Und es war bereits abgesperrt.

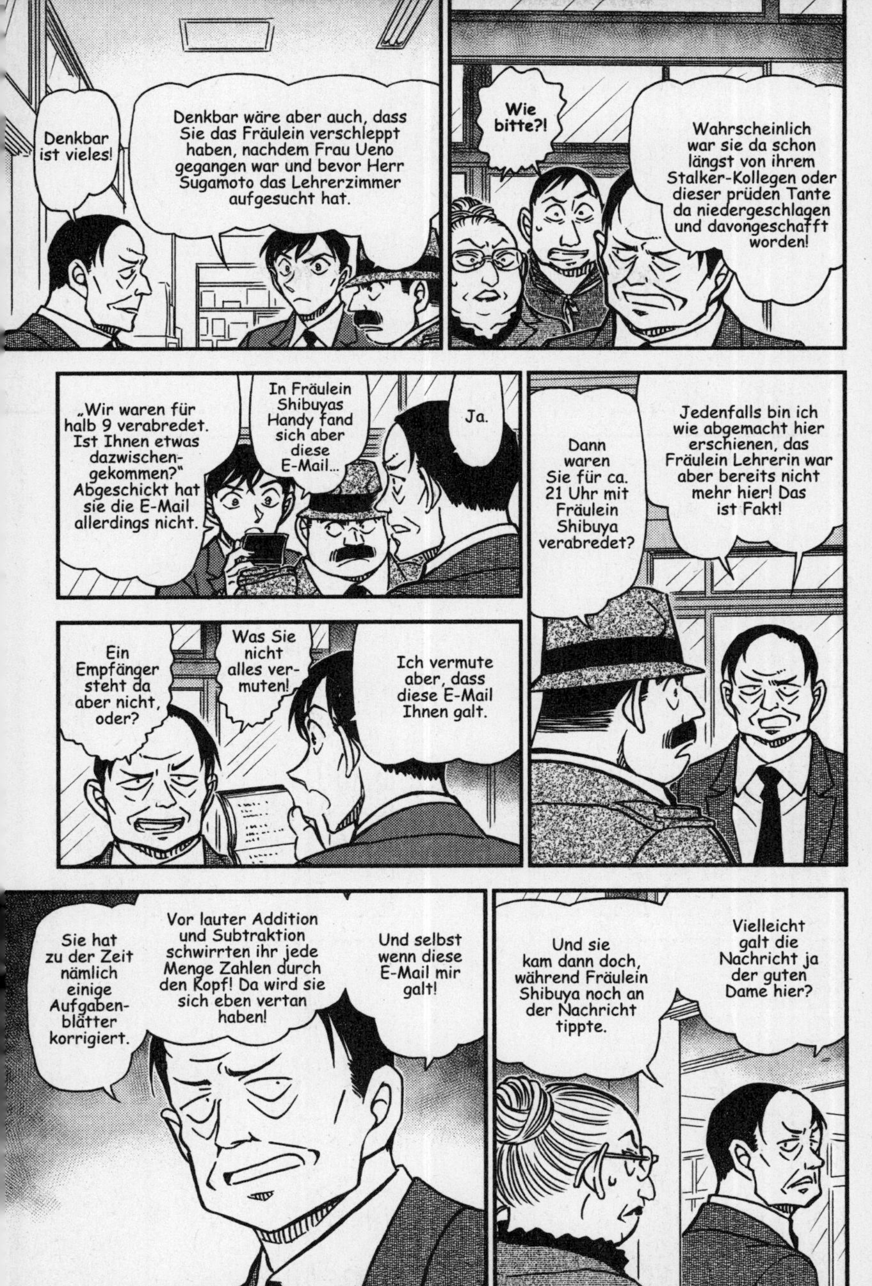
Wahrscheinlich war sie da schon längst von ihrem Stalker-Kollegen oder dieser prüden Tante da niedergeschlagen und davongeschafft worden!
Wie bitte?!
Denkbar wäre aber auch, dass Sie das Fräulein verschleppt haben, nachdem Frau Ueno gegangen war und bevor Herr Sugamoto das Lehrerzimmer aufgesucht hat.
Denkbar ist vieles!
Jedenfalls bin ich wie abgemacht hier erschienen, das Fräulein Lehrerin war aber bereits nicht mehr hier! Das ist Fakt!
Dann waren Sie für ca. 21 Uhr mit Fräulein Shibuya verabredet?
Ja.
In Fräulein Shibuyas Handy fand sich aber diese E-Mail...
„Wir waren für halb 9 verabredet. Ist Ihnen etwas dazwischengekommen?" Abgeschickt hat sie die E-Mail allerdings nicht.
Ich vermute aber, dass diese E-Mail Ihnen galt.
Was Sie nicht alles vermuten!
Ein Empfänger steht da aber nicht, oder?
Vielleicht galt die Nachricht ja der guten Dame hier?
Und sie kam dann doch, während Fräulein Shibuya noch an der Nachricht tippte.
Und selbst wenn diese E-Mail mir galt!
Vor lauter Addition und Subtraktion schwirrten ihr jede Menge Zahlen durch den Kopf! Da wird sie sich eben vertan haben!
Sie hat zu der Zeit nämlich einige Aufgabenblätter korrigiert.

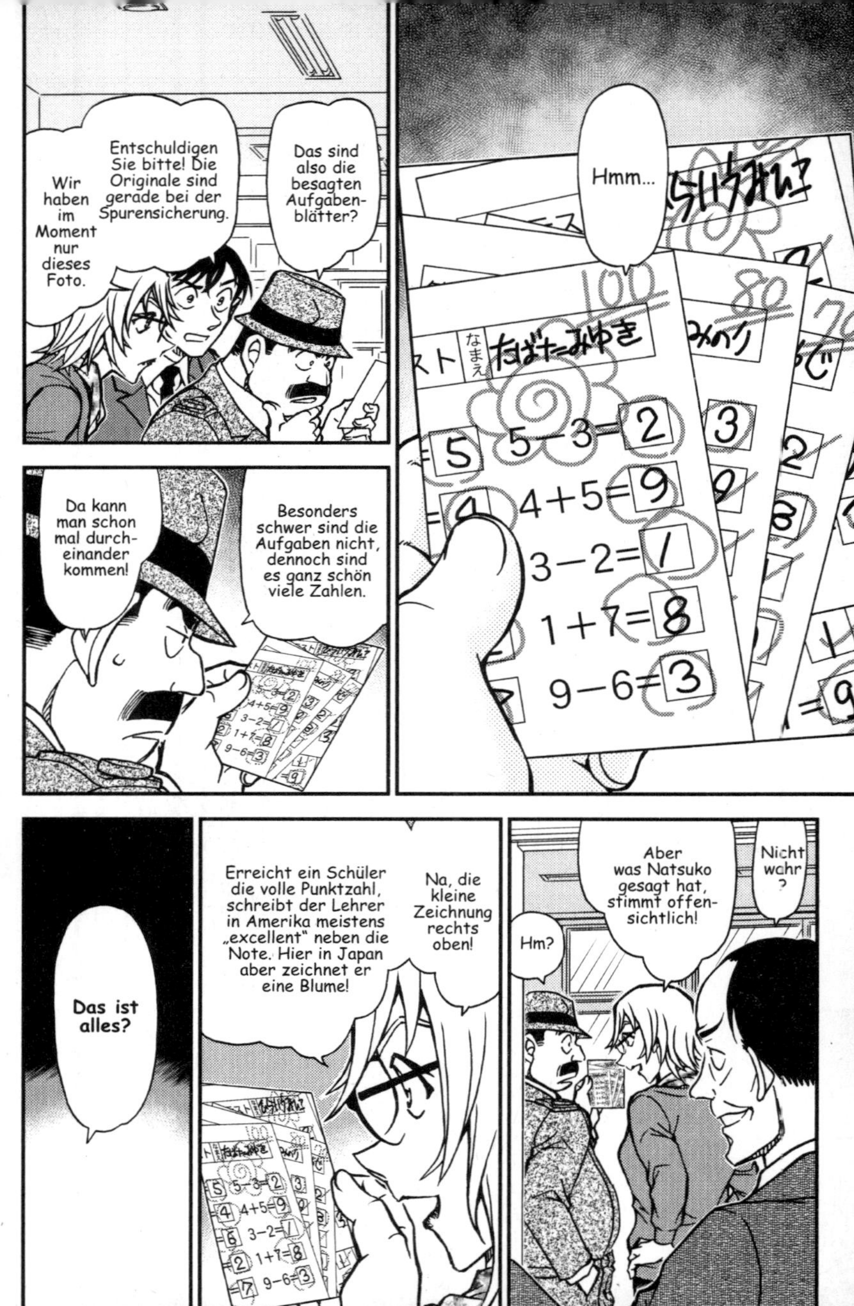
Das sind also die besagten Aufgabenblätter?
Entschuldigen Sie bitte! Die Originale sind gerade bei der Spurensicherung.
Wir haben im Moment nur dieses Foto.
Hmm...
Besonders schwer sind die Aufgaben nicht, dennoch sind es ganz schön viele Zahlen.
Da kann man schon mal durcheinander kommen!
Nicht wahr?
Aber was Natsuko gesagt hat, stimmt offensichtlich!
Hm?
Na, die kleine Zeichnung rechts oben!
Erreicht ein Schüler die volle Punktzahl, schreibt der Lehrer in Amerika meistens „excellent" neben die Note. Hier in Japan aber zeichnet er eine Blume!
Das ist alles?

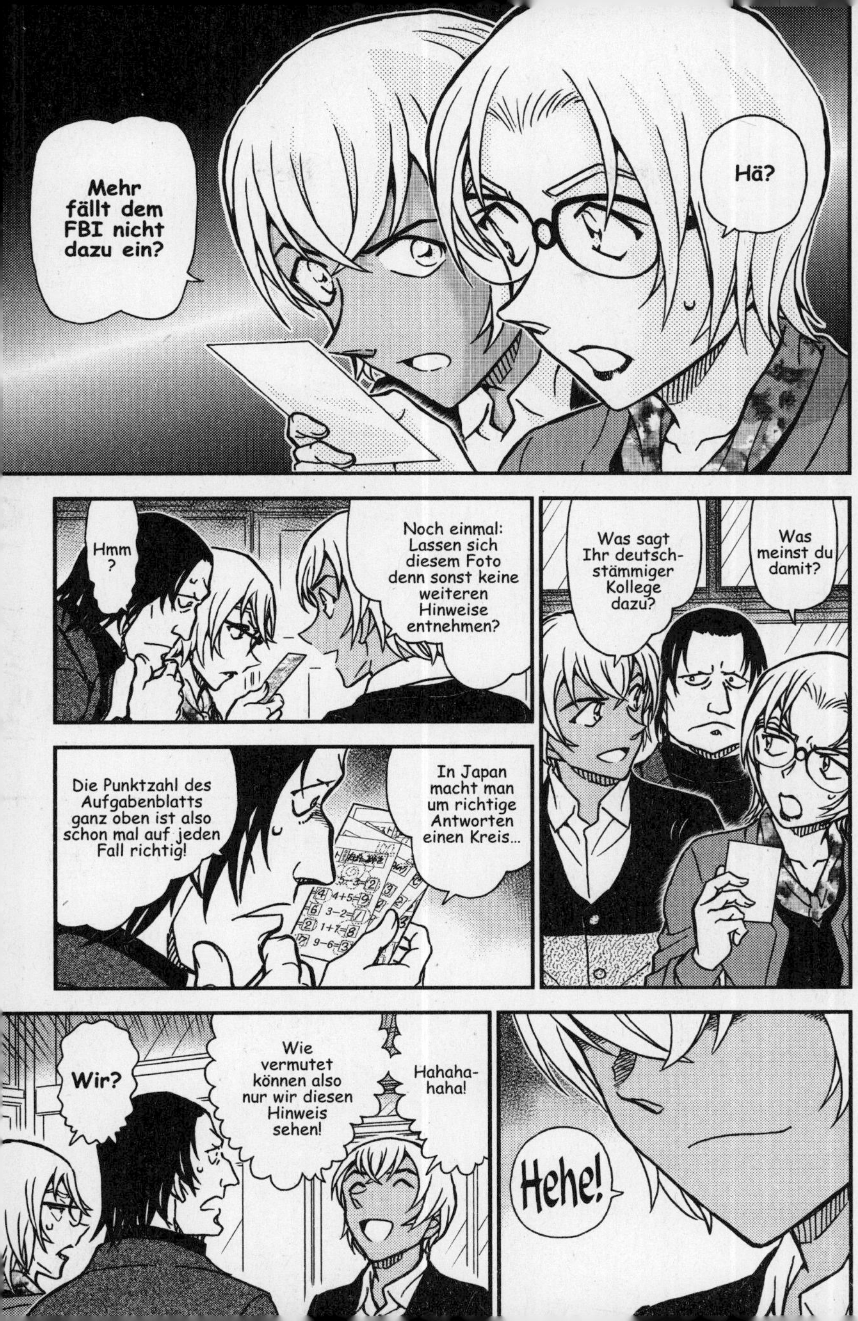

Mehr fällt dem FBI nicht dazu ein?

Hä?

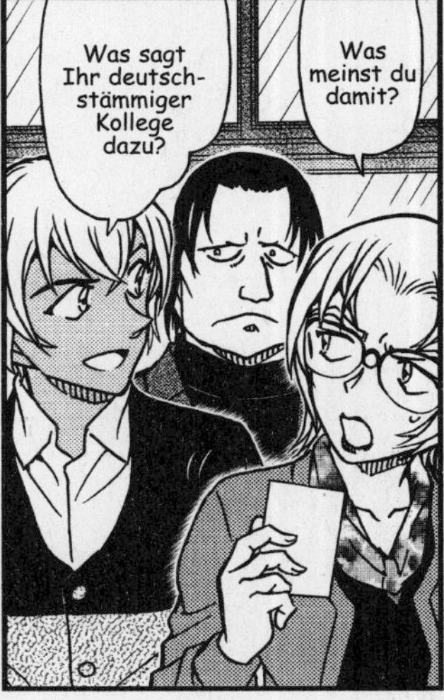

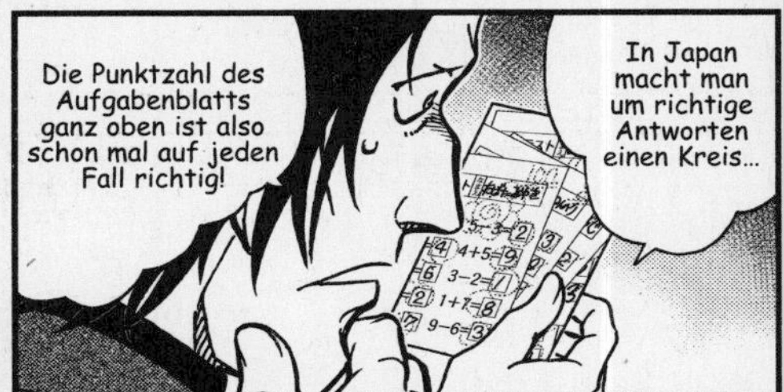

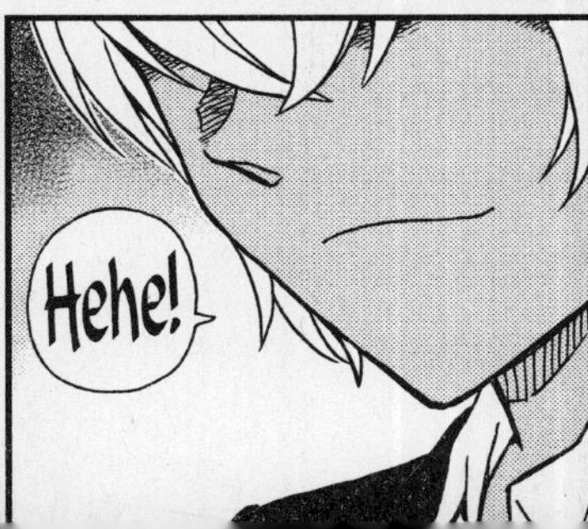

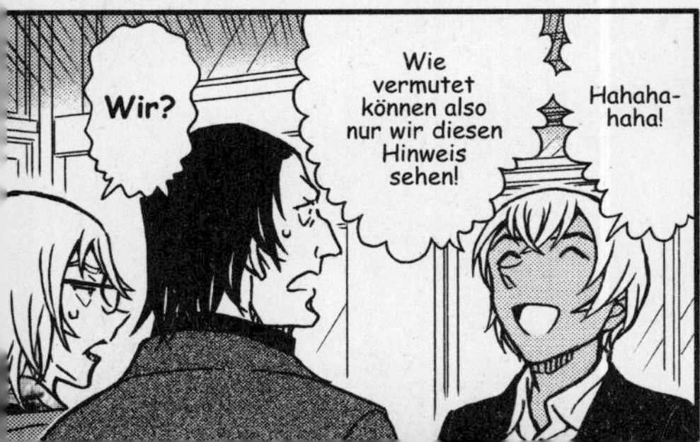

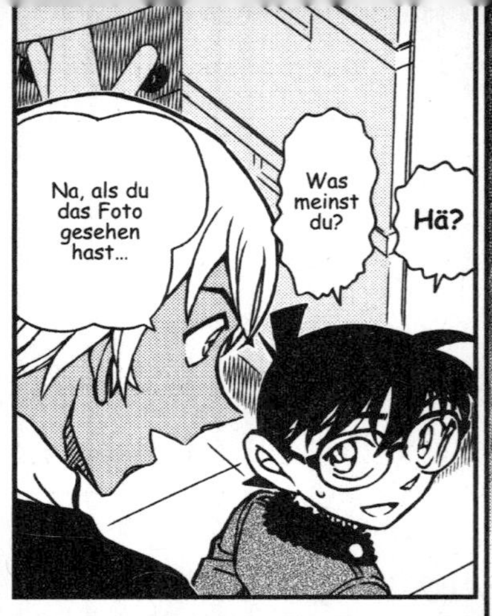
Hä?
Was meinst du?
Na, als du das Foto gesehen hast...

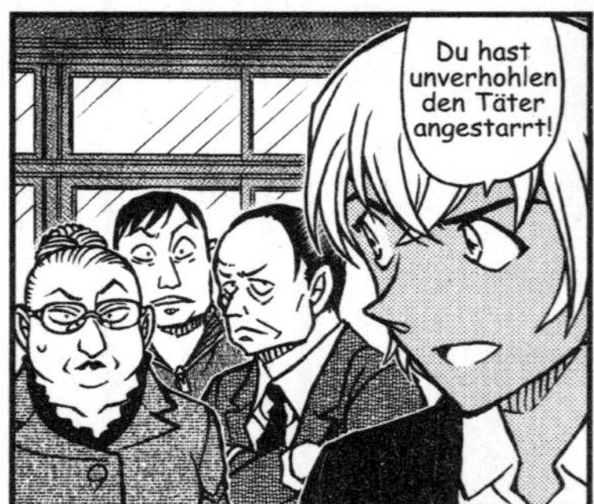
Du hast unverhohlen den Täter angestarrt!

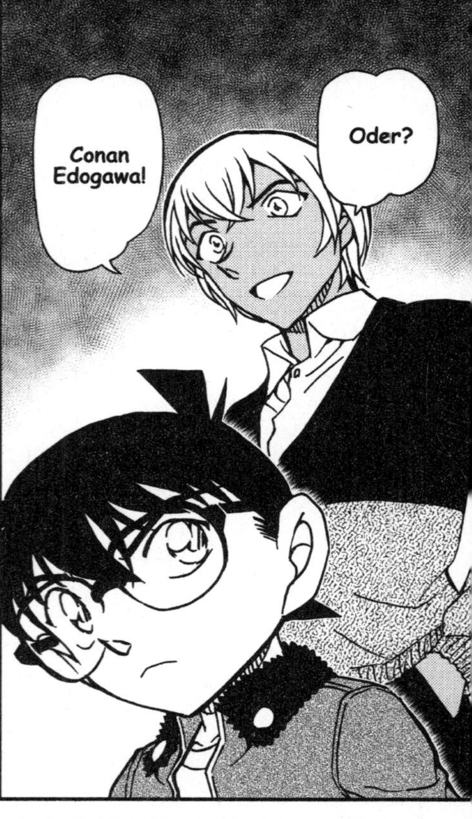
Oder?
Conan Edogawa!

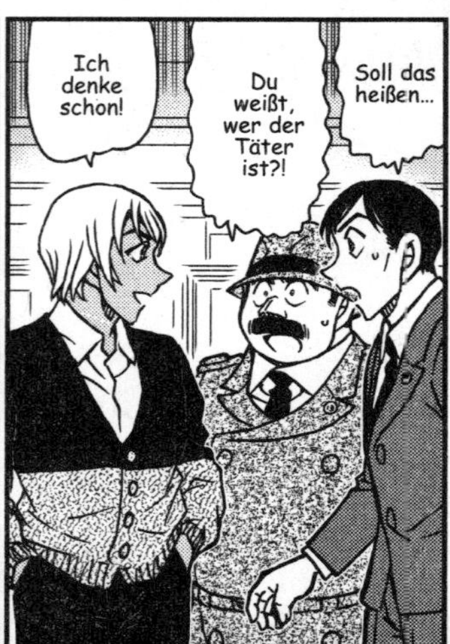
Soll das heißen...
Du weißt, wer der Täter ist?!
Ich denke schon!

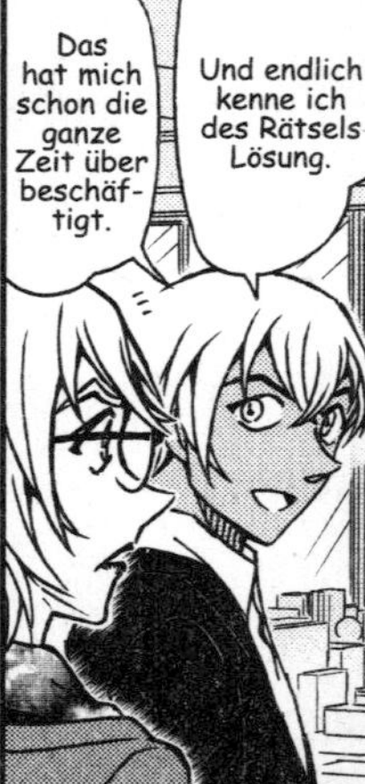
Und endlich kenne ich des Rätsels Lösung.
Das hat mich schon die ganze Zeit über beschäf-tigt.

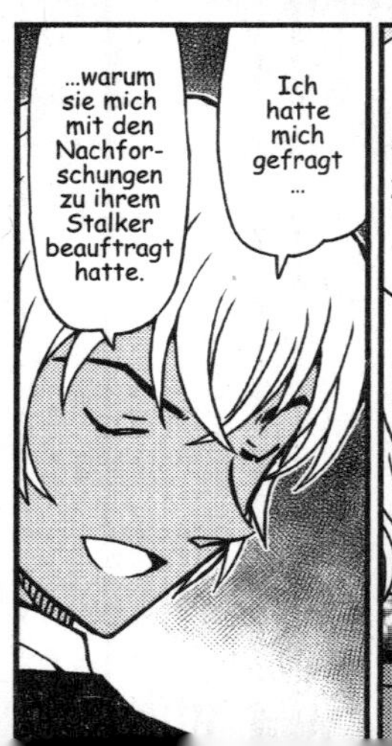
Ich hatte mich gefragt ...
...warum sie mich mit den Nachfor-schungen zu ihrem Stalker beauftragt hatte.

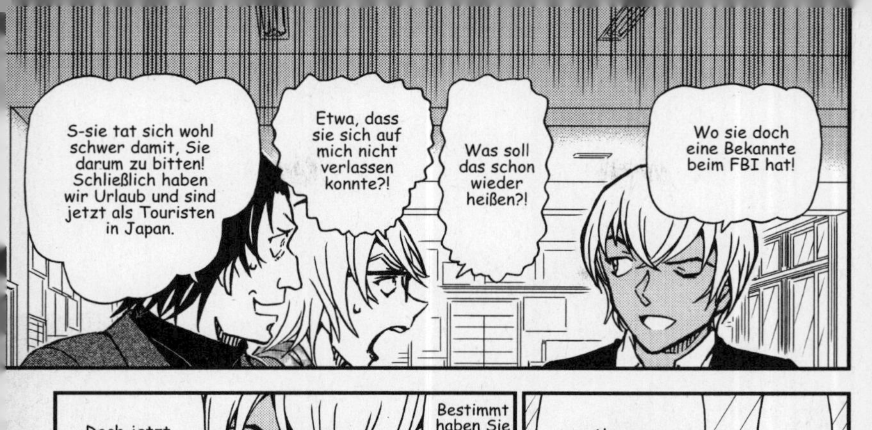
Wo sie doch eine Bekannte beim FBI hat!
Was soll das schon wieder heißen?!
Etwa, dass sie sich auf mich nicht verlassen konnte?!
S-sie tat sich wohl schwer damit, Sie darum zu bitten! Schließlich haben wir Urlaub und sind jetzt als Touristen in Japan.
Touris-ten?
Also wenn Sie kein Visum haben, dann dürften die Tage Ihres Aufenthalts langsam gezählt sein.
Bestimmt haben Sie Ihre Zeit hier ge-nossen.
Doch jetzt wird es Zeit, die Koffer zu packen...
...und aus meinem Japan zu ver-schwinden!
Du, Zero...
GNNG
Ich meine, Toru!
?
Sag mal, Toru. Du bist doch...
...der Feind...
Oder?

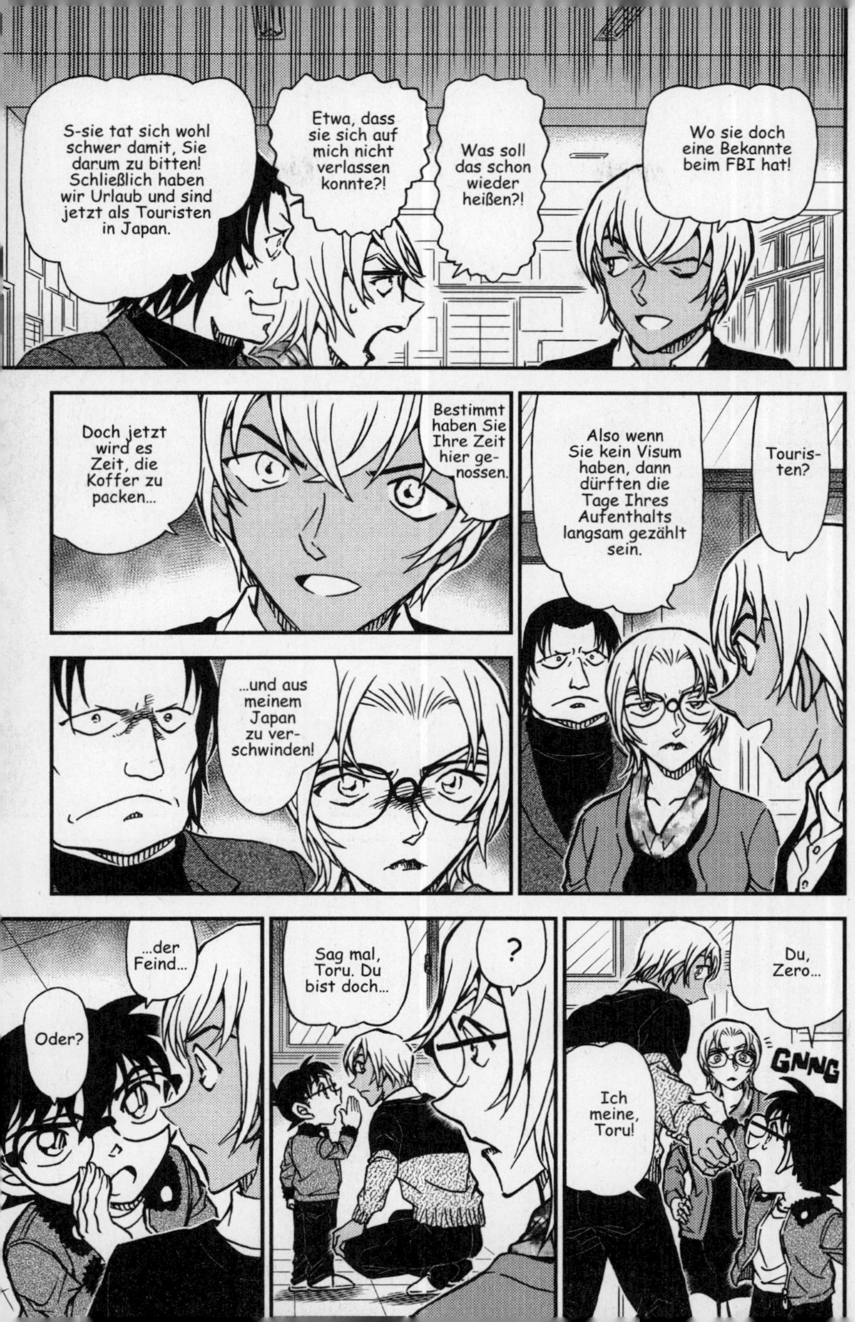

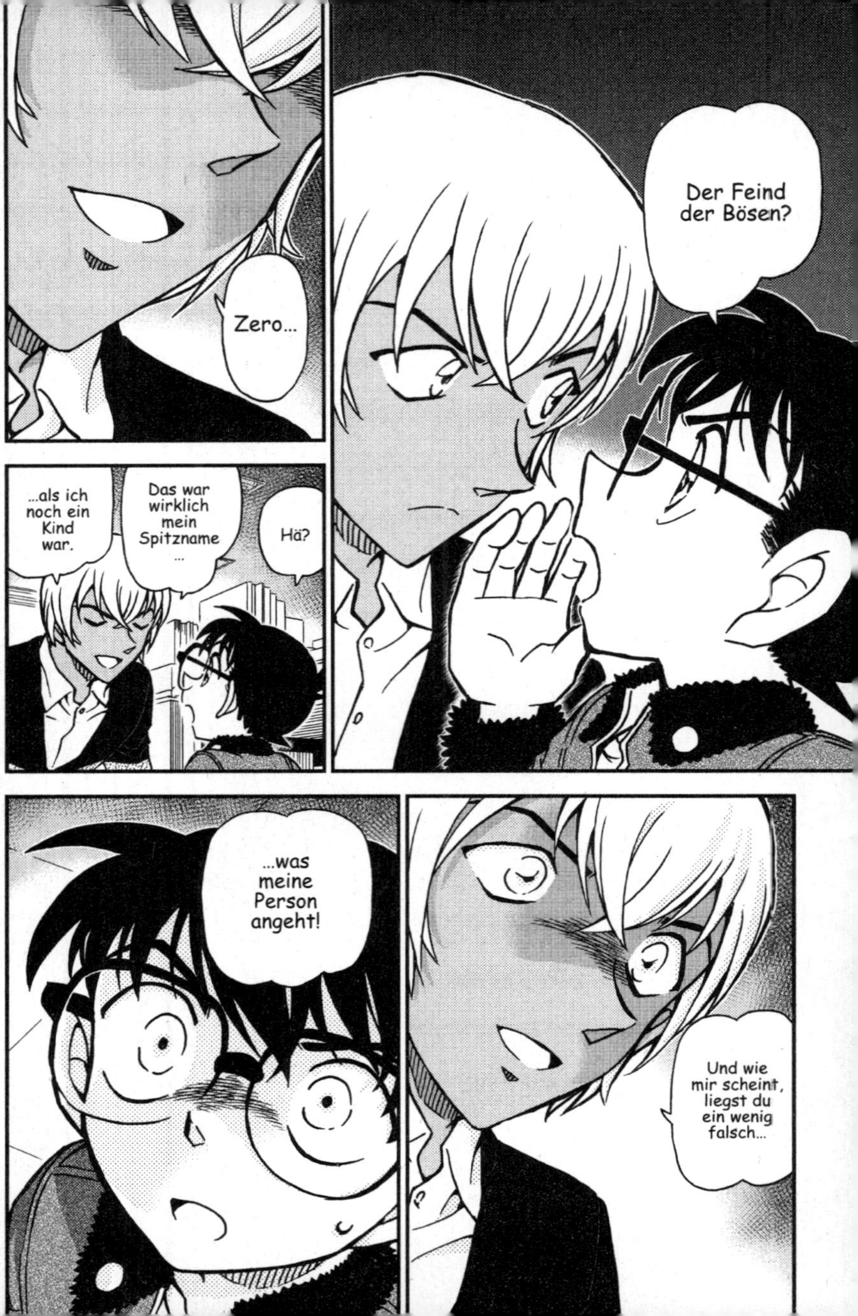

Der Feind der Bösen?

Zero...

Hä?

Das war wirklich mein Spitzname ...

...als ich noch ein Kind war.

Und wie mir scheint, liegst du ein wenig falsch...

...was meine Person angeht!

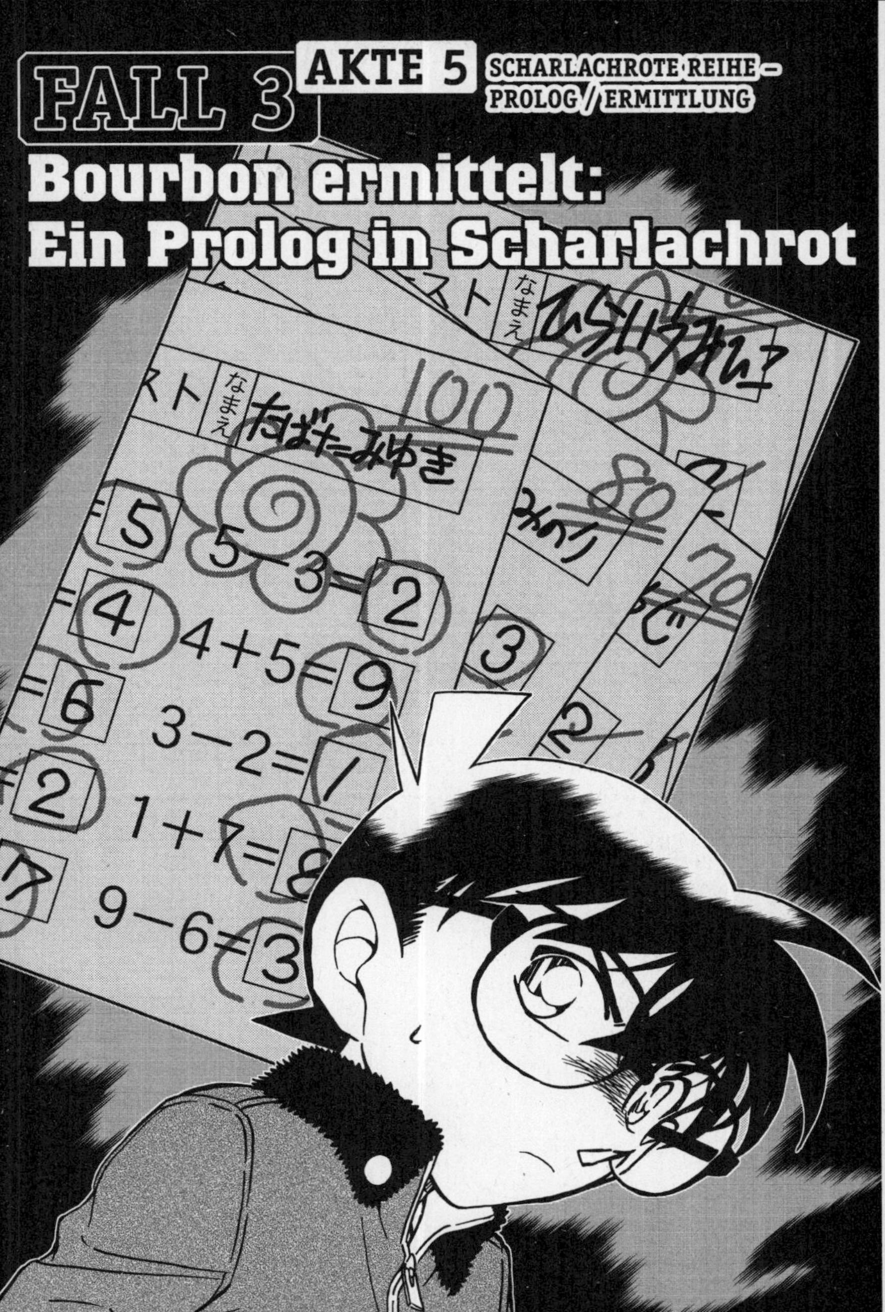
FALL 3
AKTE 5
SCHARLACHROTE REIHE – PROLOG / ERMITTLUNG
Bourbon ermittelt: Ein Prolog in Scharlachrot

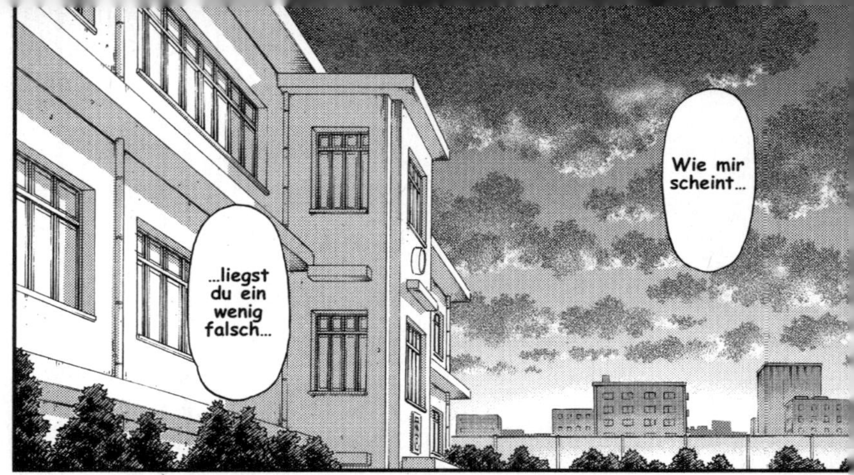
Wie mir scheint...
...liegst du ein wenig falsch...

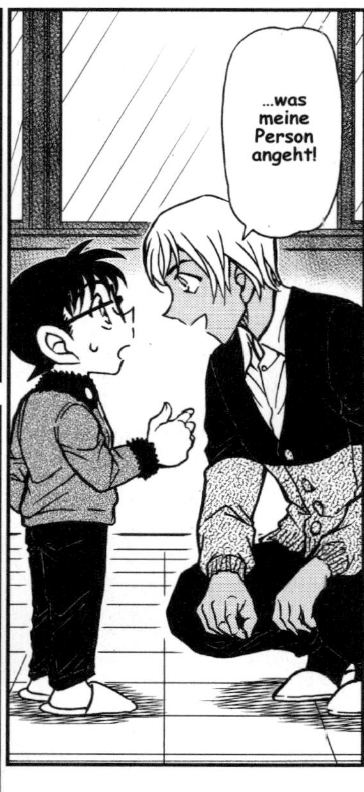
...was meine Person angeht!

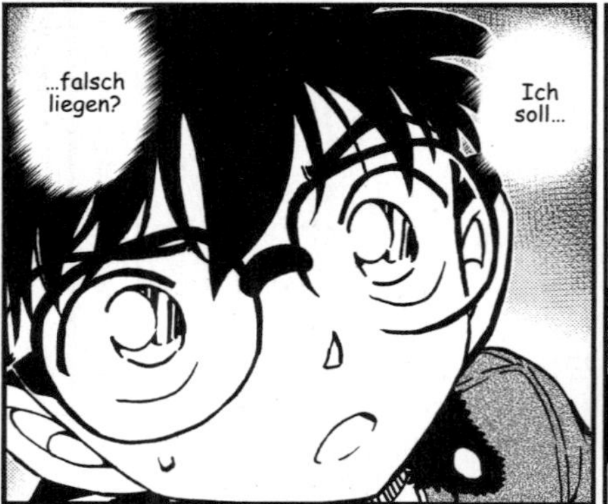
Ich soll...
...falsch liegen?

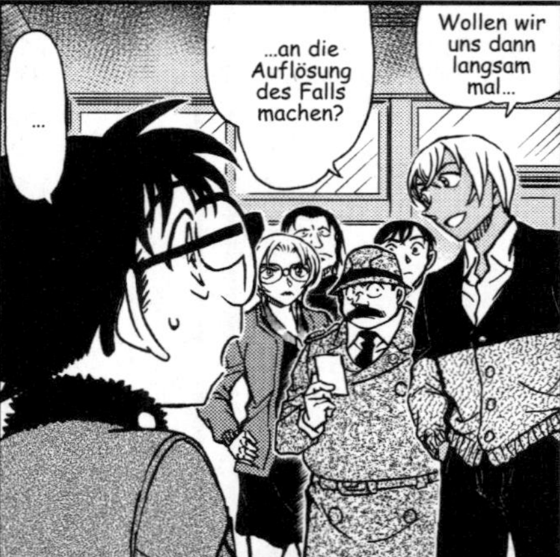
Wollen wir uns dann langsam mal...
...an die Auflösung des Falls machen?
...

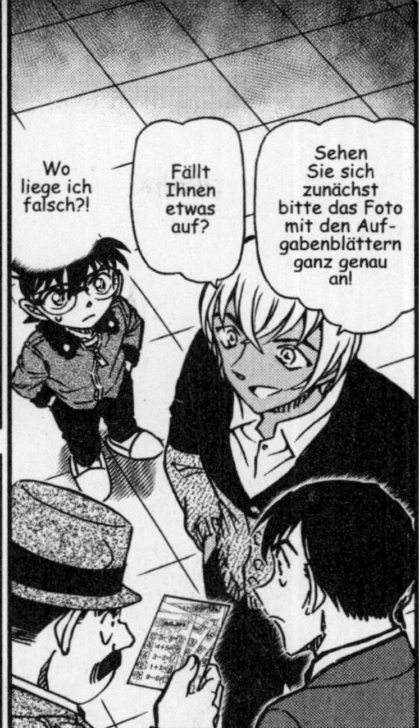
Sehen Sie sich zunächst bitte das Foto mit den Aufgabenblättern ganz genau an!
Fällt Ihnen etwas auf?
Wo liege ich falsch?!

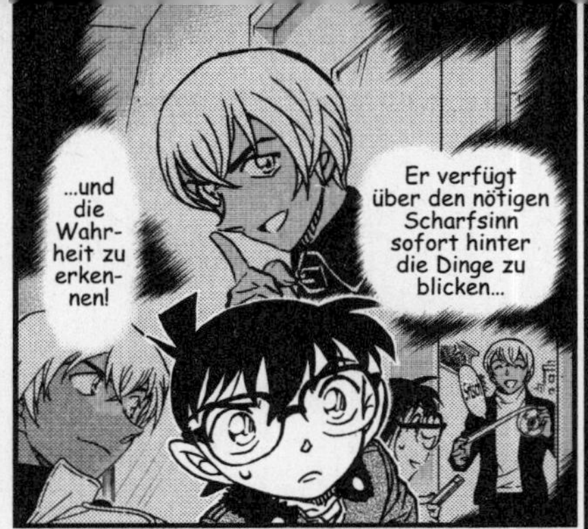
Er verfügt über den nötigen Scharfsinn sofort hinter die Dinge zu blicken...
...und die Wahrheit zu erkennen!

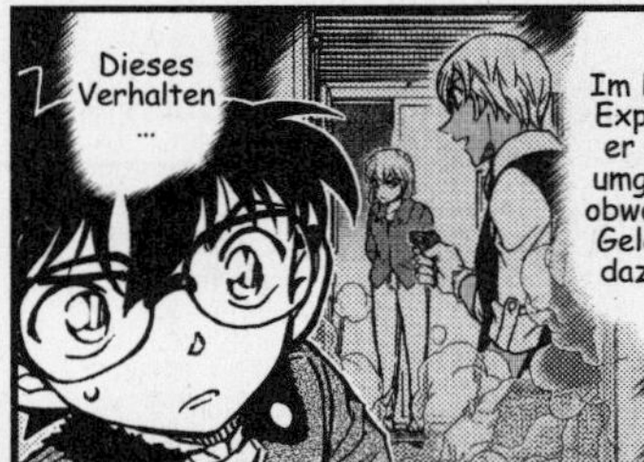
Im Bell Tree Express hat er Ai nicht umgebracht, obwohl er die Gelegenheit dazu hatte.
Dieses Verhalten ...

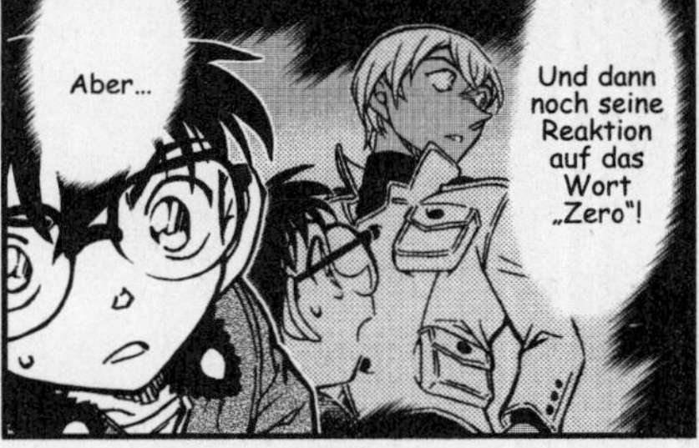
Und dann noch seine Reaktion auf das Wort „Zero“!
Aber...

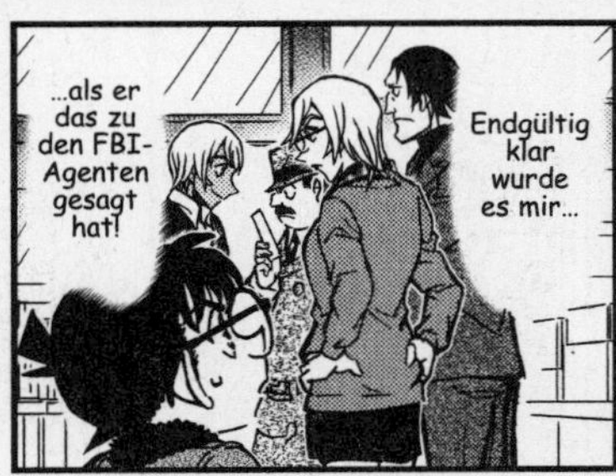
Endgültig klar wurde es mir...
...als er das zu den FBI-Agenten gesagt hat!

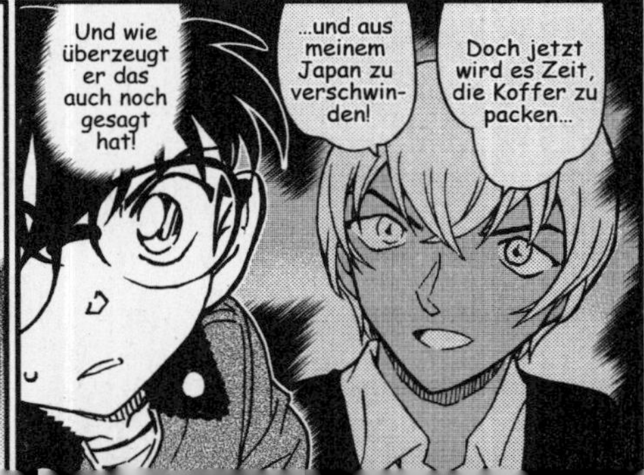
Doch jetzt wird es Zeit, die Koffer zu packen...
...und aus meinem Japan zu verschwinden!
Und wie überzeugt er das auch noch gesagt hat!

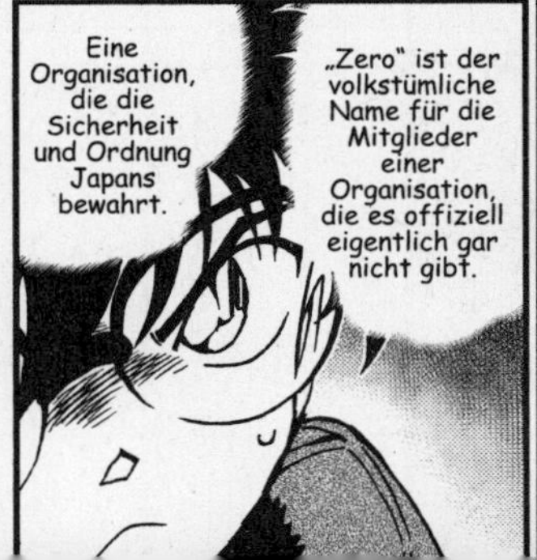
„Zero“ ist der volkstümliche Name für die Mitglieder einer Organisation, die es offiziell eigentlich gar nicht gibt.
Eine Organisation, die die Sicherheit und Ordnung Japans bewahrt.

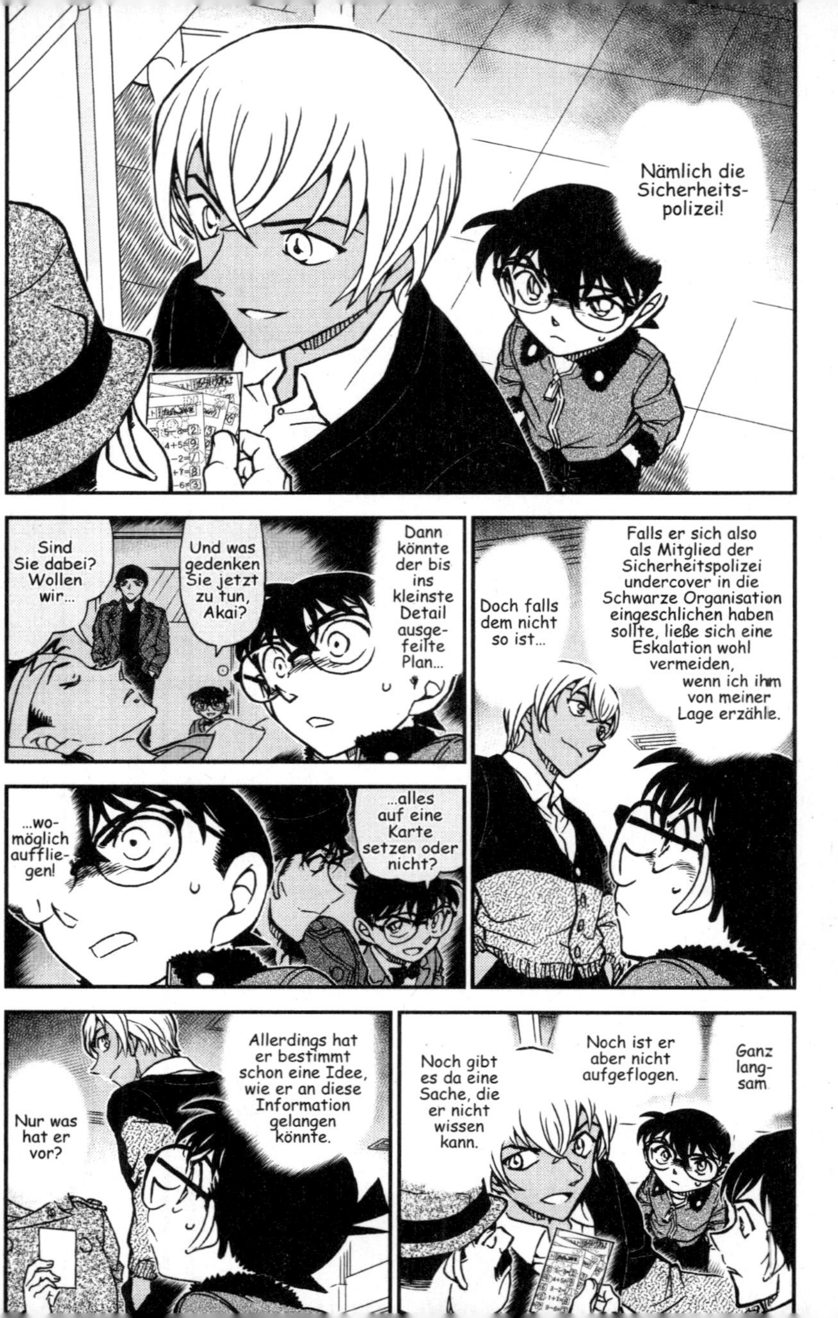

Nämlich die Sicherheits-polizei!

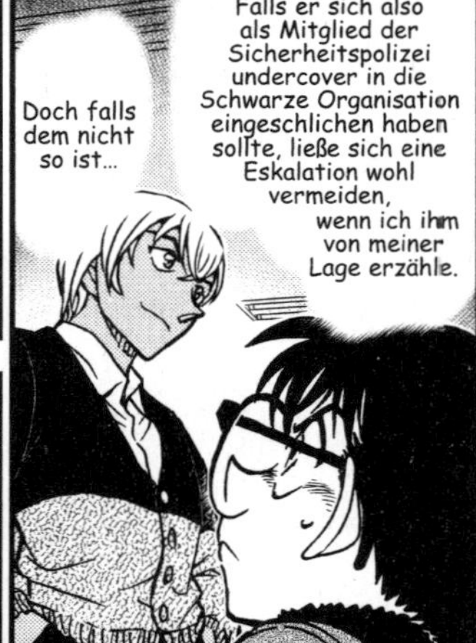

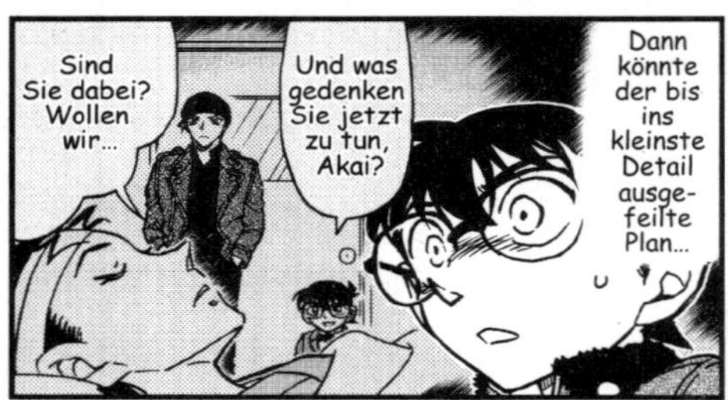

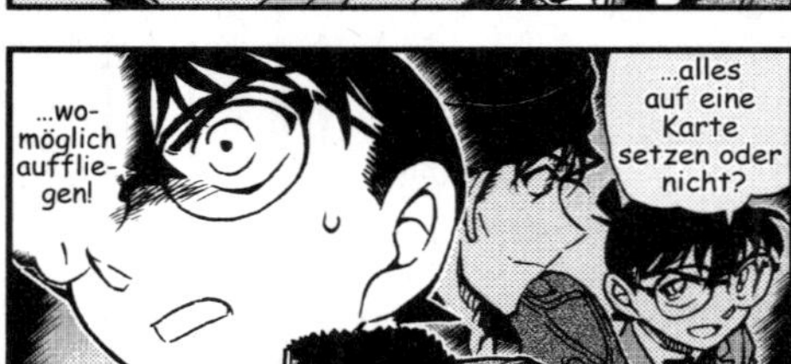

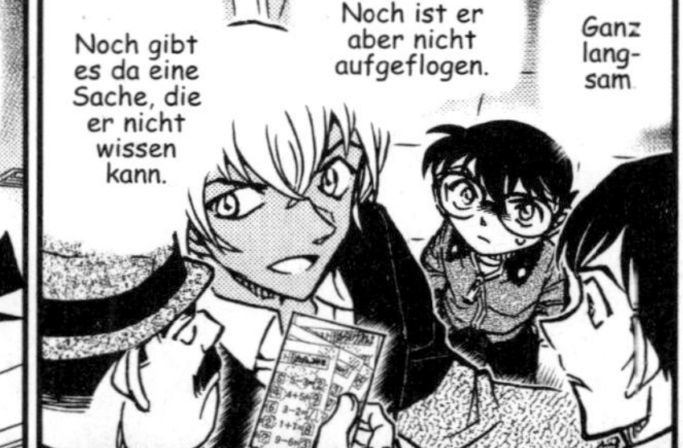

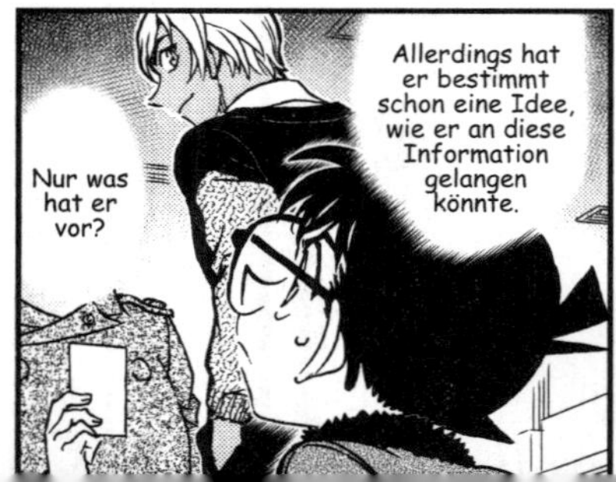

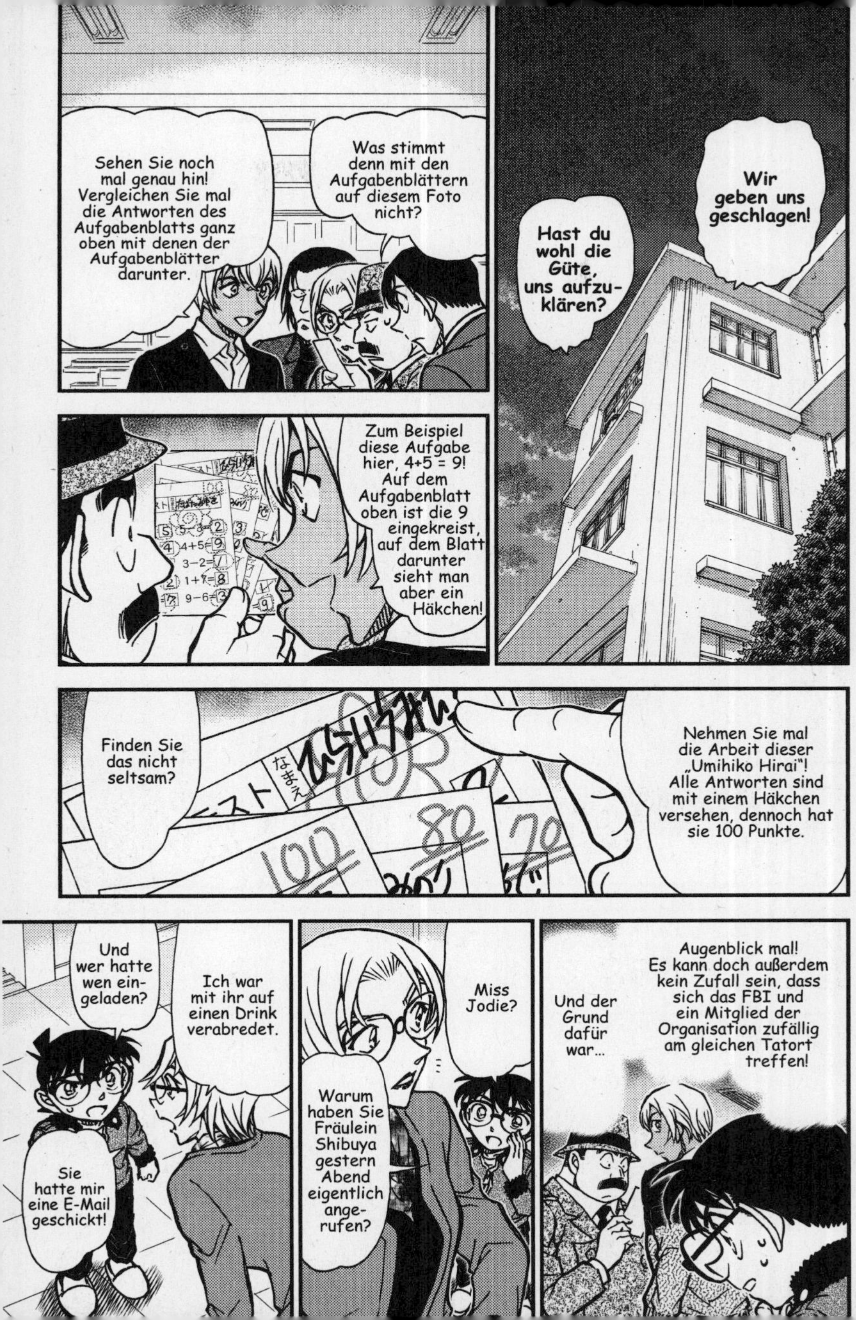

Wir geben uns geschlagen!

Hast du wohl die Güte, uns aufzuklären?

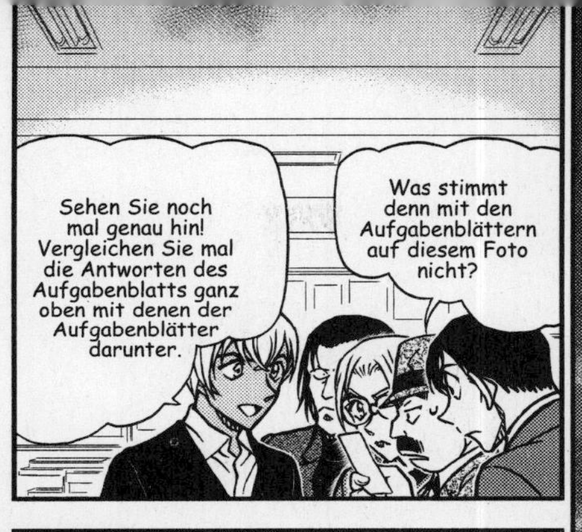

Zum Beispiel diese Aufgabe hier, 4+5 = 9! Auf dem Aufgabenblatt oben ist die 9 eingekreist, auf dem Blatt darunter sieht man aber ein Häkchen!

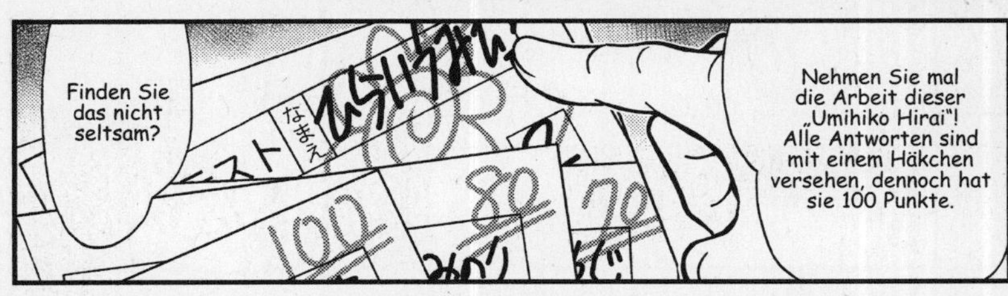

Augenblick mal! Es kann doch außerdem kein Zufall sein, dass sich das FBI und ein Mitglied der Organisation zufällig am gleichen Tatort treffen!

Und der Grund dafür war…

Miss Jodie?

Warum haben Sie Fräulein Shibuya gestern Abend eigentlich angerufen?

Ich war mit ihr auf einen Drink verabredet.

Und wer hatte wen eingeladen?

Sie hatte mir eine E-Mail geschickt!

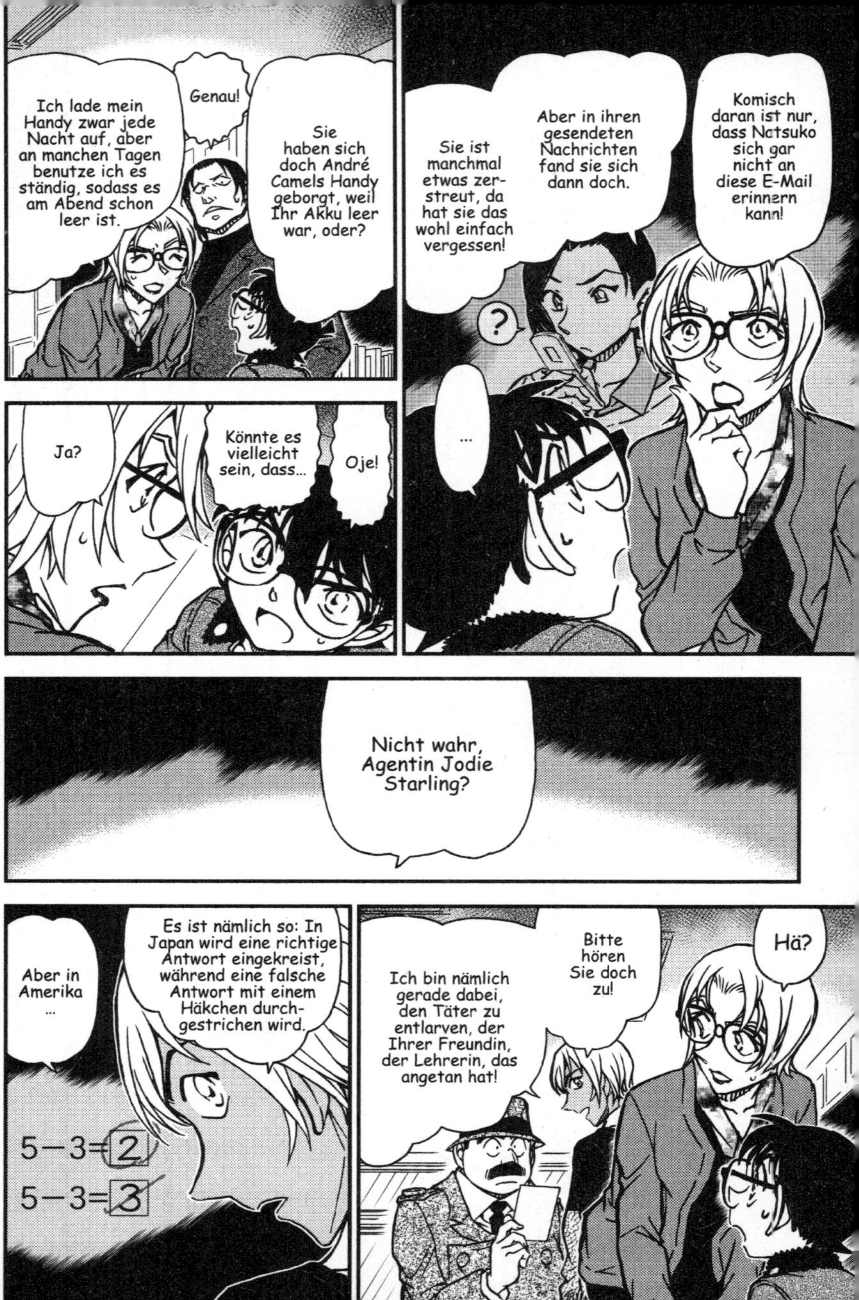

Komisch daran ist nur, dass Natsuko sich gar nicht an diese E-Mail erinnern kann!

Aber in ihren gesendeten Nachrichten fand sie sich dann doch.

Sie ist manchmal etwas zerstreut, da hat sie das wohl einfach vergessen!

?

Sie haben sich doch André Camels Handy geborgt, weil Ihr Akku leer war, oder?

Genau!

Ich lade mein Handy zwar jede Nacht auf, aber an manchen Tagen benutze ich es ständig, sodass es am Abend schon leer ist.

...

Oje!

Könnte es vielleicht sein, dass...

Ja?

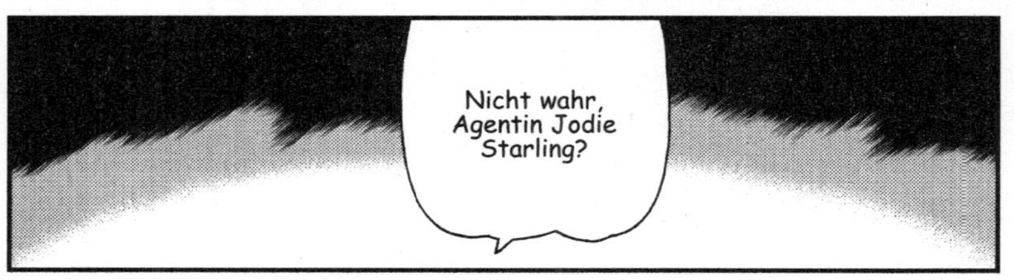

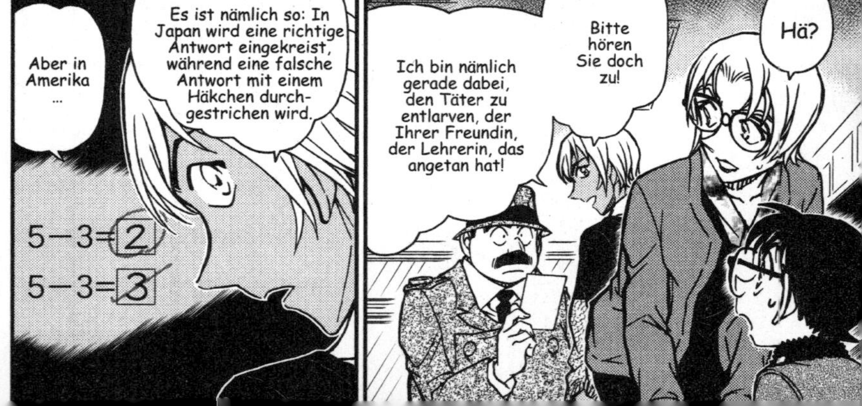

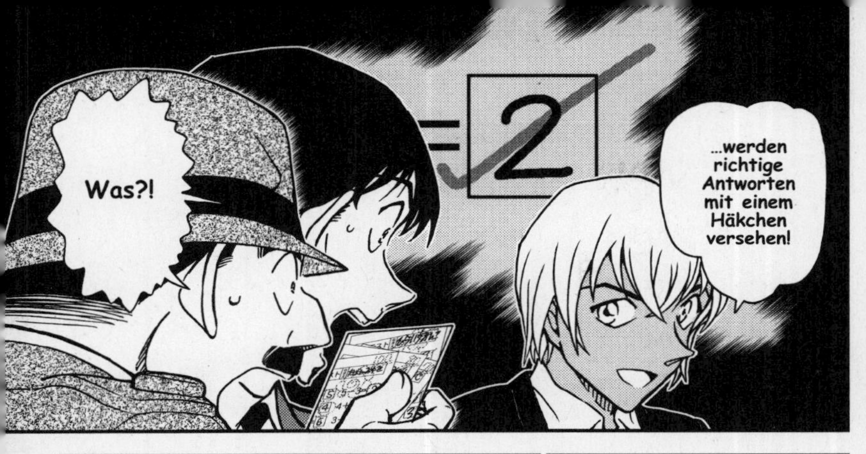

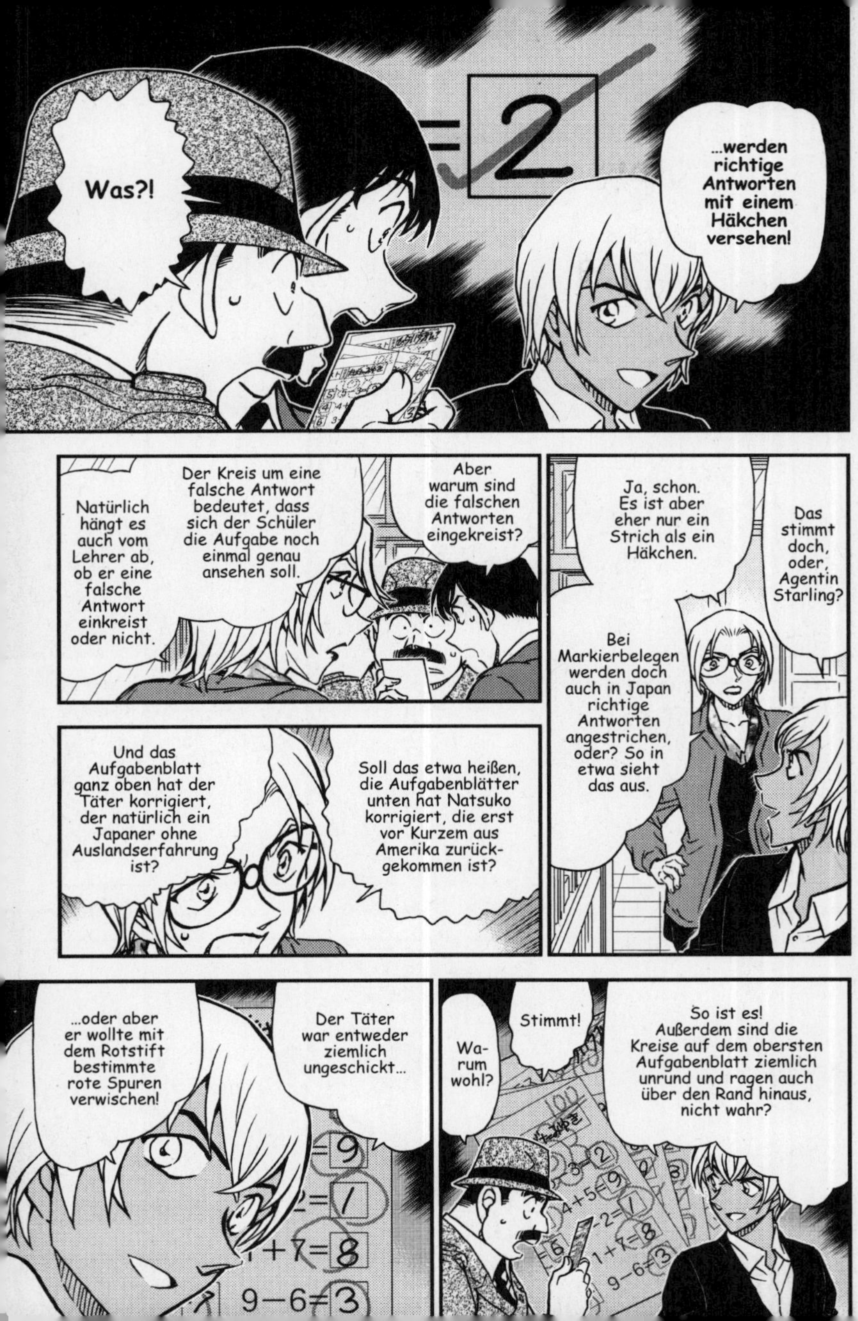

Das stimmt doch, oder, Agentin Starling?

Ja, schon. Es ist aber eher nur ein Strich als ein Häkchen.

Bei Markierbelegen werden doch auch in Japan richtige Antworten angestrichen, oder? So in etwa sieht das aus.

Aber warum sind die falschen Antworten eingekreist?

Der Kreis um eine falsche Antwort bedeutet, dass sich der Schüler die Aufgabe noch einmal genau ansehen soll.

Natürlich hängt es auch vom Lehrer ab, ob er eine falsche Antwort einkreist oder nicht.

Soll das etwa heißen, die Aufgabenblätter unten hat Natsuko korrigiert, die erst vor Kurzem aus Amerika zurückgekommen ist?

Und das Aufgabenblatt ganz oben hat der Täter korrigiert, der natürlich ein Japaner ohne Auslandserfahrung ist?

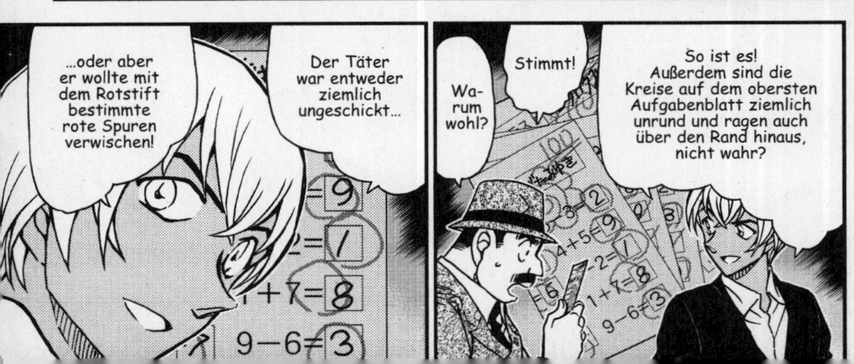

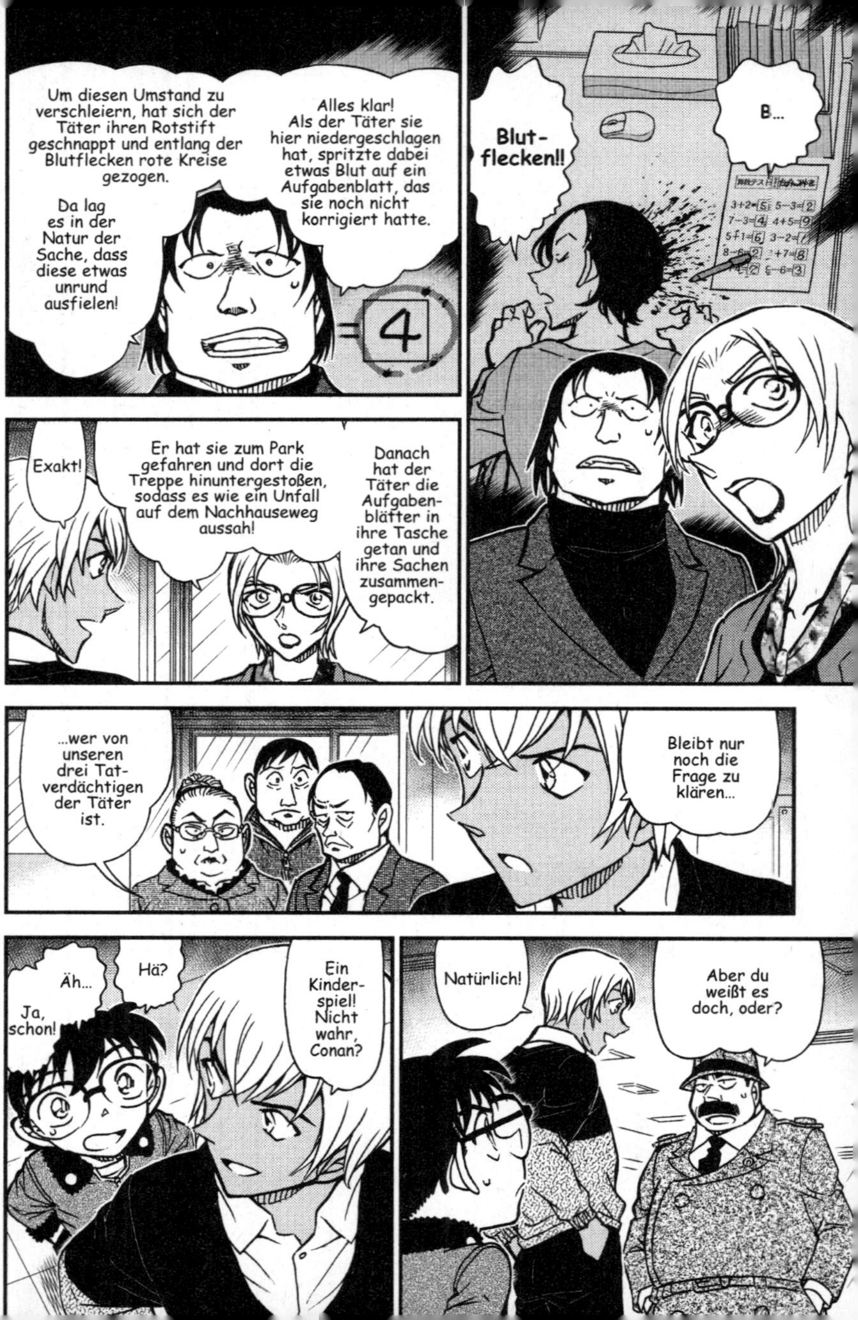

B...
Blutflecken!!
Alles klar! Als der Täter sie hier niedergeschlagen hat, spritzte dabei etwas Blut auf ein Aufgabenblatt, das sie noch nicht korrigiert hatte.
Um diesen Umstand zu verschleiern, hat sich der Täter ihren Rotstift geschnappt und entlang der Blutflecken rote Kreise gezogen.
Da lag es in der Natur der Sache, dass diese etwas unrund ausfielen!
Danach hat der Täter die Aufgabenblätter in ihre Tasche getan und ihre Sachen zusammengepackt.
Er hat sie zum Park gefahren und dort die Treppe hinuntergestoßen, sodass es wie ein Unfall auf dem Nachhauseweg aussah!
Exakt!

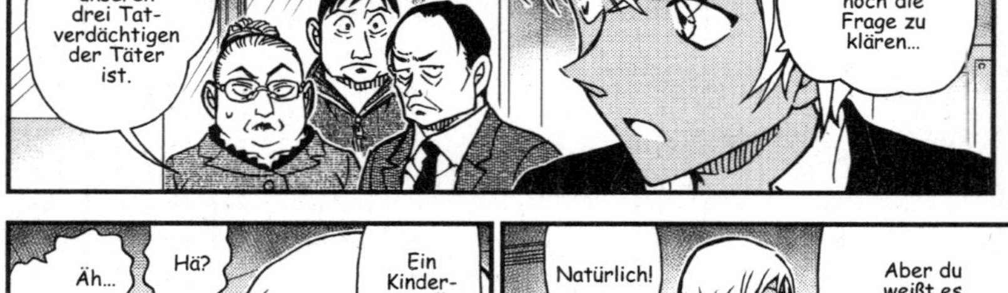

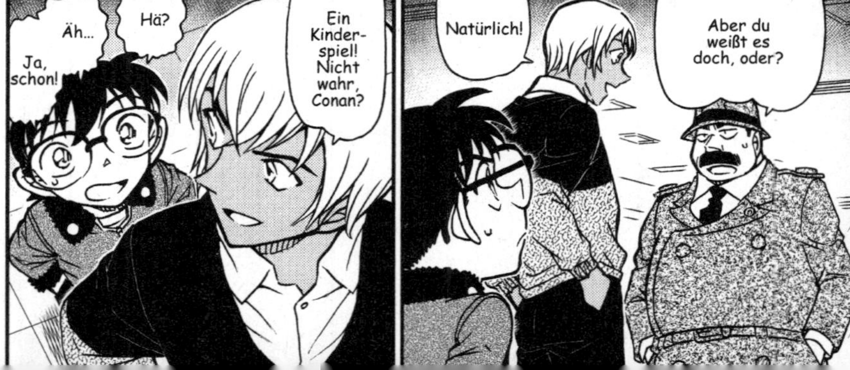

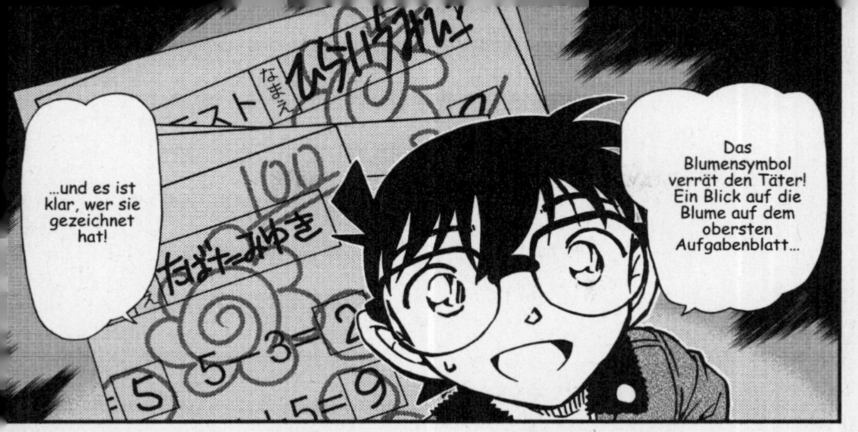

Das Blumensymbol verrät den Täter! Ein Blick auf die Blume auf dem obersten Aufgabenblatt...
...und es ist klar, wer sie gezeichnet hat!

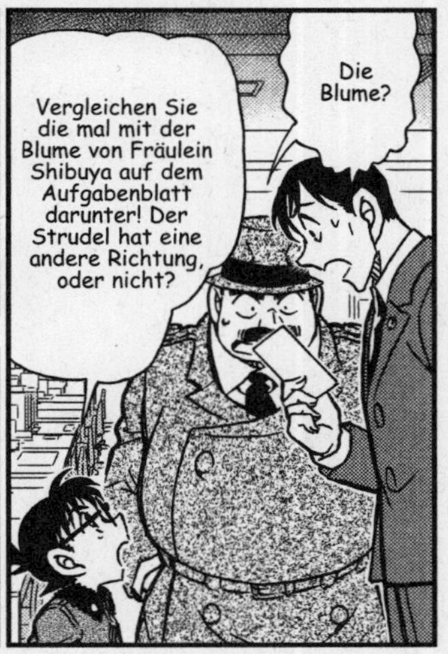

Die Blume?
Vergleichen Sie die mal mit der Blume von Fräulein Shibuya auf dem Aufgabenblatt darunter! Der Strudel hat eine andere Richtung, oder nicht?

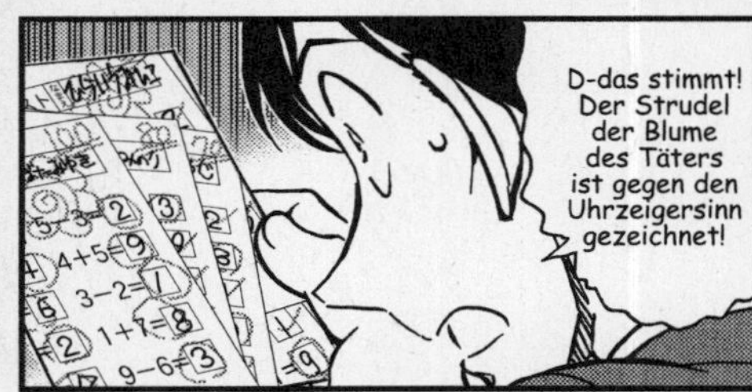

D-das stimmt! Der Strudel der Blume des Täters ist gegen den Uhrzeigersinn gezeichnet!

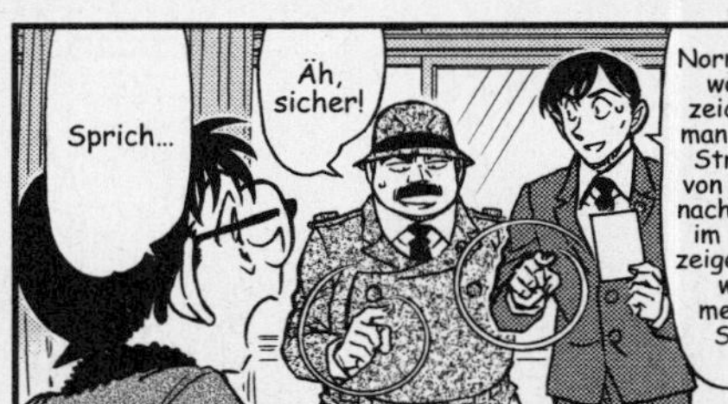

Normalerweise zeichnet man einen Strudel von außen nach innen im Uhrzeigersinn, was meinen Sie?
Äh, sicher!
Sprich...

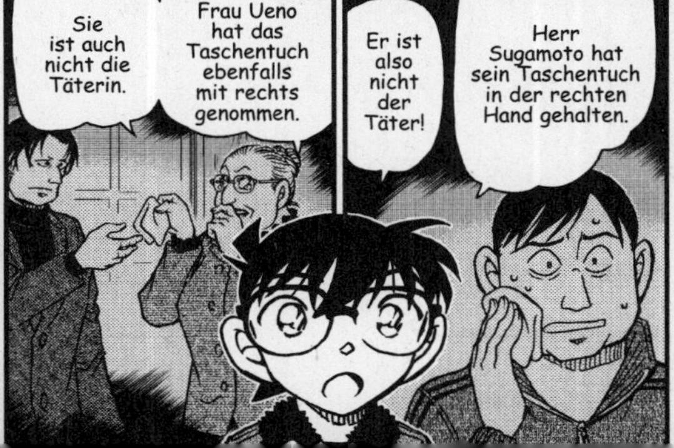

Herr Sugamoto hat sein Taschentuch in der rechten Hand gehalten.
Er ist also nicht der Täter!
Frau Ueno hat das Taschentuch ebenfalls mit rechts genommen.
Sie ist auch nicht die Täterin.

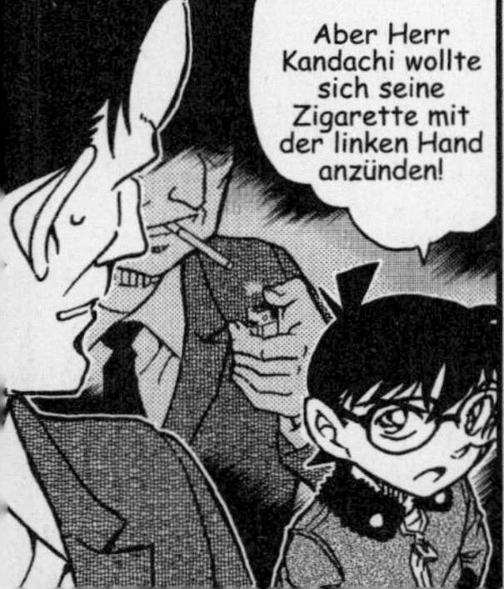

Aber Herr Kandachi wollte sich seine Zigarette mit der linken Hand anzünden!

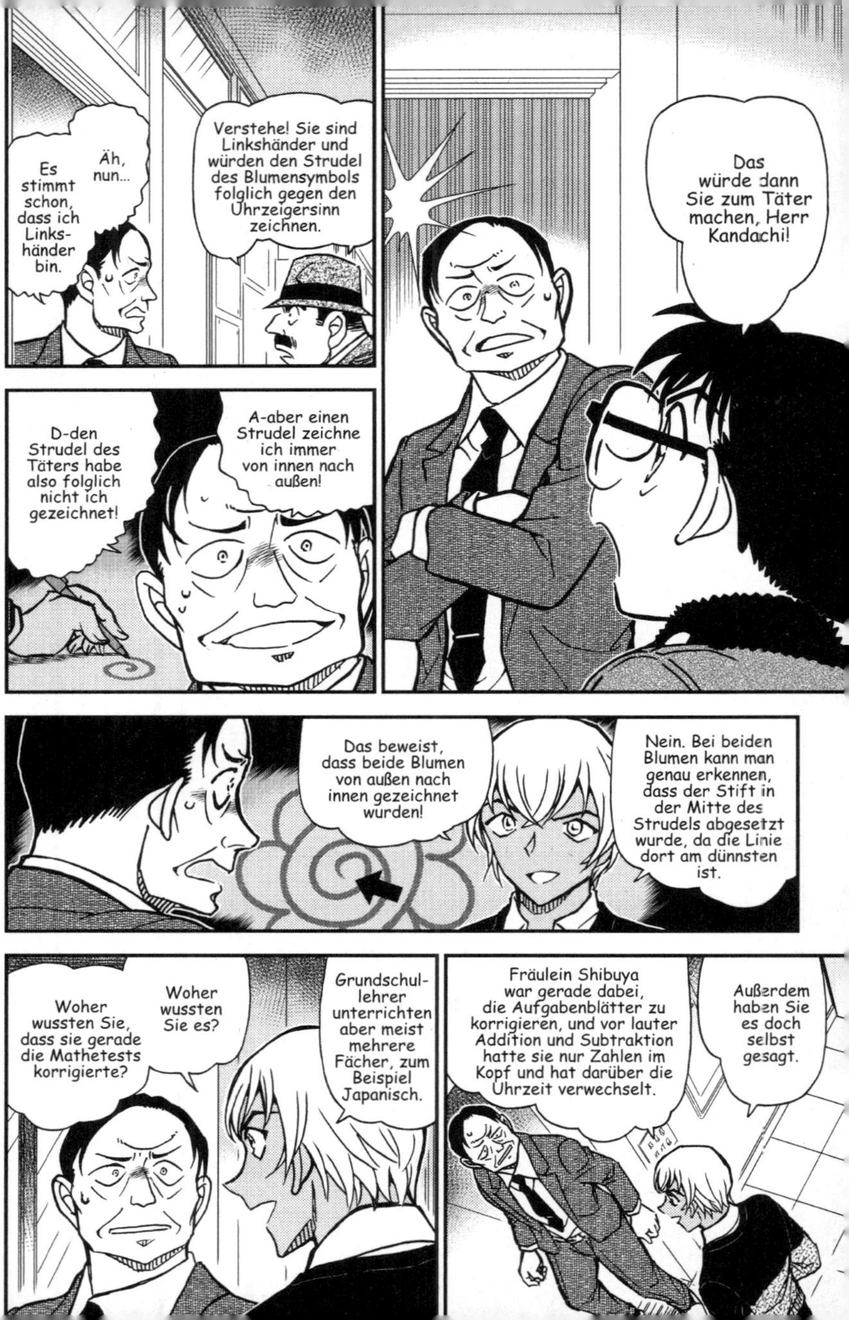

Das würde dann Sie zum Täter machen, Herr Kandachi!
Verstehe! Sie sind Linkshänder und würden den Strudel des Blumensymbols folglich gegen den Uhrzeigersinn zeichnen.
Äh, nun...
Es stimmt schon, dass ich Linkshänder bin.
A-aber einen Strudel zeichne ich immer von innen nach außen!
D-den Strudel des Täters habe also folglich nicht ich gezeichnet!

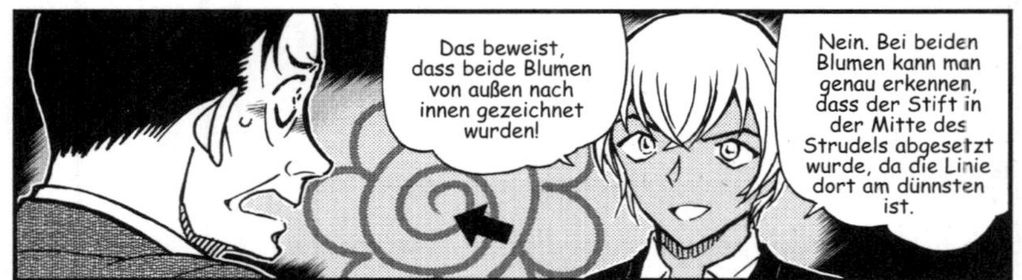

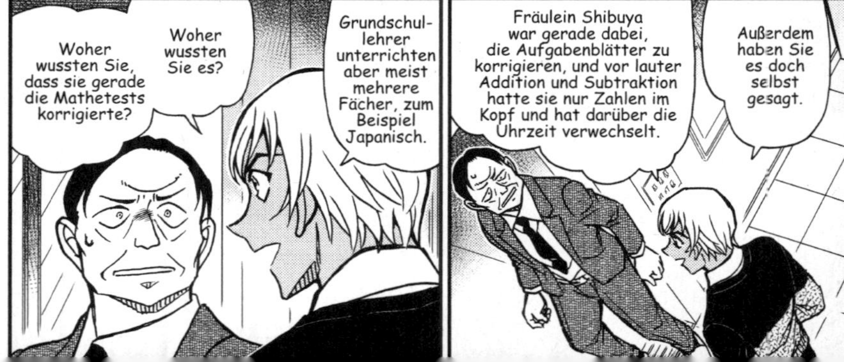

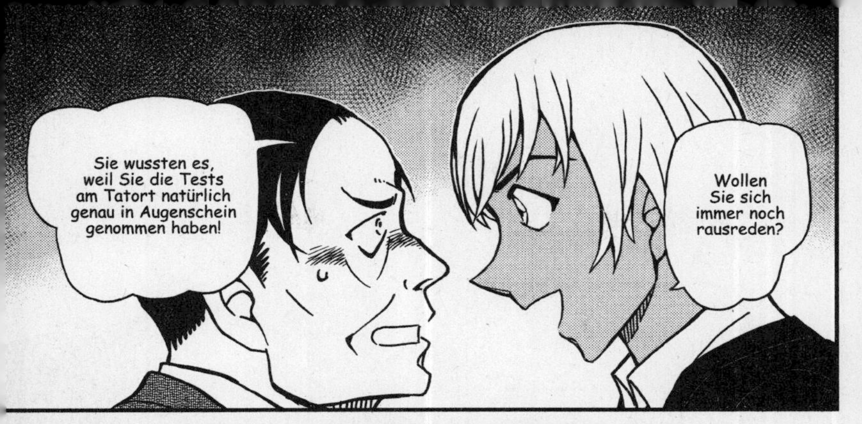
Wollen Sie sich immer noch rausreden?
Sie wussten es, weil Sie die Tests am Tatort natürlich genau in Augenschein genommen haben!

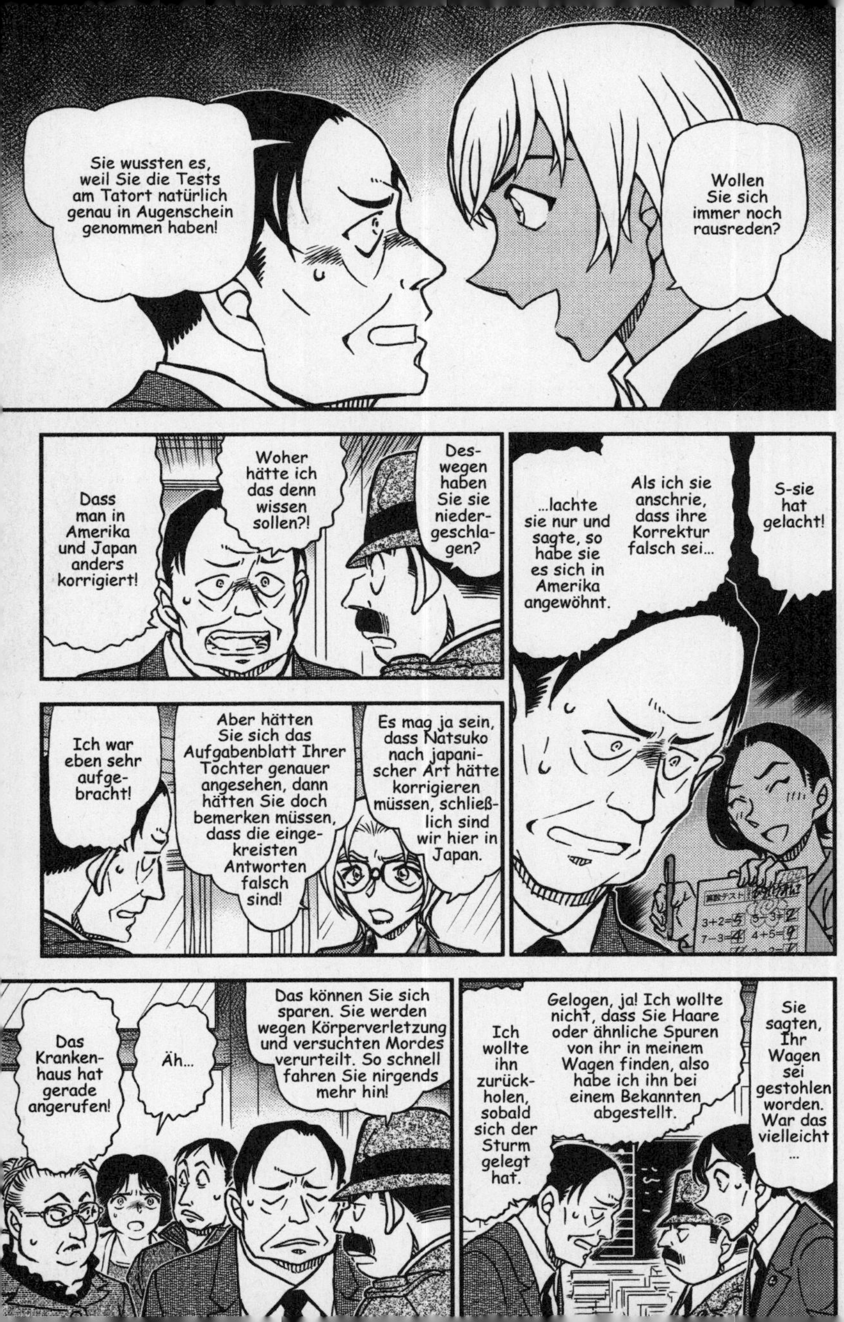

S-sie hat gelacht!
Als ich sie anschrie, dass ihre Korrektur falsch sei...
...lachte sie nur und sagte, so habe sie es sich in Amerika angewöhnt.
Deswegen haben Sie sie niedergeschlagen?
Woher hätte ich das denn wissen sollen?!
Dass man in Amerika und Japan anders korrigiert!
Es mag ja sein, dass Natsuko nach japanischer Art hätte korrigieren müssen, schließlich sind wir hier in Japan.
Aber hätten Sie sich das Aufgabenblatt Ihrer Tochter genauer angesehen, dann hätten Sie doch bemerken müssen, dass die eingekreisten Antworten falsch sind!
Ich war eben sehr aufgebracht!

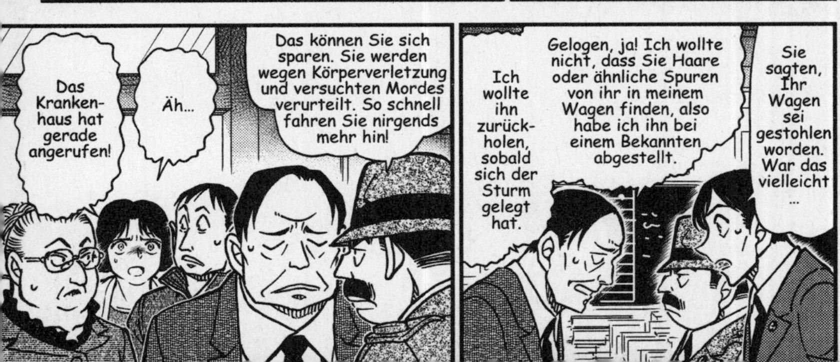
Sie sagten, Ihr Wagen sei gestohlen worden. War das vielleicht ...
Gelogen, ja! Ich wollte nicht, dass Sie Haare oder ähnliche Spuren von ihr in meinem Wagen finden, also habe ich ihn bei einem Bekannten abgestellt.
Ich wollte ihn zurückholen, sobald sich der Sturm gelegt hat.
Das können Sie sich sparen. Sie werden wegen Körperverletzung und versuchten Mordes verurteilt. So schnell fahren Sie nirgends mehr hin!
Äh...
Das Krankenhaus hat gerade angerufen!

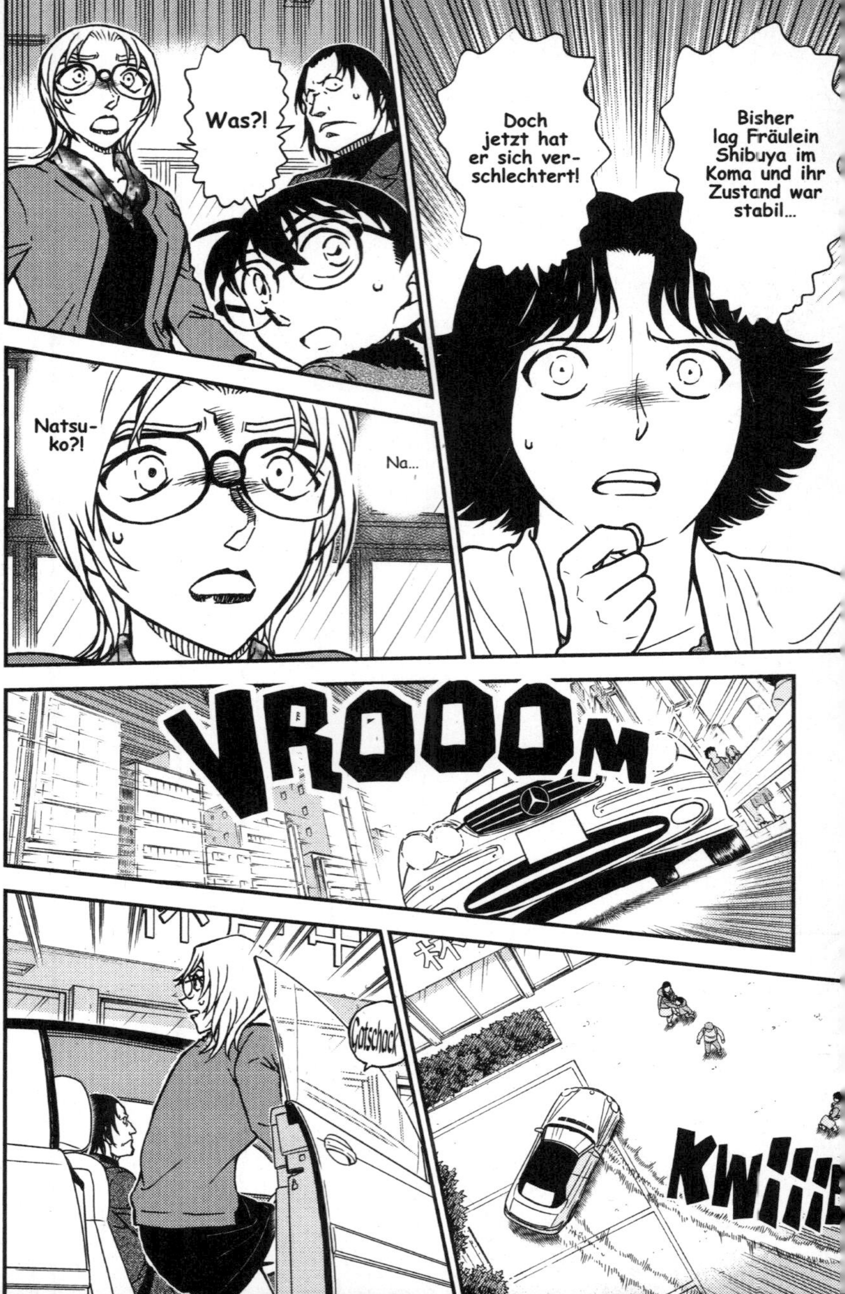

Bisher lag Fräulein Shibuya im Koma und ihr Zustand war stabil...

Doch jetzt hat er sich verschlechtert!

Was?!

Na...

Natsuko?!

VROOOM

KWIIIE

Gatschack

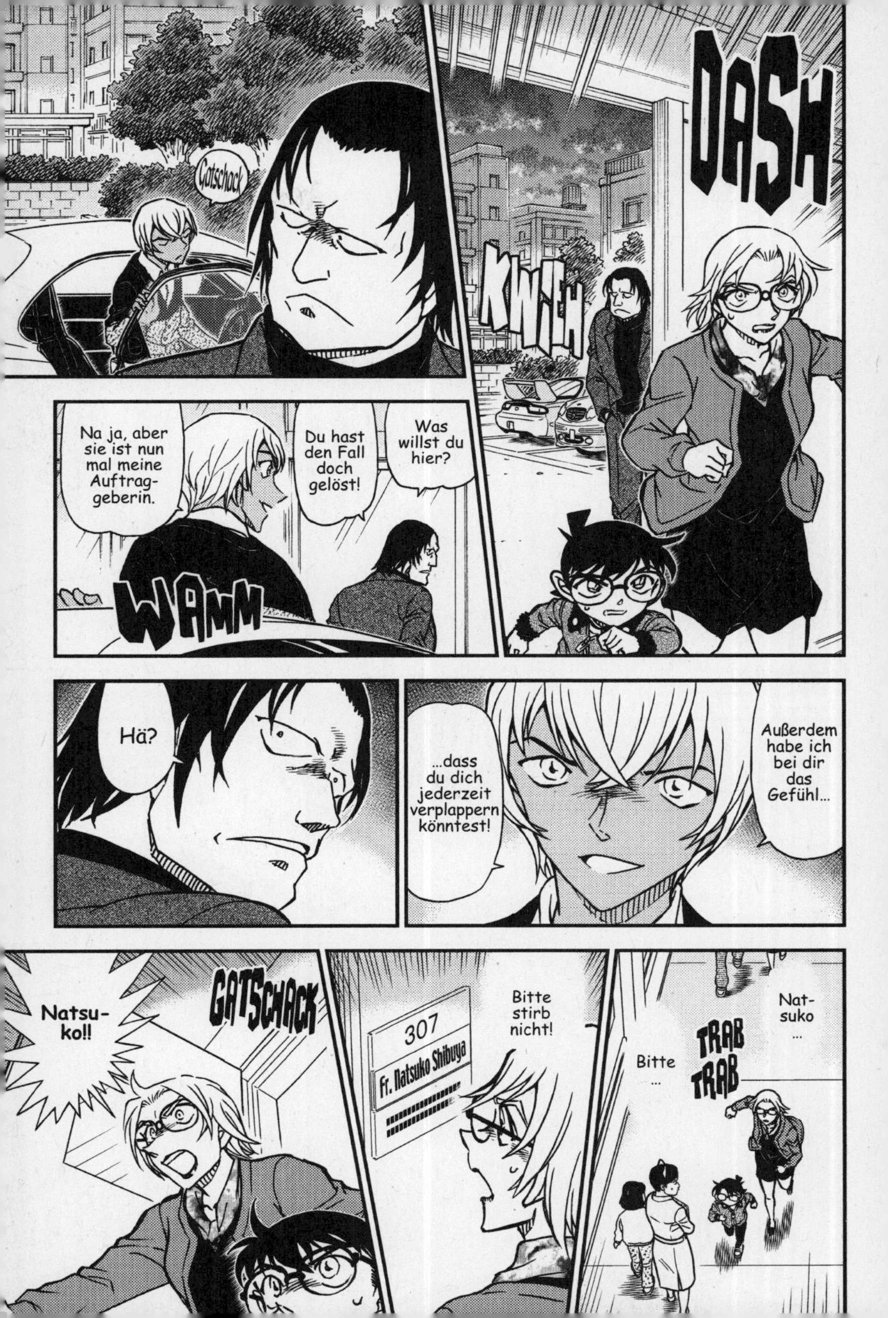

DASH
KNIEH
Gatschack
Was willst du hier?
Du hast den Fall doch gelöst!
Na ja, aber sie ist nun mal meine Auftraggeberin.
WAMM

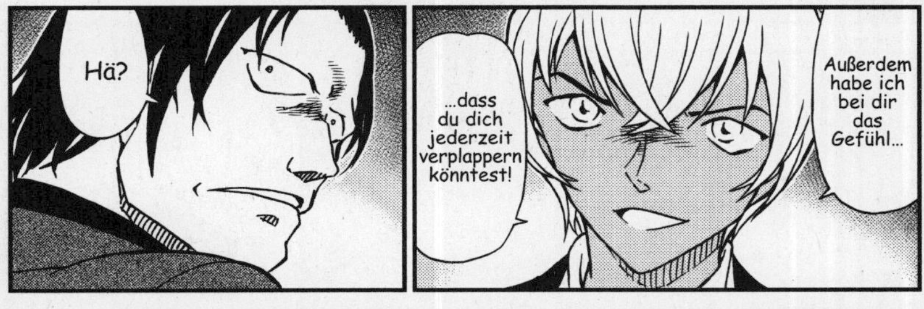

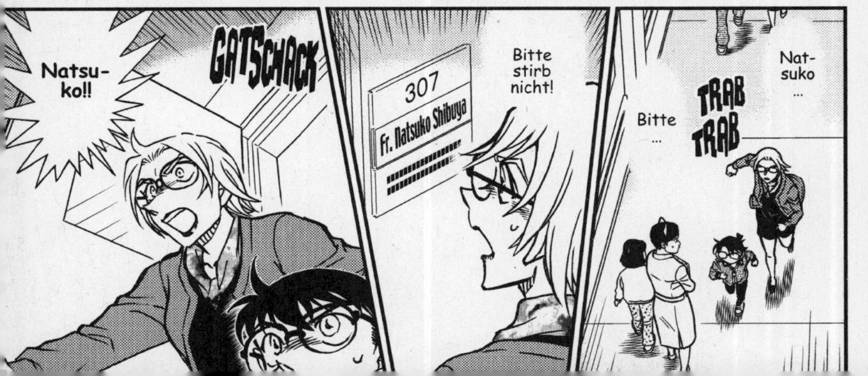

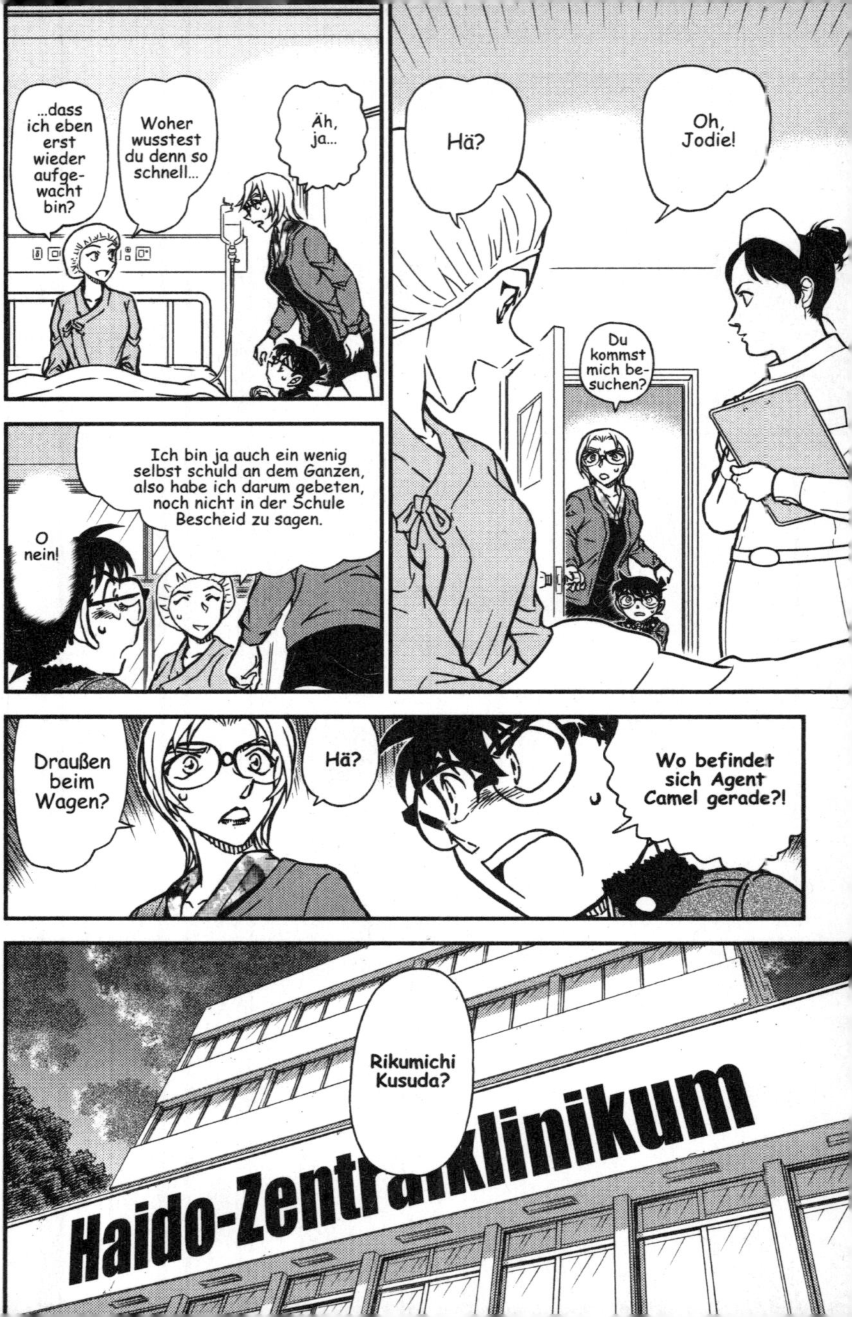

Oh, Jodie!

Hä?

Du kommst mich besuchen?

Äh, ja...

Woher wusstest du denn so schnell...

...dass ich eben erst wieder aufgewacht bin?

Ich bin ja auch ein wenig selbst schuld an dem Ganzen, also habe ich darum gebeten, noch nicht in der Schule Bescheid zu sagen.

O nein!

Wo befindet sich Agent Camel gerade?!

Hä?

Draußen beim Wagen?

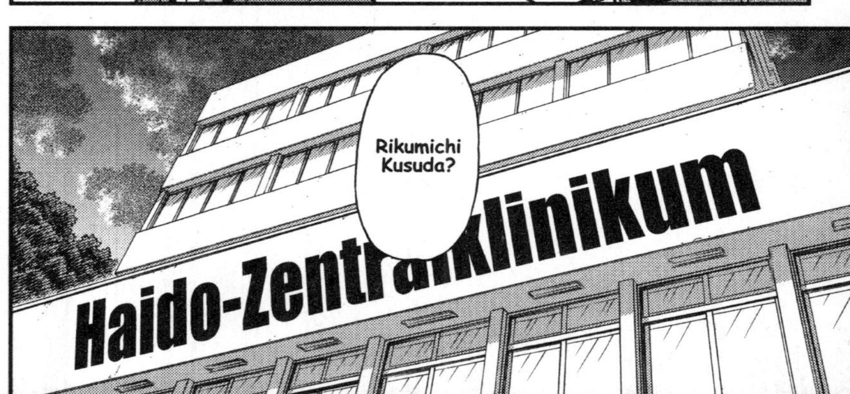

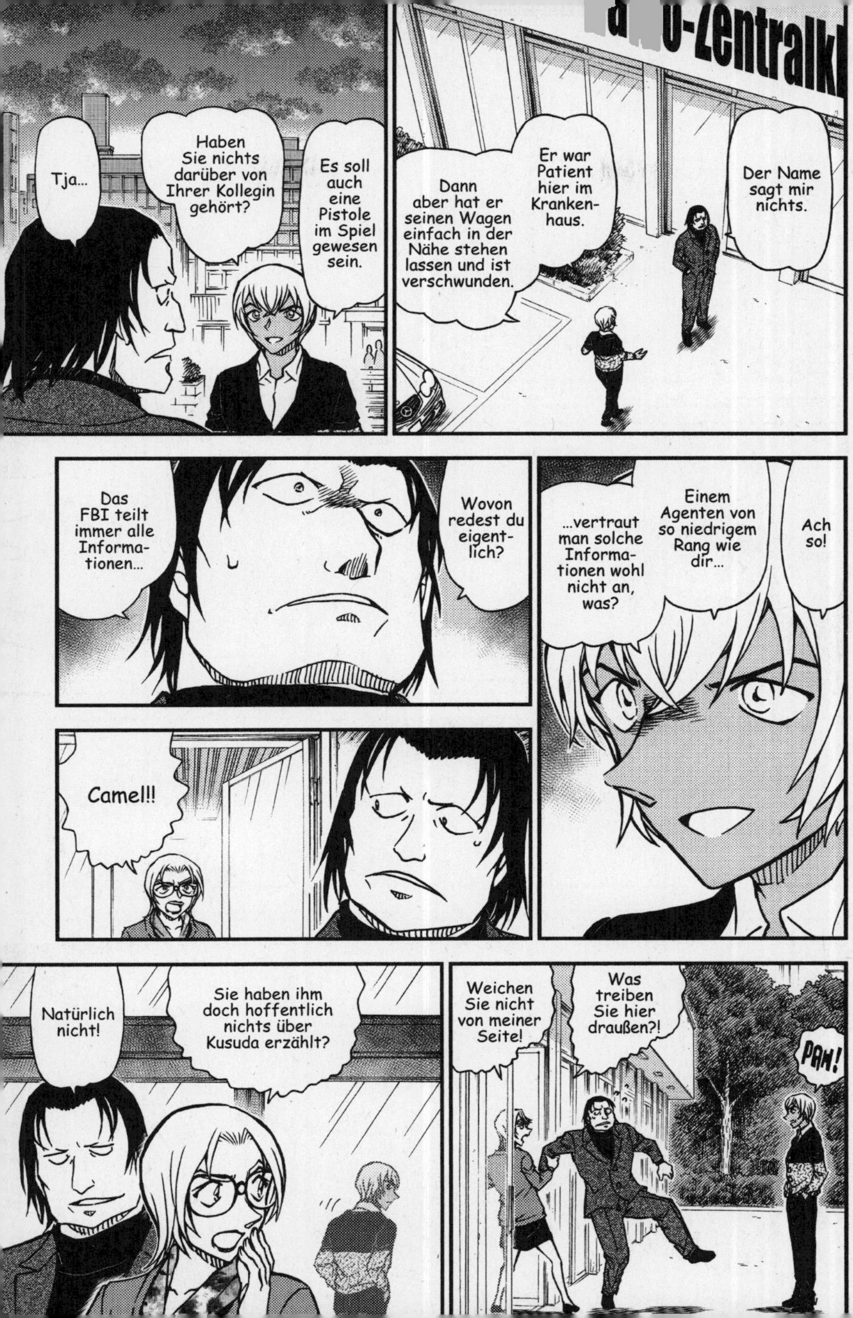

Der Name sagt mir nichts.
Er war Patient hier im Krankenhaus.
Dann aber hat er seinen Wagen einfach in der Nähe stehen lassen und ist verschwunden.
Es soll auch eine Pistole im Spiel gewesen sein.
Haben Sie nichts darüber von Ihrer Kollegin gehört?
Tja...
Ach so!
Einem Agenten von so niedrigem Rang wie dir...
...vertraut man solche Informationen wohl nicht an, was?
Wovon redest du eigentlich?
Das FBI teilt immer alle Informationen...
Camel!!

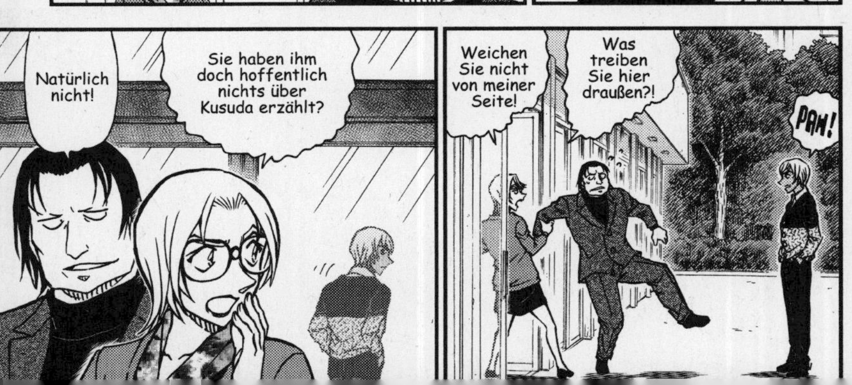

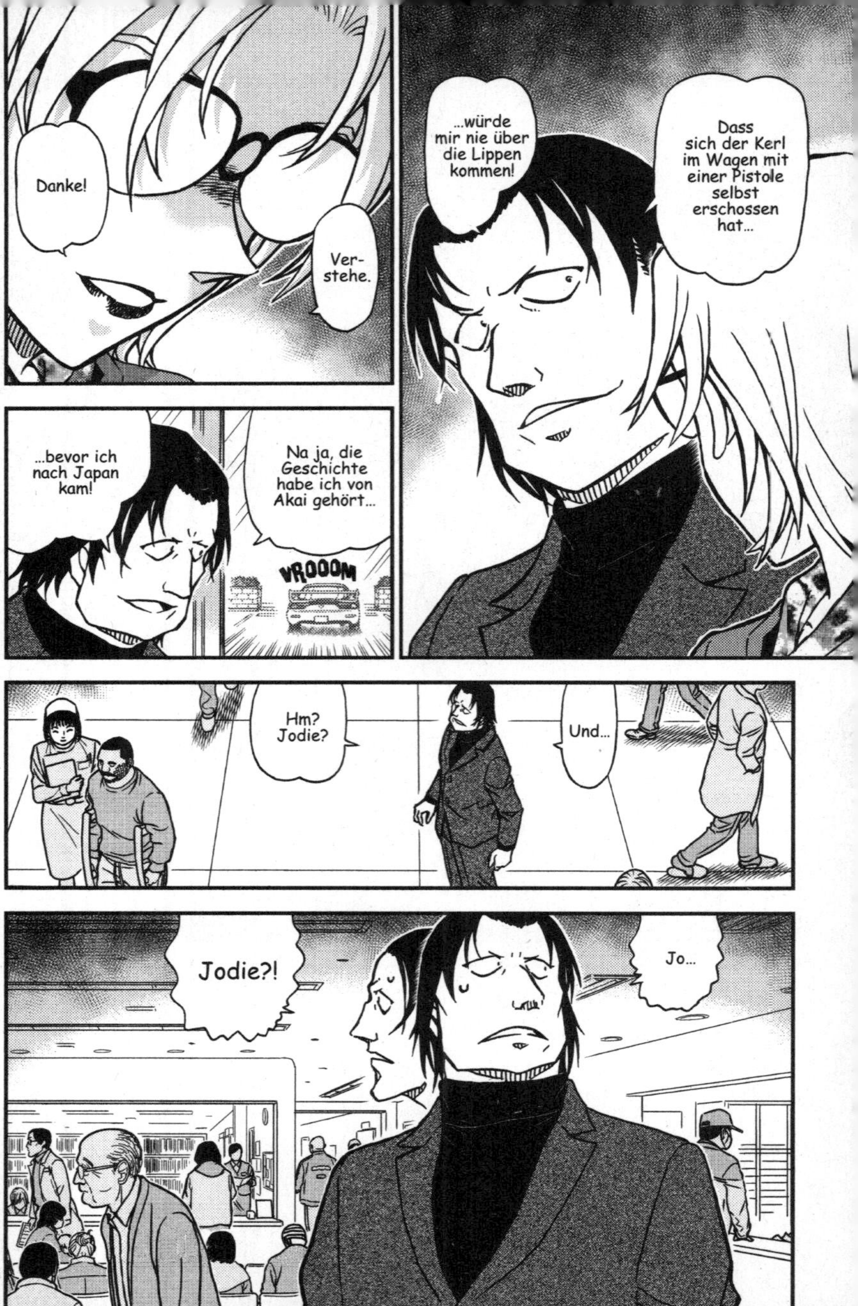

Dass sich der Kerl im Wagen mit einer Pistole selbst erschossen hat...

...würde mir nie über die Lippen kommen!

Ver-stehe.

Danke!

Na ja, die Geschichte habe ich von Akai gehört...

...bevor ich nach Japan kam!

VROOOM

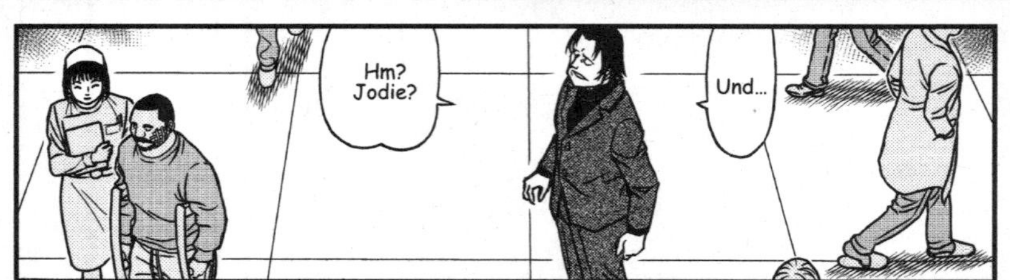

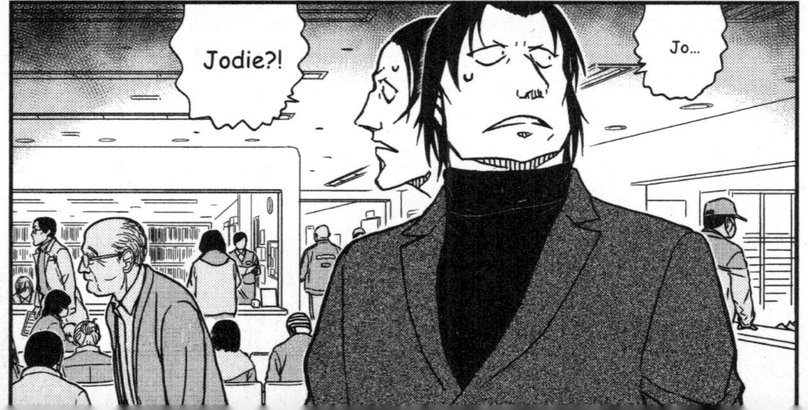

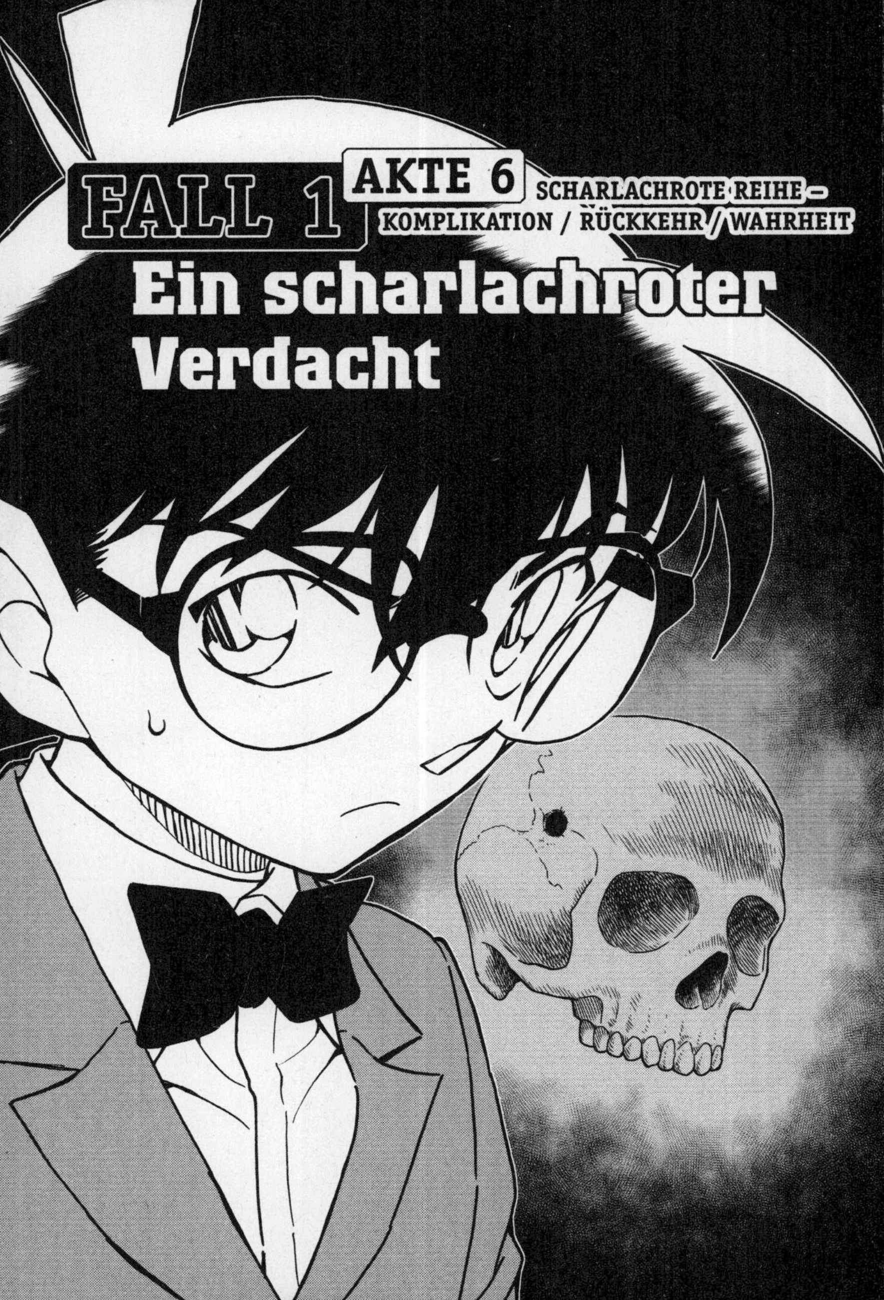
FALL 1
AKTE 6
SCHARLACHROTE REIHE –
KOMPLIKATION / RÜCKKEHR / WAHRHEIT
Ein scharlachroter
Verdacht

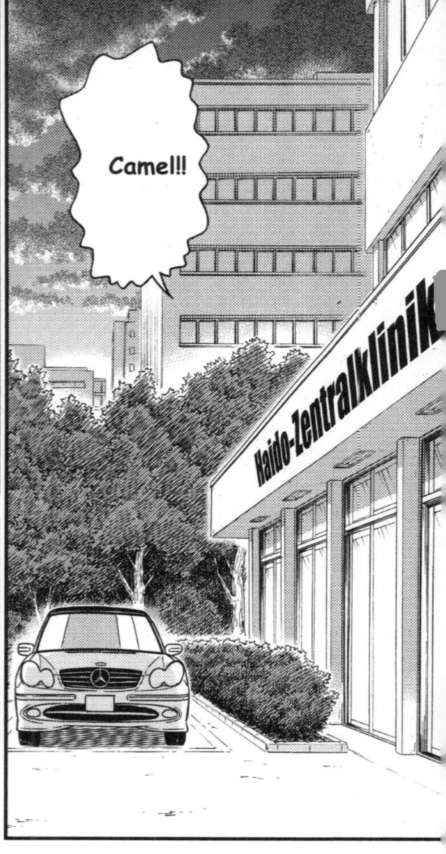
Camel!!
Haido-Zentralklinik

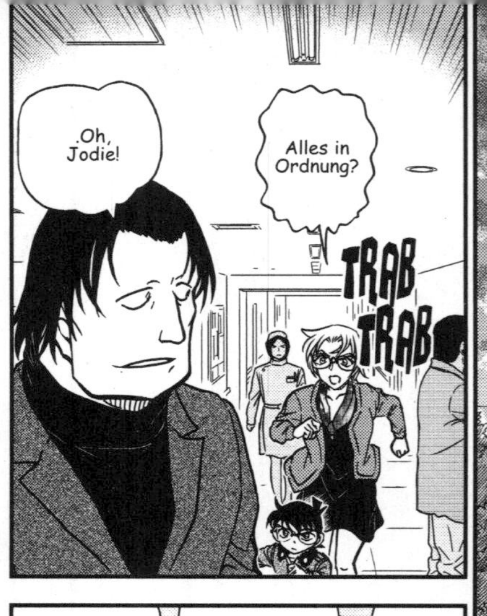
Alles in Ordnung?
TRAB TRAB
Oh, Jodie!

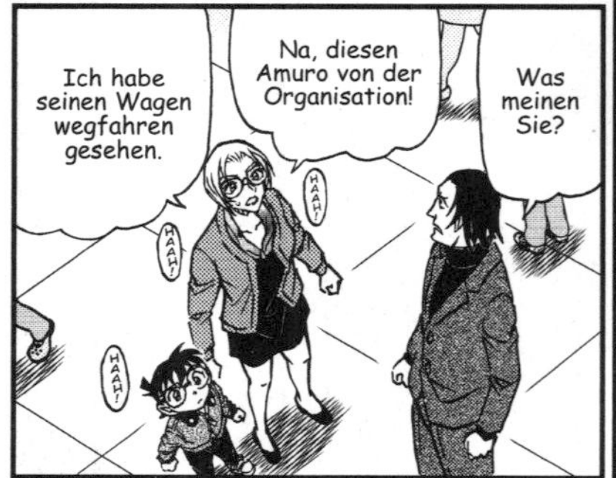
Was meinen Sie?
Na, diesen Amuro von der Organisation!
HAAH!
Ich habe seinen Wagen wegfahren gesehen.
HAAH!
HAAH!

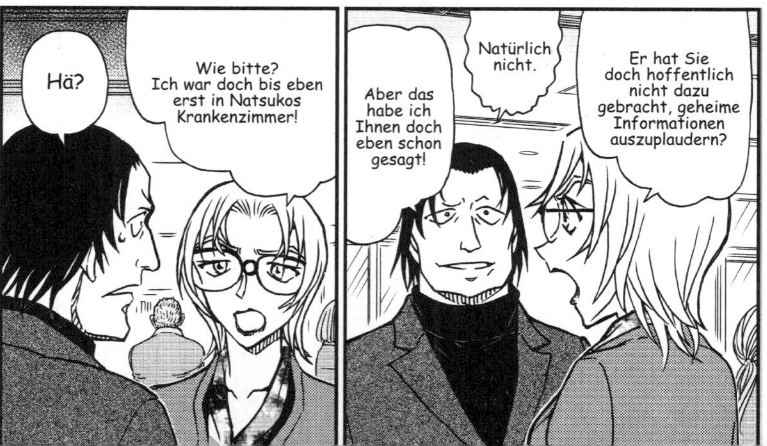
Er hat Sie doch hoffentlich nicht dazu gebracht, geheime Informationen auszuplaudern?
Natürlich nicht.
Aber das habe ich Ihnen doch eben schon gesagt!
Wie bitte? Ich war doch bis eben erst in Natsukos Krankenzimmer!
Hä?

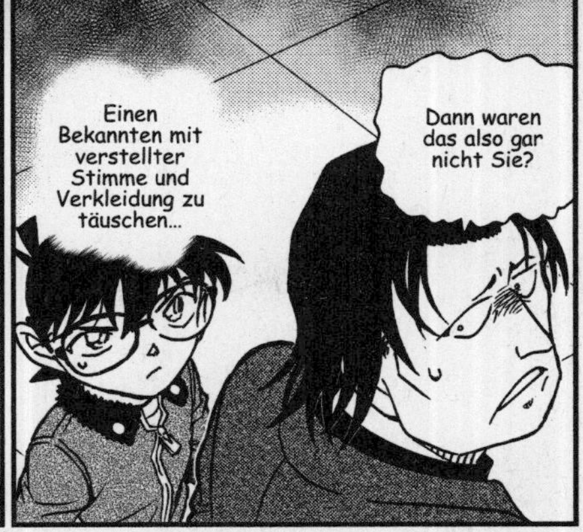

Dann waren das also gar nicht Sie?
Einen Bekannten mit verstellter Stimme und Verkleidung zu täuschen…

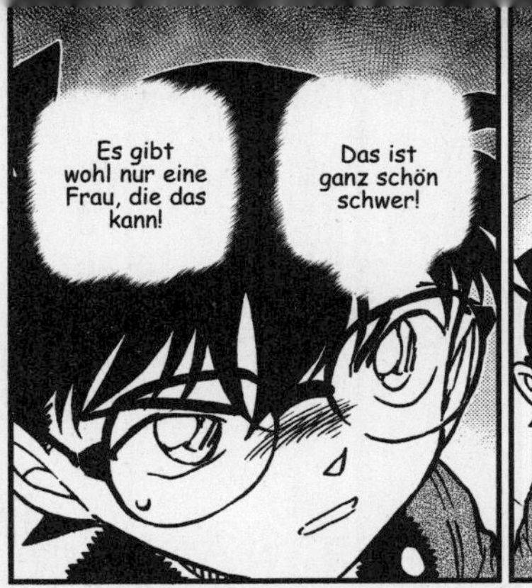

Das ist ganz schön schwer!
Es gibt wohl nur eine Frau, die das kann!

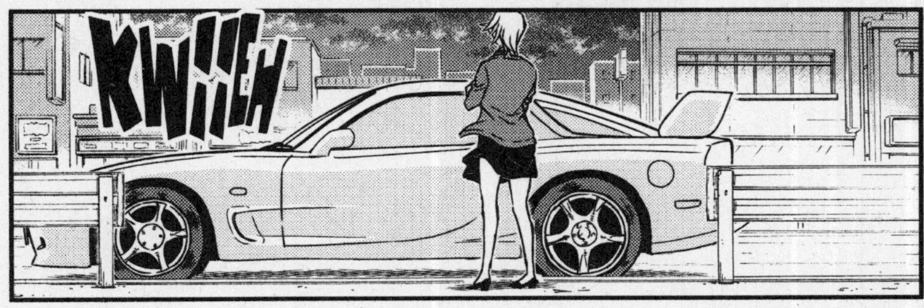

KWIIEH

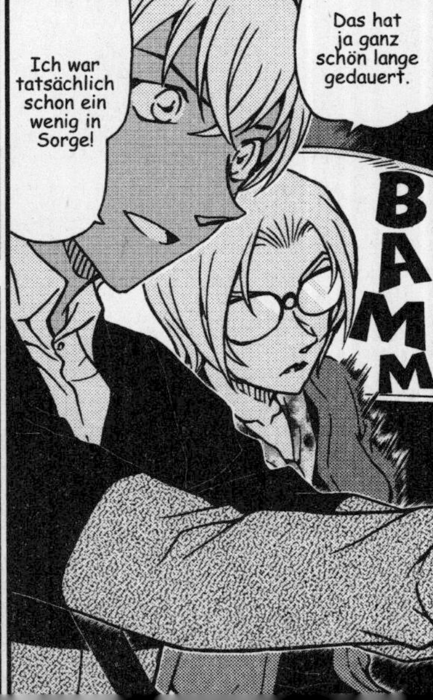

Das hat ja ganz schön lange gedauert.
Ich war tatsächlich schon ein wenig in Sorge!
BAMM

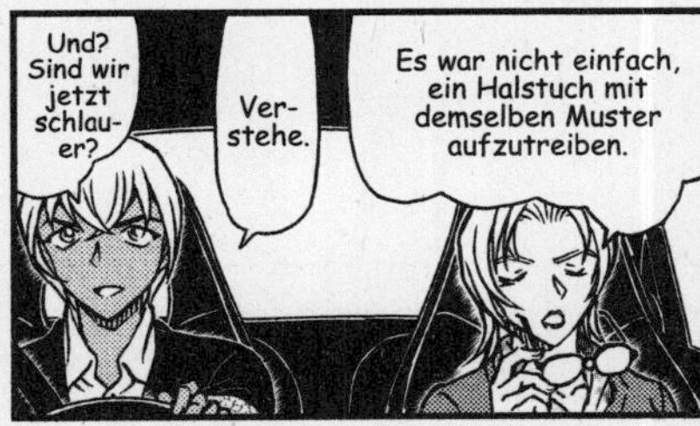

Es war nicht einfach, ein Halstuch mit demselben Muster aufzutreiben.
Ver-stehe.
Und? Sind wir jetzt schlau-er?

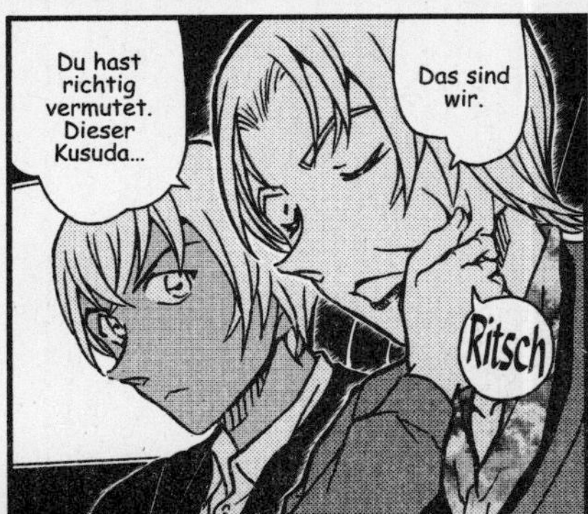

Das sind wir.
Du hast richtig vermutet. Dieser Kusuda…
Ritsch

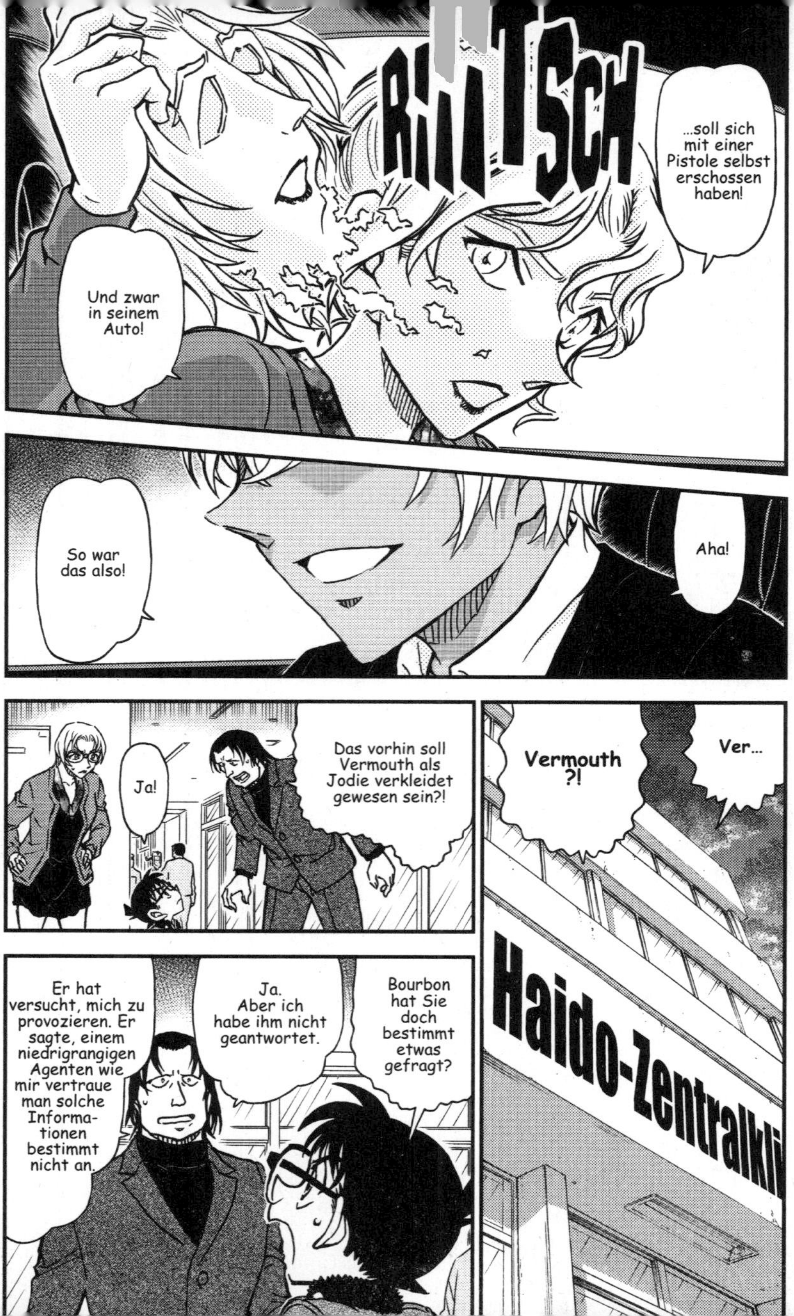

...soll sich mit einer Pistole selbst erschossen haben!
Und zwar in seinem Auto!
Aha!
So war das also!
Ver...
Vermouth ?!
Haido-Zentralkli
Das vorhin soll Vermouth als Jodie verkleidet gewesen sein?!
Ja!
Bourbon hat Sie doch bestimmt etwas gefragt?
Ja. Aber ich habe ihm nicht geantwortet.
Er hat versucht, mich zu provozieren. Er sagte, einem niedrigrangigen Agenten wie mir vertraue man solche Informationen bestimmt nicht an.

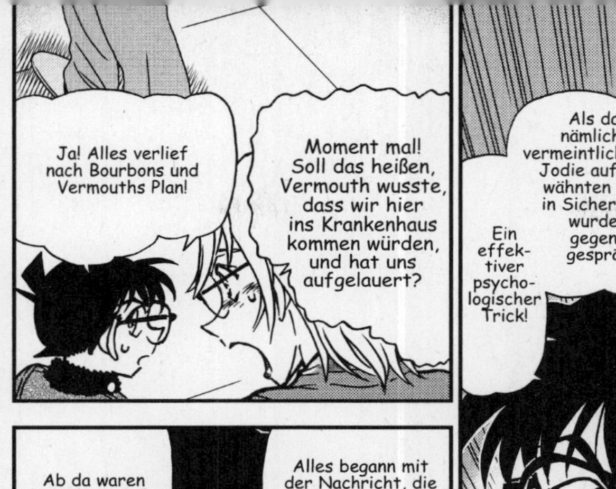
Moment mal! Soll das heißen, Vermouth wusste, dass wir hier ins Krankenhaus kommen würden, und hat uns aufgelauert?
Ja! Alles verlief nach Bourbons und Vermouths Plan!

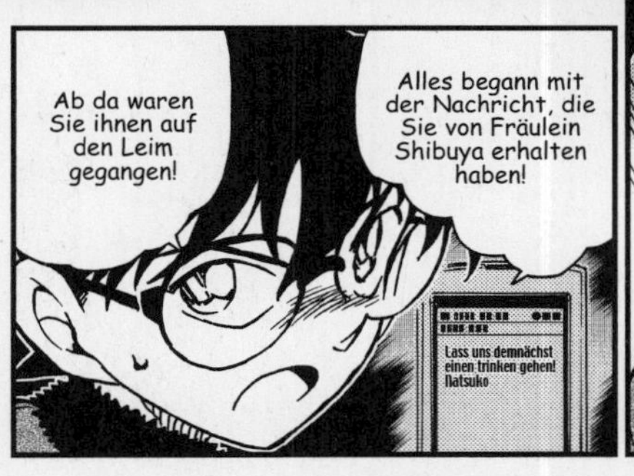
Alles begann mit der Nachricht, die Sie von Fräulein Shibuya erhalten haben!
Ab da waren Sie ihnen auf den Leim gegangen!
Lass uns demnächst einen trinken gehen! Natsuko

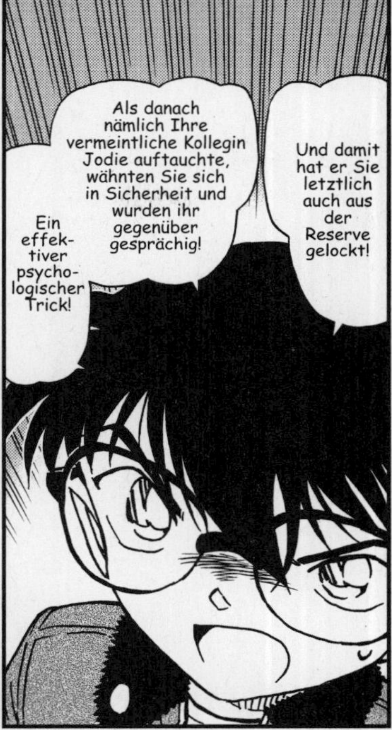
Als danach nämlich Ihre vermeintliche Kollegin Jodie auftauchte, wähnten Sie sich in Sicherheit und wurden ihr gegenüber gesprächig!
Und damit hat er Sie letztlich auch aus der Reserve gelockt!
Ein effektiver psychologischer Trick!

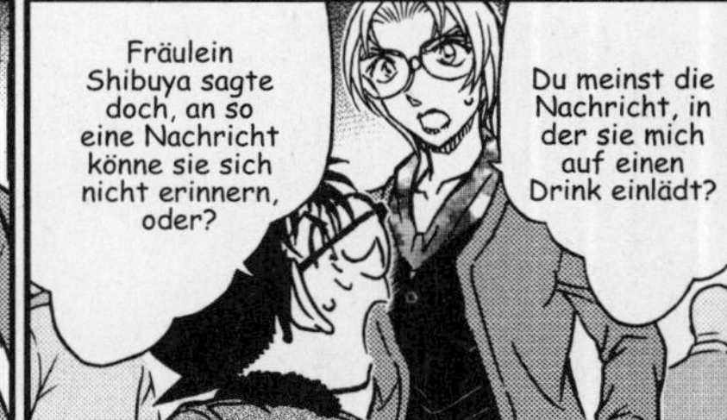
Fräulein Shibuya sagte doch, an so eine Nachricht könne sie sich nicht erinnern, oder?
Du meinst die Nachricht, in der sie mich auf einen Drink einlädt?

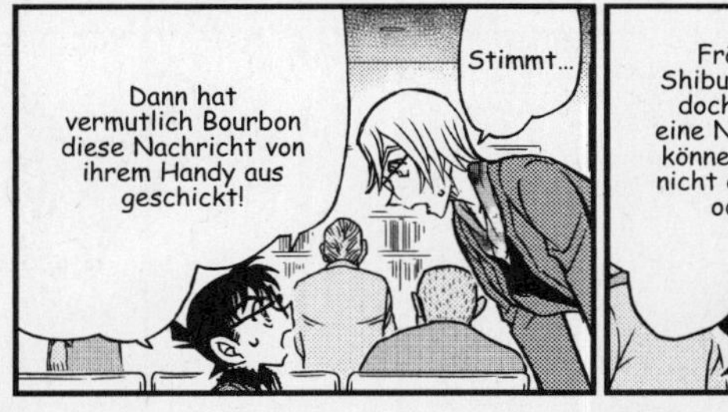
Stimmt...
Dann hat vermutlich Bourbon diese Nachricht von ihrem Handy aus geschickt!

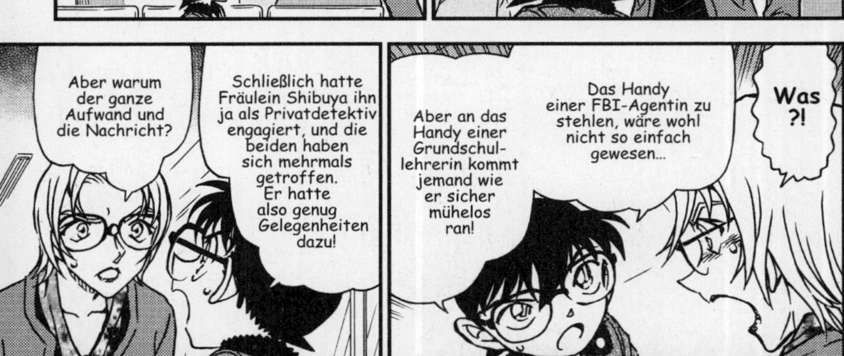
Aber warum der ganze Aufwand und die Nachricht?
Schließlich hatte Fräulein Shibuya ihn ja als Privatdetektiv engagiert, und die beiden haben sich mehrmals getroffen. Er hatte also genug Gelegenheiten dazu!
Das Handy einer FBI-Agentin zu stehlen, wäre wohl nicht so einfach gewesen...
Aber an das Handy einer Grundschullehrerin kommt jemand wie er sicher mühelos ran!
Was ?!

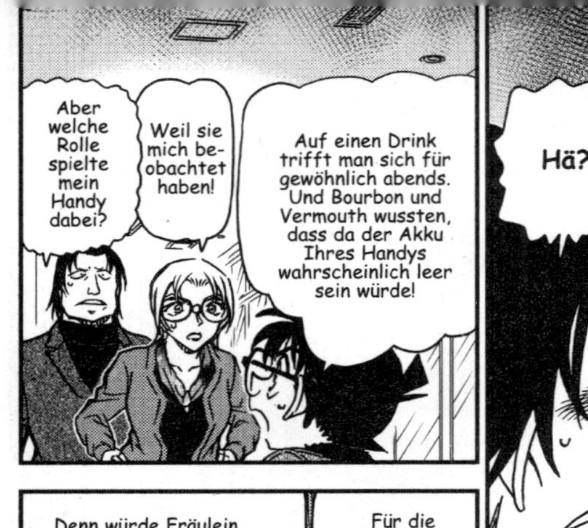
Auf einen Drink trifft man sich für gewöhnlich abends. Und Bourbon und Vermouth wussten, dass da der Akku Ihres Handys wahrscheinlich leer sein würde!
Weil sie mich beobachtet haben!
Aber welche Rolle spielte mein Handy dabei?

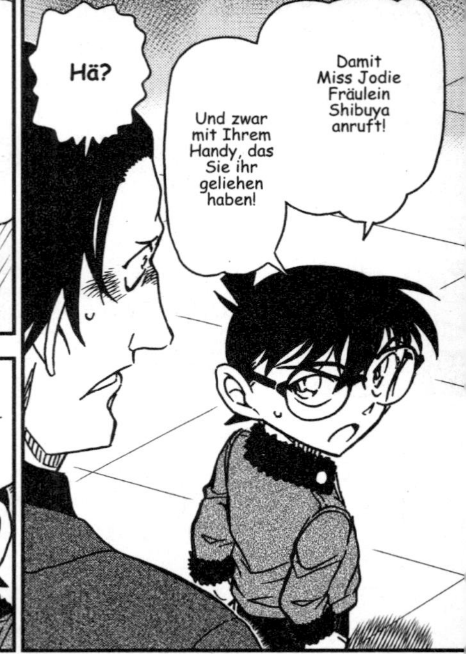
Damit Miss Jodie Fräulein Shibuya anruft!
Und zwar mit Ihrem Handy, das Sie ihr geliehen haben!
Hä?
Für die Organisation war nur wichtig, dass es das Handy eines FBI-Kollegen ist.
Denn würde Fräulein Shibuya an dem Abend einen Unfall haben, dann würde nicht nur Miss Jodie zum Tatort bestellt werden, sondern auch ihr Kollege, dessen Nummer sich in der Anrufliste von Fräulein Shibuyas Handy finden würde!

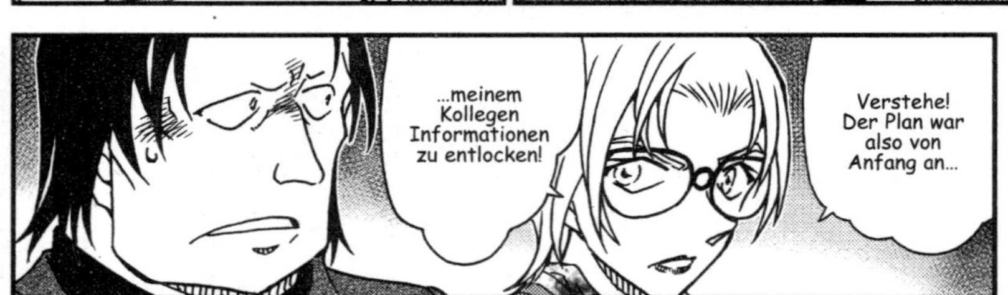
Verstehe! Der Plan war also von Anfang an...
...meinem Kollegen Informationen zu entlocken!

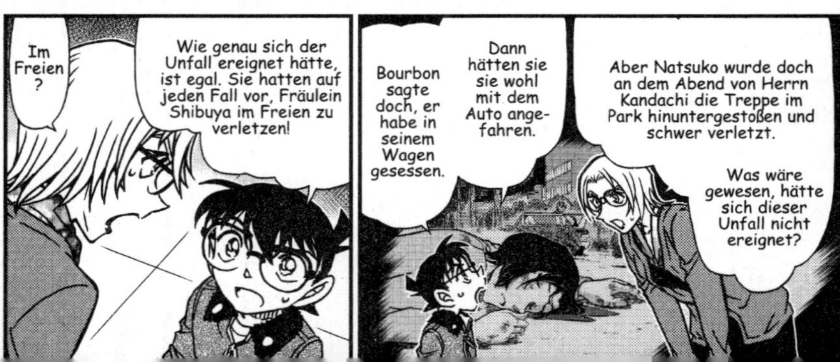
Aber Natsuko wurde doch an dem Abend von Herrn Kandachi die Treppe im Park hinuntergestoßen und schwer verletzt.
Was wäre gewesen, hätte sich dieser Unfall nicht ereignet?
Dann hätten sie sie wohl mit dem Auto angefahren.
Bourbon sagte doch, er habe in seinem Wagen gesessen.
Wie genau sich der Unfall ereignet hätte, ist egal. Sie hatten auf jeden Fall vor, Fräulein Shibuya im Freien zu verletzen!
Im Freien?

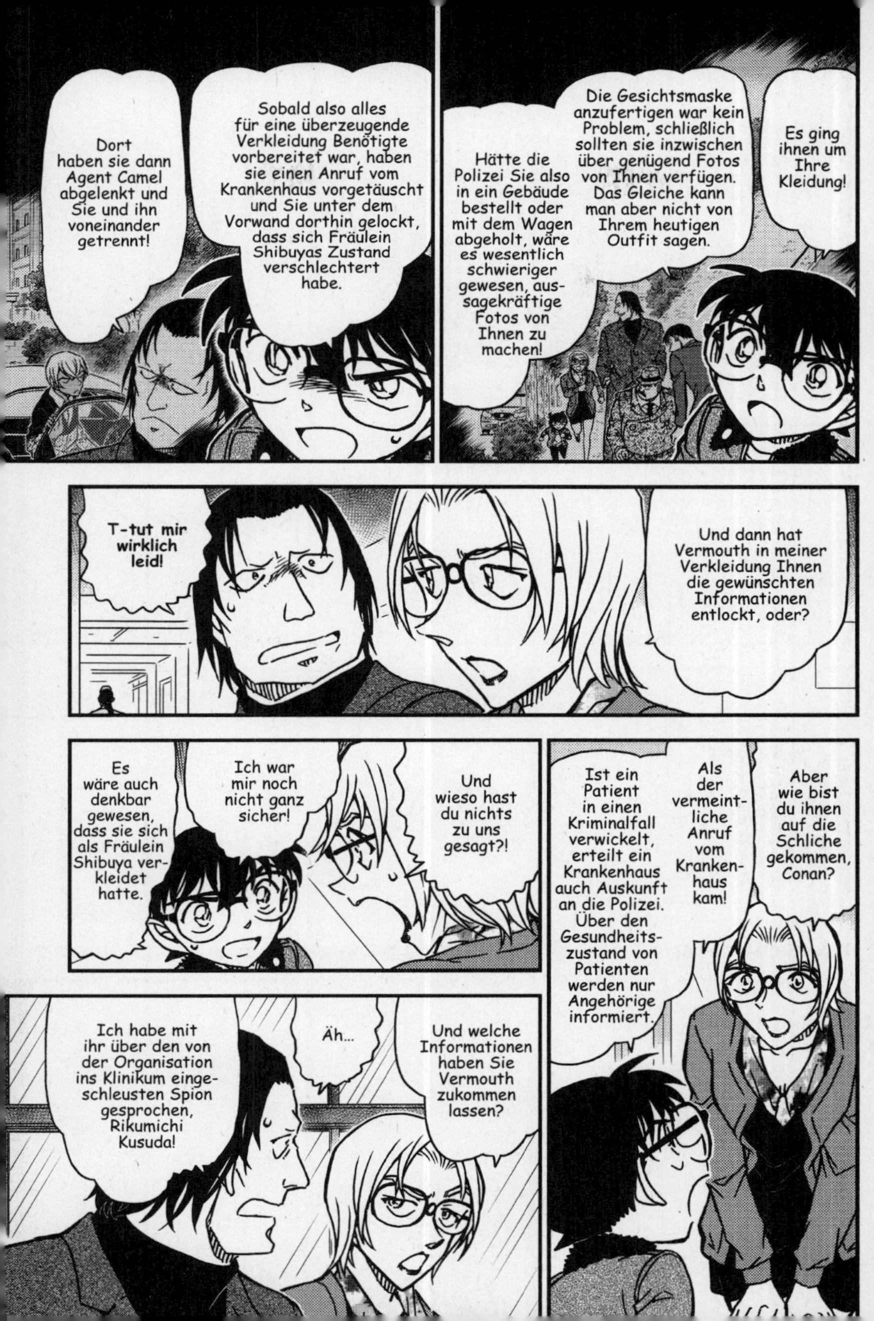

Es ging ihnen um Ihre Kleidung!
Die Gesichtsmaske anzufertigen war kein Problem, schließlich sollten sie inzwischen über genügend Fotos von Ihnen verfügen. Das Gleiche kann man aber nicht von Ihrem heutigen Outfit sagen.
Hätte die Polizei Sie also in ein Gebäude bestellt oder mit dem Wagen abgeholt, wäre es wesentlich schwieriger gewesen, aussagekräftige Fotos von Ihnen zu machen!
Sobald also alles für eine überzeugende Verkleidung Benötigte vorbereitet war, haben sie einen Anruf vom Krankenhaus vorgetäuscht und Sie unter dem Vorwand dorthin gelockt, dass sich Fräulein Shibuyas Zustand verschlechtert habe.
Dort haben sie dann Agent Camel abgelenkt und Sie und ihn voneinander getrennt!

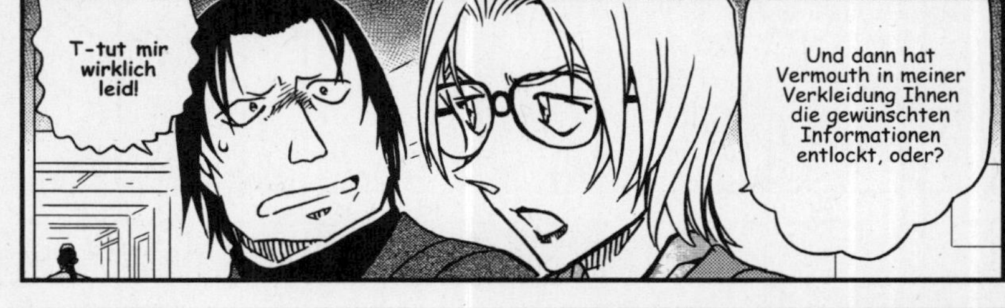

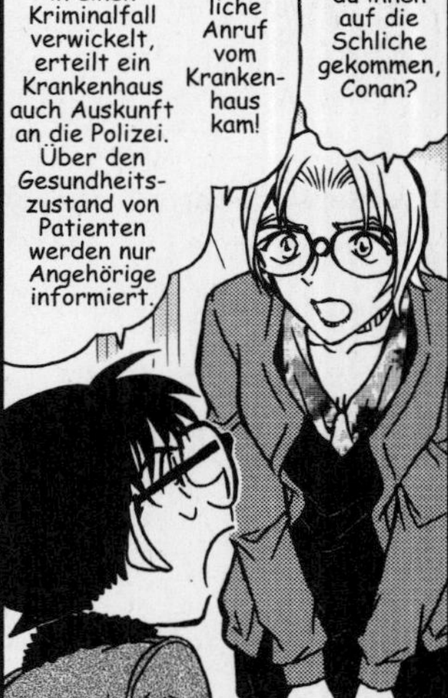

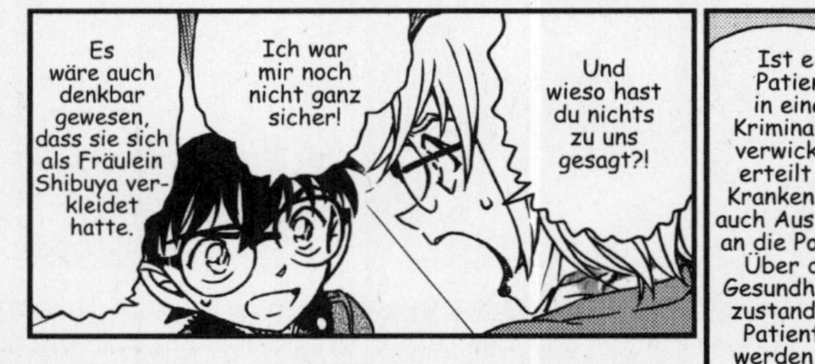

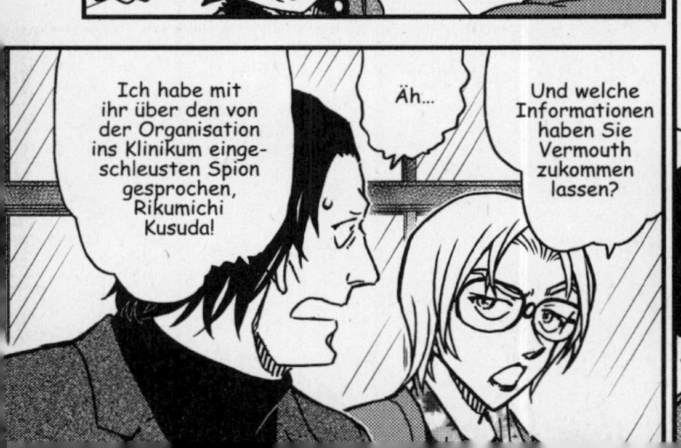

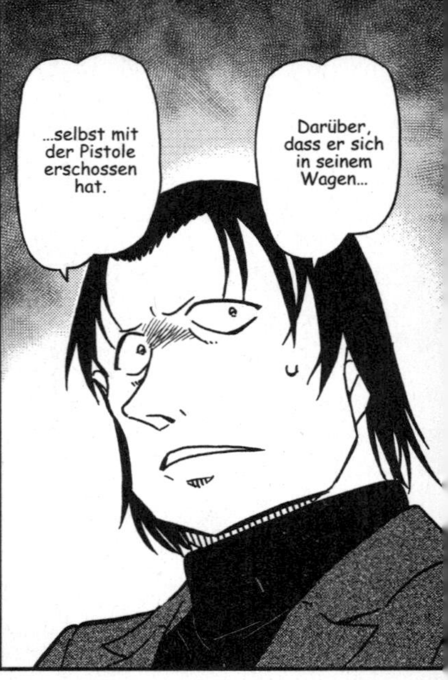
Darüber, dass er sich in seinem Wagen...
...selbst mit der Pistole erschossen hat.

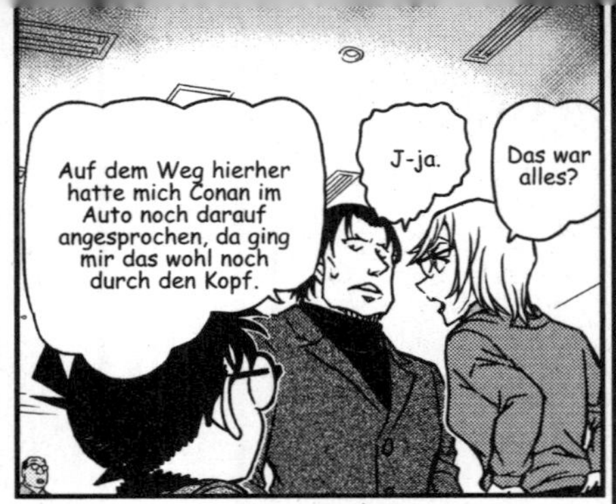
Das war alles?
J-ja.
Auf dem Weg hierher hatte mich Conan im Auto noch darauf angesprochen, da ging mir das wohl noch durch den Kopf.

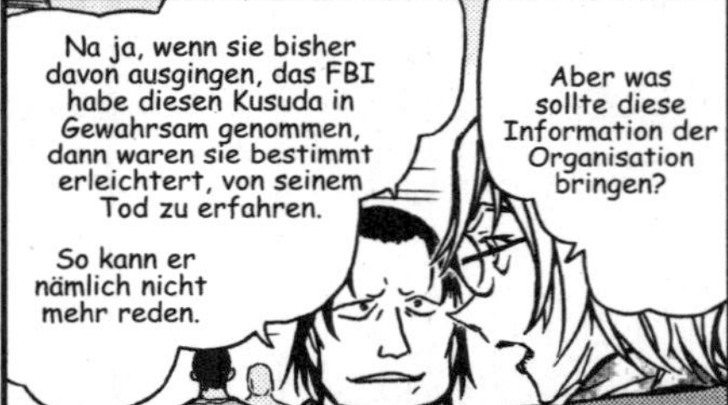
Aber was sollte diese Information der Organisation bringen?
Na ja, wenn sie bisher davon ausgingen, das FBI habe diesen Kusuda in Gewahrsam genommen, dann waren sie bestimmt erleichtert, von seinem Tod zu erfahren.
So kann er nämlich nicht mehr reden.

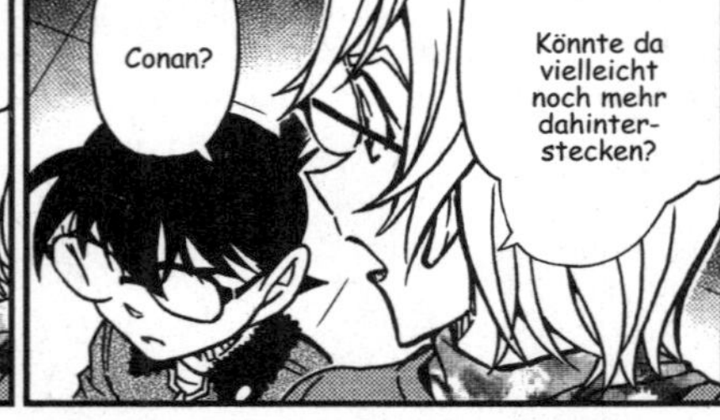
Könnte da vielleicht noch mehr dahinter-stecken?
Conan?

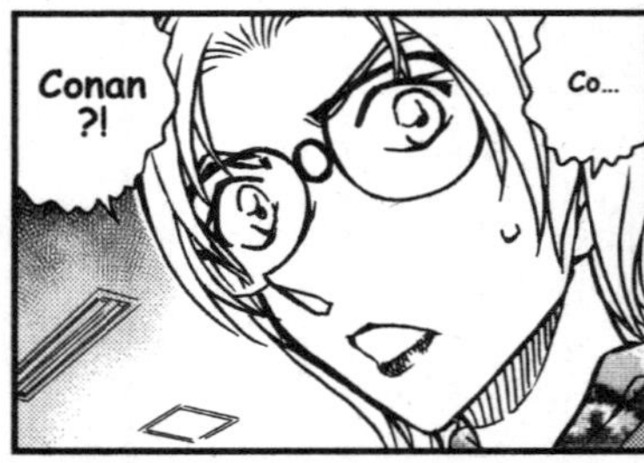
Co...
Conan ?!

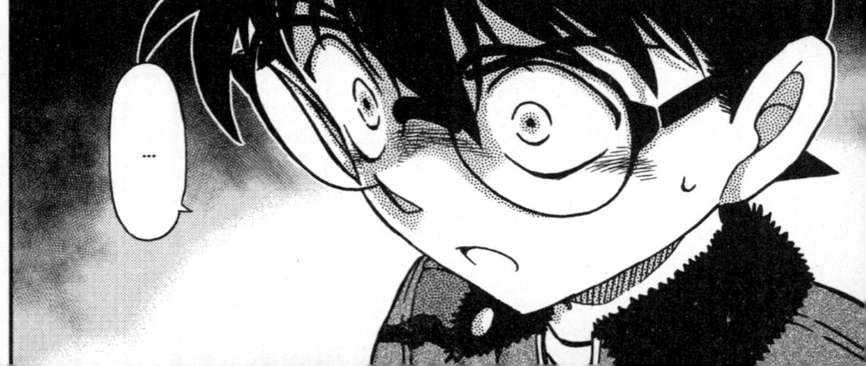
...

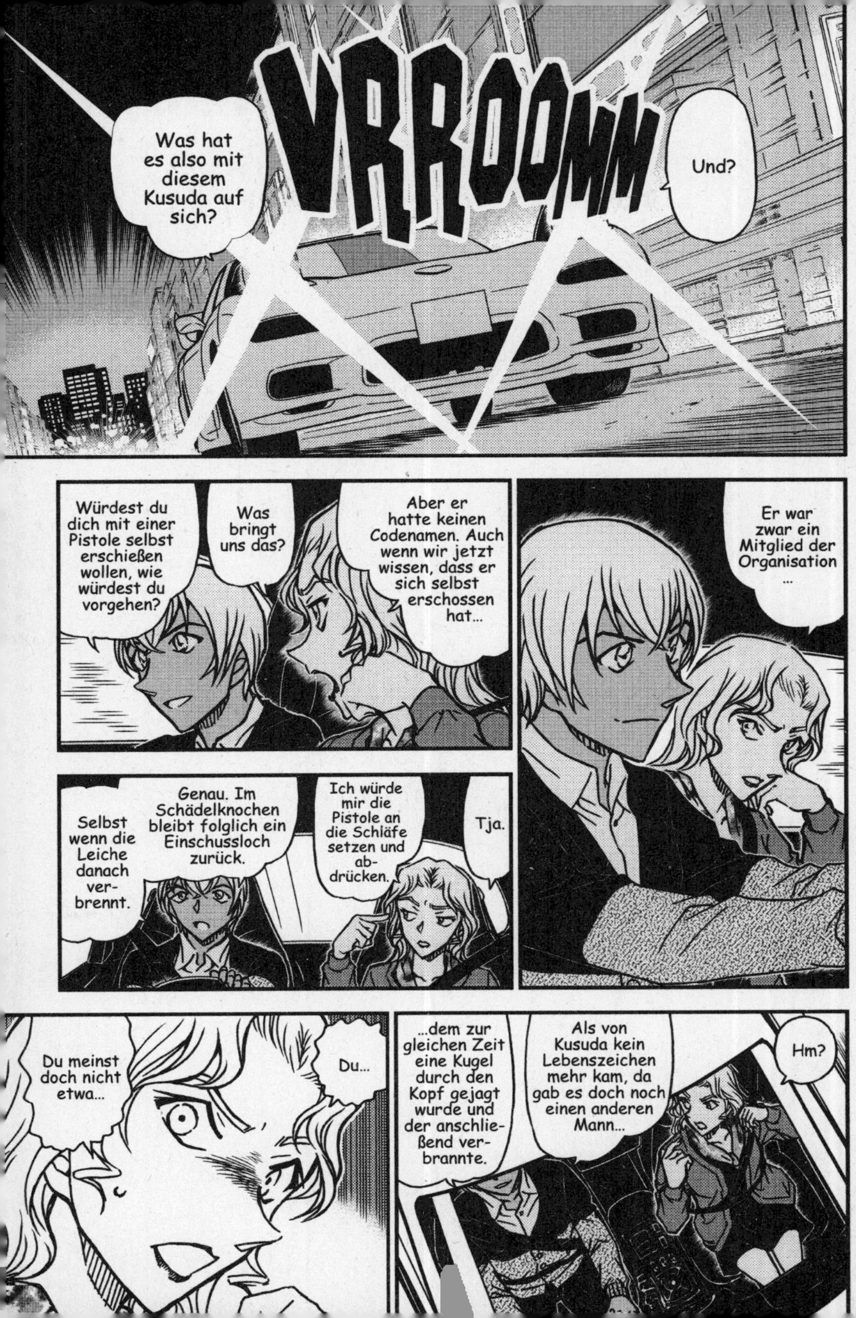

Und?
Was hat es also mit diesem Kusuda auf sich?
VRROOMM

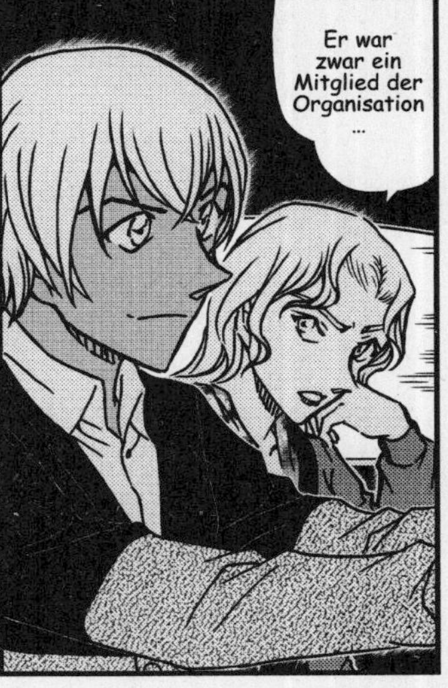

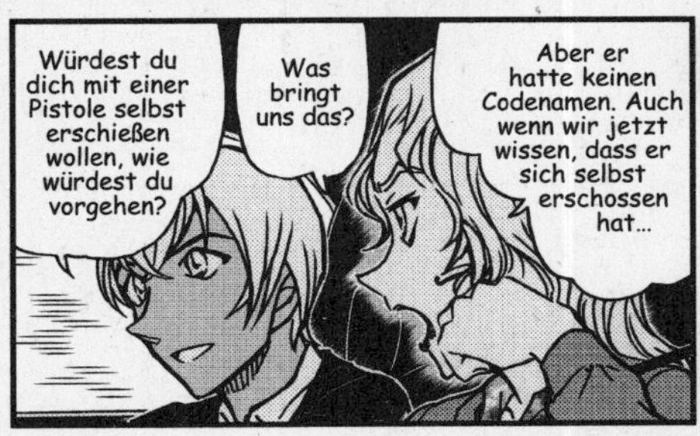

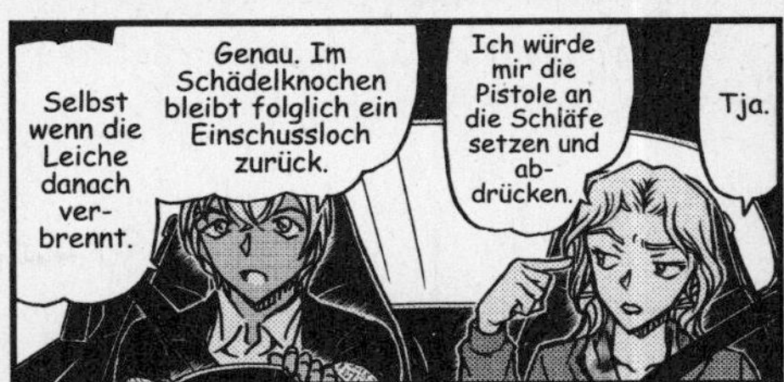

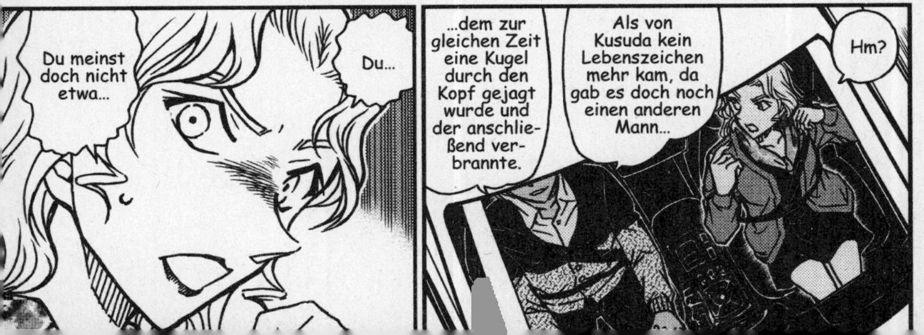

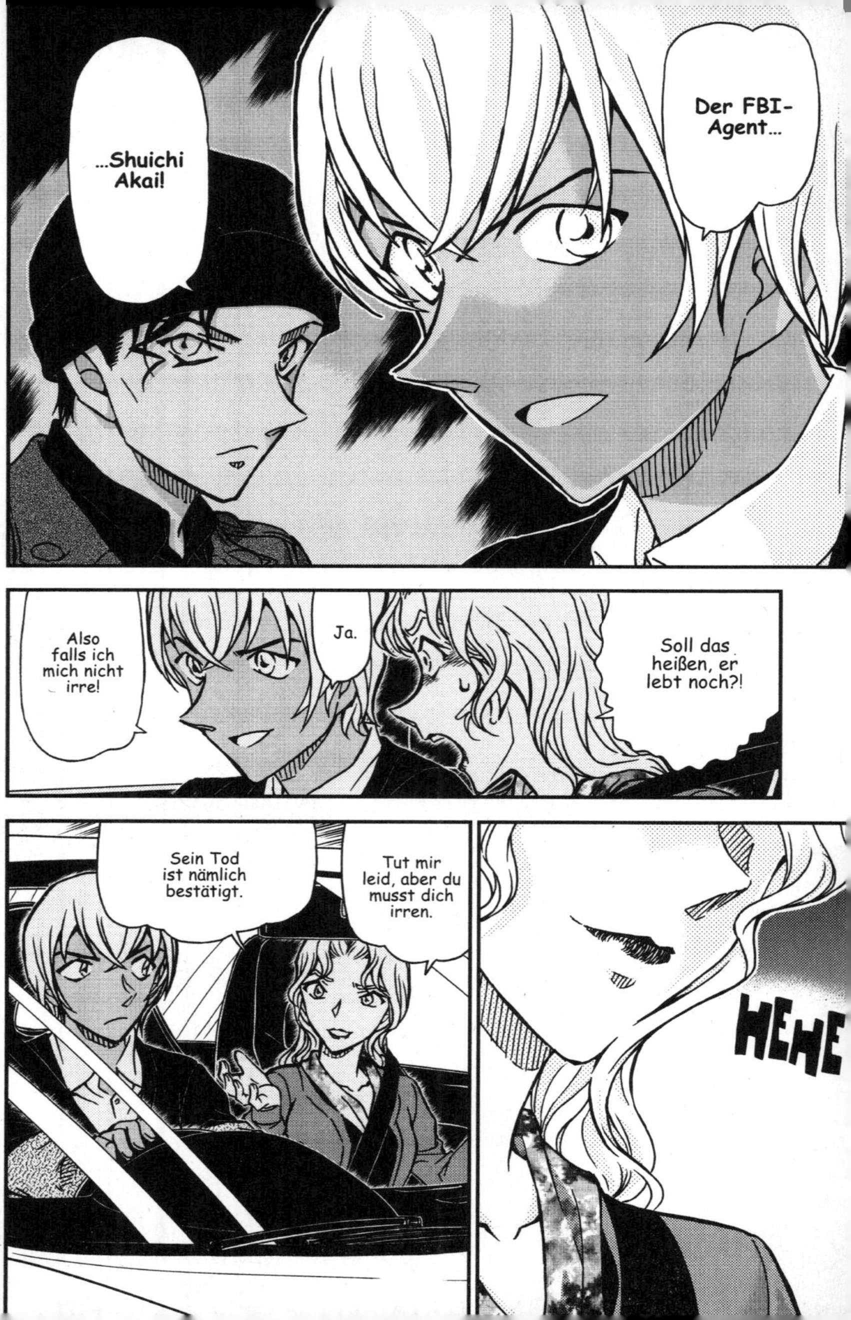

Der FBI-
Agent...

...Shuichi
Akai!

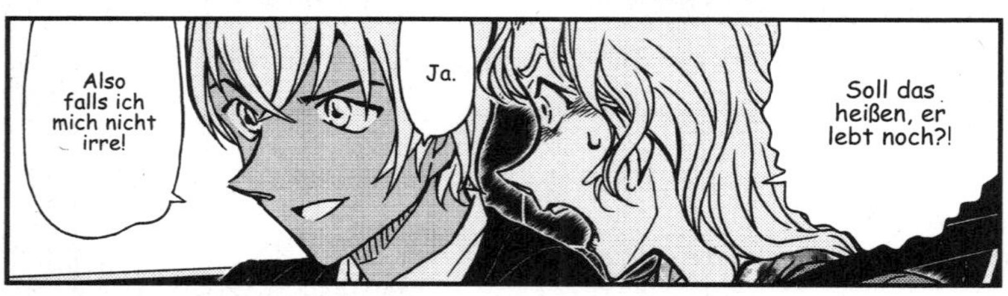

HEHE

Tut mir leid, aber du musst dich irren.

Sein Tod ist nämlich bestätigt.

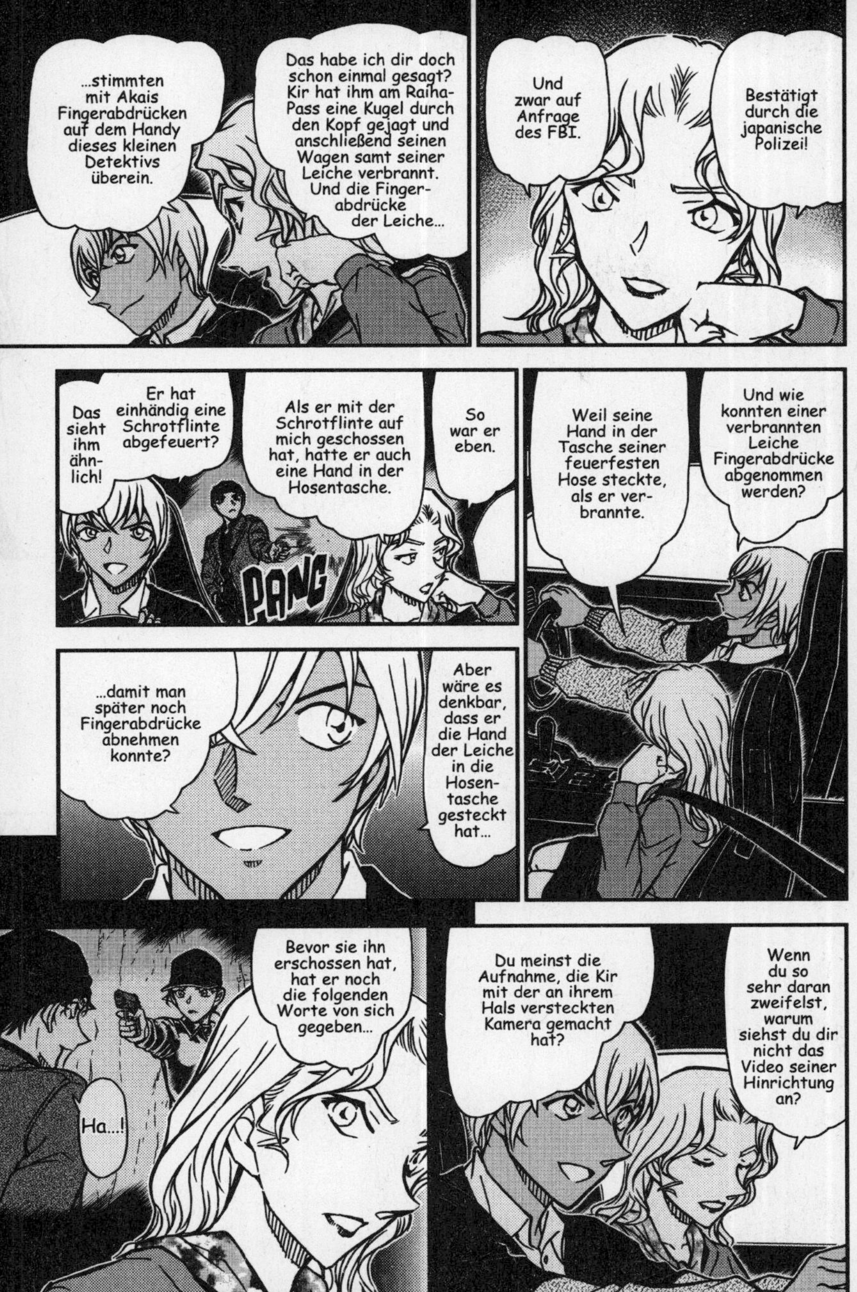
Das habe ich dir doch schon einmal gesagt? Kir hat ihm am Raiha-Pass eine Kugel durch den Kopf gejagt und anschließend seinen Wagen samt seiner Leiche verbrannt. Und die Fingerabdrücke der Leiche...
...stimmten mit Akais Fingerabdrücken auf dem Handy dieses kleinen Detektivs überein.
Bestätigt durch die japanische Polizei!
Und zwar auf Anfrage des FBI.
Und wie konnten einer verbrannten Leiche Fingerabdrücke abgenommen werden?
Weil seine Hand in der Tasche seiner feuerfesten Hose steckte, als er verbrannte.
So war er eben.
Als er mit der Schrotflinte auf mich geschossen hat, hatte er auch eine Hand in der Hosentasche.
PANG
Er hat einhändig eine Schrotflinte abgefeuert?
Das sieht ihm ähnlich!
Aber wäre es denkbar, dass er die Hand der Leiche in die Hosentasche gesteckt hat...
...damit man später noch Fingerabdrücke abnehmen konnte?
Wenn du so sehr daran zweifelst, warum siehst du dir nicht das Video seiner Hinrichtung an?
Du meinst die Aufnahme, die Kir mit der an ihrem Hals versteckten Kamera gemacht hat?
Bevor sie ihn erschossen hat, hat er noch die folgenden Worte von sich gegeben...
Ha...!

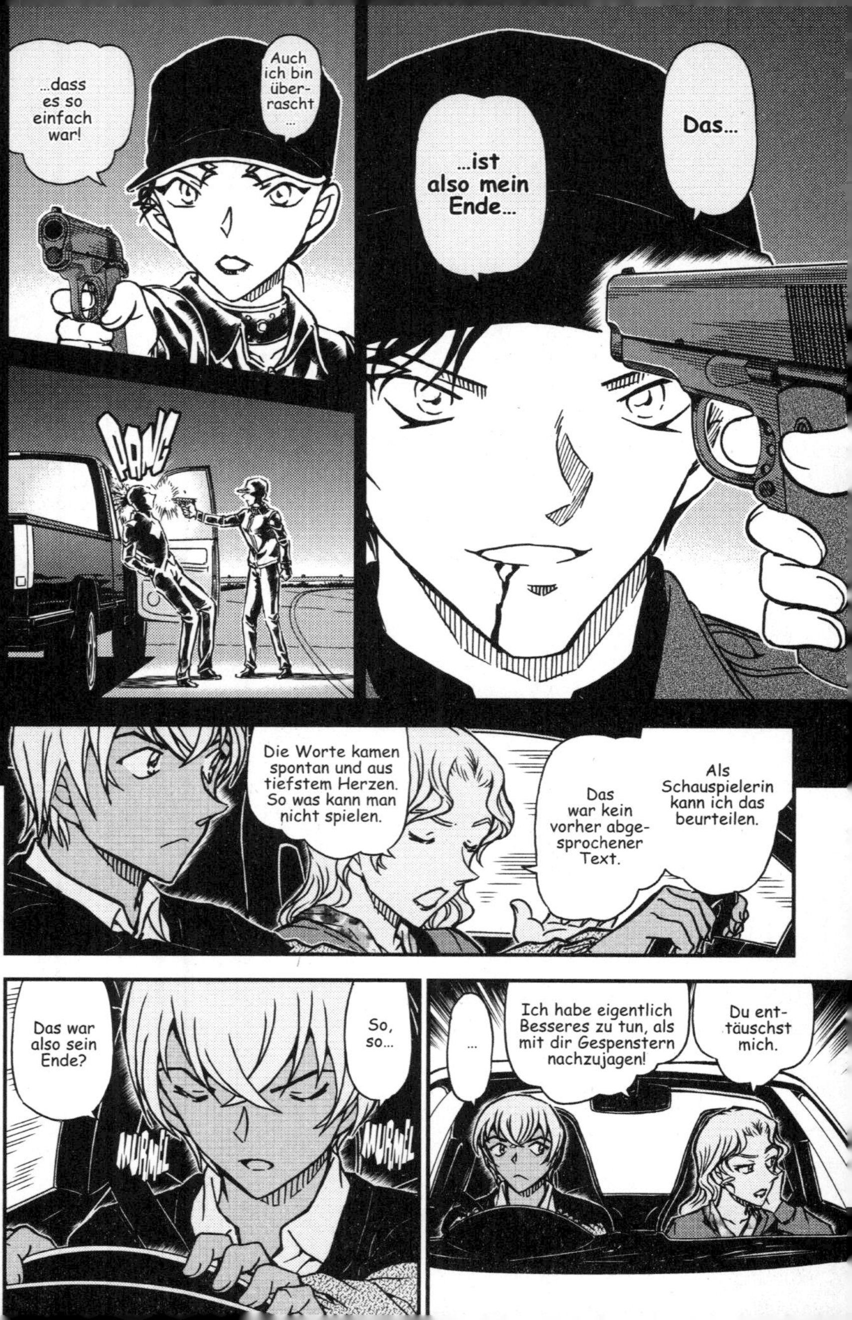

Das...
...ist also mein Ende...
Auch ich bin überrascht ...
...dass es so einfach war!
PANG
Als Schauspielerin kann ich das beurteilen.
Das war kein vorher abgesprochener Text.
Die Worte kamen spontan und aus tiefstem Herzen. So was kann man nicht spielen.

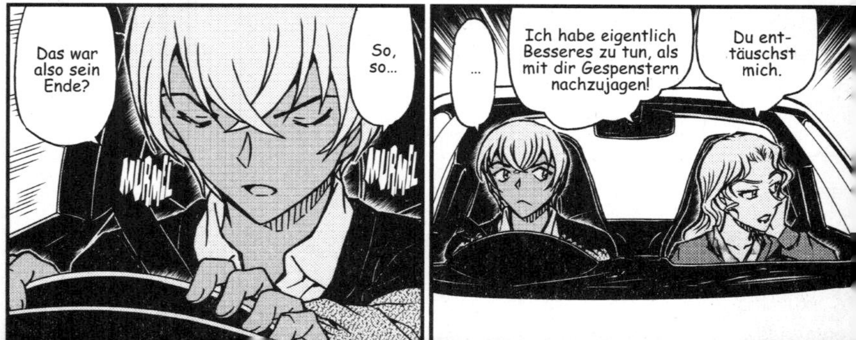

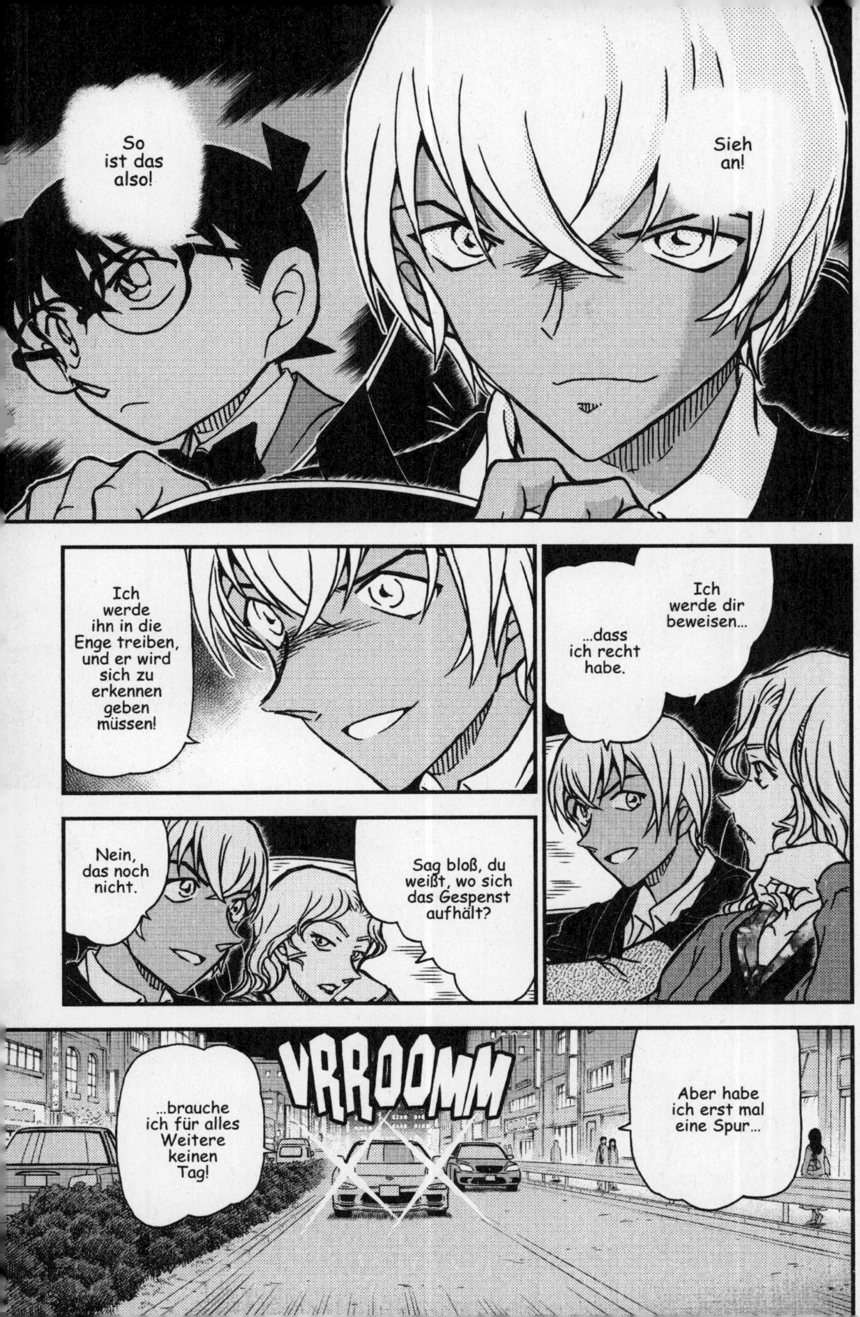

Sieh an!
So ist das also!

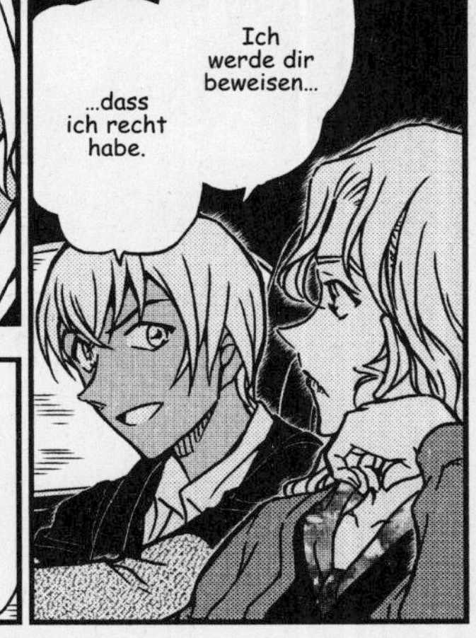

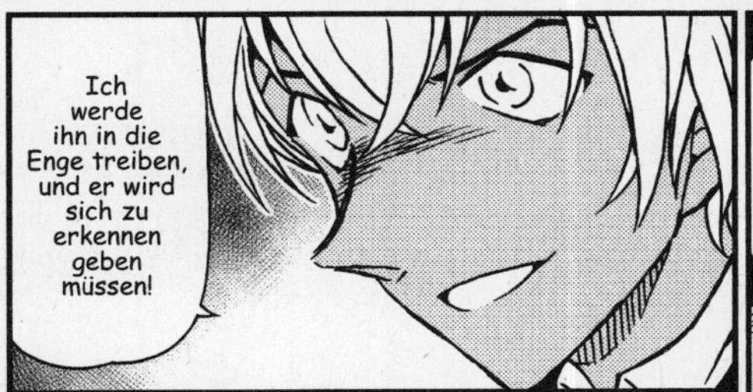

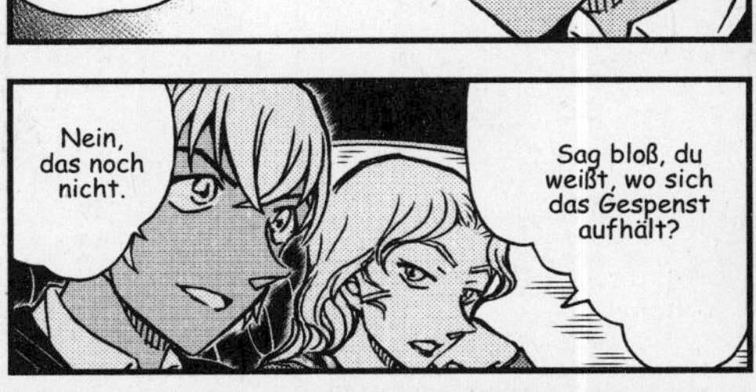

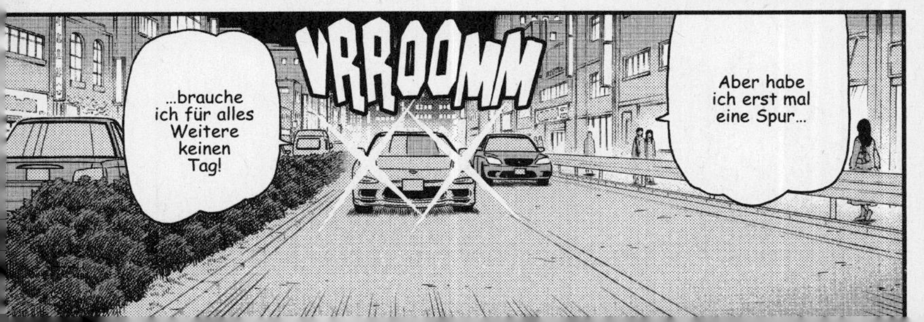

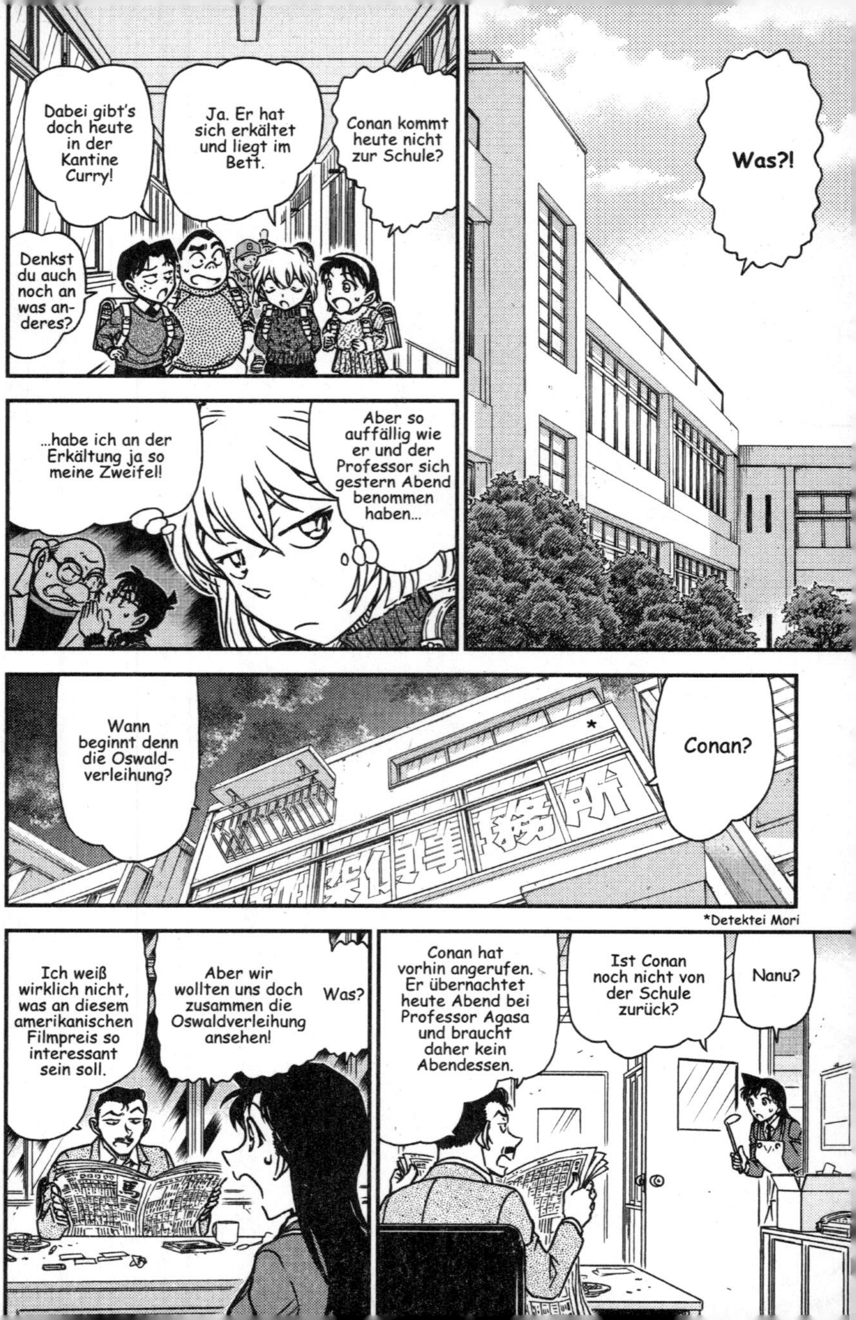

Was?!

Conan kommt heute nicht zur Schule?

Ja. Er hat sich erkältet und liegt im Bett.

Dabei gibt's doch heute in der Kantine Curry!

Denkst du auch noch an was anderes?

Aber so auffällig wie er und der Professor sich gestern Abend benommen haben...

...habe ich an der Erkältung ja so meine Zweifel!

Conan?

Wann beginnt denn die Oswaldverleihung?

*Detektei Mori

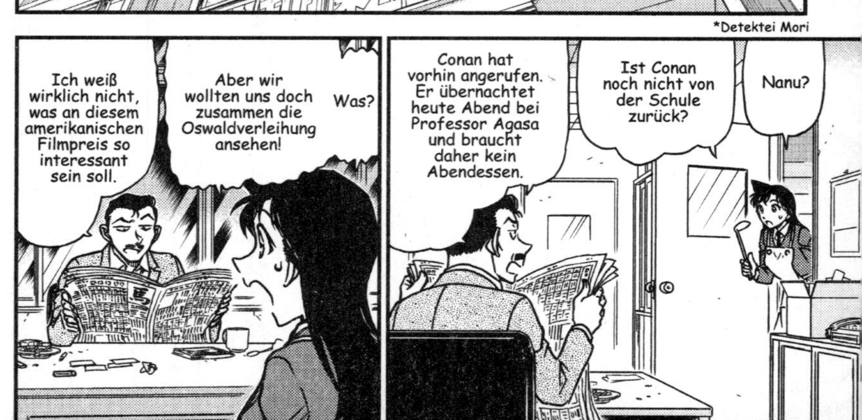

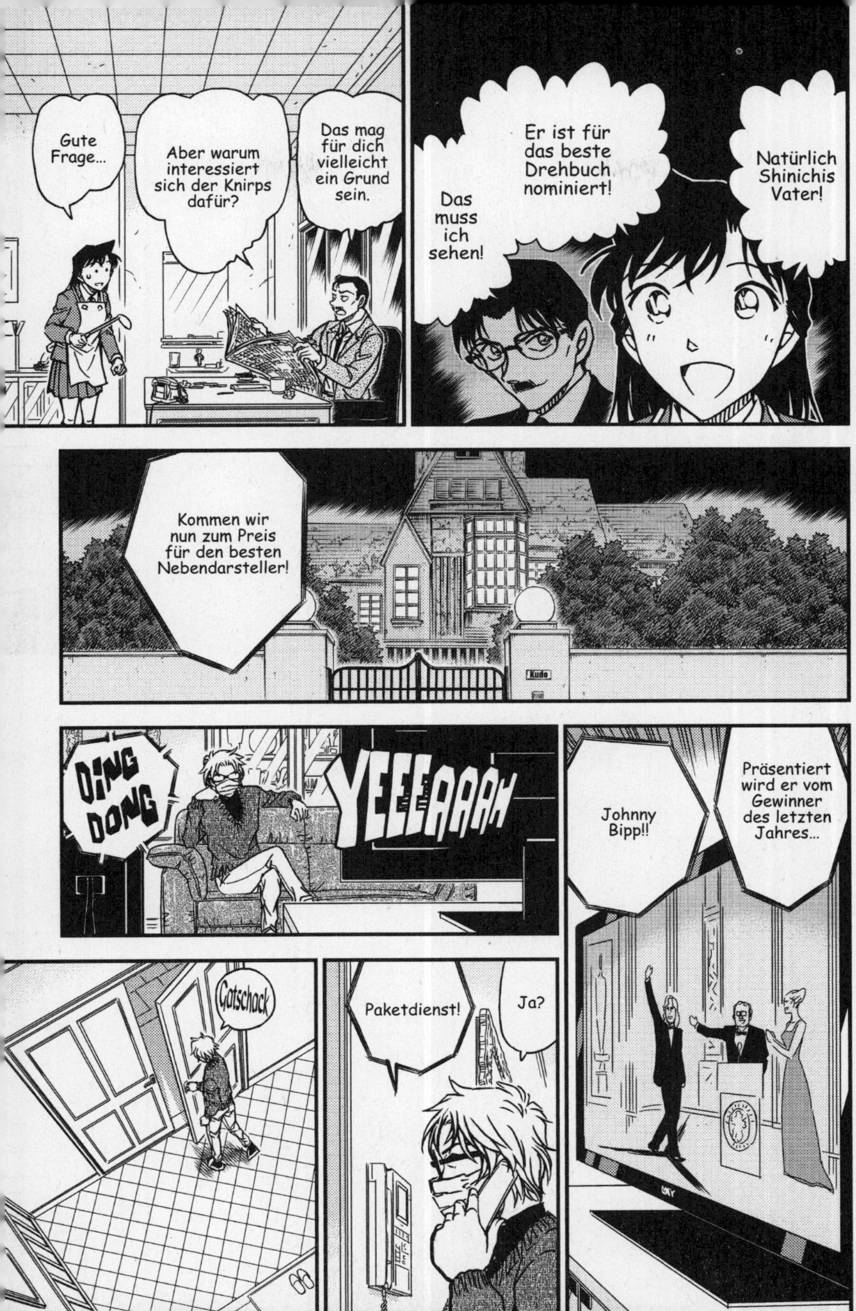

Natürlich Shinichis Vater!
Er ist für das beste Drehbuch nominiert!
Das muss ich sehen!
Das mag für dich vielleicht ein Grund sein.
Aber warum interessiert sich der Knirps dafür?
Gute Frage...

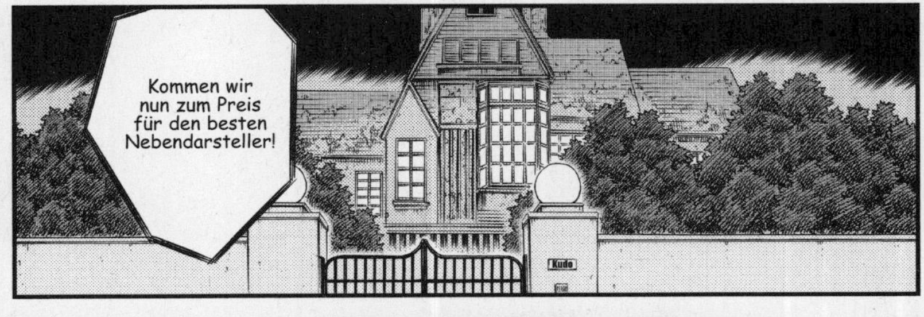

Präsentiert wird er vom Gewinner des letzten Jahres...
Johnny Bipp!!
YEEEAAAH
DING DONG
Ja?
Paketdienst!
Gatschack

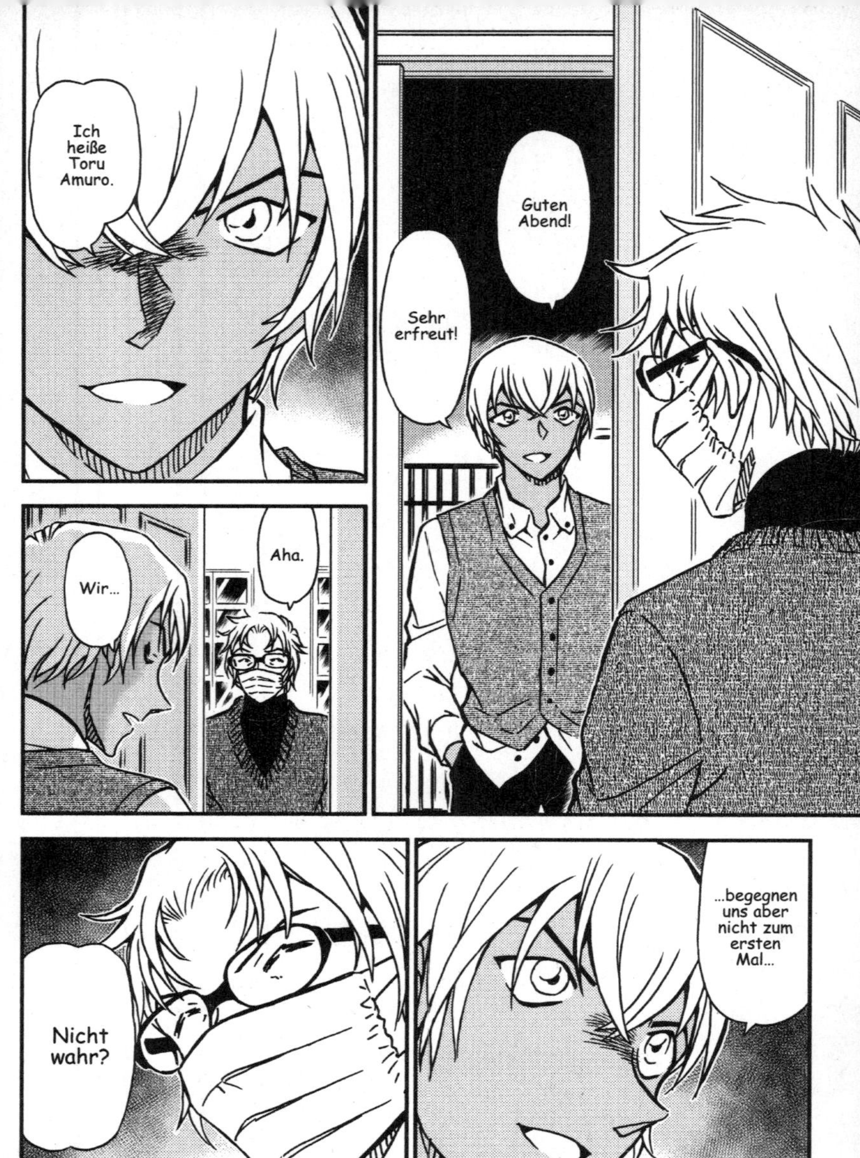
Guten Abend!
Sehr erfreut!
Ich heiße Toru Amuro.
Aha.
Wir...
...begegnen uns aber nicht zum ersten Mal...
Nicht wahr?

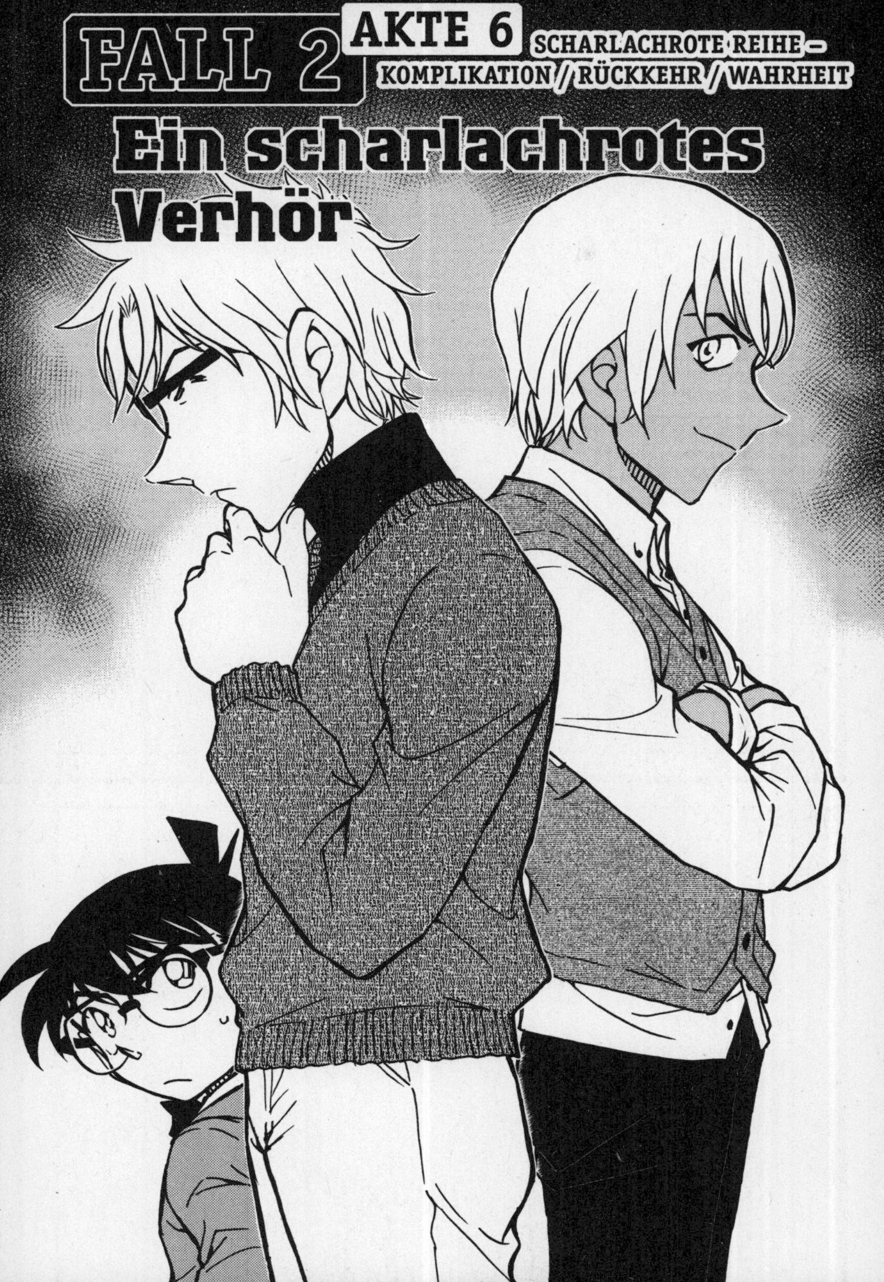
FALL 2
AKTE 6
SCHARLACHROTE REIHE –
KOMPLIKATION // RÜCKKEHR / WAHRHEIT
Ein scharlachrotes
Verhör

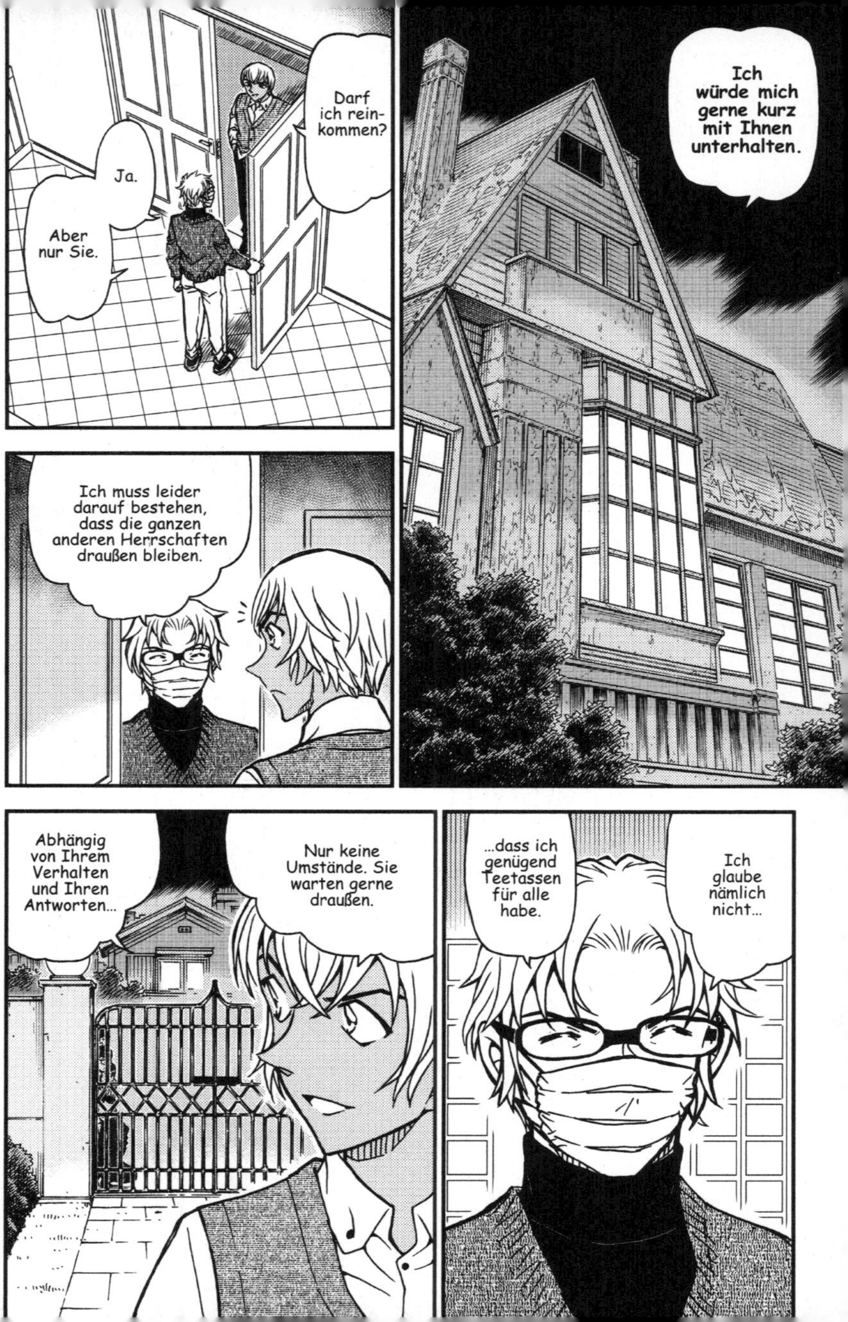

Ich würde mich gerne kurz mit Ihnen unterhalten.

Darf ich reinkommen?

Ja.

Aber nur Sie.

Ich muss leider darauf bestehen, dass die ganzen anderen Herrschaften draußen bleiben.

Ich glaube nämlich nicht...

...dass ich genügend Teetassen für alle habe.

Nur keine Umstände. Sie warten gerne draußen.

Abhängig von Ihrem Verhalten und Ihren Antworten...

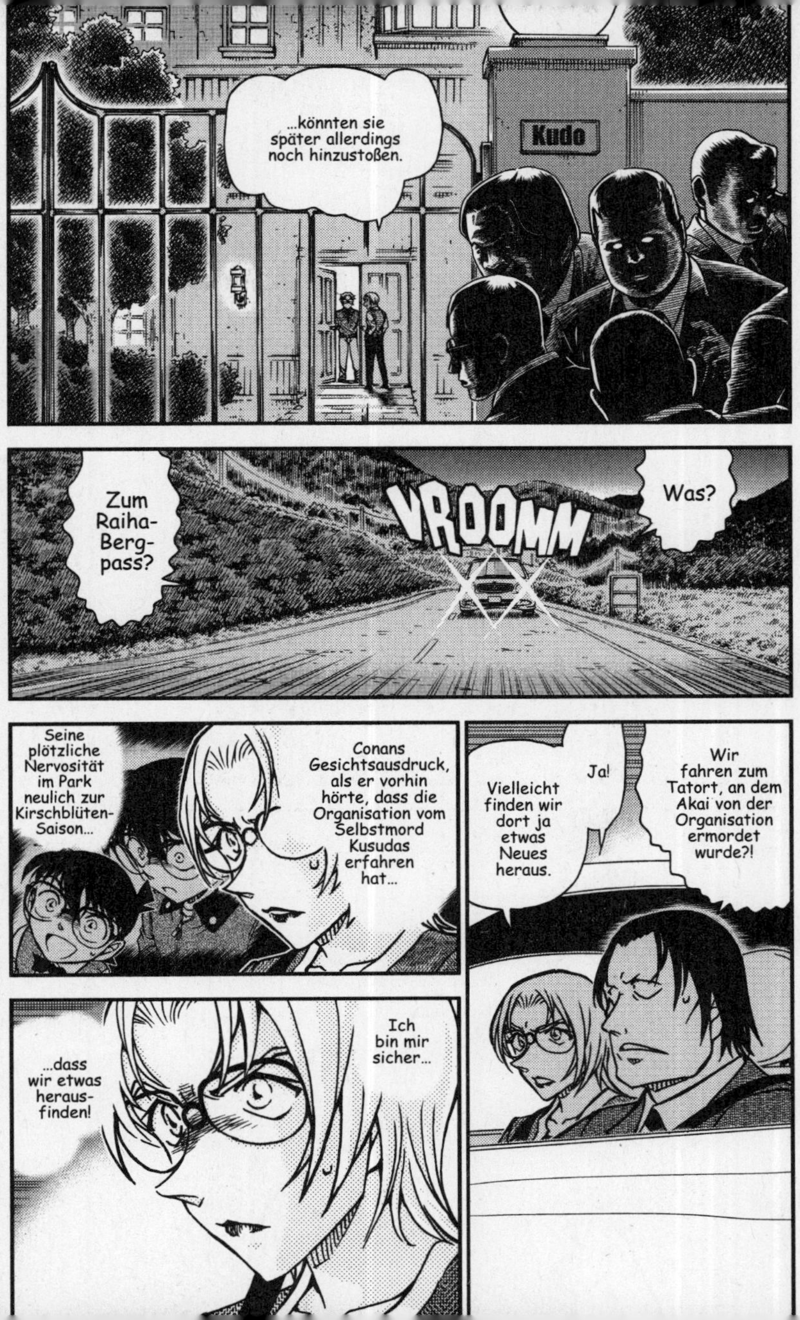

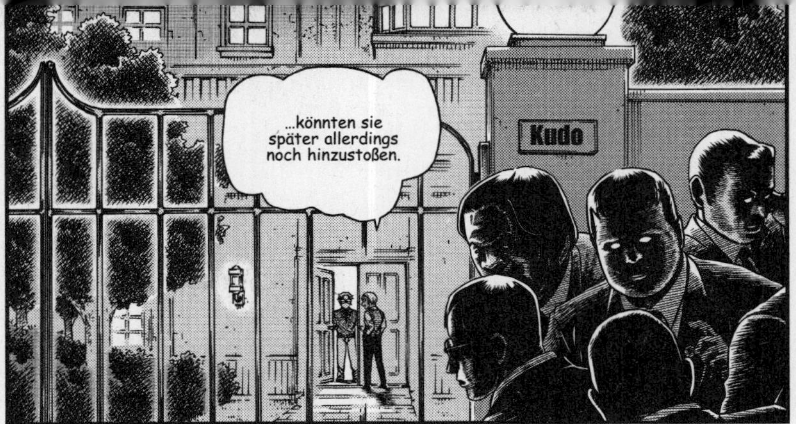

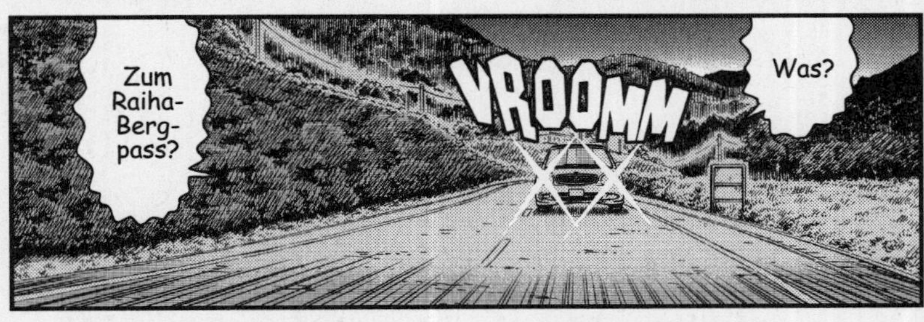

Wir fahren zum Tatort, an dem Akai von der Organisation ermordet wurde?!

Ja!

Vielleicht finden wir dort ja etwas Neues heraus.

Conans Gesichtsausdruck, als er vorhin hörte, dass die Organisation vom Selbstmord Kusudas erfahren hat...

Seine plötzliche Nervosität im Park neulich zur Kirschblüten-Saison...

Ich bin mir sicher...

...dass wir etwas herausfinden!

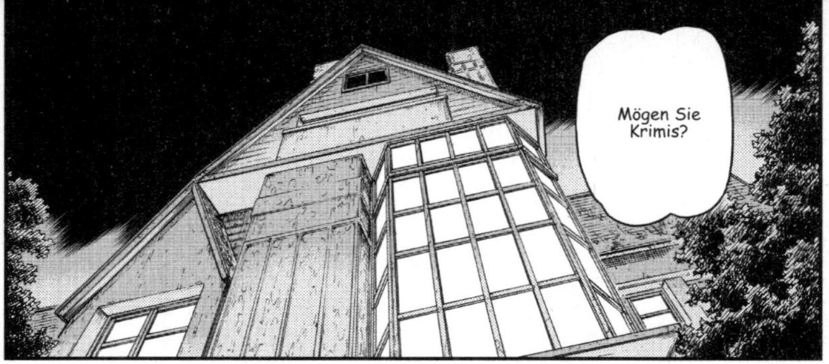
Mögen Sie Krimis?

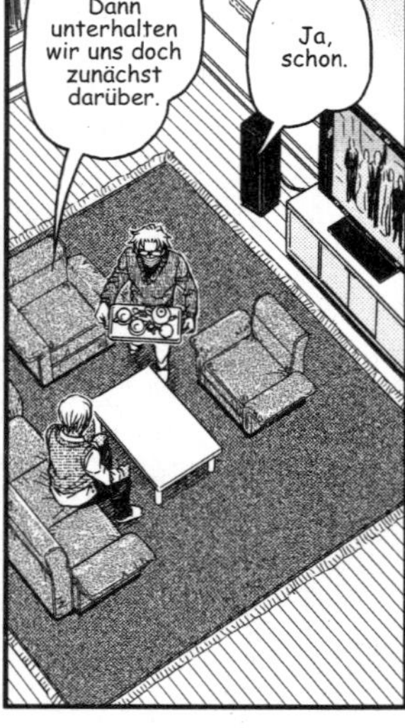
Ja, schon.
Dann unterhalten wir uns doch zunächst darüber.

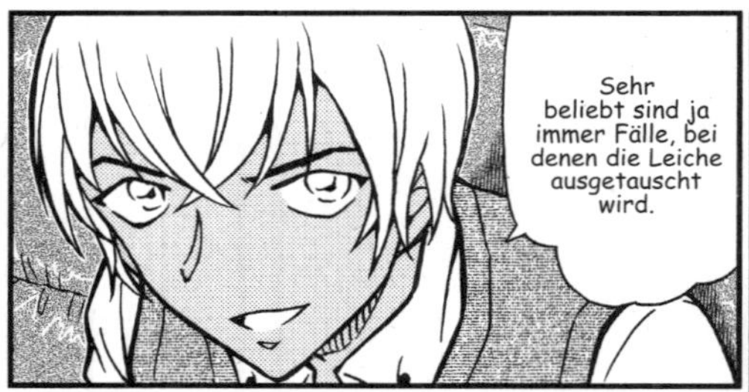
Sehr beliebt sind ja immer Fälle, bei denen die Leiche ausgetauscht wird.

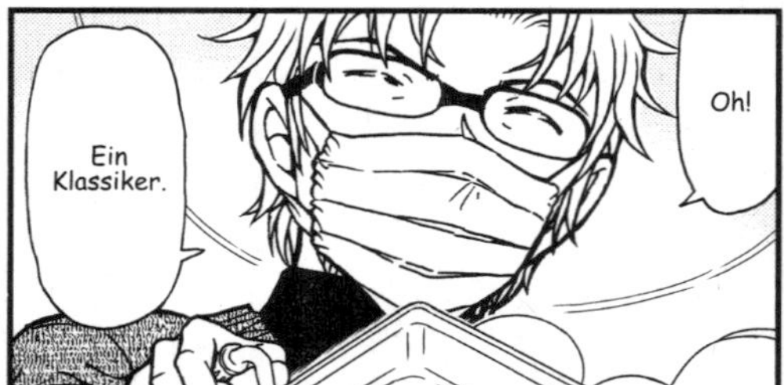
Oh!
Ein Klassiker.

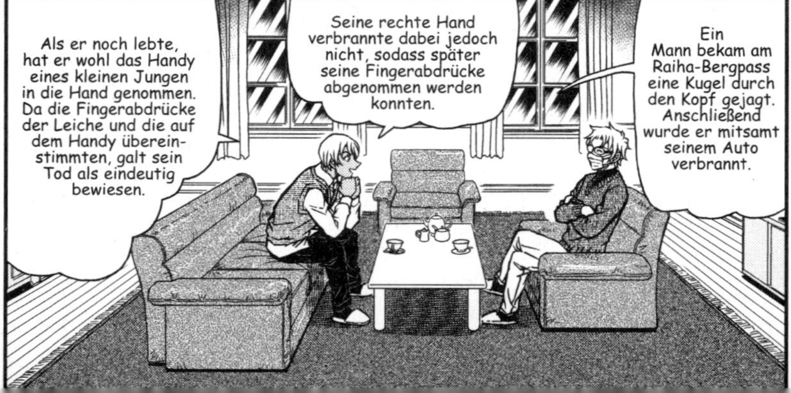
Ein Mann bekam am Raiha-Bergpass eine Kugel durch den Kopf gejagt. Anschließend wurde er mitsamt seinem Auto verbrannt.
Seine rechte Hand verbrannte dabei jedoch nicht, sodass später seine Fingerabdrücke abgenommen werden konnten.
Als er noch lebte, hat er wohl das Handy eines kleinen Jungen in die Hand genommen. Da die Fingerabdrücke der Leiche und die auf dem Handy übereinstimmten, galt sein Tod als eindeutig bewiesen.

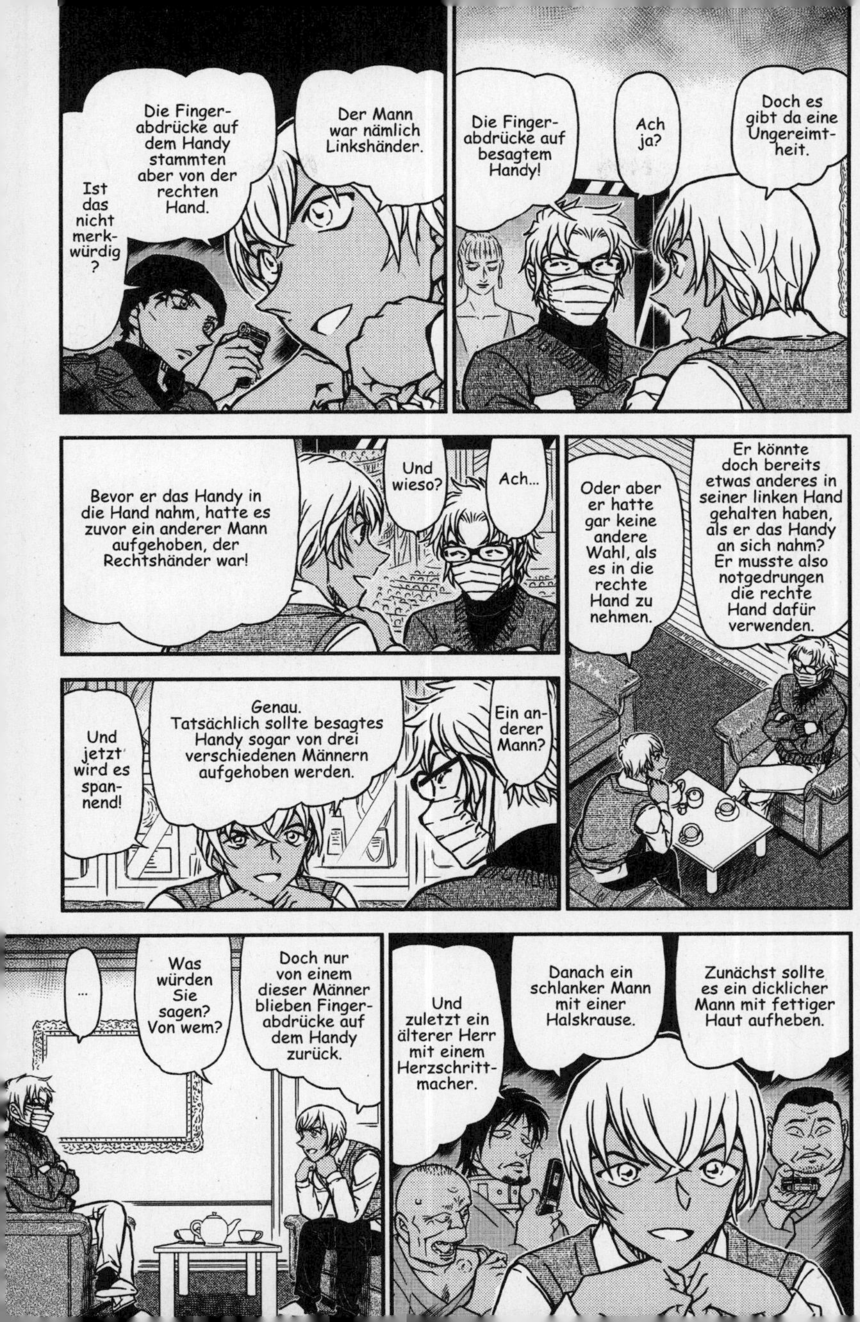

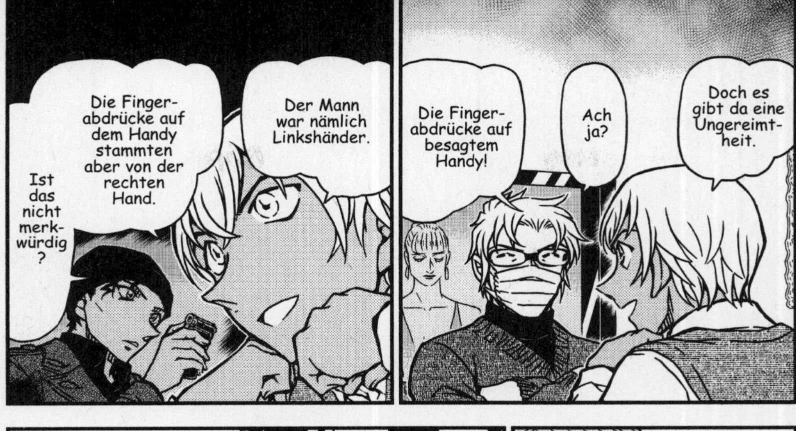
Doch es gibt da eine Ungereimtheit.
Ach ja?
Die Fingerabdrücke auf besagtem Handy!
Der Mann war nämlich Linkshänder.
Die Fingerabdrücke auf dem Handy stammten aber von der rechten Hand.
Ist das nicht merkwürdig?

Er könnte doch bereits etwas anderes in seiner linken Hand gehalten haben, als er das Handy an sich nahm? Er musste also notgedrungen die rechte Hand dafür verwenden.
Oder aber er hatte gar keine andere Wahl, als es in die rechte Hand zu nehmen.
Ach...
Und wieso?
Bevor er das Handy in die Hand nahm, hatte es zuvor ein anderer Mann aufgehoben, der Rechtshänder war!
Ein anderer Mann?
Genau. Tatsächlich sollte besagtes Handy sogar von drei verschiedenen Männern aufgehoben werden.
Und jetzt wird es spannend!

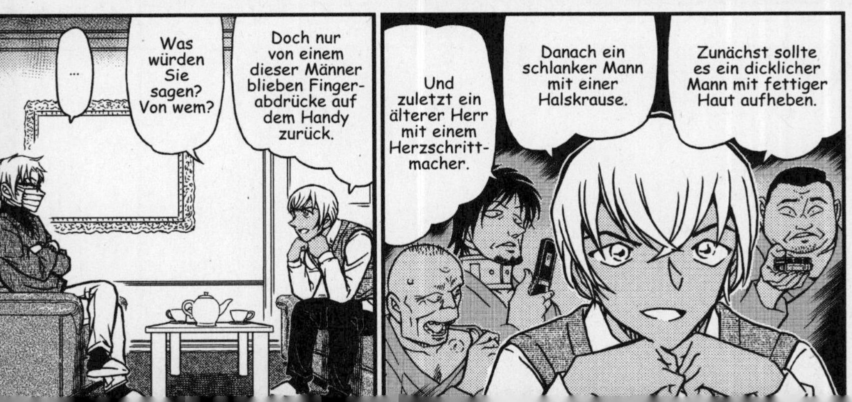
Zunächst sollte es ein dicklicher Mann mit fettiger Haut aufheben.
Danach ein schlanker Mann mit einer Halskrause.
Und zuletzt ein älterer Herr mit einem Herzschrittmacher.
Doch nur von einem dieser Männer blieben Fingerabdrücke auf dem Handy zurück.
Was würden Sie sagen? Von wem?
...

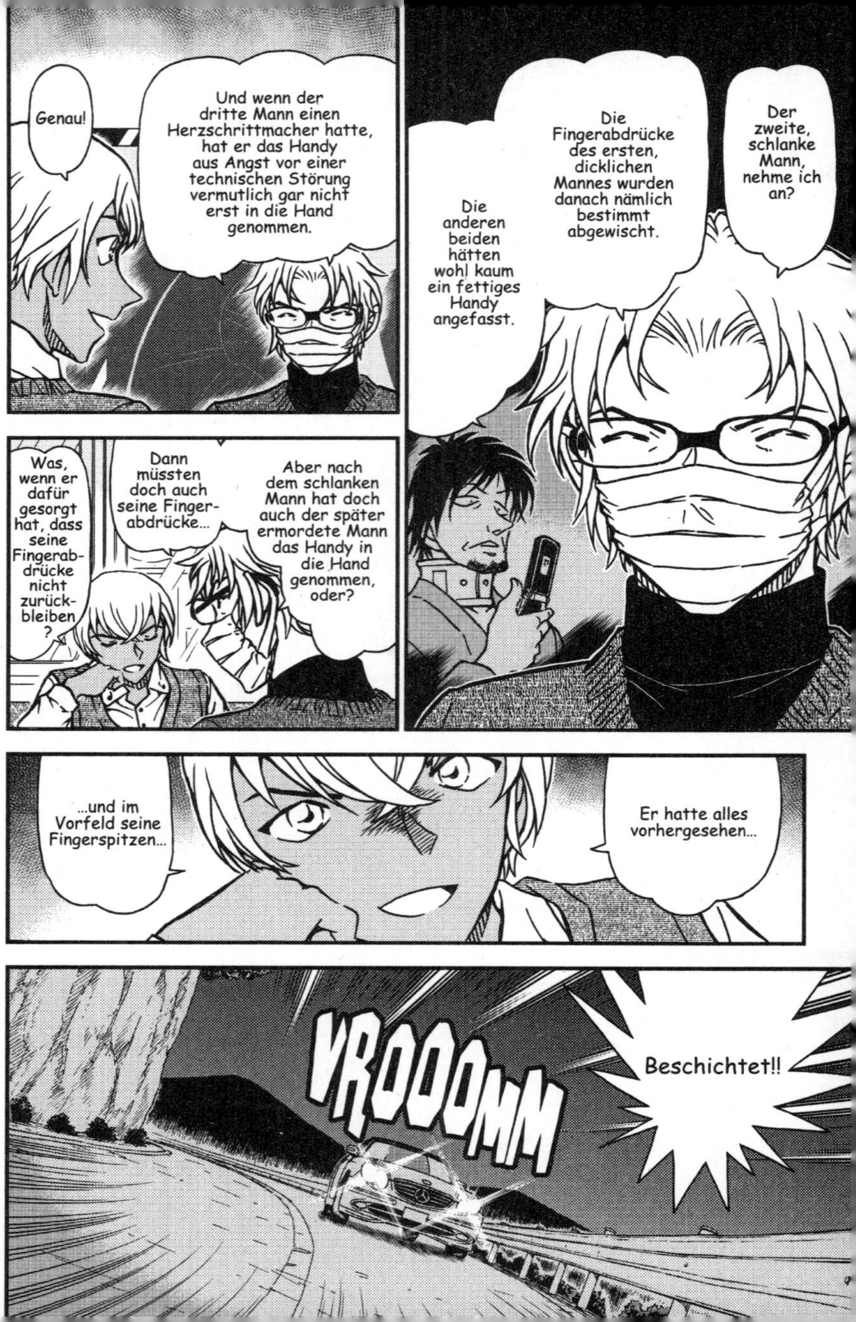

Der zweite, schlanke Mann, nehme ich an?
Die Fingerabdrücke des ersten, dicklichen Mannes wurden danach nämlich bestimmt abgewischt.
Die anderen beiden hätten wohl kaum ein fettiges Handy angefasst.
Und wenn der dritte Mann einen Herzschrittmacher hatte, hat er das Handy aus Angst vor einer technischen Störung vermutlich gar nicht erst in die Hand genommen.
Genau!
Aber nach dem schlanken Mann hat doch auch der später ermordete Mann das Handy in die Hand genommen, oder?
Dann müssten doch auch seine Fingerabdrücke...
Was, wenn er dafür gesorgt hat, dass seine Fingerabdrücke nicht zurückbleiben?

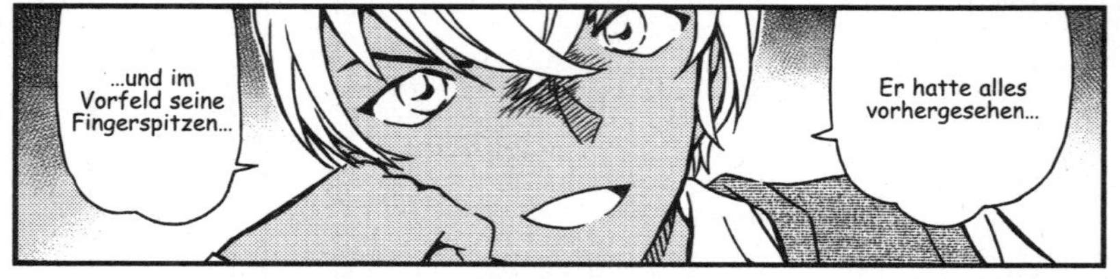

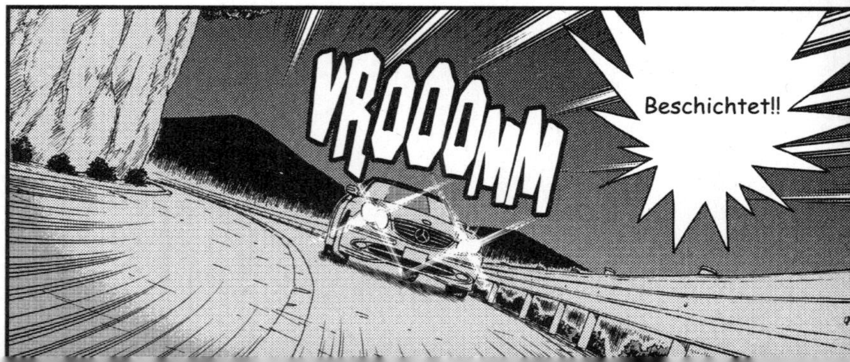

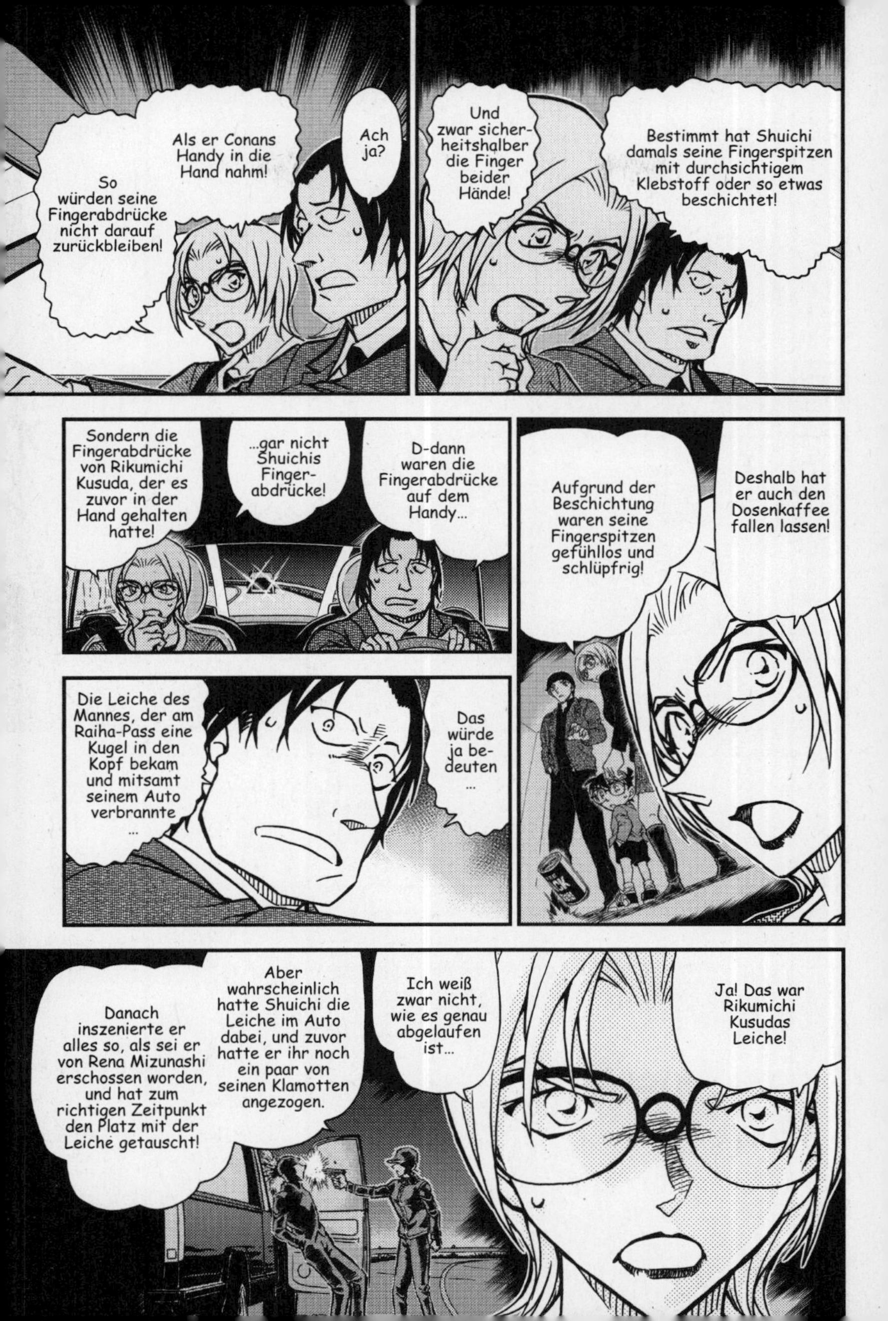

Bestimmt hat Shuichi damals seine Fingerspitzen mit durchsichtigem Klebstoff oder so etwas beschichtet!

Und zwar sicherheitshalber die Finger beider Hände!

Ach ja?

Als er Conans Handy in die Hand nahm!

So würden seine Fingerabdrücke nicht darauf zurückbleiben!

Deshalb hat er auch den Dosenkaffee fallen lassen!

Aufgrund der Beschichtung waren seine Fingerspitzen gefühllos und schlüpfrig!

D-dann waren die Fingerabdrücke auf dem Handy...

...gar nicht Shuichis Fingerabdrücke!

Sondern die Fingerabdrücke von Rikumichi Kusuda, der es zuvor in der Hand gehalten hatte!

Das würde ja bedeuten ...

Die Leiche des Mannes, der am Raiha-Pass eine Kugel in den Kopf bekam und mitsamt seinem Auto verbrannte ...

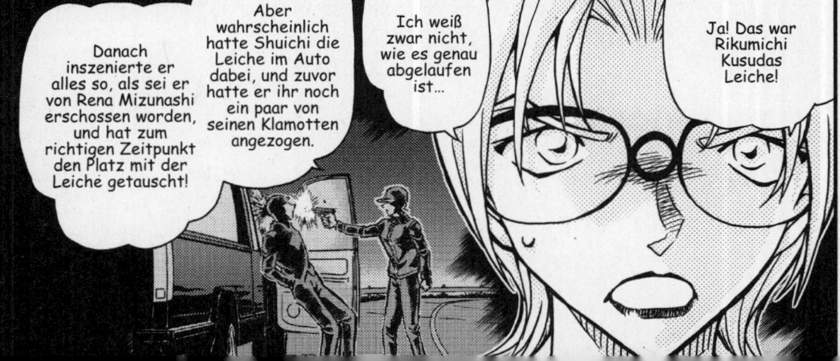

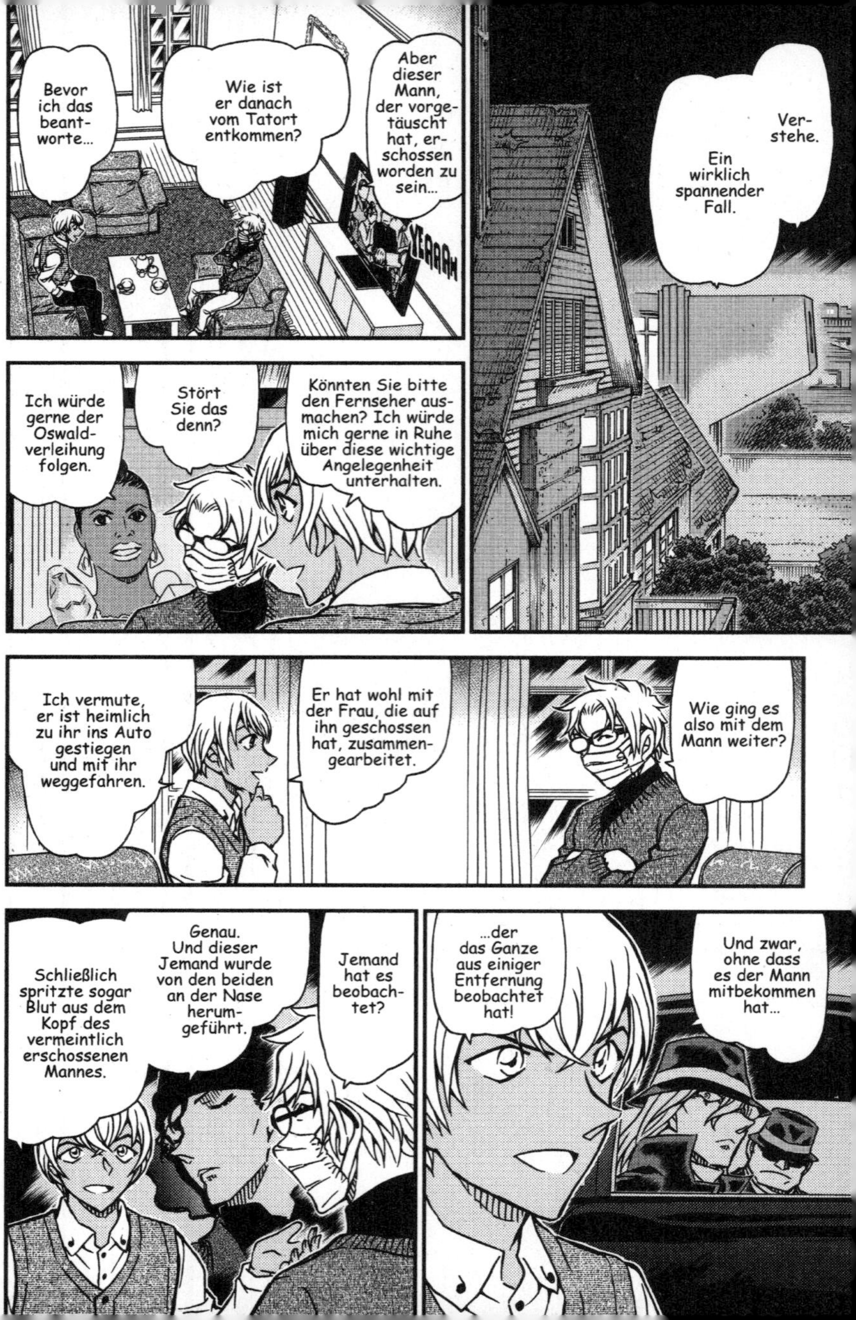

Verstehe.
Ein wirklich spannender Fall.
Aber dieser Mann, der vorgetäuscht hat, erschossen worden zu sein...
Wie ist er danach vom Tatort entkommen?
Bevor ich das beantworte...
Könnten Sie bitte den Fernseher ausmachen? Ich würde mich gerne in Ruhe über diese wichtige Angelegenheit unterhalten.
Stört Sie das denn?
Ich würde gerne der Oswaldverleihung folgen.
Wie ging es also mit dem Mann weiter?
Er hat wohl mit der Frau, die auf ihn geschossen hat, zusammengearbeitet.
Ich vermute, er ist heimlich zu ihr ins Auto gestiegen und mit ihr weggefahren.

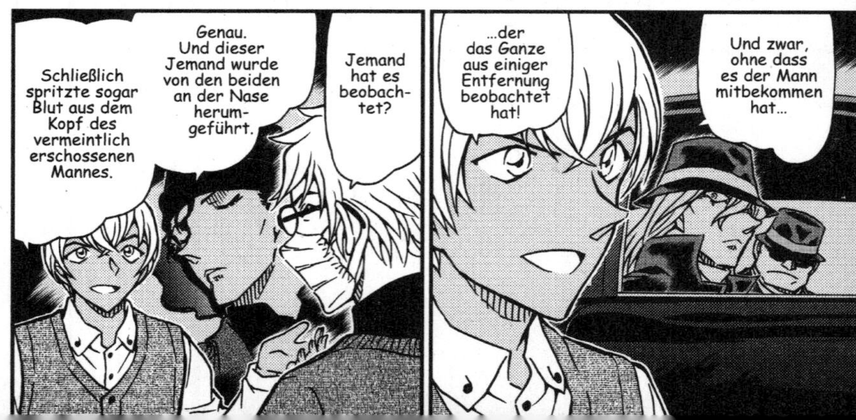

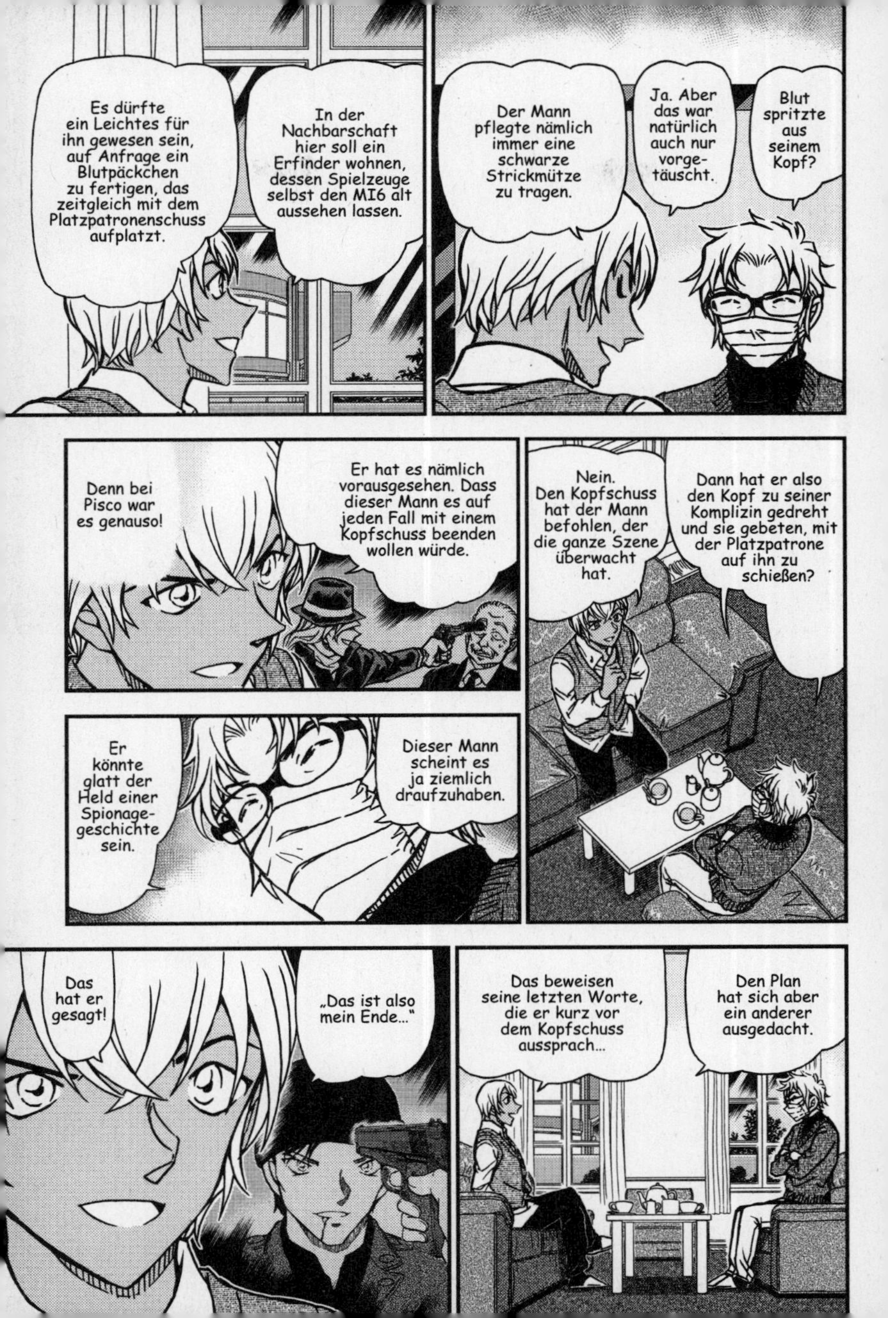

Blut spritzte aus seinem Kopf?
Ja. Aber das war natürlich auch nur vorgetäuscht.
Der Mann pflegte nämlich immer eine schwarze Strickmütze zu tragen.
In der Nachbarschaft hier soll ein Erfinder wohnen, dessen Spielzeuge selbst den MI6 alt aussehen lassen.
Es dürfte ein Leichtes für ihn gewesen sein, auf Anfrage ein Blutpäckchen zu fertigen, das zeitgleich mit dem Platzpatronenschuss aufplatzt.
Dann hat er also den Kopf zu seiner Komplizin gedreht und sie gebeten, mit der Platzpatrone auf ihn zu schießen?
Nein. Den Kopfschuss hat der Mann befohlen, der die ganze Szene überwacht hat.
Er hat es nämlich vorausgesehen. Dass dieser Mann es auf jeden Fall mit einem Kopfschuss beenden wollen würde.
Denn bei Pisco war es genauso!
Dieser Mann scheint es ja ziemlich draufzuhaben.
Er könnte glatt der Held einer Spionagegeschichte sein.

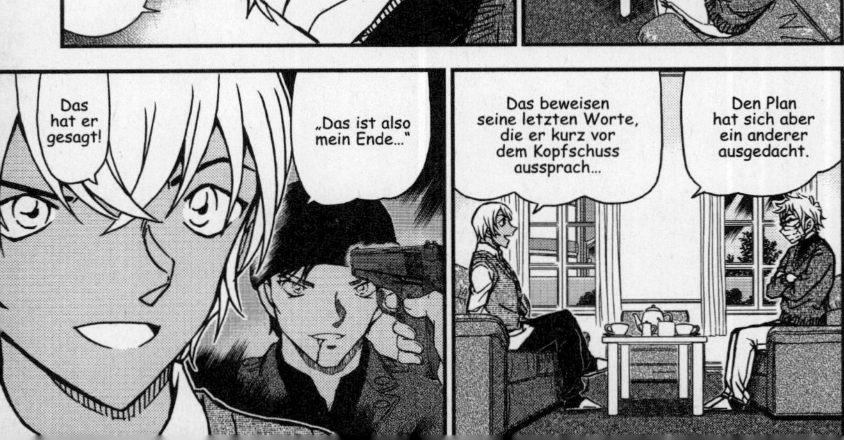

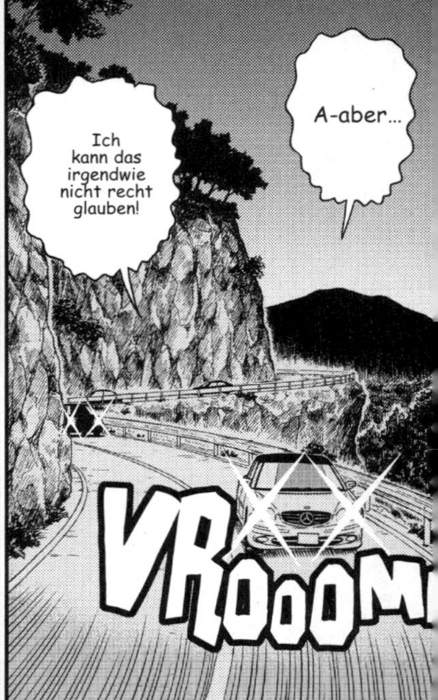
A-aber...
Ich kann das irgendwie nicht recht glauben!
VROOOM

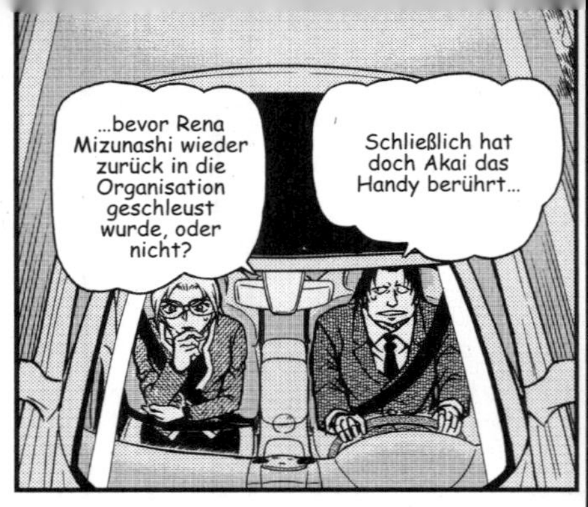
Schließlich hat doch Akai das Handy berührt...
...bevor Rena Mizunashi wieder zurück in die Organisation geschleust wurde, oder nicht?

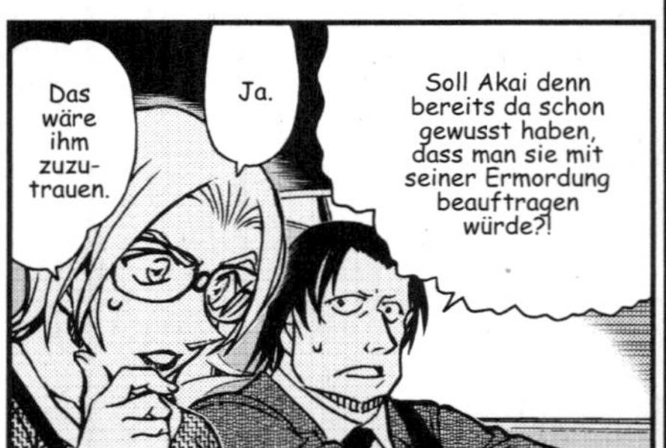
Soll Akai denn bereits da schon gewusst haben, dass man sie mit seiner Ermordung beauftragen würde?!
Ja.
Das wäre ihm zuzu-trauen.

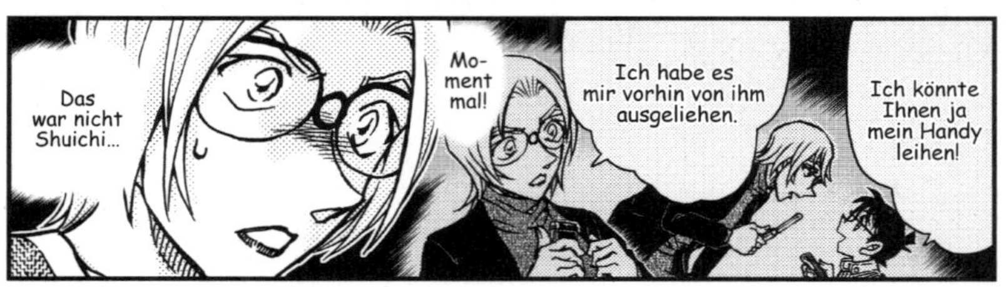
Ich könnte Ihnen ja mein Handy leihen!
Ich habe es mir vorhin von ihm ausgeliehen.
Mo-ment mal!
Das war nicht Shuichi...

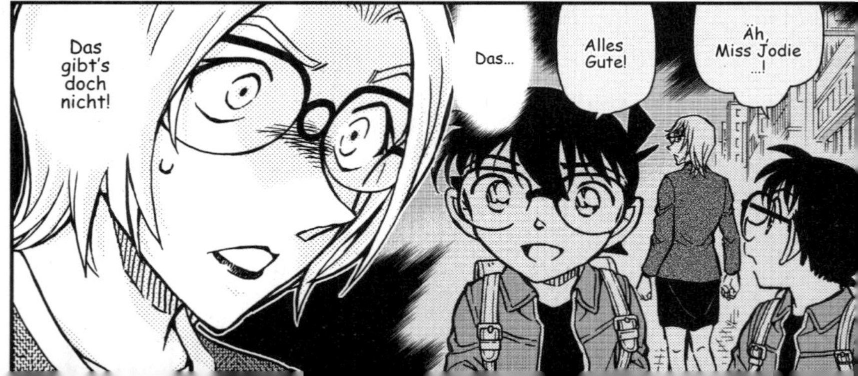
Äh, Miss Jodie ...!
Alles Gute!
Das...
Das gibt's doch nicht!

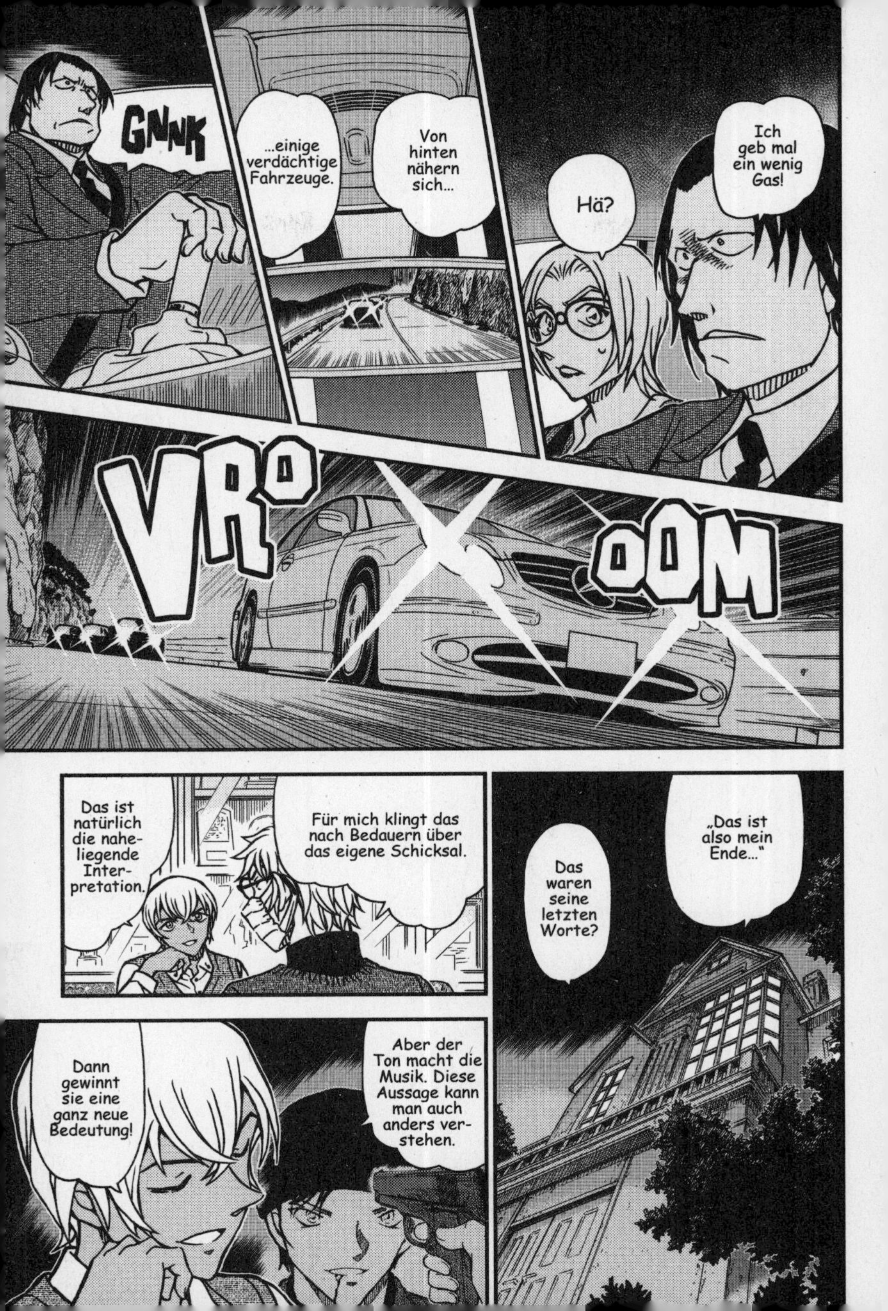

Ich geb mal ein wenig Gas!

Hä?

Von hinten nähern sich...

...einige verdächtige Fahrzeuge.

GNNK

VROOM

„Das ist also mein Ende...“

Das waren seine letzten Worte?

Für mich klingt das nach Bedauern über das eigene Schicksal.

Das ist natürlich die naheliegende Interpretation.

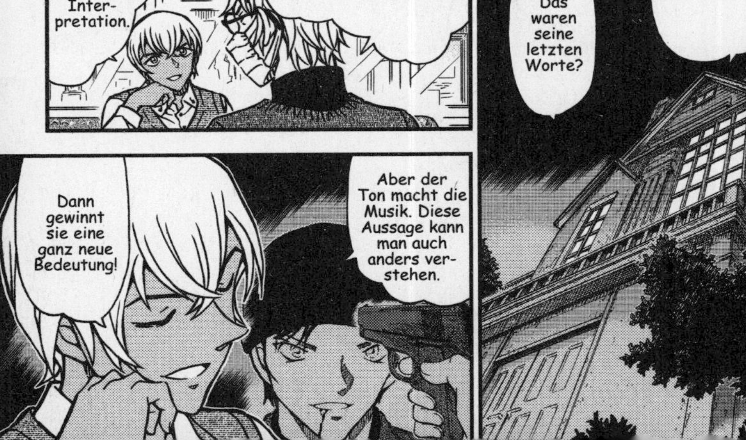

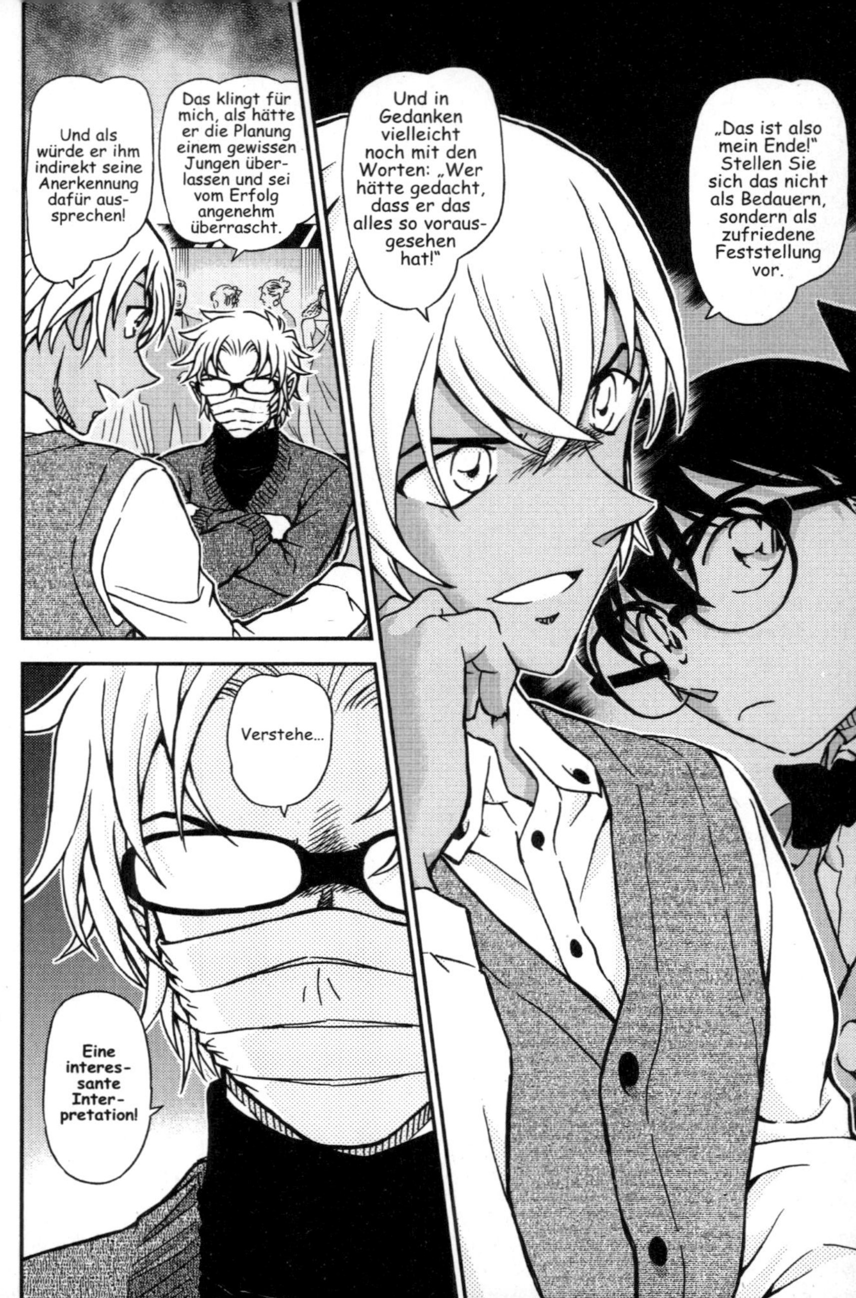
Das klingt für mich, als hätte er die Planung einem gewissen Jungen überlassen und sei vom Erfolg angenehm überrascht.
Und als würde er ihm indirekt seine Anerkennung dafür aussprechen!
Und in Gedanken vielleicht noch mit den Worten: „Wer hätte gedacht, dass er das alles so vorausgesehen hat!“
„Das ist also mein Ende!“ Stellen Sie sich das nicht als Bedauern, sondern als zufriedene Feststellung vor.
Verstehe...
Eine interessante Interpretation!

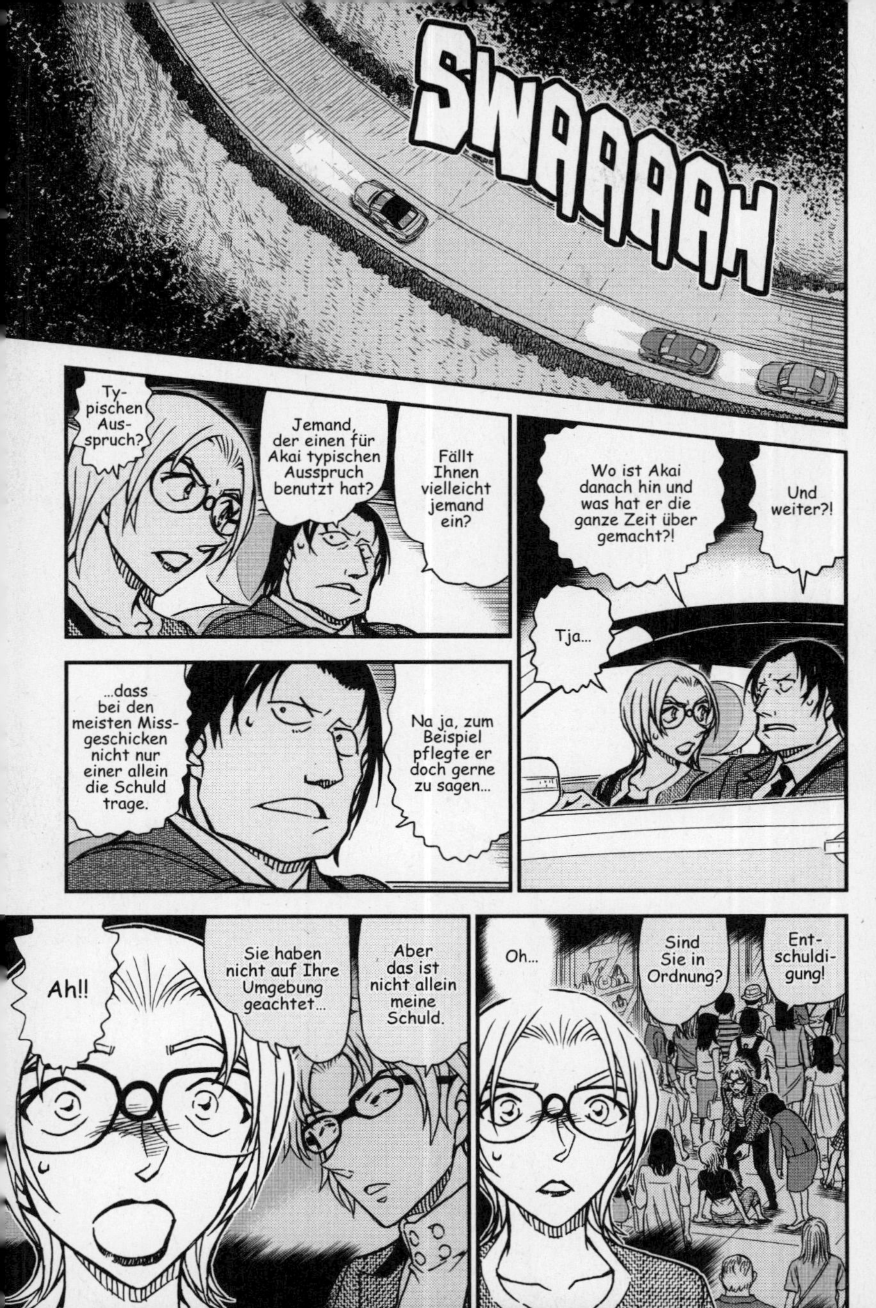
SWAAAAAH
Und weiter?!
Wo ist Akai danach hin und was hat er die ganze Zeit über gemacht?!
Tja...
Fällt Ihnen vielleicht jemand ein?
Jemand, der einen für Akai typischen Ausspruch benutzt hat?
Typischen Ausspruch?
Na ja, zum Beispiel pflegte er doch gerne zu sagen...
...dass bei den meisten Missgeschicken nicht nur einer allein die Schuld trage.
Entschuldigung!
Sind Sie in Ordnung?
Oh...
Aber das ist nicht allein meine Schuld.
Sie haben nicht auf Ihre Umgebung geachtet...
Ah!!

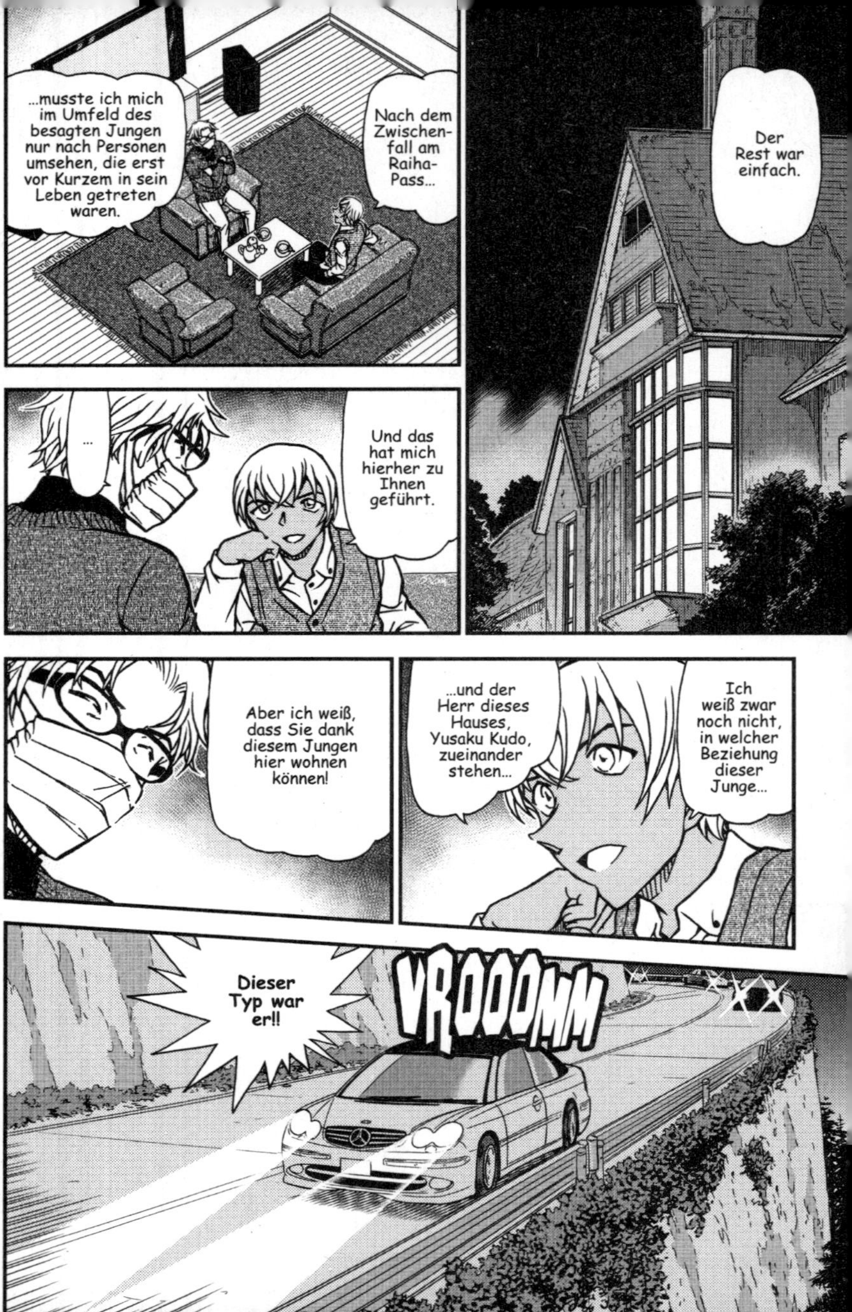

Der Rest war einfach.

Nach dem Zwischenfall am Raiha-Pass...

...musste ich mich im Umfeld des besagten Jungen nur nach Personen umsehen, die erst vor Kurzem in sein Leben getreten waren.

Und das hat mich hierher zu Ihnen geführt.

...

Ich weiß zwar noch nicht, in welcher Beziehung dieser Junge...

...und der Herr dieses Hauses, Yusaku Kudo, zueinander stehen...

Aber ich weiß, dass Sie dank diesem Jungen hier wohnen können!

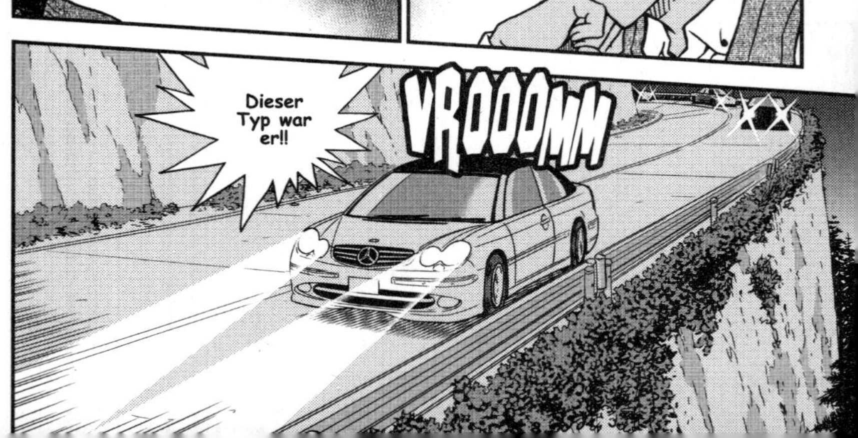

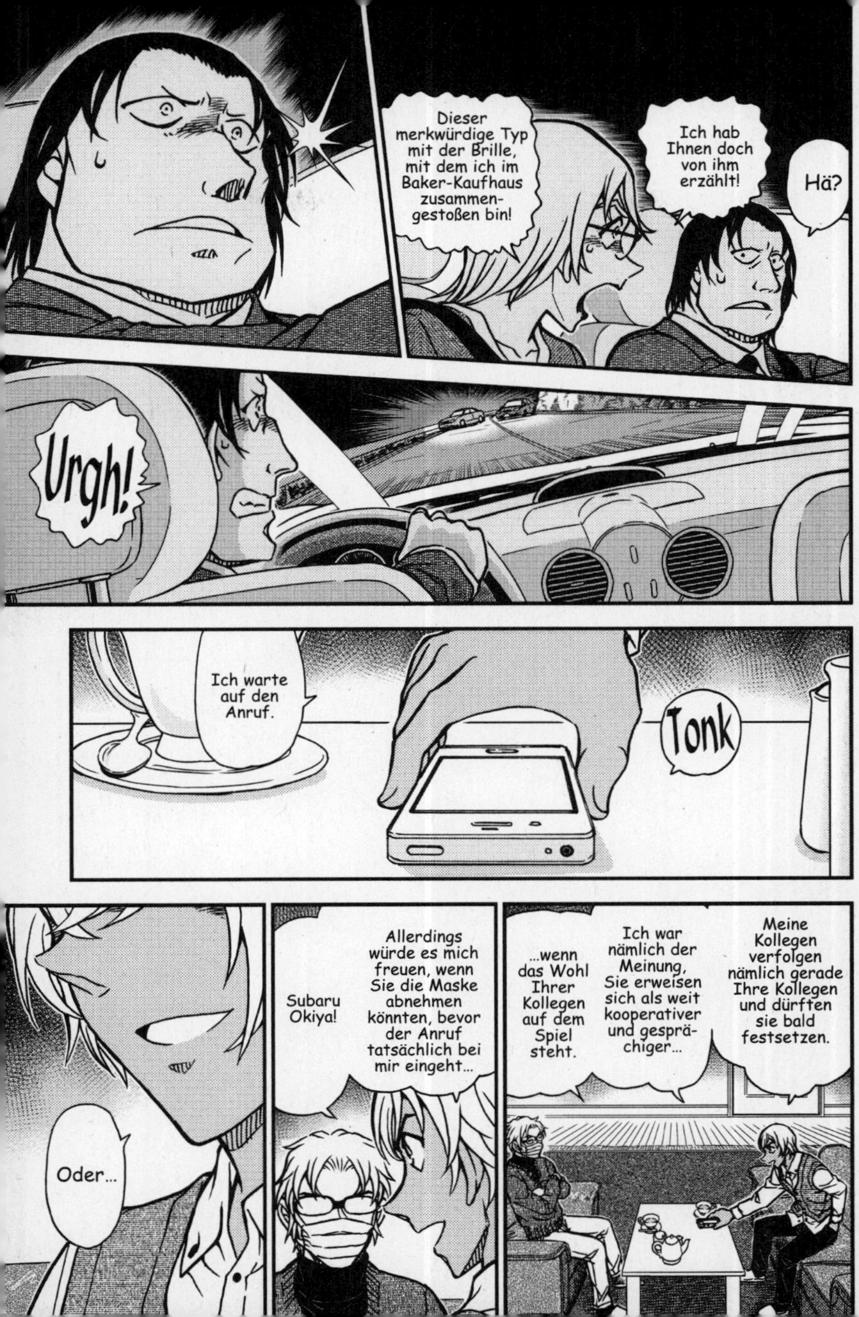

Hä?
Ich hab Ihnen doch von ihm erzählt!
Dieser merkwürdige Typ mit der Brille, mit dem ich im Baker-Kaufhaus zusammengestoßen bin!
Urgh!
Tonk
Ich warte auf den Anruf.

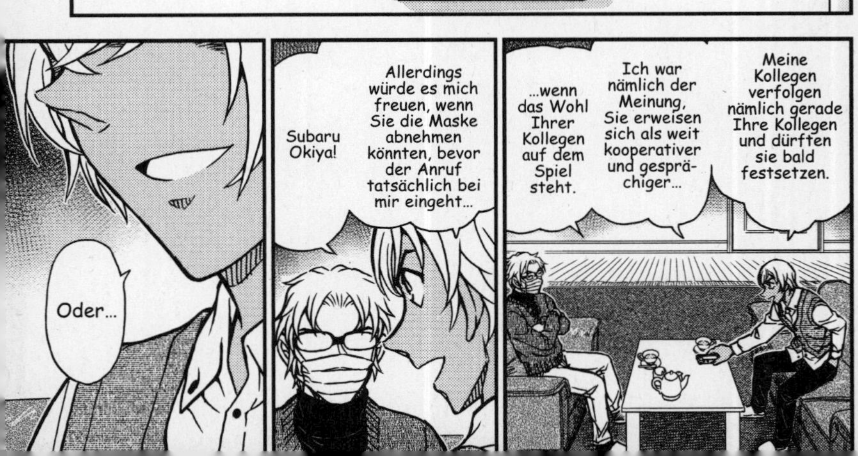
Meine Kollegen verfolgen nämlich gerade Ihre Kollegen und dürften sie bald festsetzen.
Ich war nämlich der Meinung, Sie erweisen sich als weit kooperativer und gesprächiger…
…wenn das Wohl Ihrer Kollegen auf dem Spiel steht.
Allerdings würde es mich freuen, wenn Sie die Maske abnehmen könnten, bevor der Anruf tatsächlich bei mir eingeht…
Subaru Okiya!
Oder…

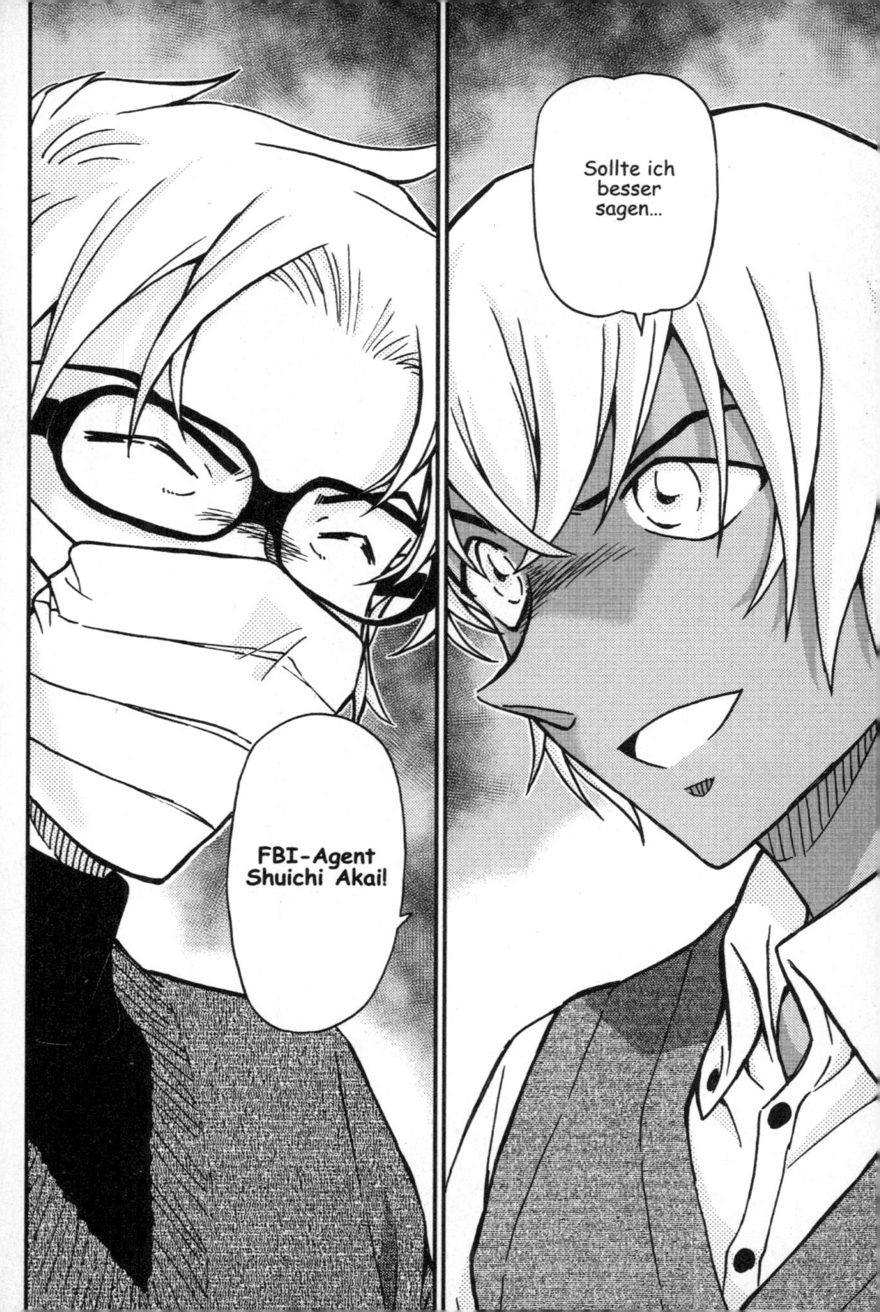
Sollte ich besser sagen...
FBI-Agent Shuichi Akai!

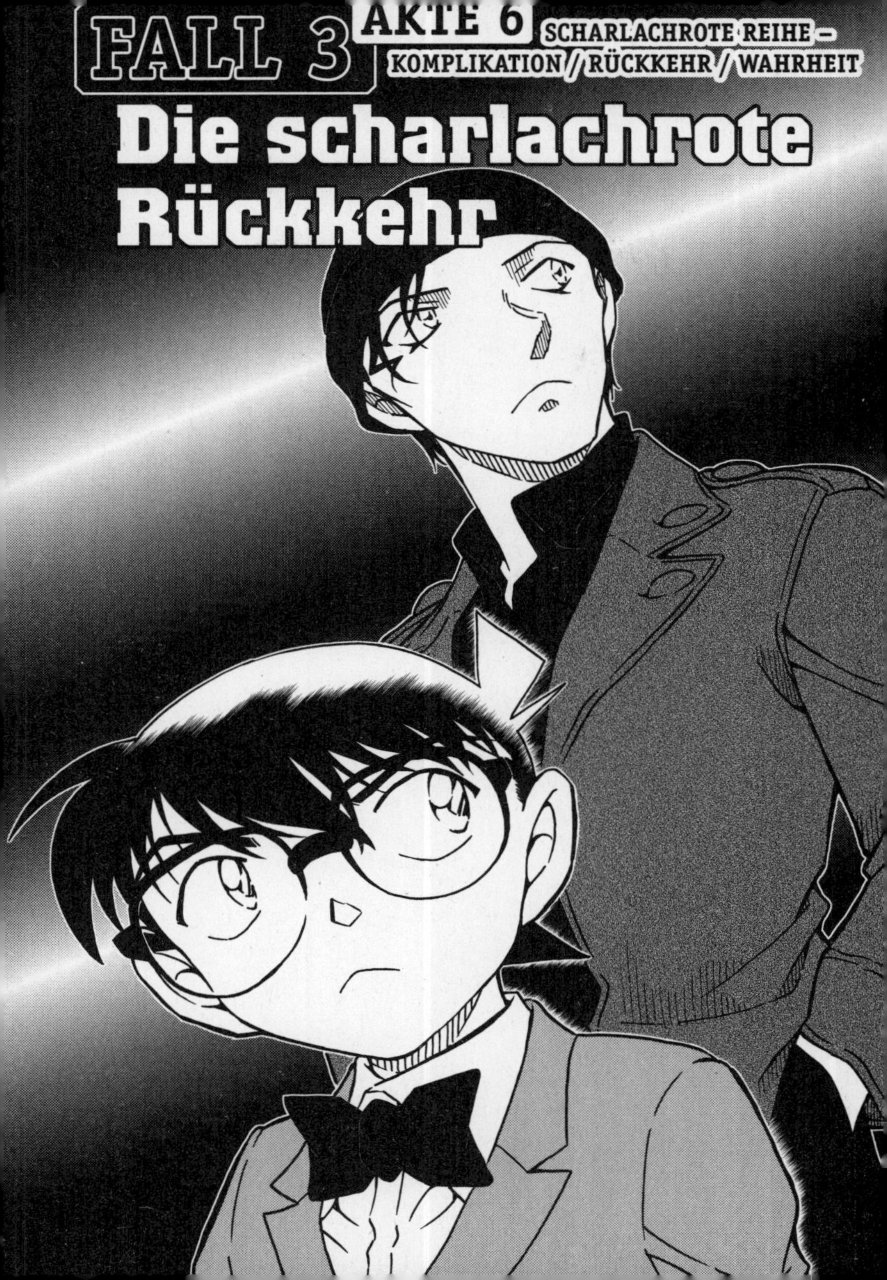
FALL 3
AKTE 6
SCHARLACHROTE REIHE –
KOMPLIKATION // RÜCKKEHR // WAHRHEIT
Die scharlachrote
Rückkehr

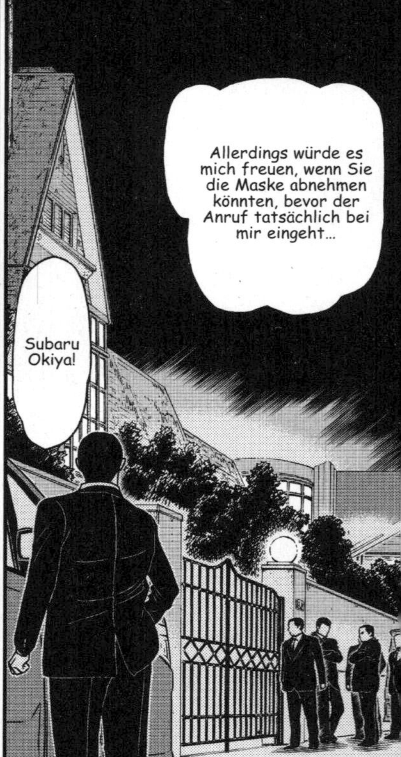
Allerdings würde es mich freuen, wenn Sie die Maske abnehmen könnten, bevor der Anruf tatsächlich bei mir eingeht...
Subaru Okiya!

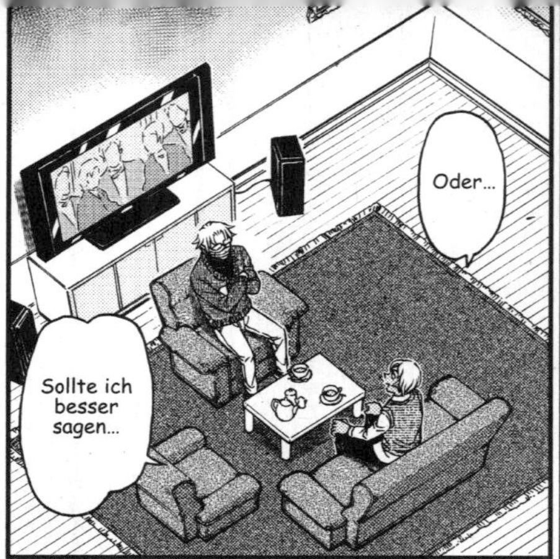
Oder...
Sollte ich besser sagen...

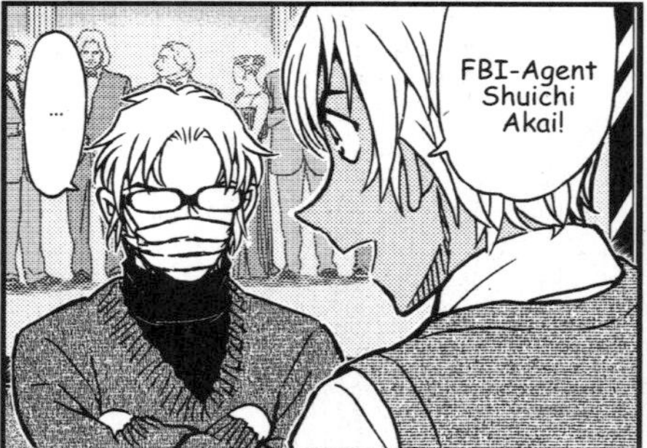
FBI-Agent Shuichi Akai!
...

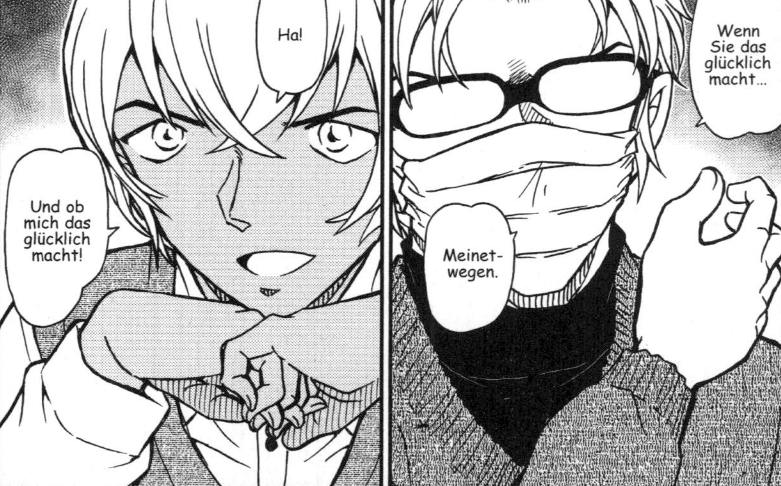
Wenn Sie das glücklich macht...
Meinet-wegen.
Ha!
Und ob mich das glücklich macht!

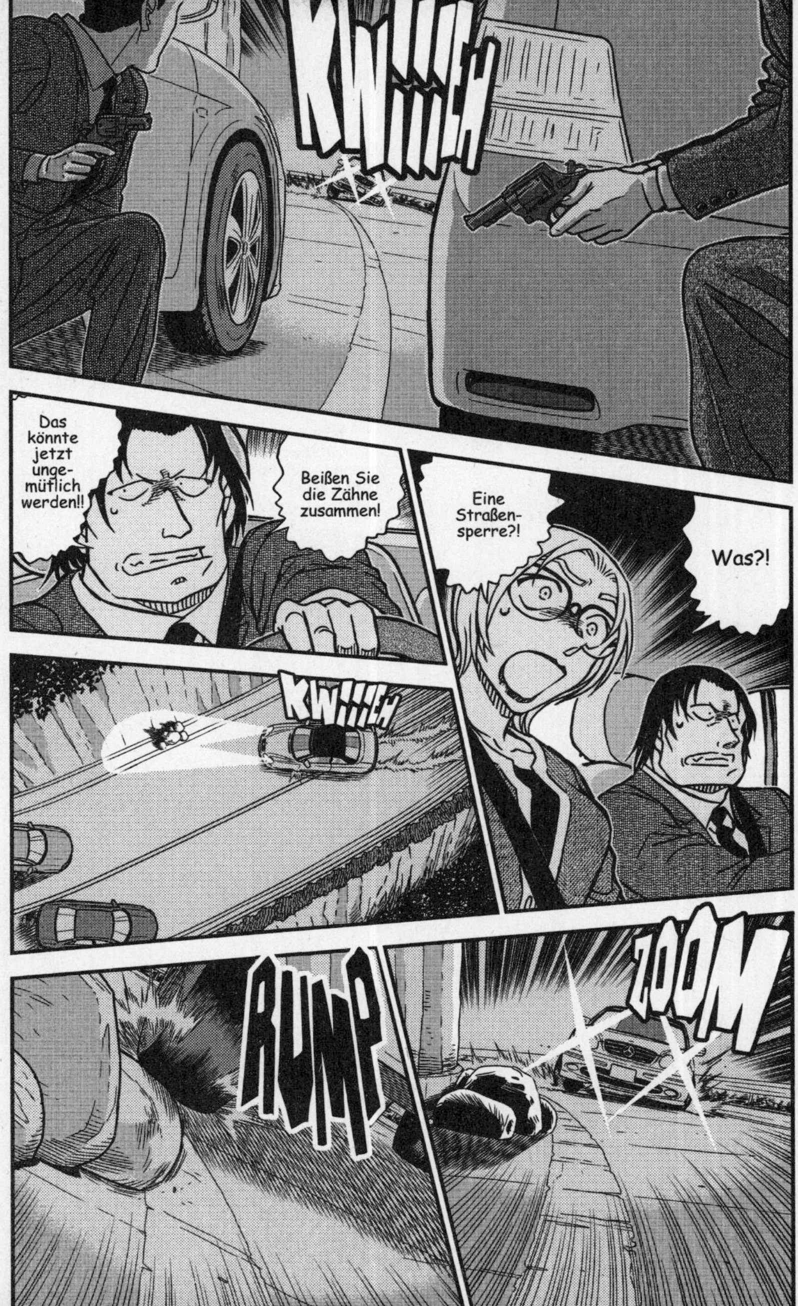
KWIIIIEH
Was?!
Eine Straßen-sperre?!
Beißen Sie die Zähne zusammen!
Das könnte jetzt unge-müflich werden!!
KWIIIEH
ZOOM
RUMP

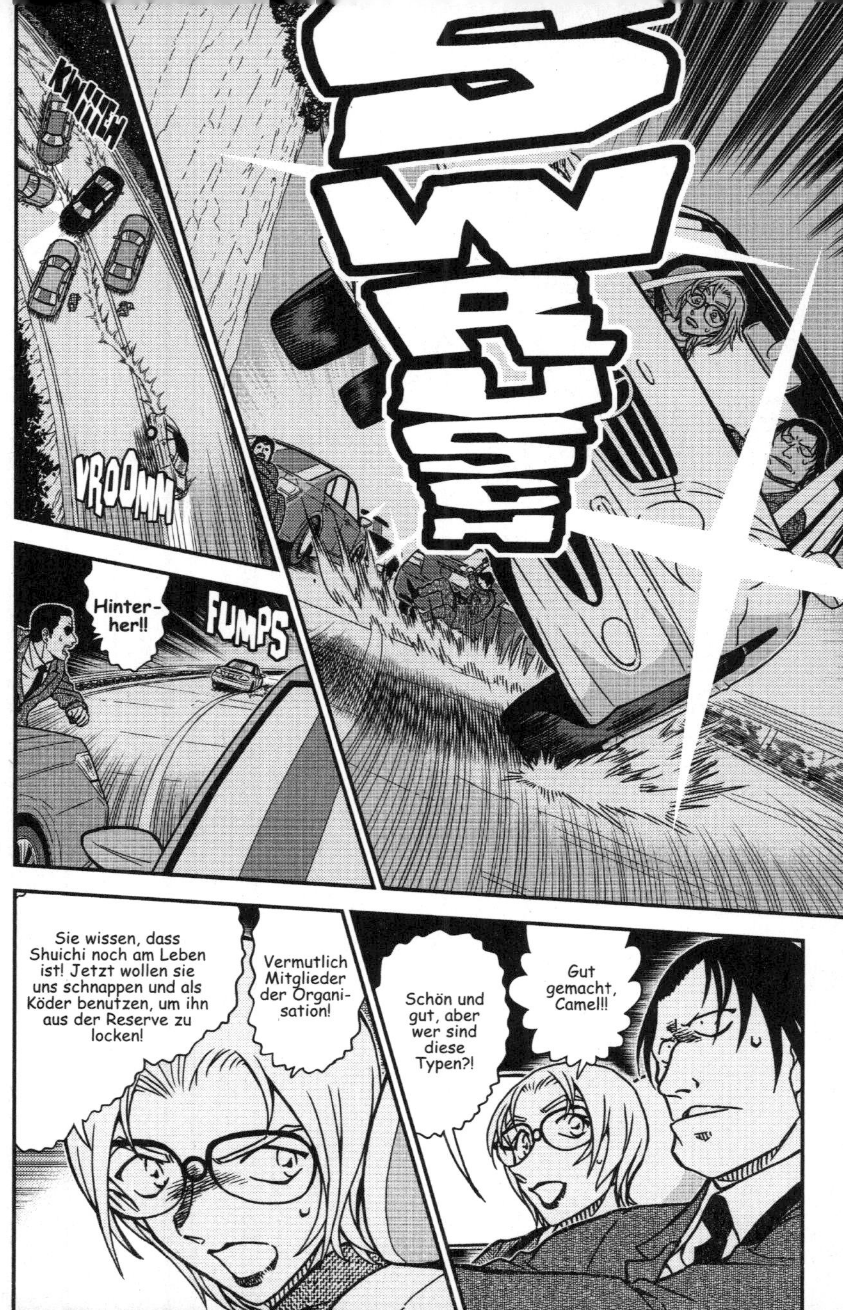
SWRUSCH
KNIIIEH
VROOMM
FUMPS
Hinter-
her!!
Gut gemacht, Camel!!
Schön und gut, aber wer sind diese Typen?!
Vermutlich Mitglieder der Organisation!
Sie wissen, dass Shuichi noch am Leben ist! Jetzt wollen sie uns schnappen und als Köder benutzen, um ihn aus der Reserve zu locken!

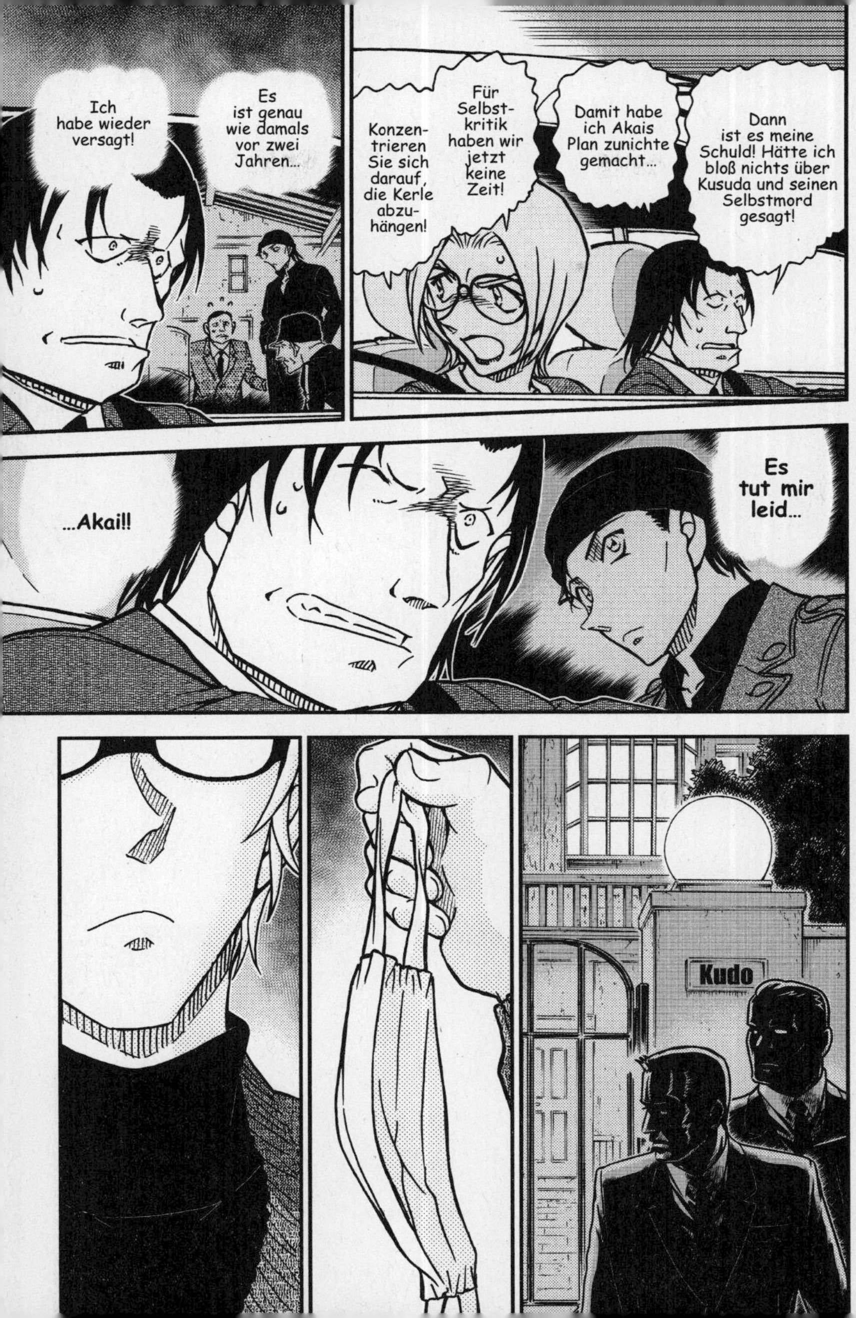

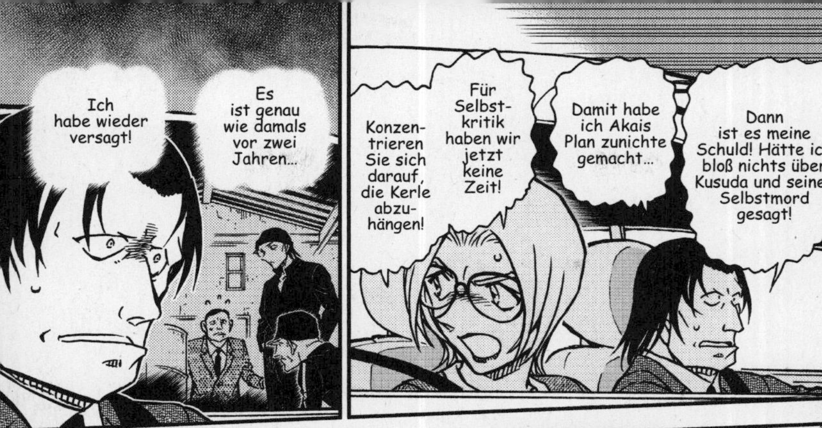
Dann ist es meine Schuld! Hätte ich bloß nichts über Kusuda und seinen Selbstmord gesagt!
Damit habe ich Akais Plan zunichte gemacht...
Für Selbstkritik haben wir jetzt keine Zeit!
Konzentrieren Sie sich darauf, die Kerle abzuhängen!
Es ist genau wie damals vor zwei Jahren...
Ich habe wieder versagt!

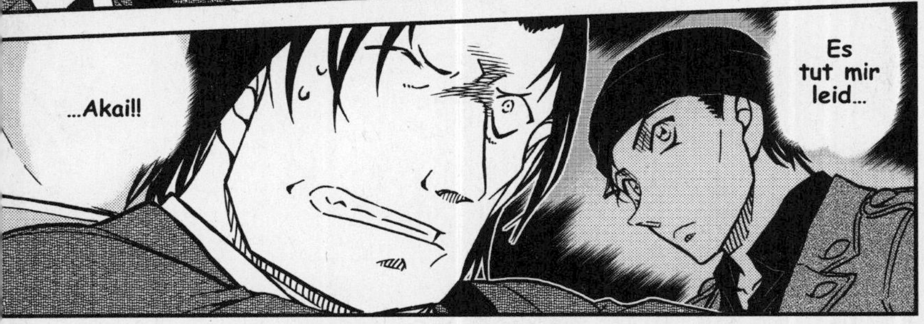
Es tut mir leid...
...Akai!!

Kudo

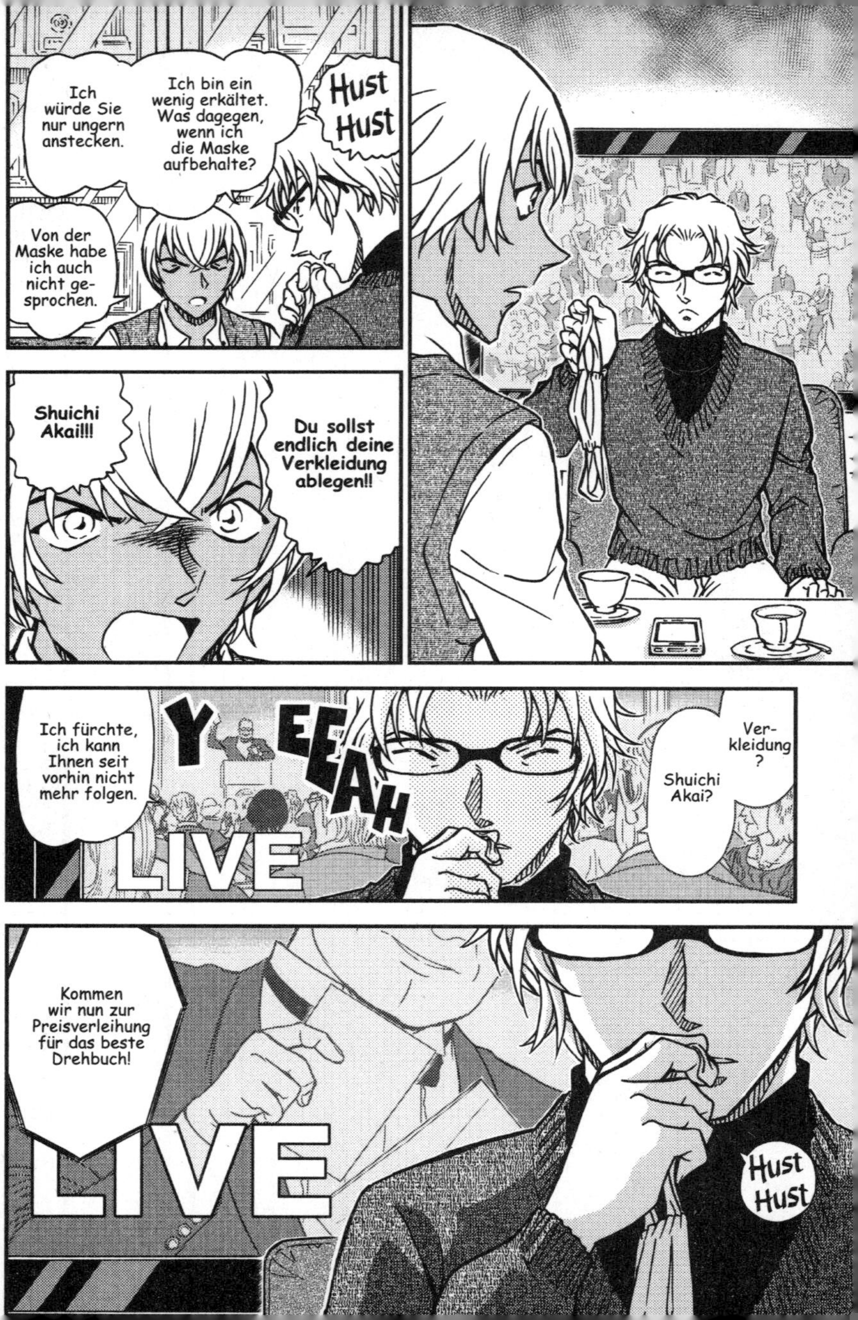

Hust Hust

Ich bin ein wenig erkältet. Was dagegen, wenn ich die Maske aufbehalte?

Ich würde Sie nur ungern anstecken.

Von der Maske habe ich auch nicht gesprochen.

Du sollst endlich deine Verkleidung ablegen!!

Shuichi Akai!!!

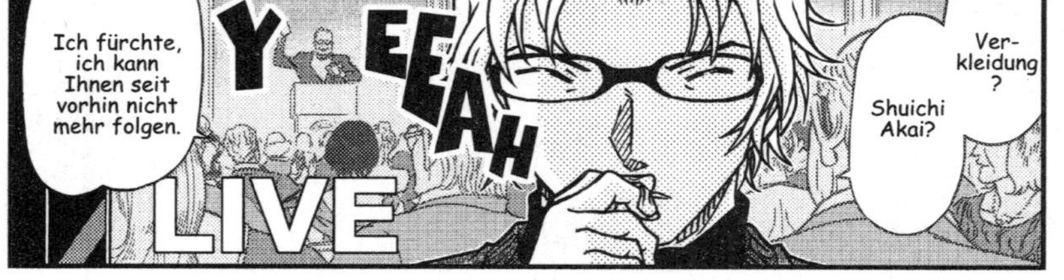

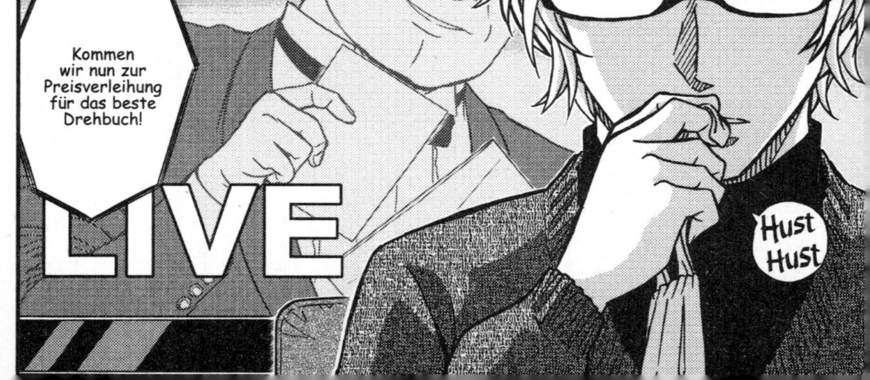

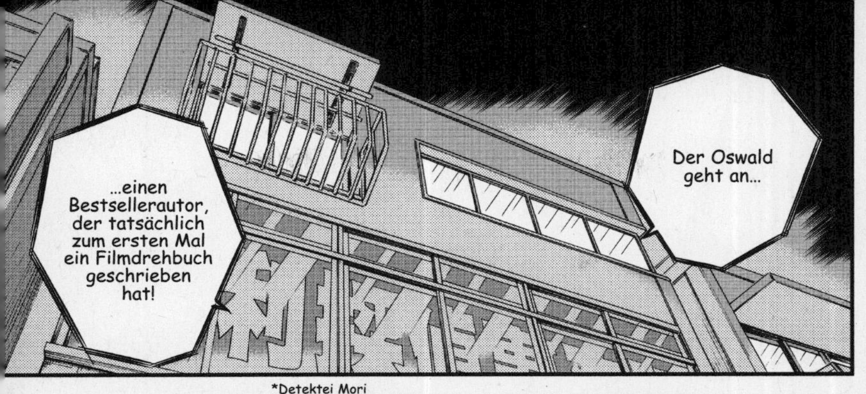
Der Oswald geht an...
...einen Bestsellerautor, der tatsächlich zum ersten Mal ein Filmdrehbuch geschrieben hat!

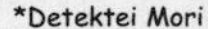
*Detektei Mori

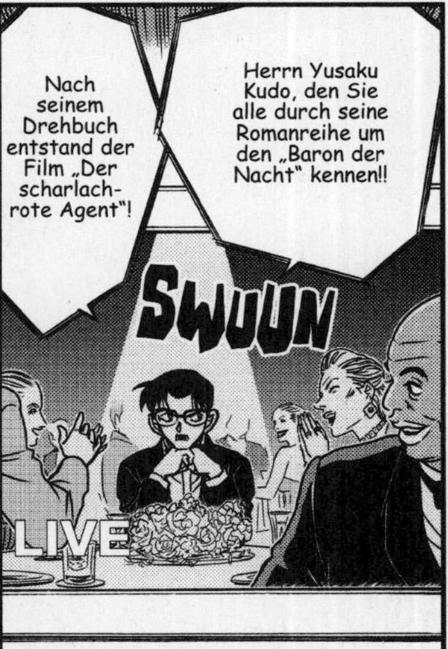
Herrn Yusaku Kudo, den Sie alle durch seine Romanreihe um den „Baron der Nacht" kennen!!
Nach seinem Drehbuch entstand der Film „Der scharlachrote Agent"!
SWUUN
LIVE

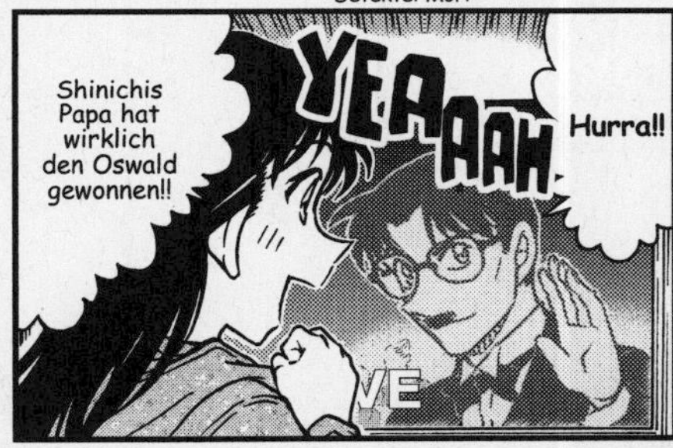
Hurra!!
YEAAAAH
Shinichis Papa hat wirklich den Oswald gewonnen!!

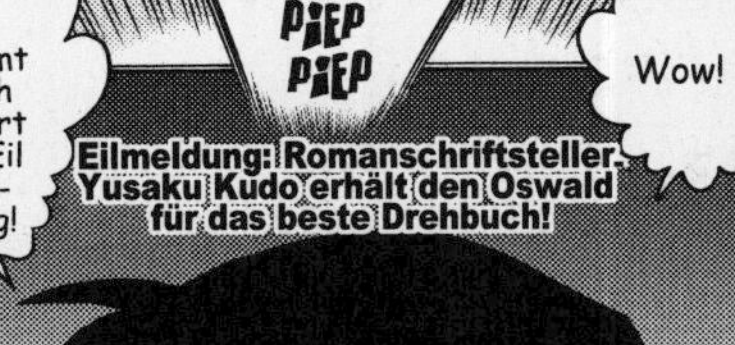
Wow!
PIEP PIEP
Es kommt auch sofort als Eil meldung!
Eilmeldung: Romanschriftsteller Yusaku Kudo erhält den Oswald für das beste Drehbuch!

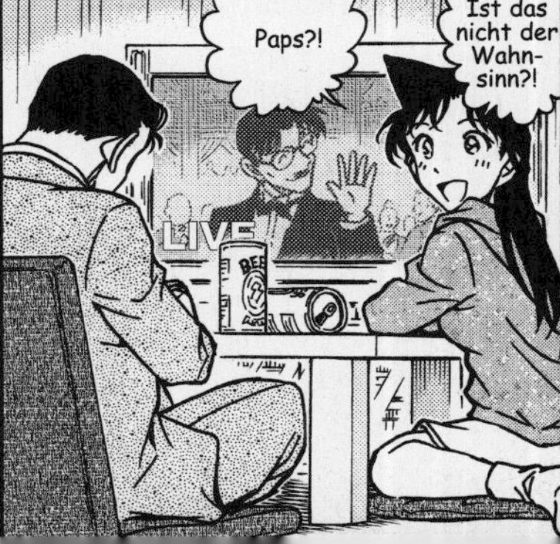
Ist das nicht der Wahnsinn?!
Paps?!
LIVE

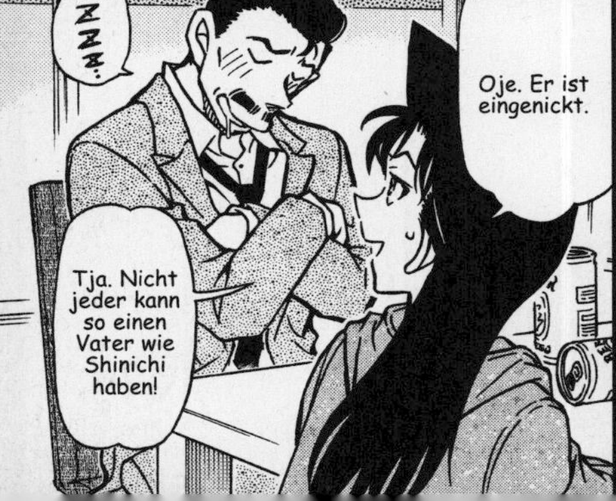
Oje. Er ist eingenickt.
ZZZ...
Tja. Nicht jeder kann so einen Vater wie Shinichi haben!

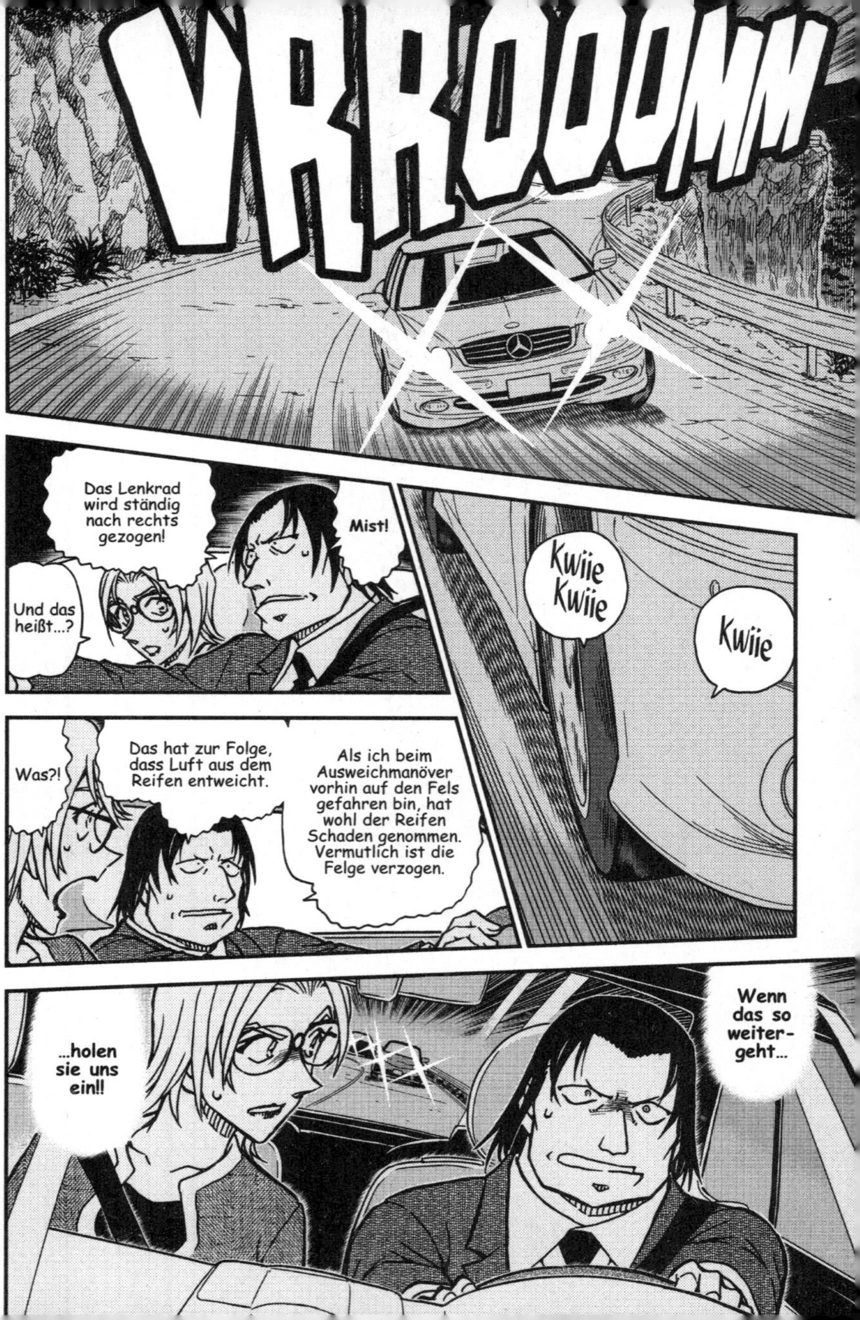

VRROOOMM
Kwiie Kwiie
Kwiie
Mist!
Das Lenkrad wird ständig nach rechts gezogen!
Und das heißt...?
Als ich beim Ausweichmanöver vorhin auf den Fels gefahren bin, hat wohl der Reifen Schaden genommen. Vermutlich ist die Felge verzogen.
Das hat zur Folge, dass Luft aus dem Reifen entweicht.
Was?!

Wenn das so weiter-geht...
...holen sie uns ein!!

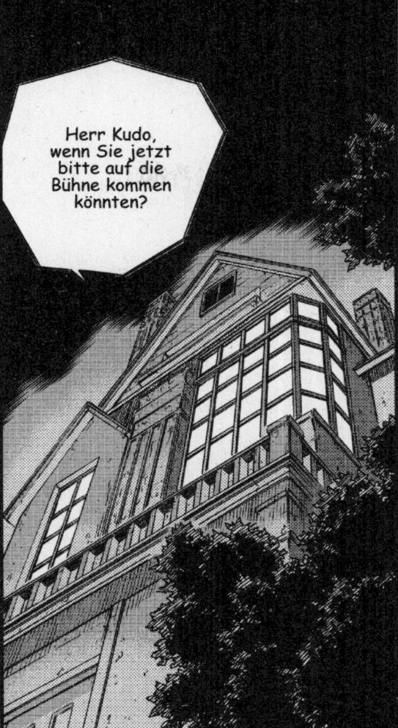
Herr Kudo, wenn Sie jetzt bitte auf die Bühne kommen könnten?

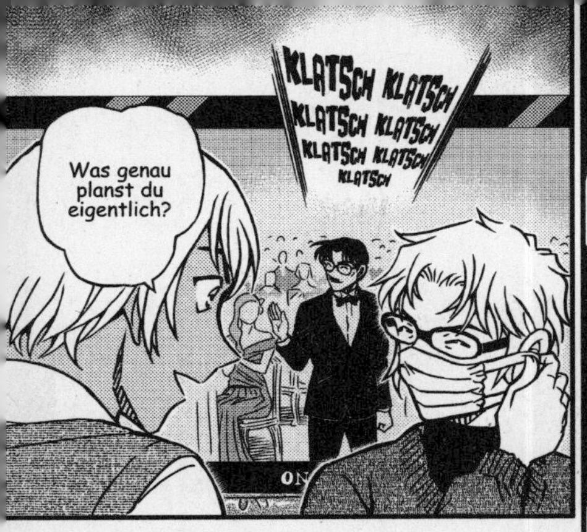
KLATSCH KLATSCH
KLATSCH KLATSCH
KLATSCH KLATSCH
KLATSCH
Was genau planst du eigentlich?

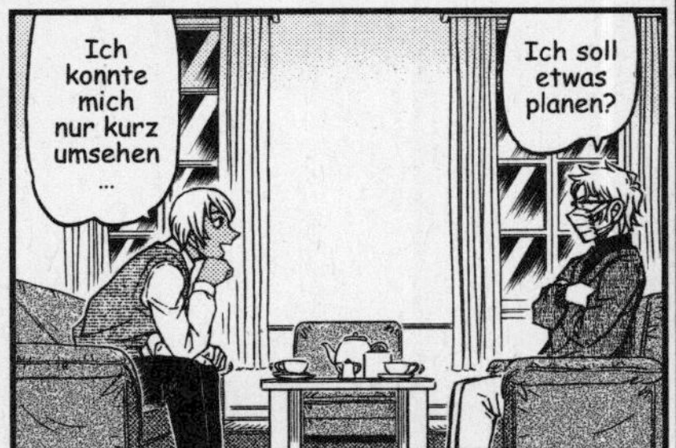
Ich soll etwas planen?
Ich konnte mich nur kurz umsehen ...

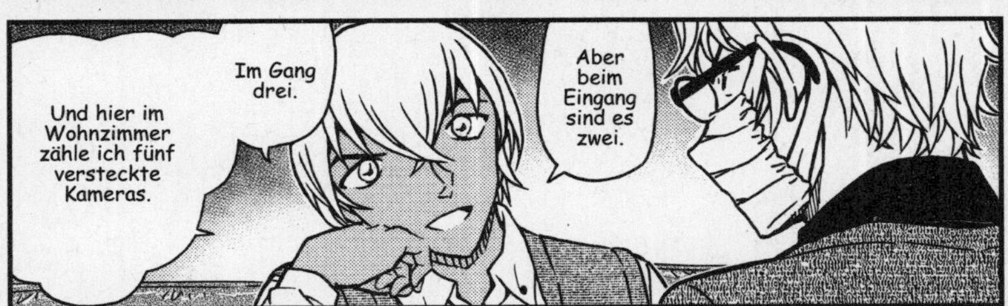
Aber beim Eingang sind es zwei.
Im Gang drei.
Und hier im Wohnzimmer zähle ich fünf versteckte Kameras.

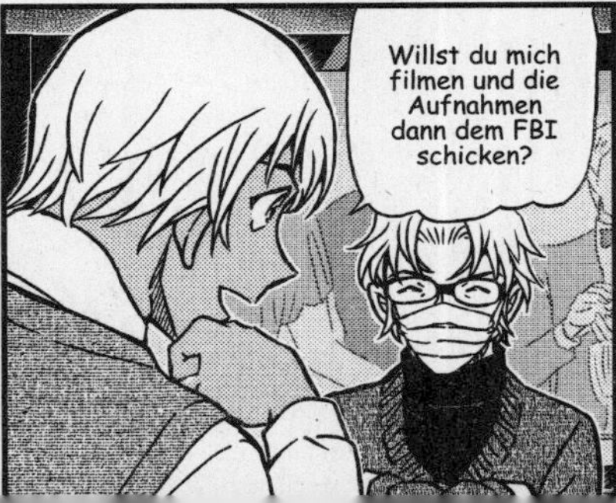
Willst du mich filmen und die Aufnahmen dann dem FBI schicken?

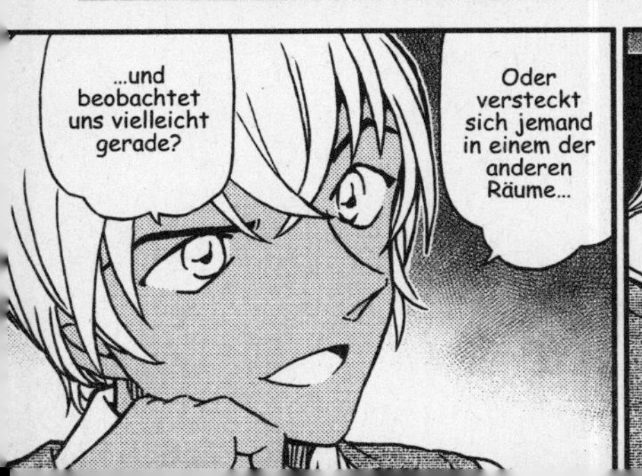
Oder versteckt sich jemand in einem der anderen Räume...
...und beobachtet uns vielleicht gerade?

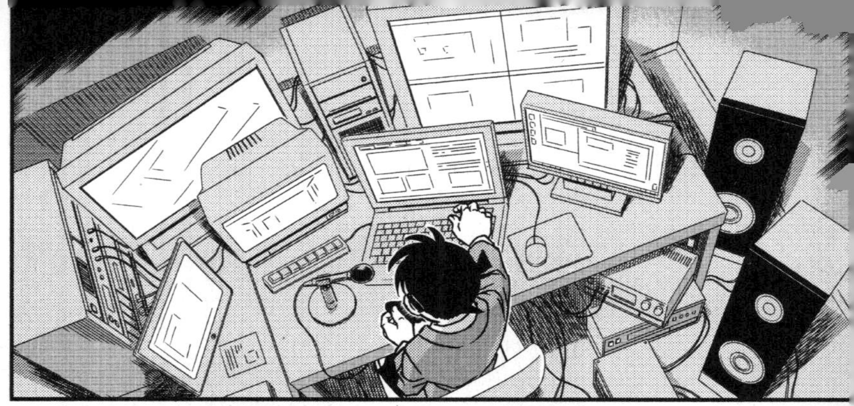

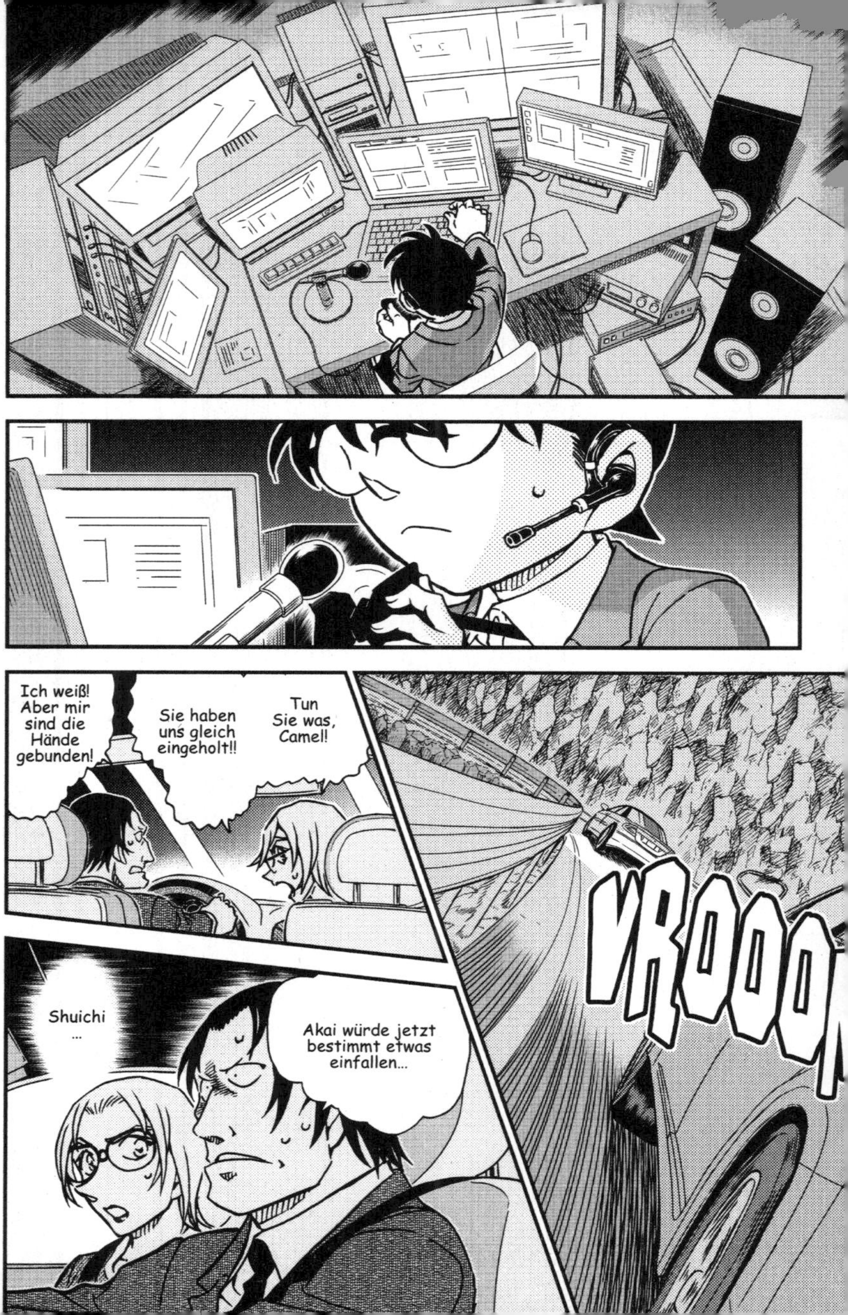

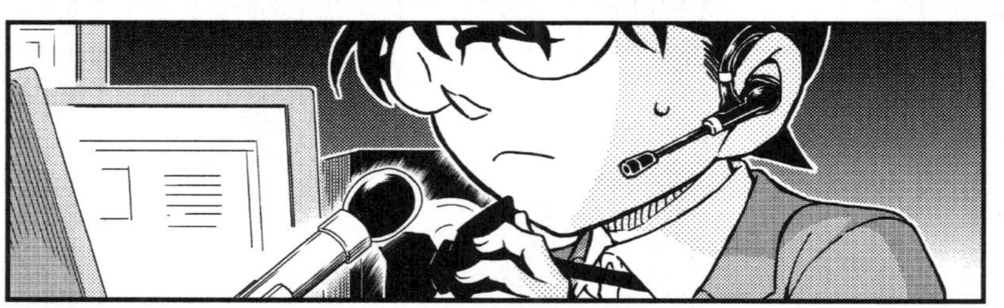

Tun Sie was, Camel!
Sie haben uns gleich eingeholt!!
Ich weiß! Aber mir sind die Hände gebunden!
VROOO
Akai würde jetzt bestimmt etwas einfallen...
Shuichi ...

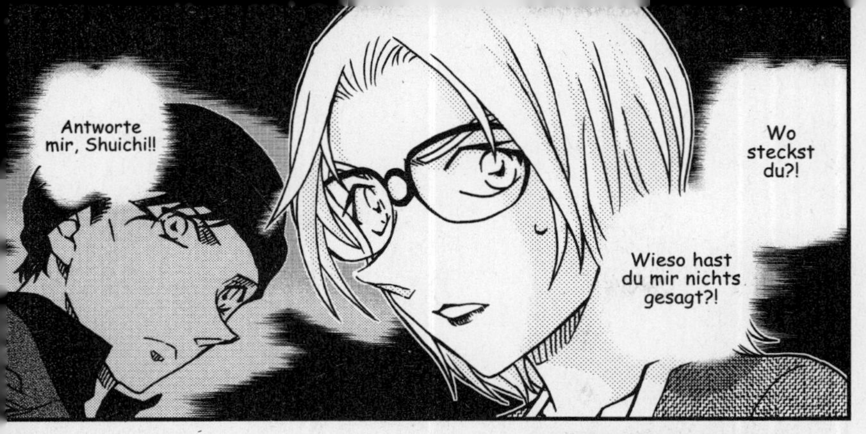

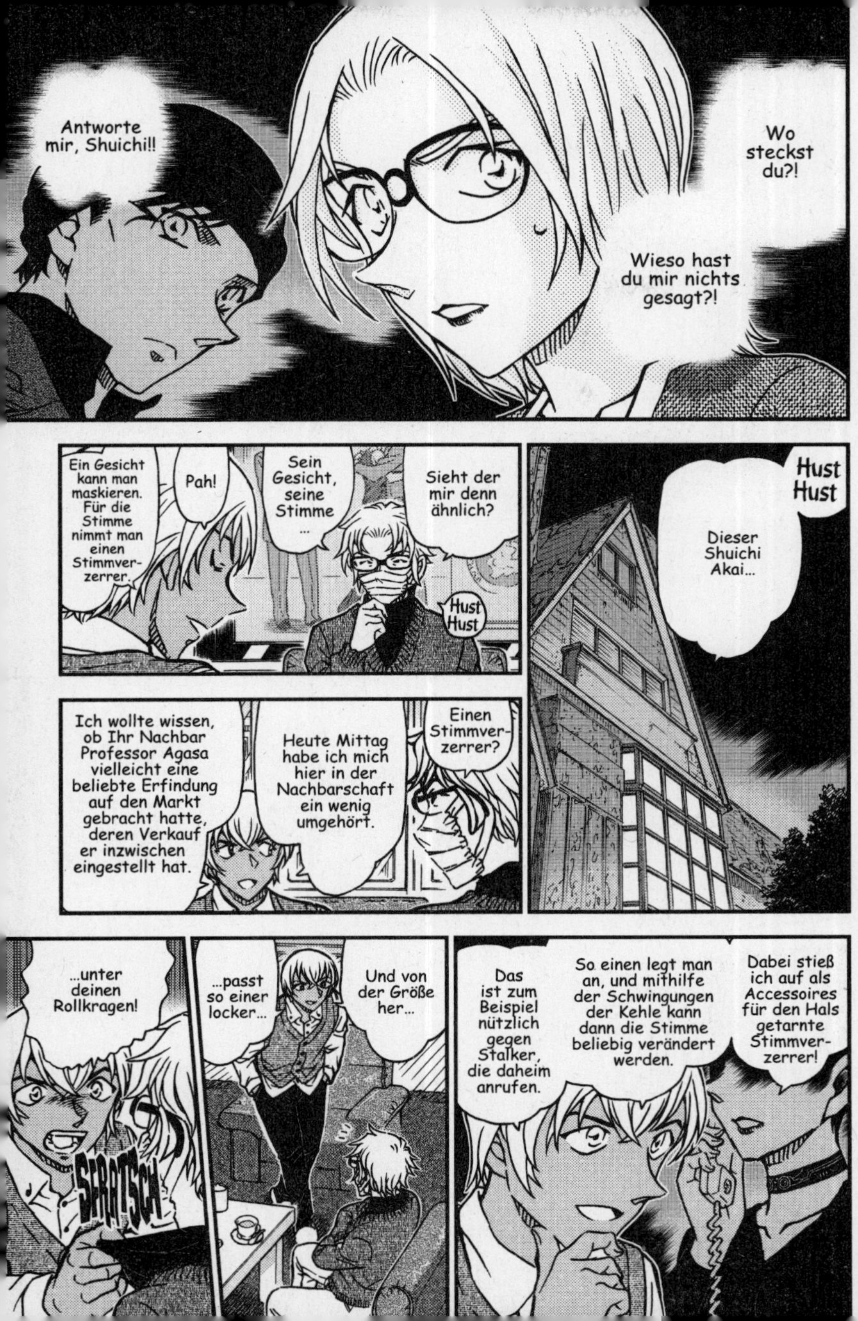

Hust Hust
Dieser Shuichi Akai...
Sieht der mir denn ähnlich?
Hust Hust
Sein Gesicht, seine Stimme ...
Pah!
Ein Gesicht kann man maskieren. Für die Stimme nimmt man einen Stimmverzerrer.
Einen Stimmverzerrer?
Heute Mittag habe ich mich hier in der Nachbarschaft ein wenig umgehört.
Ich wollte wissen, ob Ihr Nachbar Professor Agasa vielleicht eine beliebte Erfindung auf den Markt gebracht hatte, deren Verkauf er inzwischen eingestellt hat.

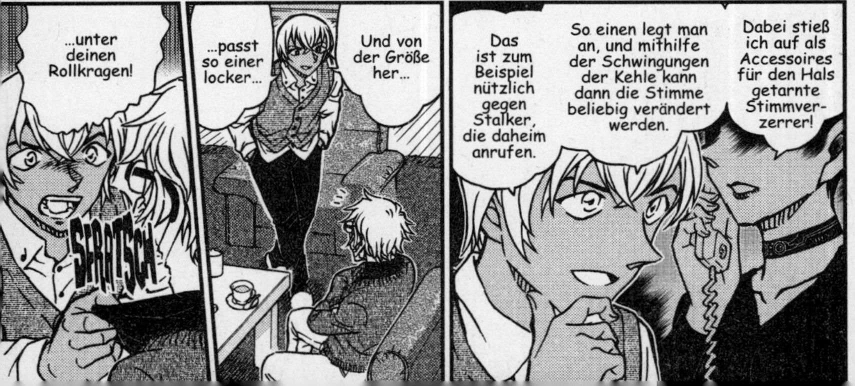

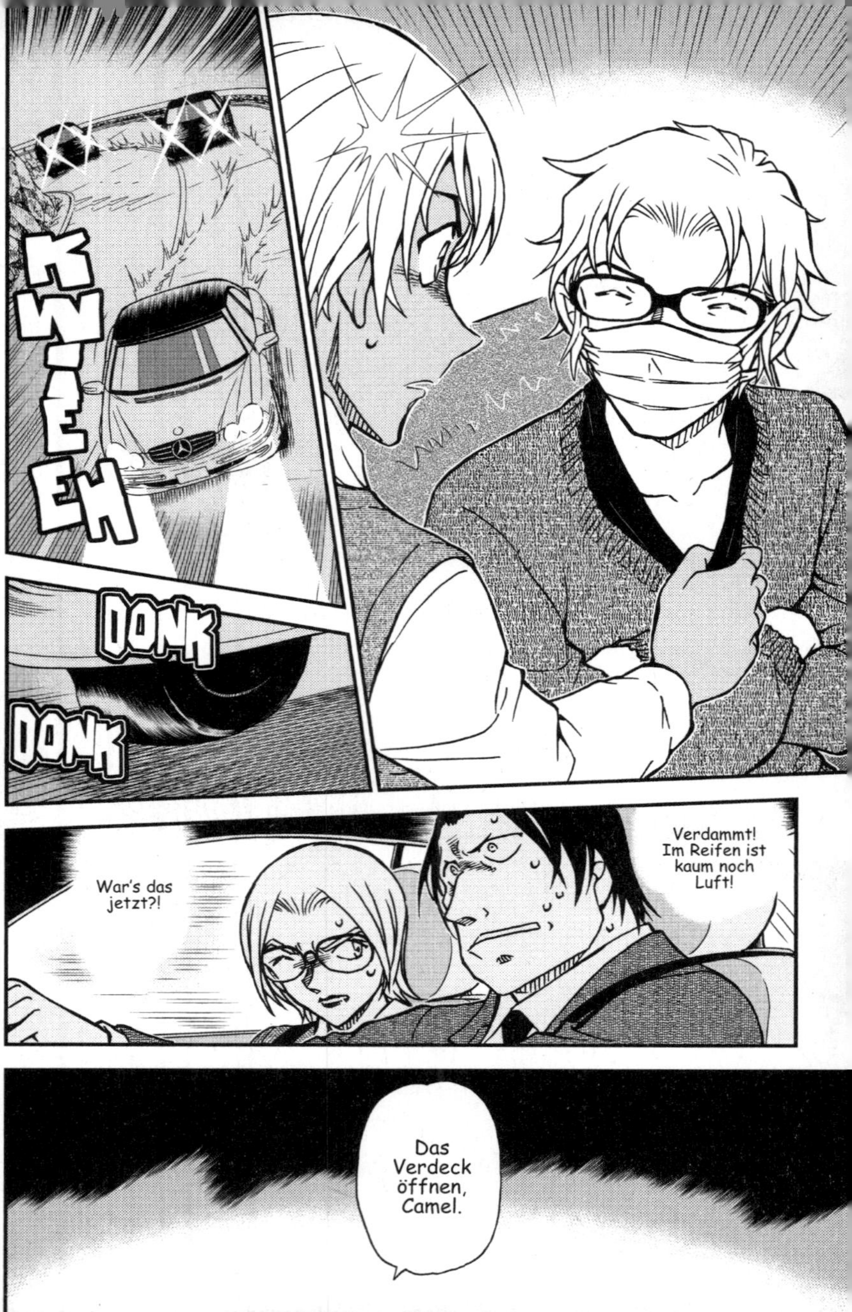

KWIEEH

DONK

DONK

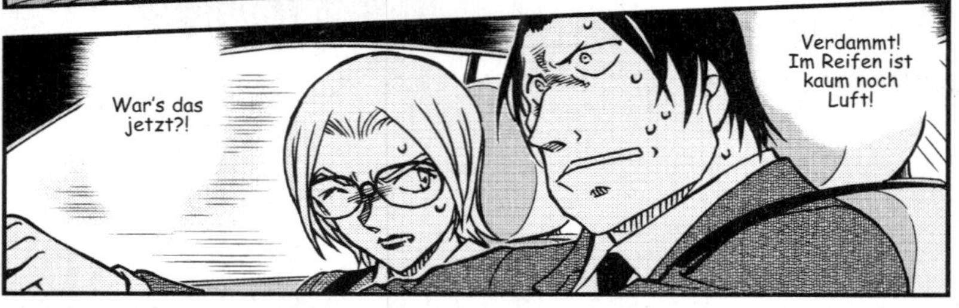

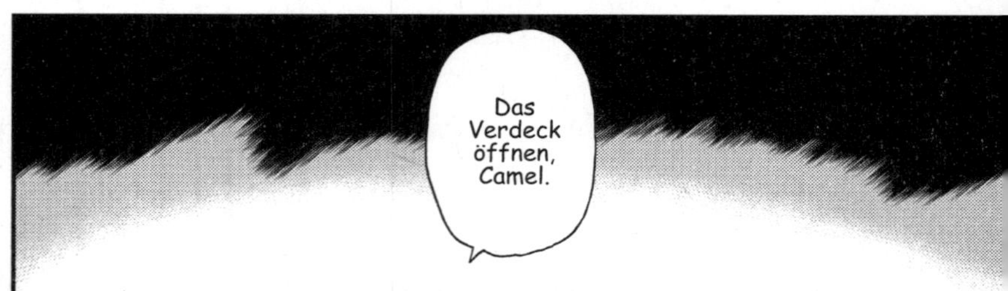

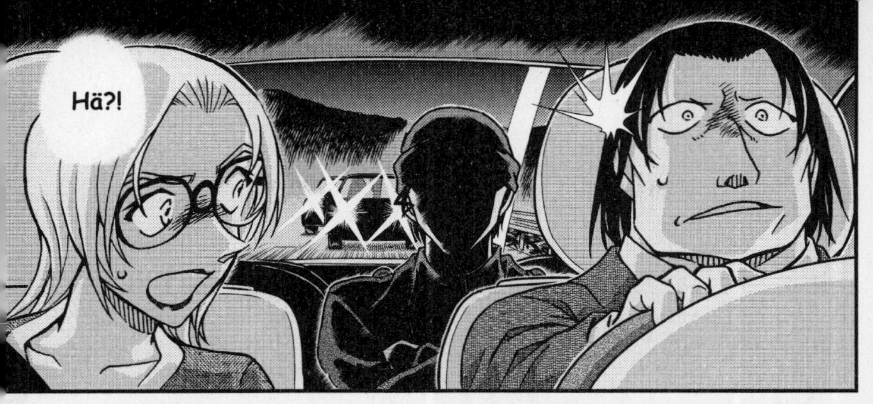
Hä?!

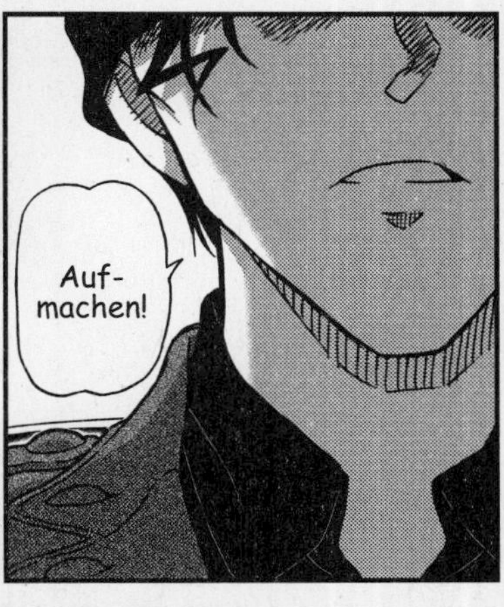
Auf-
machen!

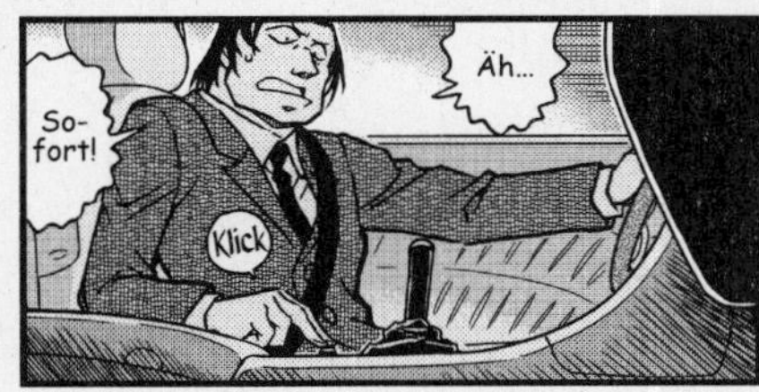
Äh...
So-
fort!
Klick

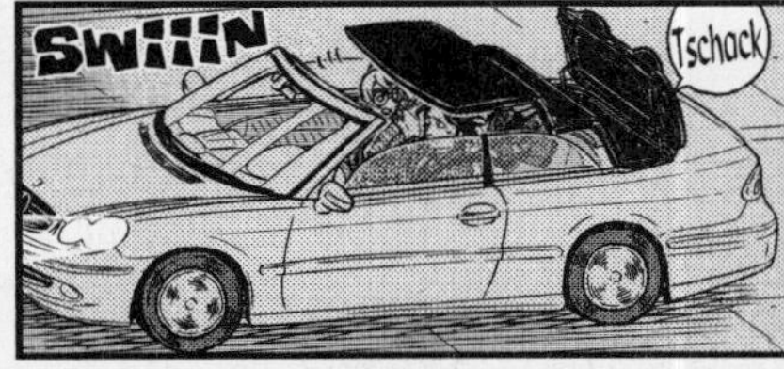
Tschack
SWIIIN

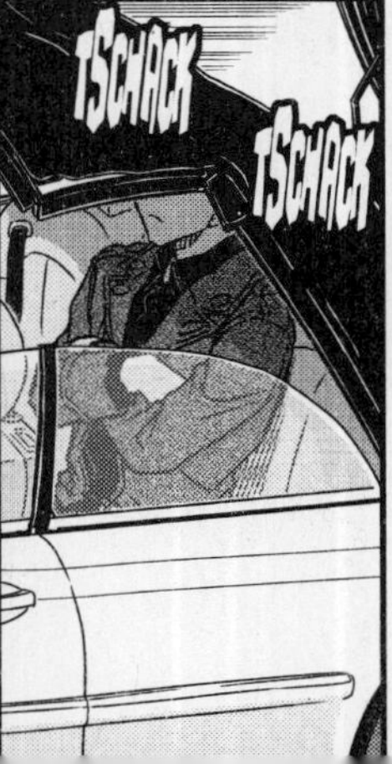
TSCHACK
TSCHACK

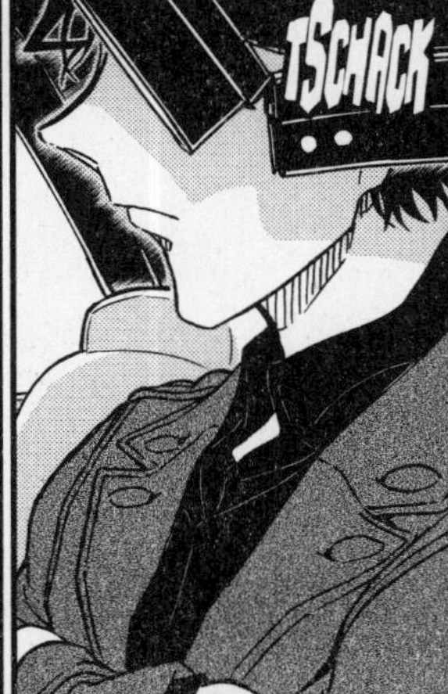
TSCHACK

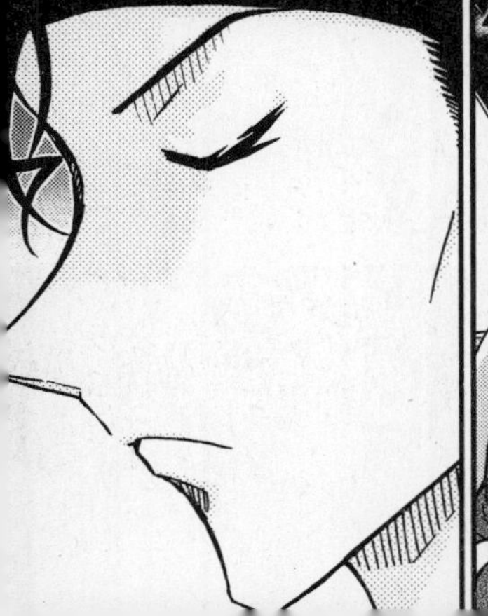

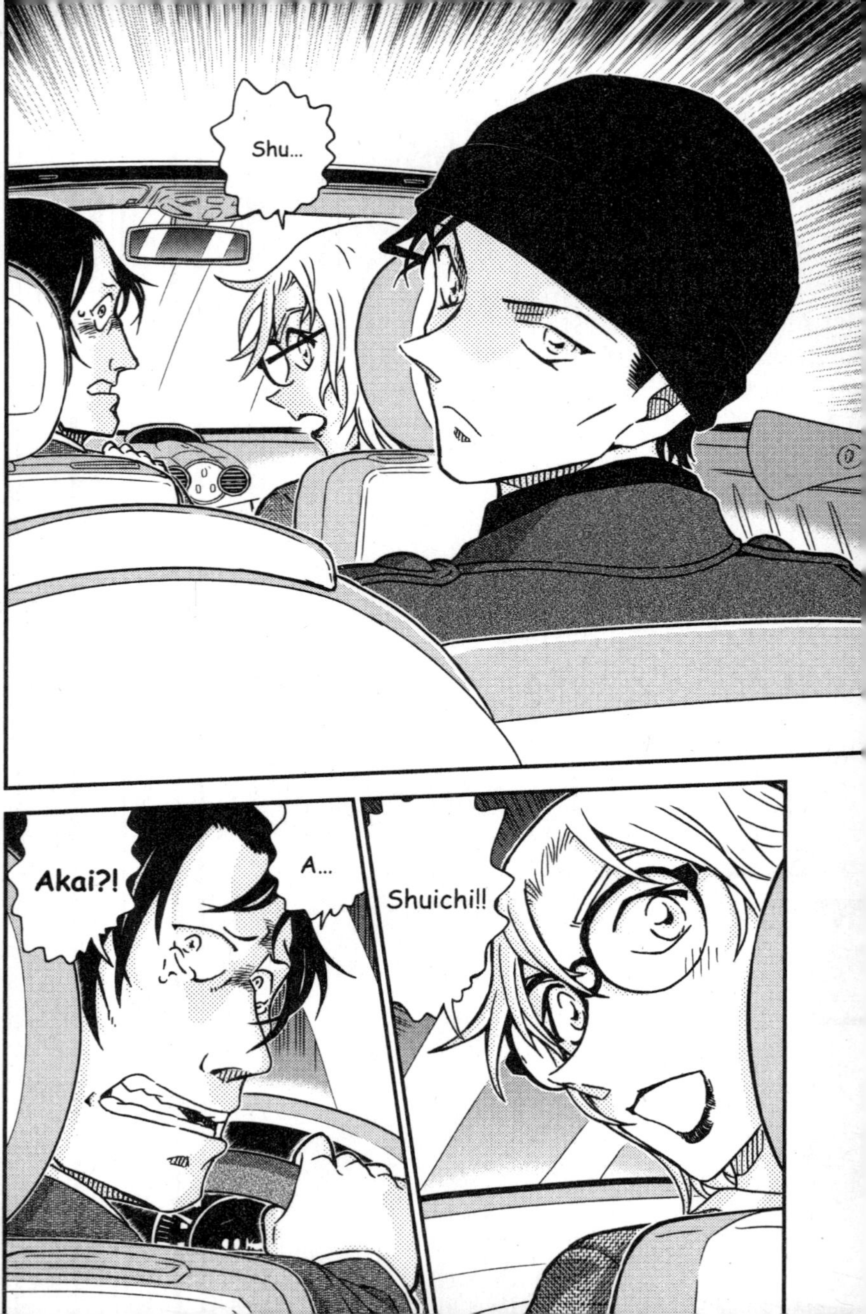

Shu...

Shuichi!!

A...

Akai?!

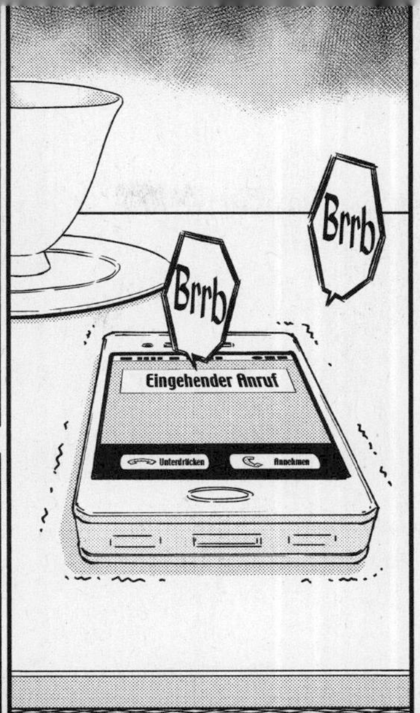
Brrb
Brrb
Eingehender Anruf
Unterdrücken
Annehmen

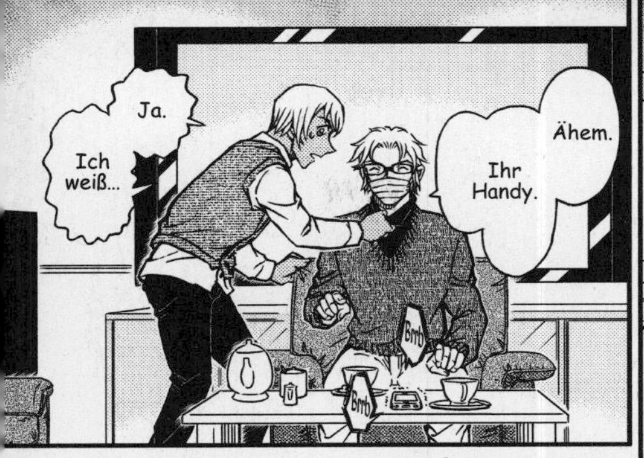
Ähem.
Ihr Handy.
Ja.
Ich weiß...
Brrb
Brrb

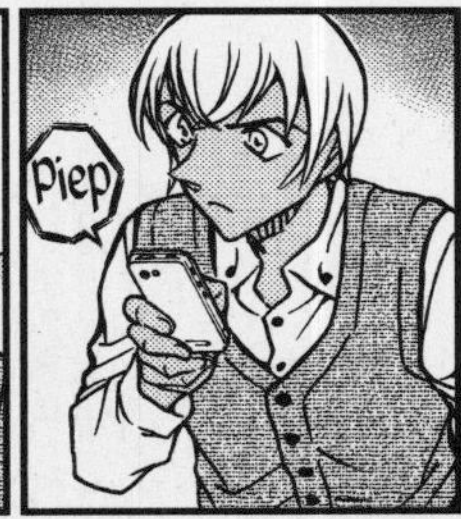
Piep

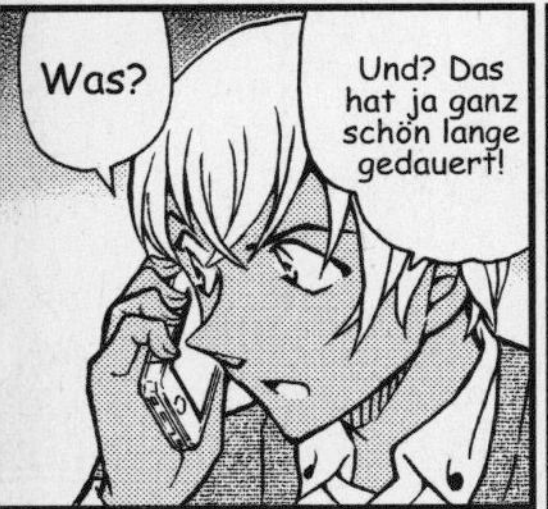
Und? Das hat ja ganz schön lange gedauert!
Was?

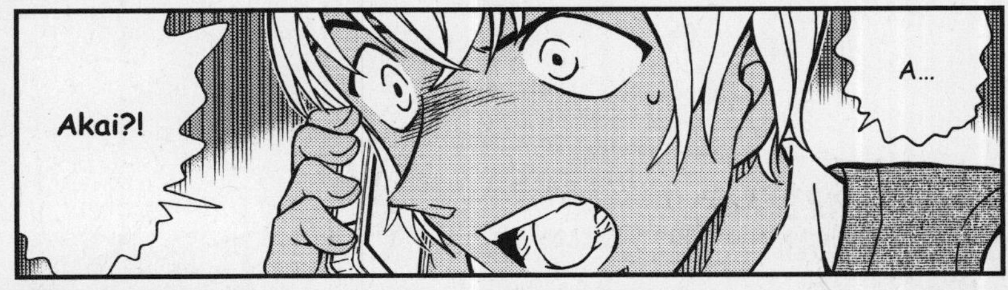
A...
Akai?!

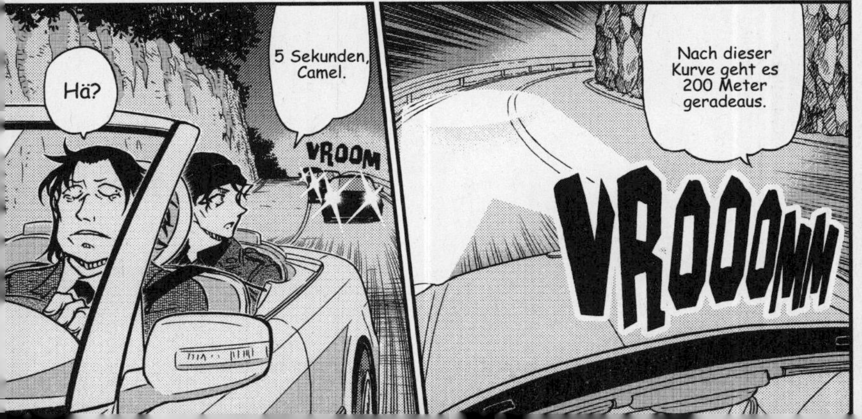
Nach dieser Kurve geht es 200 Meter geradeaus.
VROOOMM
5 Sekunden, Camel.
VROOM
Hä?

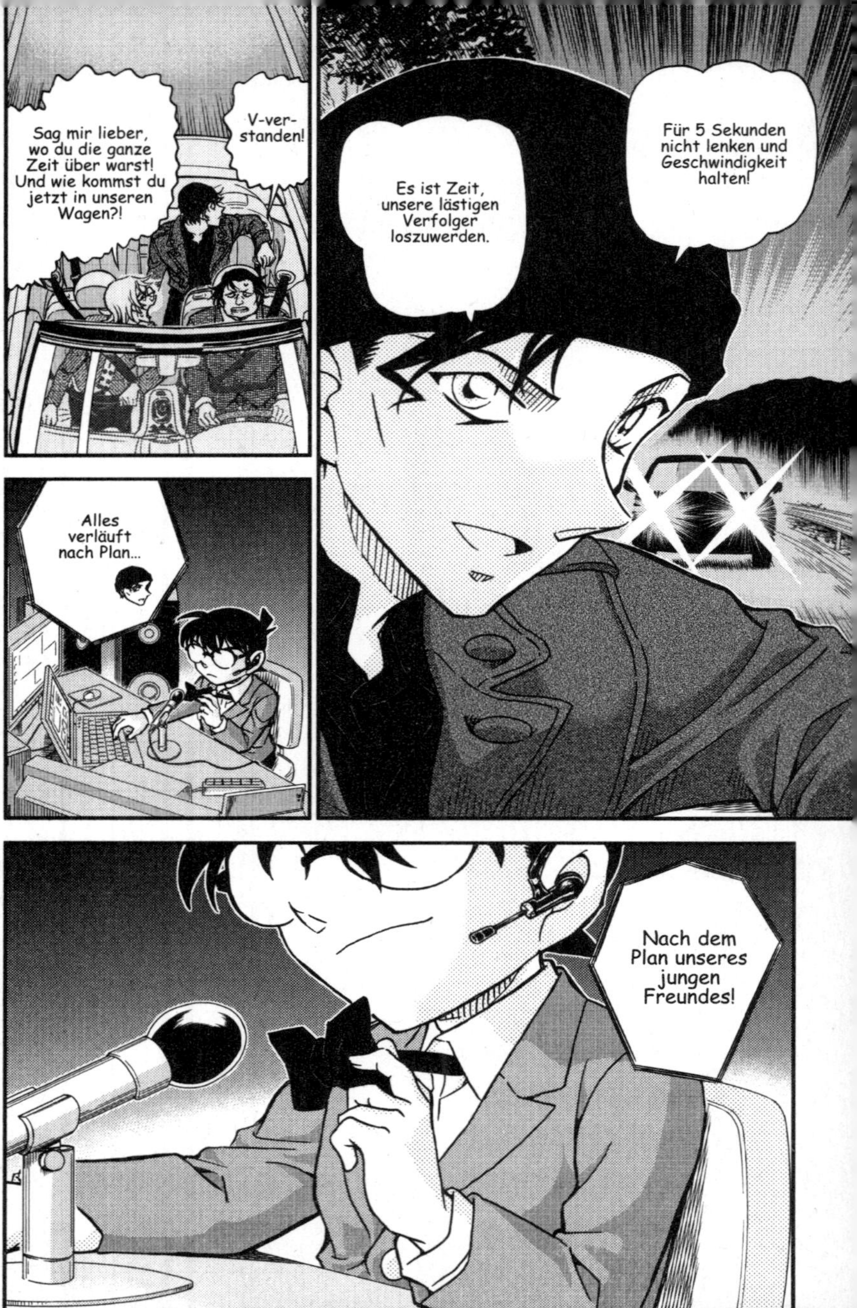

Für 5 Sekunden nicht lenken und Geschwindigkeit halten!

Es ist Zeit, unsere lästigen Verfolger loszuwerden.

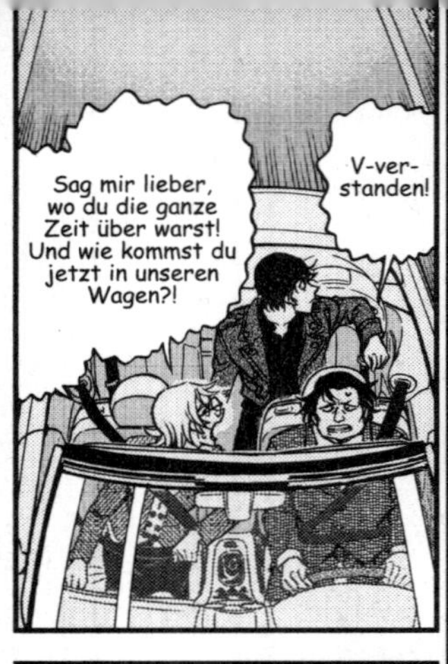

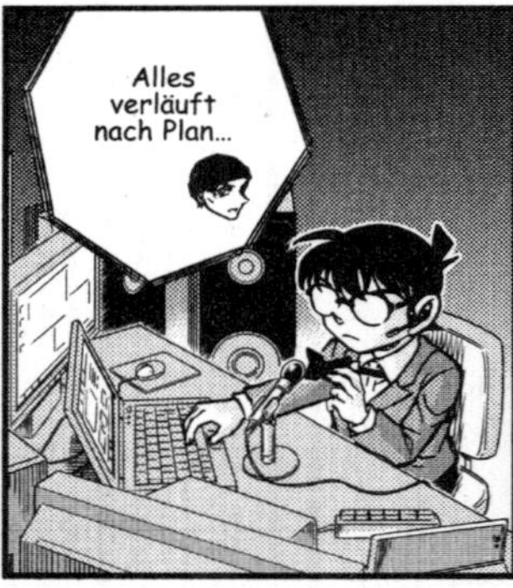

Nach dem Plan unseres jungen Freundes!

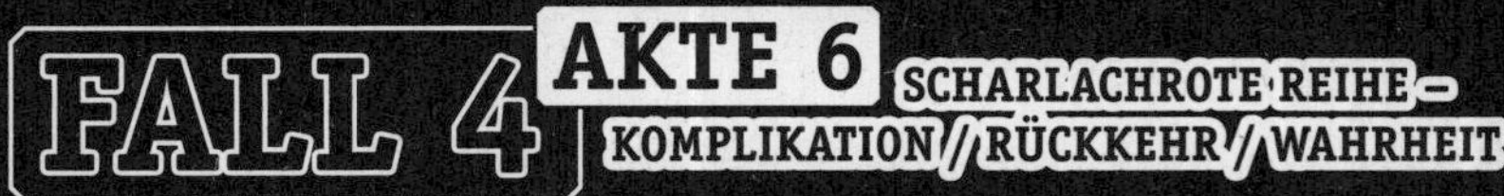

Die scharlachrote Wahrheit

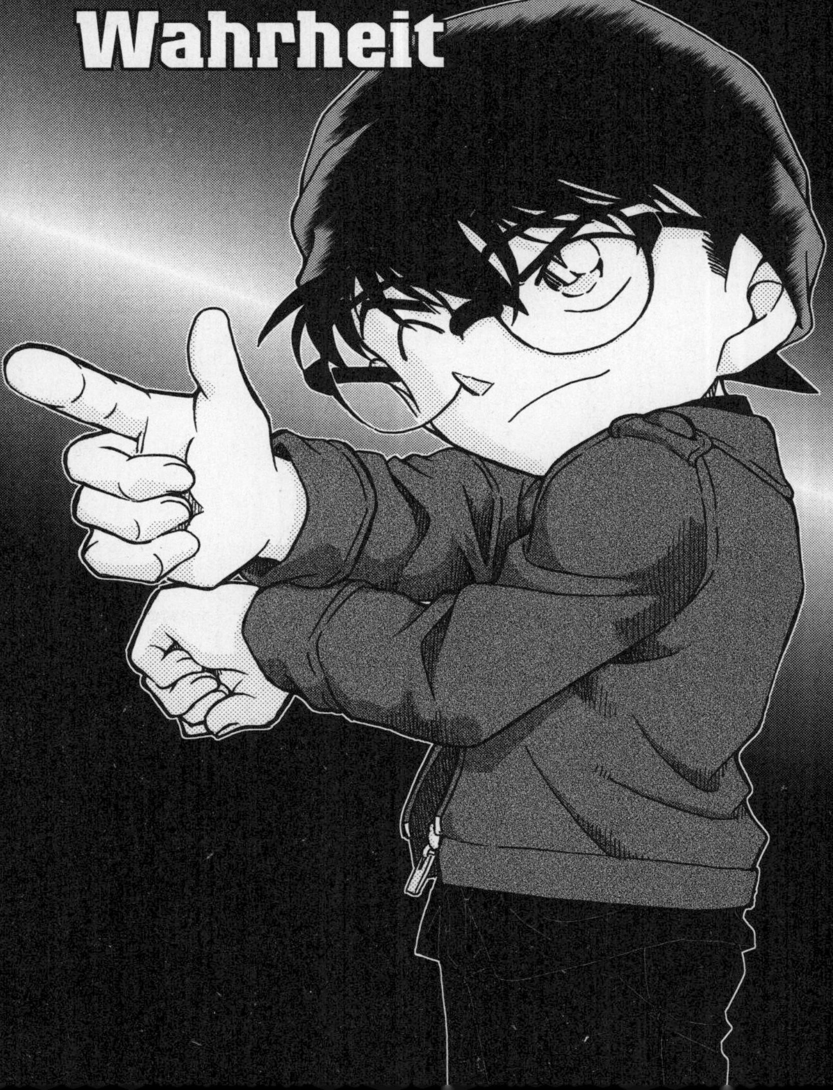

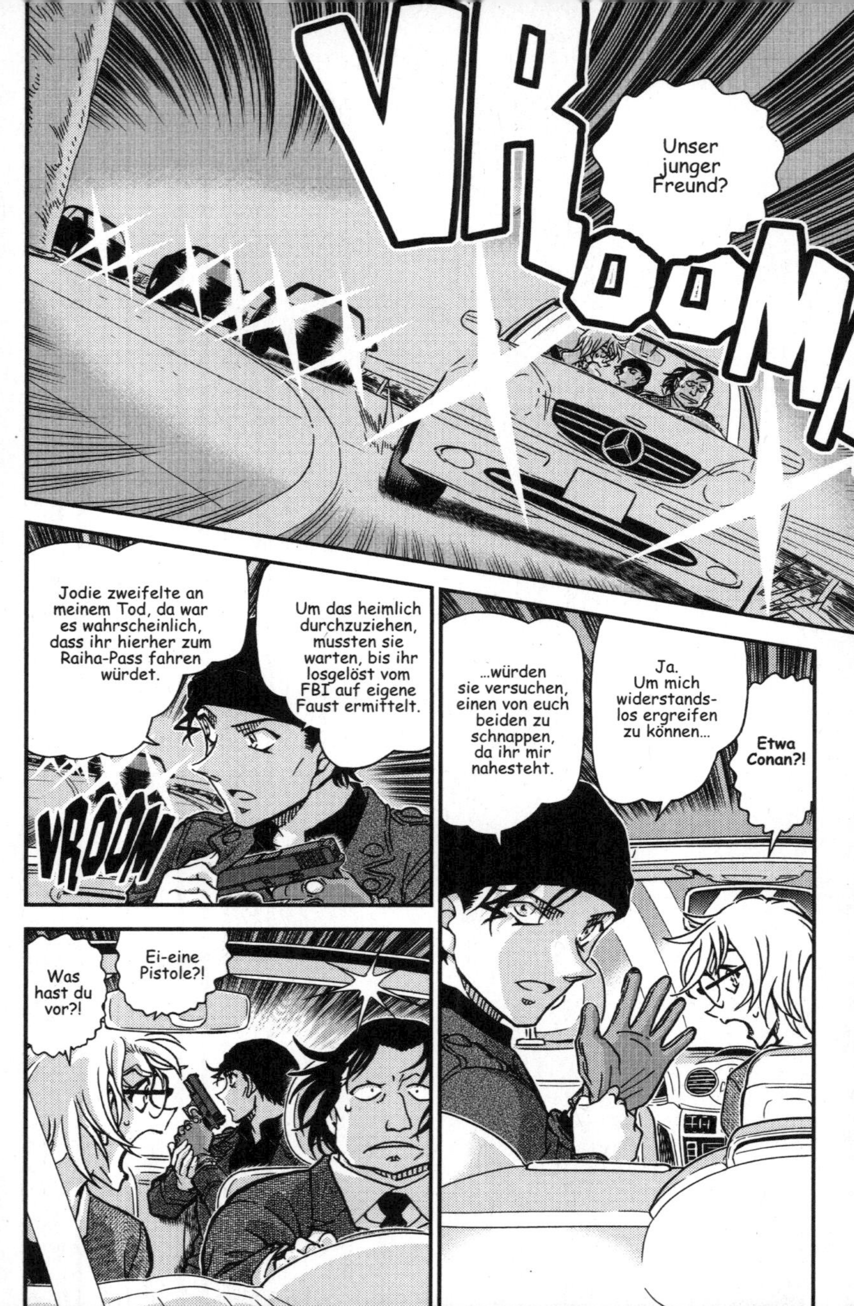
VROOOM...
Unser junger Freund?
Etwa Conan?!
Ja. Um mich widerstands-los ergreifen zu können...
...würden sie versuchen, einen von euch beiden zu schnappen, da ihr mir nahesteht.
Um das heimlich durchzuziehen, mussten sie warten, bis ihr losgelöst vom FBI auf eigene Faust ermittelt.
Jodie zweifelte an meinem Tod, da war es wahrscheinlich, dass ihr hierher zum Raiha-Pass fahren würdet.
VROOM
Ei-eine Pistole?!
Was hast du vor?!

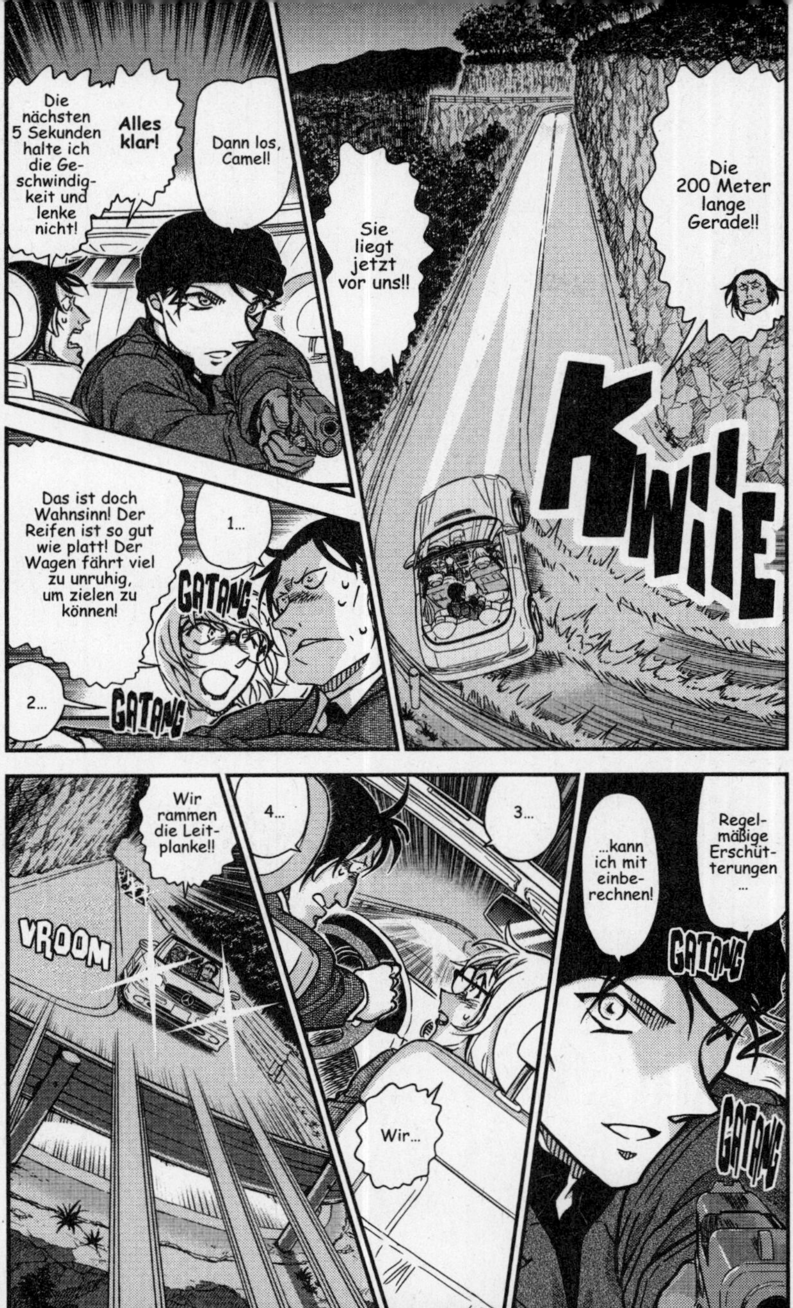

Die 200 Meter lange Gerade!!
Sie liegt jetzt vor uns!!
KWIIE
Dann los, Camel!
Alles klar!
Die nächsten 5 Sekunden halte ich die Geschwindigkeit und lenke nicht!
1...
Das ist doch Wahnsinn! Der Reifen ist so gut wie platt! Der Wagen fährt viel zu unruhig, um zielen zu können!
GATANG
2...
GATANG
Regelmäßige Erschütterungen ...
...kann ich mit einberechnen!
GATANG
GATANG
3...
Wir...
4...
Wir rammen die Leitplanke!!
VROOM

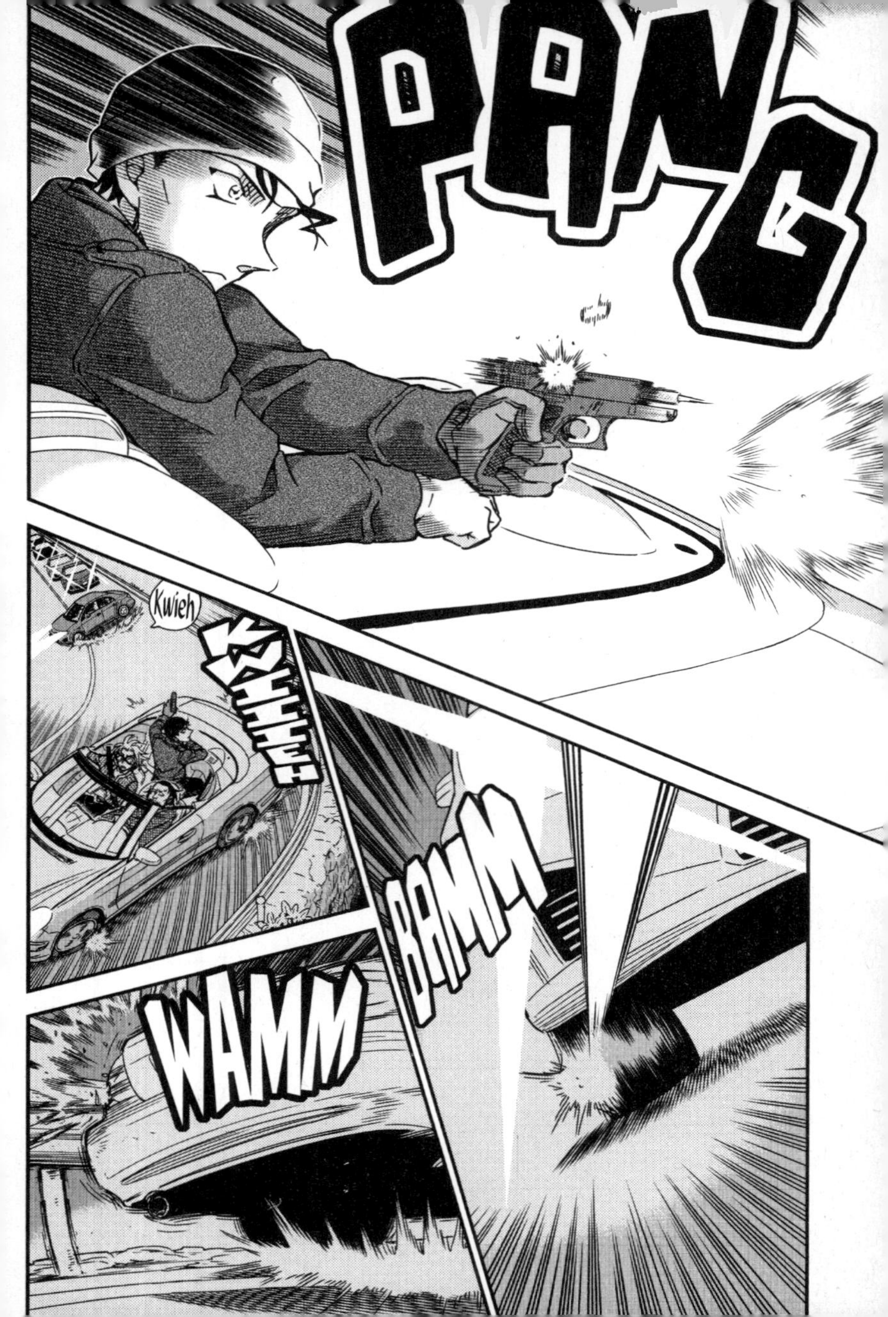
PANG
Kwieh
KWIIIEH
BAMM
WAMM

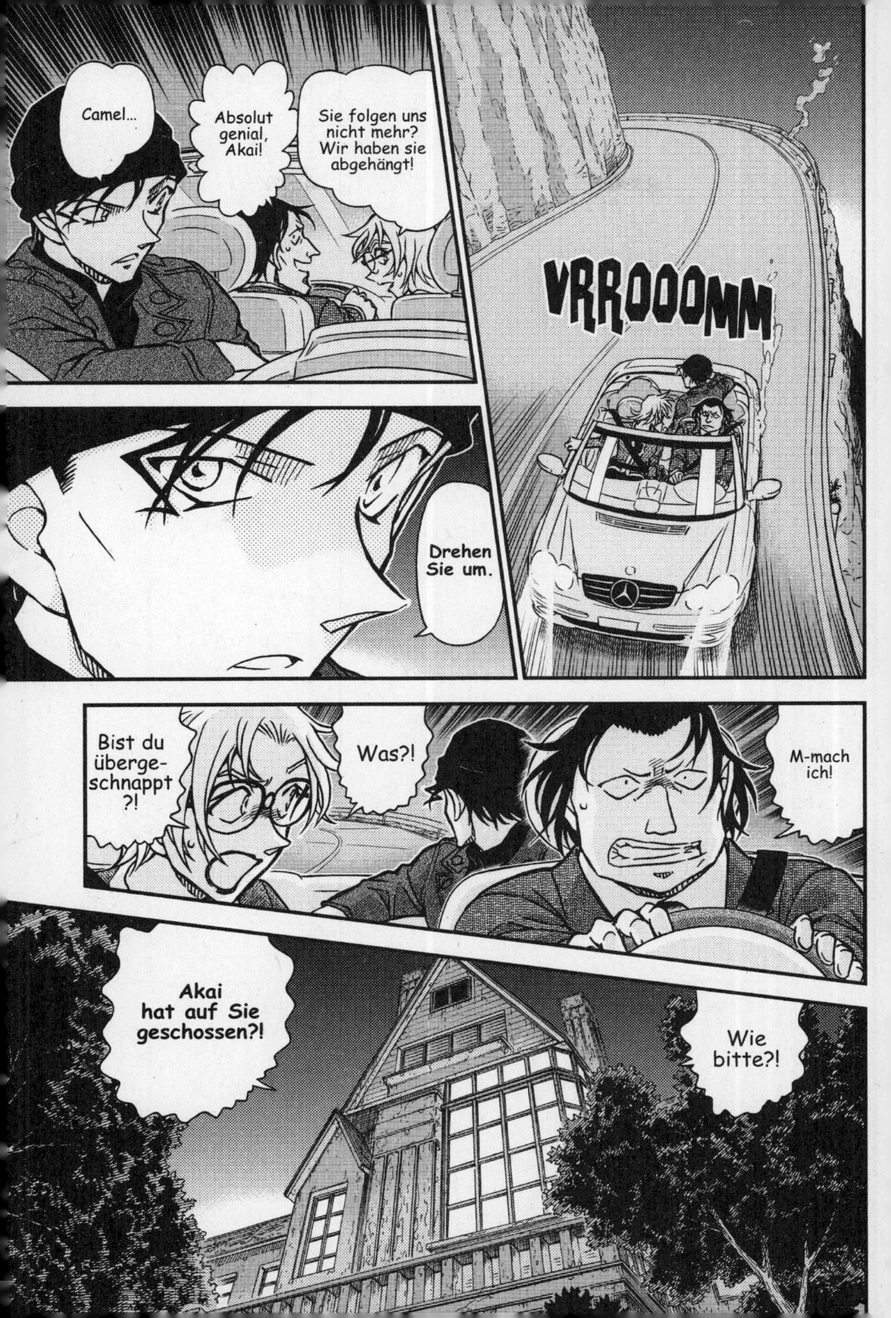

VRROOOMM

Sie folgen uns nicht mehr? Wir haben sie abgehängt!

Absolut genial, Akai!

Camel...

Drehen Sie um.

M-mach ich!

Was?!

Bist du übergeschnappt?!

Akai hat auf Sie geschossen?!

Wie bitte?!

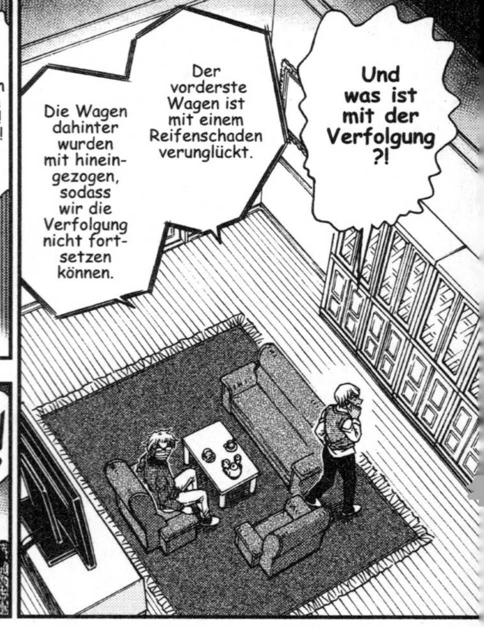
Und was ist mit der Verfolgung ?!
Der vorderste Wagen ist mit einem Reifenschaden verunglückt.
Die Wagen dahinter wurden mit hinein-gezogen, sodass wir die Verfolgung nicht fort-setzen können.

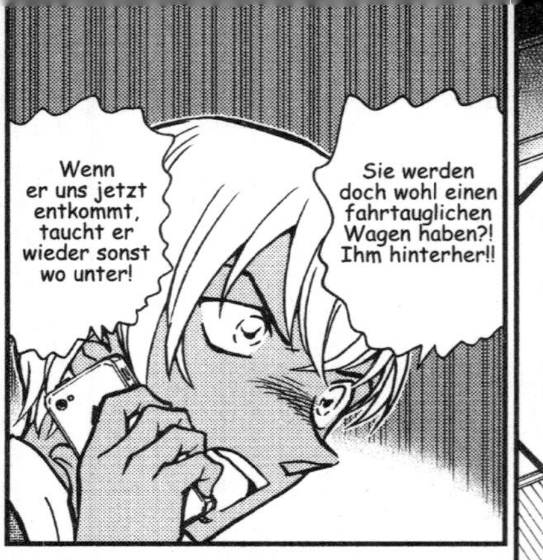
Sie werden doch wohl einen fahrtauglichen Wagen haben?! Ihm hinterher!!
Wenn er uns jetzt entkommt, taucht er wieder sonst wo unter!

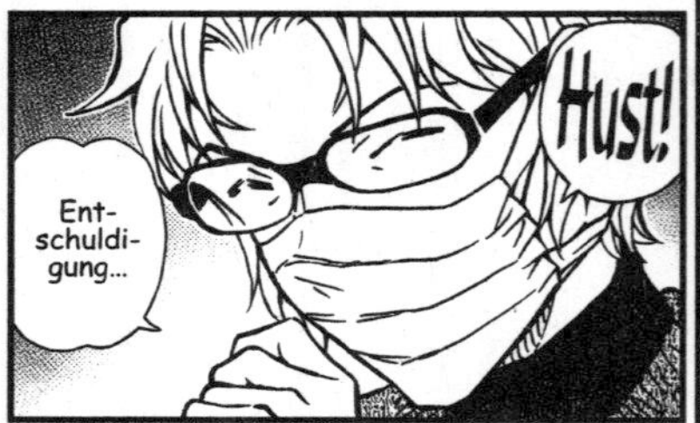
Hust!
Ent-schuldi-gung...

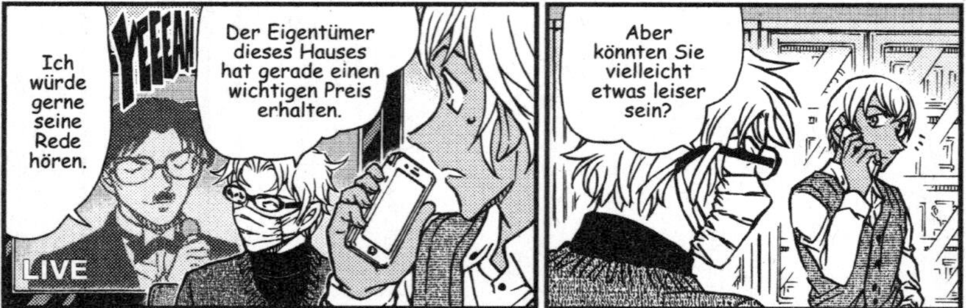
Aber könnten Sie vielleicht etwas leiser sein?
Der Eigentümer dieses Hauses hat gerade einen wichtigen Preis erhalten.
Ich würde gerne seine Rede hören.
YEEEAH!
LIVE

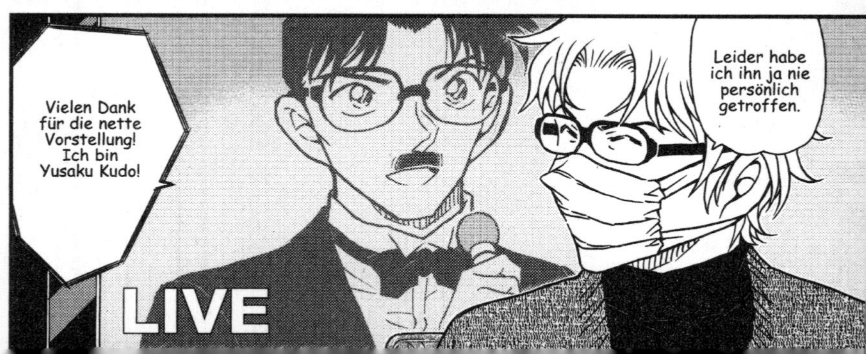
Leider habe ich ihn ja nie persönlich getroffen.
Vielen Dank für die nette Vorstellung! Ich bin Yusaku Kudo!
LIVE

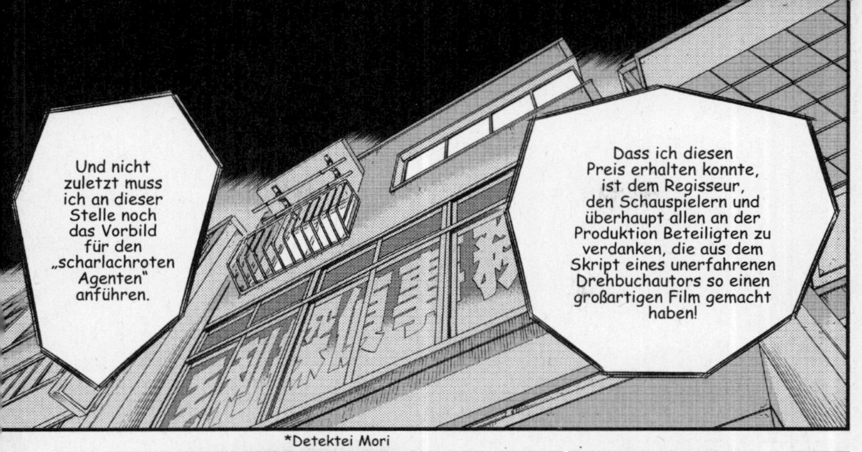

*Detektei Mori

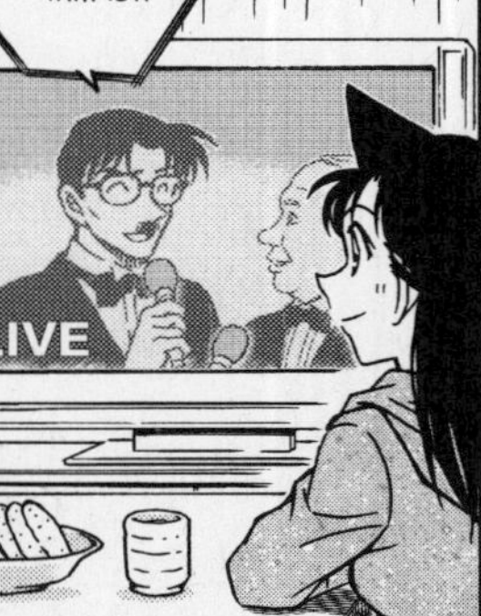

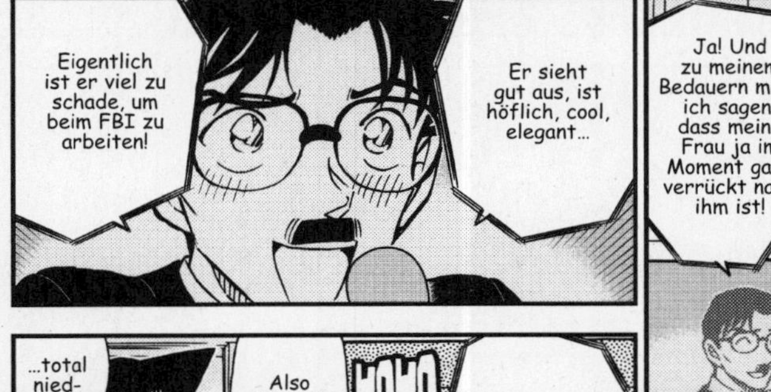

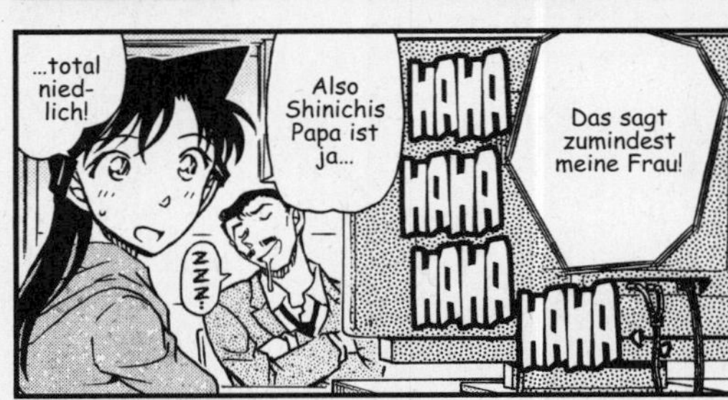

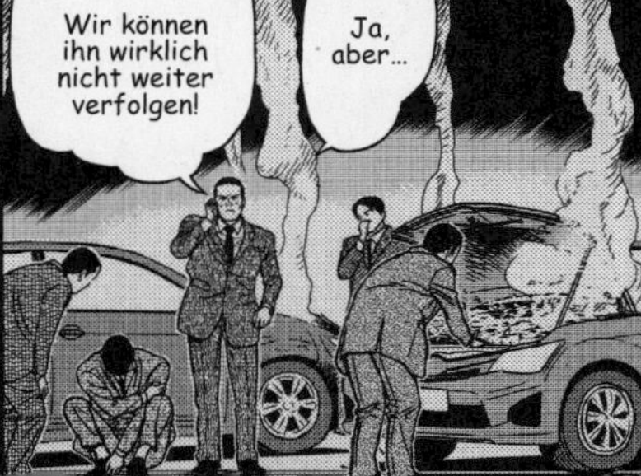

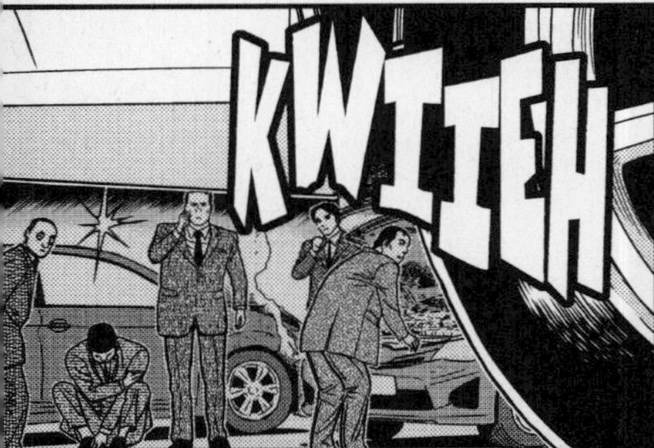

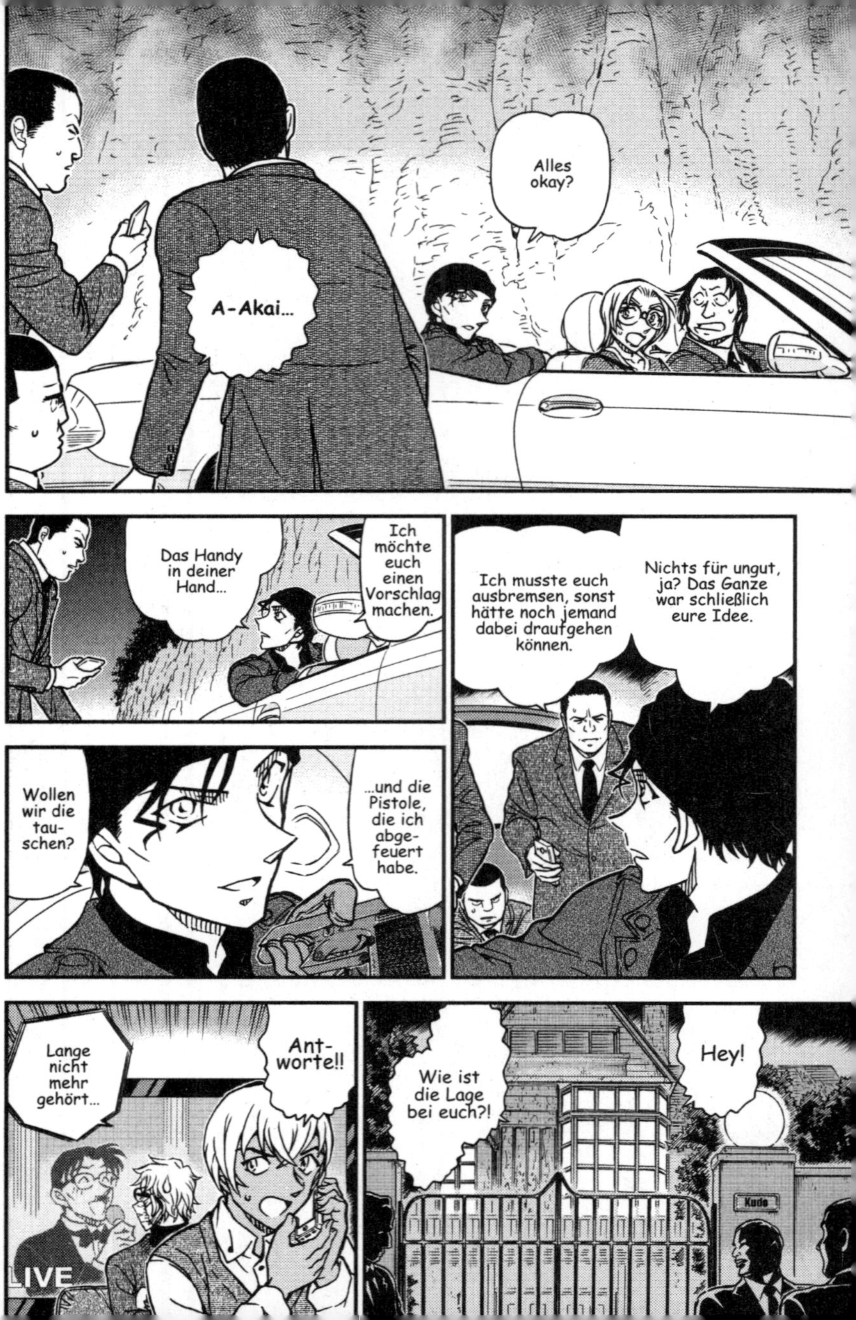

Alles okay?

A-Akai…

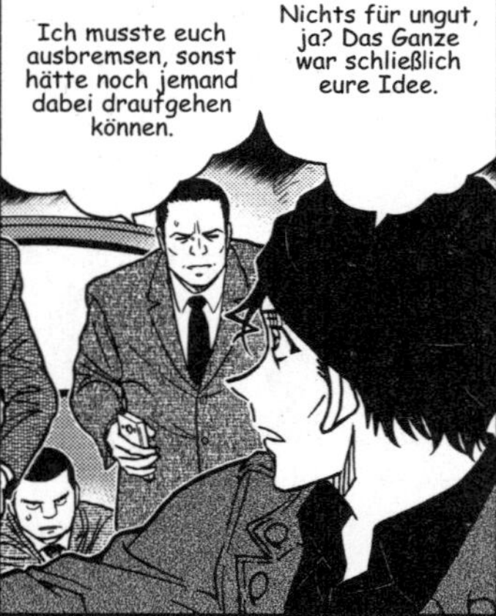

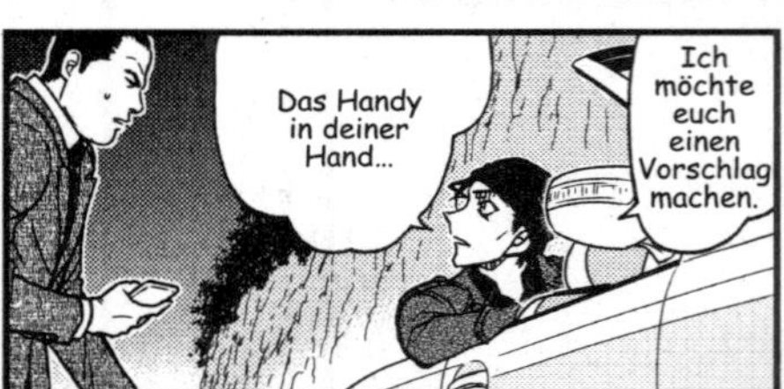

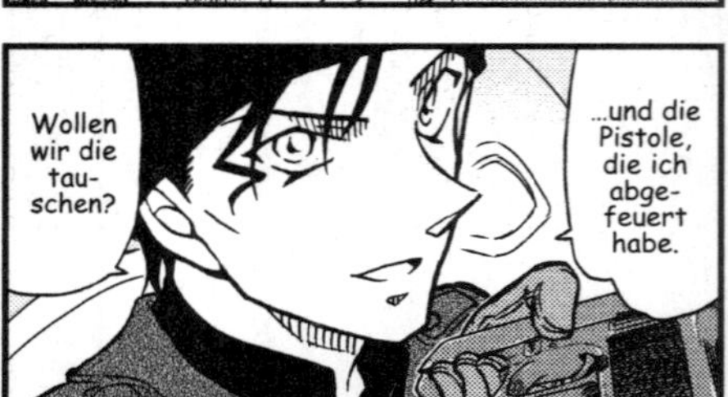

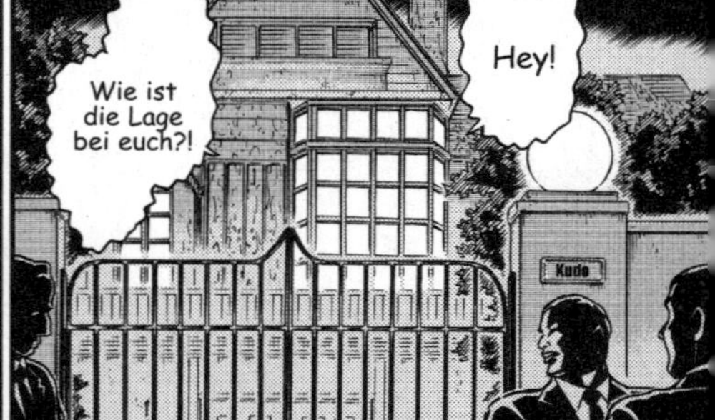

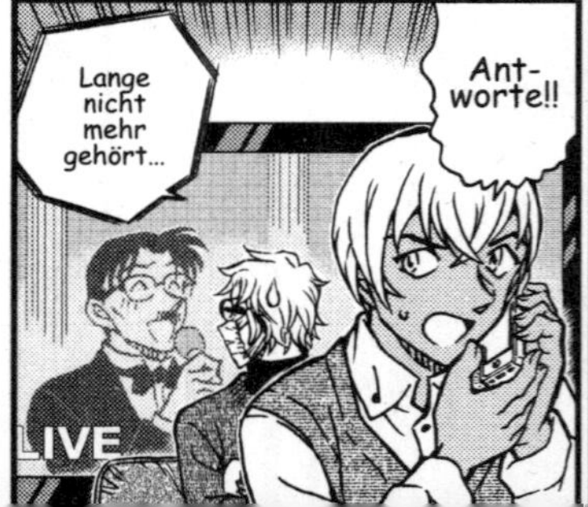

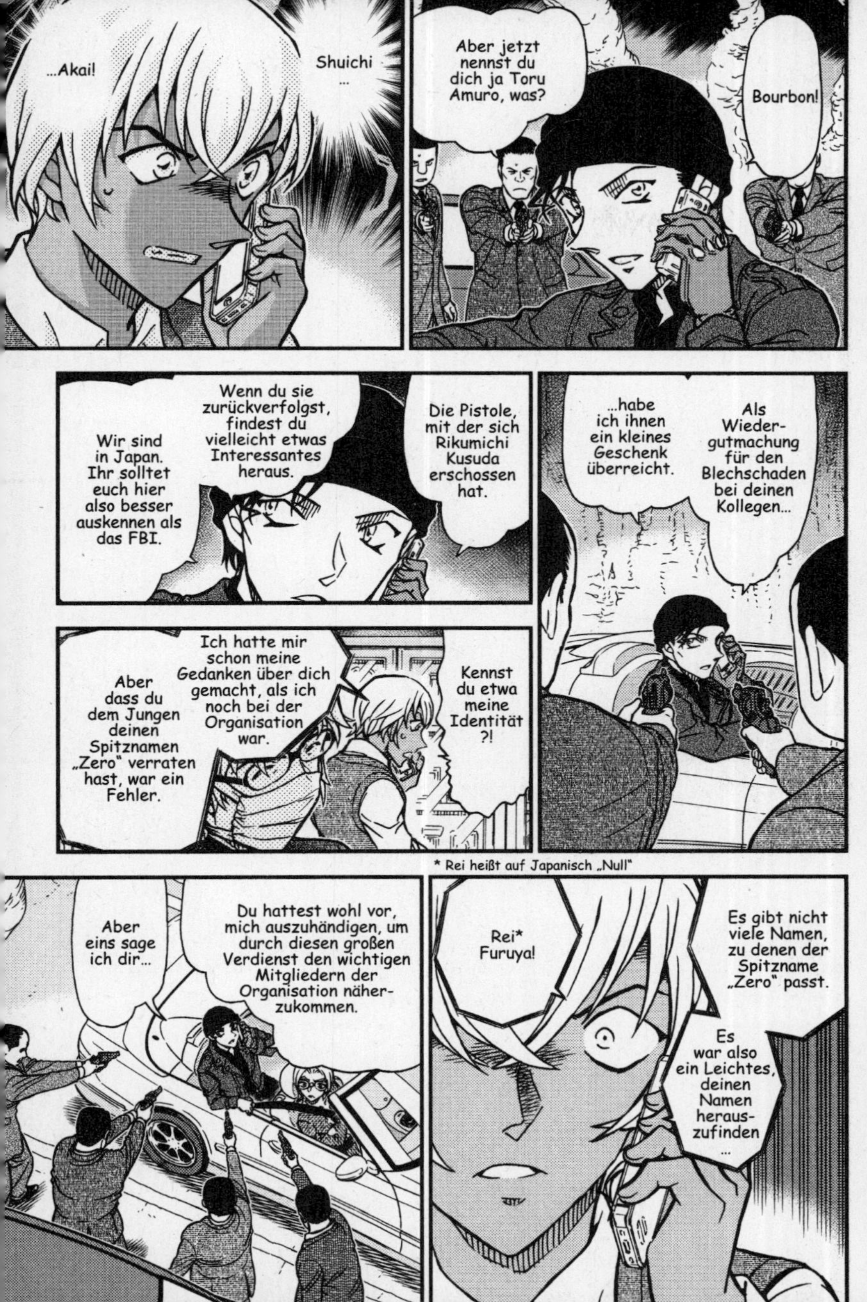

* Rei heißt auf Japanisch „Null“

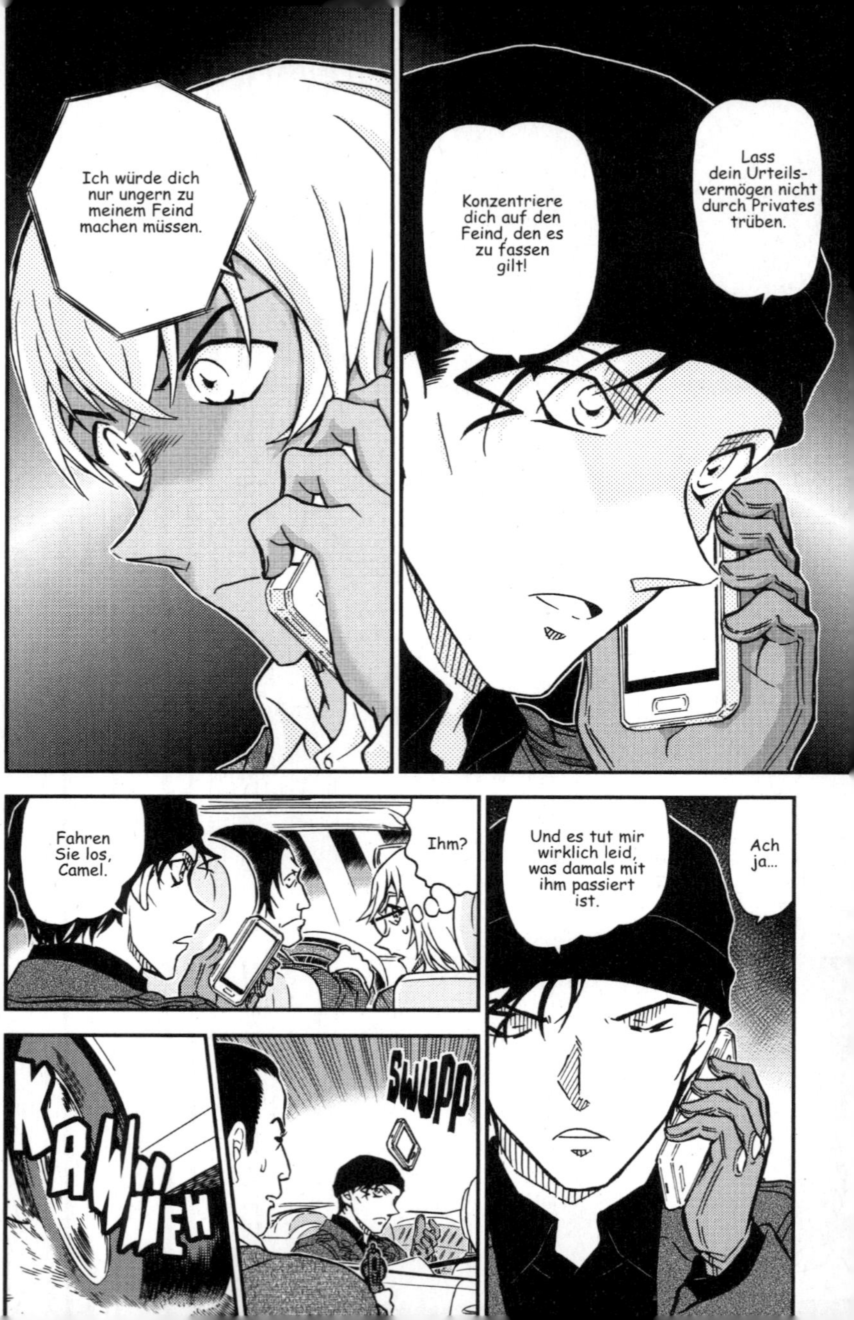

Lass dein Urteilsvermögen nicht durch Privates trüben.

Konzentriere dich auf den Feind, den es zu fassen gilt!

Ich würde dich nur ungern zu meinem Feind machen müssen.

Ach ja...

Und es tut mir wirklich leid, was damals mit ihm passiert ist.

Ihm?

Fahren Sie los, Camel.

SWUPP

KRWIIEH

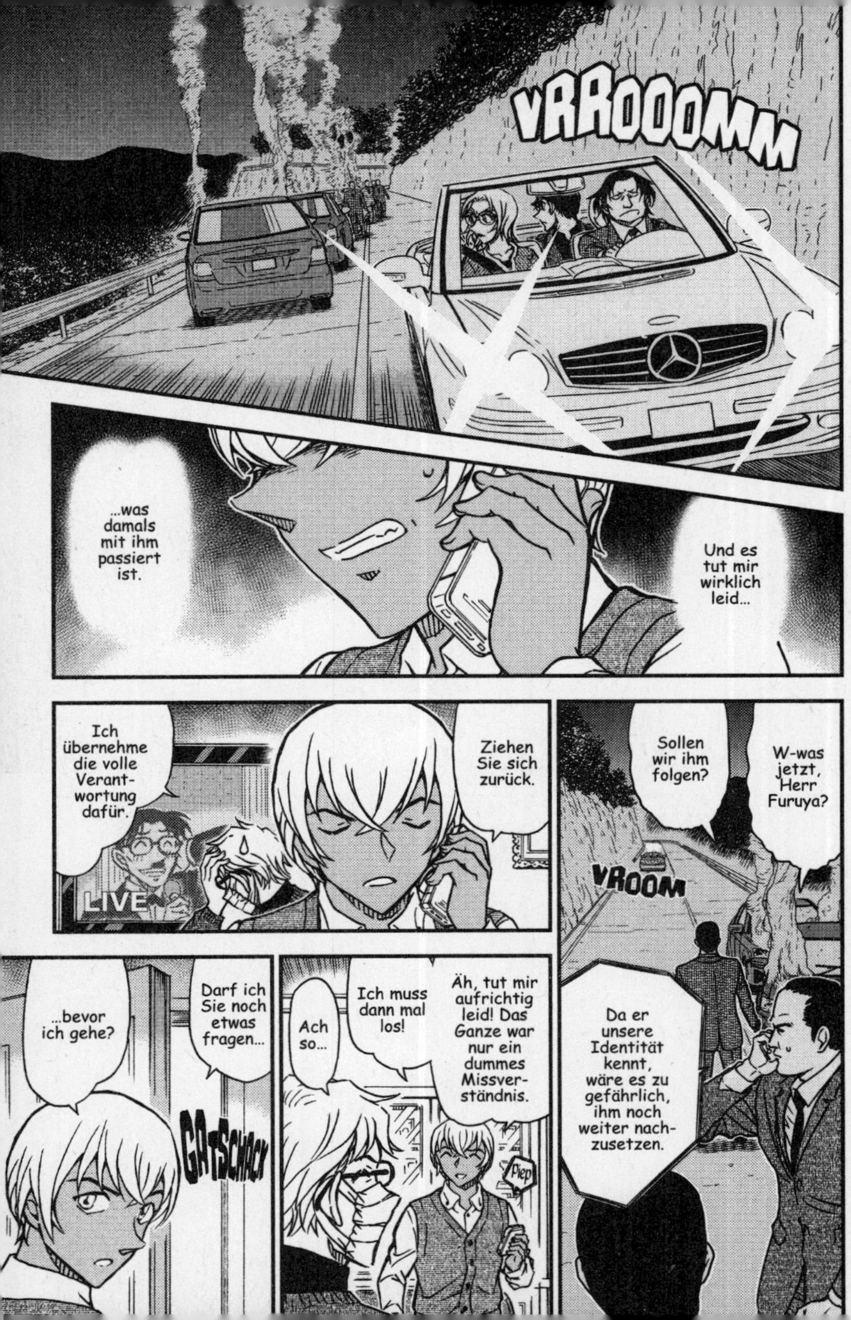

VRROOOMM

Und es tut mir wirklich leid...

...was damals mit ihm passiert ist.

W-was jetzt, Herr Furuya?

Sollen wir ihm folgen?

VROOM

Ziehen Sie sich zurück.

Ich übernehme die volle Verantwortung dafür.

LIVE

Da er unsere Identität kennt, wäre es zu gefährlich, ihm noch weiter nachzusetzen.

Äh, tut mir aufrichtig leid! Das Ganze war nur ein dummes Missverständnis.

Ich muss dann mal los!

Ach so...

Piep

Darf ich Sie noch etwas fragen...

...bevor ich gehe?

GATSCHACK

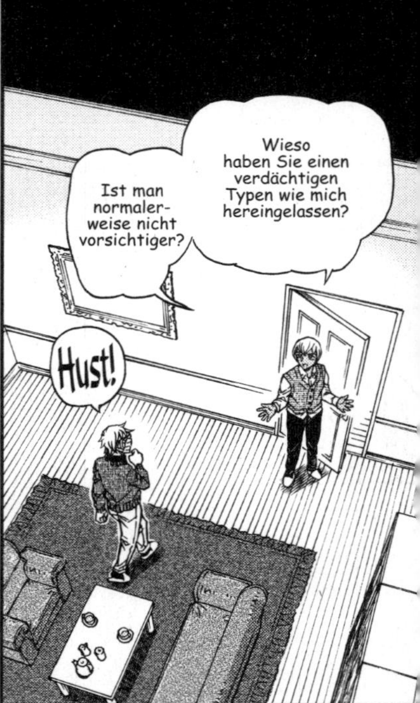
Wieso haben Sie einen verdächtigen Typen wie mich hereingelassen?
Ist man normaler-weise nicht vorsichtiger?
Hust!

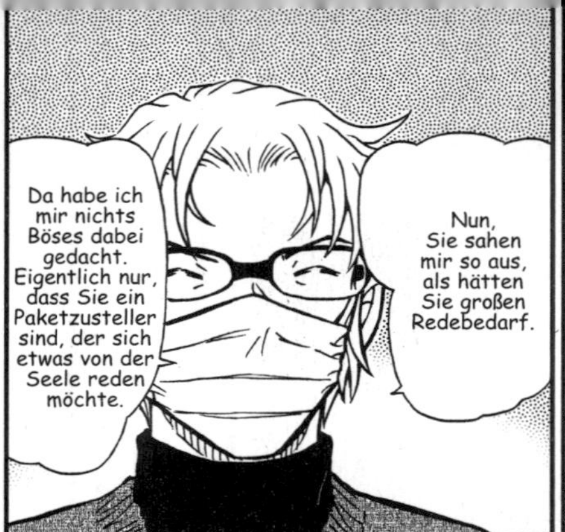
Nun, Sie sahen mir so aus, als hätten Sie großen Redebedarf.
Da habe ich mir nichts Böses dabei gedacht. Eigentlich nur, dass Sie ein Paketzusteller sind, der sich etwas von der Seele reden möchte.

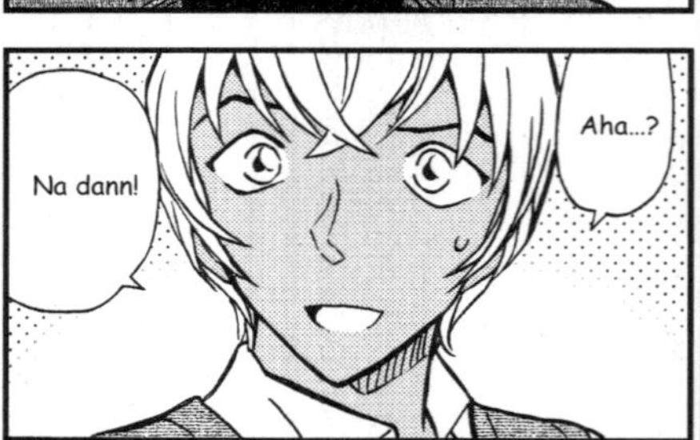
Aha...?
Na dann!

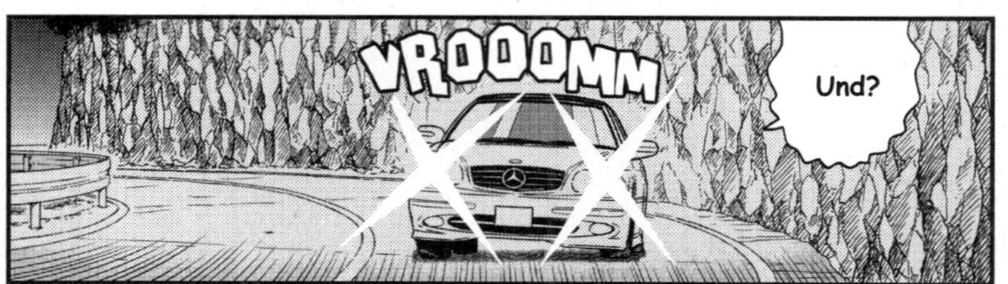
VROOOMM
Und?

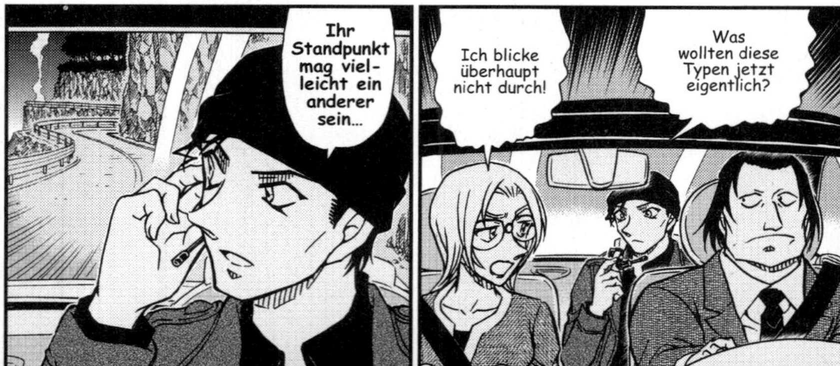
Was wollten diese Typen jetzt eigentlich?
Ich blicke überhaupt nicht durch!
Ihr Standpunkt mag viel-leicht ein anderer sein...

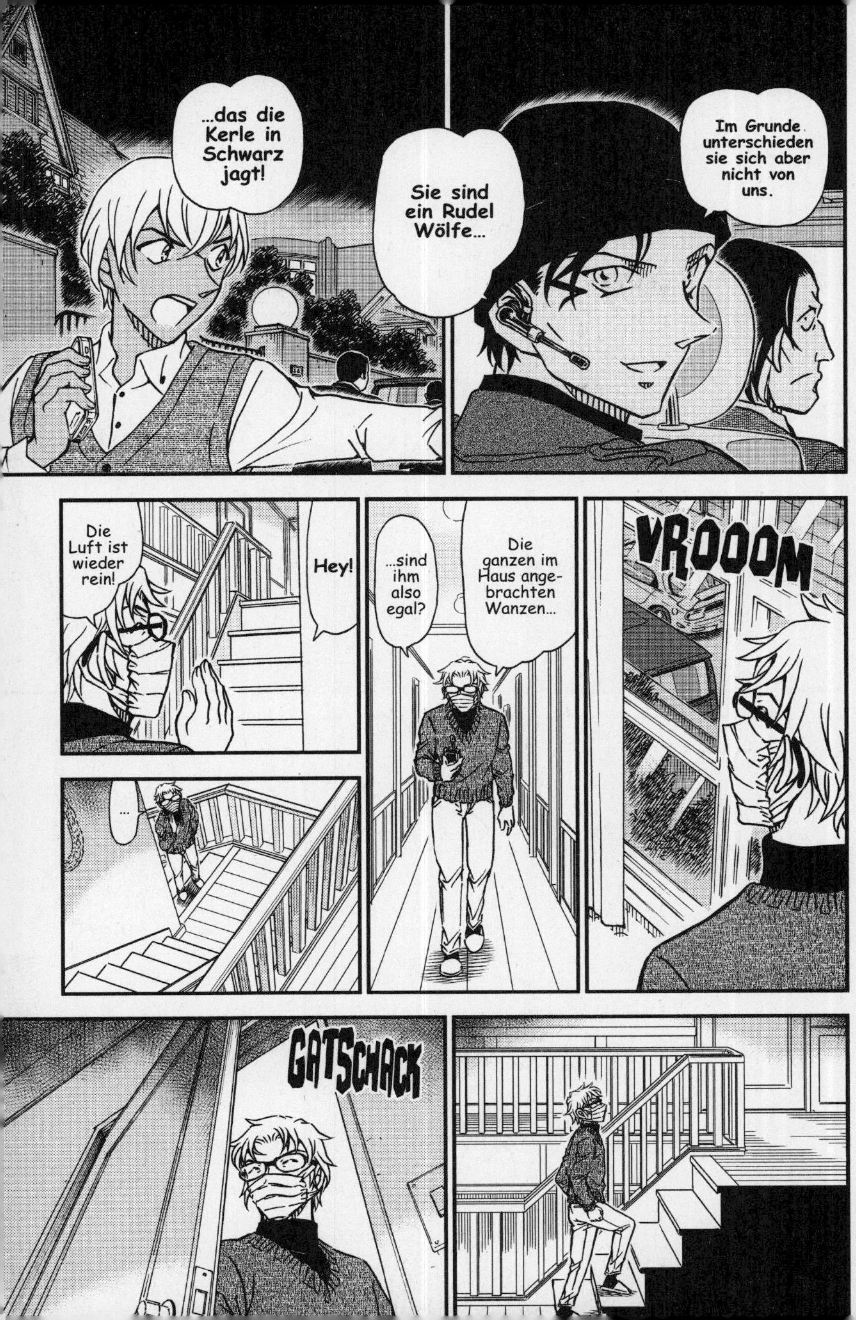

Im Grunde unterschieden sie sich aber nicht von uns.

Sie sind ein Rudel Wölfe...

...das die Kerle in Schwarz jagt!

VROOOM

Die ganzen im Haus angebrachten Wanzen...

...sind ihm also egal?

Hey!

Die Luft ist wieder rein!

...

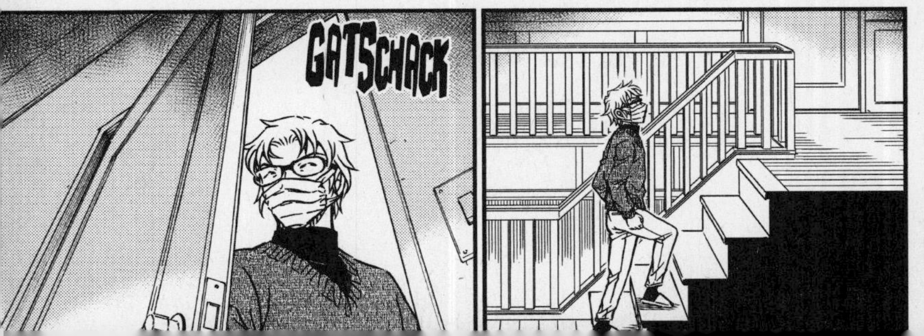

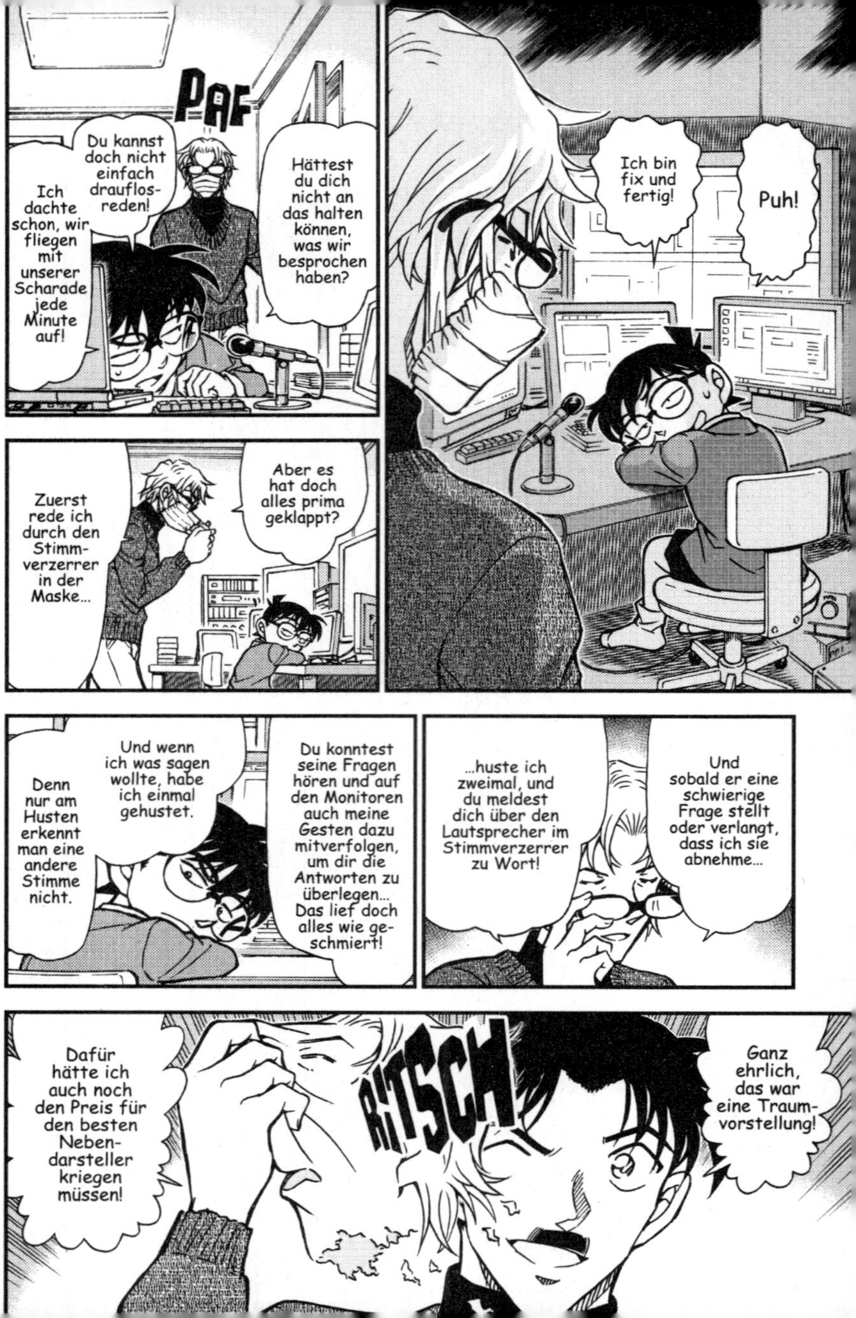

Puh!

Ich bin fix und fertig!

PAF

Hättest du dich nicht an das halten können, was wir besprochen haben?

Du kannst doch nicht einfach drauflos-reden!

Ich dachte schon, wir fliegen mit unserer Scharade jede Minute auf!

Aber es hat doch alles prima geklappt?

Zuerst rede ich durch den Stimm-verzerrer in der Maske...

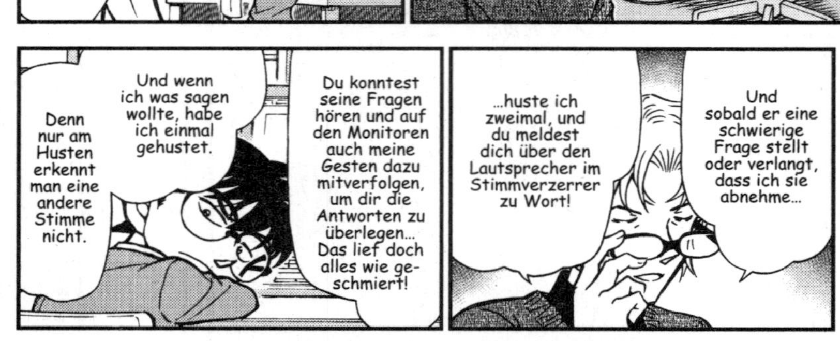

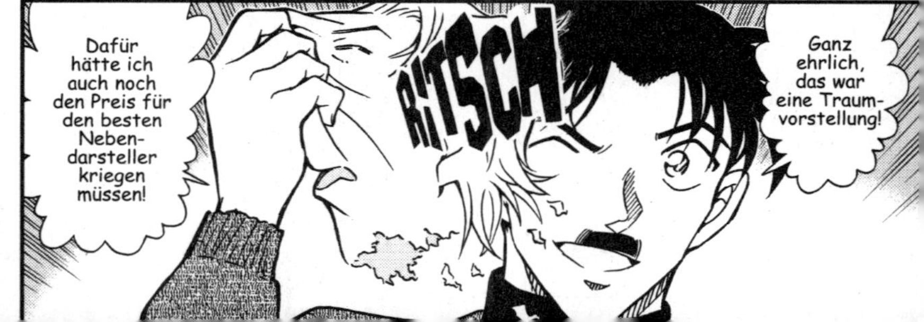

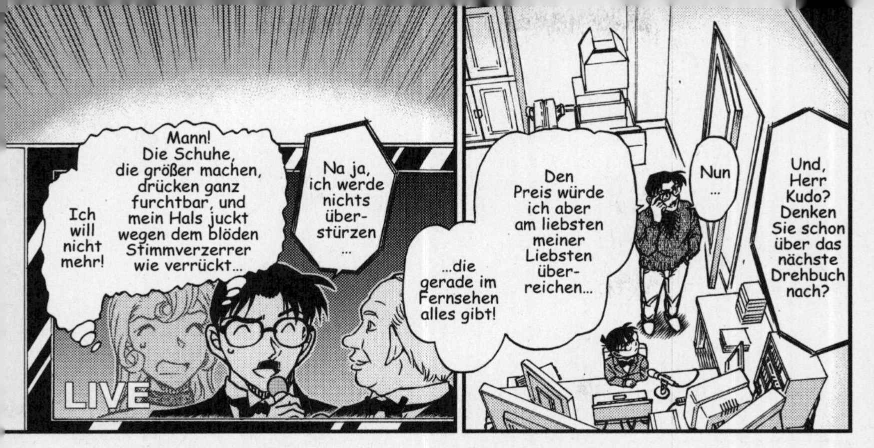

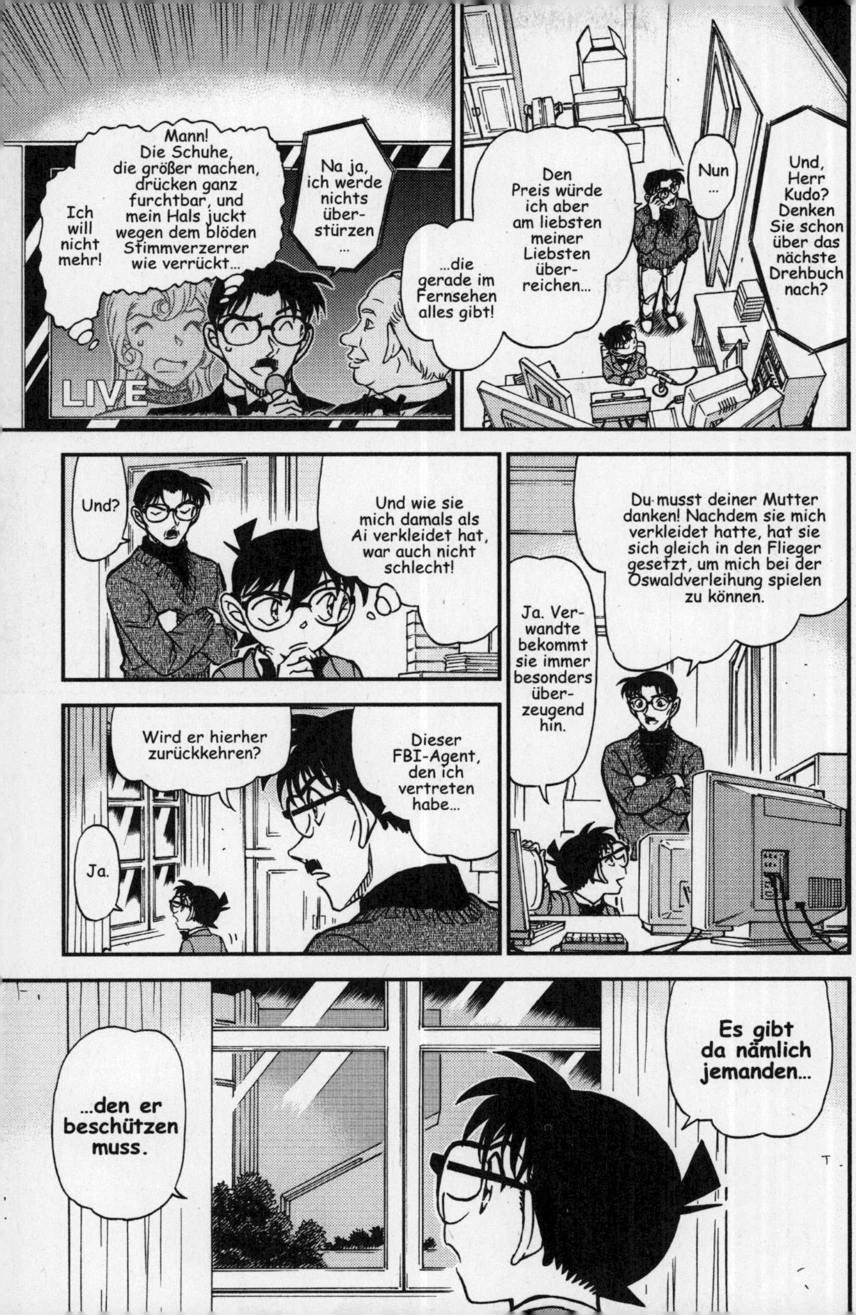

Du musst deiner Mutter danken! Nachdem sie mich verkleidet hatte, hat sie sich gleich in den Flieger gesetzt, um mich bei der Oswaldverleihung spielen zu können.

Ja. Verwandte bekommt sie immer besonders überzeugend hin.

Und wie sie mich damals als Ai verkleidet hat, war auch nicht schlecht!

Und?

Dieser FBI-Agent, den ich vertreten habe...

Wird er hierher zurückkehren?

Ja.

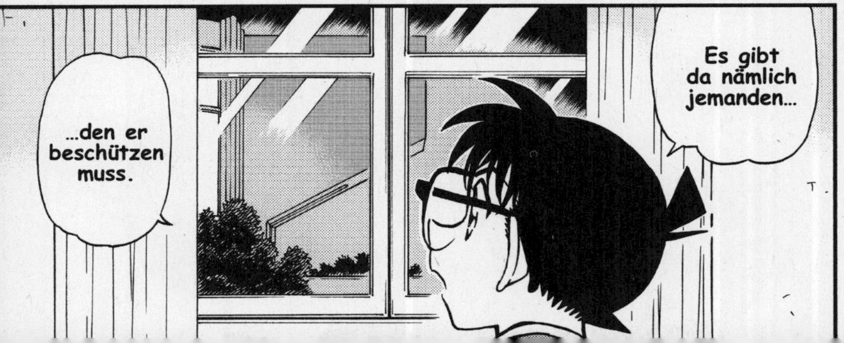

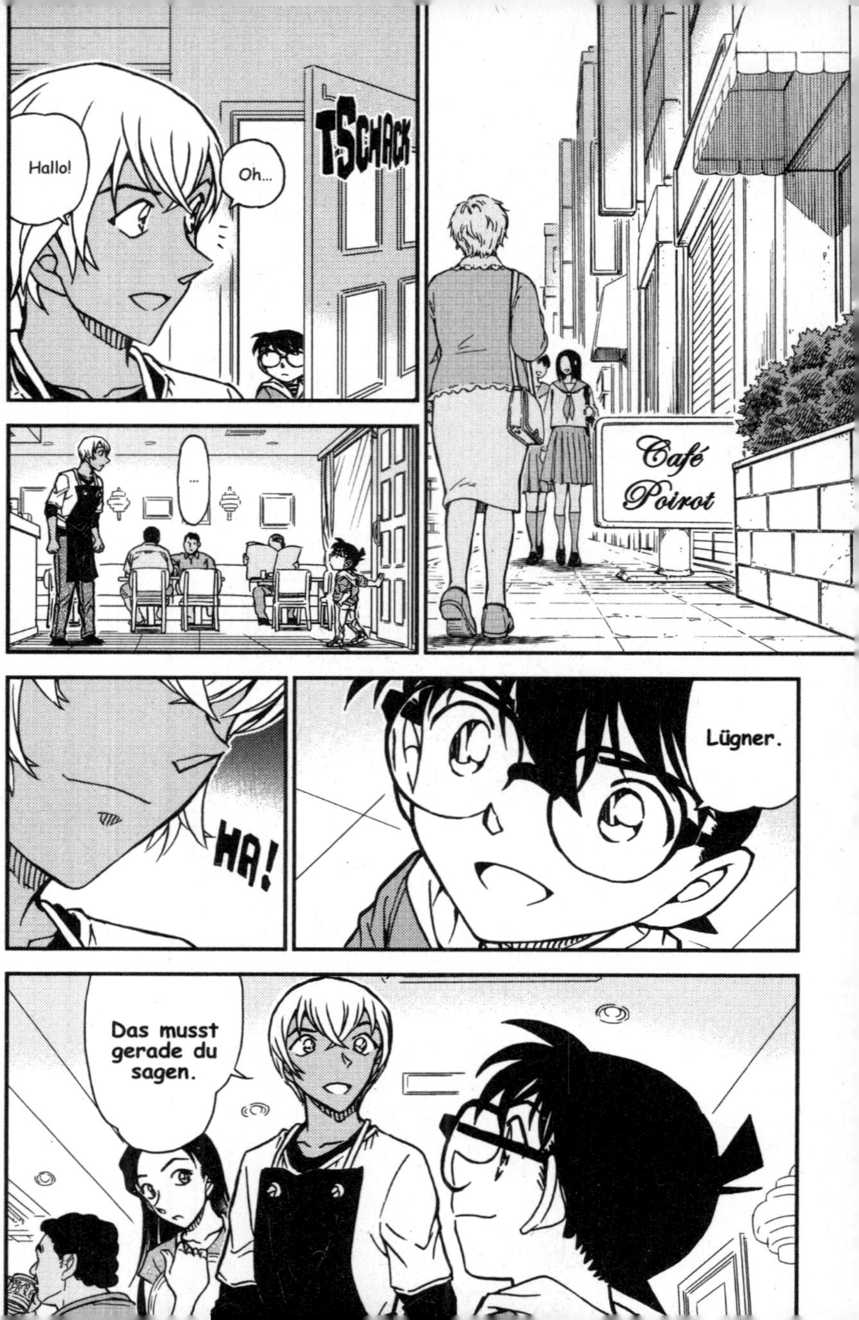

Café Poirot

TSCHACK

Oh...

Hallo!

...

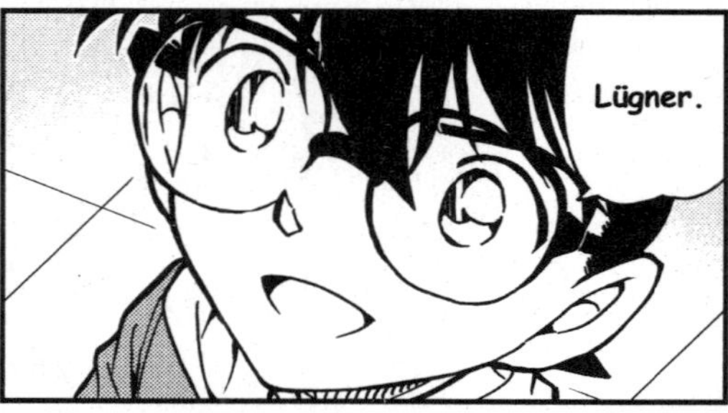

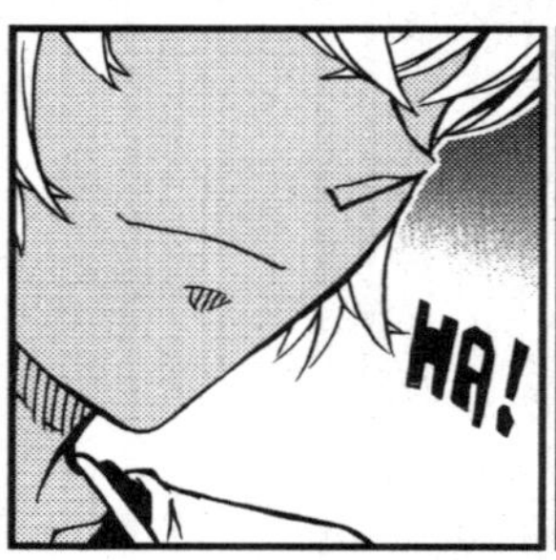

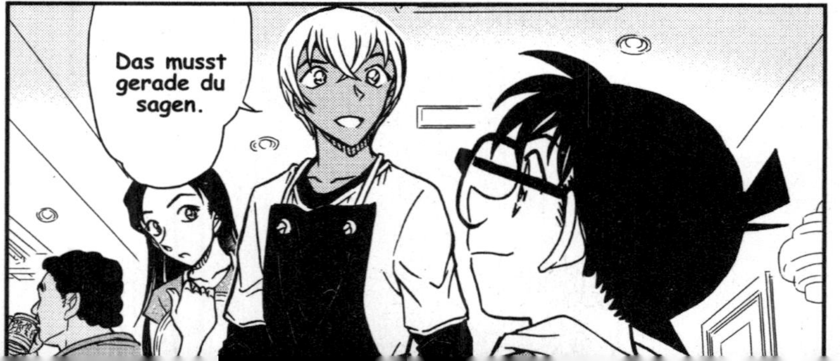

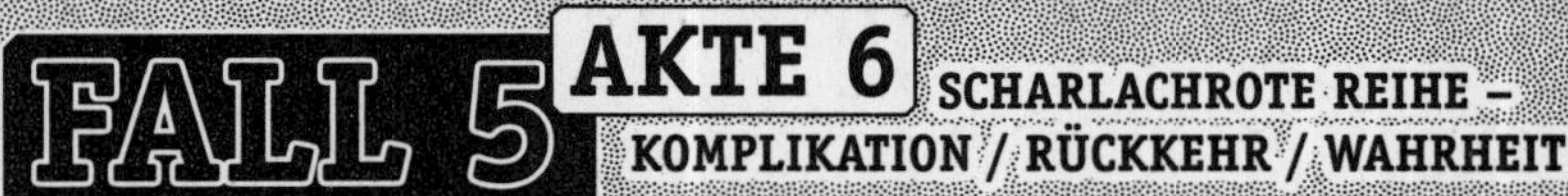
FALL 5
AKTE 6
SCHARLACHROTE REIHE –
KOMPLIKATION / RÜCKKEHR / WAHRHEIT
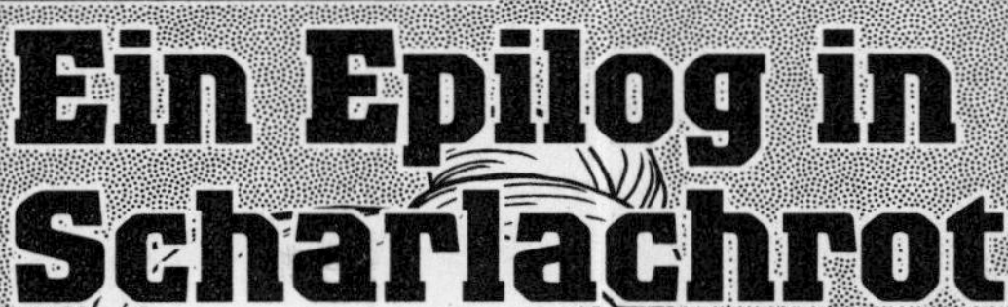
Ein Epilog in
Scharlachrot

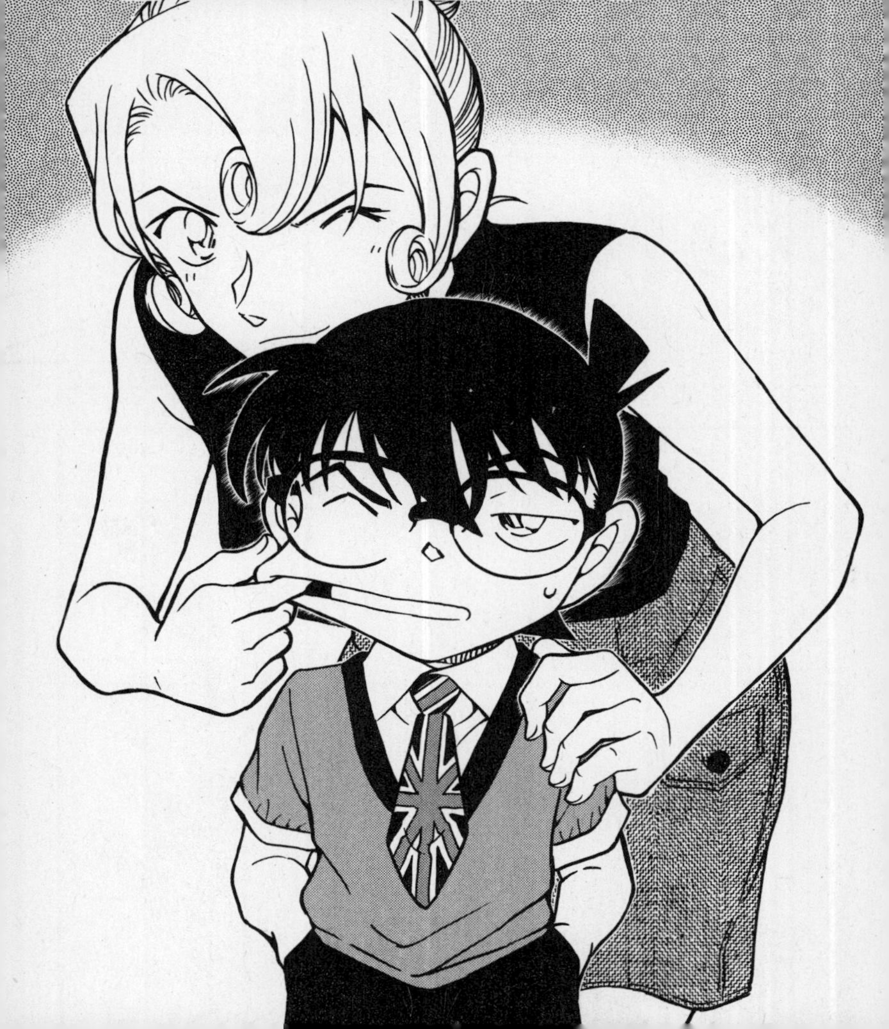

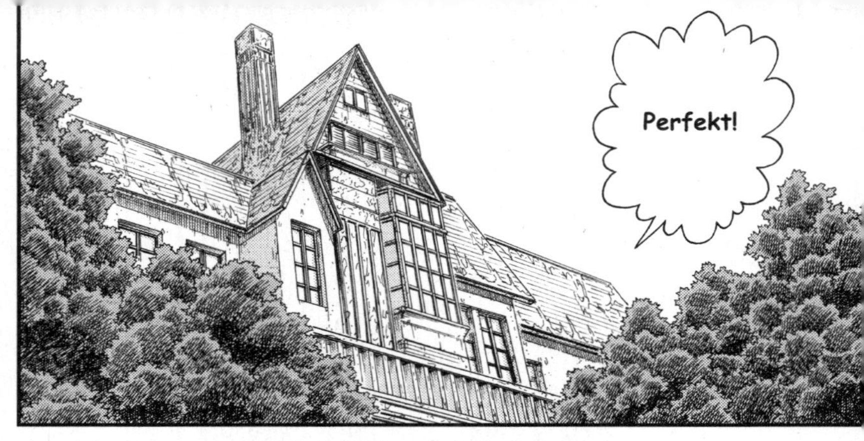
Perfekt!

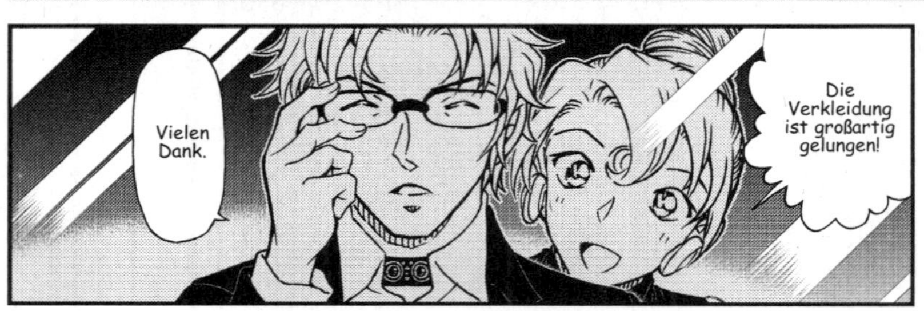
Die Verkleidung ist großartig gelungen!
Vielen Dank.

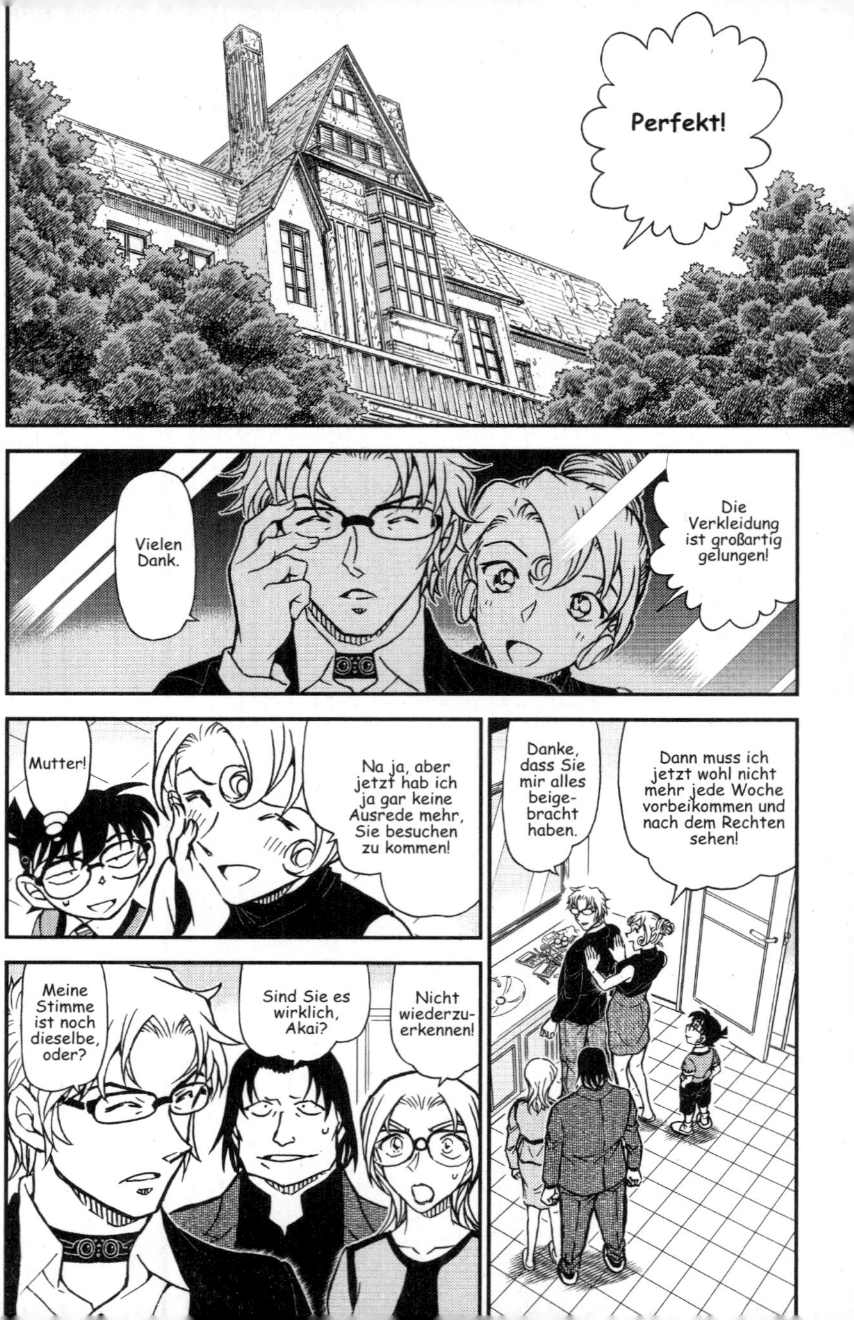

Dann muss ich jetzt wohl nicht mehr jede Woche vorbeikommen und nach dem Rechten sehen!
Danke, dass Sie mir alles beige-bracht haben.
Na ja, aber jetzt hab ich ja gar keine Ausrede mehr, Sie besuchen zu kommen!
Mutter!
Nicht wiederzu-erkennen!
Sind Sie es wirklich, Akai?
Meine Stimme ist noch dieselbe, oder?

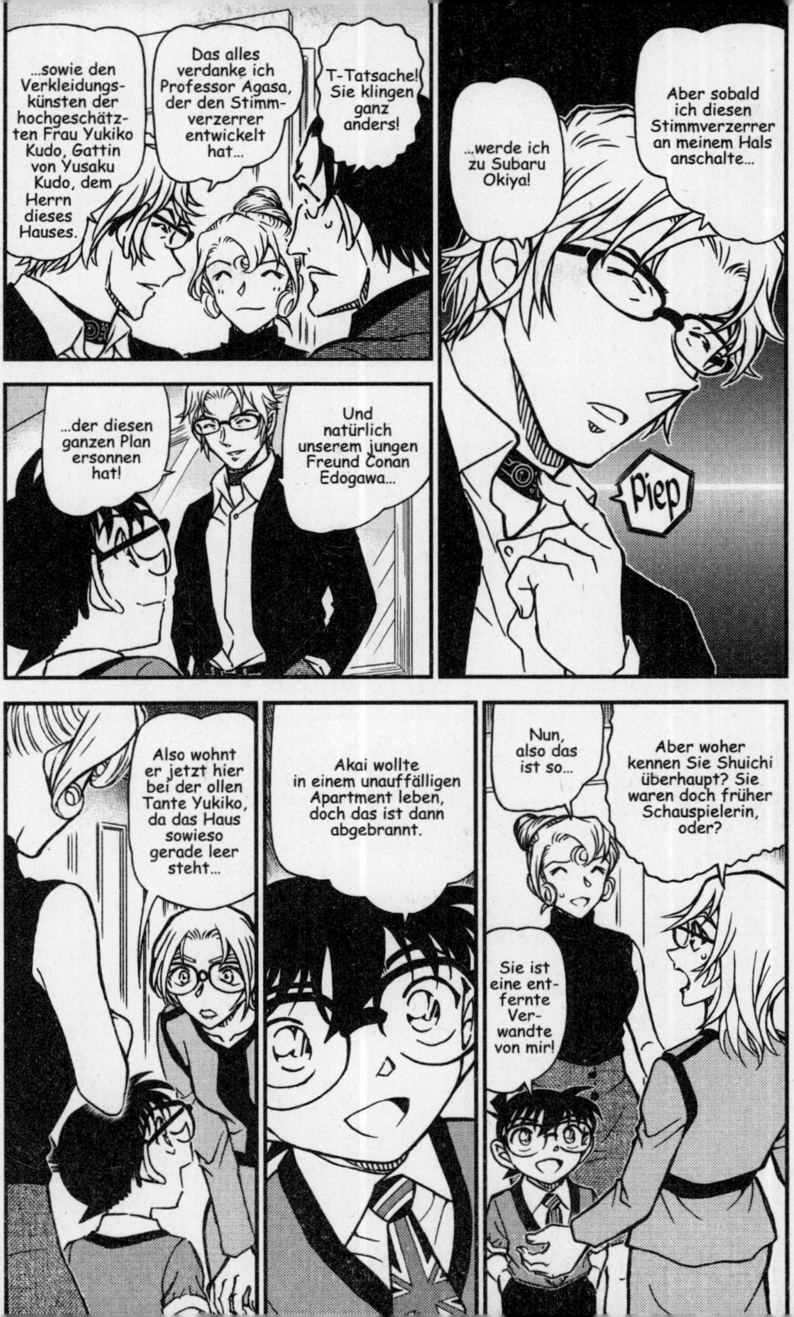

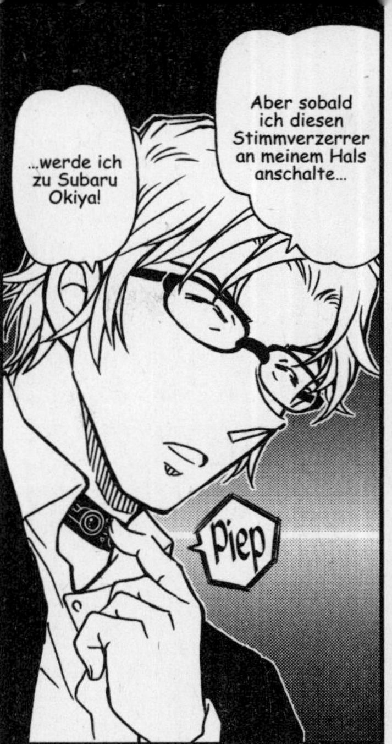

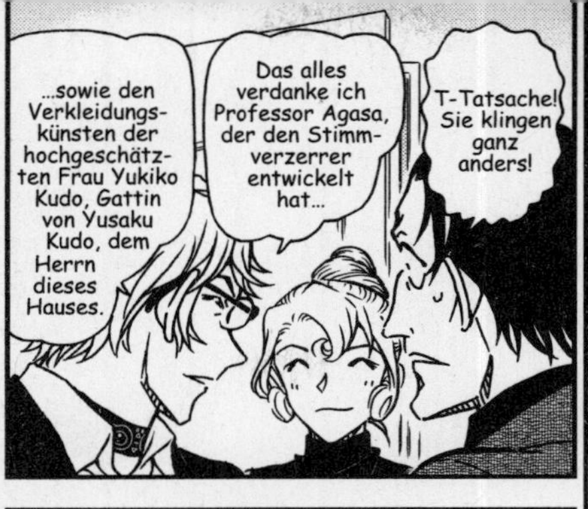

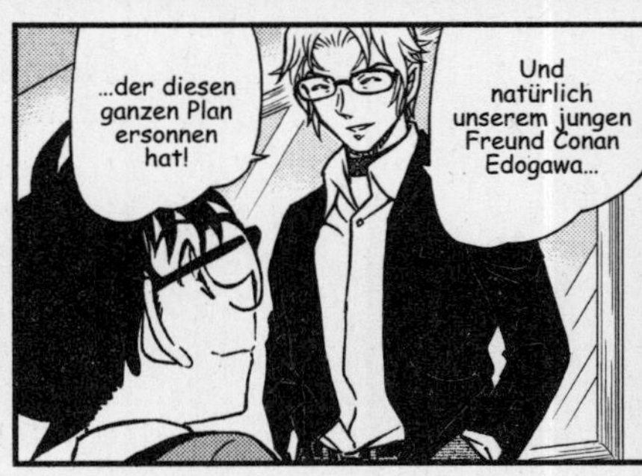

Aber woher kennen Sie Shuichi überhaupt? Sie waren doch früher Schauspielerin, oder?

Nun, also das ist so...

Sie ist eine entfernte Verwandte von mir!

Akai wollte in einem unauffälligen Apartment leben, doch das ist dann abgebrannt.

Also wohnt er jetzt hier bei der ollen Tante Yukiko, da das Haus sowieso gerade leer steht...

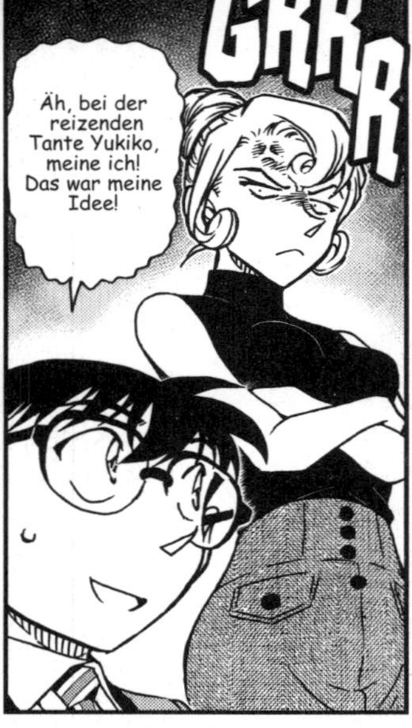
GRRR
Äh, bei der reizenden Tante Yukiko, meine ich! Das war meine Idee!

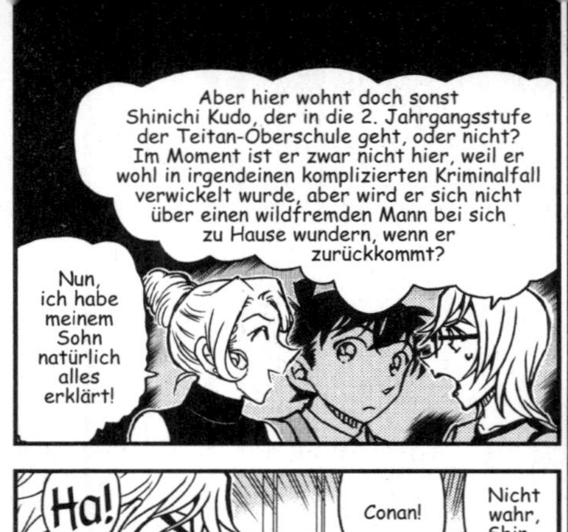
Aber hier wohnt doch sonst Shinichi Kudo, der in die 2. Jahrgangsstufe der Teitan-Oberschule geht, oder nicht? Im Moment ist er zwar nicht hier, weil er wohl in irgendeinen komplizierten Kriminalfall verwickelt wurde, aber wird er sich nicht über einen wildfremden Mann bei sich zu Hause wundern, wenn er zurückkommt?
Nun, ich habe meinem Sohn natürlich alles erklärt!
Nicht wahr, Shin...
Conan!
Ha!
G-genau!
Piep

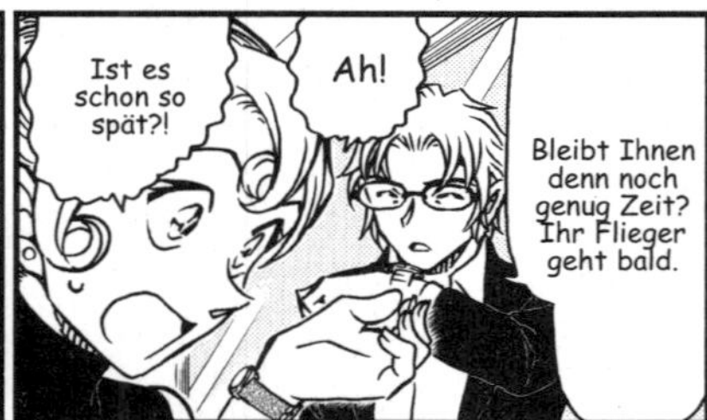
Bleibt Ihnen denn noch genug Zeit? Ihr Flieger geht bald.
Ah!
Ist es schon so spät?!

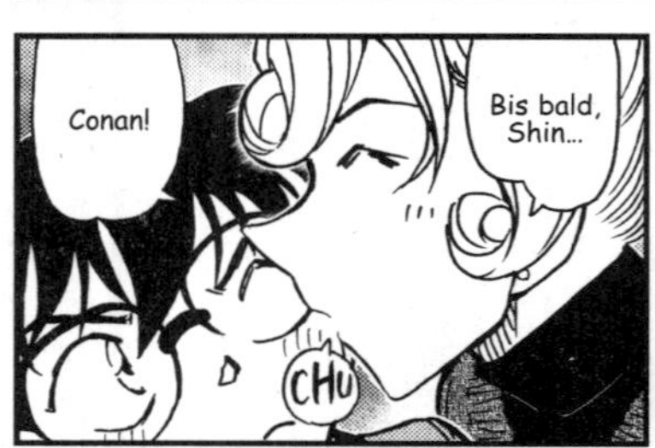
Bis bald, Shin...
Conan!
CHU

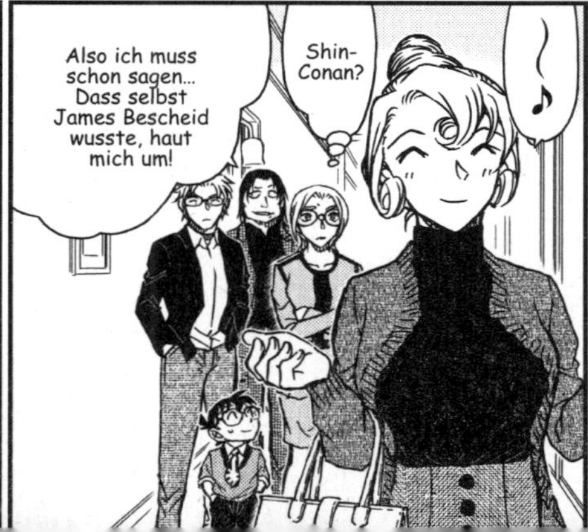
Shin-Conan?
Also ich muss schon sagen... Dass selbst James Bescheid wusste, haut mich um!

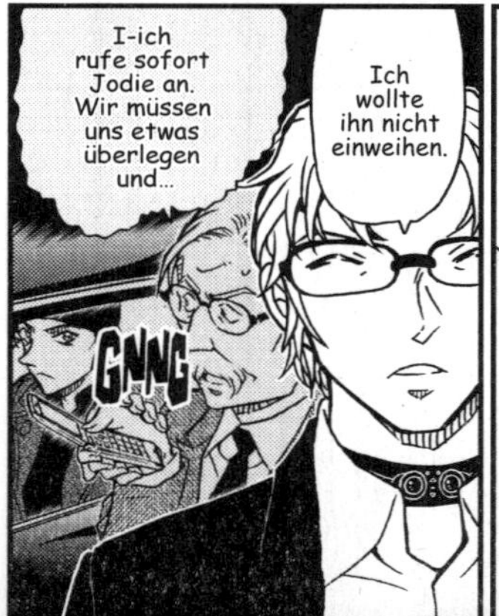
Ich wollte ihn nicht einweihen.
I-ich rufe sofort Jodie an. Wir müssen uns etwas überlegen und...
GNNG

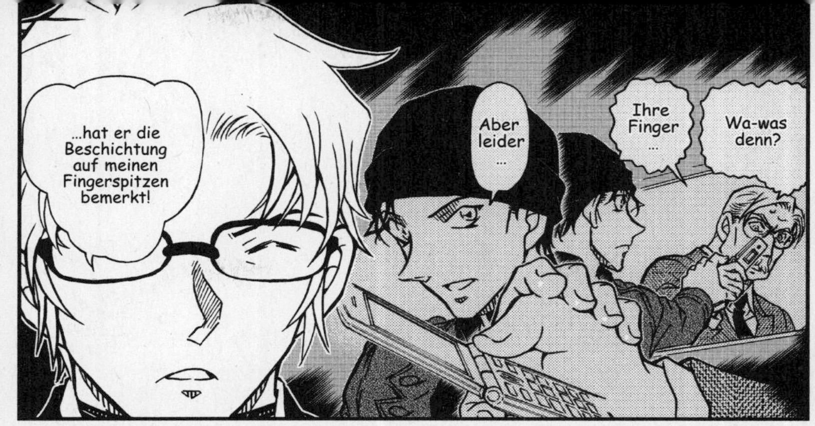
Wa-was denn?
Ihre Finger …
Aber leider …
…hat er die Beschichtung auf meinen Fingerspitzen bemerkt!

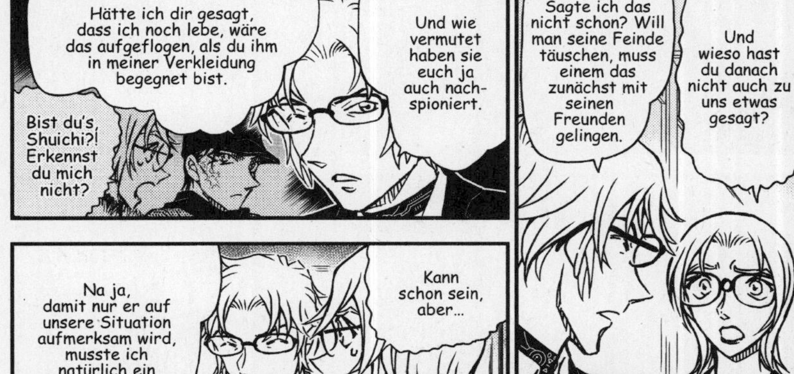
Und wieso hast du danach nicht auch zu uns etwas gesagt?
Sagte ich das nicht schon? Will man seine Feinde täuschen, muss einem das zunächst mit seinen Freunden gelingen.
Und wie vermutet haben sie euch ja auch nachspioniert.
Hätte ich dir gesagt, dass ich noch lebe, wäre das aufgeflogen, als du ihm in meiner Verkleidung begegnet bist.
Bist du's, Shuichi?! Erkennst du mich nicht?
Kann schon sein, aber…
Na ja, damit nur er auf unsere Situation aufmerksam wird, musste ich natürlich ein Risiko eingehen…

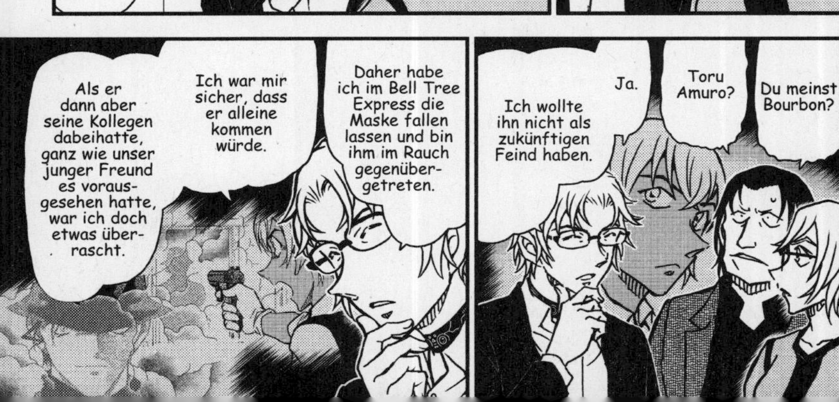
Du meinst Bourbon?
Toru Amuro?
Ja.
Ich wollte ihn nicht als zukünftigen Feind haben.
Daher habe ich im Bell Tree Express die Maske fallen lassen und bin ihm im Rauch gegenübergetreten.
Ich war mir sicher, dass er alleine kommen würde.
Als er dann aber seine Kollegen dabeihatte, ganz wie unser junger Freund es vorausgesehen hatte, war ich doch etwas überrascht.

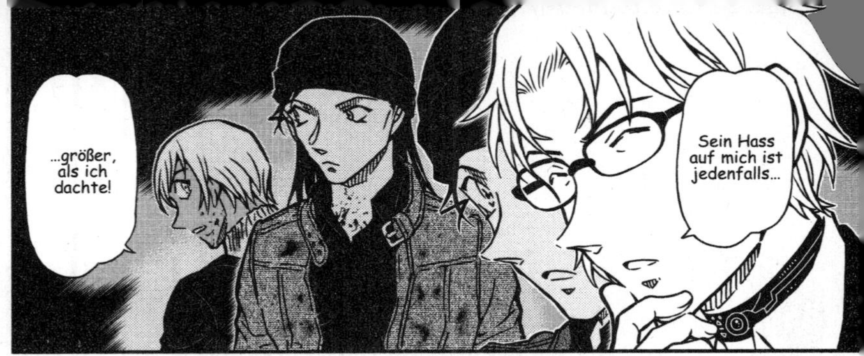
Sein Hass auf mich ist jedenfalls...
...größer, als ich dachte!

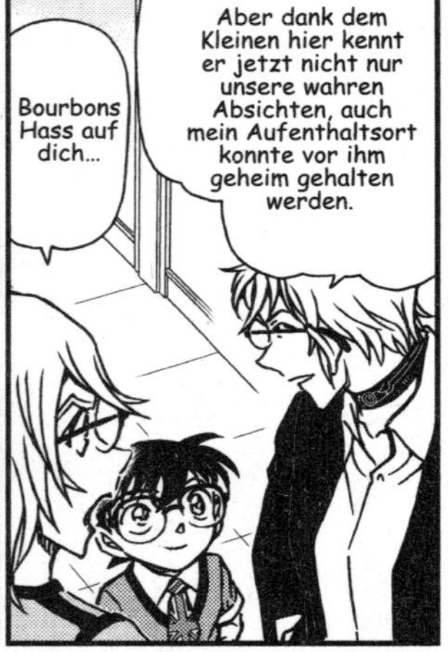
Aber dank dem Kleinen hier kennt er jetzt nicht nur unsere wahren Absichten, auch mein Aufenthaltsort konnte vor ihm geheim gehalten werden.
Bourbons Hass auf dich...

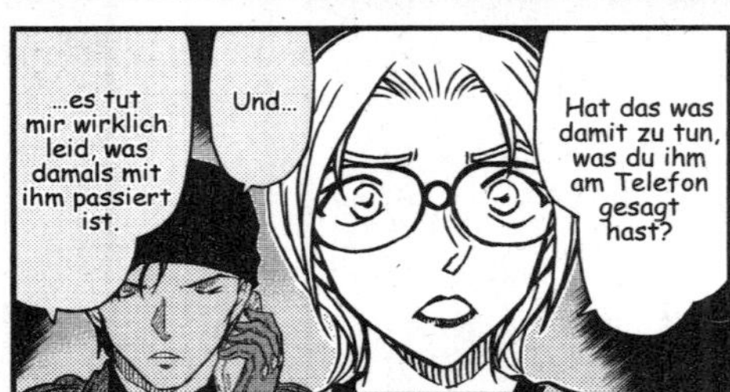
Hat das was damit zu tun, was du ihm am Telefon gesagt hast?
Und...
...es tut mir wirklich leid, was damals mit ihm passiert ist.

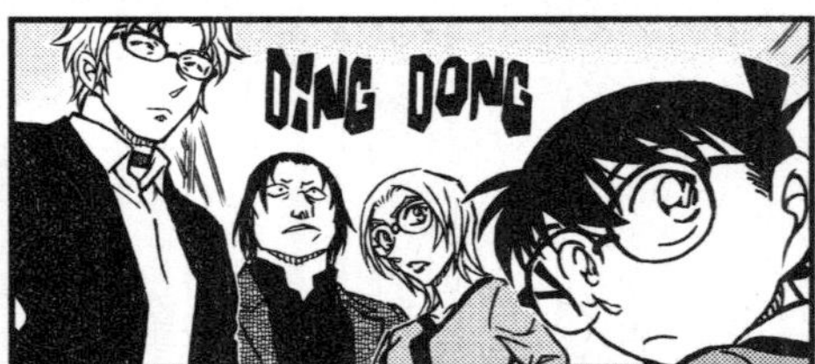
DING DONG

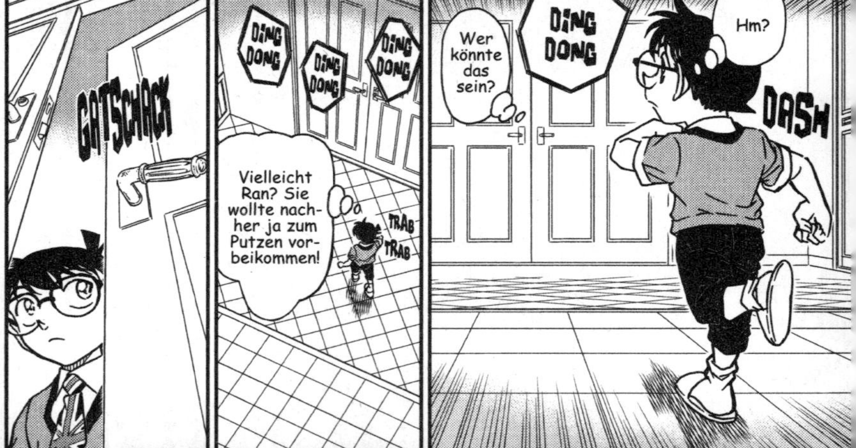
Hm?
DASH
DING DONG
Wer könnte das sein?
DING DONG
DING DONG
DING DONG
Vielleicht Ran? Sie wollte nachher ja zum Putzen vorbeikommen!
TRAB TRAB
GATSCHACK

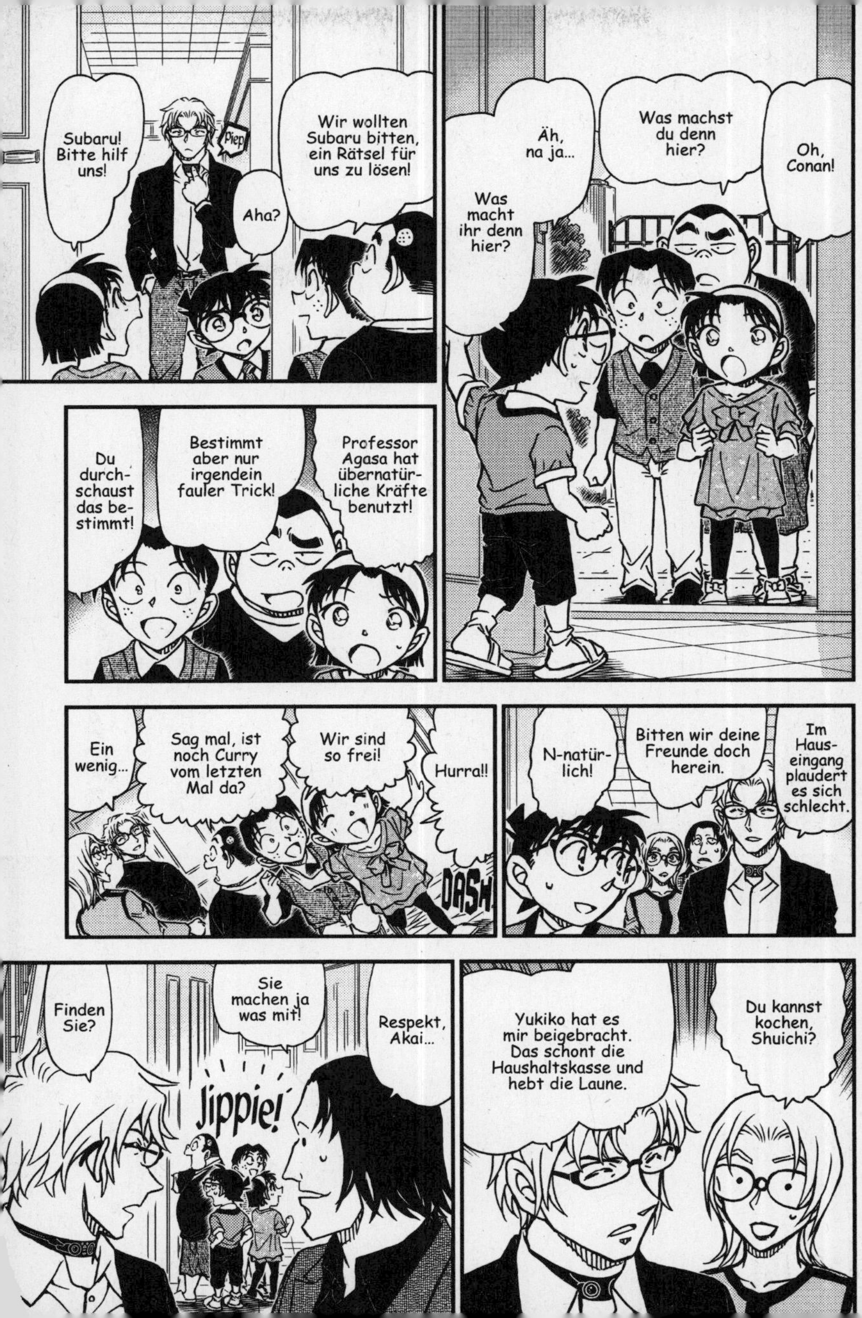

Oh, Conan!
Was machst du denn hier?
Äh, na ja...
Was macht ihr denn hier?
Wir wollten Subaru bitten, ein Rätsel für uns zu lösen!
Aha?
Piep
Subaru! Bitte hilf uns!
Professor Agasa hat übernatürliche Kräfte benutzt!
Bestimmt aber nur irgendein fauler Trick!
Du durchschaust das bestimmt!
Im Hauseingang plaudert es sich schlecht.
Bitten wir deine Freunde doch herein.
N-natürlich!
Hurra!!
DASH!
Wir sind so frei!
Sag mal, ist noch Curry vom letzten Mal da?
Ein wenig...

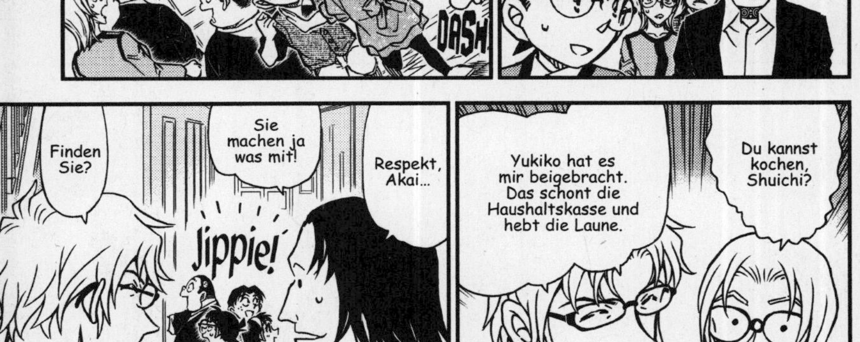

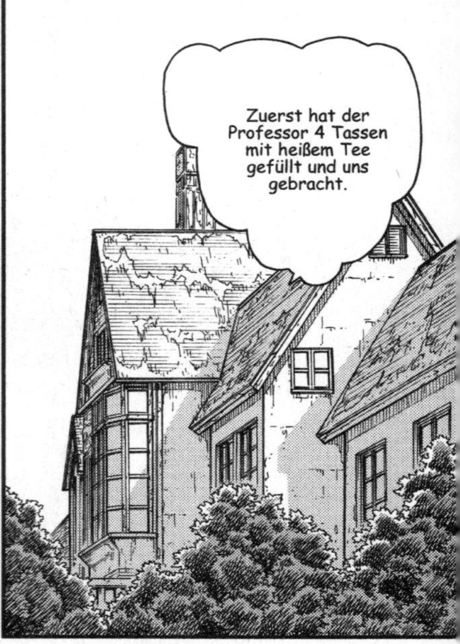

Zuerst hat der Professor 4 Tassen mit heißem Tee gefüllt und uns gebracht.

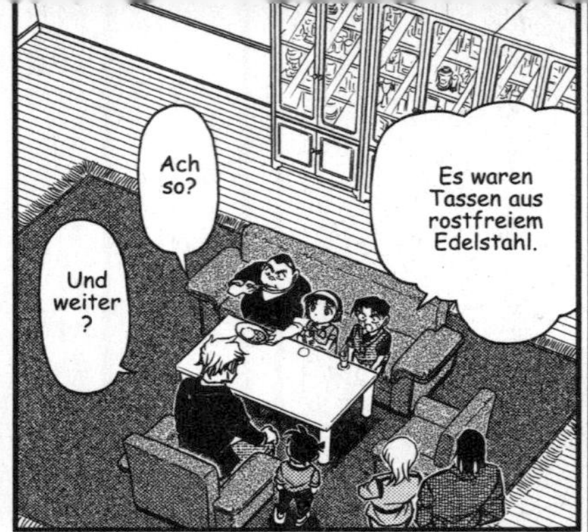

Es waren Tassen aus rostfreiem Edelstahl.
Ach so?
Und weiter?

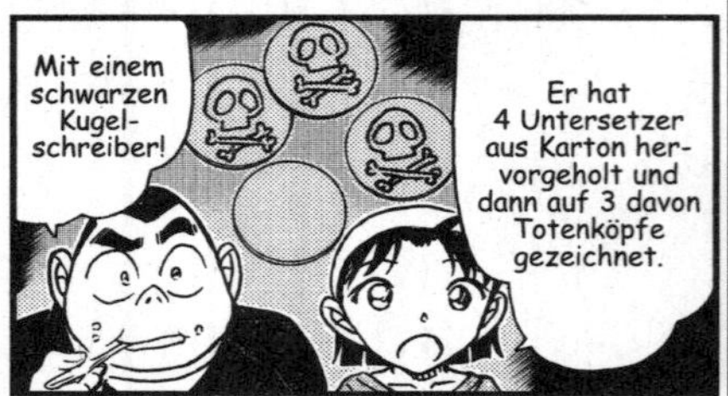

Er hat 4 Untersetzer aus Karton her-vorgeholt und dann auf 3 davon Totenköpfe gezeichnet.
Mit einem schwarzen Kugel-schreiber!

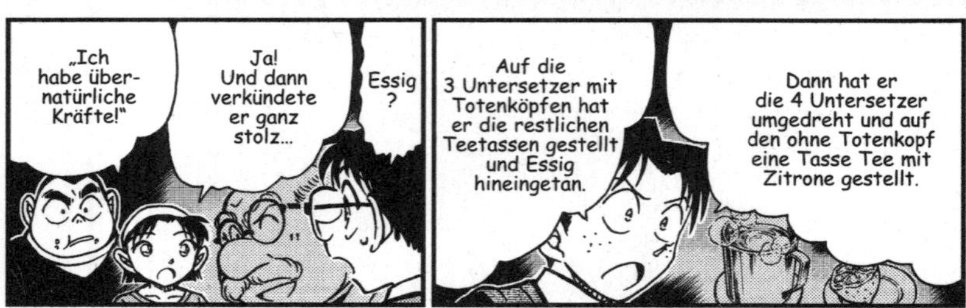

Dann hat er die 4 Untersetzer umgedreht und auf den ohne Totenkopf eine Tasse Tee mit Zitrone gestellt.
Auf die 3 Untersetzer mit Totenköpfen hat er die restlichen Teetassen gestellt und Essig hineingetan.
Essig?
Ja! Und dann verkündete er ganz stolz...
„Ich habe über-natürliche Kräfte!“

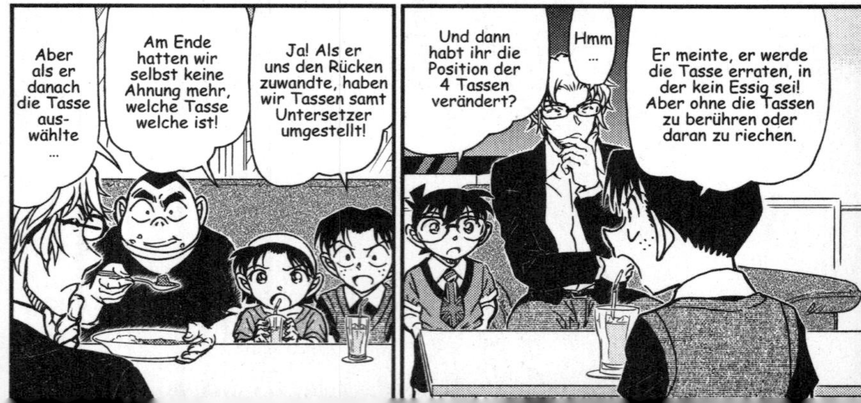

Er meinte, er werde die Tasse erraten, in der kein Essig sei! Aber ohne die Tassen zu berühren oder daran zu riechen.
Hmm ...
Und dann habt ihr die Position der 4 Tassen verändert?
Ja! Als er uns den Rücken zuwandte, haben wir Tassen samt Untersetzer umgestellt!
Am Ende hatten wir selbst keine Ahnung mehr, welche Tasse welche ist!
Aber als er danach die Tasse aus-wählte ...

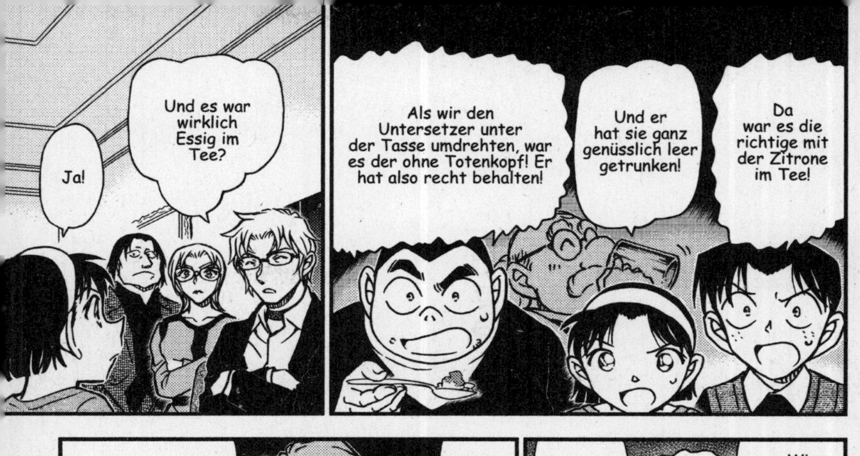
Da war es die richtige mit der Zitrone im Tee!
Und er hat sie ganz genüsslich leer getrunken!
Als wir den Untersetzer unter der Tasse umdrehten, war es der ohne Totenkopf! Er hat also recht behalten!
Und es war wirklich Essig im Tee?
Ja!

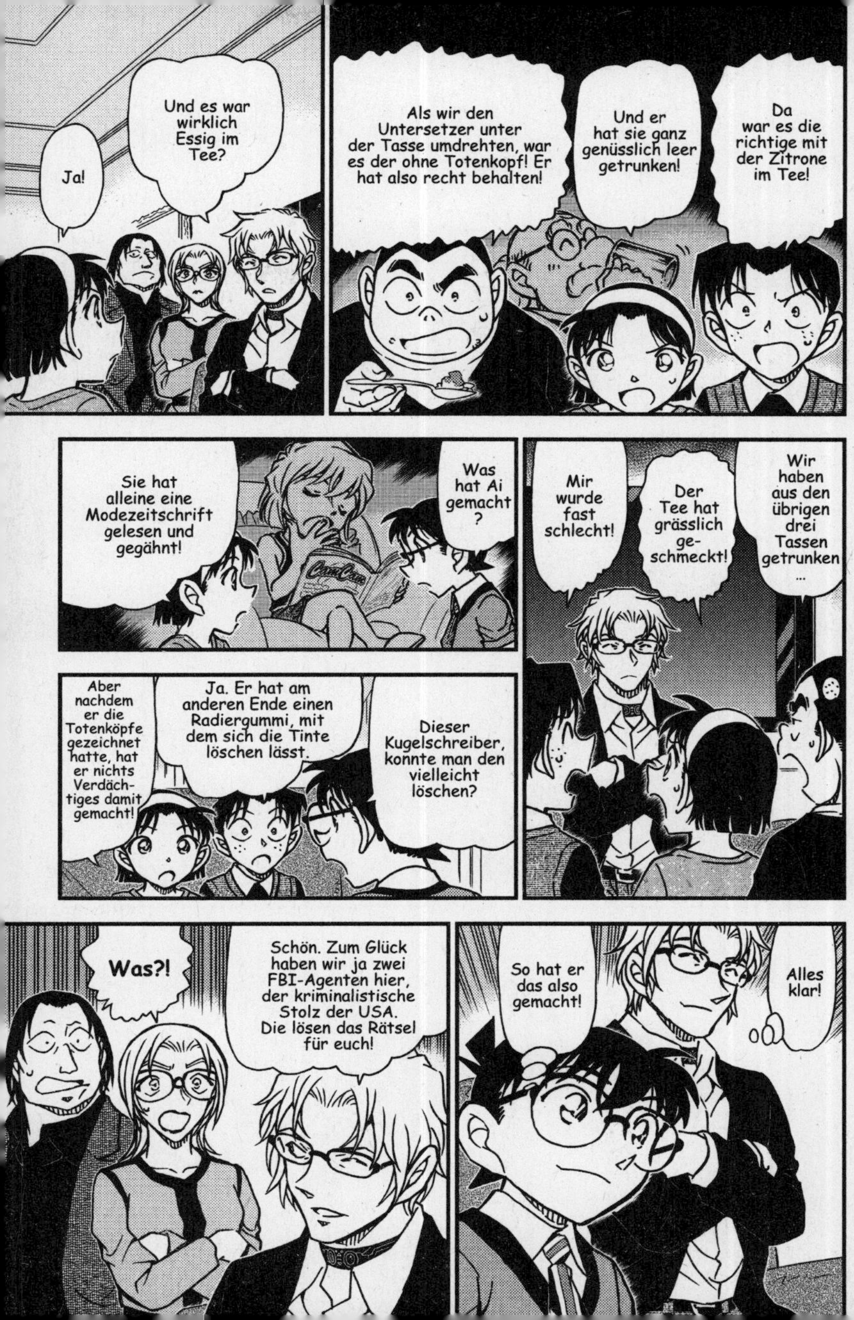

Wir haben aus den übrigen drei Tassen getrunken ...
Der Tee hat grässlich ge- schmeckt!
Mir wurde fast schlecht!
Was hat Ai gemacht?
Sie hat alleine eine Modezeitschrift gelesen und gegähnt!
Dieser Kugelschreiber, konnte man den vielleicht löschen?
Ja. Er hat am anderen Ende einen Radiergummi, mit dem sich die Tinte löschen lässt.
Aber nachdem er die Totenköpfe gezeichnet hatte, hat er nichts Verdäch- tiges damit gemacht!

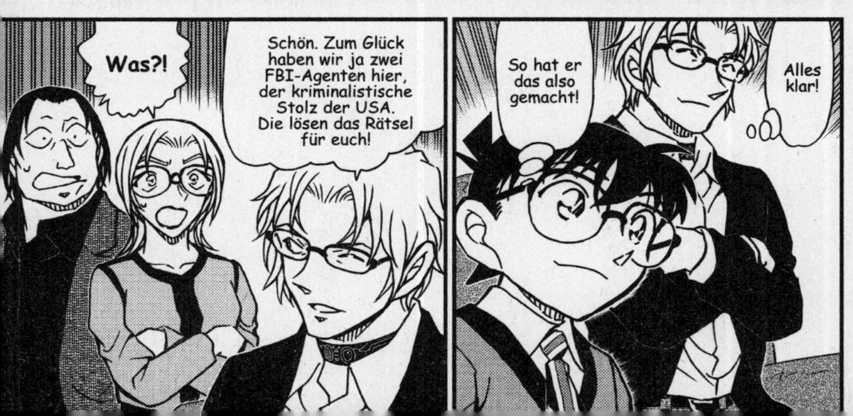
Alles klar!
So hat er das also gemacht!
Schön. Zum Glück haben wir ja zwei FBI-Agenten hier, der kriminalistische Stolz der USA. Die lösen das Rätsel für euch!
Was?!

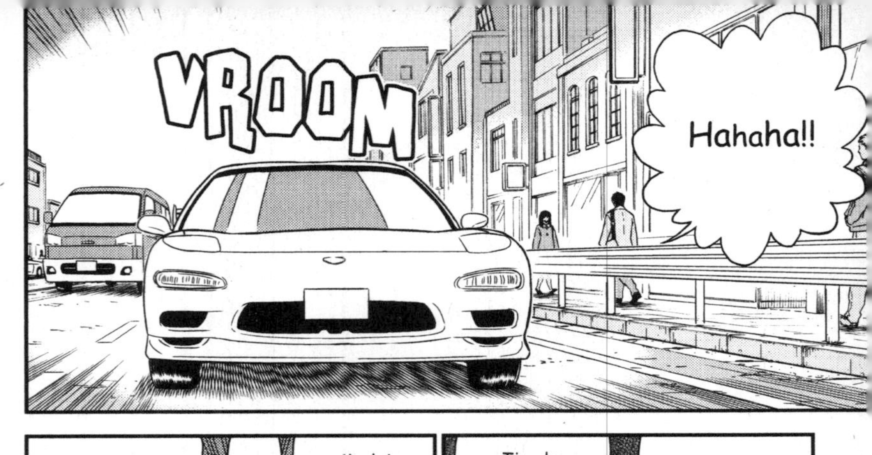
VROOM
Hahaha!!

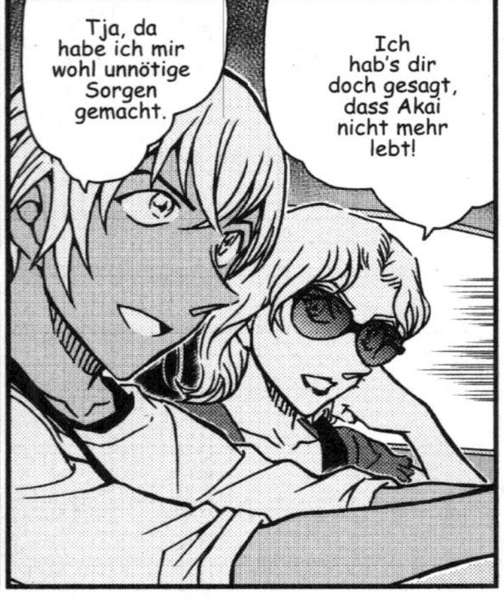
Ich hab's dir doch gesagt, dass Akai nicht mehr lebt!
Tja, da habe ich mir wohl unnötige Sorgen gemacht.

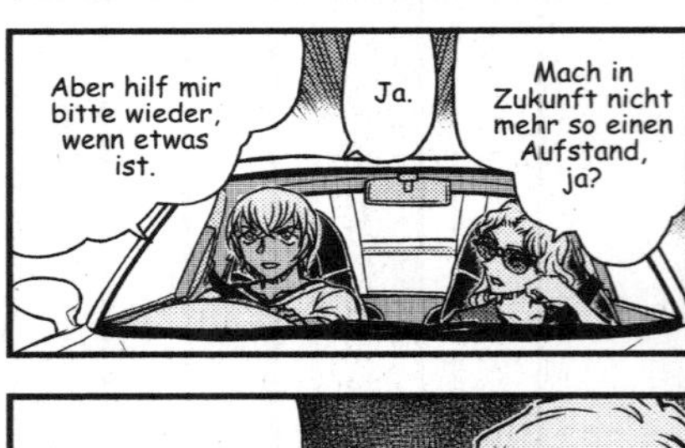
Mach in Zukunft nicht mehr so einen Aufstand, ja?
Ja.
Aber hilf mir bitte wieder, wenn etwas ist.

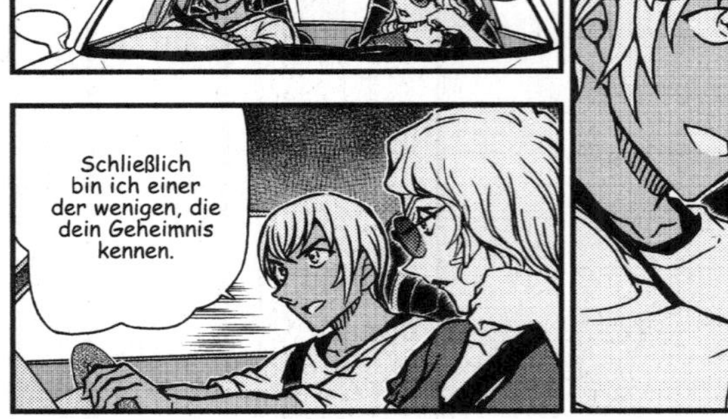
Schließlich bin ich einer der wenigen, die dein Geheimnis kennen.

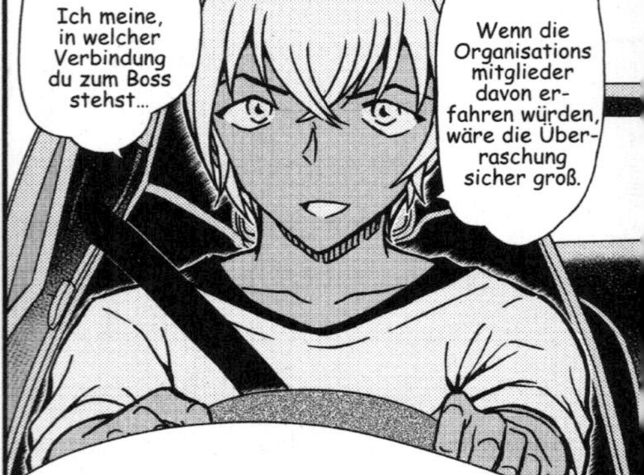
Ich meine, in welcher Verbindung du zum Boss stehst…
Wenn die Organisations mitglieder davon er-fahren würden, wäre die Über-raschung sicher groß.

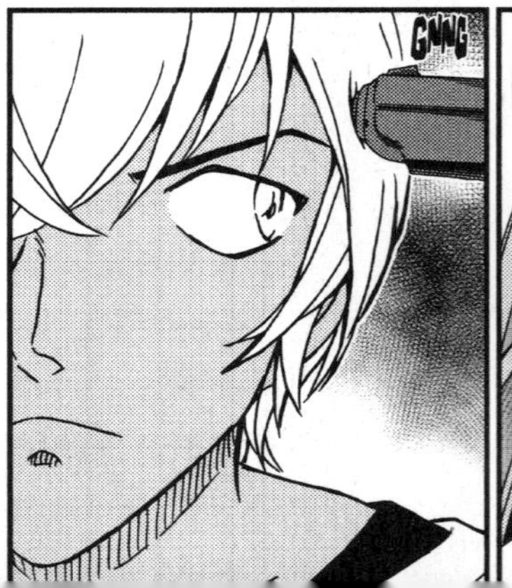
GNNG

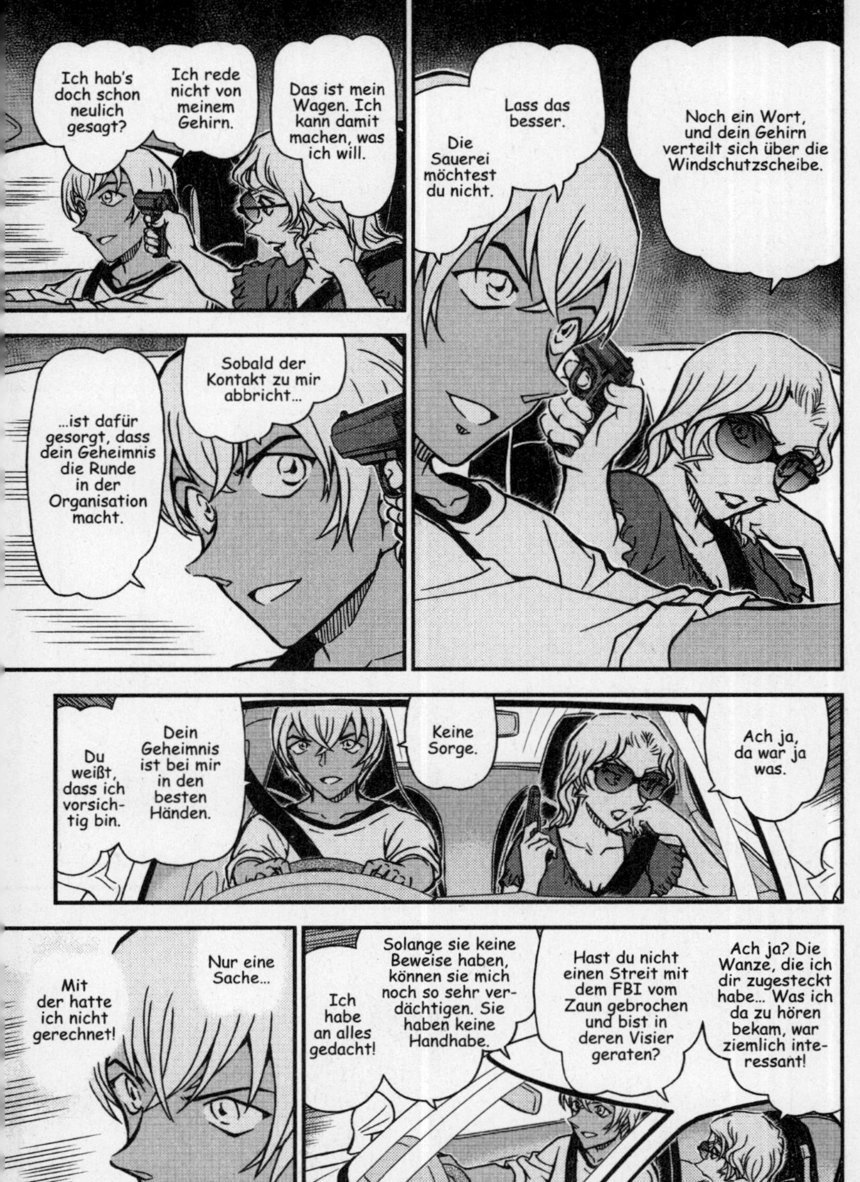
Noch ein Wort, und dein Gehirn verteilt sich über die Windschutzscheibe.
Lass das besser.
Die Sauerei möchtest du nicht.
Das ist mein Wagen. Ich kann damit machen, was ich will.
Ich rede nicht von meinem Gehirn.
Ich hab's doch schon neulich gesagt?
Sobald der Kontakt zu mir abbricht...
...ist dafür gesorgt, dass dein Geheimnis die Runde in der Organisation macht.
Ach ja, da war ja was.
Keine Sorge.
Dein Geheimnis ist bei mir in den besten Händen.
Du weißt, dass ich vorsich-tig bin.
Ach ja? Die Wanze, die ich dir zugesteckt habe... Was ich da zu hören bekam, war ziemlich inte-ressant!
Hast du nicht einen Streit mit dem FBI vom Zaun gebrochen und bist in deren Visier geraten?
Solange sie keine Beweise haben, können sie mich noch so sehr ver-dächtigen. Sie haben keine Handhabe.
Ich habe an alles gedacht!
Nur eine Sache...
Mit der hatte ich nicht gerechnet!

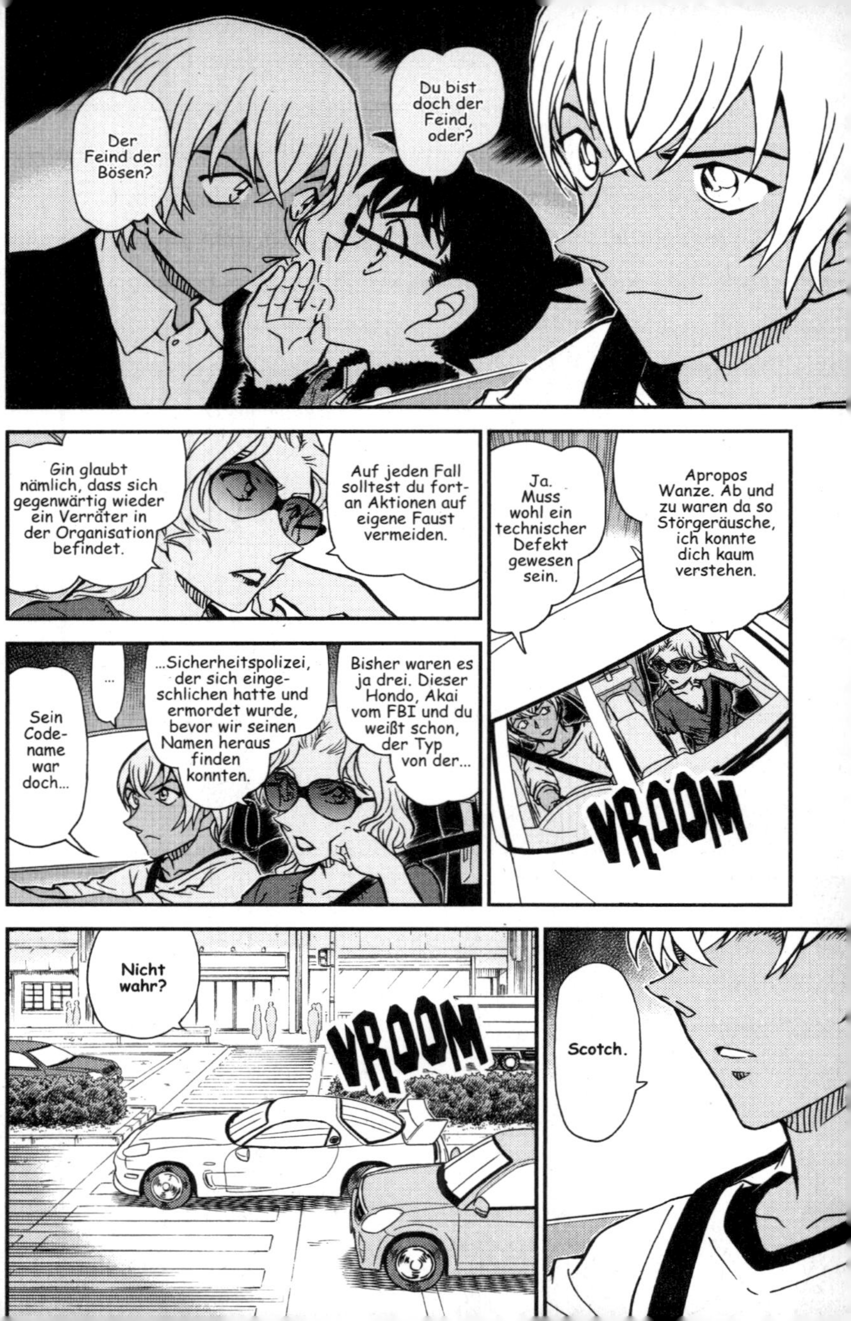

Du bist doch der Feind, oder?
Der Feind der Bösen?

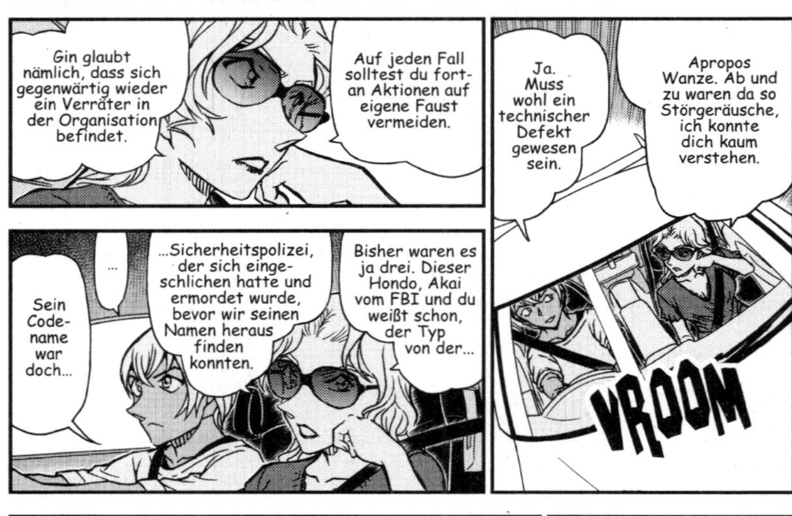

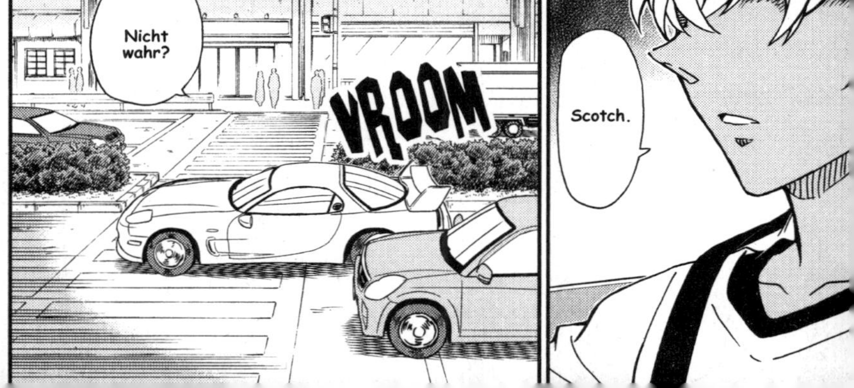

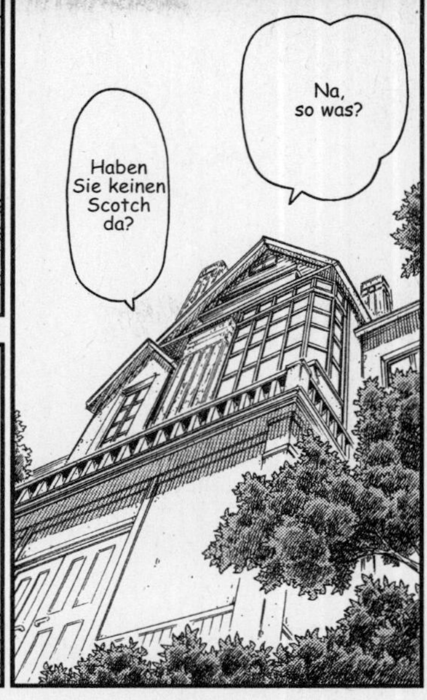
Na, so was?
Haben Sie keinen Scotch da?

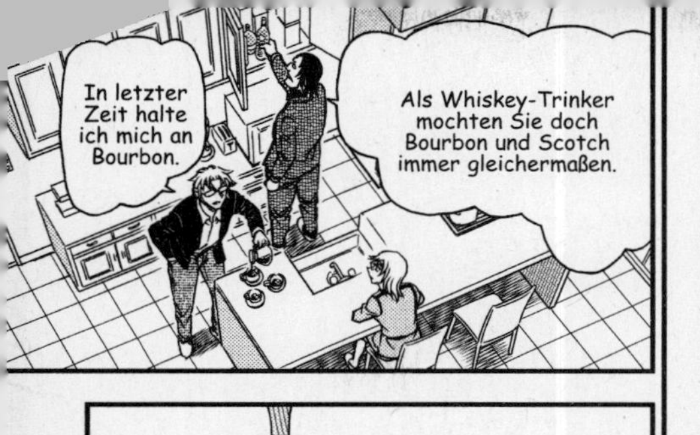
Als Whiskey-Trinker mochten Sie doch Bourbon und Scotch immer gleichermaßen.
In letzter Zeit halte ich mich an Bourbon.

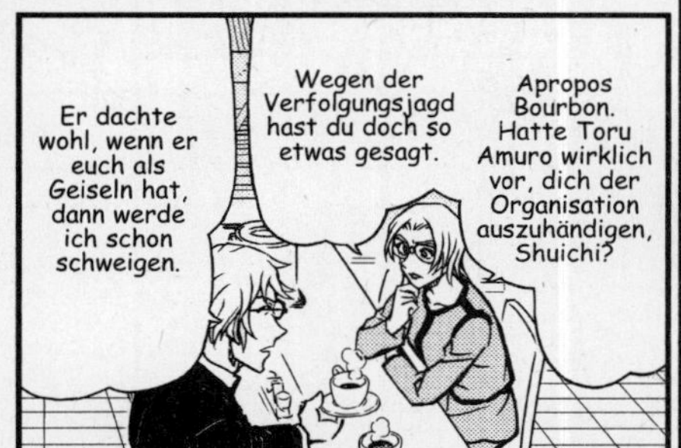
Apropos Bourbon. Hatte Toru Amuro wirklich vor, dich der Organisation auszuhändigen, Shuichi?
Wegen der Verfolgungsjagd hast du doch so etwas gesagt.
Er dachte wohl, wenn er euch als Geiseln hat, dann werde ich schon schweigen.

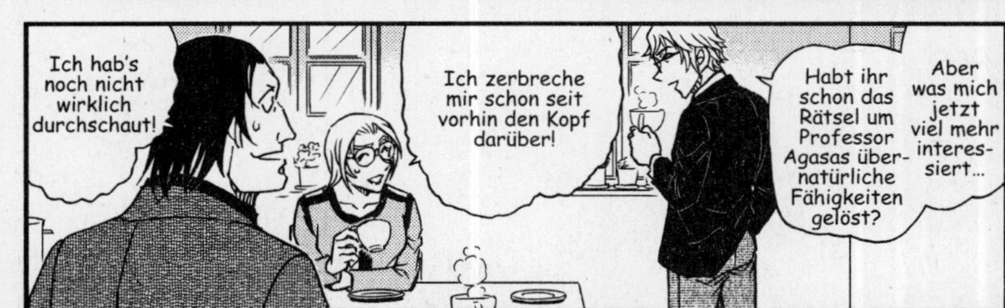
Aber was mich jetzt viel mehr interes-siert...
Habt ihr schon das Rätsel um Professor Agasas über-natürliche Fähigkeiten gelöst?
Ich zerbreche mir schon seit vorhin den Kopf darüber!
Ich hab's noch nicht wirklich durchschaut!

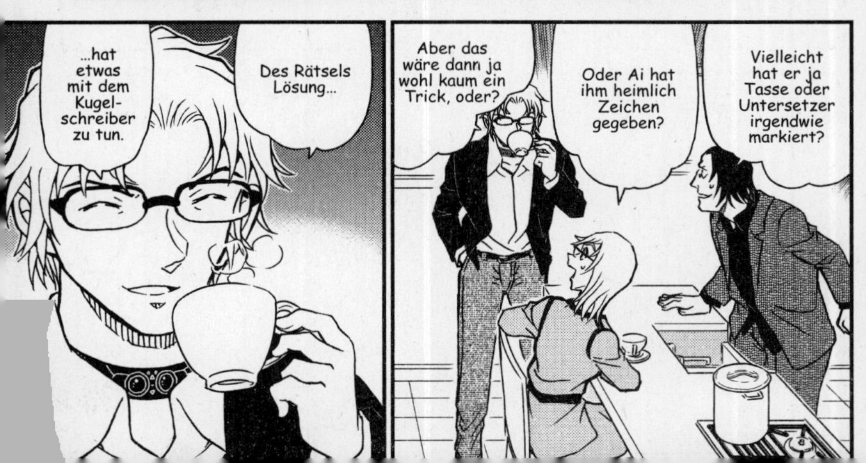
Vielleicht hat er ja Tasse oder Untersetzer irgendwie markiert?
Oder Ai hat ihm heimlich Zeichen gegeben?
Aber das wäre dann ja wohl kaum ein Trick, oder?
Des Rätsels Lösung...
...hat etwas mit dem Kugel-schreiber zu tun.

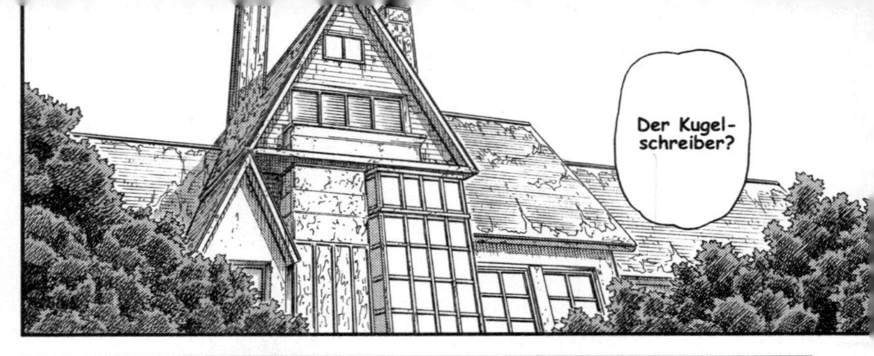

Der Kugel-schreiber?

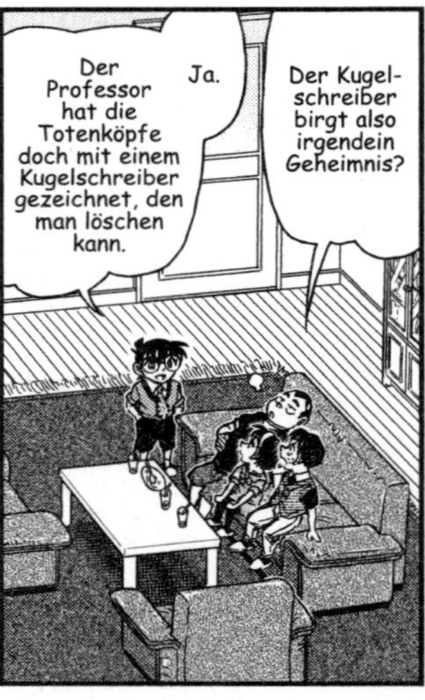

Der Kugel-schreiber birgt also irgendein Geheimnis?
Ja.
Der Professor hat die Totenköpfe doch mit einem Kugelschreiber gezeichnet, den man löschen kann.

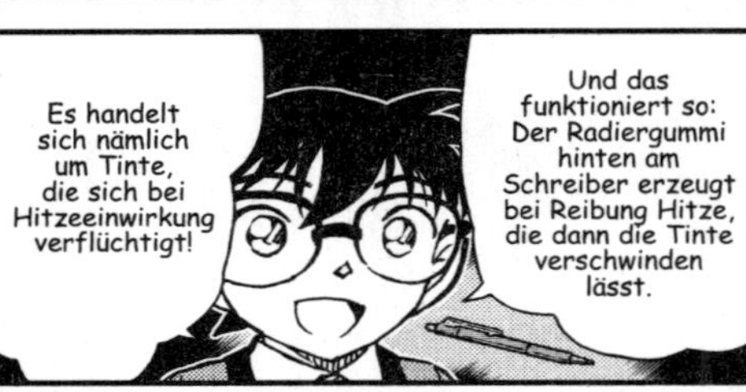

Und das funktioniert so: Der Radiergummi hinten am Schreiber erzeugt bei Reibung Hitze, die dann die Tinte verschwinden lässt.
Es handelt sich nämlich um Tinte, die sich bei Hitzeeinwirkung verflüchtigt!

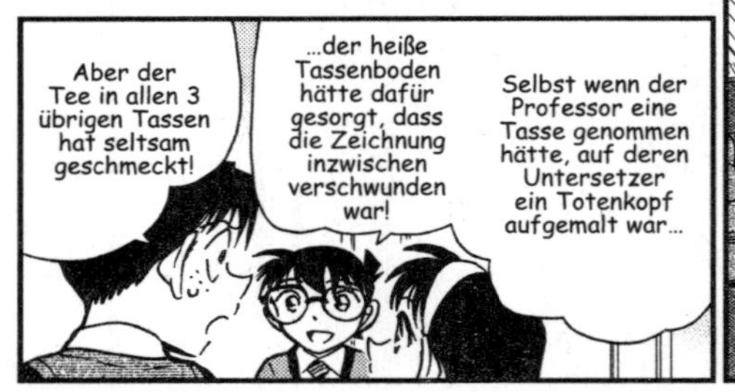

Selbst wenn der Professor eine Tasse genommen hätte, auf deren Untersetzer ein Totenkopf aufgemalt war...
...der heiße Tassenboden hätte dafür gesorgt, dass die Zeichnung inzwischen verschwunden war!
Aber der Tee in allen 3 übrigen Tassen hat seltsam geschmeckt!

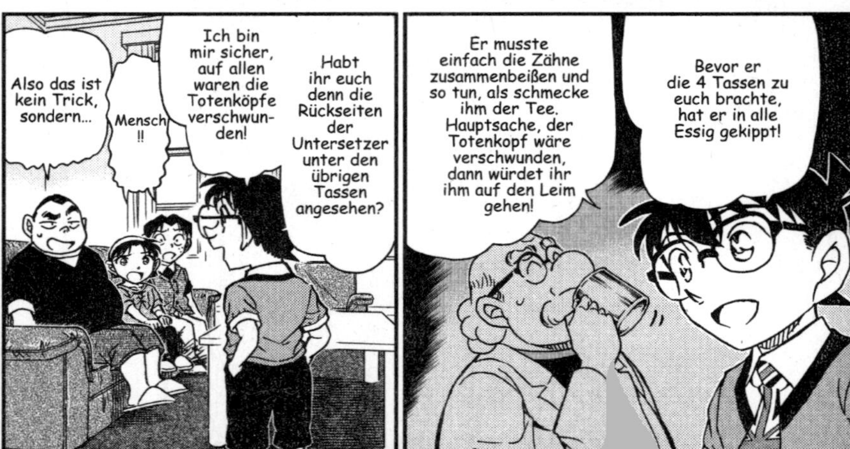

Bevor er die 4 Tassen zu euch brachte, hat er in alle Essig gekippt!
Er musste einfach die Zähne zusammenbeißen und so tun, als schmecke ihm der Tee. Hauptsache, der Totenkopf wäre verschwunden, dann würdet ihr ihm auf den Leim gehen!
Habt ihr euch denn die Rückseiten der Untersetzer unter den übrigen Tassen angesehen?
Ich bin mir sicher, auf allen waren die Totenköpfe verschwun-den!
Mensch !!
Also das ist kein Trick, sondern...

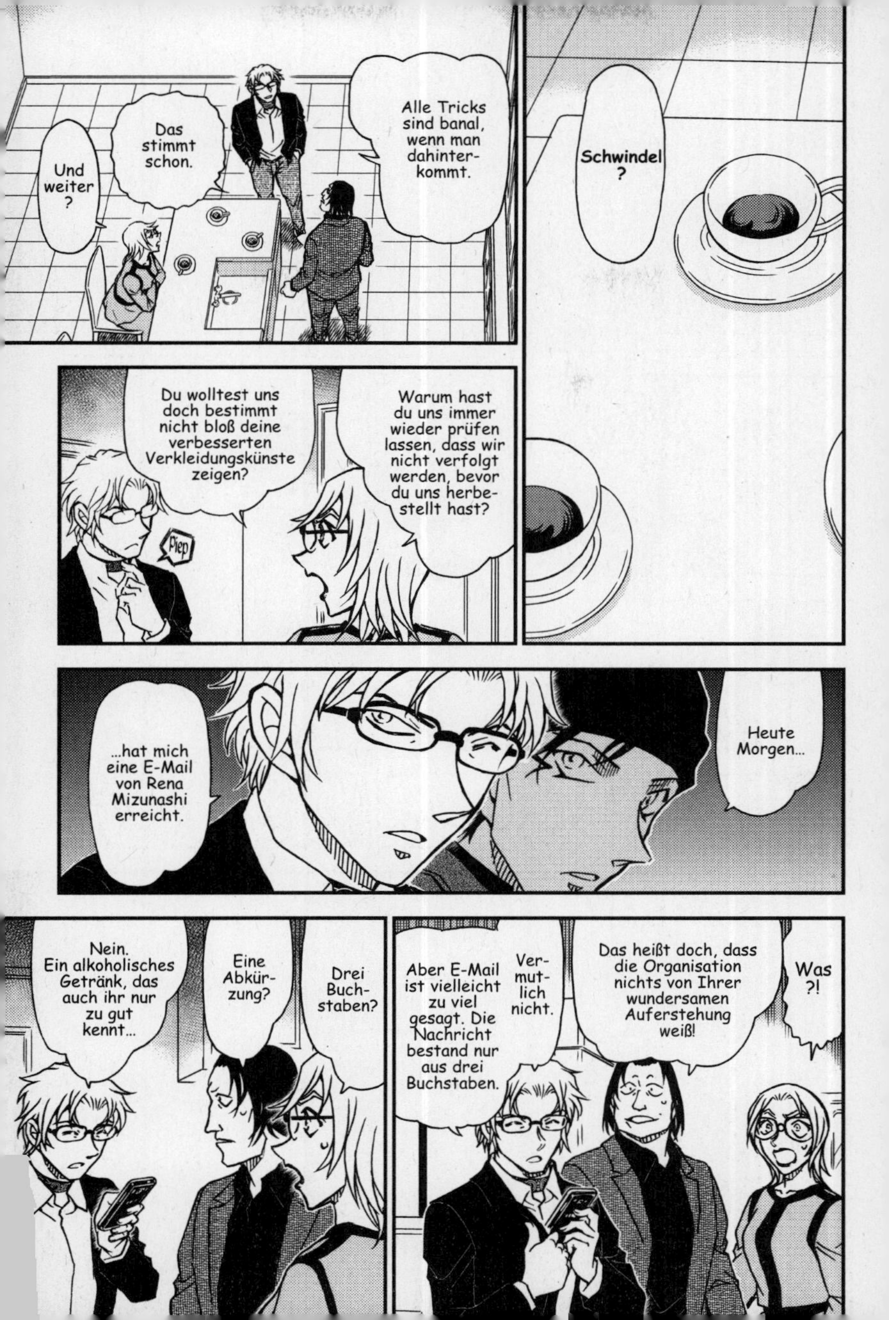

Schwindel?
Alle Tricks sind banal, wenn man dahinterkommt.
Das stimmt schon.
Und weiter?
Warum hast du uns immer wieder prüfen lassen, dass wir nicht verfolgt werden, bevor du uns herbestellt hast?
Du wolltest uns doch bestimmt nicht bloß deine verbesserten Verkleidungskünste zeigen?
Piep
Heute Morgen...
...hat mich eine E-Mail von Rena Mizunashi erreicht.

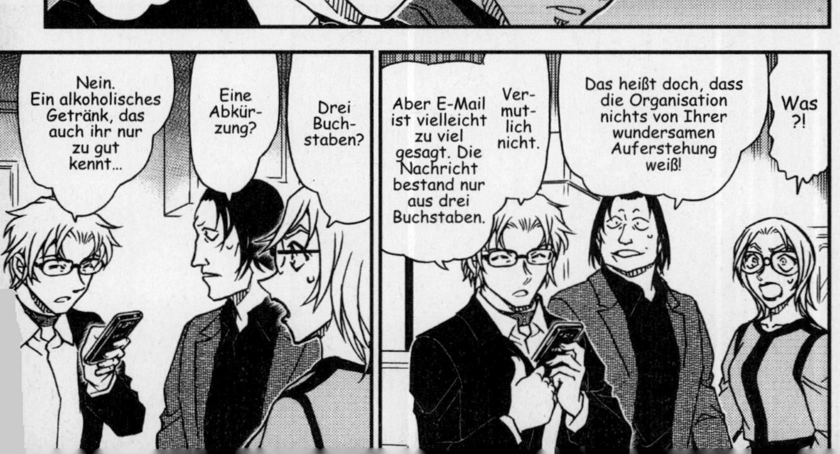

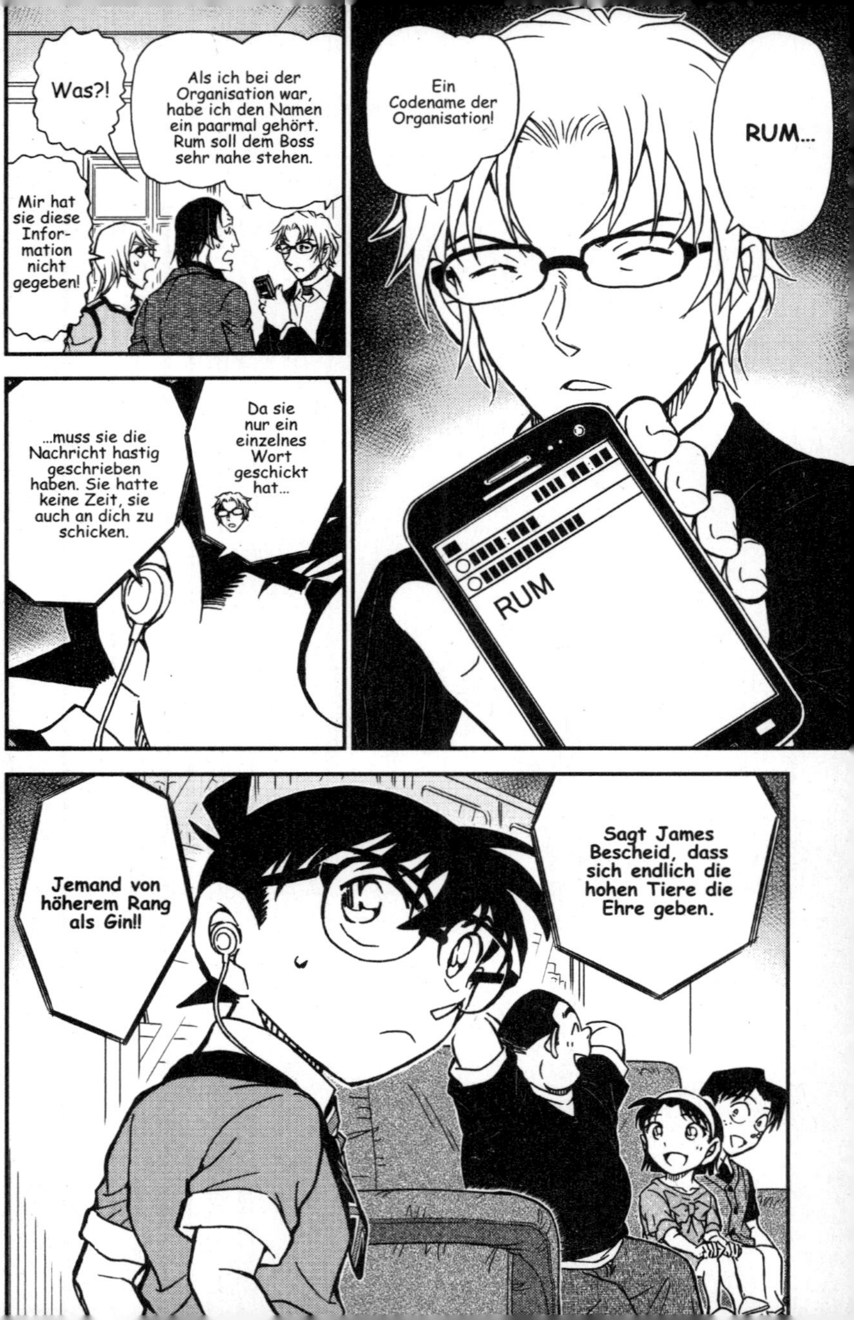

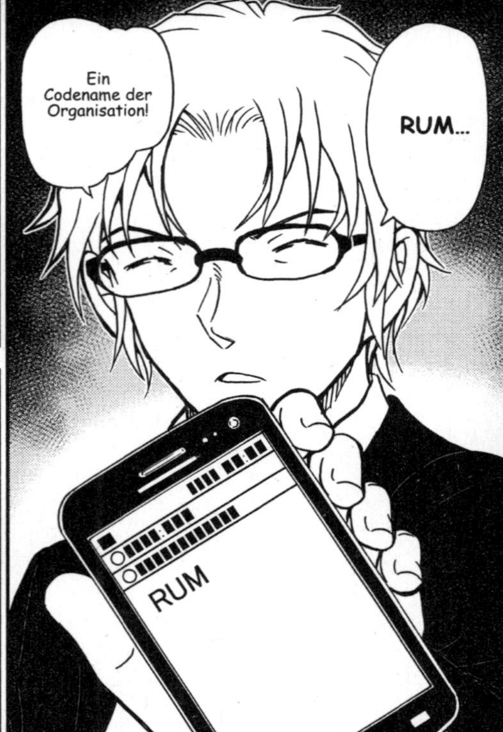

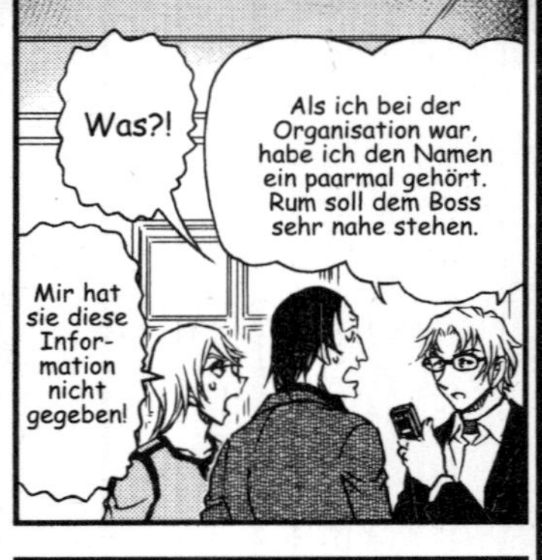

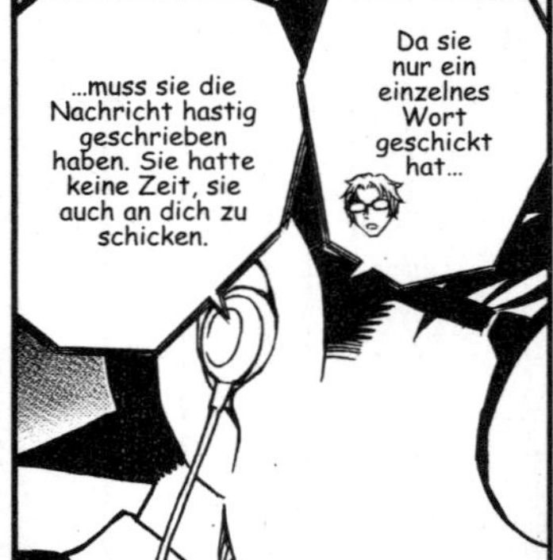

Sagt James Bescheid, dass sich endlich die hohen Tiere die Ehre geben.

Jemand von höherem Rang als Gin!!

Bourbons Fallakte 3

Toru Amuros wahre Identität und Absichten werden klarer!

Schlüsselperson

Das Ende von Rikumichi Kusuda

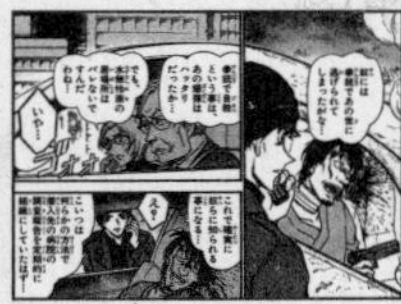

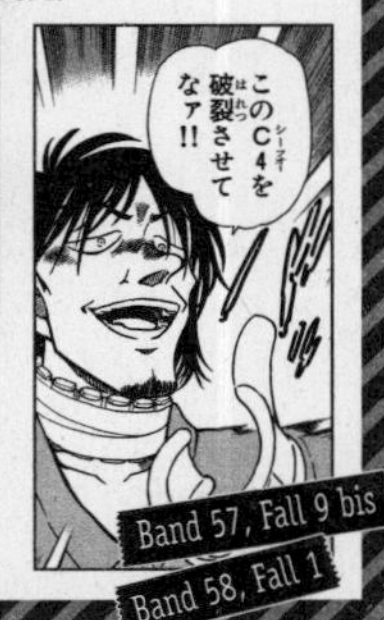

Er war ein Mitglied der Schwarzen Organisation, konnte aber Akai nicht entkommen und nahm sich das Leben.

Band 57, Fall 9 bis Band 58, Fall 1

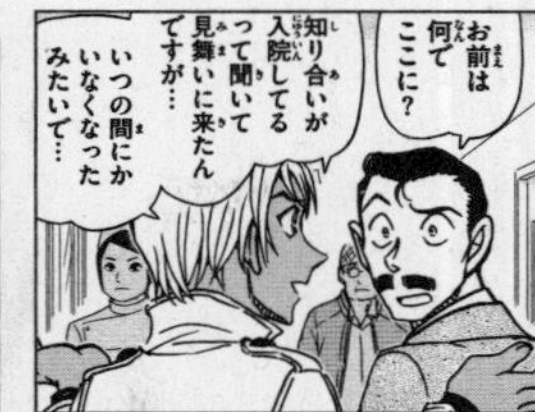

Er trifft im Klinikum auf Kogoro & Co.

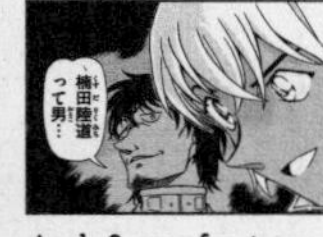

Auch Conan fragt er aus…

Er erkundigt sich im Haido-Zentralklinikum nach dem toten Rikumichi Kusuda.

Schlüsselperson

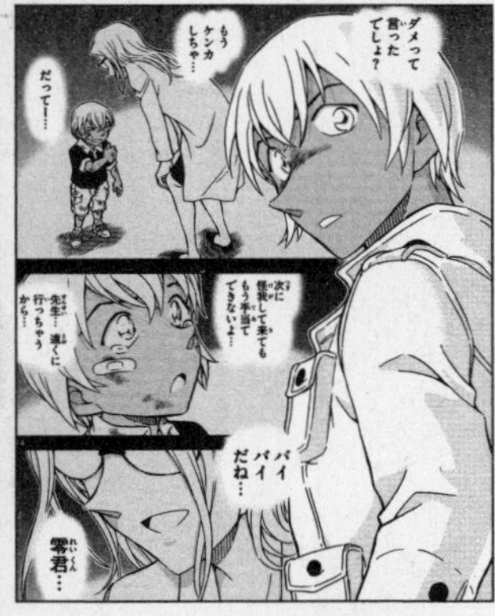

Er kennt Elena Miyano?

Ist die Frau, an die sich Toru zurückerinnert, Elena Miyano…? Im Bell Tree Express hat er Shiho Miyano (Ai Haibara) eröffnet, dass er deren Mutter und Schwester getroffen hat.

Band 84, Fall 6 bis 8

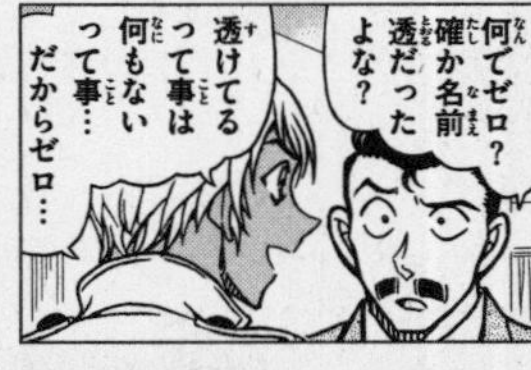

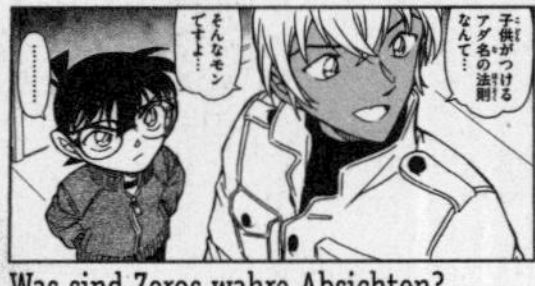

Was sind Zeros wahre Absichten?

Toru findet heraus, dass Rikumichi Kusuda sich selbst in den Kopf geschossen hat und schlussfolgert, dass Akai dessen Leiche benutzt haben muss, um seinen eigenen Tod vorzutäuschen. Im Klinikum erfährt Conan durch Torus Aussagen, dass dessen Spitzname Zero ist.

Band 84 Fälle 6 bis 8

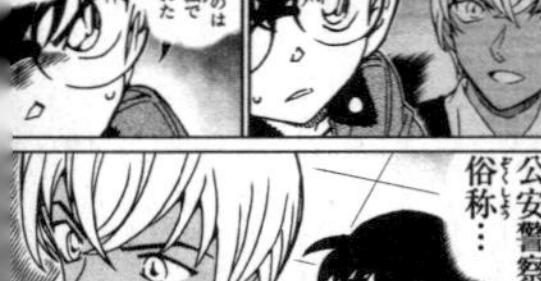

nan schlussfolgert, dass Sicherheitspolizist ist.

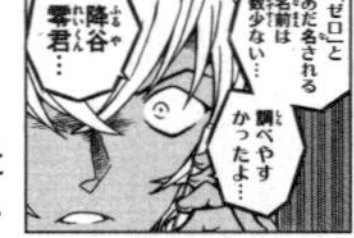

Auch Akai kennt jetzt seine wahre Identität.

eine wahre Identität ist der icherheitspolizist Rei Furuya!

ım einen der Detektiv Toru Amuro, zum anderen das Organisationsmitglied Bourbon, und Wahrheit der Sicherheitspolizist ei Furuya! Als verdeckter mittler muss er in viele ɔllen schlüpfen.

Band 84, Fall 9 bis Band 85, Fall 5

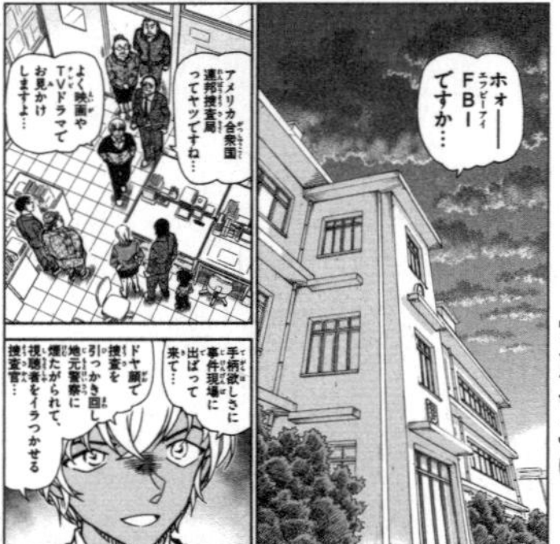

Toru Amuro hält nicht viel von Jodie und Camel.

Der Grund für seinen Hass auf das FBI…

Er sieht das FBI nicht als Feind an, weil er ein Mitglied der Schwarzen Organisation ist, sondern weil er der japanischen Sicherheitspolizei angehört – und weil er ein persönliches Problem mit dem FBI-Agenten Akai hat.

Band 84 Fälle 9 bis 11

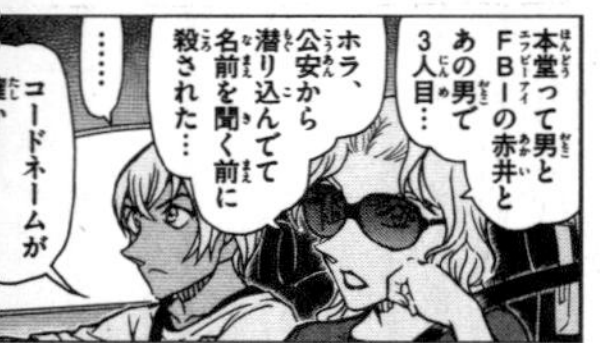

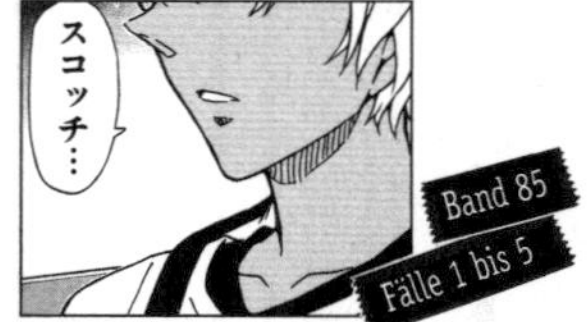

ːotch ist der hlüssel zur ɛziehung vischen kai und ru.

Band 85 Fälle 1 bis 5

cotch ist der Schlüssel!

ːotch war als Mitglied der Sicherheitspolizei ndercover in der Schwarzen Organisation ktiv. Toru geht davon aus, dass Akai Scotch mgebracht hat, weil dessen Identität aufzuiegen drohte – doch die Wahrheit ist ganz nders… Aber nicht nur zu Shuichi Akai nd Toru Amuro hatte Scotch eine Verbinıng, sondern auch zu einer unerwarteten ːrson…

Zwischen Akai und Toru Amuro ist das letzte Wort noch nicht gesprochen.

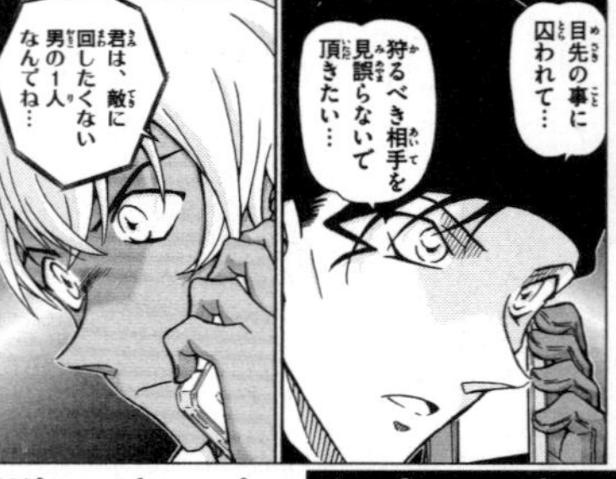

Wie geht seine Konfrontation mit Akai weiter?!

Akai und die schicksalhaften Ereignisse am Raiha-Bergpass. Es gelingt ihm, dem Netz der Sicherheitspolizei zu entkommen und er lässt Toru wissen, dass er ihn nicht zum Feind haben möchte. Doch Toru kann sich nicht überwinden… Diesmal konnte Akai die Oberhand gewinnen, doch es bleibt abzuwarten, wie es zwischen den beiden weitergeht.

Band 85 Fälle 1 bis 5

FALL 1

AKTE 7 STRESS IN DER GIRL BAND

Girl Band

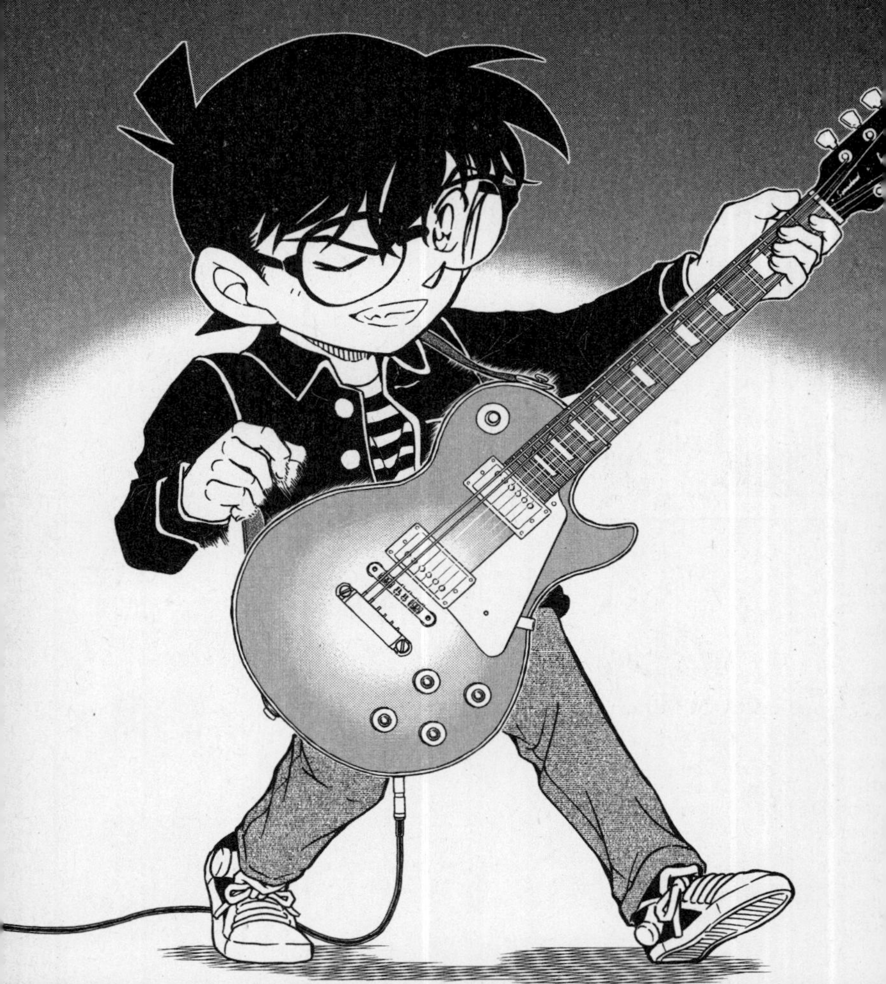

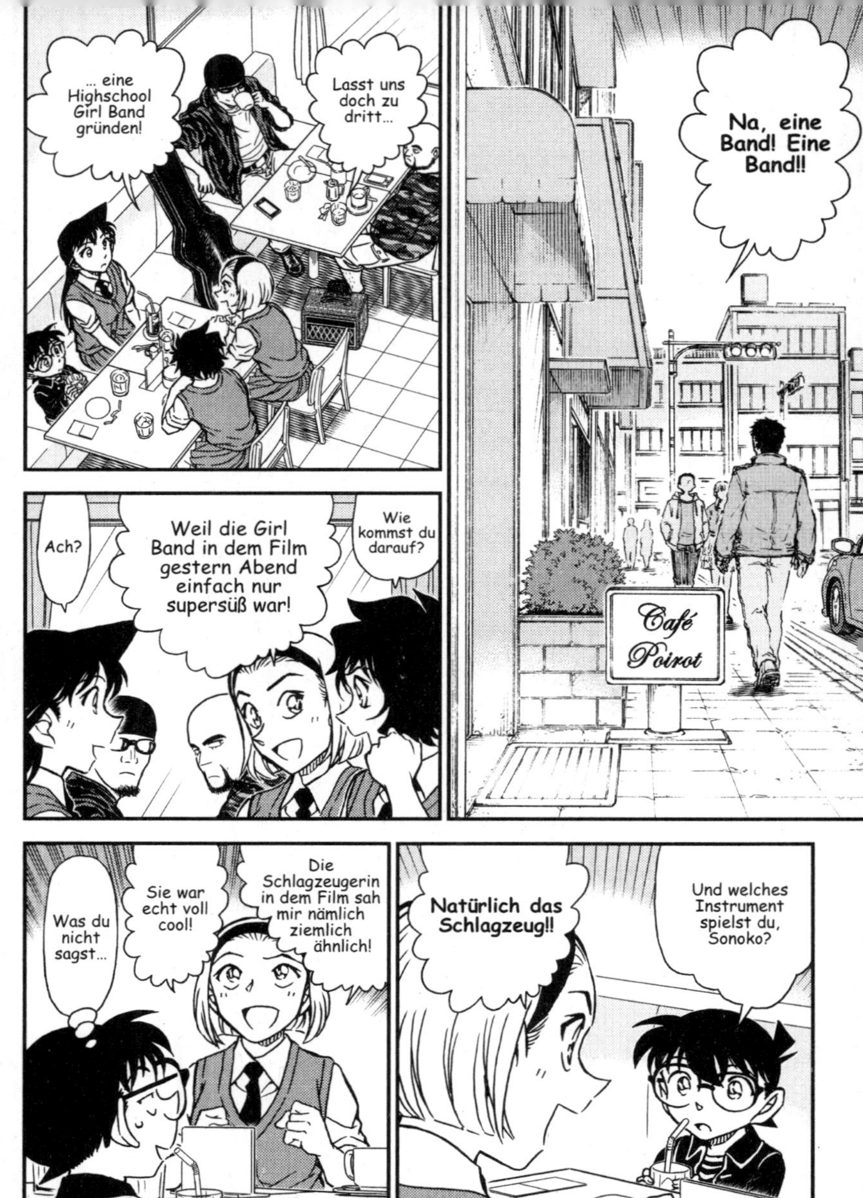
Na, eine Band! Eine Band!!
Lasst uns doch zu dritt...
... eine Highschool Girl Band gründen!
Wie kommst du darauf?
Weil die Girl Band in dem Film gestern Abend einfach nur supersüß war!
Ach?
Und welches Instrument spielst du, Sonoko?
Natürlich das Schlagzeug!!
Die Schlagzeugerin in dem Film sah mir nämlich ziemlich ähnlich!
Sie war echt voll cool!
Was du nicht sagst...

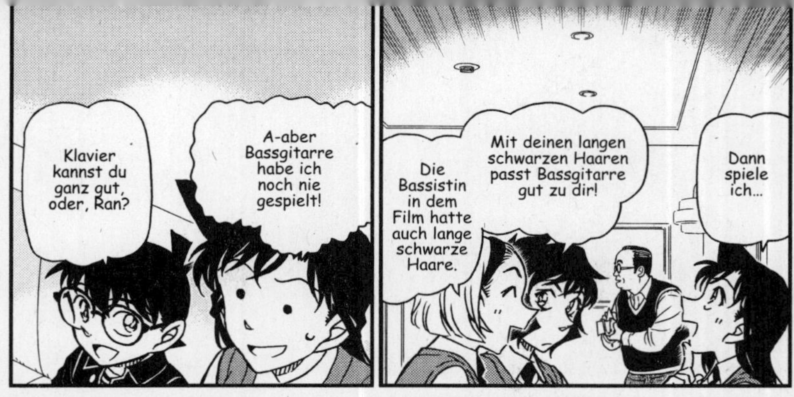
Dann spiele ich...
Mit deinen langen schwarzen Haaren passt Bassgitarre gut zu dir!
Die Bassistin in dem Film hatte auch lange schwarze Haare.
A-aber Bassgitarre habe ich noch nie gespielt!
Klavier kannst du ganz gut, oder, Ran?

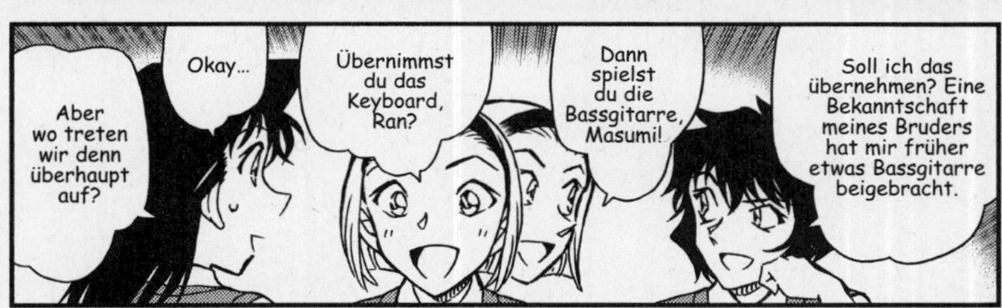
Soll ich das übernehmen? Eine Bekanntschaft meines Bruders hat mir früher etwas Bassgitarre beigebracht.
Dann spielst du die Bassgitarre, Masumi!
Übernimmst du das Keyboard, Ran?
Okay...
Aber wo treten wir denn überhaupt auf?

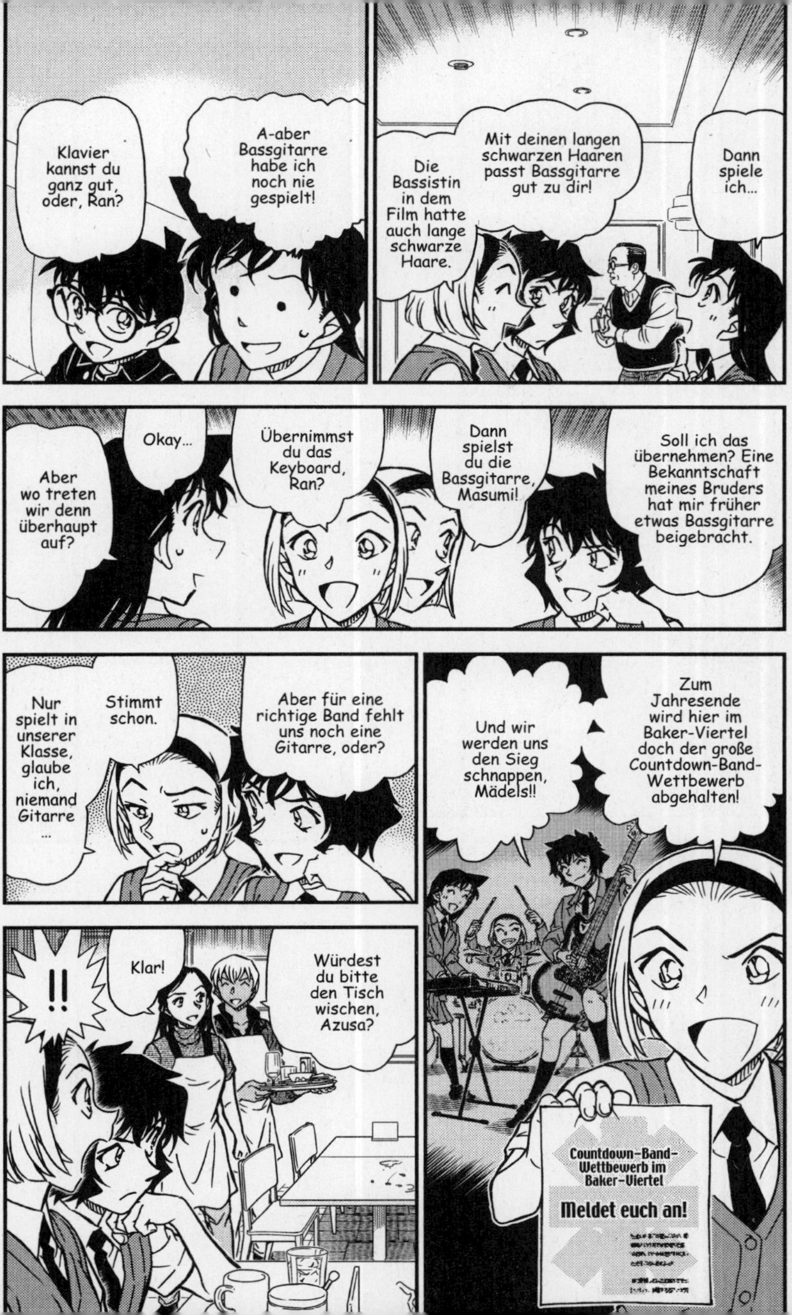

Zum Jahresende wird hier im Baker-Viertel doch der große Countdown-Band-Wettbewerb abgehalten!
Und wir werden uns den Sieg schnappen, Mädels!!
Countdown-Band-Wettbewerb im Baker-Viertel
Meldet euch an!
Aber für eine richtige Band fehlt uns noch eine Gitarre, oder?
Stimmt schon.
Nur spielt in unserer Klasse, glaube ich, niemand Gitarre ...
Würdest du bitte den Tisch wischen, Azusa?
Klar!
!!

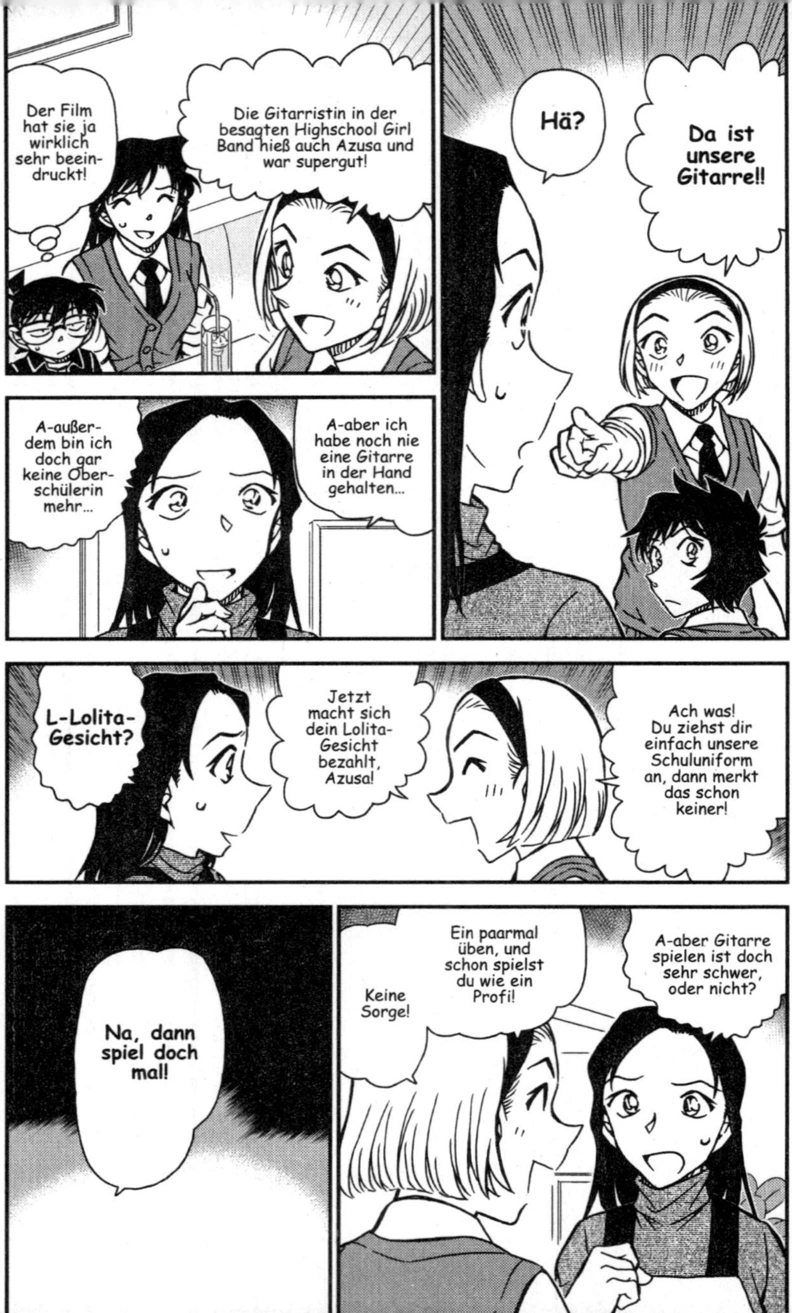

Da ist unsere Gitarre!!
Hä?
Die Gitarristin in der besagten Highschool Girl Band hieß auch Azusa und war supergut!
Der Film hat sie ja wirklich sehr beeindruckt!
A-aber ich habe noch nie eine Gitarre in der Hand gehalten...
A-außerdem bin ich doch gar keine Oberschülerin mehr...

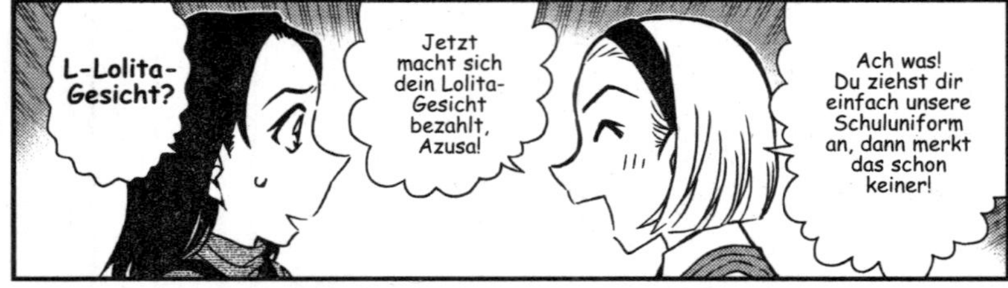

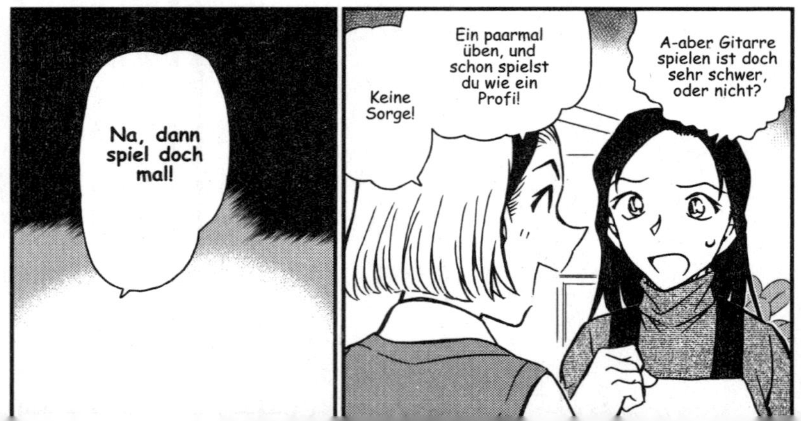

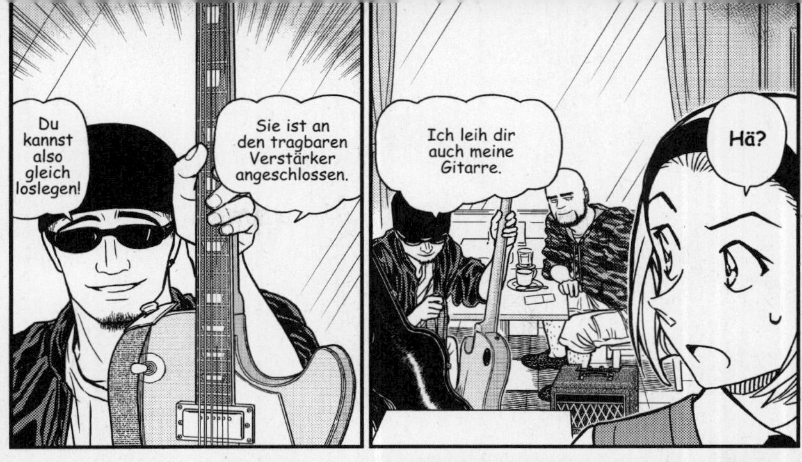
Hä?
Ich leih dir auch meine Gitarre.
Sie ist an den tragbaren Verstärker angeschlossen.
Du kannst also gleich loslegen!

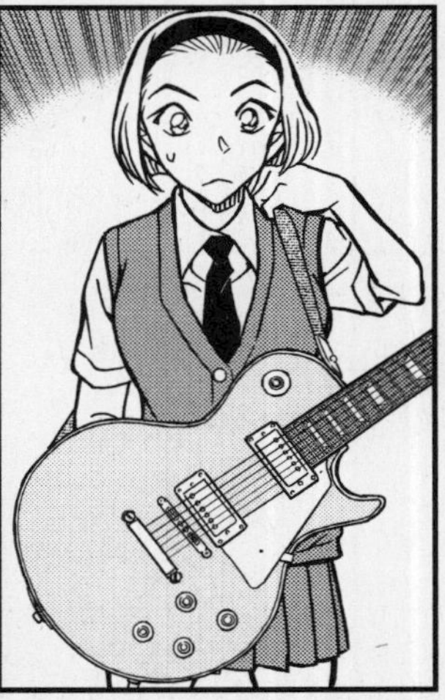

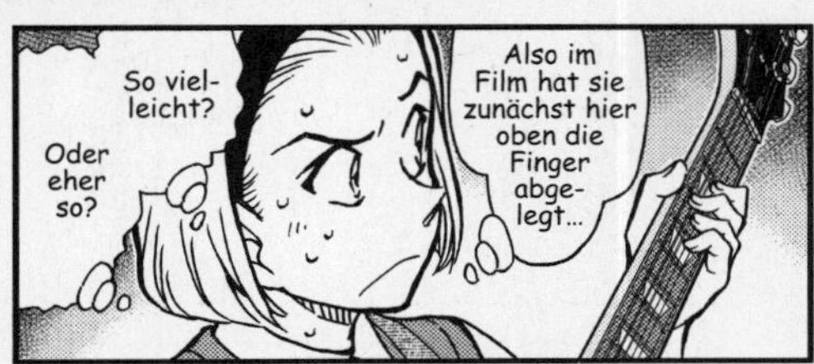
Also im Film hat sie zunächst hier oben die Finger abgelegt...
So viel-leicht?
Oder eher so?

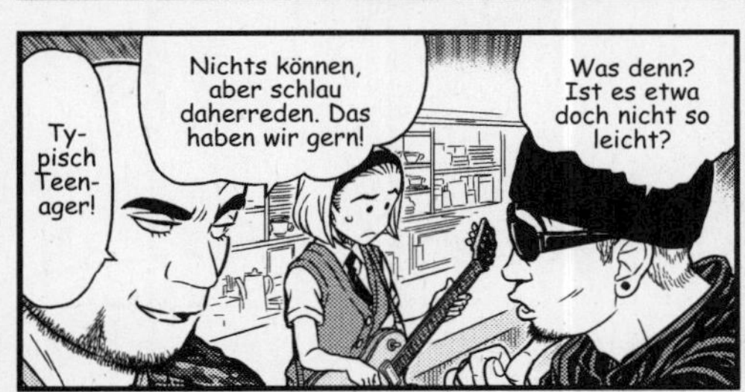
Was denn? Ist es etwa doch nicht so leicht?
Nichts können, aber schlau daherreden. Das haben wir gern!
Ty-pisch Teen-ager!

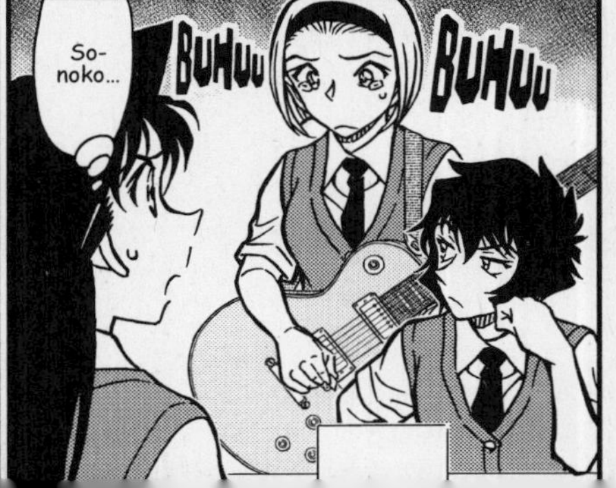
BUHUU
BUHUU
So-noko...

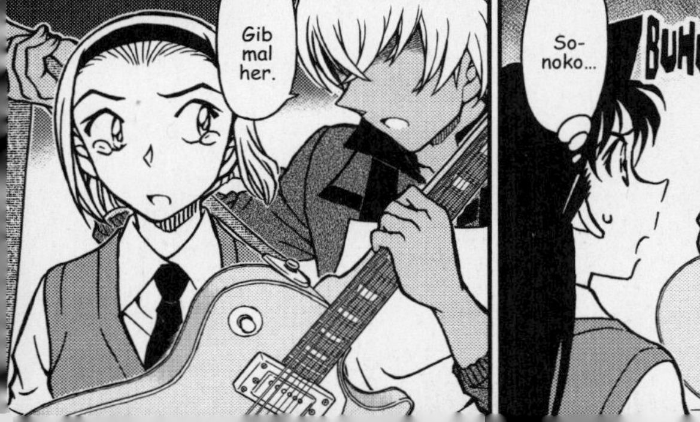
Gib mal her.

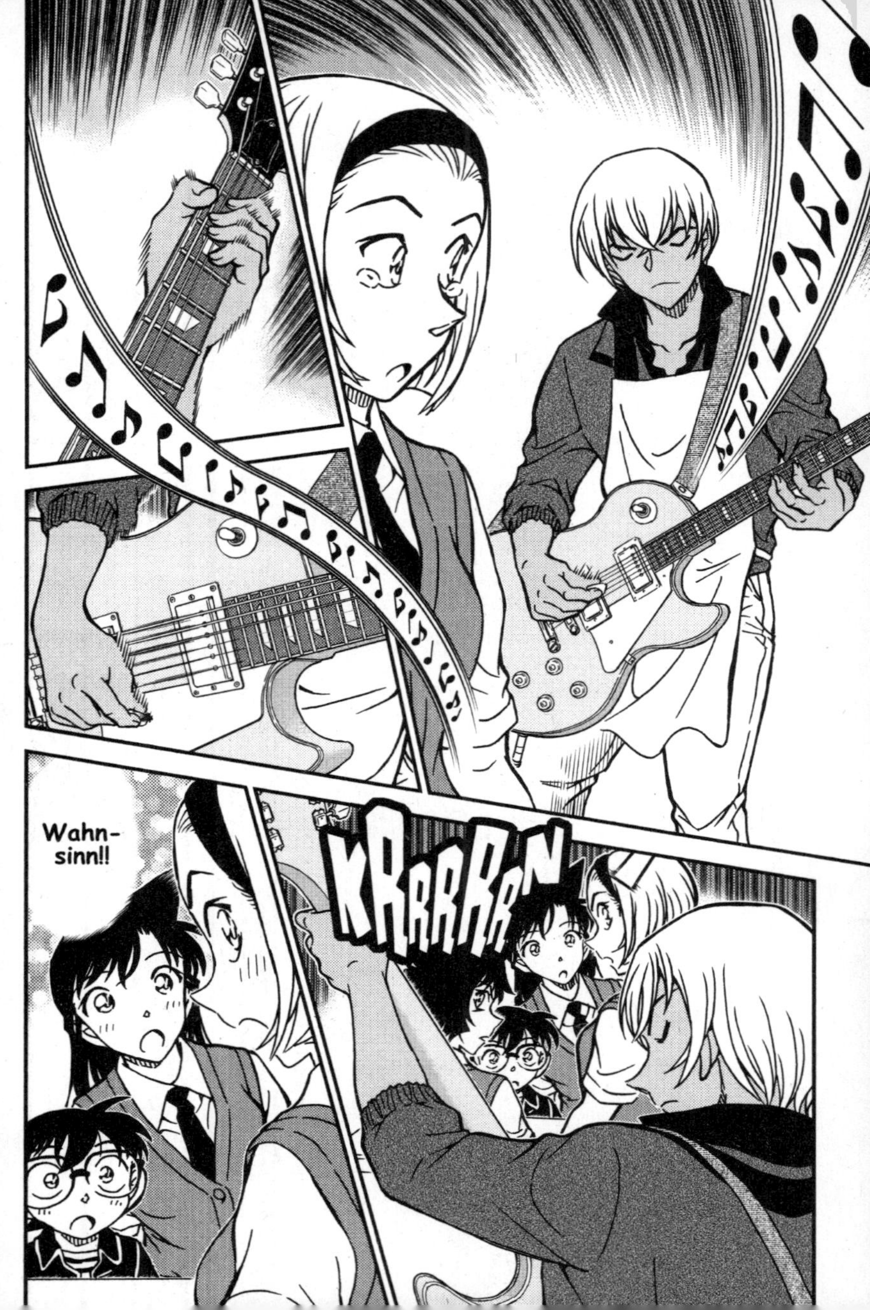
KRRRRRN
Wahn-
sinn!!

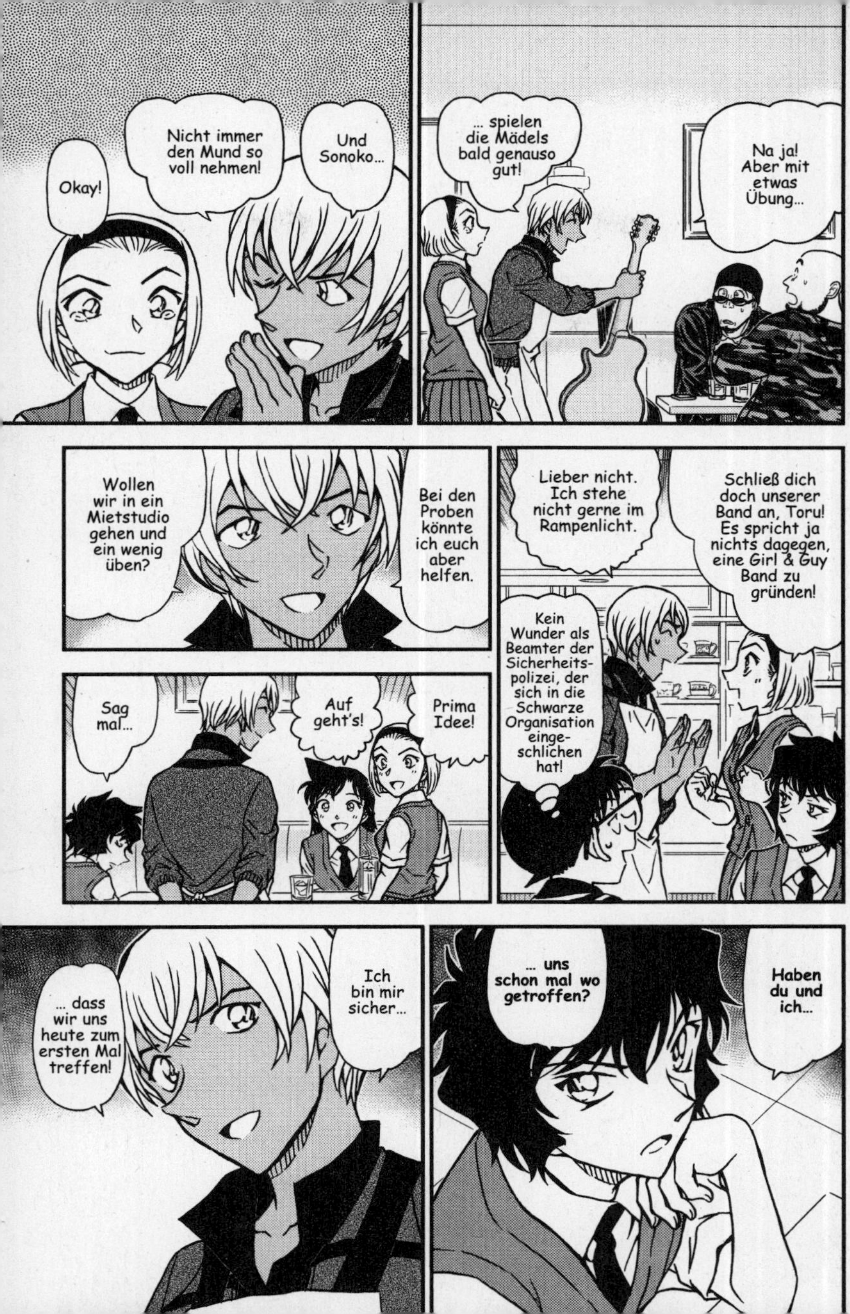

Na ja! Aber mit etwas Übung...
... spielen die Mädels bald genauso gut!
Und Sonoko...
Nicht immer den Mund so voll nehmen!
Okay!
Schließ dich doch unserer Band an, Toru! Es spricht ja nichts dagegen, eine Girl & Guy Band zu gründen!
Lieber nicht. Ich stehe nicht gerne im Rampenlicht.
Kein Wunder als Beamter der Sicherheits-polizei, der sich in die Schwarze Organisation einge-schlichen hat!
Bei den Proben könnte ich euch aber helfen.
Wollen wir in ein Mietstudio gehen und ein wenig üben?
Prima Idee!
Auf geht's!
Sag mal...

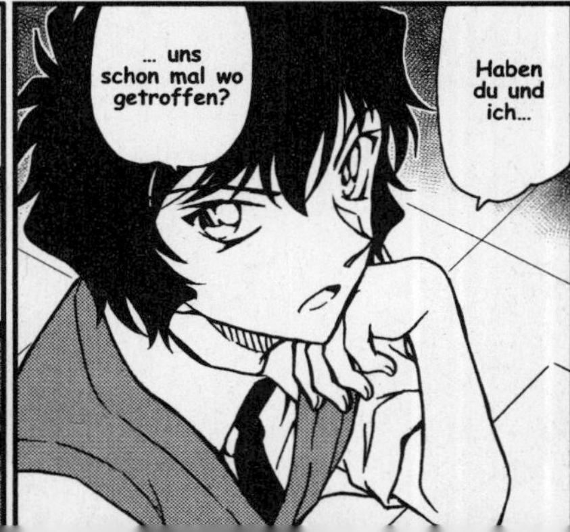

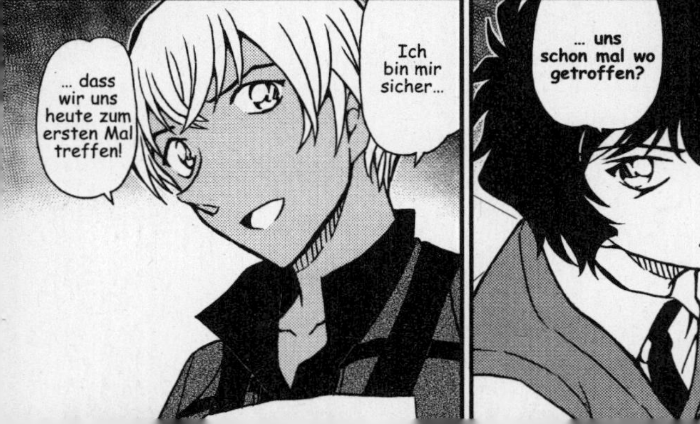

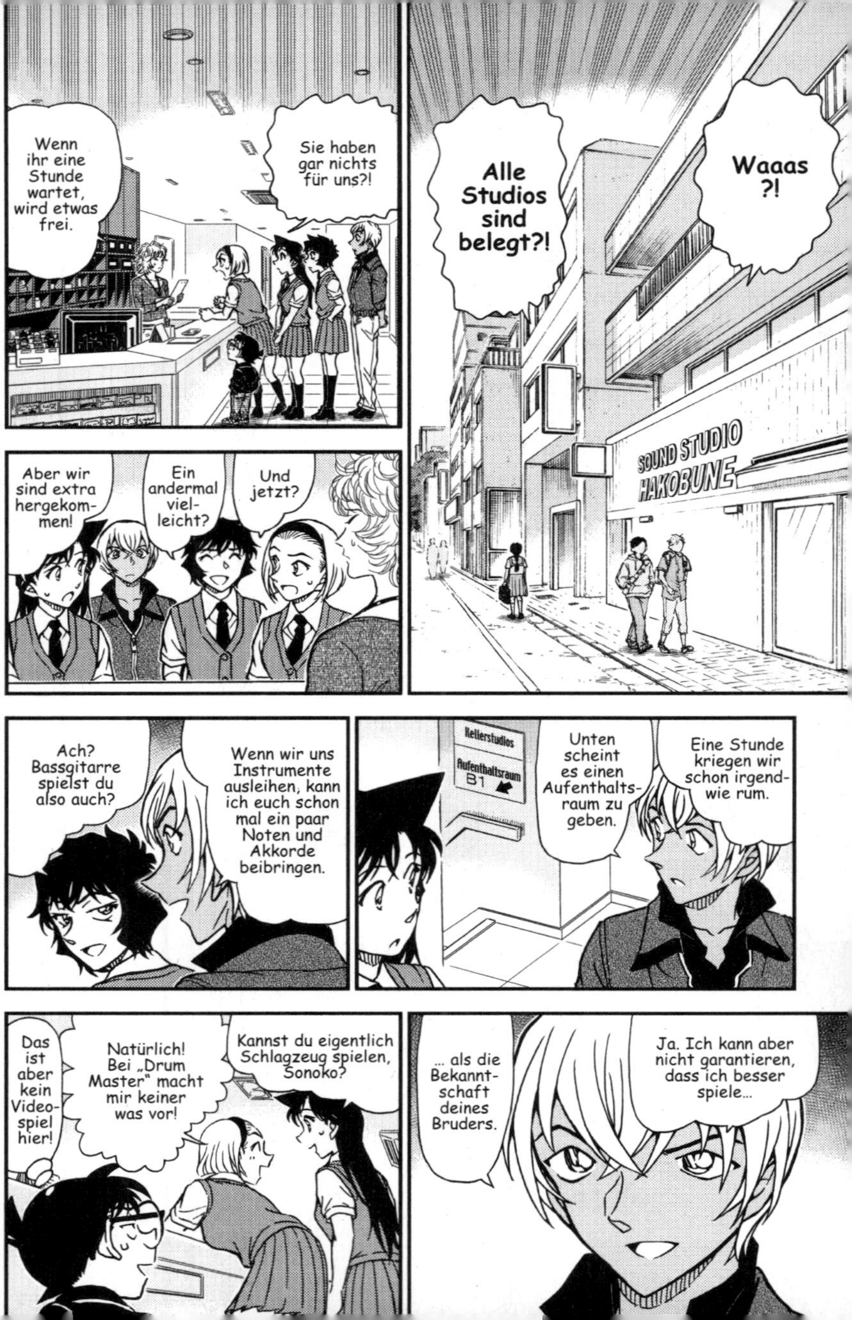

Waaas ?!

Alle Studios sind belegt?!

SOUND STUDIO HAKOBUNE

Sie haben gar nichts für uns?!

Wenn ihr eine Stunde wartet, wird etwas frei.

Und jetzt?

Ein andermal vielleicht?

Aber wir sind extra hergekommen!

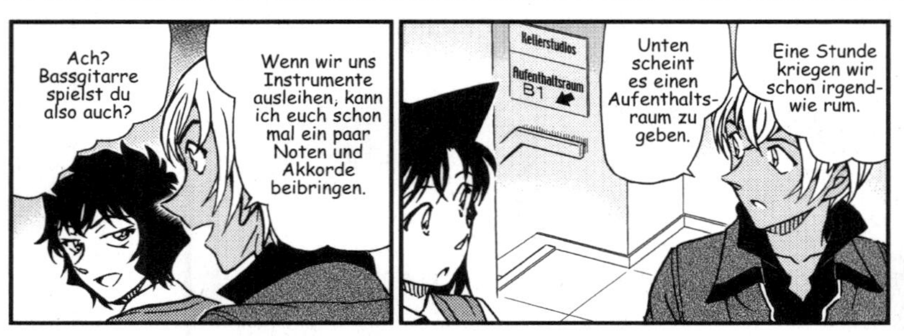

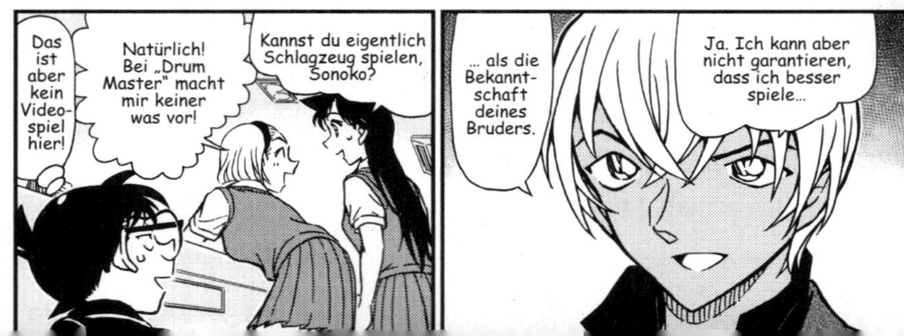

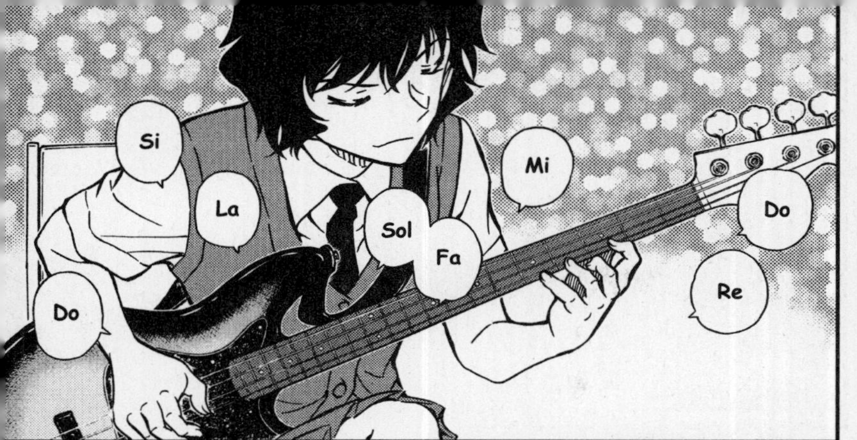
Do
Re
Mi
Fa
Sol
La
Si
Do

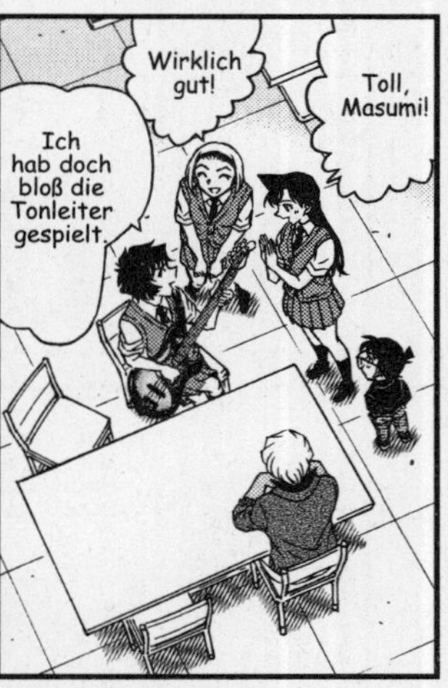
Toll, Masumi!
Wirklich gut!
Ich hab doch bloß die Tonleiter gespielt.

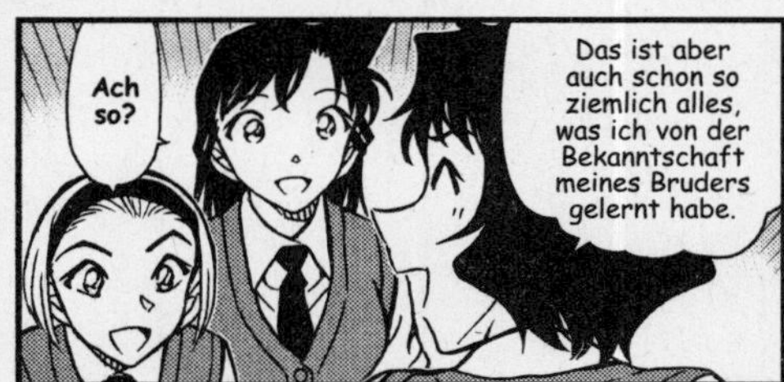
Das ist aber auch schon so ziemlich alles, was ich von der Bekanntschaft meines Bruders gelernt habe.
Ach so?

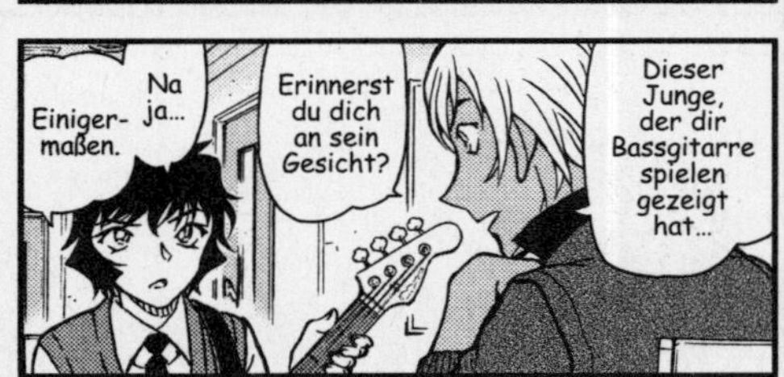
Dieser Junge, der dir Bassgitarre spielen gezeigt hat...
Erinnerst du dich an sein Gesicht?
Na ja...
Einigermaßen.

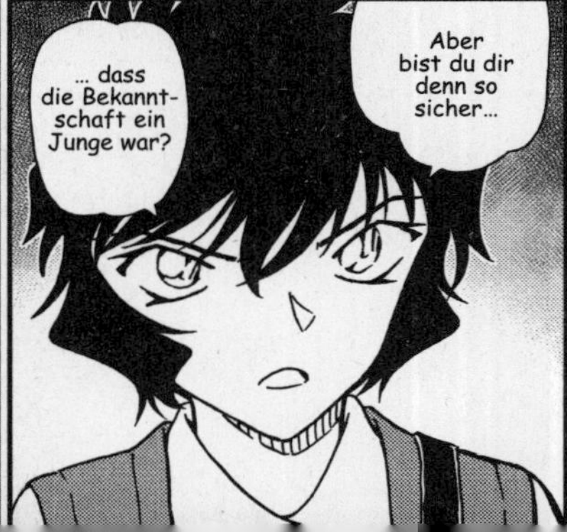
Aber bist du dir denn so sicher...
... dass die Bekanntschaft ein Junge war?

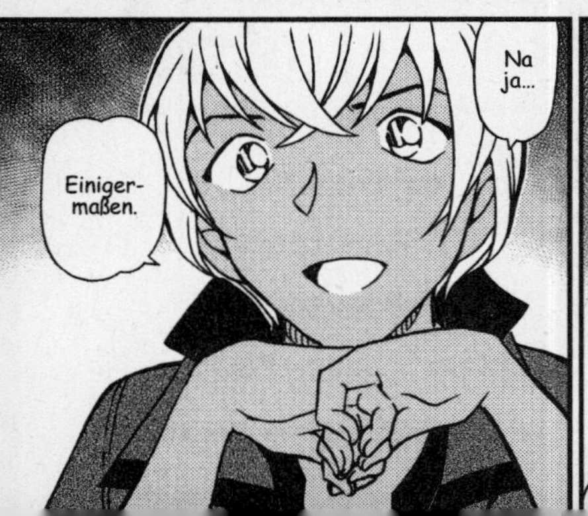
Na ja...
Einigermaßen.

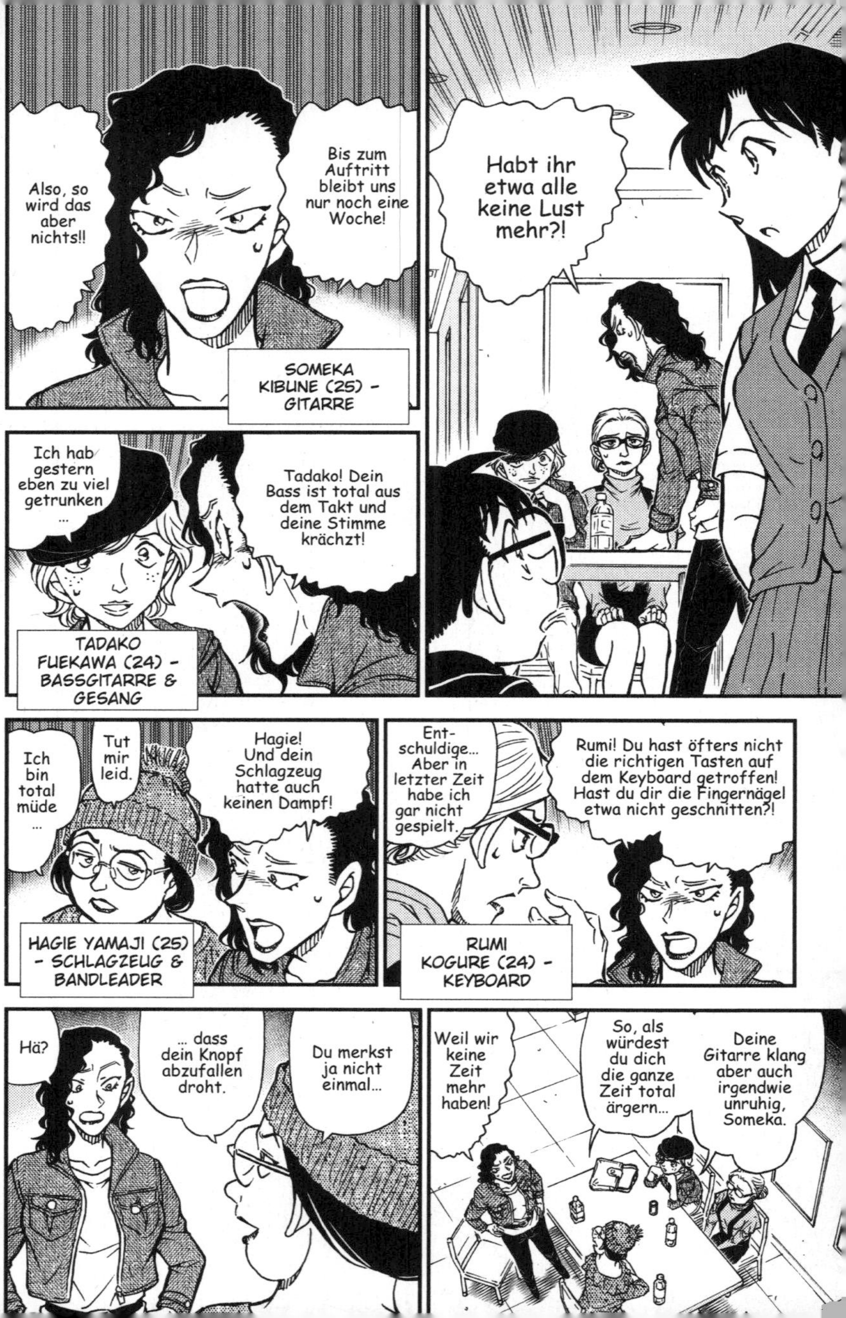

Habt ihr etwa alle keine Lust mehr?!

Bis zum Auftritt bleibt uns nur noch eine Woche!

Also, so wird das aber nichts!!

SOMEKA KIBUNE (25) - GITARRE

Tadako! Dein Bass ist total aus dem Takt und deine Stimme krächzt!

Ich hab gestern eben zu viel getrunken …

TADAKO FUEKAWA (24) - BASSGITARRE & GESANG

Rumi! Du hast öfters nicht die richtigen Tasten auf dem Keyboard getroffen! Hast du dir die Fingernägel etwa nicht geschnitten?!

Ent-schuldige… Aber in letzter Zeit habe ich gar nicht gespielt.

RUMI KOGURE (24) - KEYBOARD

Hagie! Und dein Schlagzeug hatte auch keinen Dampf!

Tut mir leid.

Ich bin total müde …

HAGIE YAMAJI (25) - SCHLAGZEUG & BANDLEADER

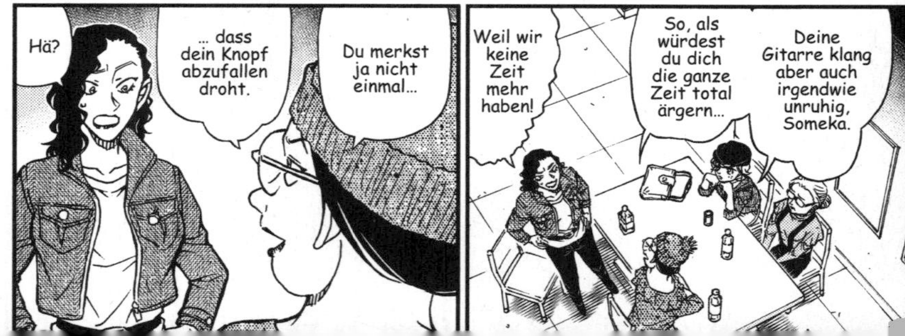

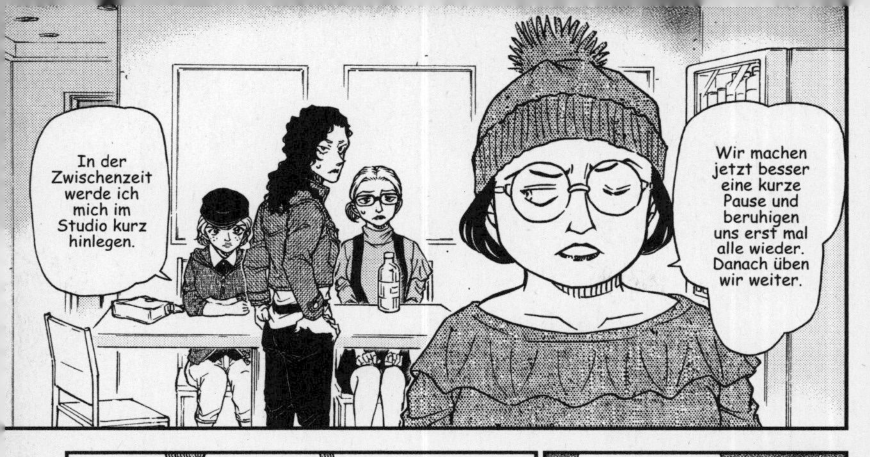
Wir machen jetzt besser eine kurze Pause und beruhigen uns erst mal alle wieder. Danach üben wir weiter.
In der Zwischenzeit werde ich mich im Studio kurz hinlegen.

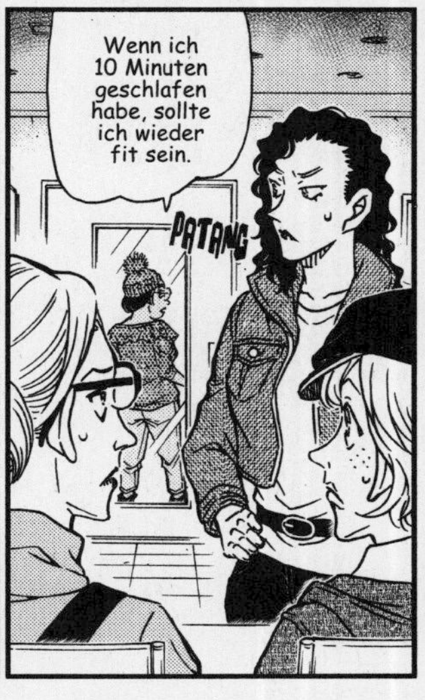
Wenn ich 10 Minuten geschlafen habe, sollte ich wieder fit sein.
PATANG

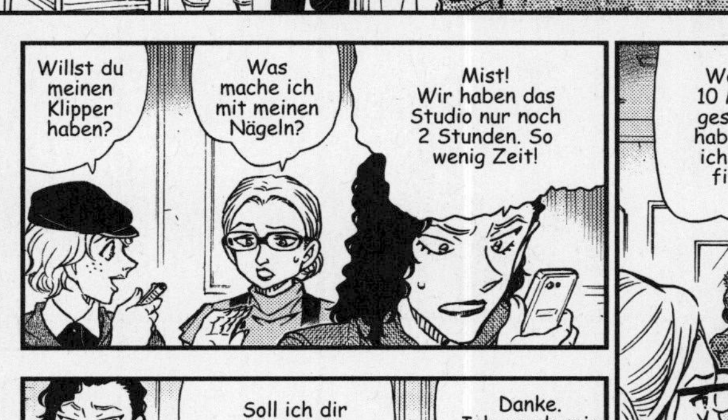
Mist! Wir haben das Studio nur noch 2 Stunden. So wenig Zeit!
Was mache ich mit meinen Nägeln?
Willst du meinen Klipper haben?

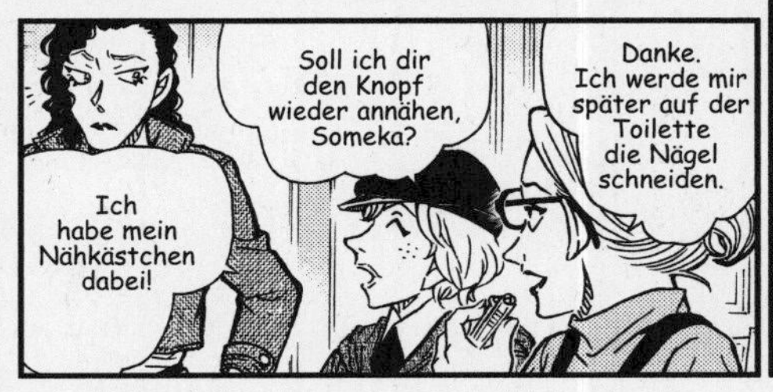
Danke. Ich werde mir später auf der Toilette die Nägel schneiden.
Soll ich dir den Knopf wieder annähen, Someka?
Ich habe mein Nähkästchen dabei!

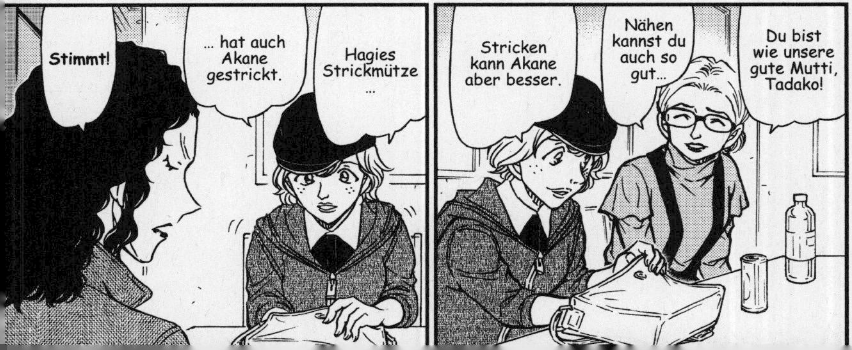
Du bist wie unsere gute Mutti, Tadako!
Nähen kannst du auch so gut...
Stricken kann Akane aber besser.
Hagies Strickmütze ...
... hat auch Akane gestrickt.
Stimmt!

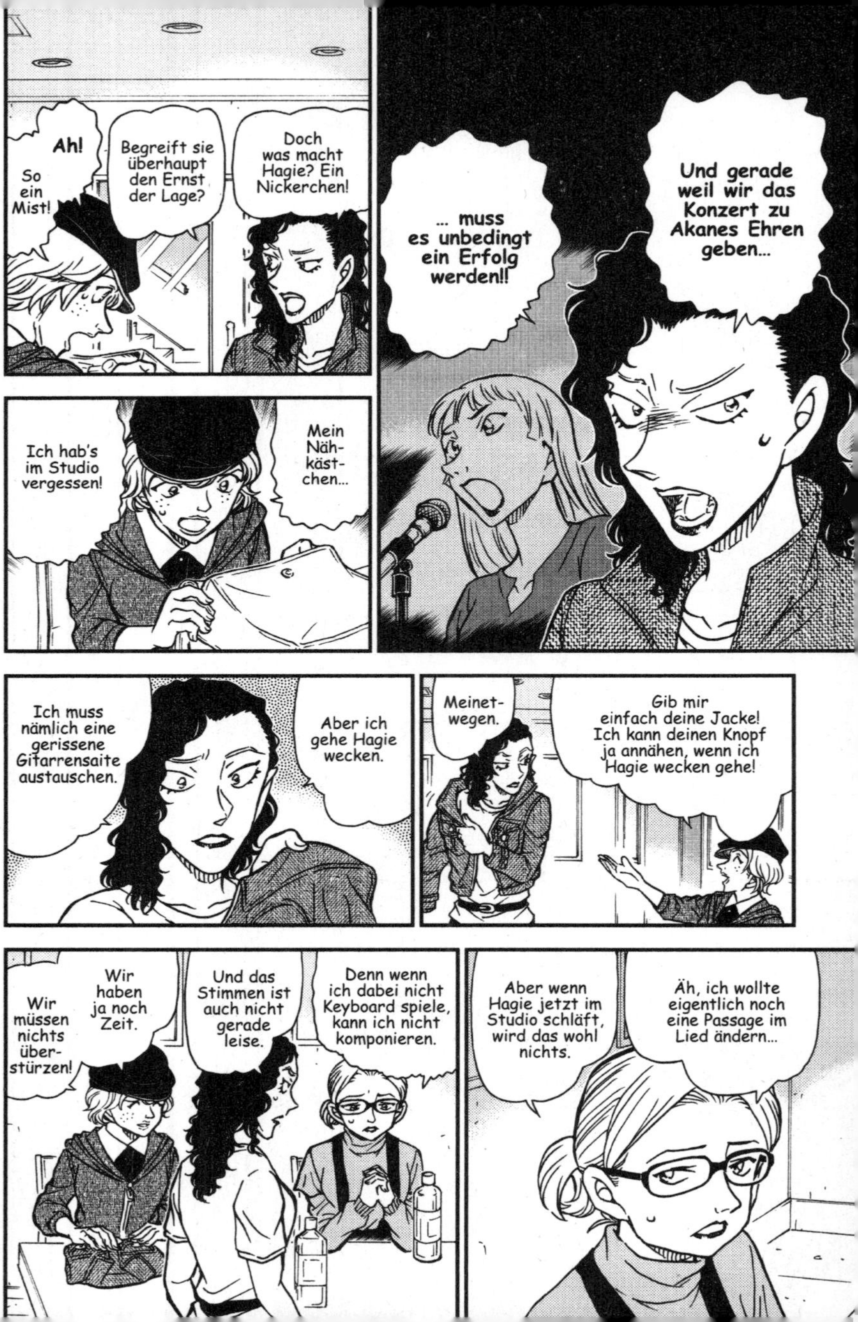

Und gerade weil wir das Konzert zu Akanes Ehren geben...
... muss es unbedingt ein Erfolg werden!!
Doch was macht Hagie? Ein Nickerchen!
Begreift sie überhaupt den Ernst der Lage?
Ah!
So ein Mist!
Mein Näh-kästchen...
Ich hab's im Studio vergessen!

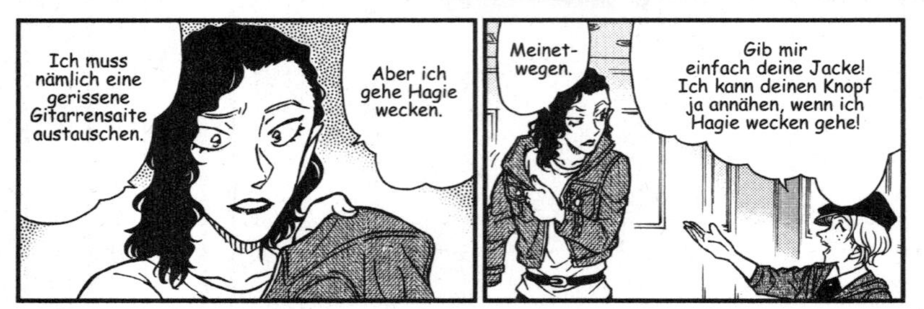

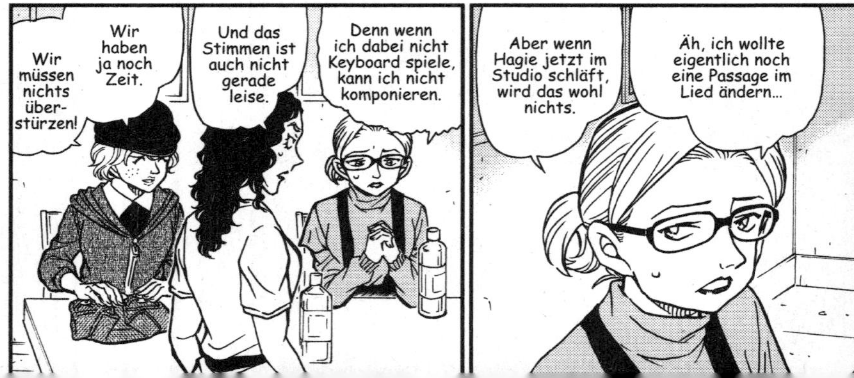

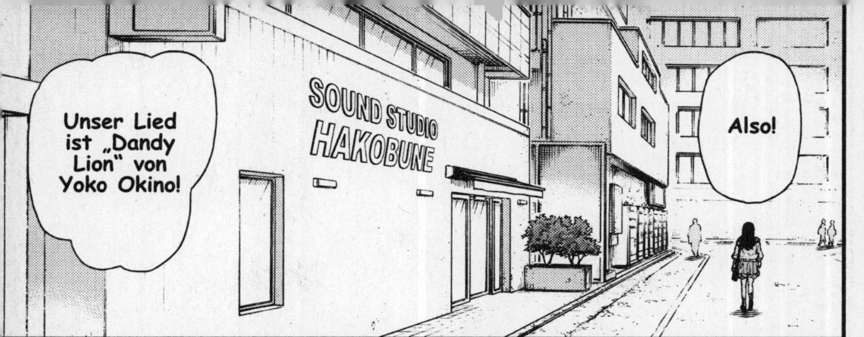
SOUND STUDIO HAKOBUNE
Also!
Unser Lied ist „Dandy Lion“ von Yoko Okino!

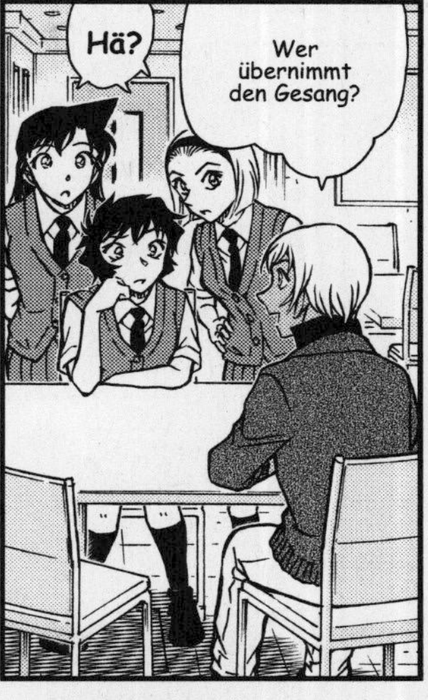
Wer übernimmt den Gesang?
Hä?

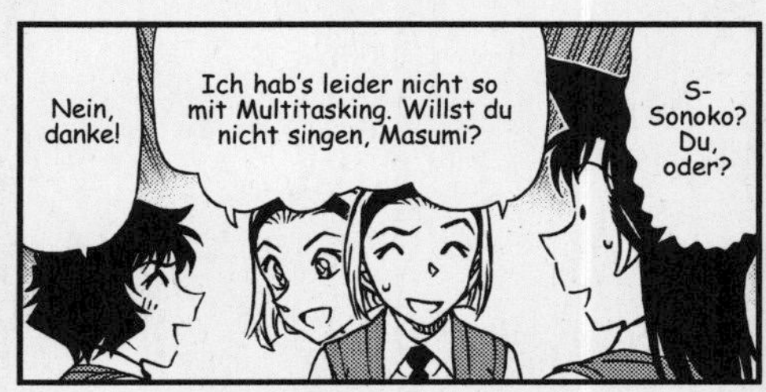
S- Sonoko? Du, oder?
Ich hab's leider nicht so mit Multitasking. Willst du nicht singen, Masumi?
Nein, danke!

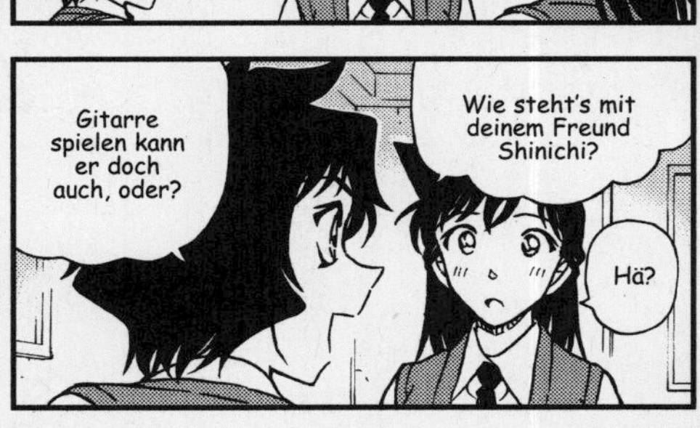
Wie steht's mit deinem Freund Shinichi?
Hä?
Gitarre spielen kann er doch auch, oder?

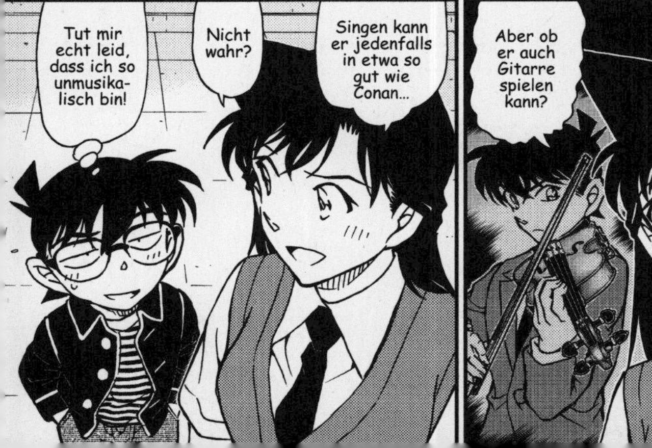
Sh-Shinichi kann zwar Geige spielen...
Aber ob er auch Gitarre spielen kann?
Singen kann er jedenfalls in etwa so gut wie Conan...
Nicht wahr?
Tut mir echt leid, dass ich so unmusikalisch bin!

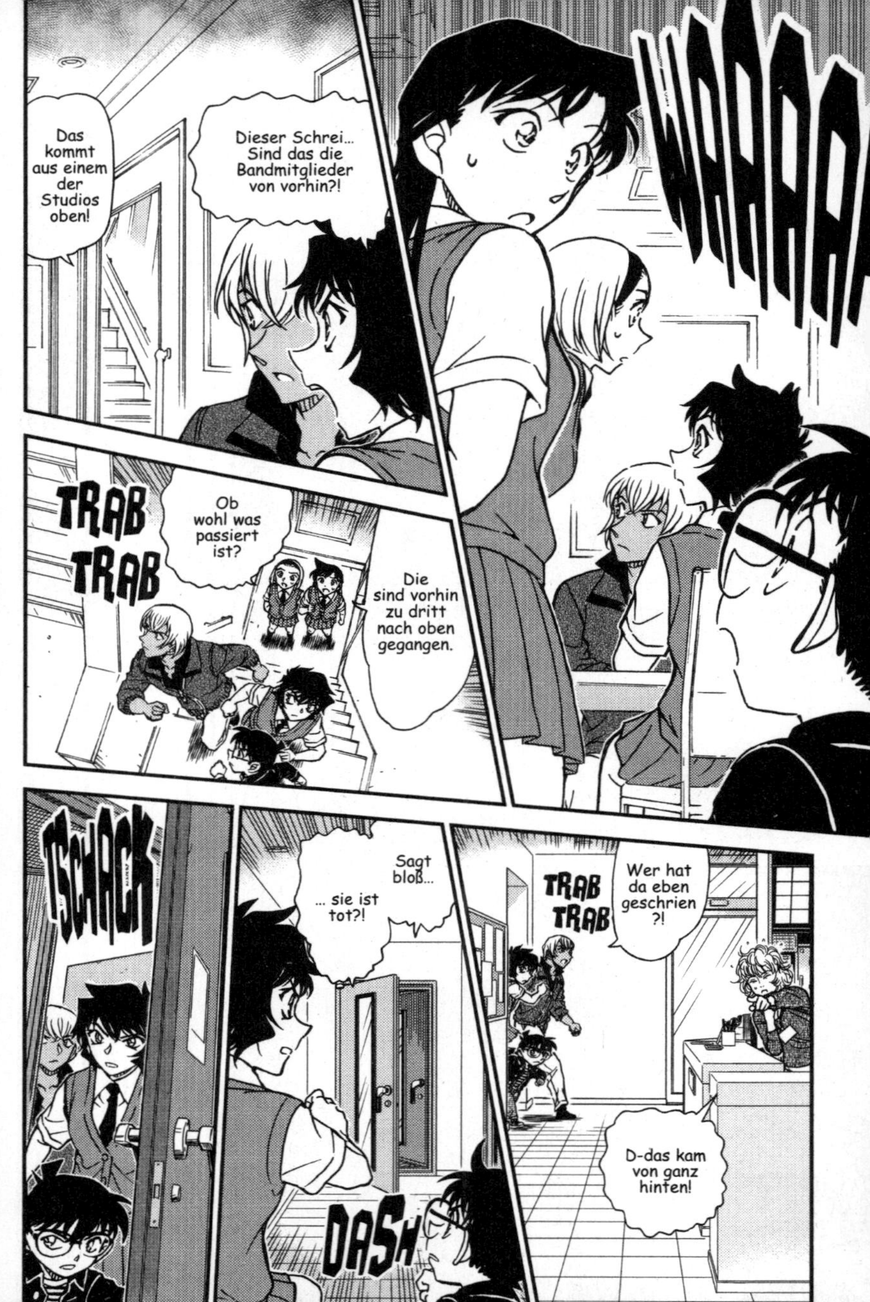
WAAAA
Dieser Schrei... Sind das die Bandmitglieder von vorhin?!
Das kommt aus einem der Studios oben!
Die sind vorhin zu dritt nach oben gegangen.
Ob wohl was passiert ist?
TRAB TRAB
Wer hat da eben geschrien?!
TRAB TRAB
D-das kam von ganz hinten!
Sagt bloß...
... sie ist tot?!
DASH
TSCHACK

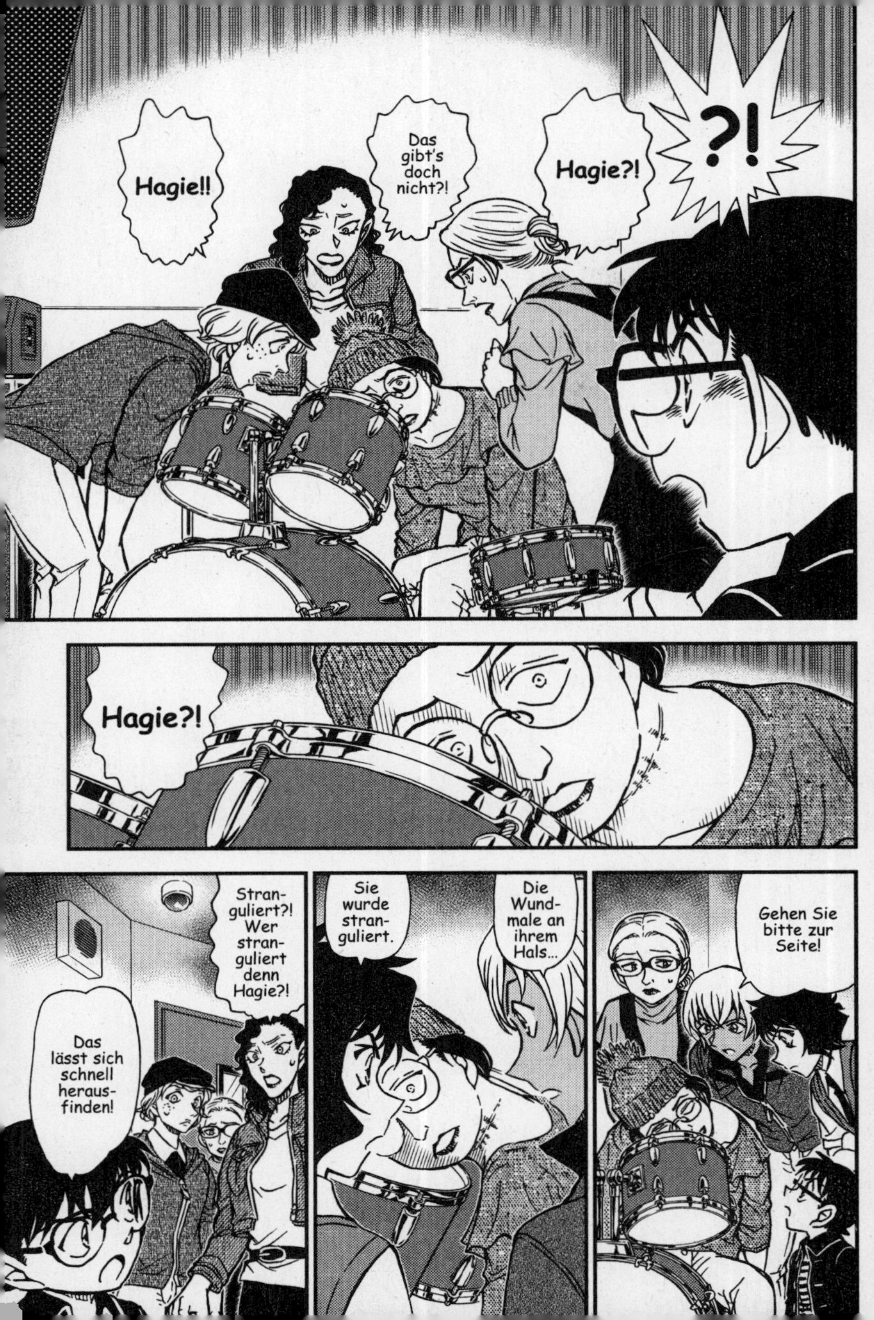

?!
Hagie?!
Das gibt's doch nicht?!
Hagie!!

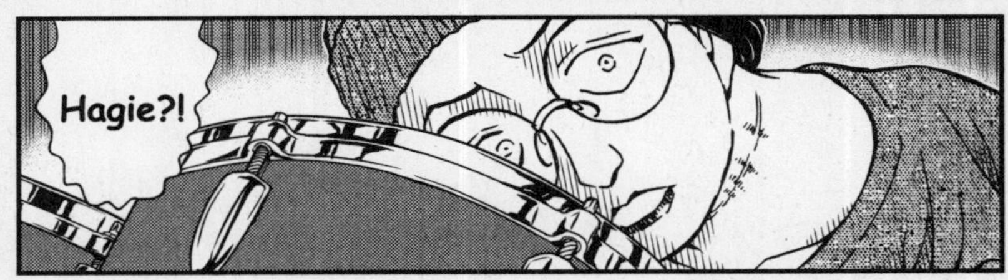

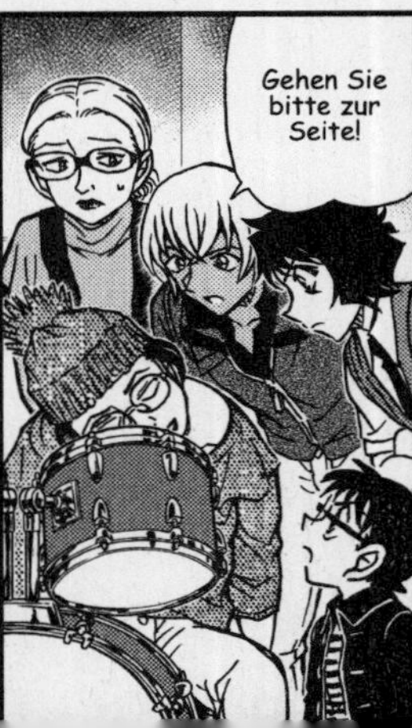

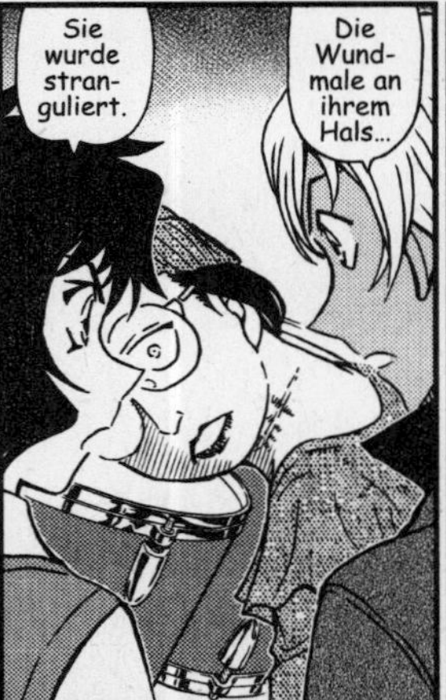

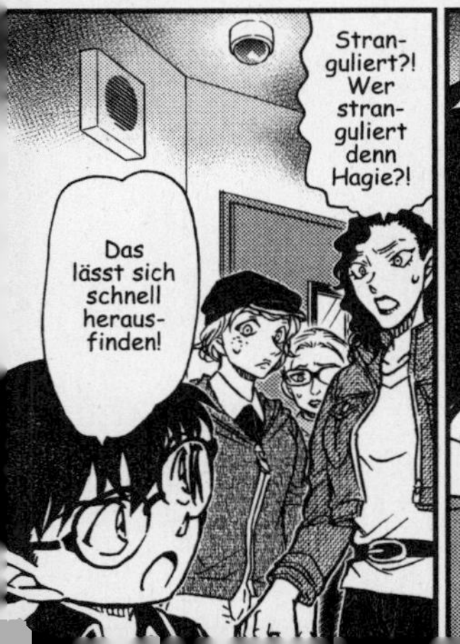

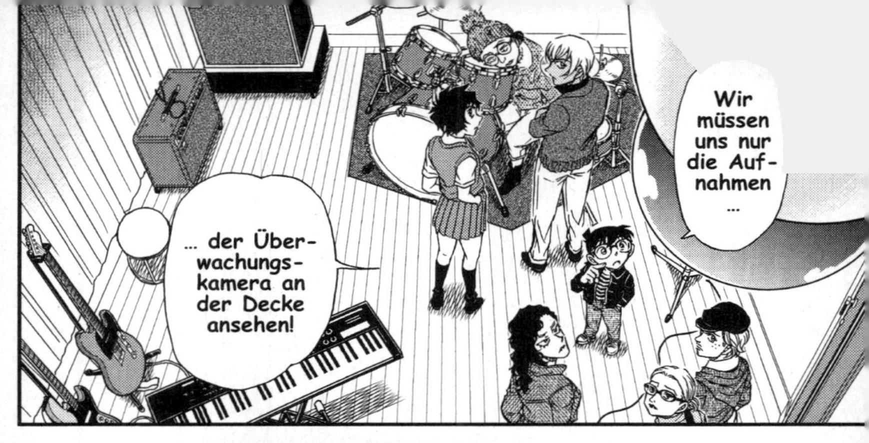
Wir müssen uns nur die Aufnahmen ...
... der Überwachungskamera an der Decke ansehen!

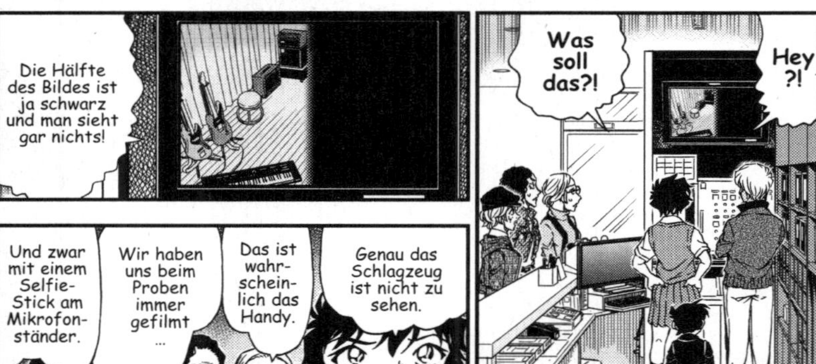
Hey ?!
Was soll das?!
Die Hälfte des Bildes ist ja schwarz und man sieht gar nichts!
Genau das Schlagzeug ist nicht zu sehen.
Das ist wahrscheinlich das Handy.
Wir haben uns beim Proben immer gefilmt ...
Und zwar mit einem Selfie-Stick am Mikrofonständer.

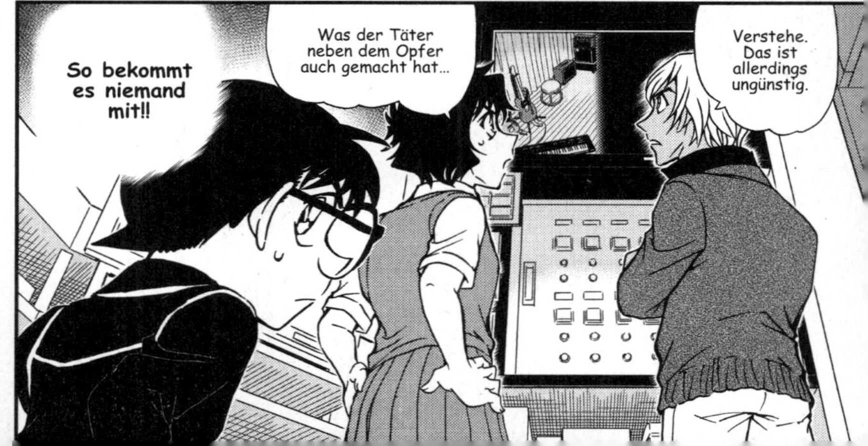
Verstehe. Das ist allerdings ungünstig.
Was der Täter neben dem Opfer auch gemacht hat...
So bekommt es niemand mit!!

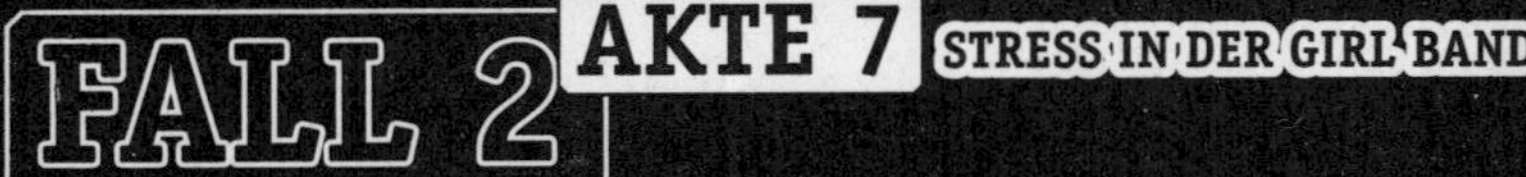

Das beseitigte Indiz

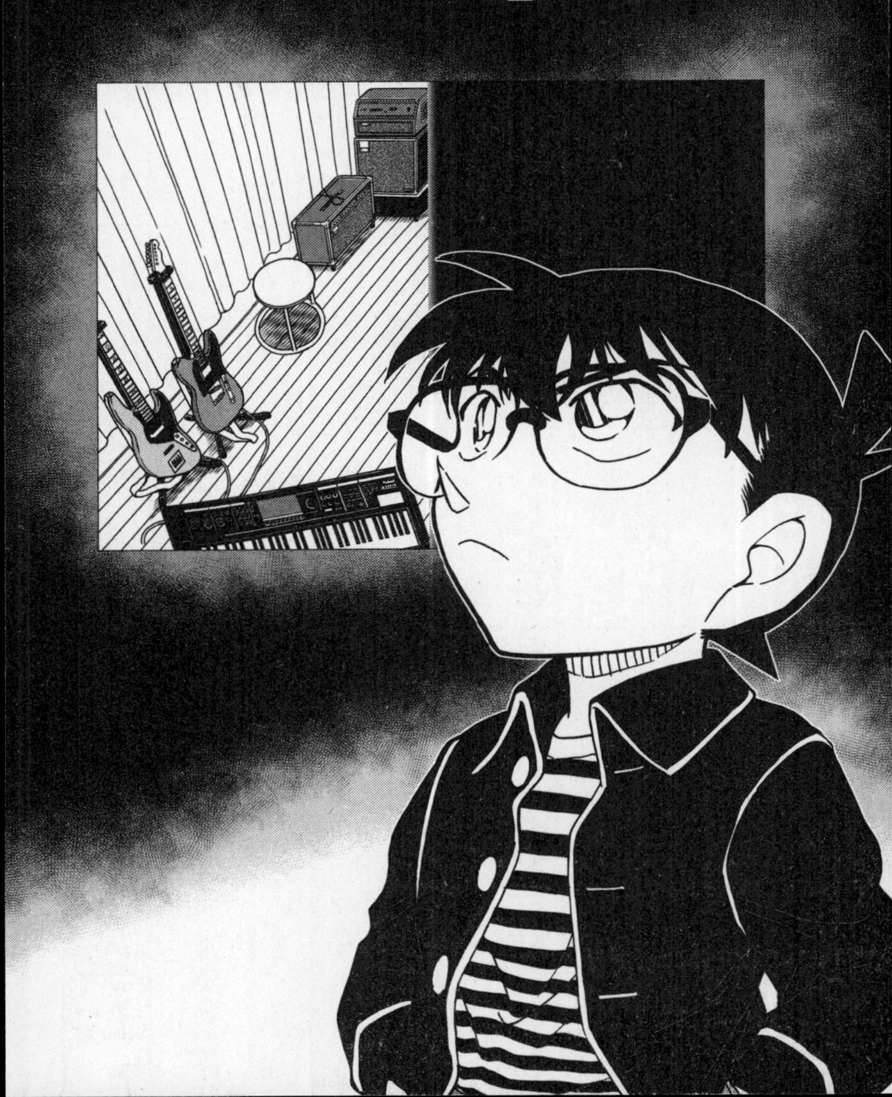

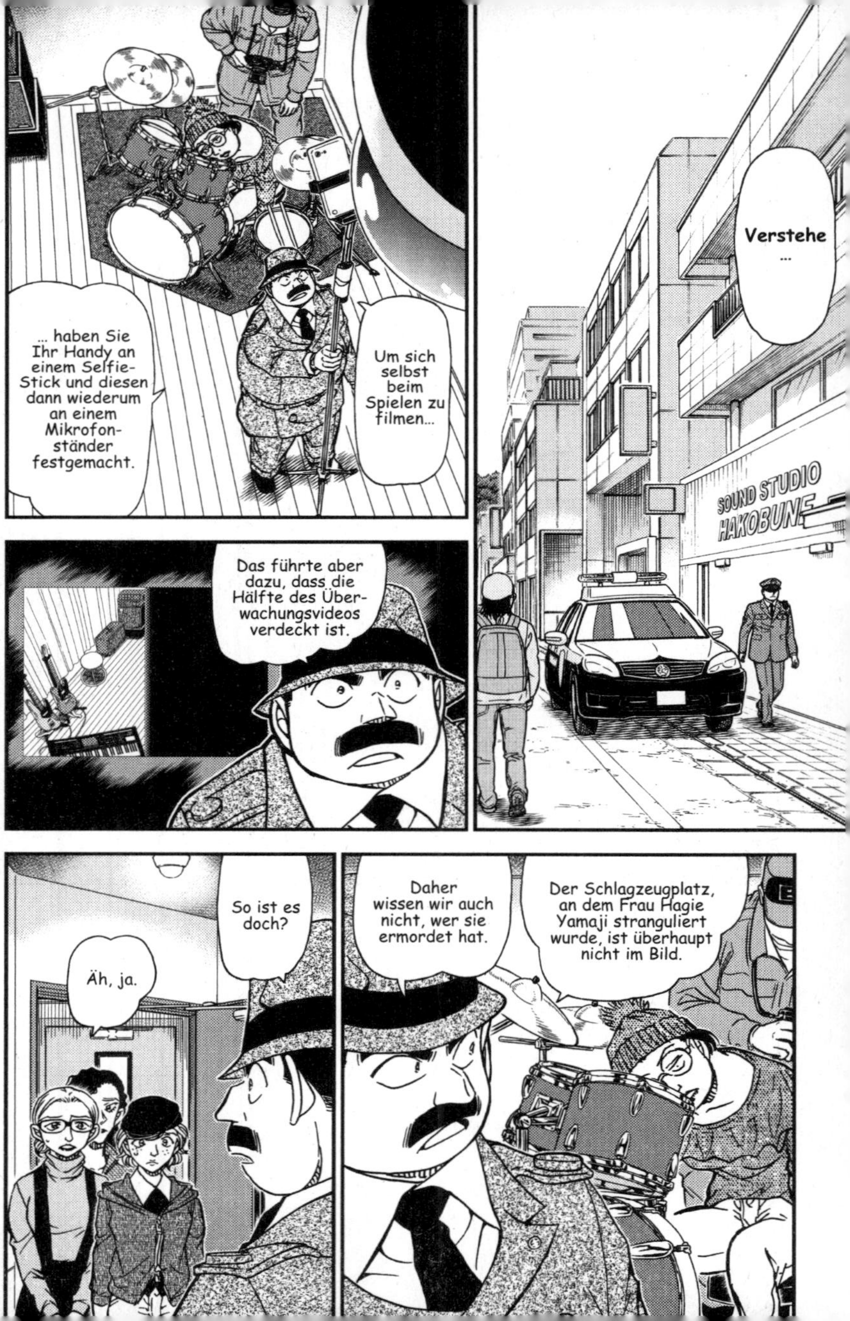

Verstehe ...

Um sich selbst beim Spielen zu filmen...

... haben Sie Ihr Handy an einem Selfie-Stick und diesen dann wiederum an einem Mikrofonständer festgemacht.

SOUND STUDIO HAKOBUNE

Das führte aber dazu, dass die Hälfte des Überwachungsvideos verdeckt ist.

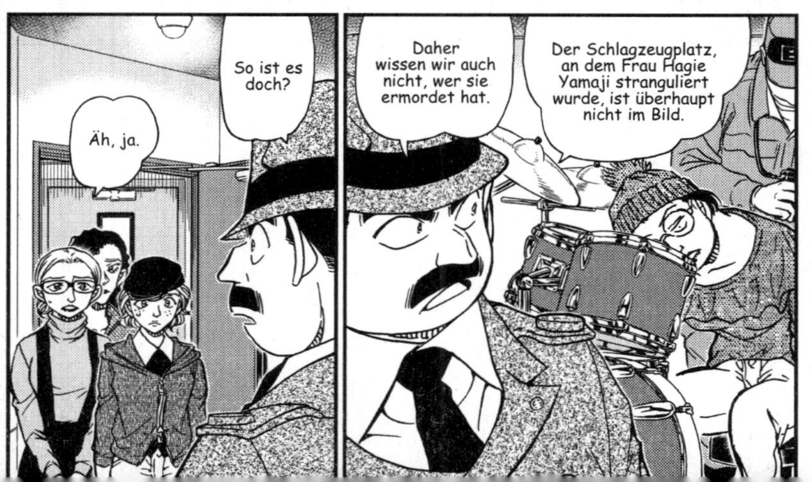

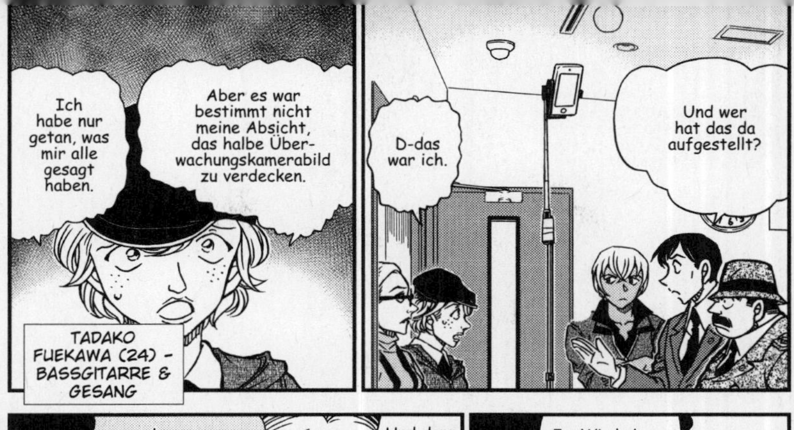
Und wer hat das da aufgestellt?
D-das war ich.
Aber es war bestimmt nicht meine Absicht, das halbe Überwachungskamerabild zu verdecken.
Ich habe nur getan, was mir alle gesagt haben.
TADAKO FUEKAWA (24) - BASSGITARRE & GESANG

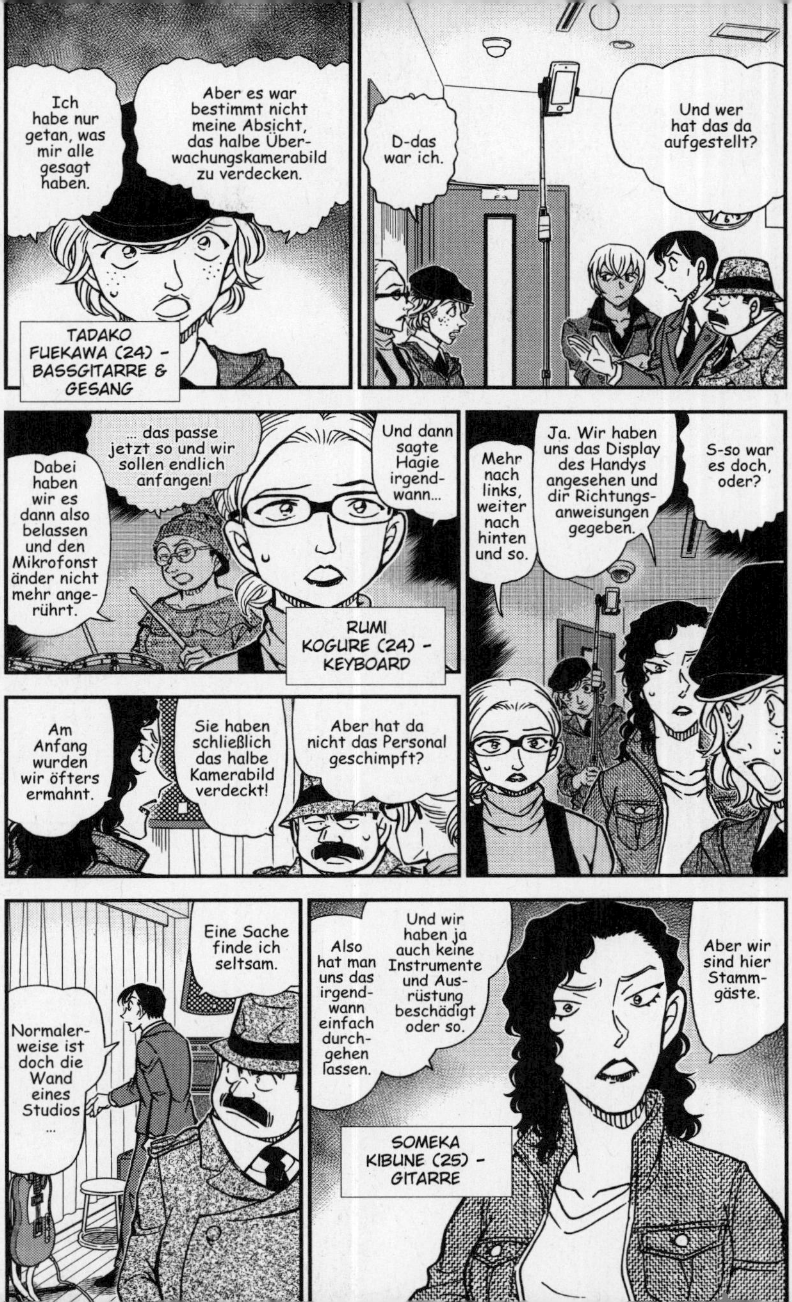

S-so war es doch, oder?
Ja. Wir haben uns das Display des Handys angesehen und dir Richtungsanweisungen gegeben.
Mehr nach links, weiter nach hinten und so.
Und dann sagte Hagie irgendwann...
... das passe jetzt so und wir sollen endlich anfangen!
Dabei haben wir es dann also belassen und den Mikrofonständer nicht mehr angerührt.
RUMI KOGURE (24) - KEYBOARD
Aber hat da nicht das Personal geschimpft?
Sie haben schließlich das halbe Kamerabild verdeckt!
Am Anfang wurden wir öfters ermahnt.

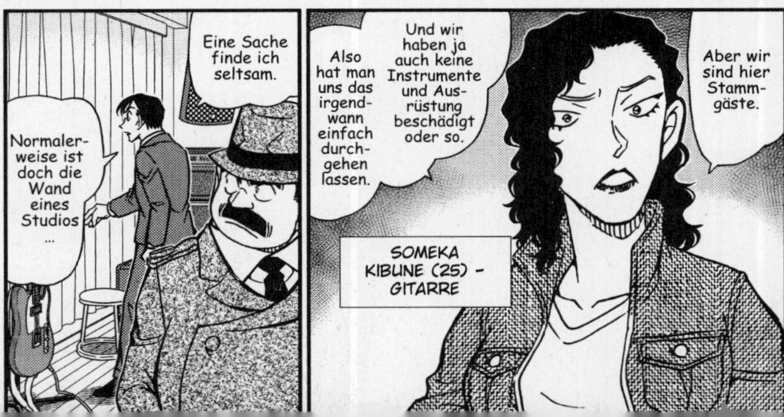
Aber wir sind hier Stammgäste.
Und wir haben ja auch keine Instrumente und Ausrüstung beschädigt oder so.
Also hat man uns das irgendwann einfach durchgehen lassen.
SOMEKA KIBUNE (25) - GITARRE
Eine Sache finde ich seltsam.
Normalerweise ist doch die Wand eines Studios ...

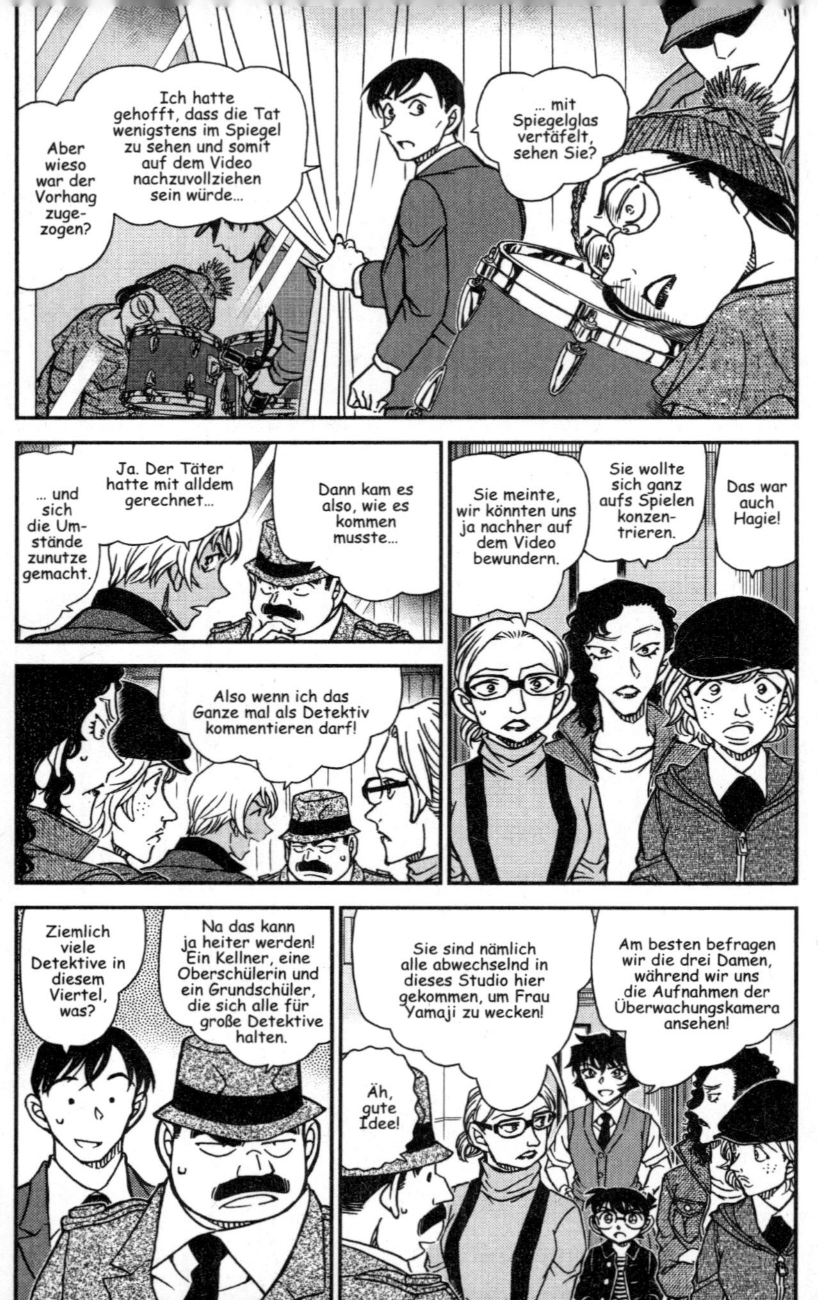
... mit Spiegelglas vertäfelt, sehen Sie?
Ich hatte gehofft, dass die Tat wenigstens im Spiegel zu sehen und somit auf dem Video nachzuvollziehen sein würde...
Aber wieso war der Vorhang zuge-zogen?
Das war auch Hagie!
Sie wollte sich ganz aufs Spielen konzen-trieren.
Sie meinte, wir könnten uns ja nachher auf dem Video bewundern.
Dann kam es also, wie es kommen musste...
Ja. Der Täter hatte mit alldem gerechnet...
... und sich die Um-stände zunutze gemacht.
Also wenn ich das Ganze mal als Detektiv kommentieren darf!
Am besten befragen wir die drei Damen, während wir uns die Aufnahmen der Überwachungskamera ansehen!
Sie sind nämlich alle abwechselnd in dieses Studio hier gekommen, um Frau Yamaji zu wecken!
Äh, gute Idee!
Na das kann ja heiter werden! Ein Kellner, eine Oberschülerin und ein Grundschüler, die sich alle für große Detektive halten.
Ziemlich viele Detektive in diesem Viertel, was?

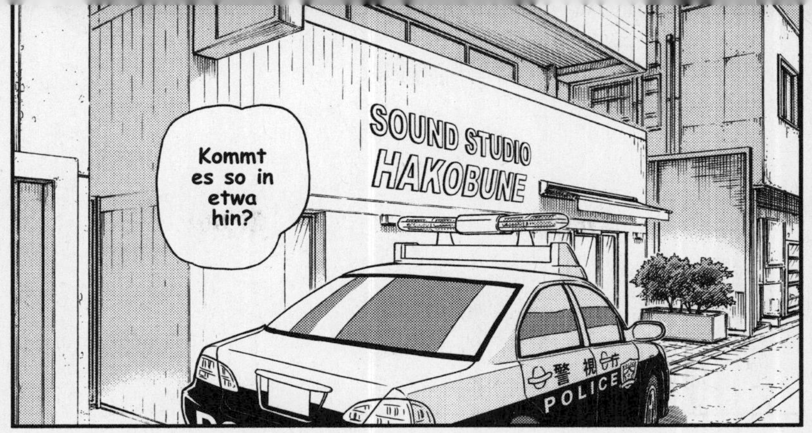

SOUND STUDIO
HAKOBUNE
Kommt es so in etwa hin?
POLICE

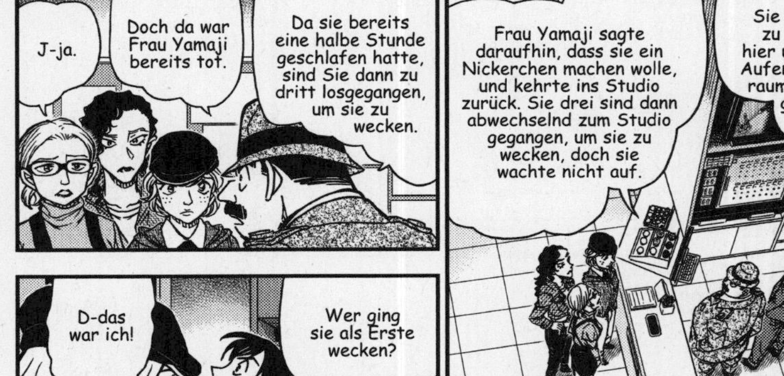

Sie haben zu viert hier unten im Aufenthaltsraum Pause gemacht.
Frau Yamaji sagte daraufhin, dass sie ein Nickerchen machen wolle, und kehrte ins Studio zurück. Sie drei sind dann abwechselnd zum Studio gegangen, um sie zu wecken, doch sie wachte nicht auf.
Da sie bereits eine halbe Stunde geschlafen hatte, sind Sie dann zu dritt losgegangen, um sie zu wecken.
Doch da war Frau Yamaji bereits tot.
J-ja.
Wer ging sie als Erste wecken?
D-das war ich!

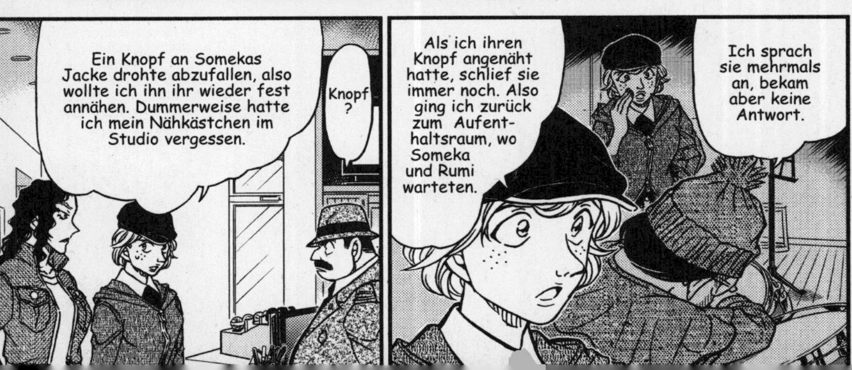

Ich sprach sie mehrmals an, bekam aber keine Antwort.
Als ich ihren Knopf angenäht hatte, schlief sie immer noch. Also ging ich zurück zum Aufenthaltsraum, wo Someka und Rumi warteten.
Knopf?
Ein Knopf an Somekas Jacke drohte abzufallen, also wollte ich ihn ihr wieder fest annähen. Dummerweise hatte ich mein Nähkästchen im Studio vergessen.

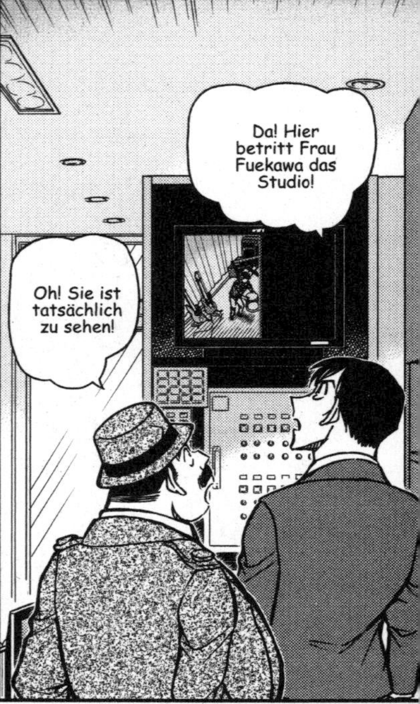
Da! Hier betritt Frau Fuekawa das Studio!
Oh! Sie ist tatsächlich zu sehen!

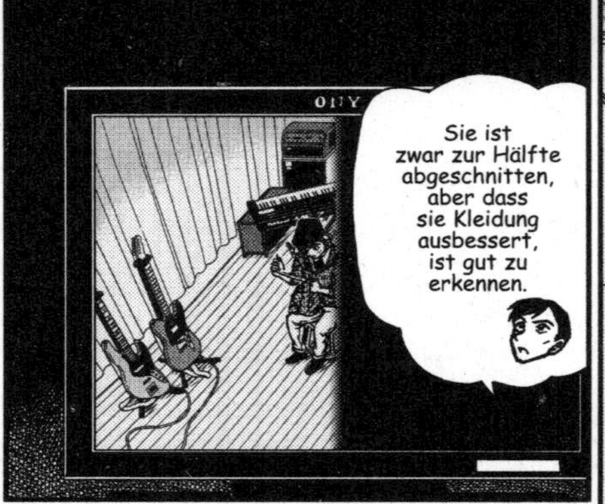
Sie ist zwar zur Hälfte abgeschnitten, aber dass sie Kleidung ausbessert, ist gut zu erkennen.

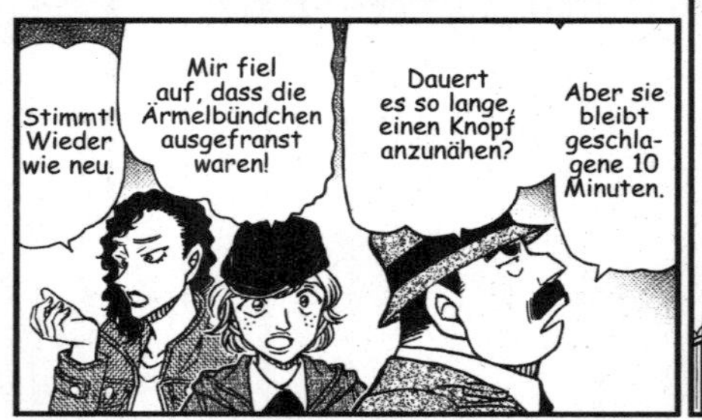
Aber sie bleibt geschlagene 10 Minuten.
Dauert es so lange, einen Knopf anzunähen?
Mir fiel auf, dass die Ärmelbündchen ausgefranst waren!
Stimmt! Wieder wie neu.

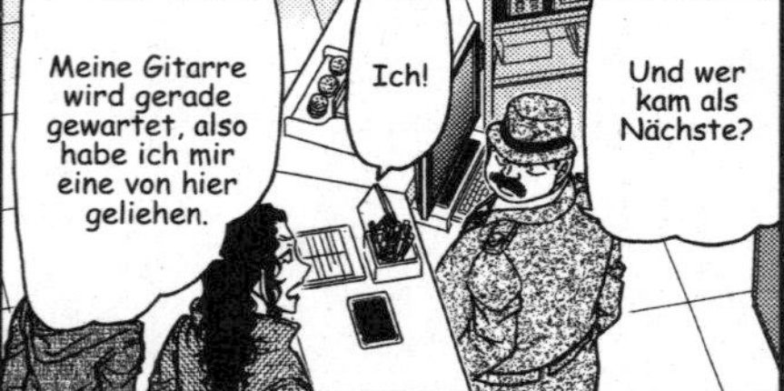
Und wer kam als Nächste?
Ich!
Meine Gitarre wird gerade gewartet, also habe ich mir eine von hier geliehen.

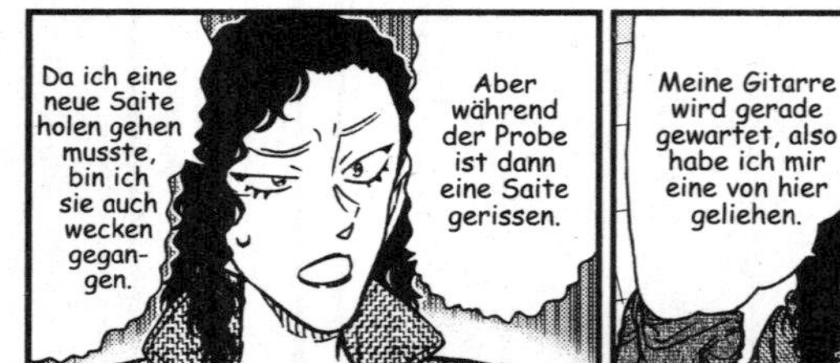
Aber während der Probe ist dann eine Saite gerissen.
Da ich eine neue Saite holen gehen musste, bin ich sie auch wecken gegangen.

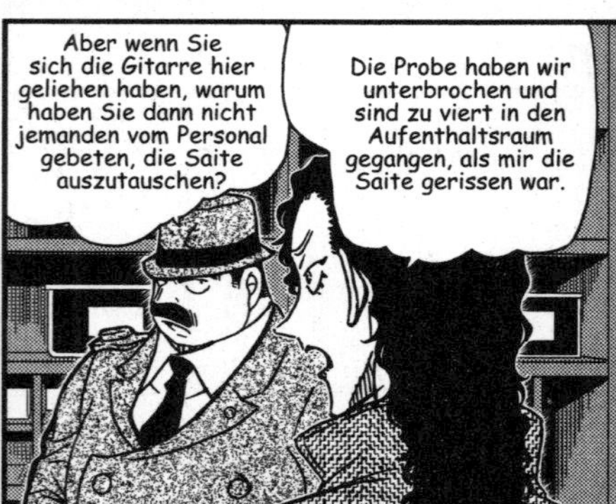
Die Probe haben wir unterbrochen und sind zu viert in den Aufenthaltsraum gegangen, als mir die Saite gerissen war.
Aber wenn Sie sich die Gitarre hier geliehen haben, warum haben Sie dann nicht jemanden vom Personal gebeten, die Saite auszutauschen?

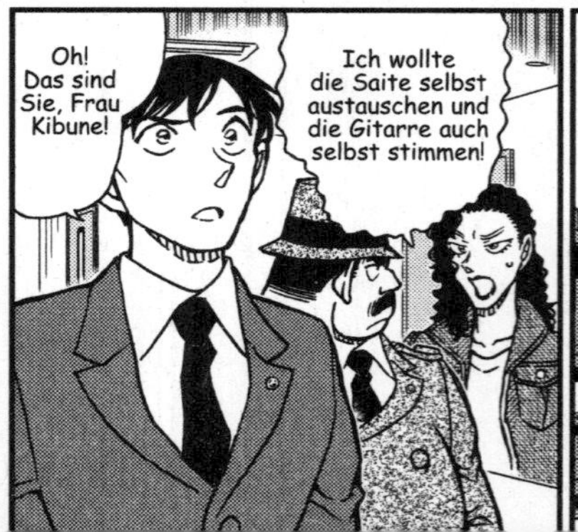
Ich wollte die Saite selbst austauschen und die Gitarre auch selbst stimmen!
Oh! Das sind Sie, Frau Kibune!

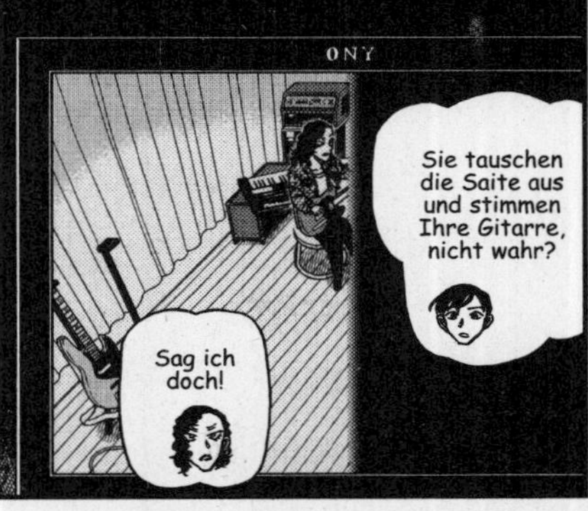
ONY
Sie tauschen die Saite aus und stimmen Ihre Gitarre, nicht wahr?
Sag ich doch!

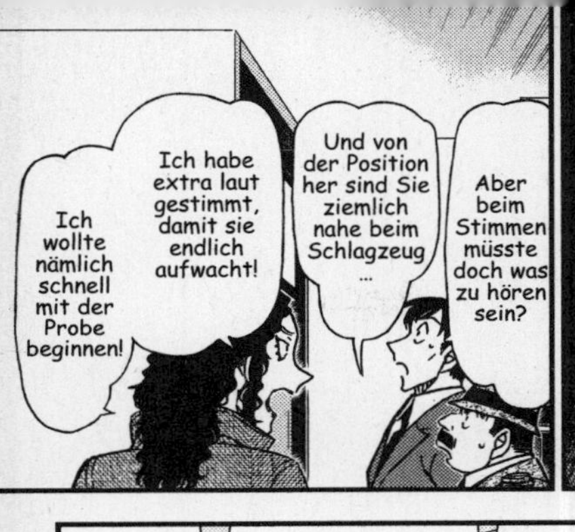
Aber beim Stimmen müsste doch was zu hören sein?
Und von der Position her sind Sie ziemlich nahe beim Schlagzeug ...
Ich habe extra laut gestimmt, damit sie endlich aufwacht!
Ich wollte nämlich schnell mit der Probe beginnen!

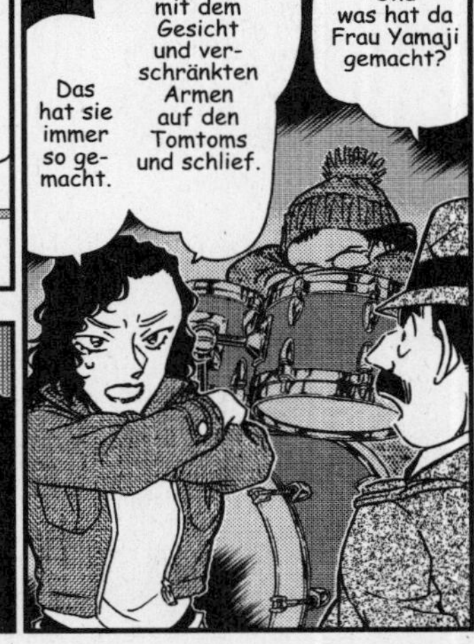
Und was hat da Frau Yamaji gemacht?
Sie lag mit dem Gesicht und verschränkten Armen auf den Tomtoms und schlief.
Das hat sie immer so gemacht.

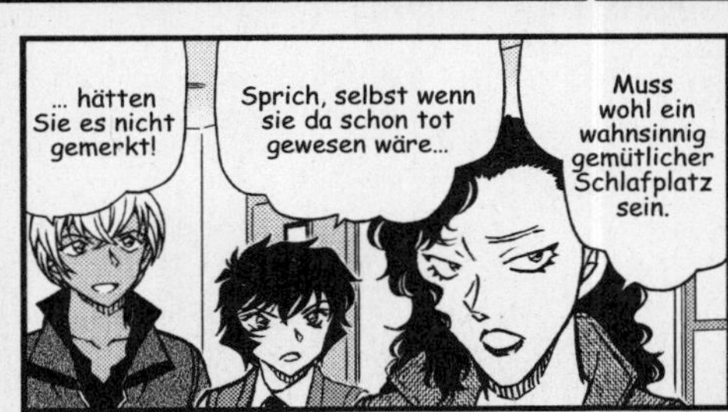
Muss wohl ein wahnsinnig gemütlicher Schlafplatz sein.
Sprich, selbst wenn sie da schon tot gewesen wäre...
... hätten Sie es nicht gemerkt!

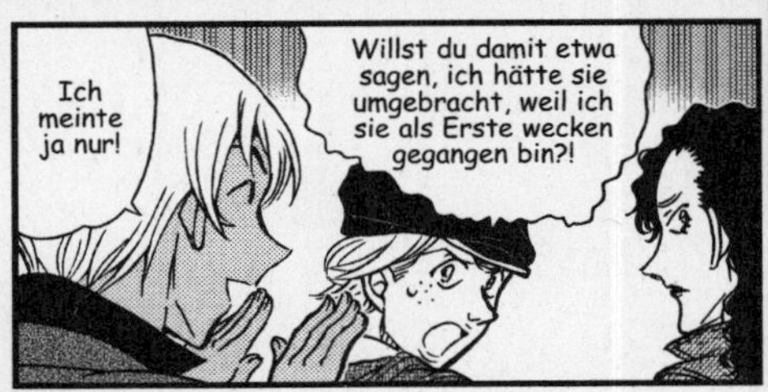
Willst du damit etwa sagen, ich hätte sie umgebracht, weil ich sie als Erste wecken gegangen bin?!
Ich meinte ja nur!

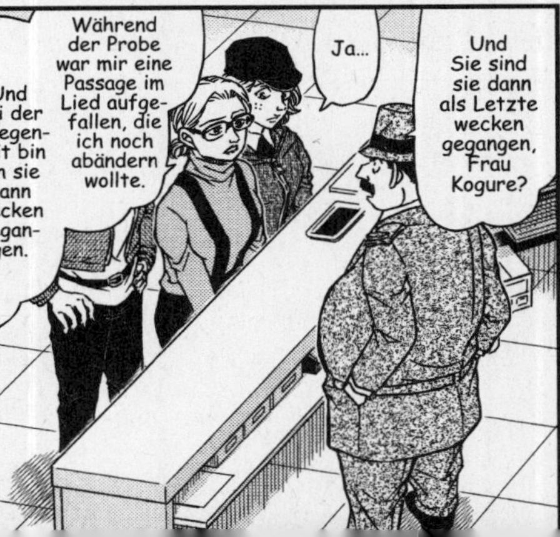
Und Sie sind sie dann als Letzte wecken gegangen, Frau Kogure?
Ja...
Während der Probe war mir eine Passage im Lied aufgefallen, die ich noch abändern wollte.
Und bei der Gelegenheit bin ich sie dann wecken gegangen.

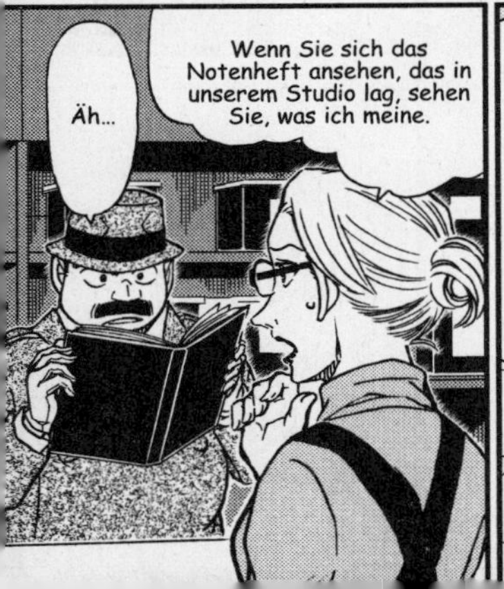
Wenn Sie sich das Notenheft ansehen, das in unserem Studio lag, sehen Sie, was ich meine.
Äh...

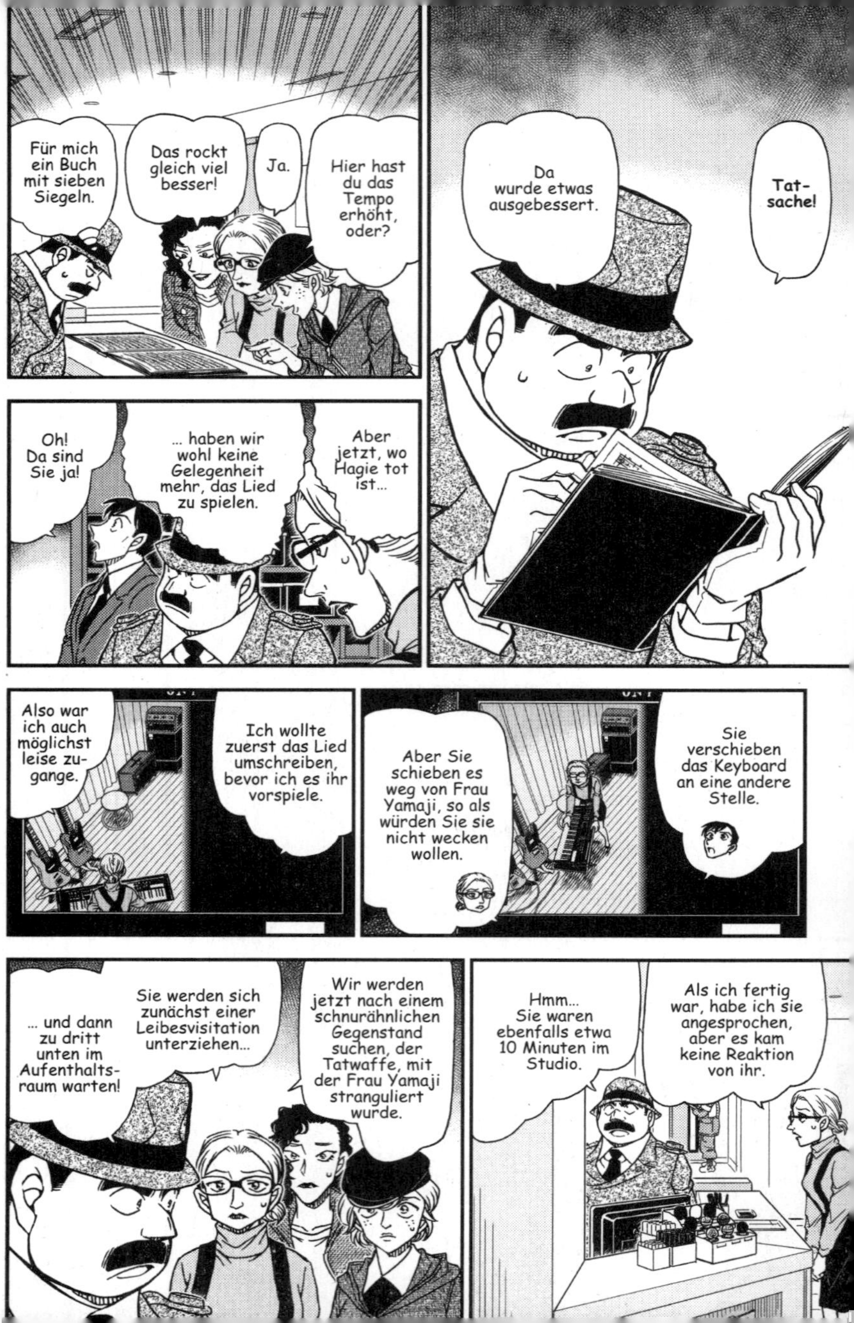

Tatsache!

Da wurde etwas ausgebessert.

Hier hast du das Tempo erhöht, oder?

Ja.

Das rockt gleich viel besser!

Für mich ein Buch mit sieben Siegeln.

Aber jetzt, wo Hagie tot ist...

... haben wir wohl keine Gelegenheit mehr, das Lied zu spielen.

Oh! Da sind Sie ja!

Sie verschieben das Keyboard an eine andere Stelle.

Aber Sie schieben es weg von Frau Yamaji, so als würden Sie sie nicht wecken wollen.

Ich wollte zuerst das Lied umschreiben, bevor ich es ihr vorspiele.

Also war ich auch möglichst leise zugange.

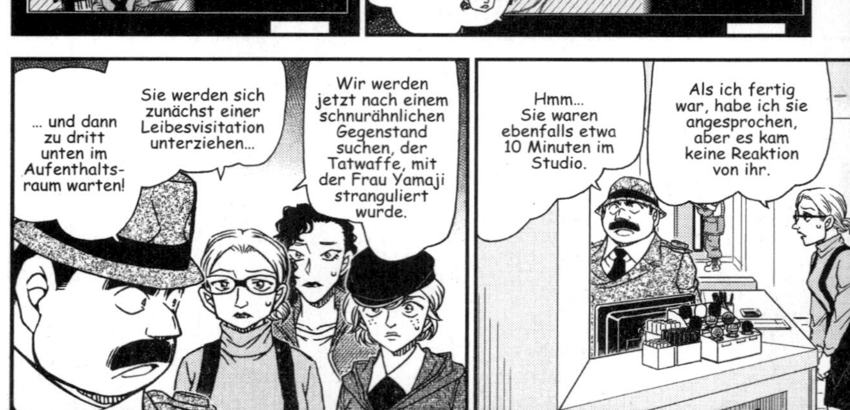

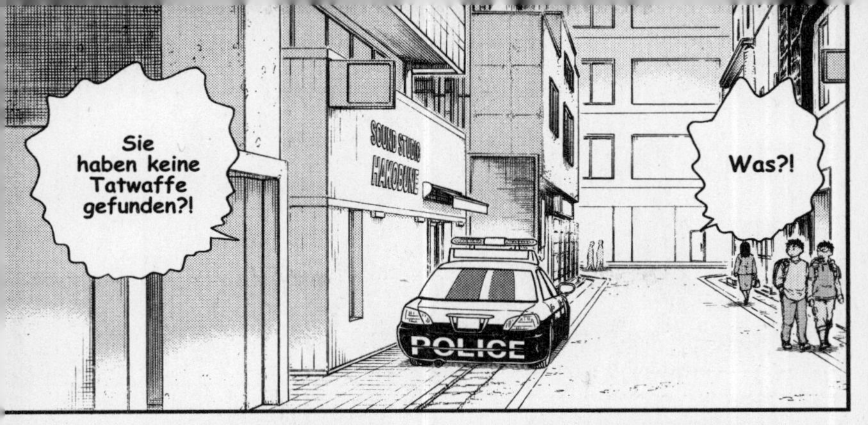
Was?!
SOUND STUDIO HAKOBUNE
POLICE
Sie haben keine Tatwaffe gefunden?!

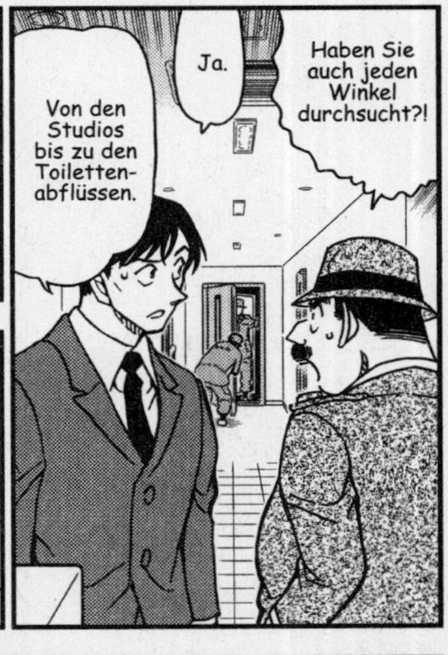
Haben Sie auch jeden Winkel durchsucht?!
Ja.
Von den Studios bis zu den Toiletten-abflüssen.

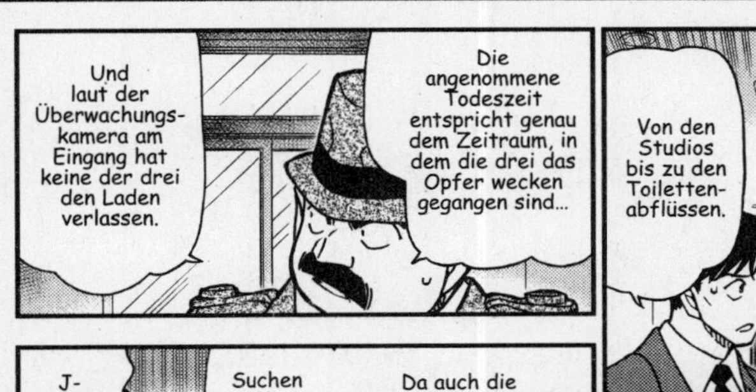
Die angenommene Todeszeit entspricht genau dem Zeitraum, in dem die drei das Opfer wecken gegangen sind...
Und laut der Überwachungs-kamera am Eingang hat keine der drei den Laden verlassen.

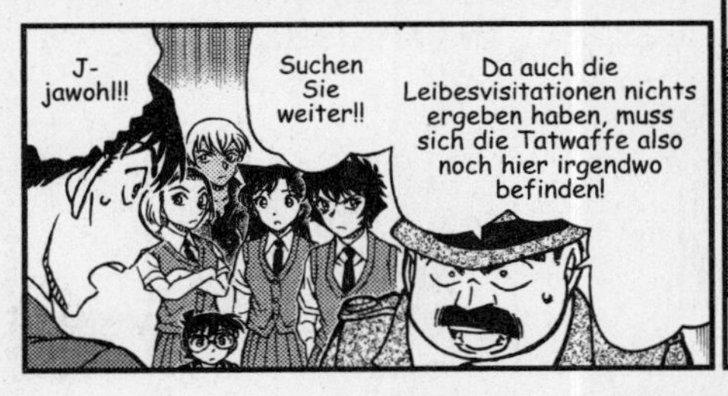
Da auch die Leibesvisitationen nichts ergeben haben, muss sich die Tatwaffe also noch hier irgendwo befinden!
Suchen Sie weiter!!
J-jawohl!!

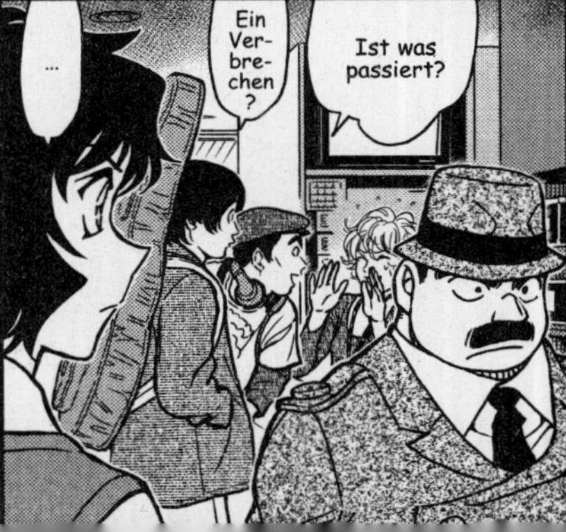
Ist was passiert?
Ein Verbrechen?
...

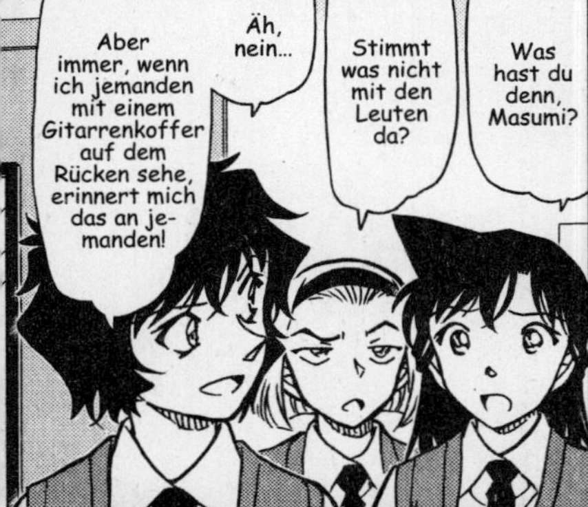
Was hast du denn, Masumi?
Stimmt was nicht mit den Leuten da?
Äh, nein...
Aber immer, wenn ich jemanden mit einem Gitarrenkoffer auf dem Rücken sehe, erinnert mich das an je-manden!

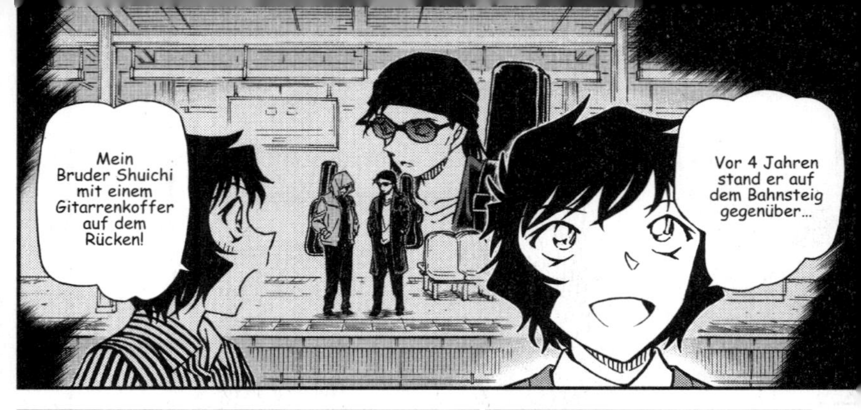
Vor 4 Jahren stand er auf dem Bahnsteig gegenüber...
Mein Bruder Shuichi mit einem Gitarrenkoffer auf dem Rücken!

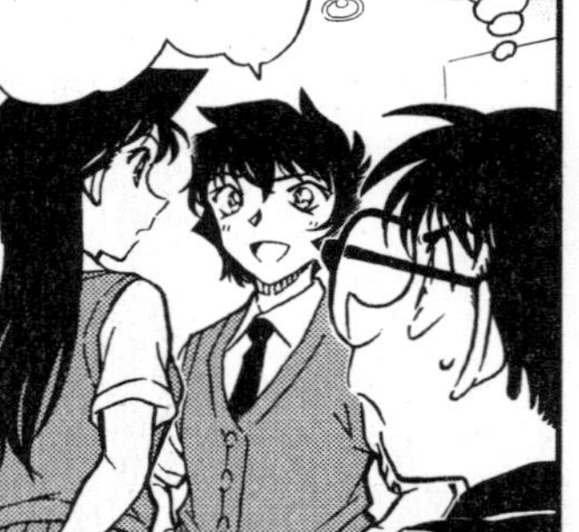
Shuichi? Dann ist sie also Shuichi Akais kleine Schwester?
Was war ich überrascht! Ich dachte doch, dass er in Amerika ist.
Und dass er was mit Musik am Hut hat, war mir auch neu.

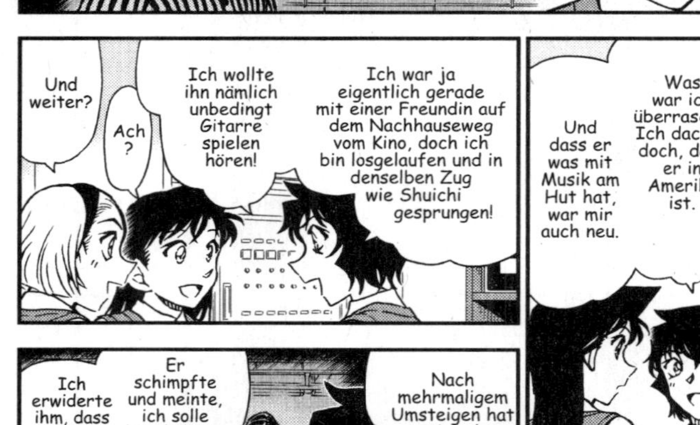
Ich war ja eigentlich gerade mit einer Freundin auf dem Nachhauseweg vom Kino, doch ich bin losgelaufen und in denselben Zug wie Shuichi gesprungen!
Ich wollte ihn nämlich unbedingt Gitarre spielen hören!
Ach?
Und weiter?

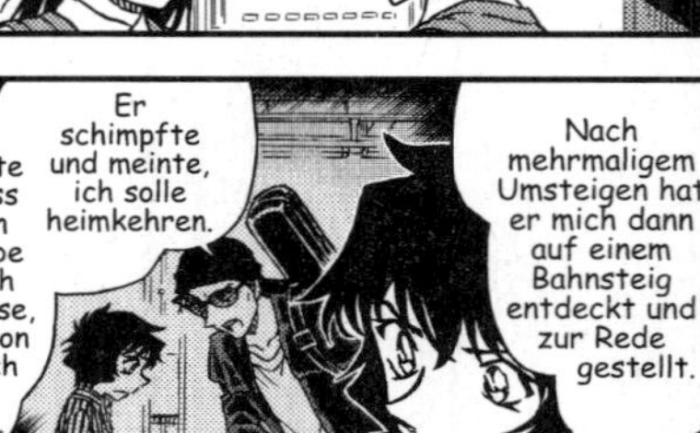
Nach mehrmaligem Umsteigen hat er mich dann auf einem Bahnsteig entdeckt und zur Rede gestellt.
Er schimpfte und meinte, ich solle heimkehren.
Ich erwiderte ihm, dass ich kein Geld habe und auch nicht wisse, wie ich von hier nach Hause komme.

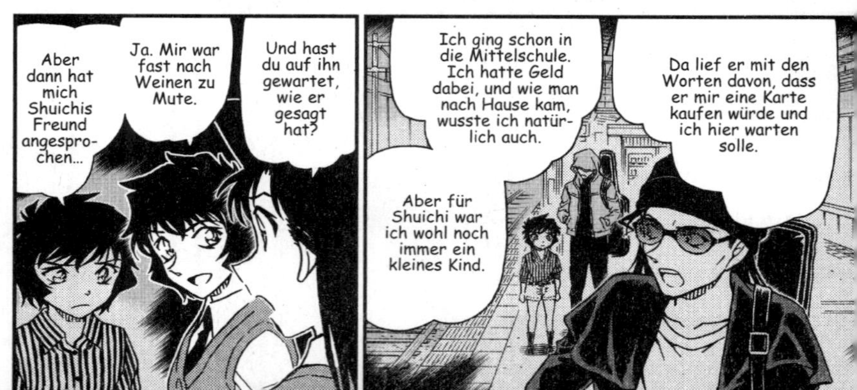
Da lief er mit den Worten davon, dass er mir eine Karte kaufen würde und ich hier warten solle.
Ich ging schon in die Mittelschule. Ich hatte Geld dabei, und wie man nach Hause kam, wusste ich natür-lich auch.
Aber für Shuichi war ich wohl noch immer ein kleines Kind.
Und hast du auf ihn gewartet, wie er gesagt hat?
Ja. Mir war fast nach Weinen zu Mute.
Aber dann hat mich Shuichis Freund angespro-chen...

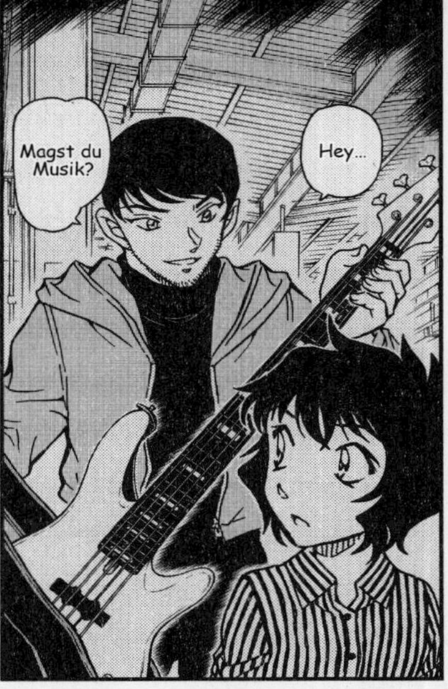
Hey...
Magst du Musik?

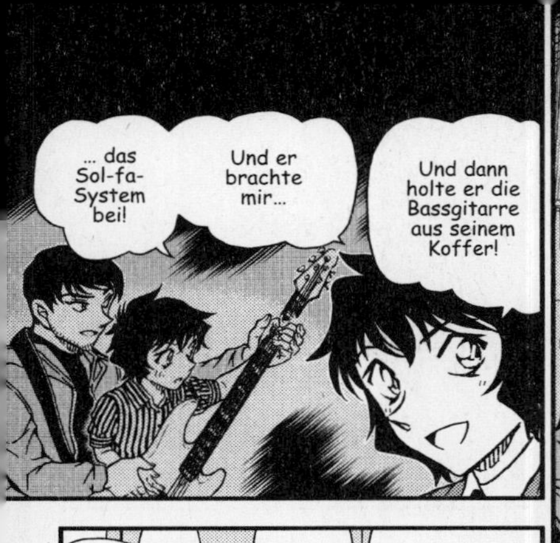
Und dann holte er die Bassgitarre aus seinem Koffer!
Und er brachte mir...
... das Sol-fa-System bei!
Der Freund, der dir Bassgitarre beigebracht hat...
Er war das?
Ja!
Aber nur für kurze 10 Minuten.

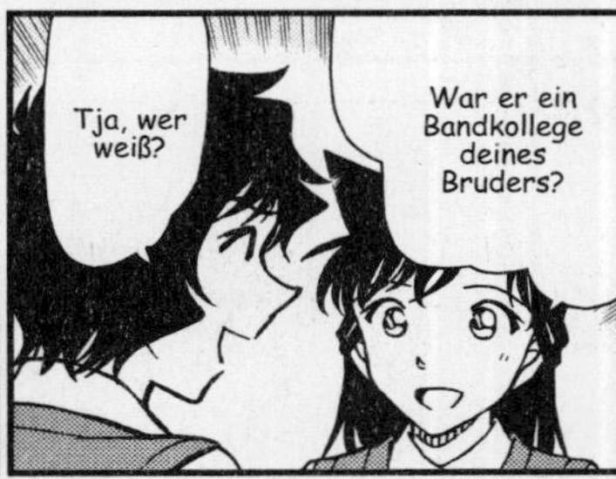
War er ein Bandkollege deines Bruders?
Tja, wer weiß?

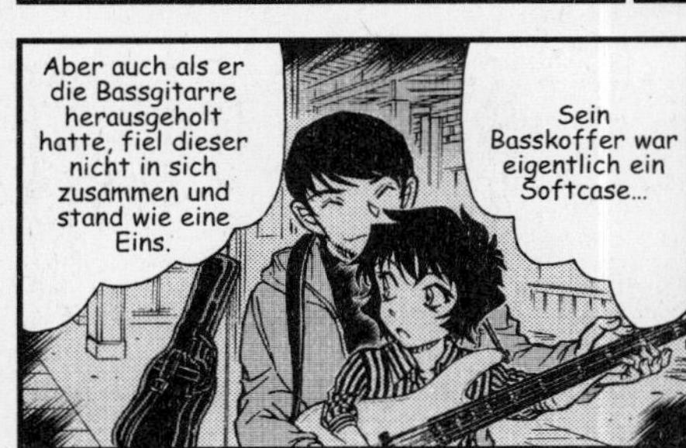
Sein Basskoffer war eigentlich ein Softcase...
Aber auch als er die Bassgitarre herausgeholt hatte, fiel dieser nicht in sich zusammen und stand wie eine Eins.

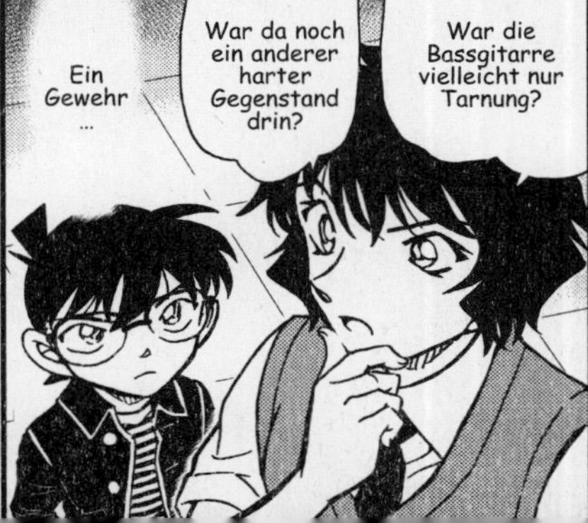
War die Bassgitarre vielleicht nur Tarnung?
War da noch ein anderer harter Gegenstand drin?
Ein Gewehr ...

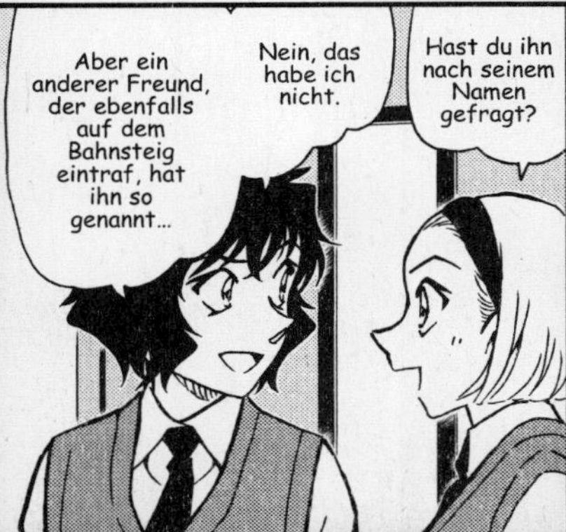
Hast du ihn nach seinem Namen gefragt?
Nein, das habe ich nicht.
Aber ein anderer Freund, der ebenfalls auf dem Bahnsteig eintraf, hat ihn so genannt...

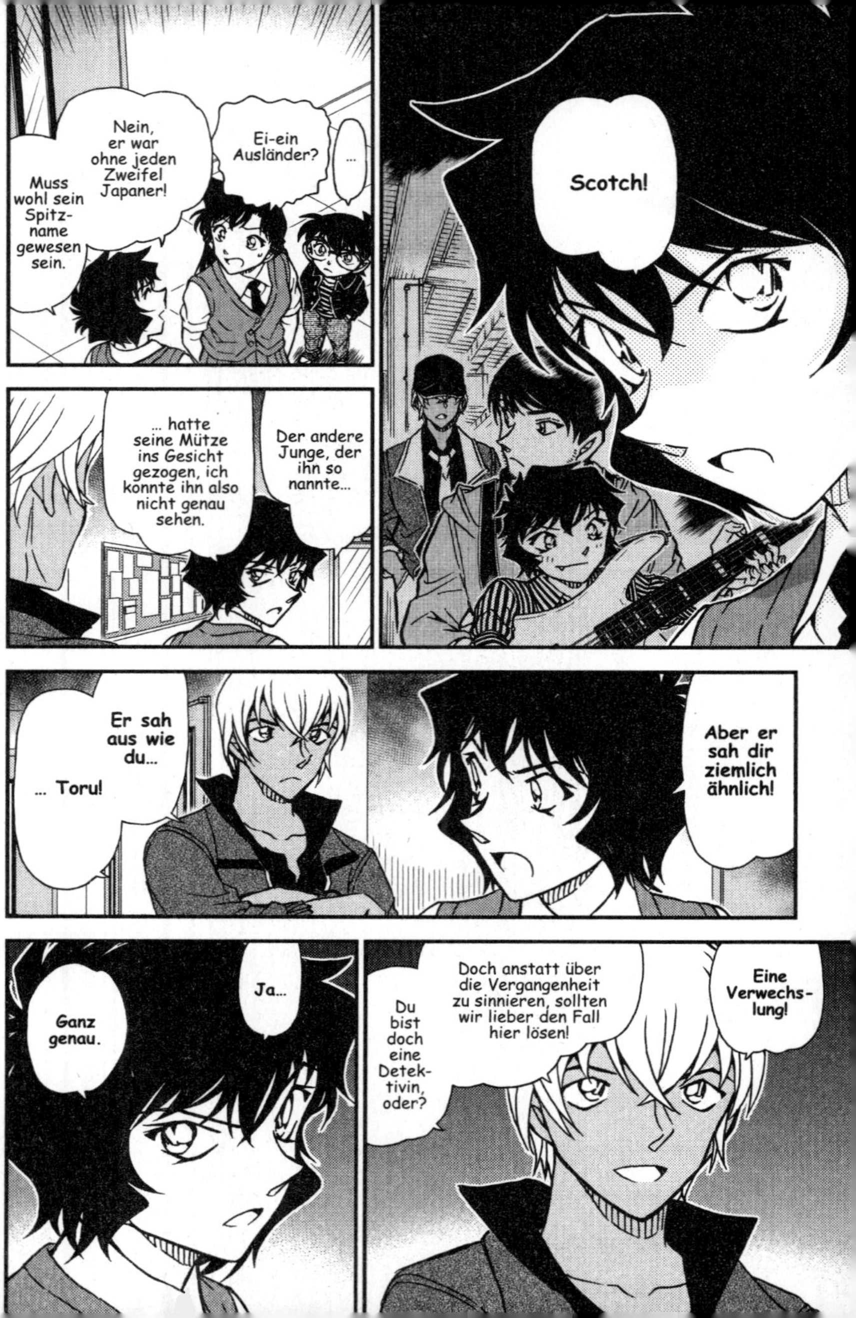

...
Ei-ein Ausländer?
Nein, er war ohne jeden Zweifel Japaner!
Muss wohl sein Spitzname gewesen sein.
Scotch!
Der andere Junge, der ihn so nannte...
... hatte seine Mütze ins Gesicht gezogen, ich konnte ihn also nicht genau sehen.

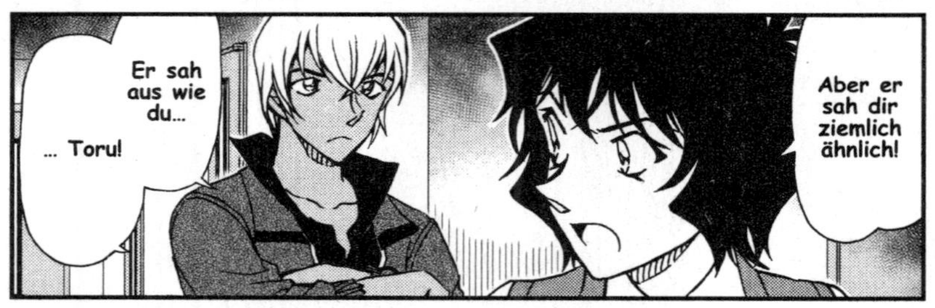

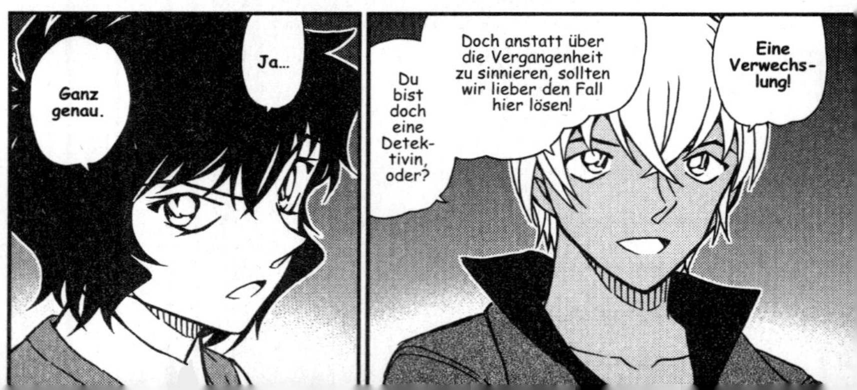

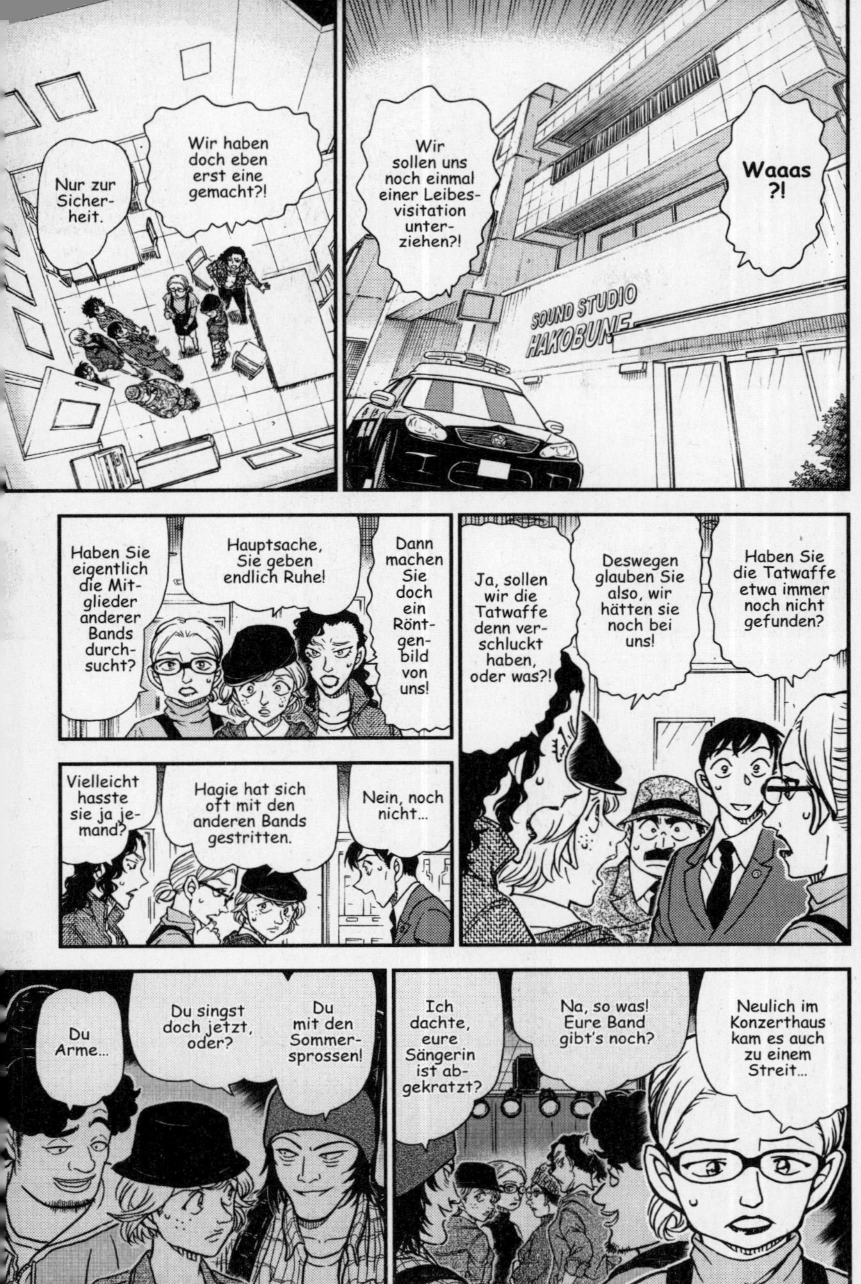
Waaas?!
Wir sollen uns noch einmal einer Leibesvisitation unterziehen?!
SOUND STUDIO HAKOBUNE
Wir haben doch eben erst eine gemacht?!
Nur zur Sicherheit.
Haben Sie die Tatwaffe etwa immer noch nicht gefunden?
Deswegen glauben Sie also, wir hätten sie noch bei uns!
Ja, sollen wir die Tatwaffe denn verschluckt haben, oder was?!
Dann machen Sie doch ein Röntgenbild von uns!
Hauptsache, Sie geben endlich Ruhe!
Haben Sie eigentlich die Mitglieder anderer Bands durchsucht?
Nein, noch nicht...
Hagie hat sich oft mit den anderen Bands gestritten.
Vielleicht hasste sie ja jemand?
Neulich im Konzerthaus kam es auch zu einem Streit...
Na, so was! Eure Band gibt's noch?
Ich dachte, eure Sängerin ist abgekratzt?
Du mit den Sommersprossen!
Du singst doch jetzt, oder?
Du Arme...

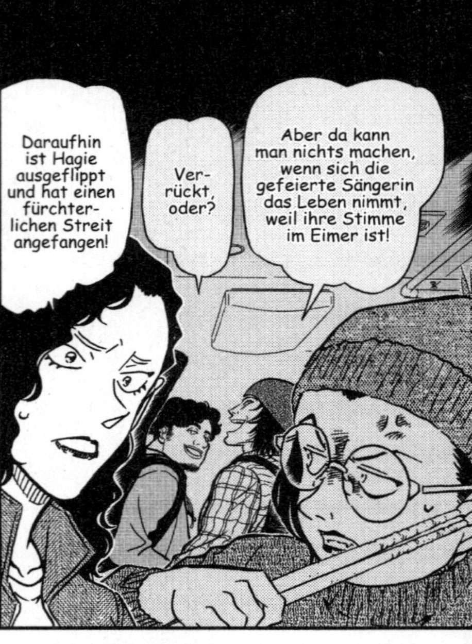
Aber da kann man nichts machen, wenn sich die gefeierte Sängerin das Leben nimmt, weil ihre Stimme im Eimer ist!
Ver-rückt, oder?
Daraufhin ist Hagie ausgeflippt und hat einen fürchter-lichen Streit angefangen!

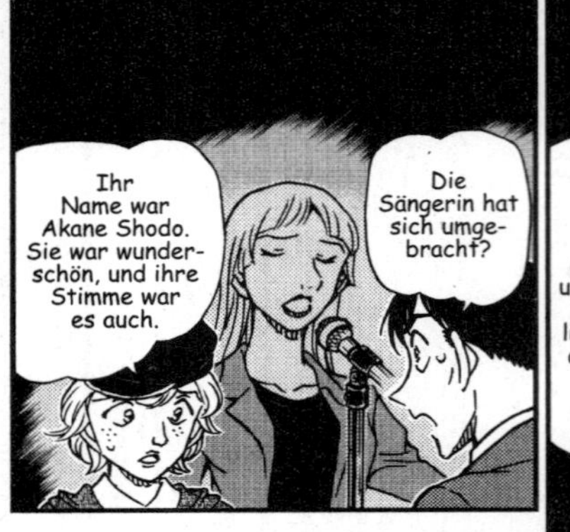
Die Sängerin hat sich umge-bracht?
Ihr Name war Akane Shodo. Sie war wunder-schön, und ihre Stimme war es auch.

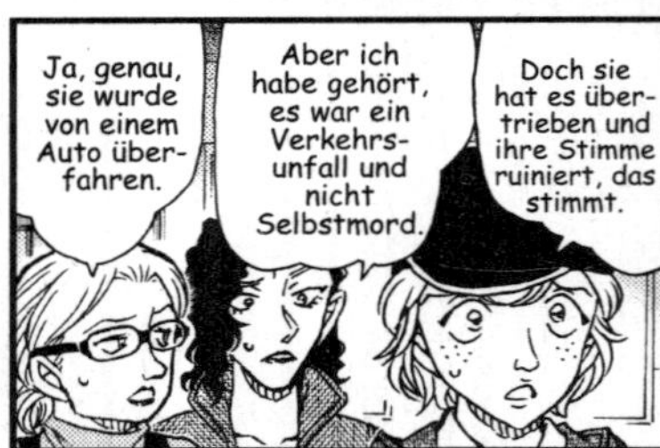
Doch sie hat es über-trieben und ihre Stimme ruiniert, das stimmt.
Aber ich habe gehört, es war ein Verkehrs-unfall und nicht Selbstmord.
Ja, genau, sie wurde von einem Auto über-fahren.

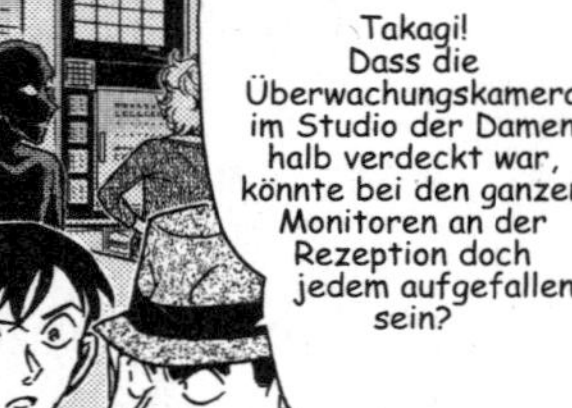
Takagi! Dass die Überwachungskamera im Studio der Damen halb verdeckt war, könnte bei den ganzen Monitoren an der Rezeption doch jedem aufgefallen sein?

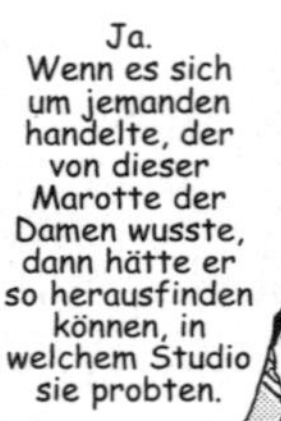
Ja. Wenn es sich um jemanden handelte, der von dieser Marotte der Damen wusste, dann hätte er so herausfinden können, in welchem Studio sie probten.

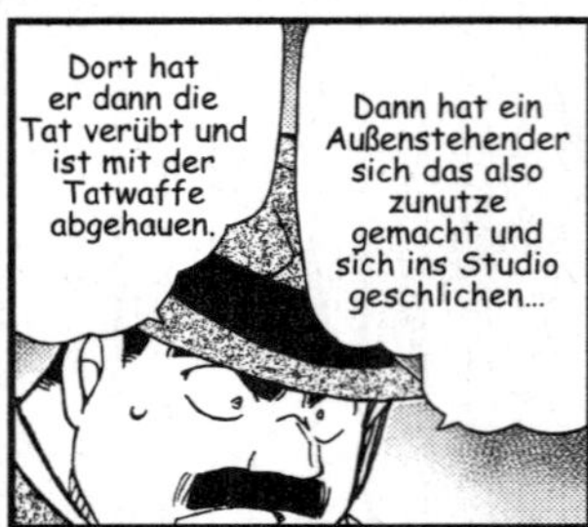
Dann hat ein Außenstehender sich das also zunutze gemacht und sich ins Studio geschlichen...
Dort hat er dann die Tat verübt und ist mit der Tatwaffe abgehauen.

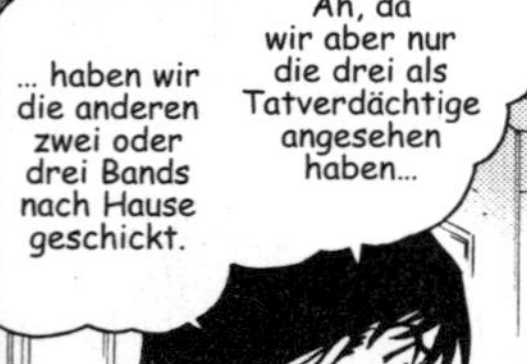
Wir sollten wohl auch die anderen Bands überprüfen, wie die Damen vorgeschlagen haben.
Äh, da wir aber nur die drei als Tatverdächtige angesehen haben...
... haben wir die anderen zwei oder drei Bands nach Hause geschickt.

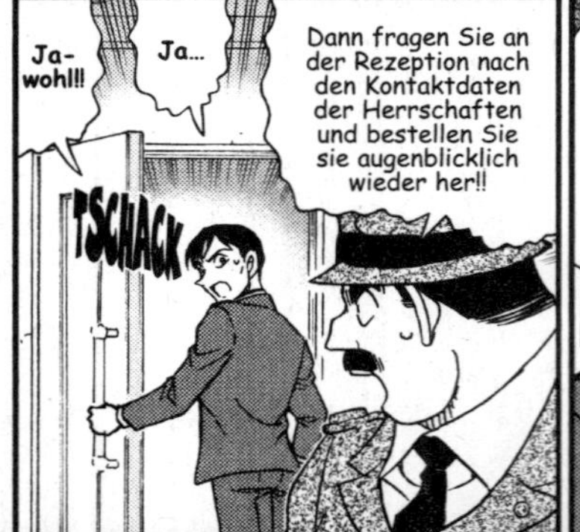
Dann fragen Sie an der Rezeption nach den Kontaktdaten der Herrschaften und bestellen Sie sie augenblicklich wieder her!!
Ja...
Ja-wohl!!
TSCHACK

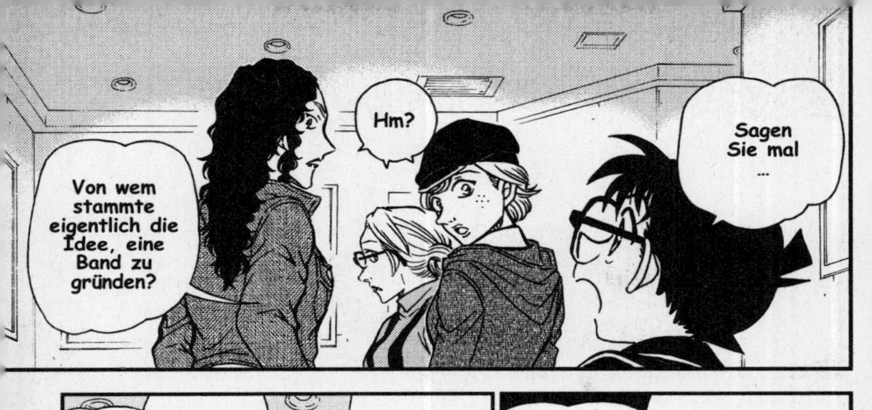

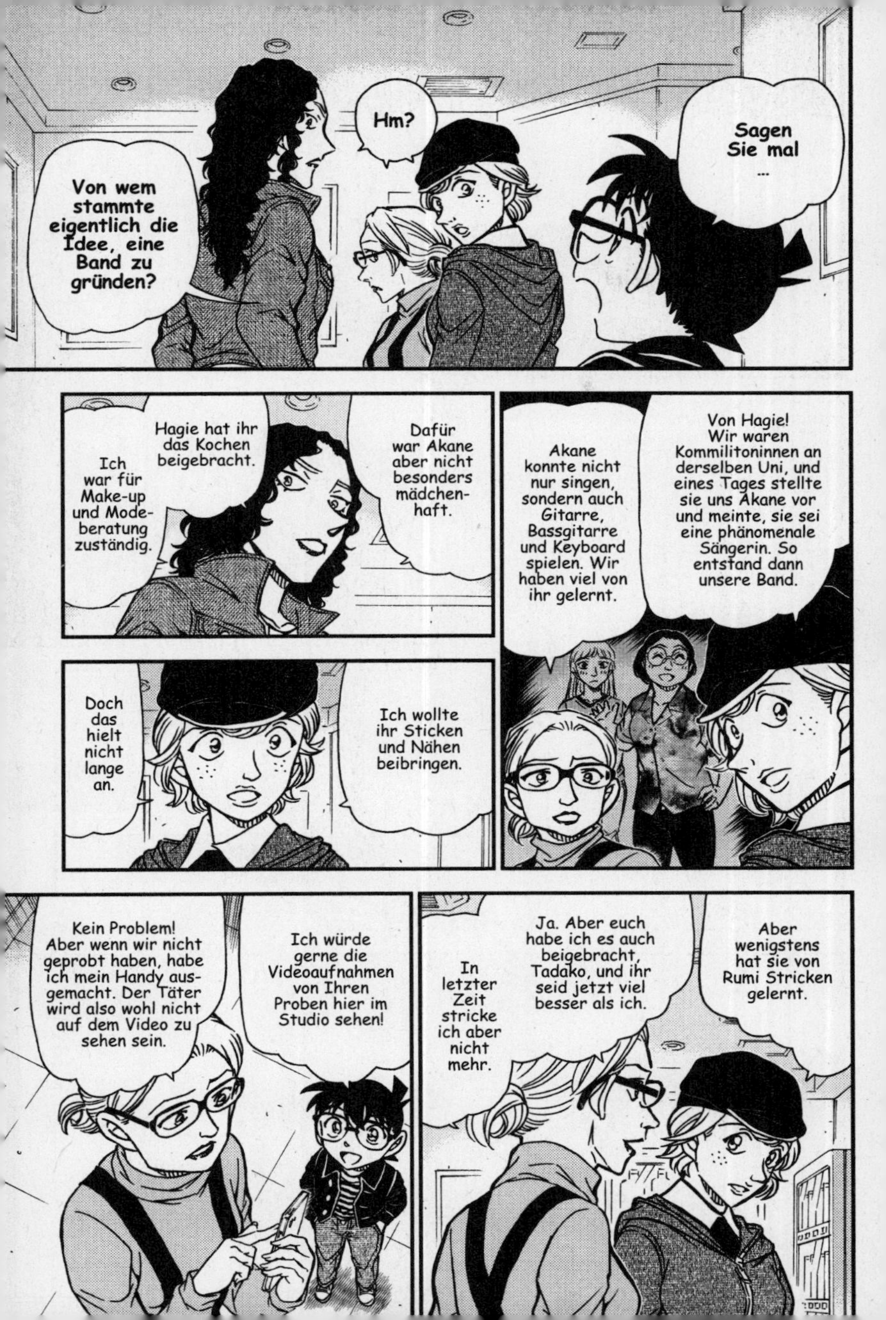

Von Hagie! Wir waren Kommilitoninnen an derselben Uni, und eines Tages stellte sie uns Akane vor und meinte, sie sei eine phänomenale Sängerin. So entstand dann unsere Band.

Akane konnte nicht nur singen, sondern auch Gitarre, Bassgitarre und Keyboard spielen. Wir haben viel von ihr gelernt.

Dafür war Akane aber nicht besonders mädchenhaft.

Hagie hat ihr das Kochen beigebracht.

Ich war für Make-up und Modeberatung zuständig.

Ich wollte ihr Sticken und Nähen beibringen.

Doch das hielt nicht lange an.

Aber wenigstens hat sie von Rumi Stricken gelernt.

Ja. Aber euch habe ich es auch beigebracht, Tadako, und ihr seid jetzt viel besser als ich.

In letzter Zeit stricke ich aber nicht mehr.

Ich würde gerne die Videoaufnahmen von Ihren Proben hier im Studio sehen!

Kein Problem! Aber wenn wir nicht geprobt haben, habe ich mein Handy ausgemacht. Der Täter wird also wohl nicht auf dem Video zu sehen sein.

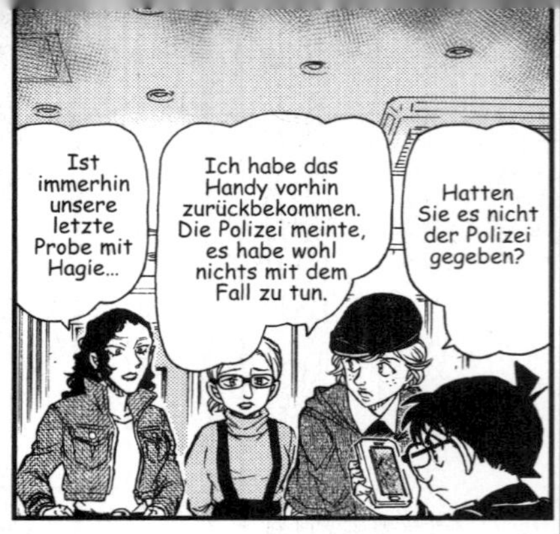
Hatten Sie es nicht der Polizei gegeben?
Ich habe das Handy vorhin zurückbekommen. Die Polizei meinte, es habe wohl nichts mit dem Fall zu tun.
Ist immerhin unsere letzte Probe mit Hagie...

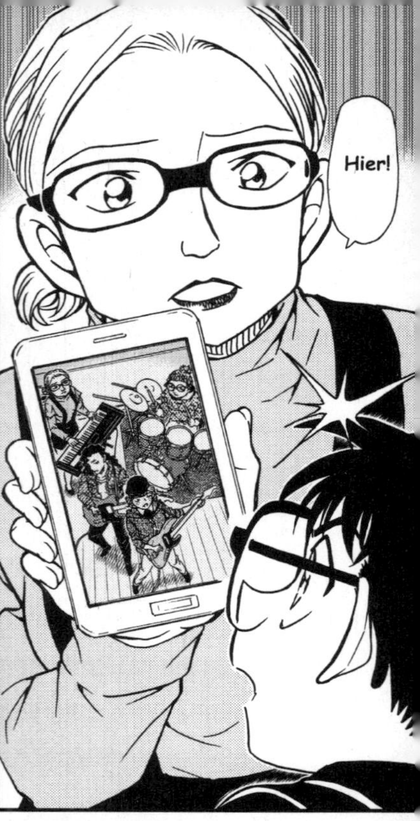
Hier!

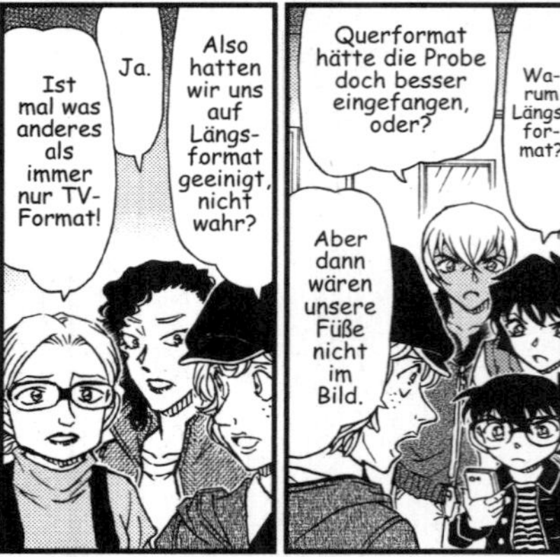
Warum Längsformat?
Querformat hätte die Probe doch besser eingefangen, oder?
Aber dann wären unsere Füße nicht im Bild.
Also hatten wir uns auf Längsformat geeinigt, nicht wahr?
Ja.
Ist mal was anderes als immer nur TV-Format!

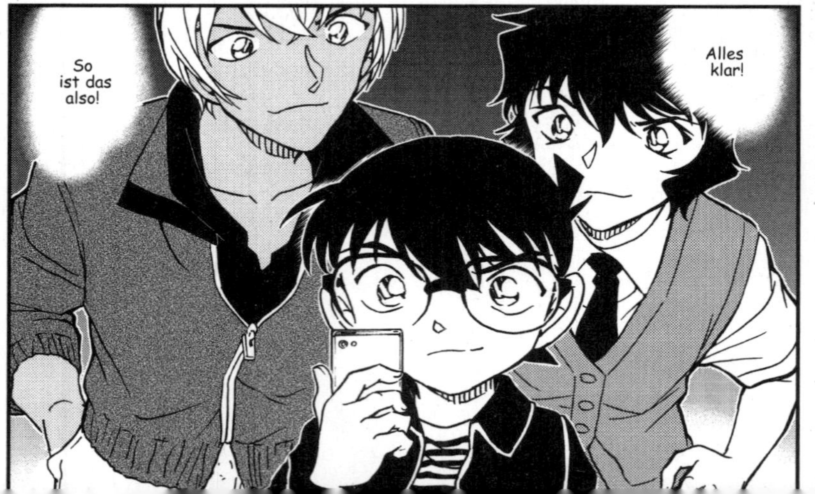
Alles klar!
So ist das also!

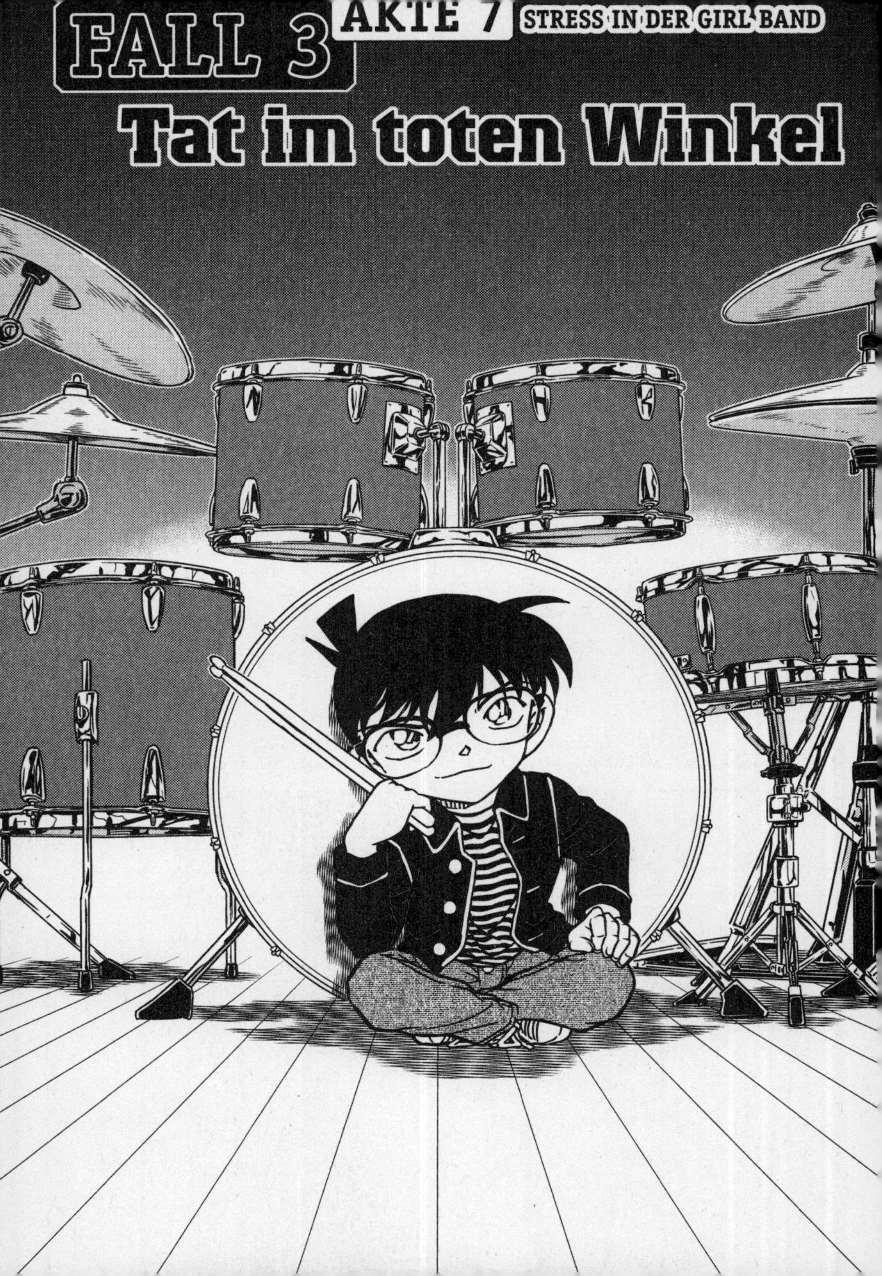
FALL 3
AKTE 7
STRESS IN DER GIRL BAND
Tat im toten Winkel

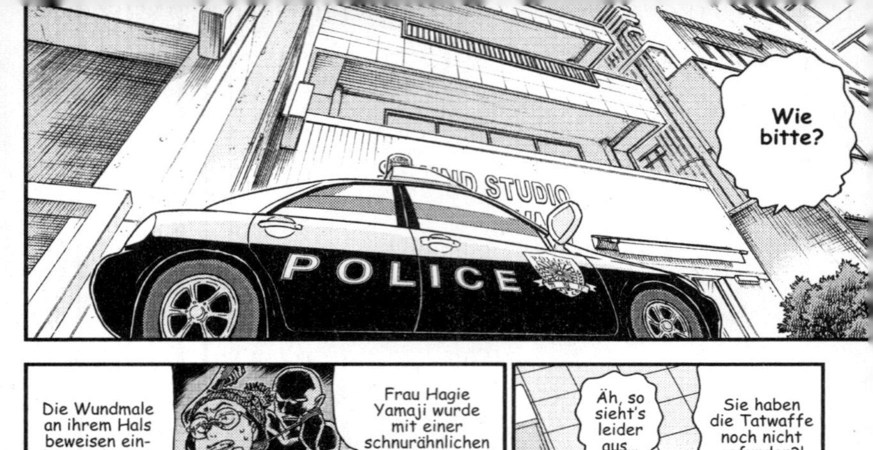
Wie bitte?
POLICE

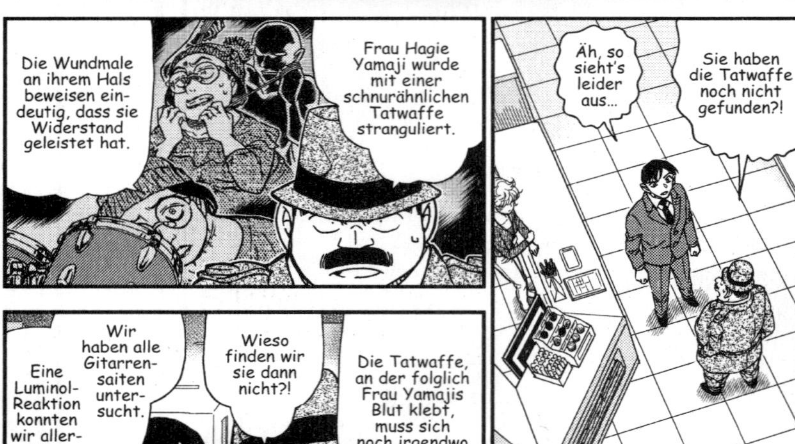
Sie haben die Tatwaffe noch nicht gefunden?!
Äh, so sieht's leider aus...
Frau Hagie Yamaji wurde mit einer schnurähnlichen Tatwaffe stranguliert.
Die Wundmale an ihrem Hals beweisen eindeutig, dass sie Widerstand geleistet hat.
Die Tatwaffe, an der folglich Frau Yamajis Blut klebt, muss sich noch irgendwo hier in diesem Studio befinden!
Wieso finden wir sie dann nicht?!
Wir haben alle Gitarrensaiten untersucht.
Eine Luminol-Reaktion konnten wir allerdings nicht feststellen.

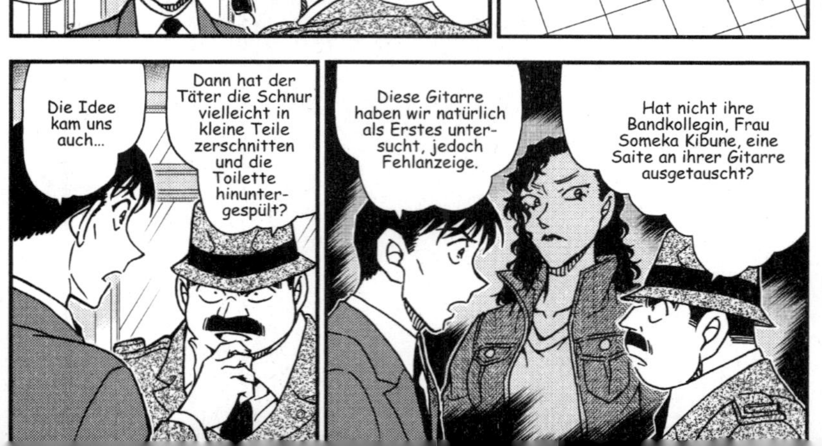
Hat nicht ihre Bandkollegin, Frau Someka Kibune, eine Saite an ihrer Gitarre ausgetauscht?
Diese Gitarre haben wir natürlich als Erstes untersucht, jedoch Fehlanzeige.
Dann hat der Täter die Schnur vielleicht in kleine Teile zerschnitten und die Toilette hinuntergespült?
Die Idee kam uns auch...

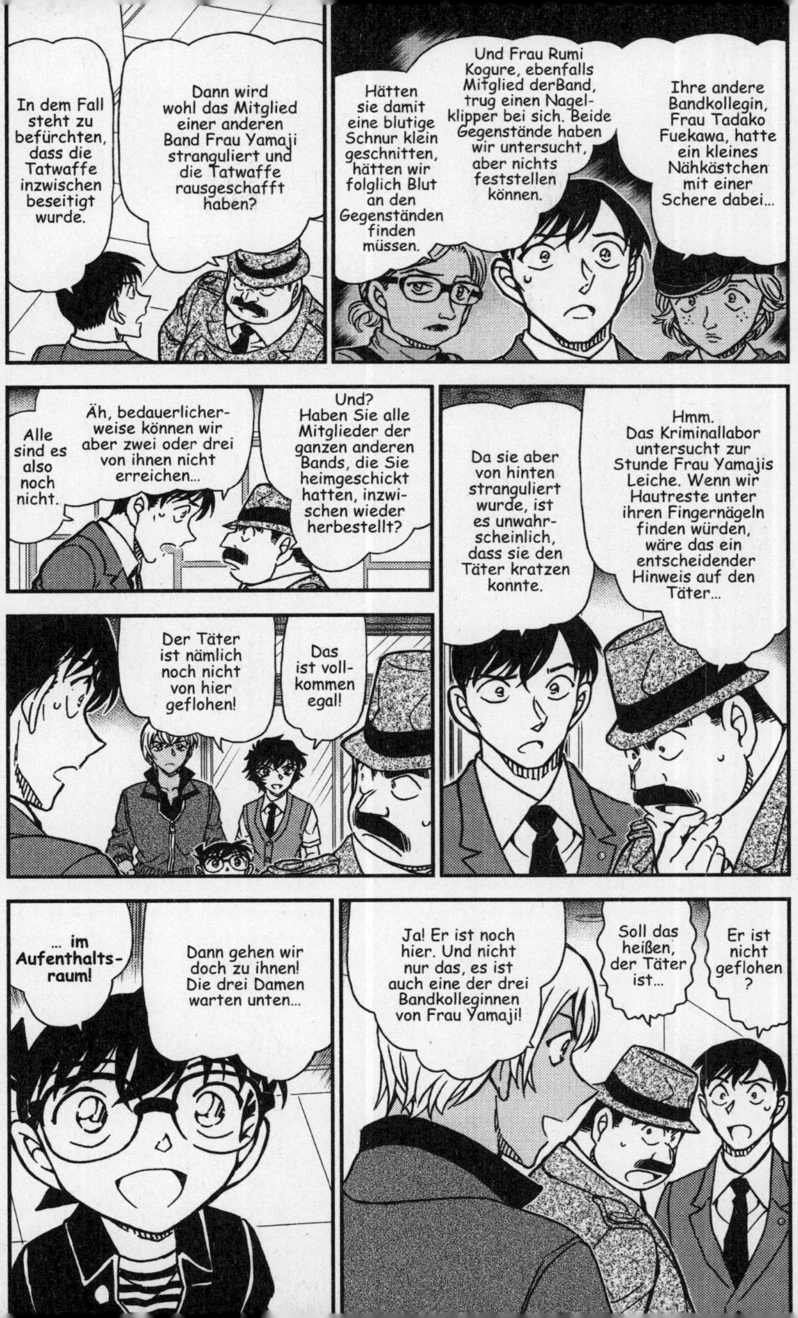

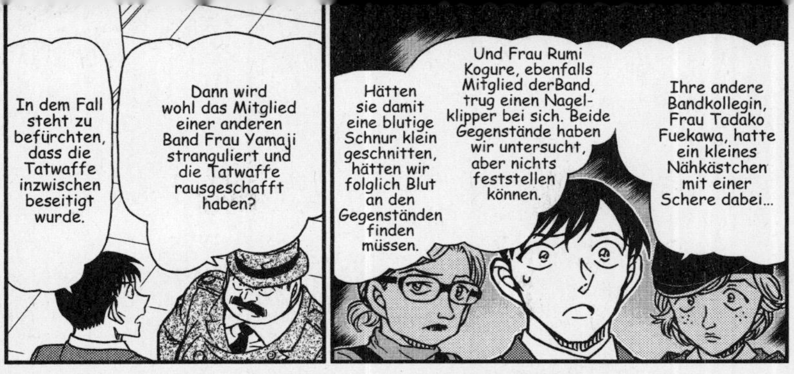

Hmm. Das Kriminallabor untersucht zur Stunde Frau Yamajis Leiche. Wenn wir Hautreste unter ihren Fingernägeln finden würden, wäre das ein entscheidender Hinweis auf den Täter…

Da sie aber von hinten stranguliert wurde, ist es unwahrscheinlich, dass sie den Täter kratzen konnte.

Und? Haben Sie alle Mitglieder der ganzen anderen Bands, die Sie heimgeschickt hatten, inzwischen wieder herbestellt?

Äh, bedauerlicherweise können wir aber zwei oder drei von ihnen nicht erreichen…

Alle sind es also noch nicht.

Das ist vollkommen egal!

Der Täter ist nämlich noch nicht von hier geflohen!

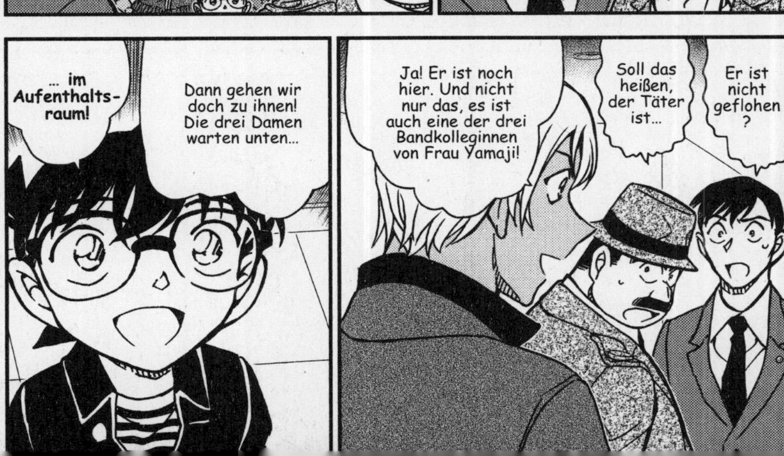

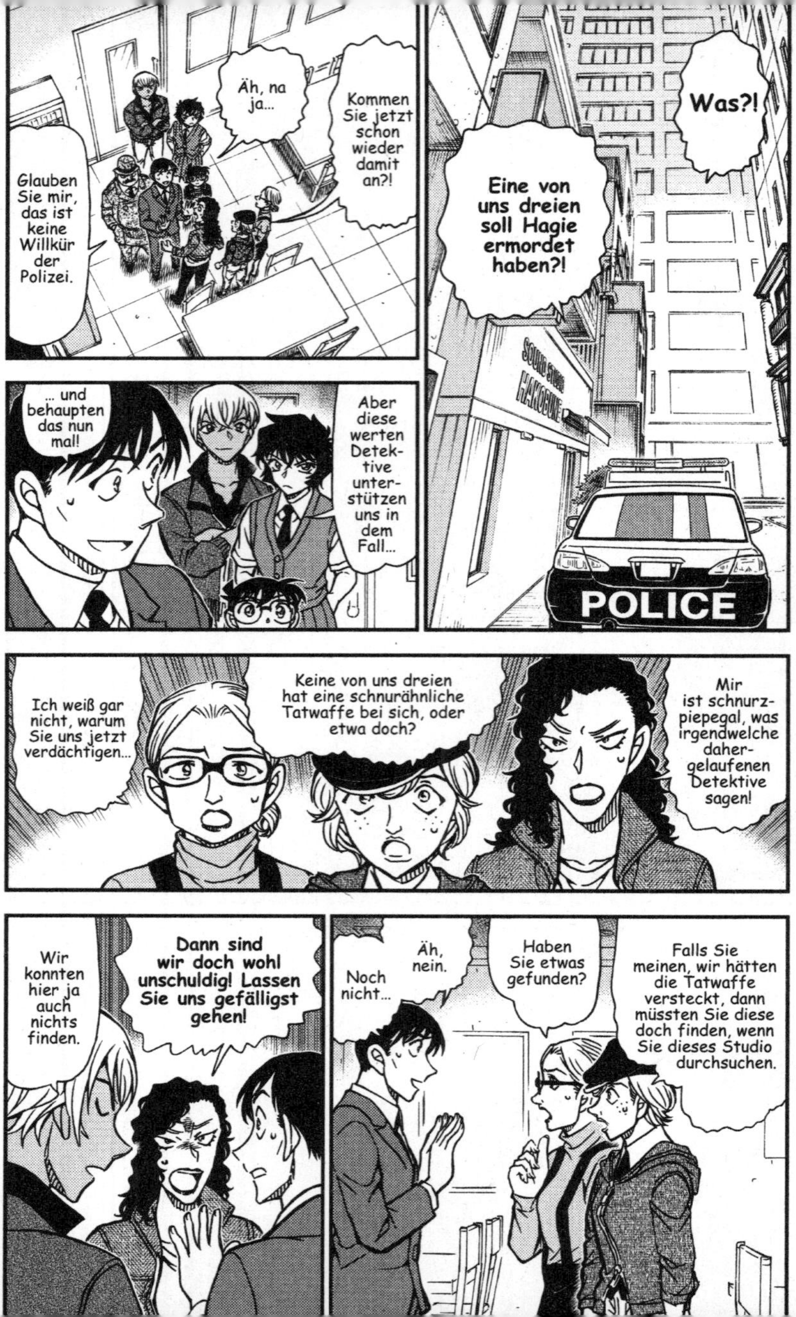

Was?!
Eine von uns dreien soll Hagie ermordet haben?!
Kommen Sie jetzt schon wieder damit an?!
Äh, na ja...
Glauben Sie mir, das ist keine Willkür der Polizei.
Aber diese werten Detektive unterstützen uns in dem Fall...
... und behaupten das nun mal!
POLICE

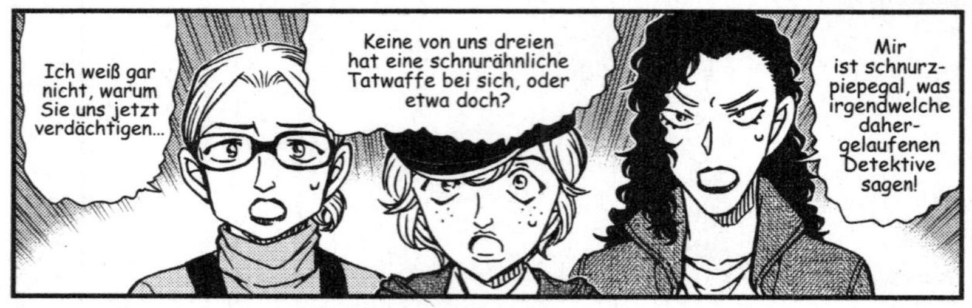

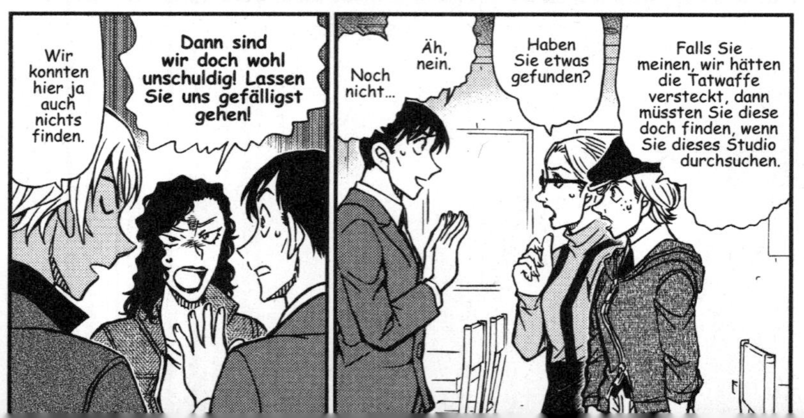

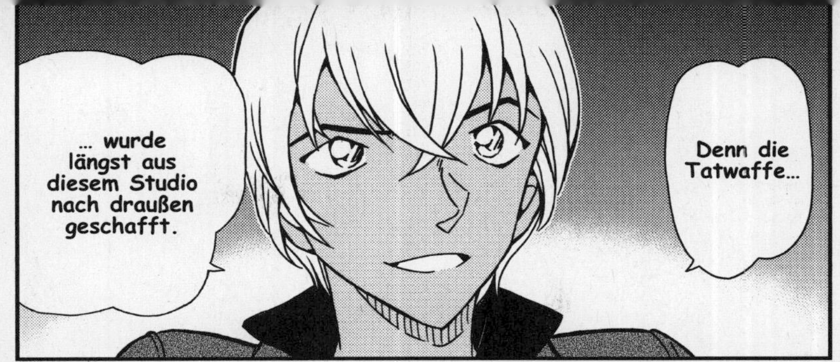
Denn die Tatwaffe...
... wurde längst aus diesem Studio nach draußen geschafft.

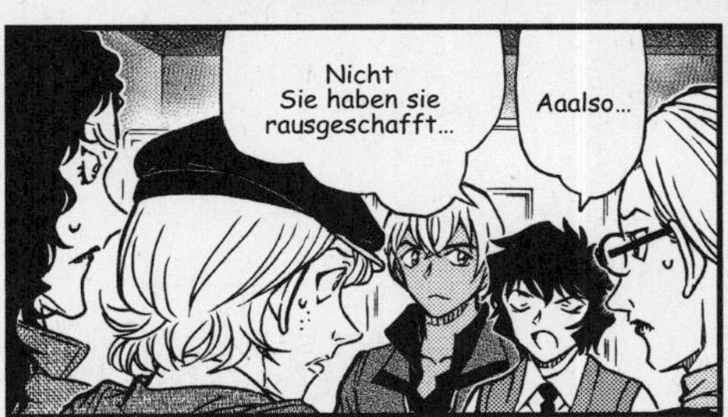
Aaalso...
Nicht Sie haben sie rausgeschafft...

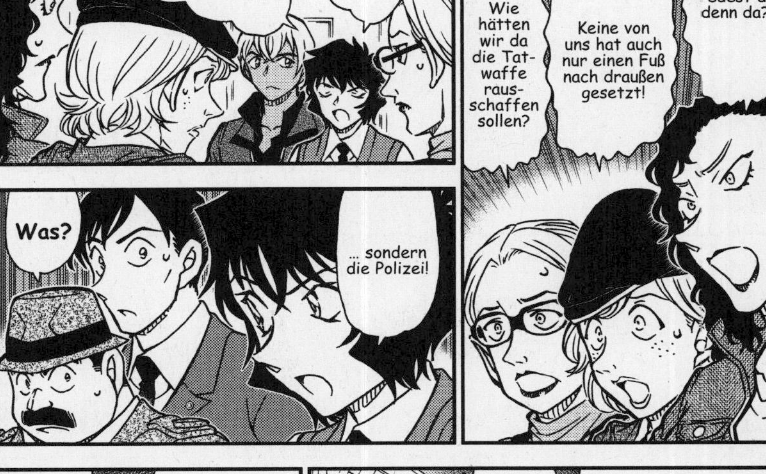
W-was redest du denn da?!
Keine von uns hat auch nur einen Fuß nach draußen gesetzt!
Wie hätten wir da die Tat-waffe raus-schaffen sollen?
... sondern die Polizei!
Was?

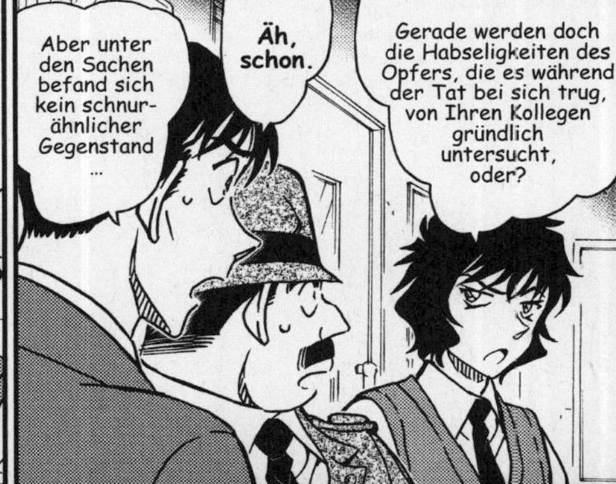
Gerade werden doch die Habseligkeiten des Opfers, die es während der Tat bei sich trug, von Ihren Kollegen gründlich untersucht, oder?
Äh, schon.
Aber unter den Sachen befand sich kein schnur-ähnlicher Gegenstand ...

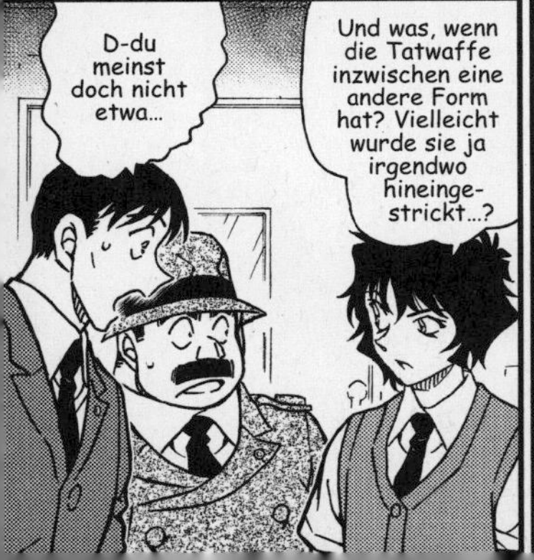
Und was, wenn die Tatwaffe inzwischen eine andere Form hat? Vielleicht wurde sie ja irgendwo hineinge-strickt...?
D-du meinst doch nicht etwa...

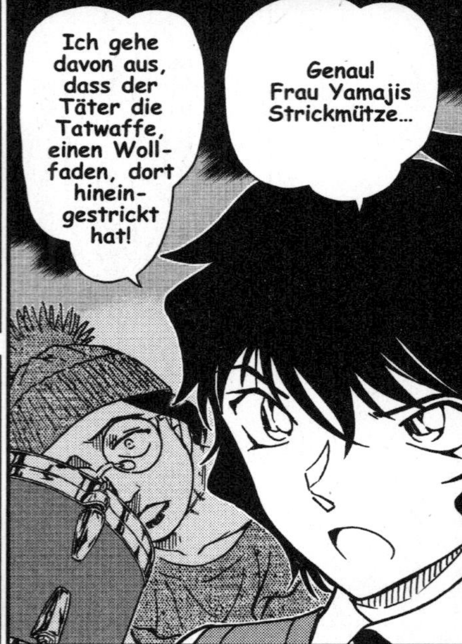
Genau! Frau Yamajis Strickmütze...
Ich gehe davon aus, dass der Täter die Tatwaffe, einen Wollfaden, dort hineingestrickt hat!

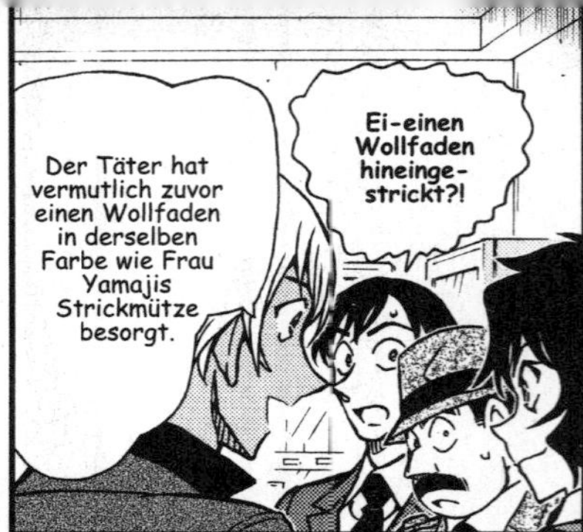
Ei-einen Wollfaden hineinge-strickt?!
Der Täter hat vermutlich zuvor einen Wollfaden in derselben Farbe wie Frau Yamajis Strickmütze besorgt.

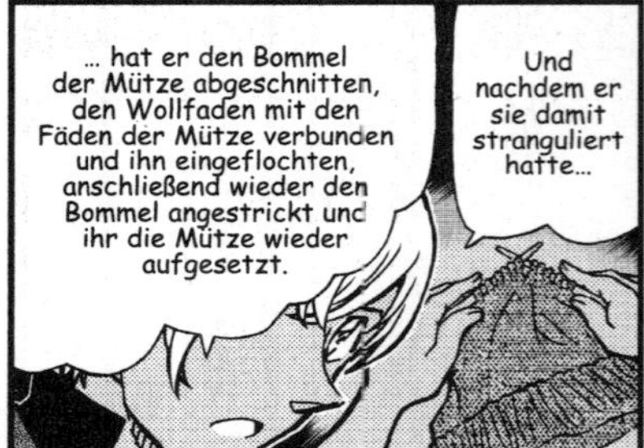
Und nachdem er sie damit stranguliert hatte...
... hat er den Bommel der Mütze abgeschnitten, den Wollfaden mit den Fäden der Mütze verbunden und ihn eingeflochten, anschließend wieder den Bommel angestrickt und ihr die Mütze wieder aufgesetzt.

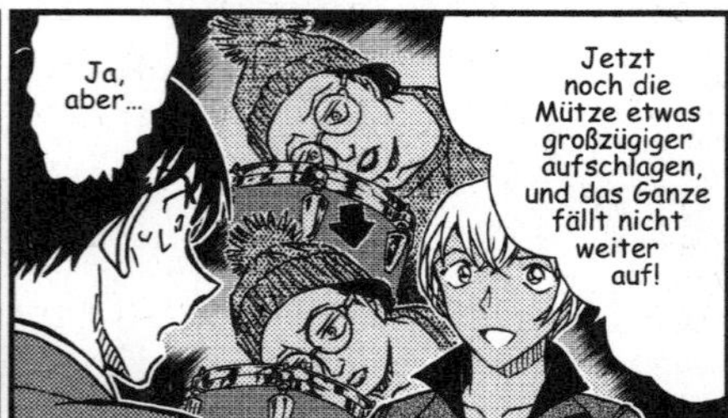
Jetzt noch die Mütze etwas großzügiger aufschlagen, und das Ganze fällt nicht weiter auf!
Ja, aber...

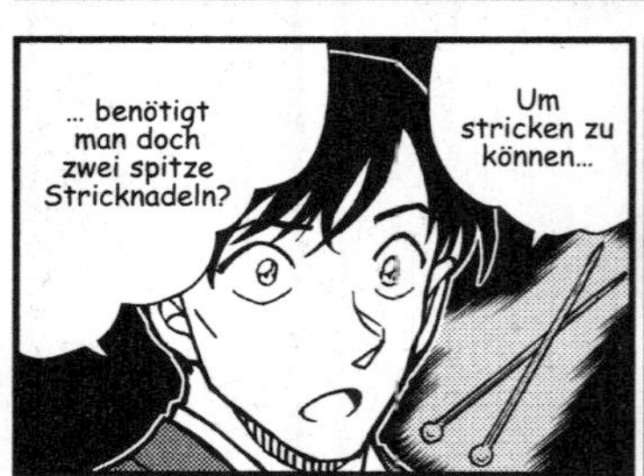
Um stricken zu können...
... benötigt man doch zwei spitze Stricknadeln?

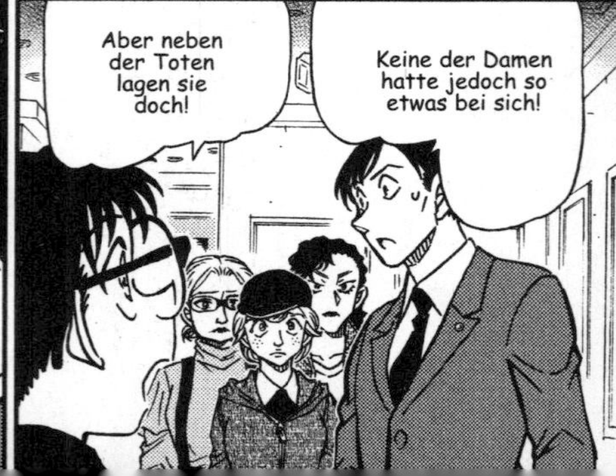
Keine der Damen hatte jedoch so etwas bei sich!
Aber neben der Toten lagen sie doch!

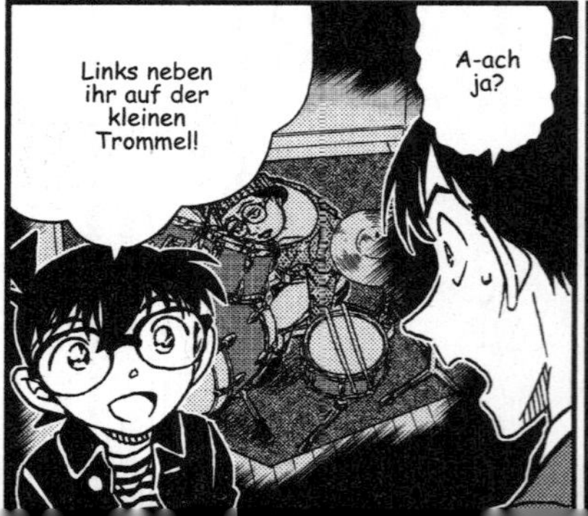
A-ach ja?
Links neben ihr auf der kleinen Trommel!

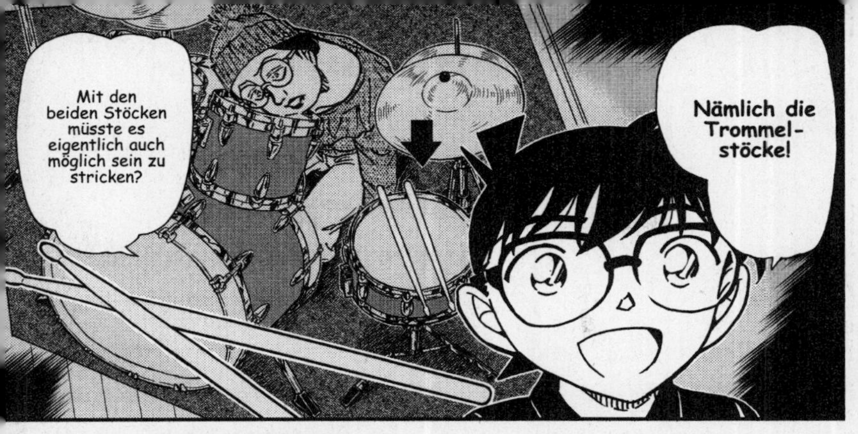
Nämlich die Trommelstöcke!
Mit den beiden Stöcken müsste es eigentlich auch möglich sein zu stricken?

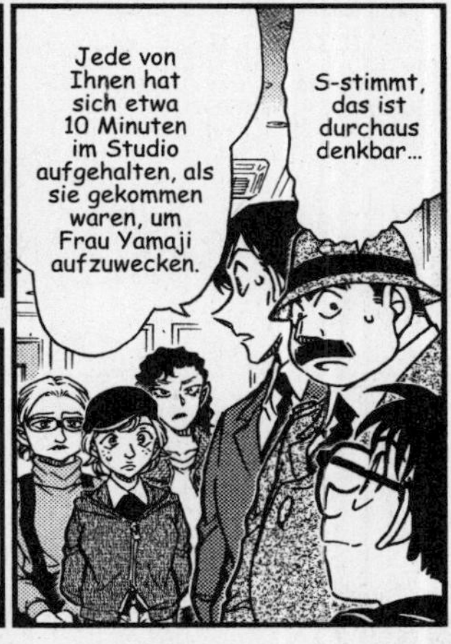
S-stimmt, das ist durchaus denkbar...
Jede von Ihnen hat sich etwa 10 Minuten im Studio aufgehalten, als sie gekommen waren, um Frau Yamaji aufzuwecken.

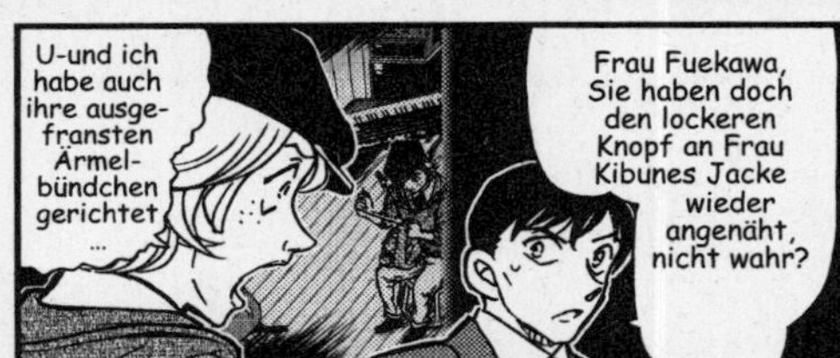
Frau Fuekawa, Sie haben doch den lockeren Knopf an Frau Kibunes Jacke wieder angenäht, nicht wahr?
U-und ich habe auch ihre ausgefransten Ärmelbündchen gerichtet ...

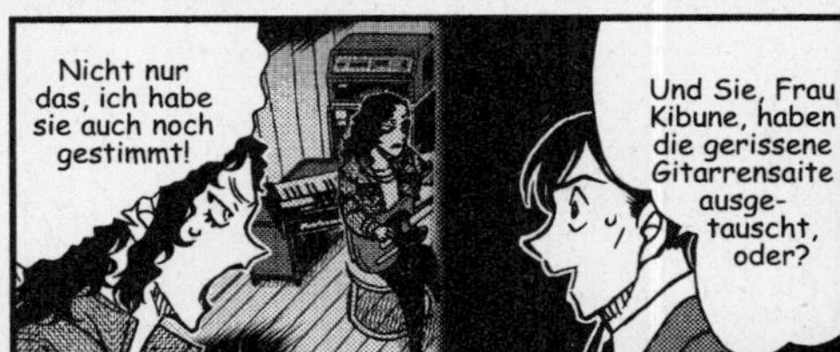
Und Sie, Frau Kibune, haben die gerissene Gitarrensaite ausgetauscht, oder?
Nicht nur das, ich habe sie auch noch gestimmt!

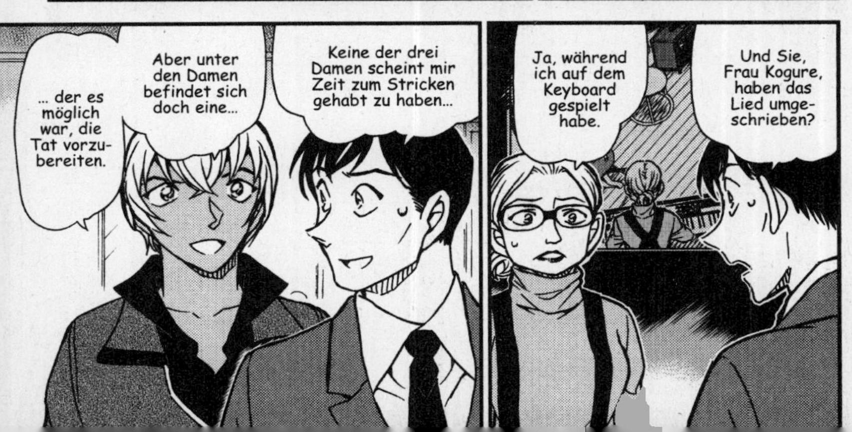
Und Sie, Frau Kogure, haben das Lied umgeschrieben?
Ja, während ich auf dem Keyboard gespielt habe.
Keine der drei Damen scheint mir Zeit zum Stricken gehabt zu haben...
Aber unter den Damen befindet sich doch eine...
... der es möglich war, die Tat vorzubereiten.

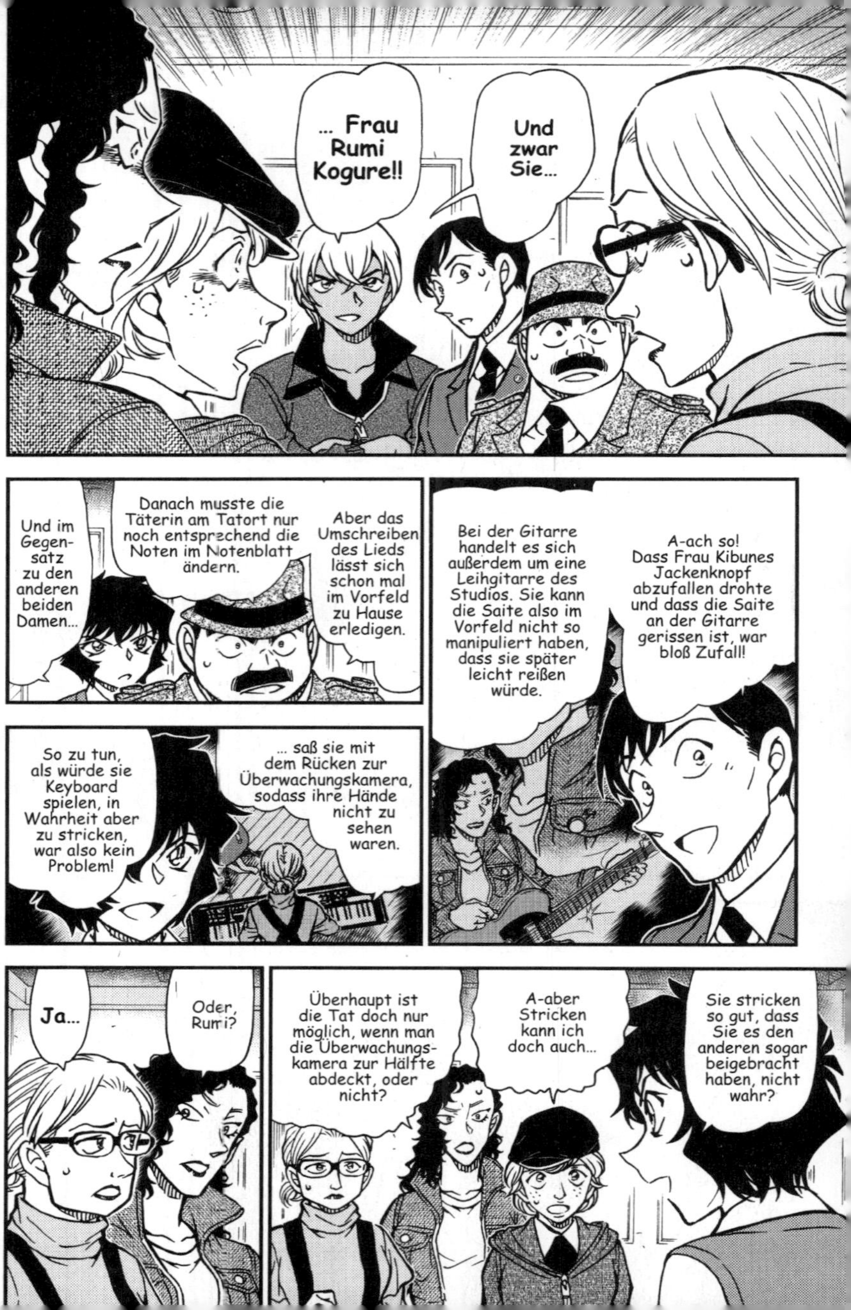

Und zwar Sie...
... Frau Rumi Kogure!!

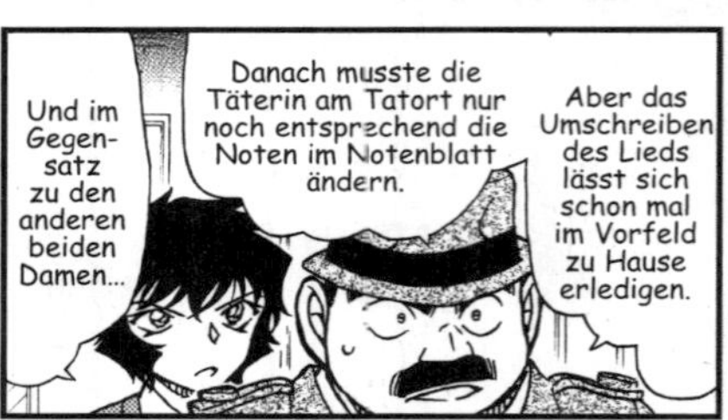

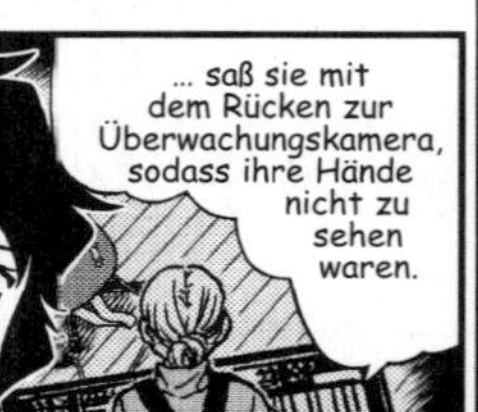

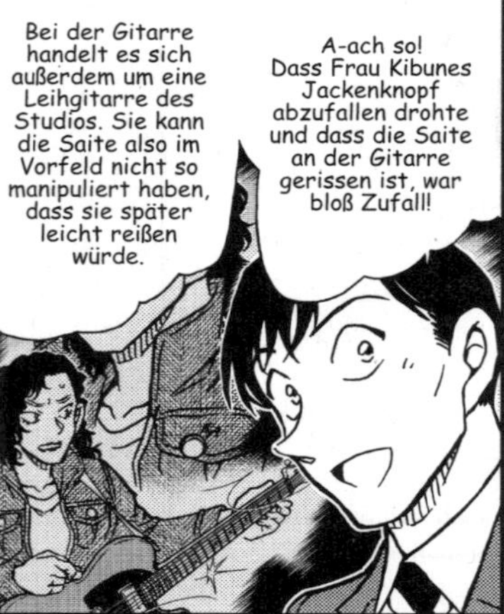

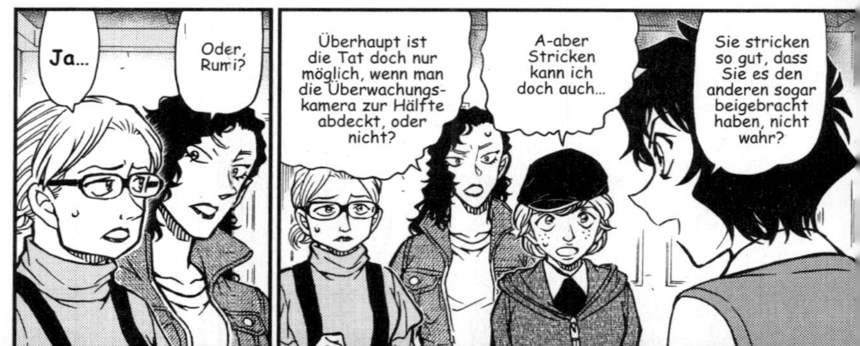

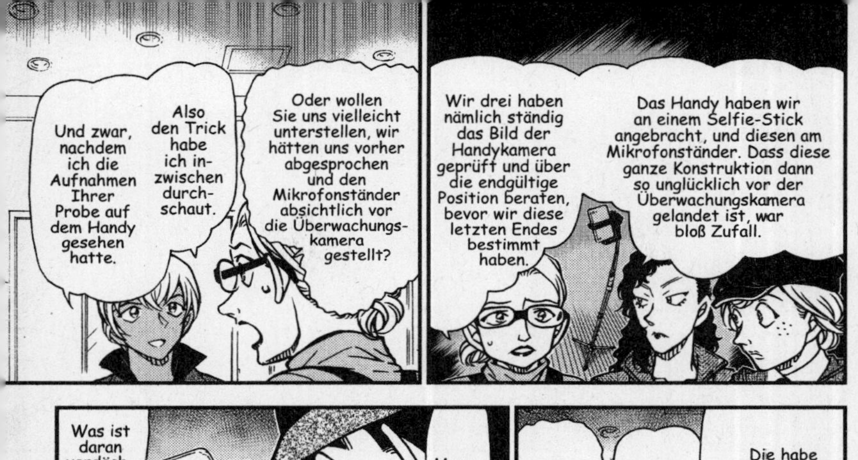

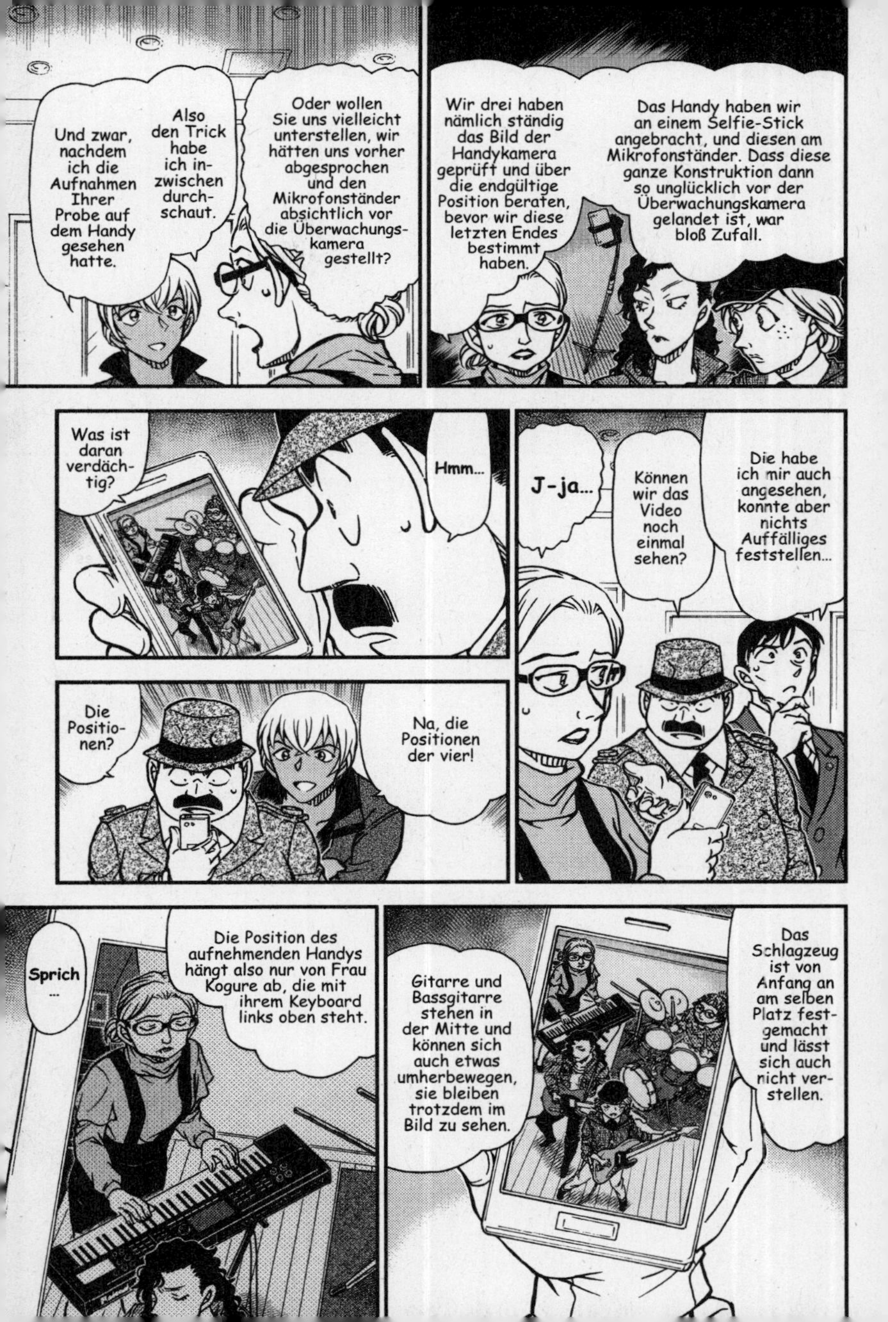

Die habe ich mir auch angesehen, konnte aber nichts Auffälliges feststellen…

Können wir das Video noch einmal sehen?

J-ja…

Hmm…

Was ist daran verdächtig?

Na, die Positionen der vier!

Die Positionen?

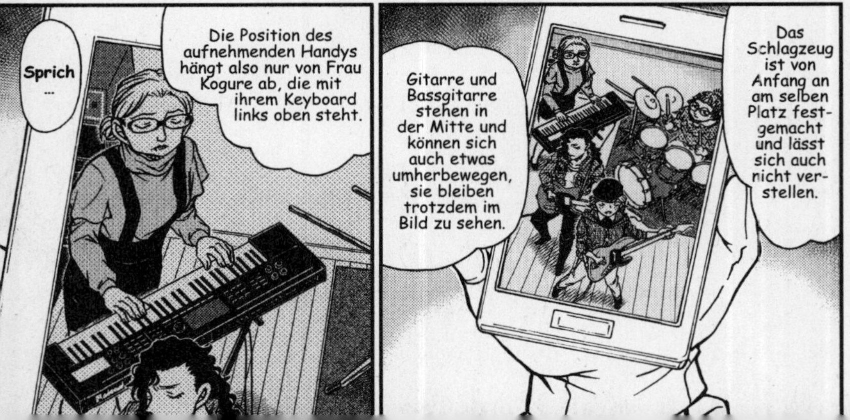

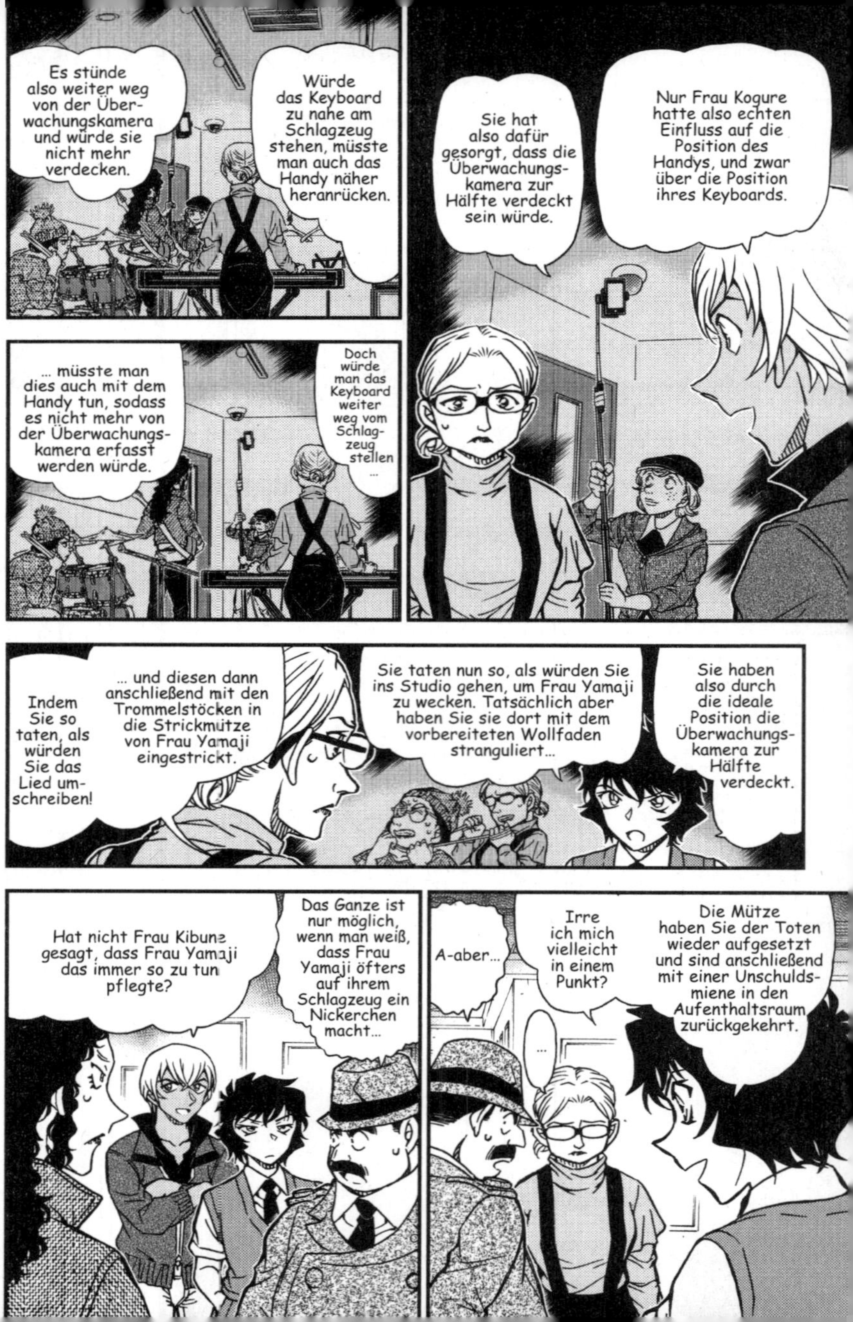

Nur Frau Kogure hatte also echten Einfluss auf die Position des Handys, und zwar über die Position ihres Keyboards.

Sie hat also dafür gesorgt, dass die Überwachungskamera zur Hälfte verdeckt sein würde.

Würde das Keyboard zu nahe am Schlagzeug stehen, müsste man auch das Handy näher heranrücken.

Es stünde also weiter weg von der Überwachungskamera und würde sie nicht mehr verdecken.

Doch würde man das Keyboard weiter weg vom Schlagzeug stellen ...

... müsste man dies auch mit dem Handy tun, sodass es nicht mehr von der Überwachungskamera erfasst werden würde.

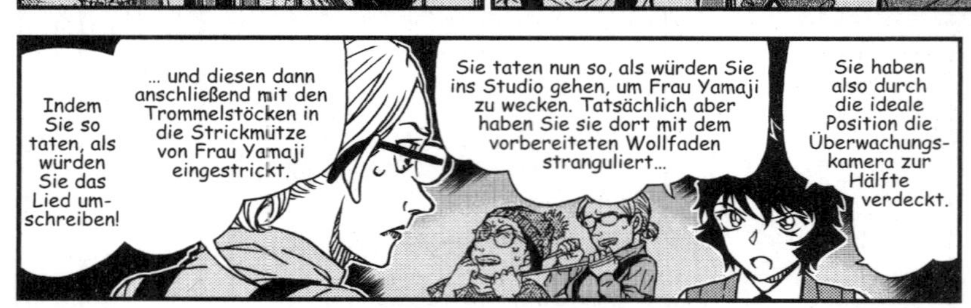

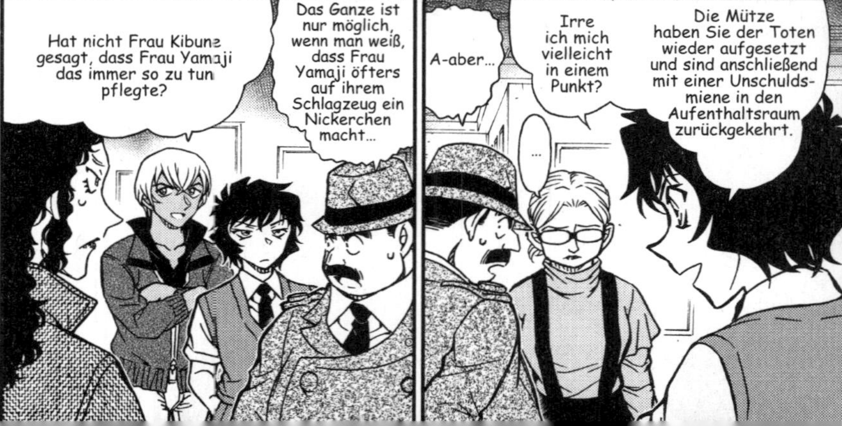

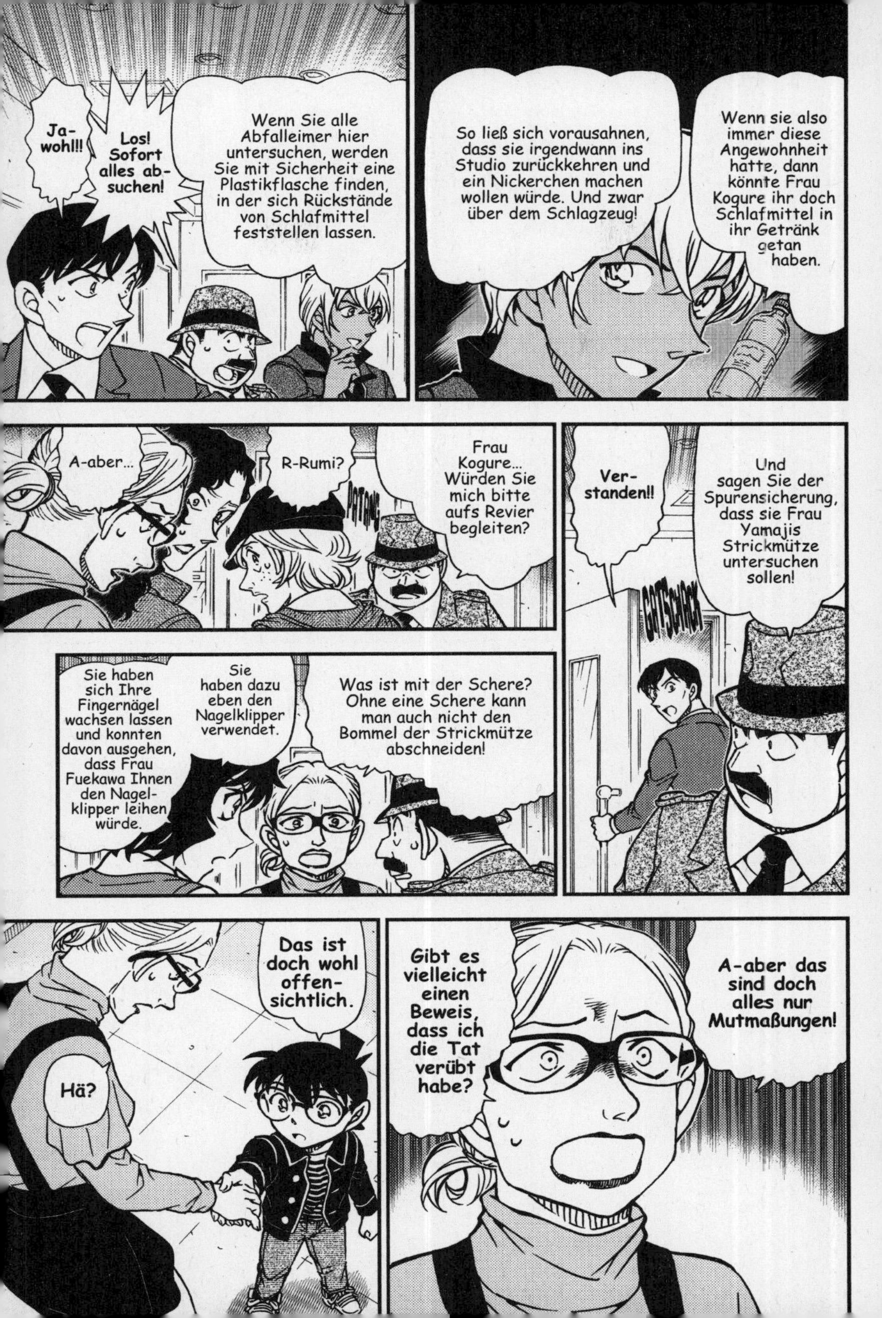

Wenn sie also immer diese Angewohnheit hatte, dann könnte Frau Kogure ihr doch Schlafmittel in ihr Getränk getan haben.

So ließ sich vorausahnen, dass sie irgendwann ins Studio zurückkehren und ein Nickerchen machen wollen würde. Und zwar über dem Schlagzeug!

Wenn Sie alle Abfalleimer hier untersuchen, werden Sie mit Sicherheit eine Plastikflasche finden, in der sich Rückstände von Schlafmittel feststellen lassen.

Los! Sofort alles absuchen!

Jawohl!!

Und sagen Sie der Spurensicherung, dass sie Frau Yamajis Strickmütze untersuchen sollen!

Verstanden!!

GATSCHACK

Frau Kogure... Würden Sie mich bitte aufs Revier begleiten?

R-Rumi?

A-aber...

Was ist mit der Schere? Ohne eine Schere kann man auch nicht den Bommel der Strickmütze abschneiden!

Sie haben dazu eben den Nagelklipper verwendet.

Sie haben sich Ihre Fingernägel wachsen lassen und konnten davon ausgehen, dass Frau Fuekawa Ihnen den Nagelklipper leihen würde.

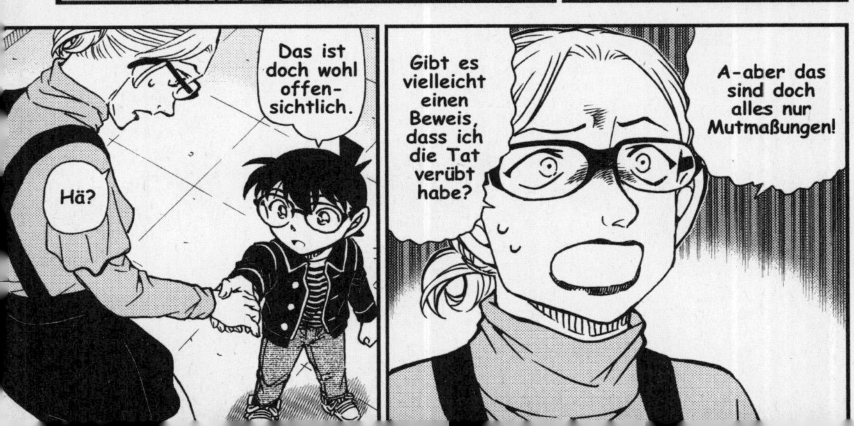

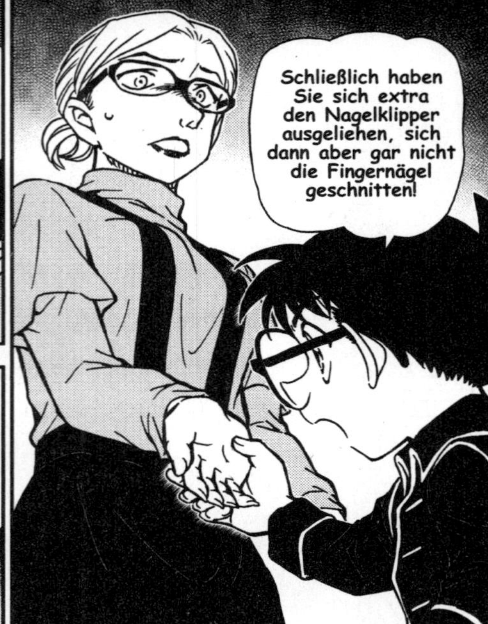
Schließlich haben Sie sich extra den Nagelklipper ausgeliehen, sich dann aber gar nicht die Fingernägel geschnitten!

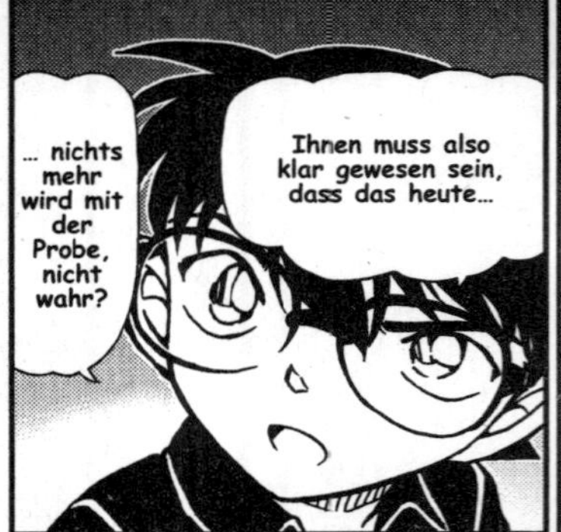
Ihnen muss also klar gewesen sein, dass das heute...
... nichts mehr wird mit der Probe, nicht wahr?

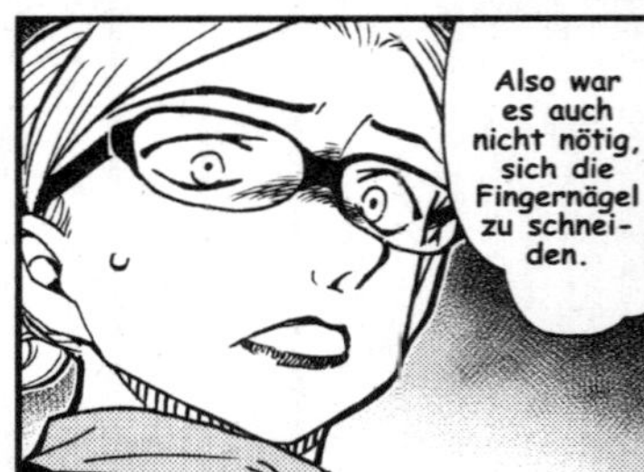
Also war es auch nicht nötig, sich die Fingernägel zu schnei-den.

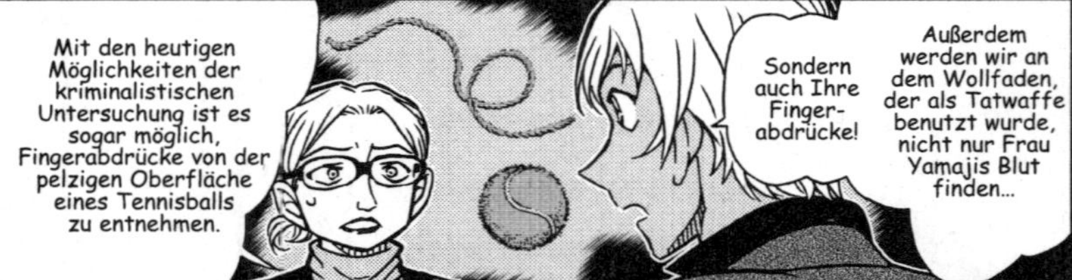
Außerdem werden wir an dem Wollfaden, der als Tatwaffe benutzt wurde, nicht nur Frau Yamajis Blut finden...
Sondern auch Ihre Finger-abdrücke!
Mit den heutigen Möglichkeiten der kriminalistischen Untersuchung ist es sogar möglich, Fingerabdrücke von der pelzigen Oberfläche eines Tennisballs zu entnehmen.

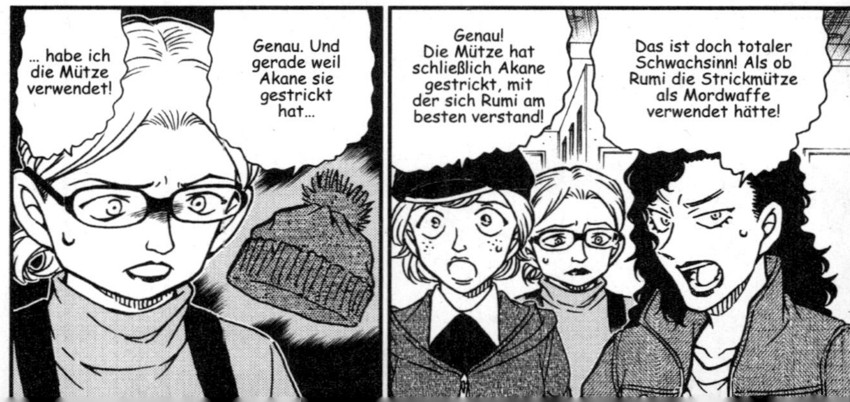
Das ist doch totaler Schwachsinn! Als ob Rumi die Strickmütze als Mordwaffe verwendet hätte!
Genau! Die Mütze hat schließlich Akane gestrickt, mit der sich Rumi am besten verstand!
Genau. Und gerade weil Akane sie gestrickt hat...
... habe ich die Mütze verwendet!

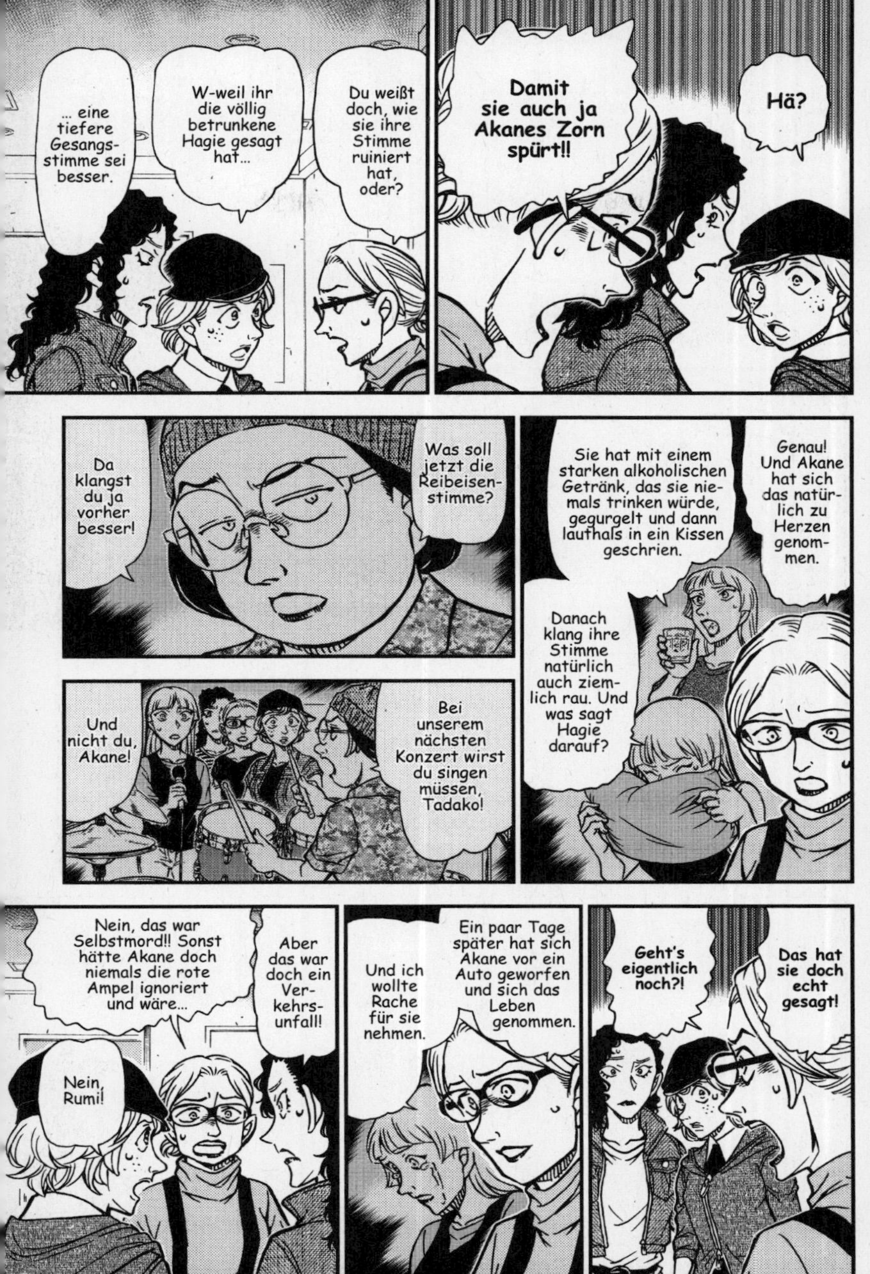

Hä?
Damit sie auch ja Akanes Zorn spürt!!
Du weißt doch, wie sie ihre Stimme ruiniert hat, oder?
W-weil ihr die völlig betrunkene Hagie gesagt hat...
... eine tiefere Gesangsstimme sei besser.
Genau! Und Akane hat sich das natürlich zu Herzen genommen.
Sie hat mit einem starken alkoholischen Getränk, das sie niemals trinken würde, gegurgelt und dann lauthals in ein Kissen geschrien.
Danach klang ihre Stimme natürlich auch ziemlich rau. Und was sagt Hagie darauf?
Was soll jetzt die Reibeisenstimme?
Da klangst du ja vorher besser!
Bei unserem nächsten Konzert wirst du singen müssen, Tadako!
Und nicht du, Akane!
Das hat sie doch echt gesagt!
Geht's eigentlich noch?!
Ein paar Tage später hat sich Akane vor ein Auto geworfen und sich das Leben genommen.
Und ich wollte Rache für sie nehmen.
Aber das war doch ein Verkehrsunfall!
Nein, das war Selbstmord!! Sonst hätte Akane doch niemals die rote Ampel ignoriert und wäre...
Nein, Rumi!

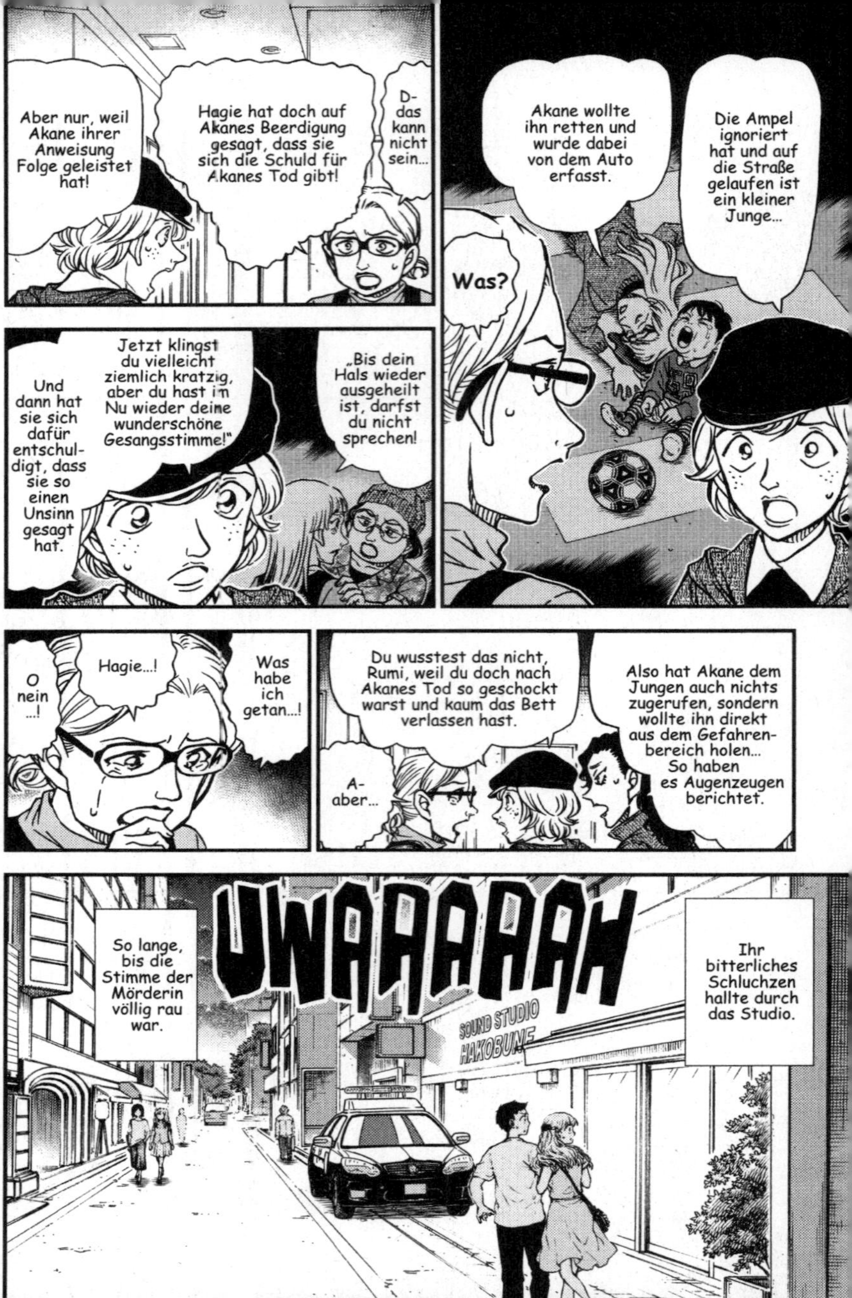

Die Ampel ignoriert hat und auf die Straße gelaufen ist ein kleiner Junge...

Akane wollte ihn retten und wurde dabei von dem Auto erfasst.

Was?

D-das kann nicht sein...

Hagie hat doch auf Akanes Beerdigung gesagt, dass sie sich die Schuld für Akanes Tod gibt!

Aber nur, weil Akane ihrer Anweisung Folge geleistet hat!

„Bis dein Hals wieder ausgeheilt ist, darfst du nicht sprechen!

Jetzt klingst du vielleicht ziemlich kratzig, aber du hast im Nu wieder deine wunderschöne Gesangsstimme!“

Und dann hat sie sich dafür entschuldigt, dass sie so einen Unsinn gesagt hat.

Also hat Akane dem Jungen auch nichts zugerufen, sondern wollte ihn direkt aus dem Gefahrenbereich holen... So haben es Augenzeugen berichtet.

Du wusstest das nicht, Rumi, weil du doch nach Akanes Tod so geschockt warst und kaum das Bett verlassen hast.

A-aber...

Was habe ich getan...!

Hagie...!

O nein ...!

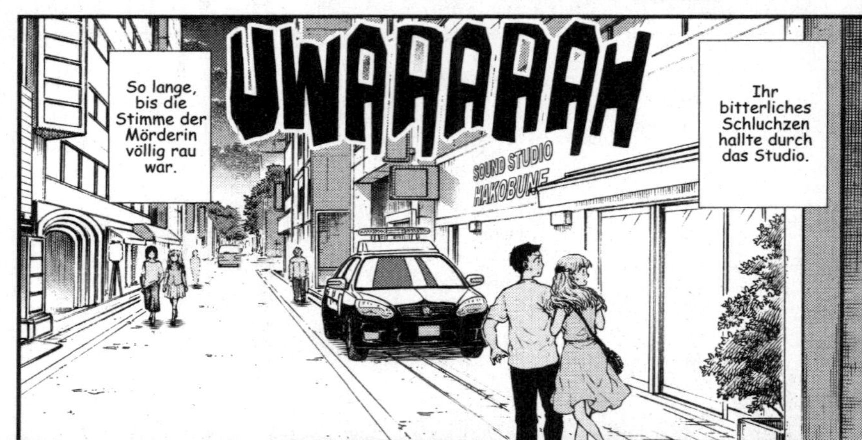

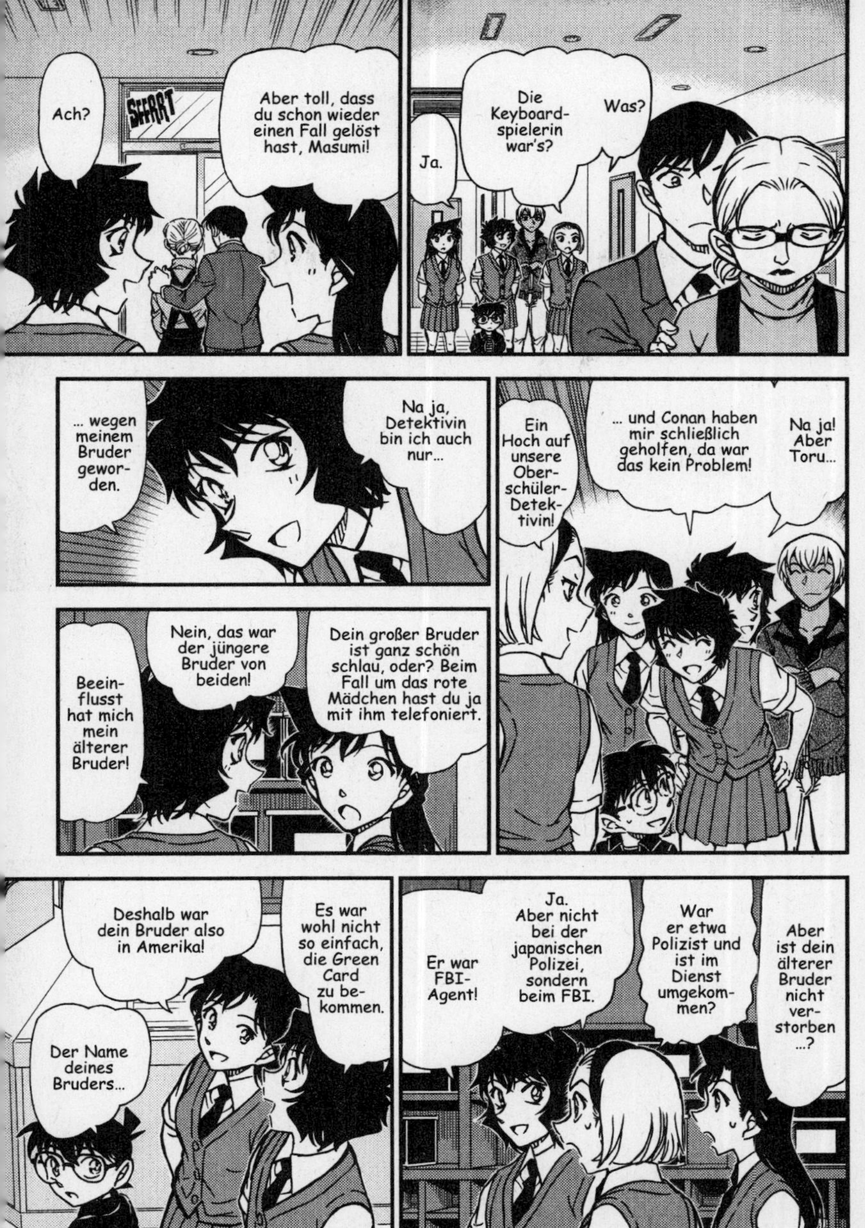
Was?
Die Keyboard-spielerin war's?
Ja.
Aber toll, dass du schon wieder einen Fall gelöst hast, Masumi!
SFFRRT
Ach?
Na ja! Aber Toru...
... und Conan haben mir schließlich geholfen, da war das kein Problem!
Ein Hoch auf unsere Oberschüler-Detektivin!
Na ja, Detektivin bin ich auch nur...
... wegen meinem Bruder geworden.
Dein großer Bruder ist ganz schön schlau, oder? Beim Fall um das rote Mädchen hast du ja mit ihm telefoniert.
Nein, das war der jüngere Bruder von beiden!
Beeinflusst hat mich mein älterer Bruder!
Aber ist dein älterer Bruder nicht verstorben ...?
War er etwa Polizist und ist im Dienst umgekommen?
Ja. Aber nicht bei der japanischen Polizei, sondern beim FBI.
Er war FBI-Agent!
Es war wohl nicht so einfach, die Green Card zu bekommen.
Deshalb war dein Bruder also in Amerika!
Der Name deines Bruders...

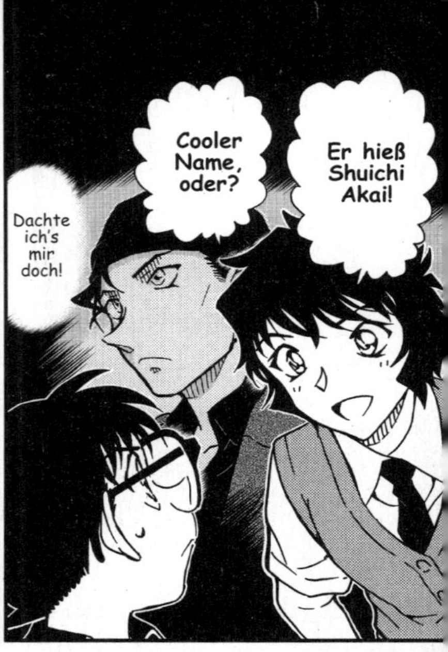
Er hieß Shuichi Akai!
Cooler Name, oder?
Dachte ich's mir doch!

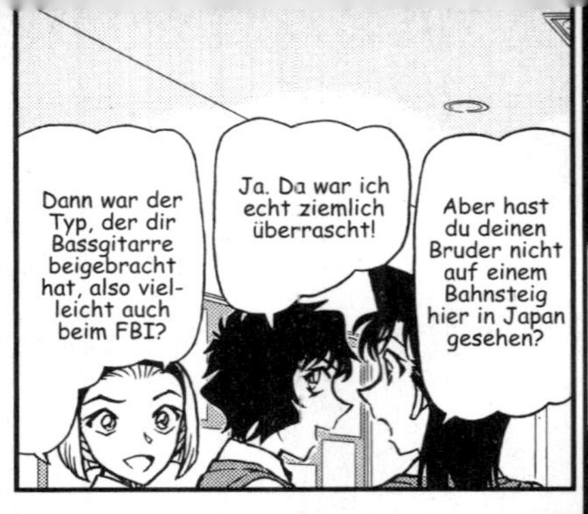
Aber hast du deinen Bruder nicht auf einem Bahnsteig hier in Japan gesehen?
Ja. Da war ich echt ziemlich überrascht!
Dann war der Typ, der dir Bassgitarre beigebracht hat, also vielleicht auch beim FBI?

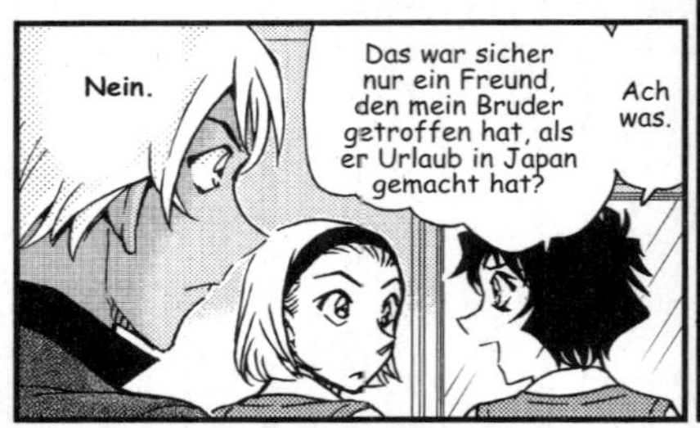
Ach was.
Das war sicher nur ein Freund, den mein Bruder getroffen hat, als er Urlaub in Japan gemacht hat?
Nein.

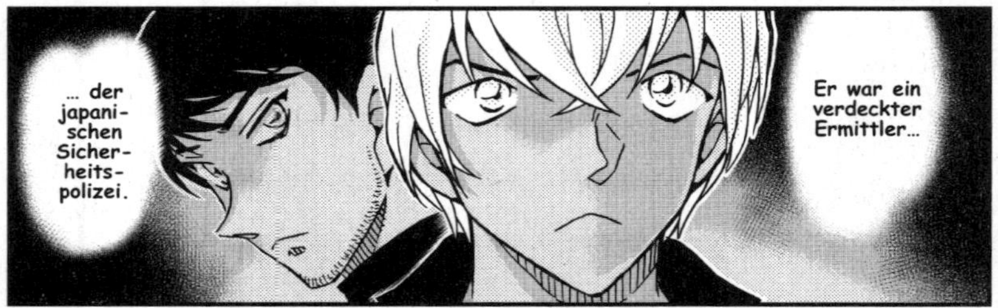
Er war ein verdeckter Ermittler...
... der japanischen Sicherheitspolizei.

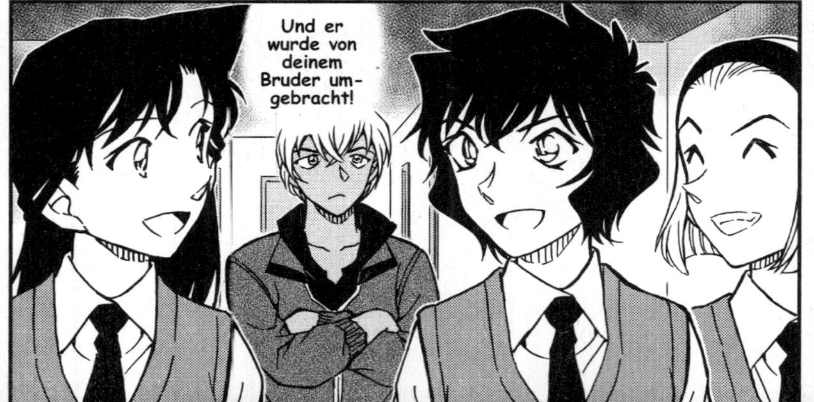
Und er wurde von deinem Bruder umgebracht!

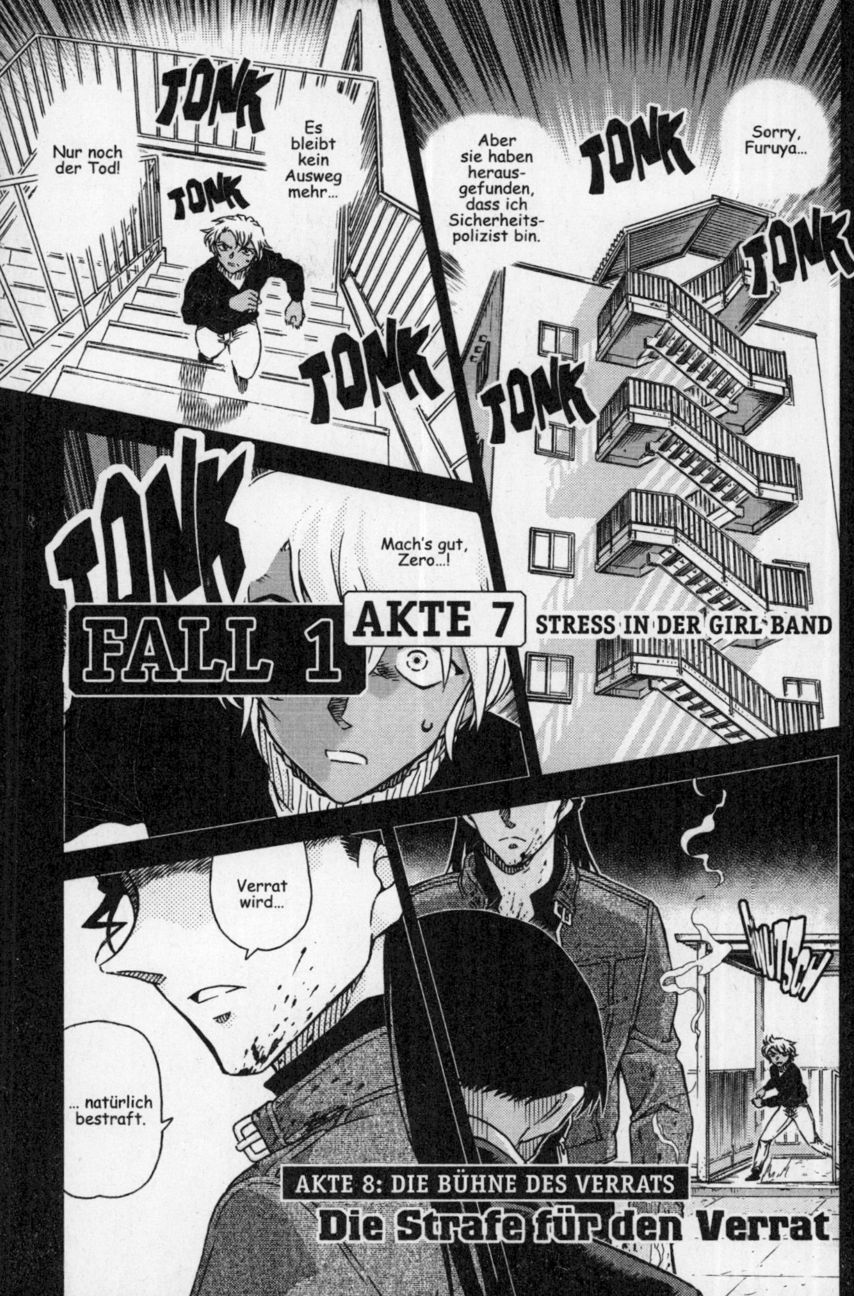
Sorry, Furuya...
Aber sie haben herausgefunden, dass ich Sicherheitspolizist bin.
TONK
TONK
TONK
Es bleibt kein Ausweg mehr...
Nur noch der Tod!
TONK
TONK
TONK
TONK
Mach's gut, Zero...!
FALL 1
AKTE 7
STRESS IN DER GIRL BAND
Verrat wird...
... natürlich bestraft.
AKTE 8: DIE BÜHNE DES VERRATS
Die Strafe für den Verrat

FALL 1 AKTE 8 DIE BÜHNE DES VERRATS

Die Strafe für den Verrat

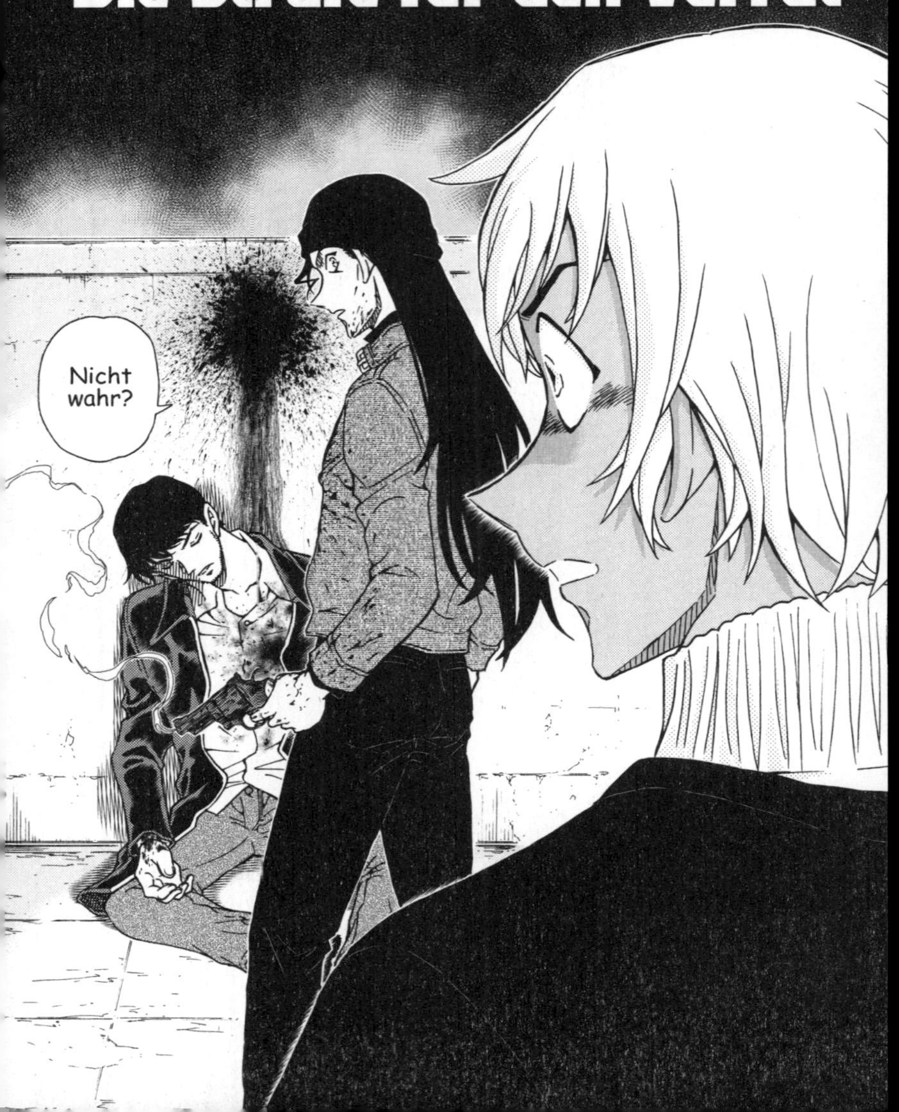

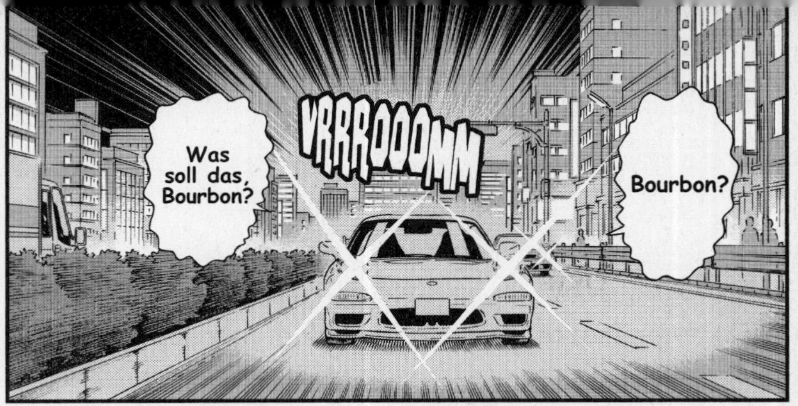
Bourbon?
VRRROOOMM
Was soll das, Bourbon?

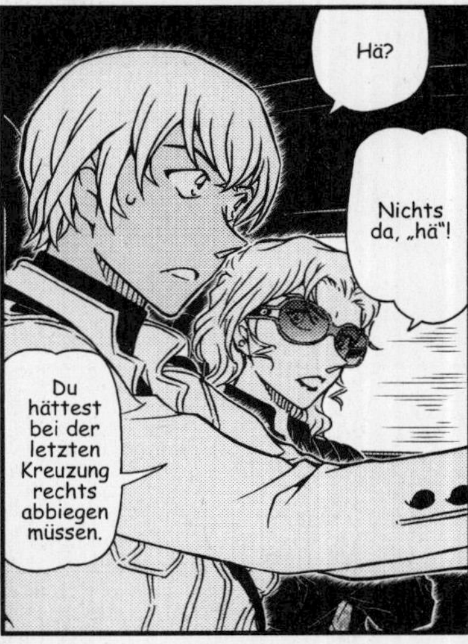
Hä?
Nichts da, „hä"!
Du hättest bei der letzten Kreuzung rechts abbiegen müssen.

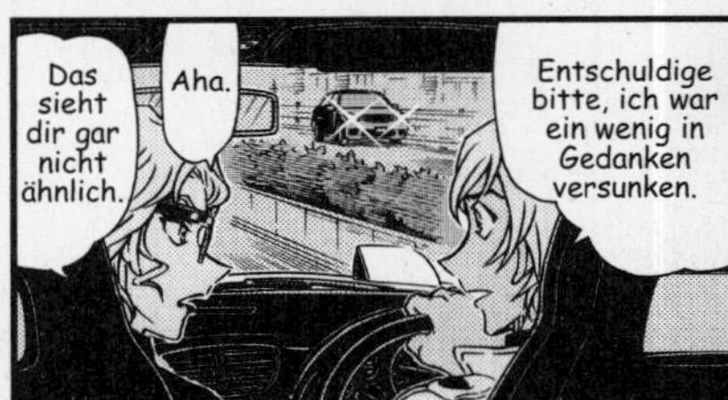
Entschuldige bitte, ich war ein wenig in Gedanken versunken.
Aha.
Das sieht dir gar nicht ähnlich.

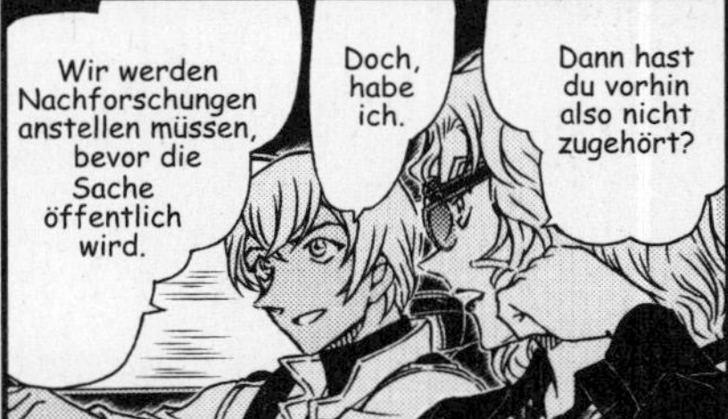
Dann hast du vorhin also nicht zugehört?
Doch, habe ich.
Wir werden Nachforschungen anstellen müssen, bevor die Sache öffentlich wird.

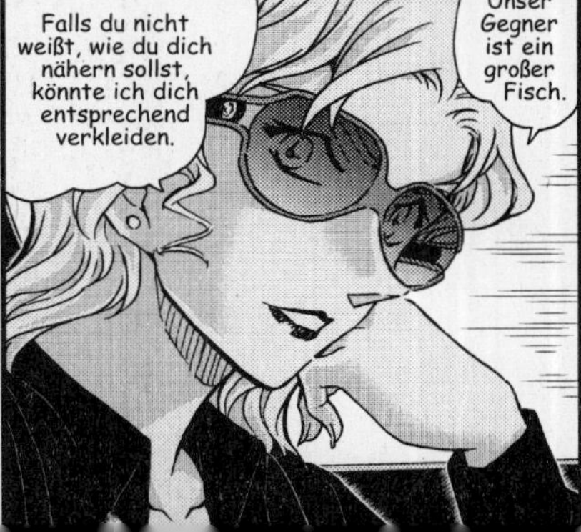
Unser Gegner ist ein großer Fisch.
Falls du nicht weißt, wie du dich nähern sollst, könnte ich dich entsprechend verkleiden.

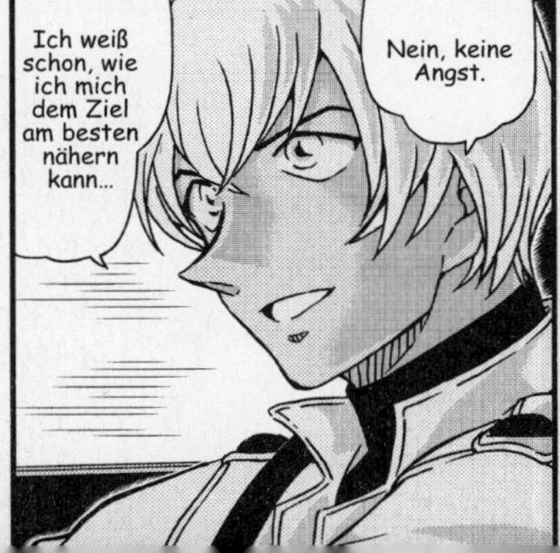
Nein, keine Angst.
Ich weiß schon, wie ich mich dem Ziel am besten nähern kann...

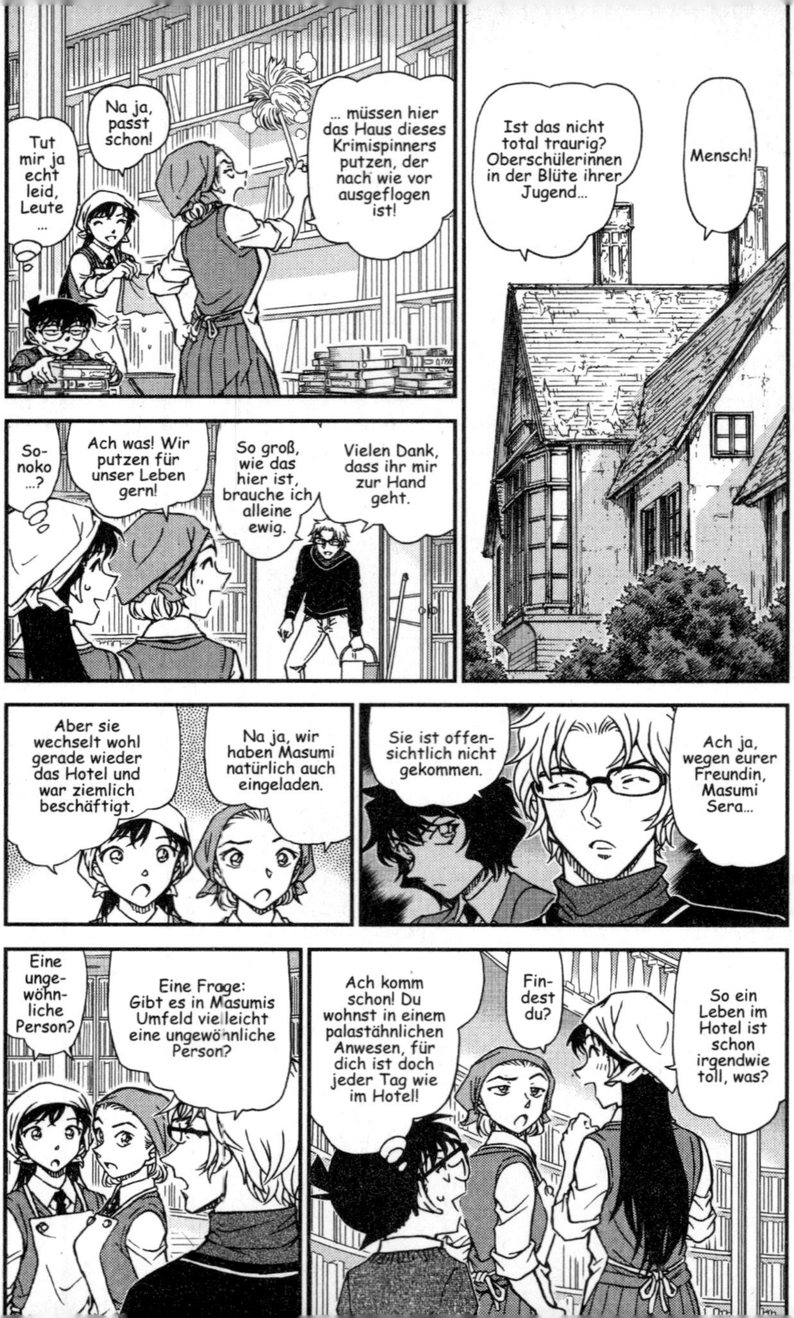

Mensch!
Ist das nicht total traurig? Oberschülerinnen in der Blüte ihrer Jugend…
… müssen hier das Haus dieses Krimispinners putzen, der nach wie vor ausgeflogen ist!
Na ja, passt schon!
Tut mir ja echt leid, Leute …

Vielen Dank, dass ihr mir zur Hand geht.
So groß, wie das hier ist, brauche ich alleine ewig.
Ach was! Wir putzen für unser Leben gern!
So-noko …?

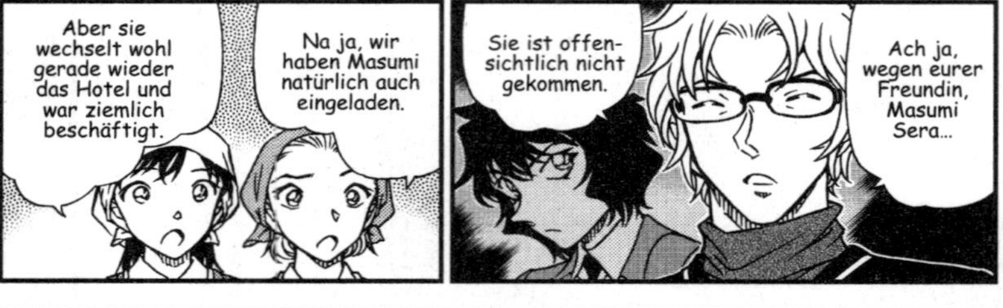

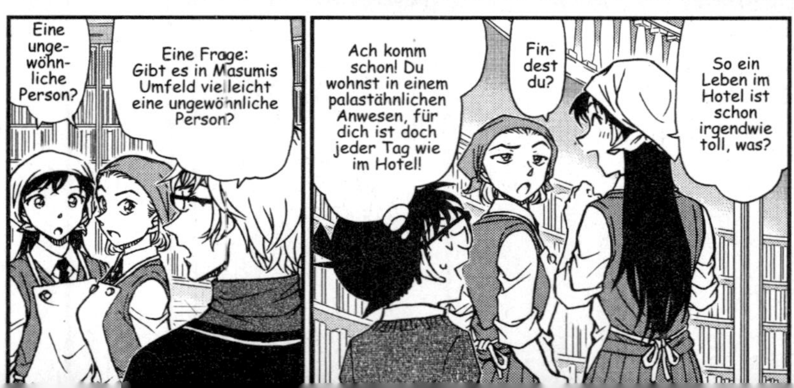

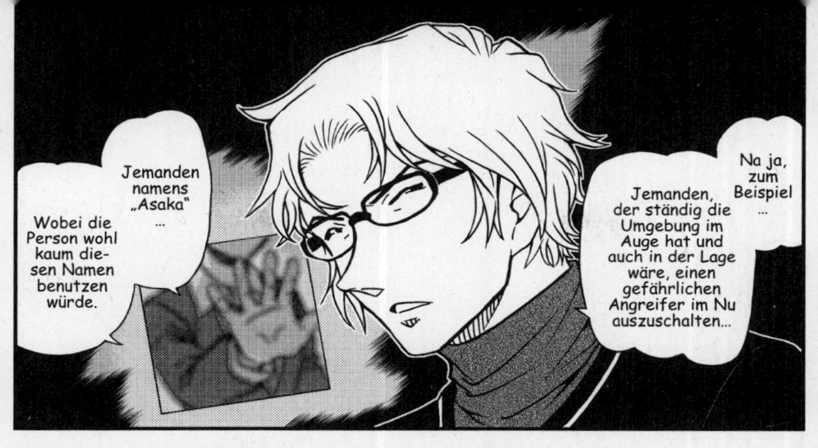
Na ja, zum Beispiel ...
Jemanden, der ständig die Umgebung im Auge hat und auch in der Lage wäre, einen gefährlichen Angreifer im Nu auszuschalten...
Jemanden namens „Asaka" ...
Wobei die Person wohl kaum diesen Namen benutzen würde.

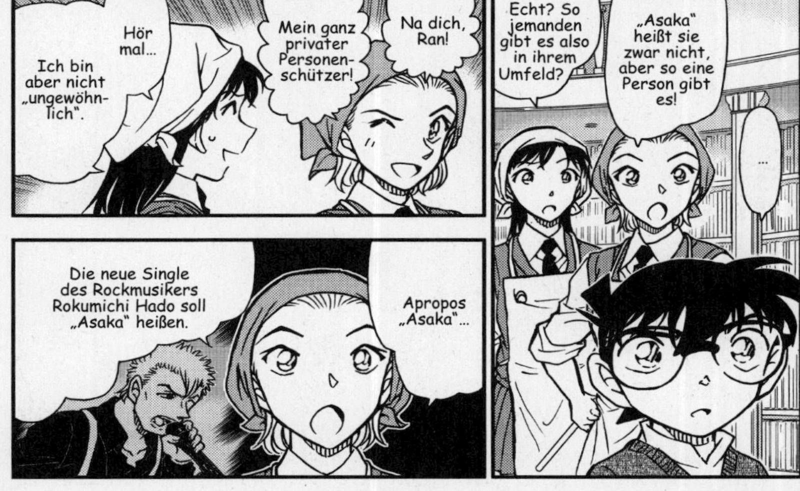
„Asaka" heißt sie zwar nicht, aber so eine Person gibt es!
Echt? So jemanden gibt es also in ihrem Umfeld?
...
Na dich, Ran!
Mein ganz privater Personenschützer!
Hör mal...
Ich bin aber nicht „ungewöhnlich".
Apropos „Asaka"...
Die neue Single des Rockmusikers Rokumichi Hado soll „Asaka" heißen.

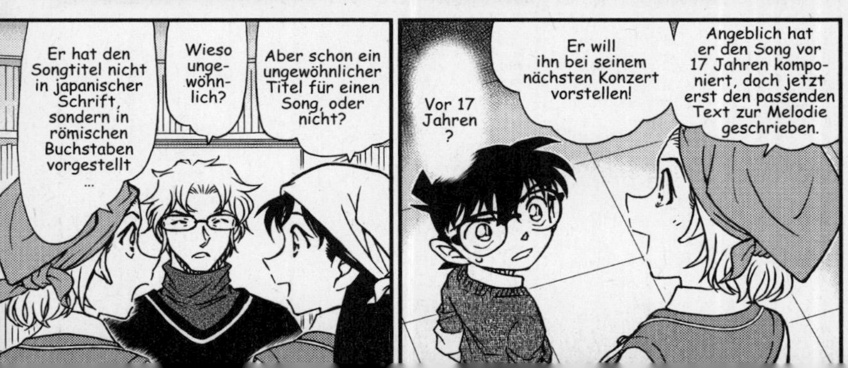
Angeblich hat er den Song vor 17 Jahren komponiert, doch jetzt erst den passenden Text zur Melodie geschrieben.
Er will ihn bei seinem nächsten Konzert vorstellen!
Vor 17 Jahren?
Aber schon ein ungewöhnlicher Titel für einen Song, oder nicht?
Wieso ungewöhnlich?
Er hat den Songtitel nicht in japanischer Schrift, sondern in römischen Buchstaben vorgestellt ...

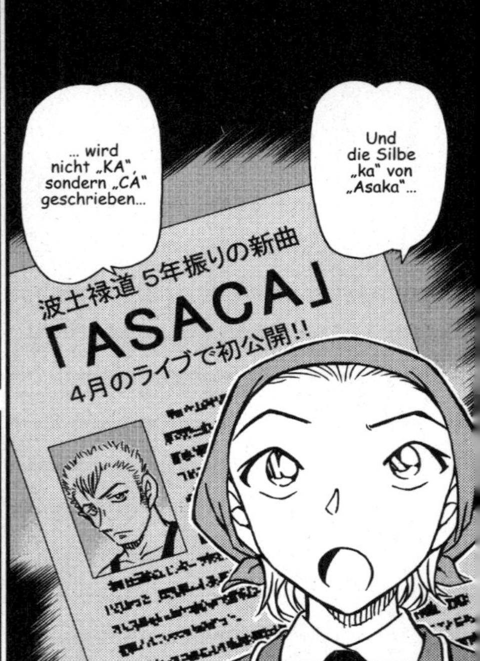
Und die Silbe „ka“ von „Asaka“...
... wird nicht „KA“, sondern „CA“ geschrieben...
波土禄道 5年振りの新曲
「ASACA」
4月のライブで初公開!!

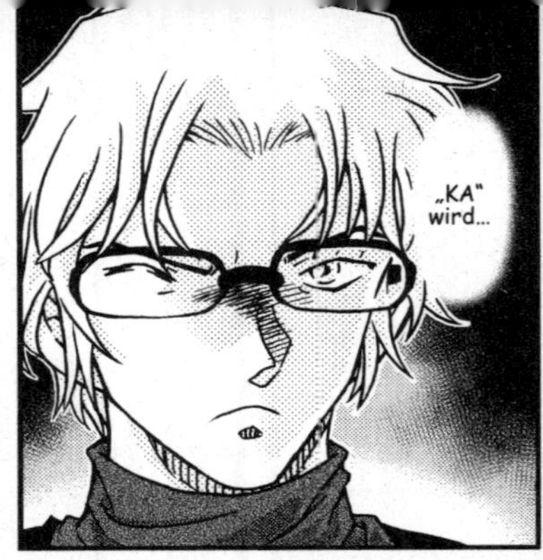
„KA“ wird...

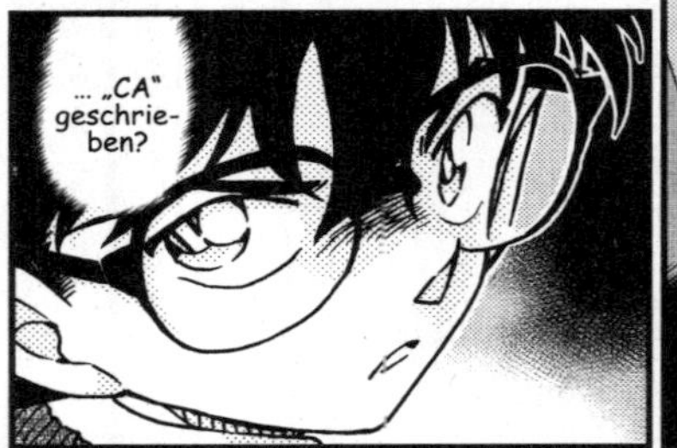
... „CA“ geschrieben?

ASACA
RUM

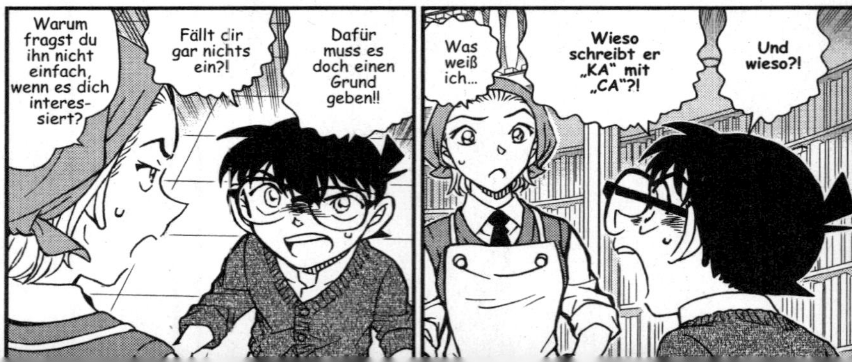
Und wieso?!
Wieso schreibt er „KA“ mit „CA“?!
Was weiß ich...
Dafür muss es doch einen Grund geben!!
Fällt dir gar nichts ein?!
Warum fragst du ihn nicht einfach, wenn es dich interessiert?

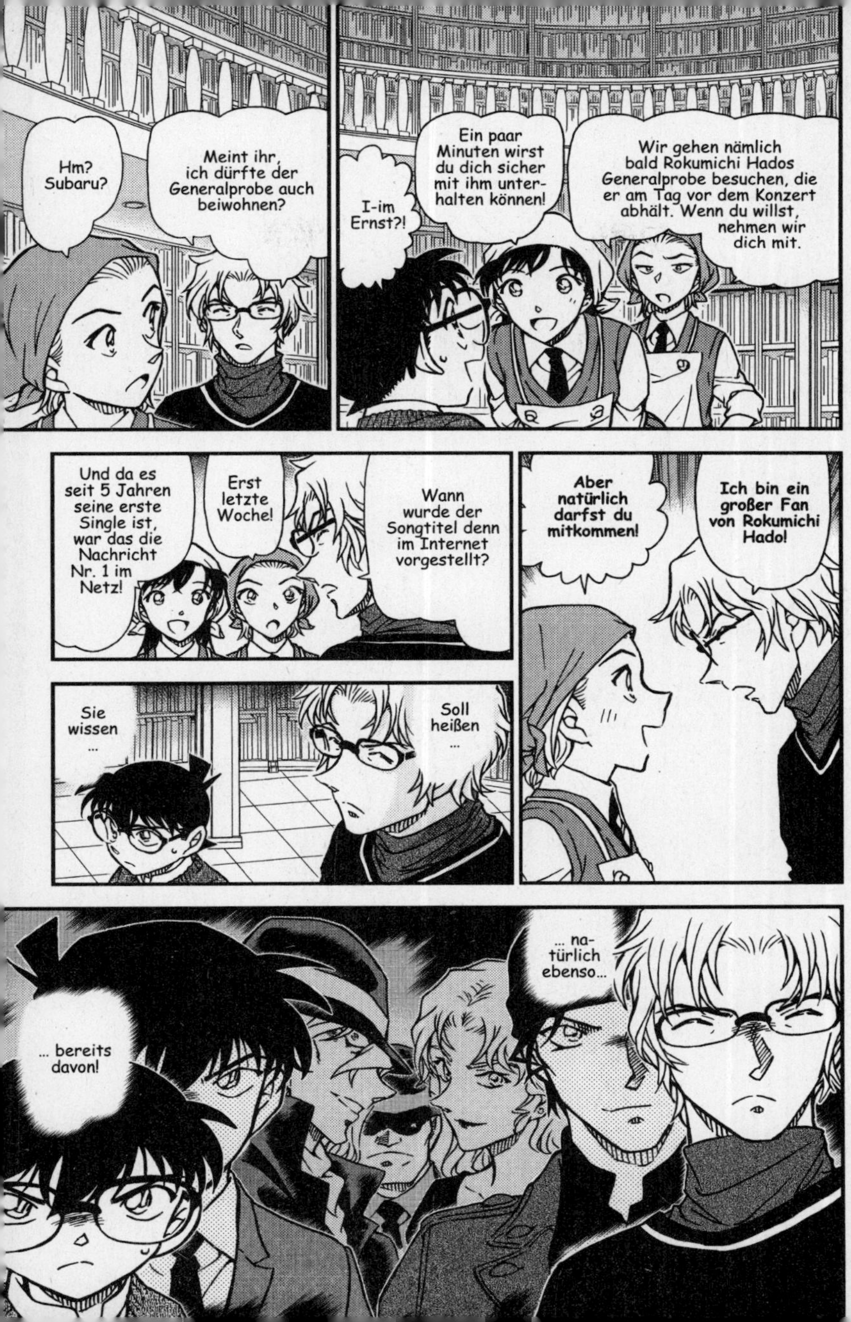

Wir gehen nämlich bald Rokumichi Hados Generalprobe besuchen, die er am Tag vor dem Konzert abhält. Wenn du willst, nehmen wir dich mit.
Ein paar Minuten wirst du dich sicher mit ihm unter-halten können!
I-im Ernst?!
Meint ihr, ich dürfte der Generalprobe auch beiwohnen?
Hm? Subaru?

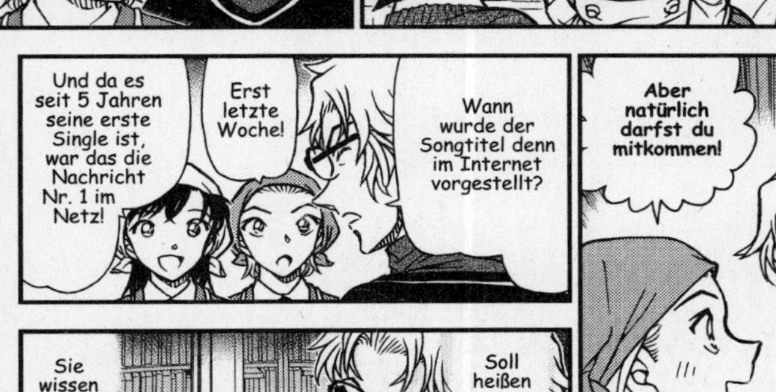
Ich bin ein großer Fan von Rokumichi Hado!
Aber natürlich darfst du mitkommen!
Wann wurde der Songtitel denn im Internet vorgestellt?
Erst letzte Woche!
Und da es seit 5 Jahren seine erste Single ist, war das die Nachricht Nr. 1 im Netz!

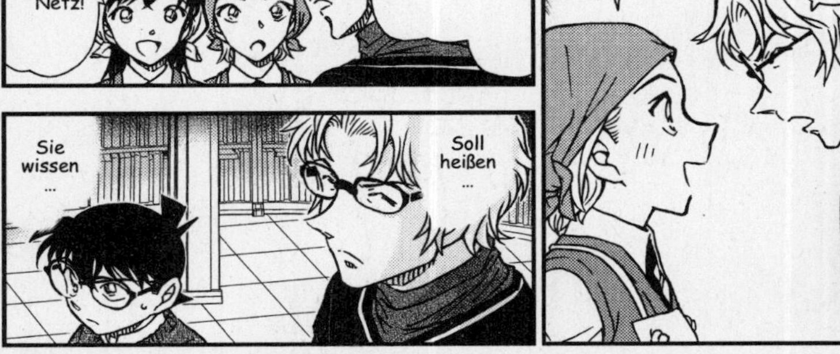
Soll heißen ...
Sie wissen ...

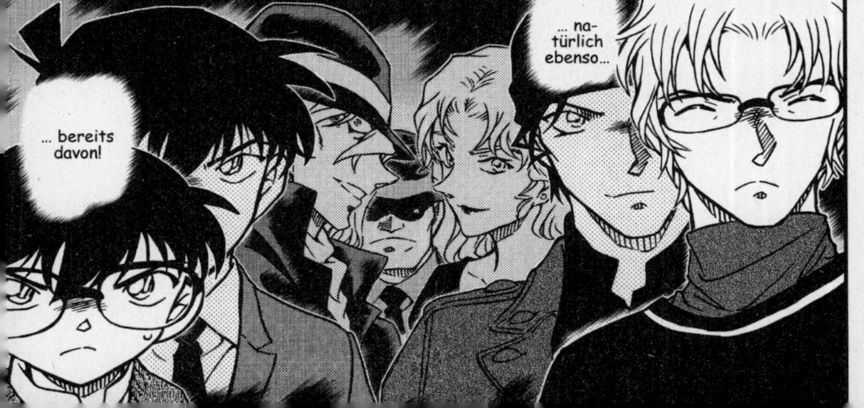
... na-türlich ebenso...
... bereits davon!

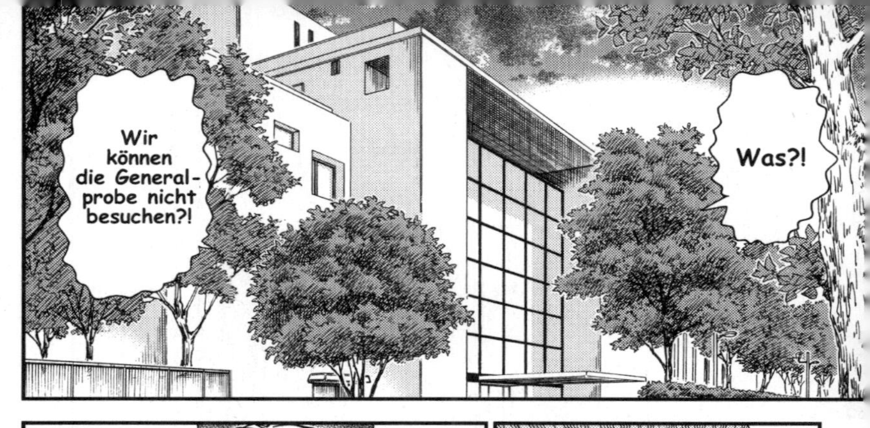

Was?!
Wir können die General-probe nicht besuchen?!

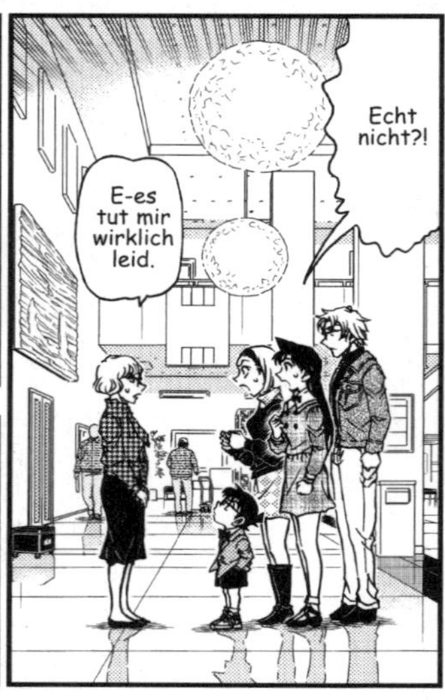

Echt nicht?!
E-es tut mir wirklich leid.

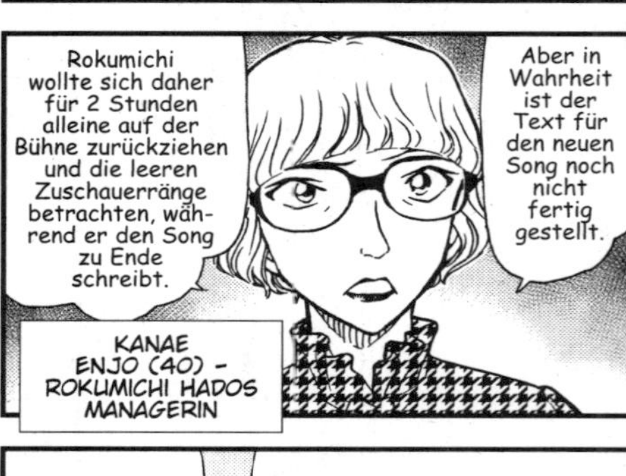

Aber in Wahrheit ist der Text für den neuen Song noch nicht fertig gestellt.
Rokumichi wollte sich daher für 2 Stunden alleine auf der Bühne zurückziehen und die leeren Zuschauerränge betrachten, während er den Song zu Ende schreibt.
KANAE ENJO (40) – ROKUMICHI HADOS MANAGERIN

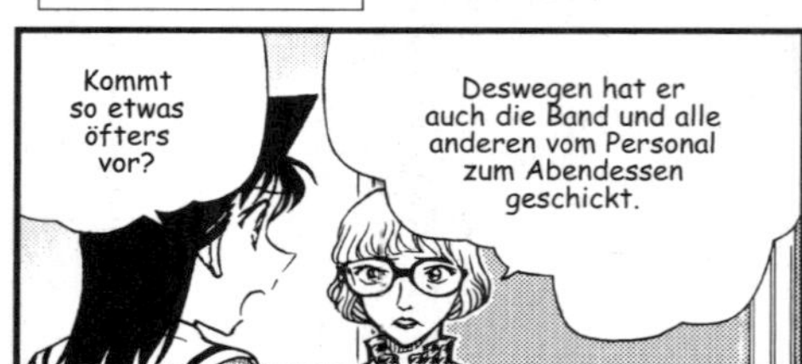

Deswegen hat er auch die Band und alle anderen vom Personal zum Abendessen geschickt.
Kommt so etwas öfters vor?

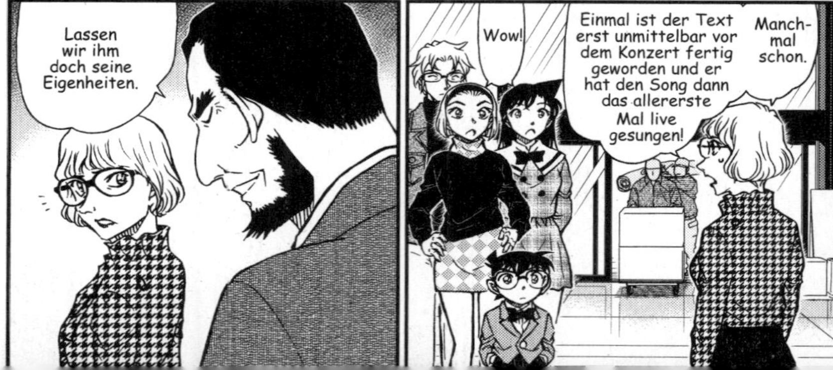

Manchmal schon.
Einmal ist der Text erst unmittelbar vor dem Konzert fertig geworden und er hat den Song dann das allererste Mal live gesungen!
Wow!
Lassen wir ihm doch seine Eigenheiten.

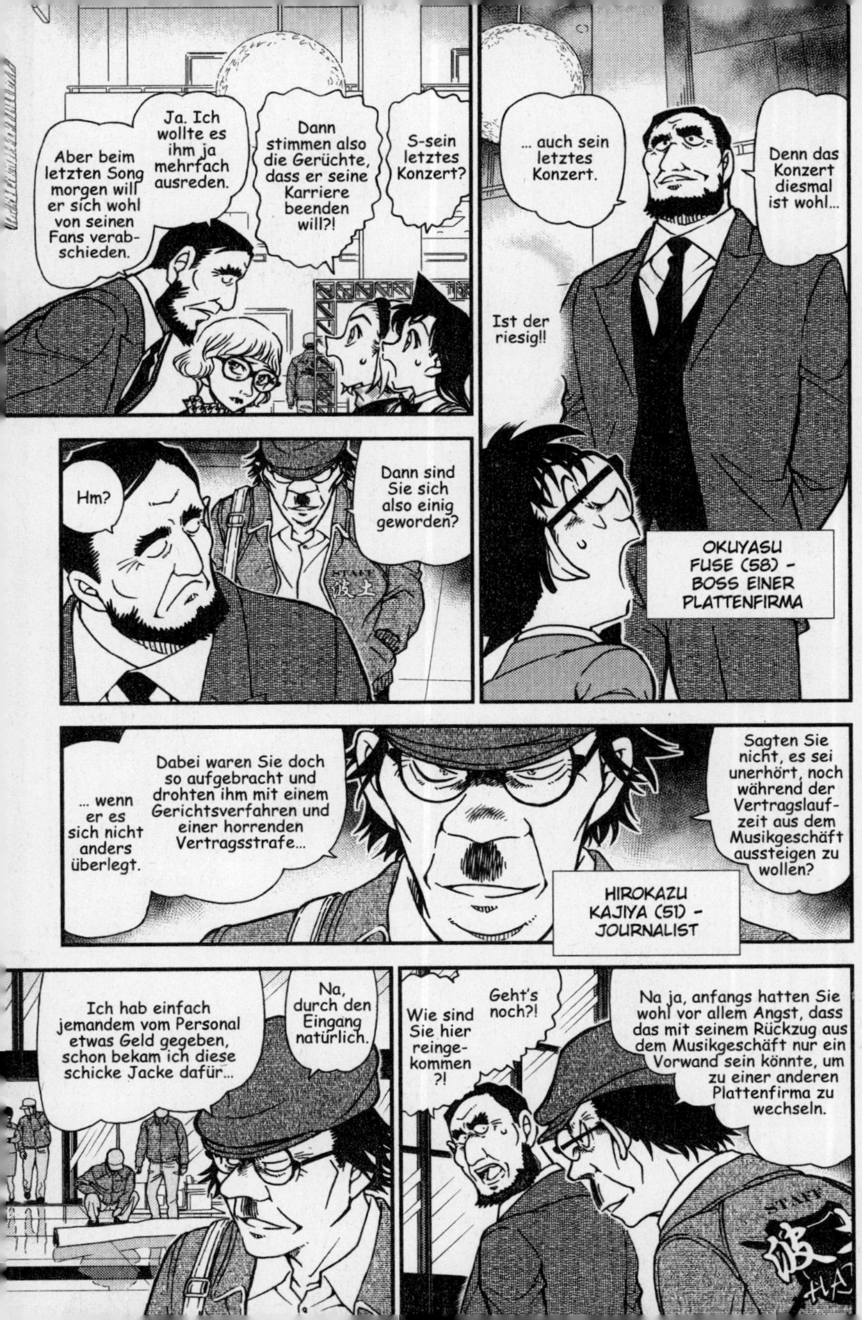

Denn das Konzert diesmal ist wohl...

... auch sein letztes Konzert.

S-sein letztes Konzert?

Dann stimmen also die Gerüchte, dass er seine Karriere beenden will?!

Ja. Ich wollte es ihm ja mehrfach ausreden.

Aber beim letzten Song morgen will er sich wohl von seinen Fans verabschieden.

Ist der riesig!!

OKUYASU FUSE (58) – BOSS EINER PLATTENFIRMA

Dann sind Sie sich also einig geworden?

Hm?

Sagten Sie nicht, es sei unerhört, noch während der Vertragslaufzeit aus dem Musikgeschäft aussteigen zu wollen?

HIROKAZU KAJIYA (51) – JOURNALIST

Dabei waren Sie doch so aufgebracht und drohten ihm mit einem Gerichtsverfahren und einer horrenden Vertragsstrafe...

... wenn er es sich nicht anders überlegt.

Na ja, anfangs hatten Sie wohl vor allem Angst, dass das mit seinem Rückzug aus dem Musikgeschäft nur ein Vorwand sein könnte, um zu einer anderen Plattenfirma zu wechseln.

Geht's noch?!

Wie sind Sie hier reingekommen?!

Na, durch den Eingang natürlich.

Ich hab einfach jemandem vom Personal etwas Geld gegeben, schon bekam ich diese schicke Jacke dafür...

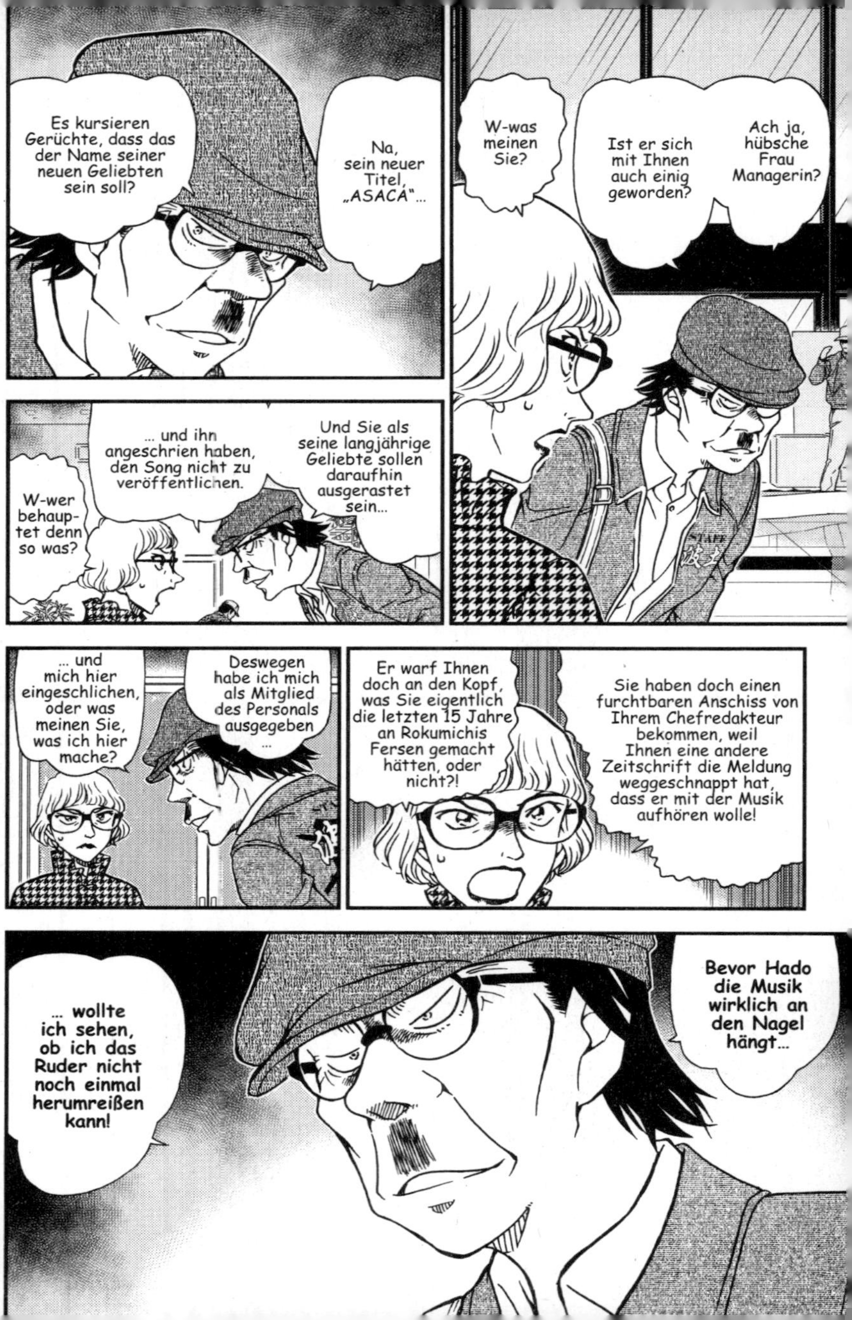

Ach ja, hübsche Frau Managerin?
Ist er sich mit Ihnen auch einig geworden?
W-was meinen Sie?
Na, sein neuer Titel, „ASACA“...
Es kursieren Gerüchte, dass das der Name seiner neuen Geliebten sein soll?
Und Sie als seine langjährige Geliebte sollen daraufhin ausgerastet sein...
... und ihn angeschrien haben, den Song nicht zu veröffentlichen.
W-wer behaup-tet denn so was?
Sie haben doch einen furchtbaren Anschiss von Ihrem Chefredakteur bekommen, weil Ihnen eine andere Zeitschrift die Meldung weggeschnappt hat, dass er mit der Musik aufhören wolle!
Er warf Ihnen doch an den Kopf, was Sie eigentlich die letzten 15 Jahre an Rokumichis Fersen gemacht hätten, oder nicht?!
Deswegen habe ich mich als Mitglied des Personals ausgegeben ...
... und mich hier eingeschlichen, oder was meinen Sie, was ich hier mache?

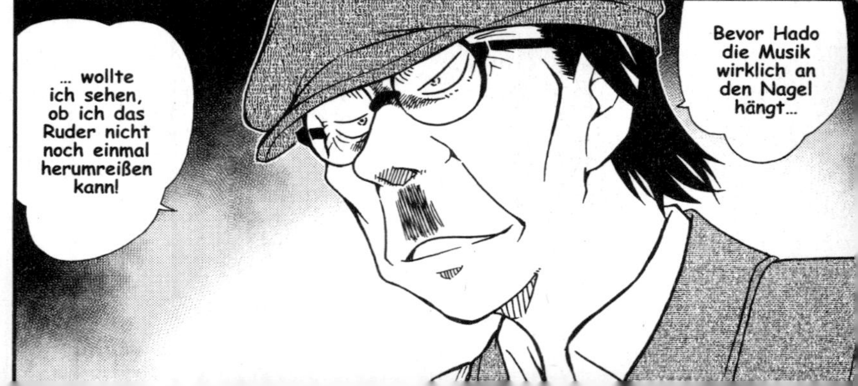

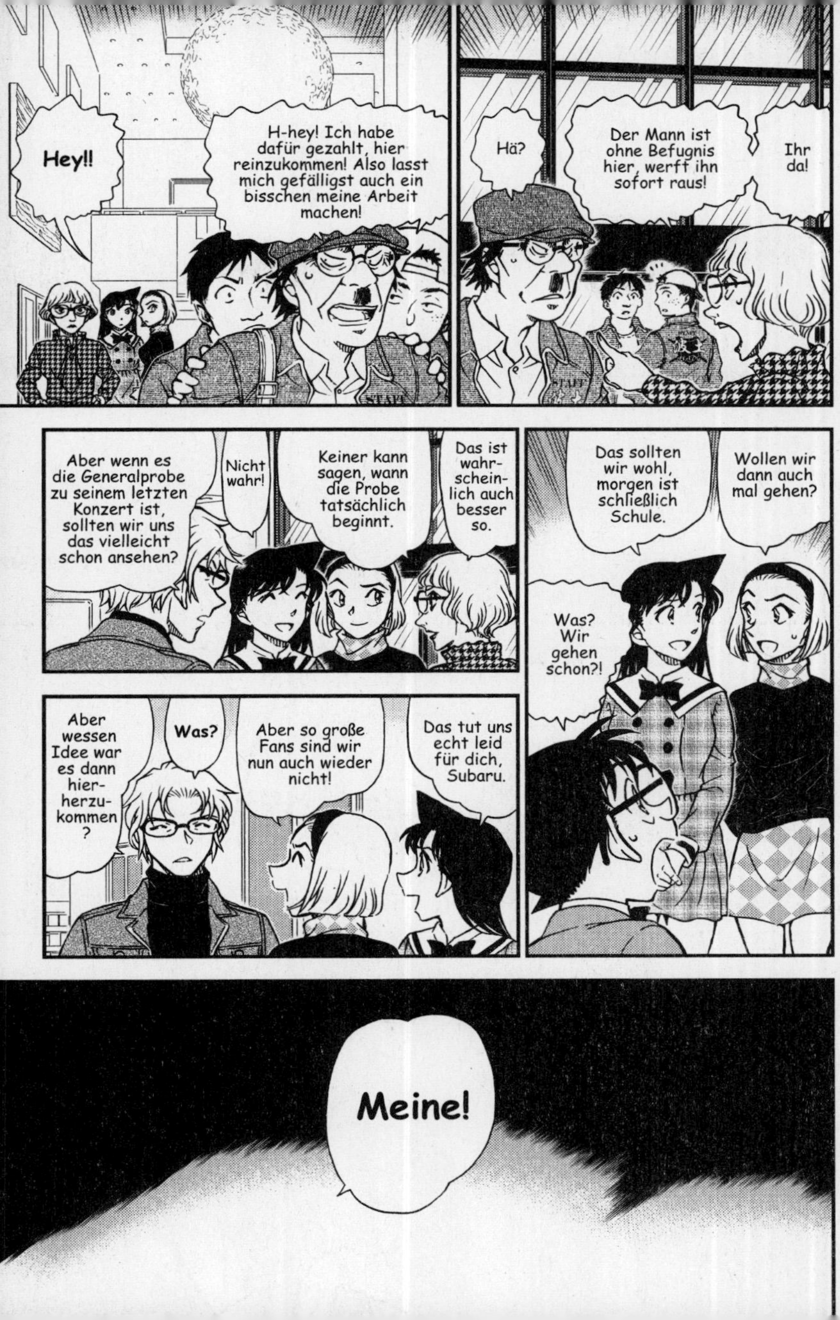

Ihr da!
Der Mann ist ohne Befugnis hier, werft ihn sofort raus!
Hä?
H-hey! Ich habe dafür gezahlt, hier reinzukommen! Also lasst mich gefälligst auch ein bisschen meine Arbeit machen!
Hey!!
Wollen wir dann auch mal gehen?
Das sollten wir wohl, morgen ist schließlich Schule.
Was? Wir gehen schon?!
Das ist wahrscheinlich auch besser so.
Keiner kann sagen, wann die Probe tatsächlich beginnt.
Nicht wahr!
Aber wenn es die Generalprobe zu seinem letzten Konzert ist, sollten wir uns das vielleicht schon ansehen?
Das tut uns echt leid für dich, Subaru.
Aber so große Fans sind wir nun auch wieder nicht!
Was?
Aber wessen Idee war es dann hierherzukommen?

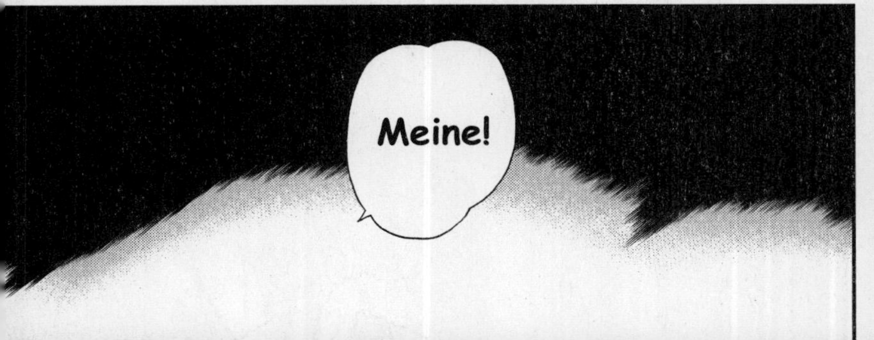

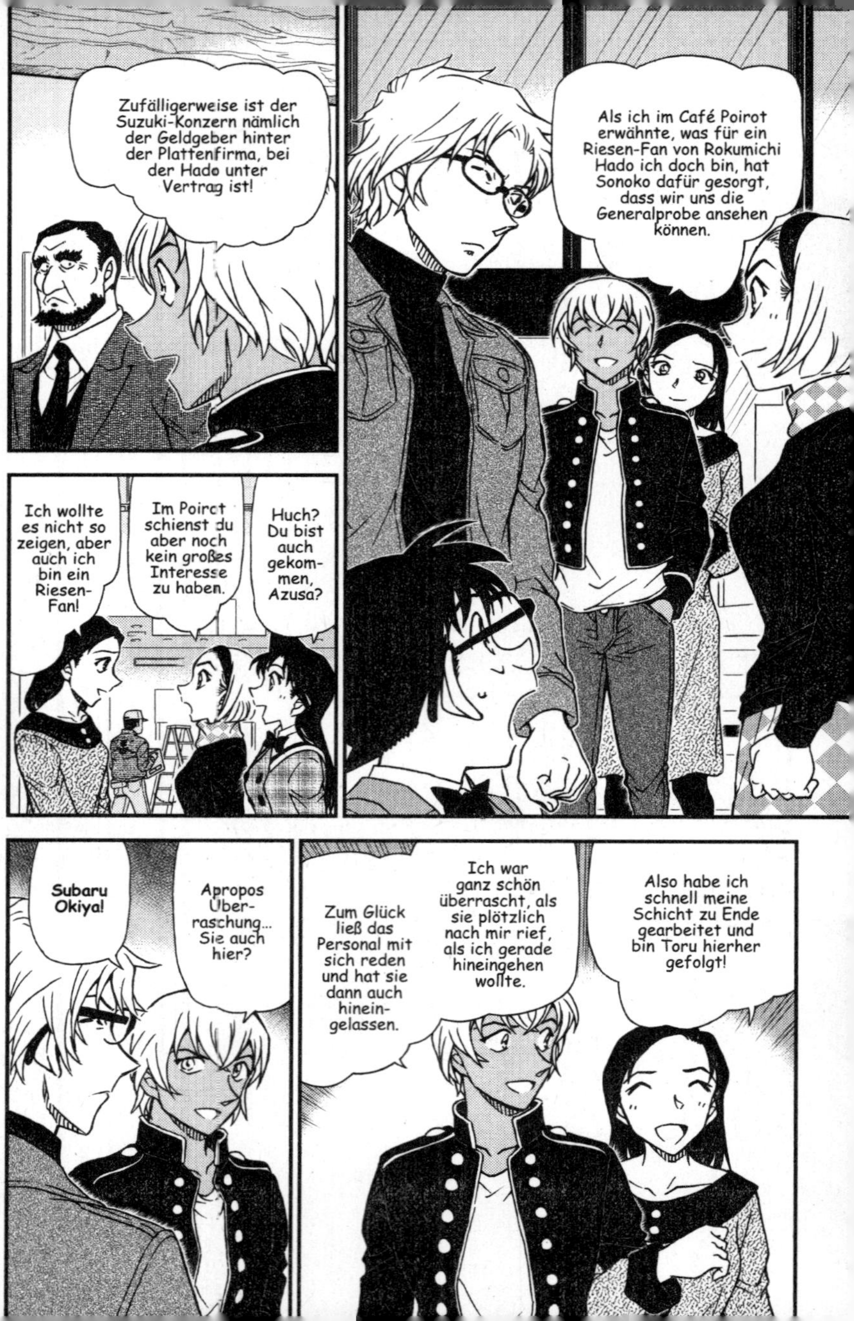

Als ich im Café Poirot erwähnte, was für ein Riesen-Fan von Rokumichi Hado ich doch bin, hat Sonoko dafür gesorgt, dass wir uns die Generalprobe ansehen können.

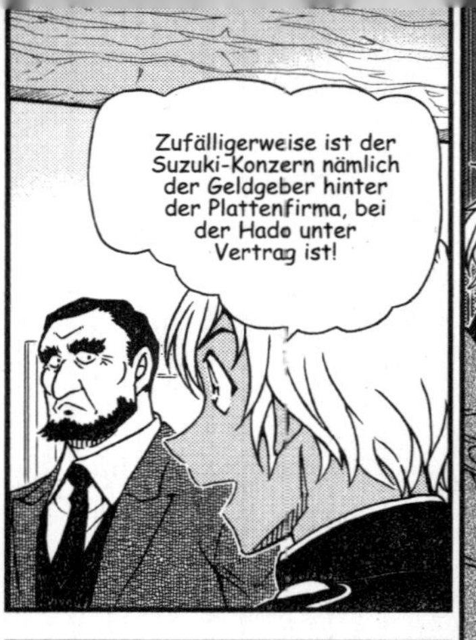

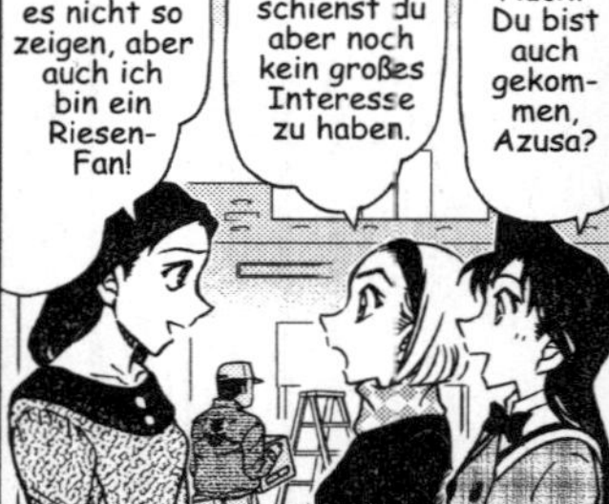

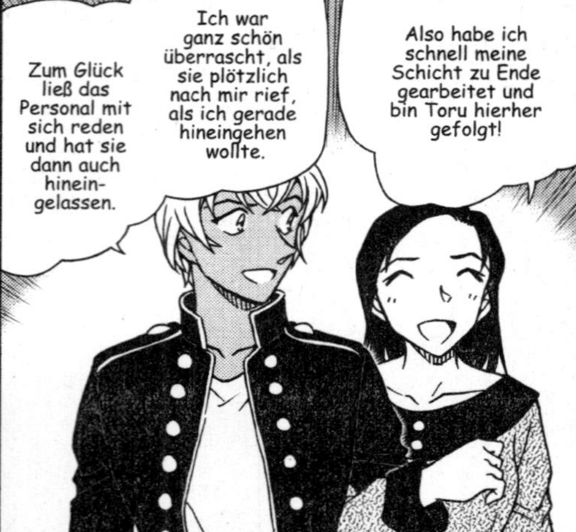

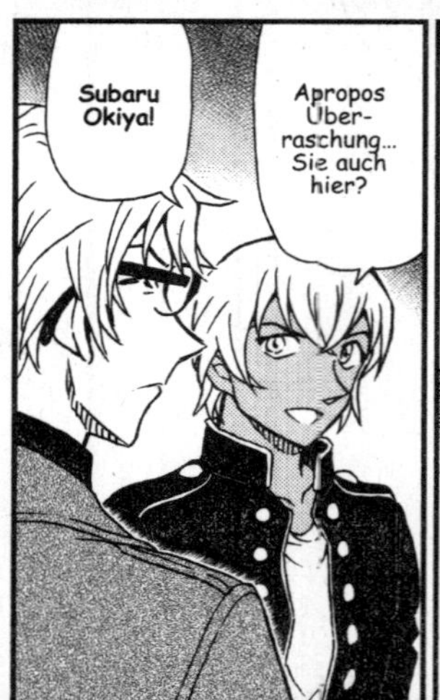

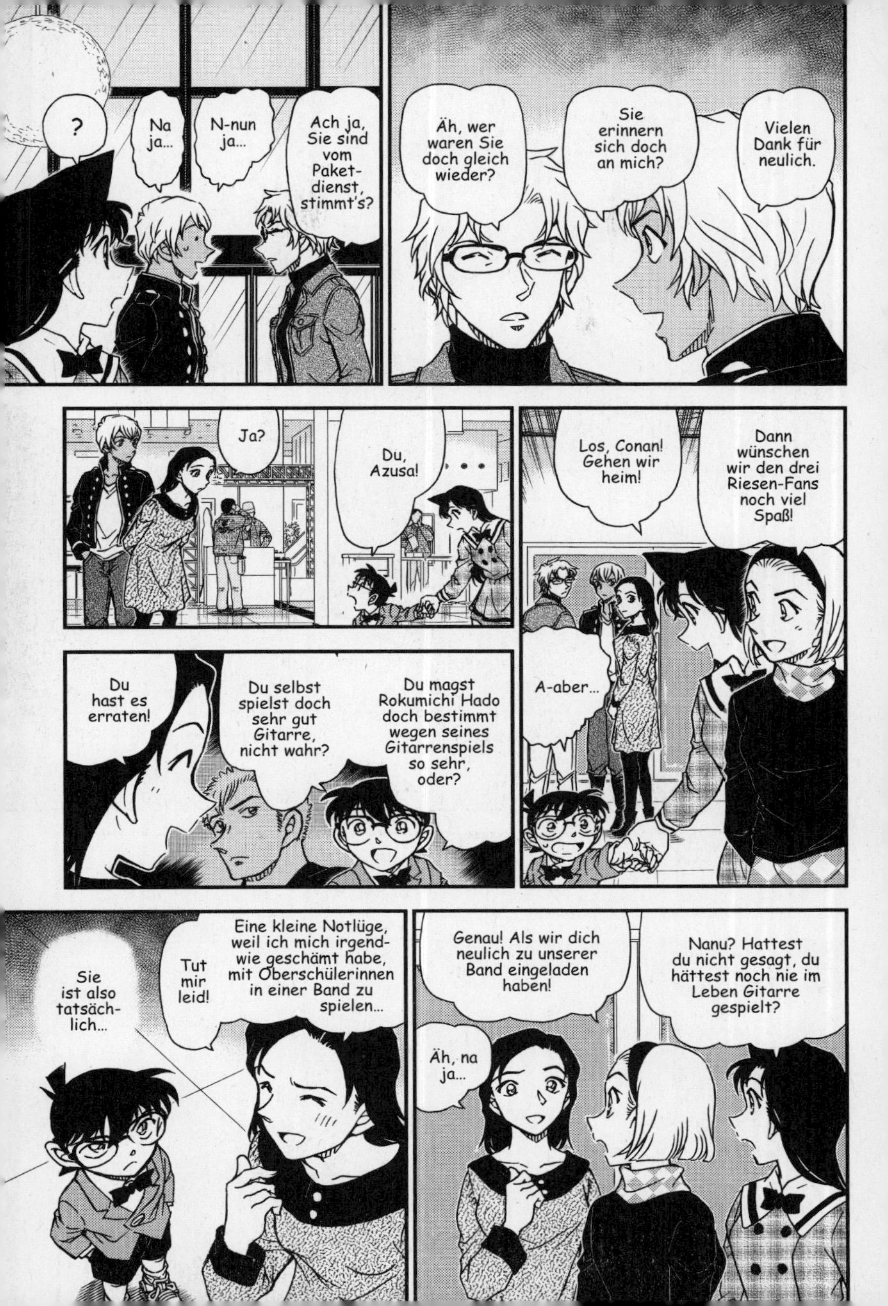

Vielen Dank für neulich.
Sie erinnern sich doch an mich?
Äh, wer waren Sie doch gleich wieder?
Ach ja, Sie sind vom Paket-dienst, stimmt's?
N-nun ja...
Na ja...
?
Dann wünschen wir den drei Riesen-Fans noch viel Spaß!
Los, Conan! Gehen wir heim!
A-aber...
• • •
Du, Azusa!
Ja?
Du magst Rokumichi Hado doch bestimmt wegen seines Gitarrenspiels so sehr, oder?
Du selbst spielst doch sehr gut Gitarre, nicht wahr?
Du hast es erraten!
Nanu? Hattest du nicht gesagt, du hättest noch nie im Leben Gitarre gespielt?
Genau! Als wir dich neulich zu unserer Band eingeladen haben!
Äh, na ja...
Eine kleine Notlüge, weil ich mich irgend-wie geschämt habe, mit Oberschülerinnen in einer Band zu spielen...
Tut mir leid!
Sie ist also tatsäch-lich...

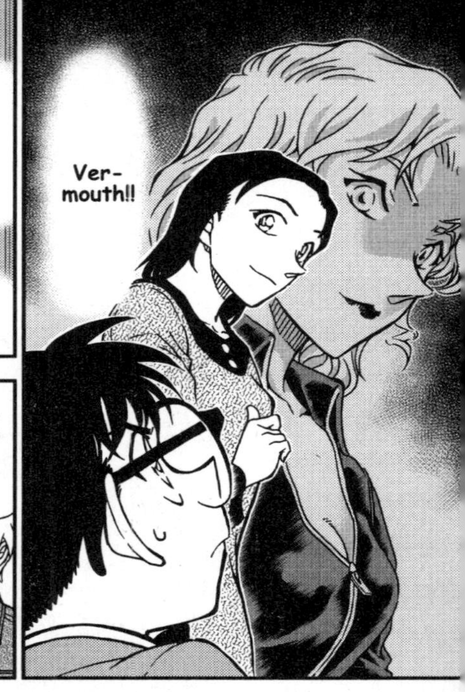
Ver-
mouth!!

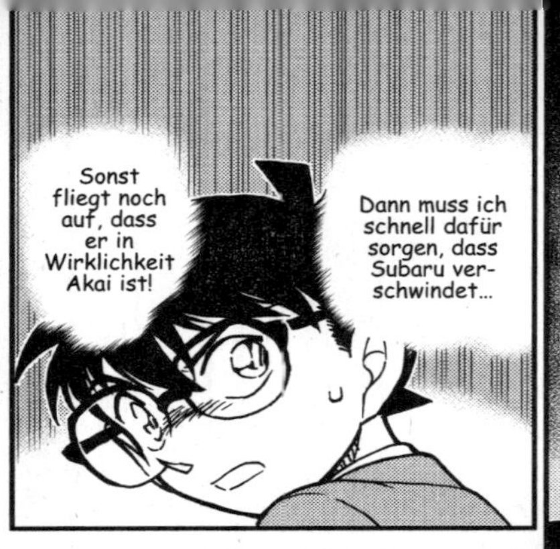
Dann muss ich
schnell dafür
sorgen, dass
Subaru ver-
schwindet...
Sonst
fliegt noch
auf, dass
er in
Wirklichkeit
Akai ist!

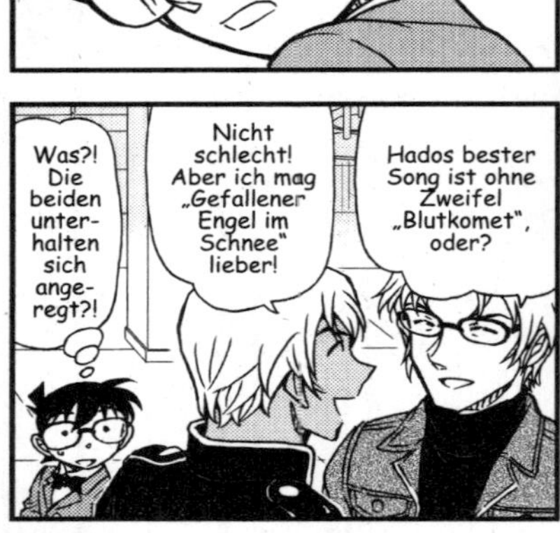
Hados bester
Song ist ohne
Zweifel
„Blutkomet",
oder?
Nicht
schlecht!
Aber ich mag
„Gefallener
Engel im
Schnee"
lieber!
Was?!
Die
beiden
unter-
halten
sich
ange-
regt?!

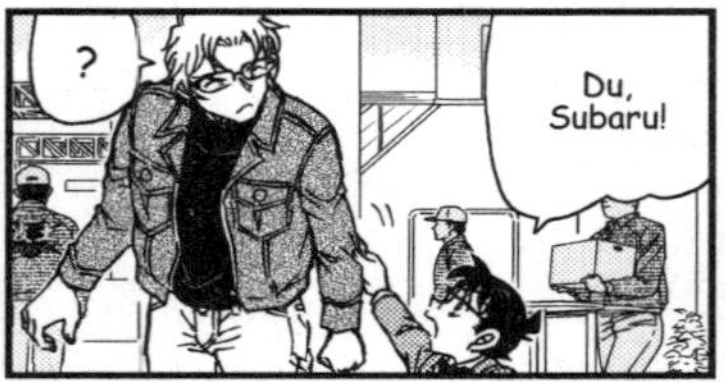
Du,
Subaru!
?

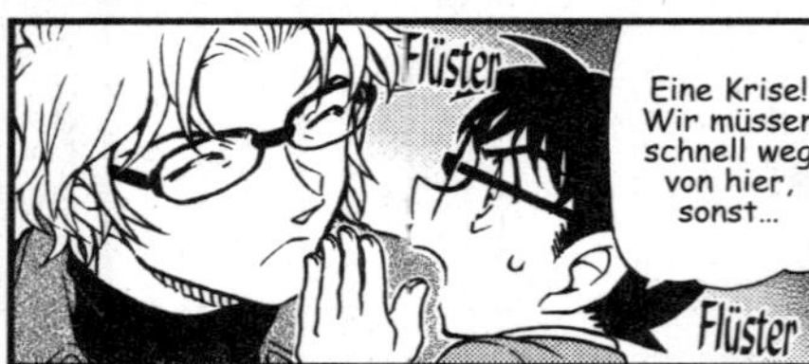
Eine Krise!
Wir müssen
schnell weg
von hier,
sonst...
Flüster
Flüster

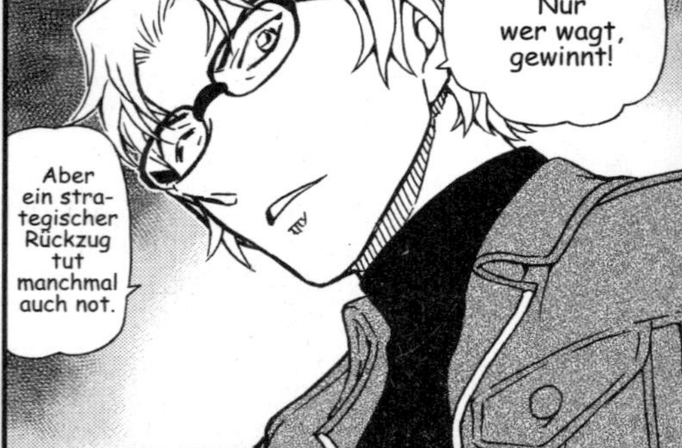
Nur
wer wagt,
gewinnt!
Aber
ein stra-
tegischer
Rückzug
tut
manchmal
auch not.

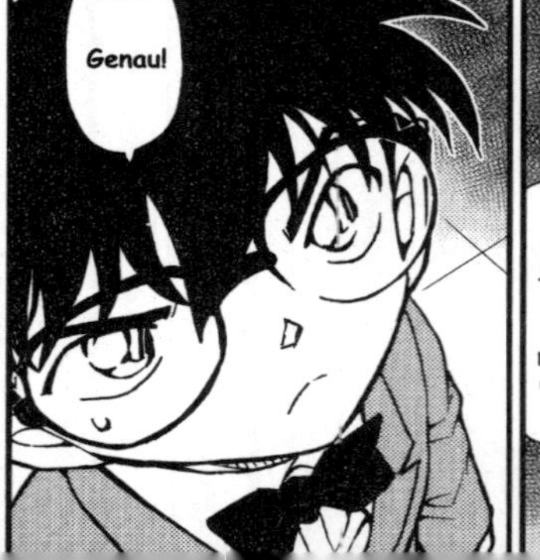
Genau!

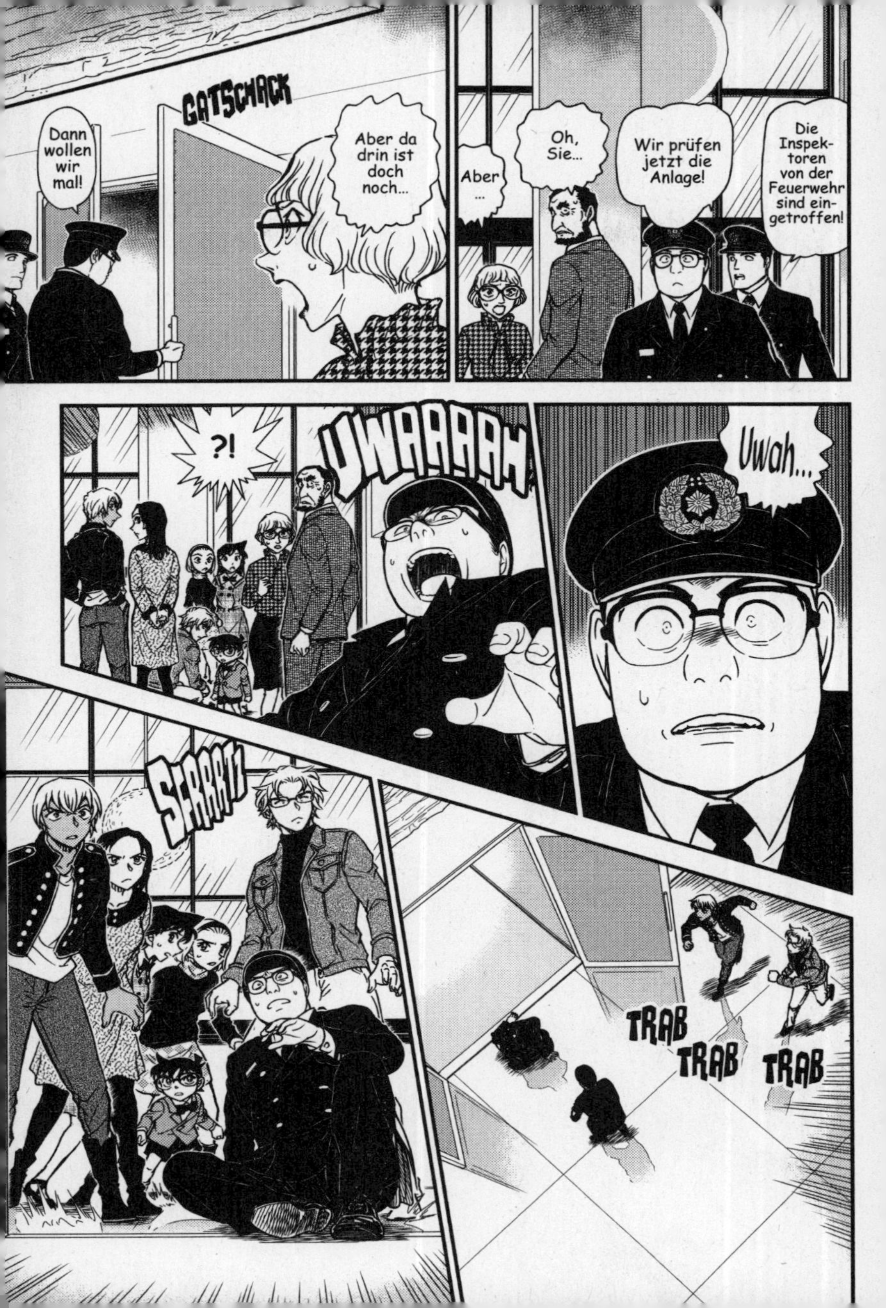

Die Inspektoren von der Feuerwehr sind eingetroffen!
Wir prüfen jetzt die Anlage!
Oh, Sie...
Aber ...
Aber da drin ist doch noch...
GATSCHACK
Dann wollen wir mal!
Uwah...
UWAAAAAH
?!
TRAB TRAB TRAB
SERRRTZ

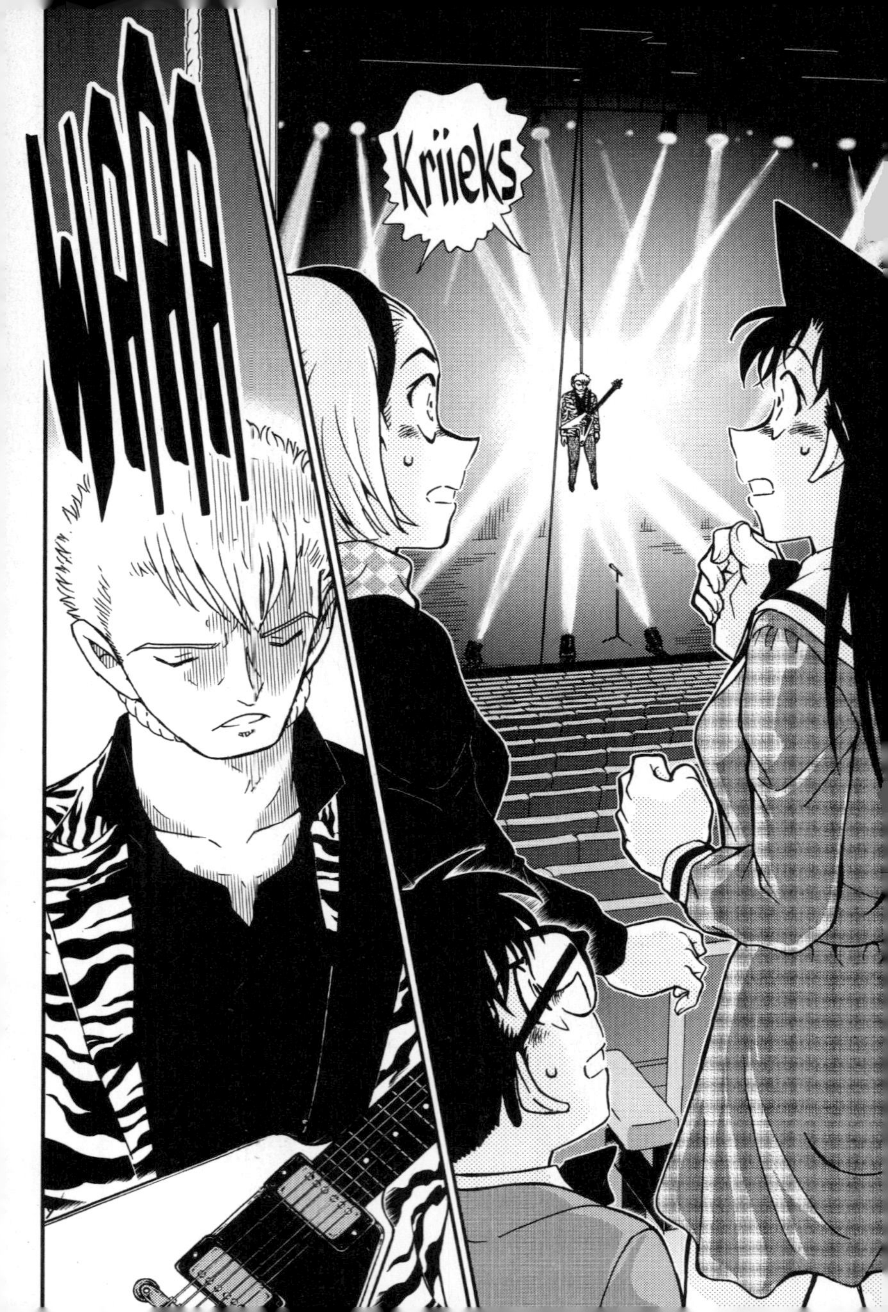
Kriieks

FALL 2 AKTE 8 DIE BÜHNE DES VERRATS

Was aus dem Verrat wurde

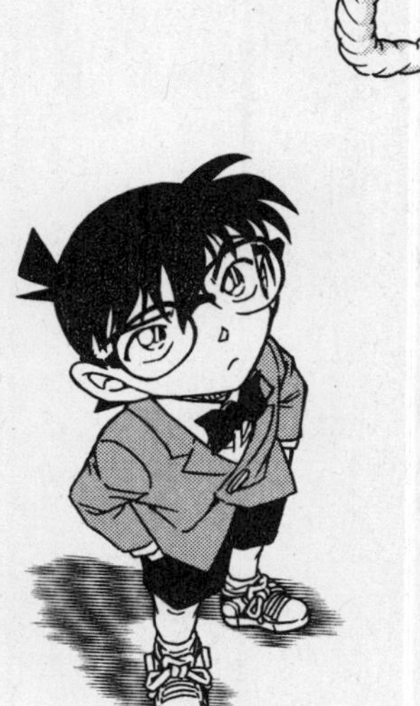

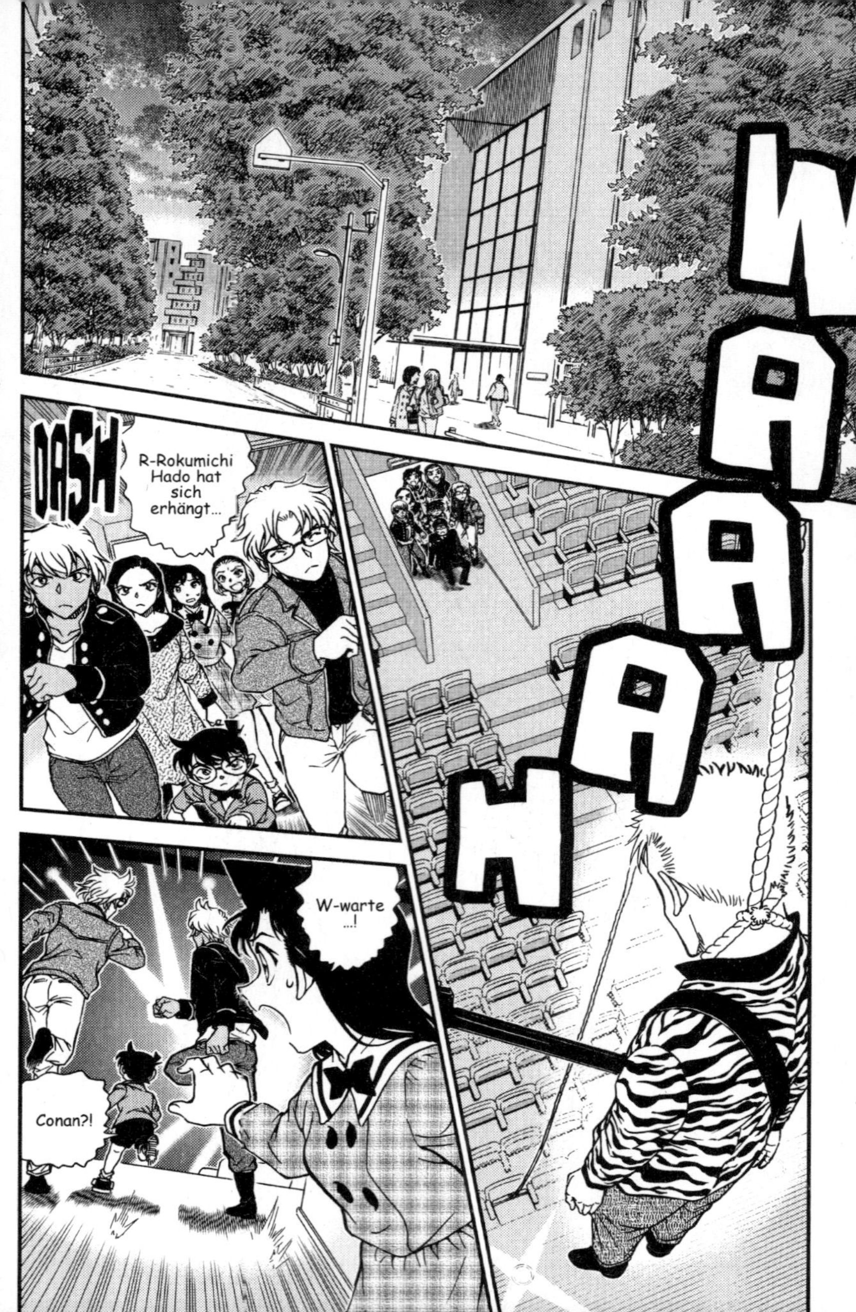
WAAAAH
DASH
R-Rokumichi Hado hat sich erhängt...
W-warte ...!
Conan?!

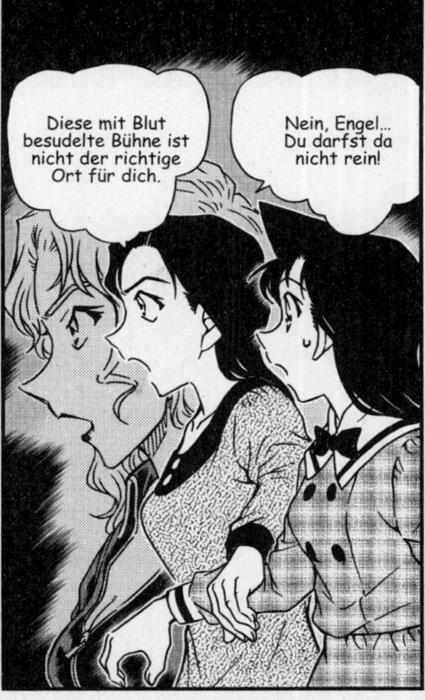
Nein, Engel... Du darfst da nicht rein!
Diese mit Blut besudelte Bühne ist nicht der richtige Ort für dich.

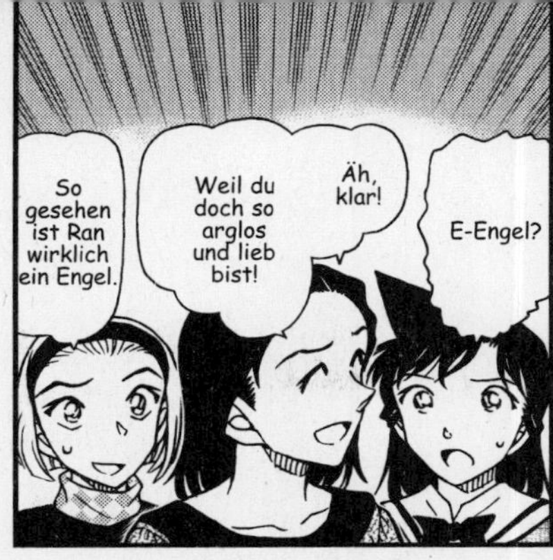
E-Engel?
Äh, klar!
Weil du doch so arglos und lieb bist!
So gesehen ist Ran wirklich ein Engel.

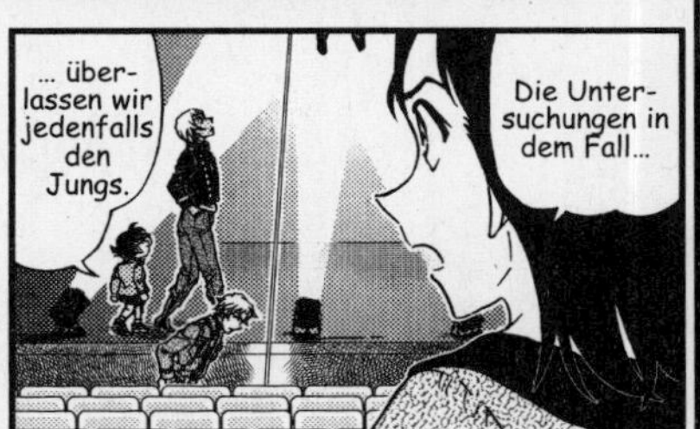
Die Untersuchungen in dem Fall...
... überlassen wir jedenfalls den Jungs.

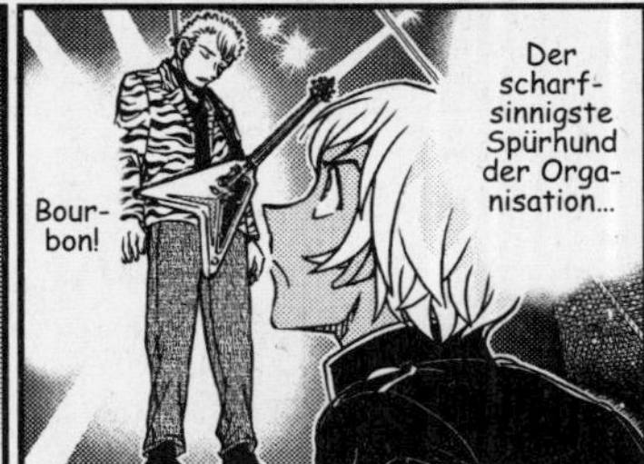
Der scharfsinnigste Spürhund der Organisation...
Bourbon!

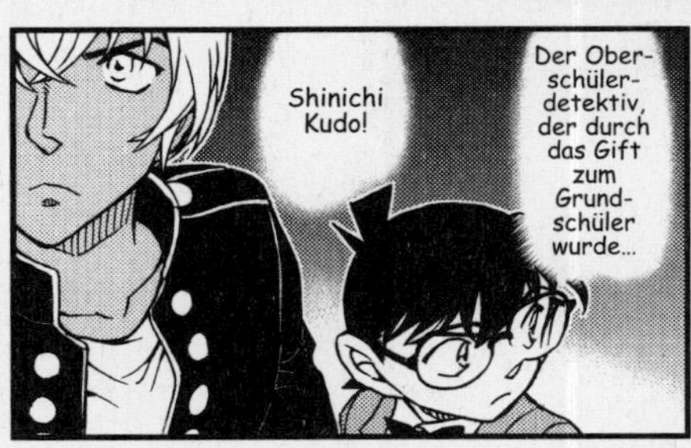
Der Oberschülerdetektiv, der durch das Gift zum Grundschüler wurde...
Shinichi Kudo!

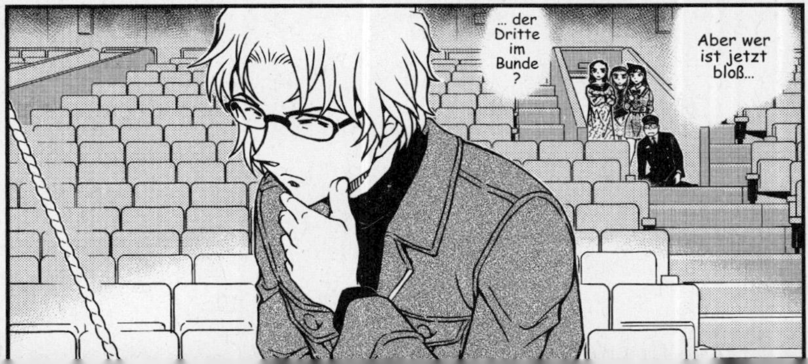
Aber wer ist jetzt bloß...
... der Dritte im Bunde?

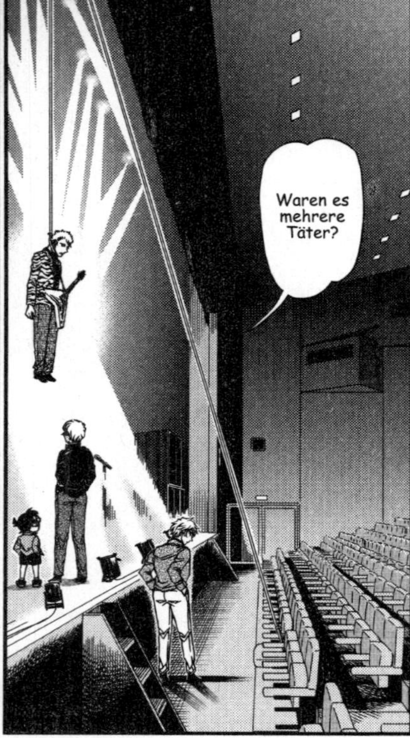
Waren es mehrere Täter?

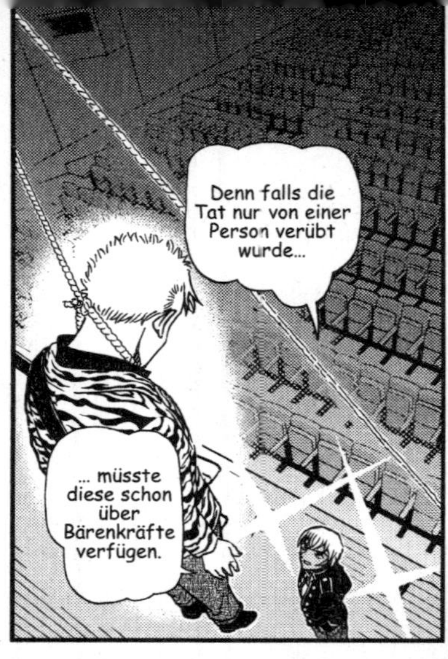
Denn falls die Tat nur von einer Person verübt wurde...
... müsste diese schon über Bärenkräfte verfügen.

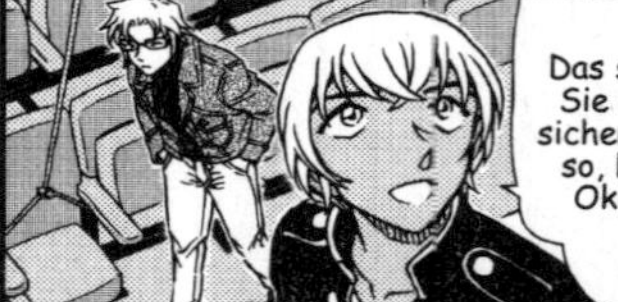
Das sehen Sie doch sicher auch so, Herr Okiya?

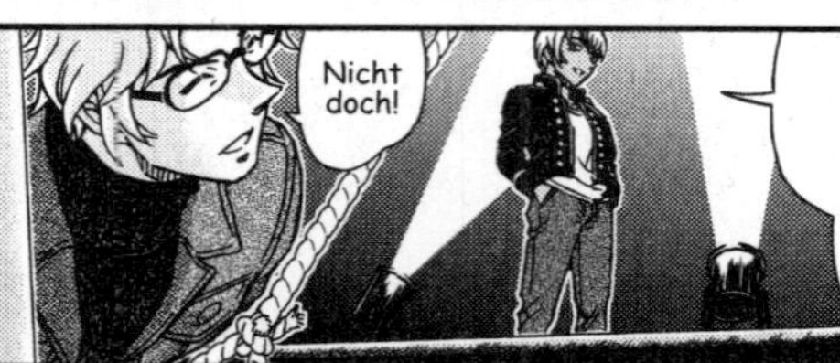
Als ich Sie vor einigen Tagen getroffen habe, ist mir nämlich gleich aufgefallen, über was für eine vortreffliche Kombinationsgabe Sie verfügen.
Nicht doch!

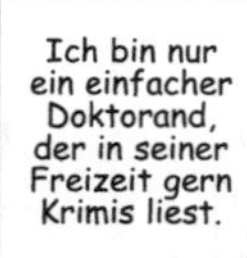
Ich bin nur ein einfacher Doktorand, der in seiner Freizeit gern Krimis liest.

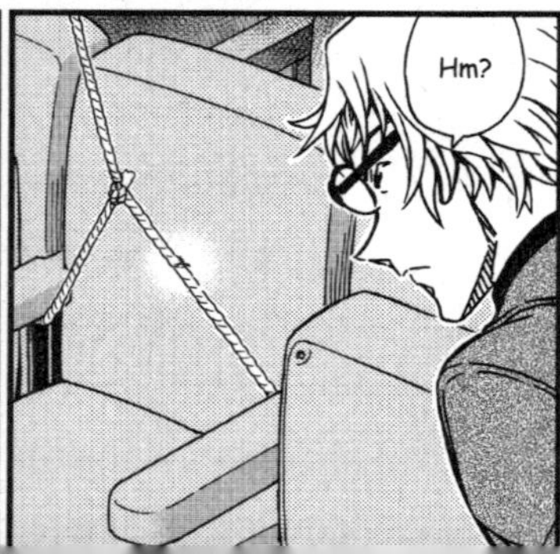
Hm?

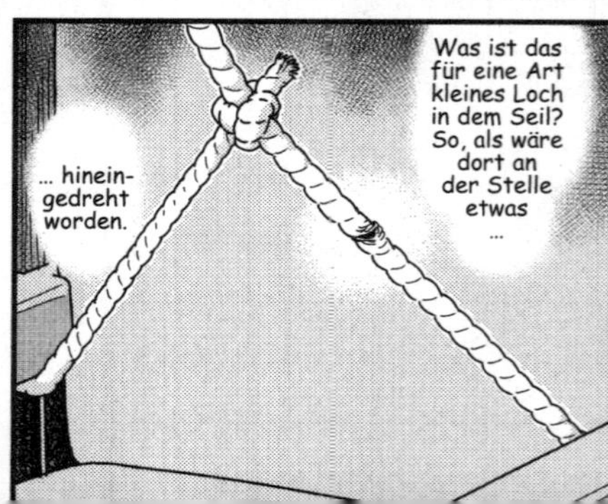
Was ist das für eine Art kleines Loch in dem Seil? So, als wäre dort an der Stelle etwas ...
... hineingedreht worden.

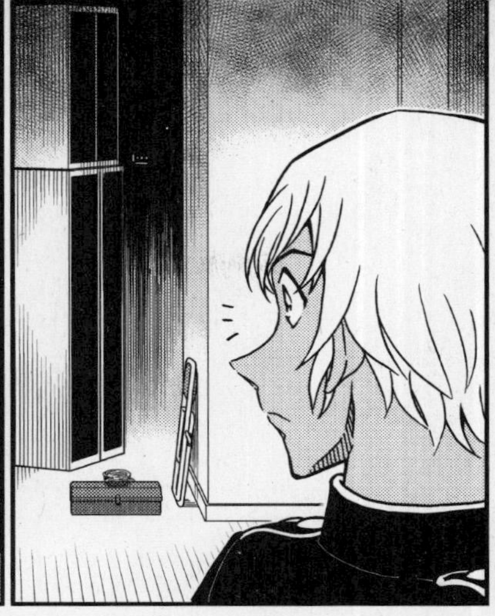

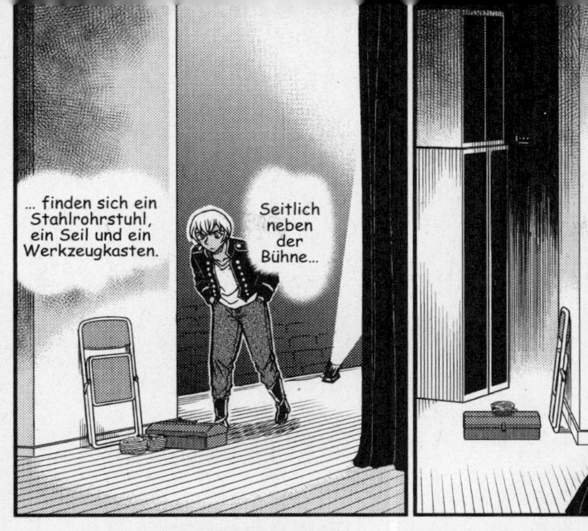
Seitlich neben der Bühne...
... finden sich ein Stahlrohrstuhl, ein Seil und ein Werkzeugkasten.

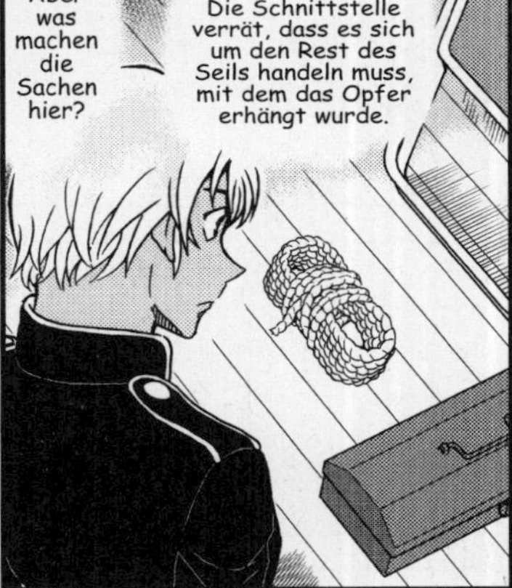
Die Schnittstelle verrät, dass es sich um den Rest des Seils handeln muss, mit dem das Opfer erhängt wurde.
Aber was machen die Sachen hier?

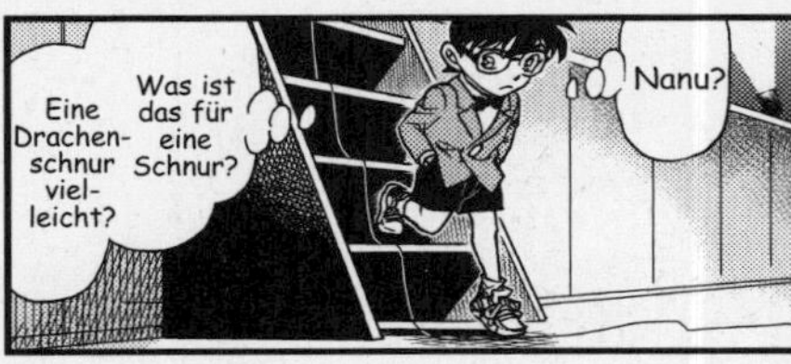
Nanu?
Was ist das für eine Schnur?
Eine Drachenschnur vielleicht?

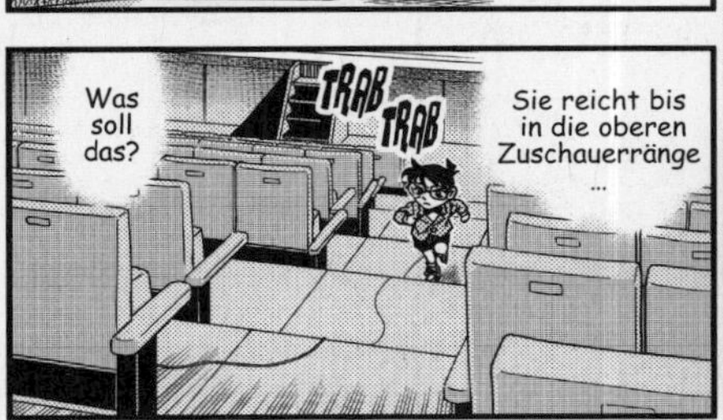
Sie reicht bis in die oberen Zuschauerränge ...
TRAB TRAB
Was soll das?

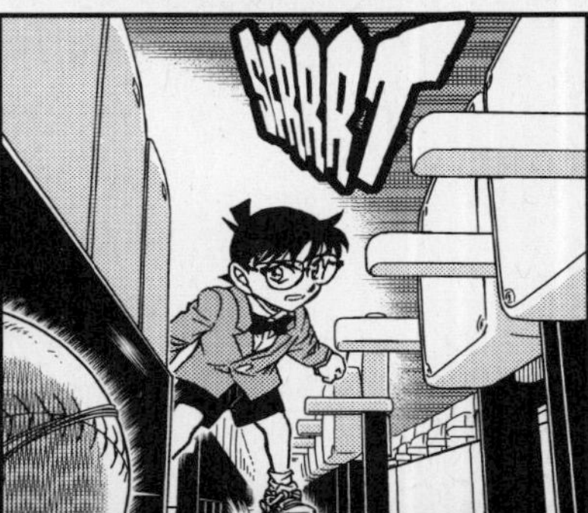

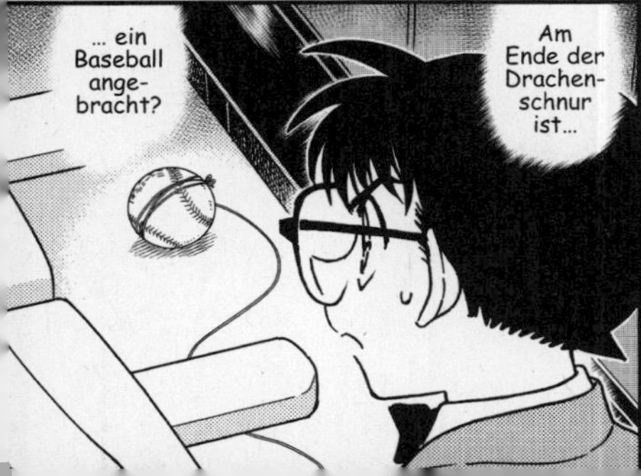
Am Ende der Drachenschnur ist...
... ein Baseball angebracht?

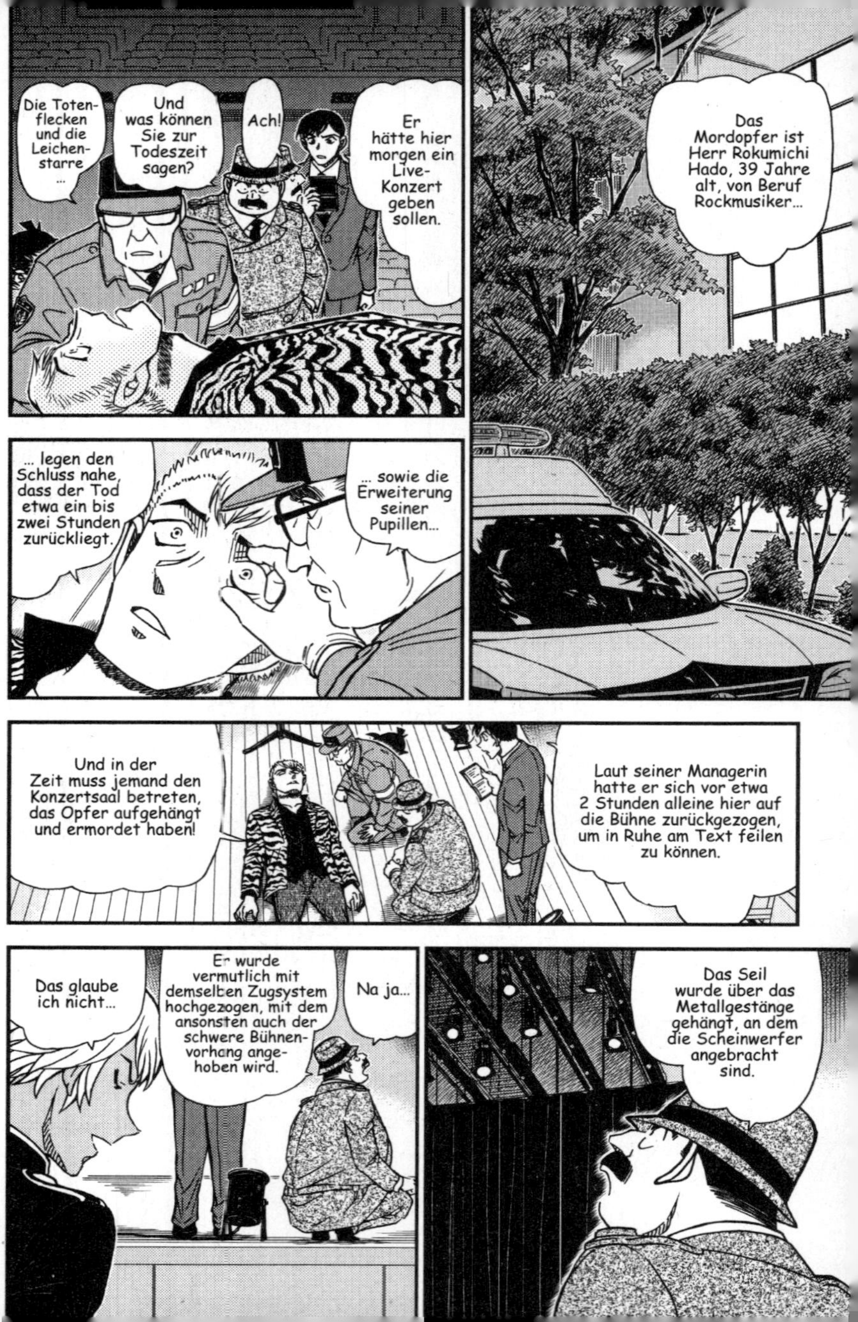

Das Mordopfer ist Herr Rokumichi Hado, 39 Jahre alt, von Beruf Rockmusiker...
Er hätte hier morgen ein Live-Konzert geben sollen.
Ach!
Und was können Sie zur Todeszeit sagen?
Die Totenflecken und die Leichenstarre ...
... sowie die Erweiterung seiner Pupillen...
... legen den Schluss nahe, dass der Tod etwa ein bis zwei Stunden zurückliegt.

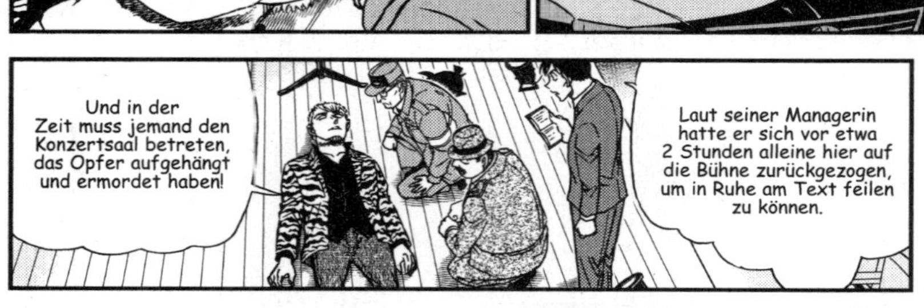

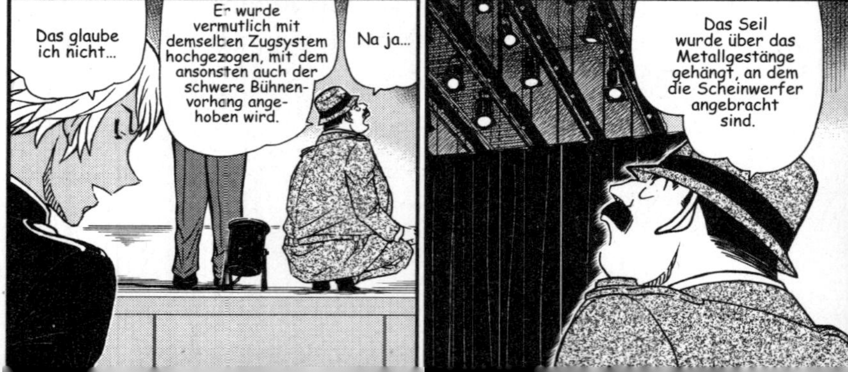

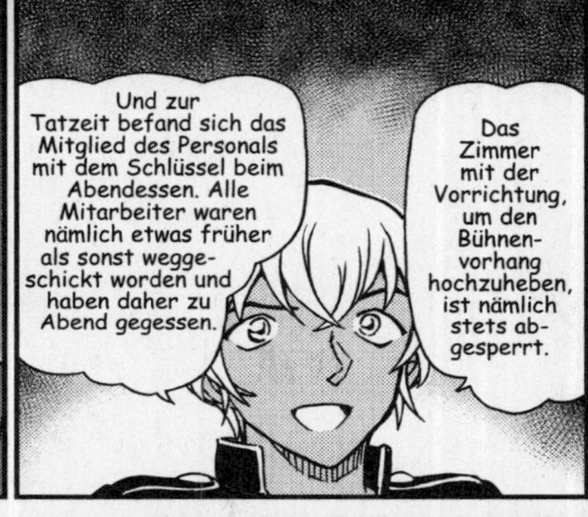
Das Zimmer mit der Vorrichtung, um den Bühnenvorhang hochzuheben, ist nämlich stets abgesperrt.
Und zur Tatzeit befand sich das Mitglied des Personals mit dem Schlüssel beim Abendessen. Alle Mitarbeiter waren nämlich etwas früher als sonst weggeschickt worden und haben daher zu Abend gegessen.

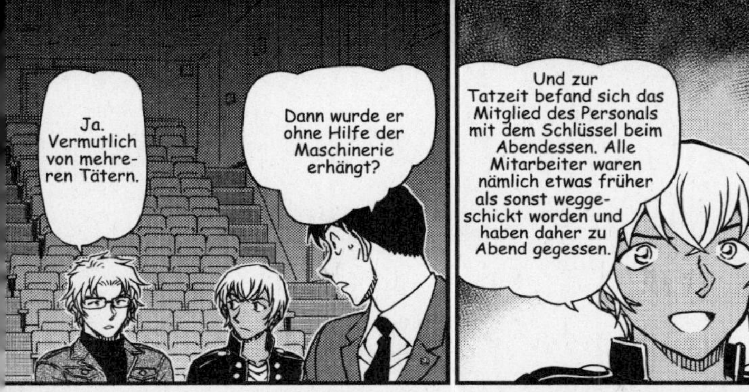
Dann wurde er ohne Hilfe der Maschinerie erhängt?
Ja. Vermutlich von mehreren Tätern.

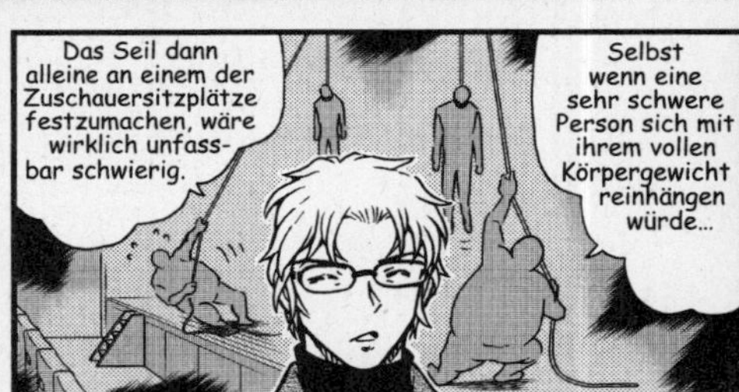
Selbst wenn eine sehr schwere Person sich mit ihrem vollen Körpergewicht reinhängen würde...
Das Seil dann alleine an einem der Zuschauersitzplätze festzumachen, wäre wirklich unfassbar schwierig.

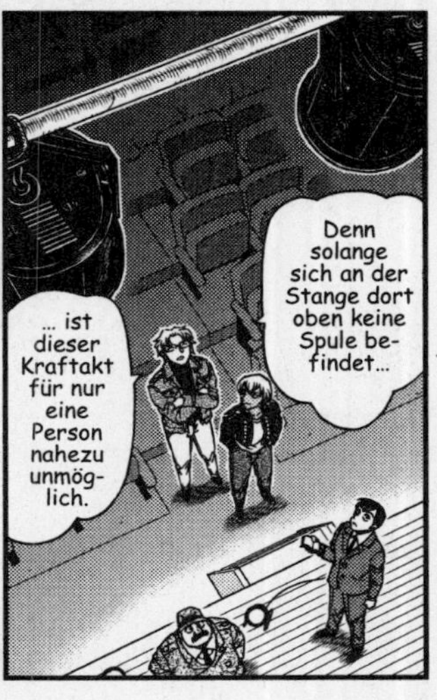
Denn solange sich an der Stange dort oben keine Spule befindet...
... ist dieser Kraftakt für nur eine Person nahezu unmöglich.

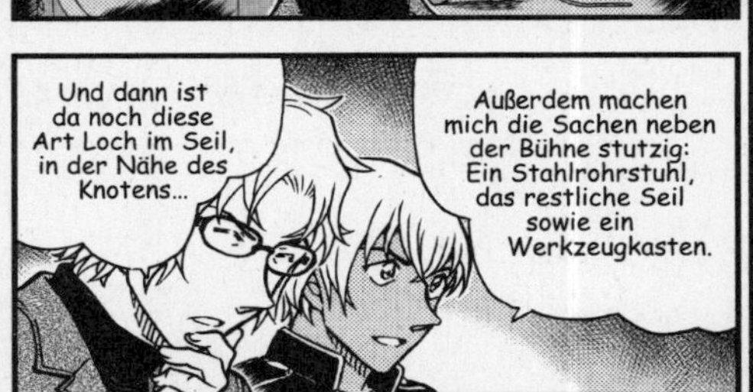
Außerdem machen mich die Sachen neben der Bühne stutzig: Ein Stahlrohrstuhl, das restliche Seil sowie ein Werkzeugkasten.
Und dann ist da noch diese Art Loch im Seil, in der Nähe des Knotens...

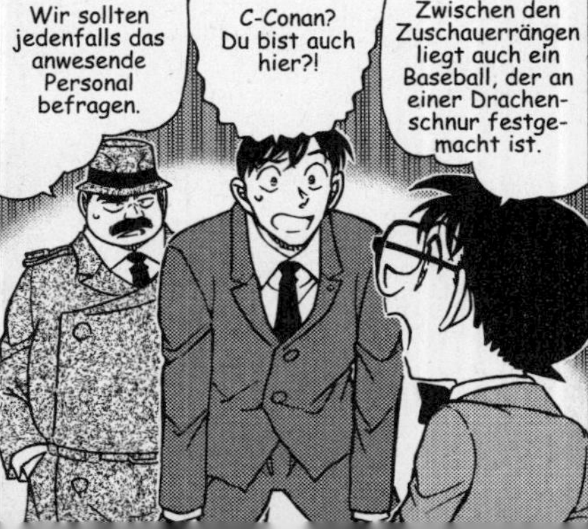
Zwischen den Zuschauerrängen liegt auch ein Baseball, der an einer Drachenschnur festgemacht ist.
C-Conan? Du bist auch hier?!
Wir sollten jedenfalls das anwesende Personal befragen.

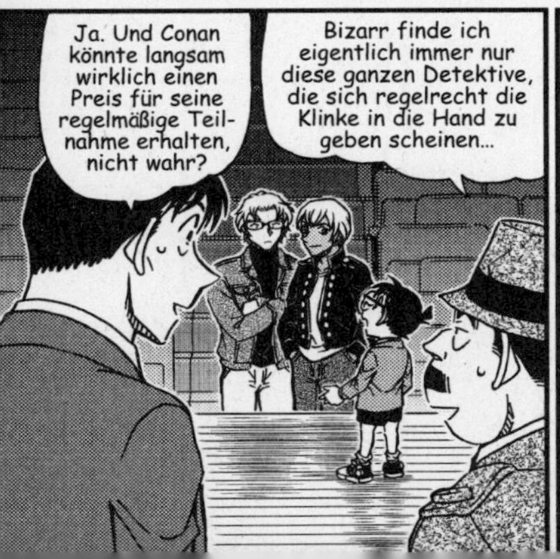
Bizarr finde ich eigentlich immer nur diese ganzen Detektive, die sich regelrecht die Klinke in die Hand zu geben scheinen...
Ja. Und Conan könnte langsam wirklich einen Preis für seine regelmäßige Teilnahme erhalten, nicht wahr?

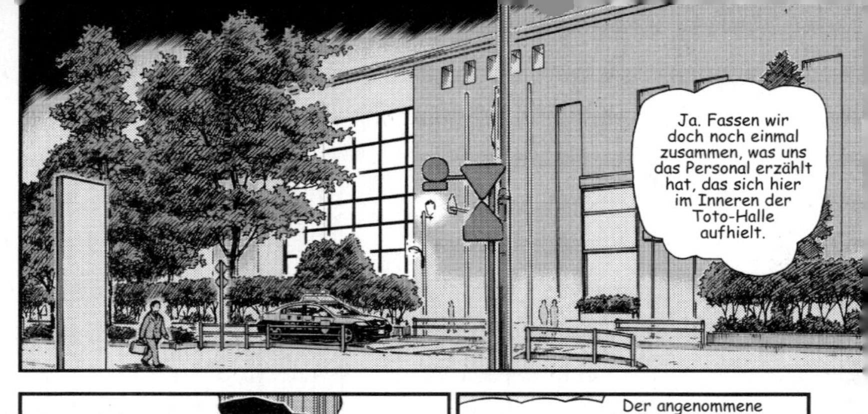
Ja. Fassen wir doch noch einmal zusammen, was uns das Personal erzählt hat, das sich hier im Inneren der Toto-Halle aufhielt.

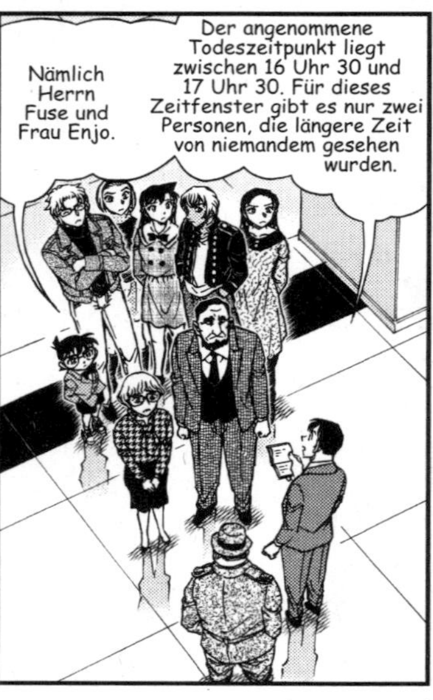
Der angenommene Todeszeitpunkt liegt zwischen 16 Uhr 30 und 17 Uhr 30. Für dieses Zeitfenster gibt es nur zwei Personen, die längere Zeit von niemandem gesehen wurden.
Nämlich Herrn Fuse und Frau Enjo.

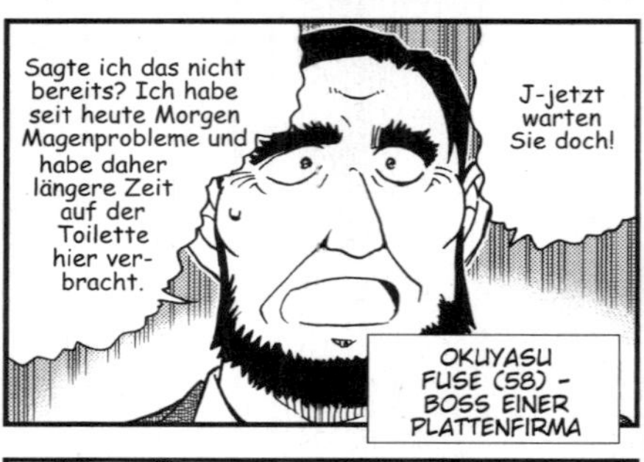
J-jetzt warten Sie doch!
Sagte ich das nicht bereits? Ich habe seit heute Morgen Magenprobleme und habe daher längere Zeit auf der Toilette hier verbracht.
OKUYASU FUSE (58) - BOSS EINER PLATTENFIRMA

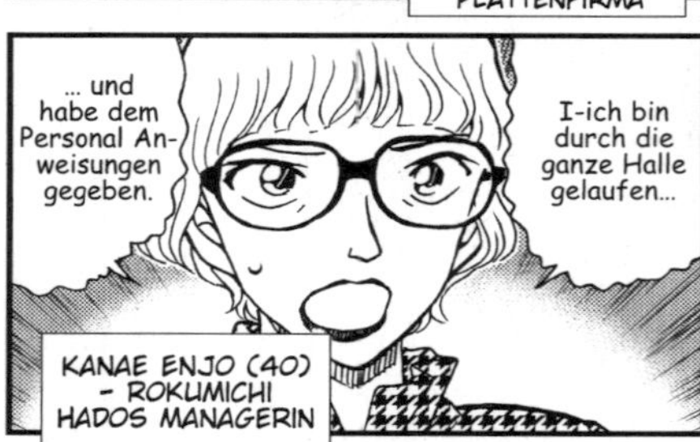
I-ich bin durch die ganze Halle gelaufen...
... und habe dem Personal Anweisungen gegeben.
KANAE ENJO (40) - ROKUMICHI HADOS MANAGERIN

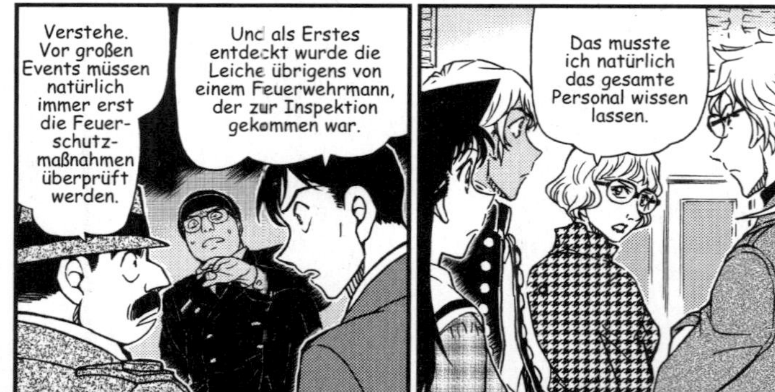
Diese Herrschaften hier wollten schließlich seiner Generalprobe beiwohnen.
Das musste ich natürlich das gesamte Personal wissen lassen.
Und als Erstes entdeckt wurde die Leiche übrigens von einem Feuerwehrmann, der zur Inspektion gekommen war.
Verstehe. Vor großen Events müssen natürlich immer erst die Feuerschutzmaßnahmen überprüft werden.

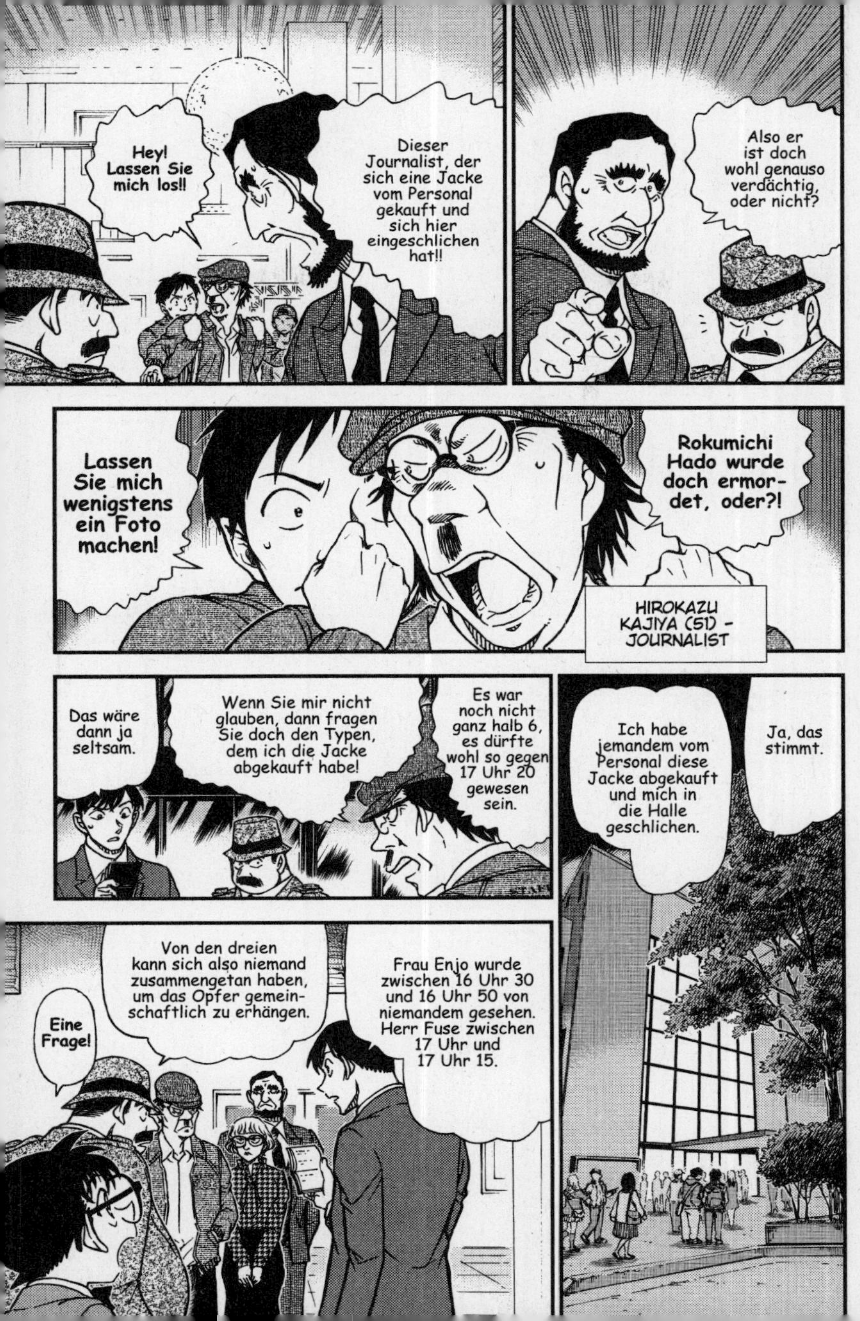

Also er ist doch wohl genauso verdächtig, oder nicht?

Dieser Journalist, der sich eine Jacke vom Personal gekauft und sich hier eingeschlichen hat!!

Hey! Lassen Sie mich los!!

Rokumichi Hado wurde doch ermordet, oder?!

Lassen Sie mich wenigstens ein Foto machen!

HIROKAZU KAJIYA (51) - JOURNALIST

Ja, das stimmt.

Ich habe jemandem vom Personal diese Jacke abgekauft und mich in die Halle geschlichen.

Es war noch nicht ganz halb 6, es dürfte wohl so gegen 17 Uhr 20 gewesen sein.

Wenn Sie mir nicht glauben, dann fragen Sie doch den Typen, dem ich die Jacke abgekauft habe!

Das wäre dann ja seltsam.

Frau Enjo wurde zwischen 16 Uhr 30 und 16 Uhr 50 von niemandem gesehen. Herr Fuse zwischen 17 Uhr und 17 Uhr 15.

Von den dreien kann sich also niemand zusammengetan haben, um das Opfer gemeinschaftlich zu erhängen.

Eine Frage!

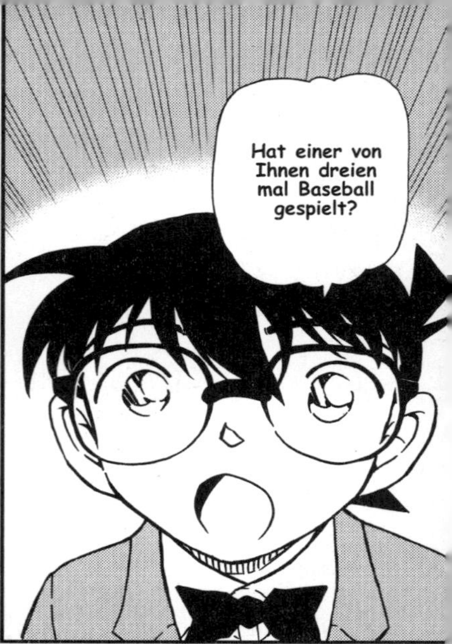
Hat einer von Ihnen dreien mal Baseball gespielt?

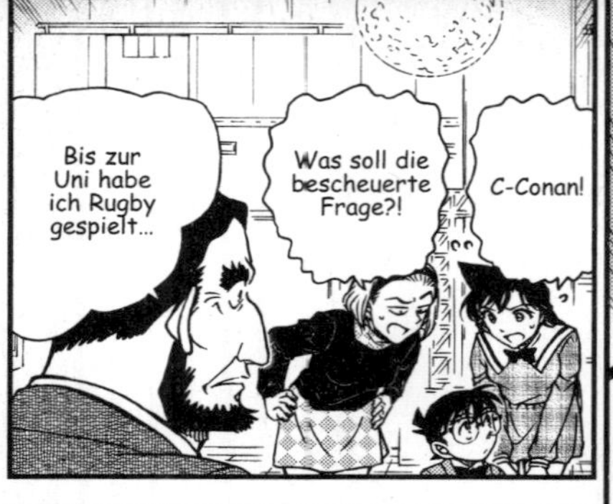
C-Conan!
Was soll die bescheuerte Frage?!
Bis zur Uni habe ich Rugby gespielt...

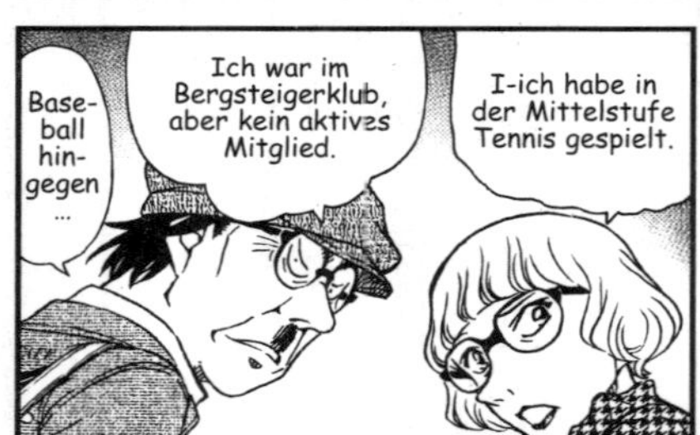
I-ich habe in der Mittelstufe Tennis gespielt.
Ich war im Bergsteigerklub, aber kein aktives Mitglied.
Baseball hingegen ...

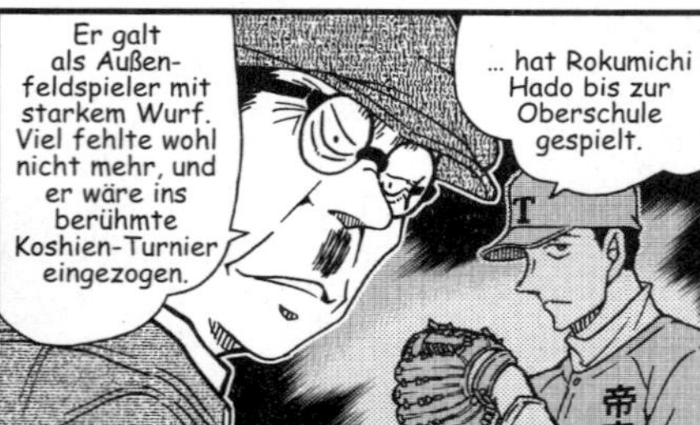
... hat Rokumichi Hado bis zur Oberschule gespielt.
Er galt als Außenfeldspieler mit starkem Wurf. Viel fehlte wohl nicht mehr, und er wäre ins berühmte Koshien-Turnier eingezogen.

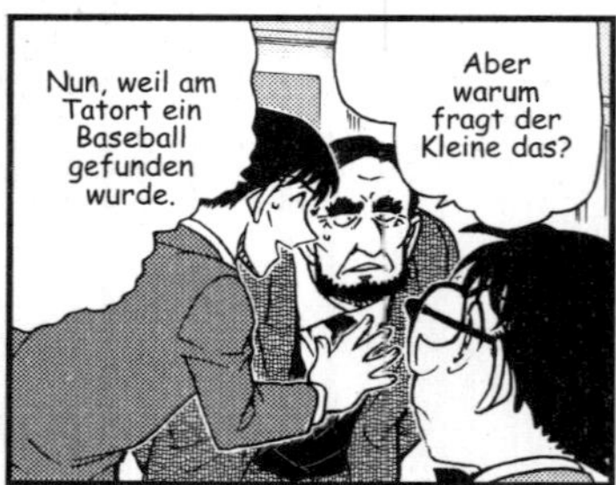
Aber warum fragt der Kleine das?
Nun, weil am Tatort ein Baseball gefunden wurde.

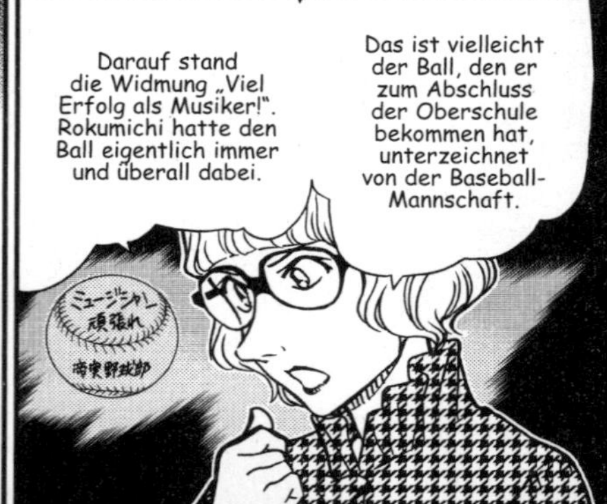
Das ist vielleicht der Ball, den er zum Abschluss der Oberschule bekommen hat, unterzeichnet von der Baseball-Mannschaft.
Darauf stand die Widmung „Viel Erfolg als Musiker!". Rokumichi hatte den Ball eigentlich immer und überall dabei.

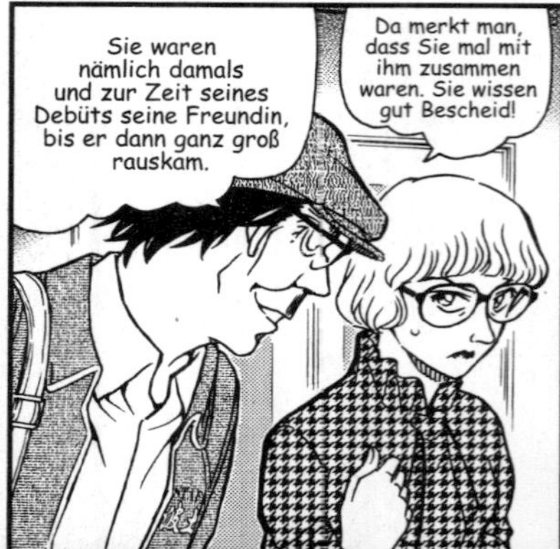
Da merkt man, dass Sie mal mit ihm zusammen waren. Sie wissen gut Bescheid!
Sie waren nämlich damals und zur Zeit seines Debüts seine Freundin, bis er dann ganz groß rauskam.

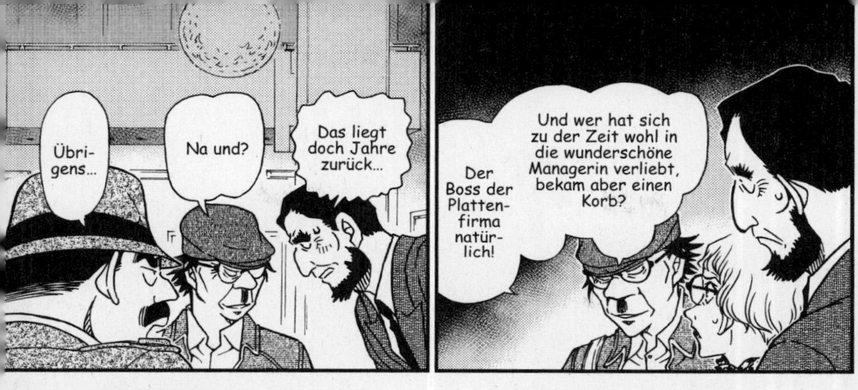
Und wer hat sich zu der Zeit wohl in die wunderschöne Managerin verliebt, bekam aber einen Korb?
Der Boss der Plattenfirma natürlich!
Das liegt doch Jahre zurück...
Na und?
Übrigens...

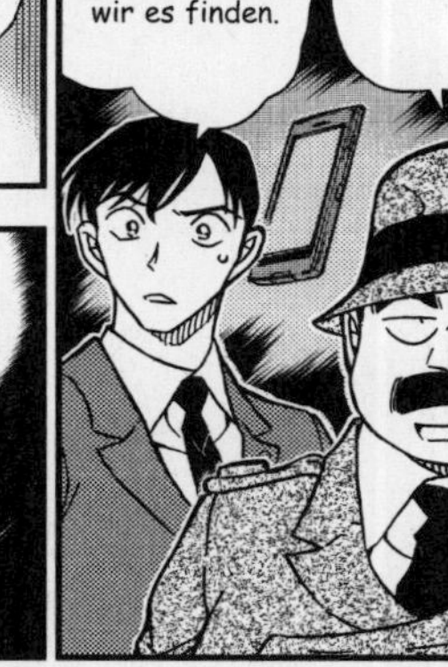
Wissen Sie vielleicht, wo Herrn Hados Handy ist?
Weder in seiner Garderobe noch bei seinen Sachen konnten wir es finden.

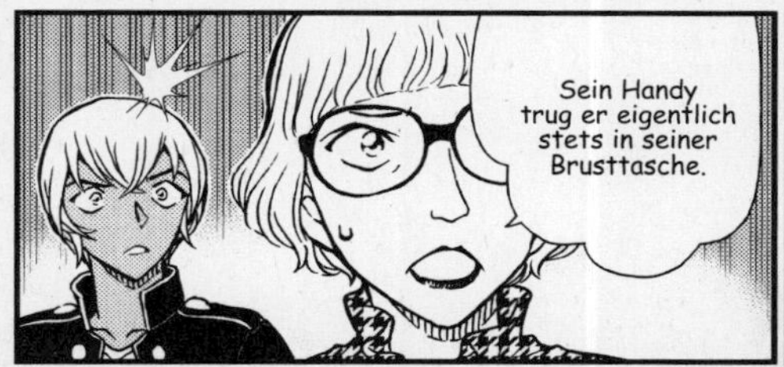
Sein Handy trug er eigentlich stets in seiner Brusttasche.

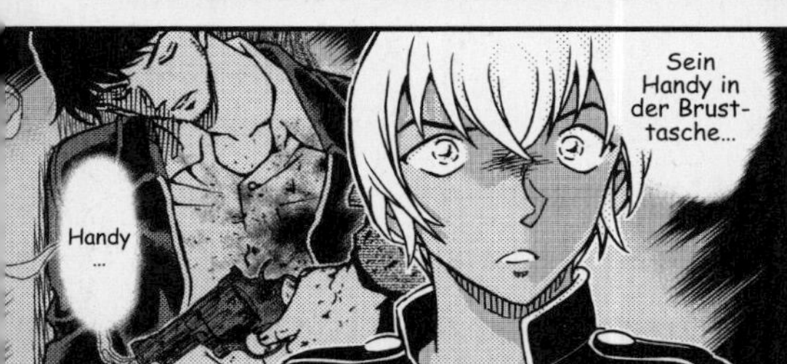
Sein Handy in der Brusttasche...
Handy ...

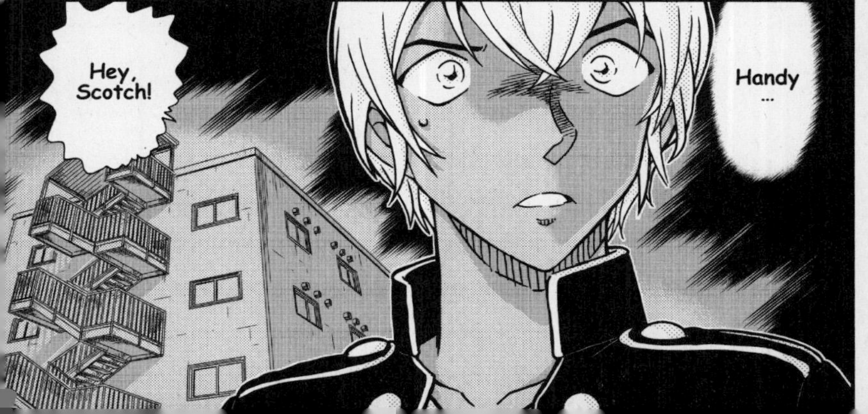
Handy ...
Hey, Scotch!

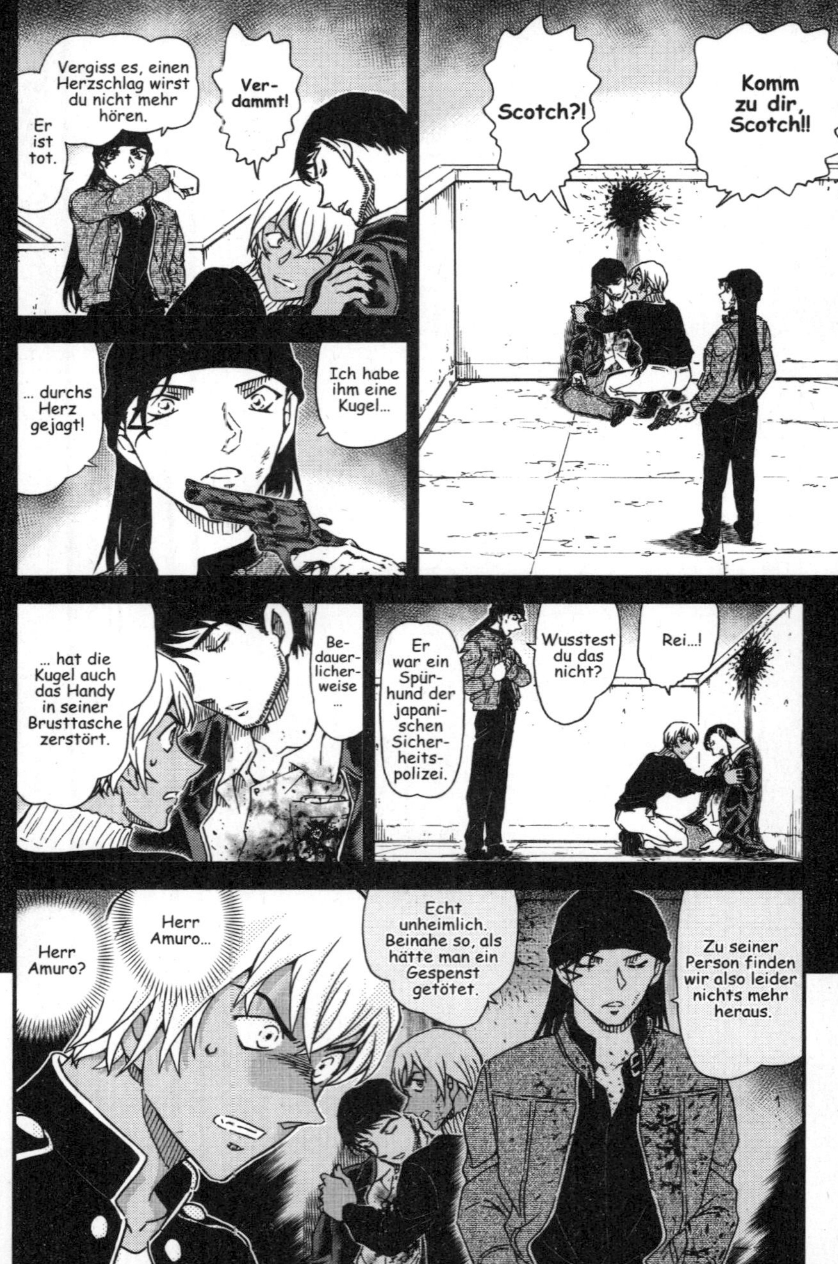
Komm zu dir, Scotch!!
Scotch?!
Ver- dammt!
Vergiss es, einen Herzschlag wirst du nicht mehr hören.
Er ist tot.
Ich habe ihm eine Kugel...
... durchs Herz gejagt!
Rei...!
Wusstest du das nicht?
Er war ein Spürhund der japanischen Sicherheitspolizei.
Bedauerlicherweise ...
... hat die Kugel auch das Handy in seiner Brusttasche zerstört.
Zu seiner Person finden wir also leider nichts mehr heraus.
Echt unheimlich. Beinahe so, als hätte man ein Gespenst getötet.
Herr Amuro...
Herr Amuro?

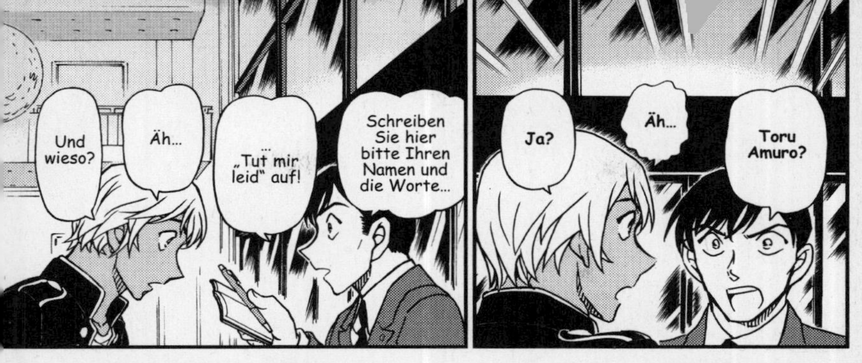
Toru Amuro?
Äh…
Ja?
Schreiben Sie hier bitte Ihren Namen und die Worte…
… „Tut mir leid“ auf!
Äh…
Und wieso?

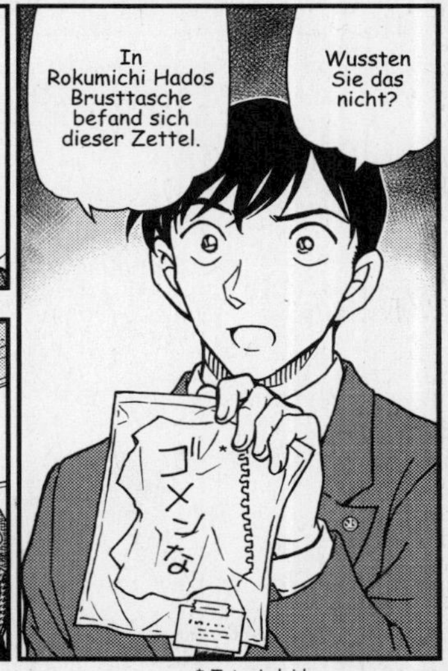
Wussten Sie das nicht?
In Rokumichi Hados Brusttasche befand sich dieser Zettel.
ゴメンな*

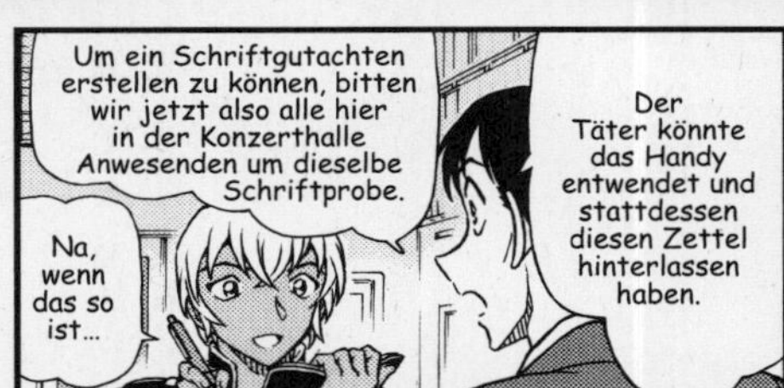
Der Täter könnte das Handy entwendet und stattdessen diesen Zettel hinterlassen haben.
Um ein Schriftgutachten erstellen zu können, bitten wir jetzt also alle hier in der Konzerthalle Anwesenden um dieselbe Schriftprobe.
Na, wenn das so ist…

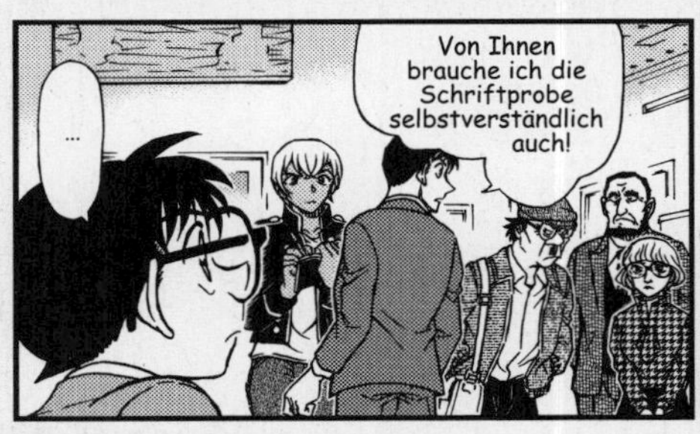
Von Ihnen brauche ich die Schriftprobe selbstverständlich auch!
…

* Tut mir leid

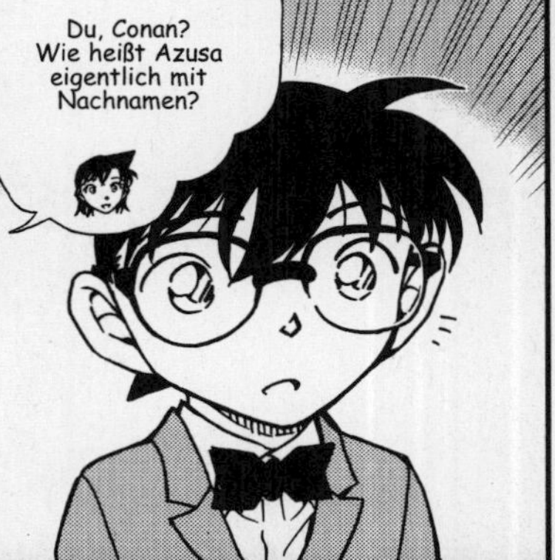
Du, Conan? Wie heißt Azusa eigentlich mit Nachnamen?

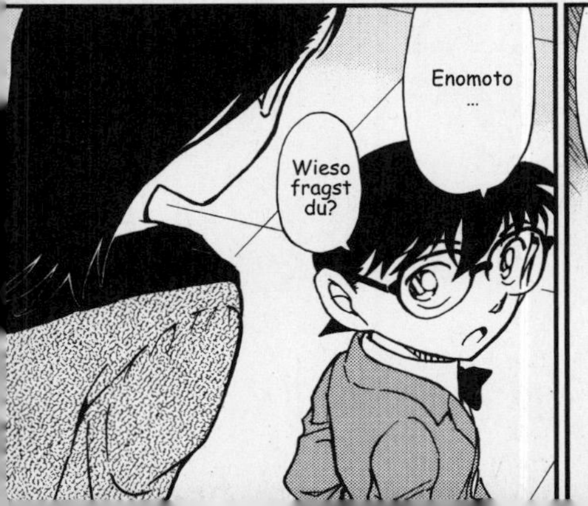
Wieso fragst du?
Enomoto …

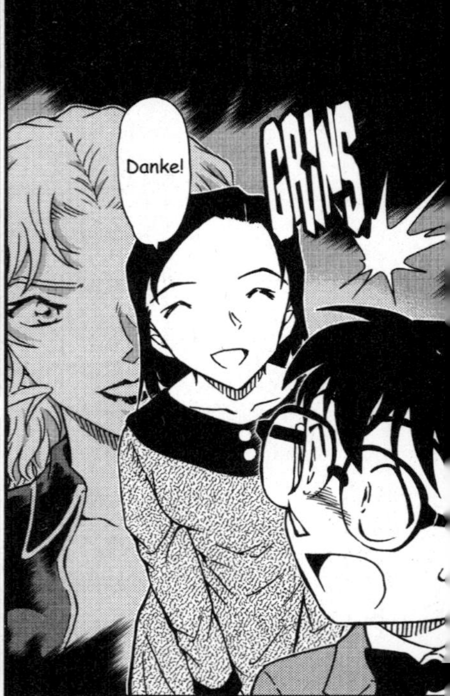
Danke!
GRINS
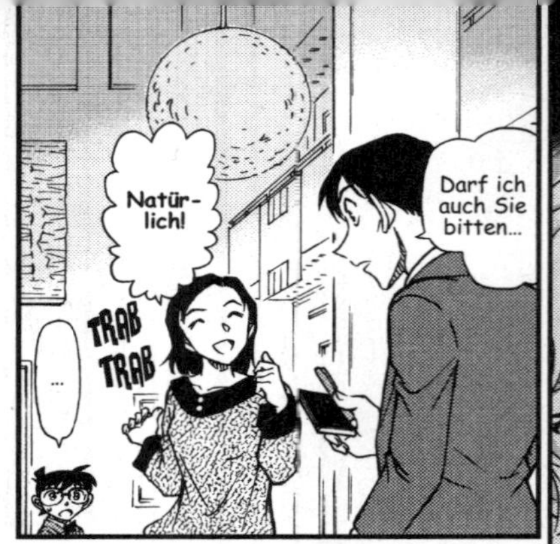
Darf ich auch Sie bitten...
Natür-lich!
TRAB TRAB
...
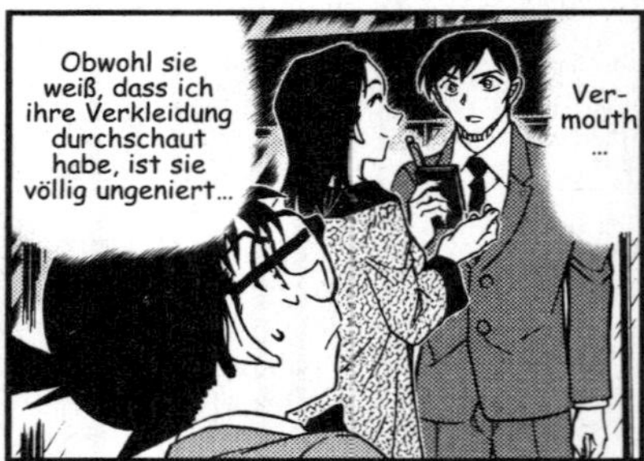
Ver-mouth ...
Obwohl sie weiß, dass ich ihre Verkleidung durchschaut habe, ist sie völlig ungeniert...
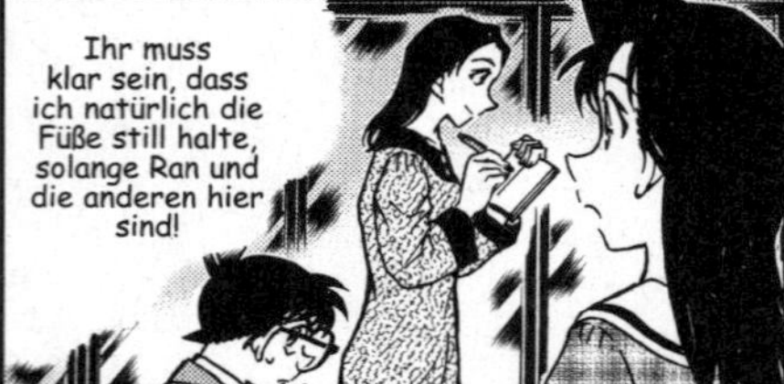
Ihr muss klar sein, dass ich natürlich die Füße still halte, solange Ran und die anderen hier sind!
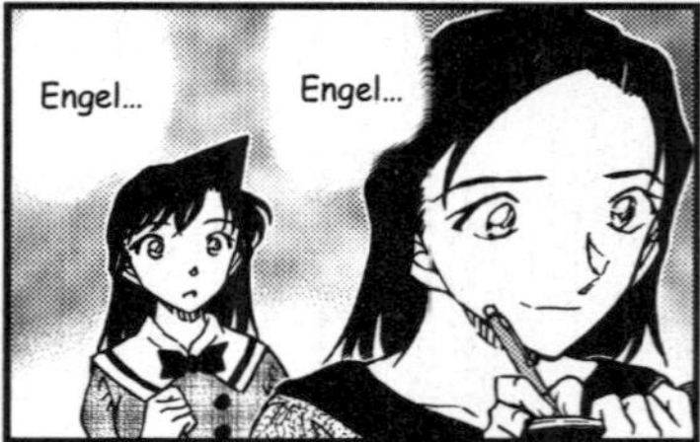
Engel...
Engel...
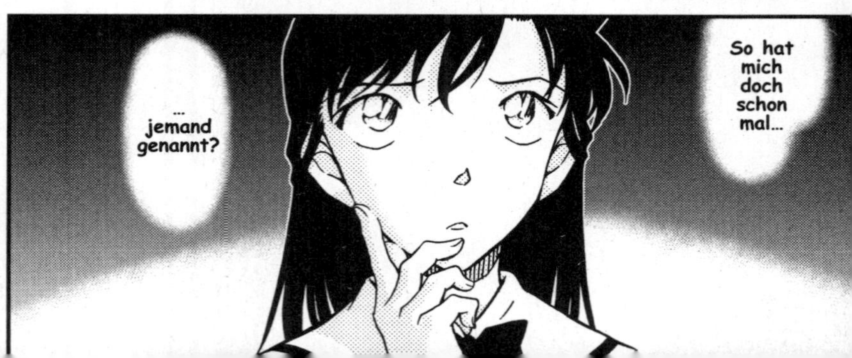
So hat mich doch schon mal...
... jemand genannt?

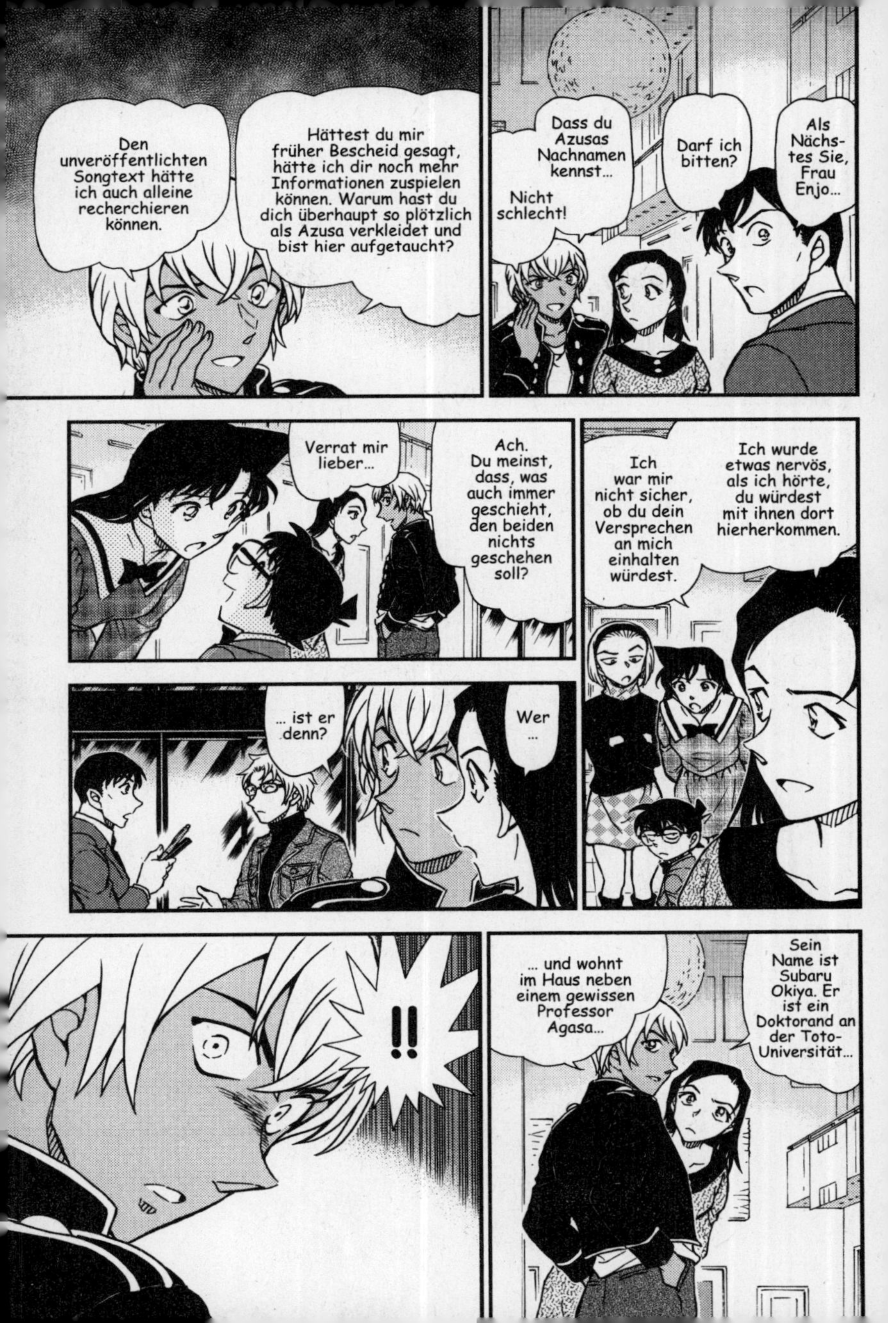

Als Nächs-tes Sie, Frau Enjo...

Darf ich bitten?

Dass du Azusas Nachnamen kennst...

Nicht schlecht!

Hättest du mir früher Bescheid gesagt, hätte ich dir noch mehr Informationen zuspielen können. Warum hast du dich überhaupt so plötzlich als Azusa verkleidet und bist hier aufgetaucht?

Den unveröffentlichten Songtext hätte ich auch alleine recherchieren können.

Ich wurde etwas nervös, als ich hörte, du würdest mit ihnen dort hierherkommen.

Ich war mir nicht sicher, ob du dein Versprechen an mich einhalten würdest.

Ach. Du meinst, dass, was auch immer geschieht, den beiden nichts geschehen soll?

Verrat mir lieber...

Wer ...

... ist er denn?

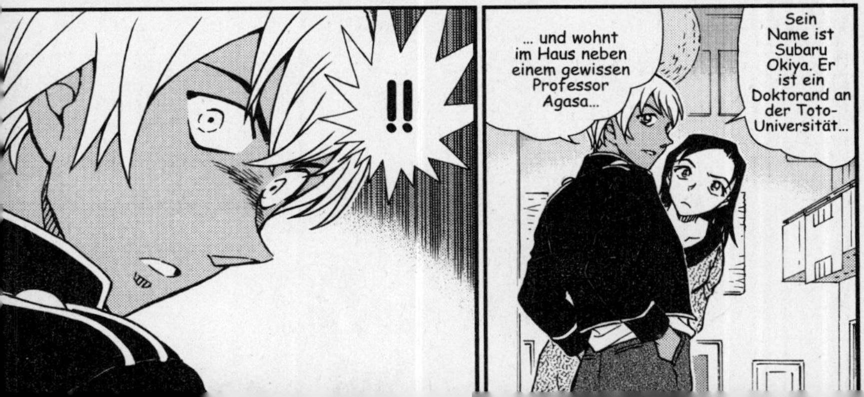

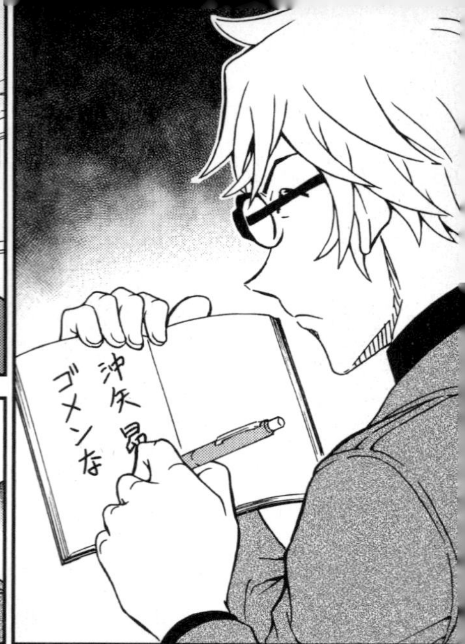
沖矢昴
ゴメンな

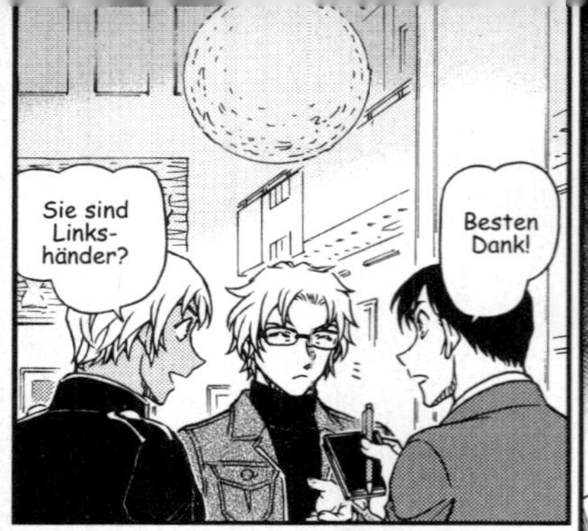
Besten Dank!
Sie sind Linkshänder?

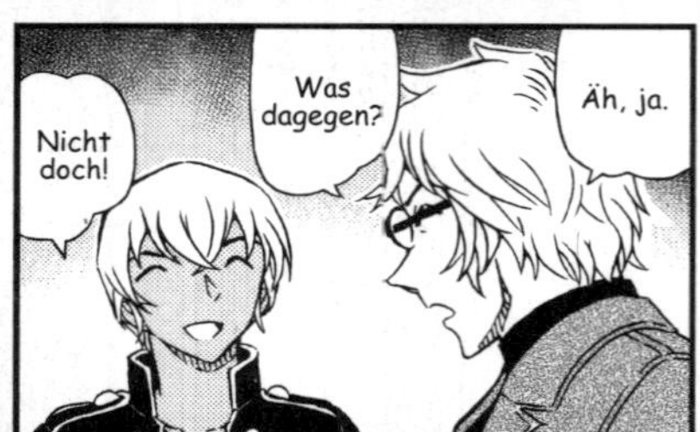
Äh, ja.
Was dagegen?
Nicht doch!

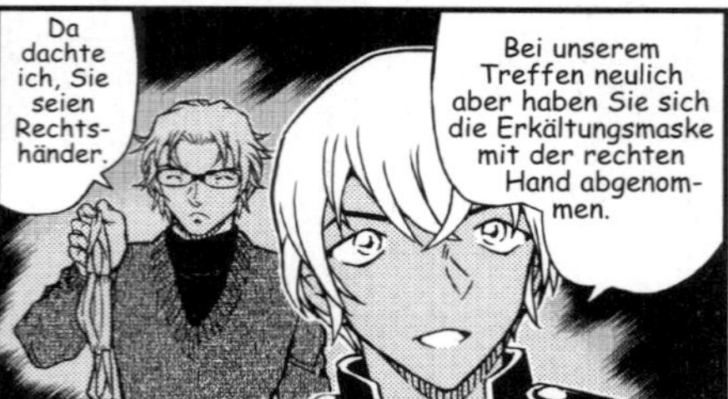
Bei unserem Treffen neulich aber haben Sie sich die Erkältungsmaske mit der rechten Hand abgenommen.
Da dachte ich, Sie seien Rechtshänder.

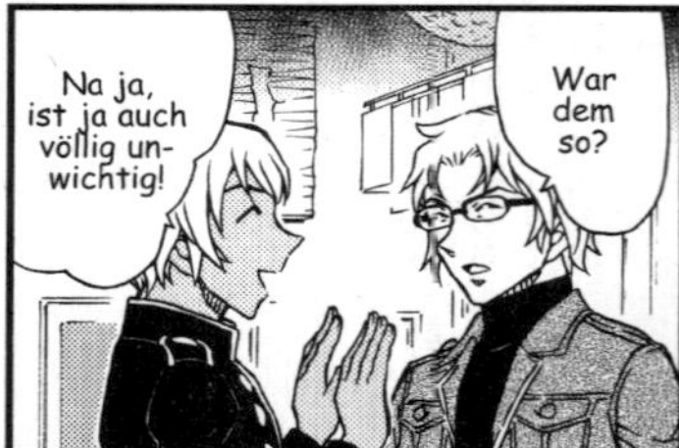
War dem so?
Na ja, ist ja auch völlig unwichtig!

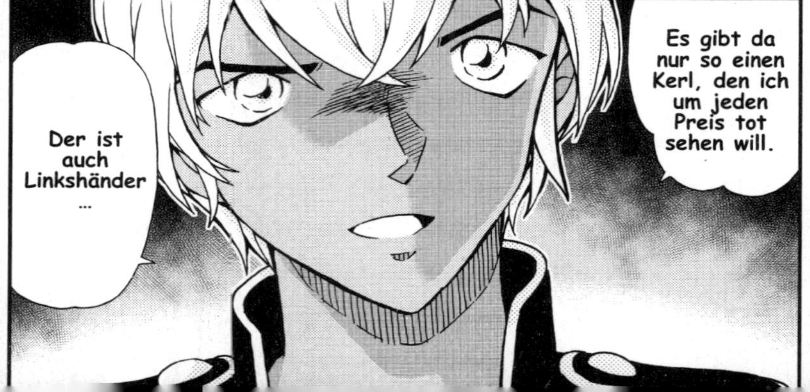
Es gibt da nur so einen Kerl, den ich um jeden Preis tot sehen will.
Der ist auch Linkshänder ...

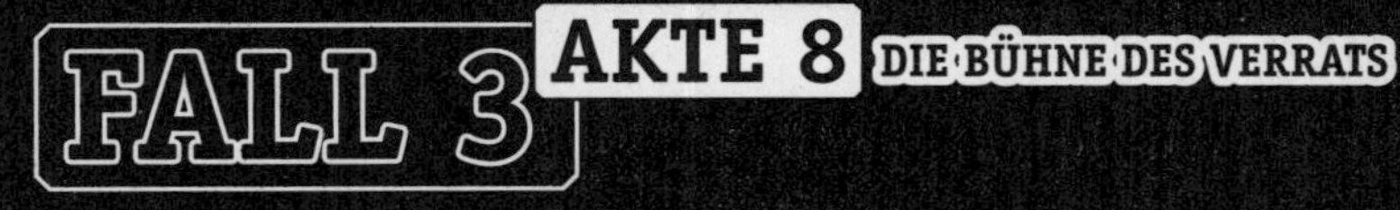

Das Angriffsziel des Verrats

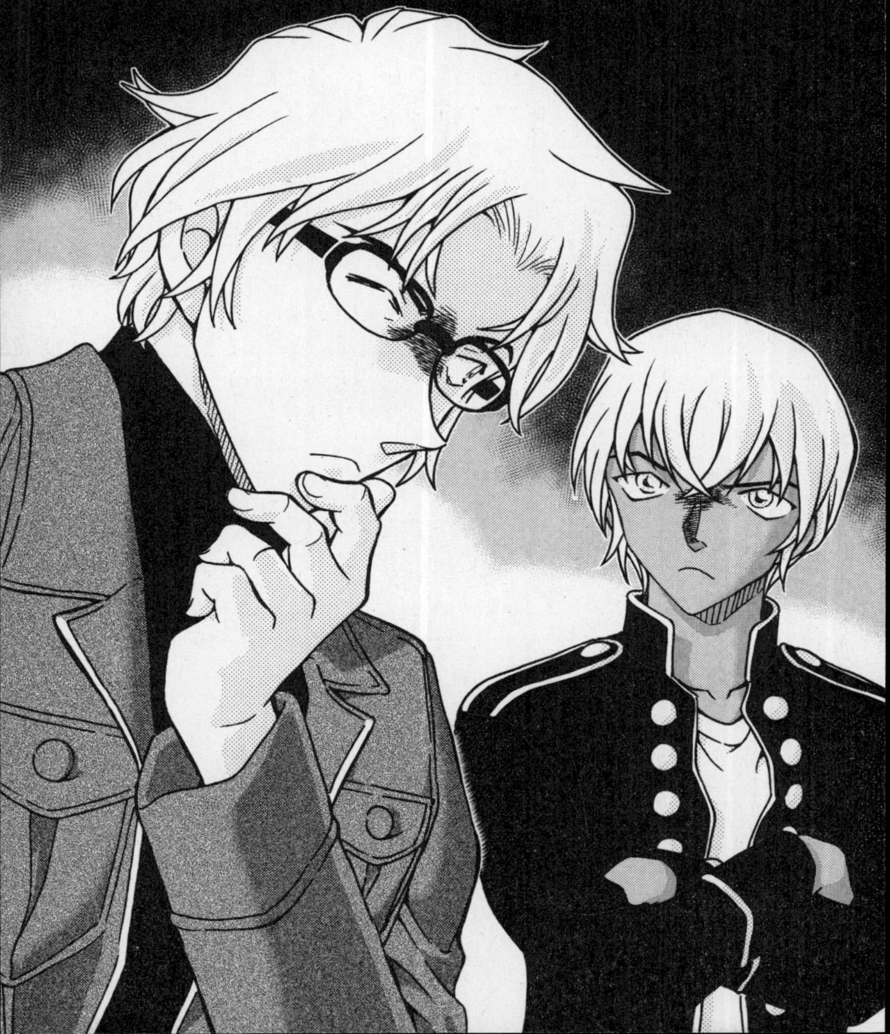

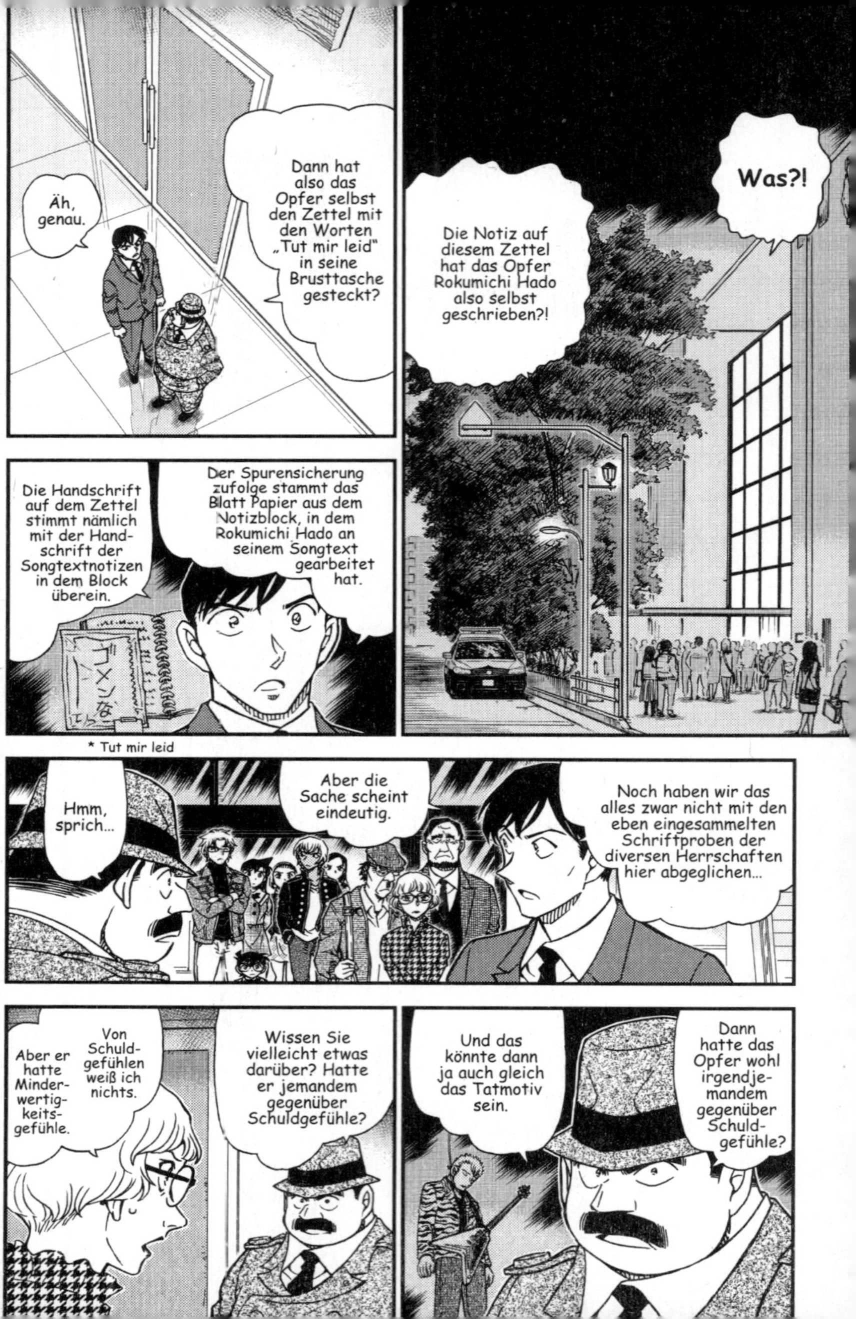

Die Notiz auf diesem Zettel hat das Opfer Rokumichi Hado also selbst geschrieben?!
Was?!
Dann hat also das Opfer selbst den Zettel mit den Worten „Tut mir leid" in seine Brusttasche gesteckt?
Äh, genau.
Der Spurensicherung zufolge stammt das Blatt Papier aus dem Notizblock, in dem Rokumichi Hado an seinem Songtext gearbeitet hat.
Die Handschrift auf dem Zettel stimmt nämlich mit der Handschrift der Songtextnotizen in dem Block überein.

* Tut mir leid

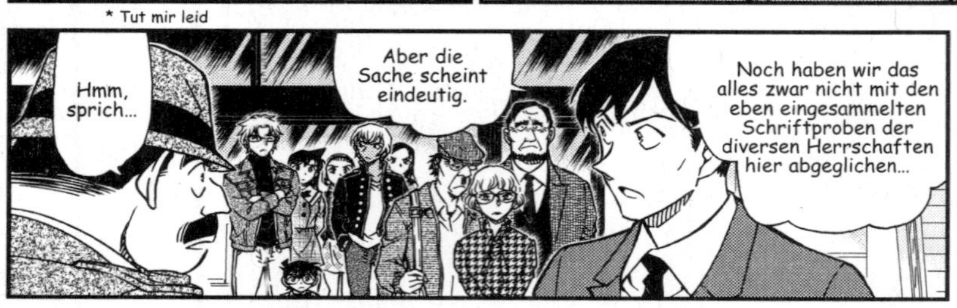

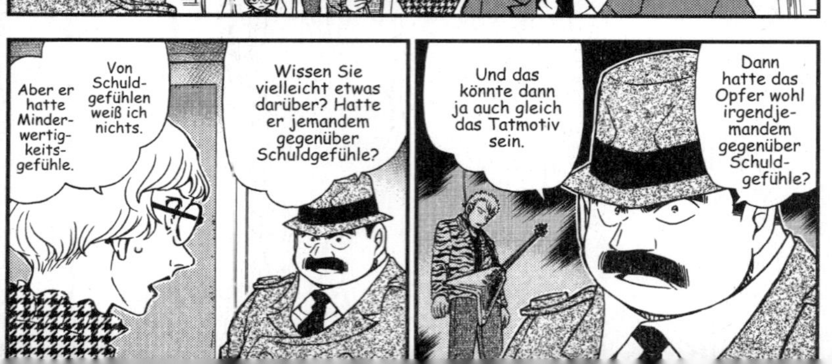

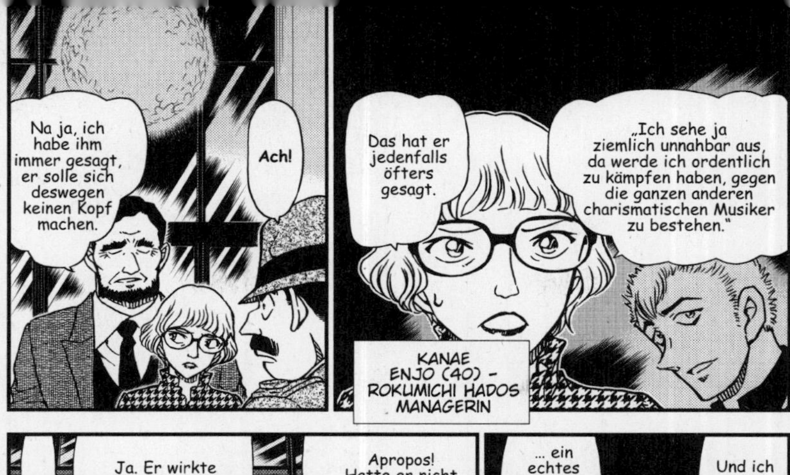
„Ich sehe ja ziemlich unnahbar aus, da werde ich ordentlich zu kämpfen haben, gegen die ganzen anderen charismatischen Musiker zu bestehen."
Das hat er jedenfalls öfters gesagt.
KANAE ENJO (40) - ROKUMICHI HADOS MANAGERIN
Ach!
Na ja, ich habe ihm immer gesagt, er solle sich deswegen keinen Kopf machen.

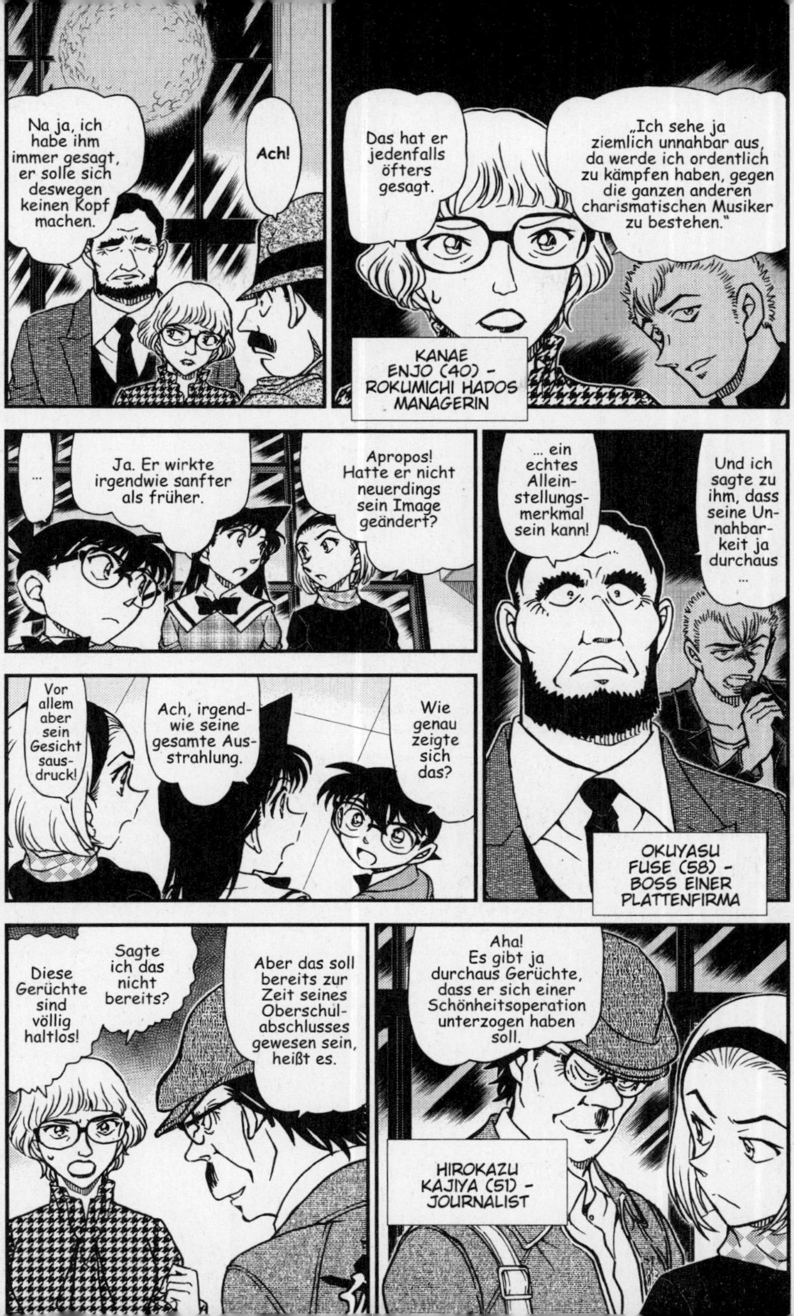

Und ich sagte zu ihm, dass seine Unnahbarkeit ja durchaus ...
... ein echtes Alleinstellungsmerkmal sein kann!
OKUYASU FUSE (58) - BOSS EINER PLATTENFIRMA
Apropos! Hatte er nicht neuerdings sein Image geändert?
Ja. Er wirkte irgendwie sanfter als früher.
...
Wie genau zeigte sich das?
Ach, irgendwie seine gesamte Ausstrahlung.
Vor allem aber sein Gesichtsausdruck!

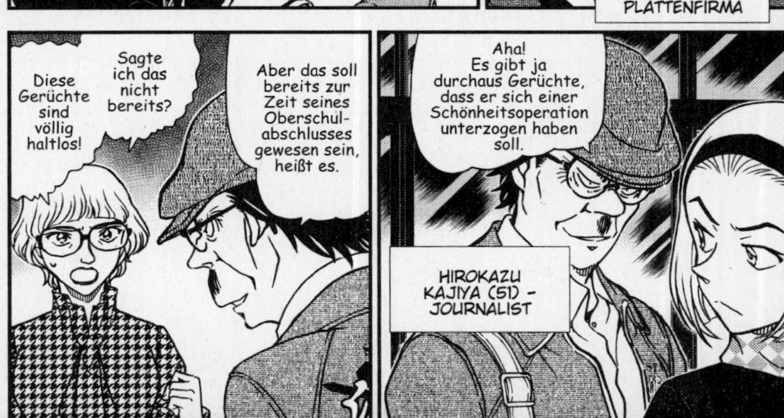
Aha! Es gibt ja durchaus Gerüchte, dass er sich einer Schönheitsoperation unterzogen haben soll.
HIROKAZU KAJIYA (51) - JOURNALIST
Aber das soll bereits zur Zeit seines Oberschulabschlusses gewesen sein, heißt es.
Sagte ich das nicht bereits?
Diese Gerüchte sind völlig haltlos!

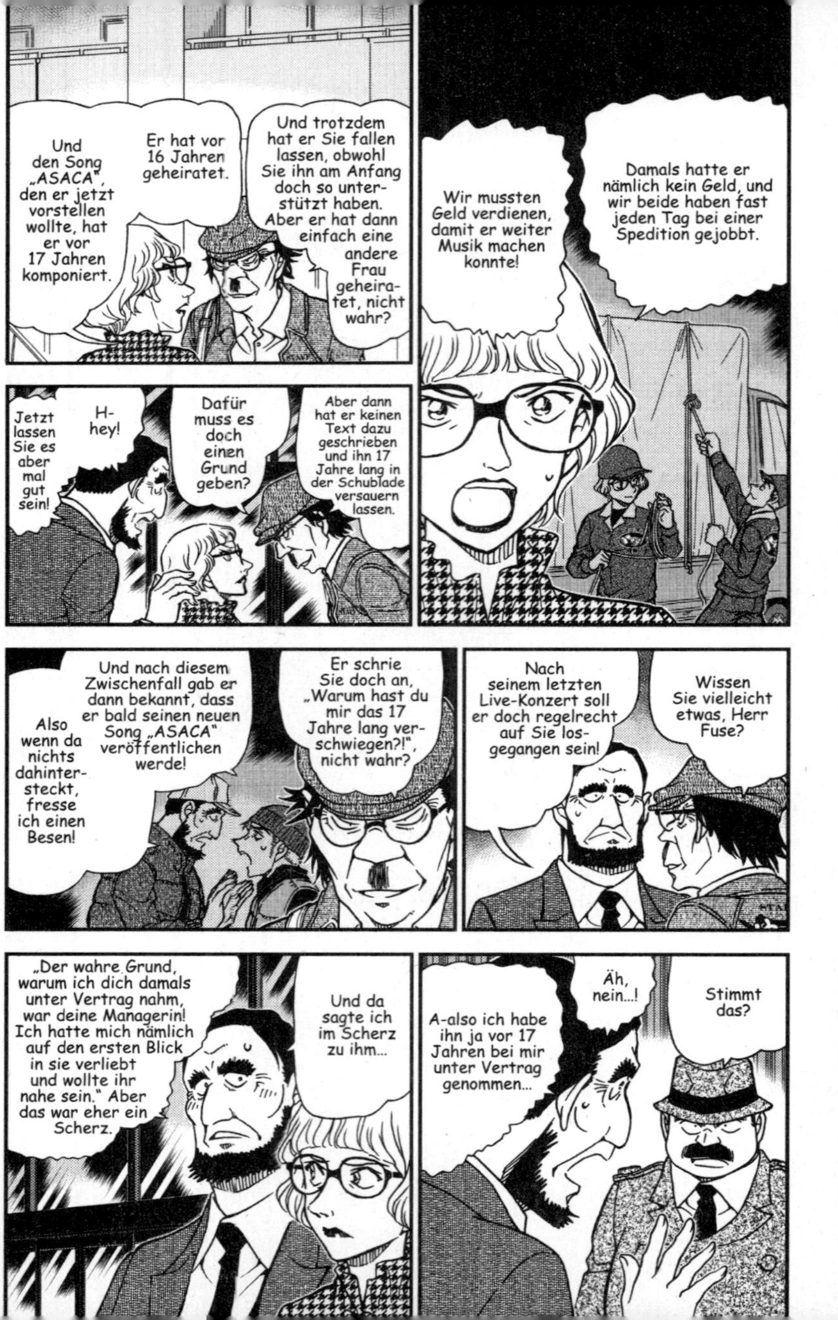

Damals hatte er nämlich kein Geld, und wir beide haben fast jeden Tag bei einer Spedition gejobbt.
Wir mussten Geld verdienen, damit er weiter Musik machen konnte!
Und trotzdem hat er Sie fallen lassen, obwohl Sie ihn am Anfang doch so unterstützt haben. Aber er hat dann einfach eine andere Frau geheiratet, nicht wahr?
Er hat vor 16 Jahren geheiratet.
Und den Song „ASACA", den er jetzt vorstellen wollte, hat er vor 17 Jahren komponiert.
Aber dann hat er keinen Text dazu geschrieben und ihn 17 Jahre lang in der Schublade versauern lassen.
Dafür muss es doch einen Grund geben?
H-hey!
Jetzt lassen Sie es aber mal gut sein!

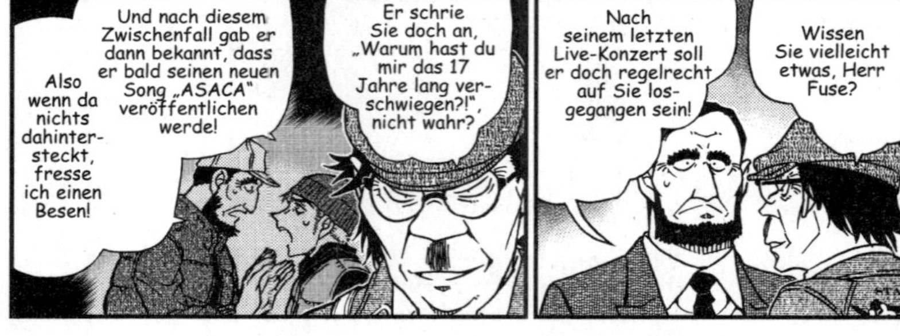

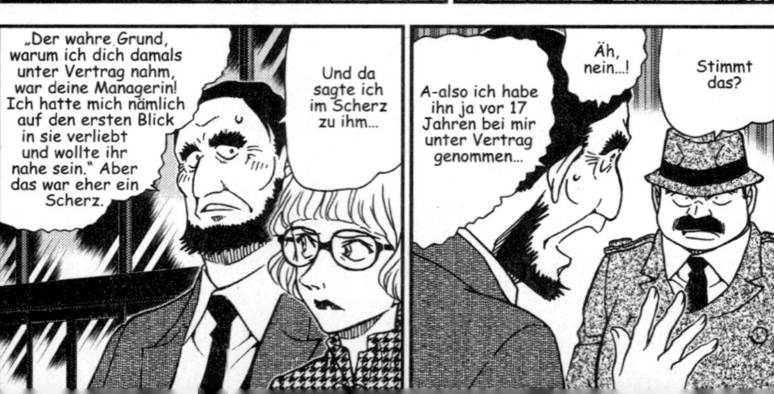

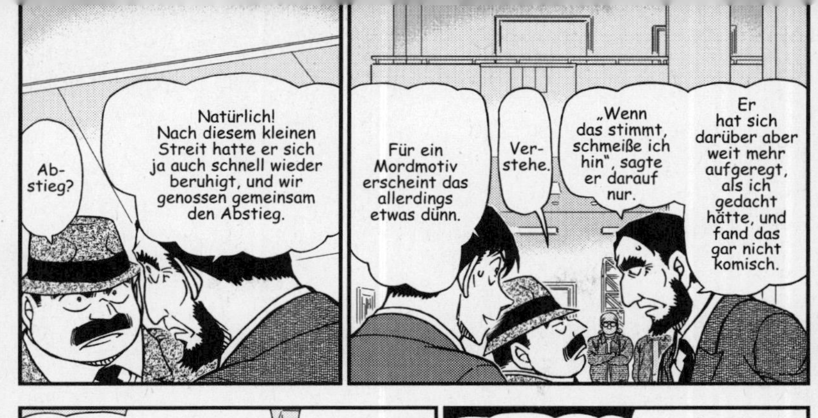
Er hat sich darüber aber weit mehr aufgeregt, als ich gedacht hätte, und fand das gar nicht komisch.
„Wenn das stimmt, schmeiße ich hin", sagte er darauf nur.
Verstehe.
Für ein Mordmotiv erscheint das allerdings etwas dünn.
Natürlich! Nach diesem kleinen Streit hatte er sich ja auch schnell wieder beruhigt, und wir genossen gemeinsam den Abstieg.
Abstieg?

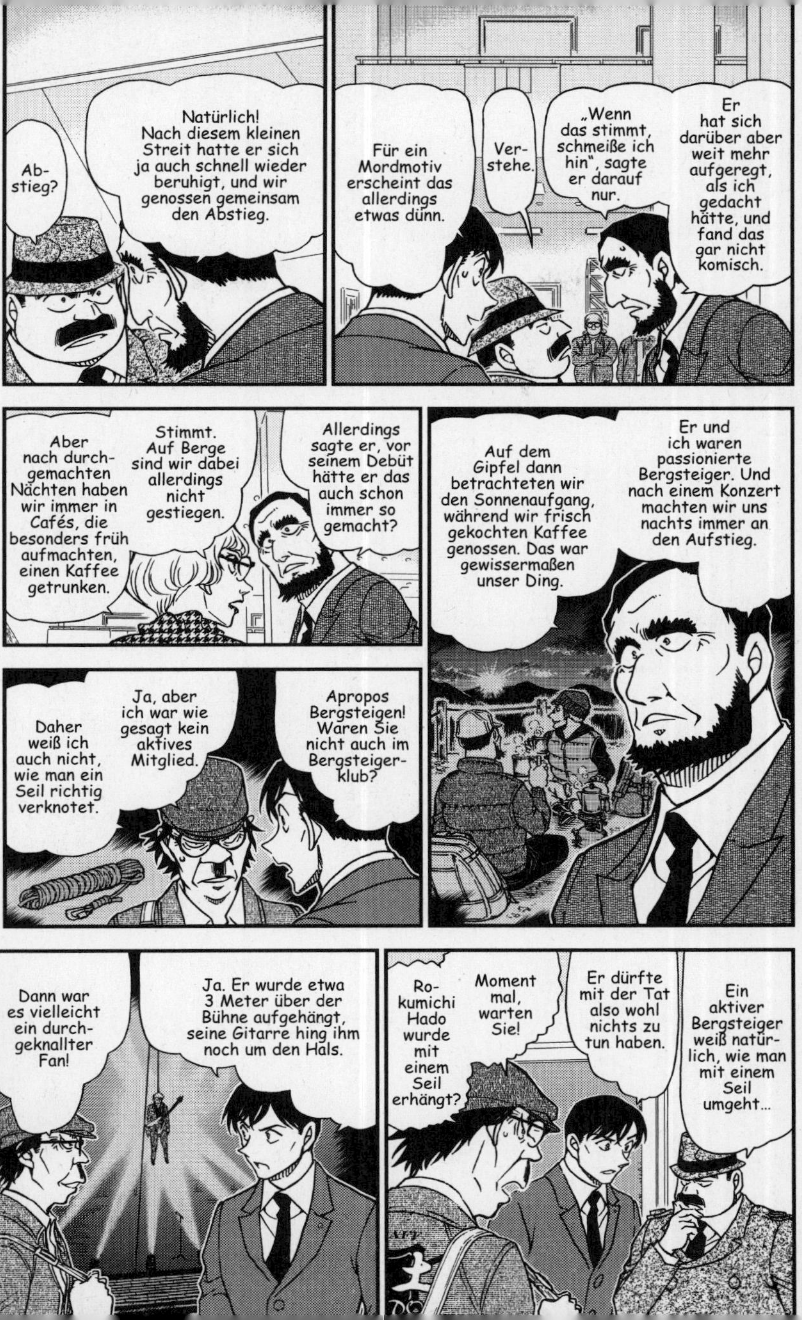

Er und ich waren passionierte Bergsteiger. Und nach einem Konzert machten wir uns nachts immer an den Aufstieg.
Auf dem Gipfel dann betrachteten wir den Sonnenaufgang, während wir frisch gekochten Kaffee genossen. Das war gewissermaßen unser Ding.
Allerdings sagte er, vor seinem Debüt hätte er das auch schon immer so gemacht?
Stimmt. Auf Berge sind wir dabei allerdings nicht gestiegen.
Aber nach durchgemachten Nächten haben wir immer in Cafés, die besonders früh aufmachten, einen Kaffee getrunken.
Apropos Bergsteigen! Waren Sie nicht auch im Bergsteigerklub?
Ja, aber ich war wie gesagt kein aktives Mitglied.
Daher weiß ich auch nicht, wie man ein Seil richtig verknotet.

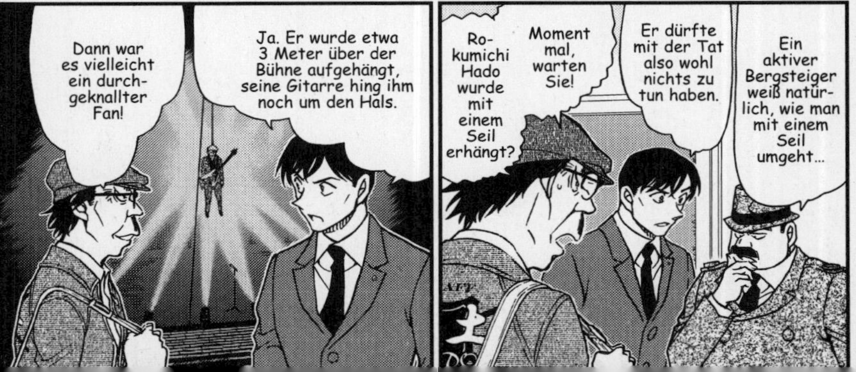
Ein aktiver Bergsteiger weiß natürlich, wie man mit einem Seil umgeht...
Er dürfte mit der Tat also wohl nichts zu tun haben.
Moment mal, warten Sie!
Rokumichi Hado wurde mit einem Seil erhängt?
Ja. Er wurde etwa 3 Meter über der Bühne aufgehängt, seine Gitarre hing ihm noch um den Hals.
Dann war es vielleicht ein durchgeknallter Fan!

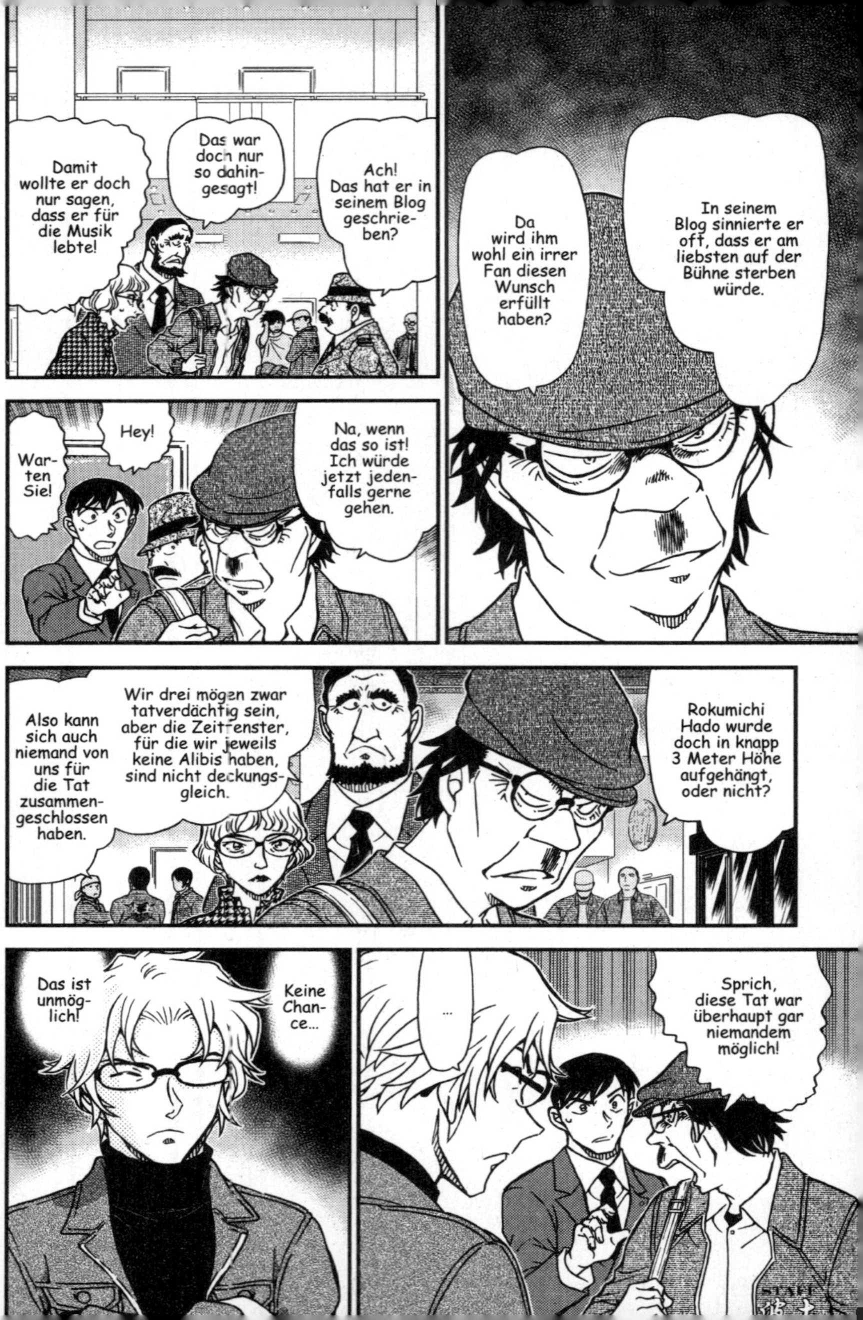

In seinem Blog sinnierte er oft, dass er am liebsten auf der Bühne sterben würde.
Da wird ihm wohl ein irrer Fan diesen Wunsch erfüllt haben?
Ach! Das hat er in seinem Blog geschrieben?
Das war doch nur so dahingesagt!
Damit wollte er doch nur sagen, dass er für die Musik lebte!
Na, wenn das so ist! Ich würde jetzt jedenfalls gerne gehen.
Hey!
Warten Sie!

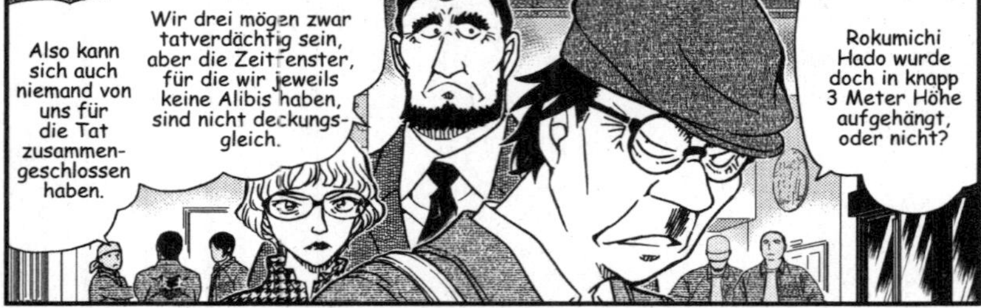

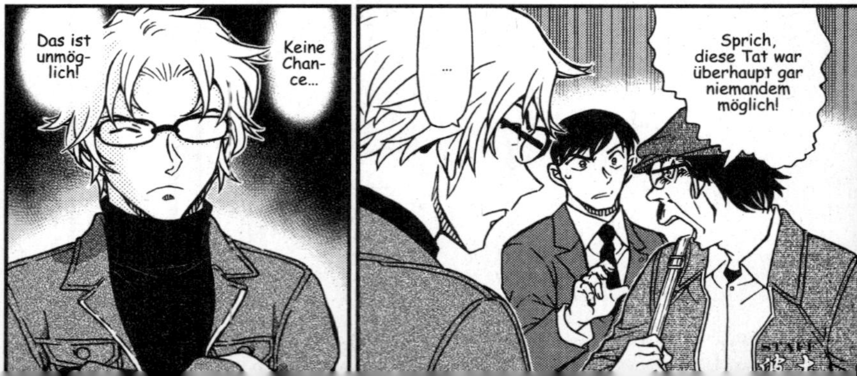

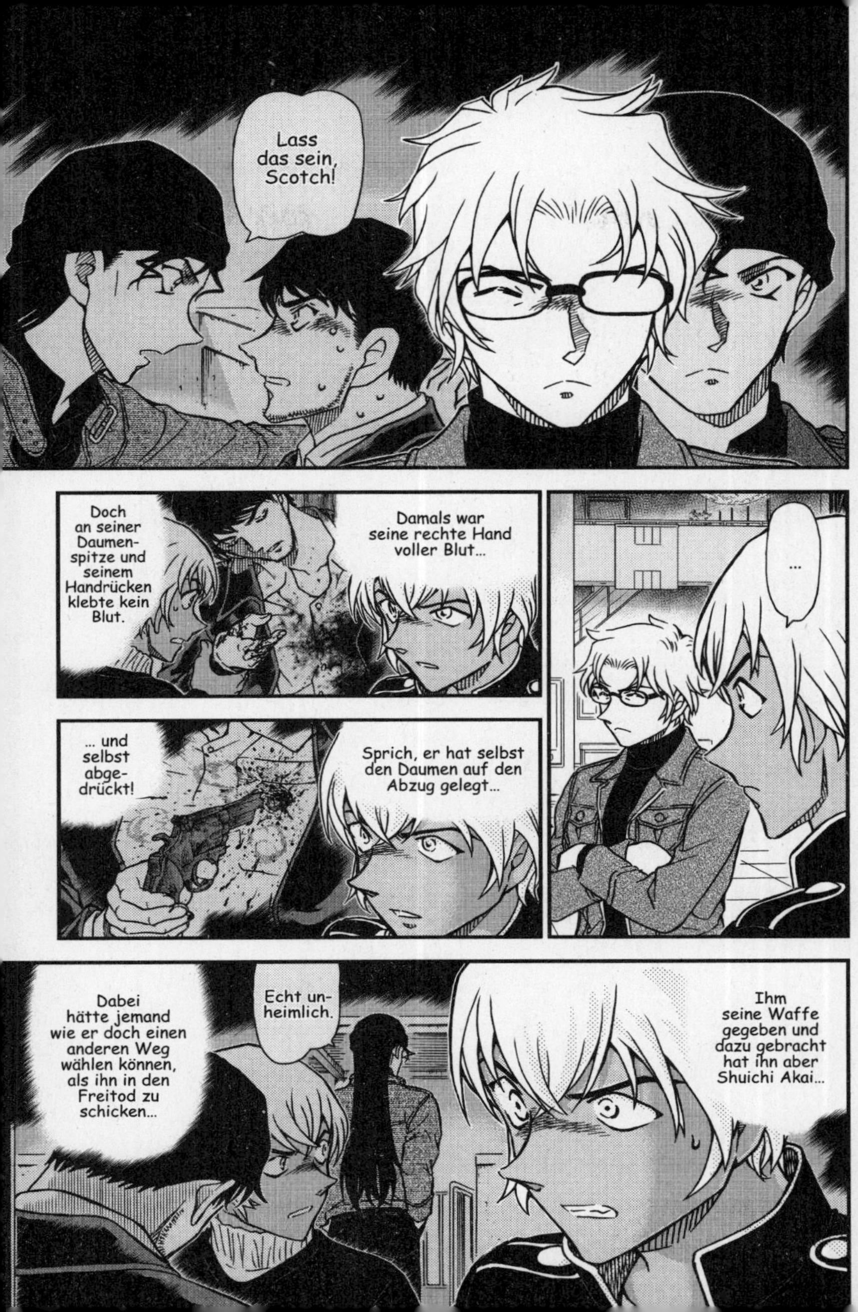

Lass das sein, Scotch!

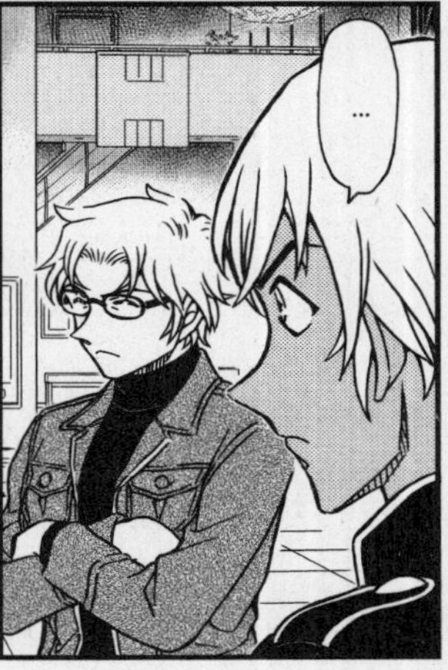

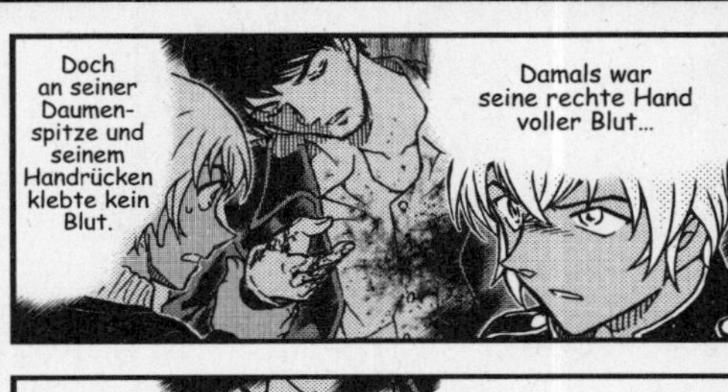

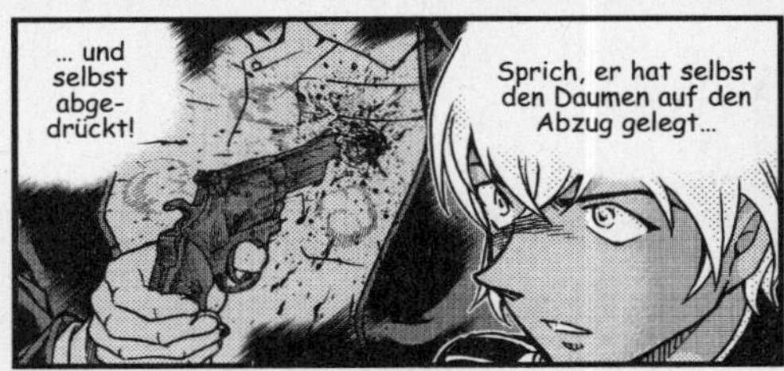

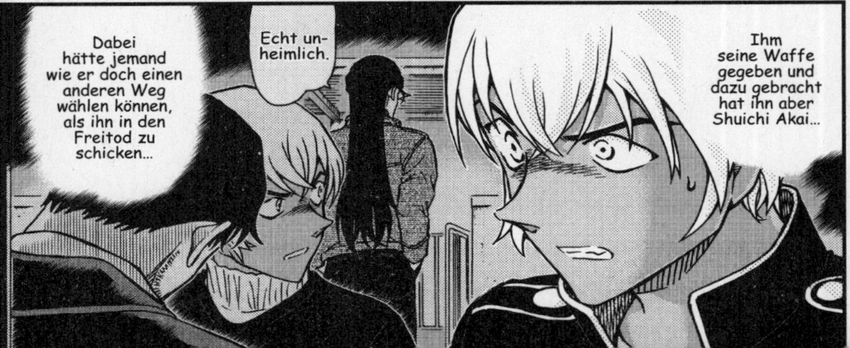

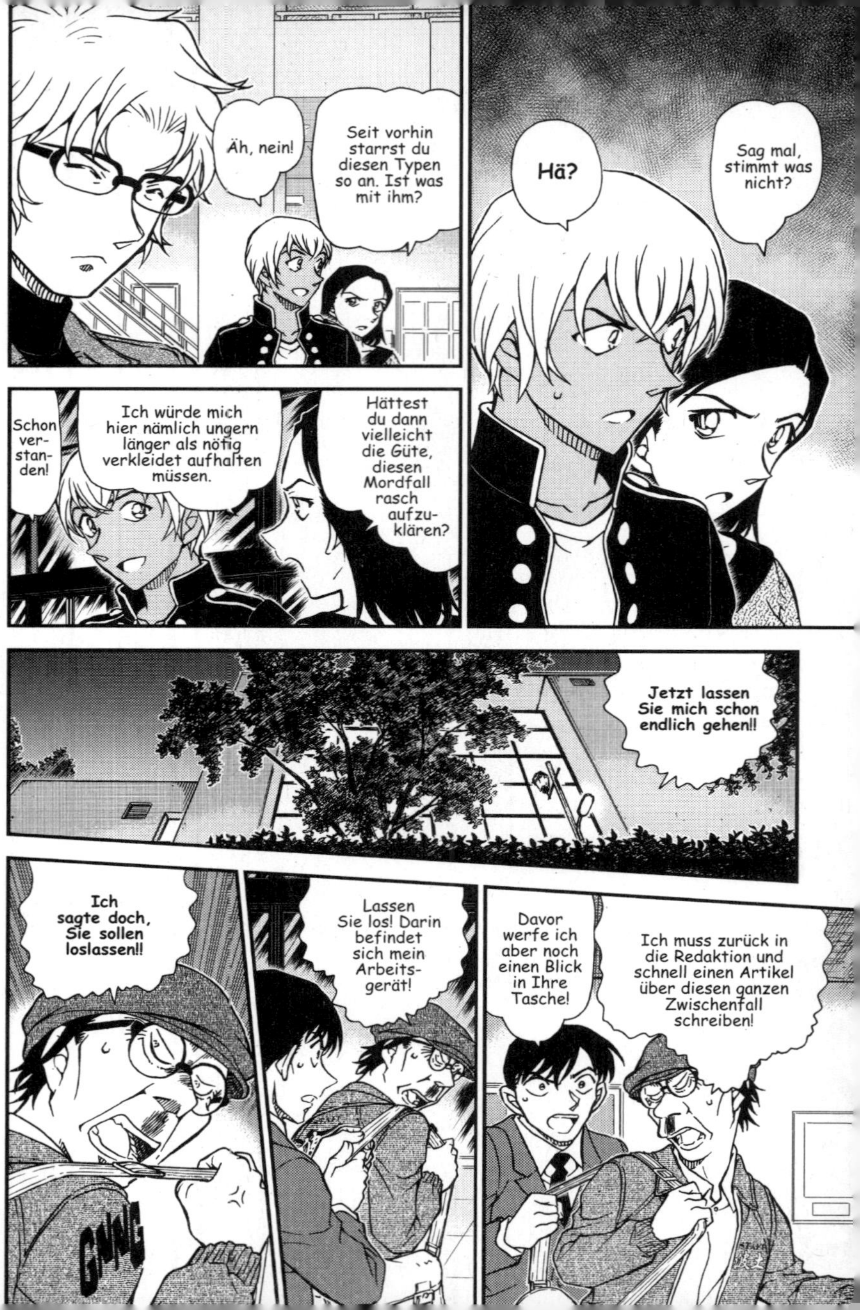

Sag mal, stimmt was nicht?
Hä?
Seit vorhin starrst du diesen Typen so an. Ist was mit ihm?
Äh, nein!
Hättest du dann vielleicht die Güte, diesen Mordfall rasch aufzuklären?
Ich würde mich hier nämlich ungern länger als nötig verkleidet aufhalten müssen.
Schon verstanden!
Jetzt lassen Sie mich schon endlich gehen!!
Ich muss zurück in die Redaktion und schnell einen Artikel über diesen ganzen Zwischenfall schreiben!
Davor werfe ich aber noch einen Blick in Ihre Tasche!
Lassen Sie los! Darin befindet sich mein Arbeitsgerät!
Ich sagte doch, Sie sollen loslassen!!
GNNG

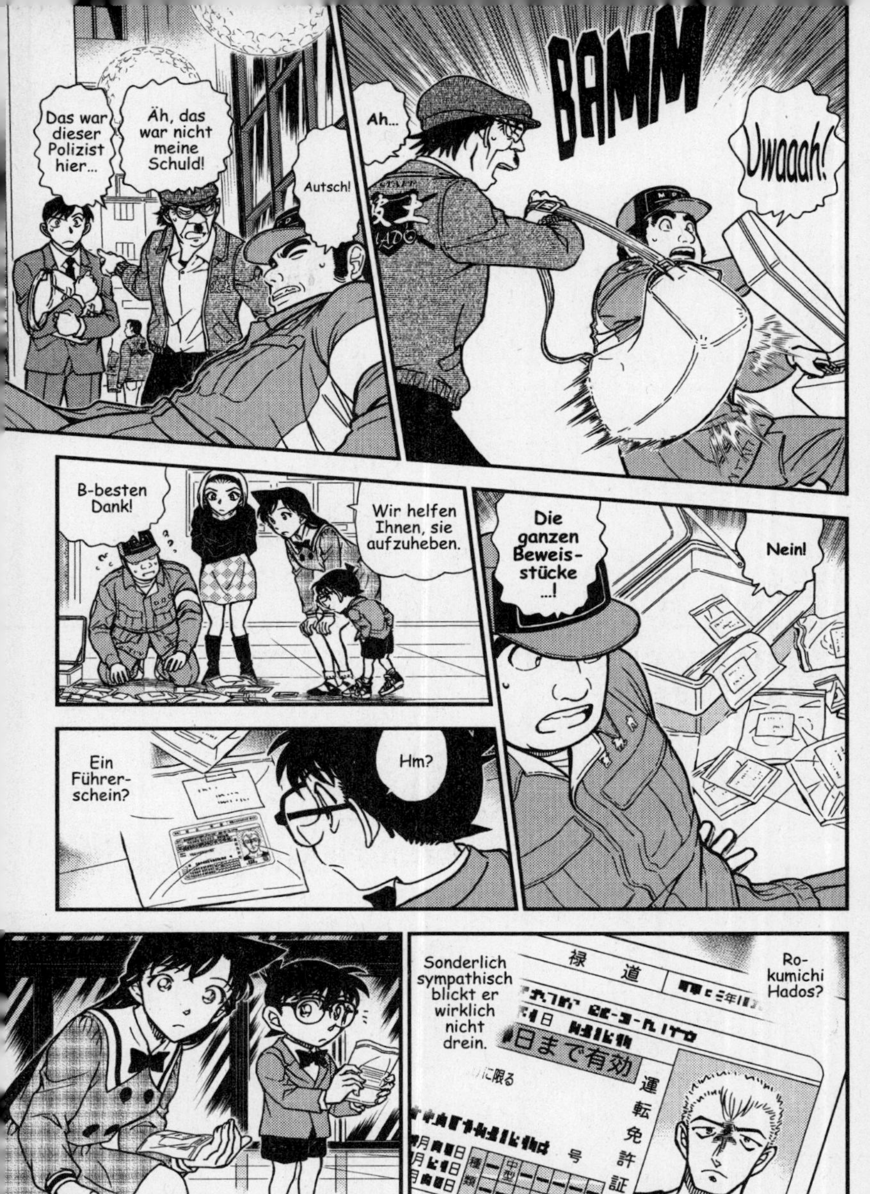
BAMM
Uwaaah!
Ah...
Autsch!
Äh, das war nicht meine Schuld!
Das war dieser Polizist hier...
Die ganzen Beweis-stücke ...!
Nein!
Wir helfen Ihnen, sie aufzuheben.
B-besten Dank!
Hm?
Ein Führer-schein?
Ro-kumichi Hados?
Sonderlich sympathisch blickt er wirklich nicht drein.
禄道
日まで有効
に限る
運転免許証
号
東京都公安委員会

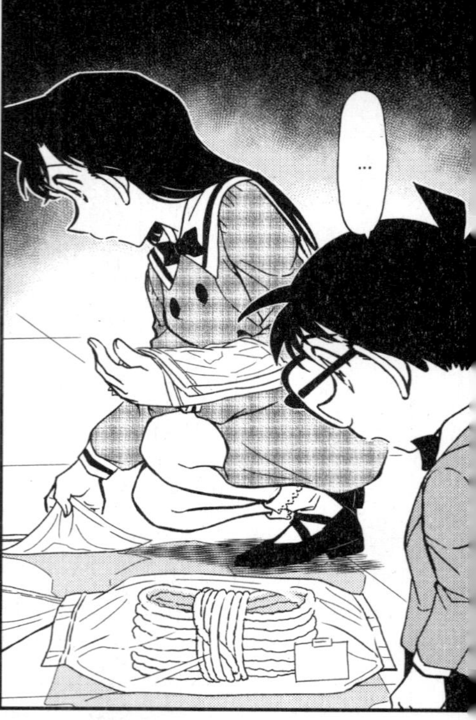
...

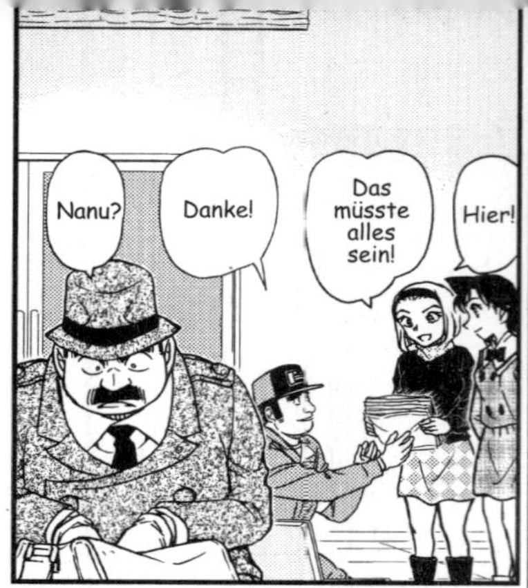
Hier!
Das müsste alles sein!
Danke!
Nanu?

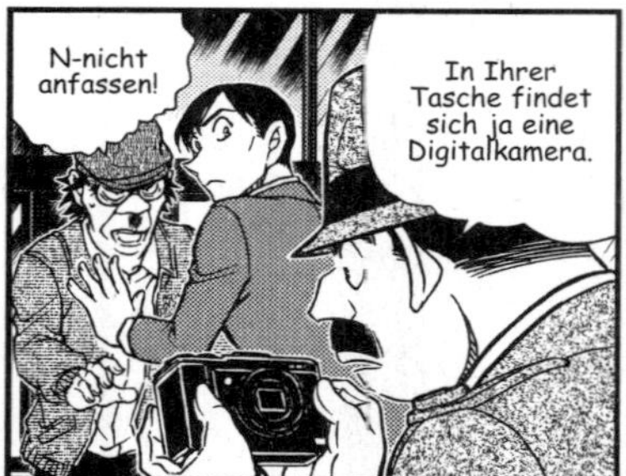
In Ihrer Tasche findet sich ja eine Digitalkamera.
N-nicht anfassen!

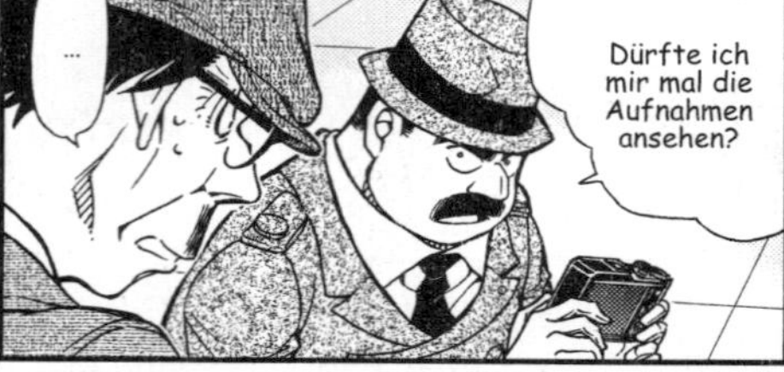
Dürfte ich mir mal die Aufnahmen ansehen?
...

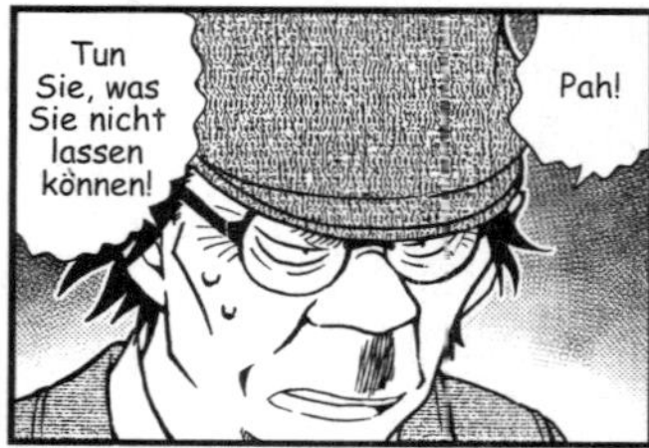
Pah!
Tun Sie, was Sie nicht lassen können!

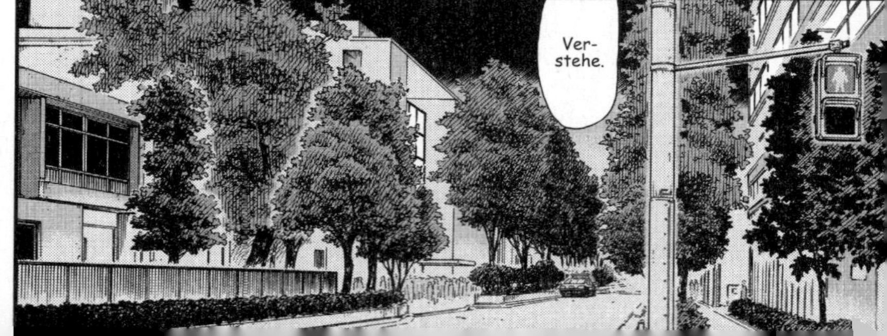
Ver-
stehe.

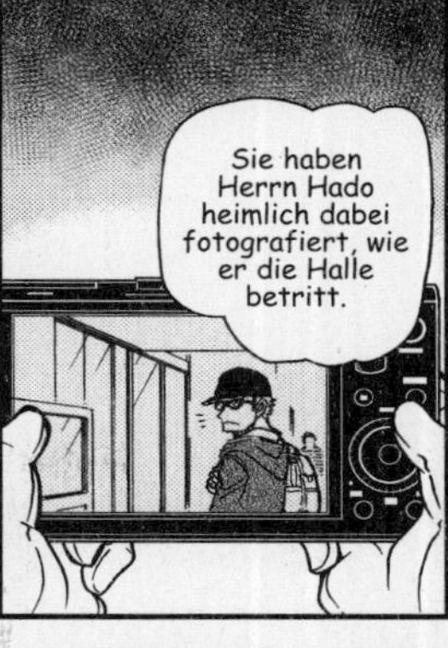
Sie haben Herrn Hado heimlich dabei fotografiert, wie er die Halle betritt.

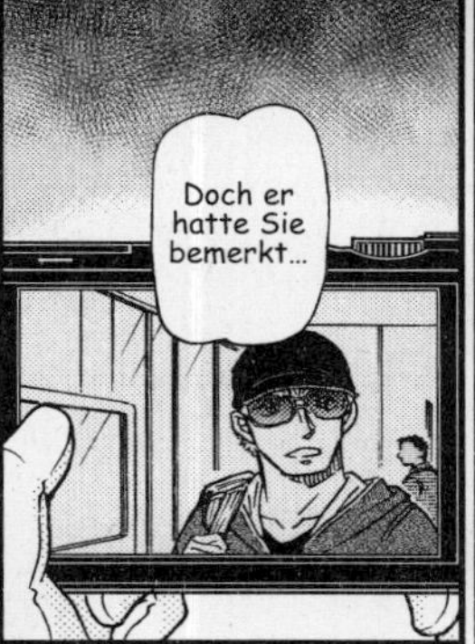
Doch er hatte Sie bemerkt...

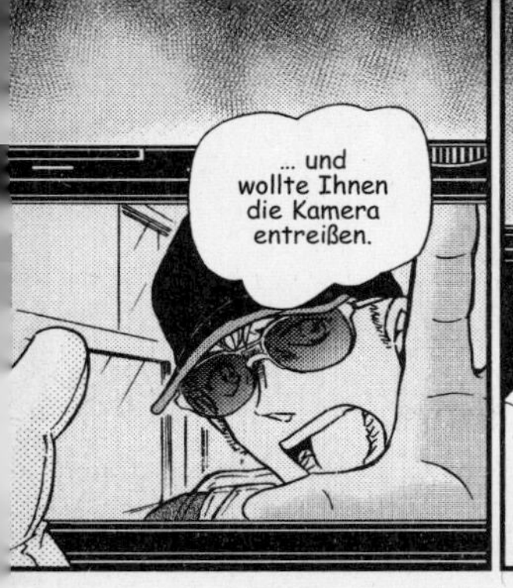
... und wollte Ihnen die Kamera entreißen.

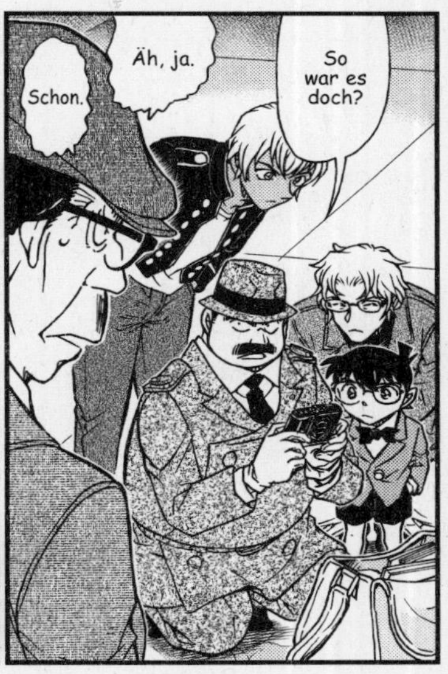
So war es doch?
Äh, ja.
Schon.

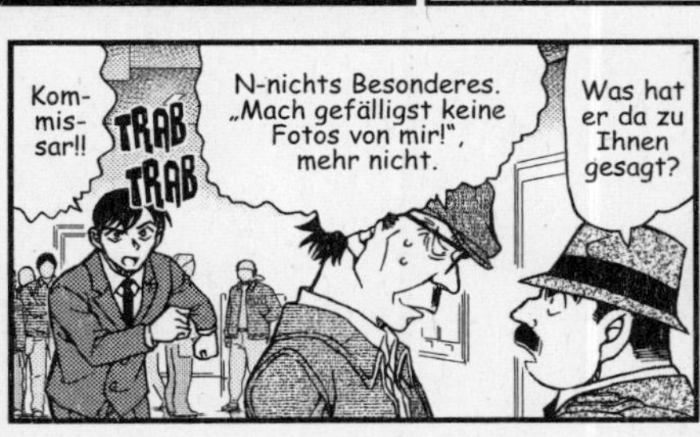
Was hat er da zu Ihnen gesagt?
N-nichts Besonderes. „Mach gefälligst keine Fotos von mir!", mehr nicht.
Kommissar!!
TRAB TRAB

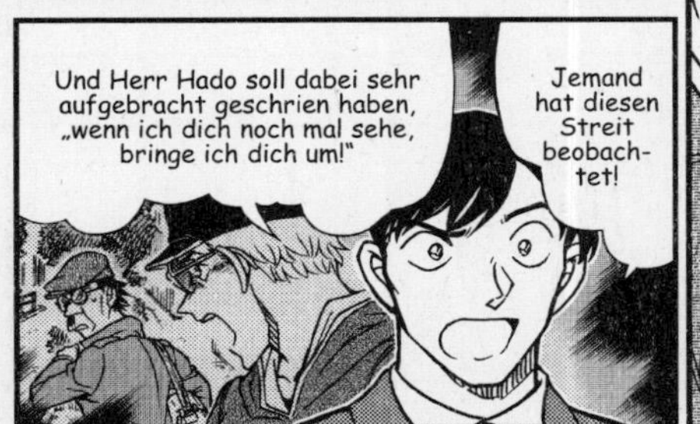
Jemand hat diesen Streit beobachtet!
Und Herr Hado soll dabei sehr aufgebracht geschrien haben, „wenn ich dich noch mal sehe, bringe ich dich um!"

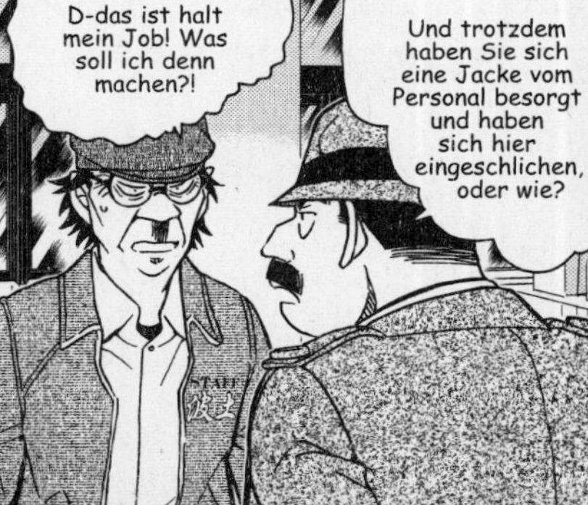
Und trotzdem haben Sie sich eine Jacke vom Personal besorgt und haben sich hier eingeschlichen, oder wie?
D-das ist halt mein Job! Was soll ich denn machen?!

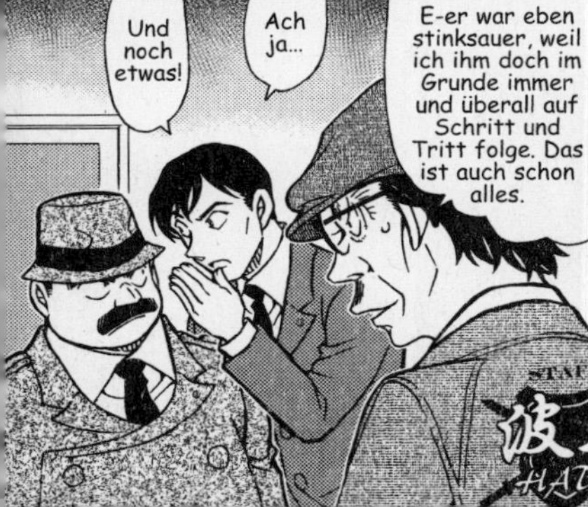
E-er war eben stinksauer, weil ich ihm doch im Grunde immer und überall auf Schritt und Tritt folge. Das ist auch schon alles.
Ach ja...
Und noch etwas!

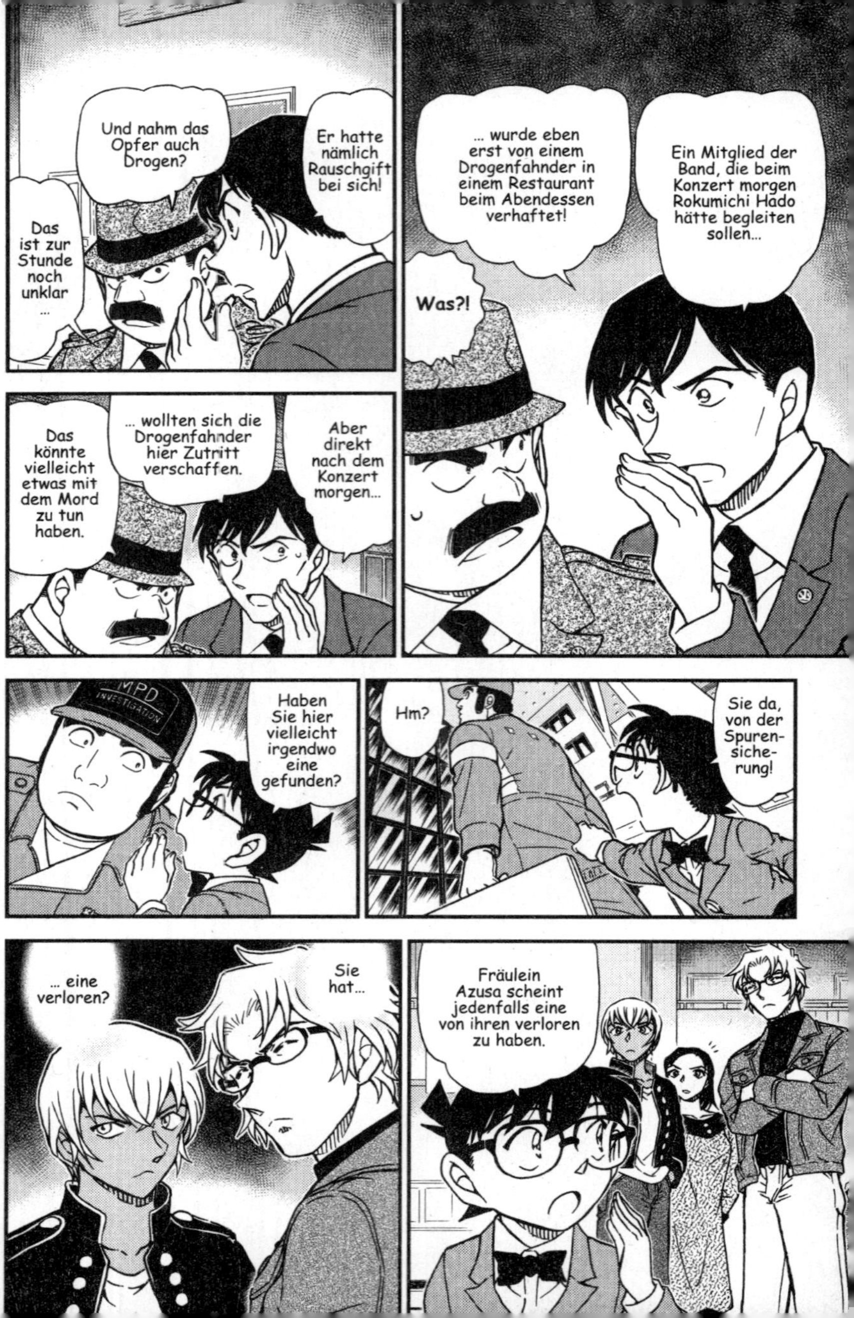

Ein Mitglied der Band, die beim Konzert morgen Rokumichi Hado hätte begleiten sollen...

... wurde eben erst von einem Drogenfahnder in einem Restaurant beim Abendessen verhaftet!

Was?!

Er hatte nämlich Rauschgift bei sich!

Und nahm das Opfer auch Drogen?

Das ist zur Stunde noch unklar ...

Aber direkt nach dem Konzert morgen...

... wollten sich die Drogenfahnder hier Zutritt verschaffen.

Das könnte vielleicht etwas mit dem Mord zu tun haben.

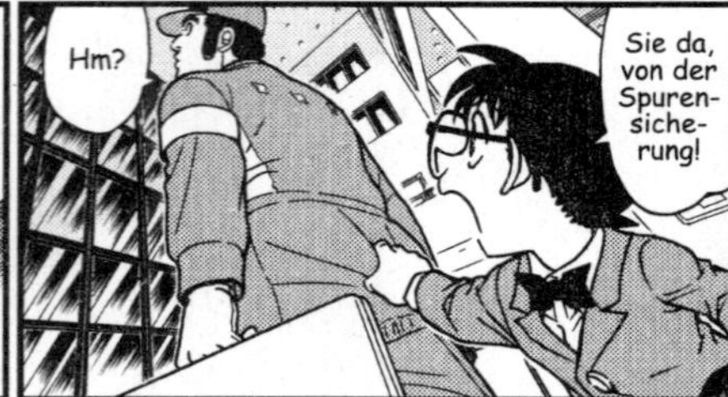

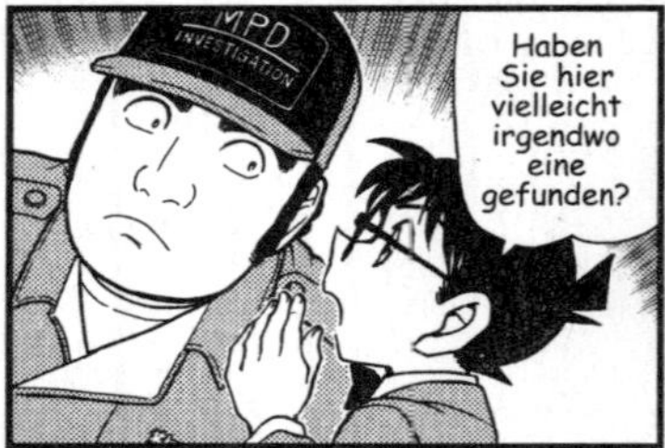

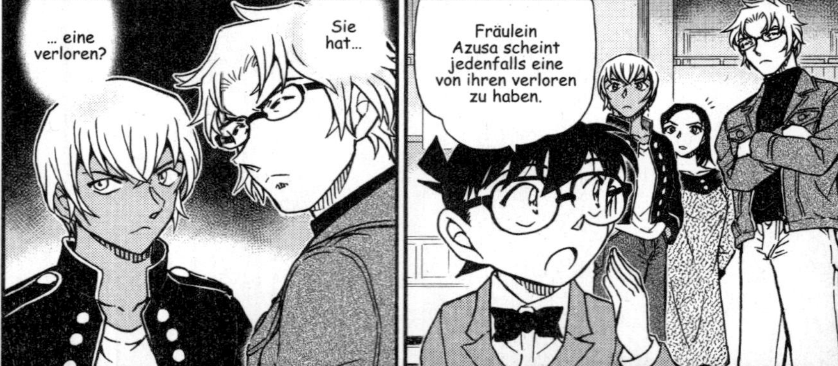

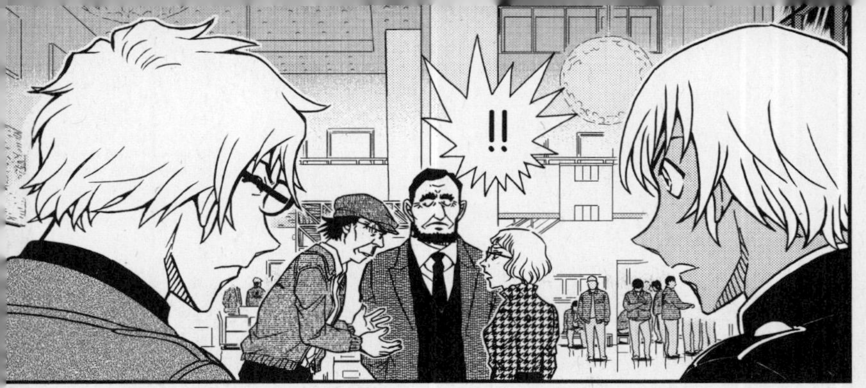
!!

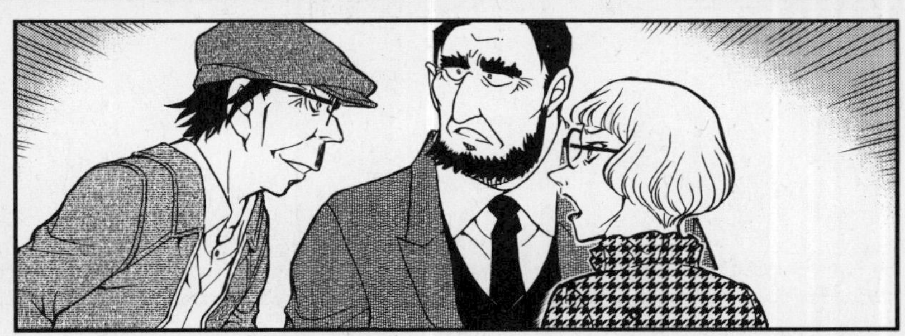

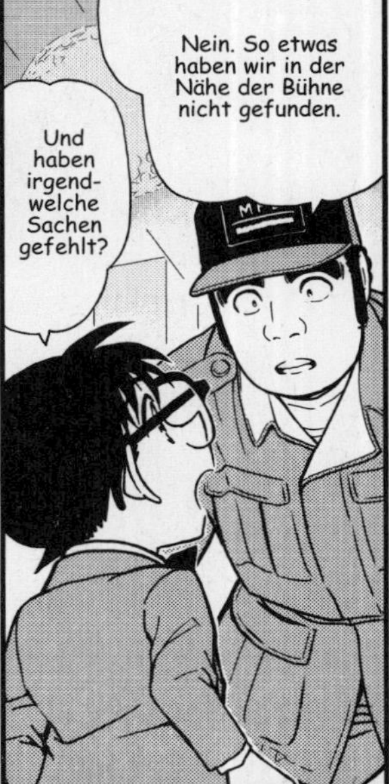
Nein. So etwas haben wir in der Nähe der Bühne nicht gefunden.
Und haben irgendwelche Sachen gefehlt?
Draht zum Beispiel...
Oder Arbeitshandschuhe.

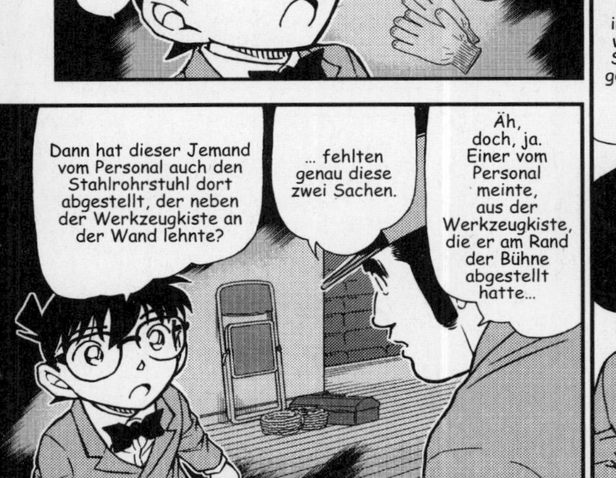
Äh, doch, ja. Einer vom Personal meinte, aus der Werkzeugkiste, die er am Rand der Bühne abgestellt hatte...
... fehlten genau diese zwei Sachen.
Dann hat dieser Jemand vom Personal auch den Stahlrohrstuhl dort abgestellt, der neben der Werkzeugkiste an der Wand lehnte?

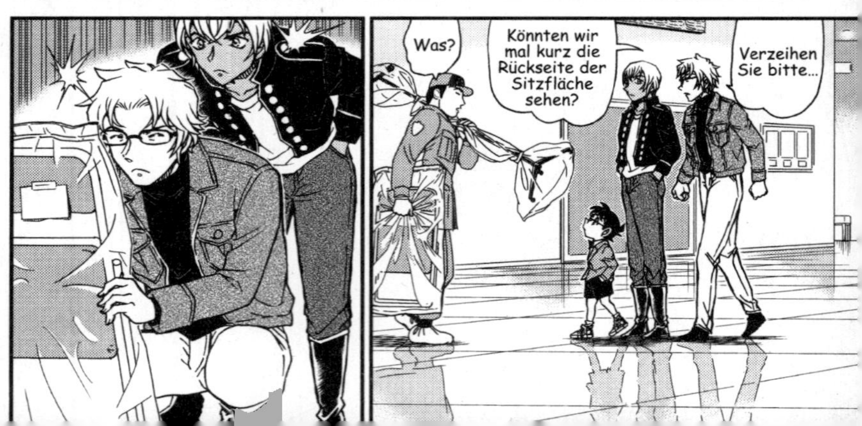
Nein. Der Stahlrohrstuhl war für Pausen gedacht, und angeblich hatte er ihn eigentlich weiter hinten abgestellt.
...
Hey! So wie's aussieht, müssen wir die ganze Ausrüstung jetzt wieder zurückbringen.
Das Konzert soll nämlich abgesagt worden sein.
Echt jetzt?!
Dabei hatte ich gerade erst alle Knoten auf-gemacht.
Und haben Sie diesen Stahlrohrstuhl auch untersucht?
Nein. Noch haben wir daran nicht nach Finger-abdrücken gesucht.
Aber da er an einer merkwürdigen Stelle stand, nehmen wir ihn für spätere Unter-suchungen mit.
Einer meiner Kollegen trägt ihn gerade davon.
Verzeihen Sie bitte...
Könnten wir mal kurz die Rückseite der Sitzfläche sehen?
Was?

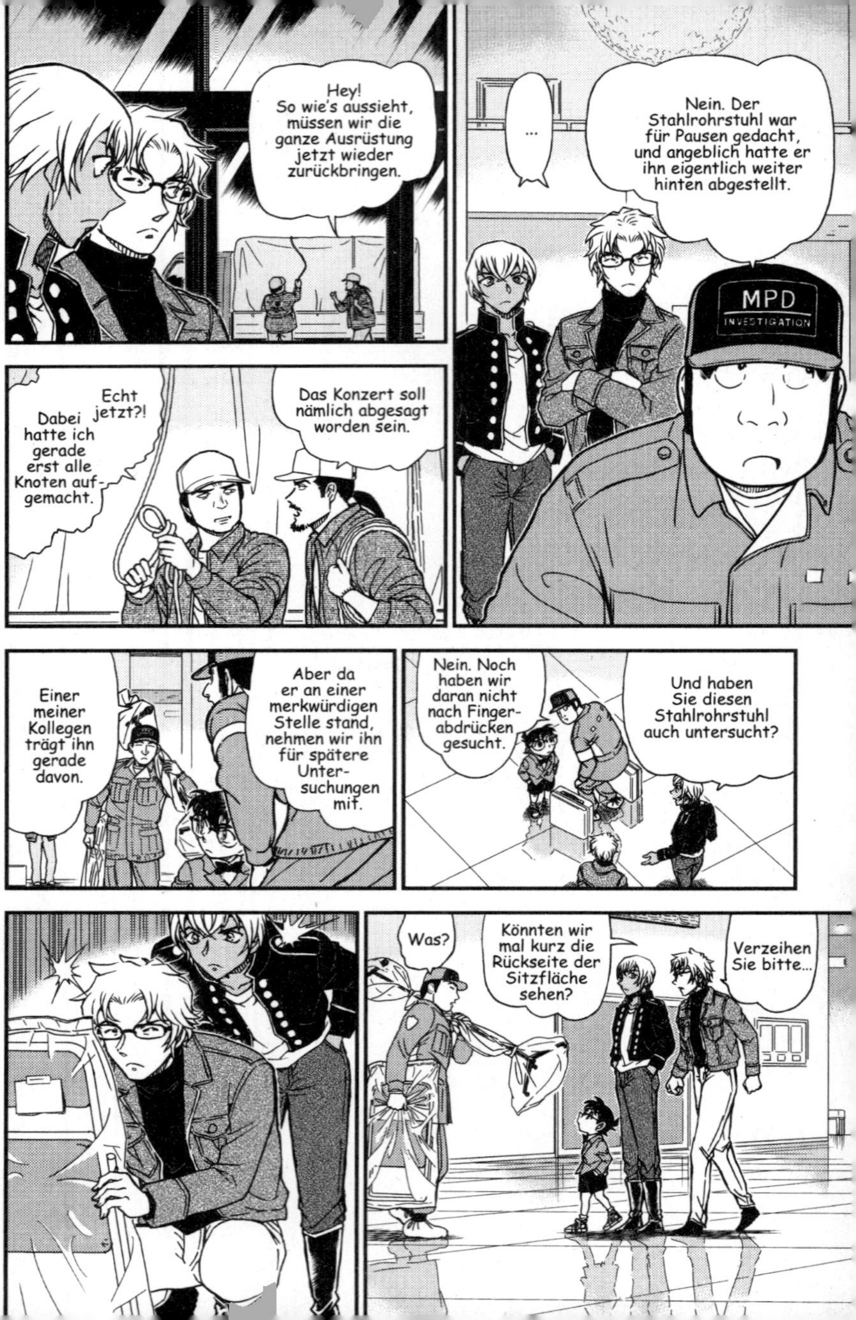

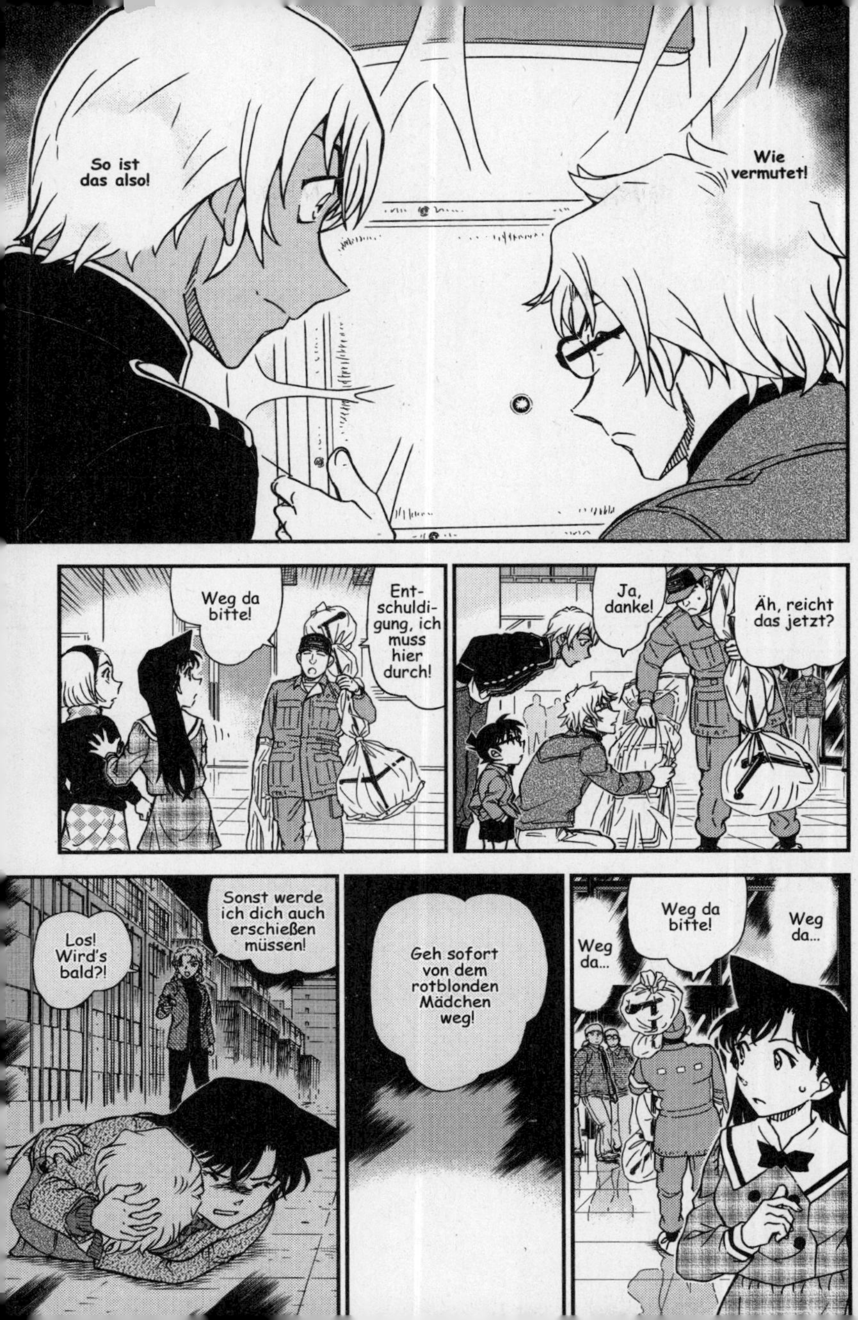

Wie vermutet!

So ist das also!

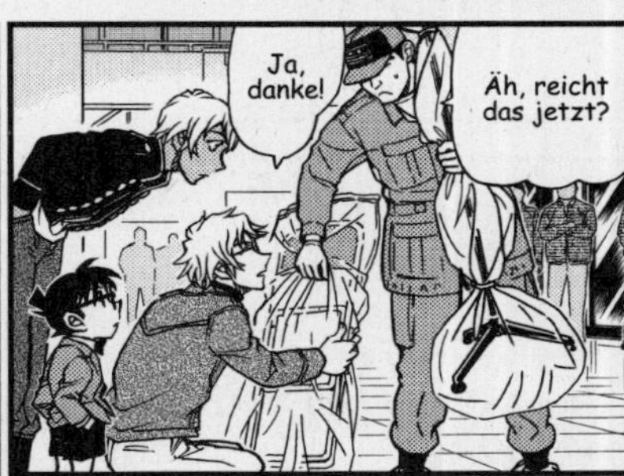

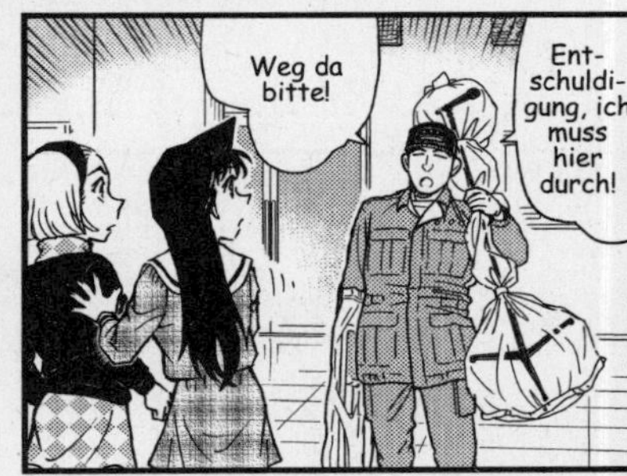

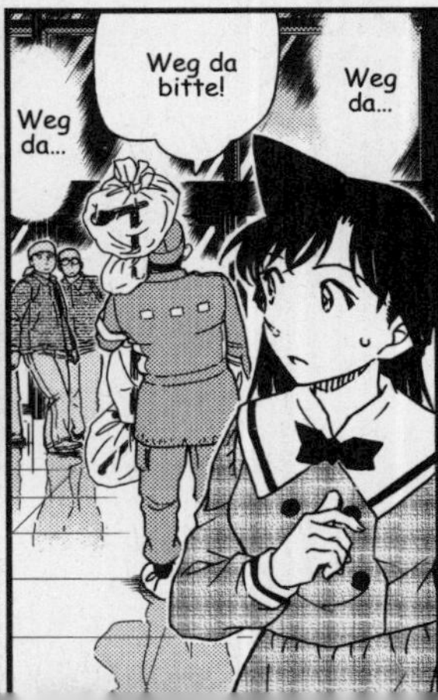

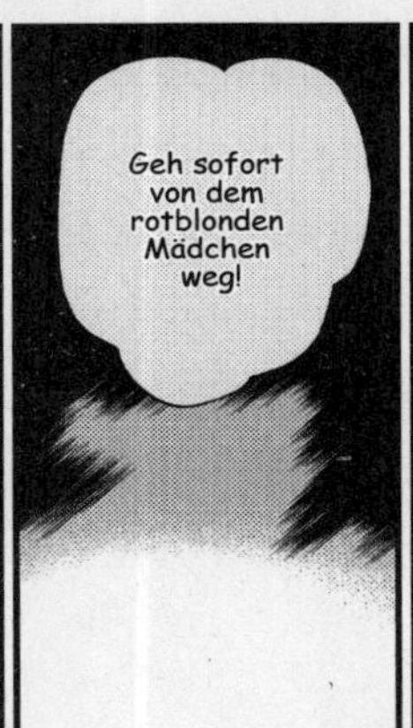

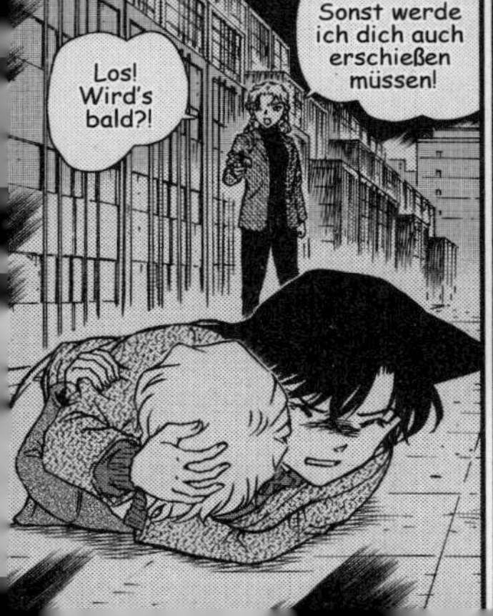

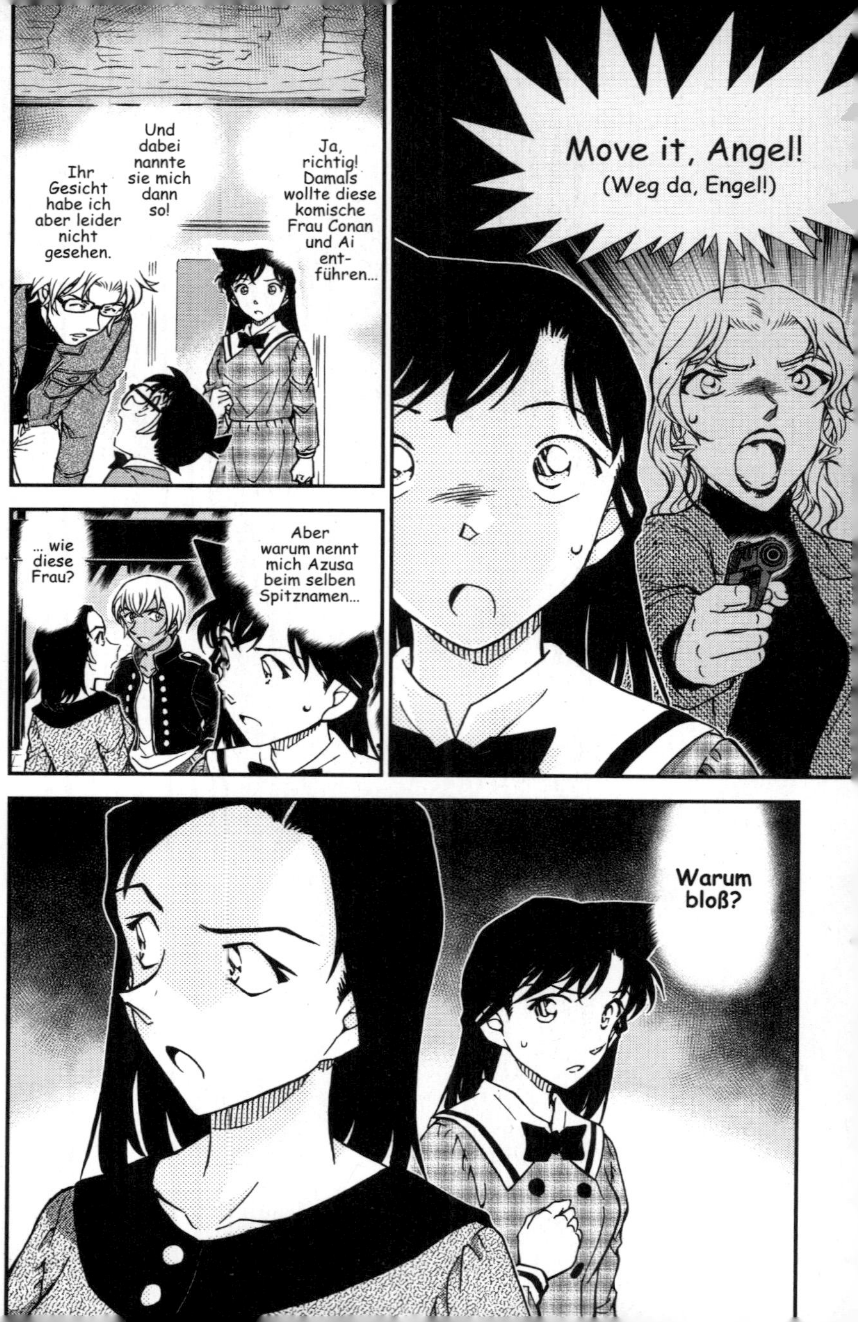

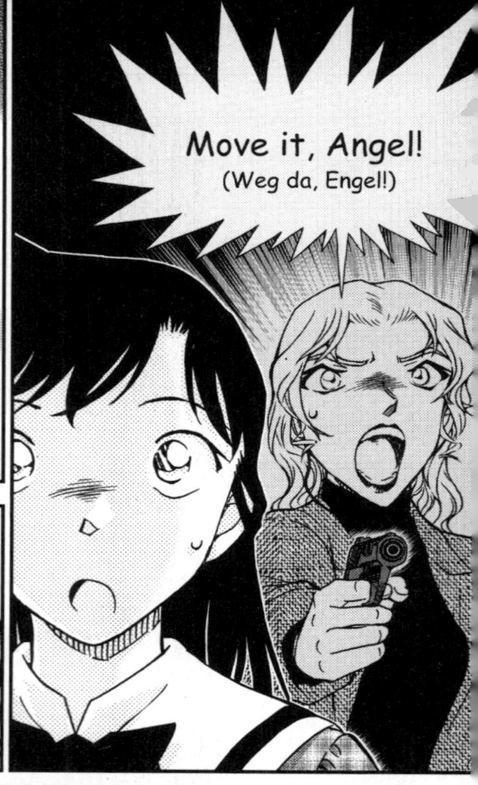
Move it, Angel!
(Weg da, Engel!)

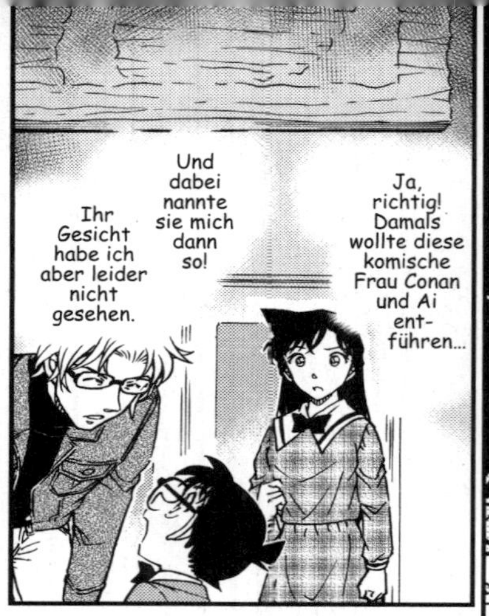
Ja, richtig! Damals wollte diese komische Frau Conan und Ai ent-führen...
Und dabei nannte sie mich dann so!
Ihr Gesicht habe ich aber leider nicht gesehen.

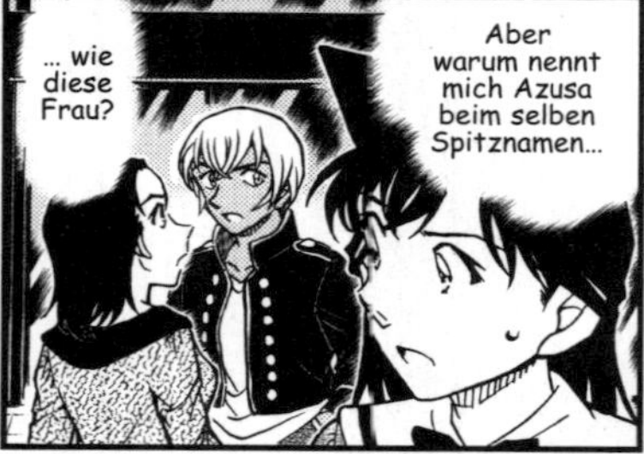
Aber warum nennt mich Azusa beim selben Spitznamen...
... wie diese Frau?

Warum bloß?

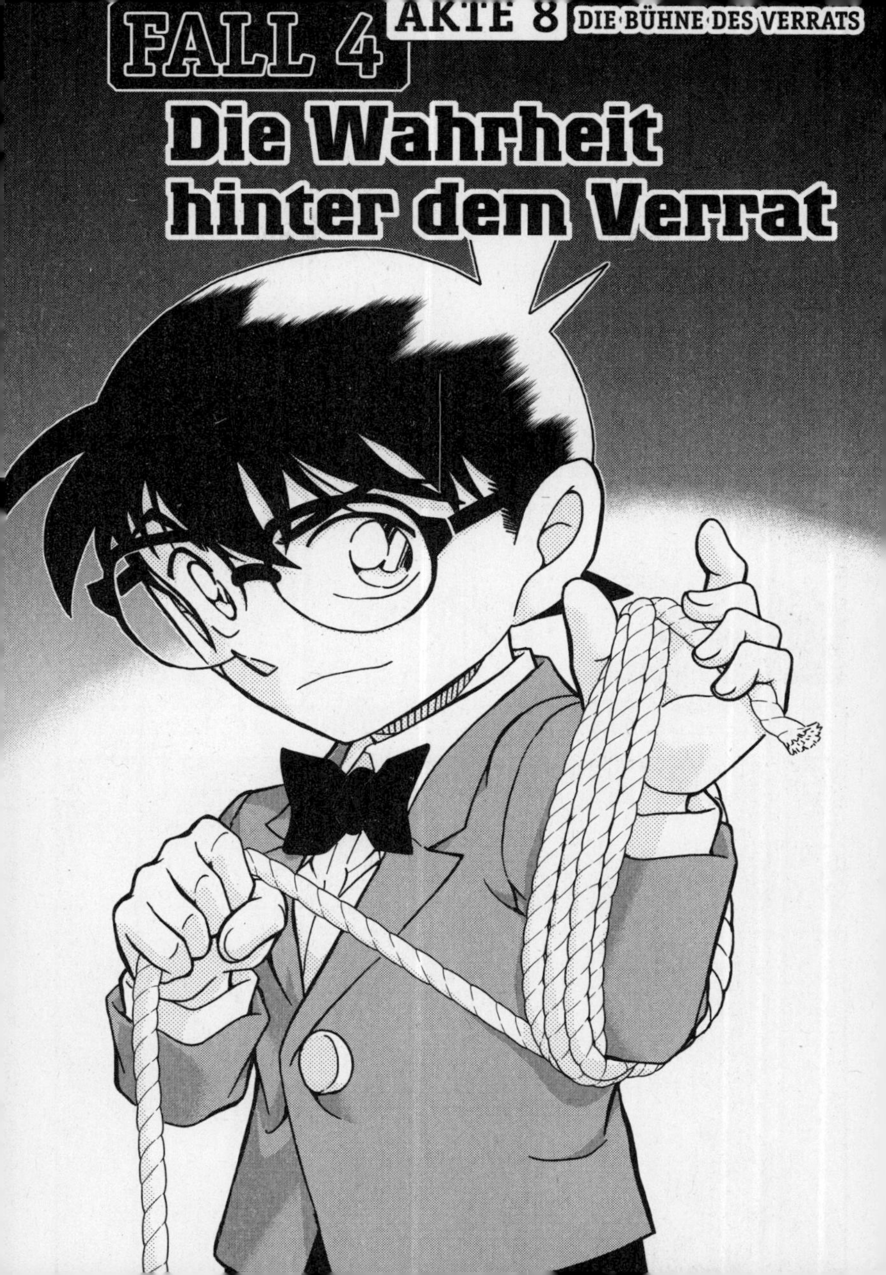
FALL 4
AKTE 8
DIE BÜHNE DES VERRATS
Die Wahrheit hinter dem Verrat

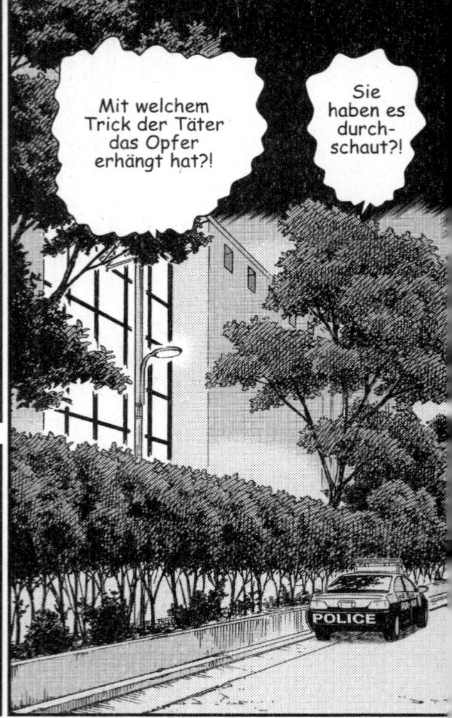
Sie haben es durchschaut?!
Mit welchem Trick der Täter das Opfer erhängt hat?!

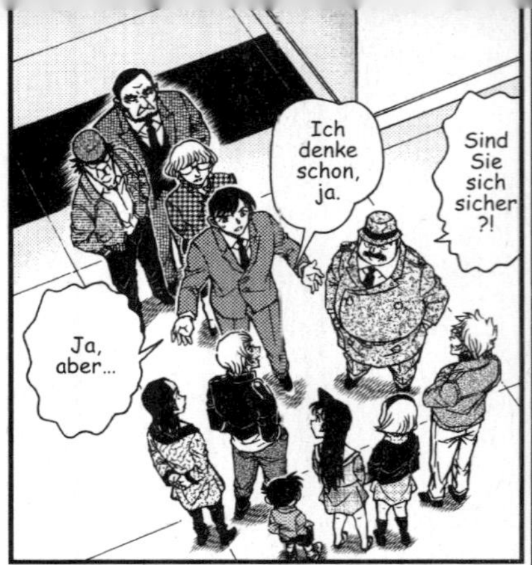
Sind Sie sich sicher?!
Ich denke schon, ja.
Ja, aber...

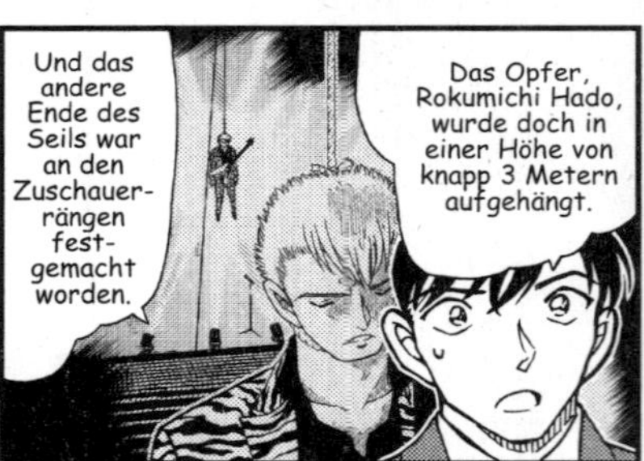
Das Opfer, Rokumichi Hado, wurde doch in einer Höhe von knapp 3 Metern aufgehängt.
Und das andere Ende des Seils war an den Zuschauerrängen festgemacht worden.

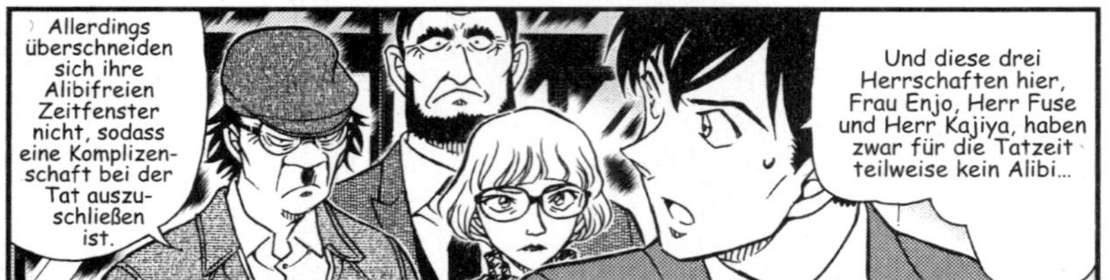
Und diese drei Herrschaften hier, Frau Enjo, Herr Fuse und Herr Kajiya, haben zwar für die Tatzeit teilweise kein Alibi...
Allerdings überschneiden sich ihre Alibifreien Zeitfenster nicht, sodass eine Komplizenschaft bei der Tat auszuschließen ist.

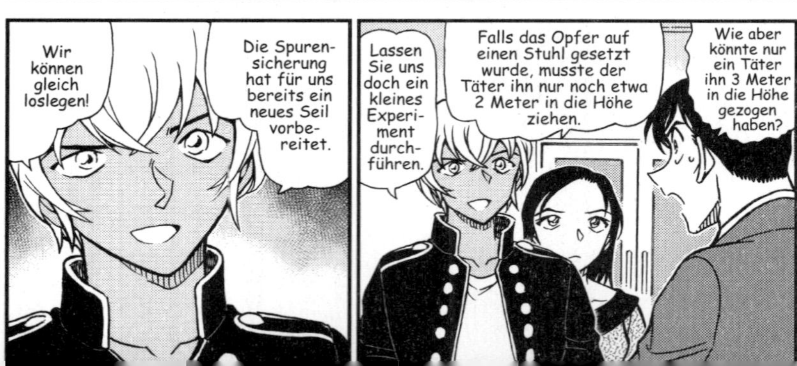
Wie aber könnte nur ein Täter ihn 3 Meter in die Höhe gezogen haben?
Falls das Opfer auf einen Stuhl gesetzt wurde, musste der Täter ihn nur noch etwa 2 Meter in die Höhe ziehen.
Lassen Sie uns doch ein kleines Experiment durchführen.
Die Spurensicherung hat für uns bereits ein neues Seil vorbereitet.
Wir können gleich loslegen!

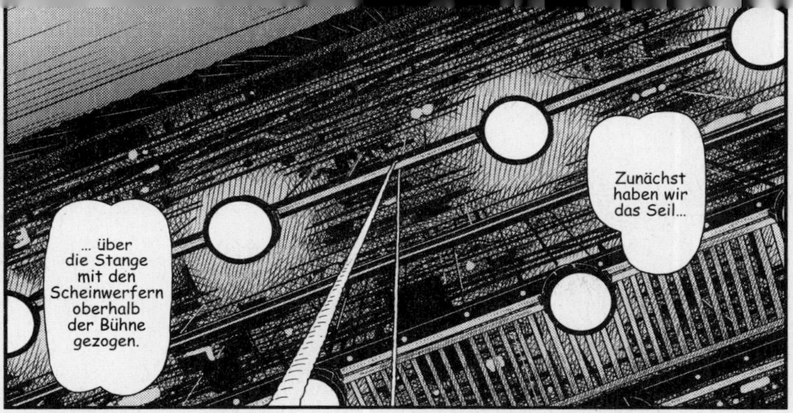
Zunächst haben wir das Seil...
... über die Stange mit den Scheinwerfern oberhalb der Bühne gezogen.

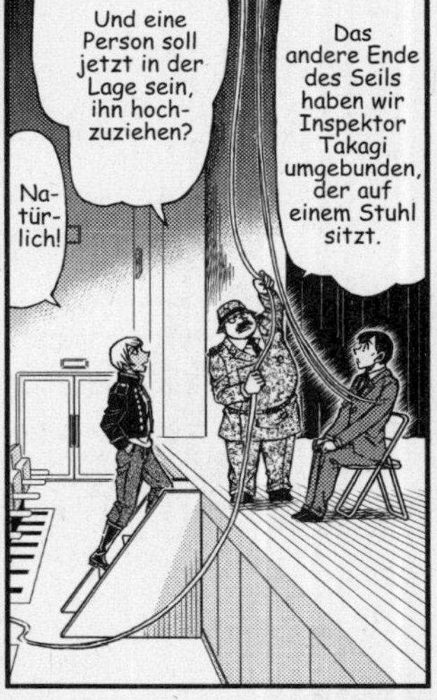
Das andere Ende des Seils haben wir Inspektor Takagi umgebunden, der auf einem Stuhl sitzt.
Und eine Person soll jetzt in der Lage sein, ihn hoch-zuziehen?
Na-tür-lich!

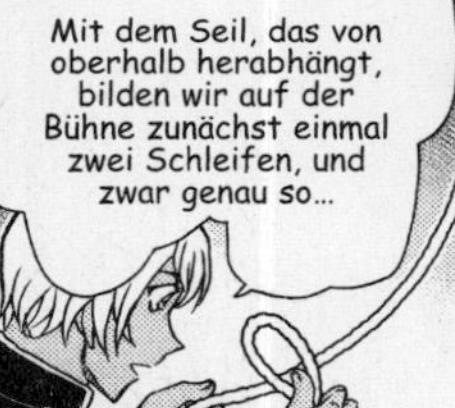
Mit dem Seil, das von oberhalb herabhängt, bilden wir auf der Bühne zunächst einmal zwei Schleifen, und zwar genau so...

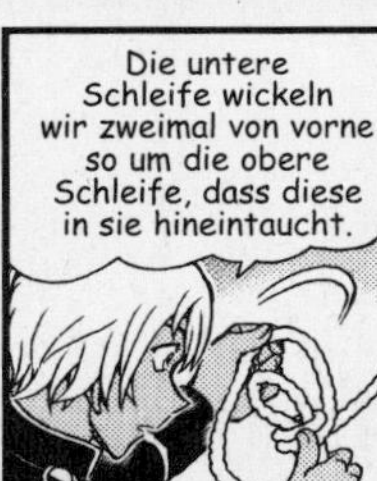
Die untere Schleife wickeln wir zweimal von vorne so um die obere Schleife, dass diese in sie hineintaucht.

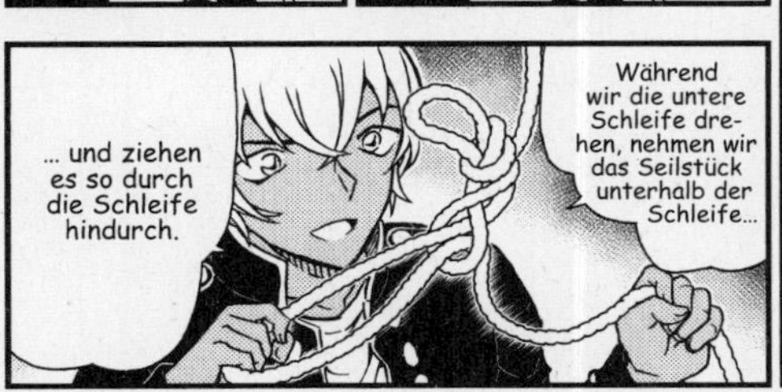
Während wir die untere Schleife dre-hen, nehmen wir das Seilstück unterhalb der Schleife...
... und ziehen es so durch die Schleife hindurch.

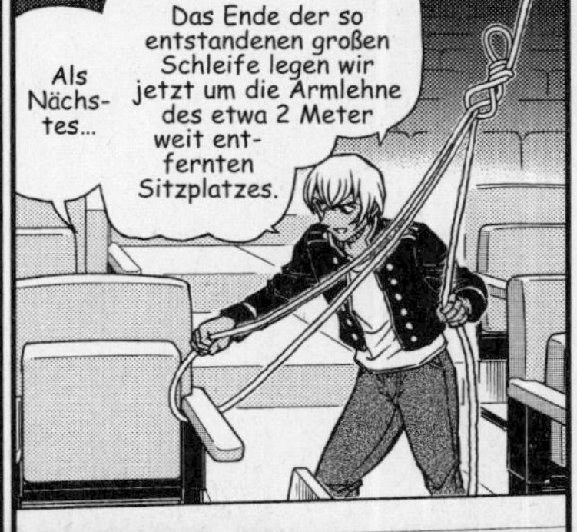
Das Ende der so entstandenen großen Schleife legen wir jetzt um die Armlehne des etwa 2 Meter weit ent-fernten Sitzplatzes.
Als Nächs-tes...

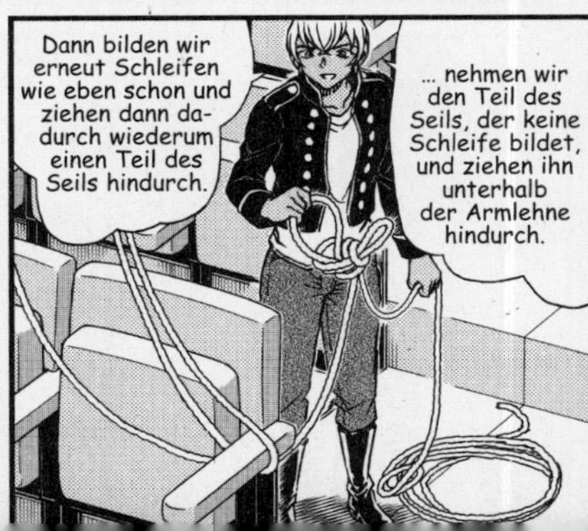
... nehmen wir den Teil des Seils, der keine Schleife bildet, und ziehen ihn unterhalb der Armlehne hindurch.
Dann bilden wir erneut Schleifen wie eben schon und ziehen dann da-durch wiederum einen Teil des Seils hindurch.

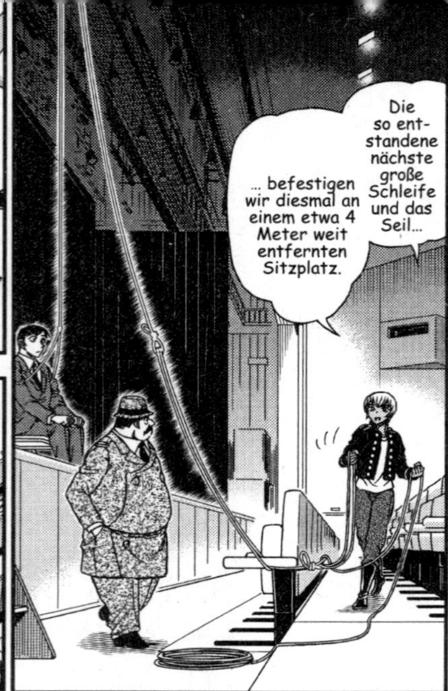
Die so entstandene nächste große Schleife und das Seil...
... befestigen wir diesmal an einem etwa 4 Meter weit entfernten Sitzplatz.

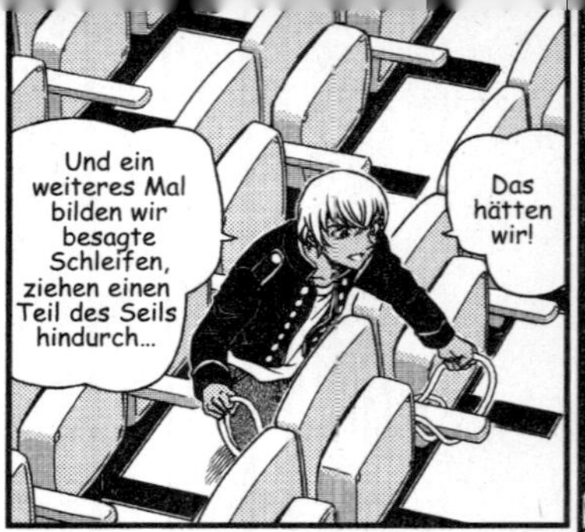
Das hätten wir!
Und ein weiteres Mal bilden wir besagte Schleifen, ziehen einen Teil des Seils hindurch...

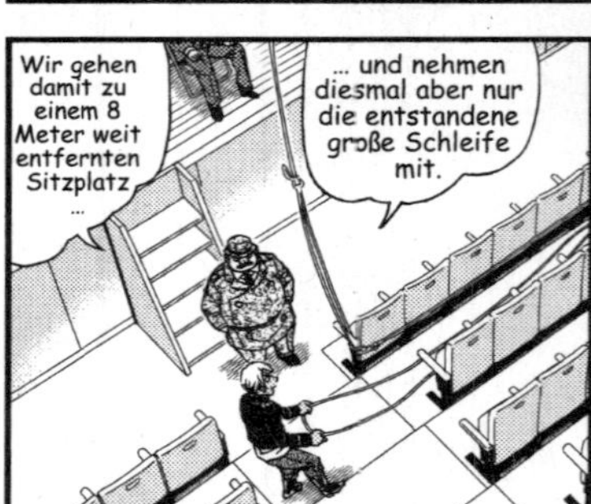
... und nehmen diesmal aber nur die entstandene große Schleife mit.
Wir gehen damit zu einem 8 Meter weit entfernten Sitzplatz ...

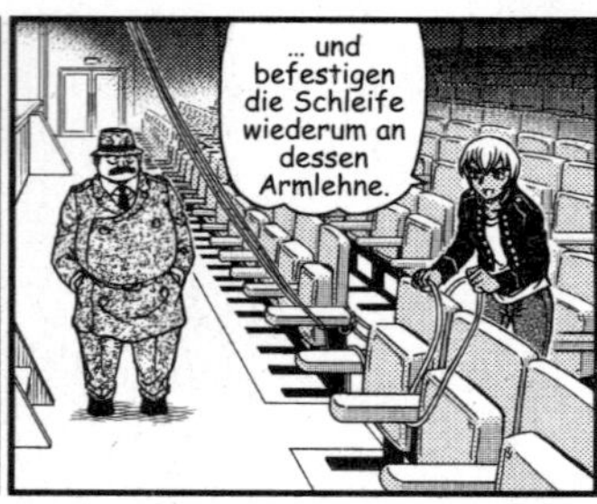
... und befestigen die Schleife wiederum an dessen Armlehne.

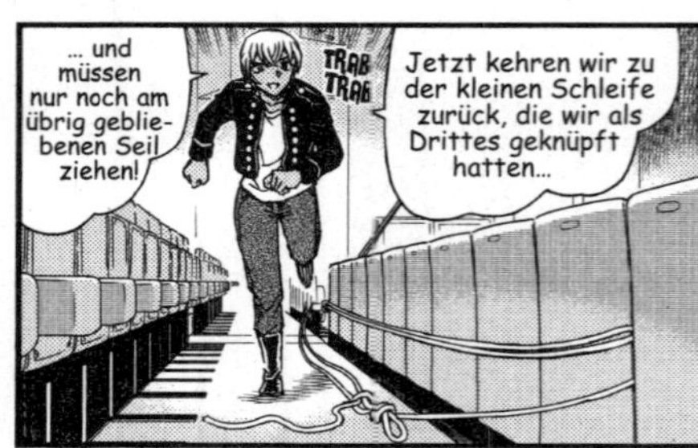
Jetzt kehren wir zu der kleinen Schleife zurück, die wir als Drittes geknüpft hatten...
TRAB TRAB
... und müssen nur noch am übrig gebliebenen Seil ziehen!

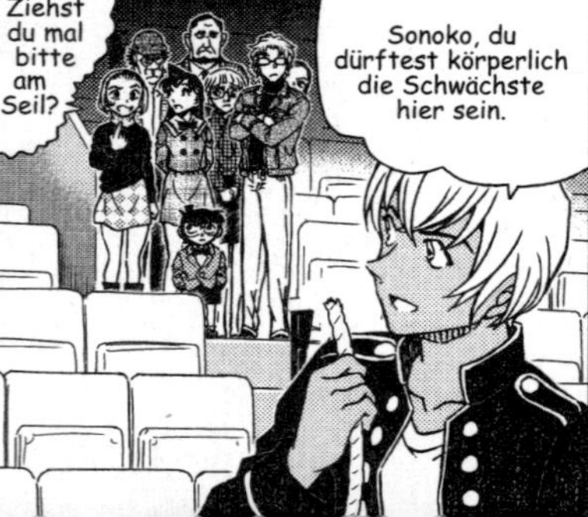
Sonoko, du dürftest körperlich die Schwächste hier sein.
Ziehst du mal bitte am Seil?

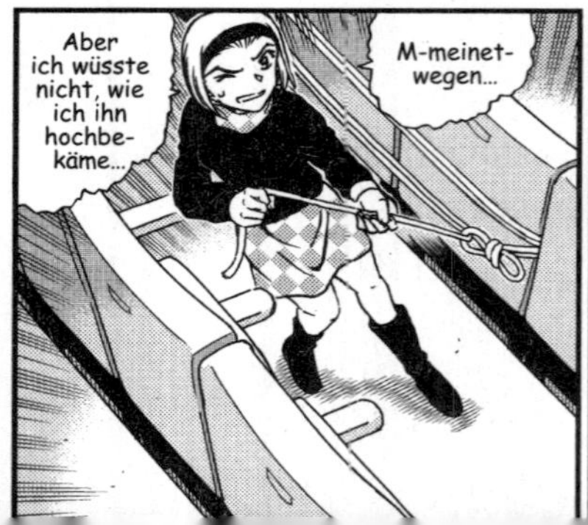
M-meinetwegen...
Aber ich wüsste nicht, wie ich ihn hochbekäme...

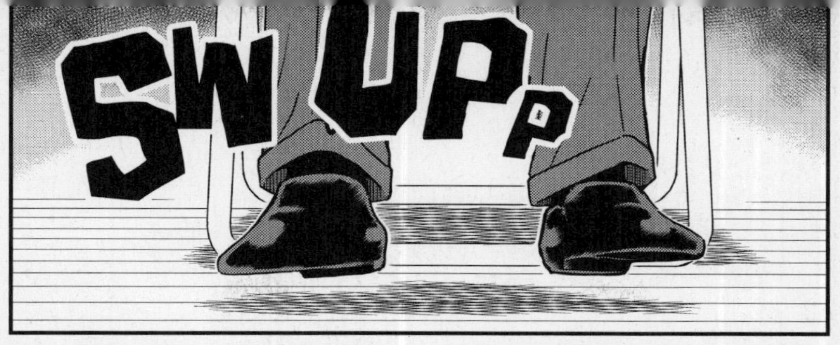
SWUPP

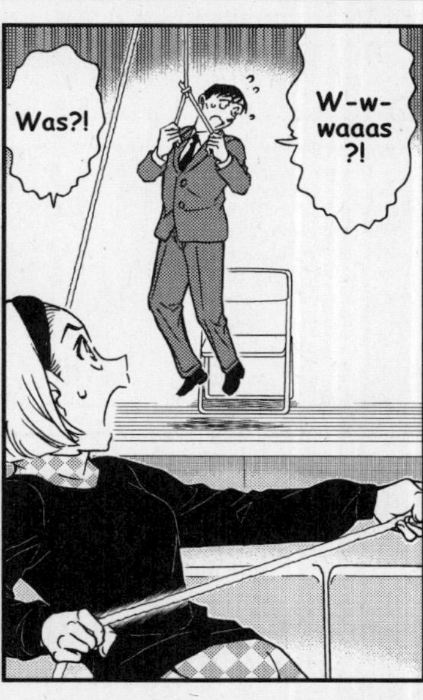
W-w-waaas?!
Was?!

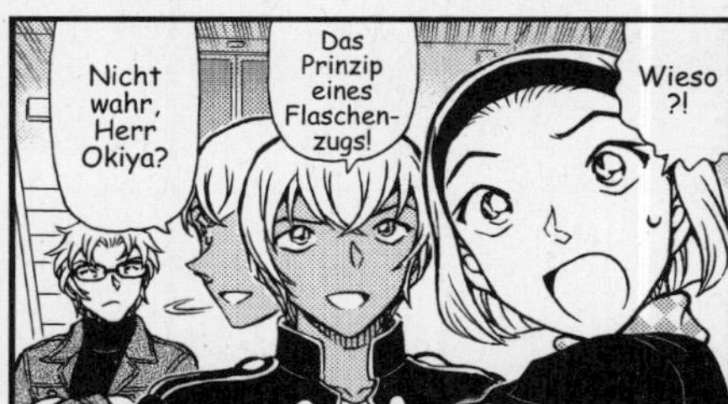
Wieso?!
Das Prinzip eines Flaschenzugs!
Nicht wahr, Herr Okiya?

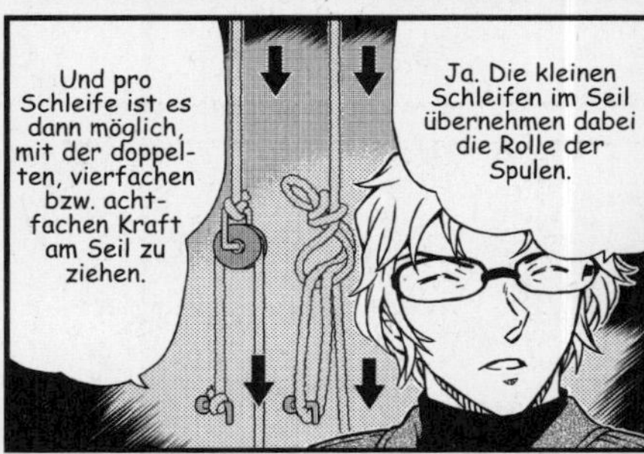
Ja. Die kleinen Schleifen im Seil übernehmen dabei die Rolle der Spulen.
Und pro Schleife ist es dann möglich, mit der doppelten, vierfachen bzw. achtfachen Kraft am Seil zu ziehen.

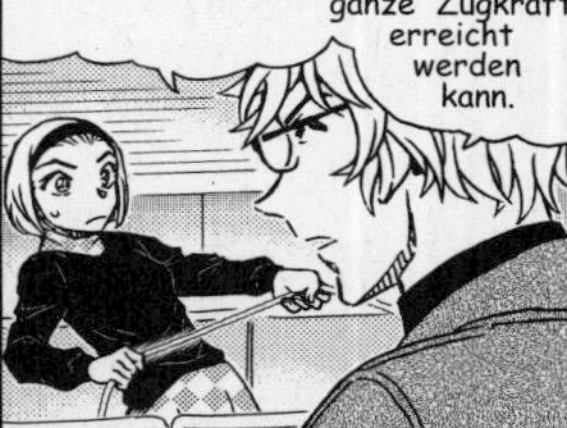
Da es sich aber nicht um Spulen, sondern um Schleifen im Seil handelt, dürfte die Reibung für einen Kraftverlust sorgen, sodass nicht die ganze Zugkraft erreicht werden kann.
Aber mit einem leichten und rutschigen Seil ist es selbst Sonoko möglich, Inspektor Takagi in die Höhe zu ziehen.

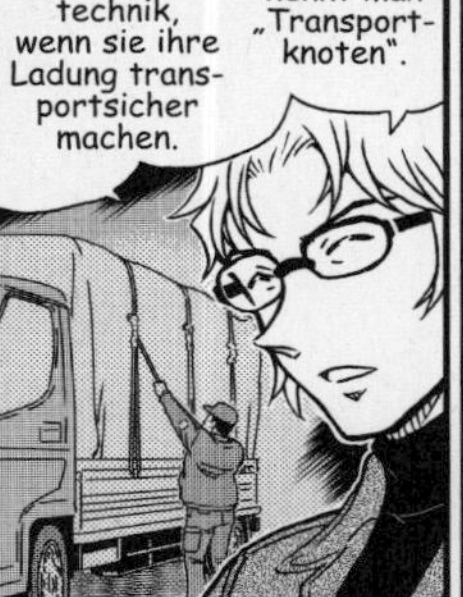
Diese Schleifentechnik nennt man „Transportknoten".
Spediteure benutzen diese Knotentechnik, wenn sie ihre Ladung transportsicher machen.

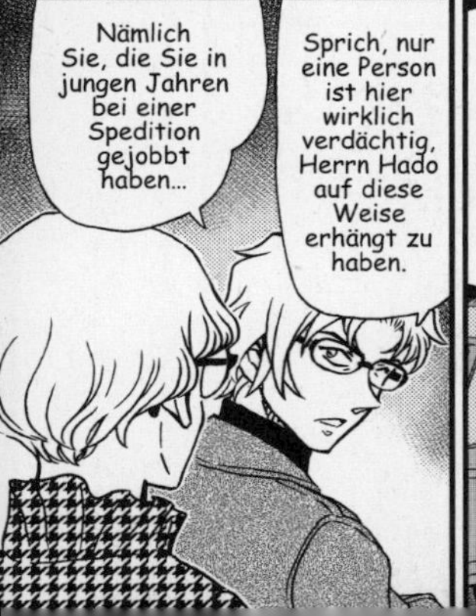
Sprich, nur eine Person ist hier wirklich verdächtig, Herrn Hado auf diese Weise erhängt zu haben.
Nämlich Sie, die Sie in jungen Jahren bei einer Spedition gejobbt haben...

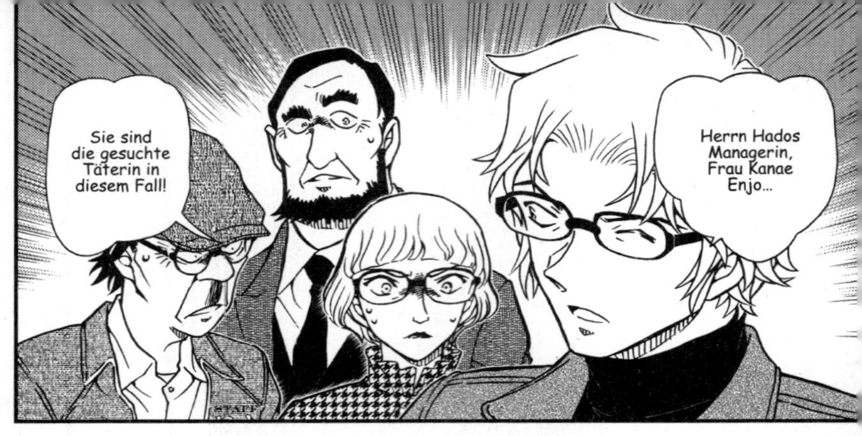
Herrn Hados Managerin, Frau Kanae Enjo...
Sie sind die gesuchte Täterin in diesem Fall!

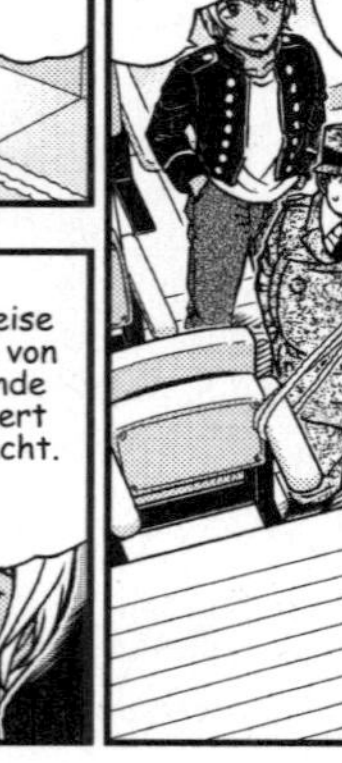
Ich verstehe ja, dass man ihn so hochziehen kann, aber wie hat sie das Seil am Sitzplatz festgebunden?
Das ist ein-fach!

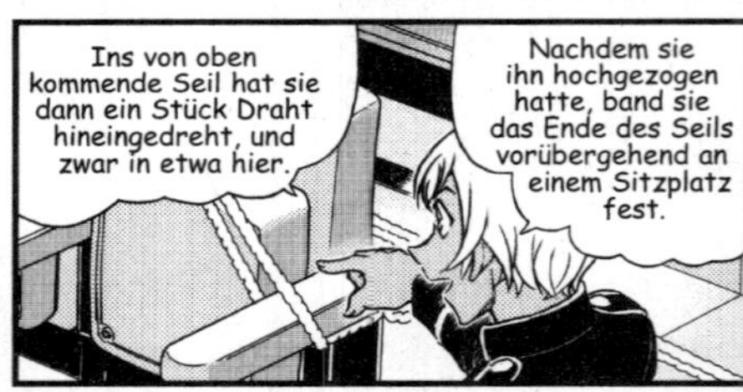
Nachdem sie ihn hochgezogen hatte, band sie das Ende des Seils vorübergehend an einem Sitzplatz fest.
Ins von oben kommende Seil hat sie dann ein Stück Draht hineingedreht, und zwar in etwa hier.

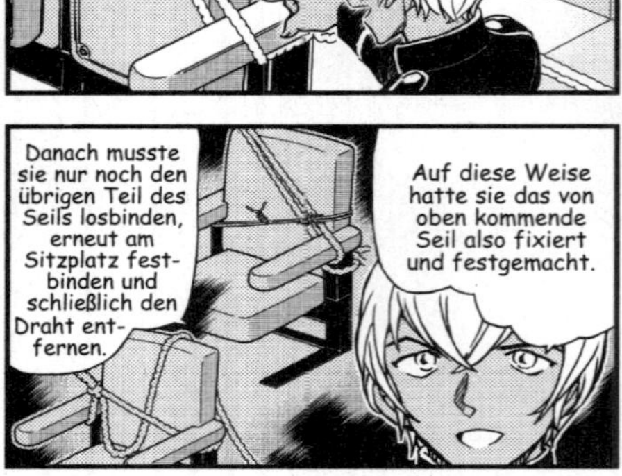
Auf diese Weise hatte sie das von oben kommende Seil also fixiert und festgemacht.
Danach musste sie nur noch den übrigen Teil des Seils losbinden, erneut am Sitzplatz fest-binden und schließlich den Draht ent-fernen.

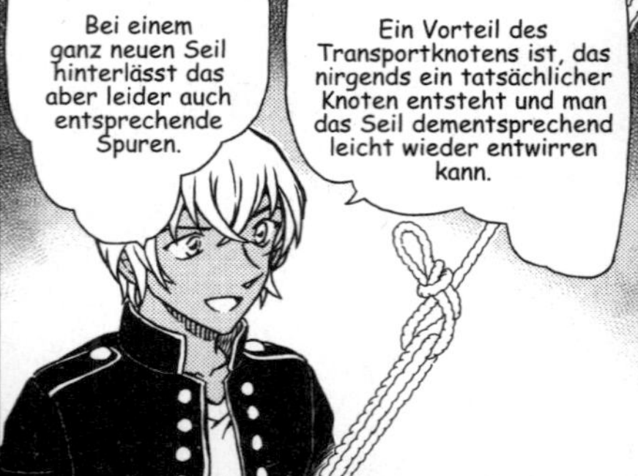
Ein Vorteil des Transportknotens ist, das nirgends ein tatsächlicher Knoten entsteht und man das Seil dementsprechend leicht wieder entwirren kann.
Bei einem ganz neuen Seil hinterlässt das aber leider auch entsprechende Spuren.

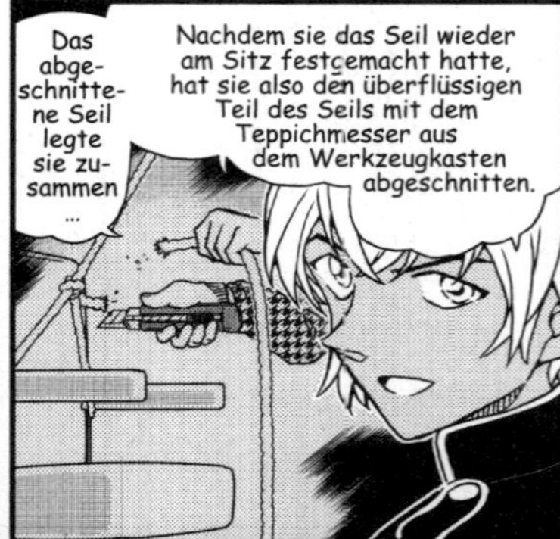
Nachdem sie das Seil wieder am Sitz festgemacht hatte, hat sie also den überflüssigen Teil des Seils mit dem Teppichmesser aus dem Werkzeugkasten abgeschnitten.
Das abge-schnitte-ne Seil legte sie zu-sammen ...

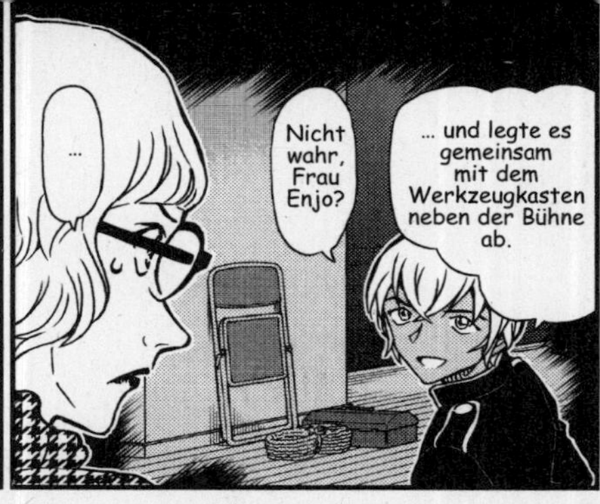
... und legte es gemeinsam mit dem Werkzeugkasten neben der Bühne ab.
Nicht wahr, Frau Enjo?
...

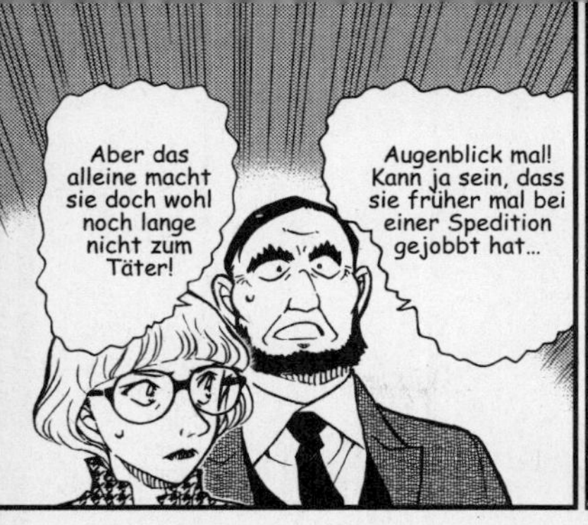
Augenblick mal! Kann ja sein, dass sie früher mal bei einer Spedition gejobbt hat...
Aber das alleine macht sie doch wohl noch lange nicht zum Täter!

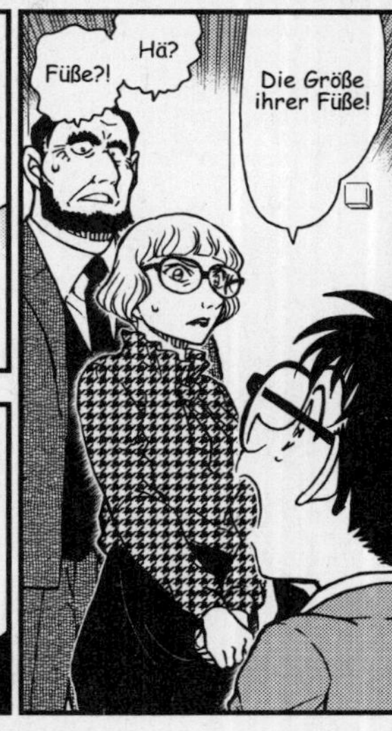
Die Größe ihrer Füße!
Hä?
Füße?!

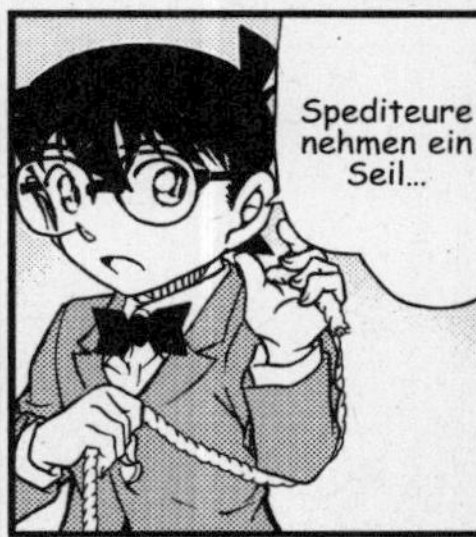
Spediteure nehmen ein Seil...

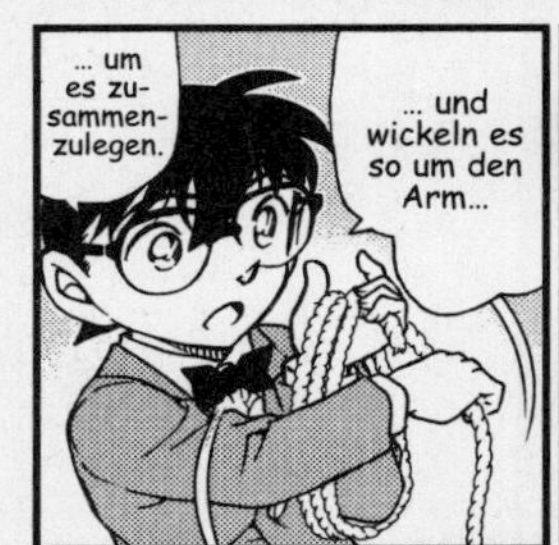
... und wickeln es so um den Arm...
... um es zusammenzulegen.

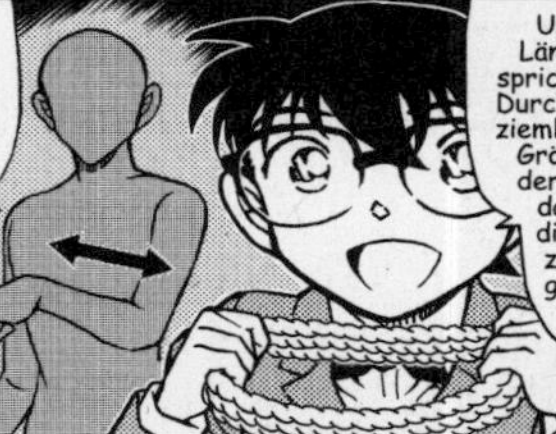
Und von der Länge her entspricht der innere Durchmesser dann ziemlich genau der Größe der Füße der Person, die das Seil auf diese Weise zusammengelegt hat!

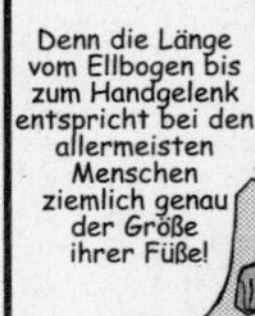
Denn die Länge vom Ellbogen bis zum Handgelenk entspricht bei den allermeisten Menschen ziemlich genau der Größe ihrer Füße!

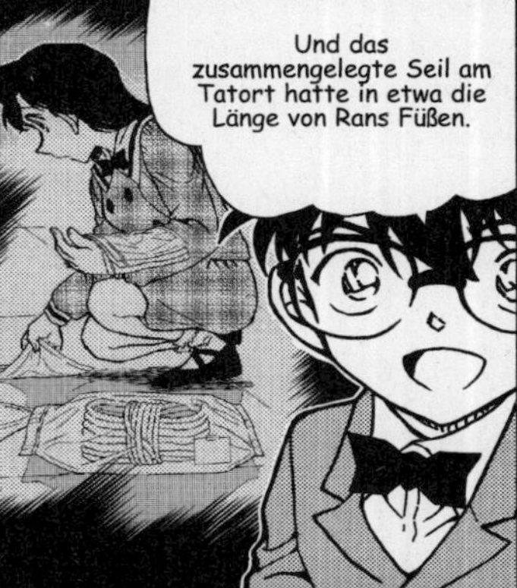
Und das zusammengelegte Seil am Tatort hatte in etwa die Länge von Rans Füßen.

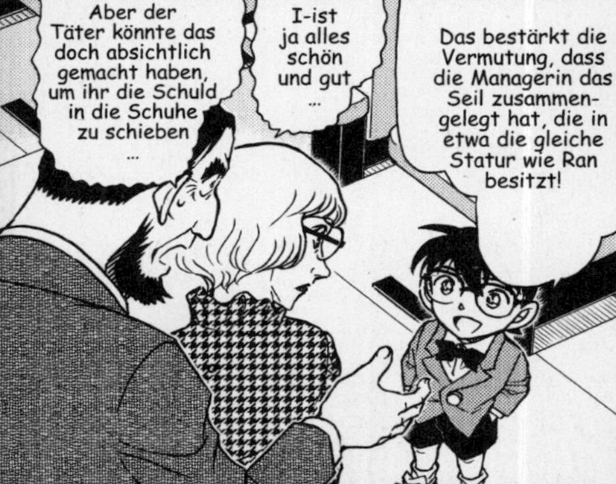
Das bestärkt die Vermutung, dass die Managerin das Seil zusammengelegt hat, die in etwa die gleiche Statur wie Ran besitzt!
I-ist ja alles schön und gut ...
Aber der Täter könnte das doch absichtlich gemacht haben, um ihr die Schuld in die Schuhe zu schieben ...

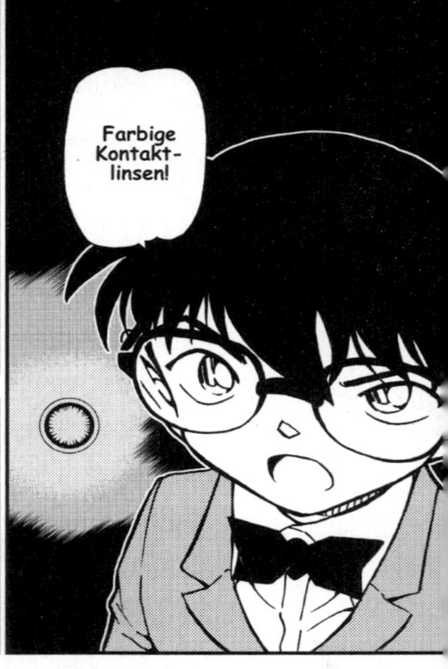

Farbige Kontaktlinsen!

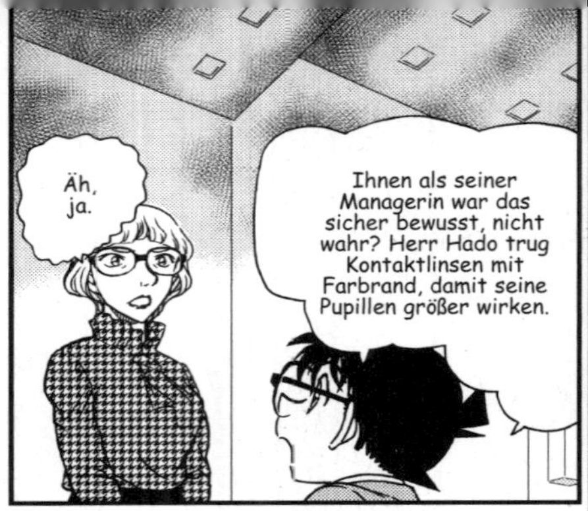

Ihnen als seiner Managerin war das sicher bewusst, nicht wahr? Herr Hado trug Kontaktlinsen mit Farbrand, damit seine Pupillen größer wirken.
Äh, ja.

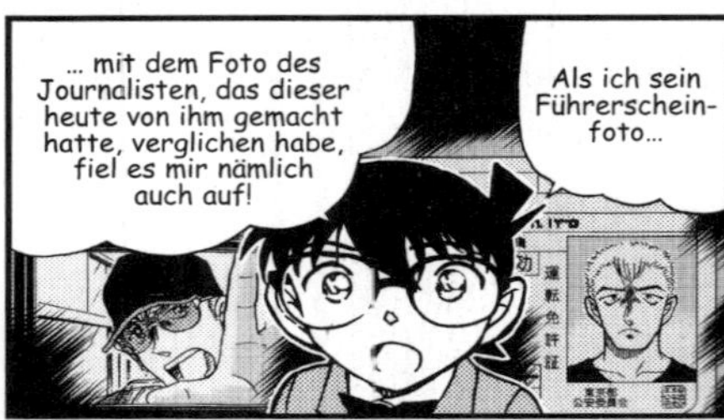

Als ich sein Führerscheinfoto...
... mit dem Foto des Journalisten, das dieser heute von ihm gemacht hatte, verglichen habe, fiel es mir nämlich auch auf!

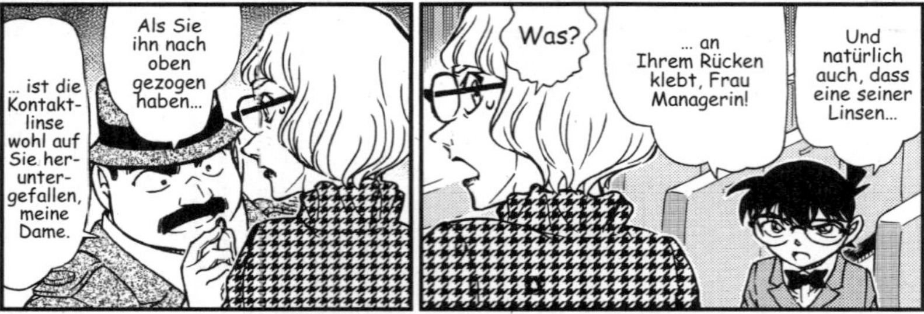

Und natürlich auch, dass eine seiner Linsen...
... an Ihrem Rücken klebt, Frau Managerin!
Was?
Als Sie ihn nach oben gezogen haben...
... ist die Kontaktlinse wohl auf Sie heruntergefallen, meine Dame.

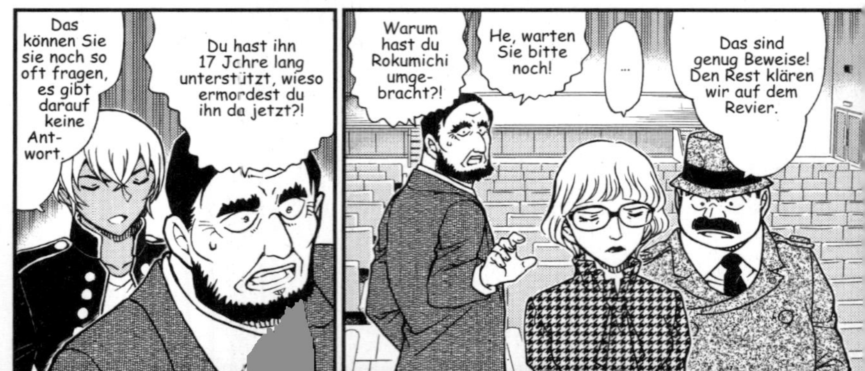

Das sind genug Beweise! Den Rest klären wir auf dem Revier.
...
He, warten Sie bitte noch!
Warum hast du Rokumichi umgebracht?!
Du hast ihn 17 Jchre lang unterstützt, wieso ermordest du ihn da jetzt?!
Das können Sie sie noch so oft fragen, es gibt darauf keine Antwort.

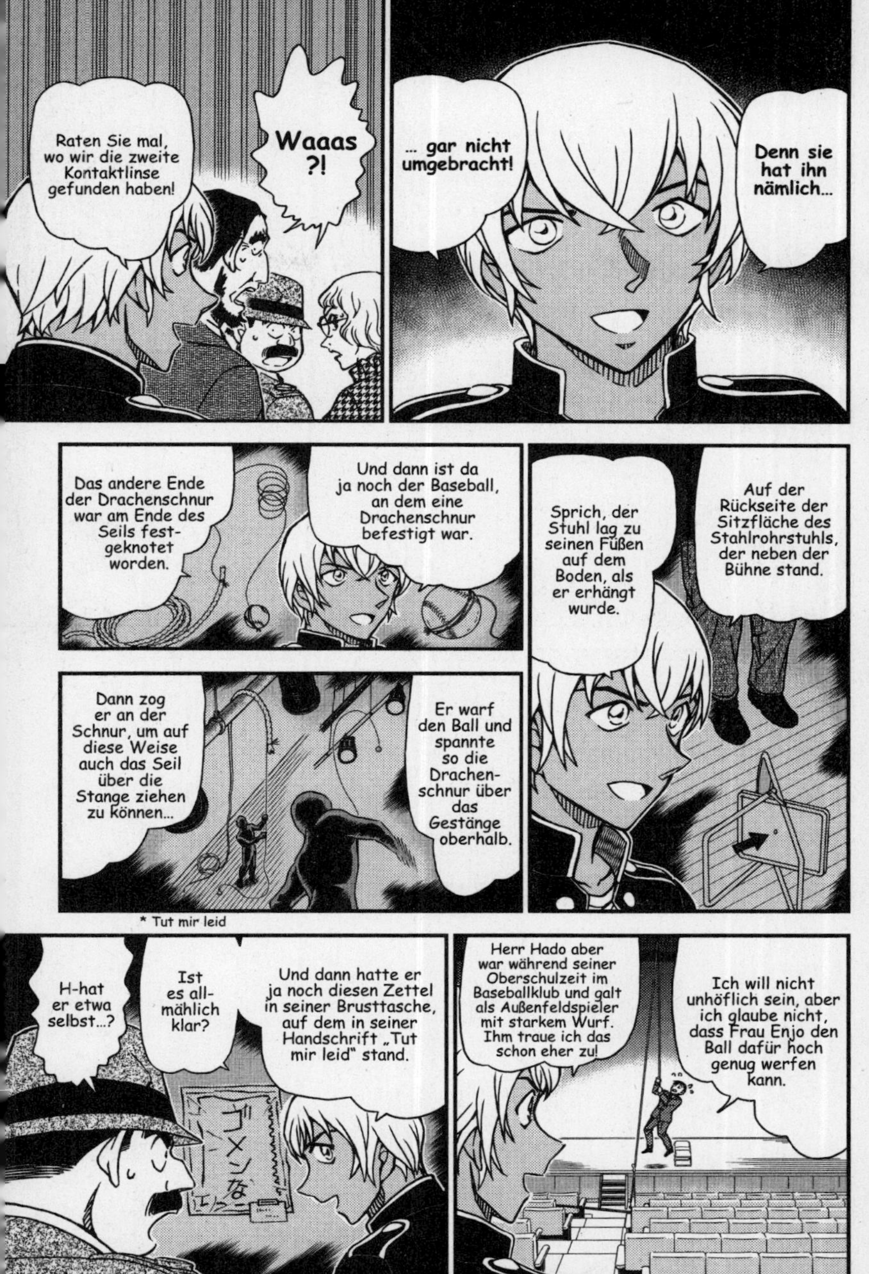
Denn sie hat ihn nämlich...
... gar nicht umgebracht!
Waaas ?!
Raten Sie mal, wo wir die zweite Kontaktlinse gefunden haben!
Auf der Rückseite der Sitzfläche des Stahlrohrstuhls, der neben der Bühne stand.
Sprich, der Stuhl lag zu seinen Füßen auf dem Boden, als er erhängt wurde.
Und dann ist da ja noch der Baseball, an dem eine Drachenschnur befestigt war.
Das andere Ende der Drachenschnur war am Ende des Seils festgeknotet worden.
Er warf den Ball und spannte so die Drachenschnur über das Gestänge oberhalb.
Dann zog er an der Schnur, um auf diese Weise auch das Seil über die Stange ziehen zu können...
Ich will nicht unhöflich sein, aber ich glaube nicht, dass Frau Enjo den Ball dafür hoch genug werfen kann.
Herr Hado aber war während seiner Oberschulzeit im Baseballklub und galt als Außenfeldspieler mit starkem Wurf. Ihm traue ich das schon eher zu!
Und dann hatte er ja noch diesen Zettel in seiner Brusttasche, auf dem in seiner Handschrift „Tut mir leid" stand.
Ist es allmählich klar?
H-hat er etwa selbst...?

* Tut mir leid

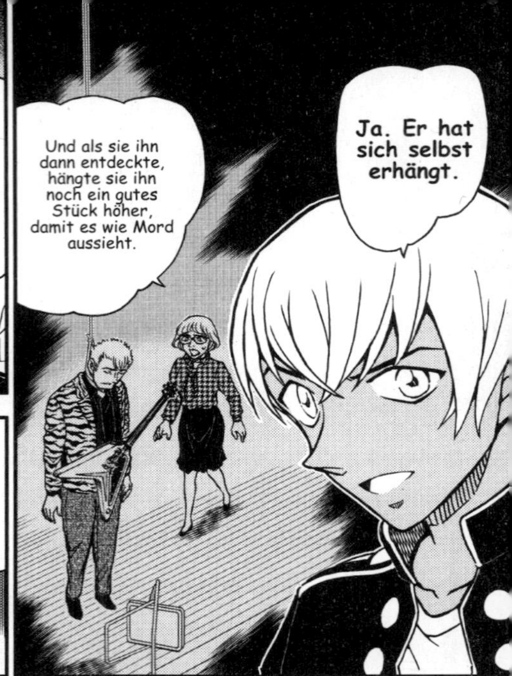
Ja. Er hat sich selbst erhängt.
Und als sie ihn dann entdeckte, hängte sie ihn noch ein gutes Stück höher, damit es wie Mord aussieht.

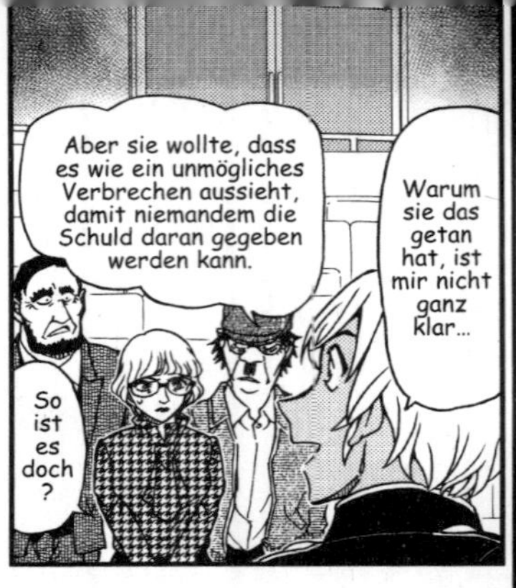
Warum sie das getan hat, ist mir nicht ganz klar…
Aber sie wollte, dass es wie ein unmögliches Verbrechen aussieht, damit niemandem die Schuld daran gegeben werden kann.
So ist es doch?

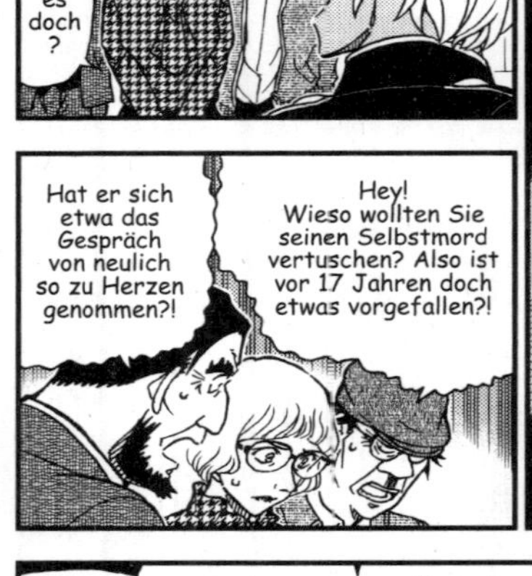
Hey! Wieso wollten Sie seinen Selbstmord vertuschen? Also ist vor 17 Jahren doch etwas vorgefallen?!
Hat er sich etwa das Gespräch von neulich so zu Herzen genommen?!

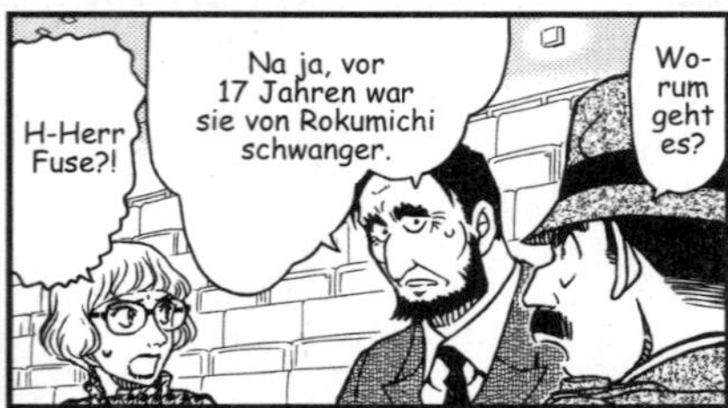
Wo-rum geht es?
Na ja, vor 17 Jahren war sie von Rokumichi schwanger.
H-Herr Fuse?!

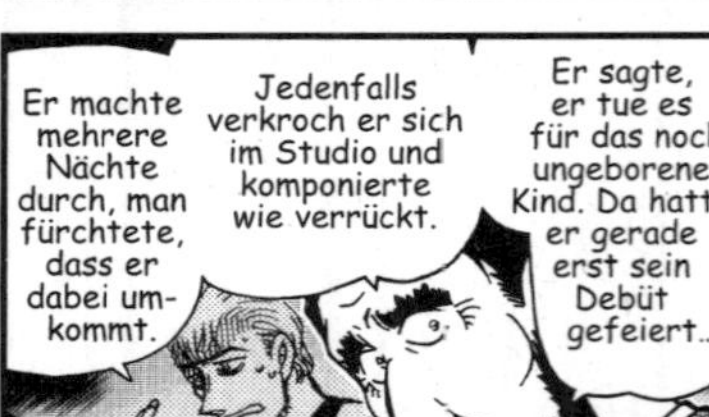
Er sagte, er tue es für das noch ungeborene Kind. Da hatte er gerade erst sein Debüt gefeiert…
Jedenfalls verkroch er sich im Studio und komponierte wie verrückt.
Er machte mehrere Nächte durch, man fürchtete, dass er dabei um-kommt.

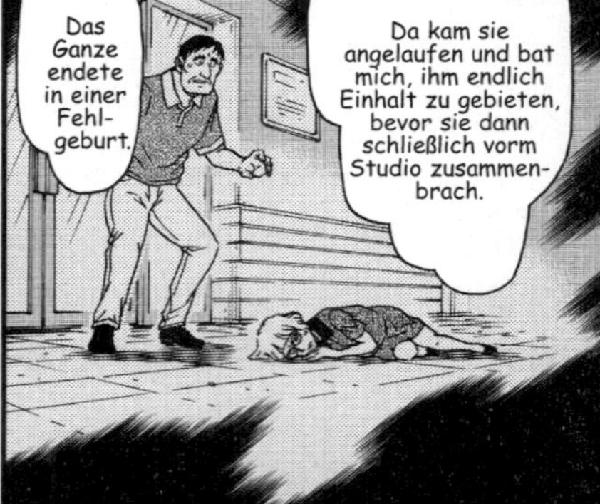
Da kam sie angelaufen und bat mich, ihm endlich Einhalt zu gebieten, bevor sie dann schließlich vorm Studio zusammen-brach.
Das Ganze endete in einer Fehl-geburt.

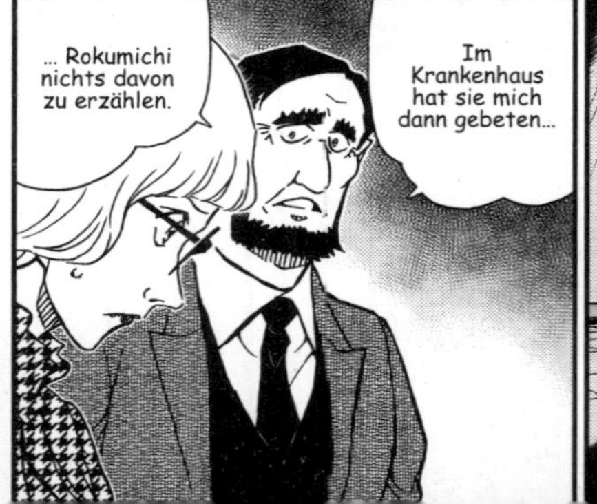
Im Krankenhaus hat sie mich dann gebeten…
… Rokumichi nichts davon zu erzählen.

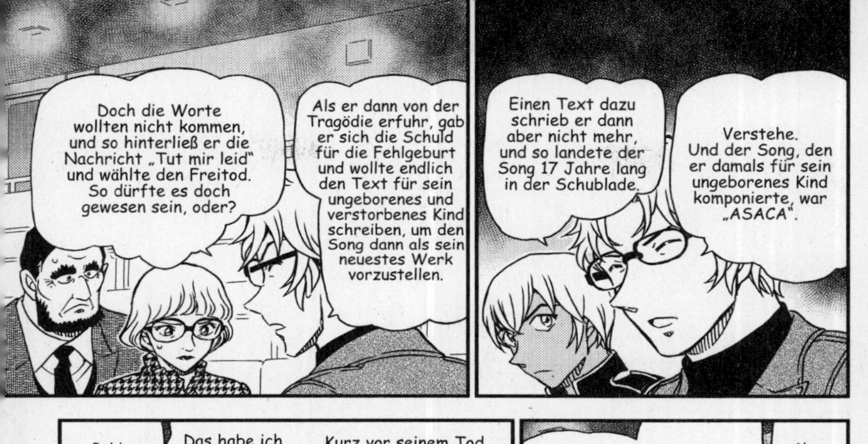
Verstehe. Und der Song, den er damals für sein ungeborenes Kind komponierte, war „ASACA“.
Einen Text dazu schrieb er dann aber nicht mehr, und so landete der Song 17 Jahre lang in der Schublade.
Als er dann von der Tragödie erfuhr, gab er sich die Schuld für die Fehlgeburt und wollte endlich den Text für sein ungeborenes und verstorbenes Kind schreiben, um den Song dann als sein neuestes Werk vorzustellen.
Doch die Worte wollten nicht kommen, und so hinterließ er die Nachricht „Tut mir leid“ und wählte den Freitod. So dürfte es doch gewesen sein, oder?

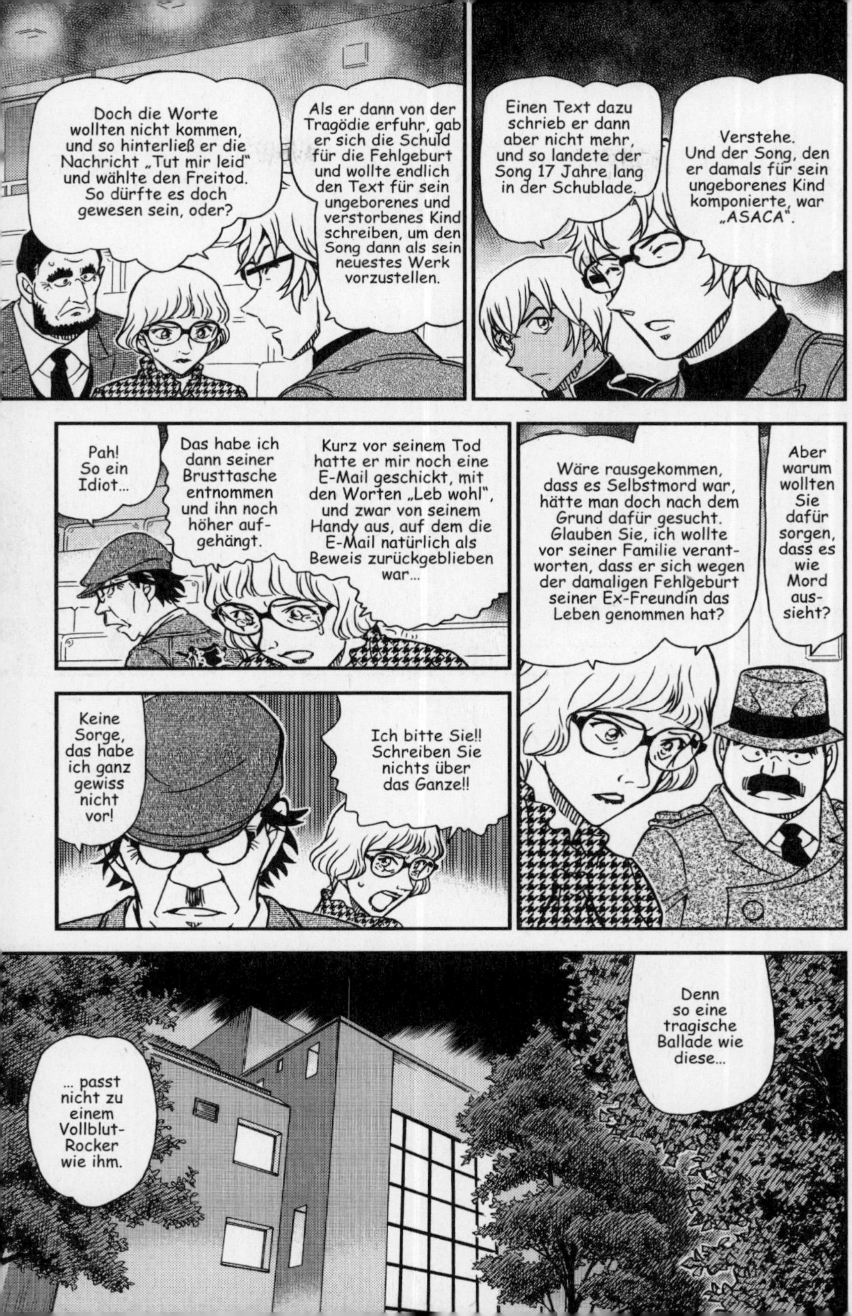

Aber warum wollten Sie dafür sorgen, dass es wie Mord aussieht?
Wäre rausgekommen, dass es Selbstmord war, hätte man doch nach dem Grund dafür gesucht. Glauben Sie, ich wollte vor seiner Familie verantworten, dass er sich wegen der damaligen Fehlgeburt seiner Ex-Freundin das Leben genommen hat?
Kurz vor seinem Tod hatte er mir noch eine E-Mail geschickt, mit den Worten „Leb wohl“, und zwar von seinem Handy aus, auf dem die E-Mail natürlich als Beweis zurückgeblieben war...
Das habe ich dann seiner Brusttasche entnommen und ihn noch höher aufgehängt.
Pah! So ein Idiot...
Ich bitte Sie!! Schreiben Sie nichts über das Ganze!!
Keine Sorge, das habe ich ganz gewiss nicht vor!

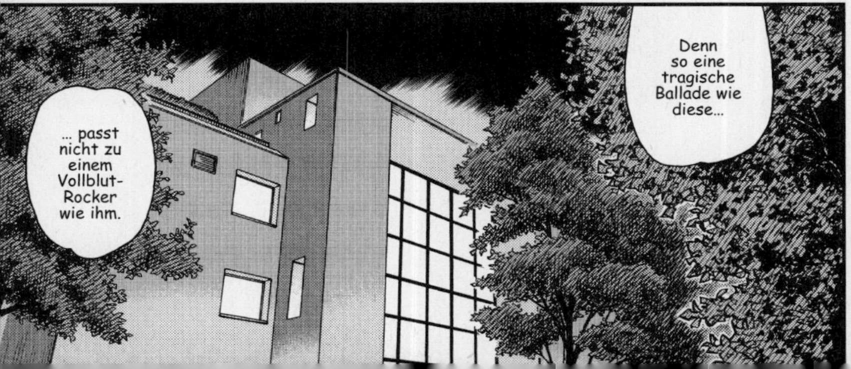
Denn so eine tragische Ballade wie diese...
... passt nicht zu einem Vollblut-Rocker wie ihm.

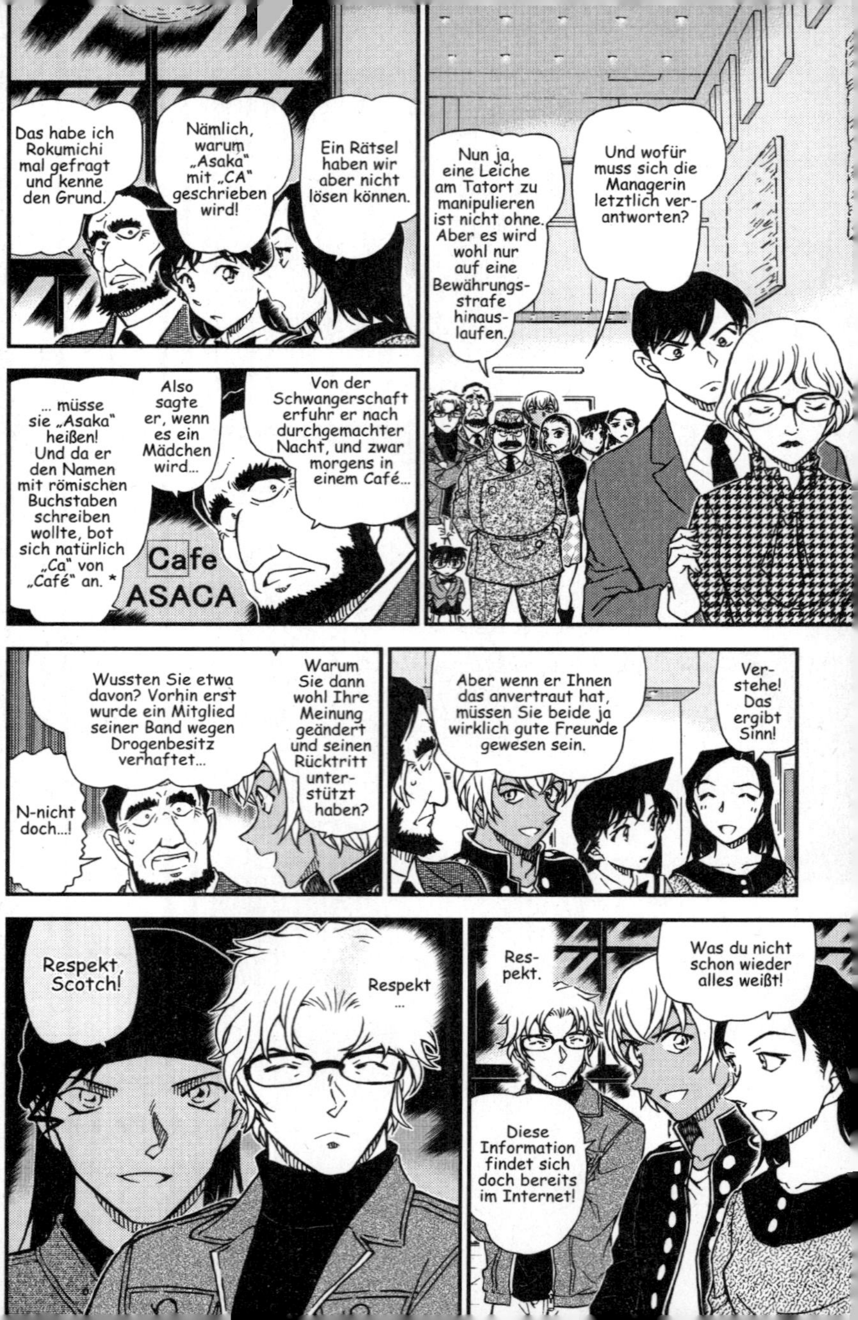

Und wofür muss sich die Managerin letztlich verantworten?

Nun ja, eine Leiche am Tatort zu manipulieren ist nicht ohne. Aber es wird wohl nur auf eine Bewährungsstrafe hinauslaufen.

Ein Rätsel haben wir aber nicht lösen können.

Nämlich, warum „Asaka" mit „CA" geschrieben wird!

Das habe ich Rokumichi mal gefragt und kenne den Grund.

Von der Schwangerschaft erfuhr er nach durchgemachter Nacht, und zwar morgens in einem Café...

Also sagte er, wenn es ein Mädchen wird...

... müsse sie „Asaka" heißen! Und da er den Namen mit römischen Buchstaben schreiben wollte, bot sich natürlich „Ca" von „Café" an. *

Cafe ASACA

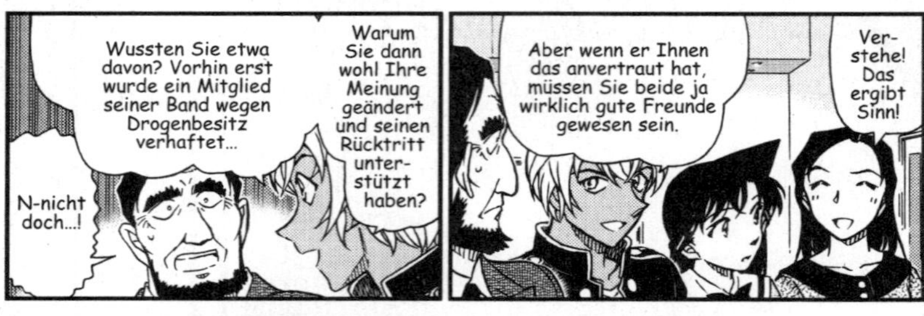

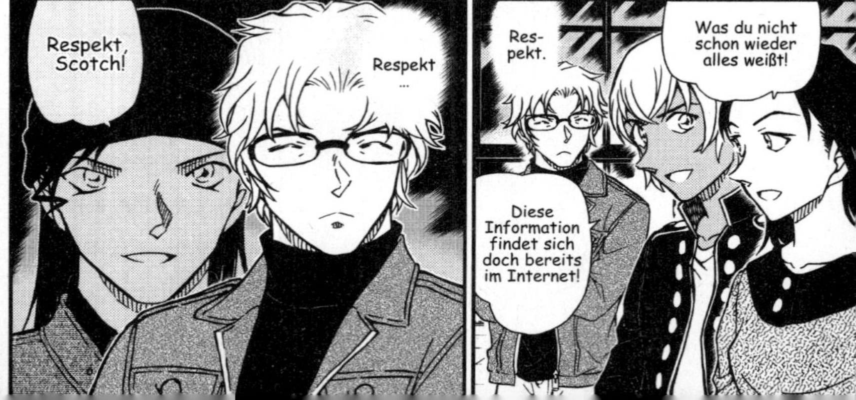

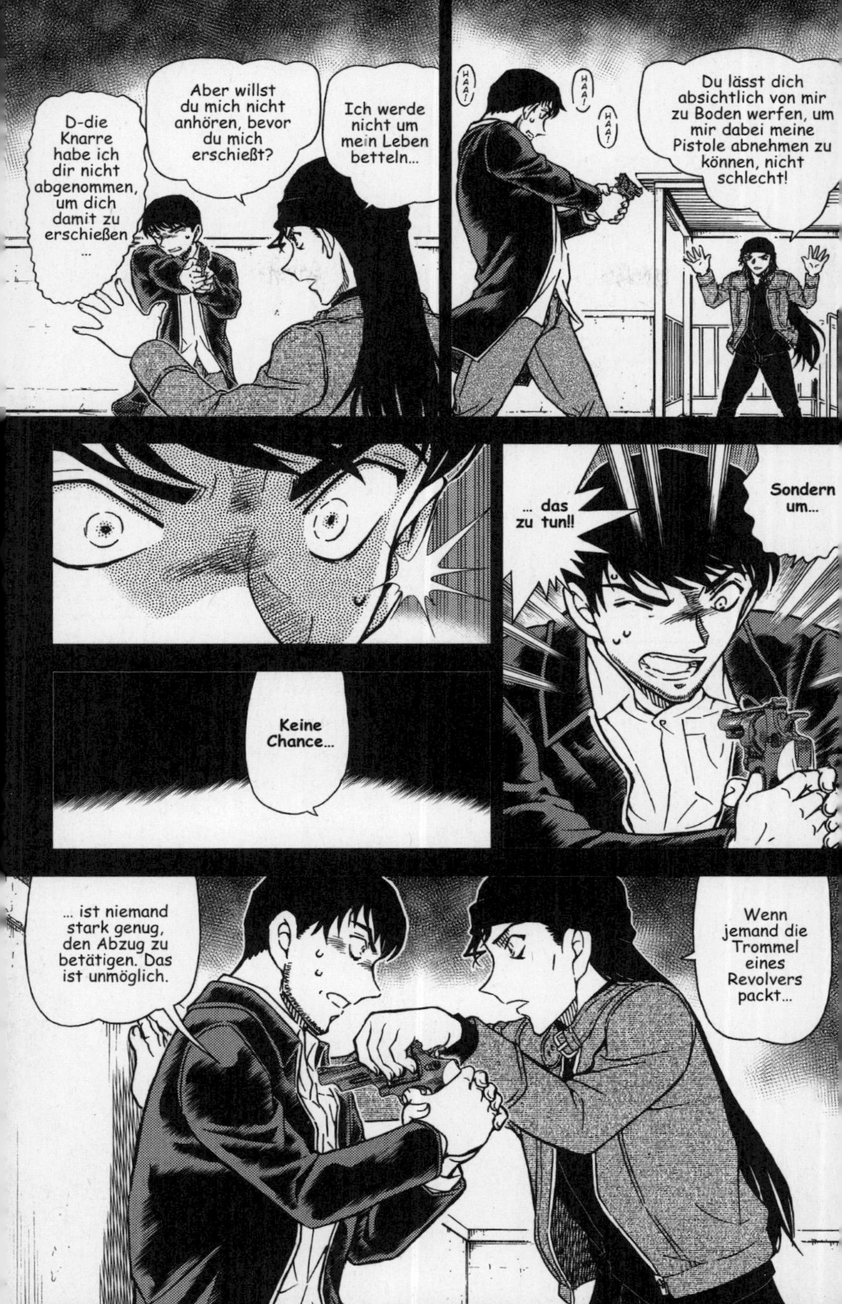
HAA!
HAA!
HAA!
Du lässt dich absichtlich von mir zu Boden werfen, um mir dabei meine Pistole abnehmen zu können, nicht schlecht!
Ich werde nicht um mein Leben betteln...
Aber willst du mich nicht anhören, bevor du mich erschießt?
D-die Knarre habe ich dir nicht abgenommen, um dich damit zu erschießen ...
Sondern um...
... das zu tun!!
Keine Chance...
Wenn jemand die Trommel eines Revolvers packt...
... ist niemand stark genug, den Abzug zu betätigen. Das ist unmöglich.

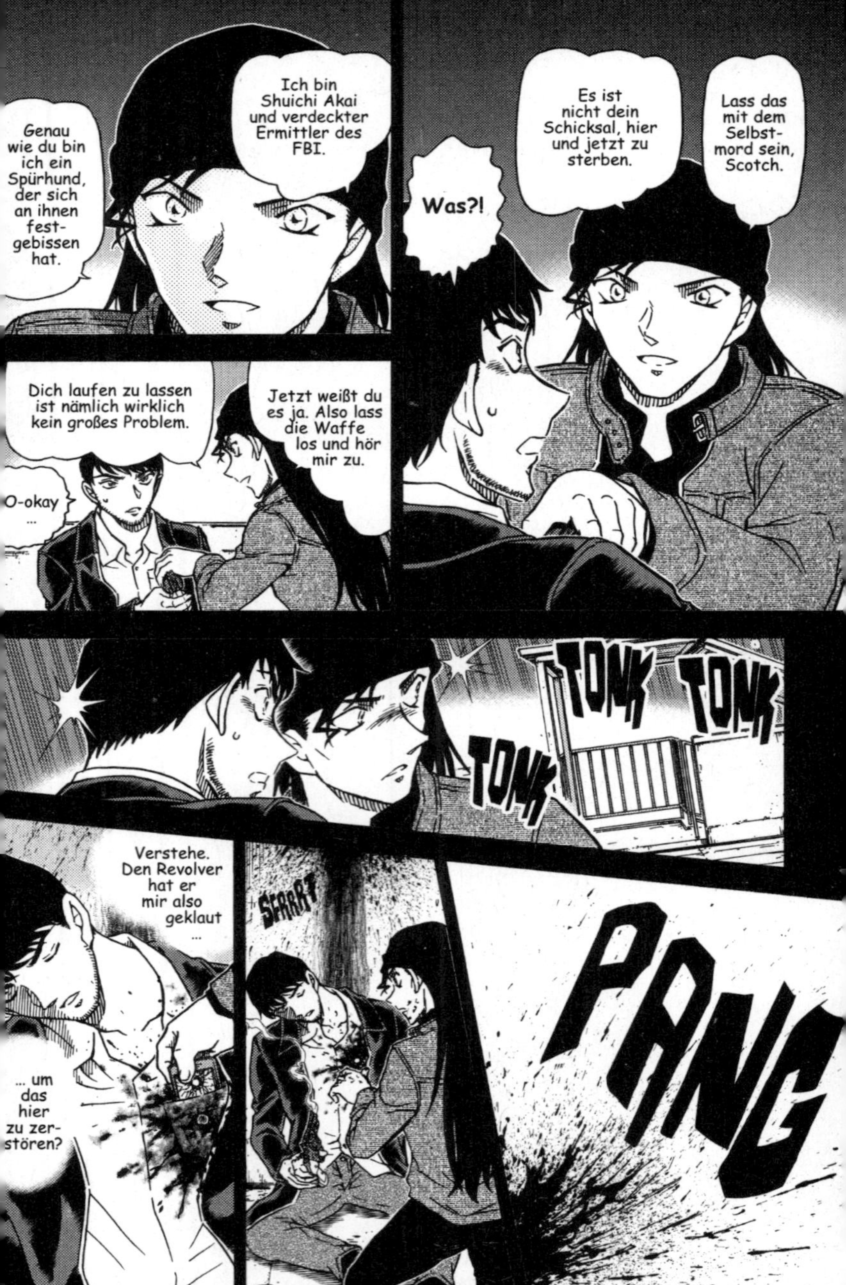

Lass das mit dem Selbstmord sein, Scotch.
Es ist nicht dein Schicksal, hier und jetzt zu sterben.
Was?!
Ich bin Shuichi Akai und verdeckter Ermittler des FBI.
Genau wie du bin ich ein Spürhund, der sich an ihnen festgebissen hat.
Jetzt weißt du es ja. Also lass die Waffe los und hör mir zu.
Dich laufen zu lassen ist nämlich wirklich kein großes Problem.
O-okay ...
TONK
TONK
TONK
PANG
SFRRRT
Verstehe. Den Revolver hat er mir also geklaut ...
... um das hier zu zerstören?

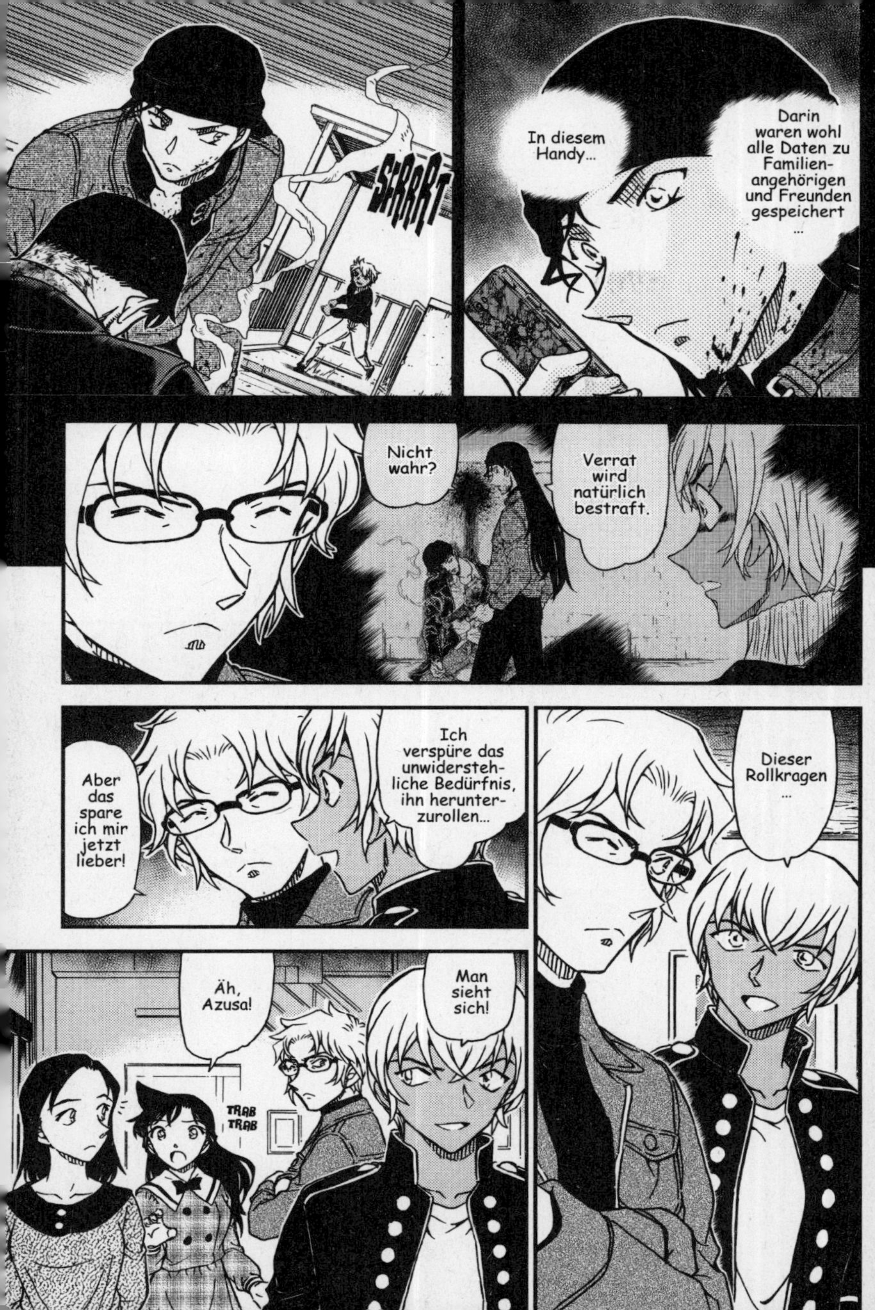
In diesem Handy...
Darin waren wohl alle Daten zu Familien-angehörigen und Freunden gespeichert ...
SCRRRT
Verrat wird natürlich bestraft.
Nicht wahr?
Dieser Rollkragen ...
Ich verspüre das unwidersteh-liche Bedürfnis, ihn herunter-zurollen...
Aber das spare ich mir jetzt lieber!
Man sieht sich!
Äh, Azusa!
TRAB TRAB

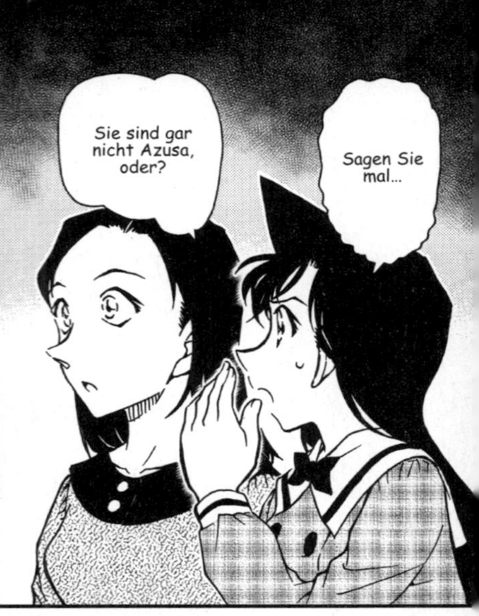
Sagen Sie mal...
Sie sind gar nicht Azusa, oder?

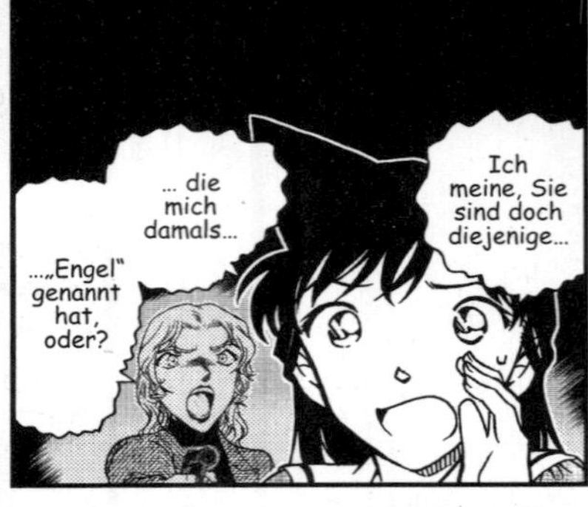
Ich meine, Sie sind doch diejenige...
... die mich damals...
...„Engel“ genannt hat, oder?

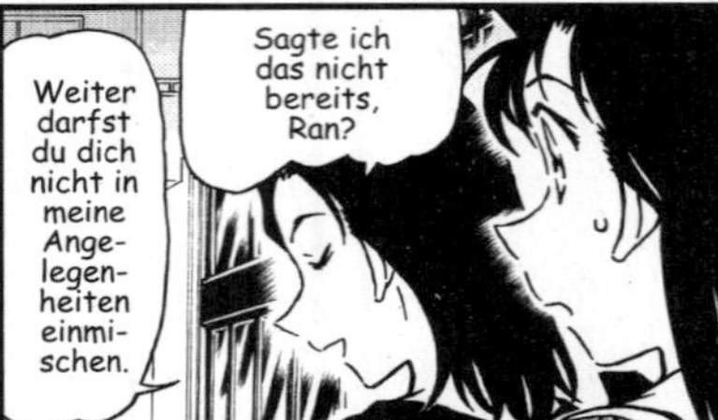
Sagte ich das nicht bereits, Ran?
Weiter darfst du dich nicht in meine Angelegenheiten einmischen.

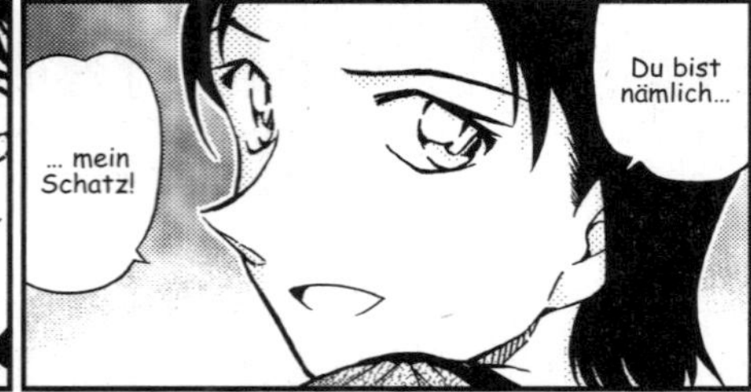
Du bist nämlich...
... mein Schatz!

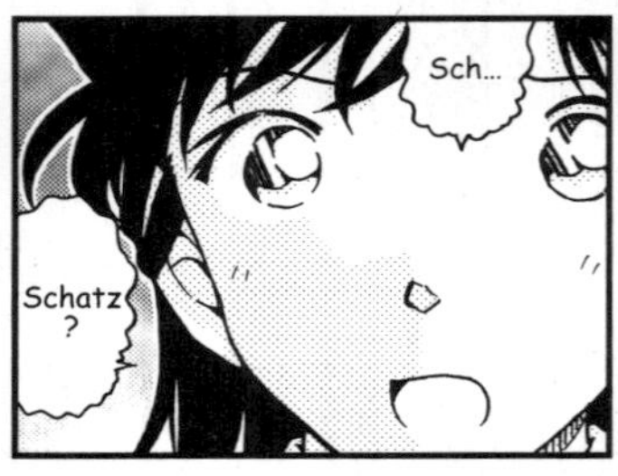
Sch...
Schatz?

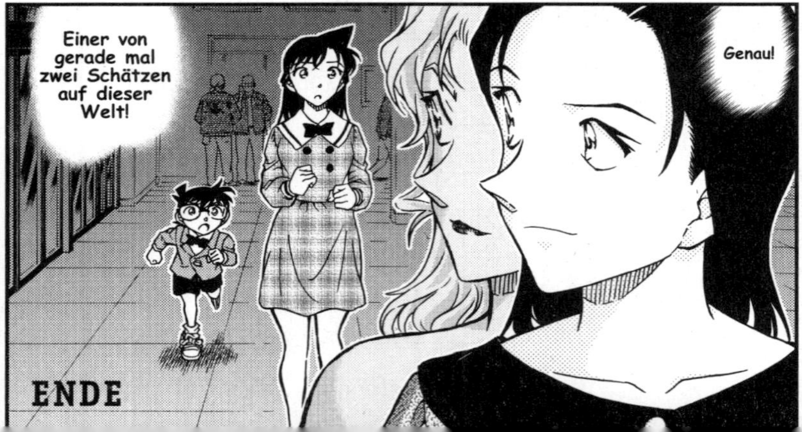
Genau!
Einer von gerade mal zwei Schätzen auf dieser Welt!
ENDE

Bourbons Fallakte 4

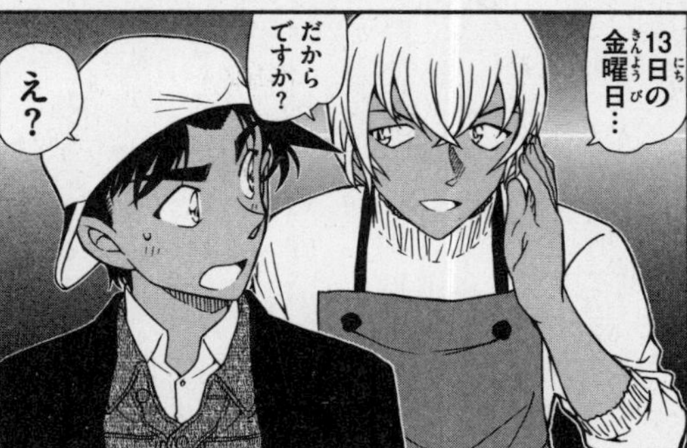

Toru spricht Heiji plötzlich im Café Poirot an. Steckt dahinter irgendeine geheime Absicht?!

Auch mit Heiji Hatto hatte er bereits zu tu

Heiji Hattori und Kazuha Toyam sind mal wieder aus Osaka zu Besuch, und bei dieser Gelegenheit lernt Toru Heiji im Café Poi kennen. Toru fängt unvermittel über Freitag, den 13. zu sinnier und Heiji weiß nicht recht, was von ihm halten soll. Doch als es Café plötzlich zu einem Zwische fall kommt, kann sich Heiji dire von Torus herausragenden Talen überzeugen.

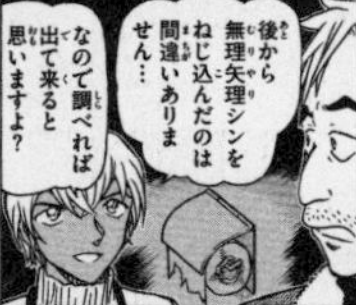

Er durchschaut den Trick des Täters vollständig.

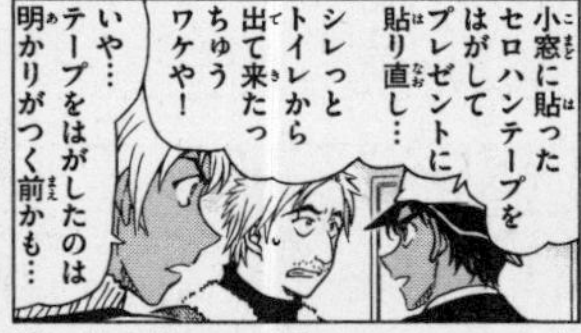

Obwohl es ihre erste Begegnung ist, arbeitet Toru mit Heiji zusammen und ergänzt sogar dessen Ausführungen.

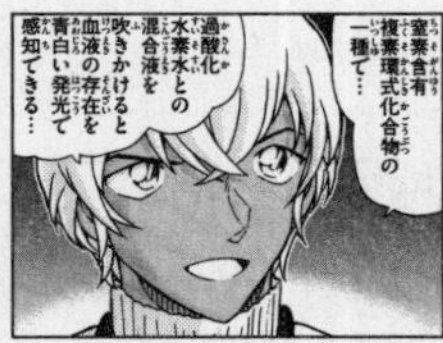

Toru glänzt mit seinem Fachwissen.

Band 92, Fall 11 bis Band 93, F

Schlüsselperson

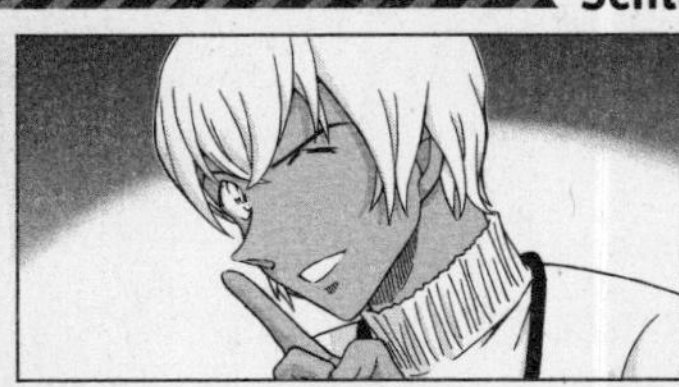

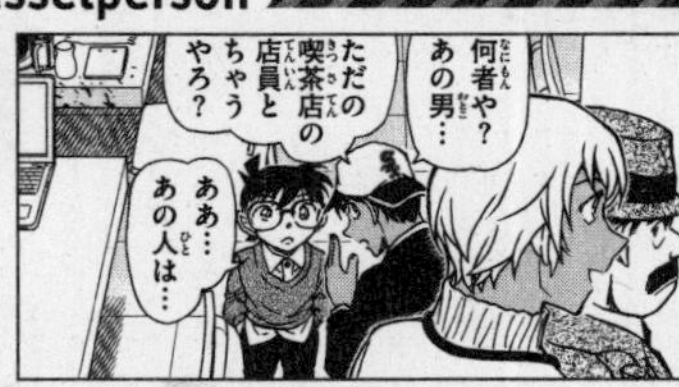

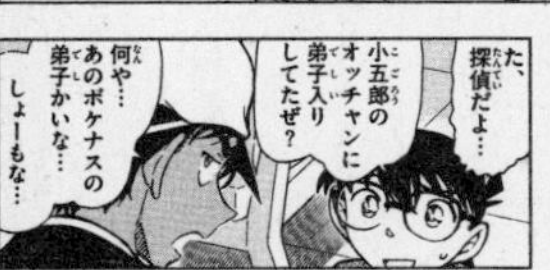

Er stellt Toru als Detektiv und Kogoros Lehrling vor, worüber sich Heiji sichtlich enttäuscht zeigt.

Heiji ist verblüfft von Torus detektivischem Scharfsinn.

Torus Fachwissen und scharfer Verstand erregen Heijis Interesse, doch Conan behält Torus Identitäten als Organisationsmitglied Bourbon und Sicherheitspolizist Rei Furuya für sich. Ob Conan seinen Freund Heiji eines Tages über Toru aufklären wird?

Band 92, Fall 11 bis Band 93,

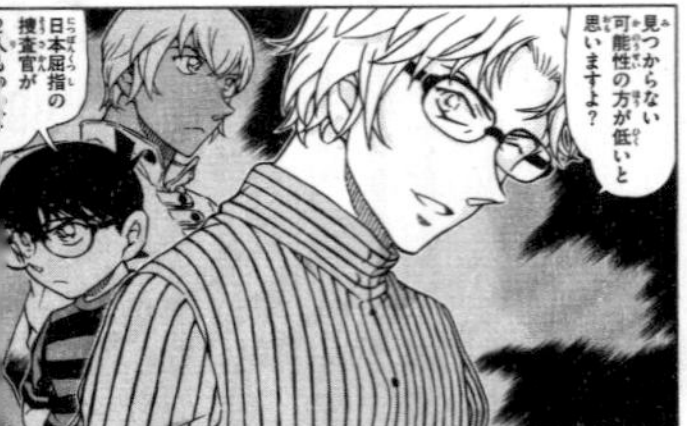

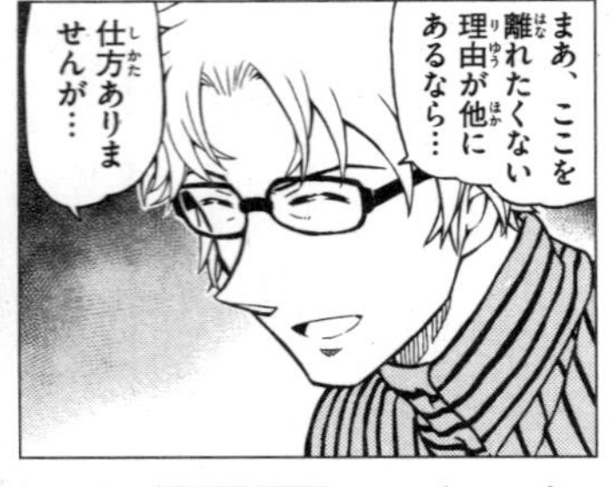

›aru weiß Torus Fähigkeiten zu schätzen. Ob sie ıl eines Tages sogar zusammenarbeiten werden…?

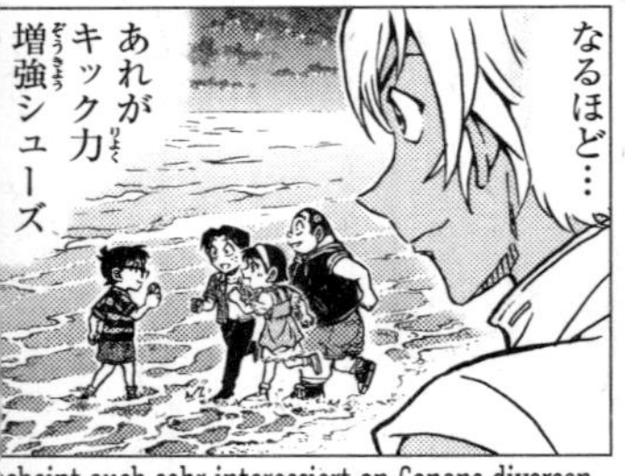

:cheint auch sehr interessiert an Conans diversen ıgets zu sein… Sammelt er eigentlich über alles ›rmationen?!

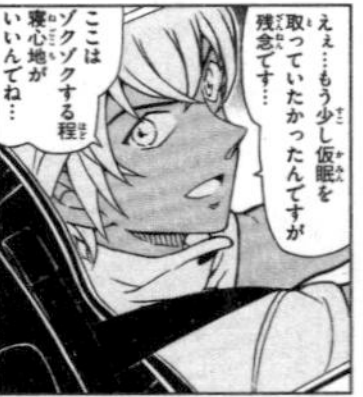

Toru taucht in seinem RX-7 immer wieder vor dem Haus der Kudos auf. Vor einer direkten Unterredung mit Subaru schreckt er aber wohl noch zurück.

Er observiert weiterhin **Subaru Okiya**…

Toru hat noch immer ein gesteigertes Interesse an Subaru, den er in der „Scharlachroten Reihe" kennengelernt hat. Er setzt seine Ermittlungen fort, um hinter dessen wahre Identität zu kommen.

Band 94 Fälle 5 bis 7

Schlüsselperson

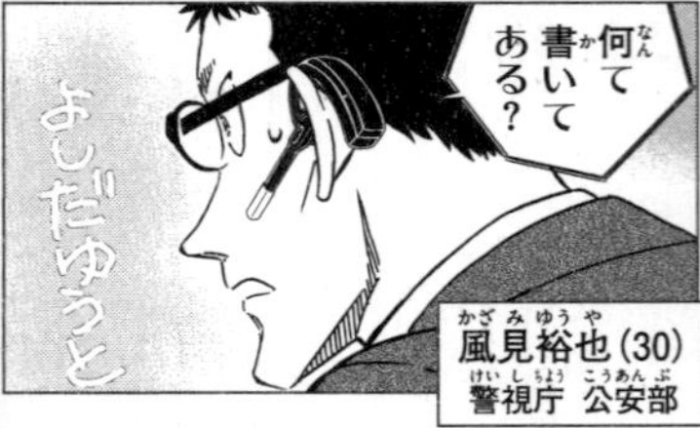

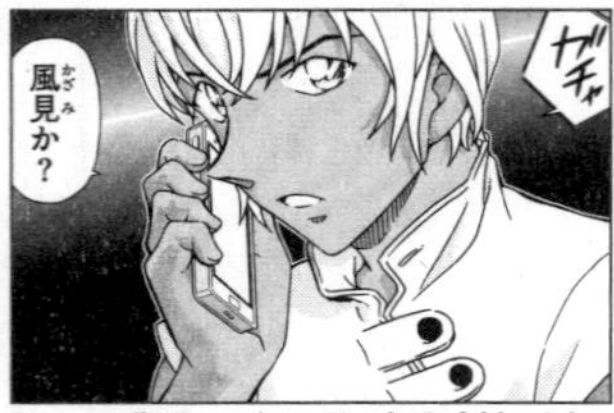

Toru erteilt Kazami per Handy Befehle. Sehen wir in Zukunft vielleicht mehr von ihm?

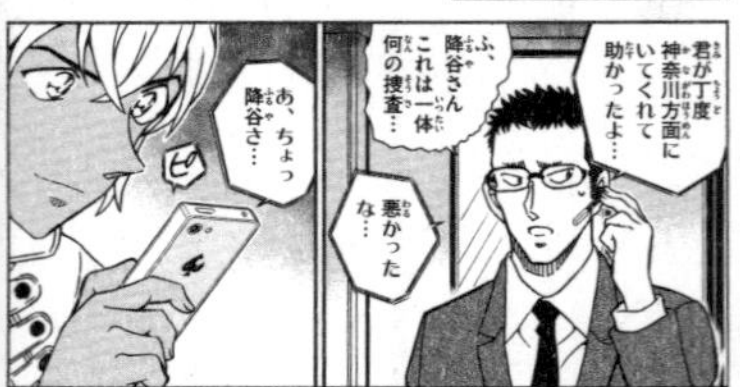

Kazami befolgt auch Befehle, deren Sinn er nicht nachvollziehen kann. Bei der Sicherheitspolizei wird Toru Amuro selbstverständlich mit seinem richtigen Namen, Rei Furuya, angesprochen.

Sicherheitspolizist Kazami hat seinen Auftritt!

Sicherheitspolizist Yuya Kazami feierte im Film „Detektiv Conan: Der dunkelste Albtraum" sein Debüt und ist inzwischen auch im Manga aufgetreten. Rei Furuya scheint sein Vorgesetzter zu sein, und Kazami unterstützt ihn tatkräftig. Wird er früher oder später auch in die Ermittlungen gegen die Schwarze Organisation eingreifen…?

Band 94, Fall 5 bis 7

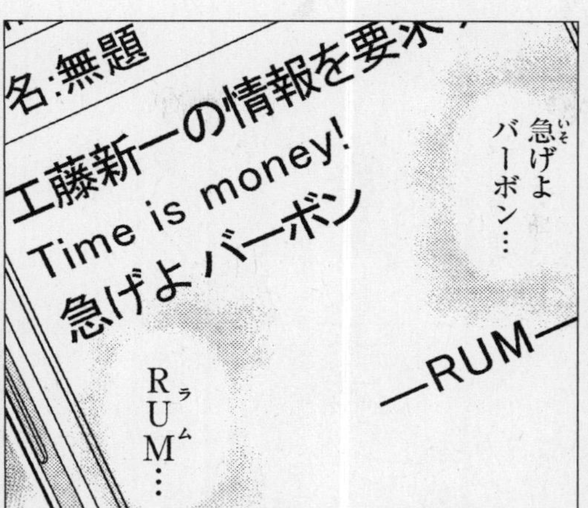

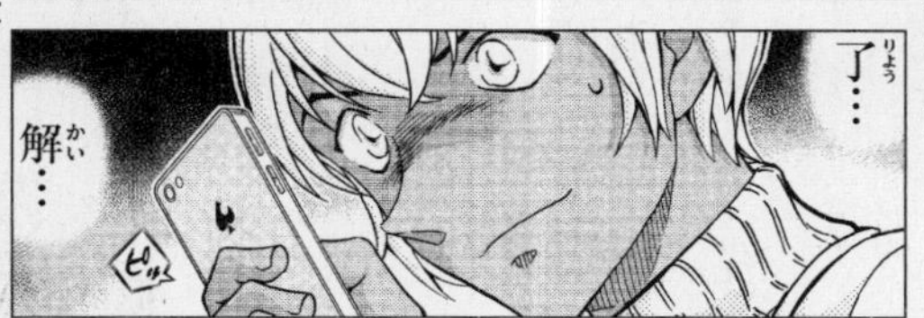

Per E-Mail fordert RUM Toru Amuro auf, Nachforschungen zu Shinichi Kudo anzustellen. Was wird er unternehmen…?

Als **Bourbon** beginnt e mit seinen Ermittlung zu Shinichi Kudo.

Da diverse Augenzeugenberich aus Kyoto zu Shinichi Kudo in den sozialen Netzwerken die Runde machen, erhält der „Spürhund" der Organisation, Bourbon, von der Nummer 2 d Organisation, RUM, den Befeh in dieser Sache zu ermitteln. Währenddessen gelingt Yusak Kudo mit der entscheidenden Schlussfolgerung der Durchbruch: Der Boss der Schwarze Organisation muss Renya Kara suma sein! Der Kampf zwische Conan & Co. gegen die Schwa Organisation scheint nun in d heiße Phase einzutreten.

Schlüsselperson

Ist einer dieser drei RUM…?

Rumi Wakasa

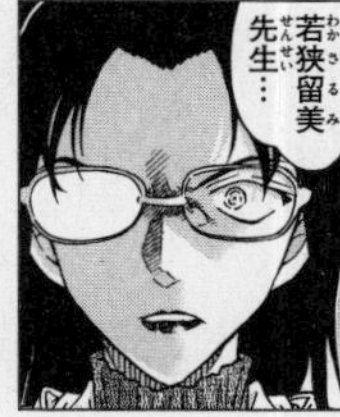

Die stellvertretende Klassenlehrerin der 1B an der Teitan-Grundschule. Sie wirkt tollpatschig, gibt aber viele Rätsel auf. Ihre Augen scheinen beide gesund zu sein, doch ist dem wirklich so…?

Hyoe Kuroda

Gegenwärtig ist er der stellvertretende Vizeleiter des 1. Dezernat der Kriminalpolizei. Dieser Hüne mit weißen Haaren trägt rechts eine Augenprothese und war früher beim Polizeipräsidium von Nagano.

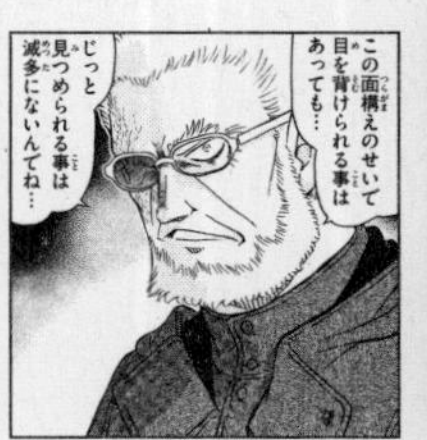

Kanenori Wakita

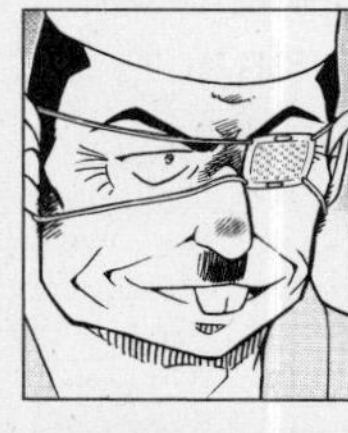

Sushi-Meister des Restaurants Iroha im Beika-Viertel, der links eine Augenklappe trägt. Er ist Mystery-Fan und hat Kogoro gebeten, ihn zu seinem Lehrling zu machen.

Noch ist die Identität von RUM, der Bourbon auf Shinichi angesetzt hat, ungeklärt. Über RUMs Aussehen ist nichts bekannt, nur, dass sie oder er eine Augenprothese hat, steht fest. Bisher gibt es drei Kandidaten: Hyoe Kuroda, Rumi Wakasa und Kanenori Wakita. Doch wer ist es?!

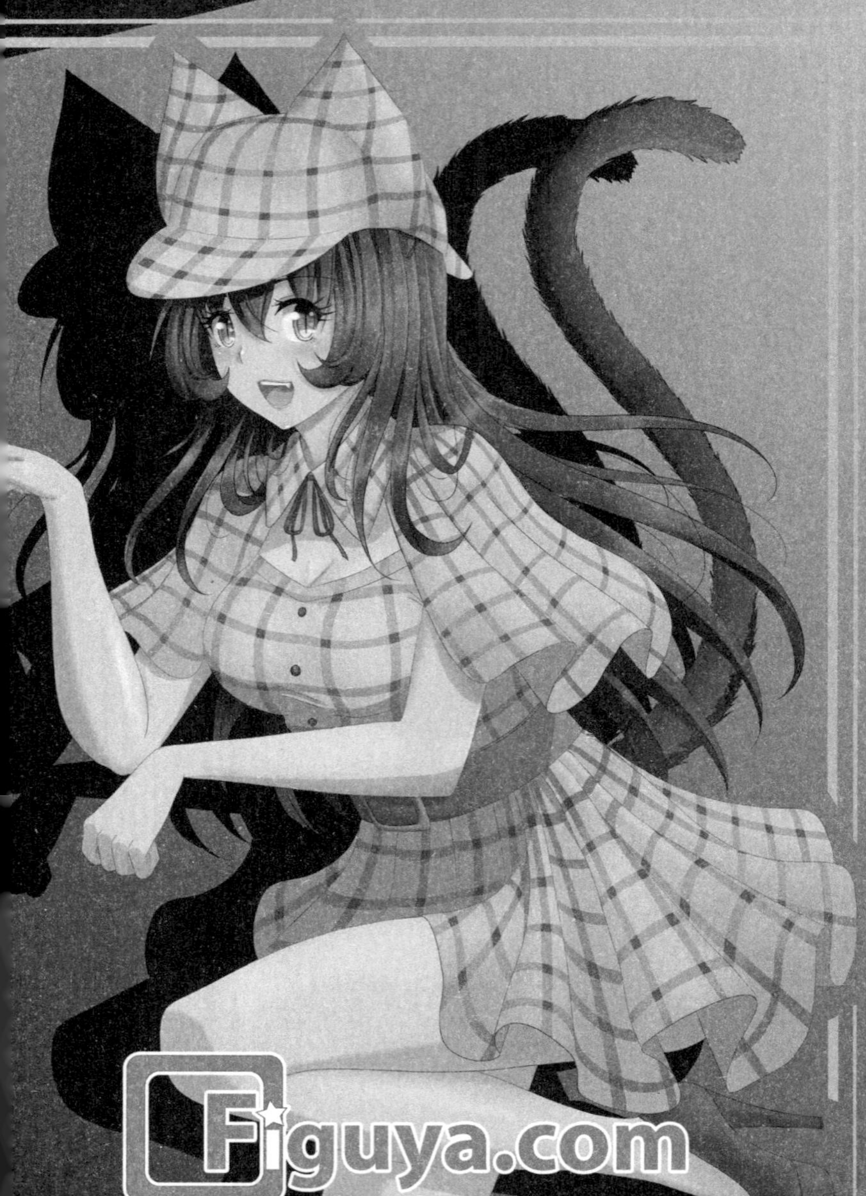
Figuya.com
Dein Shop für Anime-Figuren und Merchandise

SUTOPPU!

**Koko wa kono manga no owari dayo.
Hantaigawa kara yomihajimete ne!
Dewa omatase shimashita!
Tanoshii hitotoki wo dozo!**

Egmont Manga Chiimu

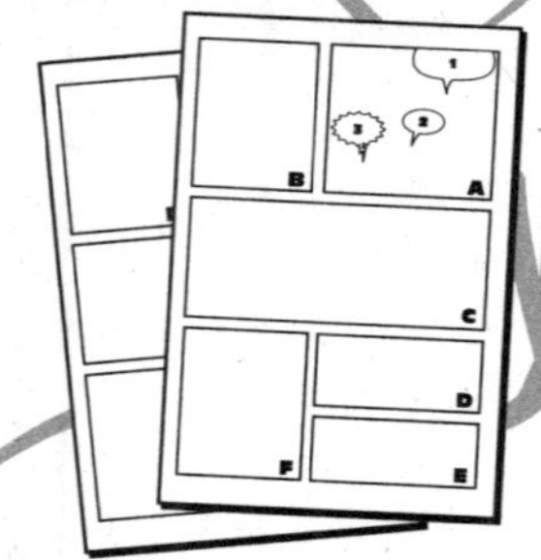

STOPP!

**Das ist der Schluss des Mangas.
Fangt bitte am anderen Ende an!
Und nun genug der Vorrede,
viel Spaß beim Lesen!**

Euer Egmont Manga Team

„Detektiv Conan - Bourbon on the Rocks" von Gosho AOYAMA
Aus dem Japanischen von Josef Shanel & Matthias Wissnet
Originaltitel: „Meitantei Conan - Toru Amuro Selection"

Originalausgabe:
MEITANTEI CONAN AMURO TORU SELECTION by Gosho AOYAMA

Original Japanese edition published by SHOGAKUKAN.
German translation rights arranged with SHOGAKUKAN
through The Kashima Agency for Japan Foreign-Rights Centre.

verlegt durch Egmont Verlagsgesellschaften mbH, Ritterstraße 26, 10969 Berlin
safety@egmont.de

2. Auflage 2025
Verantwortlicher Redakteur: Marco Walz
Koordination: Manuela Rudolph
Gestaltung: Claudia V. Villhauer & MOX
Printed in the EU
ISBN 978-3-7704-5908-7

www.egmont-manga.de

Die Egmont Verlagsgesellschaften gehören als Teil der Egmont-Gruppe zur **Egmont Foundation** – einer gemeinnützigen Stiftung, deren Ziel es ist, die sozialen, kulturellen und gesundheitlichen Lebensumstände von Kindern und Jugendlichen zu verbessern. Weitere ausführliche Informationen zur Egmont Foundation unter **www.egmont.com**